中國科技典籍選刊
第三輯
叢書主編：張柏春 孫顯斌

北京大學圖書館藏明萬曆刻本等

明清稀見兵書四種

【上】

MINGQINGXIJIAN BINGSHUSIZHONG

[明]趙士楨等◇撰 鄭誠◇整理

湖南科學技術出版社

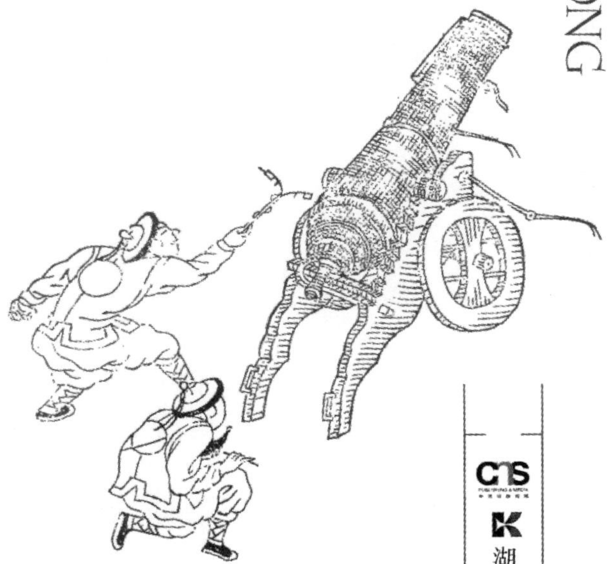

國家重點出版物中長期規劃項目
國家古籍整理出版專項經費資助項目
二〇一一—二〇二〇年國家古籍整理出版規劃項目

中國科技典籍選刊

中國科學院自然科學史研究所組織整理

《中國科技典籍選刊》總序

我國有浩繁的科學技術文獻，整理這些文獻是科技史研究不可或缺的基礎工作。竺可楨、李儼、錢寶琮、劉仙洲、錢臨照等我國科技史事業開拓者就是從解讀和整理科技文獻開始的。二十世紀五十年代，科技史研究在我國開始建制化，相關文獻整理工作有了突破性進展，涌現出许多作品，如胡道静的力作《夢溪筆談校證》。

改革開放以來，科技文獻的整理再次受到學術界和出版界的重視，這方面的出版物呈現系列化趨勢。巴蜀書社出版《中華文化要籍導讀叢書》（簡稱《導讀叢書》），如聞人軍的《考工記導讀》、傅維康的《黄帝内經導讀》、繆啓愉的《齊民要術導讀》、胡道静的《夢溪筆談導讀》及潘吉星的《天工開物導讀》。上海古籍出版社與科技史專家合作，爲一些科技文獻作注釋并譯成白話文，刊出《中國古代科技名著譯注叢書》（簡稱《譯注叢書》），包括程貞一和聞人軍的《周髀算經譯注》、聞人軍的《考工記譯注》、郭書春的《九章算術譯注》、繆啓愉的《東魯王氏農書譯注》、陸敬嚴和錢學英的《新儀象法要譯注》、潘吉星的《天工開物譯注》、李迪的《康熙幾暇格物編譯注》等。

二十世紀九十年代，中國科學院自然科學史研究所組織上百位專家選擇并整理中國古代主要科技文獻，編成共約四千萬字的《中國科學技術典籍通彙》（簡稱《通彙》）。它共影印五百四十一種書，分爲綜合、數學、天文、物理、化學、地學、生物、農學、醫學、技術、索引等共十一卷（五十册），分别由林文照、郭書春、薄樹人、戴念祖、郭正誼、唐錫仁、苟翠華、范楚玉、余瀛鰲、華覺明等科技史專家主編。編者爲每種古文獻都撰寫了『提要』，概述文獻的作者、主要内容與版本等方面。自一九九三年起，《通彙》由河南教育出版社（今大象出版社）陸續出版，受到國内外中國科技史研究者的歡迎。近些年來，國家立項支持《中華大典》數學典、天文典、理化典、生物典、農業典等類書性質的系列科技文獻整理工作。類書體例容易割裂原著的語境，這對史學研究來説多少有些遺憾。

總的來看，我國學者的工作以校勘、注釋、白話翻譯爲主，也研究文獻的作者、版本和科技内容。例如，潘吉星將《天工開物校注及研究》分爲上篇（研究）和下篇（校注），其中上篇包括時代背景，作者事跡，書的内容、刊行、版本、歷史地位和國際影響等方面。

《導讀叢書》、《譯注叢書》和《通彙》等爲讀者提供了便于利用的經典文獻校注本和研究成果，也爲科技史知識的傳播做出了重要貢獻。不過，可能由於整理目標與出版成本等方面的限制，這些整理成果不同程度地留下了文獻版本方面的缺憾。《導讀叢書》、《譯注叢書》和其他校注本基本上不提供保持原著全貌的高清影印本，并且録文時將繁體字改爲簡體字，改變版式，還存在截圖、拼圖、換圖中漢字等現象。《通彙》的編者們儘量選用文獻的善本，但《通彙》的影印質量尚需提高。

歐美學者在整理和研究科技文獻方面起步早於我國。他們整理的經典文獻爲科技史的各種專題與綜合研究奠定了堅實的基礎。有些科技文獻整理工作被列爲國家工程。例如，萊布尼茲（G. W. Leibniz）的手稿與論著的整理工作於一九〇七年在普魯士科學院與法國科學院聯合支持下展開，文獻内容包括數學、自然科學、技術、醫學、人文與社會科學，萊布尼茲所用語言有拉丁語、法語和其他語種。該項目因第一次世界大戰而失去法國科學院的支持，但在普魯士科學院支持下繼續實施。第二次世界大戰後，項目得到東德政府和西德政府的資助。迄今，這個跨世紀工程已經完成了五十五卷文獻的整理和出版，預計到二〇五五年全部結束。

二十世紀八十年代以來，國際合作促進了中文科技文獻的整理與研究。我國科技史專家與國外同行發揮各自的優勢，合作整理與研究《九章算術》、《黄帝内經素問》等文獻，并嘗試了新的方法。郭書春分别與法國科研中心林力娜（Karine Chemla）、美國紐約市立大學道本周（Joseph W. Dauben）和徐義保合作，先後校注成中法對照本《九章算術》（*Les Neuf Chapters*，二〇〇四）和中英對照本《九章算術》（*Nine Chapters on the Art of Mathematics*，二〇一四）。中科院自然科學史研究所與馬普學會科學史研究所的學者合作校注《遠西奇器圖説録最》，在提供高清影印本的同時，還刊出了相關研究專著《傳播與會通》。

按照傳統的説法，誰占有資料，誰就有學問，我國許多圖書館和檔案館都重『收藏』輕『服務』。在全球化與信息化的時代，國際科技史學者們越來越重視建設文獻平臺，整理、研究、出版與共享寶貴的科技文獻資源。德國馬普學會（Max Planck Gesellschaft）的科技史專家們提出『開放獲取』經典科技文獻整理計劃，以『文獻研究＋原始文獻』的模式整理出版重要典籍。編者盡力選擇稀見的手稿和經典文獻的善本，向讀者提供展現原著面貌的複製本和帶有校注的印刷體轉録本，甚至還有與原著對應編排的英語譯文。同時，編者爲每種典籍撰寫導言或獨立的學術專著，包含原著的内容分析、作者生平、成書與境及參考文獻等。

任何文獻校注都有不足，甚至引起對某些内容解讀的争議。真正的史學研究者不會全盤輕信已有的校注本，而是要親自解讀原始文獻，希望看到完整的文獻原貌，并試圖發掘任何細節的學術價值。與國際同行的精品工作相比，我國的科技文獻整理與出版工作還可以精益求精，比如從所選版本截取局部圖文，甚至對所截取的内容加以『改善』，這種做法使文獻整理與研究的質量打了折扣。

實際上，科技文獻的整理和研究是一項難度較大的基礎工作，對整理者的學術功底要求較高。他們須在文字解讀方面下足够的功夫，并且準確地辨析文本的科學技術内涵，瞭解文獻形成的歷史與境。顯然，文獻整理與學術研究相互支撑，研究決定着整理的質量。隨着研究的深入，整理的質量自然不斷完善。整理跨文化的文獻，最好藉助國際合作的優勢。如果翻譯成英文，還須解決語言轉換的難題，找到合適的以英語爲母語的合作者。

在我國，科技文獻整理、研究與出版明顯滯後於其他歷史文獻，這與我國古代悠久燦爛的科技文明傳統不相稱。相對龐大的傳統科技遺産而言，已經系統整理的科技文獻不過是冰山一角。比如《通彙》中的絶大部分文獻尚無校勘與注釋的整理成果，以往的校注工作集中在幾十種文獻，并且没有配套影印高清晰的原著善本，有些整理工作存在重複或雷同的現象。近年來，國家新聞出版廣电總局加大支持古籍整理和出版的力度，鼓勵科技文獻的整理工作。學者和出版家應該通力合作，借鑒國際上的經驗，高質量地推進科技文獻的整理與出版工作。

鑒於學術研究與文化傳承的需要，中科院自然科學史研究所策劃整理中國古代的經典科技文獻，并與湖南科學技術出版社合作出版，向學界奉獻《中國科技典籍選刊》。非常榮幸這一工作得到圖書館界同仁的支持和肯定，他們的慷慨支持使我們倍受鼓舞。國家圖書館、上海圖書館、清華大學圖書館、北京大學圖書館、日本國立公文書館、早稻田大學圖書館、韓國首爾大學奎章閣圖書館等都對『選刊』工作給予了鼎力支持，尤其是國家圖書館陳紅彦主任、上海圖書館黄顯功主任、清華大學圖書館馮立昇先生和劉薔女士以及北京大學圖書館李雲主任還慨允擔任本叢書學術委員會委員。我們有理由相信有科技史、古典文獻與圖書館學界的通力合作，《中國科技典籍選刊》一定能結出碩果。這項工作以科技史學術研究爲基礎，選擇存世善本進行高清影印和録文，加以標點、校勘和注釋，排版採用圖像與録文、校釋文字對照的方式，便於閱讀與研究。另外，在書前撰寫學術性導言，供研究者和讀者參考。受我們學識與客觀條件所限，《中國科技典籍選刊》還有諸多缺憾，甚至存在謬誤，敬請方家不吝賜教。

我們相信，隨着學術研究和文獻出版工作的不斷進步，一定會有更多高水平的科技文獻整理成果問世。

張柏春　孫顯斌

於中關村中國科學院基礎園區

二〇一四年十一月二十八日

目録

前言

《明清稀見兵書四種》選取《神器譜》《利器解》《城書》《鐵模圖説》等書影印、整理，旨在傳播珍貴史料，展現多樣的軍事技術文獻，爲學界提供研究資料。各種作品均有整理説明，本文僅作一簡略綜述。

明代後期，特别是萬曆至崇禎年間，編纂、出版兵書蔚然成風，不乏討論火器技術的著作。《神器譜》《利器解》《城書》，均在一六〇〇年前後刊行，與萬曆朝鮮戰争、明蒙對峙、播州之役密切相關。清代前期，特别是乾隆年間，明末兵書則多遭禁燬，除了少量官書，幾乎没有介紹火器技術的新作刊行。嘉慶以降，風氣漸開。道光年間，第一次鴉片戰争推動了新式火器的研發，《鐵模圖説》與《演砲圖説》便是十九世紀四十年代西方軍事刺激下的産物。

十六世紀前葉，以佛郎機（提心式後裝砲）與鳥銃（火繩槍）爲代表的歐式火器傳入明朝，本土大量仿造，裝備軍隊。十六世紀末，鳥銃已是明軍最先進的單兵火器，不過使用者仍以東南沿海部隊（如所謂浙兵）爲主。《神器譜》（一五九八—一六〇三）的作者樂清趙士禎時任内閣中書，初因愛好射擊，研究火繩槍。萬曆二十年，日軍侵略朝鮮，明軍隨即赴援，戰事延續六年之久。趙士禎屢次上疏，建言推廣新式火器，升級明軍裝備，對日軍鳥銃（日式火繩槍），繼而進獻圖説及自製槍械。趙士禎的軍事改革計劃未能實現，由其奏疏、圖説等著述組成的《神器譜》系列作品，則成爲明清時期最重要的火器專著之一。《神器譜》詳細介紹土耳其式火繩槍（嚕蜜銃），也是中外交流史上的珍貴資料。《神器譜》明刻兩種，皆在萬曆年間刊行。初刻包括《神器譜》、《續神器譜》、《神器譜或問》以及《神器譜》三編。重編本就以上四種單行本略加增删，釐爲五卷。目前學界使用《神器譜》，多根據《玄覽堂叢書》影印本（一九四一），或十九世紀初日本翻刻之五卷本。《玄覽堂叢書》影印萬曆初刻本《神器譜》、舊抄本《神器譜或問》及《神器譜》三編，闕少《續神器譜》，非初刻全貌。本次整理出版《神器譜》，首次影印北京大學圖書館藏萬曆初刻足本，包括《神器譜》、《續神器譜》、《神器譜或問》、《神器譜》三編，逐葉對照録文。附録日本公文書館藏明刊重編五卷本全書書影、兩種明刻《神器譜》篇目對照表、和刻本序跋，趙士禎的另一重要著作《東事剩言》以及《彈劾兵部尚書石星疏》。

《利器解》（一六〇〇）分爲圖説、總解兩部分，以蒙古騎兵爲主要假想敵，從裝備、組織、訓練、戰法等方面，設計了一支三千人的火器部隊。編者三原温氏兄弟，温純官居都察院左都御史，温編時任西安前衛指揮僉事，二人留心邊防，關注火器。陝西武官朱騰擢爲該書提供部分素材。《利器解》在一定程度上反映當時北方邊鎮，特别是陝西、宣府一帶明軍的裝備與戰法。常規火器，仍以短小的輕型火砲（如威遠砲）與火門槍（如銃棍）爲主。發射藥多用粉狀火藥，顆粒火藥雖亦應用，尚非『尋常藥』。火繩槍相對罕見，且未標準化。比較戚繼光《紀效新書》、趙士楨《神器譜》這類具有東南沿海知識背景、推崇火繩槍的著作，《利器解》的地域特點更顯突出。《利器解》明代凡三刻，十九世紀初有日本翻刻本。傳世明刻僅存二部。今首次影印日本公文書館藏明刻本，整理録文，附録相關序跋。

《城書》（一五九九）是輯録性質的守城指南，主要根據十六世紀後葉多種兵書摘録彙編。作者泰和郭子章，時任貴州巡撫，參與播州之役，熟悉地方軍政事務。郭子章編纂是書，重在實用，力圖曉暢易懂，供守城者參考。相比聚焦武器裝備的《神器譜》與《利器解》，《城書》或許更能反映内地城市防禦的實態——普通城池的軍事力量十分有限，憑城固守，需盡量發揮統籌組織與常規技術的效力。《城書》至少有五種明代刻本，又爲《武備志》等大型兵書摘録引用，影響較大，在同類著作中具有代表性。原書初刻爲四卷本，後經删潤爲一卷本。本書所據中國國家圖書館藏《城書》清抄本，是四卷本系統已知唯一傳本，首次影印、整理，附録彙集多種刻本序文。

《神器譜》《利器解》《城書》三書，作者生當同時，頗有交集。萬曆三十年五月十七日，左都御史温純奉敕前往宣武門外西城下，參照《神器譜》，親自檢驗趙士楨所獻新式武器，對其性能大爲讚賞（參見《神器譜》三所收蕭大亨《恭請造用歸一疏》）。温氏《利器解》嚕蜜鳥銃條注明『此中書趙士楨得之朵思麻而潤色之者』。趙士楨《防虜車銃議》相應提及『比者都御史温純著有《利器圖解》』（《神器譜》三編）。萬曆二十八年，温純將新刻《利器解》寄與貴州巡撫郭子章，又派遣軍官入黔，傳授火器技藝。萬曆三十年，郭子章於貴州翻刻《利器解》。萬曆四十三年，郭子章又在吉安重刊《城書》與《利器解》，二書一守一攻，相輔爲用（《郭公青螺年譜》）。

十七世紀二十年代，中國火器歐化進入新階段。明清戰爭之際，歐式前裝火砲（西洋大砲或紅夷大砲）發揮重要作用，遂爲交戰各方大力仿造。直到十九世紀前葉，清軍常規火器仍以紅衣砲（即紅夷砲）和鳥銃（火繩槍）爲主，製造、操作技術，大體仍處於十七世紀的水平。鴉片戰爭爆發後，道光二十年（一八四〇），嘉興縣丞、長洲龔振麟奉調寧波軍營，改造砲車砲架。道光二十一年冬，龔振麟主持鎮海砲局，發明鐵模鑄砲法。二十二年著成《鐵模圖説》與《演砲圖説》，一爲製造，一爲操作，旨在指導改進鑄砲工藝，規範砲兵訓練，提升戰鬥力。龔振麟是洋務運動之前，發掘傳統技術潛力，仿造歐式火砲的代表性人物。面對工業革命時代西方武器裝備的迅猛發展，手工藝層面的技術革新終有其無法超越的限度。依靠本土傳統技術，仿造新式火器的技術路線亦走向終結。魏源《海國圖志》百卷本（一八五二）收録《鐵模圖説》，有所删節，非原書面貌。《演砲圖説》未嘗重刻，傳本罕見。本書選取中國國家圖書館藏《鐵模圖説》《演砲圖説》道光刻本，首次影印、整理，附録鐵模鑄砲相關檔案資料。

《明清稀見兵書四種》的整理出版有幸得到各方大力支持。承蒙北京大學圖書館（《神器譜》初刻本）、日本公文書館（《神器譜》明刻五卷本、《利器解》明刻本）、東洋文庫（《東事剩言》明刻本）、中國國家圖書館（《城書》清抄本，《鐵模圖説》《演砲圖説》清刻本）提供全書書影。上海圖書館（《神器譜》初刻本）、中國國家博物館（《鐵模圖説》清刻本）提供書影零葉配補。孫顯斌先生統籌書影複製事宜。黄榮光女士襄助聯絡東洋文庫。楊林先生精心編輯。版本調查階段，韓琦先生惠賜《利器解》書影。統此致謝。

十六世紀中葉至十九世紀中葉三百年間，大凡介紹火器技術的兵書，或多或少，無不具有域外知識印記。十七世紀前葉，随着歐式火砲的引进，首次出現編譯性質的西法兵書。《中國科技典籍選刊》第四輯計劃推出《明清之際西法軍事技術文獻選輯》，集中收録此類著作，選取《祝融佐理》《西法神機》《西洋火攻神器説》《火攻挈要》等若干種，採用目前可得之最佳版本，影印、整理出版，與《明清稀見兵書四種》相輔而行。

鄭　誠

二〇一八年一月八日

中國科學院自然科學史研究所

神器譜

本書據北京大學圖書館藏萬曆刻本影印。原書高三〇一毫米，寬一九九毫米。半葉版框高二二六毫米，寬一七〇毫米。

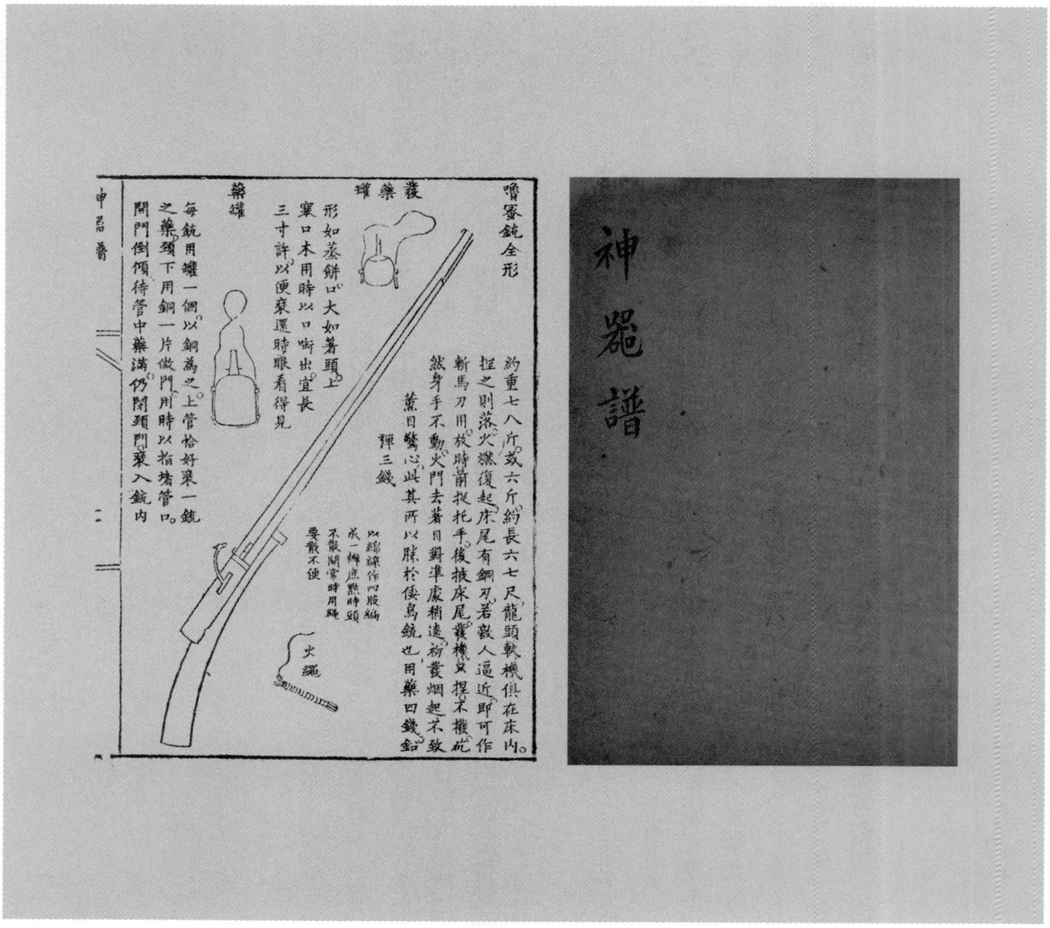

整理説明

《神器譜》，明趙士楨撰。趙士楨（一五五三—約一六〇五），字常吉，號後湖，温州府樂清縣人。祖父趙性魯，官至大理寺少卿。士楨因書法受明神宗賞識，初以布衣供奉内廷，萬曆六年授鴻臚寺主簿，歷官至文華殿中書舍人。萬曆二十年（一五九二），豐臣秀吉發兵入侵朝鮮，明朝派兵馳援，時戰時和，直到二十六年末，日軍完全撤退。這一時期，東征禦倭成爲朝野輿論焦點。侵朝日軍大量使用『倭銃』（日式火繩槍），給明軍造成很大威脅。趙士楨熱心兵事，屢次上疏建言，特别注意火器技術，萬曆二十五年提議裝備『嚕蜜番銃』（土耳其式火繩槍）等新式火器對抗倭銃。萬曆二十六年五月，進獻嚕蜜銃、西洋銃等火器圖式、樣品，請旨廣爲製造，同時在北京刊刻了最初的《神器譜》。

廣義的《神器譜》，乃是萬曆二十六年至三十一年（一五九八—一六〇三），趙士楨奏疏、雜著彙編的總稱，圖文並茂，是有關十六世紀末中國火器技術，特别是火繩槍技術的重要文獻。該書明代凡兩刻。初爲單行本，趙氏手書上版，先後刻成《神器譜》（一五九八）、《續神器譜》（一五九九）、《神器譜或問》（一五九九）、《神器譜》（實即第三編，一六〇二）四種，皆不分卷[一]。稍後有重編五卷本，統題作《神器譜》，大體涵蓋初刻四種，圖文略有修訂，新增萬曆三十、三十一年若干篇什。五卷本與初刻本版式行款相同，半葉九行，行十八字，白口，單白魚尾，四周單邊，依然使用初刻本部分版片，僅挖改版心。

現存明刻本六部，計初刻本四部、五卷本二部。『國家圖書館』（臺北）藏《神器譜》初刻本，《神器譜或問》、《神器譜》（三編）鈔本，凡三種三册。這套刻本與抄本配補，且闕少《續神器譜》的本子曾經《玄覽堂叢書》（一九四一）影印，後數次重印，流傳較廣，惜

[一]《神器譜》（三編）收録恭進神器疏、兵部都察院題覆疏、防虜車銃議、銃圖、車圖、倭情屯田議、中國朝鮮日本形勢圖略。嘉慶間吳省蘭輯《藝海珠塵》叢書重刻此本，改題作《備邊屯田車銃議》、《車銃圖》、《倭情屯田議》三種，文字有删改。

非原書全貌。上海圖書館藏初刻本（線善七九〇九二一—二三），鈐有『右史趙士楨氏圖書印』朱文長方印，似屬趙士楨自藏〔一〕，存全四種三册，缺葉較多〔二〕。貴州省圖書館藏《神器譜》、《續神器譜》、《神器譜或問》刻本，合訂一册〔三〕，有待目驗。北京大學圖書館藏初刻本（SB/379.91/4944），四種四册，有少量缺葉〔四〕；其中《神器譜》係增修後印本，『神器襍説』篇凡三十五條，較早期印本（《玄覽堂叢書》影印本）增刻四條〔五〕。

明代重刻五卷本，國内似已失傳。日本公文書館（内閣文庫子16-12）、御茶水圖書館成簣堂文庫各藏一部〔六〕。較之初刻本，五卷本多黄建衷序（萬曆二十七年八月），原本似爲《神器譜或問》所作。正文部分，除插圖、措辭間有改易，全書最末增《神器銘》，又多出奏疏及揭帖五篇、原銃下、『合機銃圖』並叙，俱作於萬曆三十年十月至三十一年四月之間。不過五卷本並未入收初刻《神器譜》（三編）内『倭情屯田議』、『中國朝鮮日本形勢圖略』二篇。五卷本卷三『説銃』，彙編初刻《神器譜》、《續神器譜》二書之『神器襍説』，再行新增九條〔七〕；卷五『或問』，收録初刻《神器譜或問》全部四十四條，新增十一條。

文化五年（一八〇八），經清水正德校勘訓點，日本書坊翻刻《神器譜》五卷本〔八〕，冠以清水正德《刻神器譜序》（文化四年十二月），書後附池田寛藏跋（文化五年春）。和刻本翻刻相當忠實，魯魚甚少，却將『趙士楨』誤刊作『趙士禎』，導致後世著録，往往以訛傳訛。此外，公文書館藏明刻五卷本闕第三卷第四十九葉（按書前目録，應爲『鑽造鳥銃器具圖』及『鑽銃圖』），和刻本也未能刻入

〔一〕另有『臣／士楨』（朱文方印）、『士楨』（朱文長印）、『祕書／郎』（白文方印）、『江都秦更年曼青之印』（白文方印）、『石藥簃藏書印』（朱文長印）、『曾在秦嬰闇處』（朱文長印）等印鑑。

〔二〕上圖藏初刻本《續神器譜》闕王同軌序，《神器譜或問》闕劉世學序，《神器譜》（三編）闕『恭進神器疏』、『兵部都察院題覆疏』。

〔三〕陳琳主編《貴州省古籍聯合目録》，貴州人民出版社，二〇〇七年，第三四三頁。

〔四〕北大藏初刻本《神器譜》闕王延世序首半葉（一a）、《續神器譜》闕王同軌序半葉（二b）、《神器譜》（三編）闕『中國朝鮮日本形勢圖略』末半葉（四b）。

〔五〕臺北藏本（《玄覽堂叢書》影印）作『神器襍説三十一條』，正文相應闕少北大本前四條（前二葉）。其中第一、二、四條又見於明刻五卷本《神器譜》卷四『説銃』，第三條『鳥銃官司造時』云云，他本未見。

〔六〕嚴紹璗編著《日藏漢籍善本書録》中册（北京：中華書局，二〇〇七），第八二〇頁。又，德富蘇峰成簣堂舊藏《神器譜》明刻五卷本書影（卷二，一二b—一三a）『實藥裝彈圖』、『著火門藥圖』，參見《成簣堂善本書影七十種》（民友社，一九三二年），影印收入《日藏珍稀中文古籍書影叢刊》第一册，國家圖書館出版社，二〇一四年，第一六一頁。

〔七〕按，北大藏初刻本《神器譜・神器襍説》三十五條，《續神器譜・續神器譜襍説》三十二條。五卷本加以合併，重編次序，又將『續神器譜襍説』内製硝二條合一，但未收『神器襍説』内『鳥銃官司造時』、『藥鱉』二條，另增九條。五卷本改題作『説銃六十九條』，實計應爲七十三條。

〔八〕和刻五卷本，半葉九行，行十八字，白口，線魚尾，四周雙邊，版心上方記書名，中記卷次、葉碼，下方刊『唐本翻刻』，卷首大題作『神器譜卷之』幾，次行署『明趙士楨著日本清水正德校』。參見《和刻本明清資料集》第六集，古典研究會，一九七四年影印本。

該葉。

《神器譜》五卷本已有蔡克驕先生簡體字點校本（上海社會科學出版社，二〇〇六），整理底本據《和刻本明清資料集》影印文化五年刊本，參校《玄覽堂叢書》影印初刻本及抄本。

本次影印并整理《神器譜》，首次完整展現明代初刻本及五卷本面貌。整理底本采用北京大學圖書館藏初刻本（簡稱北大本）。北大本《神器譜》闕王延世序首半葉，《神器譜（三編）・中國朝鮮日本形勢圖略》闕末半葉，據上海圖書館藏初刻本配補。北大本《續神器譜》王同軌序闕半葉，據公文書館藏明刻五卷本配補。明刻五卷本較初刻本所增主要篇什，合併抽出，題作『神器譜補遺』。全書通校公文書館藏明刻五卷本，參校和刻五卷本〔一〕，以見異文。書前冠以新編總目。附録公文書館藏明刻五卷本全書書影、兩種明刻《神器譜》篇目對照表、和刻本序跋，以及趙士禎有關壬辰戰事另外兩種作品——《東事剩言》（據東洋文庫藏萬曆刻本）、《彈劾兵部尚書石星疏》（據柳思瑗《文興君控于録》朝鮮刻本）。

鄭　誠

二〇一二年十月初稿

二〇一六年一月三十一日修訂

新見浙江大學圖書館藏《神器譜》《續神器譜》明刻本二册（索書號善三/三〇〇）。該書鈐『經微室』朱文小方印，係孫詒讓舊藏。《神器譜・神器襍說》作三十五條，同北大本。《續神器譜》王同軌序完整。茲改用浙大本影印配補北大本所缺王同軌序第二葉後半。

二〇一八年六月七日補記

〔一〕影印本參見金程宇編《和刻本中國古逸書叢刊》第二三册，鳳凰出版社，二〇一二年。

新編目録

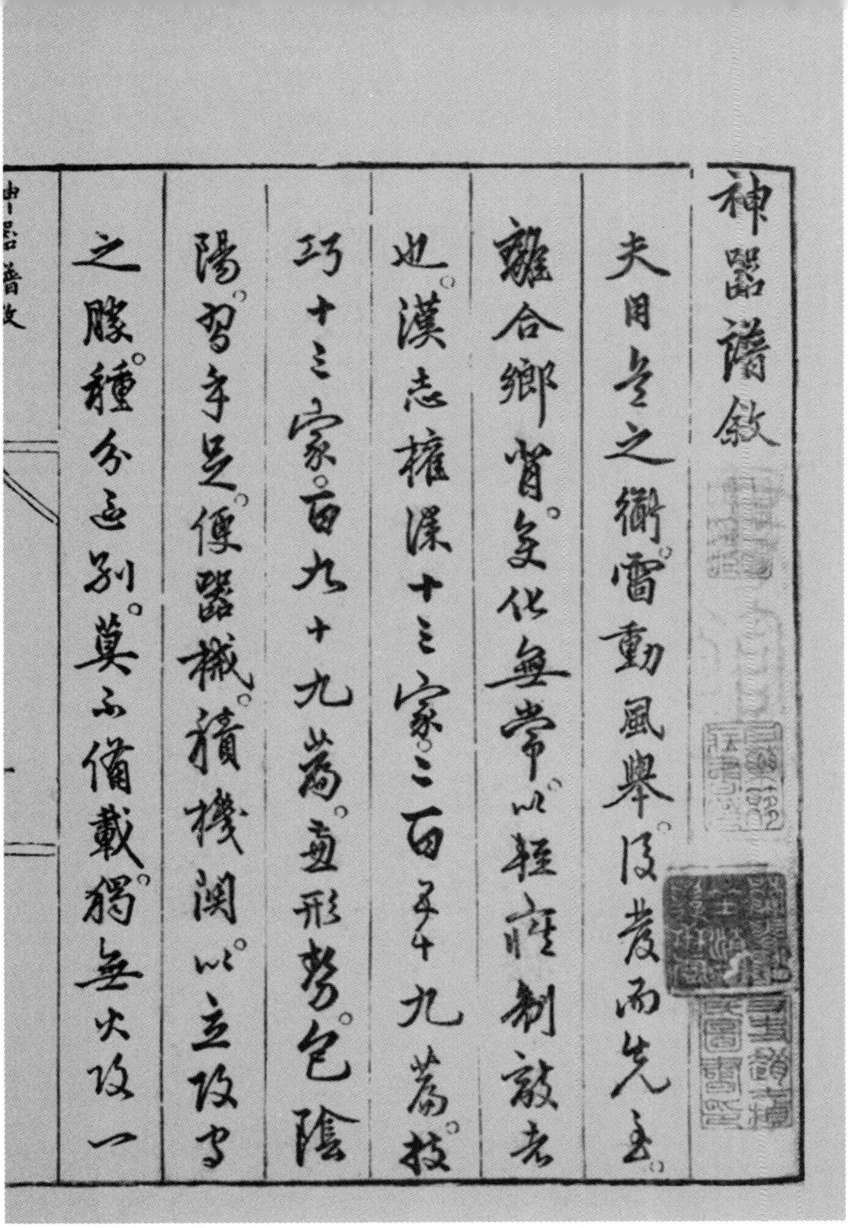
神器譜敘
夫用兵之道雷動風舉後發而先至
離合鄉背變化無常以輕疾制敵者
也漢志權謀十三家二百五十九篇技
巧十三家百九十九篇兼形勢包陰
陽習手足便器械積機關以立攻守
之勝種分區別莫不備載獨無火攻一
神器譜敘

神器譜敘 [1]

夫用兵之道，雷動風舉，後發而先至，離合鄉背，變化無常，以輕疾制敵者也。《漢志》權謀十三家二百五十九篇，技巧十三家百九十九篇，兼形勢，包陰陽，習手足，便器械，積機關，以立攻守之勝。種分區別，莫不備載，獨無火攻一

1 北大藏初刻本《神器譜》王延世序闕首半葉（1a），書影及録文據上海圖書館藏初刻本補。明刻五卷本叙前題“神器譜叙 / 汝南王延世譔”，叙後僅署“萬曆戊戌夏四月”。

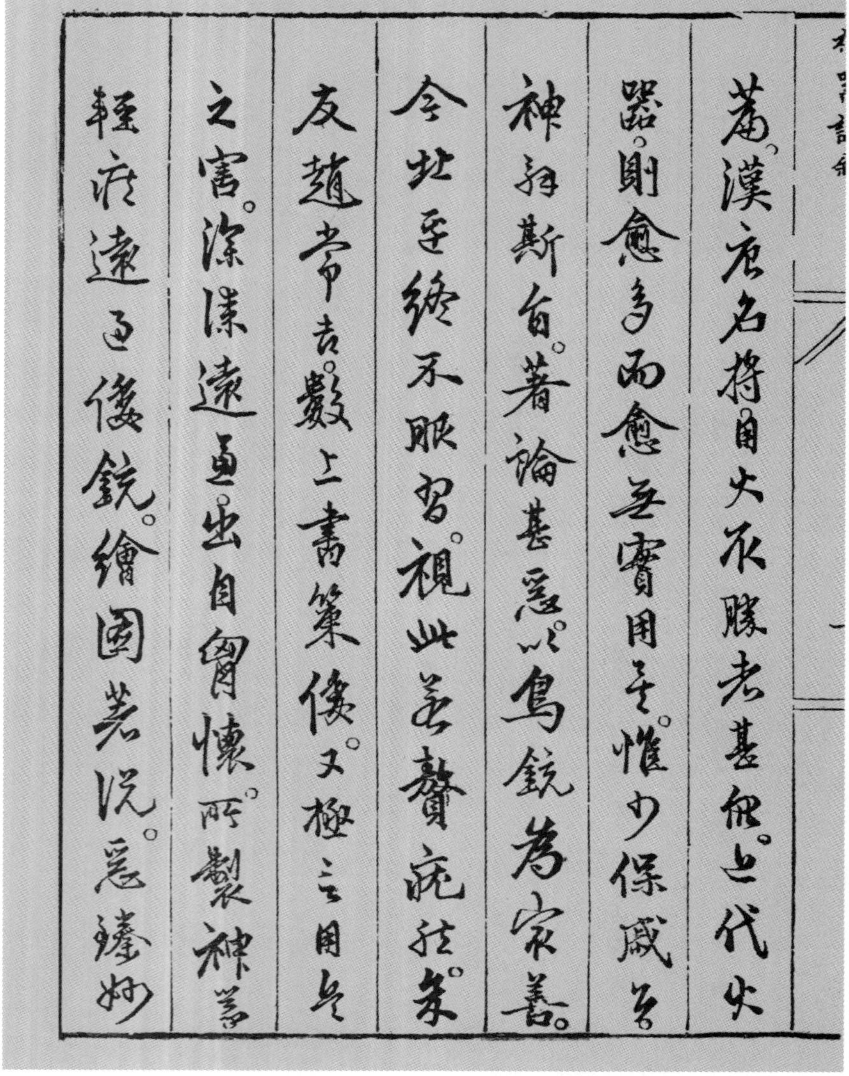

篇。漢唐名將用火取勝者甚眾，近代火器，則愈多而愈無實用矣。惟少保戚公，神解斯旨，著論甚悉[1]，以鳥銃爲最善。今北邊終不服習，視此若贅疣然。余友趙常吉，數上書策倭，又極言用兵之害，深謀遠慮，出自胸懷。所製神器，輕疾遠過倭銃，繪圖著説，悉臻妙

1 悉，明刻五卷本同。和刻本作“急”。

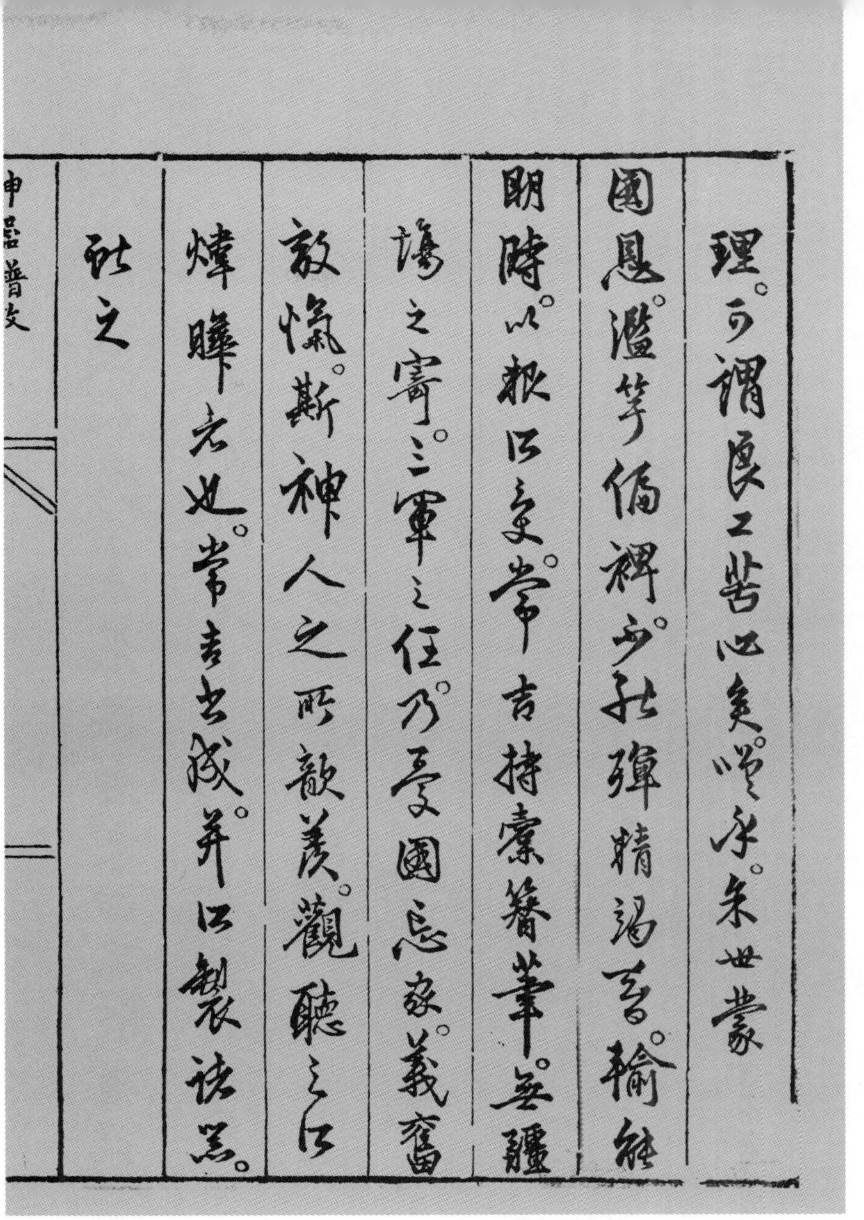

理，可謂良工苦心矣。嗟乎，余世蒙國恩，濫竽偏裨，不能殫精竭智，輸能明時，以報所受。常吉持橐簪筆，無疆場之寄，三軍之任。乃憂國忘家，義奮敵愾。斯神人之所歆羨，觀聽之所煒曄者也。常吉書成，并所製諸器，獻之

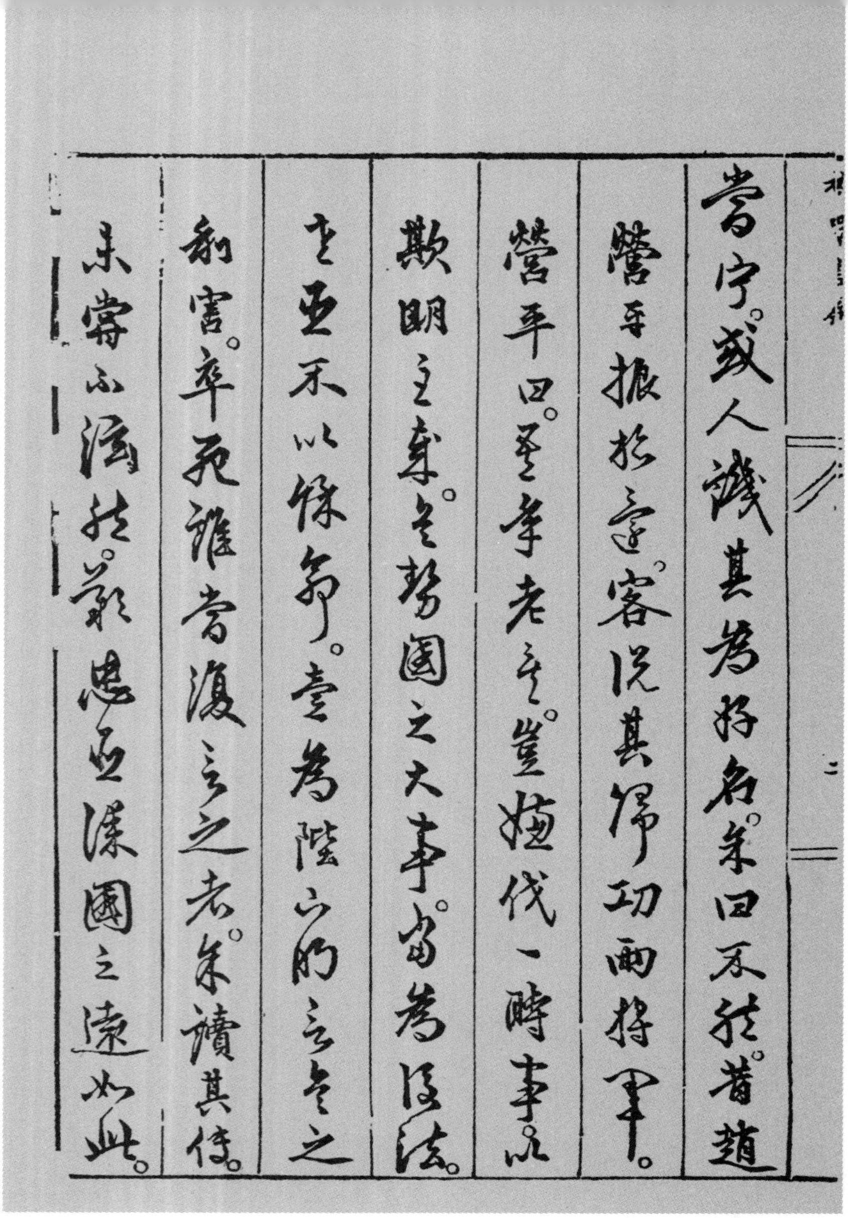

當宁。或人譏其爲好名。余曰不然。昔趙營平振旅還，客説其歸功兩將軍。營平曰:“吾年老矣，豈嫌伐一時事，以欺明主哉。兵勢，國之大事，當爲後法。老臣不以餘命，壹爲陛下明言兵之利害，卒死，誰當復言之者。”余讀其傳，未嘗不泫然，歎忠臣謀國之遠如此。

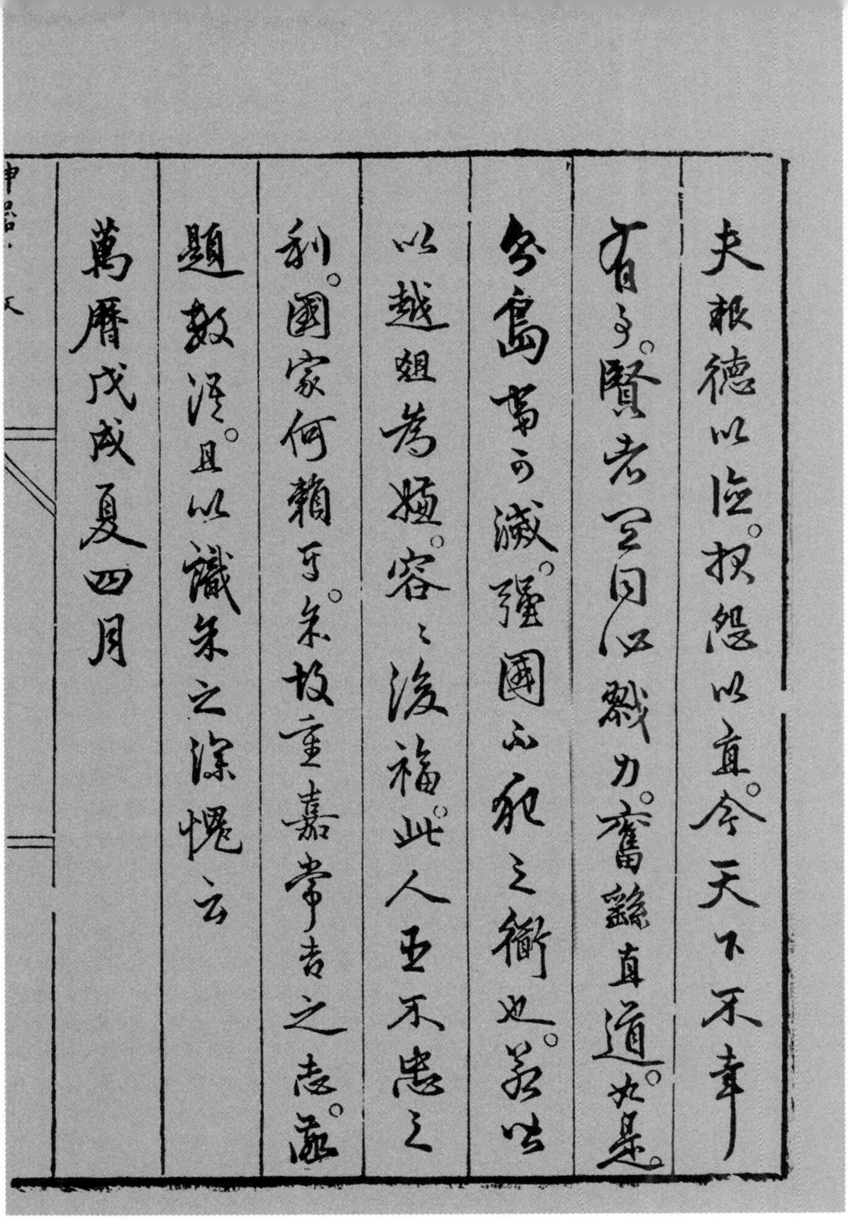

夫報德以德，報怨以直。今天下不幸有事，賢者宜同心戮力，奮繇直道。如是則島夷可滅，强國不犯之道也。若皆以越俎爲嫌，容容後福，此人臣不忠之利，國家何賴焉。余故重嘉常吉之志，敬題數語，且以識余之深愧云。萬曆戊戌夏四月

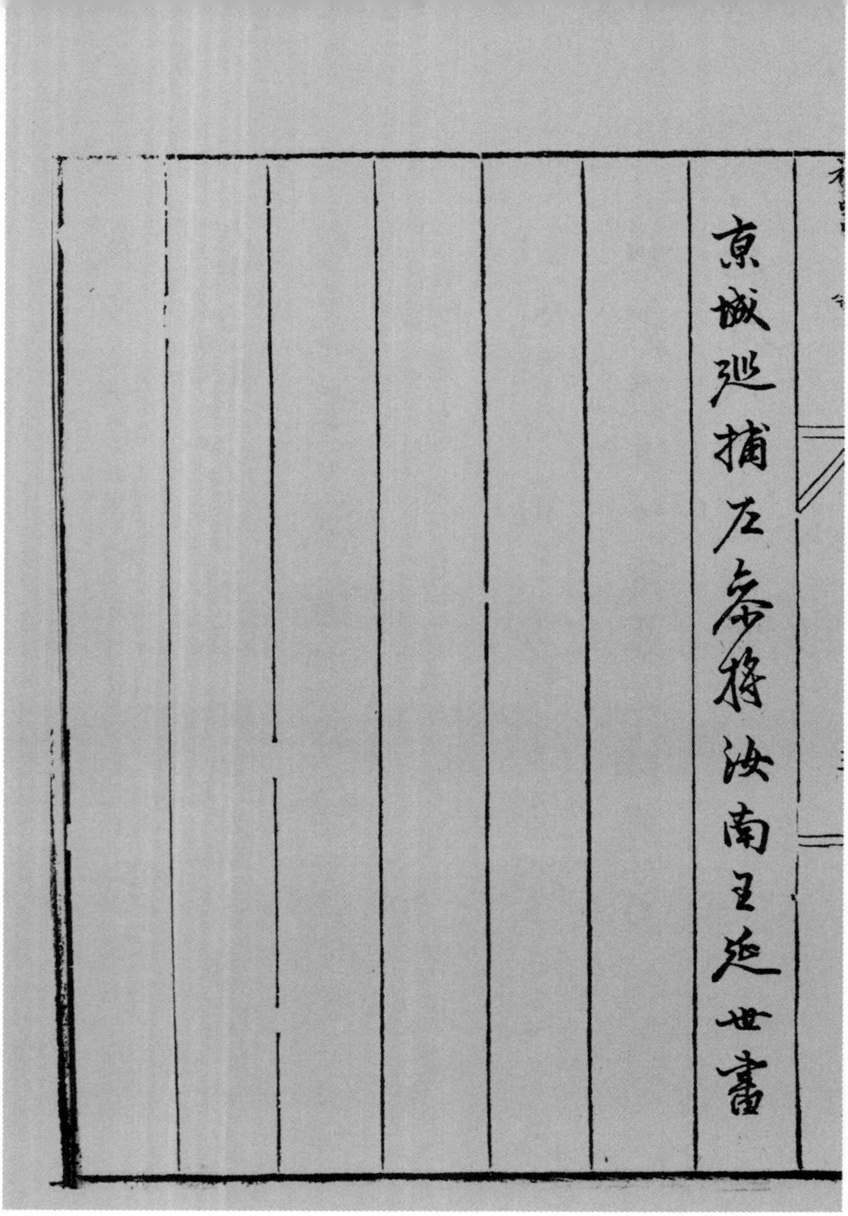

京城巡捕左参將汝南王延世書。

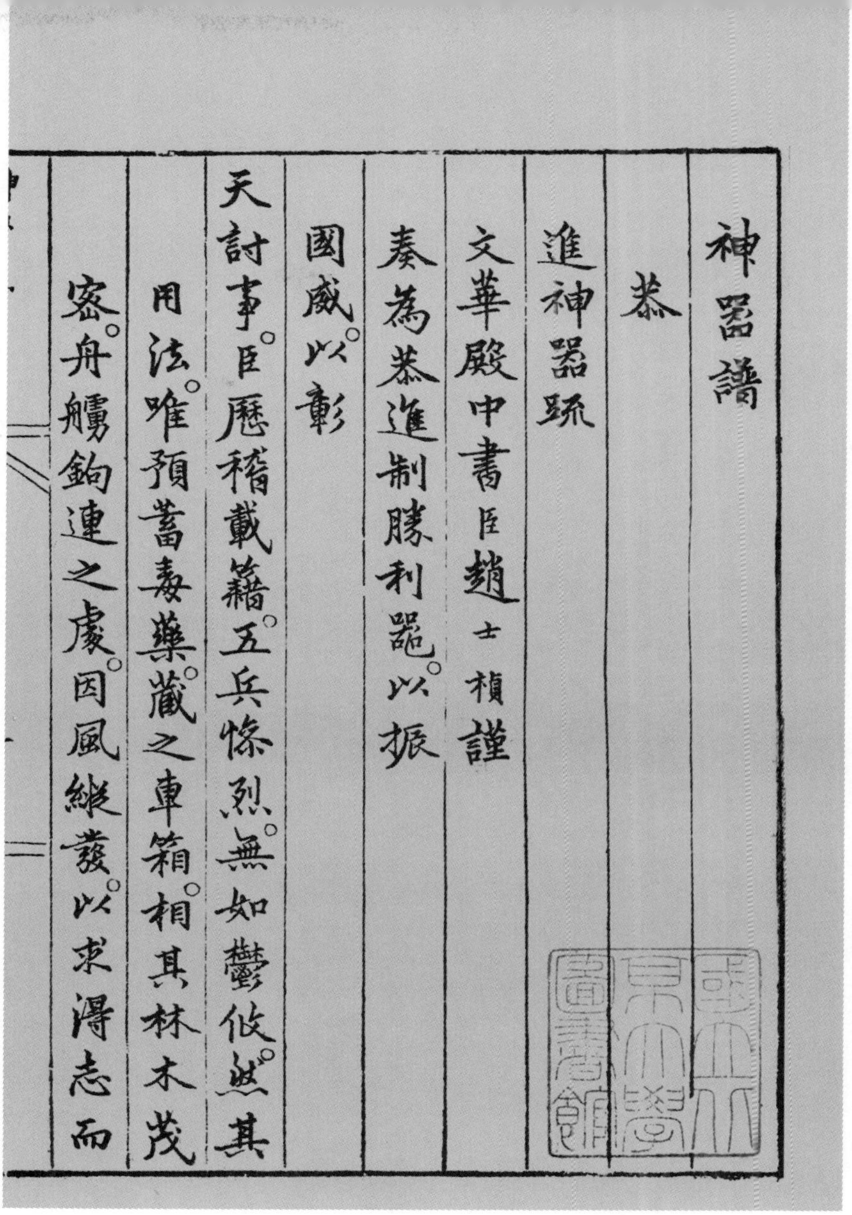
神器譜
恭
進神器疏
文華殿中書臣趙士楨謹
奏爲恭進制勝利器以振
國威以彰
天討事臣歷稽載籍五兵慘烈無如鬱攸然其
用法唯預蓄毒藥藏之車箱相其林木茂
密舟艫鉤連之處因風縱發以求得志而

神器譜

恭進神器疏

文華殿中書臣趙士楨謹奏，爲恭進制勝利器，以振國威，以彰天討事。

臣歷稽載籍，五兵慘烈，無如鬱攸。然其用法，唯預蓄毒藥，藏之車箱，相其林木茂密、舟艫鉤連之處，因風縱發，以求得志而已。未聞製器置機，用藥發彈，命中方寸，從遠殺人，以寡制眾，以弱攻强。爲物細而取效廣，用力少而成功多，又有出於古法之上者。

我太祖高皇帝肇造區夏，成祖文皇帝三犁虜庭，建置神機諸營，專習鎗砲，以都督焦玉輩掌管。是以武功超邁前王，威嚴遠震殊俗。列聖相承，四海康阜。弘正之間，虜漸生心。

世廟之時，倭更猖獗。皆緣衣袽不戒，桑土罔徹，舊制弛而强弱之勢殊也。

臣生長海濱，少經倭患。自琉球告變海外，許儀厚密報閆中，臣静言思之，四裔酋長尚知輸款，絶域流人不忘故國。乃臣榮名清時，濫竽侍從，苟無以報憂辱之分，是夷酋馬旅之不若矣。頻年以来，遍詢胡宗憲、戚繼光二臣部曲，俱稱倭之長技在銃，鋒刀未交，心膽已怯。臣因思兵家倍數及先後著之説，一意講求神器。欲期邊吏禦敵，憑藉勢焰，先挫兇鋒，然後易於接戰。既得西洋銃於遊擊將軍陳寅，又得嚕蜜番銃於錦衣衛指揮朵思麻。臣條上《用兵八害》，内及番銃，已經兵部議覆製造，奉有明旨。但題覆疏内，令京營具式，咨送工部。京營原無此式，何從咨送。臣謹製造十有餘門，俱各試較停妥。敬以二式四門，并臣參酌佛郎

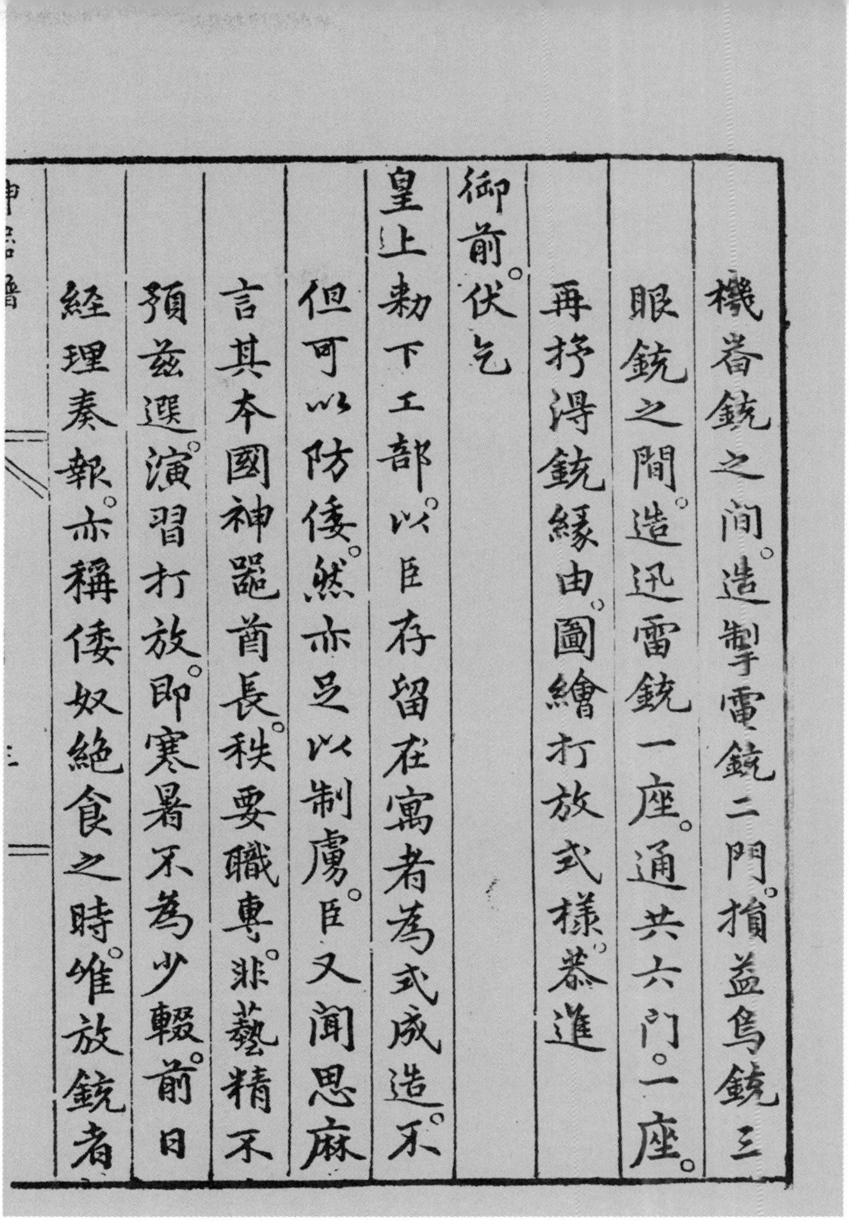
機番銃之間造掣電銃二門損益鳥銃三
眼銃之間造迅雷銃一座通共六門一座
再抒得銃緣由圖繪打放式樣恭進
御前伏乞
皇上勑下工部以臣存留在寓者為式成造不
但可以防倭然亦足以制虜臣又聞思麻
言其本國神器酋長秩要職專非藝精不
預茲選演習打放即寒暑不為少輟前日
經理奏報亦稱倭奴絶食之時唯放銃者

機番銃之間，造掣電銃二門；損益鳥銃、三眼銃之間，造迅雷銃一座；通共六門一座。再抒得銃緣由，圖繪打放式樣，恭進御前。伏乞皇上敕下工部，以臣存留在寓者爲式成造。不但可以防倭，然亦足以制虜。

臣又聞思麻言，其本國神器酋長，秩要職專，非藝精不預兹選，演習打放，即寒暑不爲少輟。前日經理奏報，亦稱倭奴絶食之時，唯放銃者給米，餘皆任其枵腹，蓋重之也。是以兩國假威神器，稱雄東西。夫神器匠作主造，將吏主用，士卒服習，必須彼此知製之工拙，上下明用之利鈍，乃顯器利。中國承平日久，土苴玆器，每每令庸工造之，庸將主之，庸兵習之。造者不盡其制，主者不究其用，習者不臻其妙。因循玩愒，人自爲心，彼此推諉，浪造浪用。更有宇下柔脆，冀藉進取，市井庸流，思借覔利。不解前人制

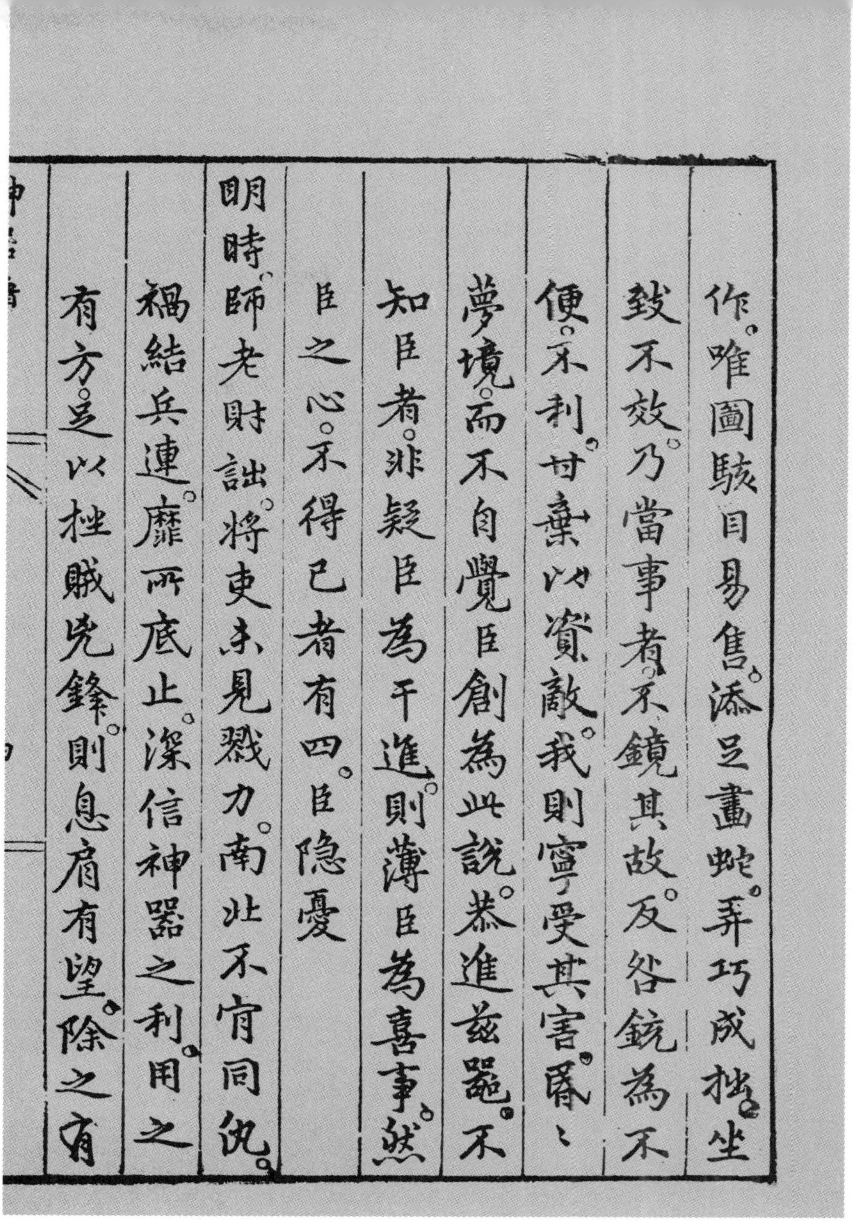

作，唯圖駭目易售。添足畫蛇，弄巧成拙，坐致不效。乃當事者不鏡其故，反咎銃爲不便不利，甘棄以資敵，我則寧受其害，昏昏夢境而不自覺。

臣創爲此説，恭進兹器。不知臣者，非疑臣爲干進，則薄臣爲喜事。然臣之心，不得已者有四。

臣隱憂明時，師老財詘，將吏未見戮力，南北不肯同仇。禍結兵連，靡所底止。深信神器之利，用之有方，足以挫賊兇鋒。則息肩有望，除之有素。堪稱不餉之兵，則勞費可節。庶幾不留不處，中外民力少甦。故亟亟盡芹曝之忱者一也。

兵部令京營具樣，轉咨工部。京營雖訪之於臣，萬一製造打放，兩不如法，使在廷之臣反得議臣之後，誚臣虚誑，則臣區區狗馬一念，終不白於天下矣。不得不預鳴於皇上之前者二也。

思麻攜帶神器，度雪嶺，涉洹河[1]，逾崑崙，重譯獻獅，以修職貢，寒暑八更，

1 洹河，似當作“恒河”。

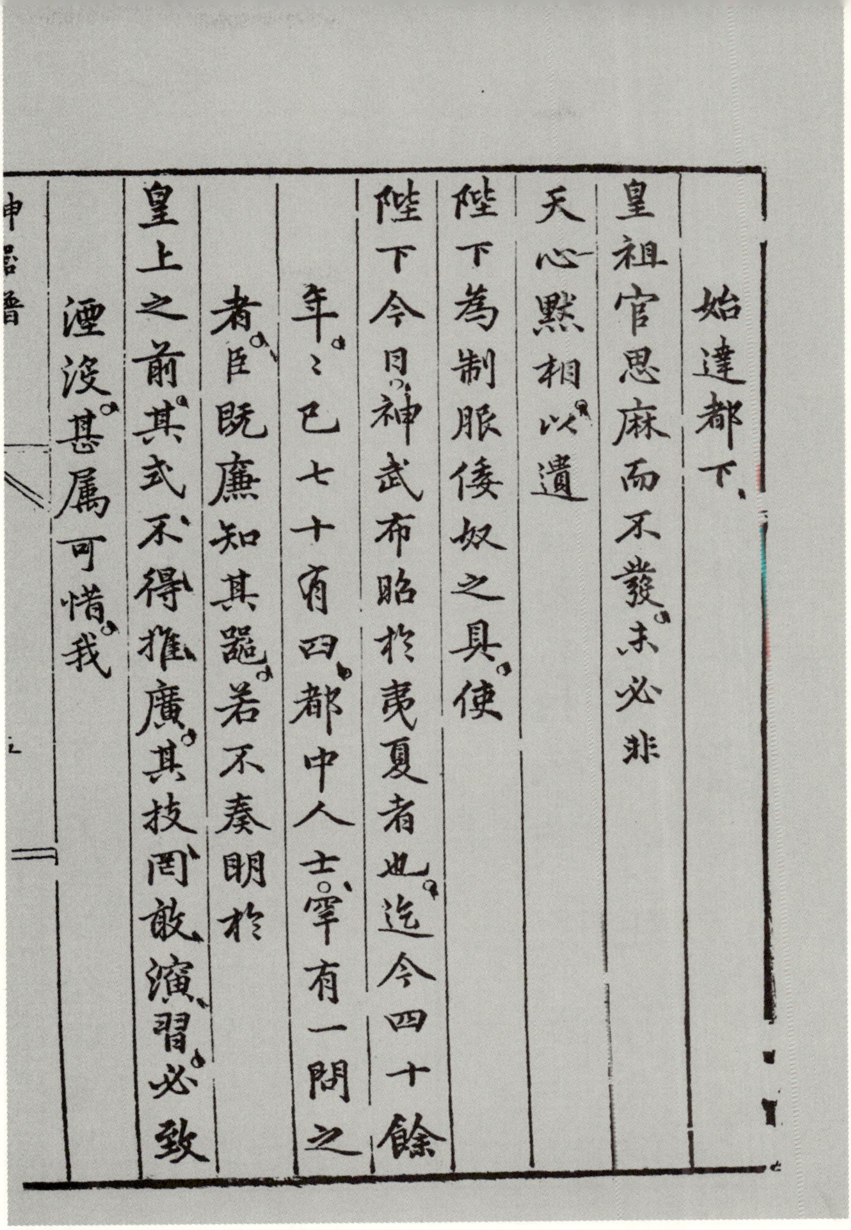
神器譜
始達都下
皇祖官思麻而不發未必非
天心默相以遺
陛下為制服倭奴之具使
陛下今日神武布昭於夷夏者也迄今四十餘
年年已七十有四都中人士罕有一問之
者臣既廉知其器若不奏明於
皇上之前其式不得推廣其技罔敢演習必致
湮沒甚屬可惜我

始達都下。皇祖官思麻而不發，未必非天心默相，以遺陛下，爲制服倭奴之具，使陛下今日神武布昭於夷夏者也。迄今四十餘年，年已七十有四。都中人士，罕有一問之者。臣既廉知其器，若不奏明於皇上之前，其式不得推廣，其技罔敢演習，必致湮沒，甚屬可惜。我

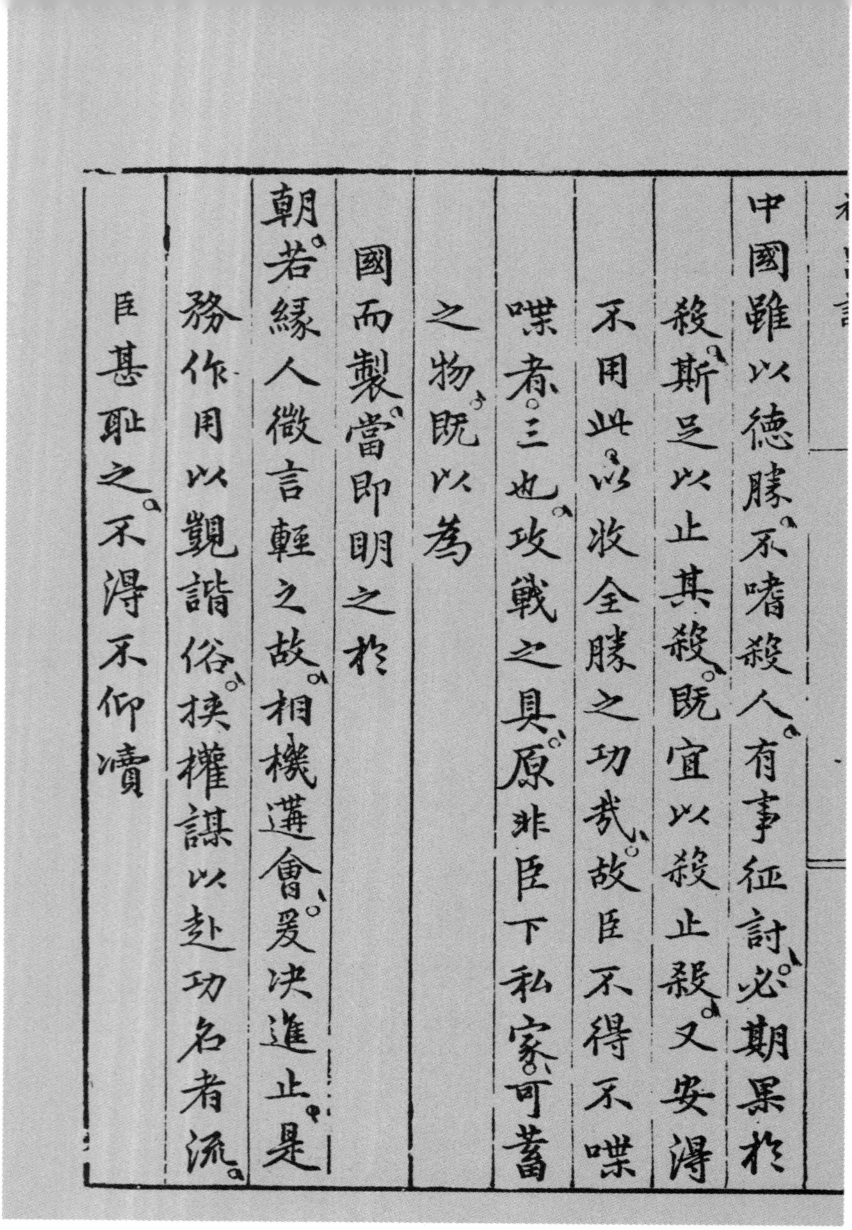
中國雖以德勝不嗜殺人有事征討必期果於
殺斯足以止其殺既宜以殺止殺又安得
不用此以收全勝之功哉故臣不得不喋
喋者三也攻戰之具原非臣下私家可蓄
之物既以為
國而製當即明之於
朝若緣人微言輕之故相機遘會爰決進止是
務作用以覬諧俗挾權謀以赴功名者流
臣甚恥之不得不仰瀆

中國雖以德勝，不嗜殺人，有事征討，必期果於殺，斯足以止其殺。既宜以殺止殺，又安得不用此以收全勝之功哉。故臣不得不喋喋者三也。

攻戰之具，原非臣下私家可蓄之物。既以爲國而製，當即明之於朝。若緣人微言輕之故，相機遘會，爰決進止，是務作用以覬諧俗，挾權謀以赴功名者流，臣甚恥之，不得不仰瀆

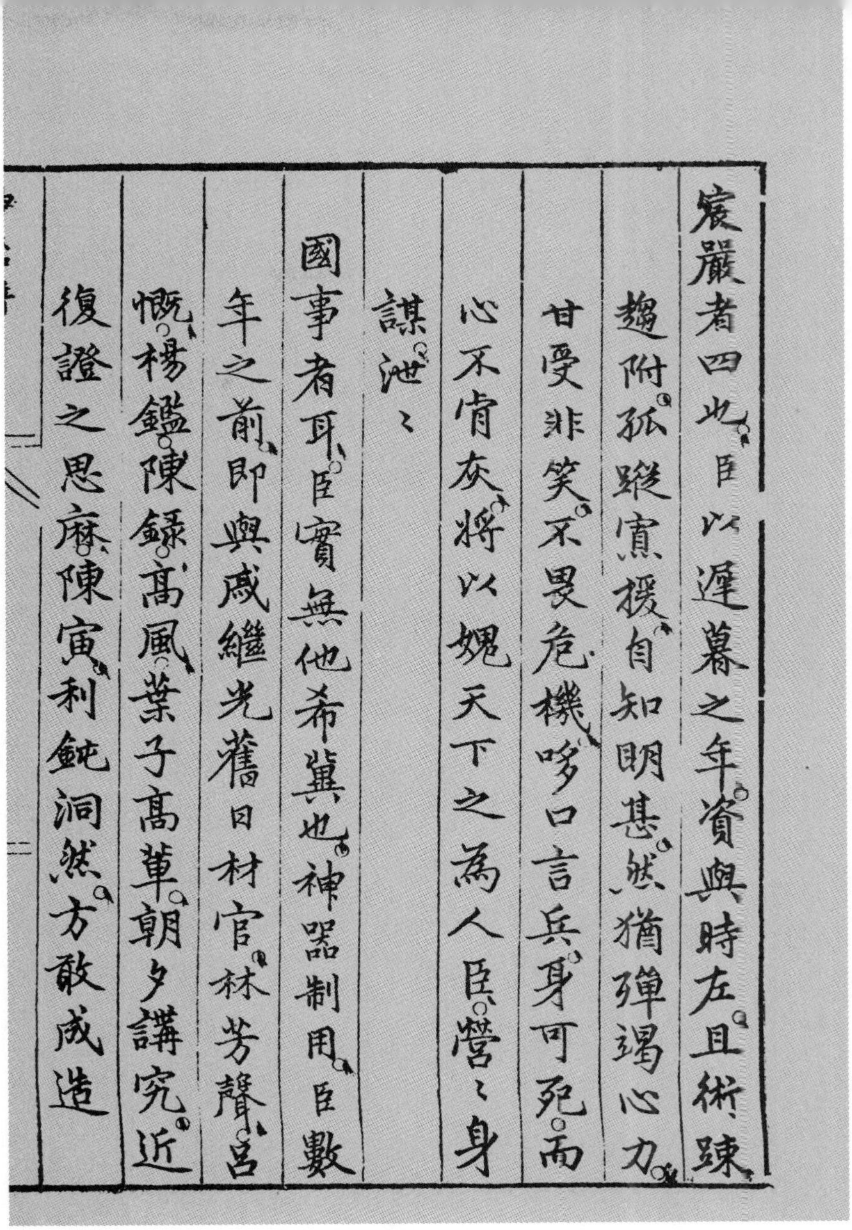
宸嚴者四也臣以遲暮之年資與時左且術疏
趨附孤蹤寡援自知明甚然猶殫竭心力
甘受非笑不畏危機哆口言兵身可死而
心不肯灰將以媿天下之爲人臣營營身
謀泄泄
國事者耳臣實無他希冀也神器制用臣數
年之前即與戚繼光舊日材官林芳聲呂
慨楊鑑陳錄高風葉子高輩朝夕講究近
復證之思麻陳寅利鈍洞然方敢成造

宸嚴者四也。

臣以遲暮之年，資與時左，且術疏趨附，孤蹤寡援。自知明甚，然猶殫竭心力，甘受非笑，不畏危機，哆口言兵。身可死而心不肯灰，將以媿天下之爲人臣營營身謀，泄泄國事者耳。臣實無他希冀也。神器制用，臣數年之前，即與戚繼光舊日材官林芳聲、呂慨、楊鑑、陳録、高風、葉子高輩，朝夕講究。近復證之思麻、陳寅，利鈍洞然。方敢成造

神器譜

恭進尤非臣一己逞臆杜撰者干冒
天威不勝戰慄悚息之至爲此具本親齎奏
聞
萬曆二十六年五月初二日
上初四日奉
聖旨圖器着進覽這所奏該部看了来説

恭進，尤非臣一己逞臆杜撰者。干冒天威，不勝戰慄悚息之至。爲此具本親齎奏聞。

萬曆二十六年五月初二日上。初四日奉聖旨：圖器着進覽。這所奏該部看了来説。

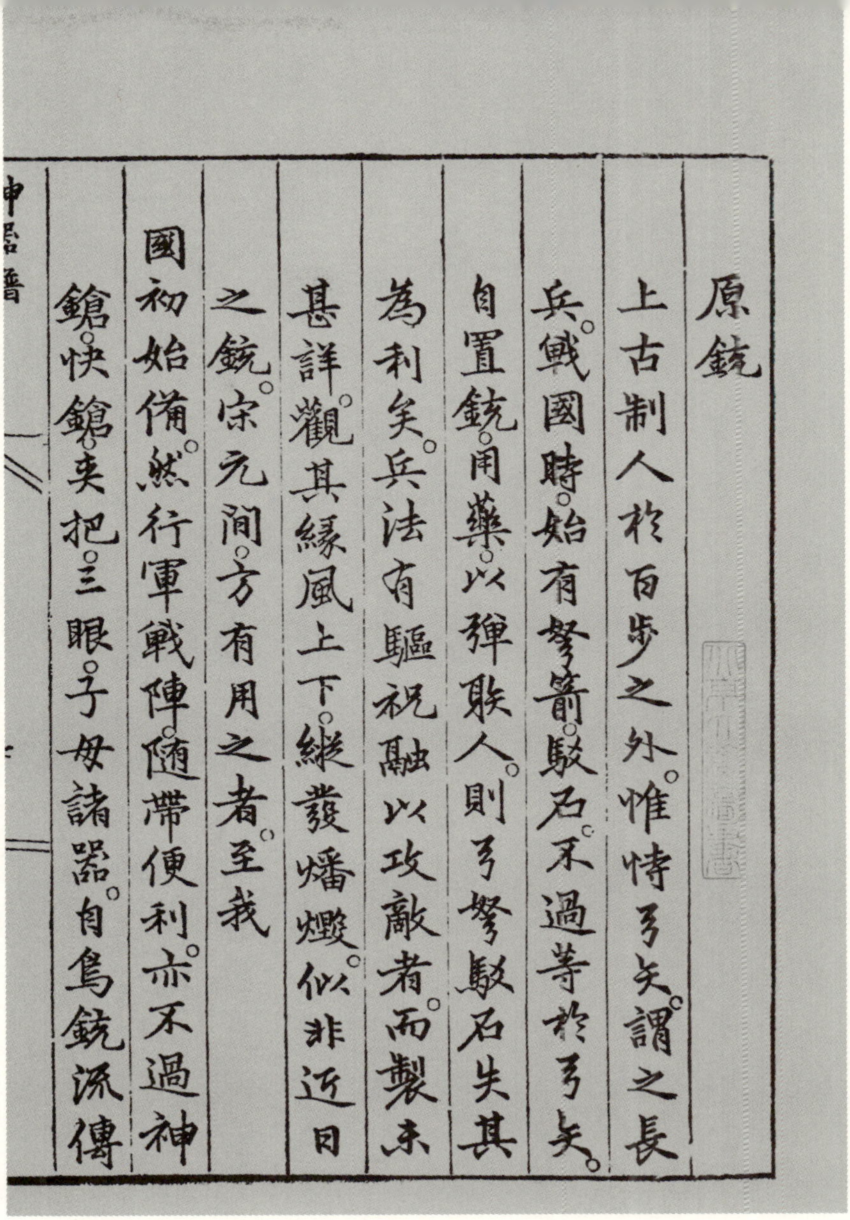

原銃
上古制人於百步之外。惟恃弓矢。謂之長
兵。戰國時。始有弩箭駁石。不過等於弓矢。
自置銃用藥。以彈射人。則弓弩駁石失其
爲利矣。兵法有驅祝融以攻敵者。而製未
甚詳。觀其緣風上下。縱發燔爇。似非近日
之銃。宋元間方有用之者。至我
國初始備。然行軍戰陣。隨帶便利。亦不過神
鎗。快鎗。夾把。三眼。子母諸器。自鳥銃流傳
神器譜

原銃 [1]

上古制人於百步之外，惟恃弓矢，謂之長兵。戰國時，始有弩箭、駁石，不過等於弓矢。自置銃用藥，以彈射人，則弓弩、駁石失其爲利矣。兵法有驅祝融以攻敵者，而製未甚詳。觀其緣風上下，縱發燔爇，似非近日之銃。宋元間方有用之者，至我國初始備。然行軍戰陣，隨帶便利，亦不過神鎗、快鎗、夾把、三眼、子母諸器。自鳥銃流傳

1 原銃，明刻五卷本作“原銃上”。

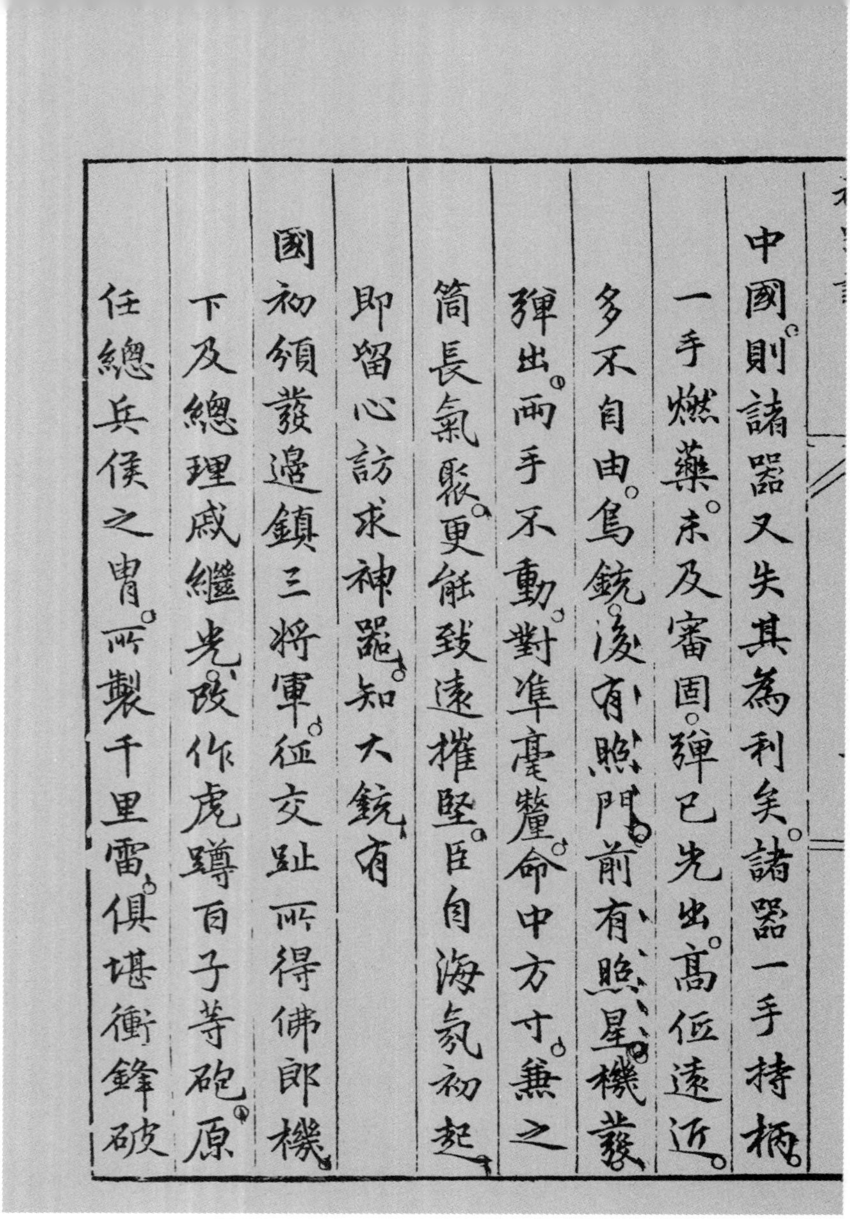
中國則諸器又失其為利矣諸器一手持柄
一手燃藥未及審固彈已先出高低遠近
多不自由鳥銃後有照門前有照星機發
彈出兩手不動對準毫釐命中方寸兼之
筒長氣聚更能致遠摧堅臣自海氛初起
即留心訪求神器知大銃有
國初頒發邊鎮三將軍征交趾所得佛郎機
下及總理戚繼光改作虎蹲百子等砲原
任總兵侯之胄所製千里雷俱堪衝鋒破

中國，則諸器又失其爲利矣。諸器一手持柄，一手燃藥，未及審固，彈已先出。高低遠近，多不自由。鳥銃後有照門，前有照星，機發彈出，兩手不動。對準毫釐，命中方寸。兼之筒長氣聚，更能致遠摧堅。臣自海氛初起，留心訪求神器。知大銃[1]有國初頒發邊鎮三將軍，征交趾所得佛郎機，下及總理戚繼光改作虎蹲、百子等砲，原任總兵侯之胄所製千里雷，俱堪衝鋒破

1 大銃，明刻五卷本作“衝鋒陷陣大銃”。

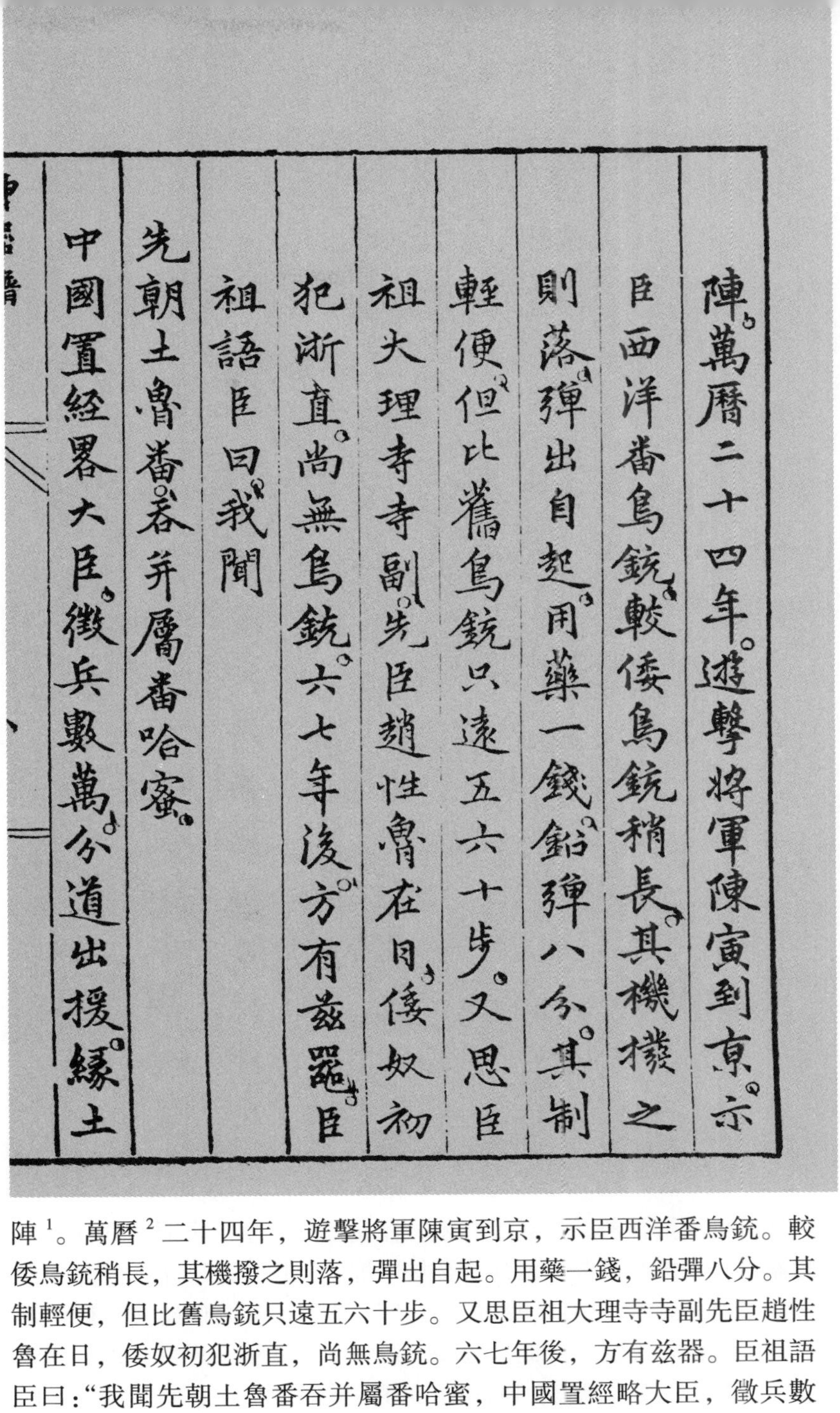
神器譜
陣。萬曆二十四年。遊擊將軍陳寅到京。示
臣西洋番鳥銃。較倭鳥銃稍長。其機撥之
則落。彈出自起。用藥一錢。鉛彈八分。其制
輕便。但比舊鳥銃只遠五六十步。又思臣
祖大理寺寺副先臣趙性魯在日。倭奴初
犯浙直。尚無鳥銃。六七年後。方有茲器。臣
祖語臣曰。我聞
先朝土魯番吞并屬番哈蜜。
中國置經畧大臣。徵兵數萬。分道出援。緣土

陣[1]。萬曆[2]二十四年，遊擊將軍陳寅到京，示臣西洋番鳥銃。較倭鳥銃稍長，其機撥之則落，彈出自起。用藥一錢，鉛彈八分。其制輕便，但比舊鳥銃只遠五六十步。又思臣祖大理寺寺副先臣趙性魯在日，倭奴初犯浙直，尚無鳥銃。六七年後，方有茲器。臣祖語臣曰："我聞先朝土魯番吞并屬番哈蜜，中國置經略大臣，徵兵數萬，分道出援。緣土

1 原任總兵侯之胄所製千里雷，俱堪衝鋒破陣，明刻五卷本無此句。
2 萬曆，明刻五卷本上有"又于"二字。

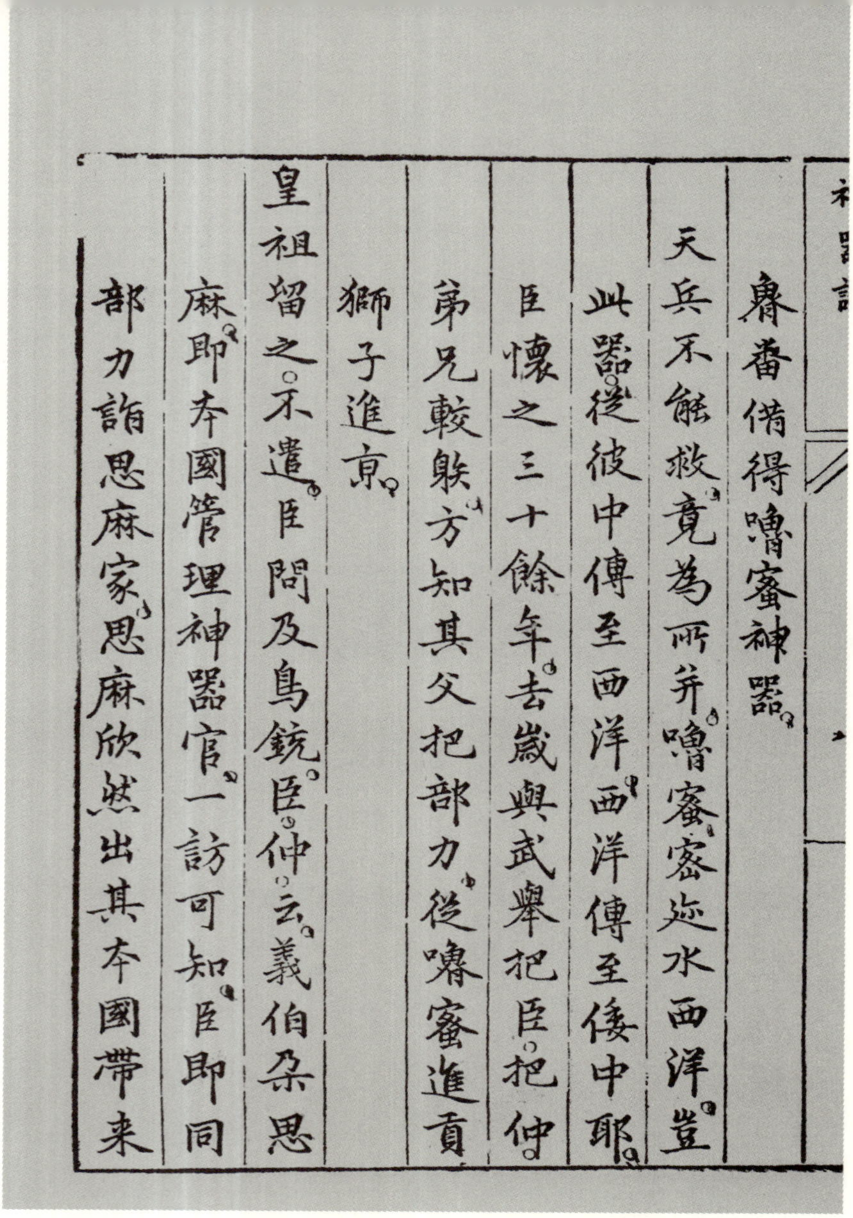
神器譜
魯番借得嚕蜜神器
天兵不能救竟為所并嚕蜜密邇水西洋豈
此器從彼中傳至西洋西洋傳至倭中耶
臣懷之三十餘年去歲與武舉把臣把仲
弟兄較射方知其父把部力從嚕蜜進貢
獅子進京
皇祖留之不遺臣問及鳥銃臣仲云義伯朵思
麻即本國管理神器官一訪可知臣即同
部力詣思麻家思麻欣然出其本國帶来

魯番借得嚕蜜神器，天兵不能救，竟爲所并。嚕蜜密邇水西洋，豈此器從彼中傳至西洋，西洋傳至倭中耶？”臣懷之三十餘年。去歲與武舉把臣、把仲弟兄較射，方知其父把部力從嚕蜜進貢獅子進京，皇祖留之不遣。臣問及鳥銃。臣仲云：“義伯朵思麻，即本國管理神器官，一訪可知。”臣即同部力詣思麻家，思麻欣然出其本國帶来

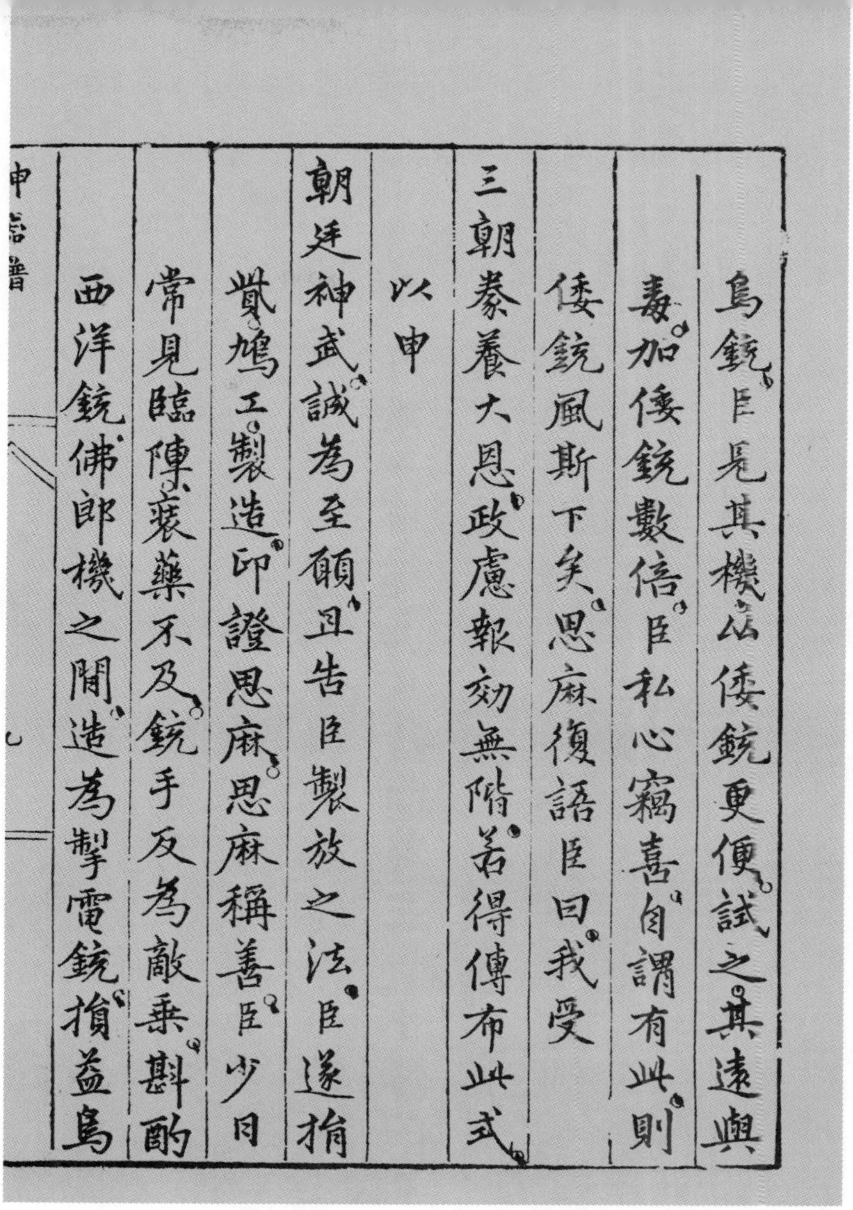

鳥銃。臣見其機，比倭銃更便。試之，其遠與毒，加倭銃數倍。臣私心竊喜，自謂有此，則倭銃風斯下矣。思麻復語臣曰:“我受三朝豢養大恩，政慮報效無階。若得傳布此式，以申朝廷神武，誠爲至願。”且告臣製放之法。臣遂捐貲，鳩工製造，印證思麻。思麻稱善。臣少日常見臨陣裝藥不及，銃手反爲敵乘。斟酌西洋銃、佛郎機之間，造爲掣電銃。損益鳥

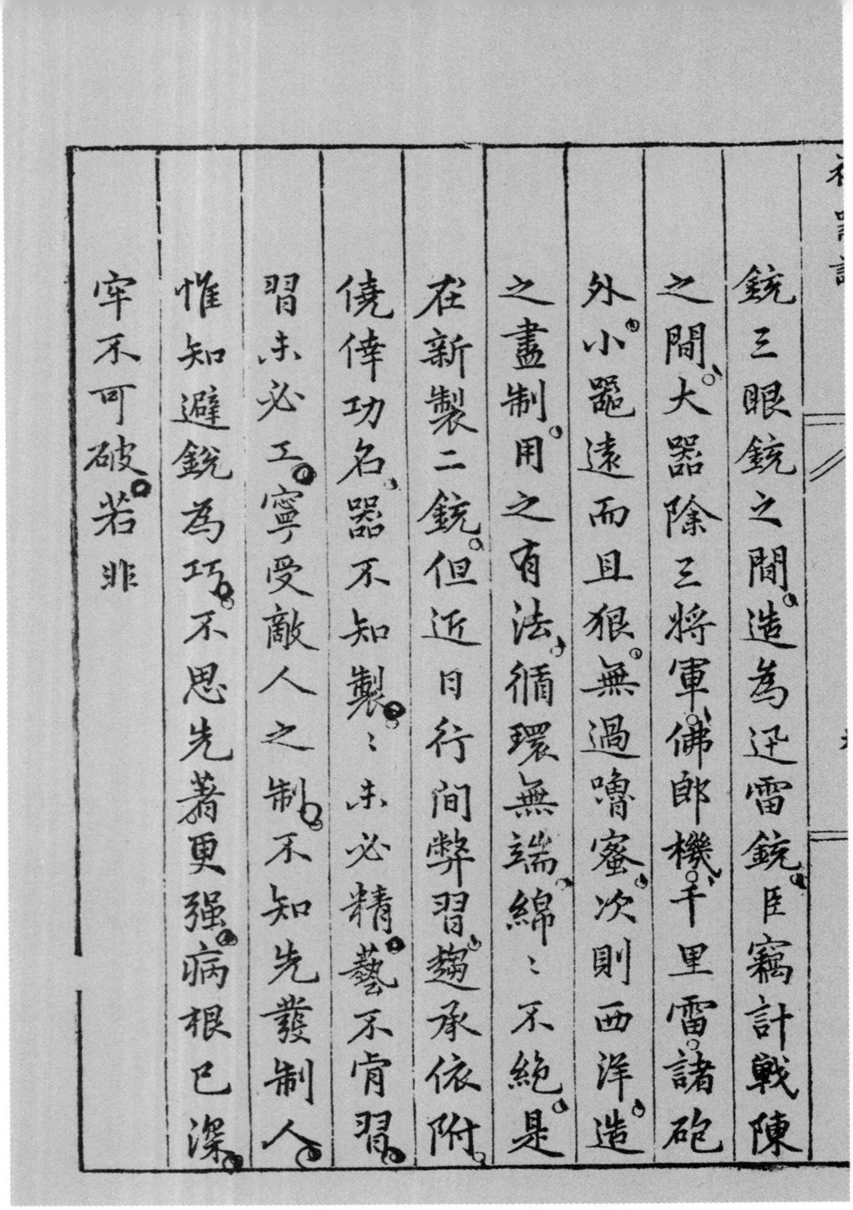
銃三眼銃之間造為迅雷銃臣竊計戰陳
之間大器除三將軍佛郎機千里雷諸砲
外小器遠而且狠無過嚕蜜次則西洋造
之盡制用之有法循環無端綿綿不絕是
在新製二銃但近日行間弊習趨承依附
僥倖功名器不知製製未必精藝不肯習
習未必工寧受敵人之制不知先發制人
惟知避銃為巧不思先著更強病根已深
牢不可破若非

銃、三眼銃之間，造爲迅雷銃。臣竊計戰陳之間，大器除三將軍、佛郎機、千里雷諸砲外，小器遠而且狠無過嚕蜜，次則西洋。造之盡制，用之有法，循環無端，綿綿不絶，是在新製二銃。但近日行間弊習，趨承依附，僥倖功名。器不知製，製未必精，藝不肯習，習未必工。寧受敵人之制，不知先發制人，惟知避銃爲巧，不思先著更强。病根已深，牢不可破。若非

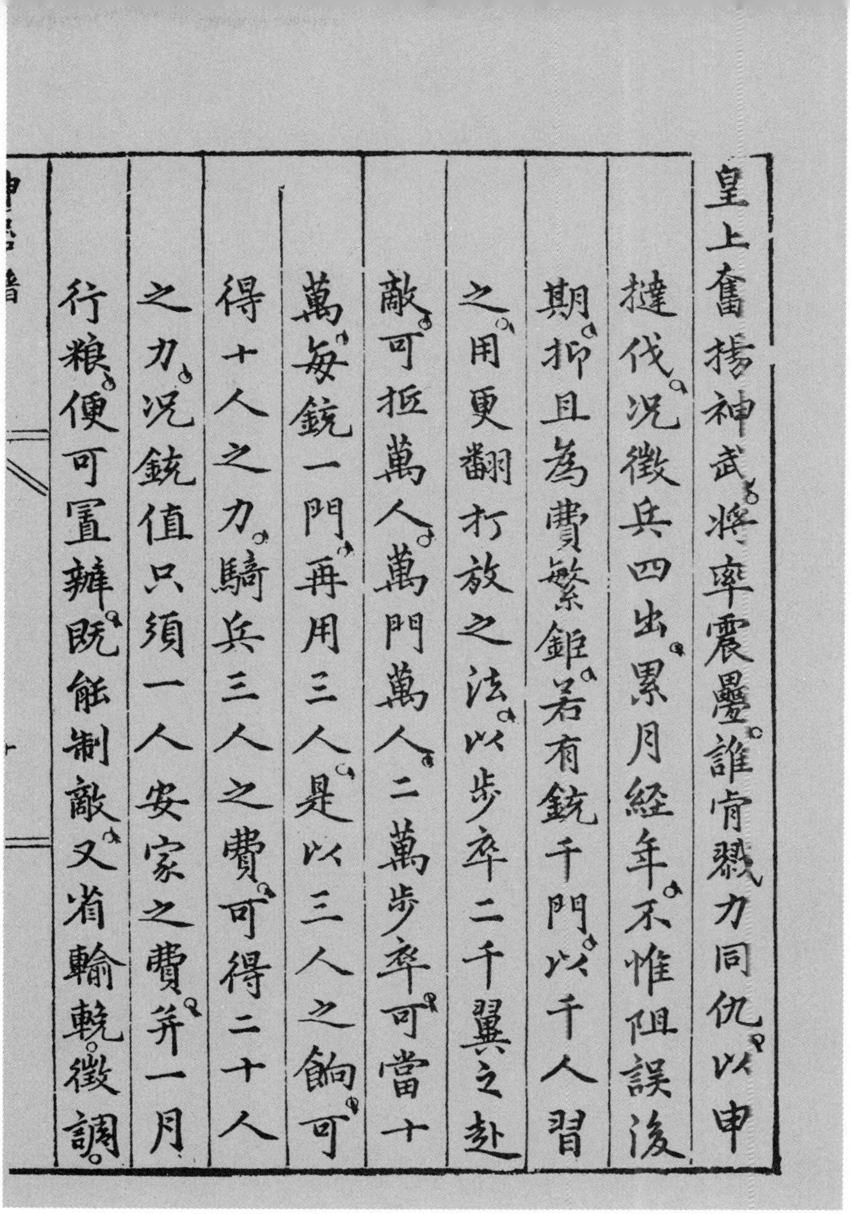

皇上奮揚神武，將率震疊，誰肯戮力同仇，以申撻伐。况徵兵四出，累月經年，不惟阻誤後期，抑且爲費繁鉅。若有銃千門，以千人習之，用更翻打放之法，以步卒二千，翼之赴敵，可抵萬人。萬門萬人，二萬步卒，可當十萬。每銃一門，再用三人，是以三人之餉，可得十人之力。騎兵三人之費，可得二十人之力。况銃值只須一人安家之費，并一月行糧，便可置辦。既能制敵，又省輸輓徵調

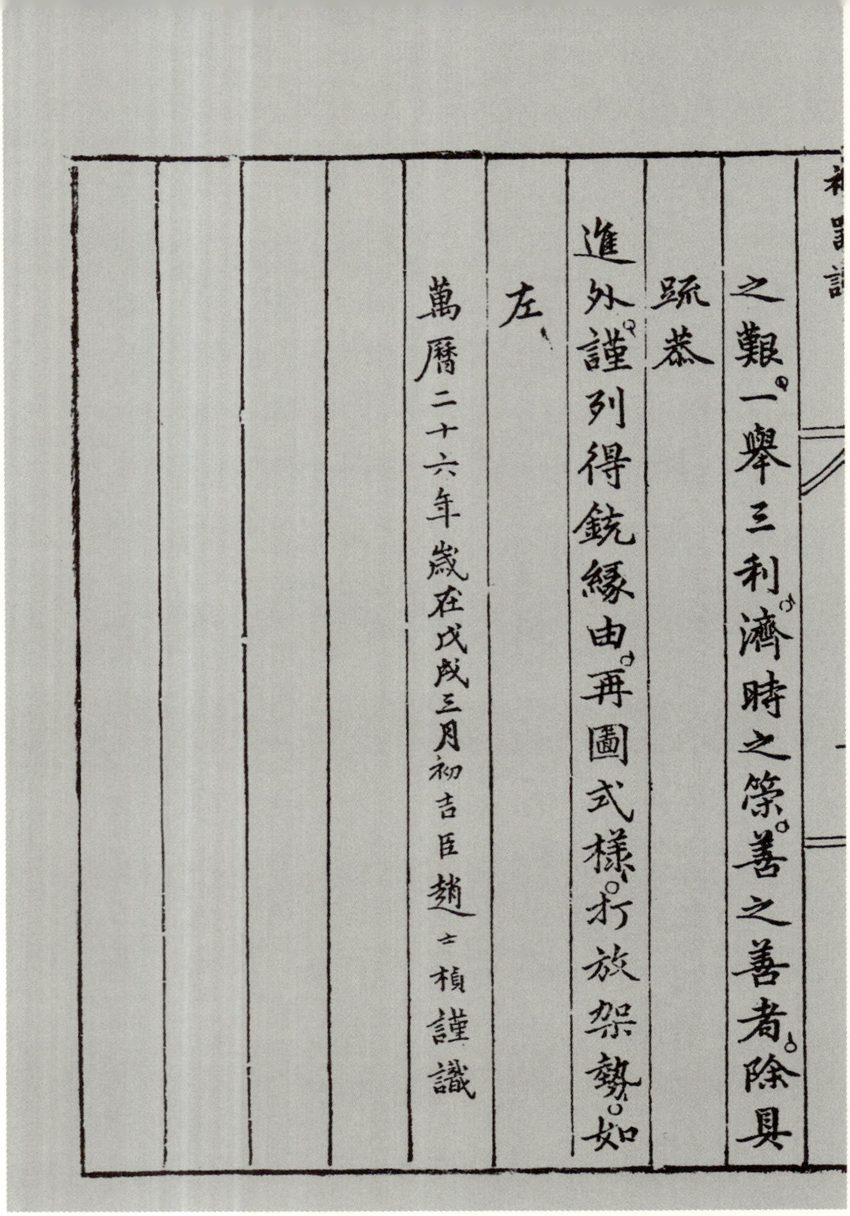

之艱。一舉三利。濟時之策。善之善者。除具
疏恭
進外。謹列得銃緣由。再圖式樣。打放架勢。如
左
萬曆二十六年歲在戊戌三月初吉臣趙士楨謹識

之艱。一舉三利，濟時之策，善之善者。除具疏恭進外，謹列得銃緣由，再圖式樣、打放架勢如左。

萬曆二十六年歲在戊戌三月初吉臣趙士楨謹識。

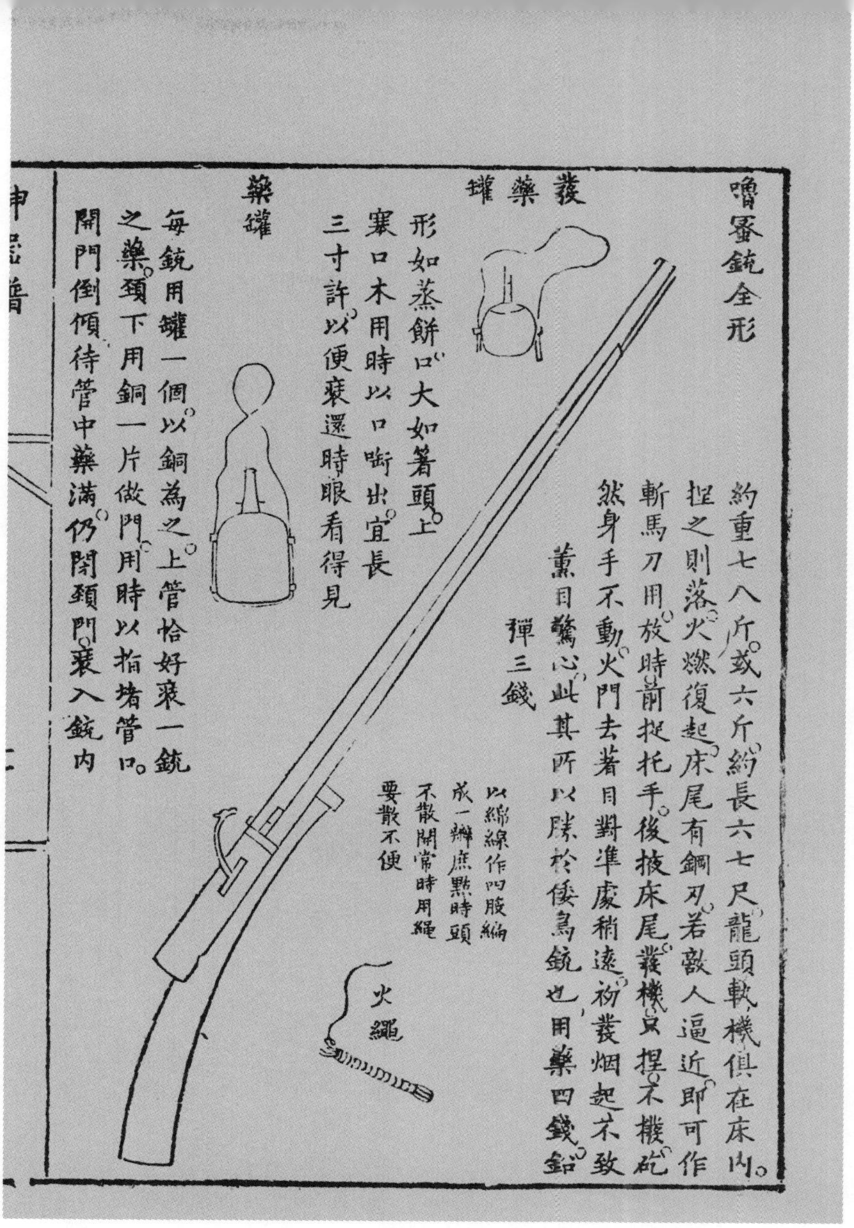

嚕蜜銃全形：約重七八斤或六斤。約長六七尺。龍頭、軌、機，俱在床内，捏之則落，火燃復起。床尾有鋼刃，若敵人逼近，即可作斬馬刀用。放時，前捉托手，後掖床尾，機只捏，不撥，砣然身手不動。火門去著目對準處稍遠，初發烟起，不致薰目驚心。此其所以勝於倭鳥銃也。用藥四錢，鉛彈三錢。

發藥罐：形如蒸餅，口大如箸頭。上塞口木，用時以口啣出，宜長三寸許，以便裝還時眼看得見。

藥罐：每銃用罐一個，以銅爲之。上管恰好裝一銃之藥。頸下用銅一片做門。用時以指堵管口，開門倒傾。待管中藥滿，仍閉頸門，裝入銃内。

火繩：以綿線作四股，編成一辮，庶點時頭不散開，常時用繩要散不便。

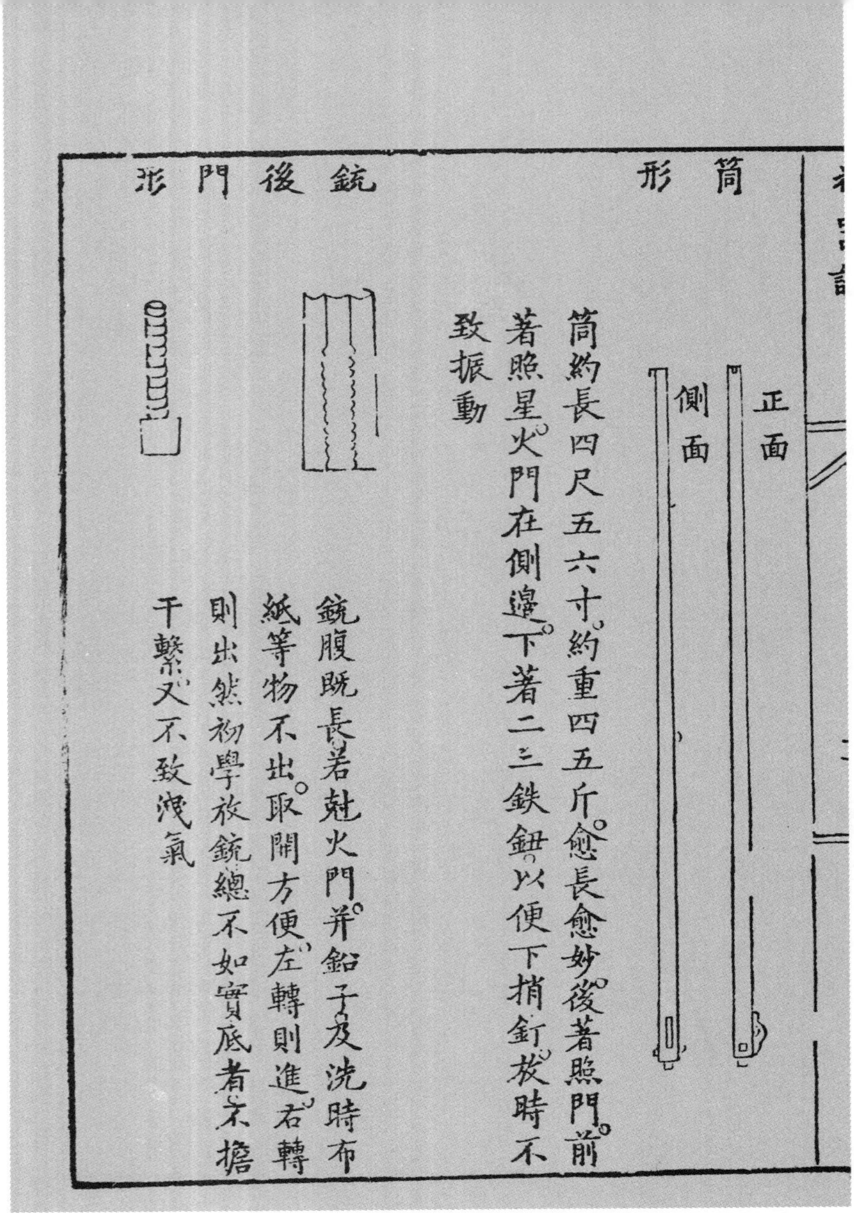

筒形：正面。側面。筒約長四尺五六寸，約重四五斤，愈長愈妙。後著照門，前著照星，火門在側邊。下著二三鐵鈕，以便下梢釘，放時不至振動。

銃後門形：銃腹既長，若尅火門，并鉛子及洗時布紙等物不出，取開方便，左轉則進，右轉則出。然初學放銃，總不如實底者，不擔干繫，又不致洩氣。

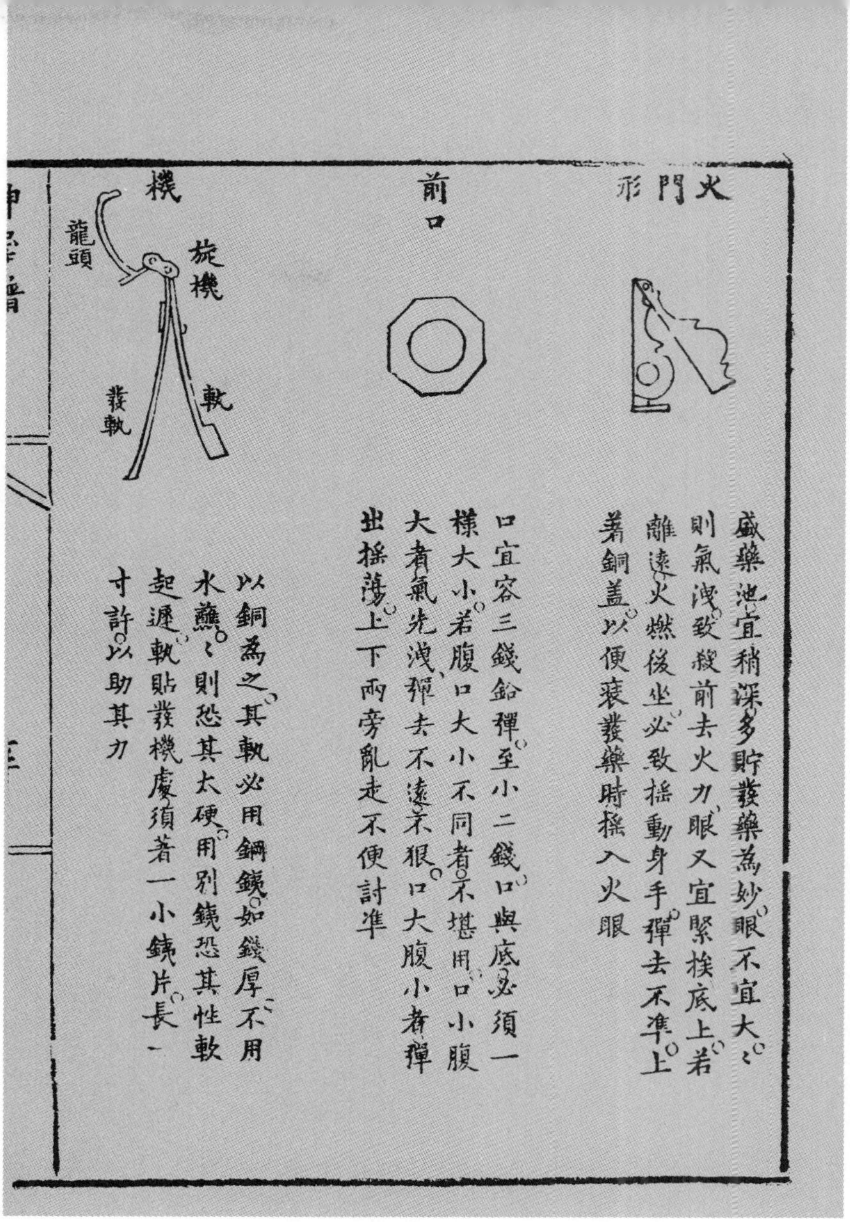
火門形
盛藥池宜稍深多貯發藥為妙眼不宜大々則氣洩致殺前去火力眼又宜緊挨底上若離遠火燃後坐必致搖動身手彈去不準上著銅蓋以便裝發藥時搖入火眼
前口
口宜容三錢鉛彈至小二錢口與底必須一樣大小若腹口大小不同者不堪用口小腹大者氣先洩彈去不遠不狠口大腹小者彈出搖蕩上下兩旁亂走不便討準
機
龍頭
旋機
軌
發軌
以銅為之其軌必用鋼鐵如錢厚不用水蘸々則恐其太硬用別鐵恐其性軟起遲軌貼發機處須著一小鐵片長一寸許以助其力
神器譜

火門形：盛藥池，宜稍深，多貯發藥爲妙。眼不宜大，大則氣洩，致殺前去火力。眼又宜緊挨底上，若遠離，火燃後坐，必致搖動身手，彈去不準。上著銅蓋，以便裝發藥時，搖入火眼。

前口：口宜容三錢鉛彈，至小二錢。口與底，必須一樣大小。若腹口大小不同者，不堪用。口小腹大者，氣先洩，彈去不遠不狠。口大腹小者，彈出搖蕩，上下兩旁亂走，不便討準。

機：龍頭、旋機、軌、發軌。以銅爲之。其軌必用鋼鐵，如錢厚。不用水蘸，蘸則恐其太硬。用別鐵恐其性軟起遲。軌貼發機處須著一小鐵片，長一寸許，以助其力。

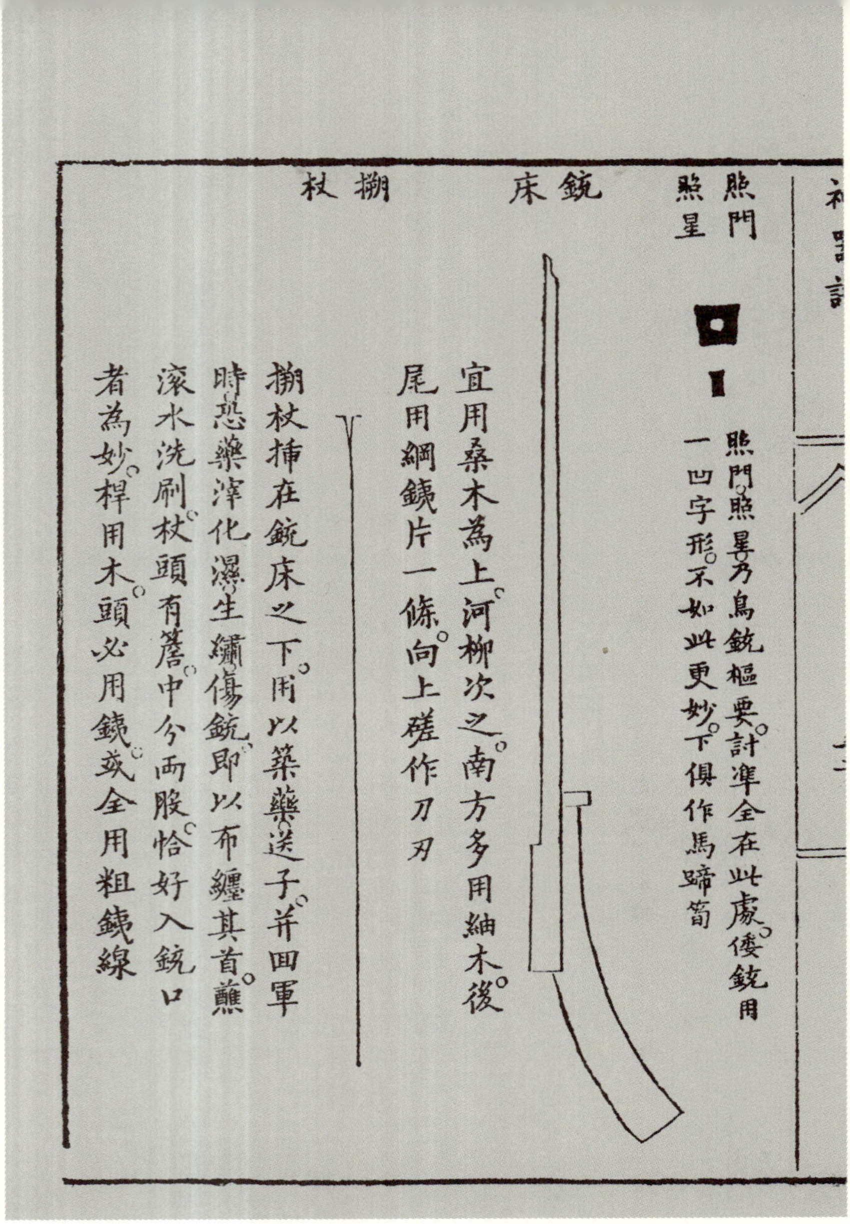

照門、照星：照門、照星，乃鳥銃樞要，討準全在此處。倭銃用一凹字形，不如此更妙。下俱作馬蹄筍。

銃床：宜用桑木爲上，河柳次之。南方多用紬木。後尾用網鐵片一條，向上磋作刀刃。

搠杖：搠杖插在銃床之下，用以築藥送子。并回軍時，恐藥滓化濕，生鏽傷銃，即以布纏其首，蘸滾水洗刷。杖頭有簷，中分兩股，恰好入銃口者爲妙。桿用木，頭必用鐵，或全用粗鐵線。

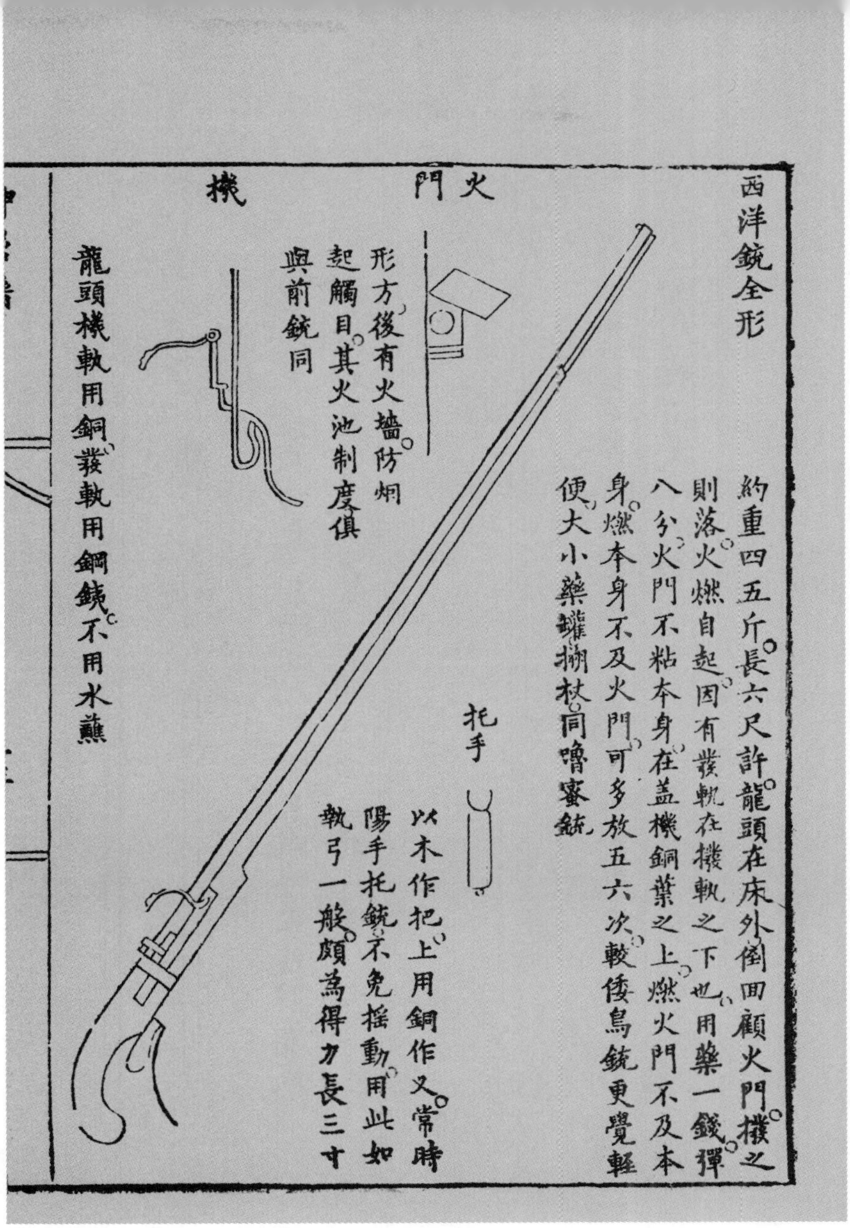

西洋銃全形：約重四五斤，長六尺許。龍頭在床外，倒回顧火門，撥之則落，火燃自起，因有發軌在撥機之下也。用藥一錢，彈八分。火門不粘本身，在蓋機銅葉之上。燃火門不及本身，燃本身不及火門，可多放五六次，較倭鳥銃更覺輕便。大小藥罐、搠杖，同嚕蜜銃。

火門：形方。後有火墻，防烟起觸目。其火池制度，俱與前銃同。

機：龍頭、機、軌用銅。發軌用鋼鐵，不用水醮。

托手：以木作把，上用銅作叉。常時陽手托銃，不免搖動，用此如執弓一般，頗爲得力。長三寸。

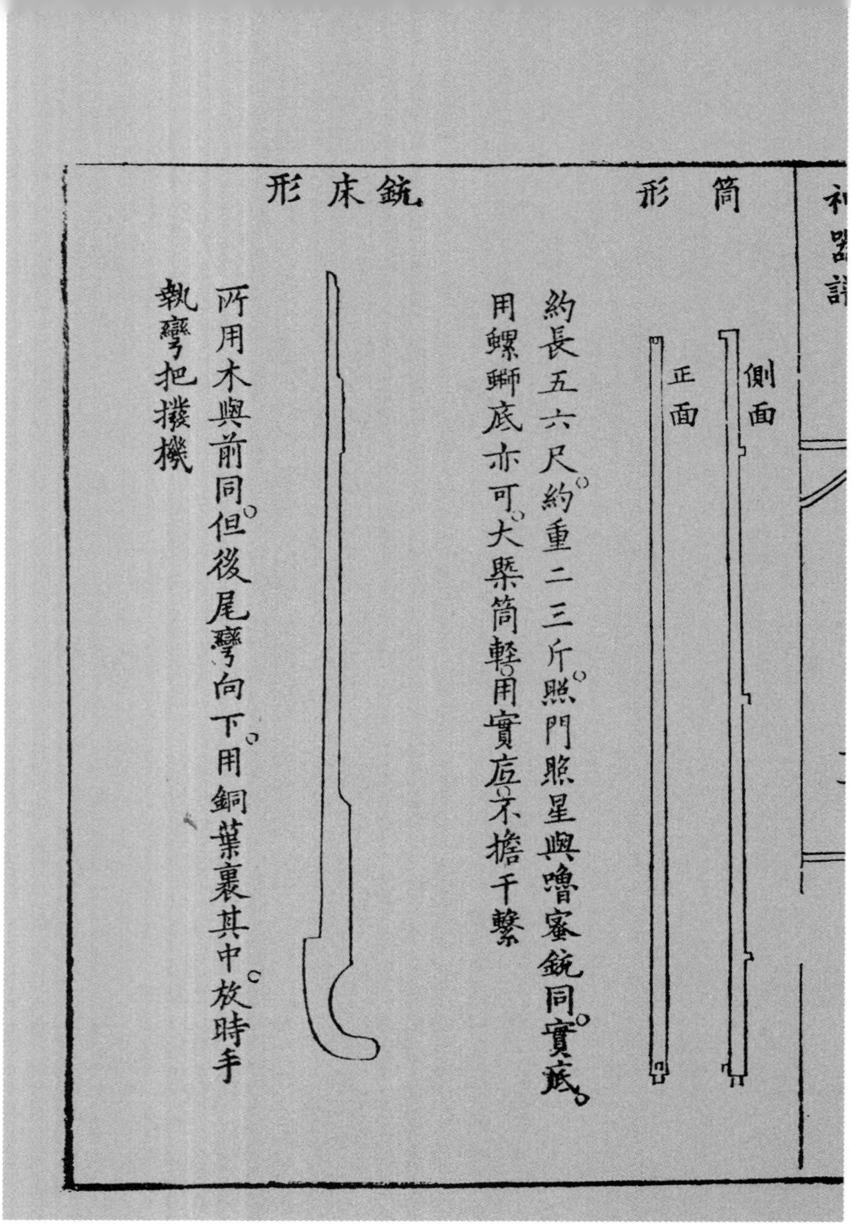

筒形：側面。正面。約長五六尺，約重二三斤。照門、照星與嚕蜜銃同。實底，用螺螄底亦可。大概筒輕，用實底不擔干繫。

銃床形：所用木與前同，但後尾彎向下，用銅葉裹其中。放時手執彎把撥機。

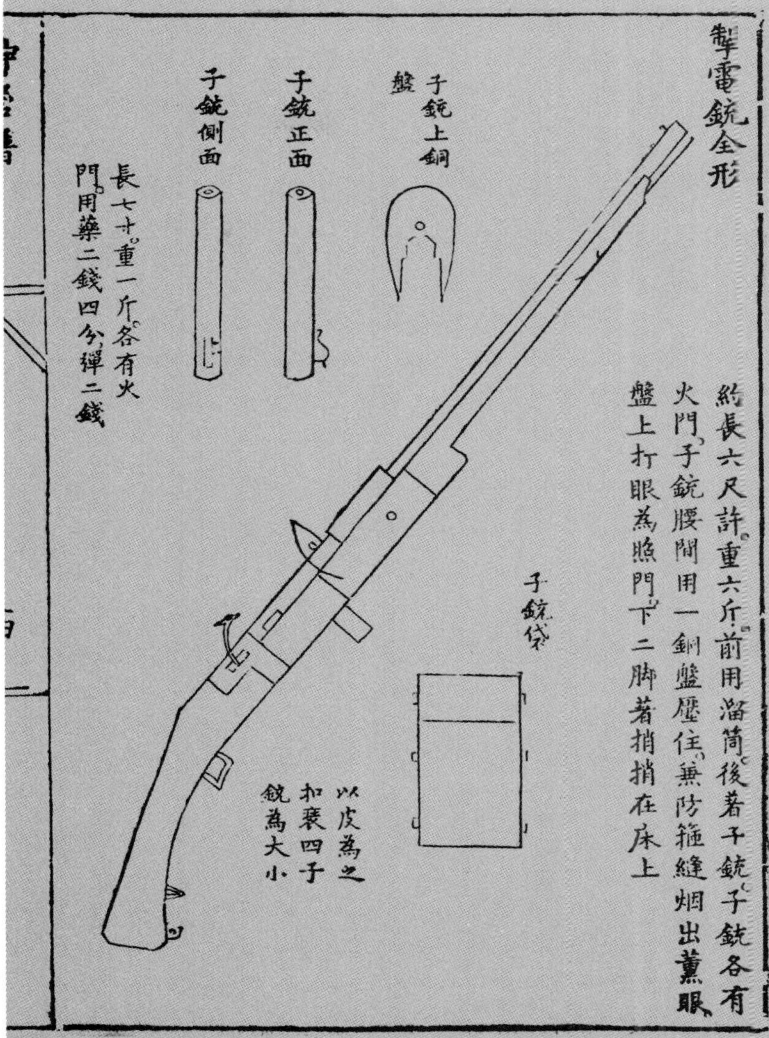

擊電銃全形：約長六尺許，重六斤。前用溜筒，後著子銃。子銃各有火門。子銃腰間用一銅盤壓住，兼防箍縫烟出薰眼。盤上打眼爲照門，下二脚著梢，梢在床上。

子銃上銅盤。

子銃正面。子銃側面。長七寸，重一斤，各有火門，用藥二錢四分，彈二錢。

子銃袋：以皮爲之，扣裝四子銃爲大小。

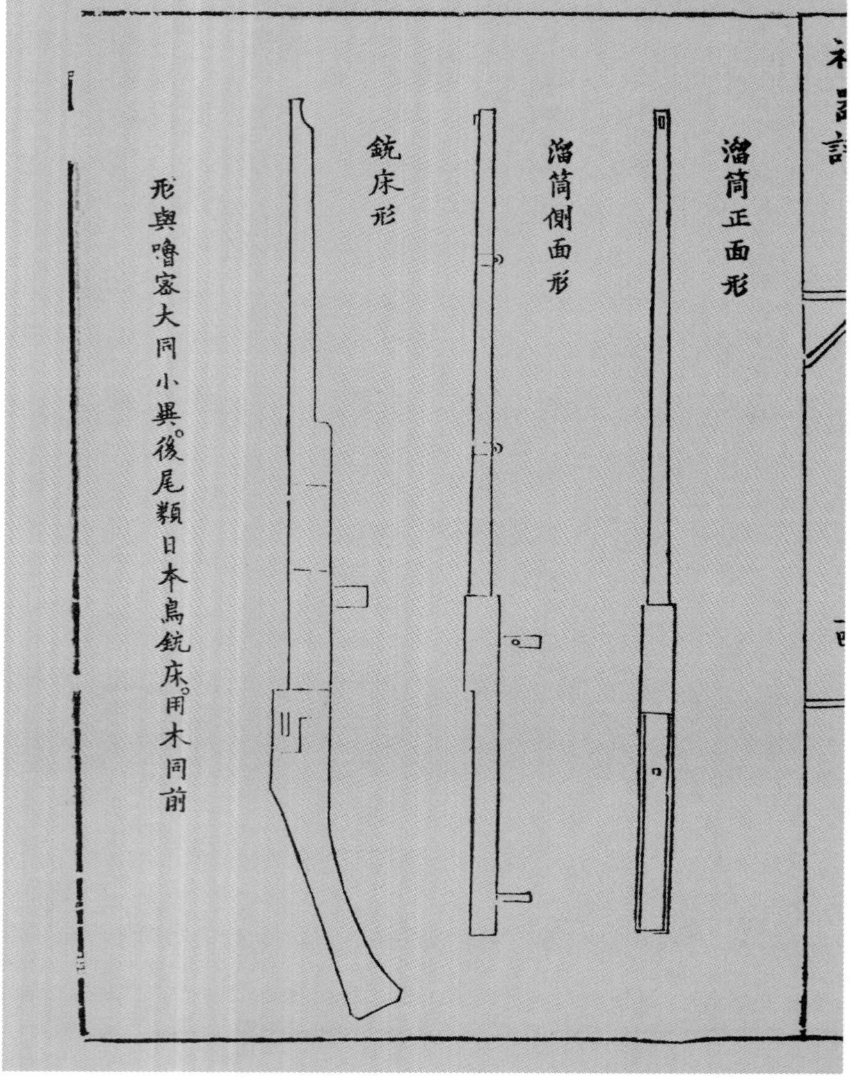

溜筒正面形。溜筒側面形。
銃床形：形與嚕密大同小異。後尾類日本鳥銃床。用木同前。

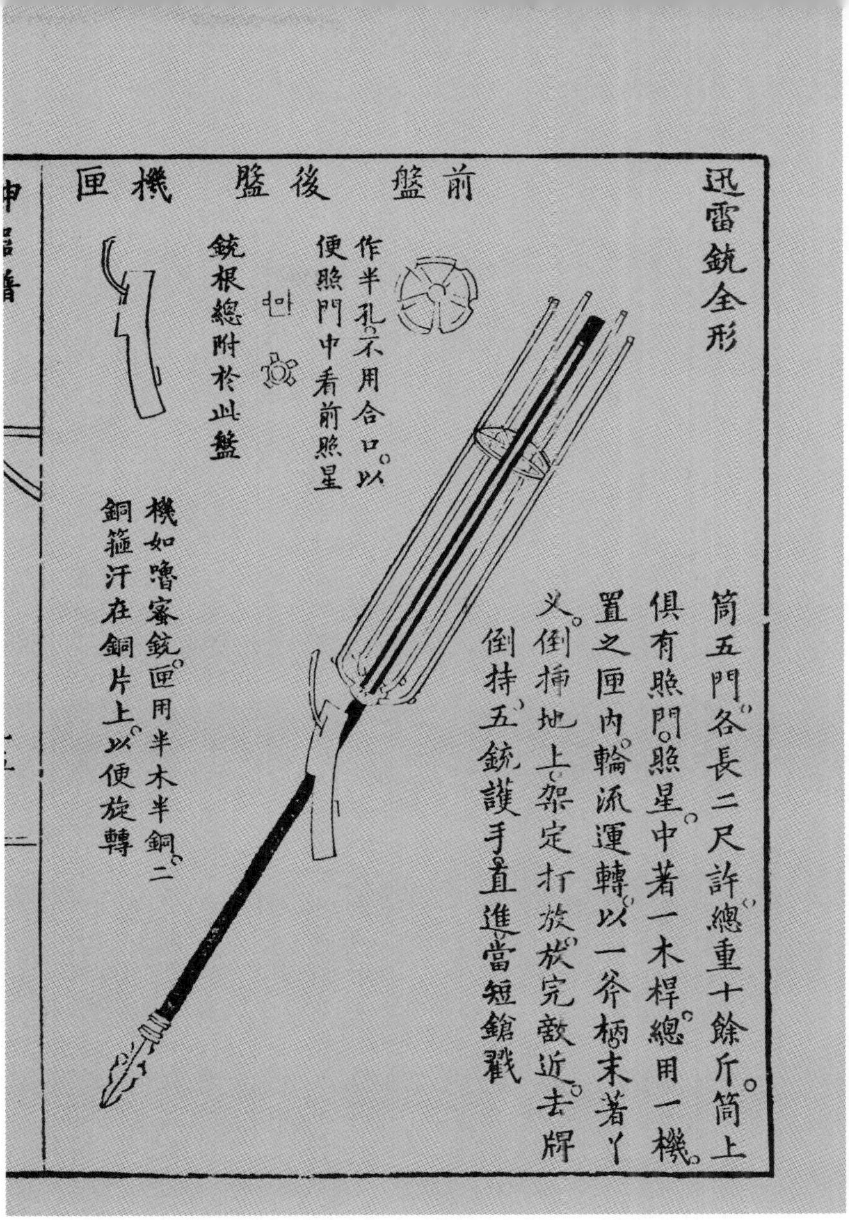

迅雷銃全形：筒五門，各長二尺許，總重十餘斤。筒上俱有照門、照星，中著一木桿，總用一機，置之匣內，輪流運轉。以一斧柄，末著丫叉，倒插地上，架定打放。放完敵近，去牌倒持，五銃護手，直進，當短鎗戳。

前盤：作半孔，不用合口，以便照門中看前照星。

後盤：銃根總附於此盤。

機匣：機如嚕蜜銃，匣用半木半銅，二銅箍汗在銅片上，以便旋轉。

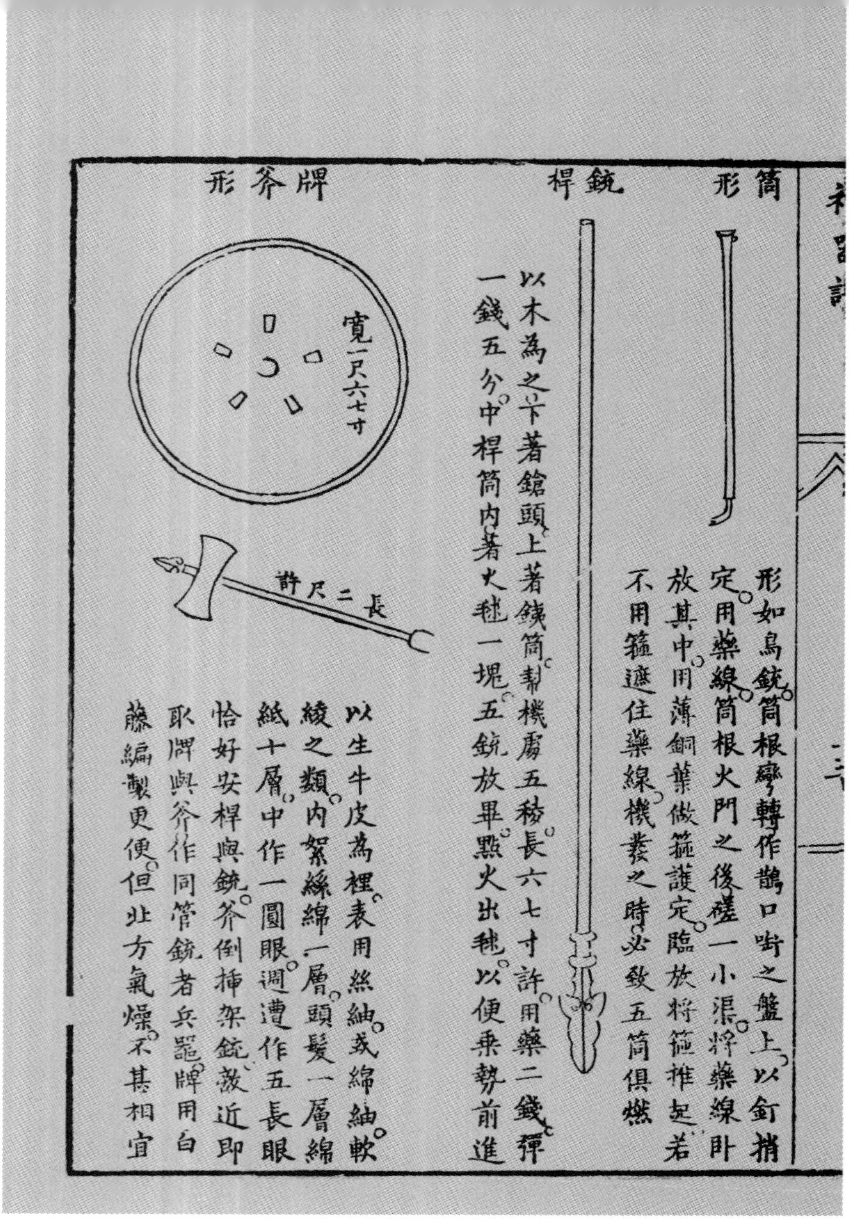

筒形：形如鳥銃，筒根彎轉，作鵲口啣之盤上，以釘捎定。用藥線。筒根火門之後，磋一小渠，將藥線臥放其中，用薄銅葉做箍護定。臨放，將箍推起。若不用箍遮住藥線，機發之時，必致五筒俱燃。

銃桿：以木爲之，下著鎗頭，上著鐵筒。幫機處五稜，長六七寸許。用藥二錢、彈一錢五分。中桿筒内著火毬一塊。五銃放畢，點火出毬，以便乘勢前進。

牌斧形：寬一尺六七寸。長二尺許。以生牛皮爲裡，表用絲紬，或棉紬、軟綾之類，内絮絲綿一層、頭髮一層、綿紙十層。中作一圓眼，週遭作五長眼，恰好安桿與銃。斧倒插架銃。敵進即取牌與斧，作同管銃者兵器。牌用白藤編製更便，但北方氣燥，不甚相宜。

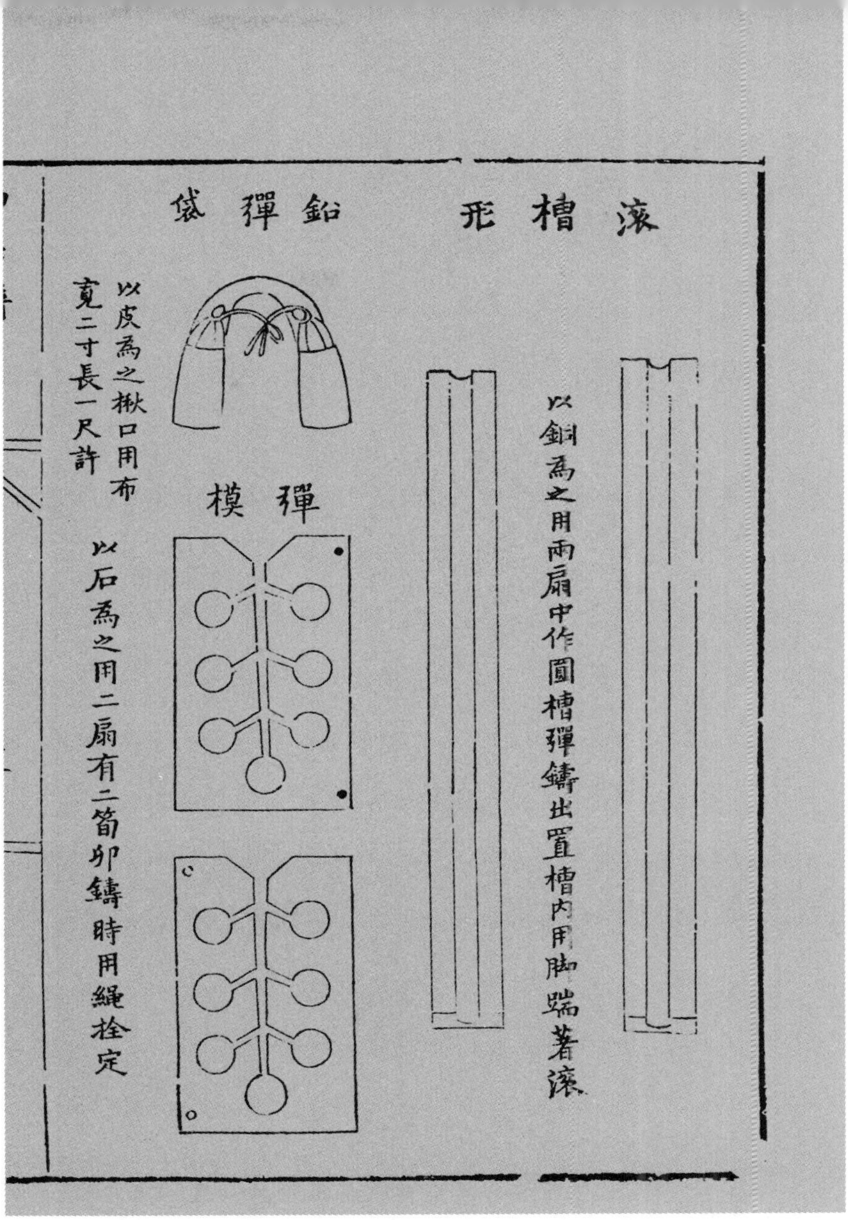

滾槽形：以銅爲之，用兩扇，中作圓槽。彈鑄出，置槽内，用脚踹著滾。

鉛彈袋：以皮爲之，揪口用布，寬二寸，長一尺許。

彈模：以石爲之，用二扇，有二筍卯，鑄時用繩拴定。

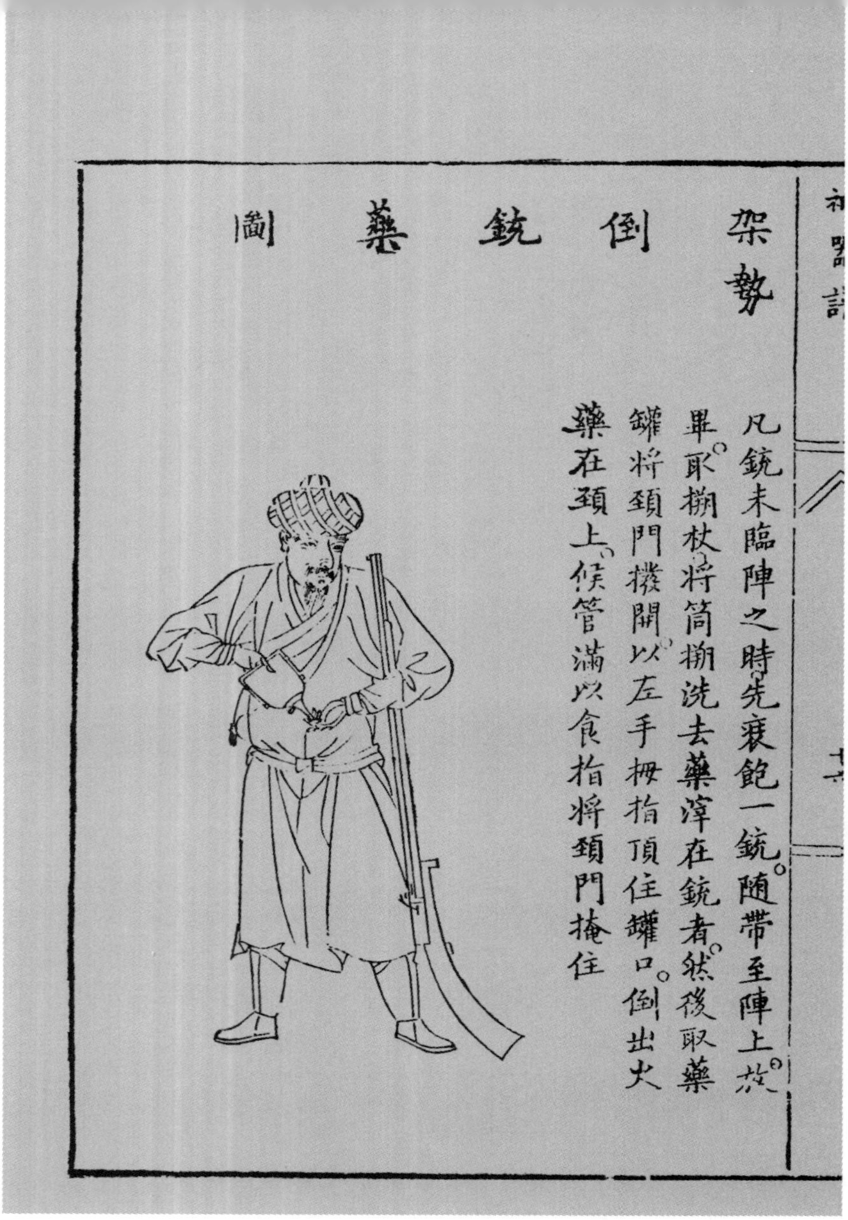

架勢

倒銃藥圖

凡銃未臨陣之時先裝飽一銃隨帶至陣上放畢取搠杖將筒搠洗去藥滓在銃者然後取藥罐將頸門撥開以左手拇指頂住罐口倒出火藥在頸上候管滿以食指將頸門掩住

架勢

倒銃藥圖：凡銃未臨陣之時，先裝飽一銃，帶至陣上。放畢，取搠杖，將筒搠洗，去藥滓在銃者。然後取藥罐，將頸門撥開，以左手拇指頂住罐口，倒出火藥在頸上，候管滿，以食指將頸門掩住。

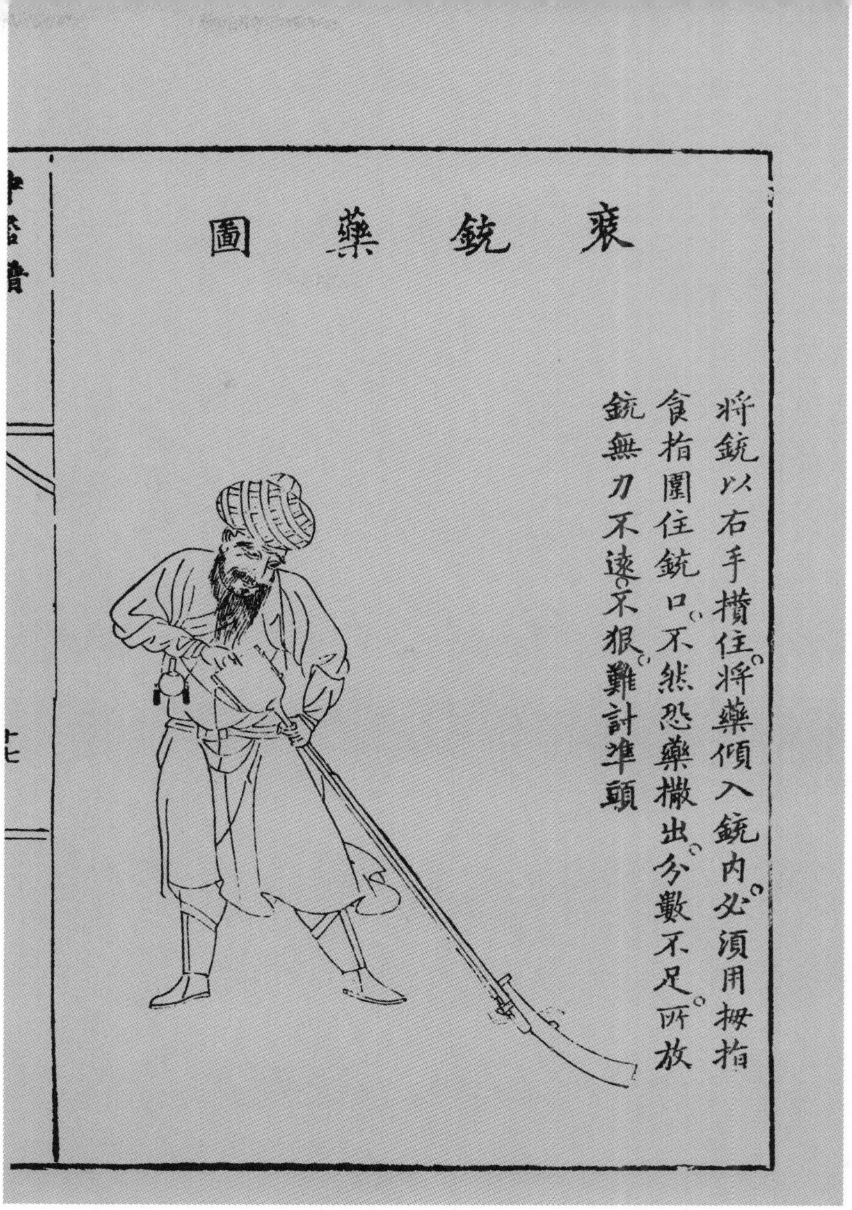

裝銃藥圖：將銃以右手攢住，將藥傾入銃內。必須用拇指、食指圍住銃口，不然恐藥撒出，分數不足，所放銃無力，不遠不狠，難討準頭。

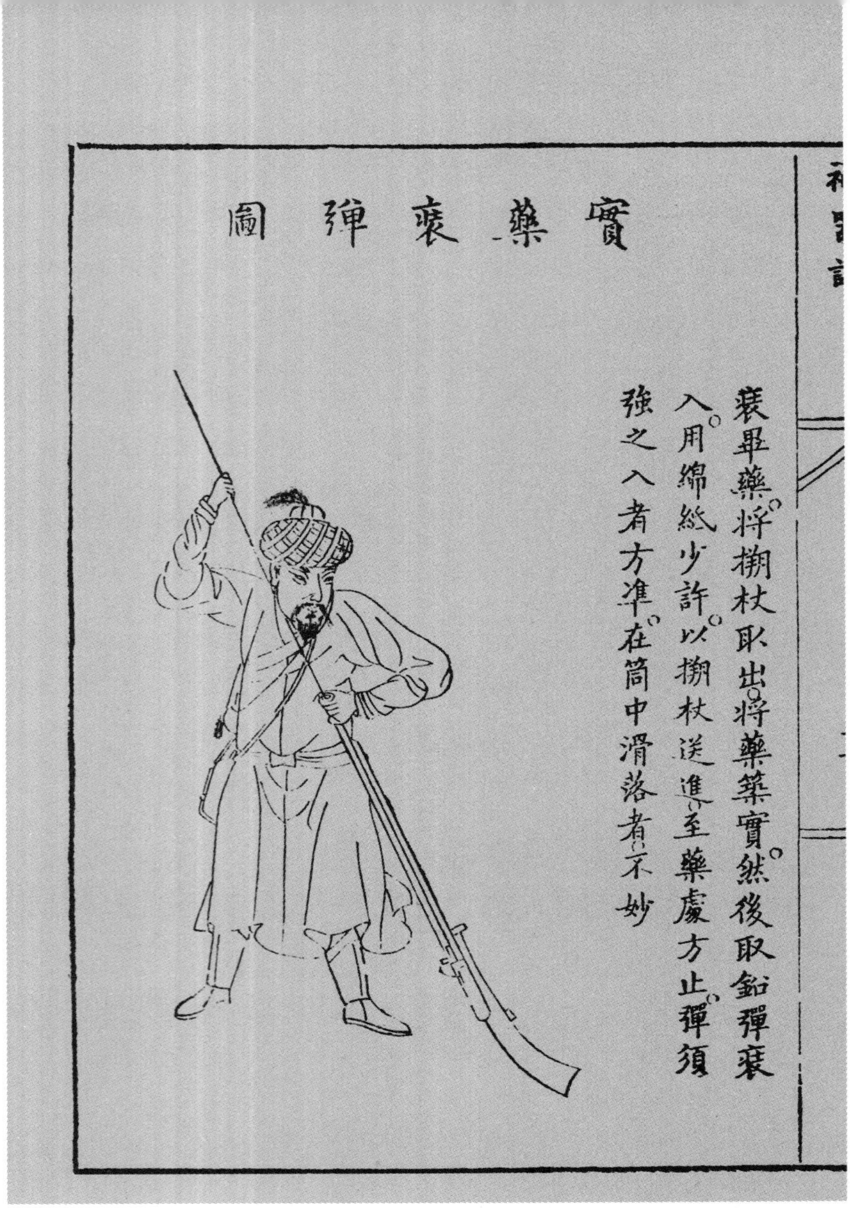

實藥裝彈圖[1]：裝畢藥，將搠杖取出，將藥築實。然後取鉛彈裝入，用綿紙少許，以搠杖送進，至藥處方止。彈須強之入者方準，在筒中滑落者不妙。

1 圖中人頭巾上纓裝物爲後人加繪，非原版刻畫。

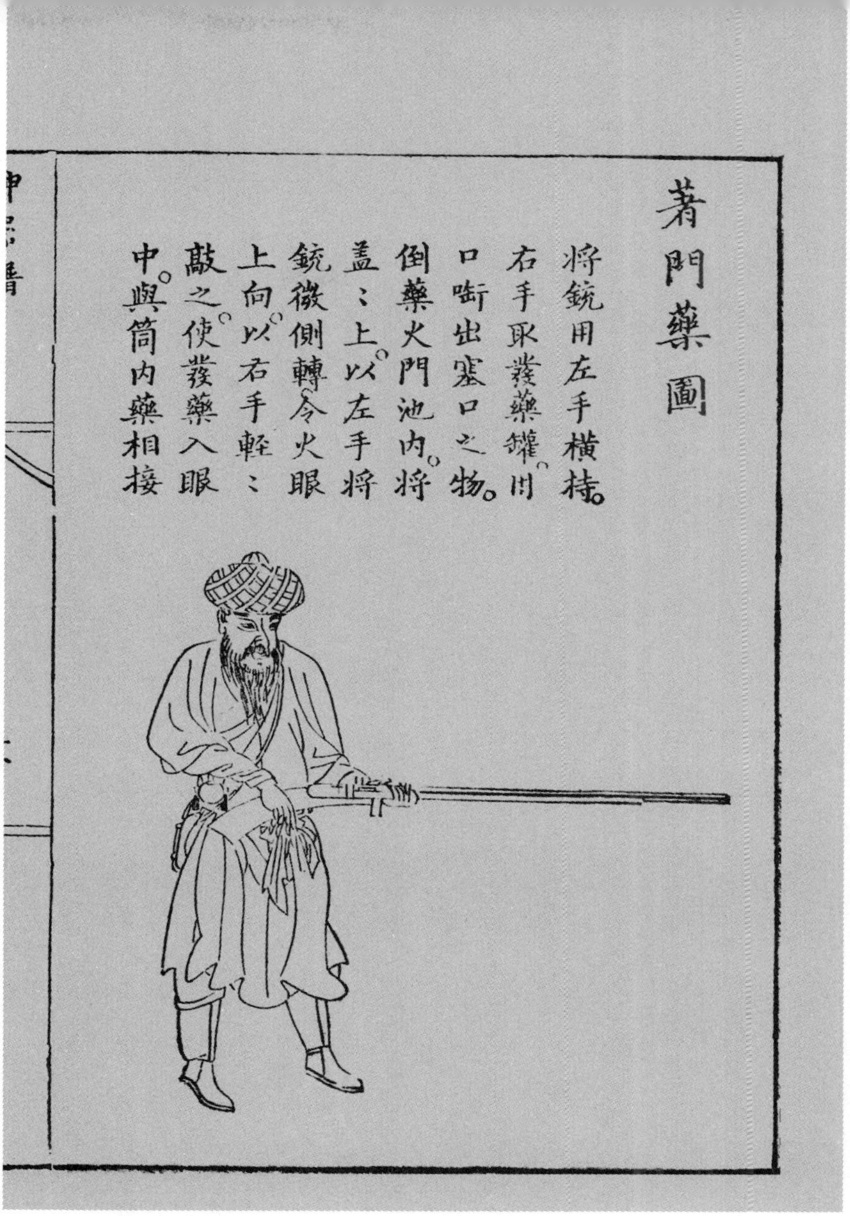

著門藥圖：將銃用左手橫持，右手取發藥罐，用口啣出塞口之物，倒藥火門池内，將蓋蓋上。以左手將銃微側轉，令火眼上向，以右手輕輕敲之，使發藥入眼中，與筒内藥相接。

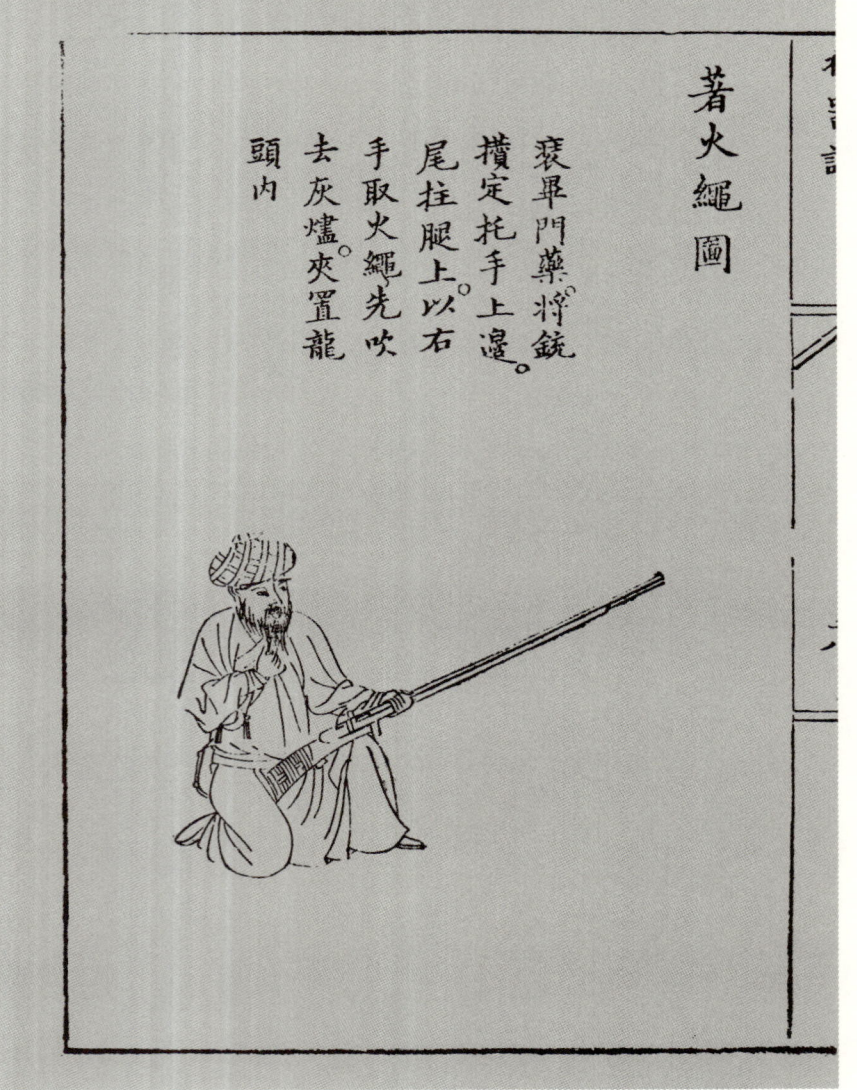

著火繩圖

裝畢門藥。將銃攢定托手上邊。尾拄腿上。以右手取火繩先吹去灰燼。夾置龍頭内

著火繩圖：裝畢門藥，將銃攢定托手上邊，尾拄腿上。以右手取火繩，先吹去灰燼，夾置龍頭内。

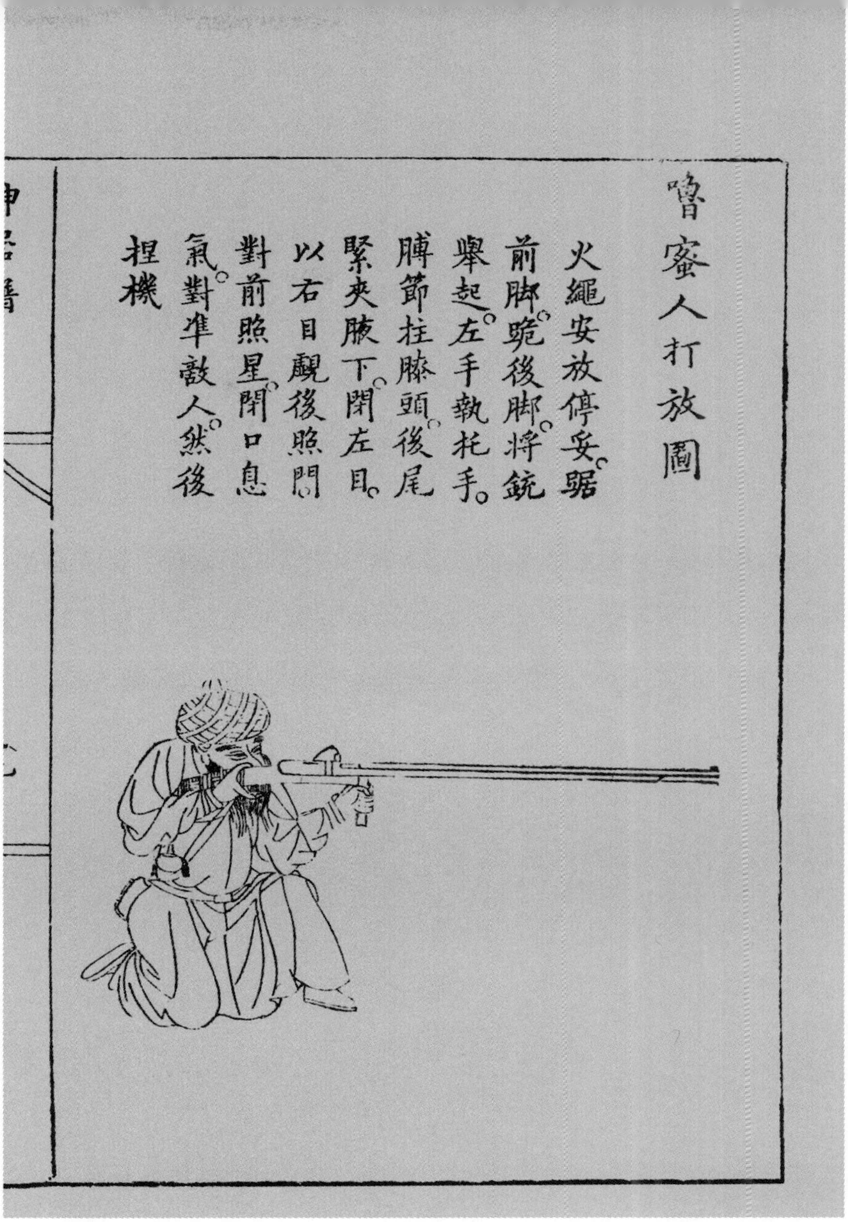

嚕蜜人打放圖：火繩安放停妥，踞前脚，跪後脚。將銃舉起，左手執托手，膊節拄膝頭，後尾緊夾腋下。閉左目，以右目覷後照門，對前照星。閉口息氣，對準敵人，然後捏機。

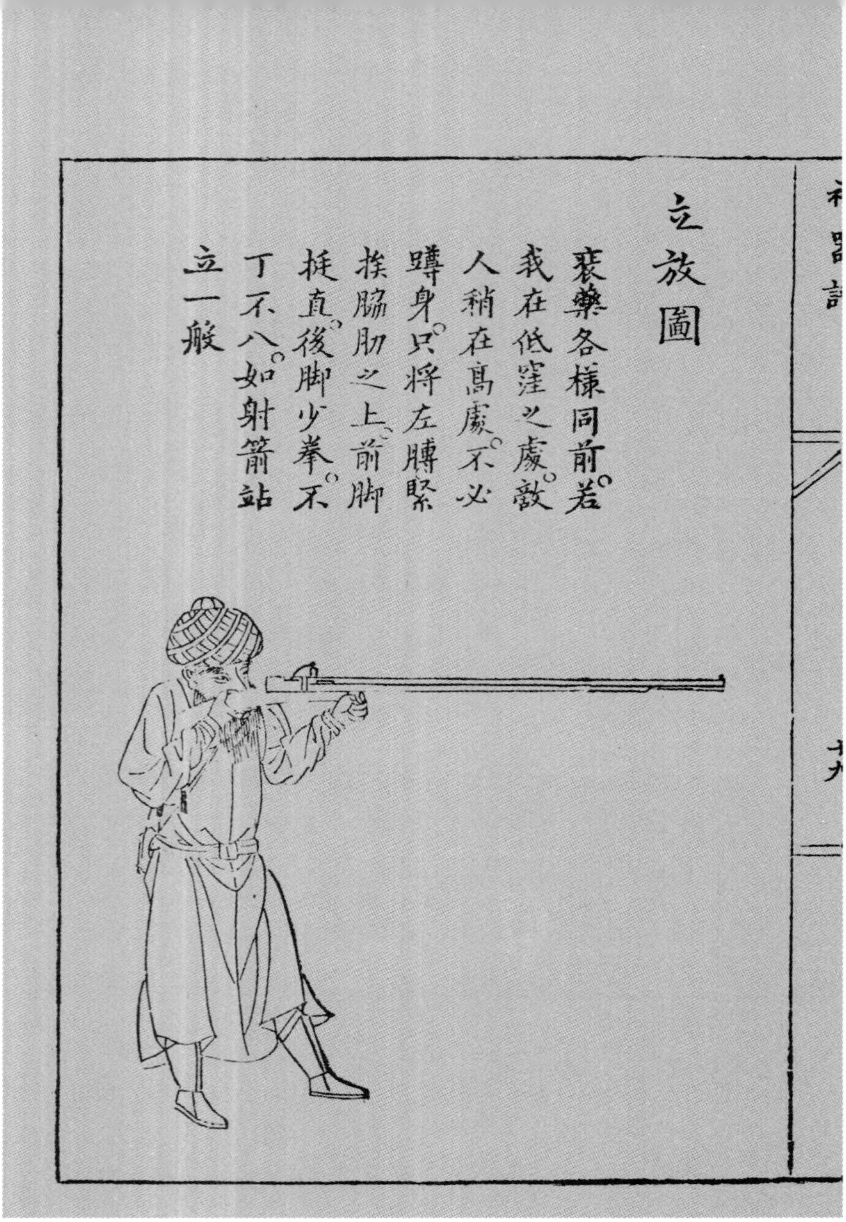

立放圖

裝藥各樣同前。若我在低窪之處。敵人稍在高處。不必蹲身。只將左膊緊挨脇肋之上。前脚挺直。後脚少拳。不丁不八。如射箭站立一般

立放圖：裝藥各樣同前。若我在低窪之處，敵人稍在高處，不必蹲身，只將左膊緊挨脇肋之上，前脚挺直，後脚稍拳，不丁不八，如射箭站立一般。

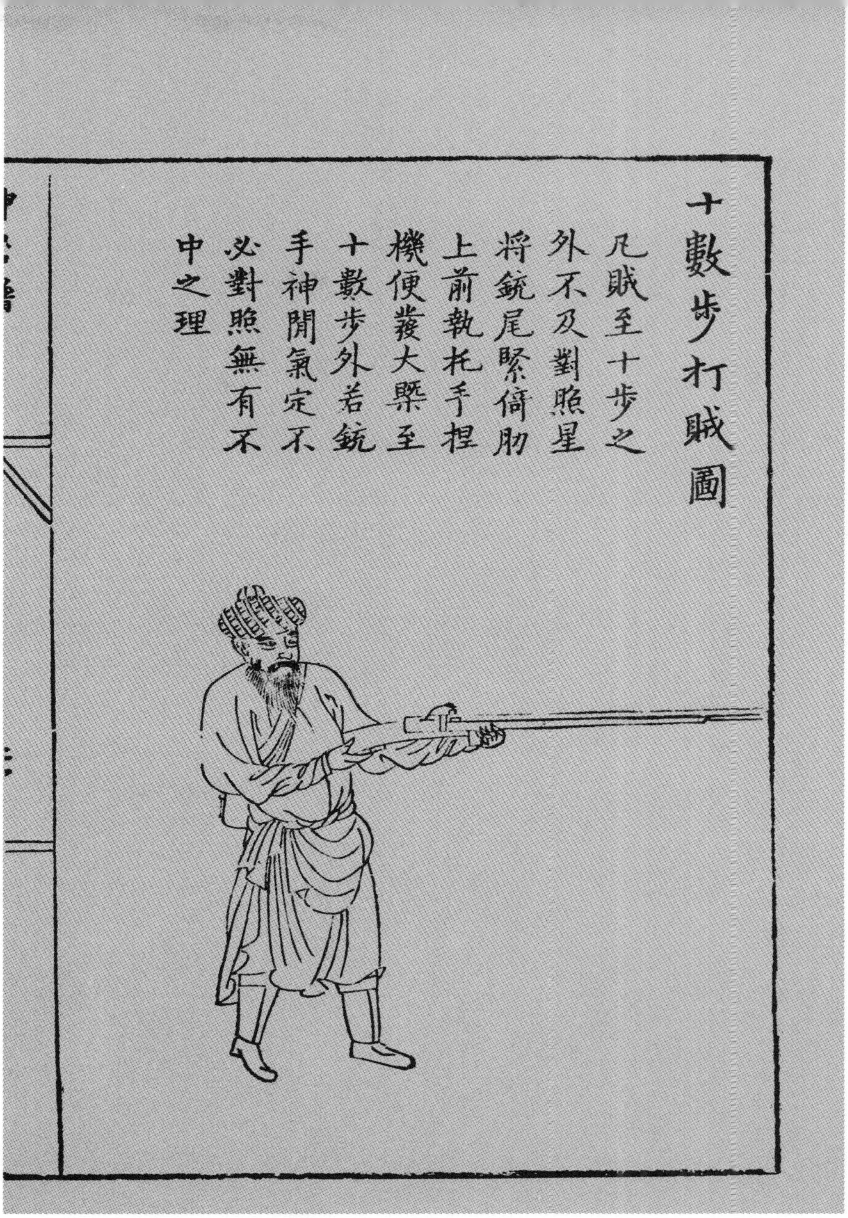

十數步打賊圖：凡賊至十步之外，不及對照星，將銃尾緊依肋上，前執托手，捏機便發。大概至十數步外，若銃手神閒氣定，不必對照，無有不中之理。

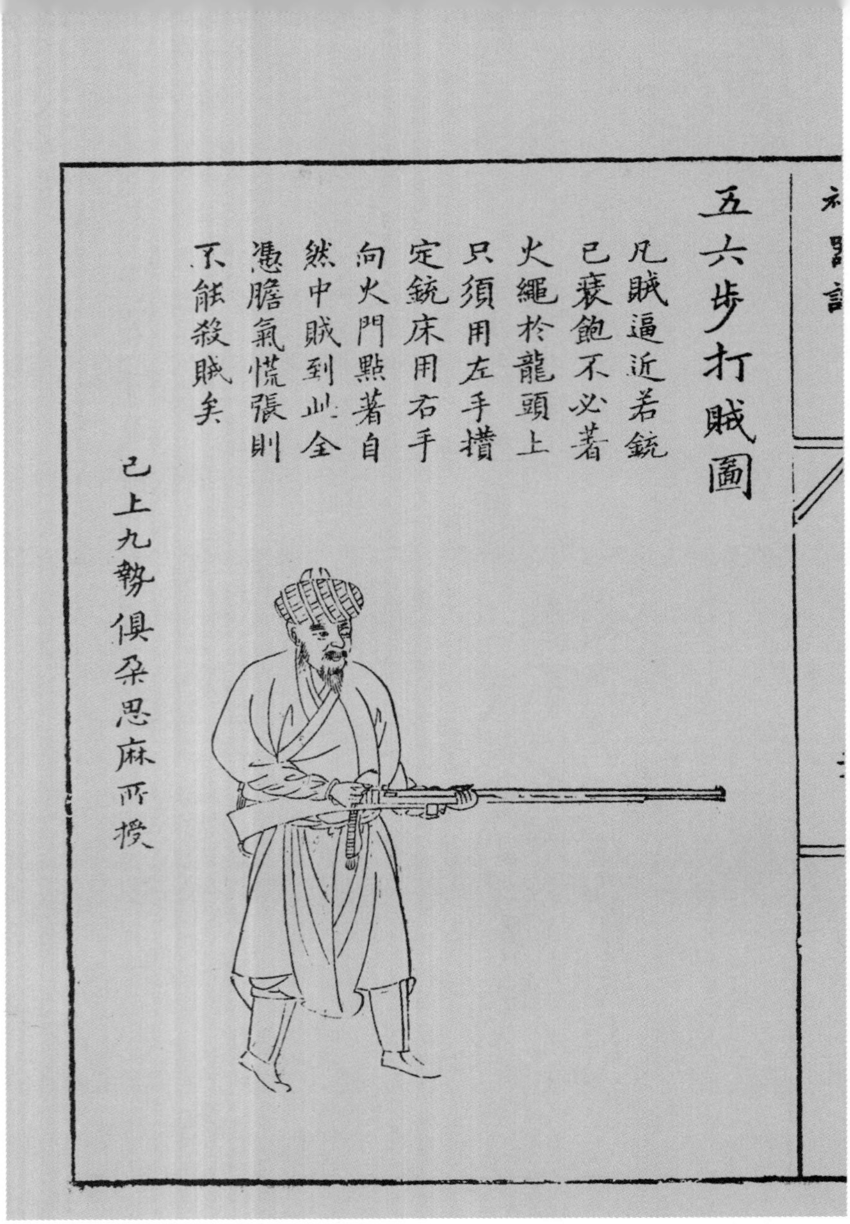
五六步打賊圖
凡賊逼近若銃已裝飽不必著火繩於龍頭上只須用左手攢定銃床用右手向火門點著自然中賊到此全憑膽氣慌張則不能殺賊矣
已上九勢俱朵思麻所授

五六步打賊圖：凡賊逼近，若銃已裝飽，不必著火繩於龍頭上，只須用左手攢定銃床，用右手向火門點著，自然中賊。到此全憑膽氣，慌張則不能殺賊矣。

已上九勢，俱朵思麻所授。

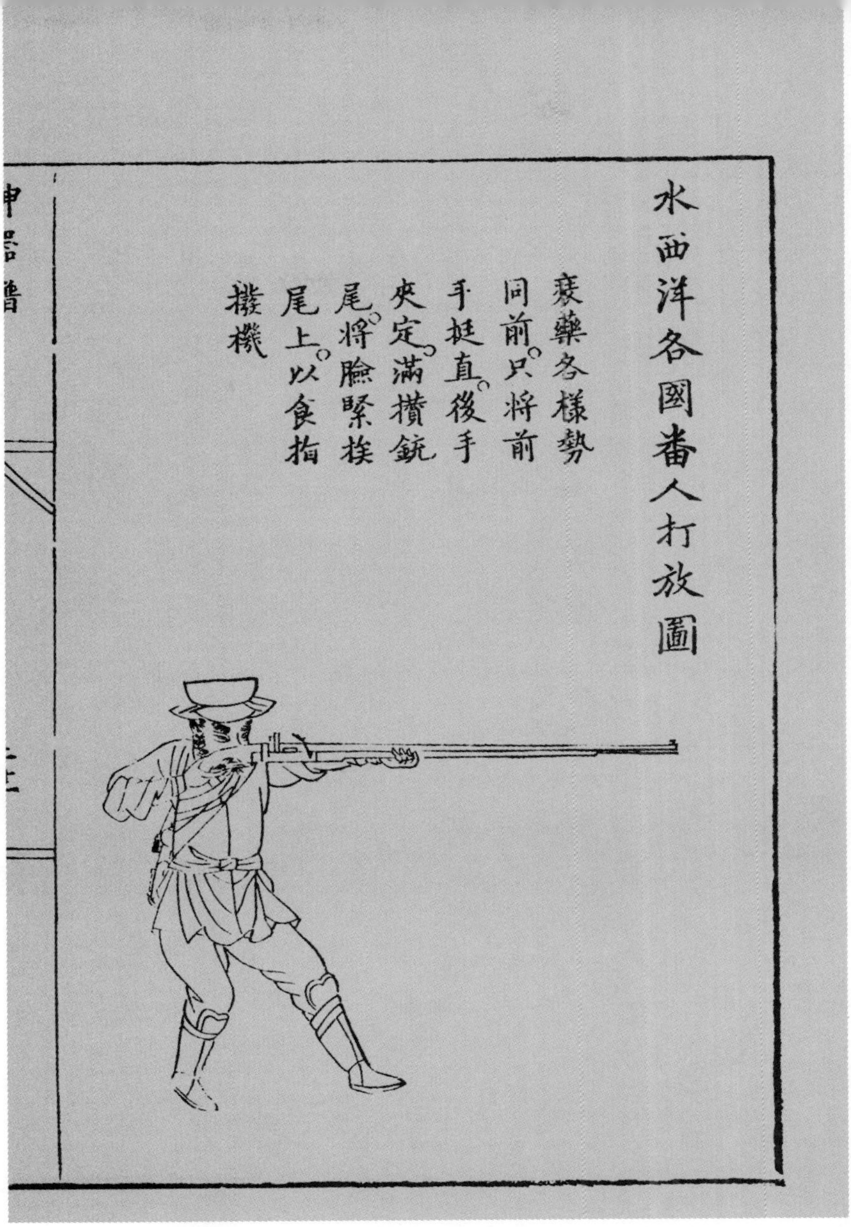

水西洋各國番人打放圖：裝藥各樣勢同前，只將前手挺直，後手夾定，滿攢銃尾，將臉緊挨尾上，以食指撥機。

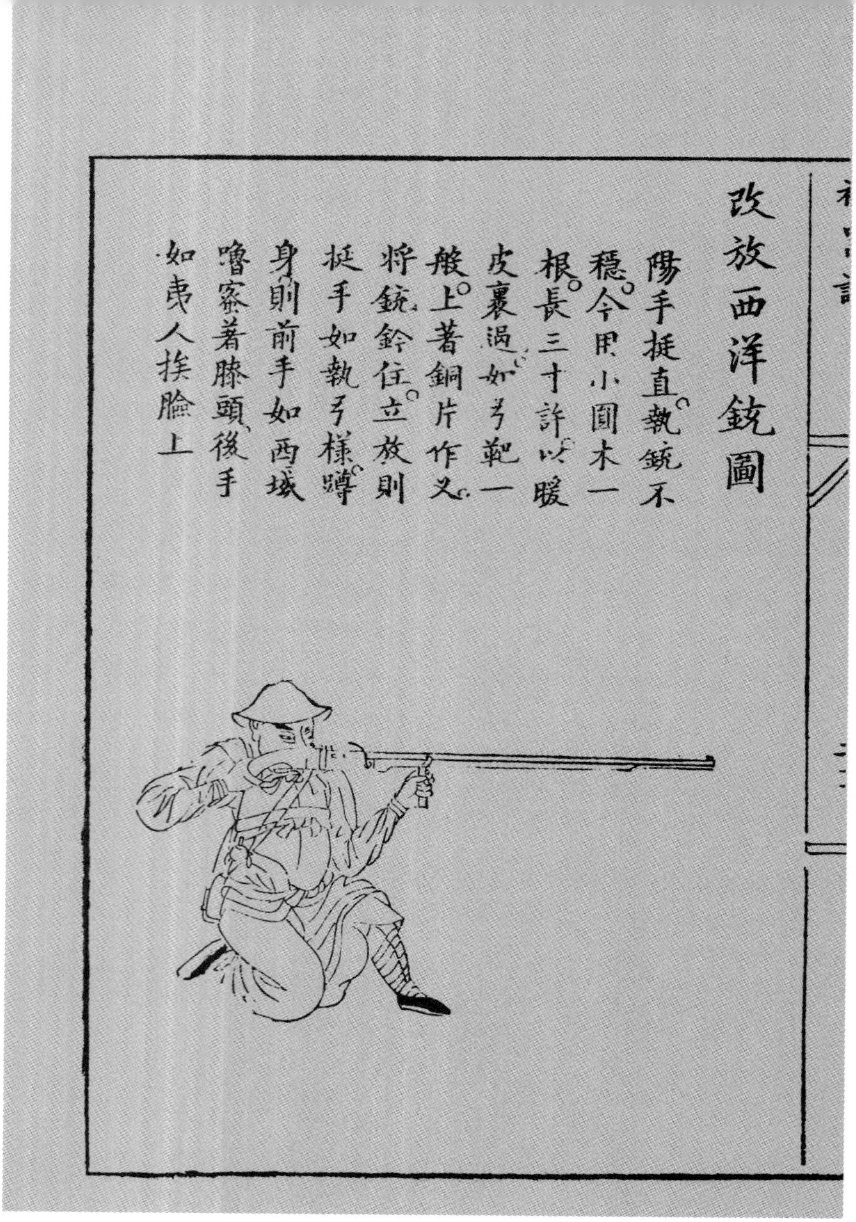
改放西洋銃圖
陽手挺直執銃不穩今用小圓木一根長三寸許以暖皮裹過如弓靶一般上著銅片作叉將銃鈐住立放則挺手如執弓樣蹲身則前手如西域嚕蜜著膝頭後手如夷人挨臉上

改放西洋銃圖：陽手挺直，執銃不穩。今用小圓木一根，長三寸許，以暖皮裹過，如弓靶一般。上著銅片作叉，將銃鈐住。立放則挺手如執弓樣。蹲身則前手如西域嚕蜜著膝頭，後手如夷人挨臉上。

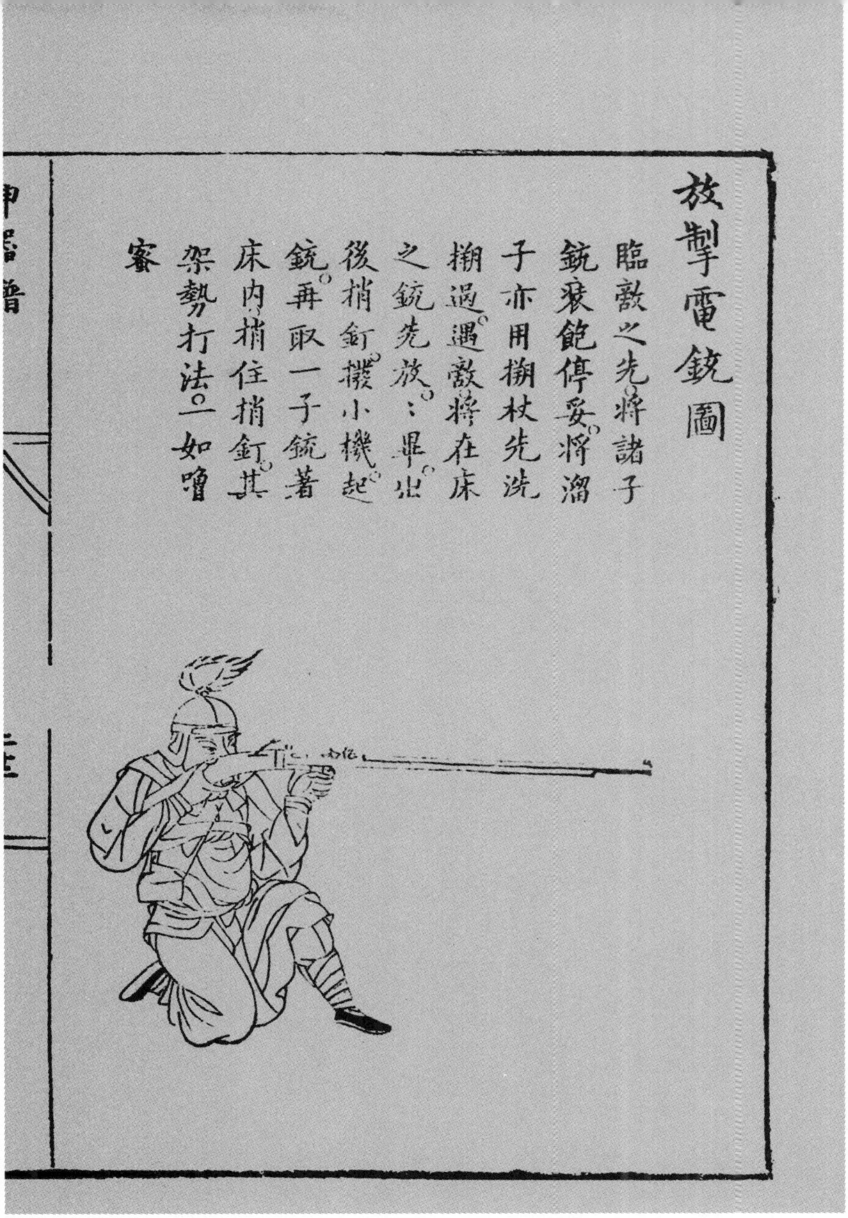

放掣電銃圖：臨敵之先，將諸子銃裝飽停妥。將溜子亦用搠杖先洗搠過。遇敵，將在床之銃先放。放畢，出後捎釘，撥小機，起銃。再取一子銃著床内，捎住捎釘。其架勢打法，一如嚕蜜。

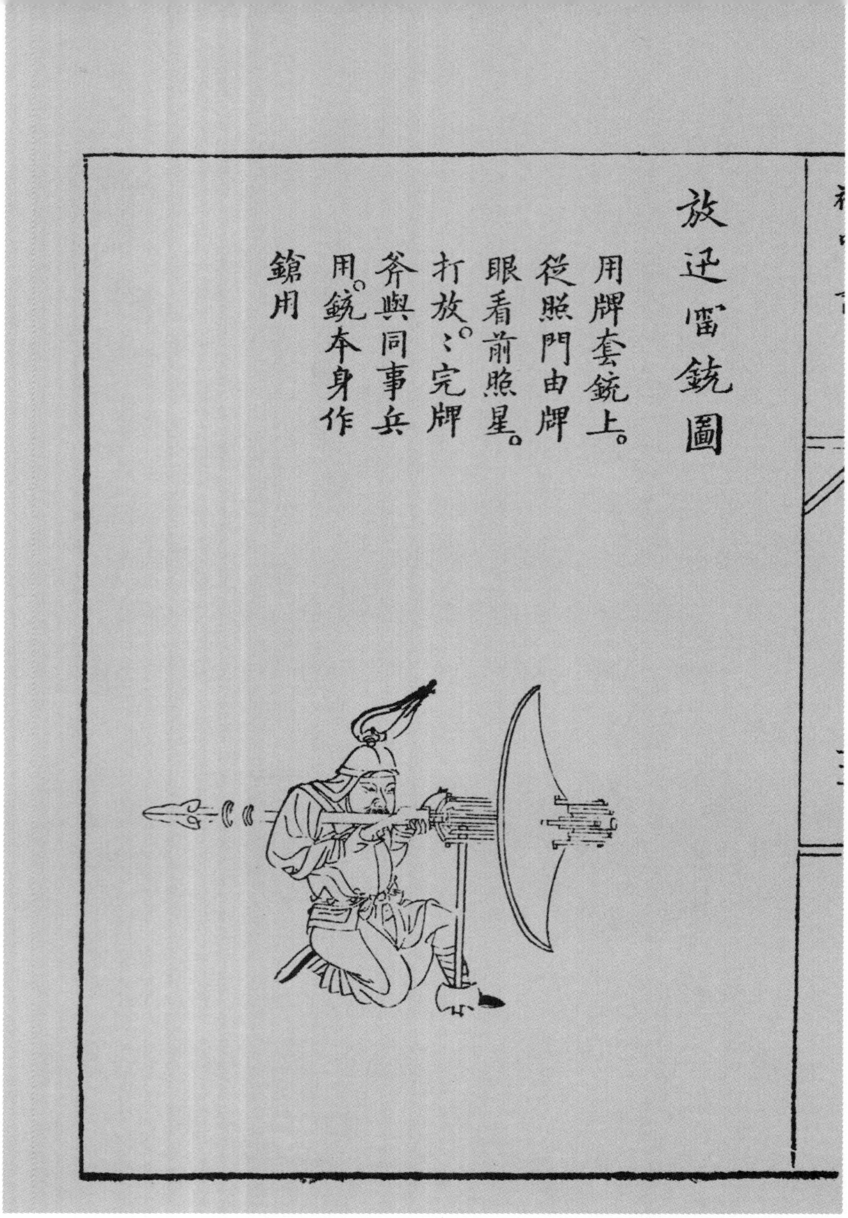

放迅雷銃圖：用牌套銃上，從照門由牌眼看前照星打放。放完，牌斧與同事兵用，銃本身作鎗用。

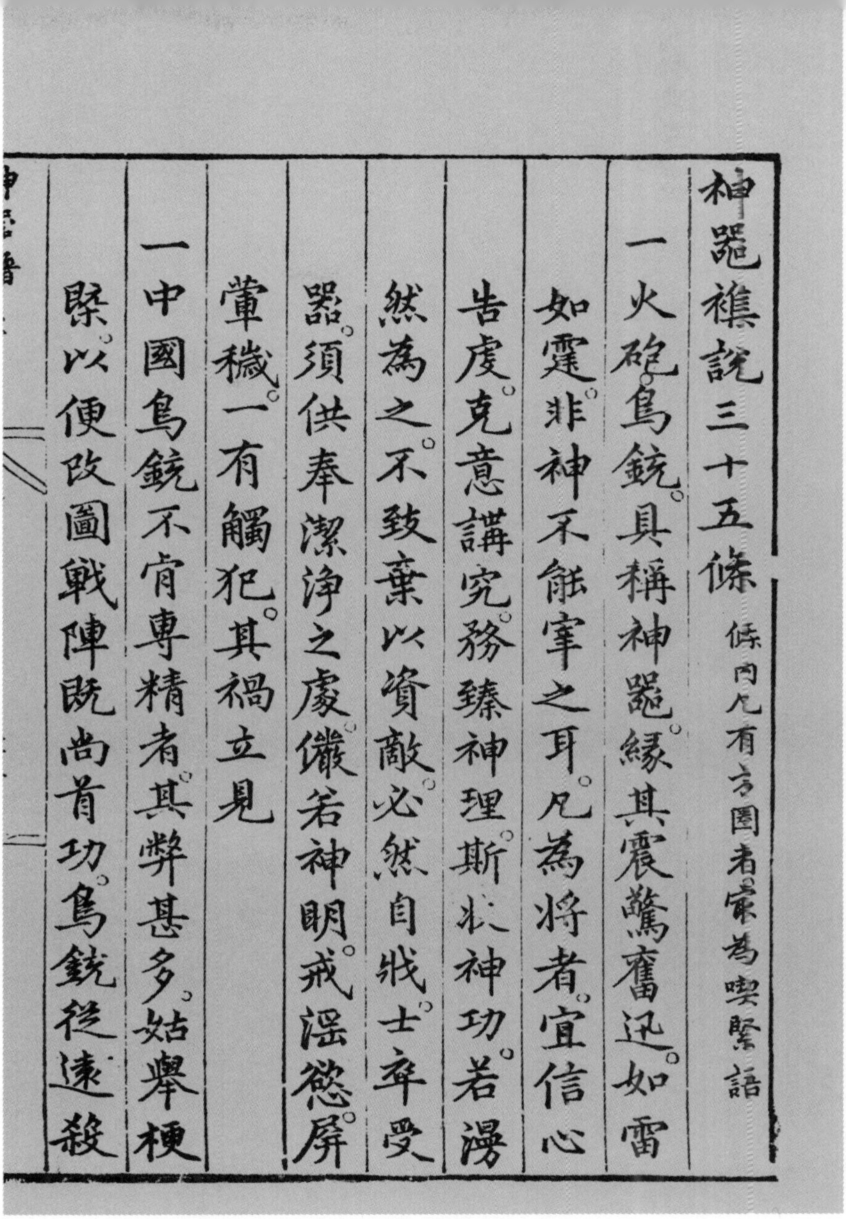
神器譜

神器禩說三十五條 條內凡有方圈者最爲喫緊語

一火砲鳥銃具稱神器緣其震驚奮迅如雷
如霆非神不能宰之耳凡爲將者宜信心
告虔克意講究務臻神理斯收神功若漫
然爲之不致棄以資敵必然自戕士卒受
器須供奉潔淨之處儼若神明戒淫慾屏
葷穢一有觸犯其禍立見
一中國鳥銃不肯專精者其弊甚多姑舉梗
槩以便攻圖戰陣既尚首功鳥銃從遠殺

神器禩説三十五條[1] 條内凡有方圈者最爲喫緊語[2]

一、火砲、鳥銃，具稱神器。緣其震驚奮迅，如雷如霆，非神不能宰之耳。凡爲將者，宜信心告虔，克意講究，務臻神理，斯收神功。若漫然爲之，不致棄以資敵，必然自戕士卒。受器，須供奉潔净之處，儼若神明，戒淫慾，屏葷穢。一有觸犯，其禍立見。

一、中國鳥銃不肯專精者，其弊甚多，姑舉梗概，以便攻圖。戰陣既尚首功，鳥銃從遠殺

1 三十五條，“國家圖書館”（臺北）藏《神器譜》初刻本（《玄覽堂叢書》影印）作“三十一”條，下文相應闕少北大本前四條。其中第一、二、四條見於明刻五卷本《神器譜》卷四“説銃”。第三條“鳥銃官司造時”云云，他本未載。

2 按原刻行間方圈，整理本改作著重號。

人不得劓級遂使戰勝攻克不受上賞人
心不平不肯專精一也鳥銃在諸器之先
無能之將號令不嚴進止無節兇威稍熾
短兵不顧銃手銃手往〻先受其害趨利
避害不肯專精二也鳥銃領之官司官司
造作未必如法極好銃筒三次便熱私自
演習慮及炸壞艱於賠償不易常習一烽
燧息警舉放火器京師恐聞
掖庭州縣怕駭官長不易常習二火藥鉛彈

人，不得劓級，遂使戰勝攻克，不受上賞，人心不平，不肯專精一也。鳥銃在諸器之先，無能之將，號令不嚴，進止無節，兇威稍熾，短兵不顧銃手，銃手往往先受其害，趨利避害，不肯專精二也。鳥銃領之官司，官司造作，未必如法。極好銃筒，三次便熱，私自演習，慮及炸壞，艱於賠償，不易常習一。烽燧息警，舉放火器，京師恐聞掖庭，州縣怕駭官長，不易常習二。火藥、鉛彈，

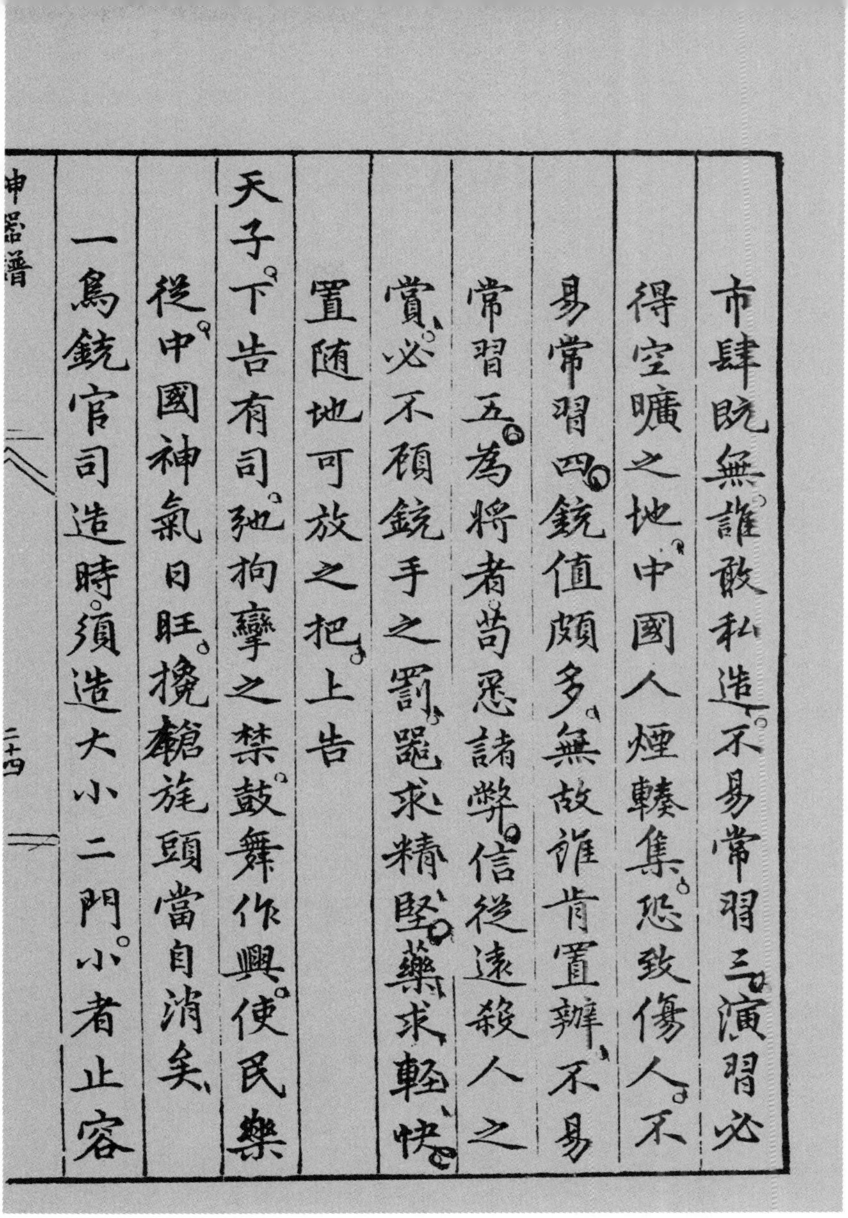

市肆既無誰敢私造不易常習三演習必
得空曠之地中國人煙輳集恐致傷人不
易常習四銃值頗多無故誰肯置辦不易
常習五爲將者苟悉諸弊信從遠殺人之
賞必不顧銃手之罰器求精堅藥求輕快
置隨地可放之把上告
天子下告有司弛拘攣之禁鼓舞作興使民樂
從中國神氣日旺攙鎗旋頭當自消矣
一鳥銃官司造時須造大小二門小者止容
神器譜　二十四

市肆既無，誰敢私造，不易常習三。演習必得空曠之地，中國人煙輳集，恐致傷人，不易常習四。銃值頗多，無故誰肯置辦，不易常習五。爲將者苟悉諸弊，信從遠殺人之賞，必不顧銃手之罰，器求精堅，藥求輕快。置隨地可放之把，上告天子，下告有司，弛拘攣之禁，鼓舞作興，使民樂從。中國神氣日旺，欃槍[1]旄頭，當自消矣。

一、鳥銃官司造時，須造大小二門。小者止容

1 槍，原作“鎗”。

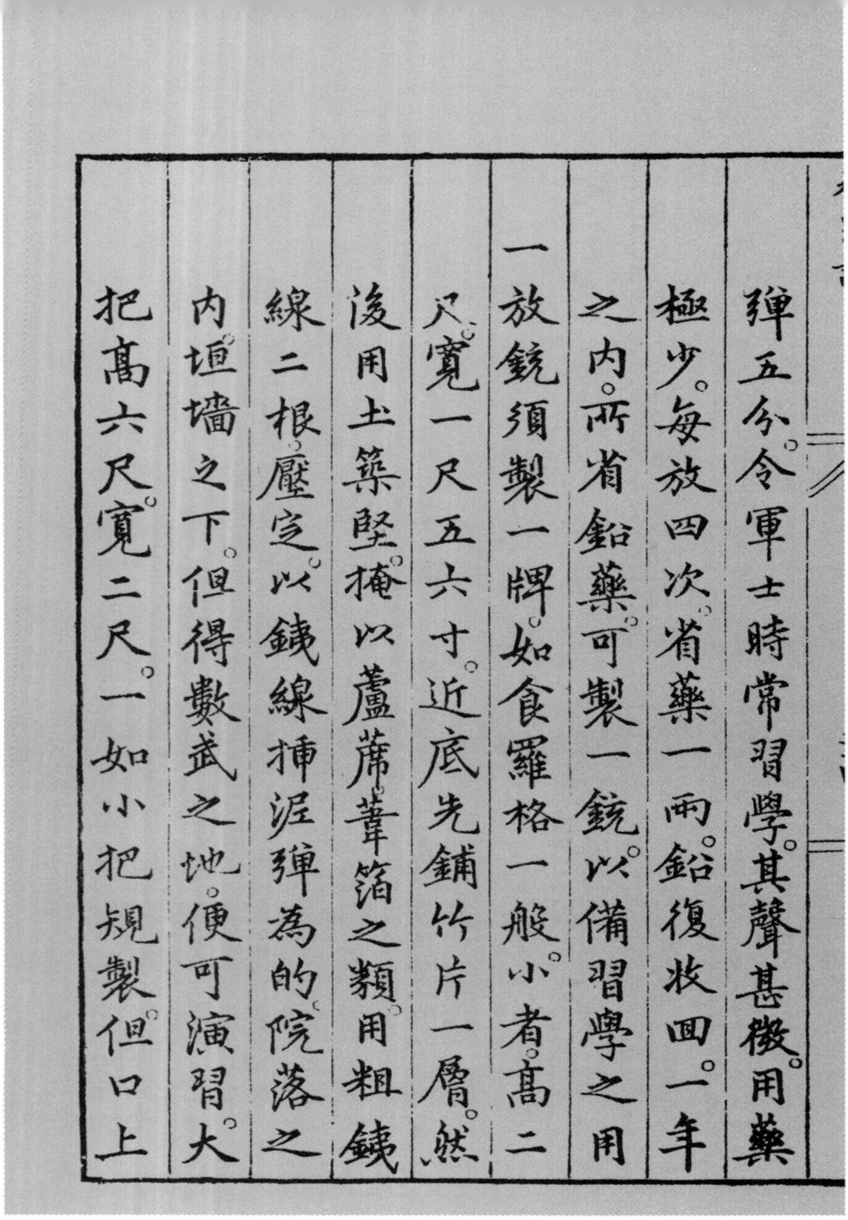
彈五分令軍士時常習學其聲甚微用藥
極少每放四次省藥一兩鉛復收回一年
之內所省鉛藥可製一銃以備習學之用
一放銃須製一牌如食羅格一般小者高二
尺寬一尺五六寸近底先鋪竹片一層然
後用土築堅掩以蘆蓆葦箔之類用粗鐵
線二根壓定以鐵線插泥彈為的院落之
內垣墻之下但得數武之地便可演習大
把高六尺寬二尺一如小把規製但口上

彈五分，令軍士時常習學，其聲甚微，用藥極少。每放四次，省藥一兩，鉛復收回。一年之内，所省鉛藥，可製一銃。以備習學之用。

一、放銃須製一牌，如食羅格一般。小者高二尺，寬一尺五六寸。近底先鋪竹片一層，然後用土築堅，掩以蘆席、葦箔之類，用粗鐵線二根壓定，以鐵線插泥彈爲的。院落之内，垣牆之下，但得數武之地，便可演習。大把高六尺，寬二尺，一如小把規製。但口上

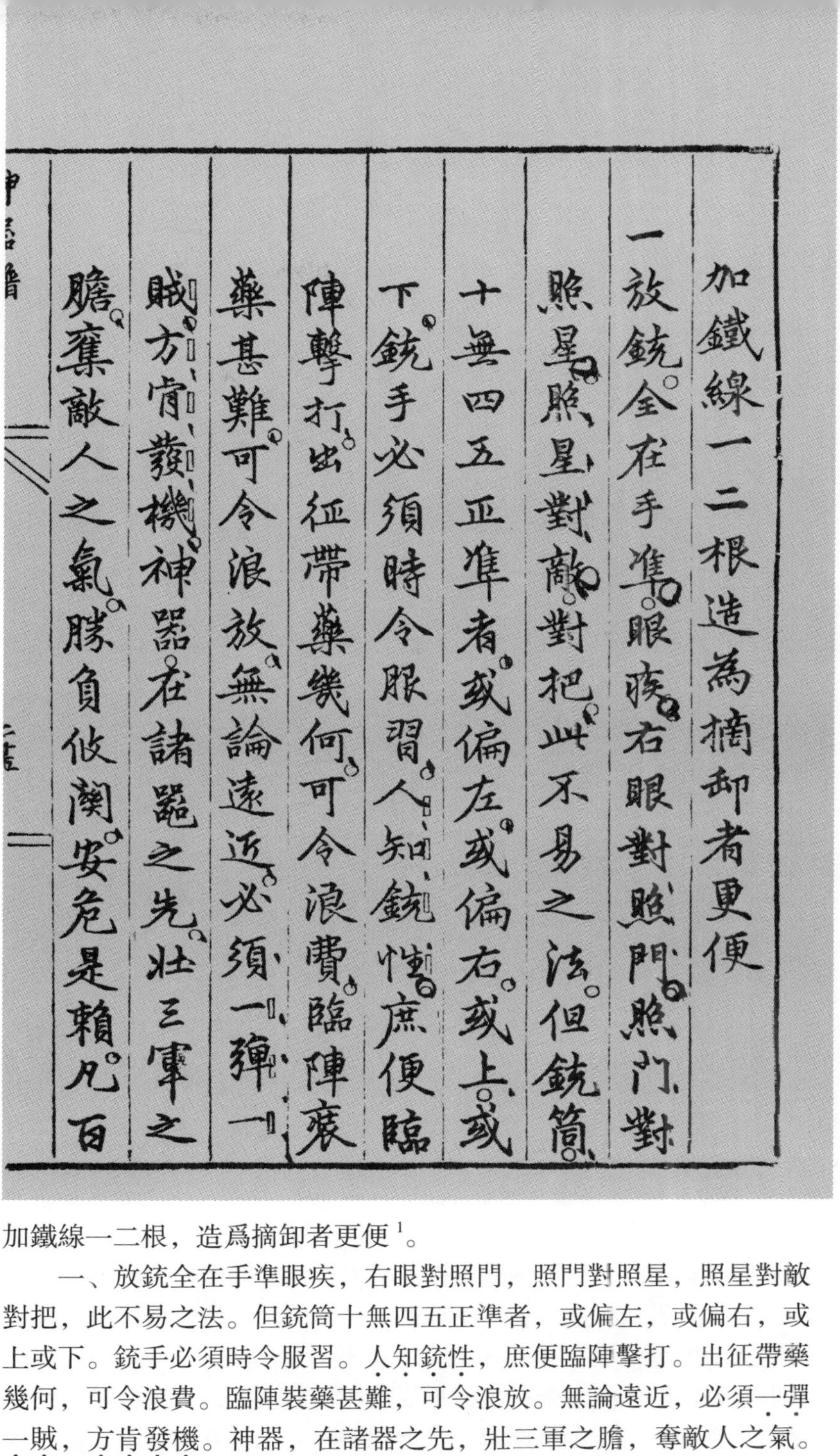
神器譜
加鐵線一二根造爲摘卸者更便
一放銃全在手準眼疾右眼對照門照門對
照星照星對敵對把此不易之法但銃筒
十無四五正準者或偏左或偏右或上或
下銃手必須時令服習人知銃性庶便臨
陣擊打出征帶藥幾何可令浪費臨陣裝
藥甚難可令浪放無論遠近必須一彈一
賊方肯發機神器在諸器之先壯三軍之
膽奪敵人之氣勝負攸關安危是賴凡百

加鐵線一二根，造爲摘卸者更便[1]。

一、放銃全在手準眼疾，右眼對照門，照門對照星，照星對敵對把，此不易之法。但銃筒十無四五正準者，或偏左，或偏右，或上或下。銃手必須時令服習。人知銃性，庶便臨陣擊打。出征帶藥幾何，可令浪費。臨陣裝藥甚難，可令浪放。無論遠近，必須一彈一賊，方肯發機。神器，在諸器之先，壯三軍之膽，奪敵人之氣。勝負攸關，安危是賴。凡百

1 但口上加鐵線一二根造爲摘卸者更便，明刻五卷本（卷四“説銃”）無本句。

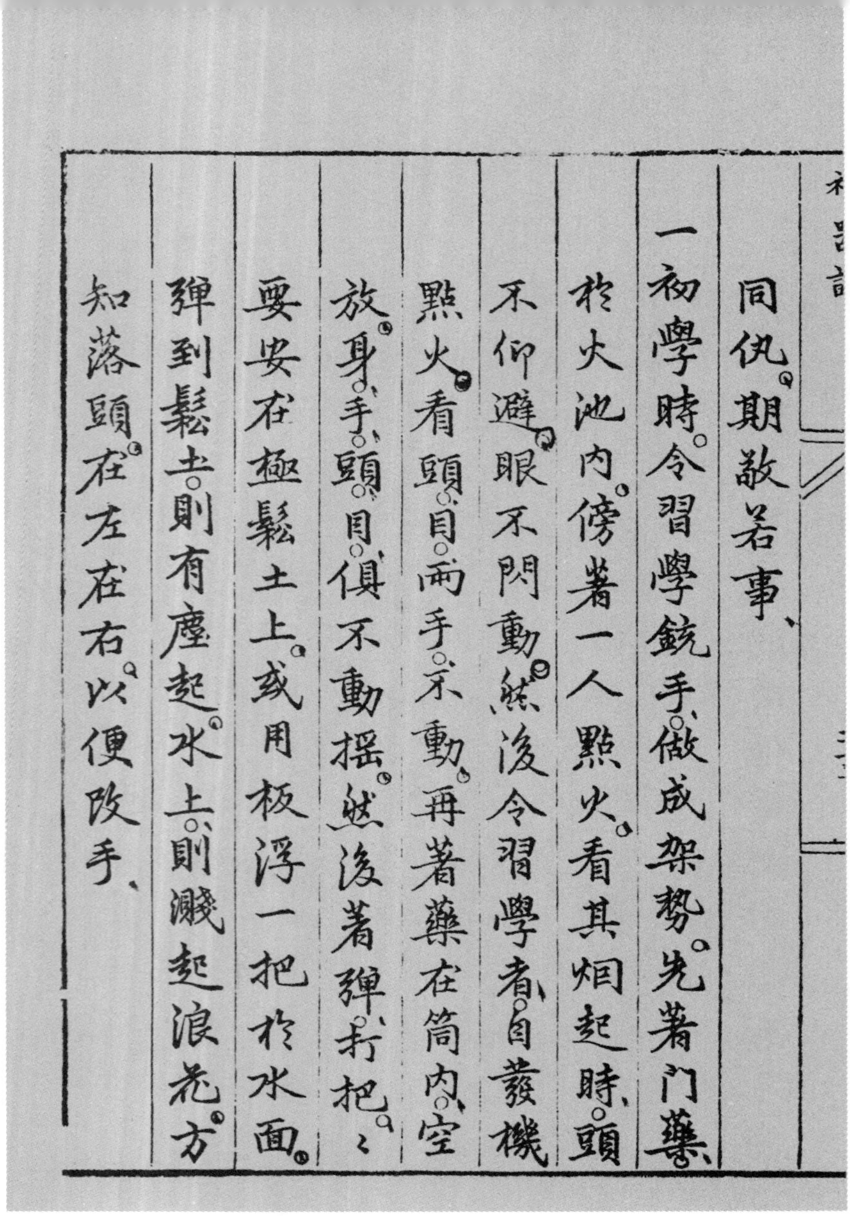

同仇，期敬若事。[1]

一、初學時，令習學銃手做成架勢，先著門藥於火池内，傍著一人點火。看其煙起時，頭不仰避，眼不閃動。然後令習學者自發機點火，看頭、目、兩手不動。再著藥在筒内空放，身、手、頭、目俱不動摇。然後著彈打把，把要安在極鬆土上，或用板浮一把於水面。彈到，鬆土則有塵起，水上則濺起浪花，方知落頭，在左在右，以便改手。

1 明刻五卷本本條末多一句“倭中以銀爲彈，一則遇甲不致打扁，一則愛惜不肯浪放”。

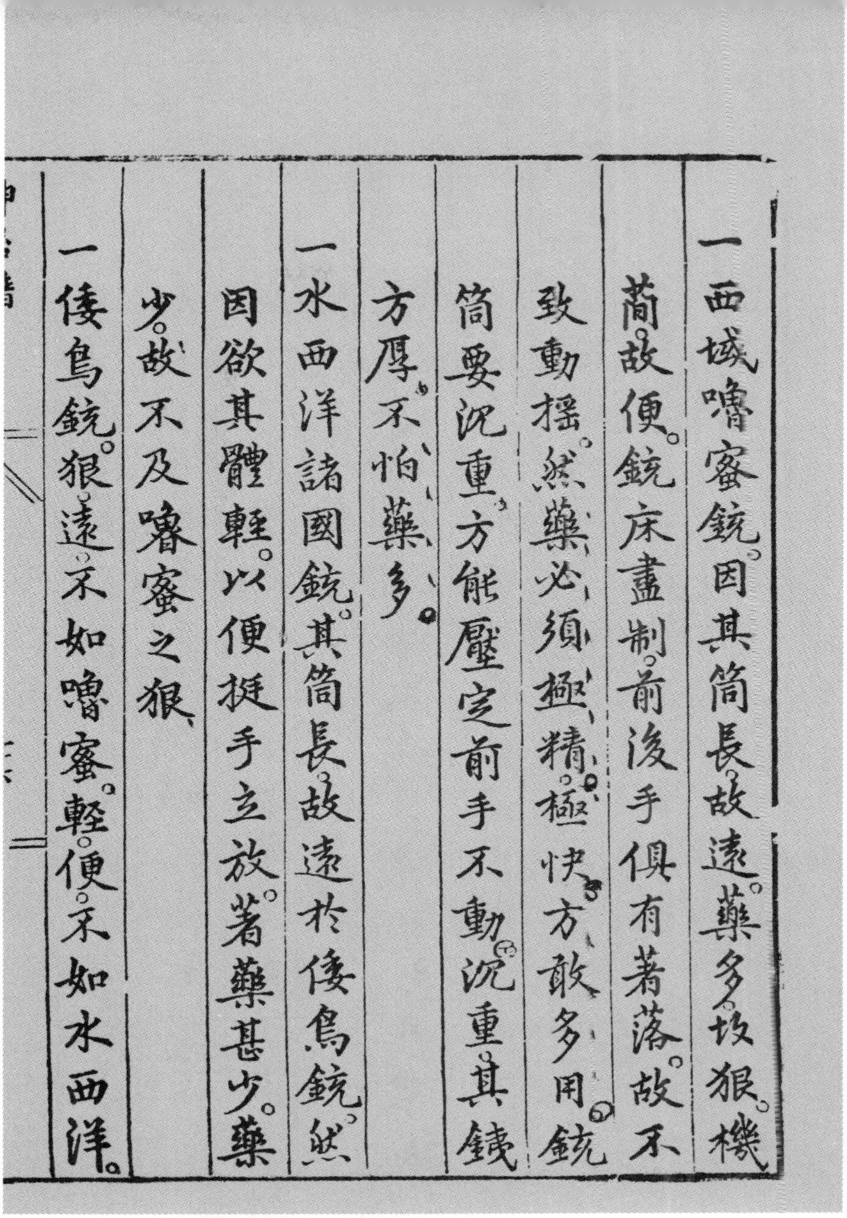
一西域嚕蜜銃因其筒長故遠藥多故狠機
簡故便銃床畫制前後手俱有著落故不
致動搖然藥必須極精極快方敢多用銃
筒要沉重方能壓定前手不動沉重其鐵
方厚不怕藥多
一水西洋諸國銃其筒長故遠於倭鳥銃然
因欲其體輕以便挺手立放著藥甚少藥
少故不及嚕蜜之狠
一倭鳥銃狠遠不如嚕蜜輕便不如水西洋

一、西域嚕蜜銃，因其筒長故遠，藥多故狠，機簡故便，銃床盡制，前後手俱有著落，故不致動搖。然藥必須極精極快，方敢多用。銃筒要沉重，方能壓定前手不動。沉重其鐵方厚，不怕藥多。

一、水西洋諸國銃，其筒長，故遠於倭鳥銃。然因欲其體輕，以便挺手立放，著藥甚少。藥少，故不及嚕蜜之狠。

一、倭鳥銃，狠遠不如嚕蜜，輕便不如水西洋，衹緣時常服習，藝高膽大，所以稱能事耳。今日當事之人，知此機括，不唯可舒聖明東顧之懷，即南標銅柱，北勒燕然，亦易易爾。

一、製銃須用福建鐵，他鐵性燥，不可用。煉鐵，炭火爲上。北方炭貴，不得已以煤火代之，故迸炸常多。鐵在爐時，用稻草戳細，襍黄土，頻灑火中，令鐵尿自出。煉至五火，用黄土和作漿，入稻草浸一二宿，將鐵放在漿内，半日取出再煉，須煉至十火之外。生鐵十斤，煉至一斤餘，方可言熟。

一、捲筒雙層交錯，岔口捲成者爲上。若鐵不净，内有重皮，反不如單捲。全要岔口將合未合之時，用鐵刷，刷去鐵上灰滓，自然合成一家。筒成，抵住一眼，以滚水灌入腹中，看有隙漏處，再加煮火。

一、筒成，先磋去粗黑皮，作八稜。將前後門十字分中，吊準墨線，插鑽架上。架頂用一線吊下，直對筒上前面墨線。再將角尺從吊線横比筒上墨線，上下一般，用木要要定。兩人對鑽。又一人用鉗將鑽根提著，使鑽得旋轉伶俐。鑽要長短，用五六根，自一尺起，每根旋添長三寸，至二尺五六寸、三尺爲止。先鑽上口，至中間翻轉，從底再鑽，相通爲度。交接之處，更宜詳細看線。

一、筒鑽完，磋停當，用鐵一條，磋成螺螄旋，或七層，或九層，或十二層。後尾要方，長三寸

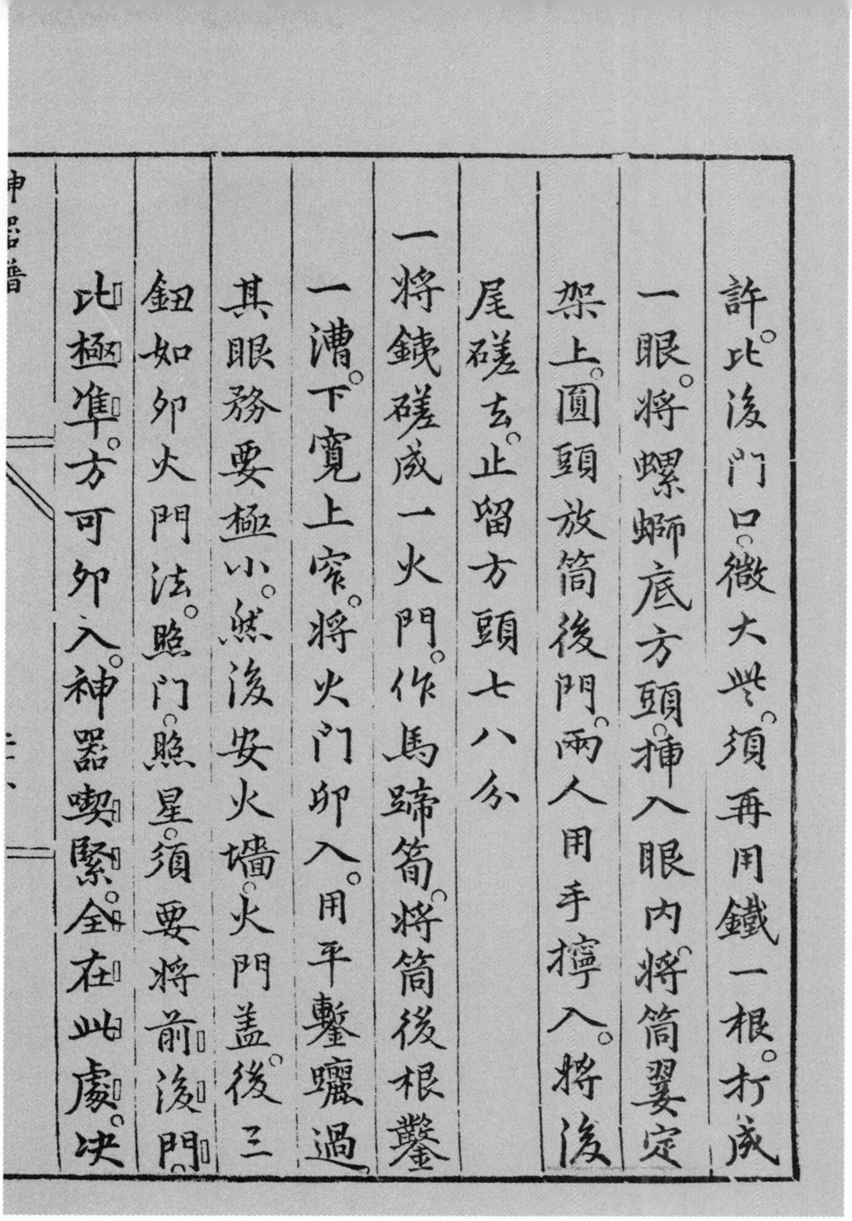
神器譜
許比後门口微大些須再用鐵一根打成
一眼將螺蛳底方頭插入眼内將筒罨定
架上圓頭放筒後門兩人用手擰入將後
尾磋去止留方頭七八分
一將鉄磋成一火門作馬蹄筍將筒後根鑿
一漕下寬上窄將火门卯入用平鑿矖過
其眼務要極小然後安火墻火門盖後三
鈕如卯火門法照门照星須要將前後門
比極準方可卯入神器喫緊全在此處决

許，比後門口微大些。須再用鐵一根，打成一眼，將螺螄底方頭插入眼内。將筒罨定架上，圓頭放筒後門，兩人用手擰入。將後尾磋去，止留方頭七八分。

一、將鐵磋成一火門，作馬蹄筍，將筒後根鑿一漕，下寬上窄，將火門卯入。用平鑿矖過，其眼務要極小。然後安火牆、火門蓋、後三鈕，如卯火門法。照門照星，須要將前後門比極準，方可卯入。神器喫緊全在此處，决

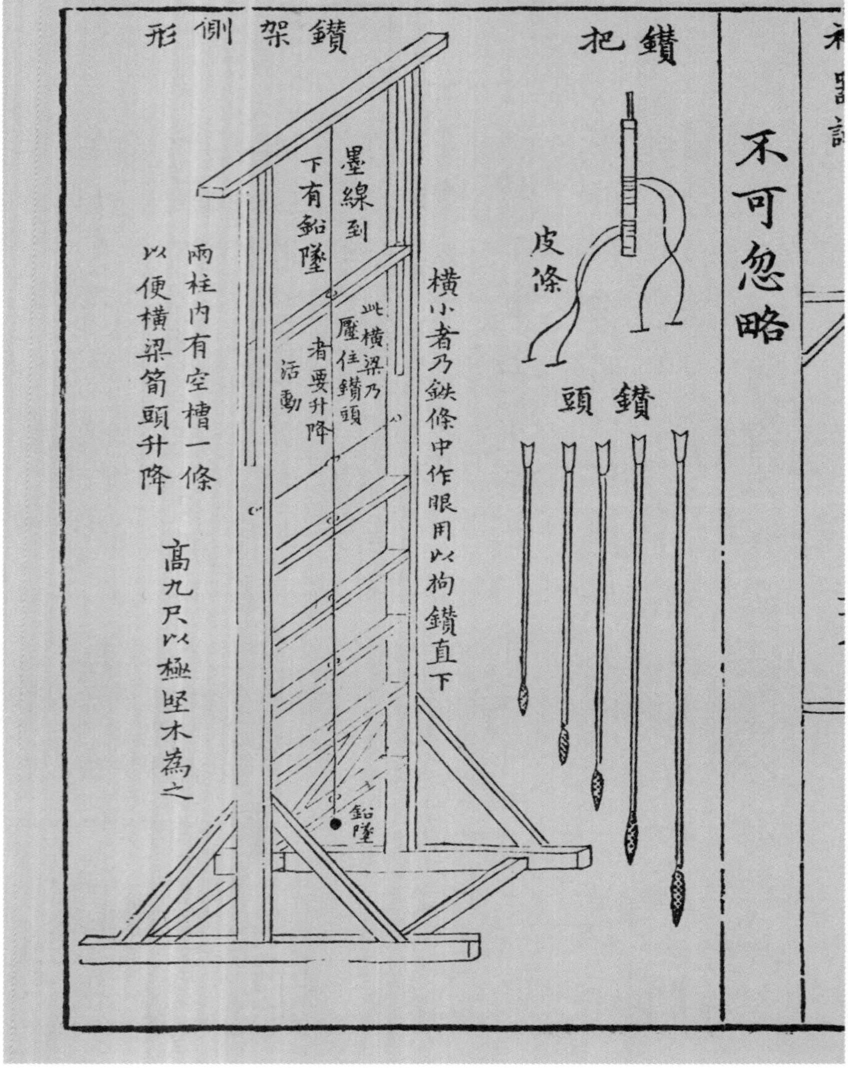

不可忽略。

鑽把、皮條。鑽頭。

鑽架側形：高九尺，以極堅木爲之。兩柱内有空槽一條，以便横梁筍頭升降。此横梁乃壓住鑽頭者，要升降活動。横小者乃鉄條，中作眼，用以拘鑽直下。墨線到下有鉛墜。鉛墜。

鑽筒圖：以此木頂梁柱之上。石板。

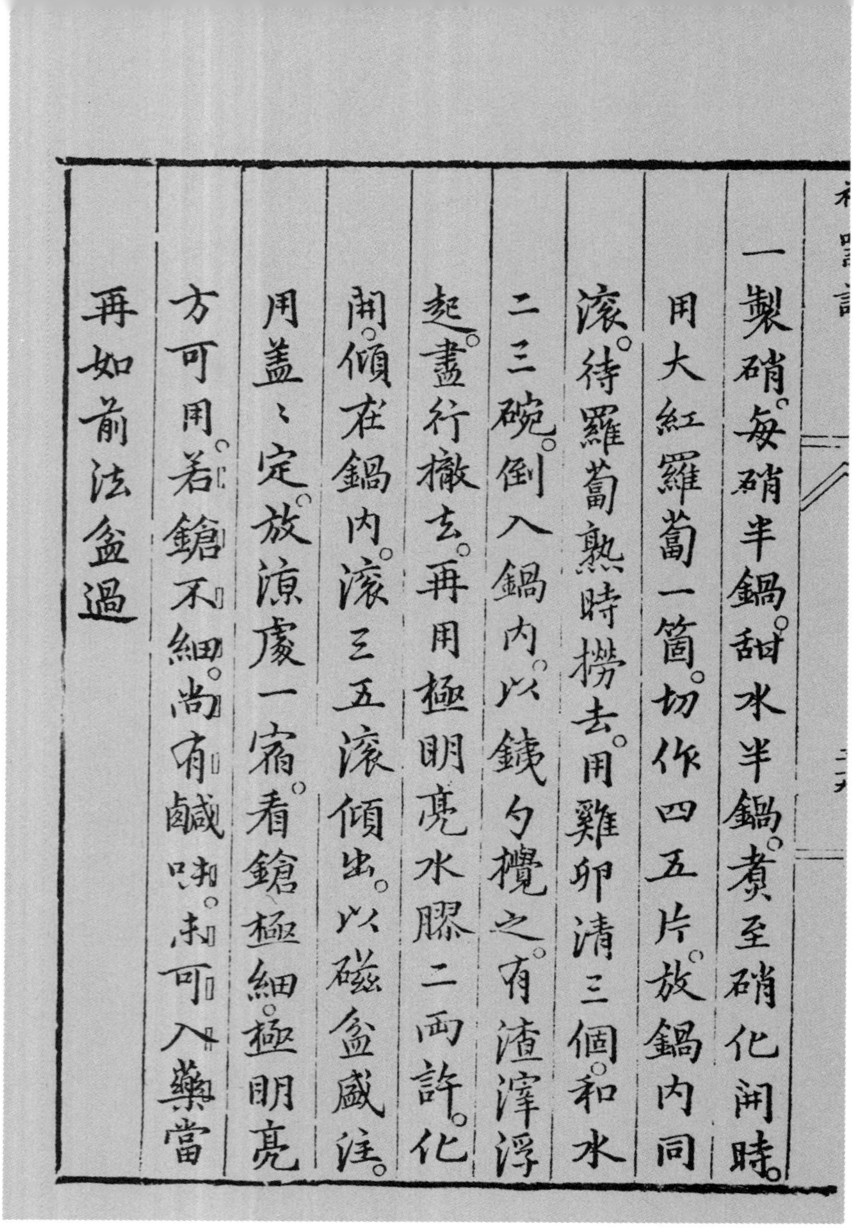

一製硝。每硝半鍋。甜水半鍋。煮至硝化開時。用大紅蘿蔔一箇。切作四五片。放鍋內同滾。待蘿蔔熟時撈去。用雞卵清三個。和水二三碗。倒入鍋內。以鐵勺攪之。有渣滓浮起。盡行撤去。再用極明亮水膠二兩許。化開。傾在鍋內。滾三五滾傾出。以磁盆盛注。用盖〻定。放涼處一宿。看鎗極細。極明亮方可用。若鎗不細。尚有鹹味。未可入藥當再如前法盆過

一、製硝。每硝半鍋，甜水半鍋，煮至硝化開時，用大紅蘿蔔一個，切作四五片，放鍋内同滾。待蘿蔔熟時撈去，用雞卵清三個，和水二三碗，倒入鍋内，以鐵勺攪之，有渣滓浮起，盡行撤去。再用極明亮水膠二兩許，化開，傾在鍋内，滾三五滾傾出，以磁盆盛注，用蓋蓋定，放涼處一宿。看鎗極細、極明亮，方可用。若鎗不細，尚有鹹味，未可入藥，當再如前法盆過。

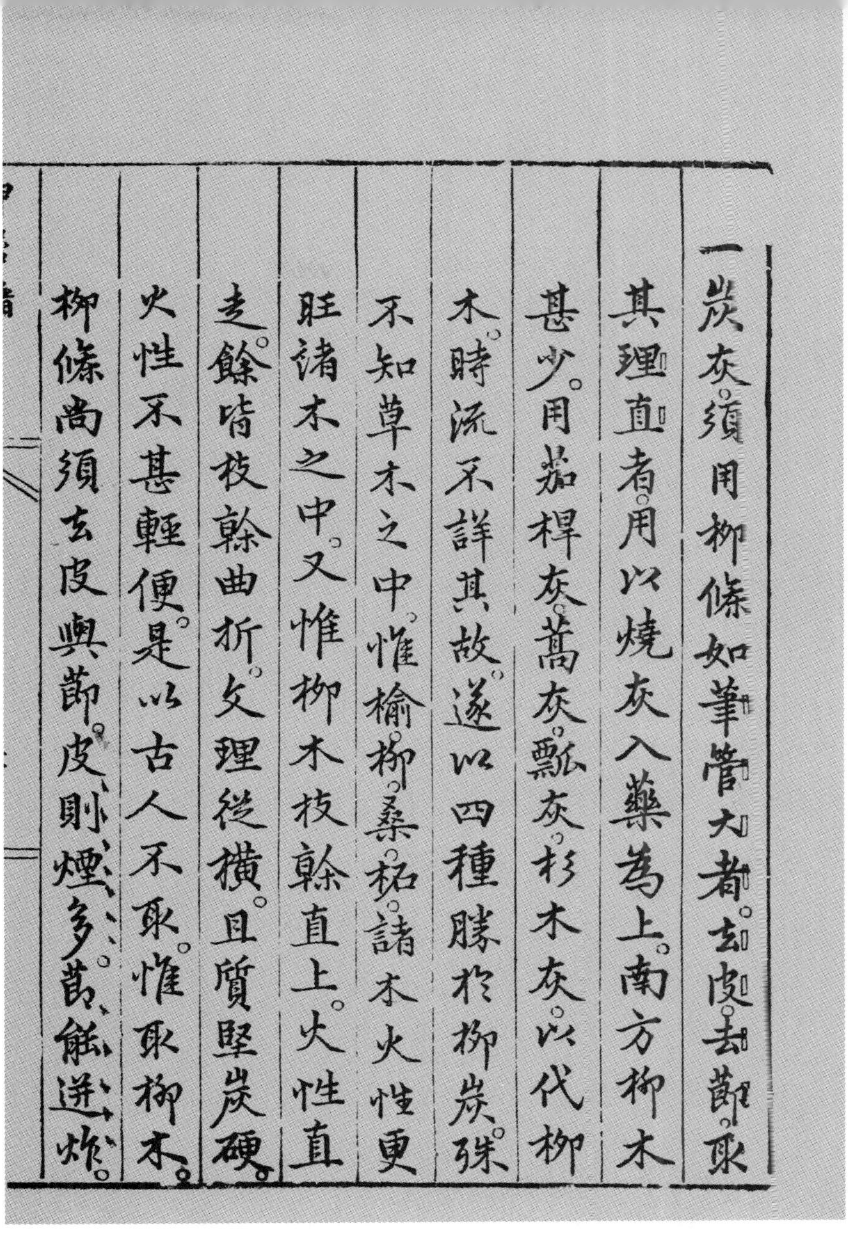

一炭灰須用柳條如筆管大者去皮去節取
其理直者用以燒灰入藥為上南方柳木
甚少用茄桿灰蒿灰瓢灰杉木灰以代柳
木時流不詳其故遂以四種勝於柳炭殊
不知草木之中惟榆柳桑柘諸木火性更
旺諸木之中又惟柳木枝榦直上火性直
走餘皆枝榦曲折文理從横且質堅炭硬
火性不甚輕便是以古人不取惟取柳木
柳條尚須去皮與節皮則煙多節能迸炸

一、炭灰。須用柳條如筆管大者，去皮去節，取其理直者，用以燒灰入藥爲上。南方柳木甚少，用茄桿灰、蒿灰、瓢灰、杉木灰以代柳木。時流不詳其故，遂以四種勝於柳炭。殊不知草木之中，惟榆、柳、桑、柘諸木，火性更旺。諸木之中，又惟柳木枝幹直上，火性直走。餘皆枝幹曲折，文理從横，且質堅炭硬，火性不甚輕便。是以古人不取，惟取柳木。柳條尚須去皮與節，皮則煙多，節能迸炸，故盡去之。即此而觀，古法豈可輕改。杉木火力雖弱，其理尚直。其餘俱不可用。然尤可笑者，執稱茄桿、瓢灰，放時不響。夫神器之用，專在殺人，亦不在響與不響之間。止宜仍用柳條，取其火性直走，能送彈足矣。不能催彈，不響又何益於神器哉。北方麻稭灰甚輕，但可入發藥，若作筒藥無力。

一、熿。去下沾黑色底，研極細爲度。

一、製藥。每硝十兩，灰一兩五錢、熿五錢。將三

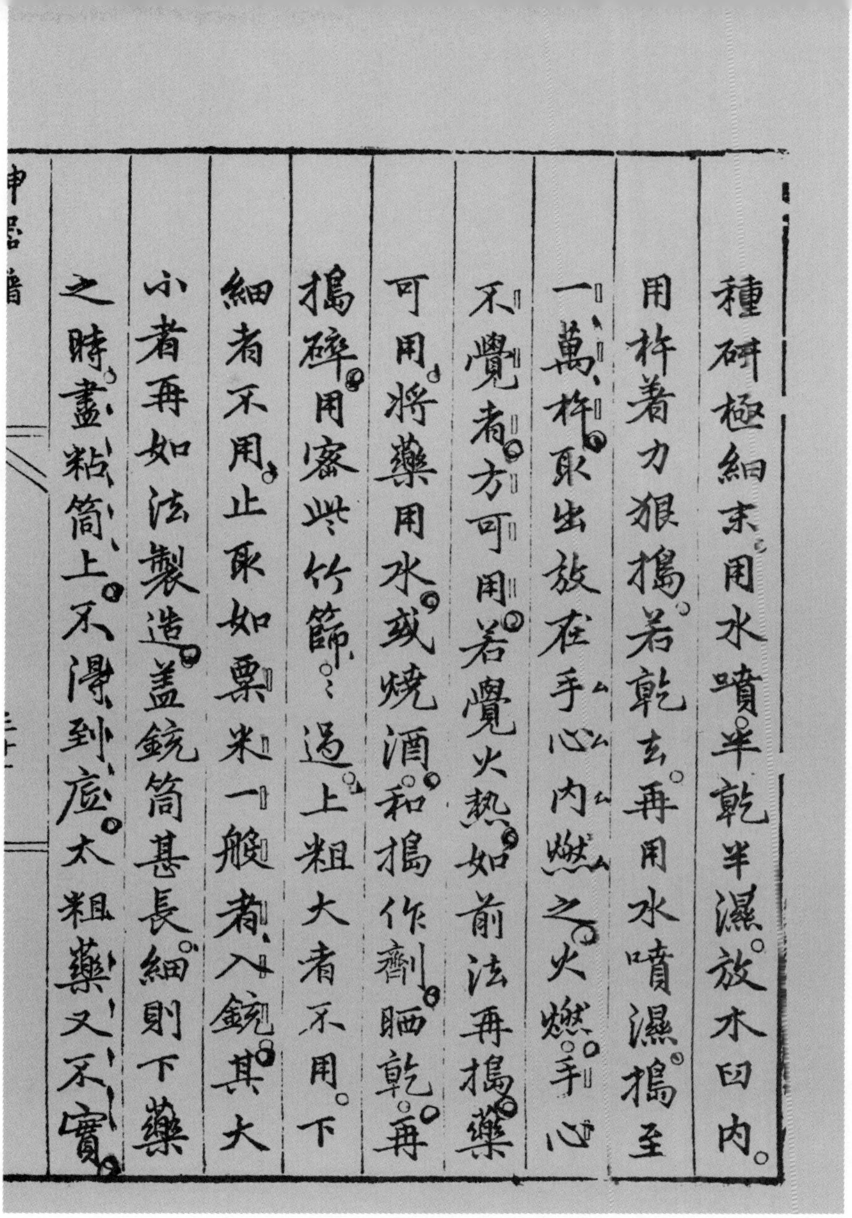

種研極細末，用水噴，半乾半濕，放木臼内，用杵著力狠搗。若乾去，再用水噴濕。搗至一萬杵。取出，放在手心内燃之，火燃手心不覺者方可用。若覺火熱，如前法再搗。藥可用，將藥用水或燒酒[1]，和搗作劑。曬乾，再搗碎，用密些竹篩篩過。上粗大者不用，下細者不用，止取如粟米一般者入銃。其大小者再如法製造。蓋銃筒甚長，細則下藥之時，盡粘筒上，不得到底，太粗藥又不實。

1 或燒酒，明刻五卷本無此三字。

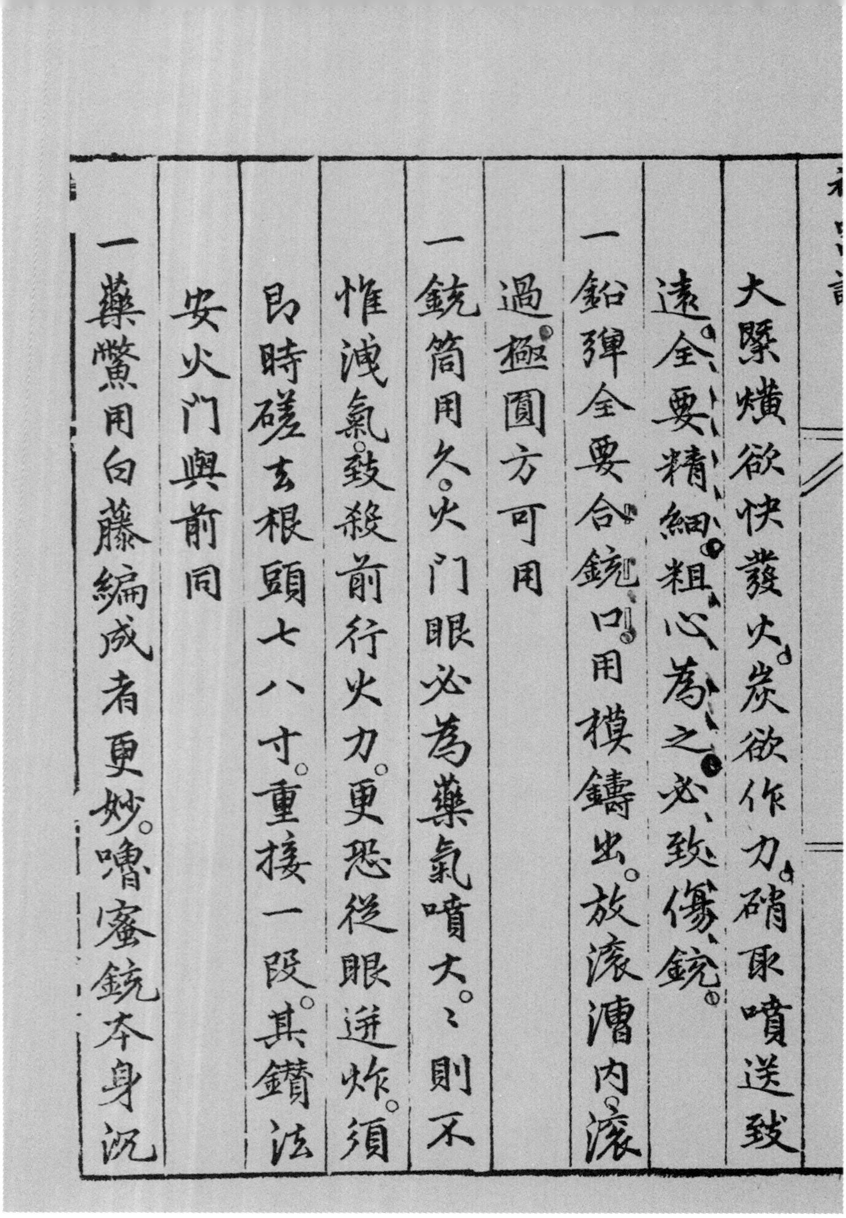
大槩熿欲快發火炭欲作力硝取噴送致
遠全要精細粗心為之必致傷銃
一鉛彈全要合銃口用模鑄出放滾漕内滾
過極圓方可用
一銃筒用久火门眼必為藥氣噴大大則不
惟洩氣致殺前行火力更恐從眼迸炸須
即時磋去根頭七八寸重接一段其鑽法
安火门與前同
一藥鷩用白藤編成者更妙嚕蜜銃本身沉

大概熿欲快發火，炭欲作力，硝取噴送致遠，全要精細。粗心爲之，必致傷銃。

一、鉛彈。全要合銃口，用模鑄出，放滚槽内滚過[1]，極圓方可用。

一、銃筒用久，火門眼必爲藥氣噴大。大則不惟洩氣，致殺前行火力，更恐從眼迸炸，須即時磋去根頭七八寸，重接一段。其鑽法、安火門，與前同。

一、藥鷩用白藤編成者更妙。嚕蜜銃本身沉

1 用模鑄出，放滚槽内滚過，明刻五卷本作“模鑄滚過”。

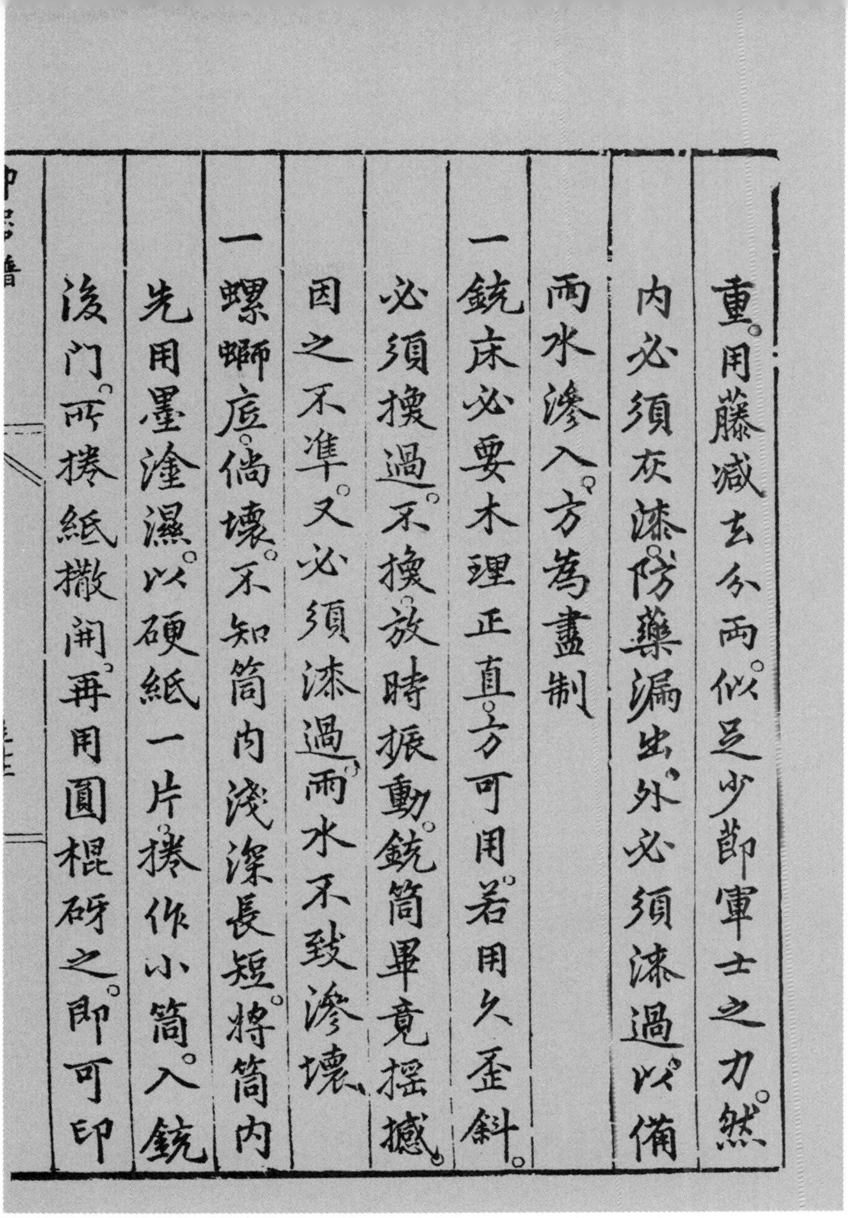
重用藤減去分两似足少節軍士之力然
内必須灰漆防藥漏出外必須漆過以備
雨水滲入方為盡制
一銃床必要木理正直方可用若用久歪斜
必須換過不換放時振動銃筒畢竟搖撼
因之不準又必須漆過雨水不致滲壞
一螺螄底倘壞不知筒内淺深長短將筒内
先用墨塗濕以硬紙一片捲作小筒入銃
後門所捲紙撒開再用圓棍研之即可印

重，用藤減去分兩，似足少節軍士之力。然内必須灰漆，防藥漏出，外必須漆過，以備雨水滲入，方爲盡制。[1]

一、銃床必要木理正直，方可用。若用久歪斜，必須換過。不換，放時振動，銃筒畢竟摇撼，因之不準。又必須漆過，雨水不致滲壞。

一、螺螄底倘壞，不知筒内淺深長短，將筒内先用墨塗濕。以硬紙一片，捲作小筒，入銃後門。所捲紙撒開，再用圓棍研之，即可印

1 按，藥漏云云，明刻五卷本卷四“説銃”未收此條。

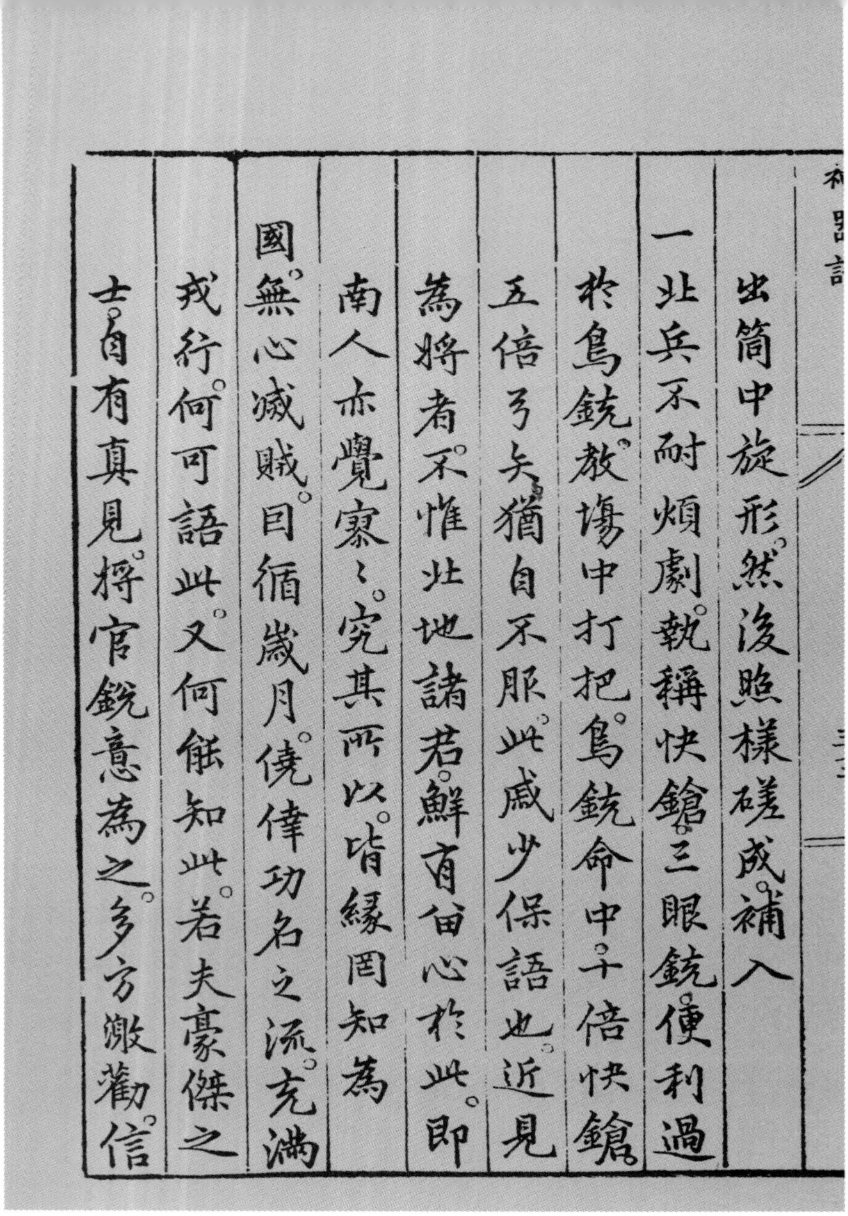

出筒中旋形。然後照樣磋成，補入。

一、“北兵不耐煩劇，執稱快鎗、三眼銃便利過於鳥銃。教場中打把，鳥銃命中，十倍快鎗，五倍弓矢，猶自不服。”此戚少保語也。近見爲將者，不惟北地諸君鮮有留心於此，即南人亦覺寥寥。究其所以，皆緣罔知爲國、無心滅賊，因循歲月、僥倖功名之流充滿戎行。何可語此，又何能知此。若夫豪傑之士，自有真見。將官鋭意爲之，多方激勸，信

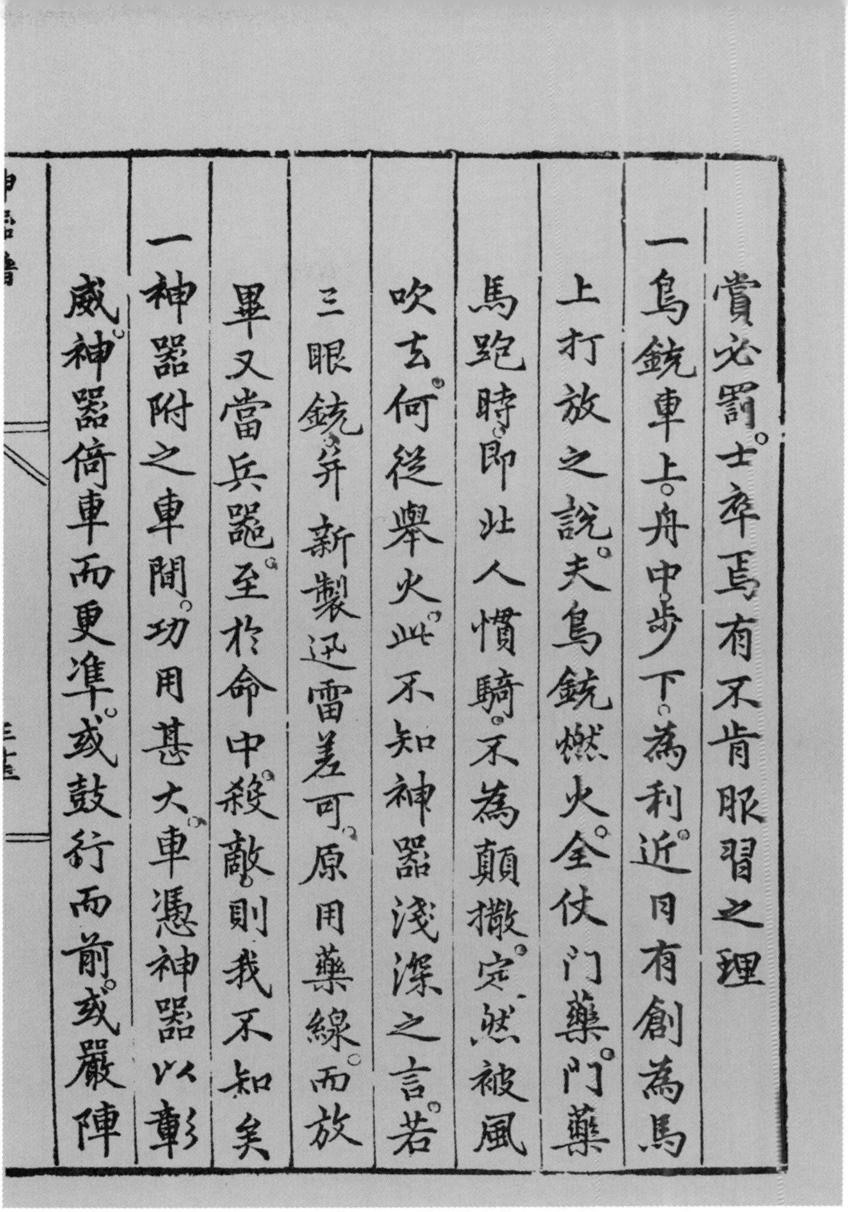
賞必罰士卒焉有不肯服習之理
一鳥銃車上舟中步下為利近日有創為馬
上打放之說夫鳥銃燃火全仗门藥门藥
馬跑時即北人慣騎不為顛撤定然被風
吹去何從舉火此不知神器淺深之言若
三眼銃并新製迅雷差可原用藥線而放
畢又當兵器至於命中殺敵則我不知矣
一神器附之車間功用甚大車憑神器以彰
威神器倚車而更準或鼓行而前或嚴陣

賞必罰，士卒焉有不肯服習之理。

一、鳥銃，車上、舟中、步下爲利，近日有創爲馬上打放之説。夫鳥銃燃火，全仗門藥。門藥馬跑時，即北人慣騎，不爲顛撤，定然被風吹去，何從舉火。此不知神器淺深之言。若三眼銃并新製迅雷[1]差可。原用藥線，而放畢又當兵器。至於命中殺敵，則我不知矣。

一、神器附之車間，功用甚大。車憑神器以彰威，神器倚車而更準。或鼓行而前，或嚴陣

1 迅雷，明刻五卷本作“翼虎”。

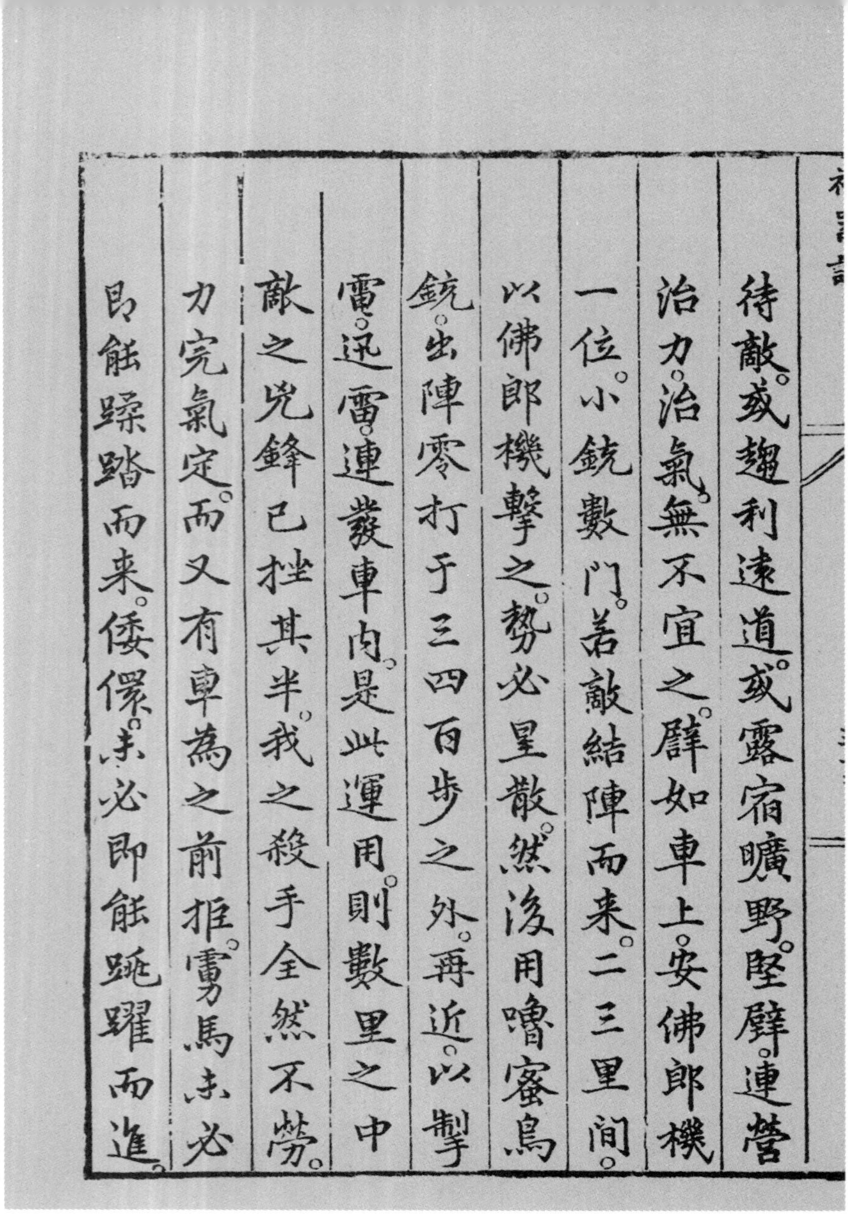
待敵或趨利遠道或露宿曠野堅壁連營
治力治氣無不宜之辟如車上安佛郎機
一位小銃數门若敵結陣而来二三里間
以佛郎機擊之勢必星散然後用嚕蜜鳥
銃出陣零打于三四百步之外再近以掣
電迅雷連發車内是此運用則數里之中
敵之兇鋒已挫其半我之殺手全然不勞
力完氣定而又有車為之前拒虜馬未必
即能蹂踏而来倭儇未必即能跳躍而進

待敵，或趨利遠道，或露宿曠野，堅壁連營，治力治氣，無不宜之。譬如車上安佛郎機一位[1]，小銃數門。若敵結陣而来，二三里間，以佛郎機[2]擊之，勢必星散。然後用嚕蜜鳥銃，出陣[3]零打于三四百步之外。再近，以掣電、迅雷[4]，連發車内。是此運用，則數里之中，敵之兇鋒[5]已挫其半，我之殺手全然不勞。力完氣定，而又有車爲之前拒，虜馬未必即能蹂踏而来，倭儇未必即能跳躍而進。

1 佛郎機一位，明刻五卷本作“鷹揚砲二位”。
2 佛郎機，明刻五卷本作“鷹揚砲”。
3 出陣，明刻五卷本作“捉準”。
4 迅雷，明刻五卷本作“旋機、翼虎”。
5 敵之兇鋒，明刻五卷本作“敵鋒”。

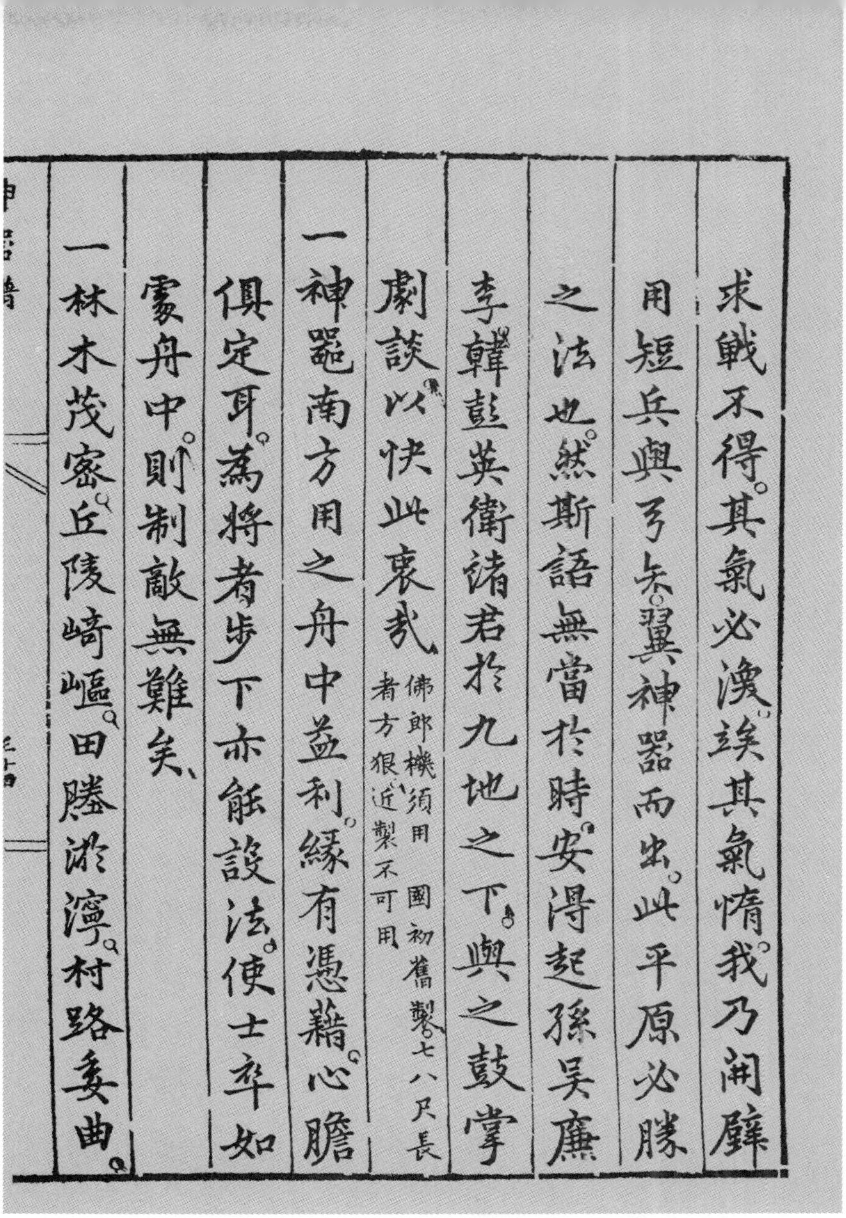
求戰不得其氣必渙竢其氣惰我乃開闢
用短兵與弓矢翼神器而出此平原必勝
之法也然斯語無當於時安得起孫吴廉
李韓彭英衛諸君於九地之下與之鼓掌
劇談以快此衷哉佛郎機須用國初舊製七八尺長者方狠近製不可用
一神器南方用之舟中益利緣有憑藉心膽
俱定耳為將者步下亦能設法使士卒如
處舟中則制敵無難矣
一林木茂密丘陵崎嶇田塍淤濘村路委曲

求戰不得，其氣必渙[1]。俟其氣惰，我乃開壁，用短兵與弓矢，翼神器而出[2]，此平原必勝之法也。然斯語無當於時，安得起孫吴廉李、韓彭英衛諸君於九地之下，與之鼓掌劇談，以快此衷哉。佛郎機須用國初舊製，七八尺長者方狠，近製不可用[3]。

一、神器，南方用之舟中益利。緣有憑藉，心膽俱定耳。爲將者，步下亦能設法，使士卒如處舟中，則制敵無難矣。

一、林木茂密，丘陵崎嶇，田塍淤濘，村路委曲。

1 渙，明刻五卷本同。和刻本作“深”。

2 用短兵與弓矢，翼神器而出，明刻五卷本作“用長鎗翼火鏇三眼鎗而出”。

3 佛郎機須用國初舊製，七八尺長者方狠，近製不可用，明刻五卷本無此句。

必須短兵護持，挨牌翼衛，與弓矢迭相爲用。無弓矢，則神器手自相犄角，更翻策應，因時制宜，隨地作用，庶幾萬全。前歲遼左降倭二十餘人，用銃殺虜數十。次日再出，虜覺其無應援，蜂擁而来，損傷强半。非此輩前勇後怯，鳥銃先利後鈍，皆緣主帥素昔不解神器之用，全無方略使然耳。文武將吏，用兵用器，畢竟先明奇正之法，處於不敗之地，然後可以言戰，可以滅賊。今當

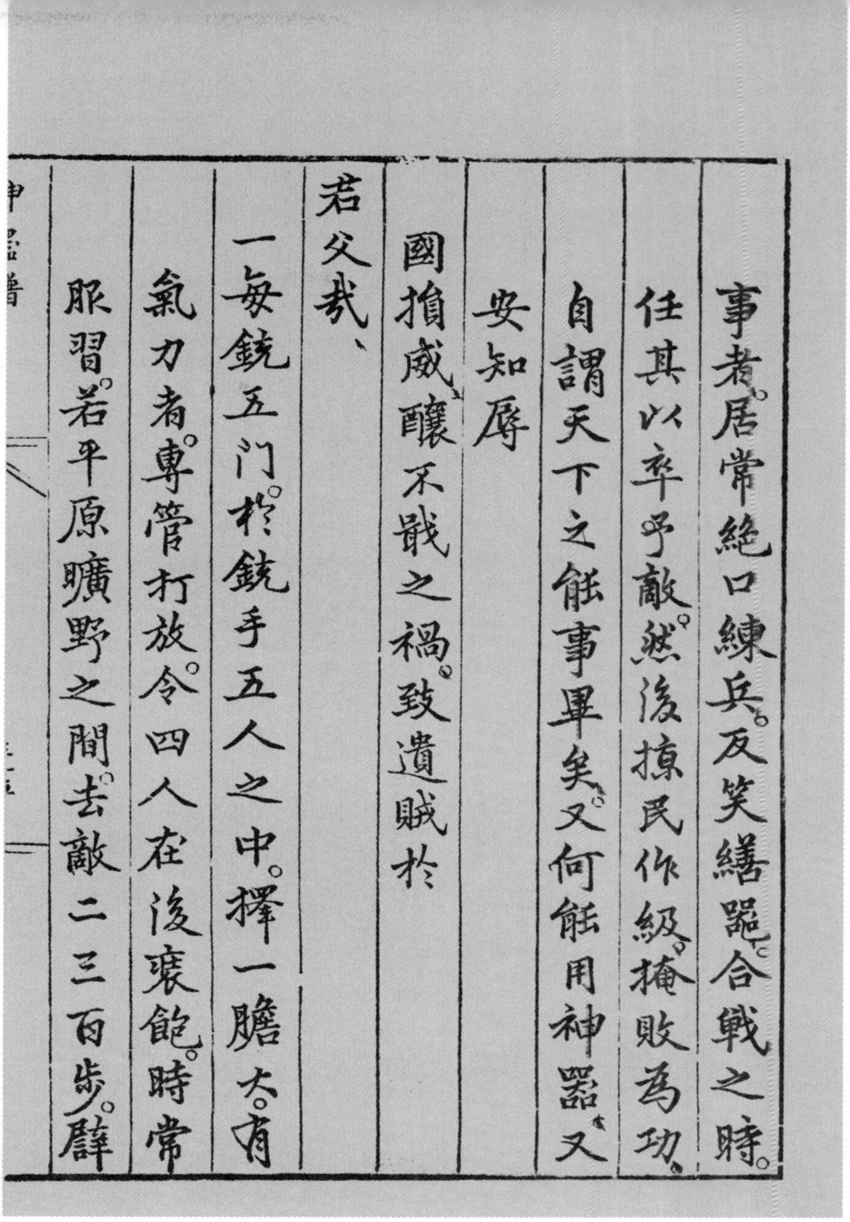
神器譜
事者居常絕口練兵反笑繕器合戰之時
任其以卒予敵然後掠民作級掩敗爲功
自謂天下之能事畢矣又何能用神器又
安知辱
國損威釀不戢之禍致遺賊於
君父哉
一每銃五門於銃手五人之中擇一膽大有
氣力者專管打放令四人在後裝飽時常
服習若平原曠野之間去敵二三百步譬

事者，居常絶口練兵，反笑繕器。合戰之時，任其以卒予敵，然後掠民作級，掩敗爲功。自謂天下之能事畢矣，又何能用神器。又安知辱國損威，釀不戢之禍，致遺賊於君父哉。

一、每銃五門，於銃手五人之中，擇一膽大有氣力者，專管打放，令四人在後裝飽，時常服習。若平原曠野之間，去敵二三百步，譬

如一軍五千人内有大砲數位鳥銃五百
門先以大砲振揚軍威然後用鳥銃百門
佐以弓矢火箭陸續彈射縱有數萬賊徒
未必便敢衝突若遠道趨利未擇戰塲或
倉卒遇敵遽難成列而又無車以為前拒
尤宜依此法運用使三軍之士得以整頓
隊伍稍治其氣從容接戰否則敵必乘我
之亂擊我未定易而險之亂而安之反客
為主轉勞為逸非此不可

如一軍五千人内，有大砲數位[1]，鳥銃五百門。先以大砲[2]振揚軍威，然後用鳥銃百門，佐以弓矢、火箭，陸續彈射。縱有數萬賊徒，未必便敢衝突。若遠道趨利，未擇戰場，或倉卒遇敵，遽難成列，而又無車以爲前拒，尤宜依此法運用。使三軍之士，得以整頓隊伍，稍治其氣，從容接戰。否則敵必乘我之亂，擊我未定。易而險之，亂而安之，反客爲主，轉勞爲逸，非此不可。

1 大砲數位，明刻五卷本作“火車數两”。
2 大砲，明刻五卷本作“火車”。

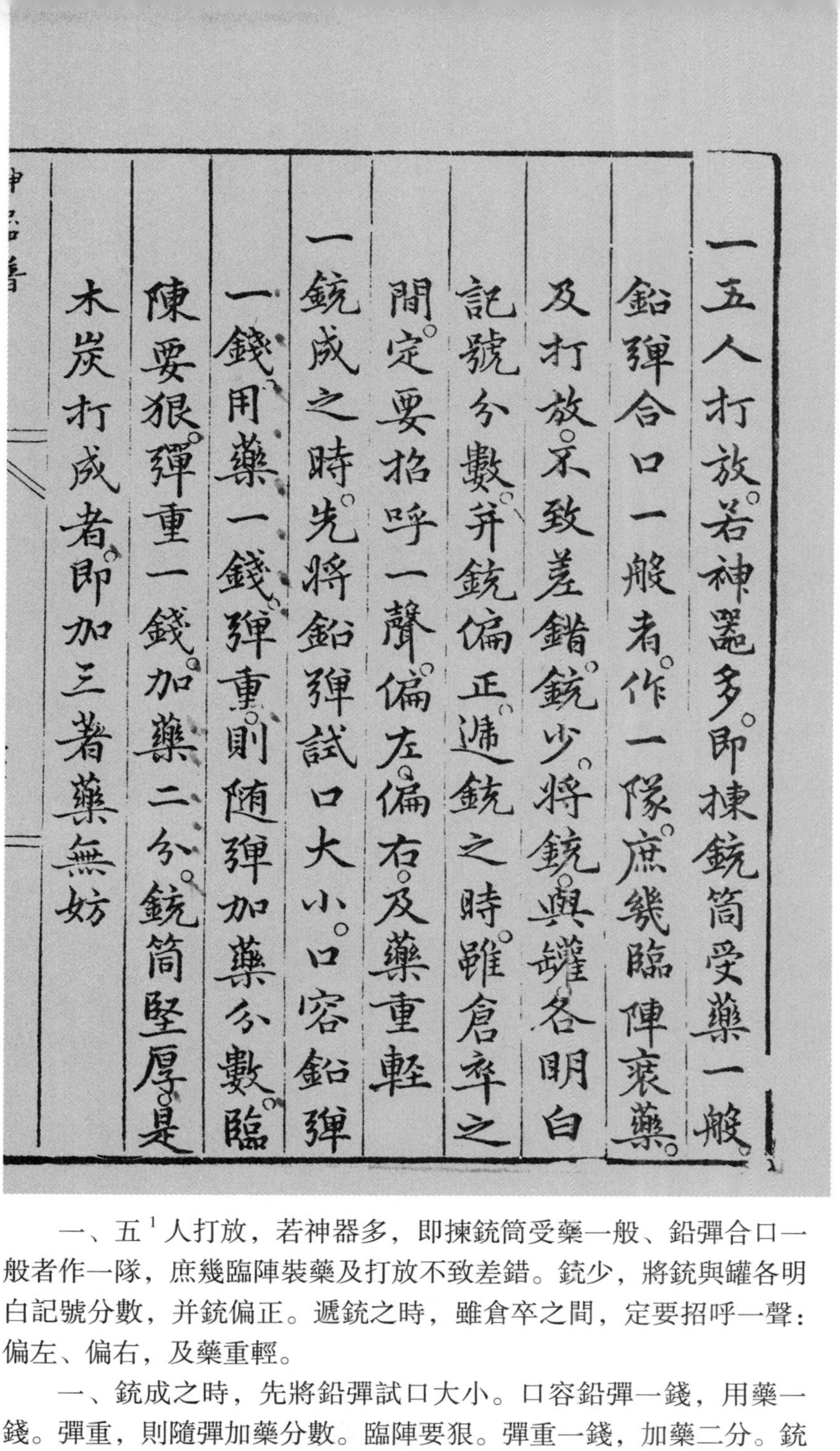
一五人打放若神器多即揀銃筒受藥一般
鉛彈合口一般者作一隊庶幾臨陣裝藥
及打放不致差錯銃少將銃與罐各明白
記號分數并銃偏正遞銃之時雖倉卒之
間定要招呼一聲偏左偏右及藥重輕
一銃成之時先將鉛彈試口大小口容鉛彈
一錢用藥一錢彈重則隨彈加藥分數臨
陣要狠彈重一錢加藥二分銃筒堅厚是
木炭打成者即加三著藥無妨
神器譜

一、五[1]人打放，若神器多，即揀銃筒受藥一般、鉛彈合口一般者作一隊，庶幾臨陣裝藥及打放不致差錯。銃少，將銃與罐各明白記號分數，并銃偏正。遞銃之時，雖倉卒之間，定要招呼一聲：偏左、偏右，及藥重輕。

一、銃成之時，先將鉛彈試口大小。口容鉛彈一錢，用藥一錢。彈重，則隨彈加藥分數。臨陣要狠。彈重一錢，加藥二分。銃筒堅厚，是木炭打成者，即加三著藥無妨。

1 五，明刻五卷本作“工”。

一、放銃干繫甚大，切不宜托不同心人，并未經打放之輩裝飽。若不得已，有別人裝来者，須用搠杖試探停妥，多則將前多裝分數藥傾出。只壞銃筒，尚是小事，兩傍人及自己性命，豈可輕忽。

一、古昔驍將，或單騎挑戰，或以身殿后，所向披靡，萬人辟易者，以當時無鳥銃，弓矢不能洞其重鎧耳。既有鳥銃，士卒又加服習，即有烏獲之力，可能當此三錢一丸耶。

一、古人火攻之法，上順天時，下因地理，有一不宜，不敢遽用。即用矣，猶虞風候中改，反致自戕。惟鳥銃、佛郎機，但得常常教演，使士卒技精，任其險地易地，風候不順，俱可舉放。即陰雨之時，尚可設法制敵。所患者，文武將吏，居常不肯經心，臨陣又乏妙用，則難而難矣。兵精無器，等於白徒，器精無兵，同於朽鈍。"陣而後戰，兵家之常。運用之妙，存乎一心。"旨哉斯言，勿謂常語。

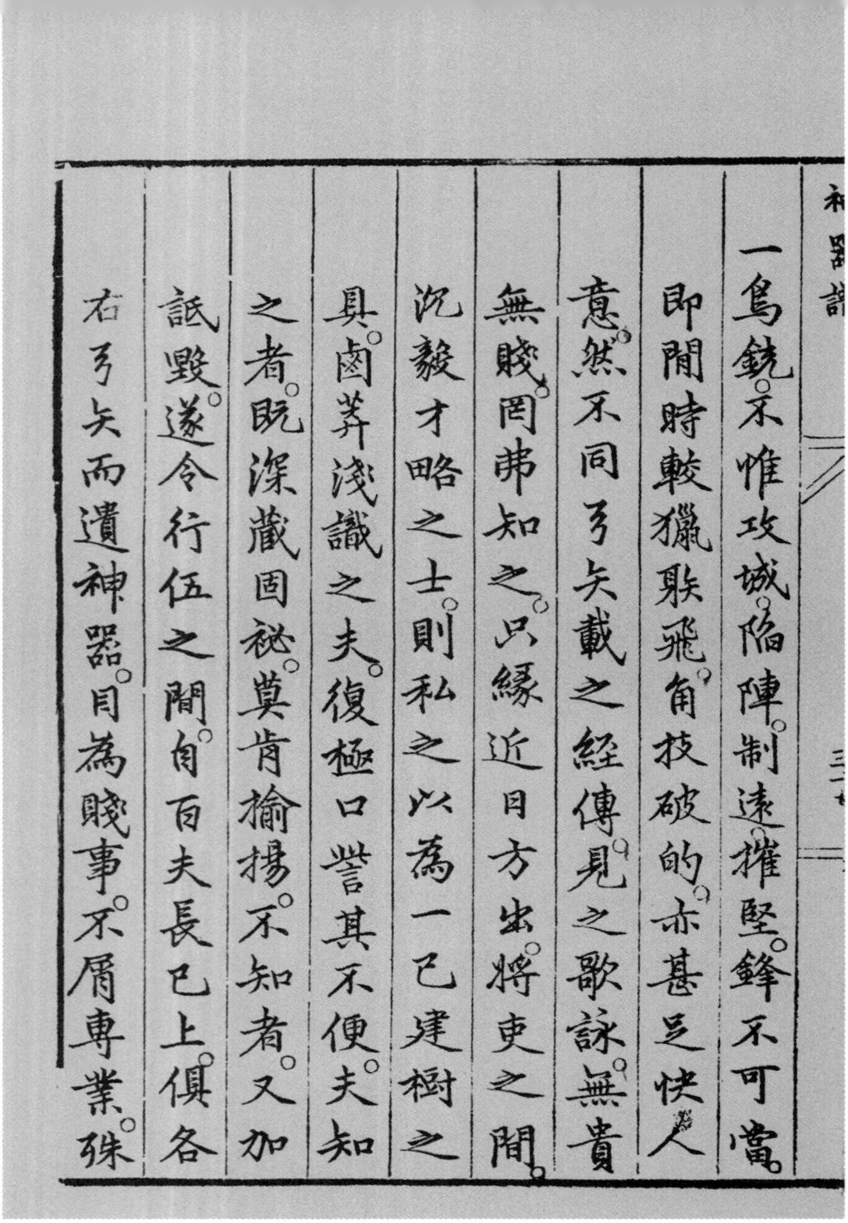
神器譜

一鳥銃不惟攻城陷陣制遠摧堅鋒不可當即閒時較獵射飛角技破的亦甚足快人意然不同弓矢載之經傳見之歌詠無貴無賤罔弗知之只緣近日方出將吏之間沉毅才略之士則私之以爲一己建樹之具鹵莽淺識之夫復極口訾其不便夫知之者既深藏固秘莫肯揄揚不知者又加詆毀遂令行伍之間自百夫長已上俱各右弓矢而遺神器目爲賤事不屑專業殊

一、鳥銃不惟攻城陷陣，制遠摧堅，鋒不可當，即閒時較獵射飛，角技破的，亦甚足快人意。然不同弓矢，載之經傳，見之歌詠，無貴無賤，罔弗知之。只緣近日方出，將吏之間，沉毅才略之士，則私之以爲一己建樹之具。鹵莽淺識之夫，復極口訾其不便。夫知之者既深藏固秘，莫肯揄揚，不知者又加詆毀，遂令行伍之間，自百夫長已上，俱各右弓矢而遺神器，目爲賤事，不屑專業。殊

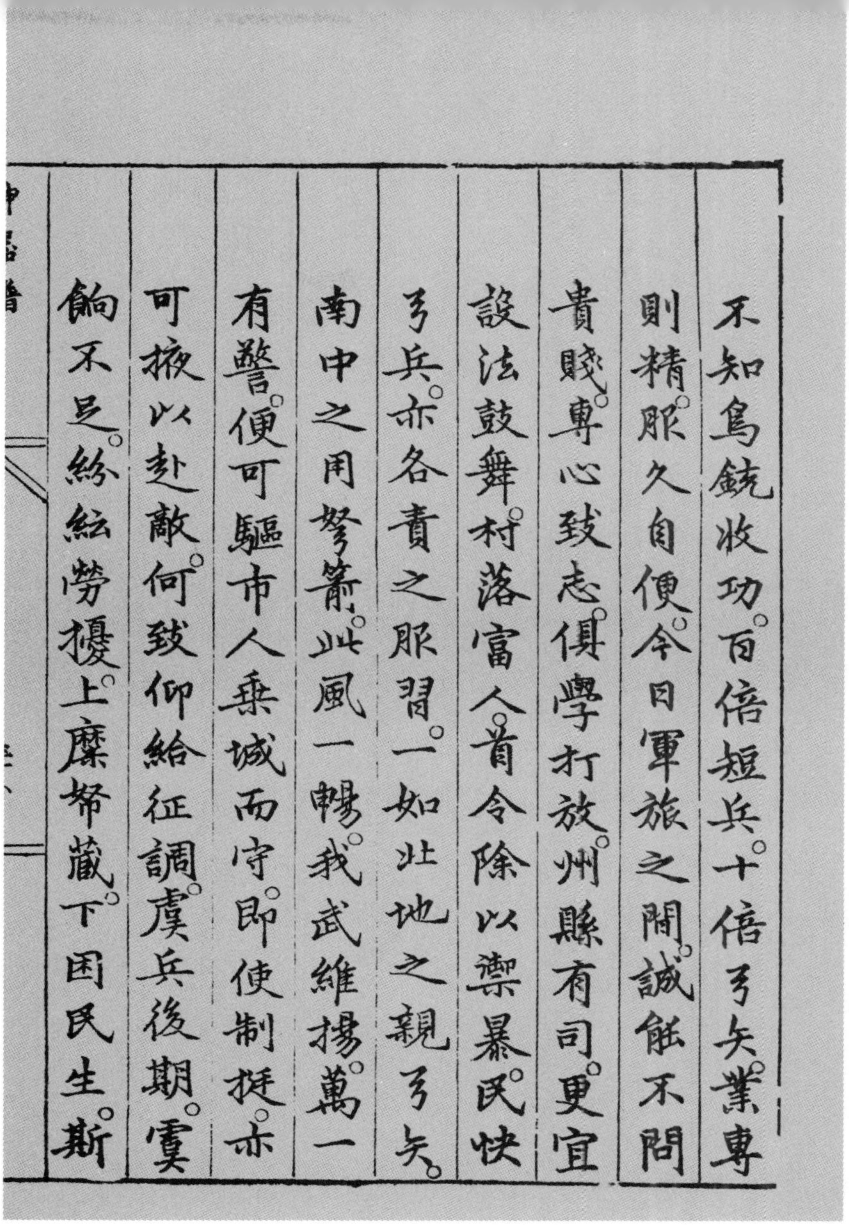

不知鳥銃收功，百倍短兵，十倍弓矢，業專則精，服久自便。今日軍旅之間，誠能不問貴賤，專心致志，俱學打放。州縣有司，更宜設法鼓舞。村落富人，首令除以禦暴。民快弓兵，亦各責之服習。一如北地之親弓矢，南中之用弩箭。此風一暢，我武維揚，萬一有警，便可驅市人乘城而守。即使制挺，亦可掖以赴敵。何致仰給征調，虞兵後期，虞餉不足，紛紜勞擾，上糜帑藏，下困民生。斯

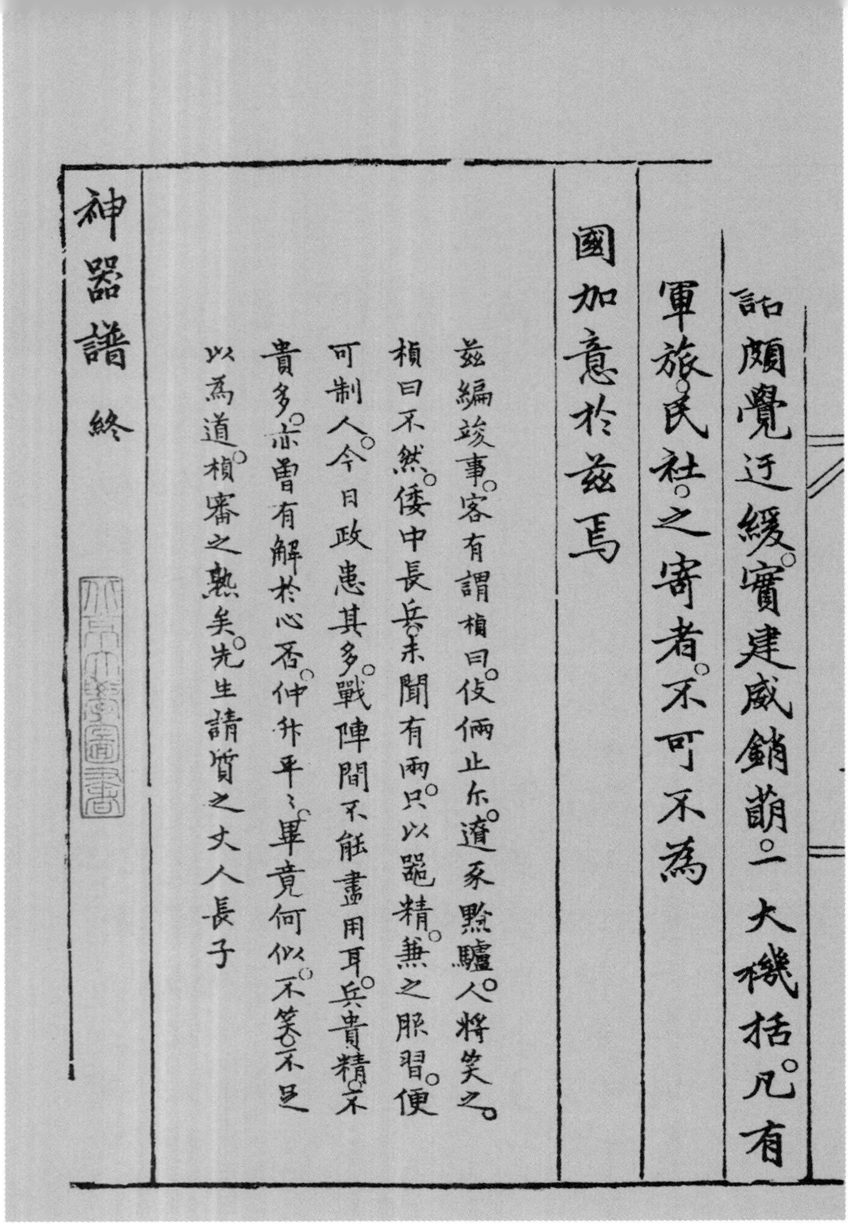

語頗覺迂緩實建威銷萌一大機括凡有
軍旅民社之寄者不可不爲
國加意於兹焉
兹編竣事客有謂楨曰伎倆止尓遼豕黔驢人將笑之
楨曰不然倭中長兵未聞有兩只以器精兼之服習便
可制人今日政患其多戰陣間不能盡用耳兵貴精不
貴多亦曾有解於心否仲升平平畢竟何似不笑不足
以爲道楨審之熟矣先生請質之丈人長子
神器譜　終

語頗覺迂緩，實建威銷萌一大機括。凡有軍旅民社之寄者，不可不爲國加意於兹焉。

兹編竣事，客有謂楨曰：伎倆止爾，遼豕黔驢，人將笑之。楨曰：不然。倭中長兵，未聞有兩，只以器精，兼之服習，便可制人。今日政患其多，戰陣間不能盡用耳。兵貴精，不貴多，亦曾有解於心否。仲升平平，畢竟何似。不笑不足以爲道，楨審之熟矣。先生請質之丈人長子。

神器譜終

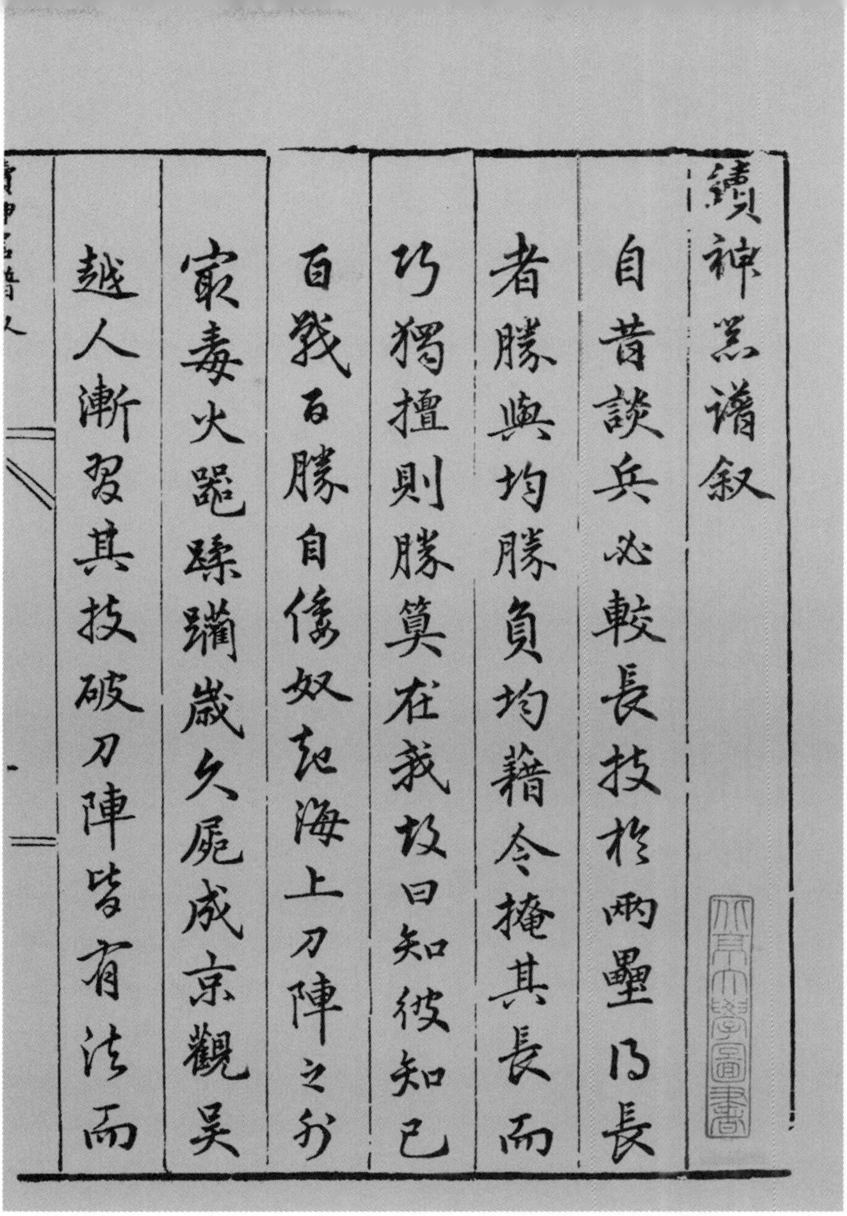
續神器譜敘
自昔談兵必較長技於兩壘乃長
者勝與均勝負均藉令掩其長而
巧獨擅則勝算在我故曰知彼知己
百戰百勝自倭奴起海上刀陣之外
冣毒火器蹂躪歲久屍成京觀吳
越人漸習其技破刀陣皆有法而

續神器譜敘[1]

自昔談兵，必較長技於兩壘，得長者勝。與均，勝負均。藉令掩其長而巧獨擅，則勝算在我。故曰：知彼知己，百戰百勝。自倭奴起海上，刀陣之外，最毒火器。蹂躪歲久，屍成京觀。吳越人漸習其技，破刀陣皆有法，而

1 續神器譜叙，明刻五卷本無題，叙前署“楚人王同軌撰”，叙後署“戊戌孟秋既望”。和刻本題“序”字，餘同明刻五卷本。

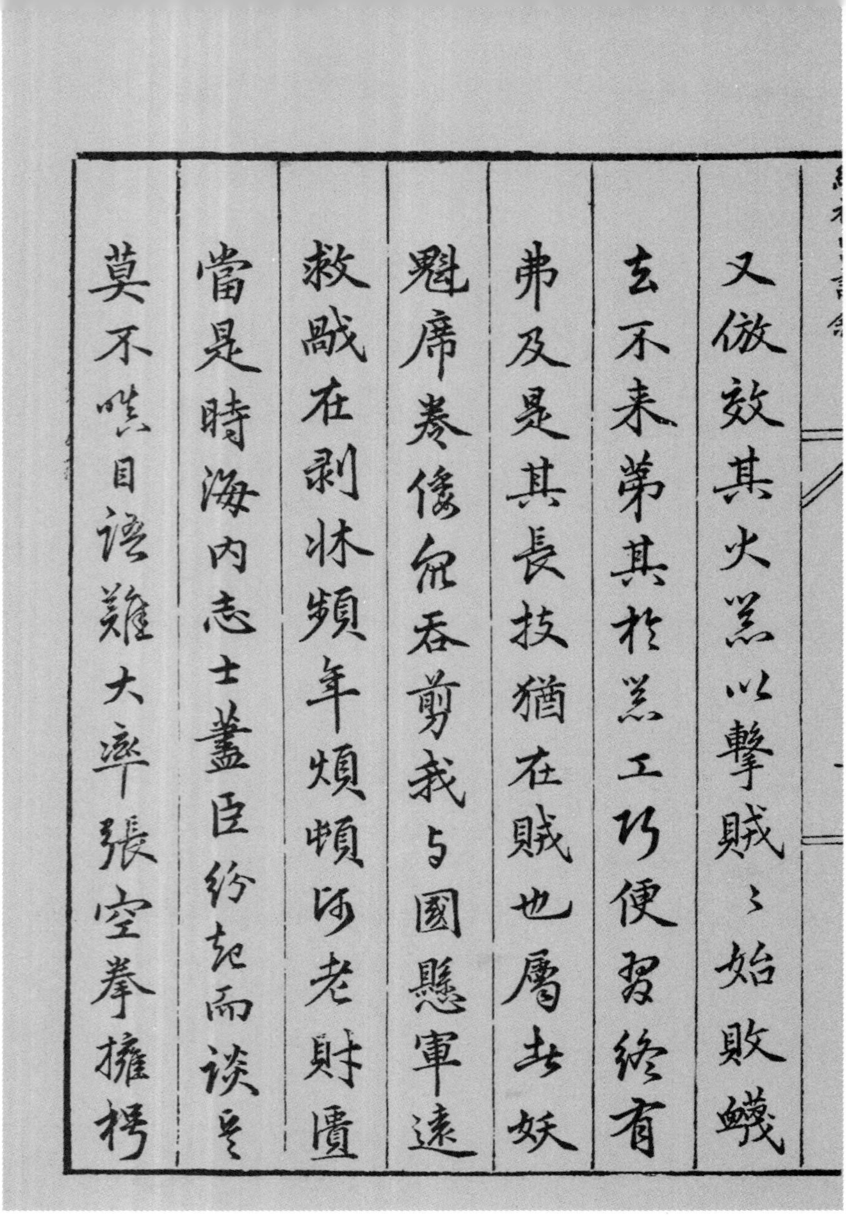

又倣效其火器以擊賊，賊始敗蠛，去不来。第其於器，工巧便習，終有弗及，長技猶在賊也[1]。屬者妖魁席卷，倭眾吞剪我與國，懸軍遠救，禍在剥床。頻年煩頓，師老財匱。當是時，海内志士藎臣紛起而談兵，莫不瞋目語難，大率張空拳，擁榜

1 第其於器，工巧便習，終有弗及，長技猶在賊也，明刻五卷本作“第其長技猶在賊也”。

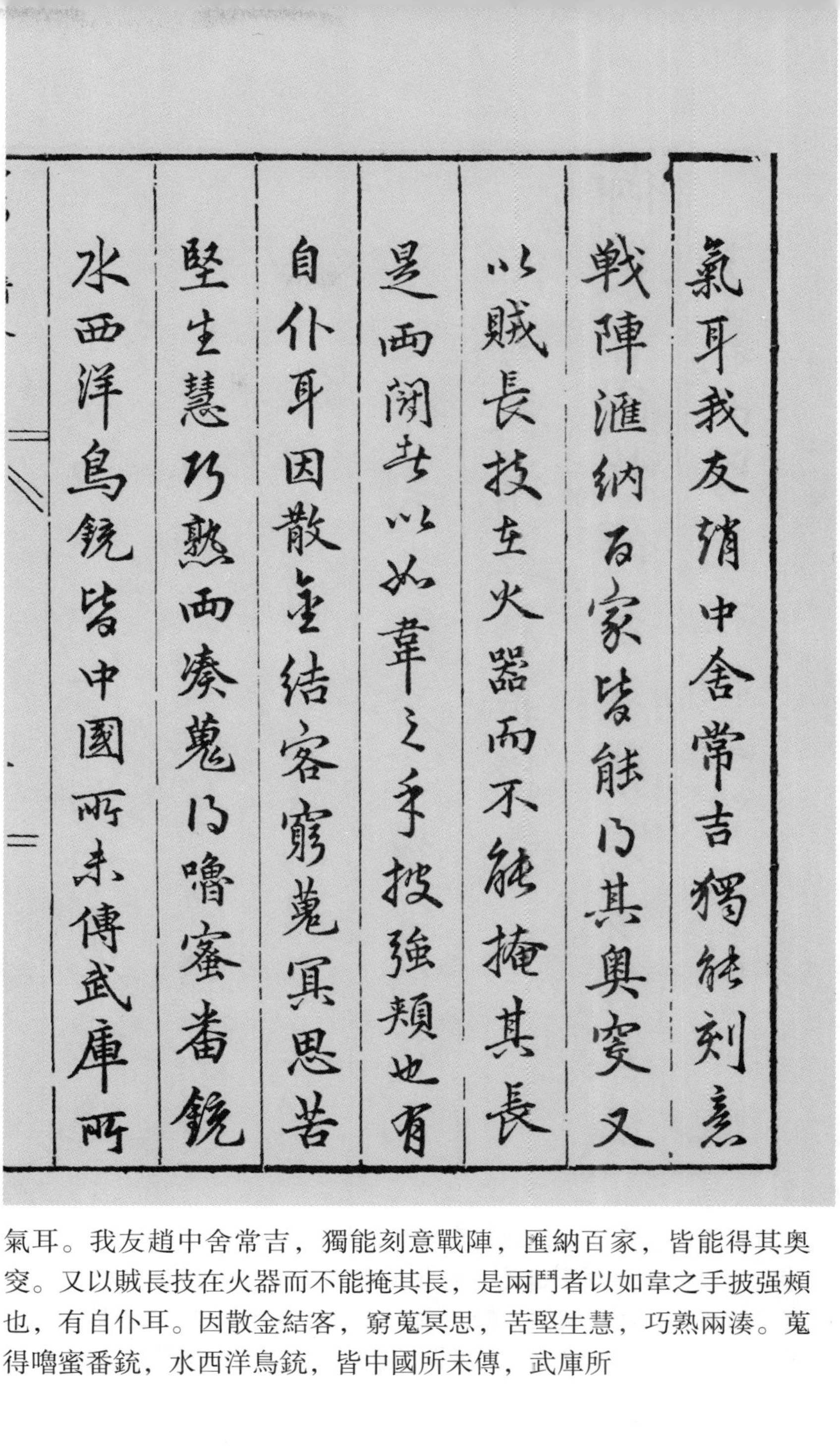
氣耳我友趙中舍常吉獨能刻意
戰陣滙納百家皆能得其奧窔又
以賊長技在火器而不能掩其長
是兩門者以如韋之手披強頰也有
自仆耳因散金結客窮蒐冥思苦
堅生慧巧熟兩湊蒐乃嚕蜜番銃
水西洋鳥銃皆中國所未傳武庫所

氣耳。我友趙中舍常吉，獨能刻意戰陣，匯納百家，皆能得其奧窔。又以賊長技在火器而不能掩其長，是兩門者以如韋之手披强頰也，有自仆耳。因散金結客，窮蒐冥思，苦堅生慧，巧熟兩湊。蒐得嚕蜜番銃，水西洋鳥銃，皆中國所未傳，武庫所

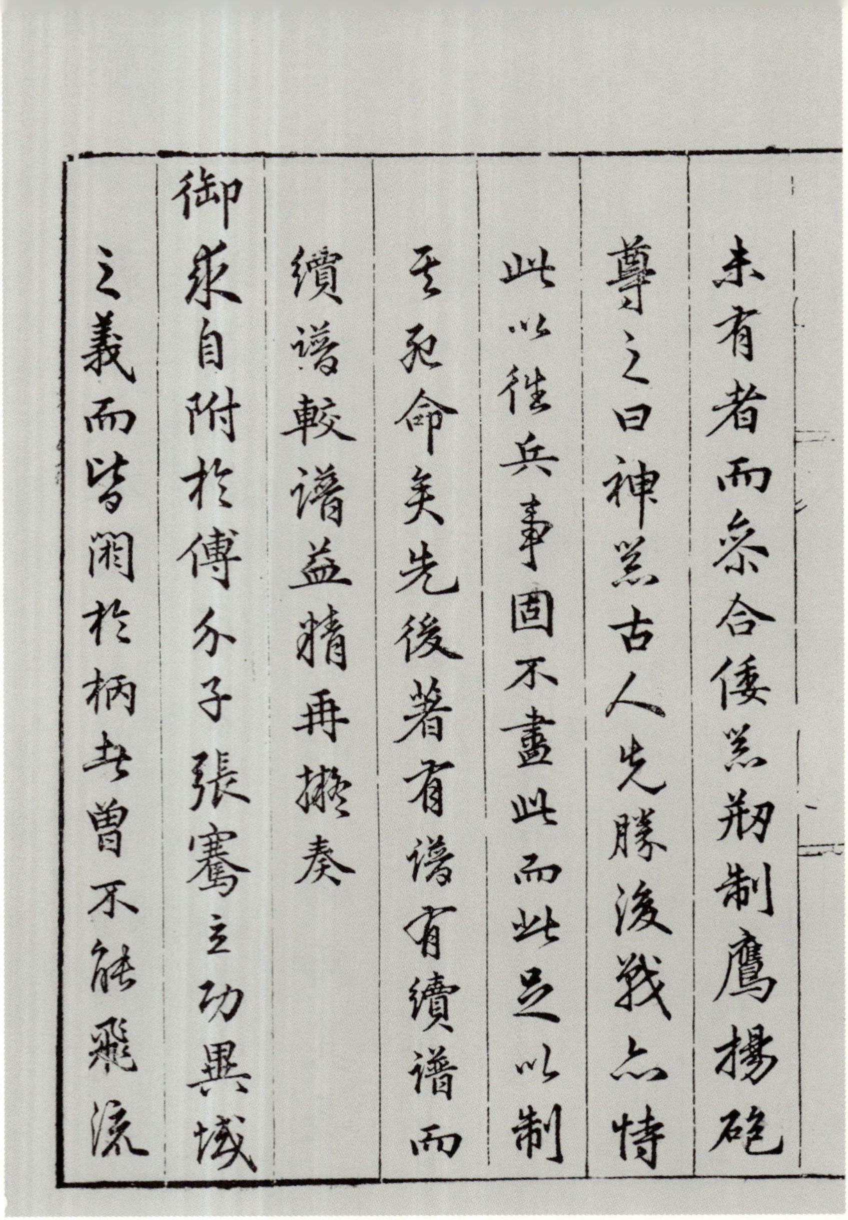
未有者而參合倭器刱制鷹揚砲
尊之曰神器古人先勝後戰亦恃
此以往兵事固不盡此而此足以制
其死命矣先後著有譜有續譜而
續譜較譜益精再擬奏
御求自附於傅介子張騫立功異域
之義而皆闕於柄者曾不能飛流

未有者，而參合倭器，創制鷹揚砲，尊之曰神器。古人先勝後戰亦恃此。以往兵事固不盡此，而此足以制其死命矣。先後著有《譜》有《續譜》，而《續譜》較《譜》益精。再擬奏御，求自附於傅介子、張騫立功異域之義。而皆闕於柄者，曾不能飛流[1]

1“未有者”至“曾不能飛流”，北大本闕半葉（2b），據浙江大學圖書館藏初刻本補。

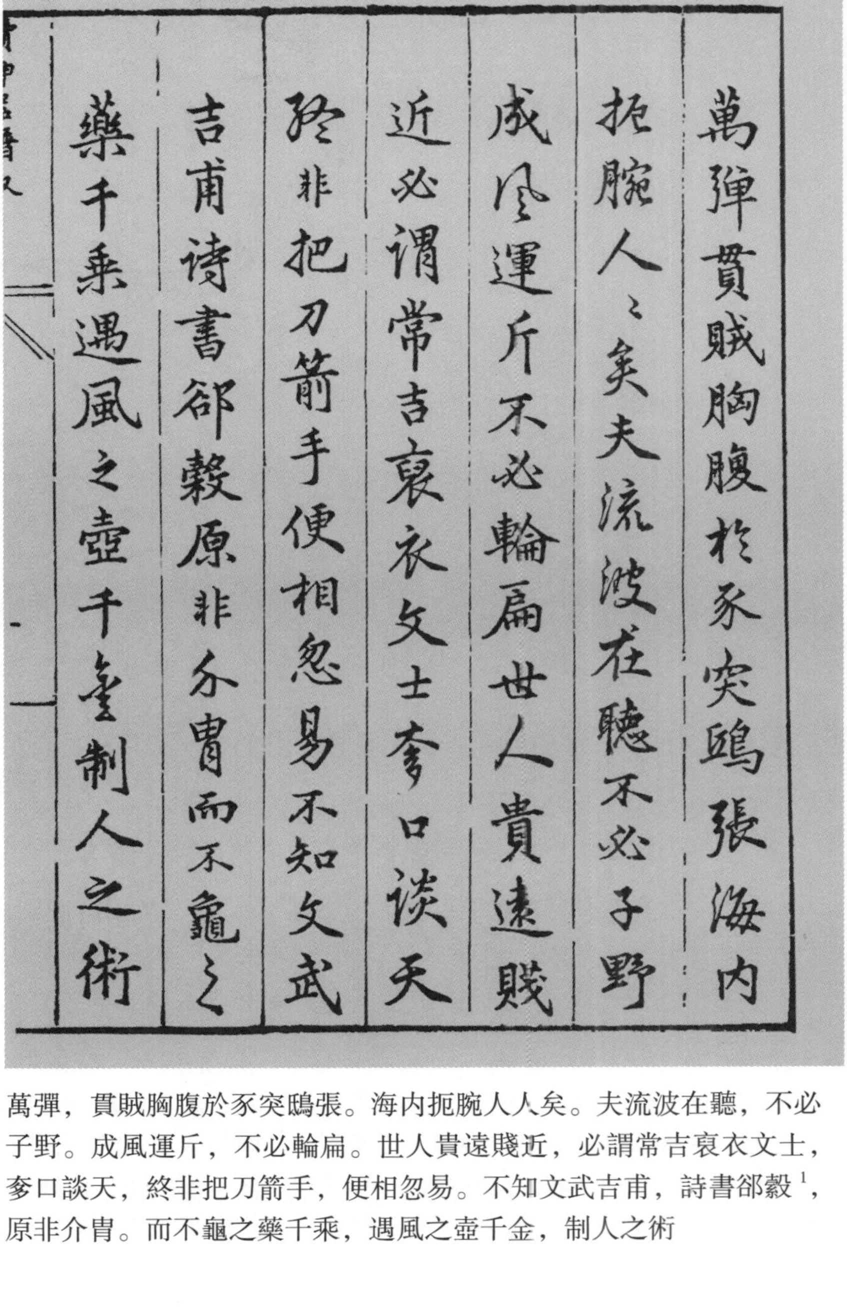
萬彈貫賊胸腹於豖突鴟張海内
扼腕人人矣夫流波在聽不必子野
成風運斤不必輪扁世人貴遠賤
近必謂常吉裒衣文士奓口談天
終非把刀箭手便相忽易不知文武
吉甫詩書郤縠原非介胄而不龜之
藥千乘遇風之壺千金制人之術

萬彈，貫賊胸腹於豖突鴟張。海内扼腕人人矣。夫流波在聽，不必子野。成風運斤，不必輪扁。世人貴遠賤近，必謂常吉裒衣文士，奓口談天，終非把刀箭手，便相忽易。不知文武吉甫，詩書郤縠[1]，原非介胄。而不龜之藥千乘，遇風之壺千金，制人之術

1 縠，原作“穀”。

固不在多也。世人貴遠，固矣。夫制器莫如古人，宜其思竭。乃今有倭器，古所不逮。今又有神器，倭所不逮。即如諸名家陣法，皆自古法變，而制爲己陣，何有窮也。故凡祖一器，創一藝，皆是開山行輩，宜百世享祀者也，其人不易窺測矣。或乃謂蛩蛩之謀，不

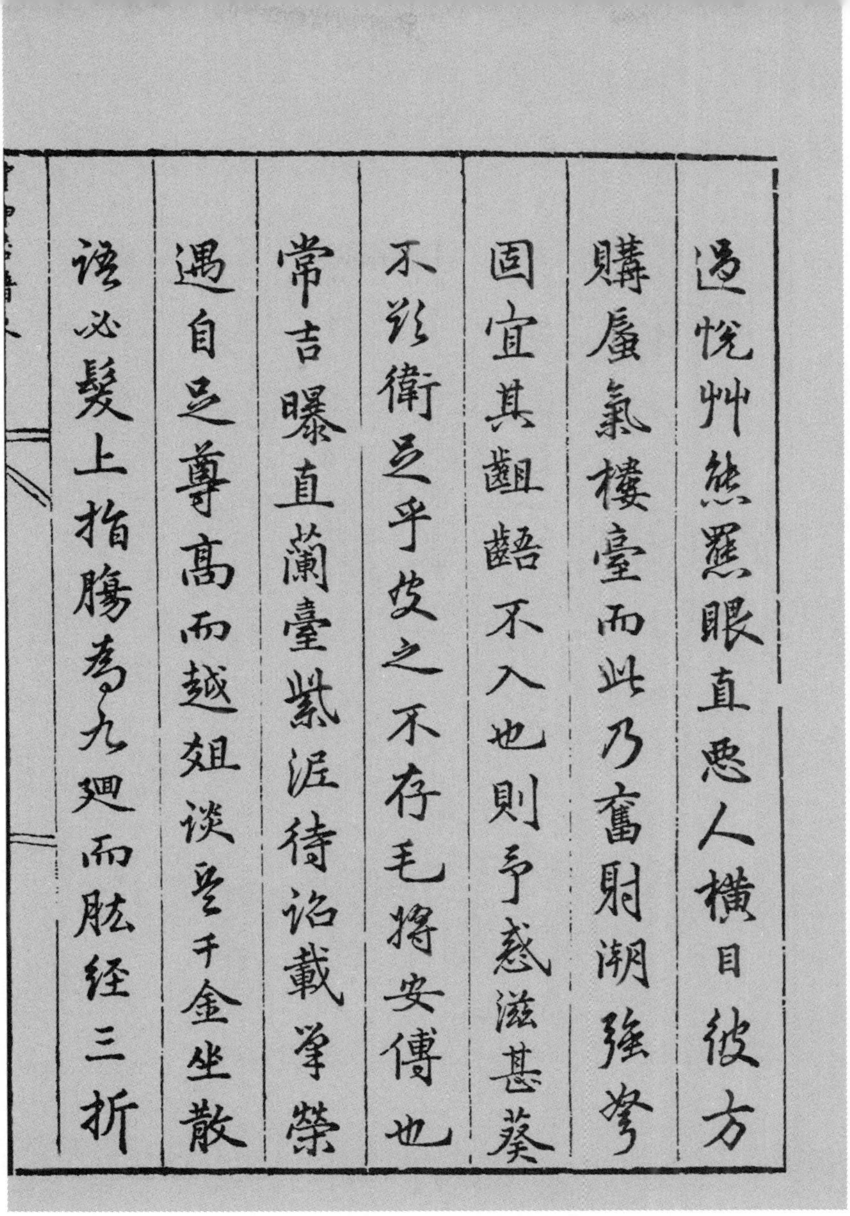

過悦草。熊羆眼直，惡人横目。彼方購蜃氣樓臺，而此乃奮射潮强弩，固宜其齟齬不入也。則予惑滋甚。葵不欲衛足乎，皮之不存，毛將安傅也。常吉曝直蘭台，紫泥待詔，載筆榮遇，自足尊高。而越俎談兵，千金坐散。語必髮上指，腸爲九廻，而肱經三折也，竟爲何者。魯女捻其織而憂國，晉宰不共匕而知防。女子小人尚知忠憤，况根心負氣而可盡茅靡波流也。雖然，兵事尚秘，言必去梯。奈何以法所禁書，而班布方册，不虞有倒持太阿之誚乎。豈不以道既不行，而遂欲如虞卿著書詔人也。予謂常吉身雖陸

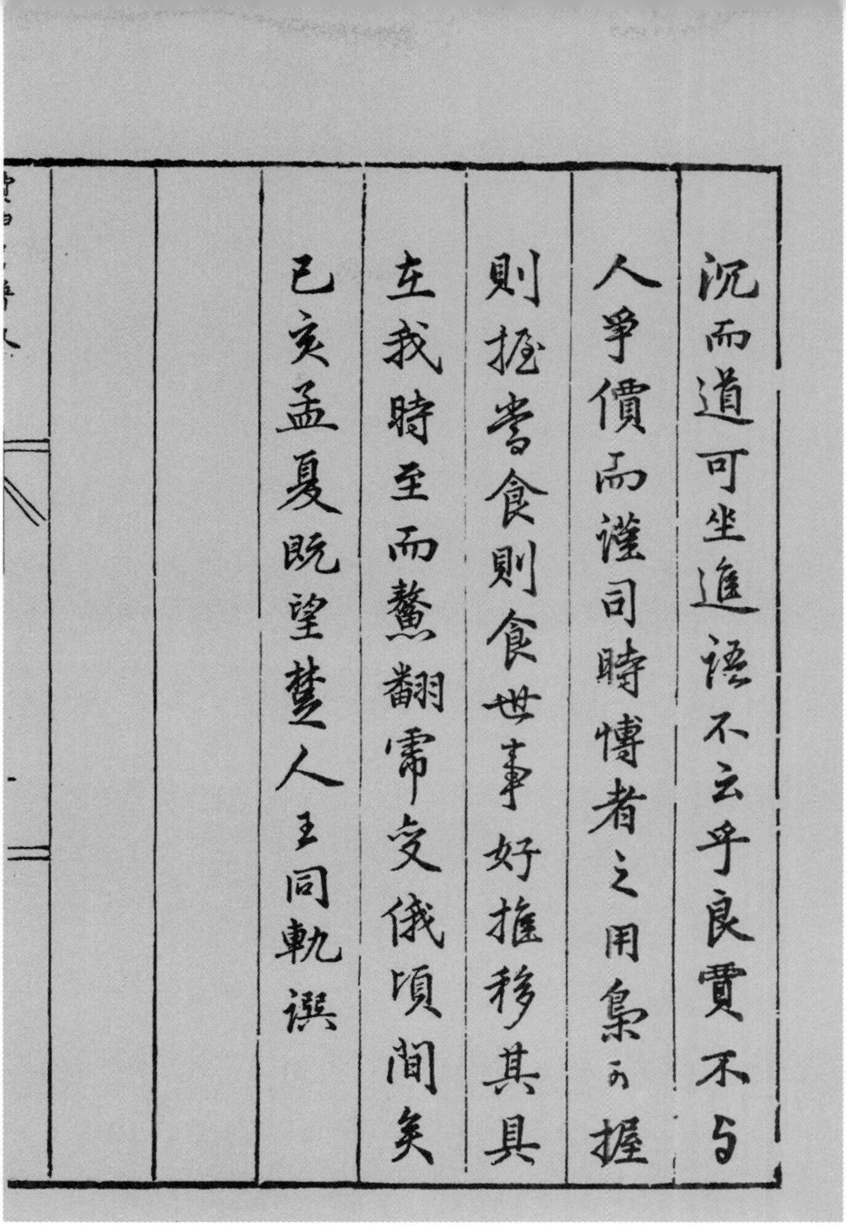
沉而道可坐進語不云乎良賈不与
人爭價而謹司時慱者之用梟可握
則握當食則食世事好推移其具
在我時至而鼇翻虎變俄頃間矣
己亥孟夏既望楚人王同軌撰

沉，而道可坐進。語不云乎：良賈不與人爭價，而謹司時。博者之用梟，可握則握，當食則食。世事好推移，其具在我，時至，而鼇翻虎變，俄頃間矣。

己亥孟夏既望楚人王同軌撰。

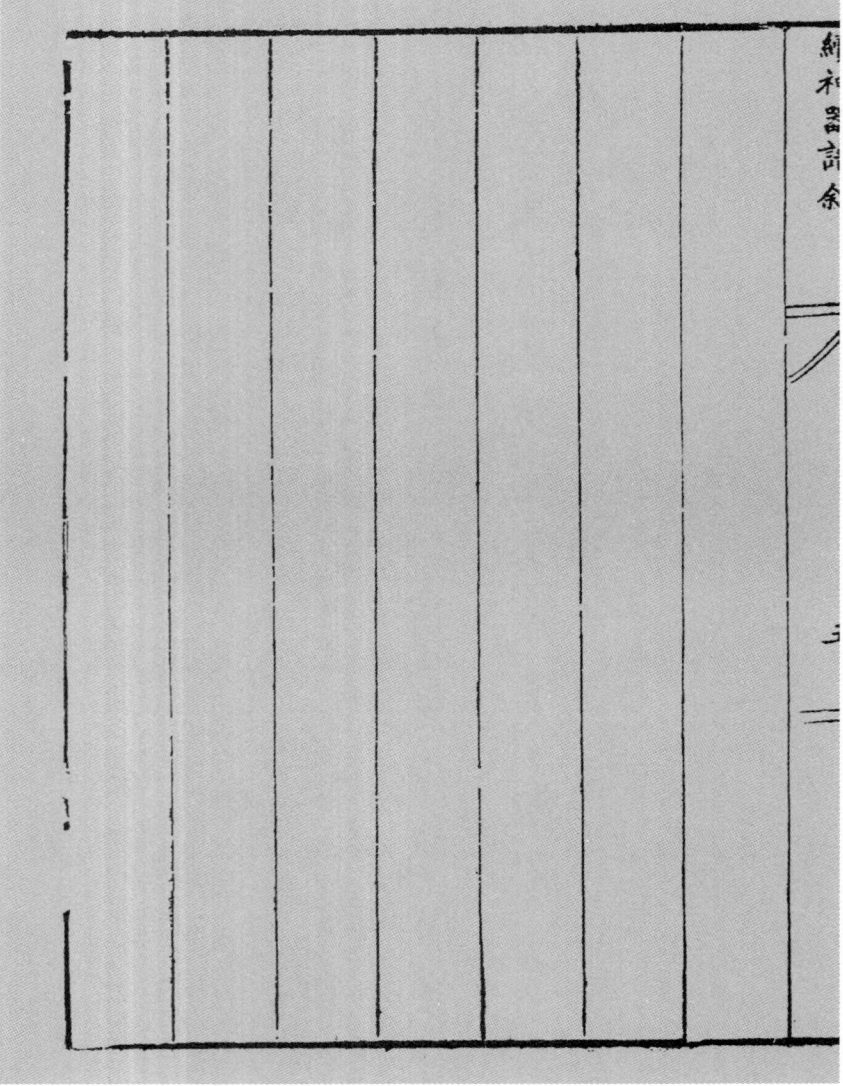

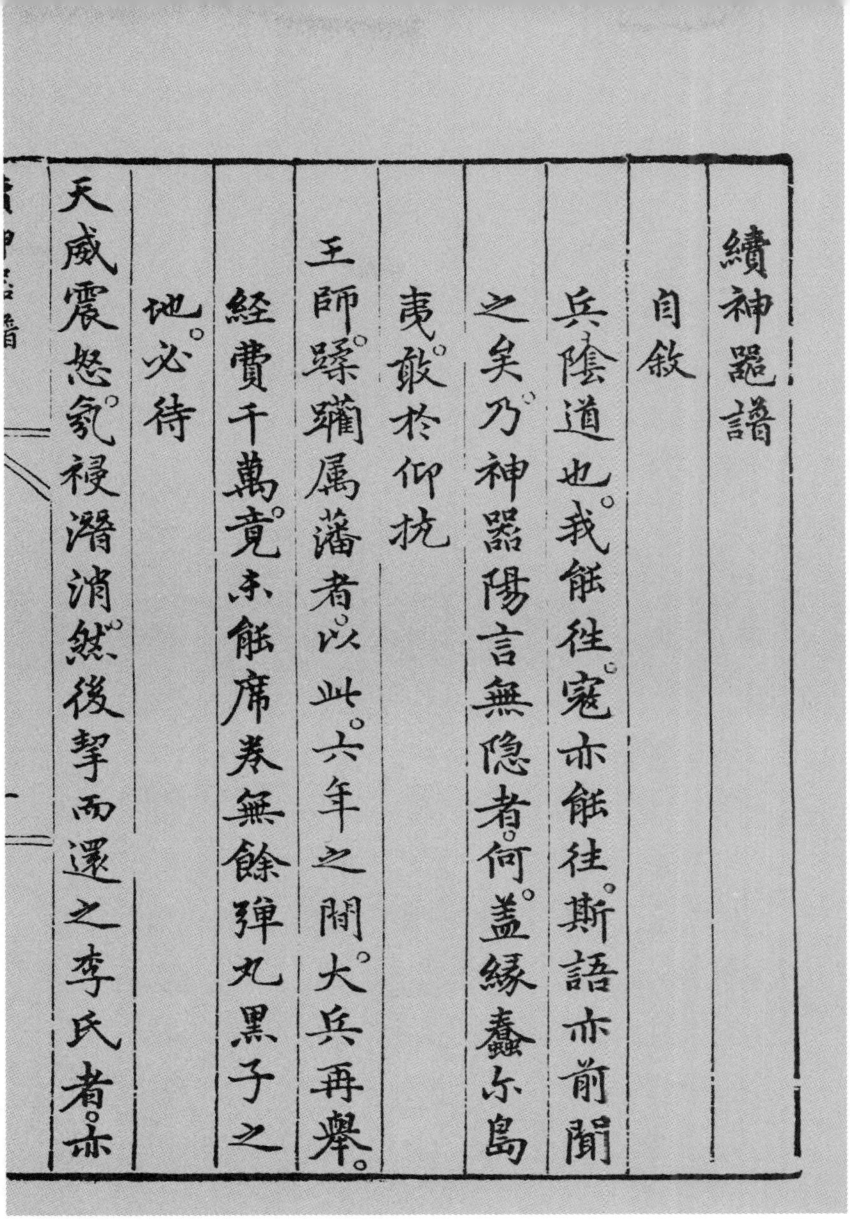

續神器譜
自敘
兵陰道也我能往寇亦能往斯語亦前聞
之矣乃神器陽言無隱者何蓋緣蠢尒島
夷敢於仰抗
王師蹂躪屬藩者以此六年之間大兵再舉
經費千萬竟未能席卷無餘彈丸黑子之
地必待
天威震怒氛祲潛消然後挐而還之李氏者亦

續神器譜

自敘[1]

兵，陰道也。我能往，寇亦能往。斯語亦前聞之矣。乃神器陽言無隱者何。蓋緣蠢爾島夷，敢於仰抗王師，蹂躪屬藩者，以此。六年之間，大兵再舉，經費千萬，竟未能席卷無餘。彈丸黑子之地，必待天威震怒，氛祲潛消，然後挐而還之李氏者，亦

1 續神器譜自敘，明刻五卷本作“原銃中”。

以此。陽言無隱，不過望"師貞丈人"，加其倍數，以備緩急之時，反以制之勝之，非昧於彼我兩能之説也。

中國水陸神器，有戰具、攻具、守具、伏具。倭奴專精鳥銃。二三百步之外，嚕蜜諸器，足先制賊，紙甲軟牌，儘可自衛。鳥銃雖精，遽難迫我。但近聞對馬島大鳥銃，有佛郎機之烈，更能命中，則又出常技之上，似非牌甲可禦。不惟後日患之，前時二三驍將，間爲

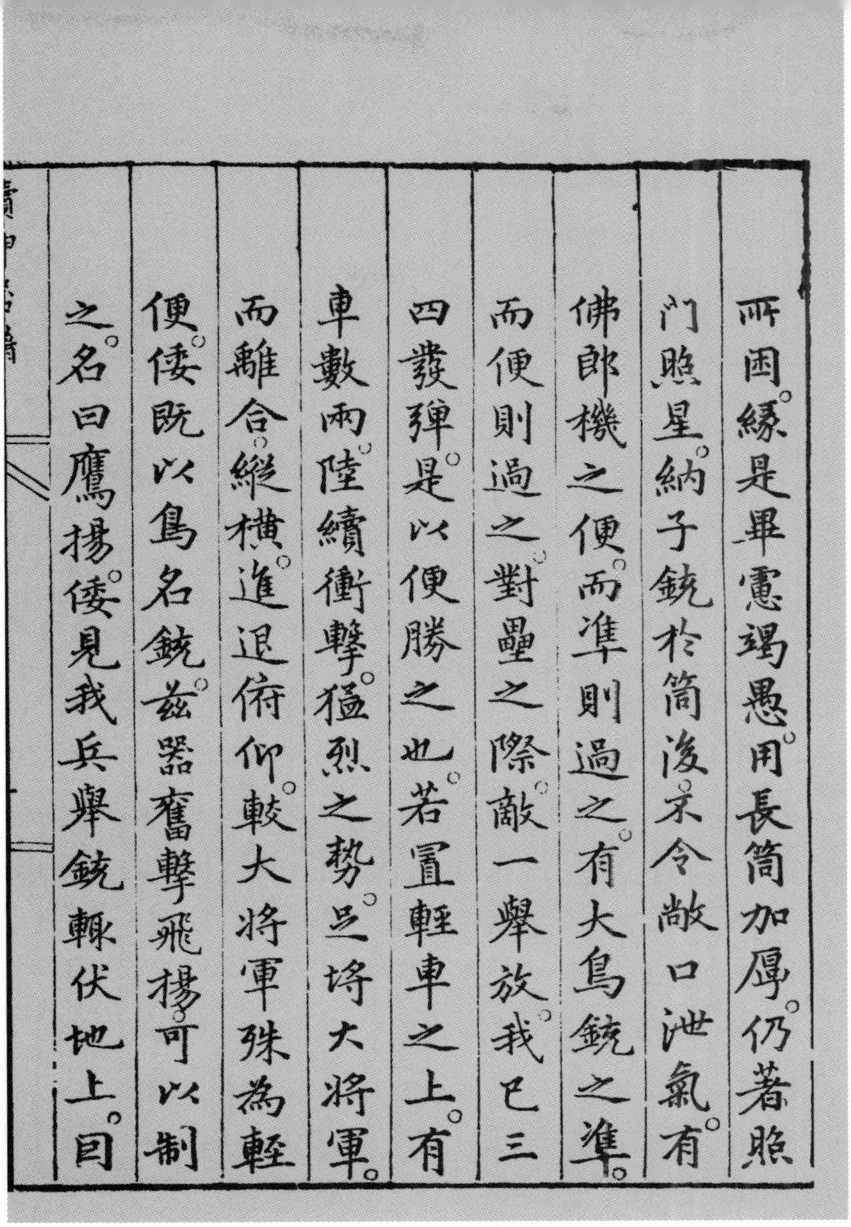
所困。緣是畢慮竭愚。用長筒加厚。仍著照
門照星。納子銃於筒後。不令敞口泄氣。有
佛郎機之便。而準則過之。有大鳥銃之準。
而便則過之。對壘之際。敵一舉放。我已三
四發彈。是以便勝之也。若置輕車之上。有
車數兩。陸續衝擊。猛烈之勢。足埒大將軍。
而離合。縱橫。進退俯仰。較大將軍殊為輕
便。倭既以鳥名銃。茲器奮擊飛揚。可以制
之。名曰鷹揚。倭見我兵舉銃。輒伏地上。因

所困。緣是畢慮竭愚，用長筒加厚，仍著照門、照星，納子銃於筒後，不令敞口泄氣。有佛郎機之便而準則過之，有大鳥銃之準而便則過之。對壘之際，敵一舉放，我已三四發彈，是以便勝之也。若置輕車之上，有車數兩，陸續衝擊，猛烈之勢，足埒大將軍。而離合縱橫，進退俯仰，較大將軍殊爲輕便。

倭既以鳥名銃，兹器奮擊飛揚，可以制之，名曰鷹揚。

倭見我兵舉銃，輒伏地上，因

製疊筒，一經機發，火燃上下，彈既並出，雖伏奚避，名曰震疊。

北方馬上用三眼銃以禦虜騎，虜頗畏之。然放畢舉以搏擊，頭重起艱，利害相半。兼之甚難討準，往往虚發。因變其制，用照星短床，後尾鉤著鞓帶。左手執銃對敵，右手懸刀燃火。放畢爲盾，舉刀迎敵。馬上可備出奇摧堅，步下極便伏路急擊，名曰翼虎。

取西洋筒之輕，加之以狠，嚕蜜機之快，加之以巧，日本床之便，加

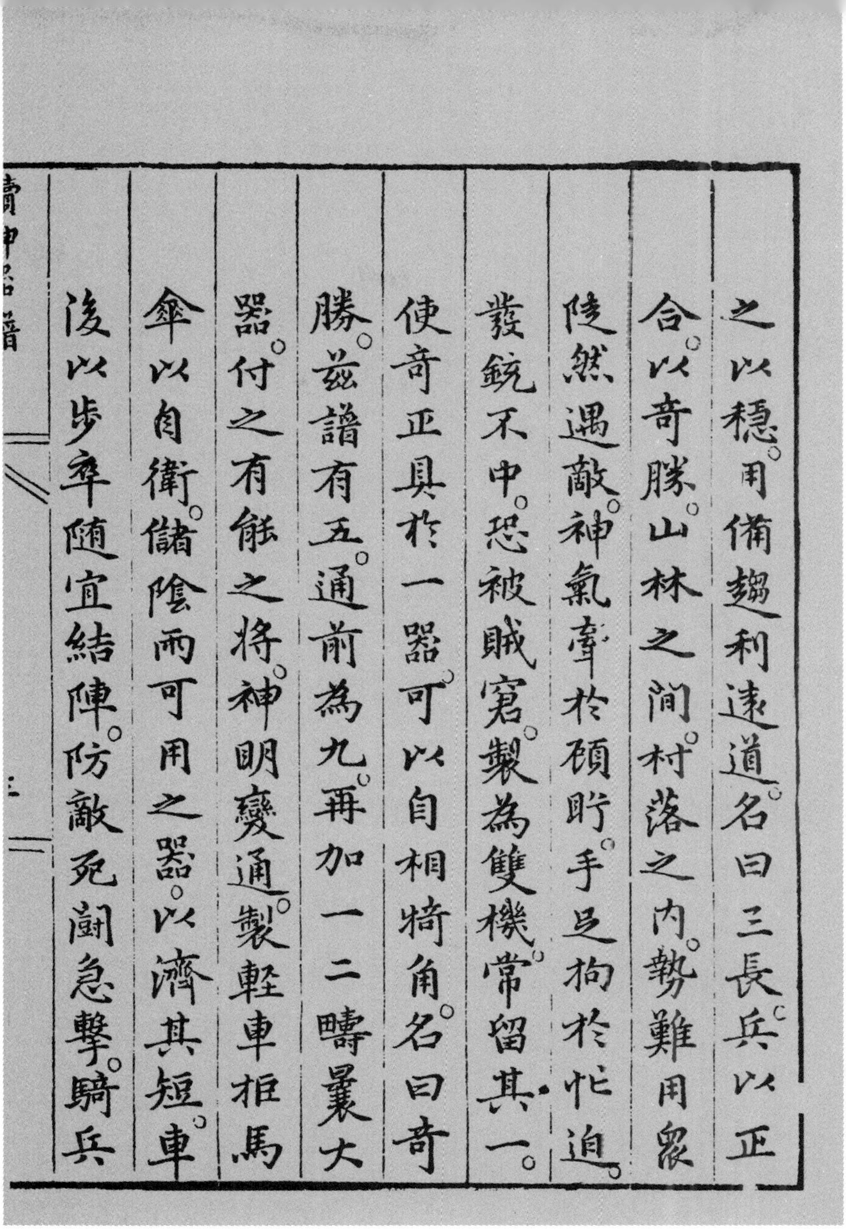

之以穩。用備趨利遠道。名曰三長。兵以正
合。以奇勝。山林之間。村落之內。勢難用衆
陡然遇敵。神氣牽於顧盼。手足拘於忙迫。
發銃不中。恐被賊窘。製為雙機。常留其一。
使奇正具於一器。可以自相犄角。名曰奇
勝。茲譜有五。通前為九。再加一二疇曩大
器。付之有能之將。神明變通。製輕車拒馬
傘以自衛。儲陰雨可用之器。以濟其短。車
後以步卒隨宜結陣。防敵死鬭急擊。騎兵

之以穩。用備趨利遠道，名曰三長。

兵以正合，以奇勝。山林之間，村落之内，勢難用衆。陡然遇敵，神氣牽於顧盼，手足拘於忙迫，發銃不中，恐被賊窘。製爲雙機，常留其一。使奇正具於一器，可以自相犄角，名曰奇勝。

兹譜有五，通前爲九。再加一二疇囊大器，付之有能之將，神明變通。製輕車、拒馬傘以自衛，儲陰雨可用之器以濟其短。車後以步卒隨宜結陣，防敵死鬥急擊。騎兵

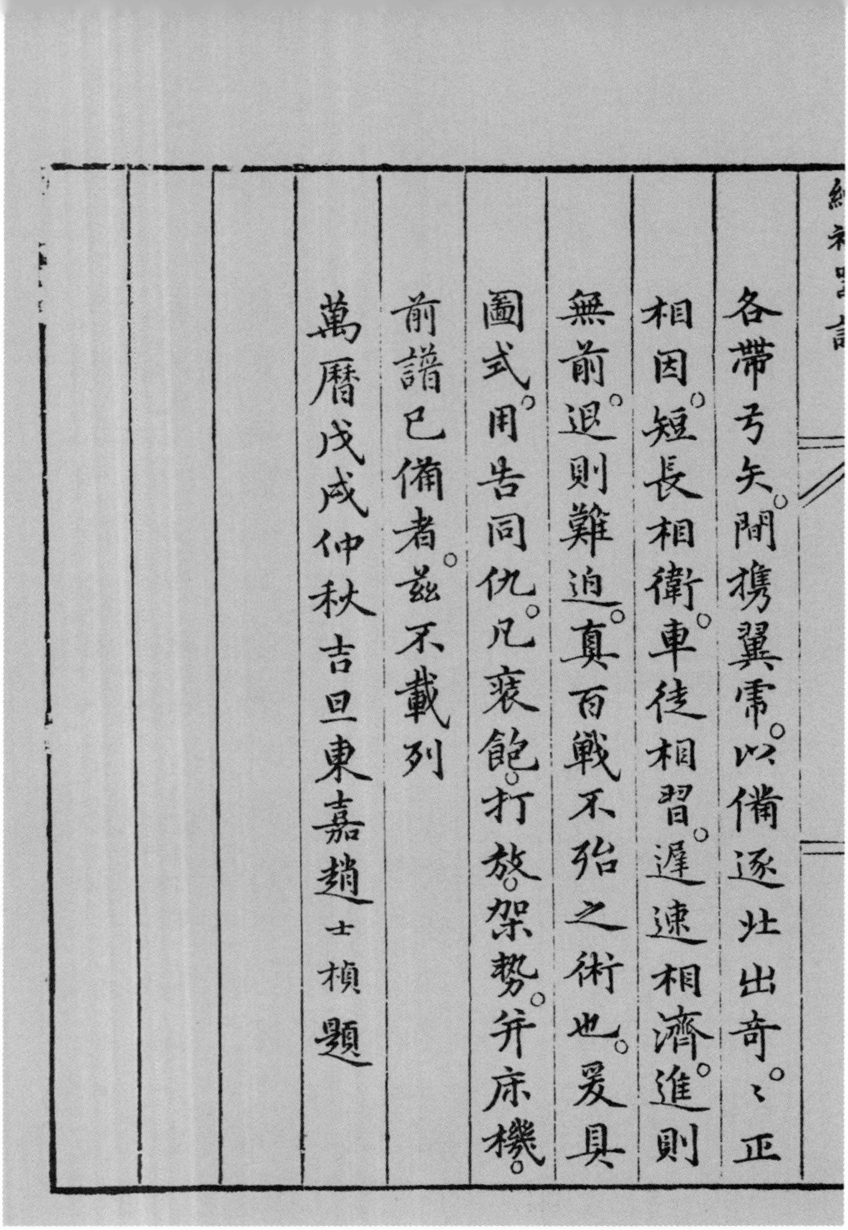
各帶弓矢間攜翼虎以備逐北出奇〻正相因短長相衛車徒相習遲速相濟進則無前退則難迫真百戰不殆之術也爰具圖式用告同仇凡裝飽打放架勢并床機前譜已備者茲不載列

萬曆戊戌仲秋吉旦東嘉趙士楨題

各帶弓矢，間攜翼虎，以備逐北出奇。奇正相因，短長相衛，車徒相習，遲速相濟。進則無前，退則難迫，真百戰不殆之術也。爰具圖式，用告同仇。凡裝飽、打放、架勢并床機，前譜已備者，兹不載列。

萬曆戊戌仲秋吉旦東嘉趙士楨題。

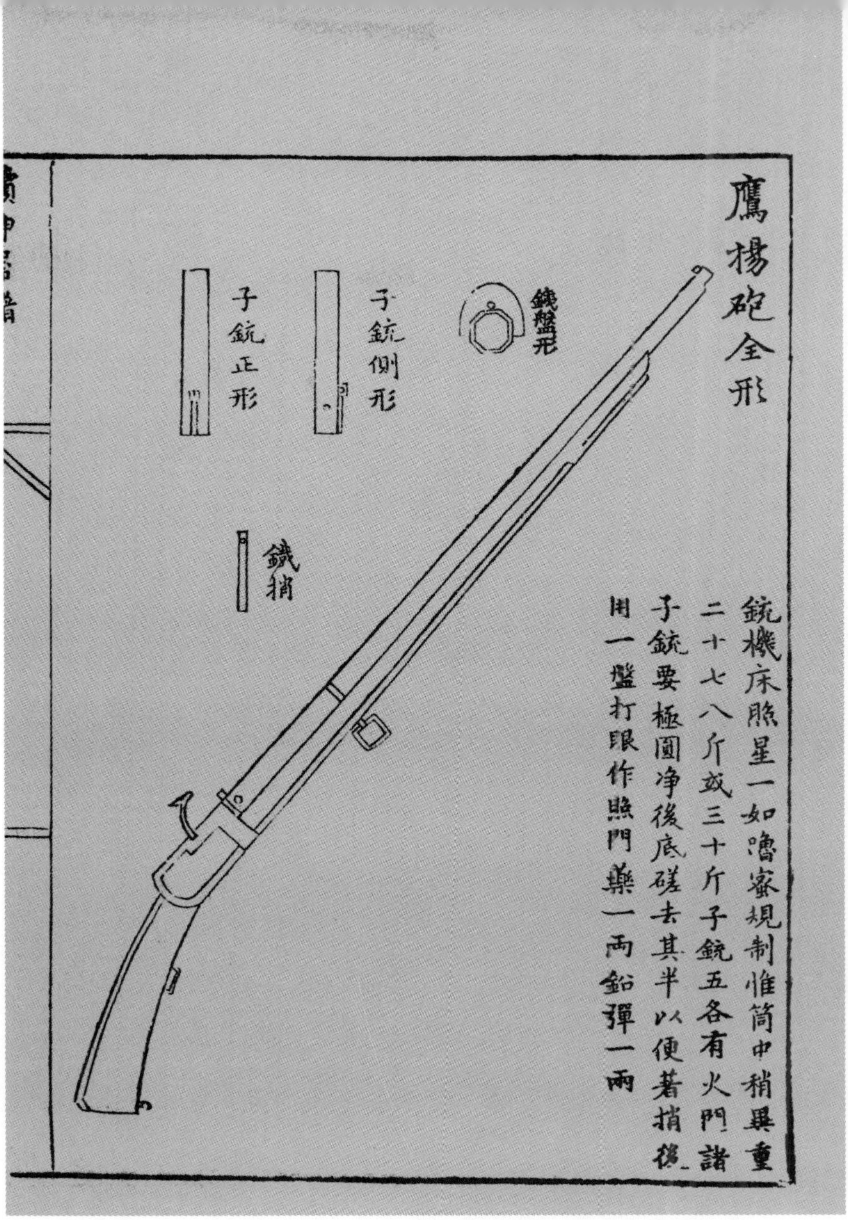

鷹揚砲全形：銃機、床、照星一如嚕蜜規制，惟筒中稍異。重二十七八斤，或三十斤。子銃五，各有火門。諸子銃要極圓净，後底磋去其半，以便著捎。後用一盤打眼作照門。藥一兩，鉛彈一兩。

鐵盤形。子銃側形。子銃正形。鐵捎。

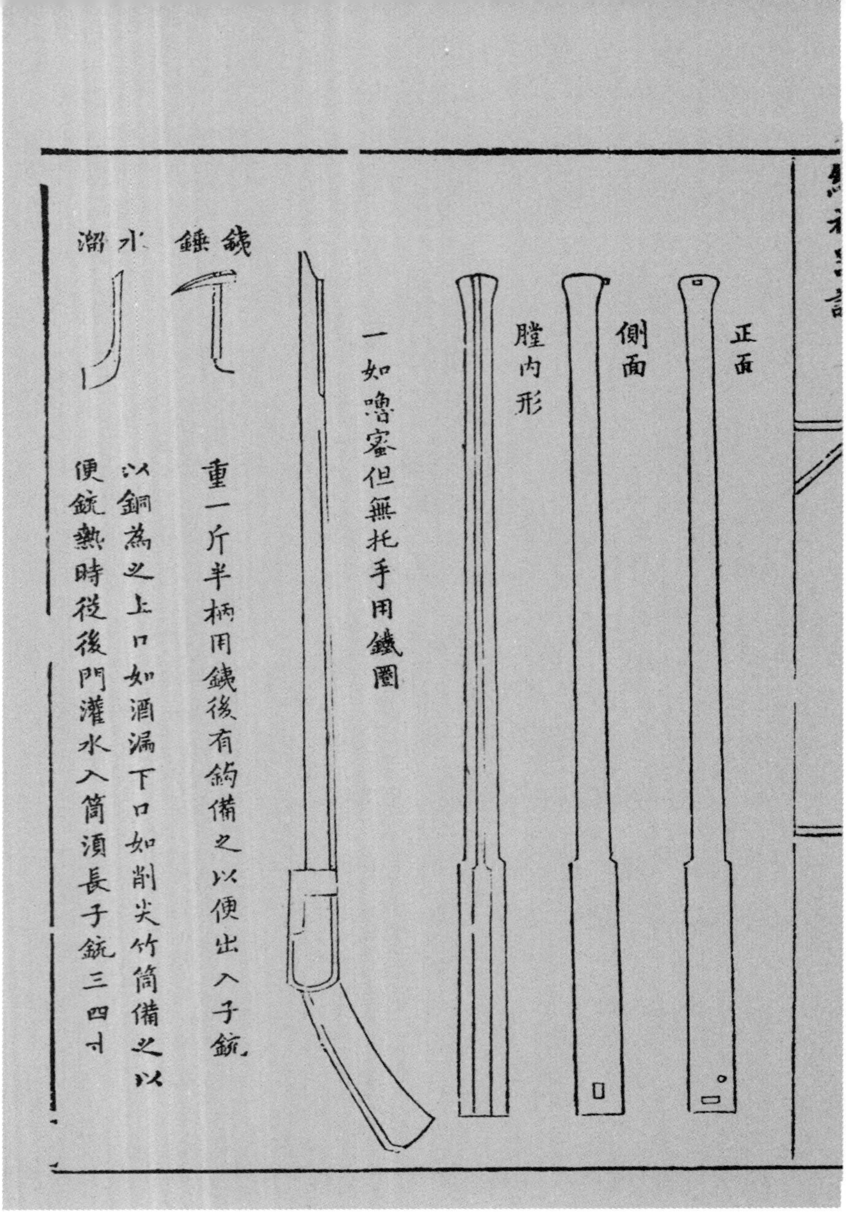

正面。側面。膛内形。一如嚕蜜，但無托手用鐵圈。

鐵錘：重一斤半，柄用鐵，後有鉤，備之以便出入子銃。

水溜：以銅爲之，上口如酒漏，下口如削尖竹筒，備之以便銃熱時從後門灌水。入筒須長子銃三四寸。

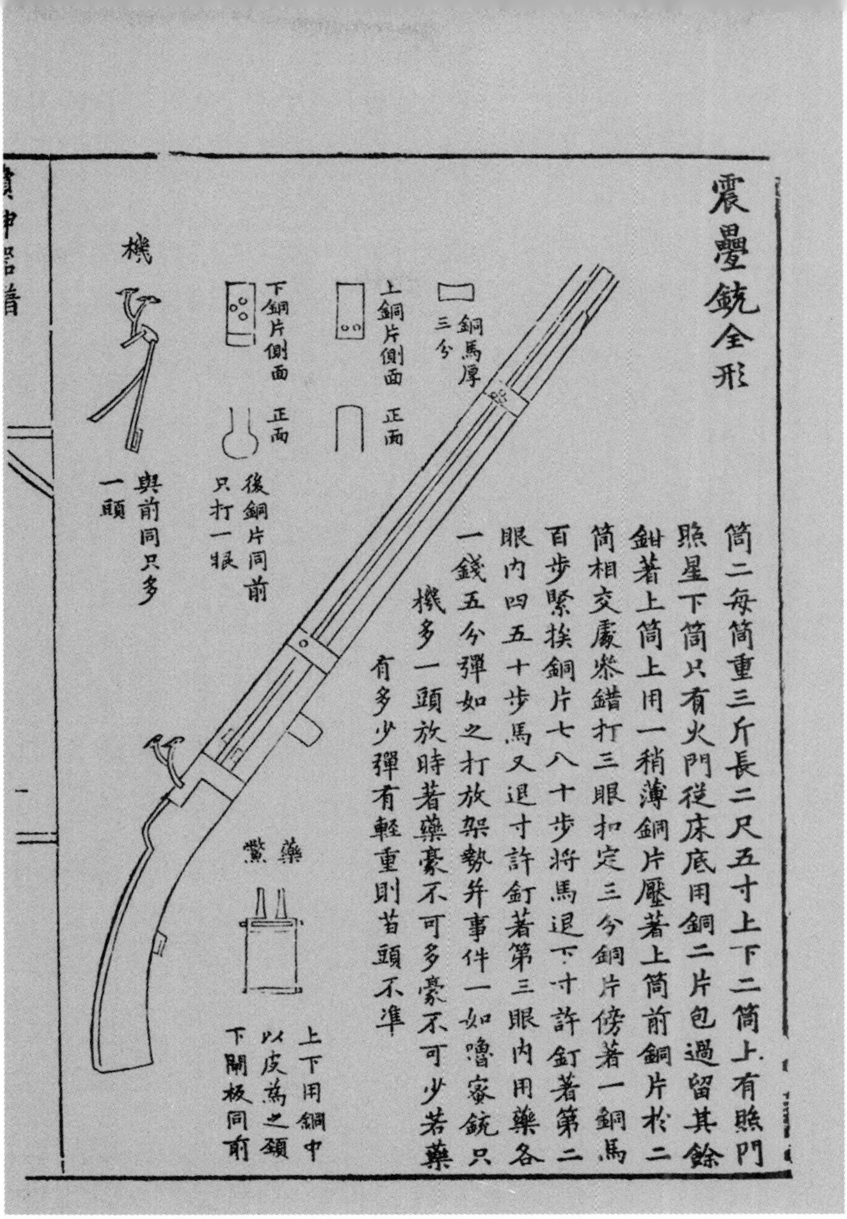

震疊銃全形：筒二，每筒重三斤，長二尺五寸。上下二筒，上有照門、照星，下筒只有火門。從床底用銅二片包過，留其餘，鉗著上筒。上用一稍薄銅片，壓著上筒前銅片。於二筒相交處，參錯打三眼，扣定三分。銅片傍著一銅馬，百步緊挨銅片七八十步，將馬退下寸許，釘著第二眼内四五十步，馬又退寸許，釘著第三眼内。用藥各一錢五分，彈如之。打放架勢并事件一如嚕蜜銃，只機多一頭。放時著藥豪不可多，豪不可少。若藥有多少，彈有輕重，則苗頭不準。

銅馬厚三分。上銅片側面、正面。下銅片側面、正面。後銅片同前，只打一眼。

機，與前同，只多一頭。

藥鱉：上下用銅，中以皮爲之，頸下閘板同前。

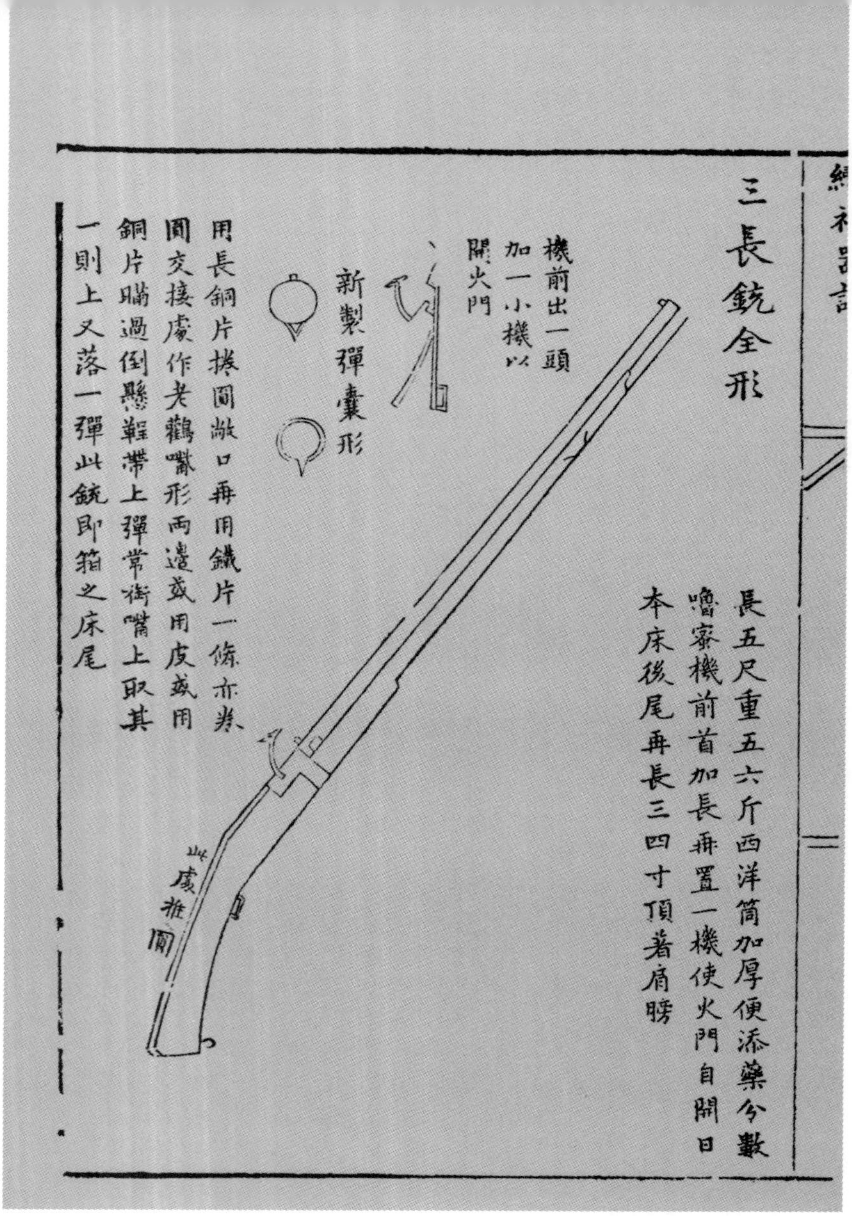

三長銃全形：長五尺，重五六斤。西洋筒加厚，便添藥分數。嚕蜜機前首加長，再置一機，使火門自開。日本床後尾再長三四寸，頂著肩膀。

機前出一頭，加一小機，以開火門。

新製彈囊形：用長銅片捲圓敞口，再用鐵片一條亦卷圓，交接處作老鸛嘴形。兩邊或用皮，或用銅片瞞過。倒懸鞓帶上，彈常銜嘴上，取其一則上又落一彈。此銃即箍之床尾。

此處椎圓。

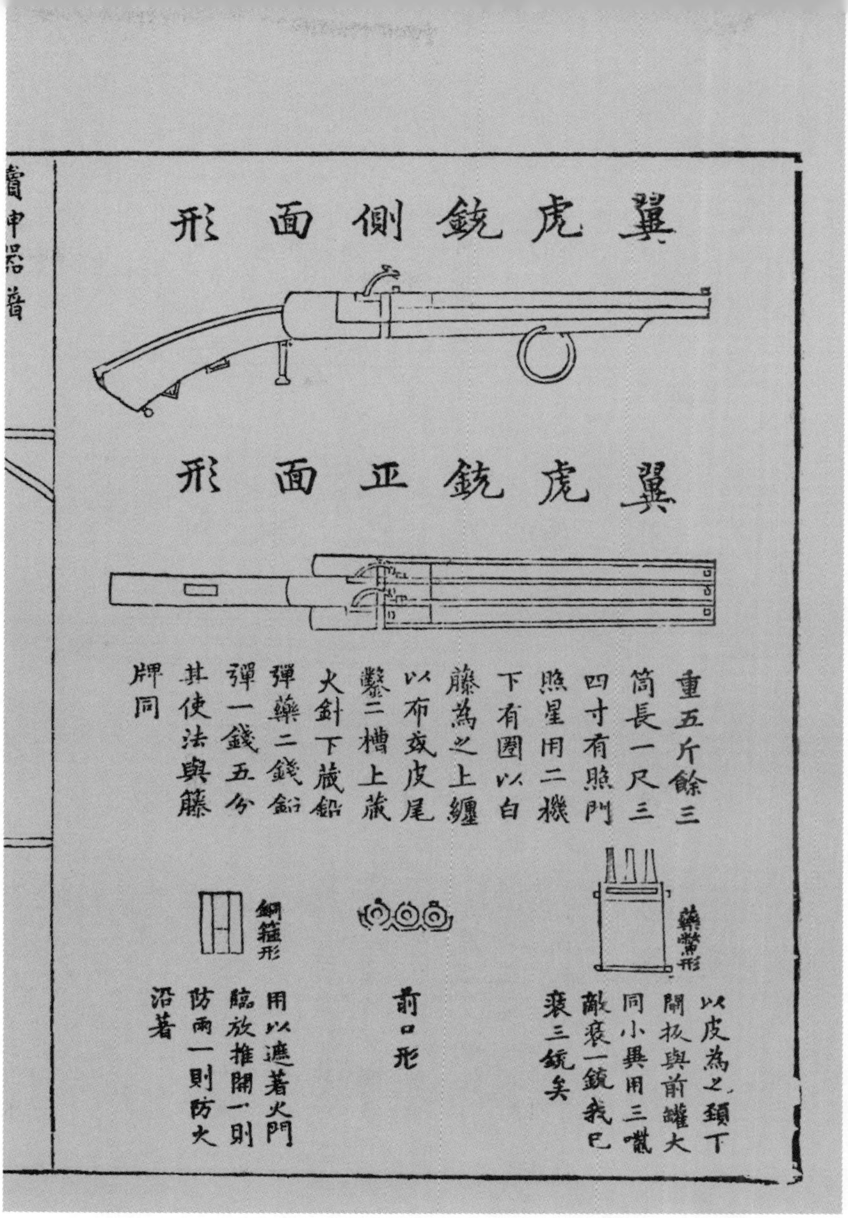

翼虎銃側面形、翼虎銃正面形。重五斤餘，三筒長一尺三四寸，有照門、照星，用二機。下有圈，以白藤爲之。上纏以布，或皮。尾鑿二槽，上藏火針，下藏鉛彈。藥二錢。鉛彈一錢五分。其使法與藤牌同。

藥鱉形：以皮爲之，頸下閘板與前罐大同小異。用三嘴。敵裝一銃，我已裝三銃矣。

前口形。

銅箍形：用以遮著火門，臨放推開。一則防雨，一則防火沿著。

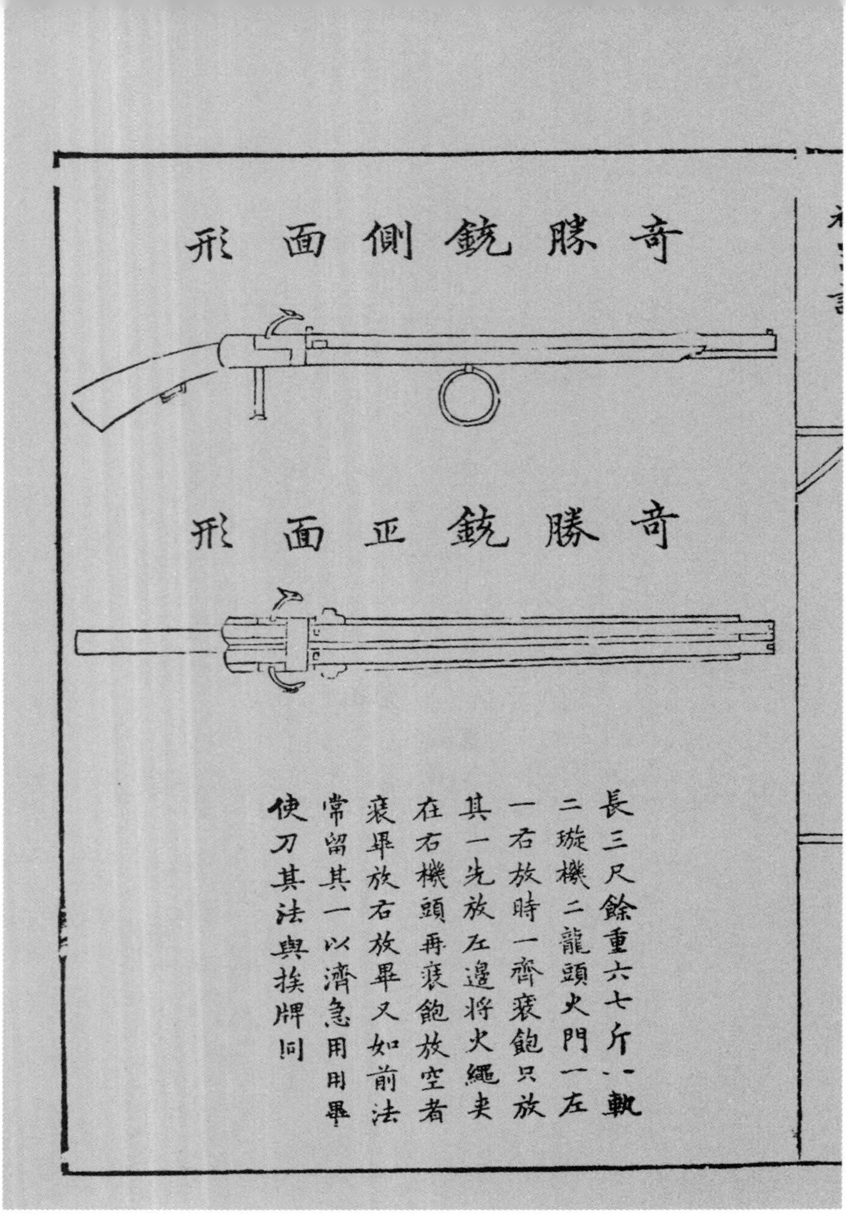

奇勝銃側面形、奇勝銃正面形。長三尺餘，重六七斤。一軌，二璇璣，二龍頭。火門一左一右。放時，一齊裝飽，只放其一。先放左邊，將火繩夾在右機頭，再裝飽放空者，裝畢放右，放畢，又如前法，常留其一，以濟急用。用畢使刀，其法與挨牌同。

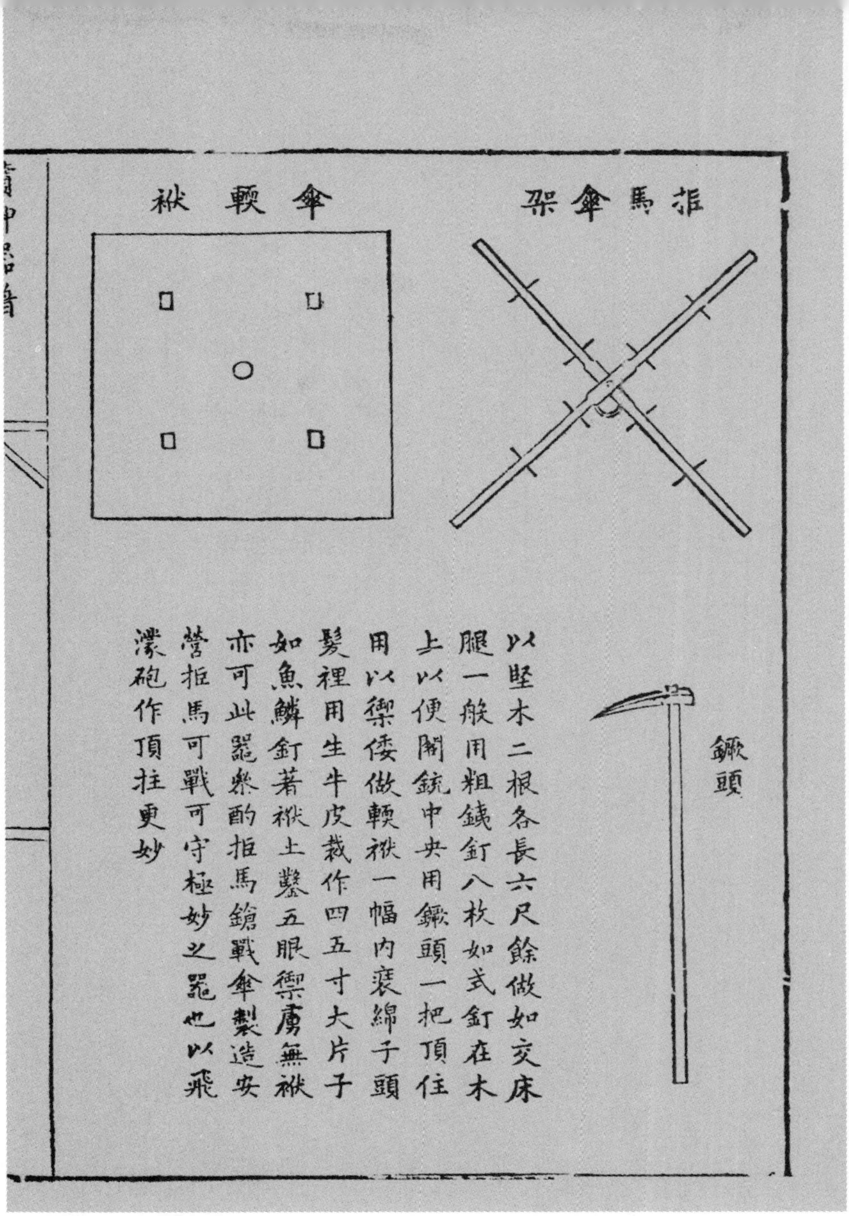

拒馬傘架。傘輭袱。钁頭。

以堅木二根，各長六尺餘，做如交床腿一般。用粗鐵釘八枚如式釘在木上，以便閣銃。中央用钁頭一把頂住，用以禦倭。做輭袱一幅，内裝綿子、頭髮。裡用生牛皮，裁作四五寸大片子，如魚鱗釘著。袱上鑿五眼。禦虜無袱亦可。此器參酌拒馬鎗、戰傘製造，安營拒馬，可戰可守，極妙之器也。以飛濛砲作頂柱更妙。

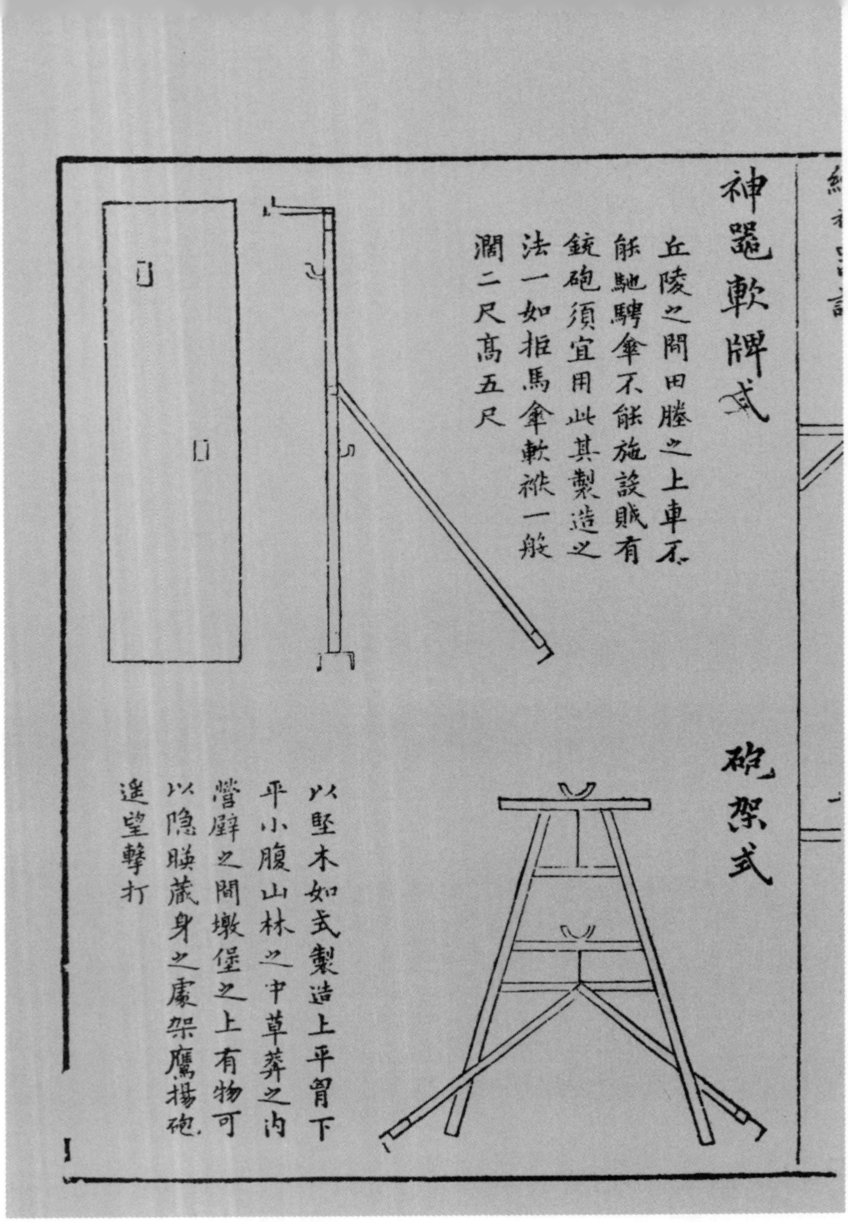

神器軟牌式：丘陵之間，田塍之上，車不能馳騁，傘不能施設。賊有銃砲，須宜用此。其製造之法，一如拒馬傘軟袱一般。闊二尺，高五尺。

砲架式：以堅木如式製造，上平胸，下平小腹。山林之中，草莽之内，營壁之間，墩堡之上，有物可以隱暎藏身之處，架鷹揚砲，遥望擊打。

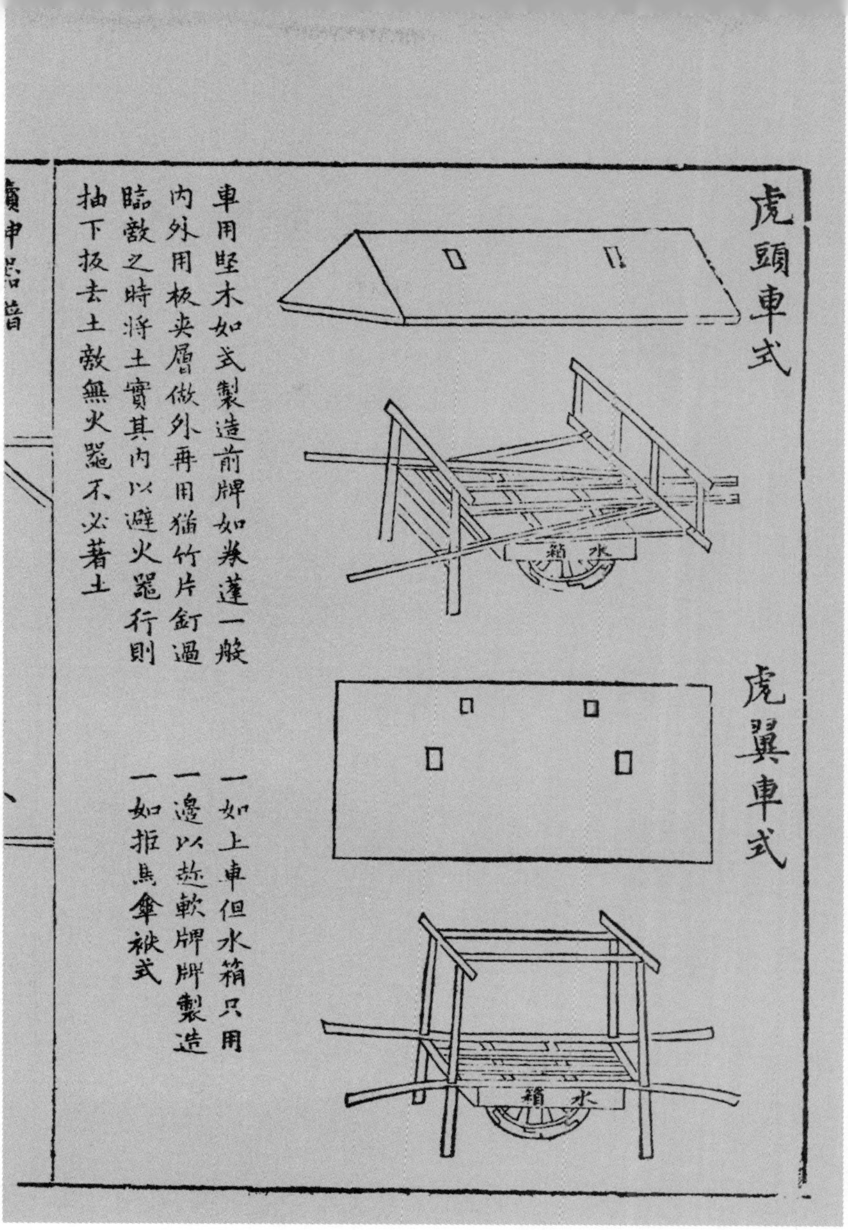

虎頭車式：車用堅木，如式製造。前牌如卷蓬一般，内外用板夾層做外，再用猫竹片釘過。臨敵之時，將土實其内，以避火器。行則抽下板去土。敵無火器，不必著土。

水箱。

虎翼車式：一如上車，但水箱只用一邊，以趍軟牌。牌製造一如拒馬傘袱式。

水箱。

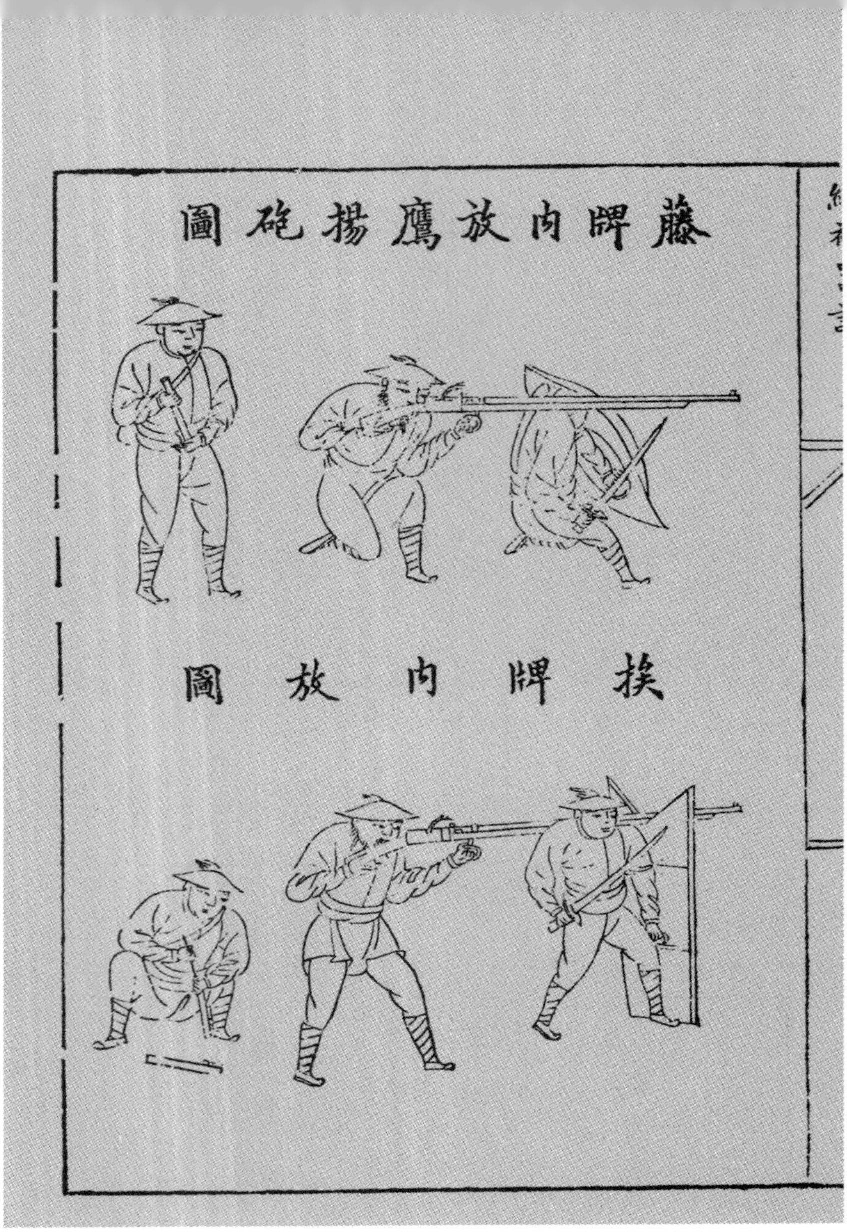

藤牌内放鷹揚砲圖
挨牌内放圖

架上放鷹揚砲圖

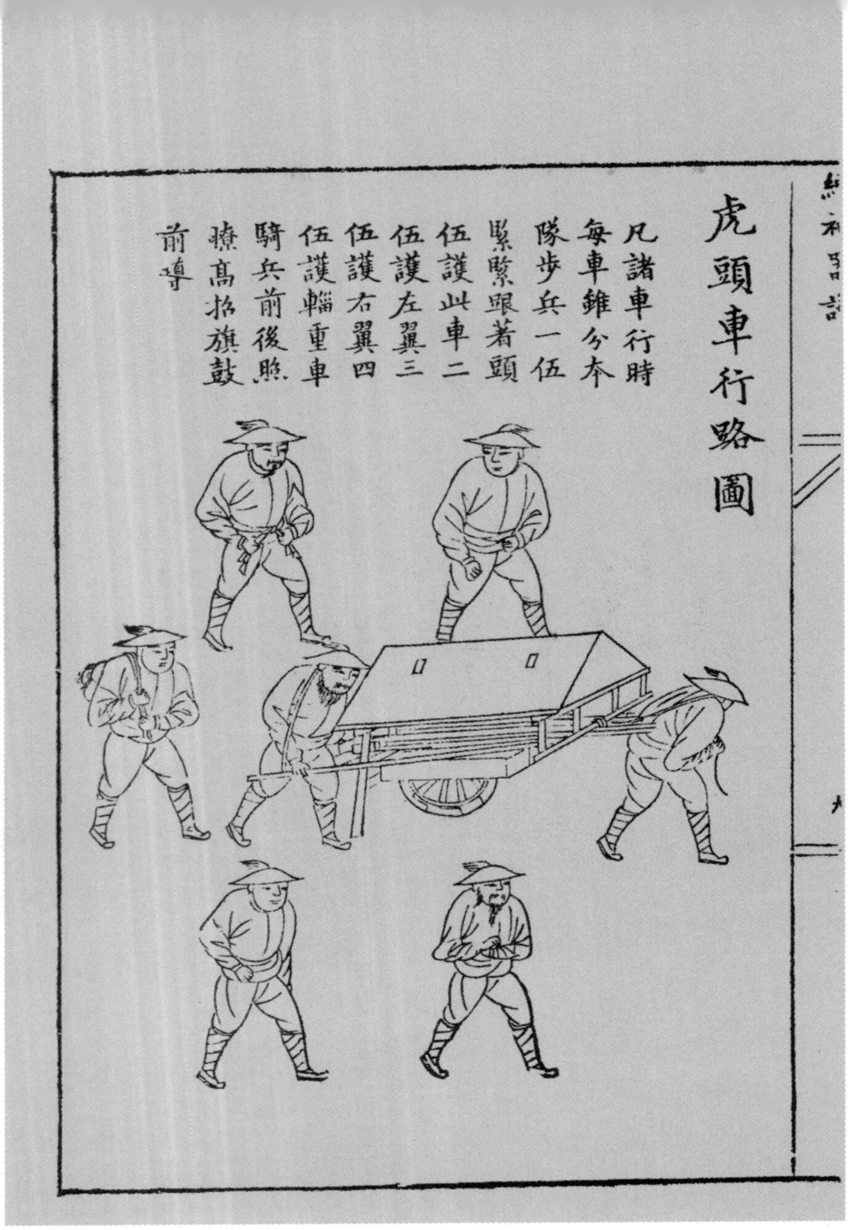

虎頭車行路圖

凡諸車行時，每車雖分本隊步兵一伍，緊緊跟著。頭伍護此車，二伍護左翼，三伍護右翼，四伍護輜重車。騎兵前後照瞭，高招旗鼓前導。

虎翼車行路圖。左翼同此。

虎頭車打放神器圖

每車鷹揚砲二位，砲手四名，司車二名，車長一名司火。水箱二個，噴壺一把，擠筒一個，鐵鐮一把，钁頭一把，斧子一把，油袱一條，渾脱二具。若虎蹲或大佛郎機諸砲，帶得一位更妙。信砲多多益善，拒馬傘一把。

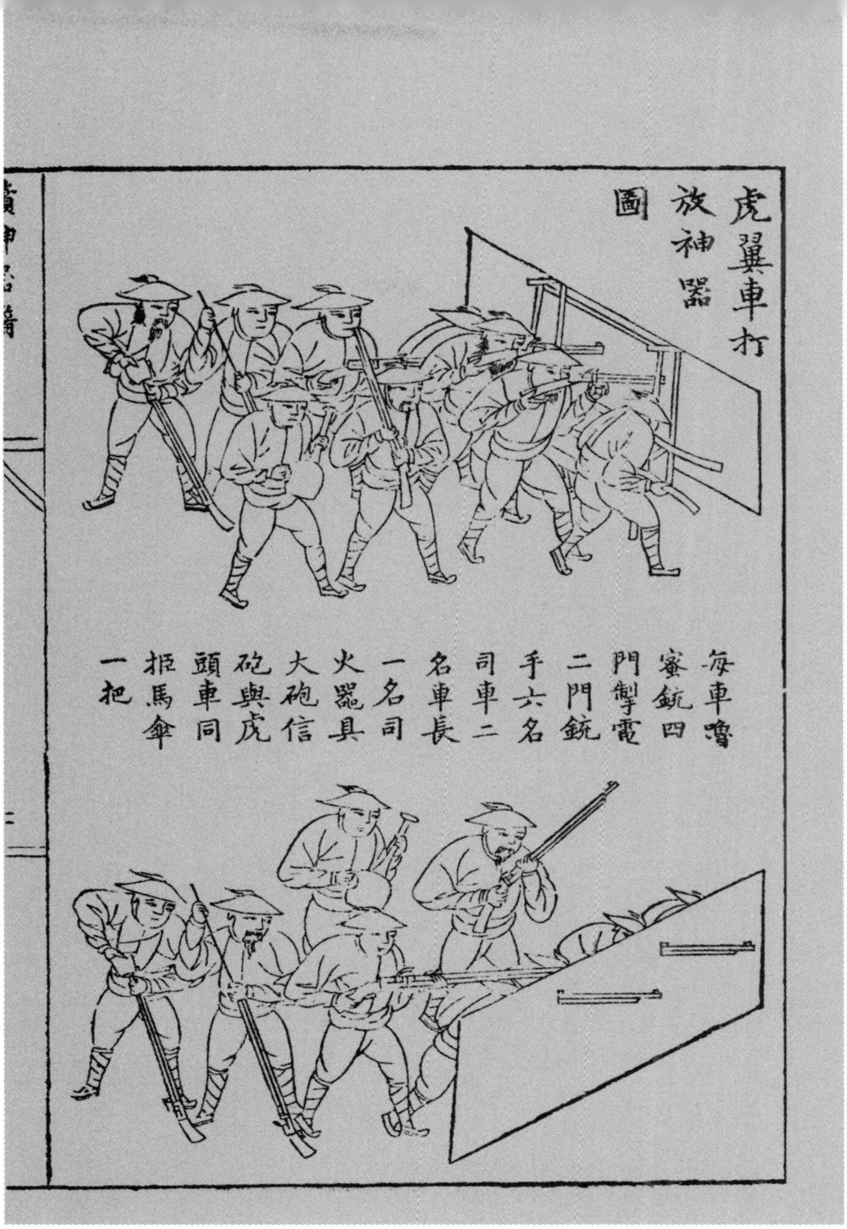

虎翼車打放神器圖

每車嚕蜜銃四門，掣電二門，銃手六名，司車二名，車長一名司火。器具、大砲、信砲，與虎頭車同。拒馬傘一把。

拒馬傘内放神器圖
軟牌内更翻放神器圖

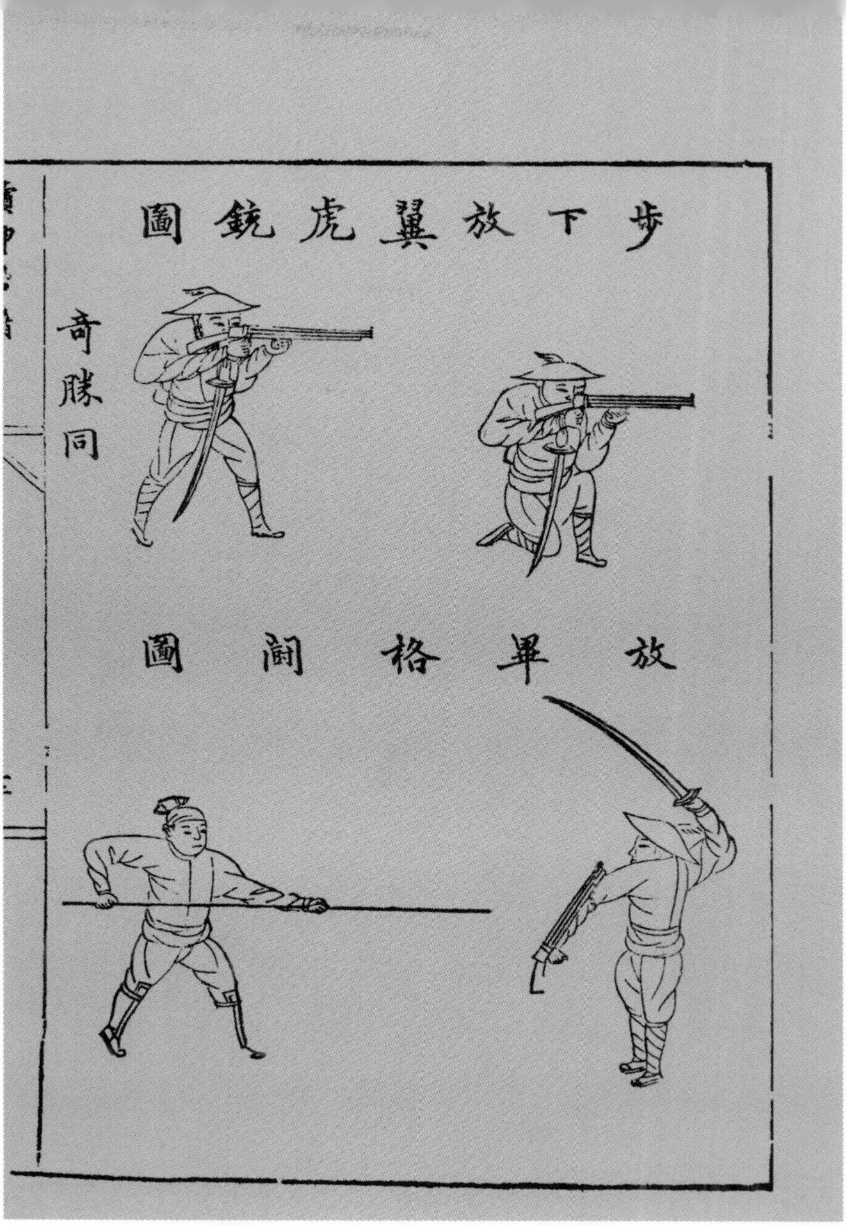

步下放翼虎銃圖。奇勝同。
放畢格鬥圖

馬上放翼虎銃圖。奇勝同。
放畢格鬥圖

放三長銃圖
震疊架勢圖
裝藥諸架勢一如嚕蜜銃。

金。鼓。

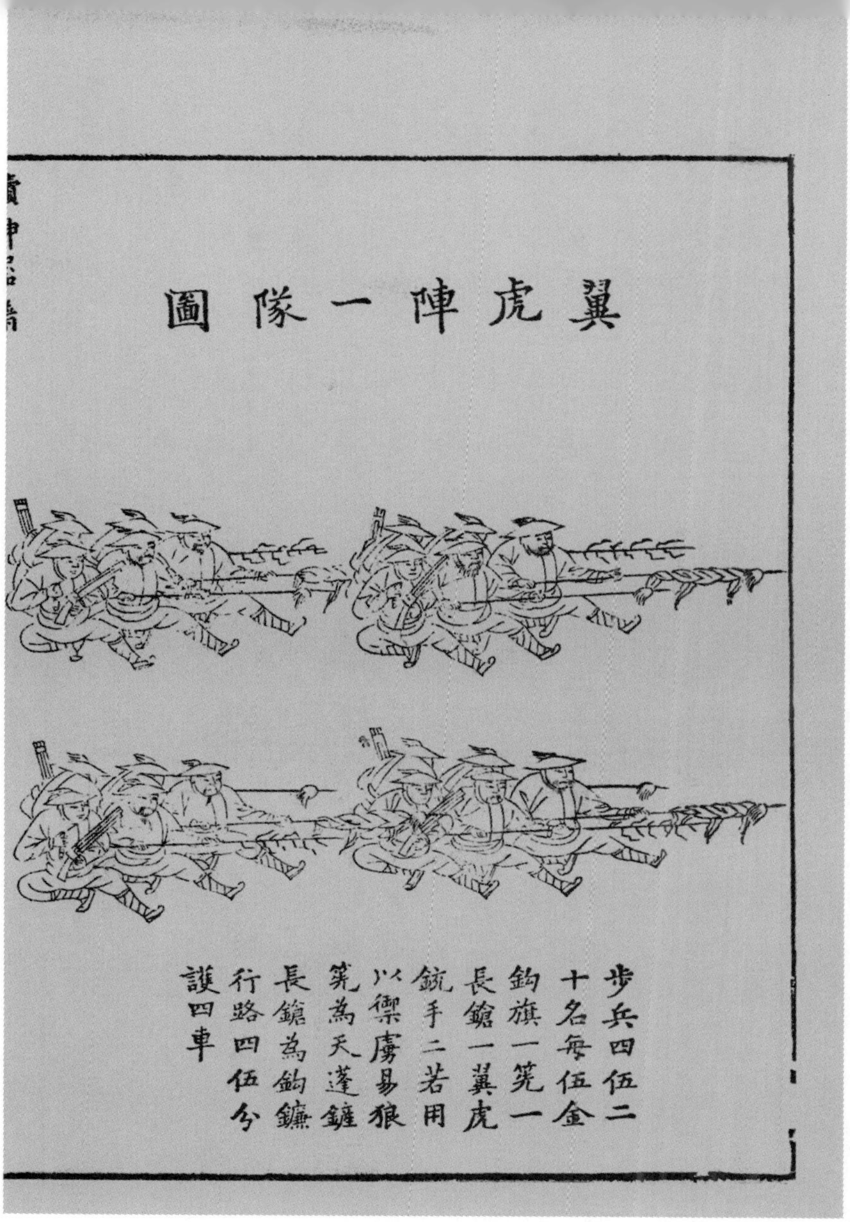

翼虎一陣隊圖

步兵四伍二十名，每伍金鉤旗一、筅一、長鎗一、翼虎銃手二。若用以禦虜，易狼筅爲天蓬鏟，長鎗爲鉤鐮。行路，四伍分護四車。

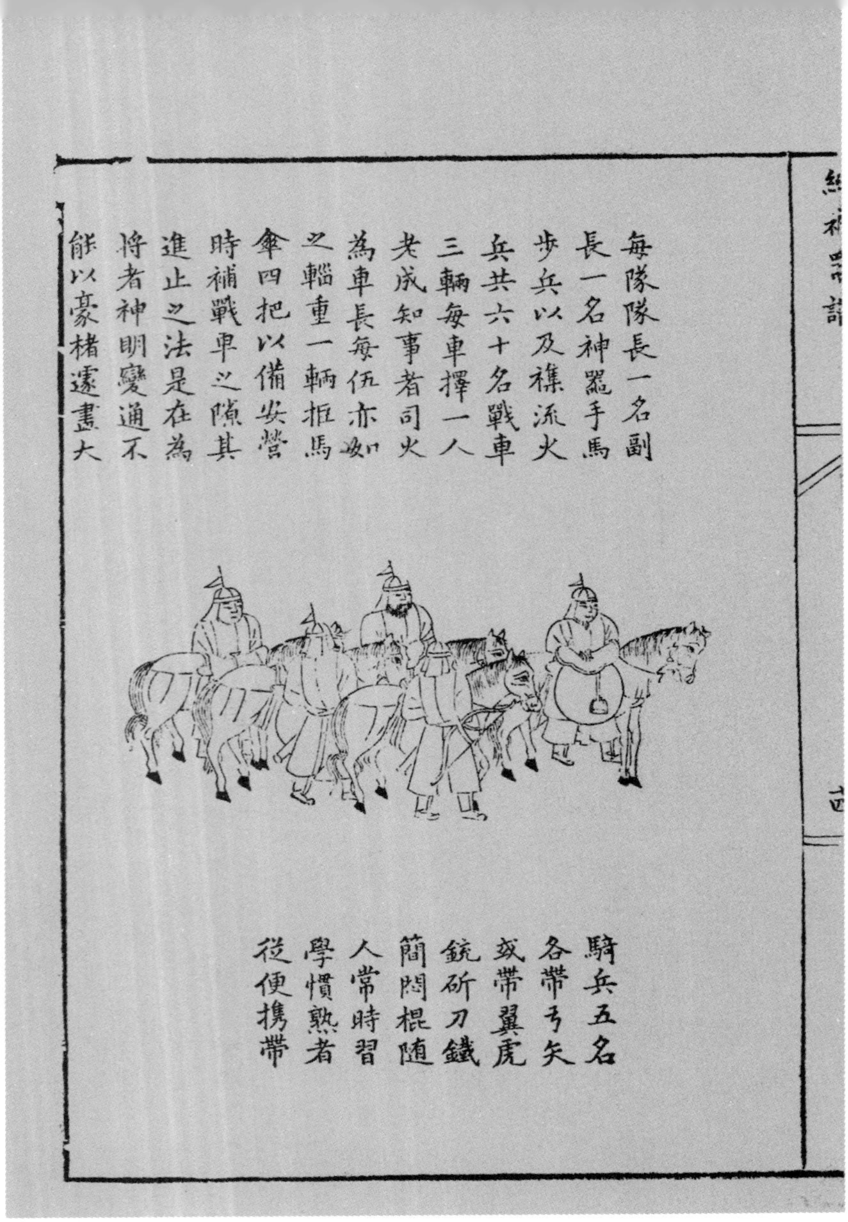
每隊隊長一名副長一名神器手馬步兵以及襍流火兵共六十名戰車三輛每車擇一人老成知事者司火為車長每伍亦如之輜重一輛拒馬傘四把以備安營時補戰車之隙其進止之法是在為將者神明變通不能以豪楮遽盡大

騎兵五名各帶弓矢或帶翼虎銃斫刀鐵簡悶棍隨人常時習學慣熟者從便携帶

每隊隊長一名、副長一名，神器手、馬步兵，以及襍流、火兵，共六十名。戰車三輛，每車擇一人老成知事者司火，爲車長。每伍亦如之。輜重一輛、拒馬傘四把，以備安營時補戰車之隙。其進止之法，是在爲將者神明變通，不能以豪楮遽盡大[1]。

騎兵五名，各帶弓矢，或帶翼虎銃、斫刀、鐵簡、悶棍。隨人常時習學慣熟者，從便攜帶。

1 大，似當作“之”。

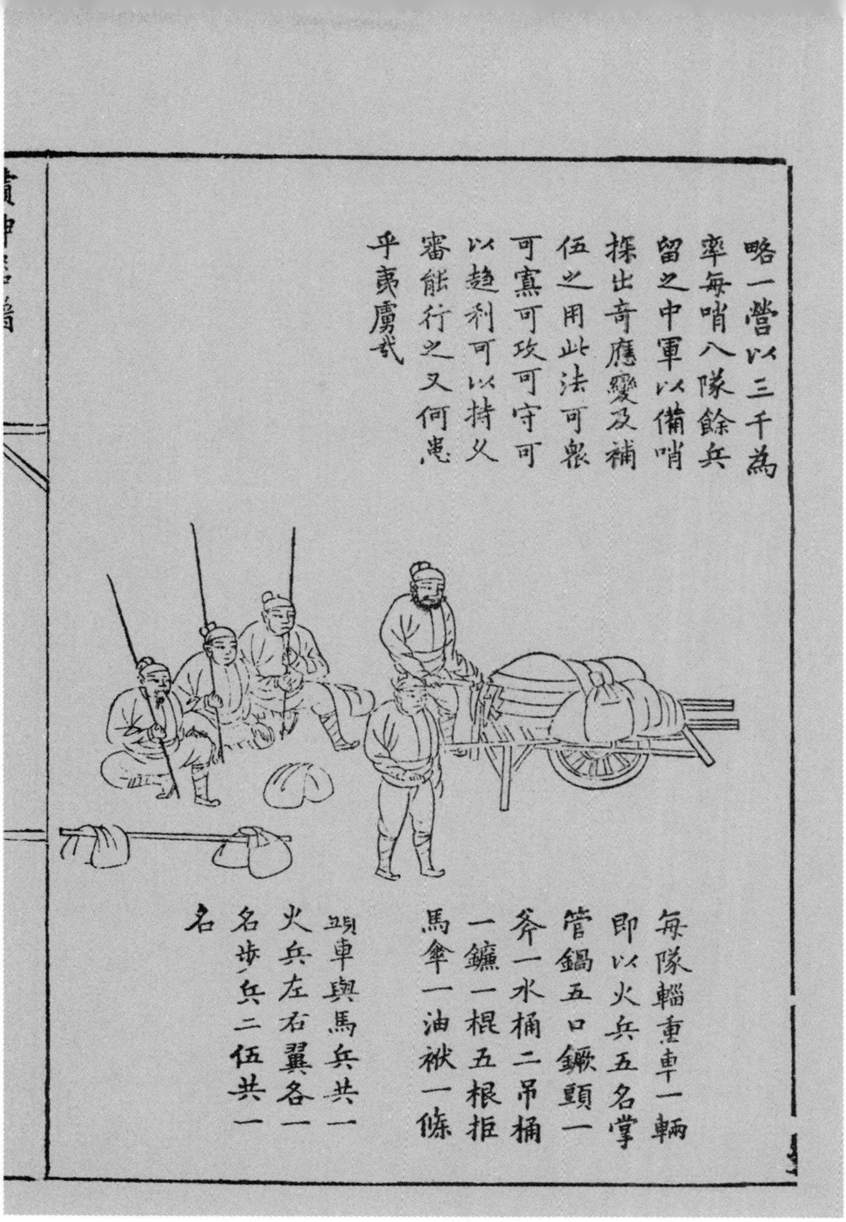

略一營以三千爲率，每哨八隊。餘兵留之中軍，以備哨探，出奇應變，及補伍之用。此法可衆可寡，可攻可守，可以趨利，可以持久。審能行之，又何患乎夷虜載？

每隊輜重車一輛，即以火兵五名，掌管鍋五口、钁頭一、斧一、水桶二、吊桶一、鐮一、棍五根、拒馬傘一、油袱一條。

頭車與馬兵共一火兵，左右翼各一名，步兵二伍共一名。

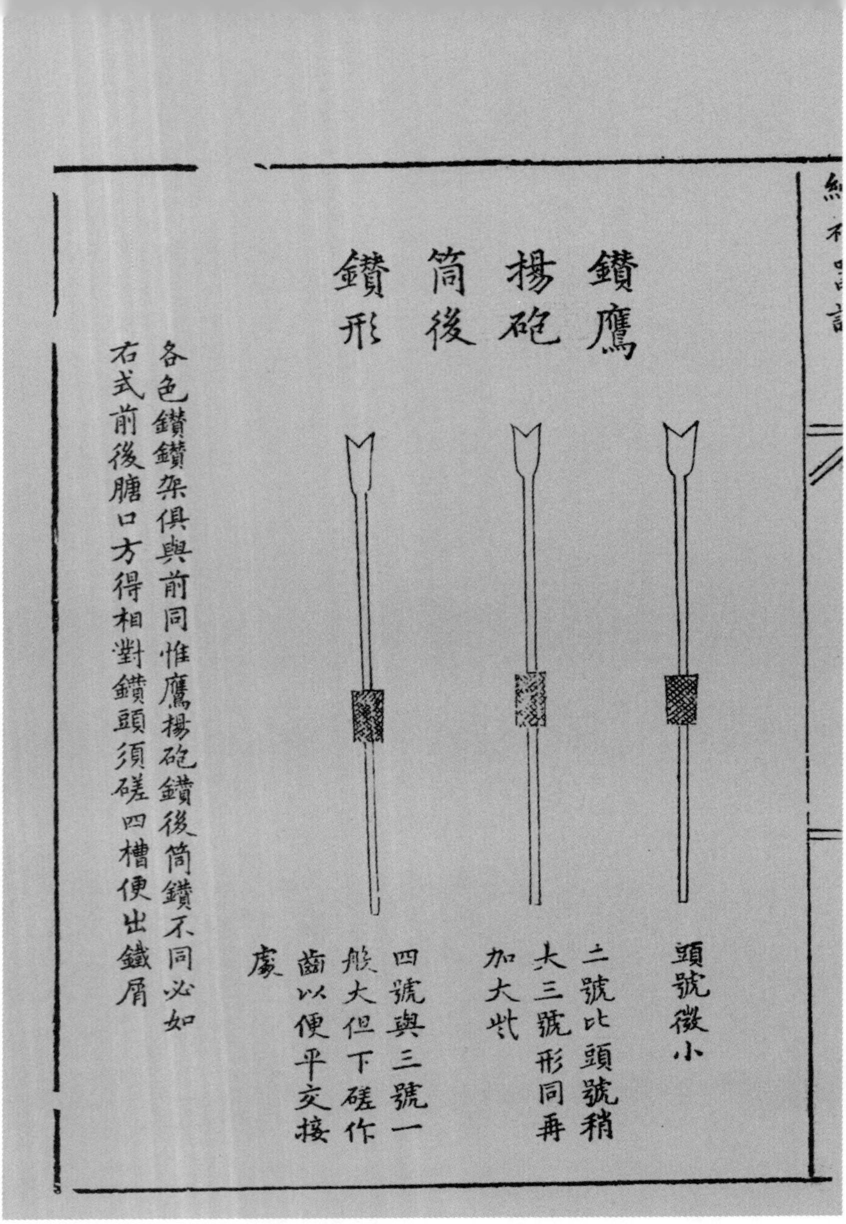

鑽鷹揚砲筒後鑽形：頭號微小。二號比頭號稍大。三號形同，再加大些。四號與三號一般大，但下磋作齒，以便平交接處。

各色鑽、鑽架俱與前同，惟鷹揚砲鑽後筒鑽不同，必如右式，前後膅口，方得相對。鑽頭須磋四槽，便出鐵屑。

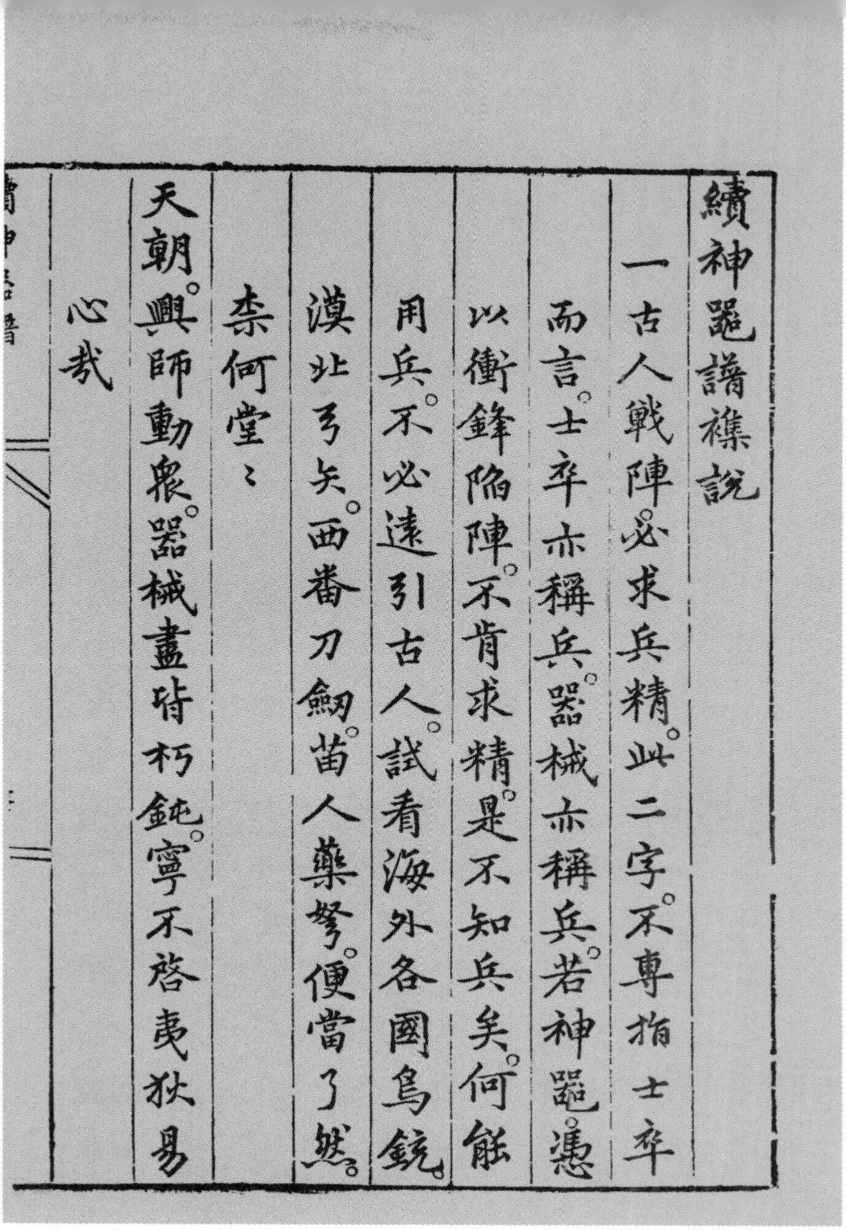

續神器譜襍說
一古人戰陣必求兵精此二字不專指士卒
而言士卒亦稱兵器械亦稱兵若神器憑
以衝鋒陷陣不肯求精是不知兵矣何能
用兵不必遠引古人試看海外各國鳥銃
漠北弓矢西番刀劍苗人藥弩便當了然
柰何堂々
天朝興師動衆器械畵皆朽鈍寧不啓夷狄易
心哉

續神器譜襍説

一、古人戰陣，必求兵精。此二字，不專指士卒而言，士卒亦稱兵，器械亦稱兵。若神器，憑以衝鋒陷陣，不肯求精，是不知兵矣，何能用兵。不必遠引古人，試看海外各國鳥銃，漠北弓矢，西番刀劍，苗人藥弩，便當了然。奈何堂堂天朝，興師動眾，器械盡皆朽鈍，寧不啓夷狄易心哉。

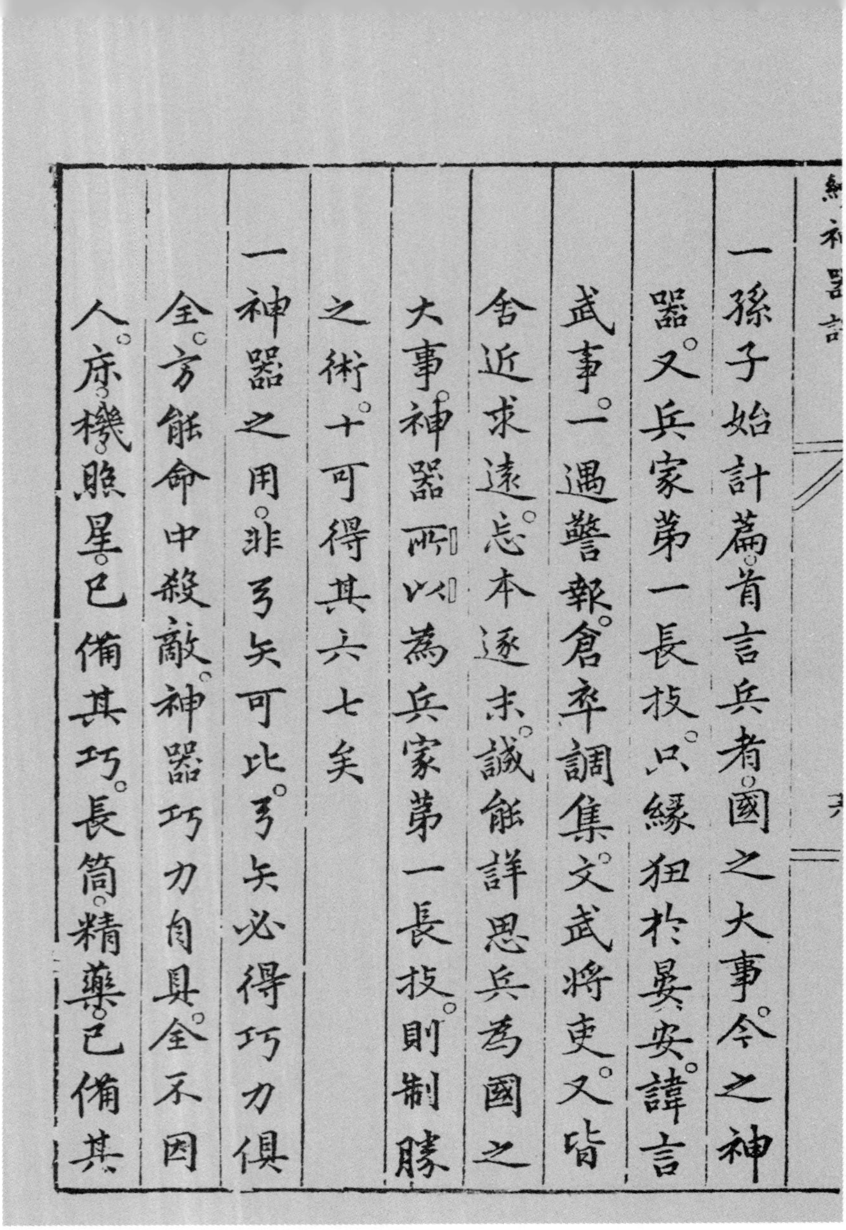

神器譜

一孫子始計篇首言兵者國之大事今之神器又兵家第一長技只緣狃於晏安諱言武事一遇警報倉卒調集文武將吏又皆舍近求遠忘本逐末誠能詳思兵為國之大事神器所以為兵家第一長技則制勝之術十可得其六七矣

一神器之用非弓矢可比弓矢必得巧力俱全方能命中殺敵神器巧力自具全不因人床機照星已備其巧長筒精藥已備其

一、《孫子》始計篇，首言“兵者，國之大事”。今之神器，又兵家第一長技。只緣狃於晏安，諱言武事，一遇警報，倉卒調集。文武將吏，又皆舍近求遠，忘本逐末。誠能詳思兵爲國之大事，神器所以爲兵家第一長技，則制勝之術，十可得其六七矣。

一、神器之用，非弓矢可比。弓矢必得巧力俱全，方能命中殺敵。神器巧力自具，全不因人，床、機、照星已備其巧，長筒、精藥已備其

神器譜

力但得執器之人知其巧力所在因而用之則神器之能事畢矣

一演神器易於習射弓矢有高下苗頭神器無苗頭若二三十步能以彈丸爲的命中則二三百步之外無有不中之理其命中機關全在知筒偏正用藥用彈輕重一般

一放銃發機之時全要凝神定氣將筋束骨攢身極緊自然不致動搖若身體百骸一鬆神氣渙散定然搖撼不能命中凡爲將

力，但得執器之人，知其巧力所在，因而用之，則神器之能事畢矣。

一、演神器，易於習射。弓矢有高下苗頭，神器無苗頭。若二三十步，能以彈丸爲的命中，則二三百步之外，無有不中之理。其命中機關，全在知筒偏正，用藥、用彈，輕重一般。

一、放銃發機之時，全要凝神定氣，將筋束骨，攢身極緊，自然不致動搖。若身體百骸一鬆，神氣渙散，定然搖撼，不能命中。凡爲將

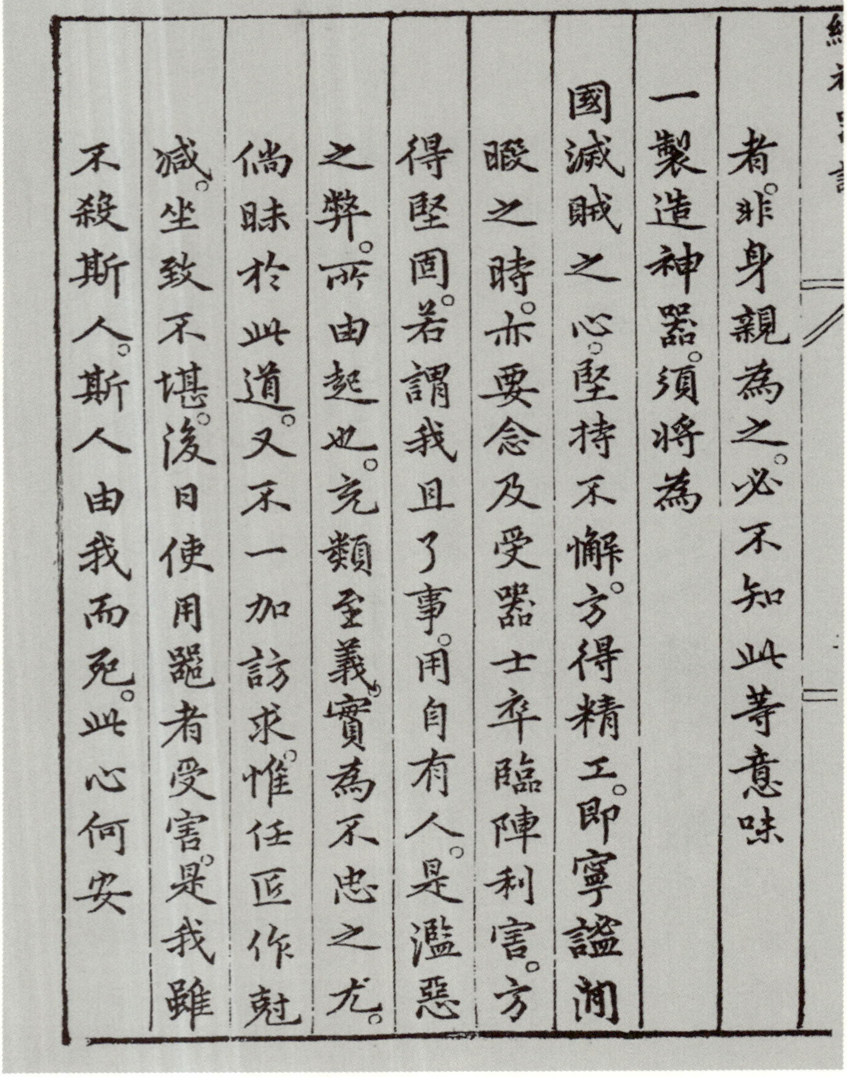

者非身親為之必不知此等意味
一製造神器須將為
國滅賊之心堅持不懈方得精工即寧謐閒
暇之時亦要念及受器士卒臨陣利害方
得堅固若謂我且了事用自有人是濫惡
之弊所由起也充類至義實為不忠之尤
倘昧於此道又不一加訪求惟任匠作剋
減坐致不堪後日使用器者受害是我雖
不殺斯人斯人由我而死此心何安

者，非身親爲之，必不知此等意味。

一、製造神器，須將爲國滅賊之心，堅持不懈，方得精工。即寧謐閒暇之時，亦要念及受器士卒臨陣利害，方得堅固。若謂我且了事，用自有人，是濫惡之弊，所由起也。充類至義，實爲不忠之尤。倘昧於此道，又不一加訪求，惟任匠作剋減，坐致不堪，後日使用器者受害，是我雖不殺斯人，斯人由我而死，此心何安。

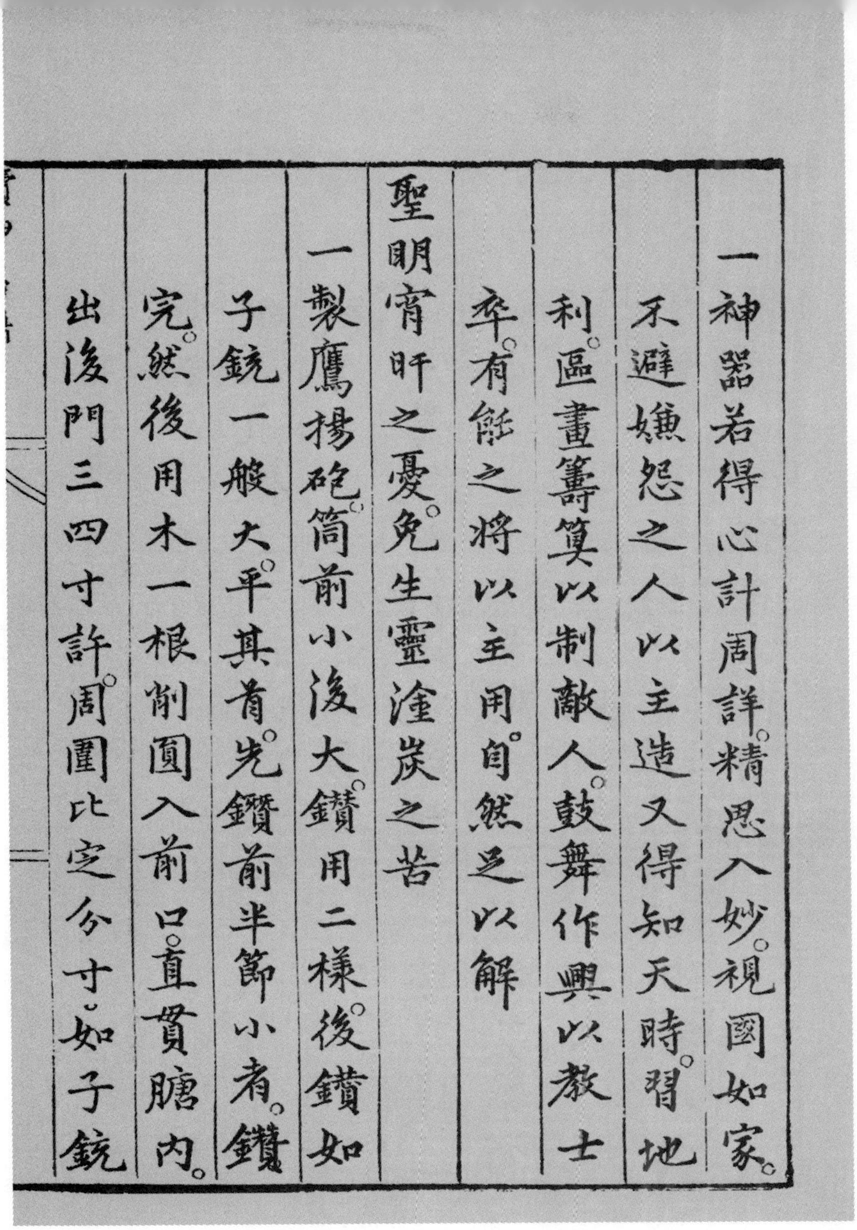
一神器若得心計周詳精思入妙視國如家
不避嫌怨之人以主造又得知天時習地
利區畫籌筭以制敵人鼓舞作興以教士
卒有能之將以主用自然足以解

聖明宵旰之憂免生靈塗炭之苦
一製鷹揚砲筒前小後大鑽用二樣後鑽如
子銃一般大平其首先鑽前半節小者鑽
完然後用木一根削圓入前口直貫膛內
出後門三四寸許周圍比定分寸如子銃

一、神器若得心計周詳、精思入妙、視國如家、不避嫌怨之人以主造，又得知天時、習地利、區畫籌算以制敵人、鼓舞作興以教士卒、有能之將以主用，自然足以解聖明宵旰之憂，免生靈塗炭之苦。

一、製鷹揚砲，筒前小後大，鑽用二樣。後鑽如子銃一般大，平其首。先鑽前半節小者，鑽完，然後用木一根削圓入前口，直貫膛内，出後門三四寸許，周圍比定分寸，如子銃大，磋圓。吊線再鑽前半節，膛内必須與子銃膛口一般，毫無參差，方便出彈。稍有挂礙，火氣後走不便。若製兹砲，孟浪鹵莽之徒，專尚口吻，不宜輕易委使，以致紊事。

一、比震疊銃，於筒鑽完時，將筒十字彈準墨線。每二尺前首墨線，比根頭墨線多離開一分，百步上下苗頭，自然相去二尺五寸。臨時裝藥，極要停匀，上下鉛彈分數，不可輕重。此死法，全要活用。

一翼虎銃。用之於百步之内爲宜。步下五六
十步。方能透甲。馬上二三十步。方能命中。
用以伏路極便。緣其體短。可以藏匿。可以
多放。手不離刀。急則可以當盾格鬭。遠近
俱堪殺敵。又可自衛
一三長銃。取諸銃之極妙處。又從而損益之。
只重五斤。後尾小環鉤著鞓帶。負之肩上。
即窮日跋涉。亦不覺其累身勞力者。戰具
輕疾便利。當爲第一

一、翼虎銃，用之於百步之内爲宜。步下五六十步，方能透甲。馬上二三十步，方能命中。用以伏路極便，緣其體短，可心藏匿，可以多放。手不離刀，急則可以當盾格鬥，遠近俱堪殺敵，又可自衛。

一、三長銃，取諸銃之極妙處，又從而損益之。只重五斤，後尾小環鉤著鞓帶，負之肩上。即窮日跋涉，亦不覺其累身勞力者。戰具輕疾便利，當爲第一。

一奇勝銃用寡之時極其相宜常記南中出
哨之兵至多一隊少則一伍所帶神器無
幾每每銃乏為賊所窘茲銃既放其一且
留其一不惟可以應急更足使銃手膽壯
右手懸刀放畢又可如翼虎格敵兇器一
伍用二門則銃不絶聲矣
一海南各國鳥銃喜其初為打鳥而作床尾
稍短後手不甚定準打放非極精熟者不
能命中若嚕蜜鷹揚三長翼虎諸器床尾

一、奇勝銃，用寡之時，極其相宜。常記南中出哨之兵，至多一隊，少則一伍，所帶神器無幾，每每銃乏，爲賊所窘。兹銃既放其一，且留其一，不惟可以應急，更足使銃手膽壯。右手懸刀，放畢又可如翼虎格敵兇器。一伍用二門，則銃不絶聲矣。

一、海南各國鳥銃，喜其初爲打鳥而作。床尾稍短，後手不甚定準，打放非極精熟者不能命中。若嚕蜜、鷹揚、三長、翼虎諸器，床尾

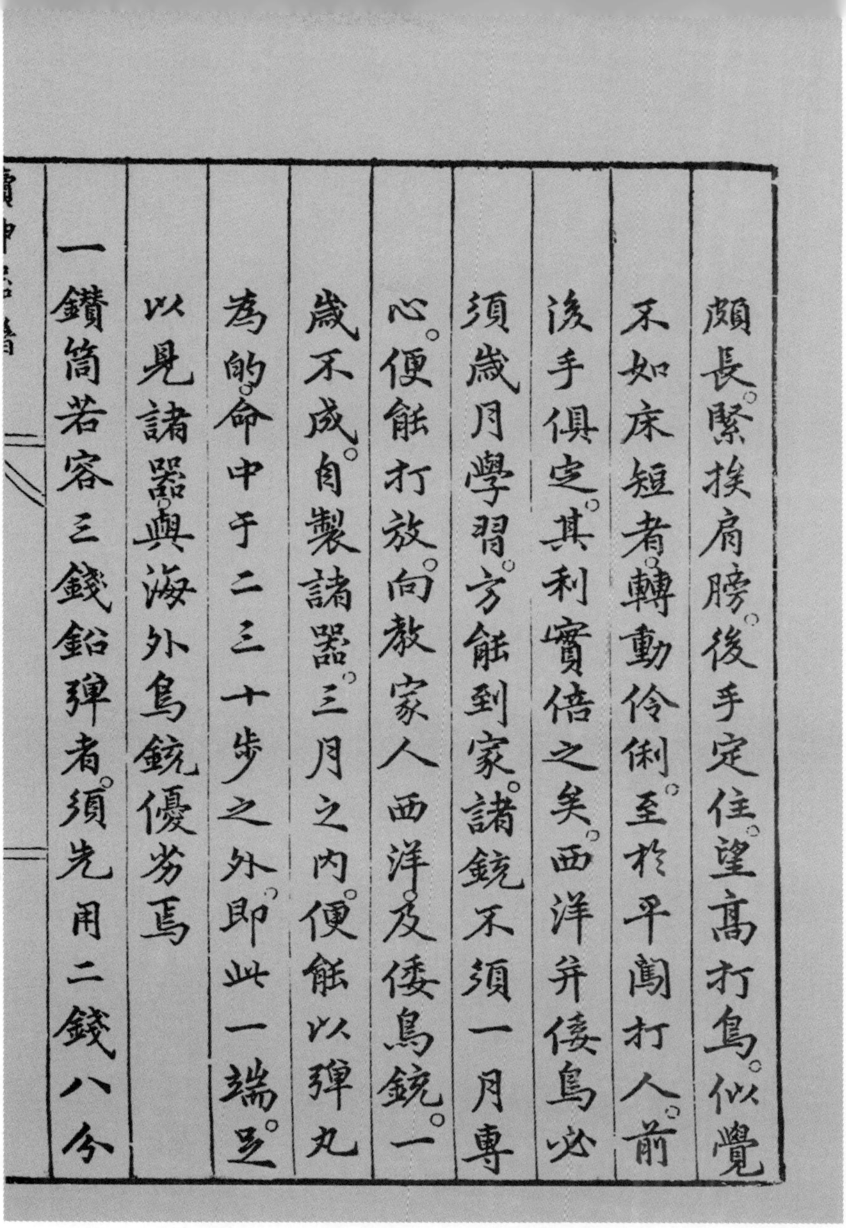
頗長緊挨肩膀後手定住望高打鳥似覺不如床短者轉動伶俐至於平闖打人前後手俱定其利實倍之矣西洋并倭鳥必須歲月學習方能到家諸銃不須一月專心便能打放向教家人西洋及倭鳥銃一歲不成自製諸器三月之內便能以彈丸為的命中于二三十步之外即此一端足以見諸器與海外鳥銃優劣焉
一鑽筒若容三錢鉛彈者須先用二錢八分

頗長，緊挨肩膀，後手定住，望高打鳥，似覺不如床短者轉動伶俐。至於平闖打人，前後手俱定，其利實倍之矣。西洋并倭鳥必須歲月學習，方能到家。諸銃不須一月專心，便能打放。向教家人西洋及倭鳥銃，一歲不成。自製諸器，三月之内，便能以彈丸爲的，命中于二三十步之外。即此一端，足以見諸器與海外鳥銃優劣焉。

一、鑽筒若容三錢鉛彈者，須先用二錢八分

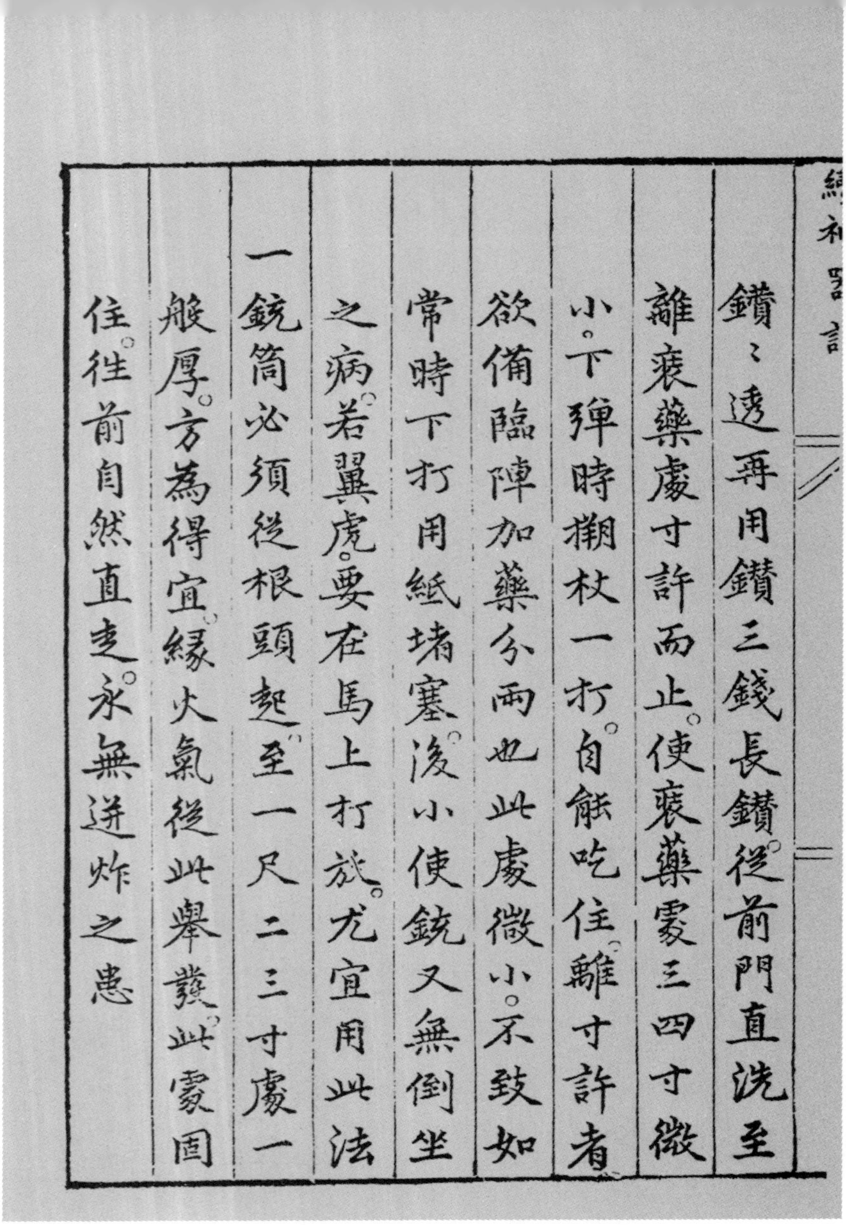
續神器譜
鑽〻透再用鑽三錢長鑽從前門直洗至
離裝藥處寸許而止使裝藥處三四寸微
小下彈時搠杖一打自能吃住離寸許者
欲備臨陣加藥分兩也此處微小不致如
常時下打用紙堵塞後小使銃又無倒坐
之病若翼虎要在馬上打放尤宜用此法
一銃筒必須從根頭起至一尺二三寸處一
般厚方為得宜緣火氣從此舉發此處固
住往前自然直走永無迸炸之患

鑽鑽透，再用鑽三錢長鑽，從前門直洗至離裝藥處寸許而止，使裝藥處三四寸微小。下彈時搠杖一打，自能吃住。離寸許者，欲備臨陣加藥分兩也。此處微小，不致如常時下打用紙堵塞，後小使銃又無倒坐之病。若翼虎，要在馬上打放，尤宜用此法。

一、銃筒必須從根頭起，至一尺二三寸處一般厚，方爲得宜。緣火氣從此舉發，此處固住，往前自然直走，永無迸炸之患。

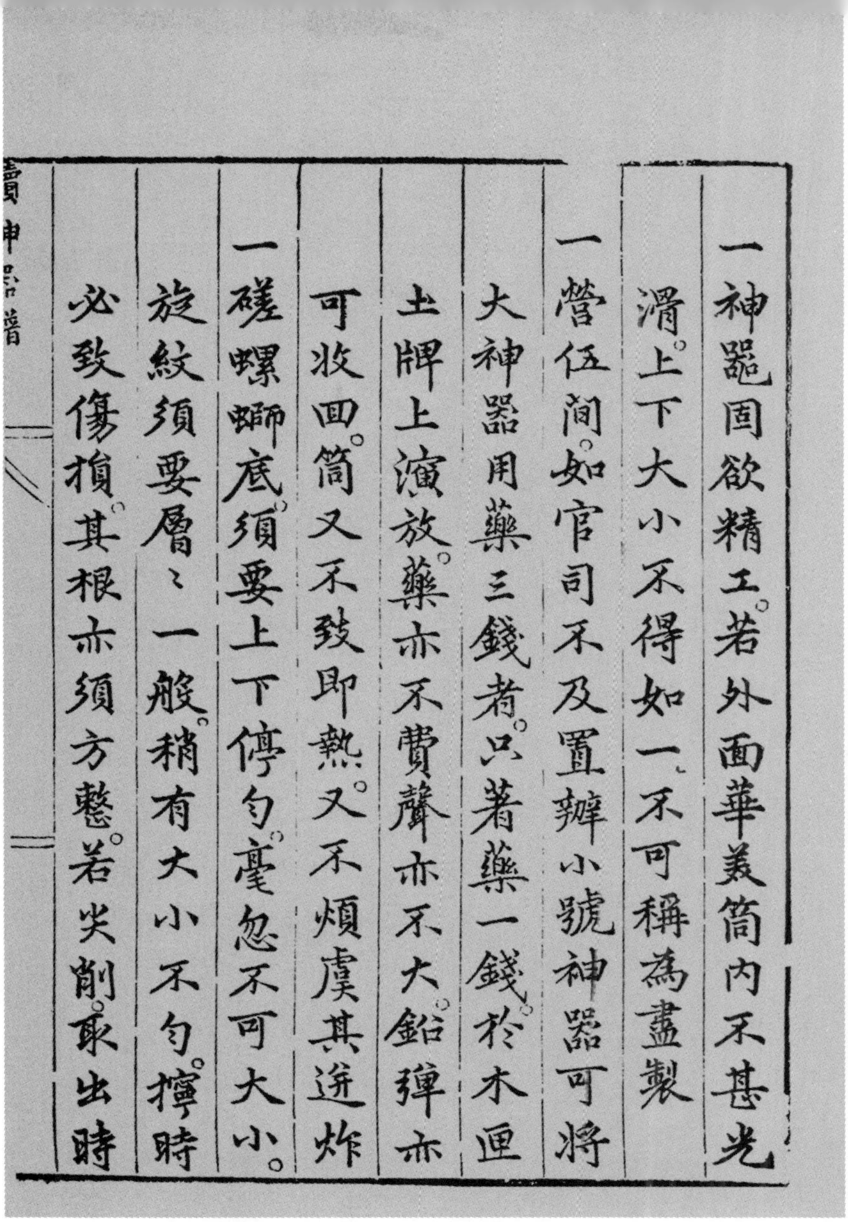

續神器譜

一神器固欲精工若外面華美筒内不甚光
滑上下大小不得如一不可稱為盡製
一營伍間如官司不及置辦小號神器可將
大神器用藥三錢者只著藥一錢於木匣
土牌上演放藥亦不費聲亦不大鉛彈亦
可收回筒又不致即熱又不煩虞其迸炸
一磋螺螄底須要上下停勻毫忽不可大小
旋紋須要層〻一般稍有大小不勻擰時
必致傷損其根亦須方整若尖削取出時

一、神器固欲精工，若外面華美，筒内不甚光滑，上下大小不得如一，不可稱爲盡製。

一、營伍間，如官司不及置辦小號神器[1]，可將大神器用藥三錢者，只著藥一錢，於木匣土牌上演放，藥亦不費，聲亦不大，鉛彈亦可收回，筒又不致即熱，又不煩虞其迸炸。

一、磋螺螄底，須要上下停匀，毫忽不可大小。旋紋須要層層一般，稍有大小不匀，擰時必致傷損。其根亦須方整，若尖削，取出時

1 如官司不及置辦小號神器，明刻五卷本作“常時學習”。

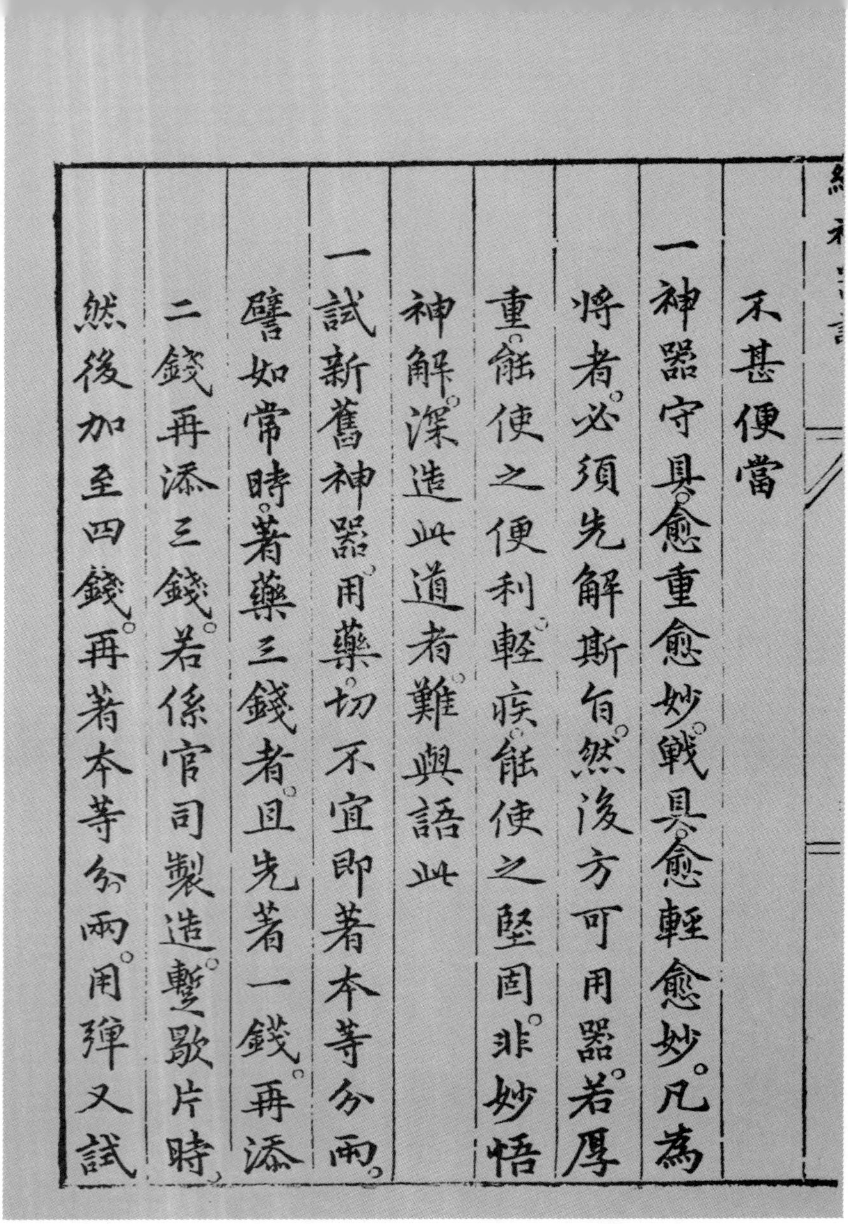
不甚便當
一神器守具愈重愈妙戰具愈輕愈妙凡為將者必須先解斯旨然後方可用器若厚重能使之便利輕疾能使之堅固非妙悟神解深造此道者難與語此
一試新舊神器用藥切不宜即著本等分兩譬如常時著藥三錢者且先著一錢再添二錢再添三錢若係官司製造暫歇片時然後加至四錢再著本等分兩用彈又試

不甚便當。

一、神器守具愈重愈妙，戰具愈輕愈妙。凡爲將者，必須先解斯旨，然後方可用器。若厚重能使之便利，輕疾能使之堅固，非妙悟神解、深造此道者，難與語此。

一、試新舊神器，用藥切不宜即著本等分兩。譬如常時著藥三錢者，且先著一錢，再添二錢，再添三錢。若係官司製造，暫歇片時，然後加至四錢，再著本等分兩，用彈又試。

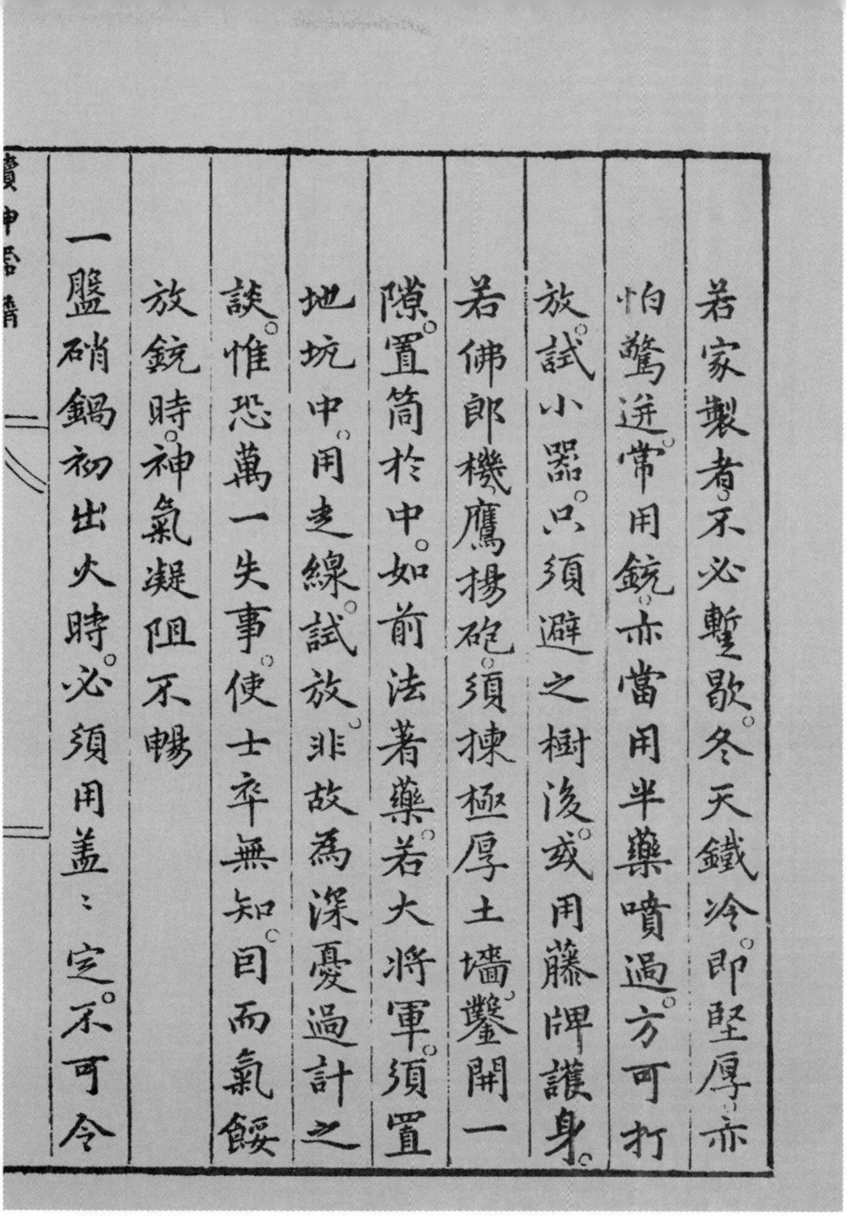
續神器譜

若家製者不必暫歇冬天鐵冷即堅厚亦
怕驚迸常用銃亦當用半藥噴過方可打
放試小器只須避之樹後或用藤牌護身
若佛郎機鷹揚砲須揀極厚土墻鑿開一
隙置筒於中如前法著藥若大將軍須置
地坑中用走線試放非故為深憂過計之
談惟恐萬一失事使士卒無知因而氣餒
放銃時神氣凝阻不暢
一盤硝鍋初出火時必須用蓋蓋定不可令

若家製者不必暫歇。冬天鐵冷，即堅厚亦怕驚迸。常用銃，亦當用半藥噴過，方可打放。試小器，只須避之樹後，或用藤牌護身。若佛郎機、鷹揚砲，須揀極厚土牆，鑿開一隙，置筒於中，如前法著藥。若大將軍，須置地坑中，用走線試放。非故爲深憂過計之談，惟恐萬一失事，使[1]士卒無知，因而氣餒，放銃時神氣凝阻不暢。

一、盤硝鍋初出火時，必須用蓋蓋定，不可令

1 使，明刻五卷本作“致”。

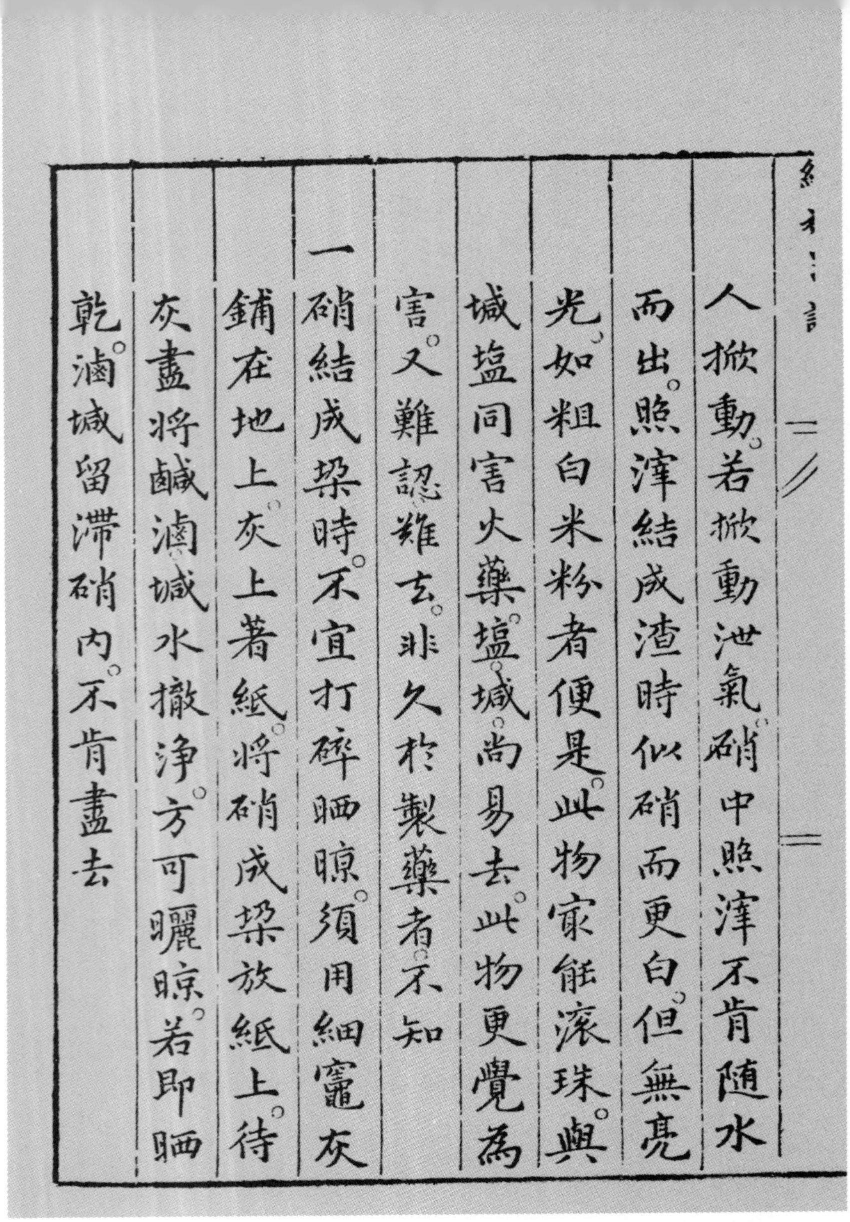
人掀動若掀動泄氣硝中照滓不肯隨水
而出照滓結成渣時似硝而更白但無亮
光如粗白米粉者便是此物最能滚珠與
堿塩同害火藥塩堿尚易去此物更覺為
害又難認難去非久於製藥者不知
一硝結成垜時不宜打碎晒晾須用細竈灰
鋪在地上灰上著紙將硝成垜放紙上待
灰盡將鹹滷堿水撤淨方可曬晾若即晒
乾滷堿留滯硝内不肯盡去

人掀動。若掀動泄氣，硝中照滓不肯隨水而出。照滓結成渣時，似硝而更白，但無亮光，如粗白米粉者便是。此物最能滚珠，與堿鹽同害火藥。鹽堿尚易去，此物更覺爲害，又難認難去，非久於製藥者不知。

一、硝結成垛時，不宜打碎曬晾，須用細竈灰鋪在地上，灰上著紙，將硝成垛放紙上。待灰盡將鹹滷、堿水撤净，方可曬晾。若即曬乾，滷堿留滯硝内，不肯盡去。[1]

1 按，盤硝以下二條，明刻五卷本合并爲一條："一、盤硝鍋初出火時，必須用蓋蓋定，不可令人掀動。若掀動泄氣，硝中照滓不肯隨水而出。照滓結成渣時，似硝更白，但無亮光，如粗白米粉者便是。此物最能滚珠，與堿鹽同害。鹽堿尚易去，此物又難認難去，非久於制藥者不知。亦不宜打碎，惟成垛安之灰上，令撤净曬乾，方得潔净。"

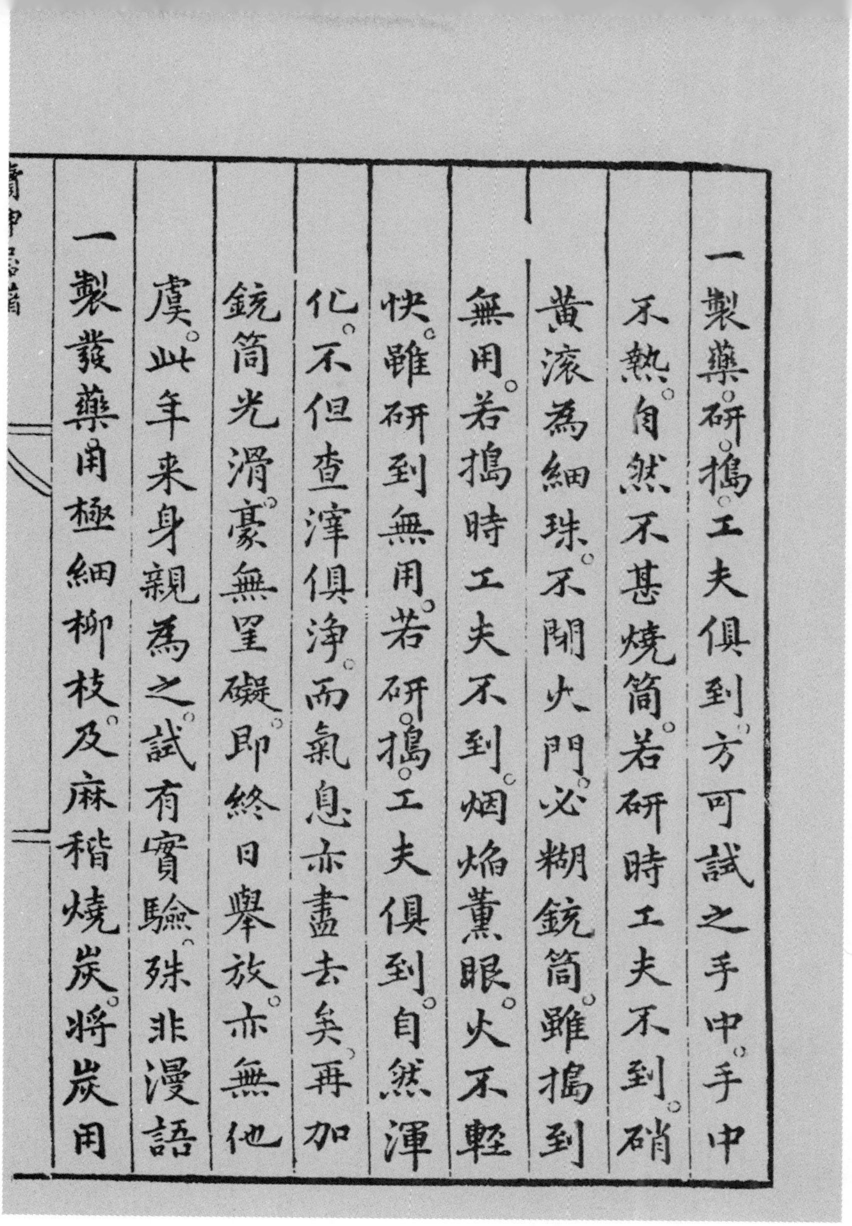

一製藥研搗工夫俱到方可試之手中手中
不熱自然不甚燒筒若研時工夫不到硝
黃滾為細珠不閉火門必糊銃筒雖搗到
無用若搗時工夫不到烟焰薰眼火不輕
快雖研到無用若研搗工夫俱到自然渾
化不但查滓俱淨而氣息亦盡去矣再加
銃筒光滑豪無罣礙即終日舉放亦無他
虞此年来身親為之試有實驗殊非漫語
一製發藥用極細柳枝及麻稭燒炭將炭用

一、製藥、研、搗，工夫俱到，方可試之手中。手中不熱，自然不甚燒筒。若研時工夫不到，硝黃滚爲細珠，不閉火門，必糊銃筒，雖搗到無用。若搗時工夫不到，烟焰薰賬，火不輕快，雖研到無用。若研、搗工夫俱到，自然渾化，不但查滓俱净，而氣息亦盡去矣。再加銃筒光滑，豪無罣礙，即終日舉放，亦無他虞。此年来身親爲之，試有實驗，殊非漫語。

一、製發藥，用極細柳枝及麻稭燒炭。將炭用

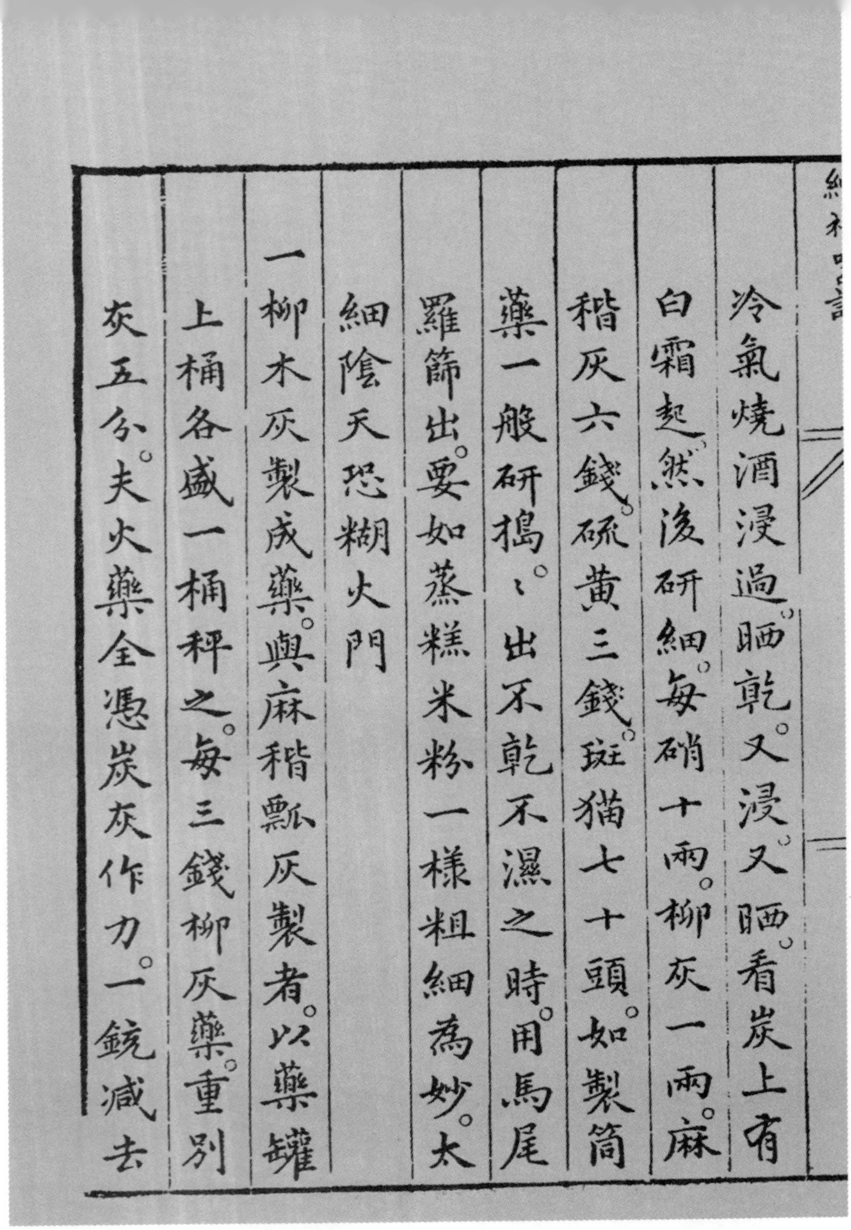

冷氣燒酒浸過。晒乾。又浸。又晒。看炭上有
白霜起。然後研細。每硝十兩。柳灰一兩。麻
稭灰六錢。硫黃三錢。斑猫七十頭。如製筒
藥一般研搗、搗出不乾不濕之時。用馬尾
羅篩出。要如蒸糕米粉一樣粗細為妙。太
細陰天恐糊火門
一柳木灰製成藥。與麻稭瓢灰製者。以藥罐
上桶各盛一桶秤之。每三錢柳灰藥。重別
灰五分。夫火藥全憑炭灰作力。一銃減去

冷氣燒酒浸過，曬乾，又浸又曬，看炭上有白霜起，然後研細。每硝十兩，柳灰一兩，麻稭灰六錢，硫黃三錢，斑貓七十頭。如製筒藥一般研搗，搗出不乾不濕之時，用馬尾羅篩出，要如蒸糕米粉一樣粗細爲妙。太細，陰天恐糊火門。

一、柳木灰製成藥，與麻稭、瓢灰製者，以藥罐上桶各盛一桶秤之。每三錢柳灰藥，重別灰五分。夫火藥全憑炭灰作力，一銃減去

五分。再加灰之本性又弱。一銃之力。以十
分為率。用他灰。則力減去十之三四分矣。
神器取遠狠為貴。反欲弱之。何也。究其用
弱灰之故。皆因南方初用兵時。所製銃筒
不甚堅固。常常炸壞。歸咎火藥力大。欲少
損其力。遂用茄灰。瓢灰。因求輕快。北方又
用麻稭灰。此實以譌傳譌。將錯就錯。但日
求輕快。竟不覺藥力轉減。殊不知研搗到
家。柳灰較諸灰更輕。更快。試之百步之外。

五分，再加灰之本性又弱，一銃之力以十分爲率，用他灰，則力減去十之三四分矣。神器取遠狠爲貴，反欲弱之，何也。究其用弱灰之故，皆因南方初用兵時，所製銃筒不甚堅固，常常炸壞。歸咎火藥力大，欲少損其力，遂用茄灰、瓢灰。因求輕快，北方又用麻稭灰。此實以訛傳訛，將錯就錯，但日求輕快，竟不覺藥力轉減。殊不知研搗到家，柳灰較諸灰更輕、更快。試之百步之外，

柳灰者一寸厚板二層俱透麻稭灰者止
透一層觀此是求利反鈍勞心日拙矣
一製藥欲用之於陰雨之時者每硝十兩加
炭灰二錢共一兩七錢將藥製成再用細
絹攤竹箍上絹上加燈花紙一層置藥於
紙用雨水或雪水氷水如海人燒塩淋滷
一般緩〻澆淋下以盆接淋下之水將此
水如盆硝法煑出帶下之硝研細復歸藥
內再如前法研搗使城氣鹹味淨絶陰雨

柳灰者，一寸厚板二層俱透。麻稭灰者，止透一層。觀此，是求利反鈍，勞心日拙矣。

一、製藥，欲用之於陰雨之時者，每硝十兩，加炭灰二錢，共一兩七錢。將藥製成，再用細絹攤竹箍上，絹上加燈花紙一層。置藥於紙，用雨水或雪水、冰水，如海人燒鹽淋鹵一般，緩緩澆淋。下以盆接淋下之水，將此水如盆硝法，煮出，帶下之硝，研細復歸藥內。再如前法研搗，使城氣鹹味凈絶。陰雨

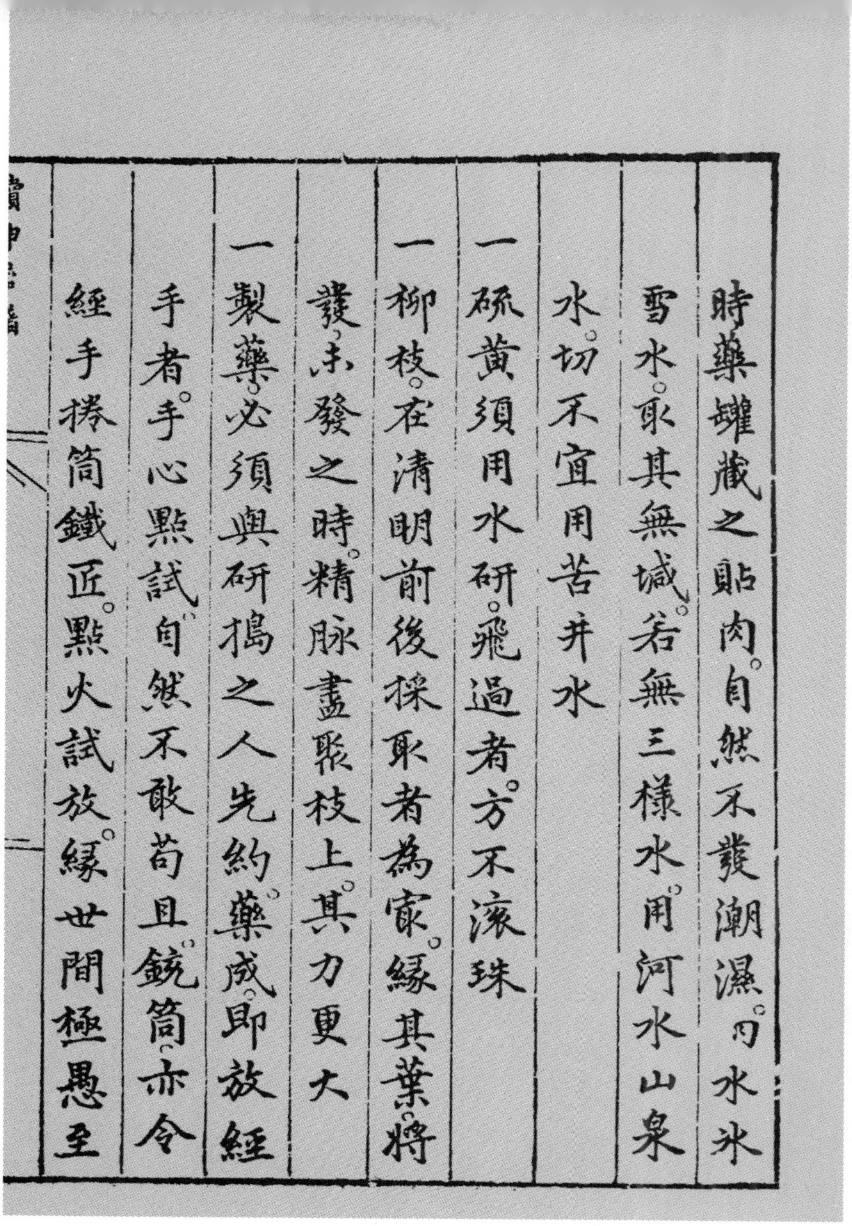
時藥罐藏之貼肉自然不發潮濕雨水氷
雪水取其無堿若無三樣水用河水山泉
水切不宜用苦井水
一硫黃須用水研飛過者方不滚珠
一柳枝在清明前後採取者爲最緣其葉將
發未發之時精脉盡聚枝上其力更大
一製藥必須與研搗之人先約藥成即放經
手者手心點試自然不敢苟且銃筒亦令
經手捲筒鐵匠點火試放緣世間極愚至

時，藥罐藏之貼肉，自然不發潮濕。雨水、冰雪水，取其無城。若無三樣水，用河水、山泉水，切不宜用苦井水。

一、硫黃須用水研、飛過者，方不滚珠。

一、柳枝在清明前後採取者爲最。緣其葉將發未發之時，精脉盡聚枝上，其力更大。

一、製藥必須與研搗之人先約，藥成，即放經手者手心點試，自然不敢苟且。銃筒亦令經手捲筒鐵匠，點火試放。緣世間極愚至

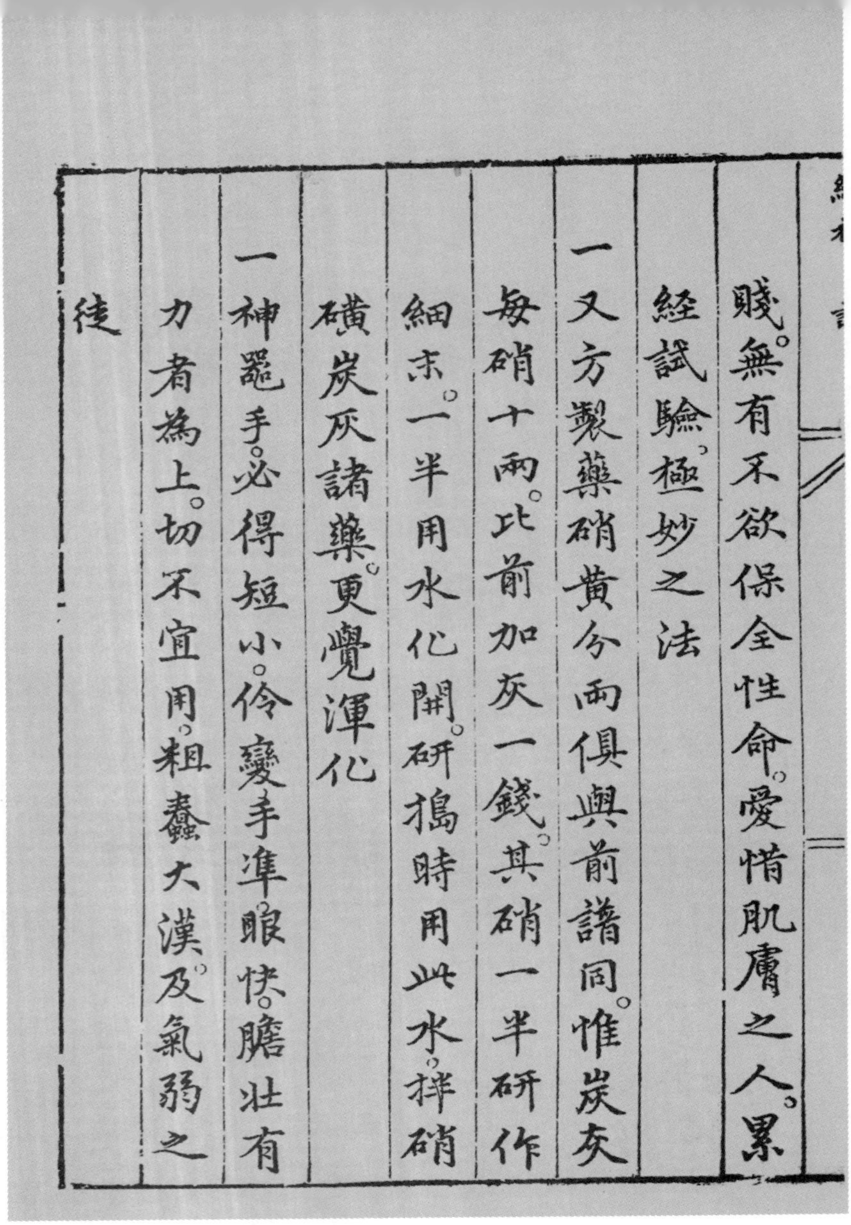
賤無有不欲保全性命愛惜肌膚之人累
經試驗極妙之法
一又方製藥硝黄分兩俱與前譜同惟炭灰
每硝十兩比前加灰一錢其硝一半研作
細末一半用水化開研搗時用此水拌硝
磺炭灰諸藥更覺渾化
一神器手必得短小伶變手準眼快膽壯有
力者爲上切不宜用粗蠢大漢及氣弱之
徒

賤，無有不欲保全性命、愛惜肌膚之人。累經試驗，極妙之法。

一、又方製藥，硝黄分兩俱與前譜同。惟炭灰，每硝十兩，比前加灰一錢。其硝一半研作細末，一半用水化開，研搗時用此水拌硝磺、炭灰諸藥，更覺渾化。

一、神器手必得短小伶變，手準眼快，膽壯有力者爲上。切不宜用粗蠢大漢及氣弱之徒。

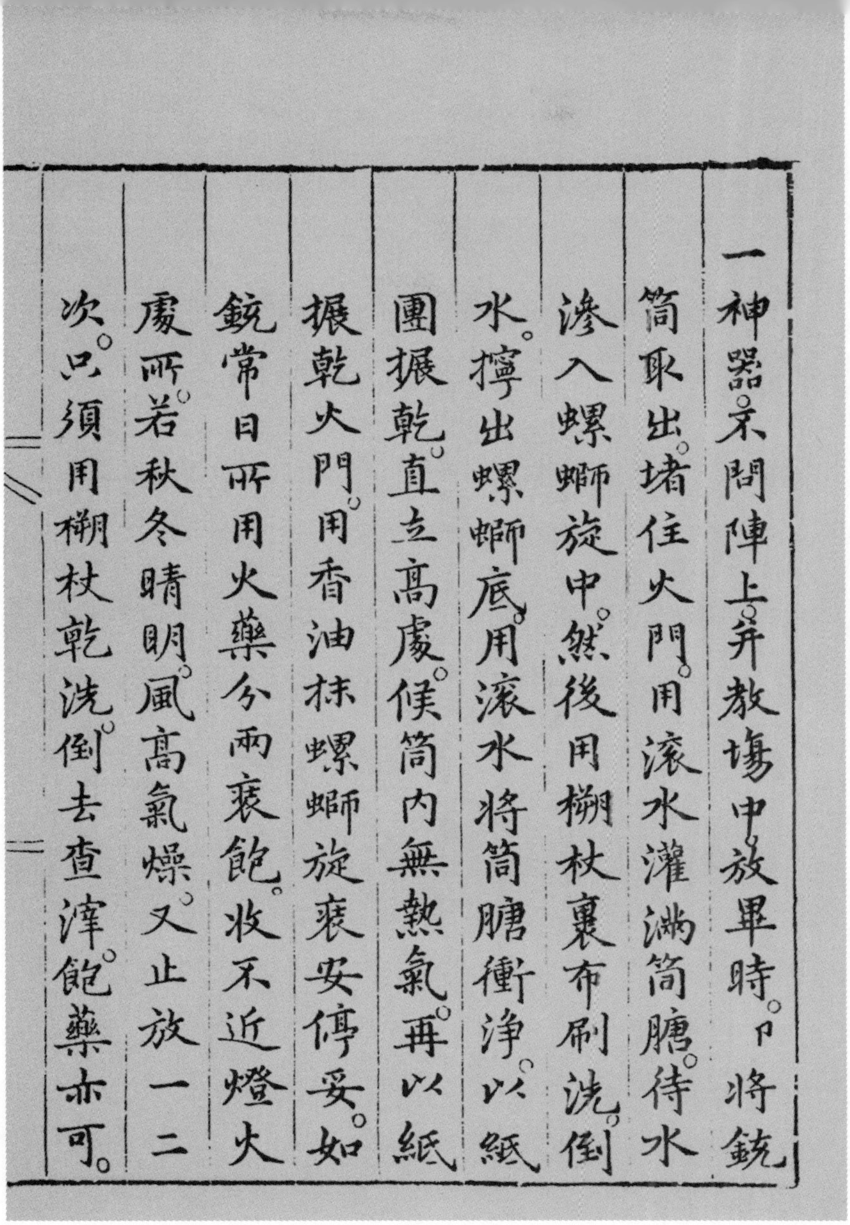
一神器不問陣上并教塲中放畢時卩將銃
筒取出堵住火門用滚水灌滿筒膛待水
滲入螺螄旋中然後用搠杖裹布刷洗倒
水擰出螺螄底用滚水將筒膛衝淨以紙
團搌乾直立高處候筒内無熱氣再以紙
搌乾火門用香油抹螺螄旋裝安停妥如
銃常日所用火藥分兩裝飽收不近燈火
處所若秋冬晴明風高氣燥又止放一二
次只須用搠杖乾洗倒去查滓飽藥亦可

一、神器不問陣上并教場中，放畢時即將銃筒取出，堵住火門，用滚水灌滿筒膛。待水滲入螺螄旋中，然後用搠杖裹布刷洗。倒水，擰出螺螄底，用滚水將筒膛衝净，以紙團搌乾，直立高處。候筒内無熱氣，再以紙搌乾火門，用香油抹螺螄旋，裝安停妥。如銃常日所用火藥分兩裝飽，收不近燈火處所。若秋冬晴明，風高氣燥，又止放一二次，只須用搠杖乾洗，倒去查滓，飽藥亦可。

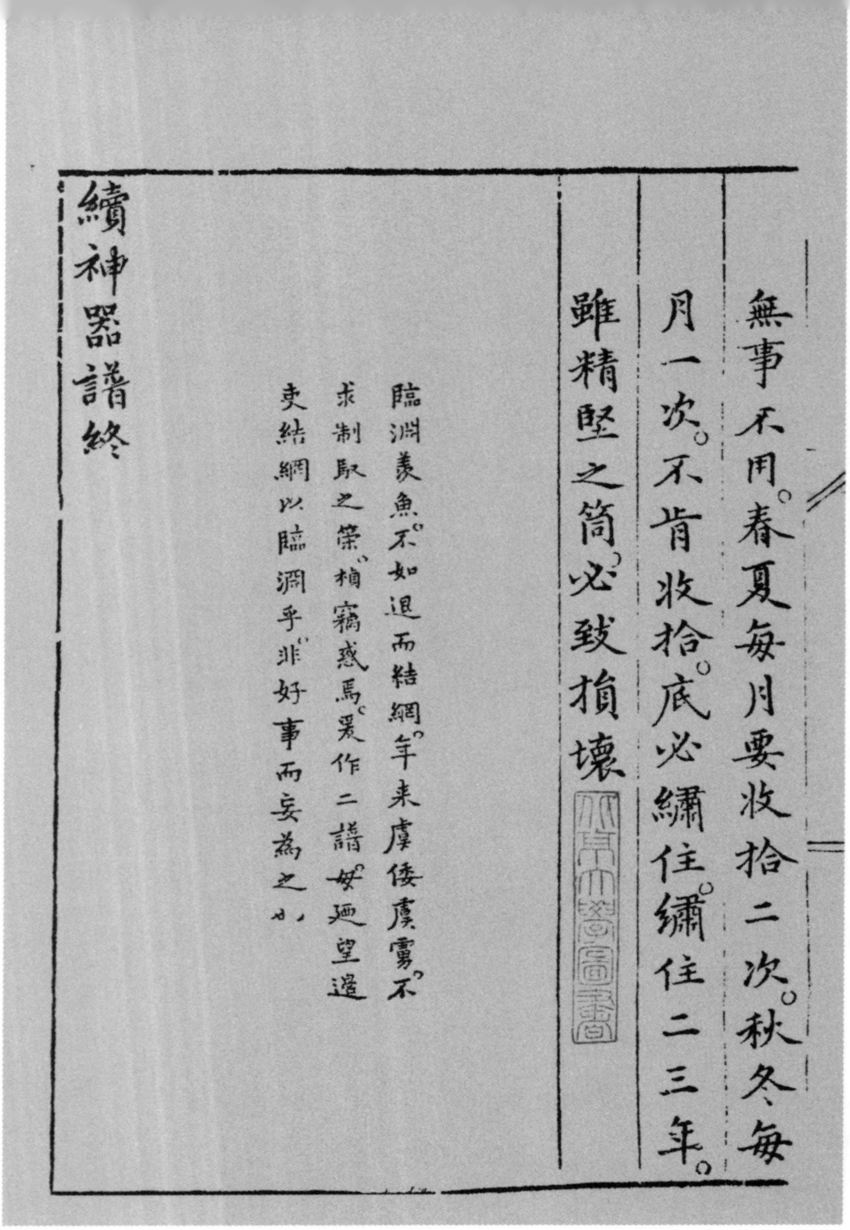

無事不用。春夏每月要收拾二次。秋冬每月一次。不肯收拾。底必繡住。繡住二三年。雖精堅之筒。必致損壞。

臨淵羨魚。不如退而結網。年来虜倭虜寓。不求制馭之策。楨竊惑焉。爰作二譜。毋廼望邊吏結網以臨淵乎。非好事而妄為之也。

續神器譜終

無事不用，春夏每月要收拾二次，秋冬每月一次。不肯收拾，底必繡住。繡住二三年，雖精堅之筒，必致損壞。

臨淵羨魚，不如退而結網。年来虜倭虜虜，不求制馭之策，楨竊惑焉。爰作二譜，毋廼望邊吏結網以臨淵乎。非好事者而妄爲之也。

續神器譜終

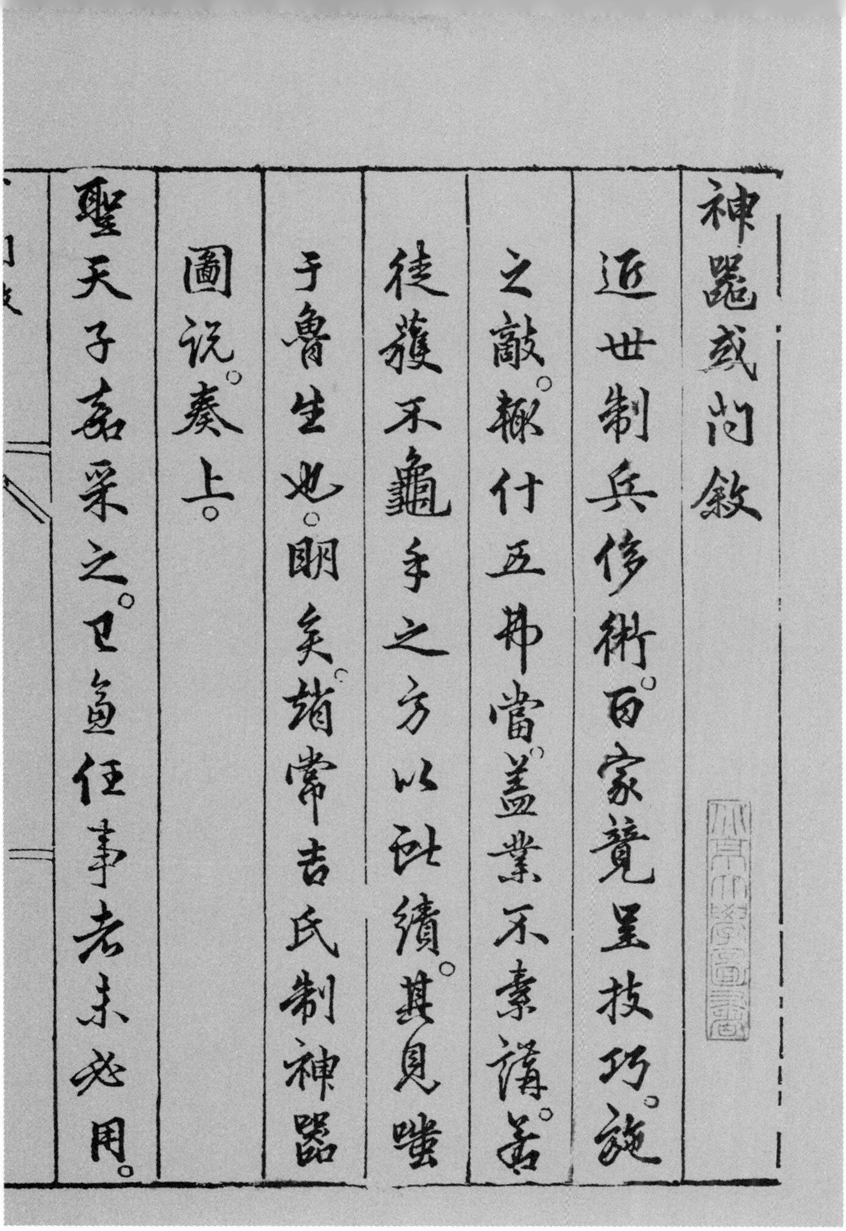
神器或問敘
近世制兵侈術。百家競呈技巧。施
之敵。輒什五弗當。蓋業不素講。若
徒獲不龜手之方以獻績。其見嗤
于魯生也。明矣。趙常吉氏制神器
圖說。奏上。
聖天子嘉采之。已慮任事者未必用。

神器或問叙[1]

近世制兵侈術，百家競呈技巧，施之敵輒什五弗當。蓋業不素講，若徒獲不龜手之方以獻績，其見嗤于魯生也明矣。趙常吉氏制神器圖説奏上，聖天子嘉采之。已慮任事者未必用，

1 神器或問叙，明刻五卷本無題，前署“青田劉世學撰”，後署“己亥秋七月”。和刻本題“序”字，餘同明刻五卷本。

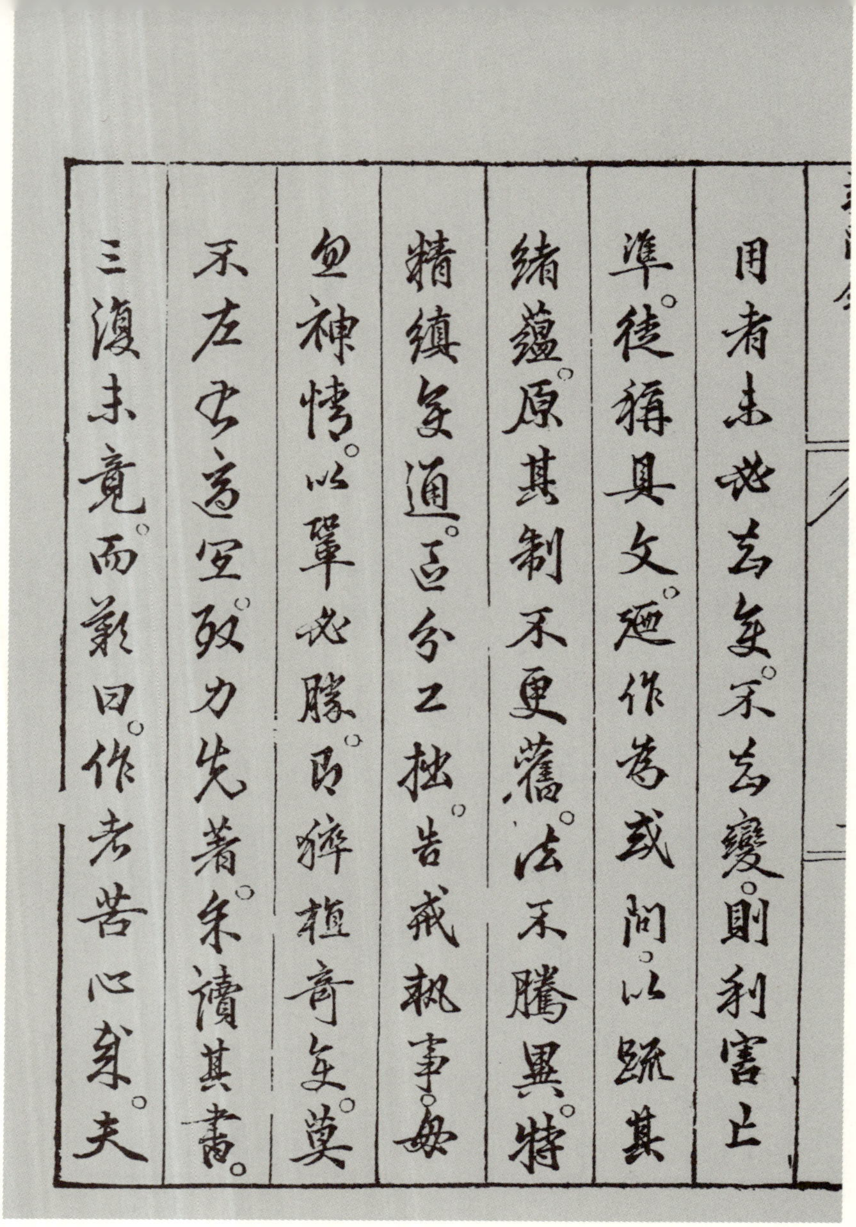

用者未必知變，不知變則利害亡準，徒稱具[1]文，廼作爲《或問》，以疏其緒蘊。原其制不更舊，法不騰異，特精縝變通，區分工拙，告戒執事，毋忽神情，以犟必勝。即猝植奇變，莫不左右適宜，致力先著。余讀其書，三復未竟而歎曰：作者苦心哉。夫

1 具，明刻五卷本同。和刻本作“其”。

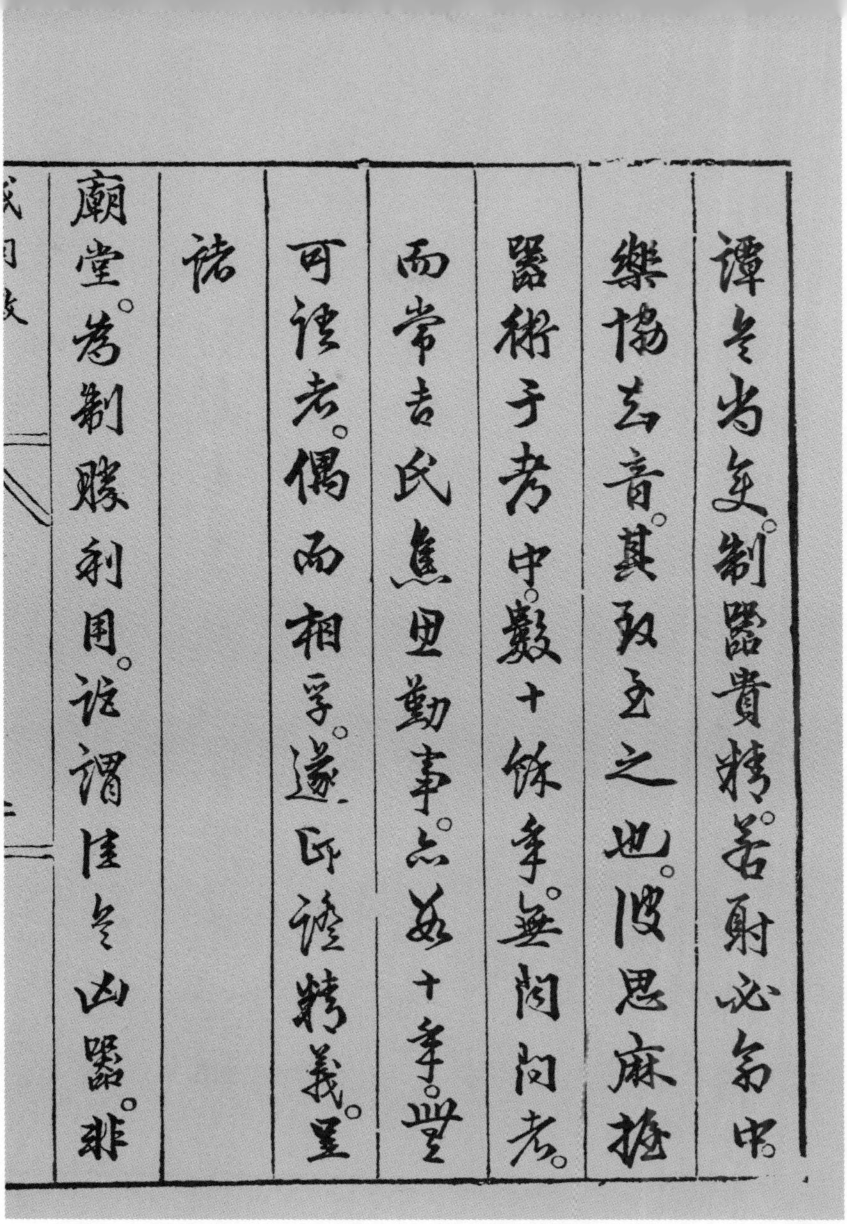

譚兵尚變，制器貴精。若射必命中，樂協知音，其致至之也。彼思麻握器術于都中，數十餘年無聞問者。而常吉氏焦思勤事，亦數十年無可語者。偶而相孚，遂印證精義，呈諸廟堂，爲制勝利用。詎謂佳[1]兵凶器，非

1 佳，《玄覽堂叢書》影印抄本空一字。

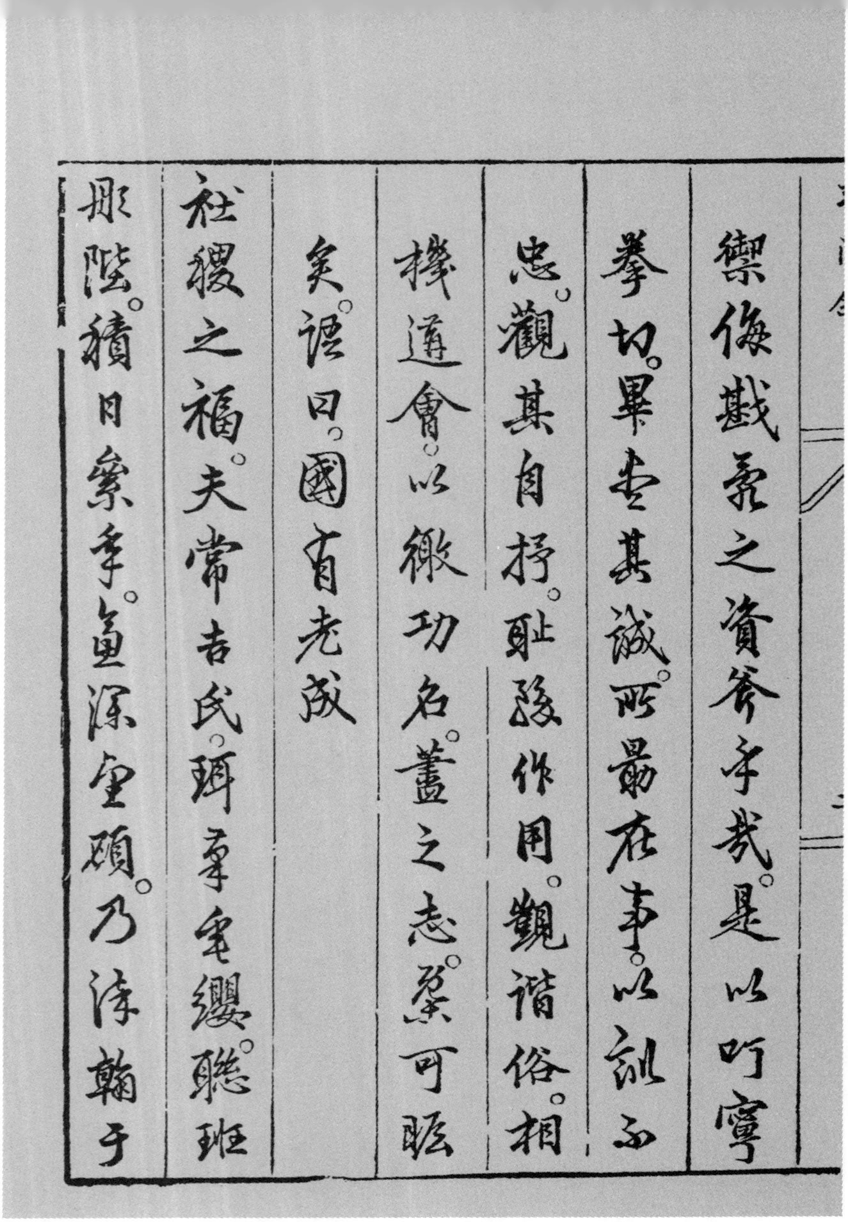

禦侮戡亂之資斧乎哉。是以叮嚀拳切，畢盡其誠。所勖在事，以訓不忠。觀其自抒，恥務作用，覘諳俗，相機遘會，以徼功名，藎之志，概可瞻矣。語曰：國有老成，社稷之福。夫常吉氏珥筆垂纓，聯班彤陛，積日累年，慮深望碩。乃染翰于

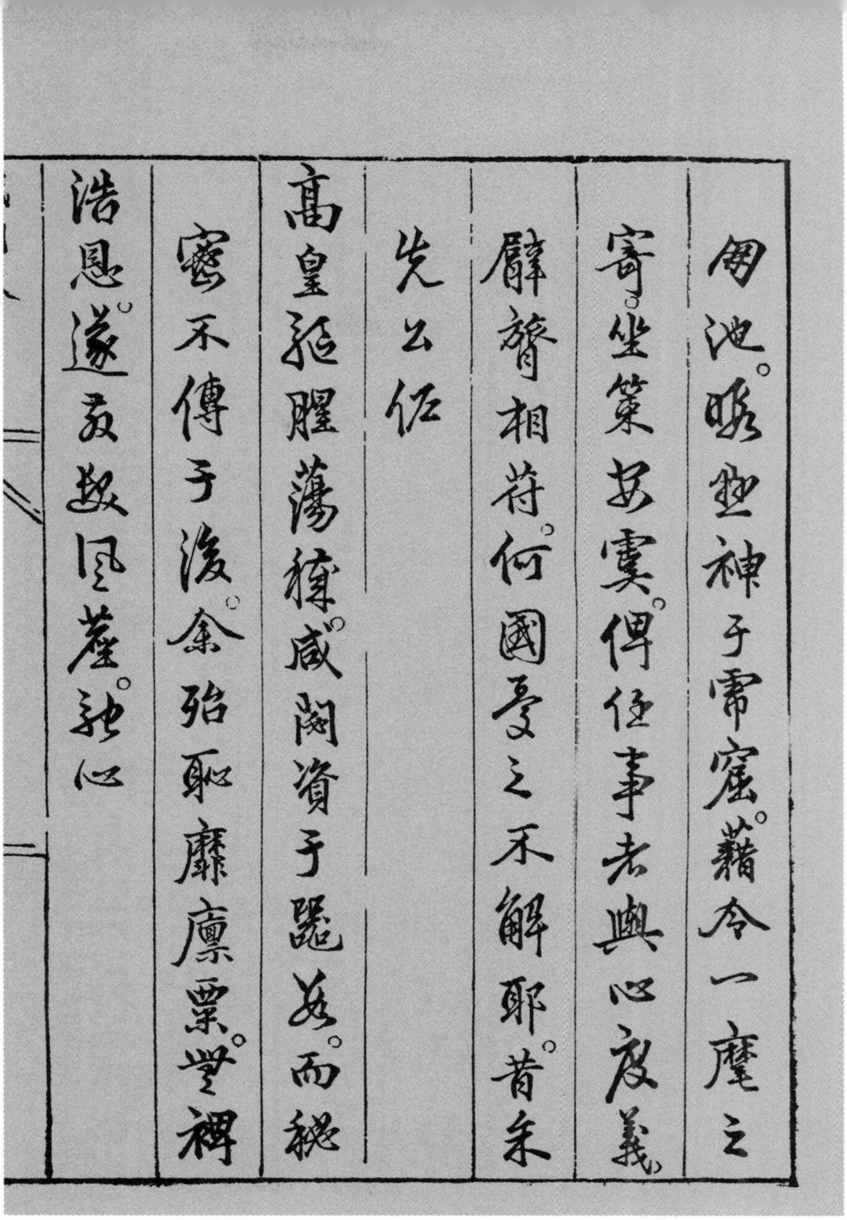

鳳池，暇懸神于虎窟。藉令一麾之寄，坐策安虞，俾任事者輿心度義，臂膂相符，何國憂之不解耶。昔余先公，佐高皇驅腥蕩穢，咸闆資于器數，而秘密不傳于後。余殆恥靡廩粟，無裨浩恩，遂散髮風塵，馳心

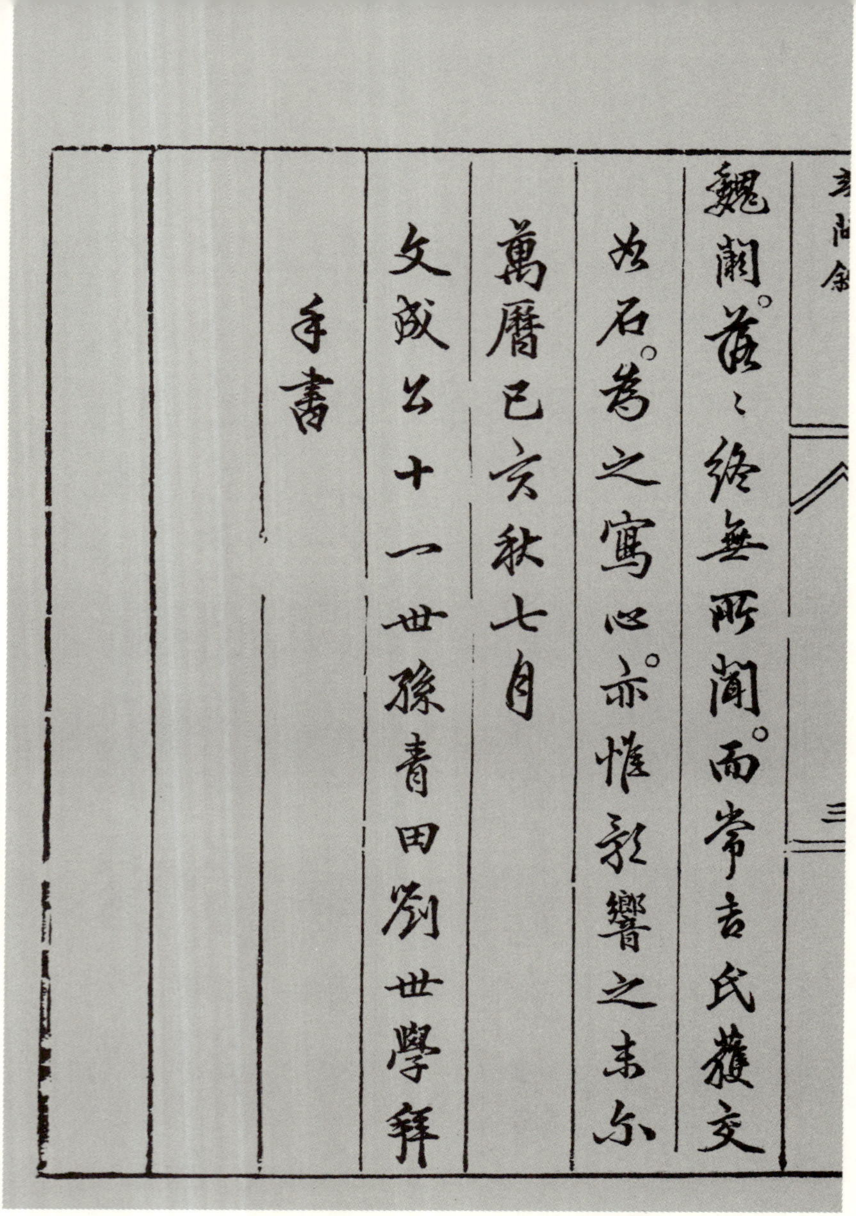
魏闕落落終無所聞而常吉氏獲交
如石爲之寫心亦惟影響之末尔
萬曆己亥秋七月
文成公十一世孫青田劉世學拜
手書

魏闕，落落終無所聞。而常吉氏獲交如石，爲之寫心，亦惟影響之末爾。

萬曆己亥秋七月文成公十一世孫青田劉世學拜手書。

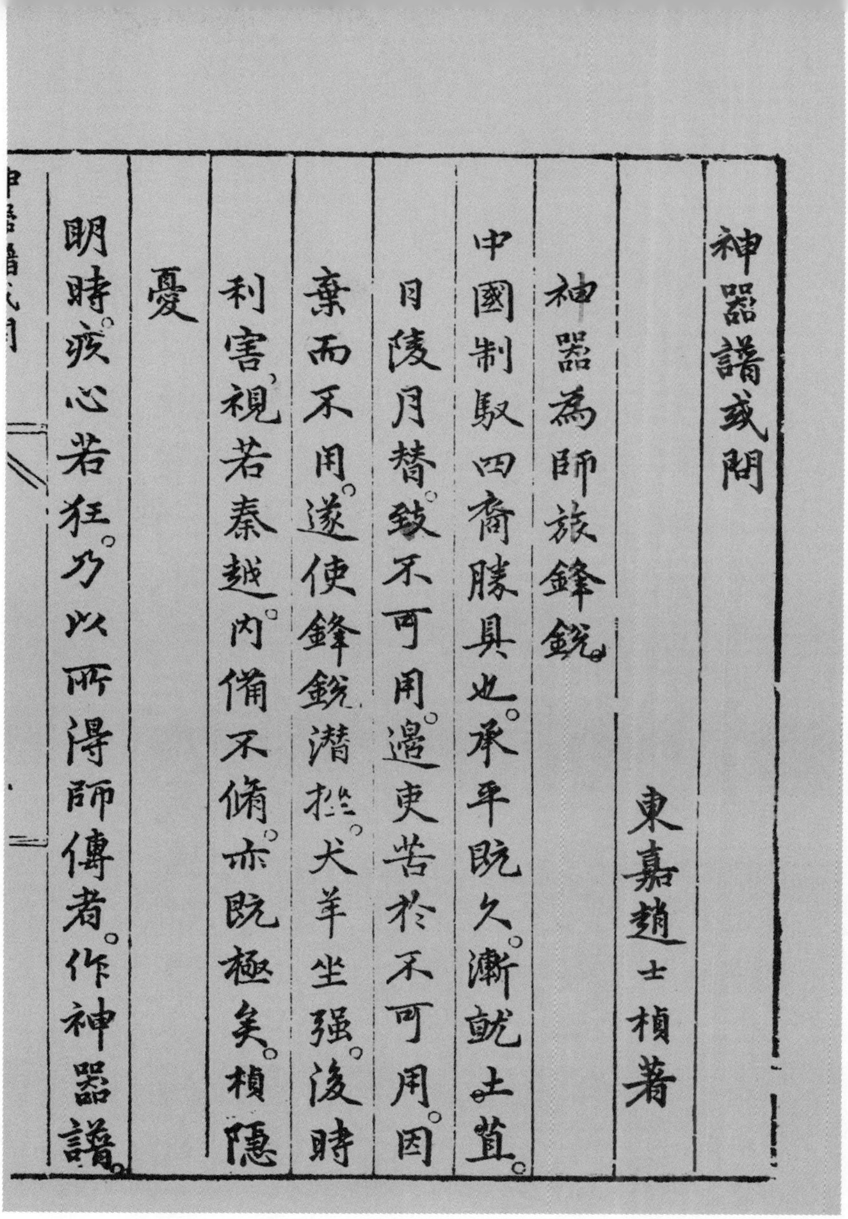
神器譜或問

東嘉趙士楨著

神器爲師旅鋒銳

中國制馭四裔勝具也承平既久漸就土苴

日陵月替致不可用邊吏苦於不可用因

棄而不用遂使鋒銳潛挫犬羊坐強後時

利害視若秦越內備不脩亦既極矣楨隱

憂

明時疢心若狂乃以所得師傳者作神器譜

神器譜或問

東嘉趙士楨著

神器爲師旅鋒鋭，中國制馭四裔勝具也。承平既久，漸就土苴，日陵月替，致不可用。邊吏苦於不可用，因棄而不用，遂使鋒鋭潛挫，犬羊坐强，後時利害，視若秦越，内備不修，亦既極矣。楨隱憂明時，疢心若狂，乃以所得師傳者，作《神器譜》，備陳製用，奏之主上。冀得縣官一試用之，庶幾邊燧可息，海氛永消。曝直之暇，復攄二譜[1]未竭之愚，臚列如左。知我罪我，其在兹乎。

或問：二[2]譜神器，再加舊日大[3]器，攻戰守伏之具，可稱極備。倘敵用前代火攻之法，我兵誤落彀中，諸器不得施其所長，爲之奈何？

曰：是在爲將者，明天時，察地利，見可而進，知難而退。嘗觀用火之法，在天時，全憑風

1 二譜，明刻五卷本作“譜内”。

2 二，明刻五卷本作“兹”。

3 大，明刻五卷本作“火”。

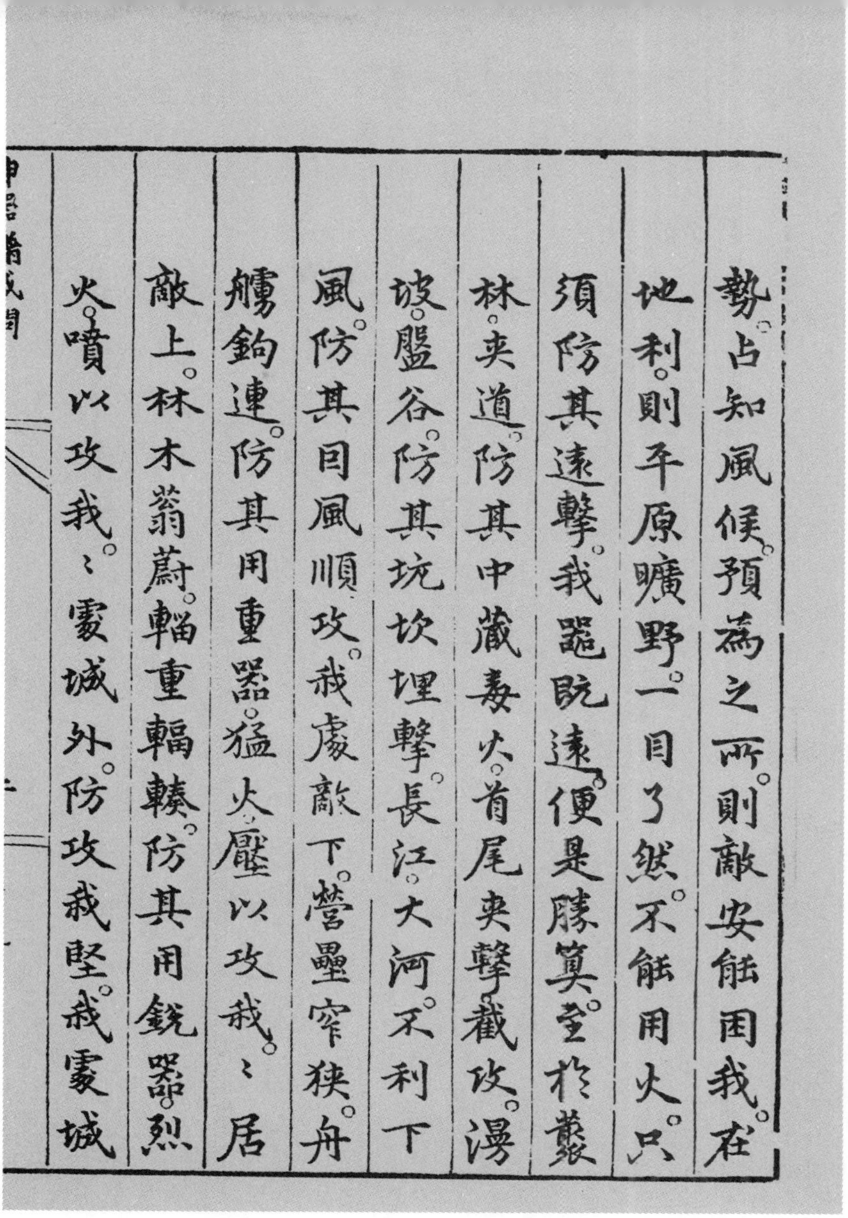
神器譜或問

勢占知風候預爲之所則敵安能困我在
地利則平原曠野一目了然不能用火只
須防其遠擊我器既遠便是勝算至於叢
林夾道防其中藏毒火首尾夾擊截攻漫
坡盤谷防其坑坎埋擊長江大河不利下
風防其因風順攻我處敵下營壘窄狹舟
艫鉤連防其用重器猛火壓以攻我我居
敵上林木蓊蔚輜重輻輳防其用銳器烈
火噴以攻我我處城外防攻我堅我處城

勢。占知風候，預爲之所，則敵安能困我。在地利，則平原曠野，一目了然，不能用火，只須防其遠擊。我器既遠，便是勝算。至於叢林夾道，須[1]防其中藏毒火，首尾夾擊截攻。漫坡盤谷，防其坑坎埋擊。長江大河，不利下風，防其因風順攻。我處敵下，營壘窄狹，舟艫鉤連，防其用重器猛火，壓以攻我。我居敵上，林木蓊蔚，輜重輻輳，防其用鋭器烈火，噴以攻我。我處城外，防攻我堅。我處城

1 須，明刻五卷本脱。

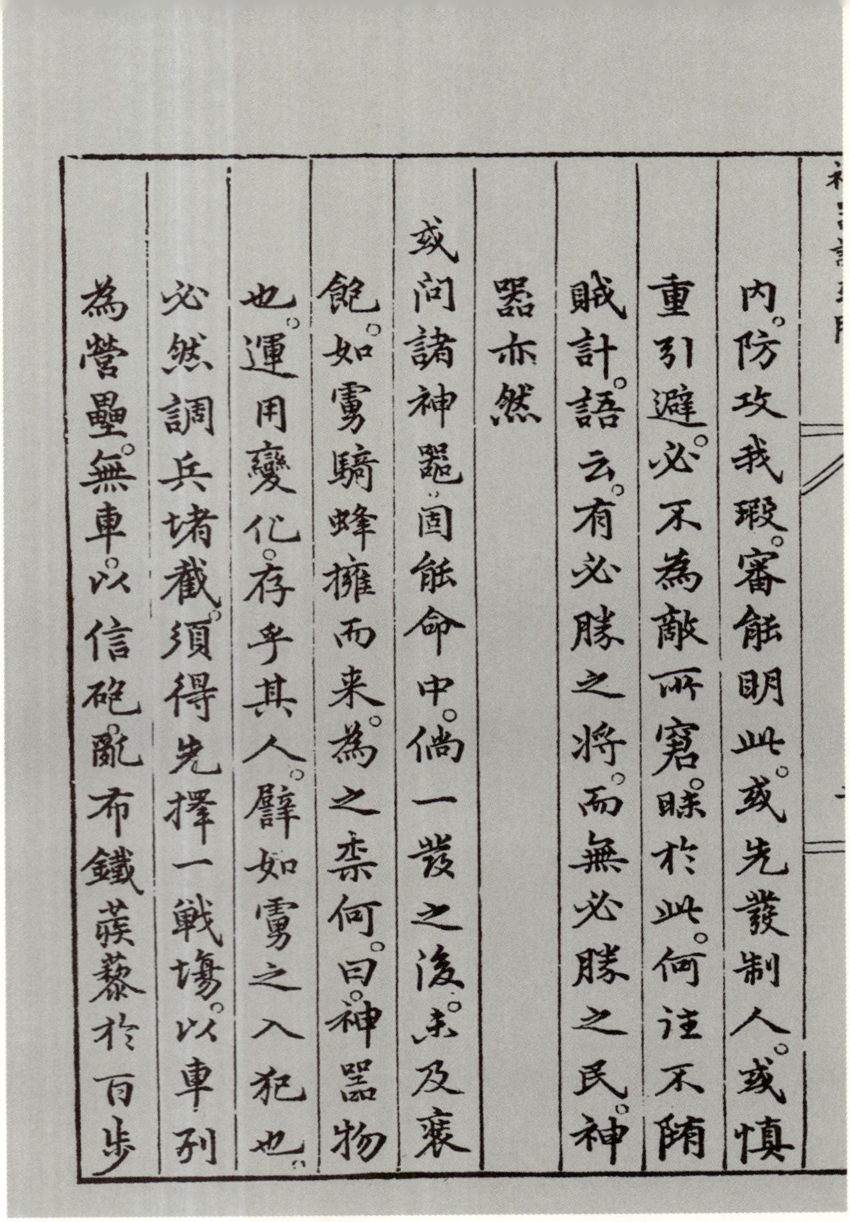
內防攻我瑕審能明此或先發制人或慎
重引避必不爲敵所窘昧於此何往不墮
賊計語云有必勝之將而無必勝之民神
器亦然
或問諸神器固能命中倘一發之後未及裝
飽如虜騎蜂擁而来爲之柰何曰神器物
也運用變化存乎其人譬如虜之入犯也
必然調兵堵截須得先擇一戰場以車列
爲營壘無車以信砲亂布鐵蒺藜於百步

內，防攻我瑕。審能明此，或先發制人，或慎重引避，必不爲敵所窘。昧於此，何往不墮賊計。語云：有必勝之將，而無必勝之民。神器亦然。

或問：諸神器固能命中，倘一發之後，未及裝飽，如虜騎蜂擁而来，爲之奈何？

曰：神器，物也。運用變化，存乎其人。譬如虜之入犯也，必然調兵堵截。須得先擇一戰場，以車列爲營壘。無車，以信砲亂布鐵蒺藜於百步

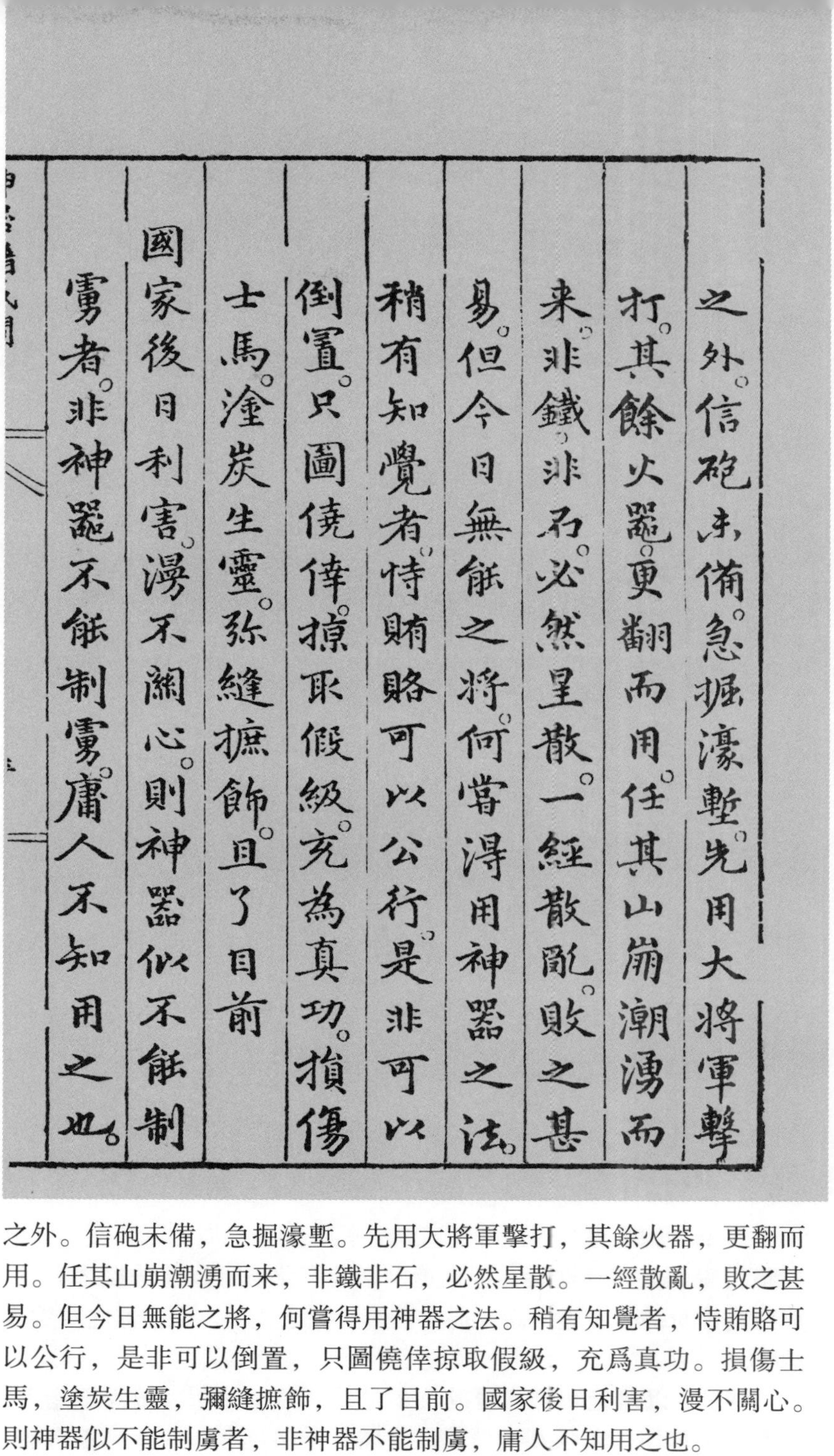
之外。信砲未備。急掘濠塹。先用大將軍擊
打。其餘火器。更翻而用。任其山崩潮湧而
来。非鐵。非石。必然星散。一經散亂。敗之甚
易。但今日無能之將。何嘗得用神器之法。
稍有知覺者。恃賄賂可以公行。是非可以
倒置。只圖僥倖掠取假級。充為真功。損傷
士馬。塗炭生靈。弥縫摭飾。且了目前
國家後日利害。漫不關心。則神器似不能制
虜者。非神器不能制虜。庸人不知用之也。

之外。信砲未備，急掘濠塹。先用大將軍擊打，其餘火器，更翻而用。任其山崩潮湧而来，非鐵非石，必然星散。一經散亂，敗之甚易。但今日無能之將，何嘗得用神器之法。稍有知覺者，恃賄賂可以公行，是非可以倒置，只圖僥倖掠取假級，充爲真功。損傷士馬，塗炭生靈，彌縫摭飾，且了目前。國家後日利害，漫不關心。則神器似不能制虜者，非神器不能制虜，庸人不知用之也。

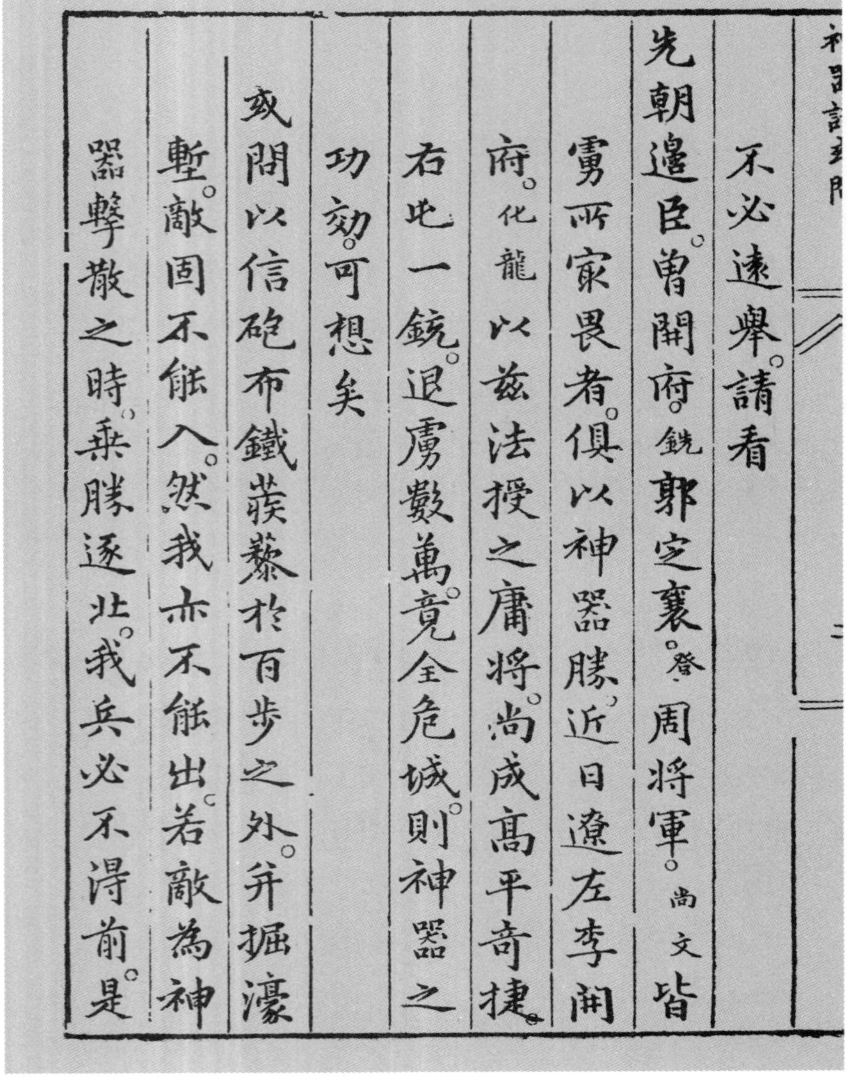
神器譜或問

不必遠舉。請看

先朝邊臣。曾開府。銑 郭定襄。登 周將軍。尚文 皆

虜所最畏者。俱以神器勝。近日遼左李開

府。化龍 以兹法授之庸將。尚成高平奇捷。

右屯一銃。退虜數萬。竟全危城。則神器之

功効可想矣

或問以信砲布鐵蒺藜於百步之外。并掘濠

塹。敵固不能入。然我亦不能出。若敵為神

器擊散之時。乘勝逐北。我兵必不得前。是

不必遠舉，請看先朝邊臣曾開府銑、郭定襄登、周將軍尚文，皆虜所最畏者，俱以神器勝。近日遼左李開府化龍，以兹法授之庸將，尚成高平奇捷，右屯一銃，退虜數萬，竟全危城。則神器之攻效可想矣。

或問：以信砲布鐵蒺藜於百步之外，并掘濠塹，敵固不能入，然我亦不能出。若敵爲神器擊散之時，乘勝逐北，我兵必不得前。是

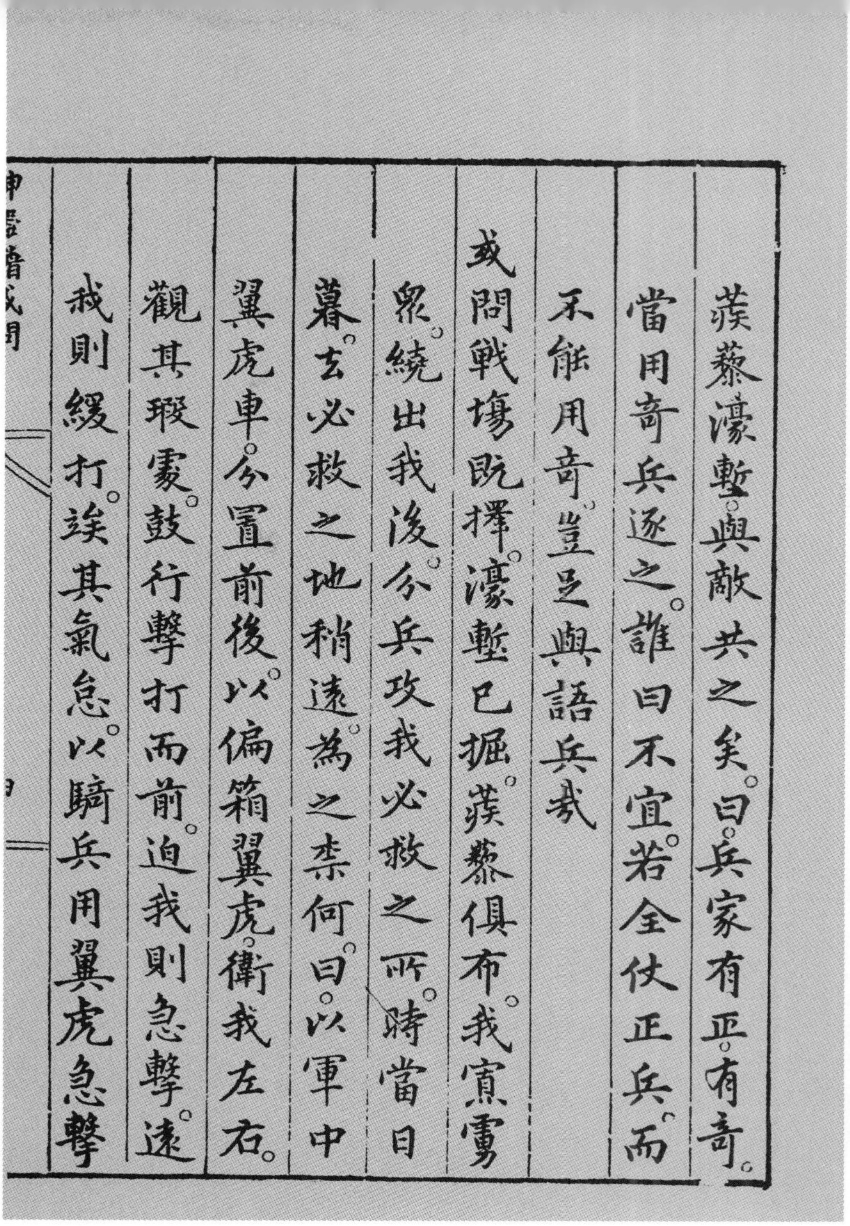
神器譜或問
蒺藜濠塹與敵共之矣曰兵家有正有奇
當用奇兵逐之誰曰不宜若全仗正兵而
不能用奇豈足與語兵哉
或問戰場既擇濠塹已掘蒺藜俱布我寡虜
衆繞出我後分兵攻我必救之所時當日
暮去必救之地稍遠爲之奈何曰以軍中
翼虎車分置前後以偏箱翼虎衛我左右
觀其瑕處鼓行擊打而前迫我則急擊遠
我則緩打俟其氣怠以騎兵用翼虎急擊

蒺藜、濠塹與敵共之矣。

曰：兵家有正有奇，當用奇兵逐之，誰曰不宜。若全仗正兵而不能用奇，豈足與語兵哉。

或問：戰場既擇，濠塹已掘，蒺藜俱布。我寡虜衆，繞出我後，分兵攻我必救之所。時當日暮，去必救之地稍遠，爲之奈何？

曰：以軍中翼虎車分置前後，以偏箱、翼虎衛我左右[1]。觀其瑕處，鼓行擊打而前。迫我則急擊，遠我則緩打。俟其氣怠，以騎兵用翼虎急擊

1 以軍中翼虎車分置前後，以偏箱、翼虎衛我左右，明刻五卷本作“以衡鋒雷電車分置前後，以大小鷹揚衛我左右”。

之，虜衆必亂。即有十萬，又安能困我。太公之對武王曰：欲出之道，器械爲寶。此之謂也。

或問：單刀鳥銃，倭奴長技。刀不能以刀制之，用我長鎗狼筅。今日畢竟以銃制銃，可乎？

曰：可。倭奴單刀，童而習之，白首不廢，行住坐卧，時刻不離，原有傳授，兼之成性。刀有一定之製，難以加長，其法一時又不能增巧，故求長兵以制之。若銃之巧力，全具銃

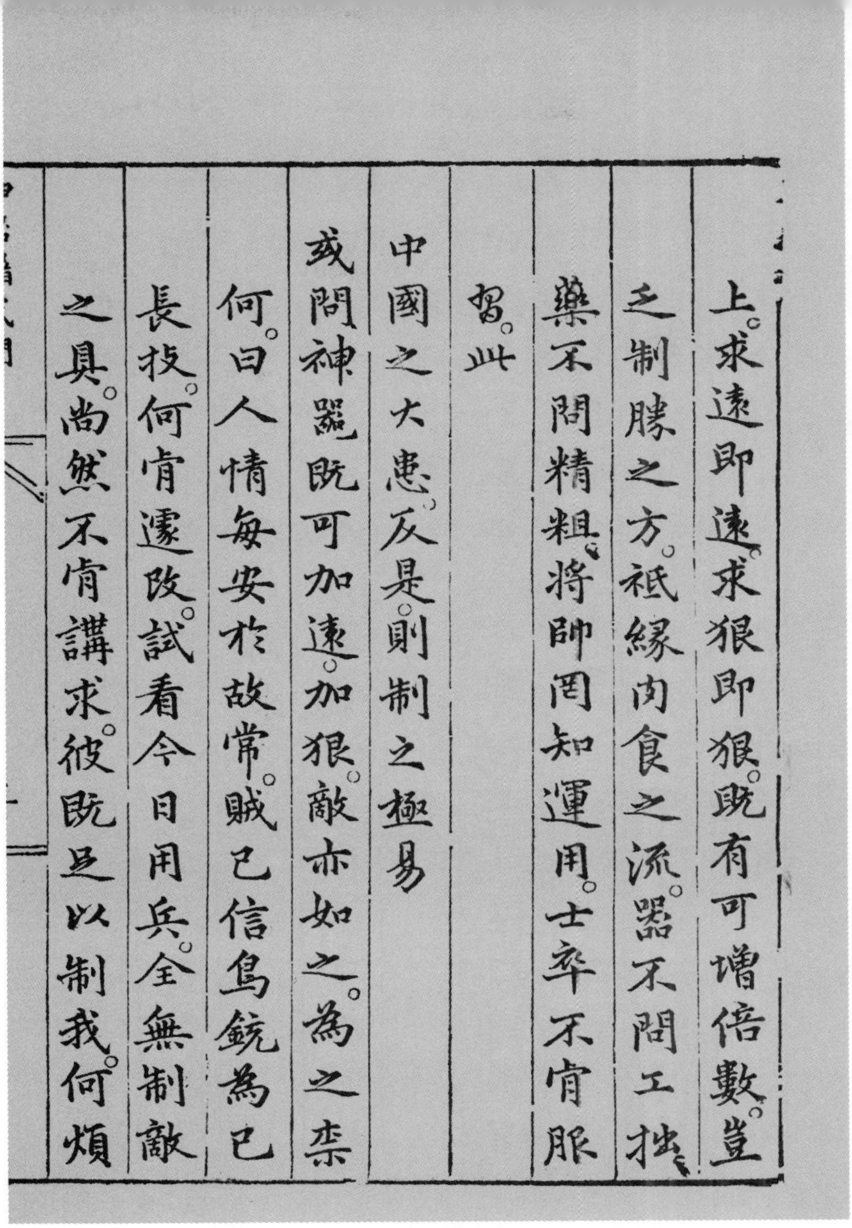
上求遠即遠求狠即狠既有可增倍數豈
乏制勝之方祇緣肉食之流器不問工拙
藥不問精粗將帥罔知運用士卒不肯服
習此
中國之大患反是則制之極易
或問神器既可加遠加狠敵亦如之爲之柰
何曰人情每安於故常賊已信鳥銃爲已
長技何肯遽改試看今日用兵全無制敵
之具尚然不肯講求彼既足以制我何煩

上，求遠即遠，求狠即狠。既有可增倍數，豈乏制勝之方。祇緣肉食之流，器不問工拙，藥不問精粗，將帥罔知運用，士卒不肯服習，此中國之大患。反是，則制之極易。

或問：神器既可加遠加狠，敵亦如之，爲之奈何？

曰：人情每安於故常。賊已信鳥銃爲己長技，何肯遽改。試看今日用兵，全無制敵之具，尚然不肯講求。彼既足以制我，何煩

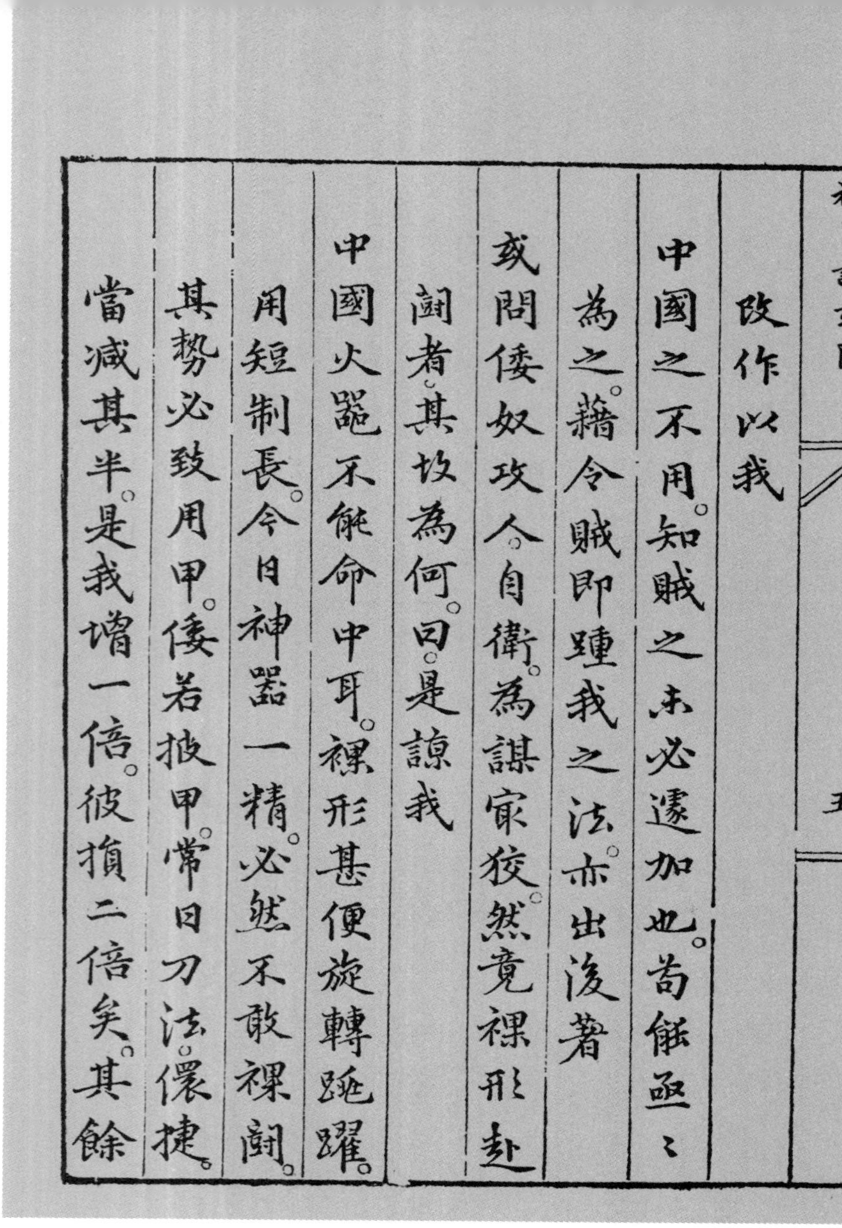
改作以我
中國之不用知賊之未必遽加也苟能亟亟
爲之藉令賊即踵我之法亦出後著
或問倭奴攻人自衛爲謀最狡然竟裸形赴
鬬者其故爲何曰是諒我
中國火器不能命中耳裸形甚便旋轉跳躍
用短制長今日神器一精必然不敢裸鬬
其勢必致用甲倭若披甲常日刀法儇捷
當減其半是我增一倍彼損二倍矣其餘

改作。以我中國之不用，知賊之未必遽加也。苟能亟亟爲之，藉令賊即踵我之法，亦出後著。

或問：倭奴攻人自衛，爲謀最狡，然竟裸形赴鬥者，其故爲何？

曰：是諒我中國火器不能命中耳。裸形甚便旋轉跳躍，用短制長。今日神器一精，必然不敢裸鬥，其勢必致用甲。倭若披甲，常日刀法儇捷當減其半。是我增一倍，彼損二倍矣。其餘

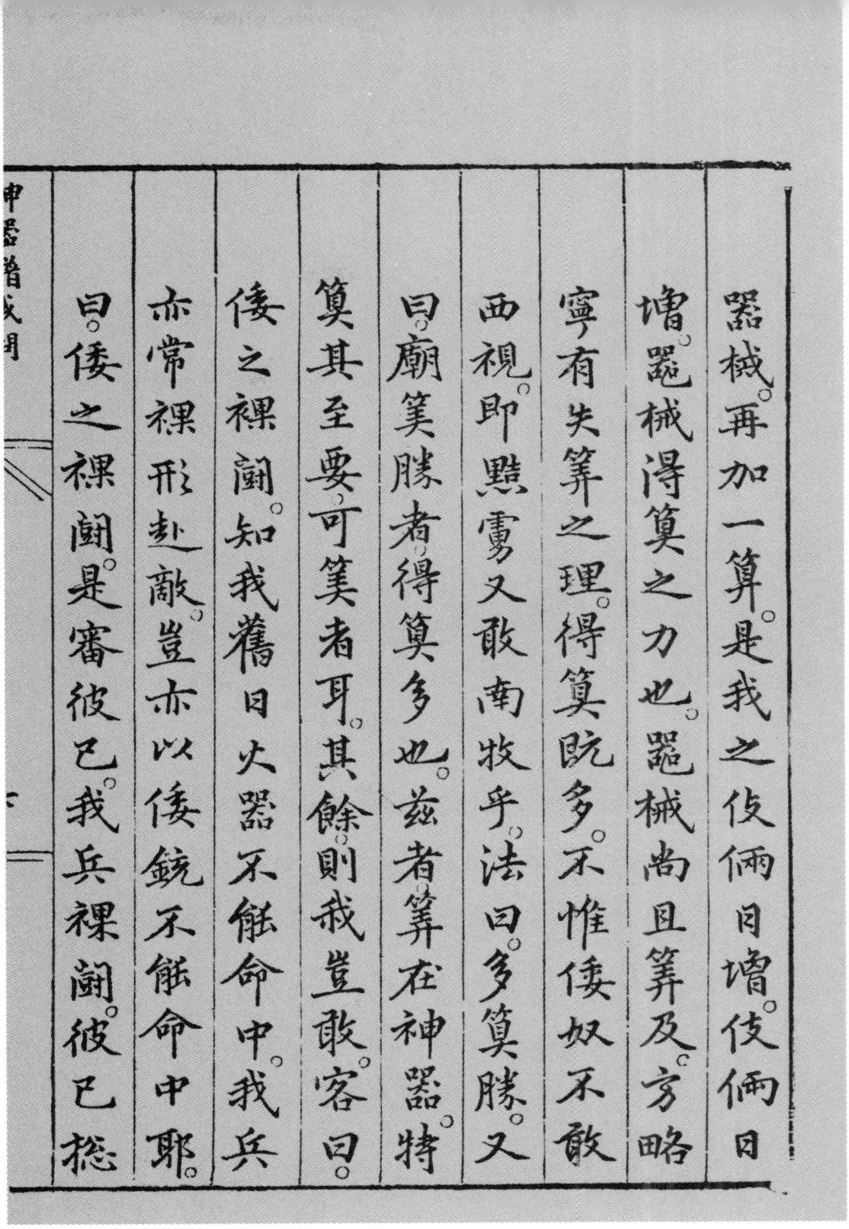
器械再加一算是我之伎倆日增伎倆日
增器械得算之力也器械尚且算及方略
寧有失算之理得算既多不惟倭奴不敢
西視即黠虜又敢南牧乎法曰多算勝又
曰廟算勝者得算多也玆者算在神器特
算其至要可算者耳其餘則我豈敢客曰
倭之裸鬪知我舊日火器不能命中我兵
亦常裸形赴敵豈亦以倭銃不能命中耶
曰倭之裸鬪是審彼己我兵裸鬪彼已捴
神器譜或問

器械再加一算，是我之伎倆日增。伎倆日增，器械得算之力也。器械尚且算及，方略寧有失算之理。得算既多，不惟倭奴不敢西視，即黠虜又敢南牧乎。法曰：多算勝。又曰：廟算勝者，得算多也。玆者算在神器，特算其至要可算者耳，其餘則我豈敢。

客曰：倭之裸鬥，知我舊日火器不能命中。我兵亦常裸形赴敵，豈亦以倭銃不能命中耶？

曰：倭之裸鬥，是審彼已。我兵裸鬥，彼已捴

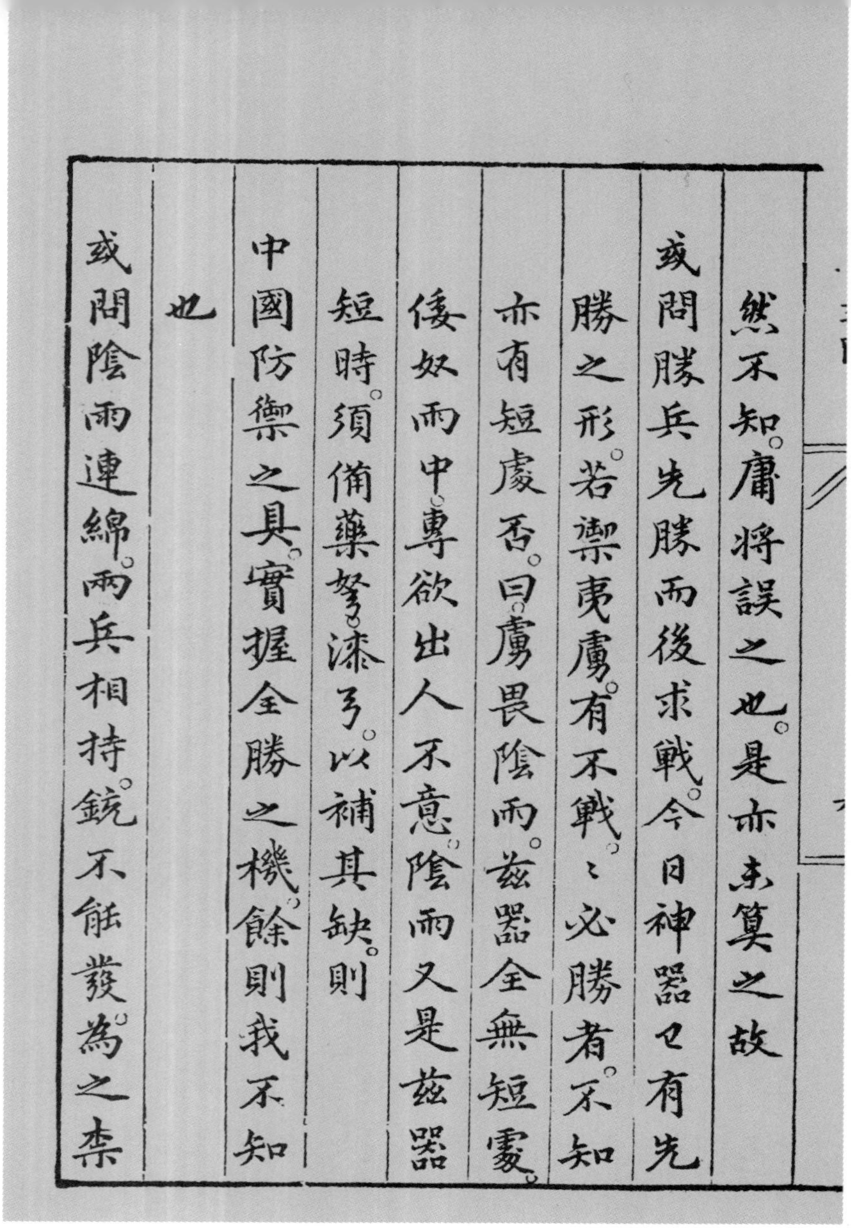

然不知庸將誤之也是亦未算之故
或問勝兵先勝而後求戰今日神器已有先
勝之形若禦夷虜有不戰戰必勝者不知
亦有短處否曰虜畏陰雨茲器全無短處
倭奴雨中專欲出人不意陰雨又是茲器
短時須備藥弩漆弓以補其缺則
中國防禦之具實握全勝之機餘則我不知
也
或問陰雨連綿兩兵相持銃不能發爲之柰

然不知，庸將誤之也。是亦未算之故。

或問：勝兵先勝而後求戰。今日神器已有先勝之形，若禦夷虜，有不戰，戰必勝者。不知亦有短處否？

曰：虜畏陰雨，兹器全無短處。倭奴雨中專欲出人不意，陰雨又是兹器短時，須備藥弩漆弓以補其缺。則中國防禦之具，實握全勝之機。餘則我不知也。

或問：陰雨連綿，兩兵相持，銃不能發，爲之奈何？

曰：拒馬傘政爲此耳。晴則側放，禦彼鉛彈，從眼中覷以擊賊。陰雨則豎立，上設油袱，以蓋火門。

或問：古人用兵，必求陣法。今日千言萬語，畢竟歸重神器，何也？

曰：是亦秦越人隨地爲醫耳。漢唐未聞神器．既有神器，藉令武侯可作，衛公復生，定然一意講究，必不以八陣、六花嘗試神器。若大小神器具備，火藥精好，得時得地，月之得宜。數里之外，能使

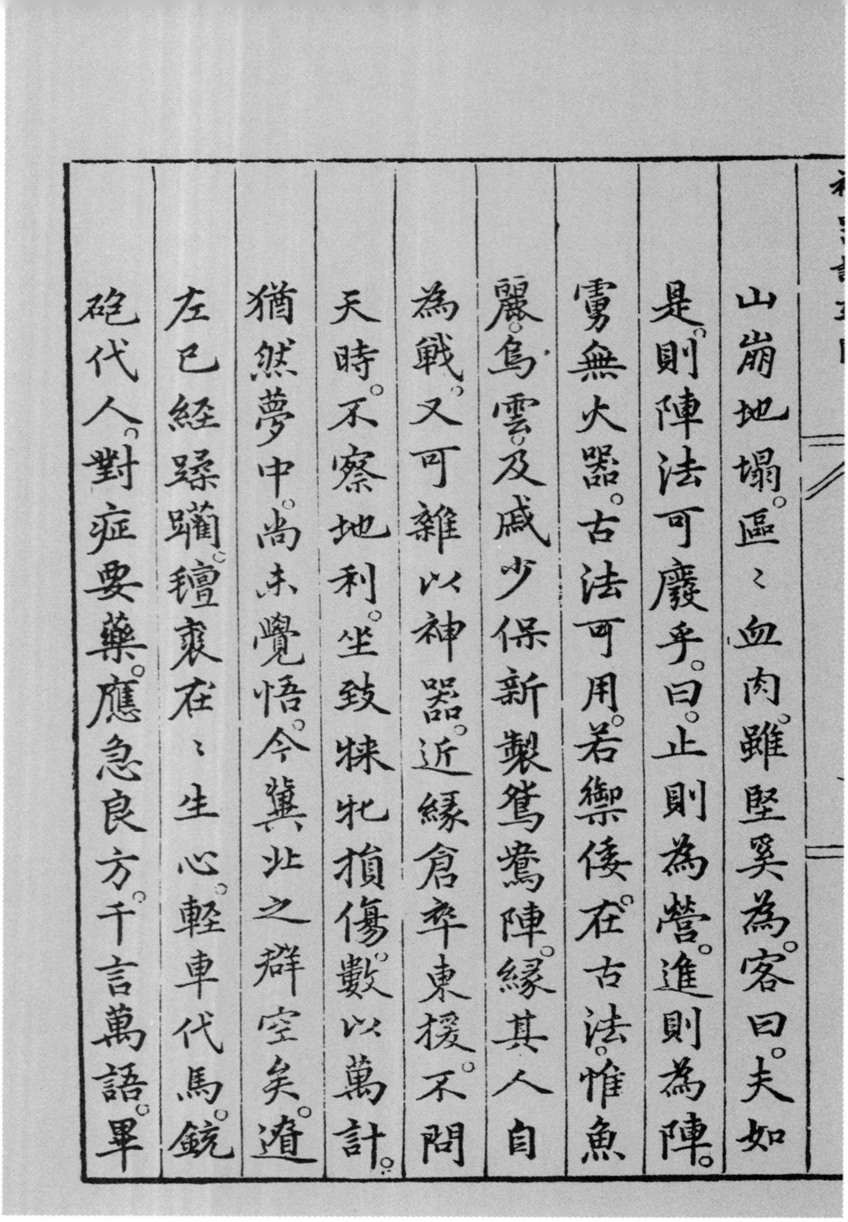
山崩地塌。區〻血肉。雖堅奚為。客曰。夫如
是。則陣法可廢乎。曰。止則為營。進則為陣。
虜無火器。古法可用。若禦倭。在古法。惟魚
麗。鳥雲及戚少保新製鴛鴦陣。緣其人自
為戰。又可雜以神器。近緣倉卒東援。不問
天時。不察地利。坐致牸牝損傷。數以萬計。
猶然夢中。尚未覺悟。今冀北之群空矣。遼
左已經蹂躪。氈裘在〻生心。輕車代馬。銃
砲代人。對症要藥。應急良方。千言萬語。畢

山崩地塌。區區血肉，雖堅奚爲。

客曰：夫如是，則陣法可廢乎？

曰：止則爲營，進則爲陣。虜無火器，古法可用。若禦倭，在古法惟魚麗、鳥雲及戚少保新製鴛鴦陣。緣其人自爲戰，又可雜以神器。近緣倉卒東援，不問天時，不察地利，坐致牸牝損傷，數以萬計，猶然夢中，尚未覺悟。今冀北之群空矣。遼左已經蹂躪，氈裘在在生心，輕車代馬，銃砲代人，對症要藥，應急良方。千言萬語，畢

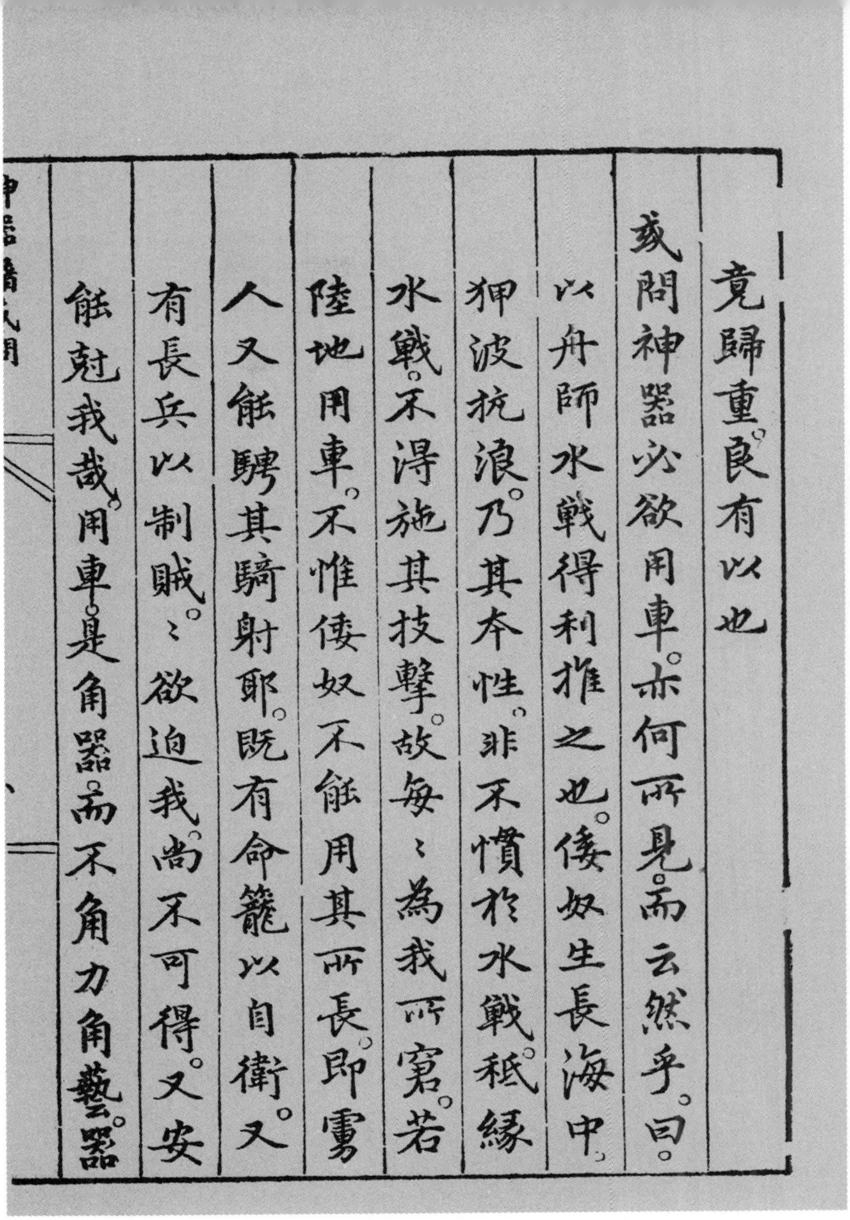

神器譜或問

竟歸重良有以也
或問神器必欲用車亦何所見而云然乎曰
以舟師水戰得利推之也倭奴生長海中
狎波抗浪乃其本性非不慣於水戰祇緣
水戰不得施其技擊故每每為我所窘若
陸地用車不惟倭奴不能用其所長即虜
人又能騁其騎射耶既有命籠以自衛又
有長兵以制賊賊欲迫我尚不可得又安
能尅我哉用車是角器而不角力角藝器

竟歸重，良有以也。

或問：神器必欲用車，亦何所見而云然乎？

曰：以舟師水戰得利推之也。倭奴生長海中，狎波抗浪，乃其本性，非不慣於水戰，衹緣水戰不得施其技擊，故每每爲我所窘。若陸地用車，不惟倭奴不能用其所長，即虜人又能騁其騎射耶。既有命籠以自衛，又有長兵以制賊。賊欲迫我尚不可得，又安能尅我哉。用車是角器，而不角力角藝。器精加多，便是勝算。

或問：戰守進止，當求勝算，至於器械，亦有勝算在耶？

曰：抑何見之晚也。譬如臨陣神器，敵飽一門，我裝二三，不用攀機，不用堵紙，對準未定，操縱自由。常時知其機括，習學又易，是便足勝之矣。筒長氣聚，可以加遠。筒厚藥多，可以加狠。兩手俱有住著，出彈不甚動摇，是利足勝之矣。或當刀以禦敵，或爲盾以自衛，是餘力又勝之矣。爲將者誠能如法製造，乘時教習，安攘勝算，可得其半。今日置器械間勝算於不問，專以不能取勝者而欲求勝於人。此其所以勞心日拙，坐失事機耳。

或問：引兵遠出，山路崎嶇，泥塗淤濘，大軍難以遽前。偶得敵人情形，機不可失，因舍輜重，輕兵出其不意，攻其無備。及泊敵壘，大雨驟至，銃不能發，爲之奈何？

曰：凡爲將者，逆知有此。須常時預令神器手各置摺疊

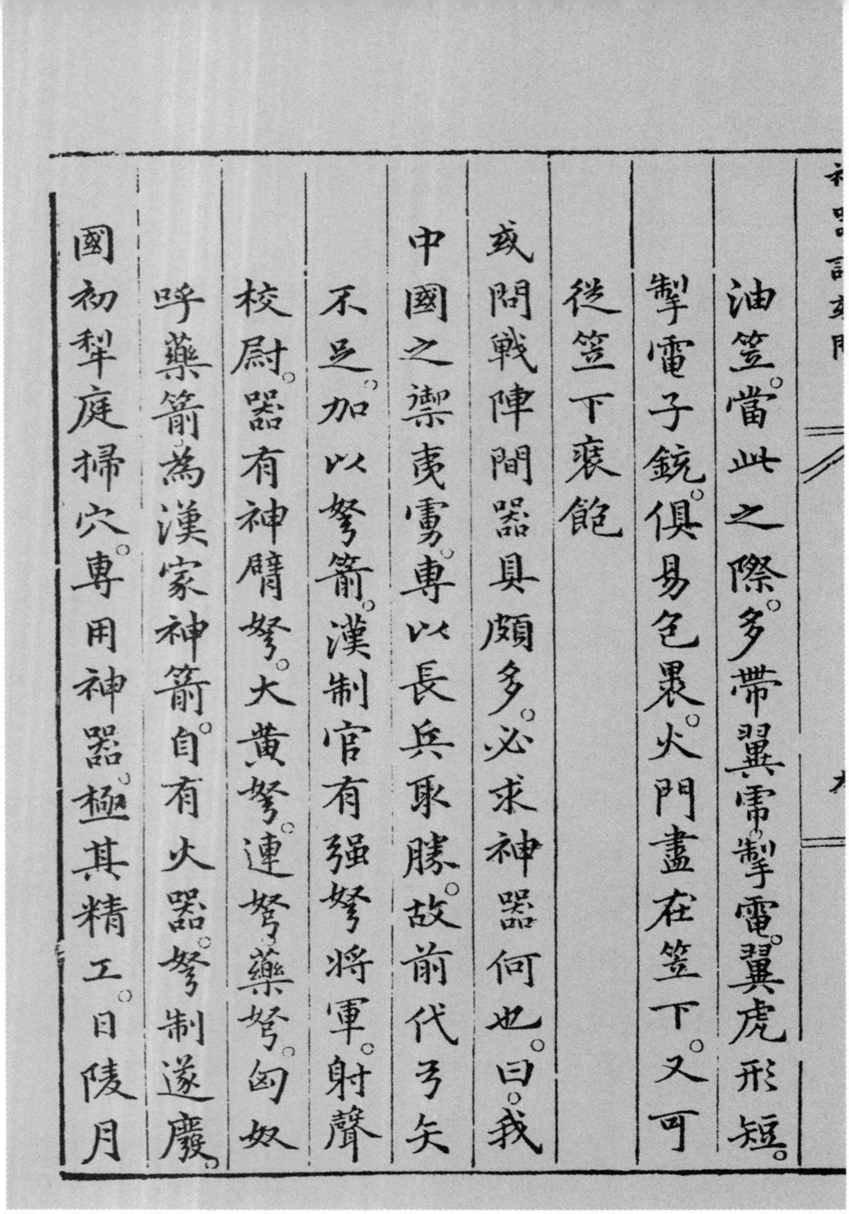
油笠當此之際多帶翼虎掣電翼虎形短
掣電子銃俱易包裹火門盡在笠下又可
從笠下裝飽
或問戰陣間器具頗多必求神器何也曰我
中國之禦夷虜專以長兵取勝故前代弓矢
不足加以弩箭漢制官有强弩將軍射聲
校尉器有神臂弩大黄弩連弩藥弩匈奴
呼藥箭為漢家神箭自有火器弩制遂廢
國初犁庭掃穴專用神器極其精工日陵月

油笠。當此之際，多帶翼虎、掣電。翼虎形短，掣電子銃俱易包裹。火門盡在笠下，又可從笠下裝飽。

或問：戰陣間器具頗多，必求神器何也？

曰：我中國之禦夷虜，專以長兵取勝。故前代弓矢不足，加以弩箭。漢制，官有强弩將軍、射聲校尉，器有神臂弩、大黄弩、連弩、藥弩。匈奴呼藥箭爲漢家神箭。自有火器，弩制遂廢。國初犁庭掃穴，專用神器，極其精工。日陵月

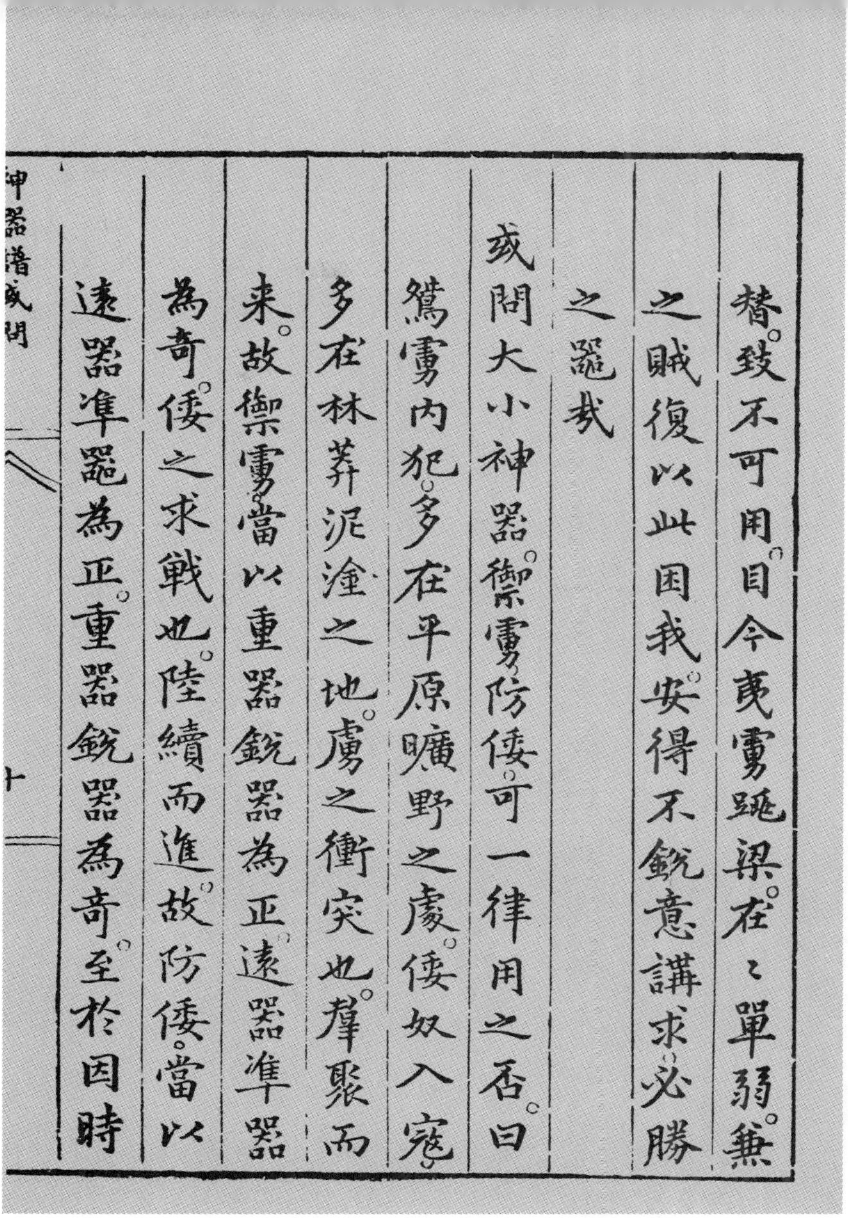

替，致不可用。目今夷虜跳梁，在在單弱，兼之賊復以此困我，安得不鋭意講求必勝之器哉。

或問：大小神器，禦虜、防倭，可一律用之否？

曰：鴐虜内犯多在平原曠野之處，倭奴入寇多在林莽泥塗之地。虜之衝突也，群聚而来，故禦虜當以重器、鋭器爲正，遠器、準器爲奇。倭之求戰也，陸續而進，故防倭當以遠器、準器爲正，重器、鋭器爲奇。至於因時制宜，臨敵制勝，顧爲將者方略何如，神器唯求多多益善。

或問：近日有木熕竹銃，不惟輕便，且價廉工省，用之可以制賊否？

曰：銅鐵之具，製不如法，尚虞迸炸，豈天壤間邇来有堅逾銅鐵之竹木耶。玆器起於六合砲，後人因爲木熕以濟一時之急。從戎之士因藉手以干當事，聊爲進身之媒。何乃據爲經常可用之器。夫一器迸炸，三軍驚惶。且竹木之器，

一経失事餘燼四散左右前後能保其無延燒乎知兵之害乃可以知兵之利况身為三軍司命謀貴萬全害多利少即非完策急當置之

或問木熕既害多利少終屬無用乎曰興師動衆强敵未滅天壤間戰具何可缺一譬如兵洎城下欲用大器軍中未備安得不伐木以代鐵然濕木較乾木堅强拚其一擊棄去然又知防其必壞復使三軍之士

一經失事，餘燼四散。左右前後，能保其無延燒乎。知兵之害，乃可以知兵之利，况身爲三軍司命，謀貴萬全。害多利少，即非完策，急當置之。

或問：木熕既害多利少，終屬無用乎？

曰：興師動衆，强敵未滅，天壤間戰具何可缺一。譬如兵洎城下，欲用大器，軍中未備，安得不伐木以代鐵。然濕木較乾木堅强，拚其一擊棄去。然又知防其必壞，復使三軍之士

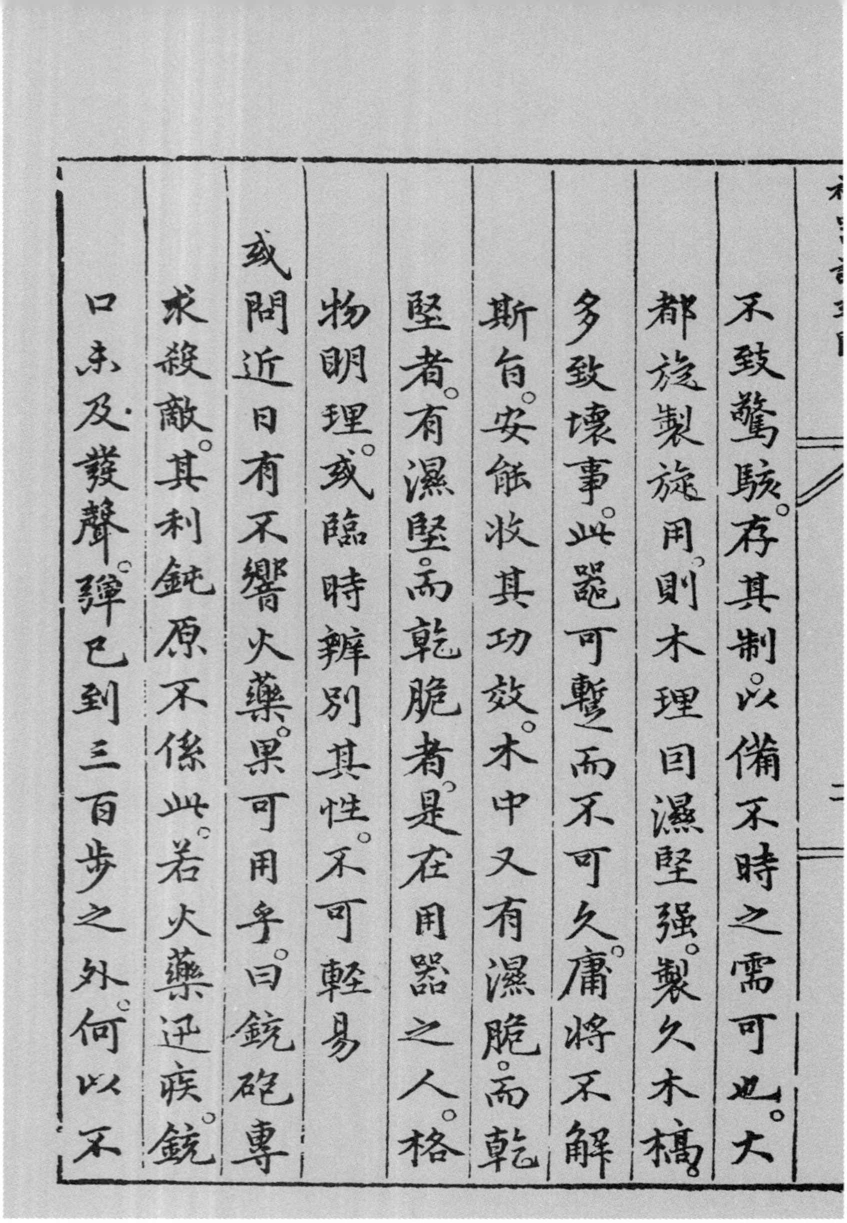
不致驚駭存其制以備不時之需可也大
都旋製旋用則木理因濕堅强製久木槁
多致壞事此器可暫而不可久庸將不解
斯旨安能收其功效木中又有濕脆而乾
堅者有濕堅而乾脆者是在用器之人格
物明理或臨時辨別其性不可輕易
或問近日有不響火藥果可用乎曰銃砲專
求殺敵其利鈍原不係此若火藥迅疾銃
口未及發聲彈已到三百步之外何以不

不致驚駭，存其制以備不時之需可也。大都旋製旋用，則木理因濕堅强，製久木槁，多致壞事。此器可暫而不可久。庸將不解斯旨，安能收其功效。木中又有濕脆而乾堅者，有濕堅而乾脆者。是在用器之人，格物明理，或臨時辨別其性，不可輕易。

或問：近有不響火藥，果可用乎？

曰：銃砲專求殺敵，其利鈍原不係此。若火藥迅疾，銃口未及發聲，彈已到三百步之外，何以不

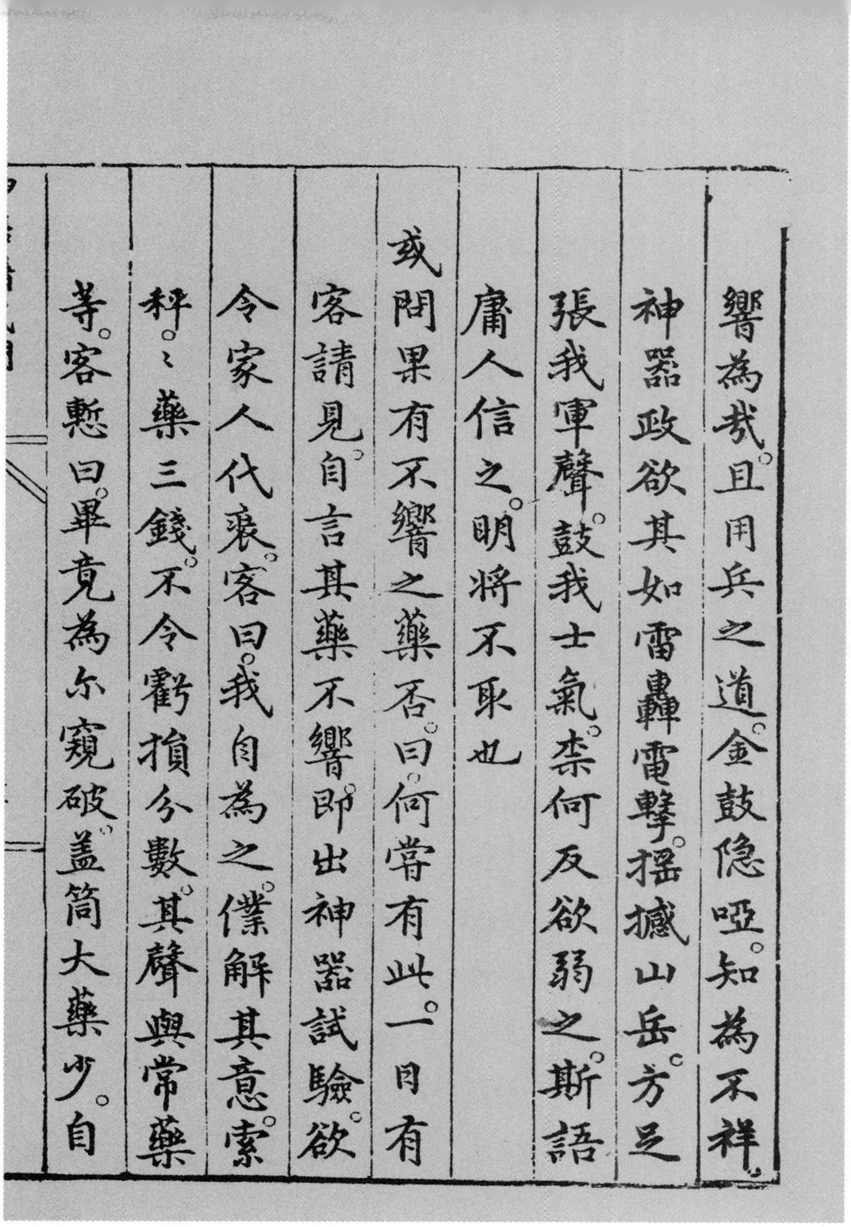

響爲哉。且用兵之道，金鼓隱啞，知爲不祥。神器政欲其如雷轟電擊，摇撼山岳，方足張我軍聲，鼓我士氣，奈何反欲弱之。斯語庸人信之，明將不取也。

或問：果有不響之藥否？

曰：何嘗有此。一日有客請見，自言其藥不響。即出神器試驗，欲令家人代裝。客曰：我自爲之。僕解其意，索秤，秤藥三錢，不令虧損分數，其聲與常藥等。客慚曰：畢竟爲爾窺破。蓋筒大藥少，自

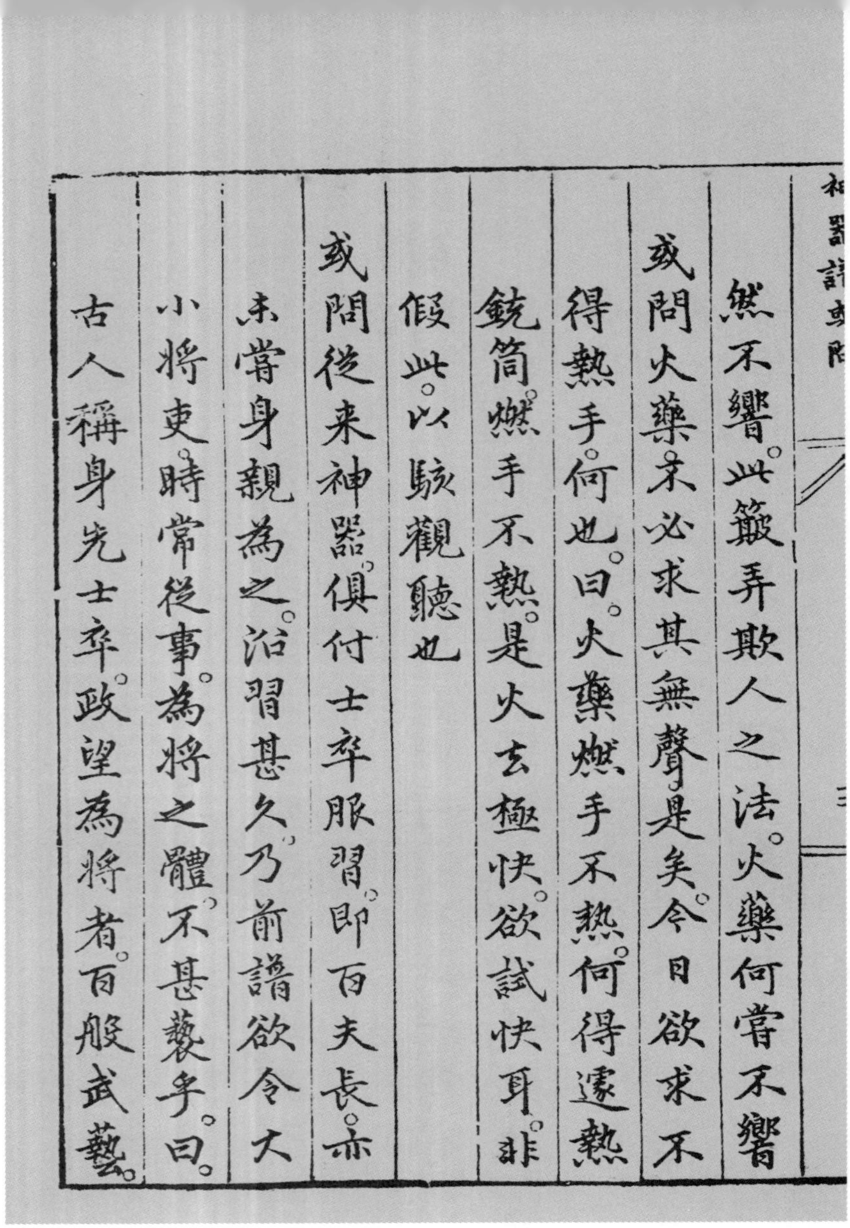

然不響。此簸弄欺人之法，火藥何嘗不響。

或問：火藥不必求其無聲是矣。今日欲求不得熱手何也？

曰：火藥燃手不熱，何得遽熱銃筒。燃手不熱，是火去極快。欲試快耳，非假此以駭觀聽也。

或問：從来神器俱付士卒服習，即百夫長亦未嘗身親爲之。沿習甚久，乃前譜欲令大小將吏時常從事，爲將之體不甚褻乎？

曰：古人稱身先士卒。政望爲將者百般武藝，

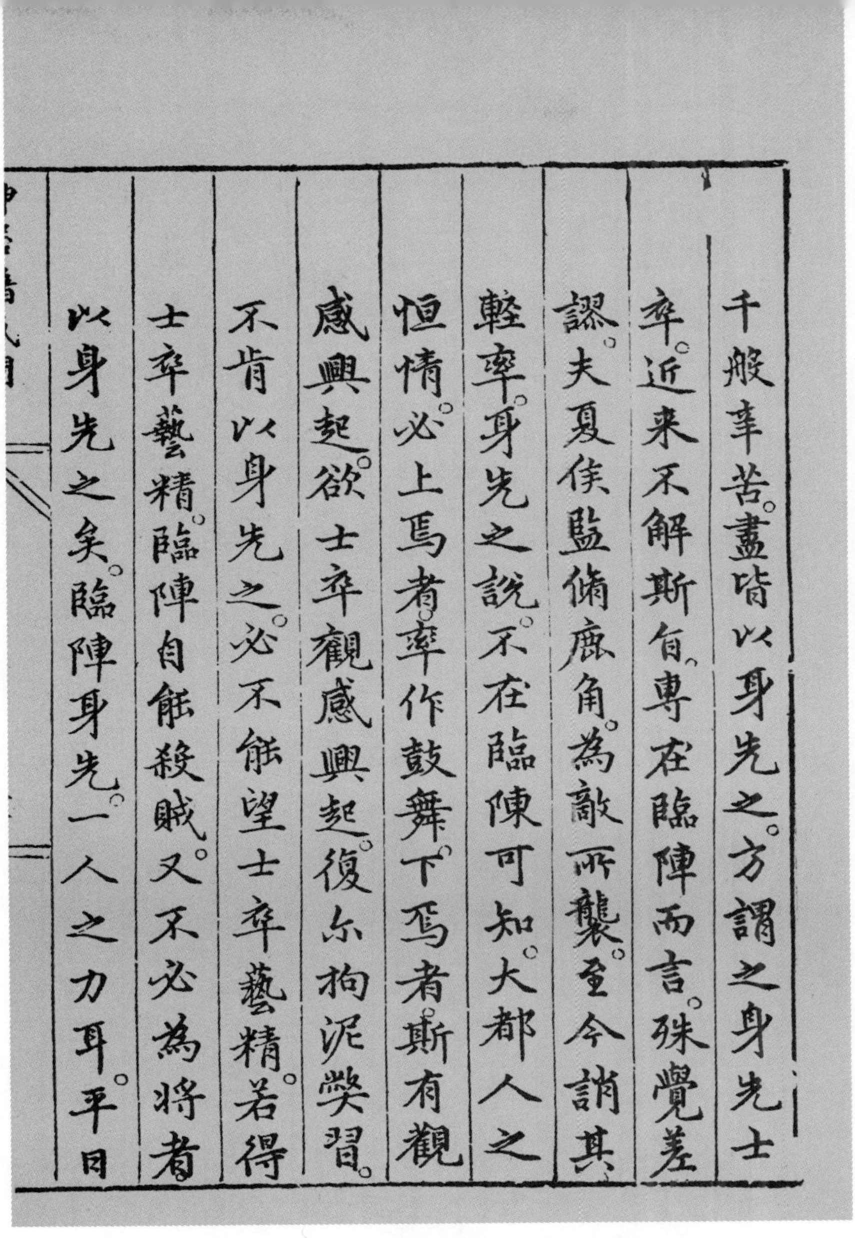

千般辛苦，盡皆以身先之，方謂之身先士卒。近来不解斯旨，專在臨陣而言，殊覺差謬。夫夏侯監修鹿角，爲敵所襲，至今誚其輕率。身先之説不在臨陣可知。大都人之恒情，必上焉者率作鼓舞，下焉者斯有觀感興起。欲士卒觀感興起，復爾洵泥弊習，不肯以身先之，必不能望士卒藝精。若得士卒藝精，臨陣自能殺賊，又不必爲將者以身先之矣。臨陣身先，一人之力耳。平日身先，實有千萬人之力焉。

或問：壬辰，沙湃苗兵爲虜蹂踏，近日朝鮮泗川之兵爲倭所乘，俱因軍中火起，將勝轉敗，是火器反爲兵累矣。今日云何？

曰：水能載舟，亦能覆舟，舟未嘗不用也，顧操舟者何如耳。嘗見參戎陳國保語楨曰：雲中父老尚有能談國初時用神器之法。一隊之中，必有司火之人。擇其小心謹慎、數經戰陣老兵，火鐮、火石、火繩、火罐悉以委之。臨陣散與各兵，其人往来照管。朵揮使亦稱其本國神器，俱置車上，用一五六十歲老人主之。恐少年鹵莽，不知火之利害。夫如是，豈致失事。大都無能之將，用器草率。兼之兵無節制，遇敵倉皇。又不知置司火之人，豫爲戢理。安得不致自焚。非火器累兵，兵制未備使然也。倭奴營中，火焰灼天，鉛彈如雨，不見自焚。我兵一用火器，便致失事，抑獨何哉。

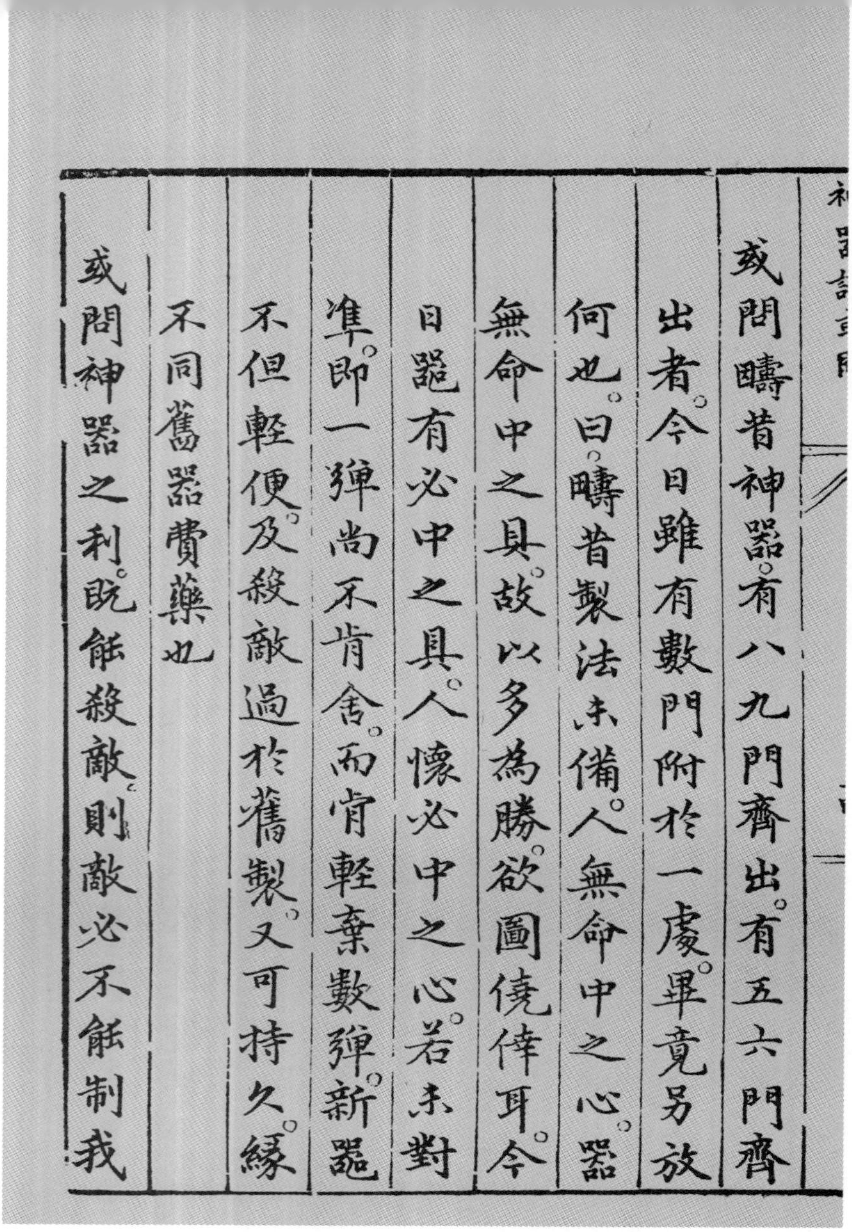
或問疇昔神器有八九門齊出有五六門齊
出者今日雖有數門附於一處畢竟另放
何也曰疇昔製法未備人無命中之心器
無命中之具故以多爲勝欲圖僥倖耳今
日器有必中之具人懷必中之心若未對
準即一彈尚不肯舍而肯輕棄數彈新器
不但輕便及殺敵過於舊製又可持久緣
不同舊器費藥也
或問神器之利既能殺敵則敵必不能制我

或問：疇昔神器有八九門齊出，有五六門齊出者。今日雖有數門附於一處，畢竟另放，何也？

曰：疇昔製法未備，人無命中之心，器無命中之具，故以多爲勝，欲圖僥倖耳。今日器有必中之具，人懷必中之心，若未對準，即一彈尚不肯舍，而肯輕棄數彈。新器不但輕便及殺敵過於舊製，又可持久，緣不同舊器費藥也。

或問：神器之利，既能殺敵，則敵必不能制我矣。然猶諄諄欲備車盾爲自衛計者何耶？

曰：事有至理，兵有妙用。凡爲將者，能明至理，斯臻妙用。夫衛我士卒，是至仁也。果於殺人，至不仁也。以至仁而濟我至不仁之術，迨其勝殘去殺，内安外攘，寧不藉至不仁而得盡我至仁之心乎。自古及今，未有自衛不周，而能立於不敗之地，執先勝之機，制敵死命之理。周於自衛，政求建殺敵之基。自衛不周，先爲賊制。即有利器，屬誰

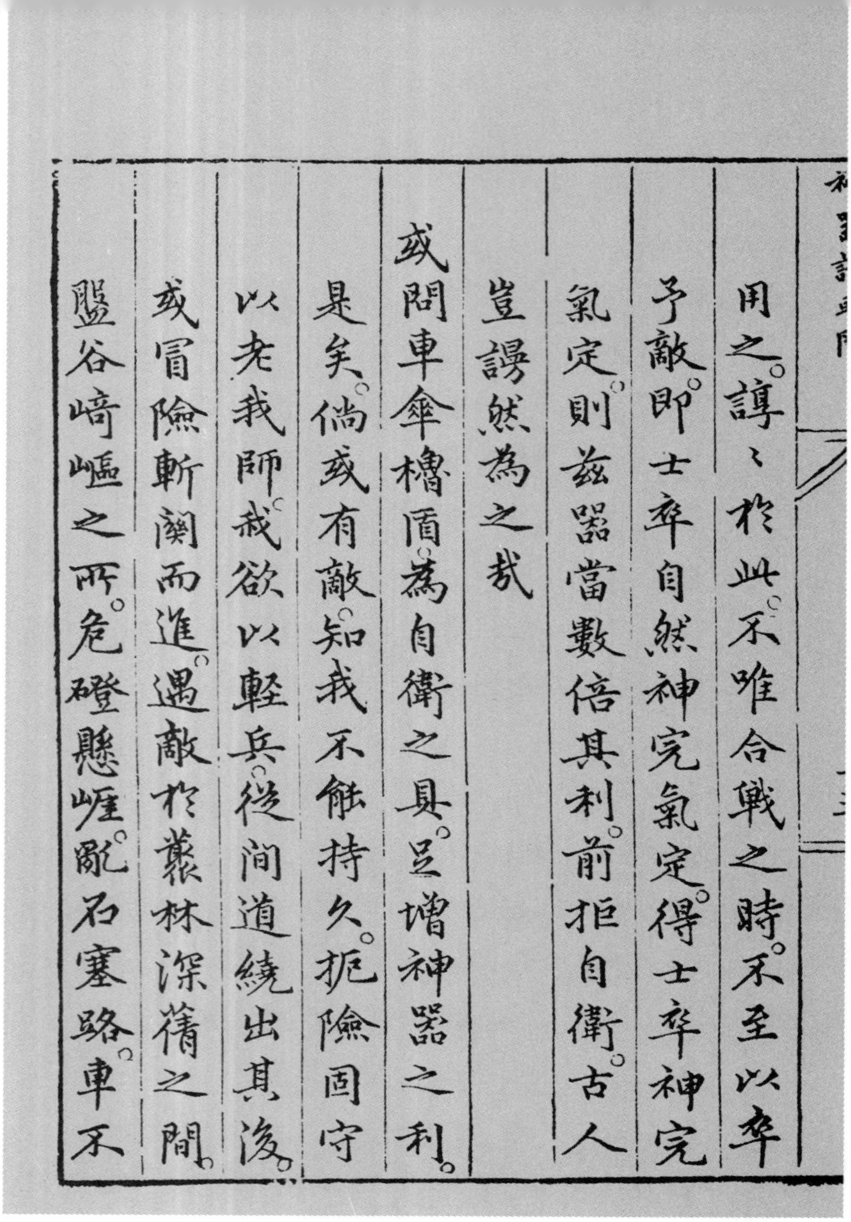

用之諄諄於此不唯合戰之時不至以卒
予敵即士卒自然神完氣定得士卒神完
氣定則茲器當數倍其利前拒自衛古人
豈謾然為之哉
或問車傘櫓盾為自衛之具足增神器之利
是矣倘或有敵知我不能持久扼險固守
以老我師我欲以輕兵從間道繞出其後
或冒險斬關而進遇敵於叢林深箐之間
盤谷崎嶇之所危磴懸崖亂石塞路車不

用之。諄諄於此，不唯合戰之時不至以卒予敵，即士卒自然神完氣定。得士卒神完氣定，則兹器當數倍其利。前拒自衛，古人豈謾然爲之哉。

或問：車傘櫓盾爲自衛之具，足增神器之利是矣。倘或有敵，知我不能持久，扼險固守，以老我師。我欲以輕兵從間道繞出其後，或冒險斬關而進，遇敵於叢林深箐之間，盤谷崎嶇之所。危磴懸崖，亂石塞路，車不

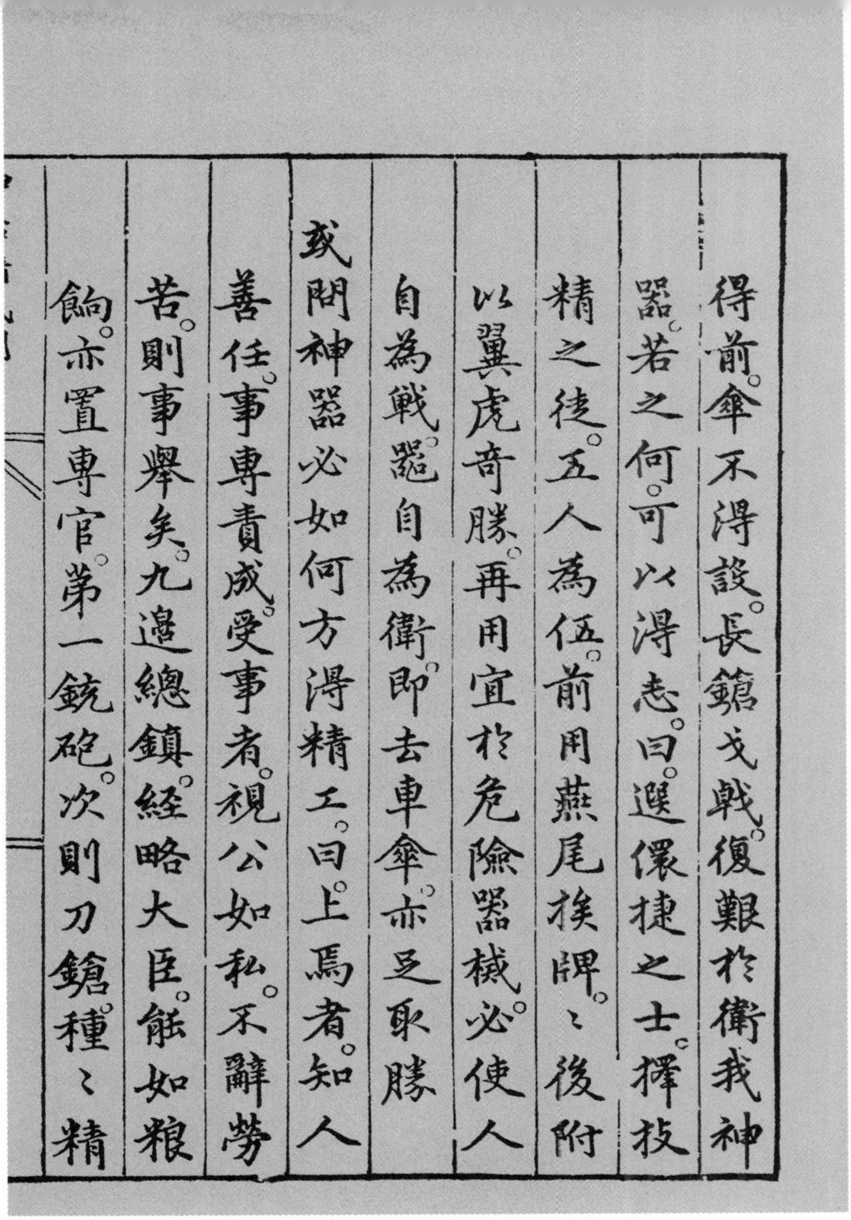
得前傘不得設長鎗戈戟復艱於衛我神器若之何可以得志曰選儇捷之士擇技精之徒五人爲伍前用燕尾挨牌〻後附以翼虎奇勝再用宜於危險器械必使人自爲戰器自爲衛即去車傘亦足取勝

或問神器必如何方得精工曰上焉者知人善任事專責成受事者視公如私不辭勞苦則事舉矣九邊總鎮經略大臣能如粮餉亦置專官第一銃砲次則刀鎗種〻精

得前，傘不得設。長鎗戈戟，復艱於衛我神器。若之何可以得志？

曰：選儇捷之士，擇技精之徒，五人爲伍，前用燕尾挨牌，牌後附以翼虎、奇勝。再用宜於危險器械，必使人自爲戰，器自爲衛，即去車傘，亦足取勝。

或問：神器必如何方得精工？

曰：上焉者知人善任，事專責成，受事者視公如私，不辭勞苦，則事舉矣。九邊總鎮、經略大臣能如糧餉，亦置專官。第一銃砲，次則刀鎗，種種精利，即與擒斬同功。濫惡不堪，即與失機同罪。冒破侵漁，律以剋減邊餉之條。夫如是，何至以卒予敵哉。

或問：神器必求精工，然後可用。若師出在外，前此未及料理。軍事劻勷，强敵迫我求戰。爲之奈何？

曰：萬人之中，修治攻具，砥礪兵器，巧手三百人。此《六韜·軍用》法也。今朝廷一歲數百萬錢糧，十萬士馬，則巧手合有三千。主帥若不貪財，又善用財，能使壯

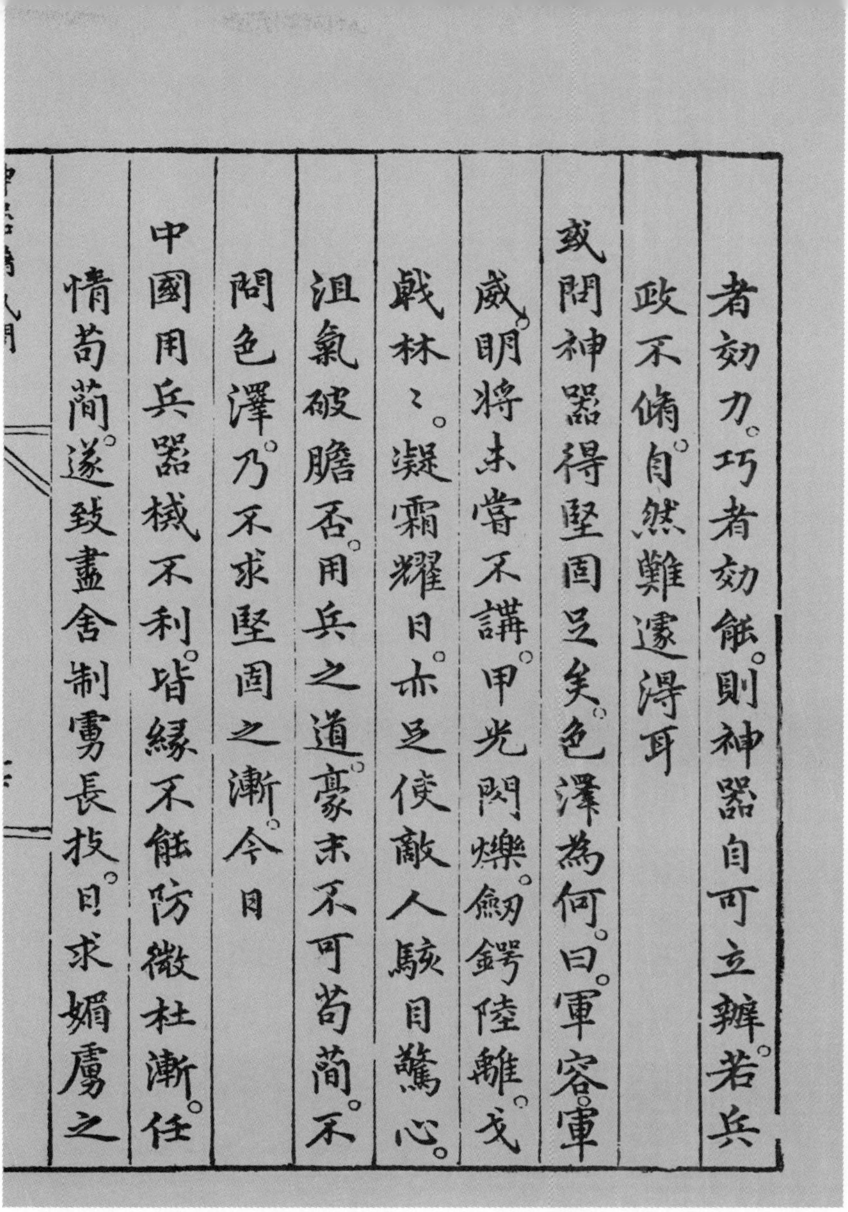

者效力，巧者效能，則神器自可立辦。若兵政不修，自然難遽得耳。

或問：神器得堅固足矣，色澤爲何？

曰：軍容軍威，明將未嘗不講。甲光閃爍，劍鍔陸離，戈戟林林，凝霜耀日，亦足使敵人駭目驚心，沮氣破膽否。用兵之道，豪末不可苟簡。不問色澤，乃不求堅固之漸。今日中國，用兵，器械不利，皆緣不能防微杜漸，任情苟簡。遂致盡舍制虜長技，日求媚虜之

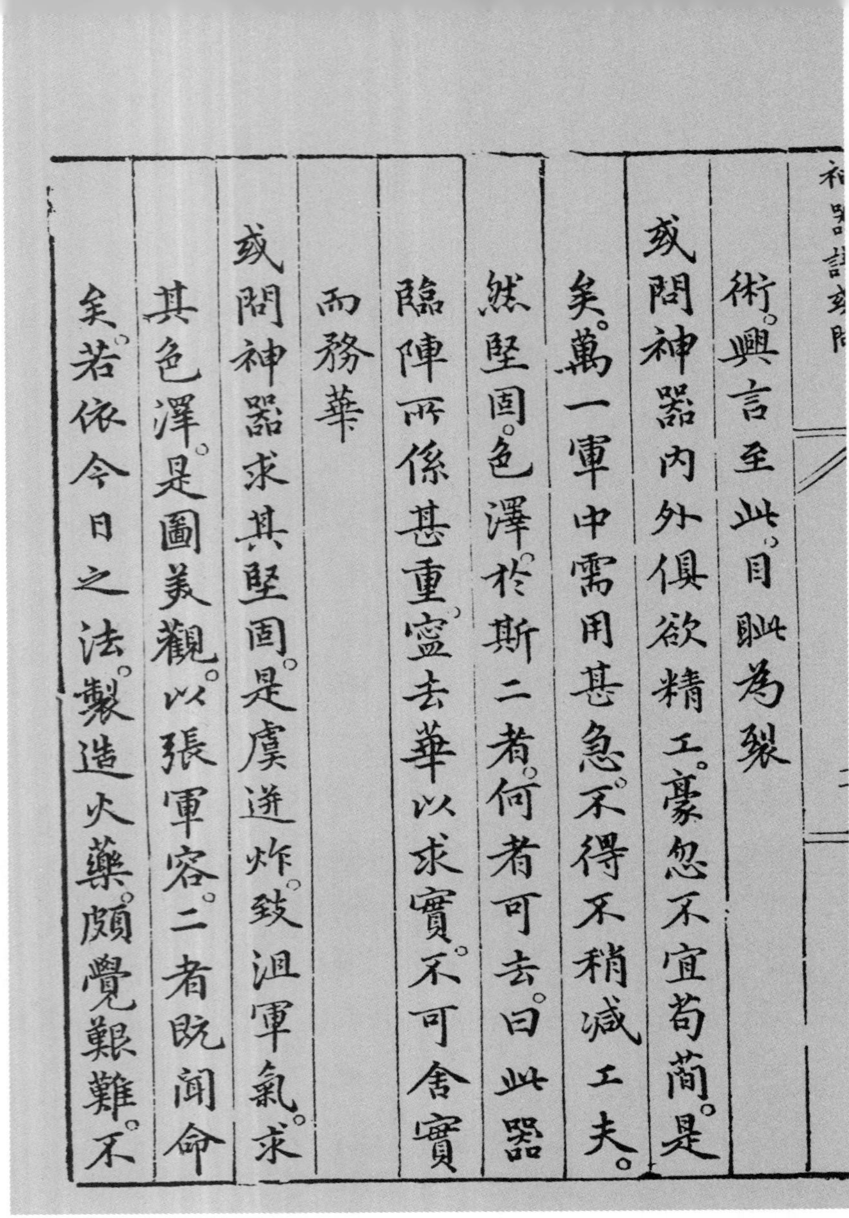
神器譜或問
術。興言至此。目眦為裂
或問神器内外俱欲精工。毫忽不宜苟簡。是
矣。萬一軍中需用甚急。不得不稍減工夫。
然堅固。色澤。於斯二者。何者可去。曰此器
臨陣所係甚重。寧去華以求實。不可舍實
而務華
或問神器求其堅固。是虞迸炸。致沮軍氣。求
其色澤。是圖美觀。以張軍容。二者既聞命
矣。若依今日之法。製造火藥。頗覺艱難。不

術。興言至此，目眦爲裂。

或問：神器内外俱欲精工，毫忽不宜苟簡是矣。萬一軍中需用甚急，不得不稍減工夫。然堅固、色澤，於斯二者，何者可去？

曰：此器臨陣所係甚重，寧去華以求實，不可舍實而務華。

或問：神器求其堅固，是虞迸炸，致沮軍氣。求其色澤，是圖美觀，以張軍容。二者既聞命矣。若依今日之法，製造火藥，頗覺艱難，不

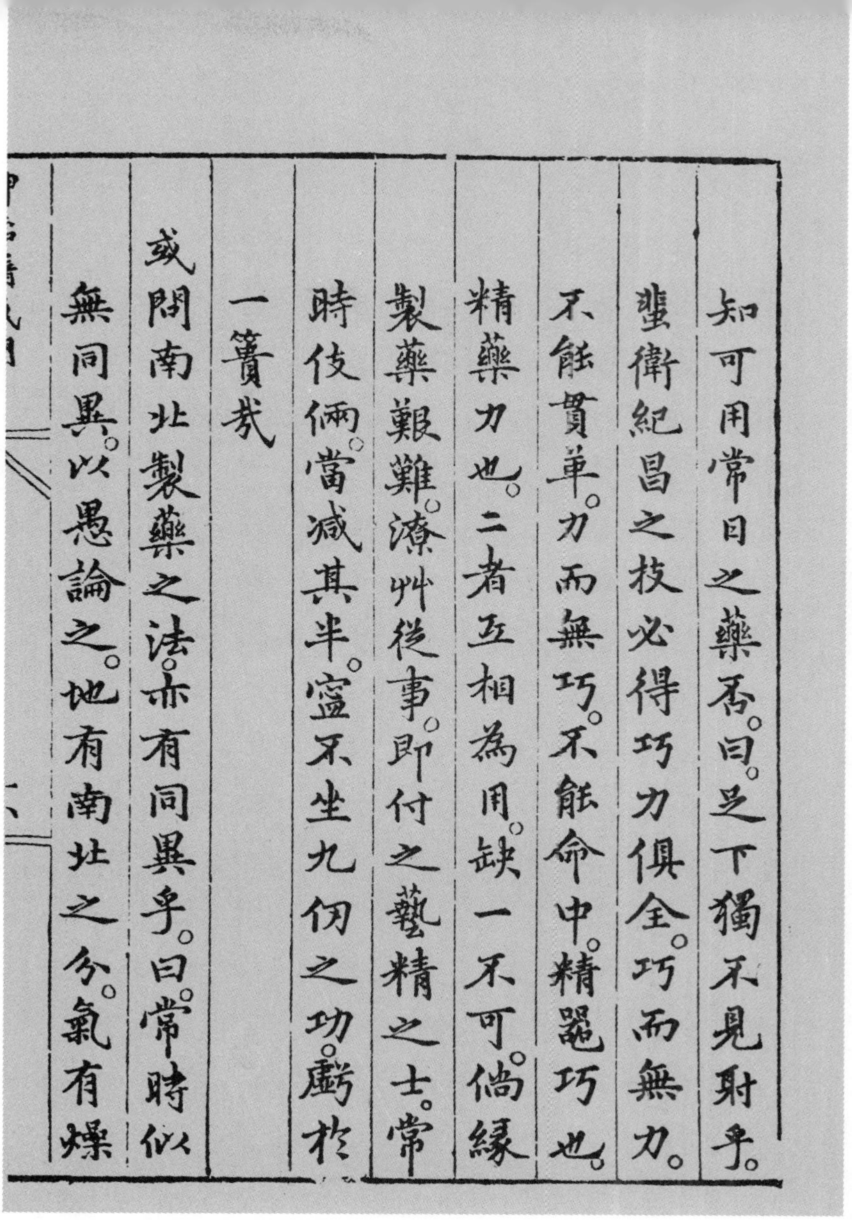
知可用常日之藥否。曰。足下獨不見射乎。
蜚衛紀昌之技必得巧力俱全。巧而無力。
不能貫革。力而無巧。不能命中。精器巧也。
精藥力也。二者互相為用。缺一不可。倘緣
製藥艱難。潦艸從事。即付之藝精之士。常
時伎倆。當減其半。寧不坐九仞之功。虧於
一簣哉
或問南北製藥之法亦有同異乎。曰。常時似
無同異。以愚論之。地有南北之分。氣有燥

知可用常日之藥否？

曰：足下獨不見射乎。蜚衛、紀昌之技，必得巧力俱全。巧而無力，不能貫革。力而無巧，不能命中。精器巧也，精藥力也，二者互相爲用，缺一不可。倘緣製藥艱難，潦草從事，即付之藝精之士，常時伎倆，當減其半。寧不坐九仞之功，虧於一簣哉。

或問：南北製藥之法，亦有同異乎？

曰：常時似無同異。以愚論之，地有南北之分，氣有燥濕之别。今日製藥，能以熕炭分兩，斟酌損益，求合燥濕之宜，以適南北之用，未嘗非軍旅之一助耳。南方卑濕氣潤，熕炭稍增。北方高爽氣燥，熕炭稍減。西方氣燥，嚕蜜每料用炭六兩，用熕二兩。海中氣潤，日本用炭六兩八錢，用熕二兩八錢。参詳二國燥濕之故，以權度我中華九邊沿海之宜。再較晴明陰雨、涼爽鬱蒸之候，備料製藥。一如秦民之守秦法，是

亦足稱用兵得算

或問神器臨陣與演習不同臨陣倉惶即有
精技倘不能如演習時得以從容命中曰
此論無節制之兵耳兵若素有節制為將
者臨陣又有信賞必罰以鼓其氣前拒翼
衛以壯其膽雖遇强敵自能如常命中

或問神器手用膽壯力大緣其有殺敵之氣
手準眼疾緣其有命中之資粗蠢無能不
必言矣至於不用大漢轉求短小伶變其

亦足稱用兵得算。

或問：神器臨陣與演習不同。臨陣倉惶，即有精技，倘不能如演習時，得以從容命中？

曰：此論無節制之兵耳。兵若素有節制，爲將者臨陣又有信賞必罰，以鼓其氣，前拒翼衛，以壯其膽，雖遇强敵，自能如常命中。

或問：神器手用膽壯力大，緣其有殺敵之氣。手準眼疾，緣其有命中之資。粗蠢無能，不必言矣。至於不用大漢，轉求短小伶變，其

故為何曰短小之人臨陣受敵較之大漢
只居其半神器若無車盾倉卒野戰妙在
躲閃打人短小始易躲閃伶變方能躲閃
臨陣全憑鵰打緊要之人以阻敵氣以落
敵膽即魏武射人先馬之説伶變者始知
揀擇粗蠢之徒一例亂打是又遲一著矣
氣弱之人一發之後常日即有精技必難
望其再中凡為將者若能勘破斯旨則神
器手無有不精之理

故爲何？

曰：短小之人臨陣受敵，較之大漢，只居其半。神器若無車盾，倉卒野戰，妙在躲閃打人。短小始易躲閃，伶變方能躲閃。臨陣全憑鵰打緊要之人，以阻敵氣，以落敵膽，即魏武“射人先馬”之説。伶變者始知揀擇，粗蠢之徒一例亂打，是又遲一著矣。氣弱之人，一發之後，常日即有精技，必難望其再中。凡爲將者，若能勘破斯旨，則神器手無有不精之理。

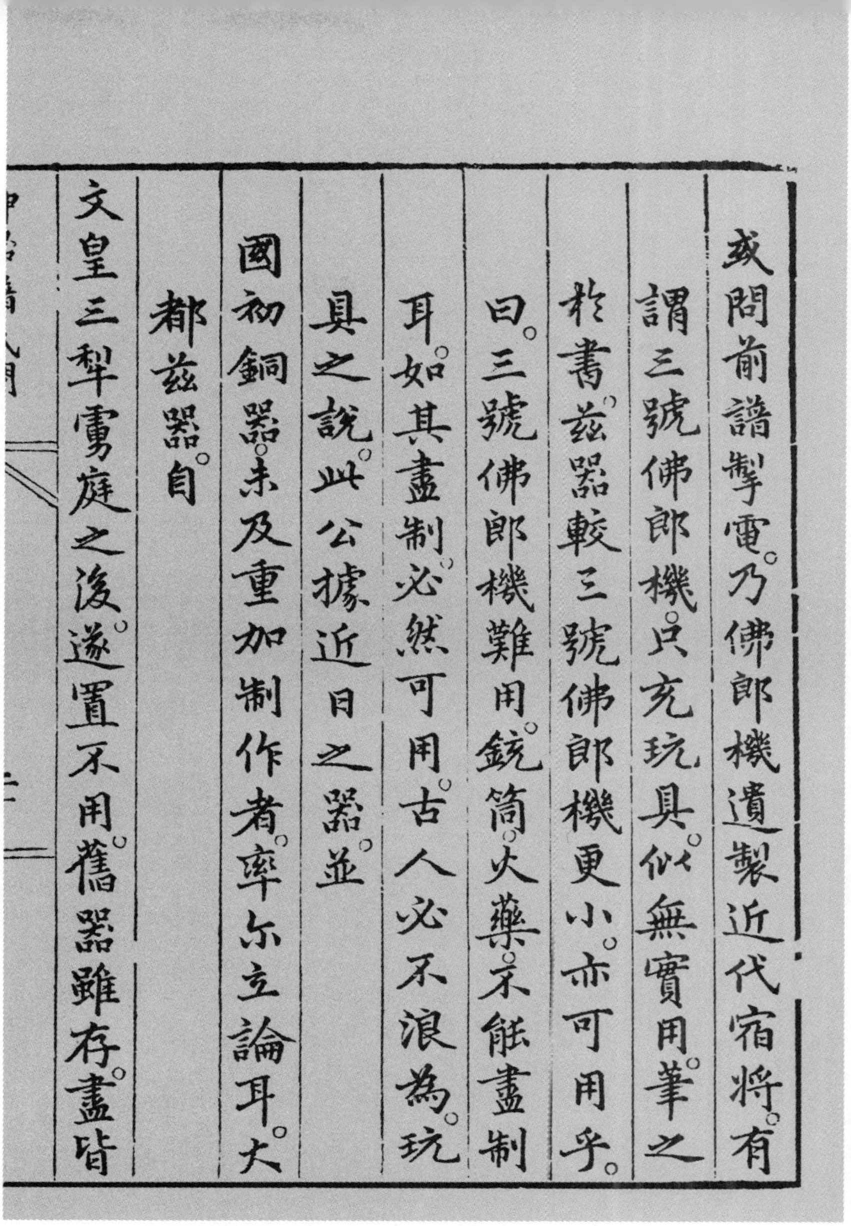
或問前譜掣電乃佛郎機遺製近代宿將有謂三號佛郎機只充玩具似無實用筆之於書兹器較三號佛郎機更小亦可用乎
曰三號佛郎機難用銃筒火藥不能盡制耳如其盡制必然可用古人必不浪為玩具之説此公據近日之器並國初銅器未及重加制作者率尔立論耳大都兹器自文皇三犁虜庭之後遂置不用舊器雖存盡皆

或問：前譜掣電，乃佛郎機遺製。近代宿將有謂三號佛郎機，只充玩具[1]，似無實用。筆之於書。兹器較三號佛郎機更小，亦可用乎？

曰：三號佛郎機難用，銃筒、火藥不能盡制耳。如其盡制，必然可用。古人必不浪爲玩具之説。此公據近日之器並國初銅器未及重加制作者，率爾立論耳。大都兹器自文皇三犁虜庭之後，遂置不用。舊器雖存，盡皆

1 近代宿將有謂三號佛郎機只充玩具，按戚繼光《紀效新書》（十四卷本）卷十二“佛郎機解”，謂“五號者只可爲玩具”。

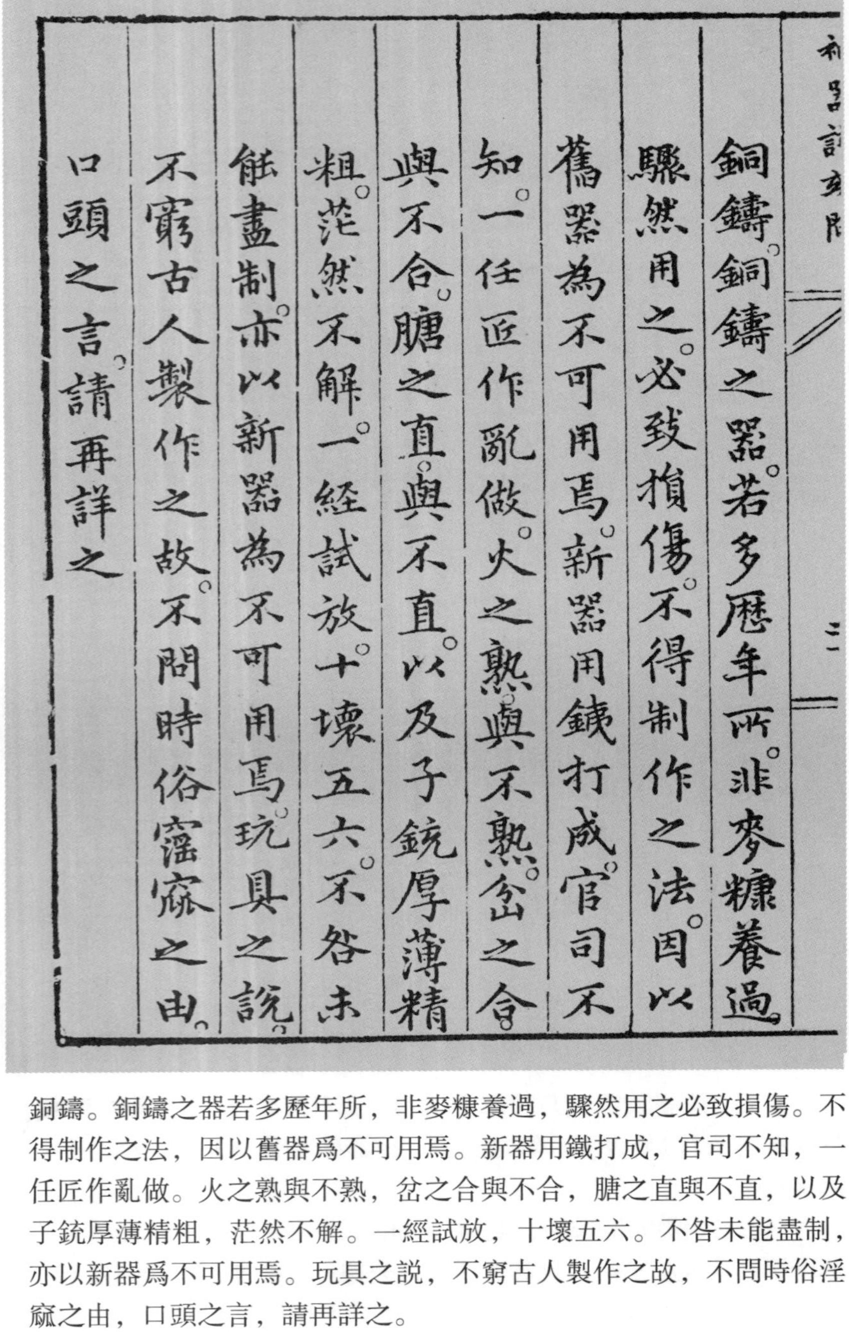
神器譜或問　二

銅鑄。銅鑄之器。若多歷年所。非麥糠養過。驟然用之。必致損傷。不得制作之法。因以舊器為不可用焉。新器用鐵打成。官司不知。一任匠作亂做。火之熟。與不熟。岔之合與不合。膛之直。與不直。以及子銃厚薄精粗。茫然不解。一經試放。十壞五六。不咎未能盡制。亦以新器為不可用焉。玩具之說。不窮古人製作之故。不問時俗淫窳之由。口頭之言。請再詳之

銅鑄。銅鑄之器若多歷年所，非麥糠養過，驟然用之必致損傷。不得制作之法，因以舊器爲不可用焉。新器用鐵打成，官司不知，一任匠作亂做。火之熟與不熟，岔之合與不合，膛之直與不直，以及子銃厚薄精粗，茫然不解。一經試放，十壞五六。不咎未能盡制，亦以新器爲不可用焉。玩具之説，不窮古人製作之故，不問時俗淫窳之由，口頭之言，請再詳之。

或問

國初法令嚴肅神器盡制及見舊器雖完好者亦用重復製作方免迸炸其故為何曰五金銅性雖剛而實燥必藉爐冶範淬因借木水火土之氣和以鍛鍊始克堅勱此五行化生相成之理舊器在庫定然近土子得母氣原神復旺原神既旺外至者自然解散燥性自然漸還一遇擊駁難保無虞矣若用舊器時須將麥糠鋪在炕上埋

或問：國初法令嚴肅，神器盡制。及見舊器，雖完好者，亦用重復製作，方免迸炸，其故爲何？

曰：五金，銅性雖剛而實燥，必藉爐冶範淬，因借木水火土之氣，和以鍛鍊，始克堅勱。此五行化生相成之理。舊器在庫，定然近土。子得母氣，原神復旺。原神既旺，外至者自然解散，燥性自然漸還。一遇擊駁，難保無虞矣。若用舊器時，須將麥糠鋪在炕上，埋

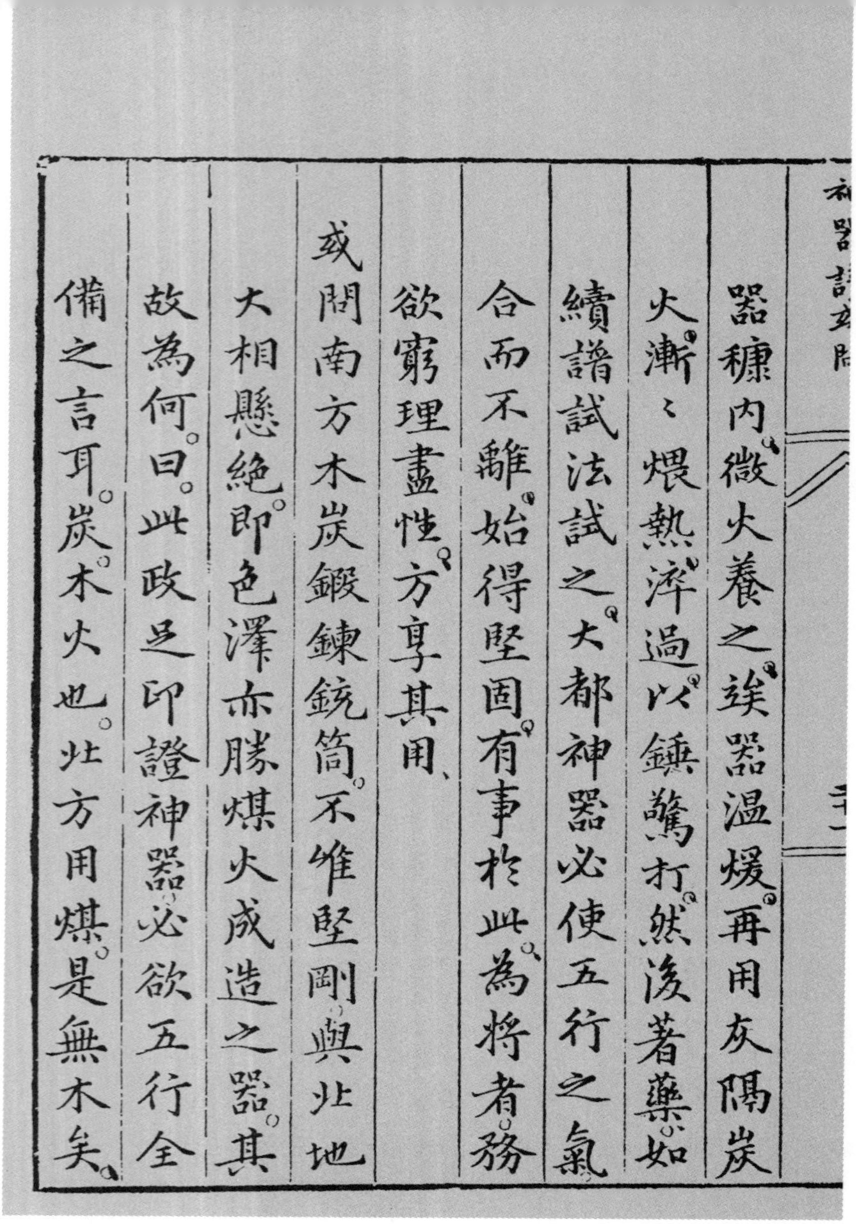
器糠内微火養之俟器温煖再用灰隔炭
火漸々煨熱淬過以錘鶩打然後著藥如
續譜試法試之大都神器必使五行之氣
合而不離始得堅固有事於此為將者務
欲窮理盡性方享其用
或問南方木炭鍛鍊銃筒不唯堅剛與北地
大相懸絶即色澤亦勝煤火成造之器其
故為何曰此政足印證神器必欲五行全
備之言耳炭木火也北方用煤是無木矣

器糠内，微火養之。俟器温煖，再用灰隔炭火，漸漸煨熱淬過，以錘鶩打。然後著藥，如《續譜》試法試之。大都神器，必使五行之氣，合而不離，始得堅固。有事於此，爲將者務欲窮理盡性，方享其用。

或問：南方木炭鍛鍊銃筒，不唯堅剛與北地大相懸絶，即色澤亦勝煤火成造之器，其故爲何？

曰：此政足印證神器必欲五行全備之言耳。炭，木火也。北方用煤，是無木矣。

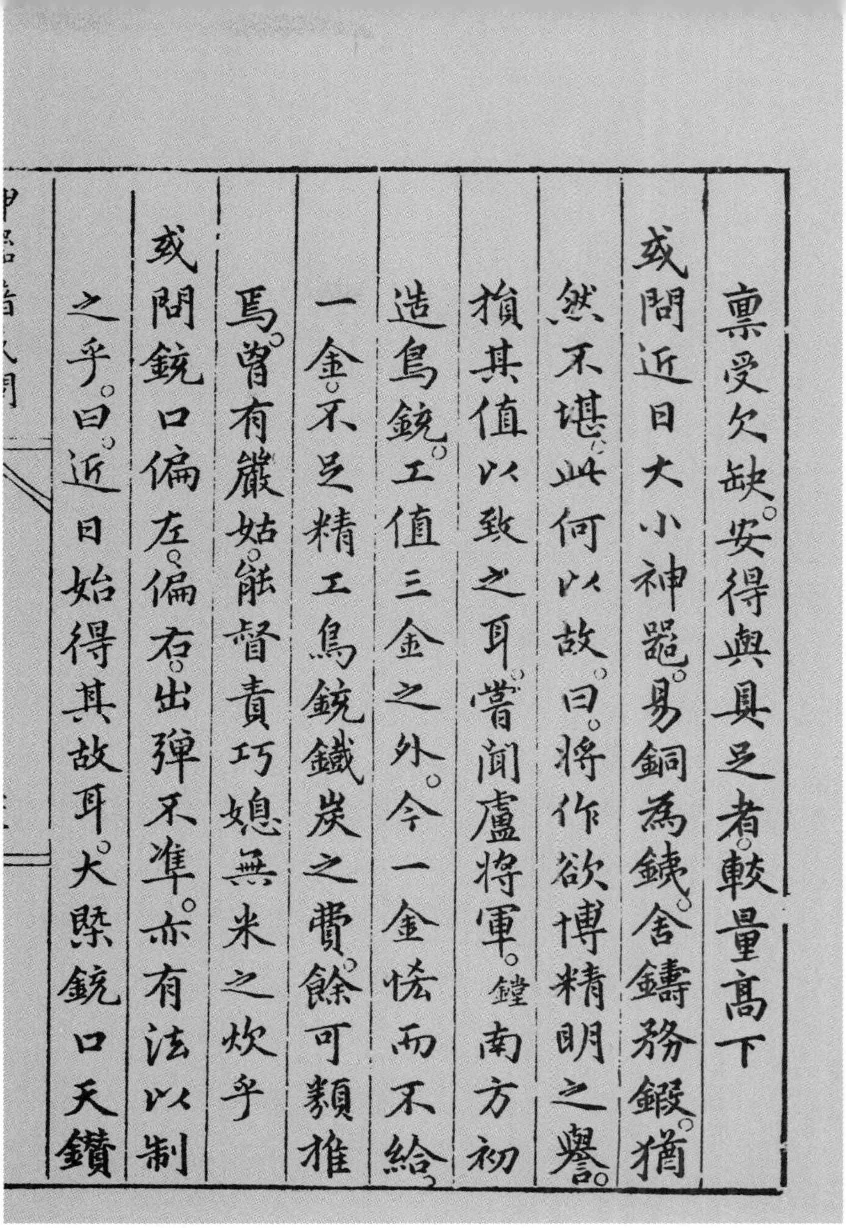
稟受欠缺。安得與具足者。較量高下
或問近日大小神器。易銅爲鐵。舍鑄務鍛。猶
然不堪。此何以故。曰。將作欲博精明之譽。
損其值以致之耳。嘗聞盧將軍。鏜南方初
造鳥銃。工值三金之外。今一金悋而不給。
一金。不足精工鳥銃鐵炭之費。餘可類推
焉。曾有嚴姑能督責巧媳無米之炊乎
或問銃口偏左偏右出彈不準。亦有法以制
之乎。曰。近日始得其故耳。大槩銃口天鑽

稟受欠缺，安得與具足者較量高下。

　　或問：近日大小神器，易銅爲鐵，舍鑄務鍛，猶然不堪。此何以故？

　　曰：將作欲博精明之譽，損其值以致之耳。嘗聞盧將軍鏜：南方初造鳥銃，工值三金之外。今一金悋而不給。一金，不足精工鳥銃鐵炭之費，餘可類推焉。曾有嚴姑能督責巧媳無米之炊乎？

　　或問：銃口偏左偏右，出彈不準，亦有法以制之乎？

　　曰：近日始得其故耳。大概銃口天鑽

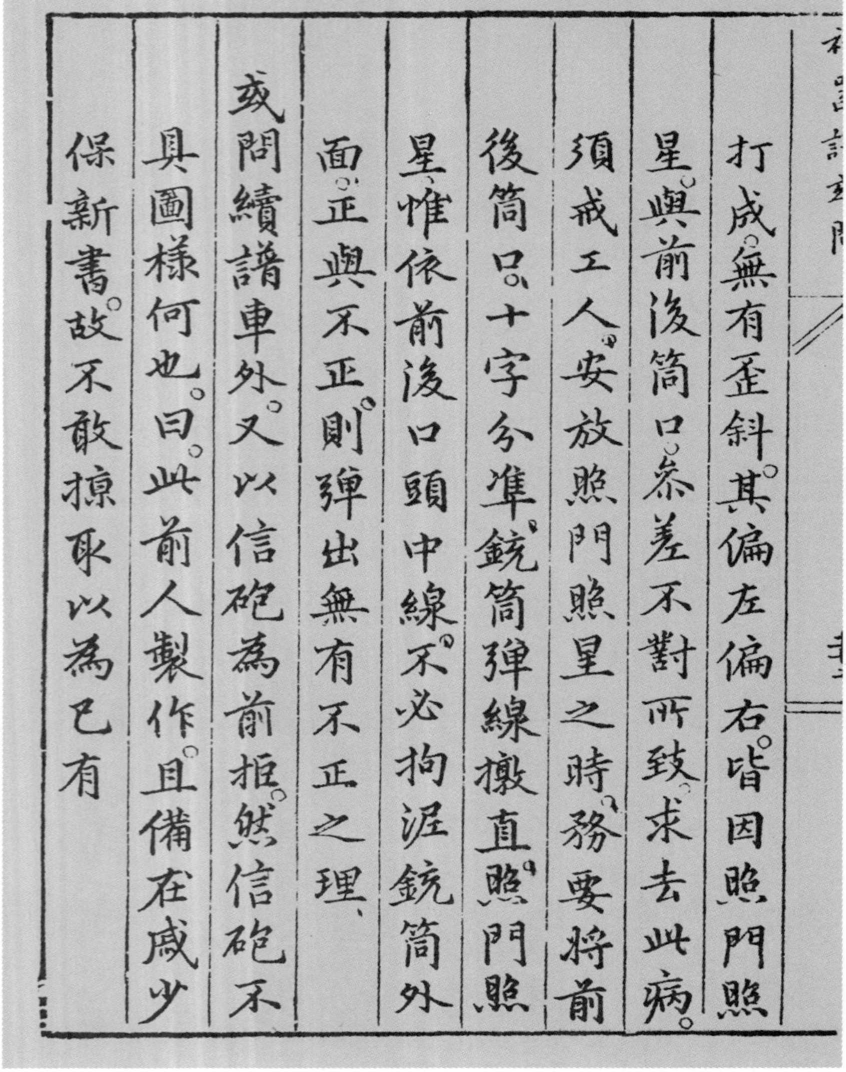
打成無有歪斜其偏左偏右皆因照門照
星與前後筒口叅差不對所致求去此病
須戒工人安放照門照星之時務要將前
後筒口十字分準銃筒彈線撳直照門照
星惟依前後口頭中線不必拘泥銃筒外
面正與不正則彈出無有不正之理
或問續譜車外又以信砲為前拒然信砲不
具圖樣何也曰此前人製作且備在戚少
保新書故不敢掠取以為己有

打成，無有歪斜。其偏左偏右，皆因照門、照星，與前後筒口參差不對所致。求去此病，須戒工人安放照門、照星之時，務要將前後筒口十字分準。銃筒彈線撳直，照門、照星惟依前後口頭中線，不必拘泥銃筒外面正與不正，則彈出無有不正之理。

或問：續譜[1]車外，又以信砲爲前拒。然信砲不具圖樣，何也?

曰：此前人製作，且備在戚少保《新書》。故不敢掠取以爲己有。

1 續譜，明刻五卷本作“前云”。

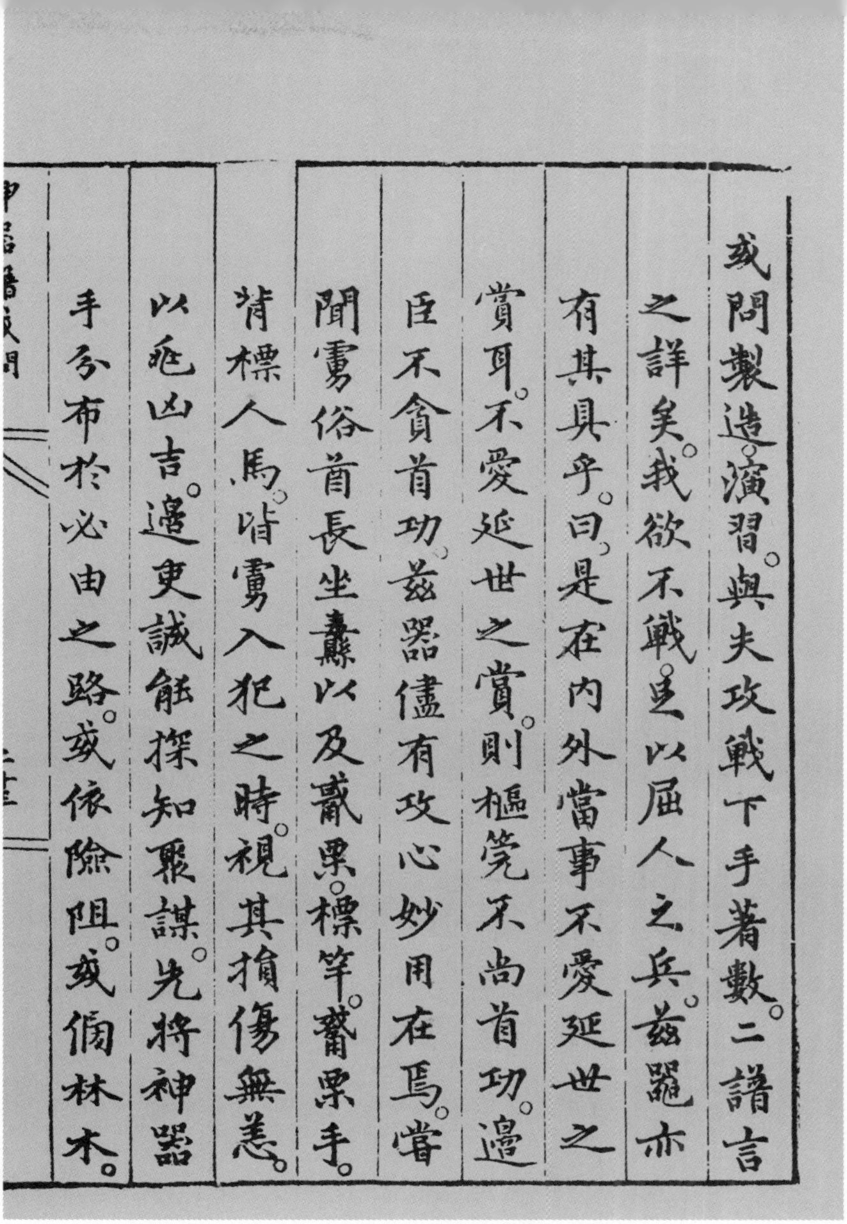
或問製造演習與夫攻戰下手著數二譜言
之詳矣我欲不戰足以屈人之兵茲器亦
有其具乎曰是在內外當事不愛延世之
賞耳不愛延世之賞則樞筦不尚首功邊
臣不貪首功茲器儘有攻心妙用在焉嘗
聞虜俗酋長坐纛以及纛栗標竿纛栗手
背標人馬皆虜入犯之時視其損傷無恙
以兆凶吉邊吏誠能探知聚謀先將神器
手分布於必由之路或依險阻或傍林木

或問：製造演習，與夫攻戰下手著數，二譜[1]言之詳矣。我欲不戰，足以屈人之兵，茲器亦有其具乎？

曰：是在內外當事，不愛延世之賞耳。不愛延世之賞，則樞筦不尚首功，邊臣不貪首功，茲器儘有攻心妙用在焉。嘗聞虜俗，酋長坐纛以及纛栗、標竿、纛栗手、背標人馬，皆虜入犯之時，視其損傷無恙，以兆凶吉。邊吏誠能探知聚謀，先將神器手分布於必由之路，或依險阻，或傍林木，

1 二譜，明刻五卷本作“譜中”。

或潛匿於草莽之中，或憑據於墩堡之上。伺其至二三里之外，以鷹揚、嚕蜜極遠之器，遥望攢擊，無有不中之理。但中一酋一物，雖十萬之衆，卷甲而遁。此情邊吏誰不知之。衹緣僥倖功級，兼之軍政久弛，因循惰玩，彼此觀望，不問修守控制之策，日工朘剥媚虜之謀。誠能幡然易慮，改其弦轍，同心併力，惟此是圖。我知爲力易而收效廣，真善之善者，非不戰屈人之兵乎。

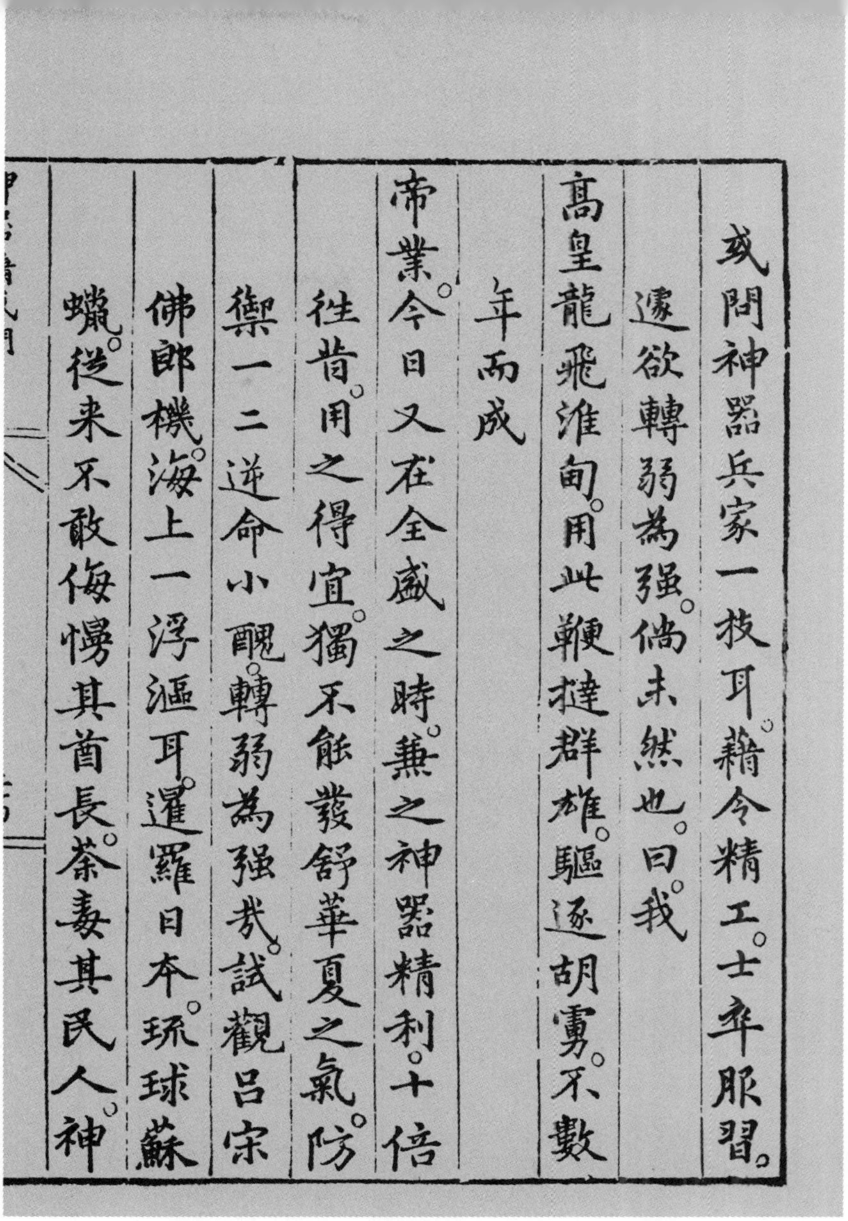

或問神器兵家一技耳藉令精工士卒服習
遽欲轉弱為强倘未然也曰我
高皇龍飛淮甸用此鞭撻群雄驅逐胡虜不數
年而成
帝業今日又在全盛之時兼之神器精利十倍
往昔用之得宜獨不能發舒華夏之氣防
禦一二逆命小醜轉弱為强哉試觀呂宋
佛郎機海上一浮漚耳暹羅日本琉球蘇
蠟從来不敢侮慢其酋長荼毒其民人神

或問：神器，兵家一技耳。藉令精工，士卒服習，遽欲轉弱爲强，倘未然也?

曰：我高皇龍飛淮甸，用此鞭撻群雄，驅逐胡虜，不數年而成帝業。今日又在全盛之時，兼之神器精利，十倍往昔。用之得宜，獨不能發舒華夏之氣，防禦一二逆命小醜，轉弱爲强哉。試觀呂宋、佛郎機，海上一浮漚耳。暹羅、日本、琉球、蘇蠟，從来不敢侮慢其酋長，荼毒其民人，神

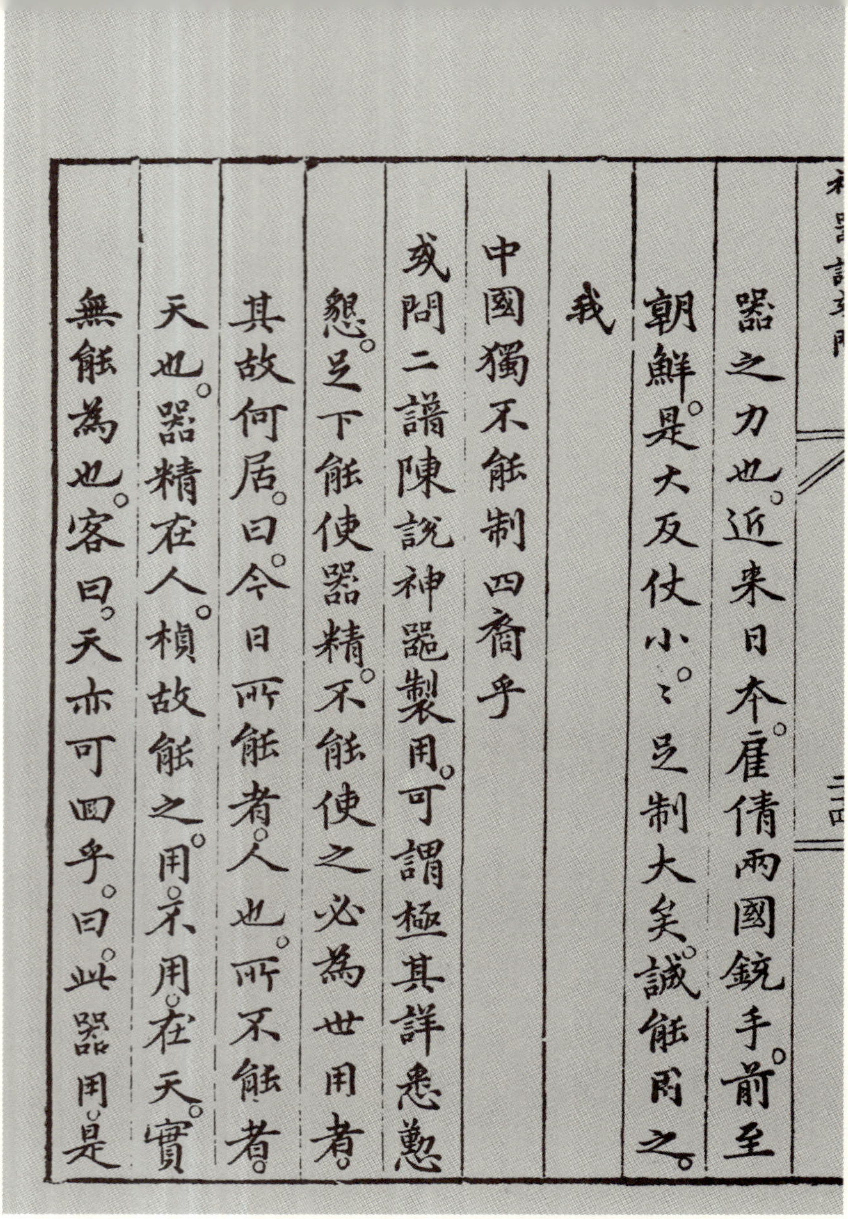

器之力也。近来日本雇倩兩國銃手，前至朝鮮。是大反仗小，小足制大矣。誠能用之，我中國獨不能制四裔乎。

或問：二譜[1]陳説神器製用，可謂極其詳悉懃懇。足下能使器精，不能使之必爲世用者，其故何居？

曰：今日所能者人也，所不能者天也。器精在人，楨故能之。用不用在天，實無能爲也。

客曰：天亦可回乎？

曰：此器用是

1 二譜，明刻五卷本作“譜内”。

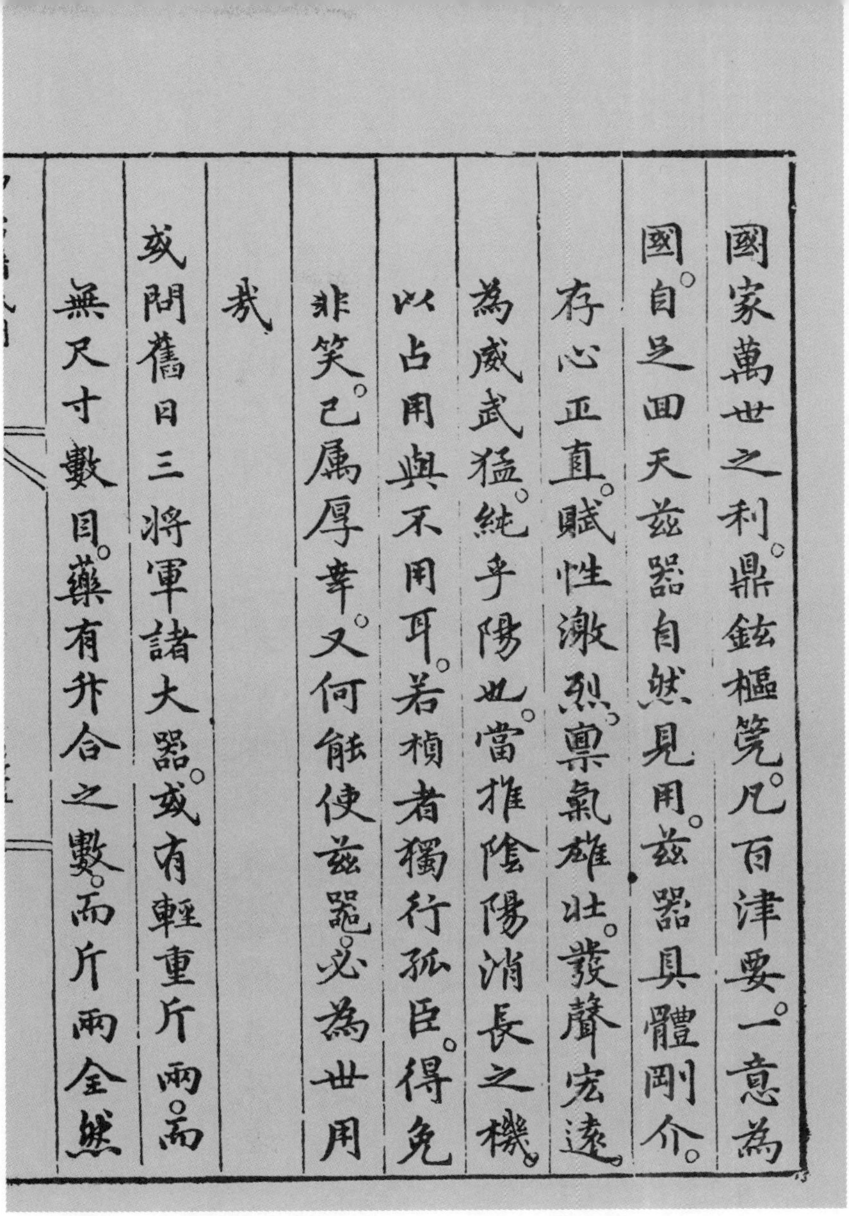

國家萬世之利，鼎鉉樞筦，凡百津要，一意爲國，自足回天，兹器自然見用。兹器具體剛介，存心正直，賦性激烈，禀氣雄壯，發聲宏遠，爲威武猛，純乎陽也。當推陰陽消長之機，以占用與不用耳。若楨者，獨行孤臣，得免非笑，已屬厚幸，又何能使兹器必爲世用哉。

或問：舊日三將軍諸大器，或有輕重斤兩而無尺寸數目，藥有升合之數而斤兩全然

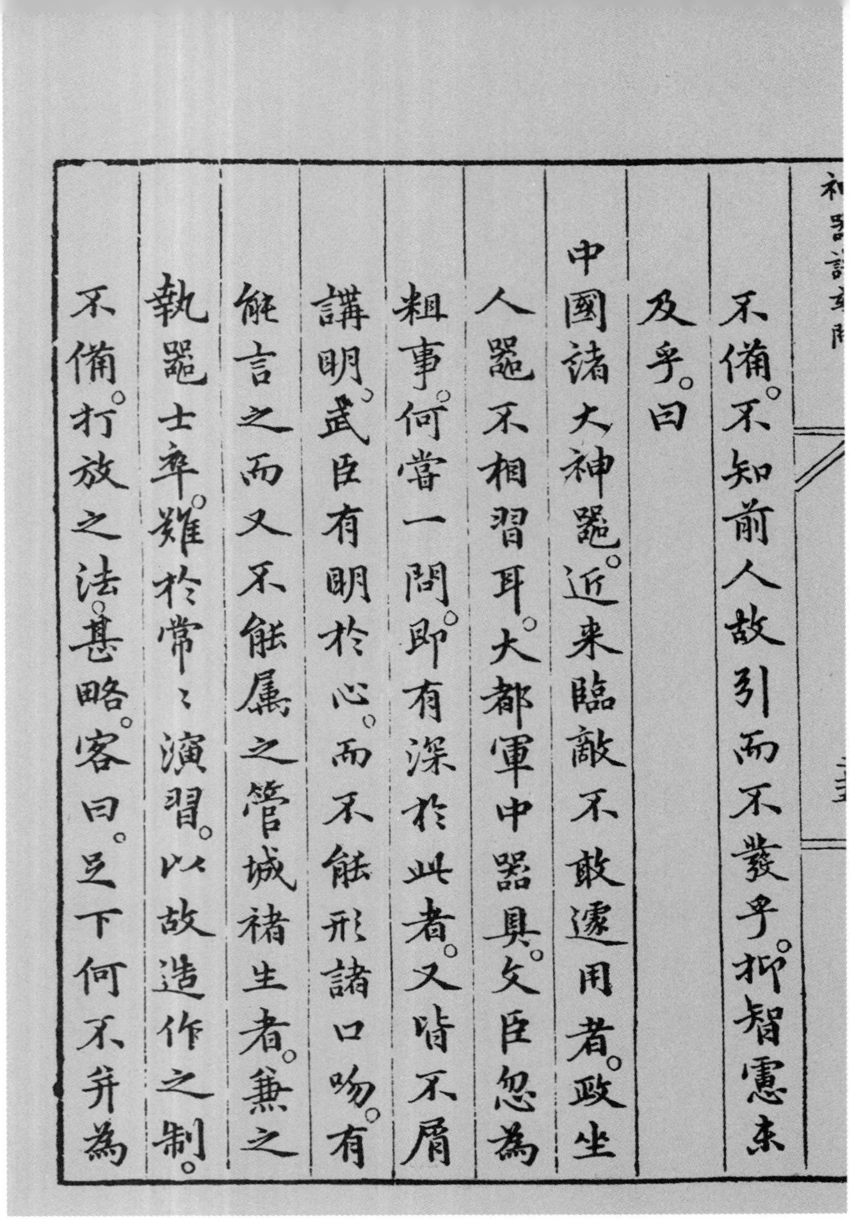
神器譜或問
不備。不知前人故引而不發乎。抑智慮未
及乎。曰
中國諸大神器。近来臨敵不敢遽用者。政坐
人器不相習耳。大都軍中器具。文臣忽爲
粗事。何嘗一問。即有深於此者。又皆不屑
講明。武臣有明於心。而不能形諸口吻。有
能言之而又不能屬之管城楮生者。兼之
執器士卒。難於常〻演習。以故造作之制。
不備。打放之法甚略。客曰。足下何不并爲

不備。不知前人故引而不發乎？抑智慮未及乎？

曰：中國諸大神器，近来臨敵不敢遽用者，政坐人器不相習耳。大都軍中器具，文臣忽爲粗事，何嘗一問。即有深於此者，又皆不屑講明。武臣有明於心而不能形諸口吻，有能言之而又不能屬之管城楮生者。兼之執器士卒，難於常常演習。以故造作之制不備，打放之法甚略。

客曰：足下何不并爲

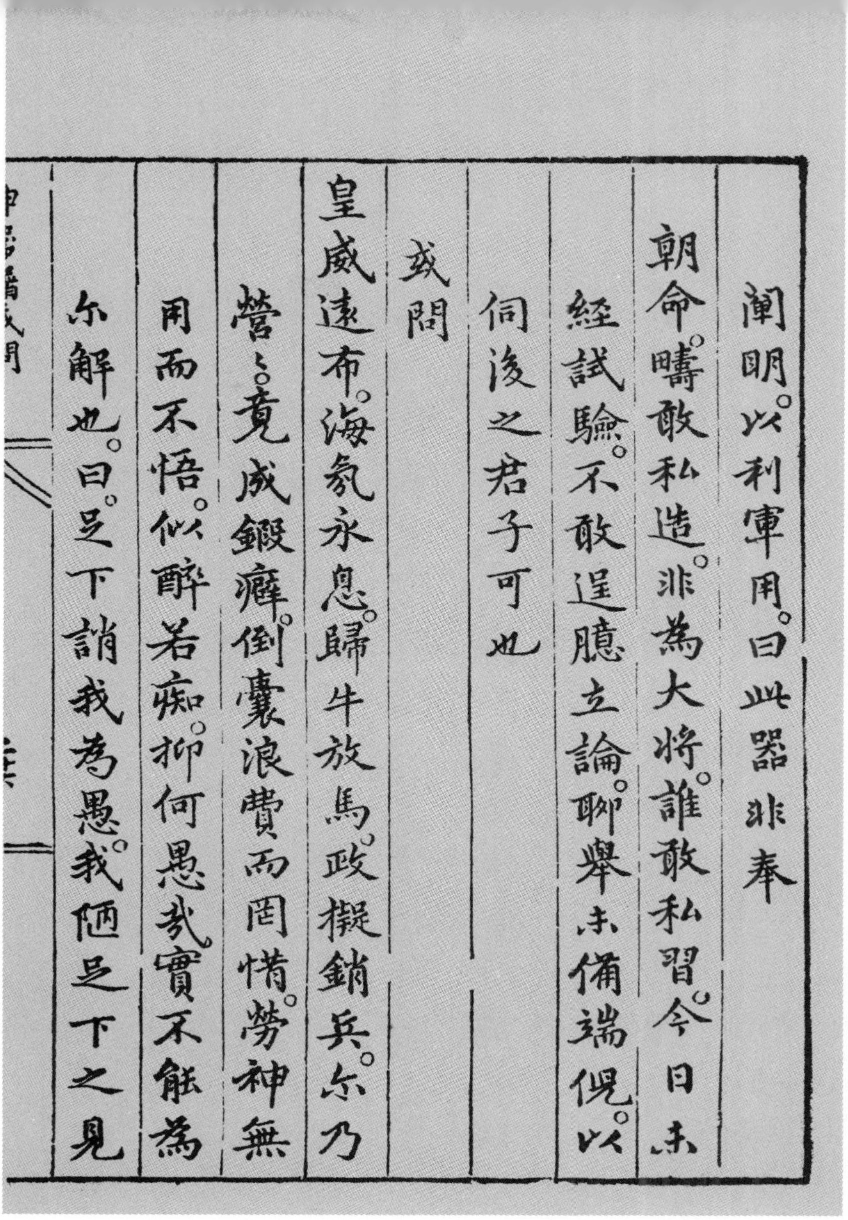
闡明以利軍用曰此器非奉
朝命疇敢私造非爲大將誰敢私習今日未
經試驗不敢逞臆立論聊舉未備端倪以
伺後之君子可也
或問
皇威遠布海氛永息歸牛放馬政擬銷兵尔乃
營營竟成鍛癖倒囊浪費而罔惜勞神無
用而不悟似醉若痴抑何愚哉實不能爲
尔解也曰足下誚我爲愚我陋足下之見
神器譜或問

闡明，以利軍用？

曰：此器非奉朝命，疇敢私造。非爲大將，誰敢私習。今日未經試驗，不敢逞臆立論，聊舉未備端倪，以伺後之君子可也。

或問：皇威遠布，海氛永息，歸牛放馬，政擬銷兵。爾乃營營，竟成鍛癖，倒囊浪費而罔惜，勞神無用而不悟，似醉若癡，抑何愚哉？實不能爲爾解也。

曰：足下誚我爲愚，我陋足下之見

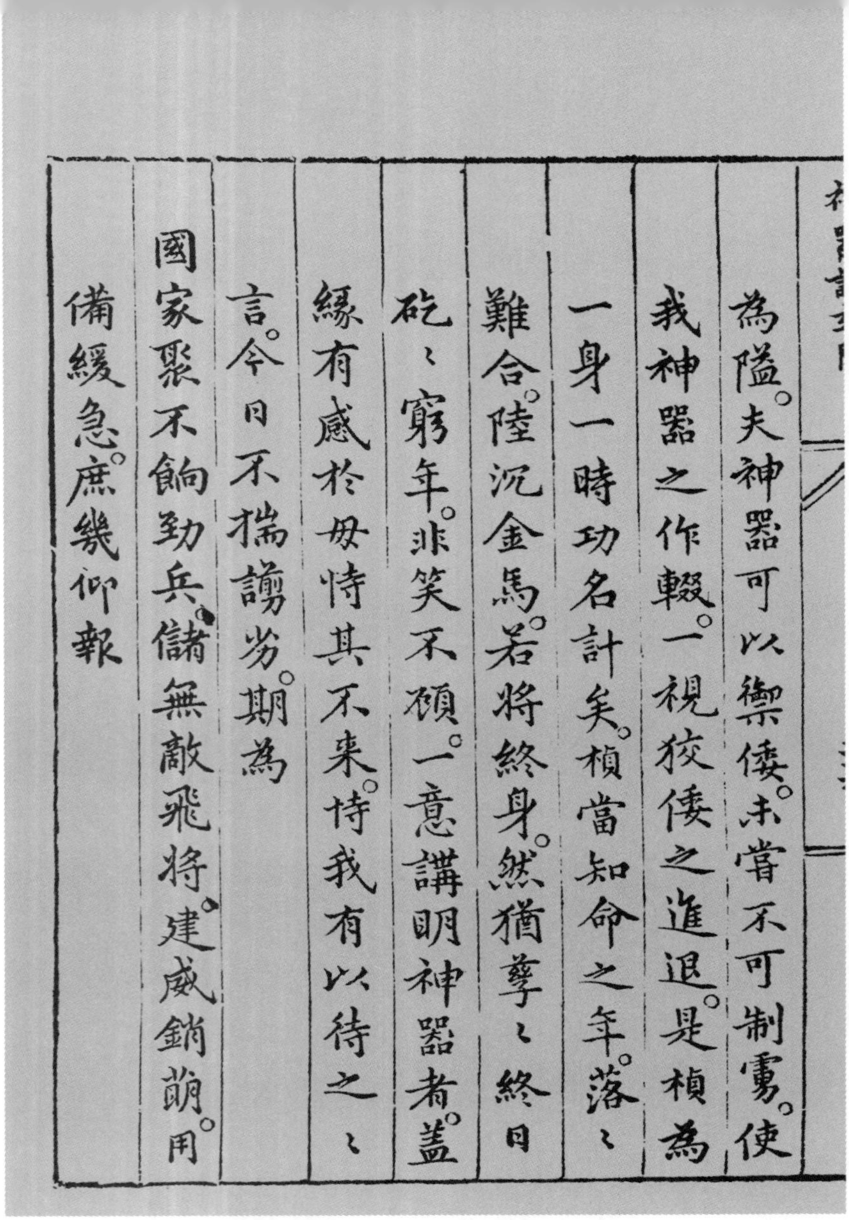

爲隘。夫神器可以禦倭，未嘗不可制虜。使我神器之作輟，一視狡倭之進退，是楨爲一身一時功名計矣。楨當知命之年，落落難合，陸沉金馬，若將終身。然猶孳孳終日，矻矻窮年，非笑不顧，一意講明神器者，蓋緣有感於“毋恃其不来，恃我有以待之”之言。今日不揣譾劣，期爲國家聚不餉勁兵，儲無敵飛將，建威銷萌，用備緩急。庶幾仰報

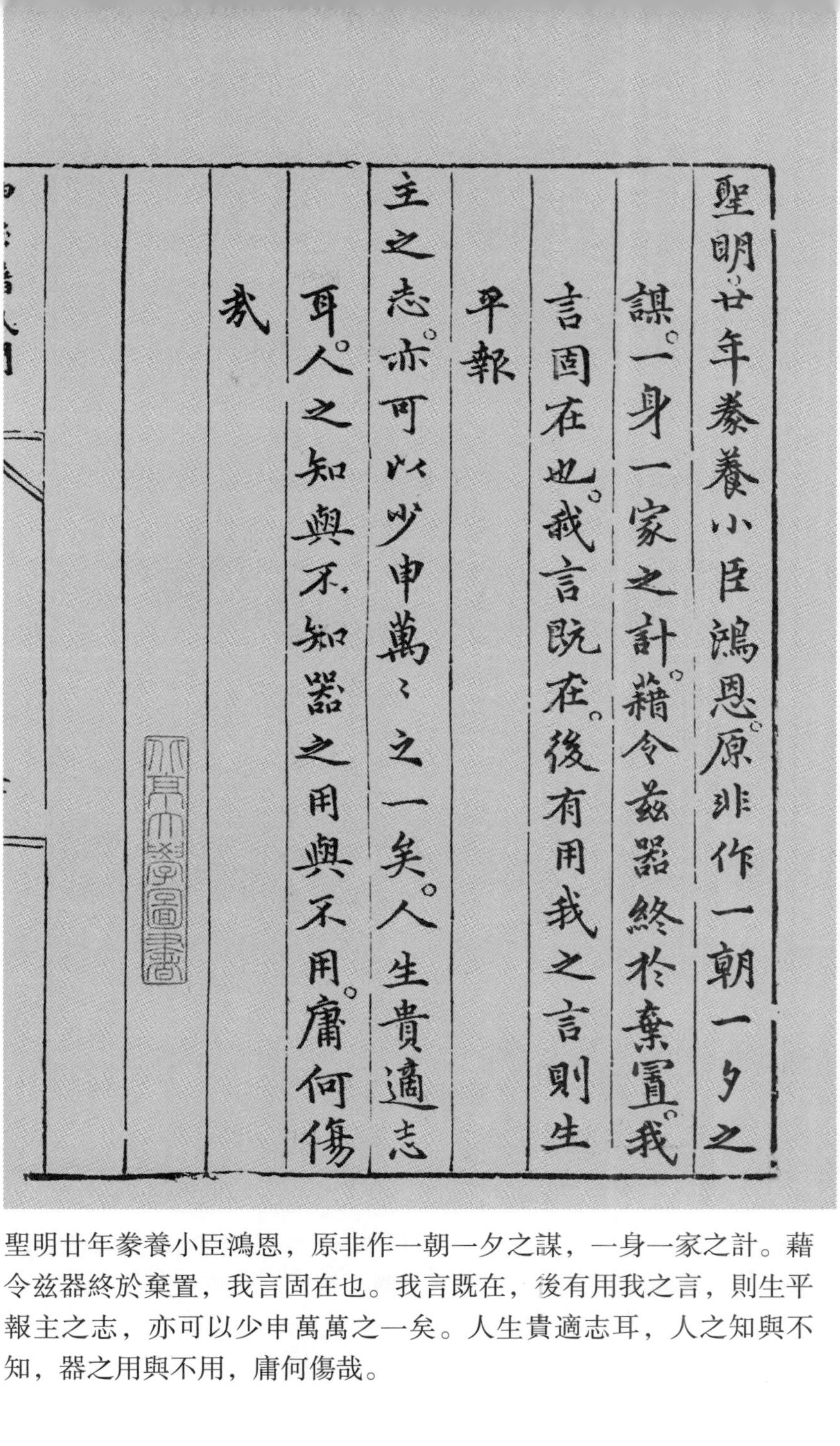
聖明廿年豢養小臣鴻恩原非作一朝一夕之
謀一身一家之計藉令茲器終於棄置我
言固在也我言既在後有用我之言則生
平報
主之志亦可以少申萬萬之一矣人生貴適志
耳人之知與不知器之用與不用庸何傷
哉

聖明廿年豢養小臣鴻恩，原非作一朝一夕之謀，一身一家之計。藉令茲器終於棄置，我言固在也。我言既在，後有用我之言，則生平報主之志，亦可以少申萬萬之一矣。人生貴適志耳，人之知與不知，器之用與不用，庸何傷哉。

多言數窮，冷局散吏，於時事作嗇夫喋喋，寧不自取厭薄哉。嗟乎，知我知謂我心憂，不知我者謂我何求，悠悠蒼天，我不自知所解也。

神器譜或問終

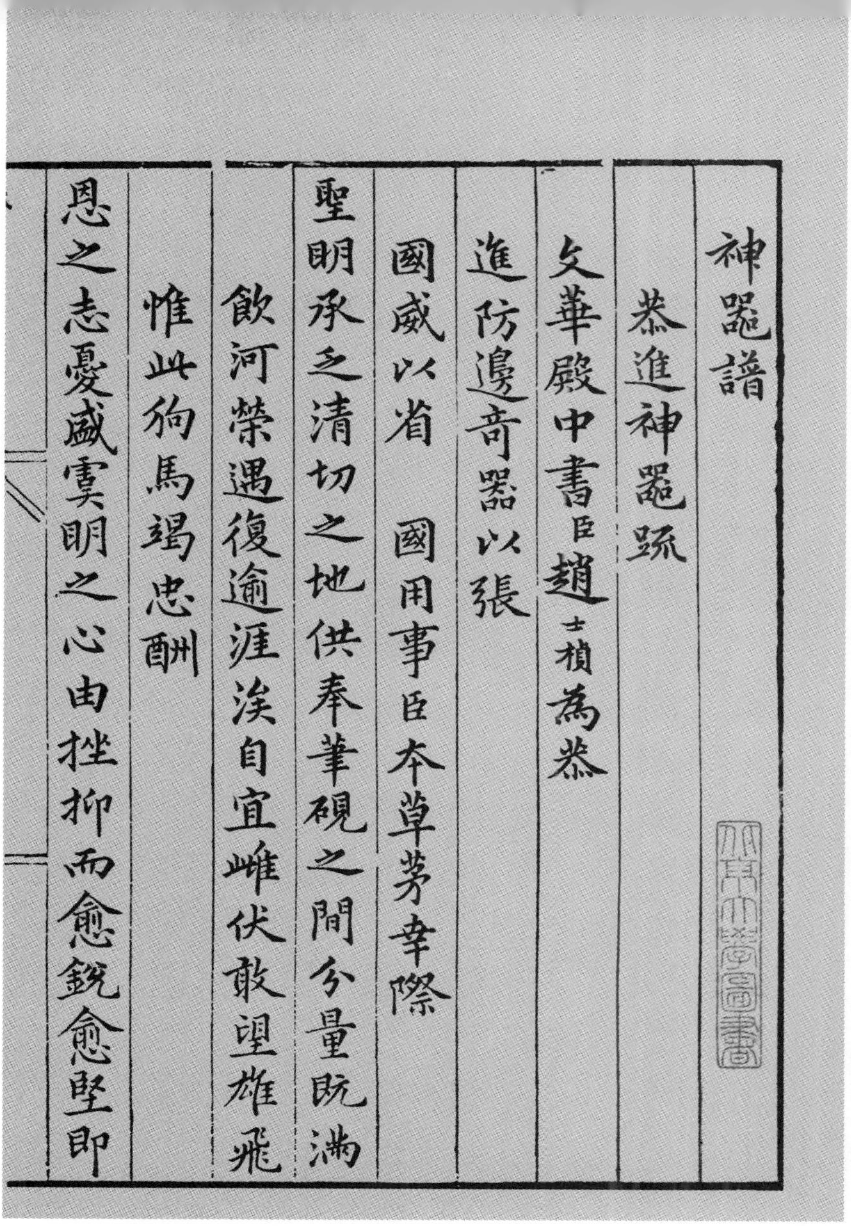
神器譜
恭進神器疏
文華殿中書臣趙士楨爲恭
進防邊奇器以張
國威以省　國用事臣本草茅幸際
聖明承乏清切之地供奉筆硯之間分量既滿
飲河榮遇復逾涯涘自宜雌伏敢望雄飛
惟此狗馬竭忠酬
恩之志憂盛虞明之心由挫抑而愈銳愈堅即

神器譜 [1]

恭進神器疏

文華殿中書臣趙士楨，爲恭進防邊奇器，以張國威，以省國用事。

臣本草茅，幸際聖明，承乏清切之地，供奉筆硯之間。分量既滿飲河，榮遇復逾涯涘。自宜雌伏，敢望雄飛。惟此狗馬竭忠酬恩之志，憂盛虞明之心，由挫抑而愈鋭愈堅，即

1 按，書名仍題“神器譜”，實即《神器譜三編》。

毫末不忍居人之後。竊見歷年國家不經之費，適與帑藏匱乏相值。仰廑聖心，憂切宵旰。臣夙夜思維，究其所以，乃知武事不講，以致軍興厚費使然爾。因而窮竭心力，矢志咨諏，頗得經國節用要領，敬將所製車銃繪圖著説恭進御前。倘蒙用臣車銃之議，每歲九邊額費可省百餘萬。非臣創自今日，臣六年之前請用

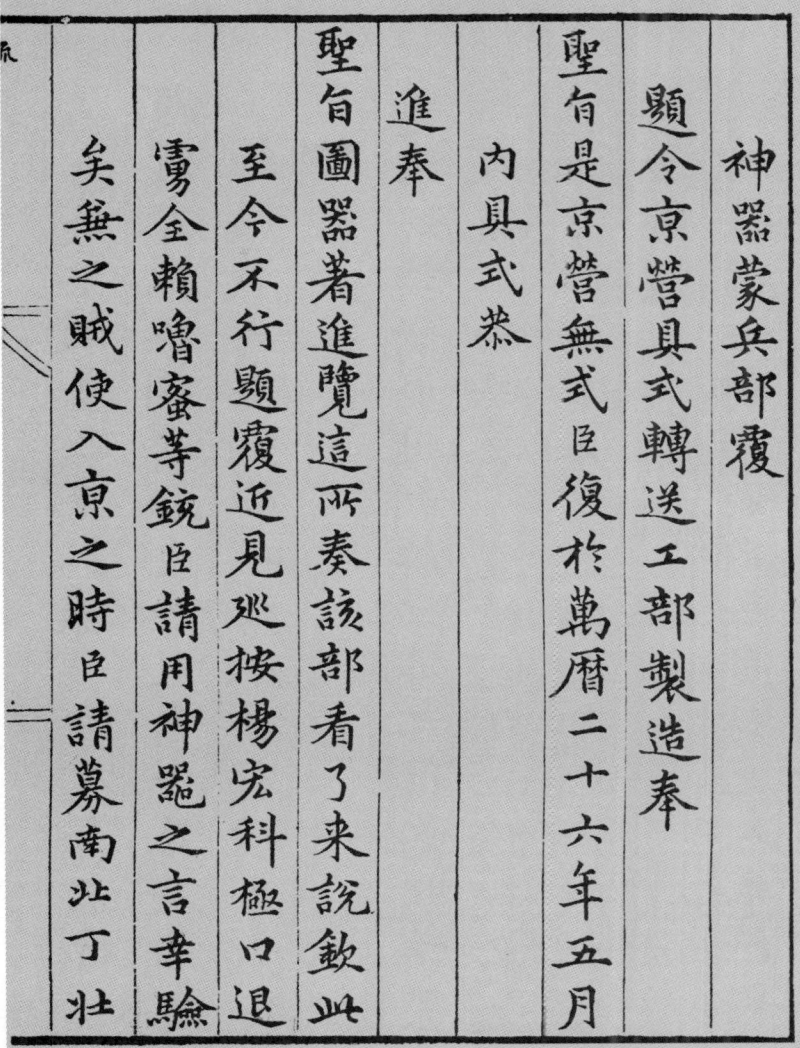

神器，蒙兵部覆題，令京營具式轉送工部製造。奉聖旨：是。京營無式，臣復於萬曆二十六年五月内具式恭進。奉聖旨：圖器著進覽，這所奏該部看了来説。欽此。至今不行題覆。近見巡按楊宏科極口退虜全賴嚕蜜等銃。臣請用神器之言幸驗矣。兼之賊使入京之時，臣請募南北丁壯二萬，乘開墾之機訓練，以防有事。不行題覆。卒致徵調驛騷，坐費太倉千萬。及賊負約議戰，臣審朝鮮形勢，疏請省騎用步兵。部覆題：不妨鐵騎並用。朝鮮泗川之役，爲騎所累，致損人馬無算。并陸續倒死官馬數萬。是又足徵臣言不幸之驗。大都宇内財力兵力雖與國初不同，若得善於用兵用財之人，悉心料

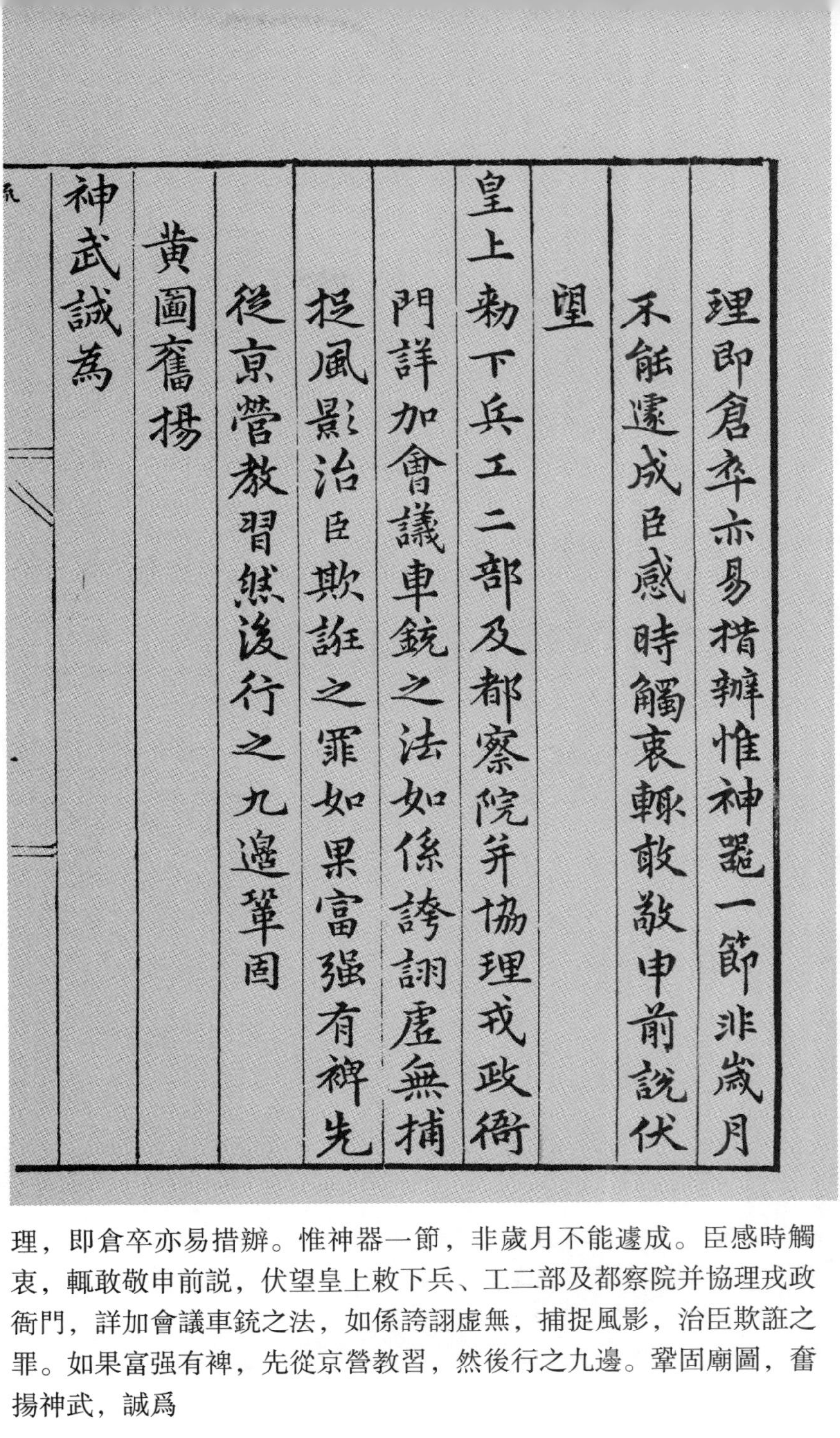
理即倉卒亦易措辦惟神器一節非歲月
不能遽成臣感時觸衷輒敢敬申前說伏
望
皇上勅下兵工二部及都察院并協理戎衙
門詳加會議車銃之法如係誇詡虛無捕
捉風影治臣欺誑之罪如果富强有裨先
從京營教習然後行之九邊鞏固
黄圖奮揚
神武誠爲

理，即倉卒亦易措辦。惟神器一節，非歲月不能遽成。臣感時觸衷，輒敢敬申前説，伏望皇上敕下兵、工二部及都察院并協理戎政衙門，詳加會議車銃之法，如係誇詡虛無，捕捉風影，治臣欺誑之罪。如果富强有裨，先從京營教習，然後行之九邊。鞏固廟圖，奮揚神武，誠爲

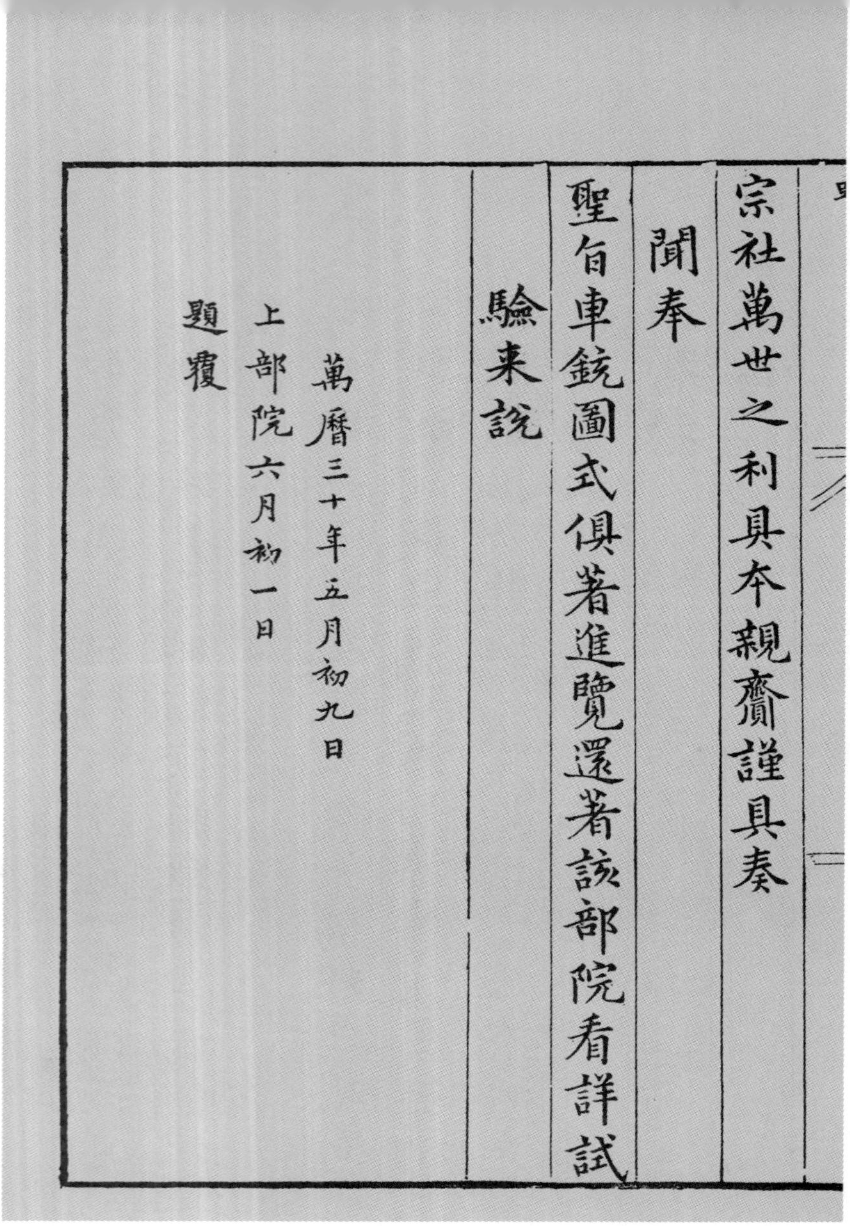

宗社萬世之利具本親齎謹具奏
聞奉
聖旨車銃圖式俱著進覽還著該部院看詳試
驗来説
萬曆三十年五月初九日
上部院六月初一日
題覆

宗社萬世之利。具本親齎，謹具奏聞。奉聖旨：車銃圖式俱著進覽，還著該部院看詳試驗来説。

萬曆三十年五月初九日上，部院六月初一日題覆。

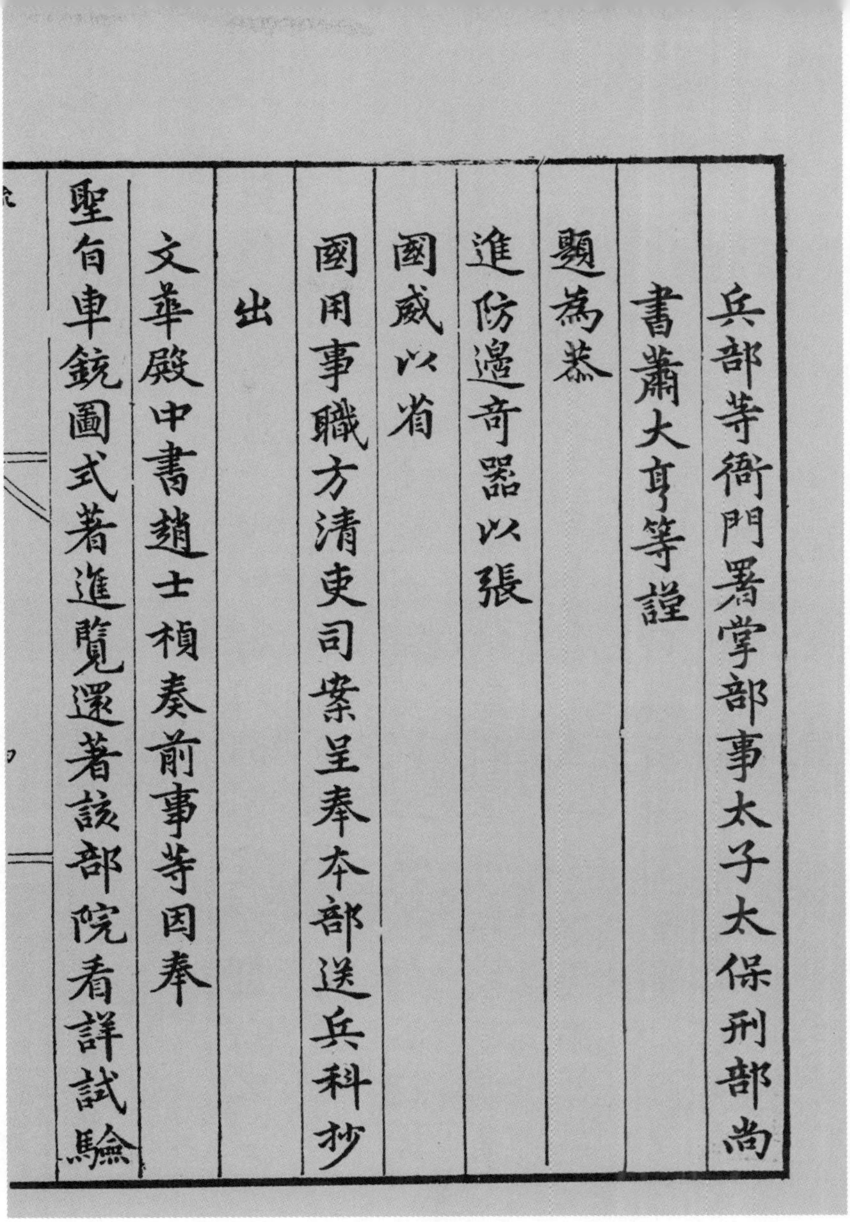
兵部等衙門署掌部事太子太保刑部尚
書蕭大亨等謹
題爲恭
進防邊奇器以張
國威以省
國用事職方清吏司案呈奉本部送兵科抄
出
文華殿中書趙士楨奏前事等因奉
聖旨車銃圖式著進覽還著該部院看詳試驗

兵部等衙門署掌部事太子太保刑部尚書蕭大亨等謹題爲恭進防邊奇器，以張國威，以省國用事。

職方清吏司案呈奉本部送兵科抄出文華殿中書趙士楨奏前事等因，奉聖旨：車銃圖式著進覽，還著該部院看詳試驗

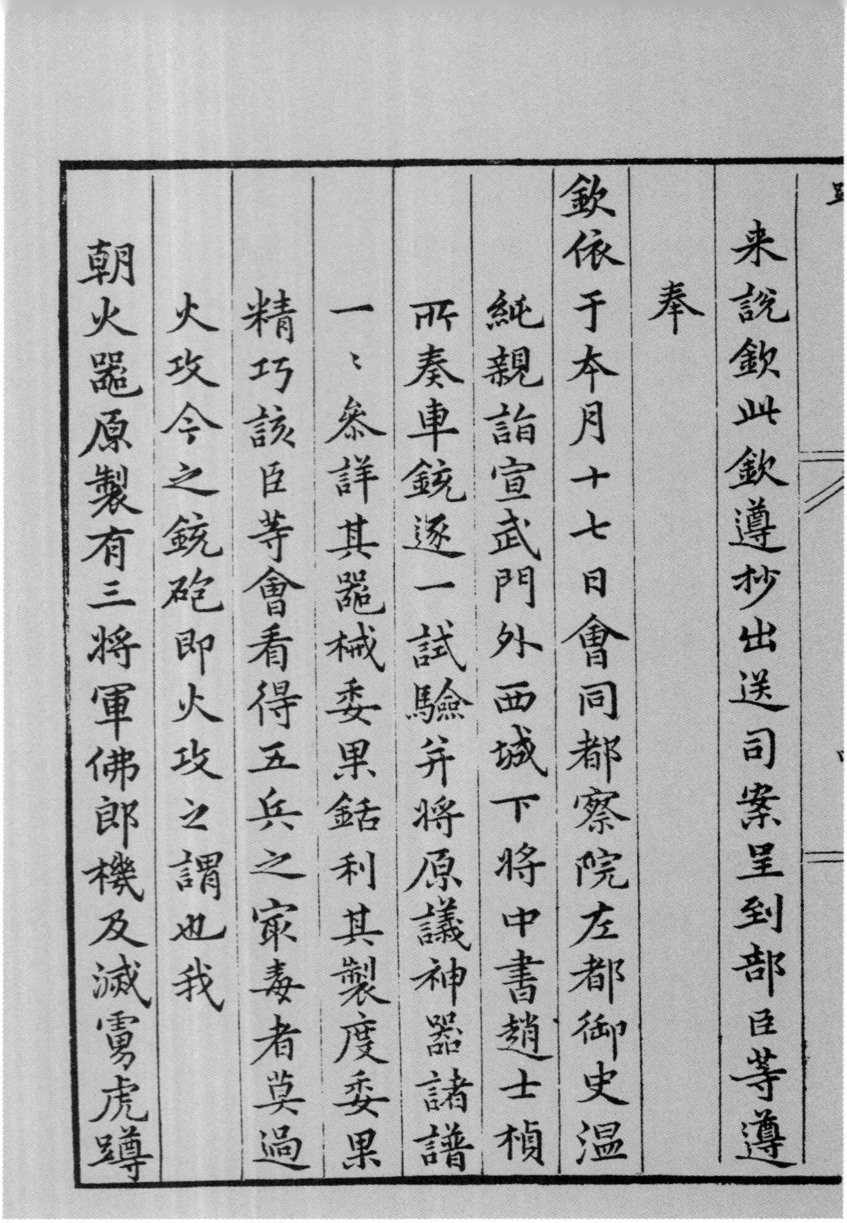

来説。欽此欽遵。抄出送司，案呈到部。臣等遵奉欽依，于本月十七日會同都察院左都御史温純，親詣宣武門外西城下，將中書趙士楨所奏車銃逐一試驗，并將原議神器諸譜，一一參詳。其器械委果銛利，其製度委果精巧。該臣等會看得，五兵之最毒者莫過火攻，今之銃砲，即火攻之謂也。我朝火器，原製有三將軍、佛郎機，及滅虜、虎蹲、

百子諸砲其猛烈甚矣而打放不便鳥銃
便利矣而力勢又遠不如〻前鷹揚等砲
則猛烈間似三將軍而便利勝于鳥銃遠
可及數里之外近不下二三百步之間并
前所進嚕蜜等銃命中方寸直透重甲尤
為奇異古所謂地雷連弩不啻過之若置
輕車之上前驅虎翼佐以偏箱在我有所
護衛得以進退自如在敵難于衝突不致
倉皇失措即崎嶇狹隘之處或不及施而

百子諸砲，其猛烈甚矣，而打放不便。鳥銃便利矣，而力勢又遠不如。如前鷹揚等砲，則猛烈間似三將軍，而便利勝于鳥銃，遠可及數里之外，近不下二三百步之間。并前所進嚕蜜等銃，命中方寸，直透重甲，尤爲奇異。古所謂地雷、連弩，不啻過之。若置輕車之上，前驅虎翼，佐以偏箱。在我有所護衛，得以進退自如。在敵難于衝突，不致倉皇失措。即崎嶇狹隘之處，或不及施，而

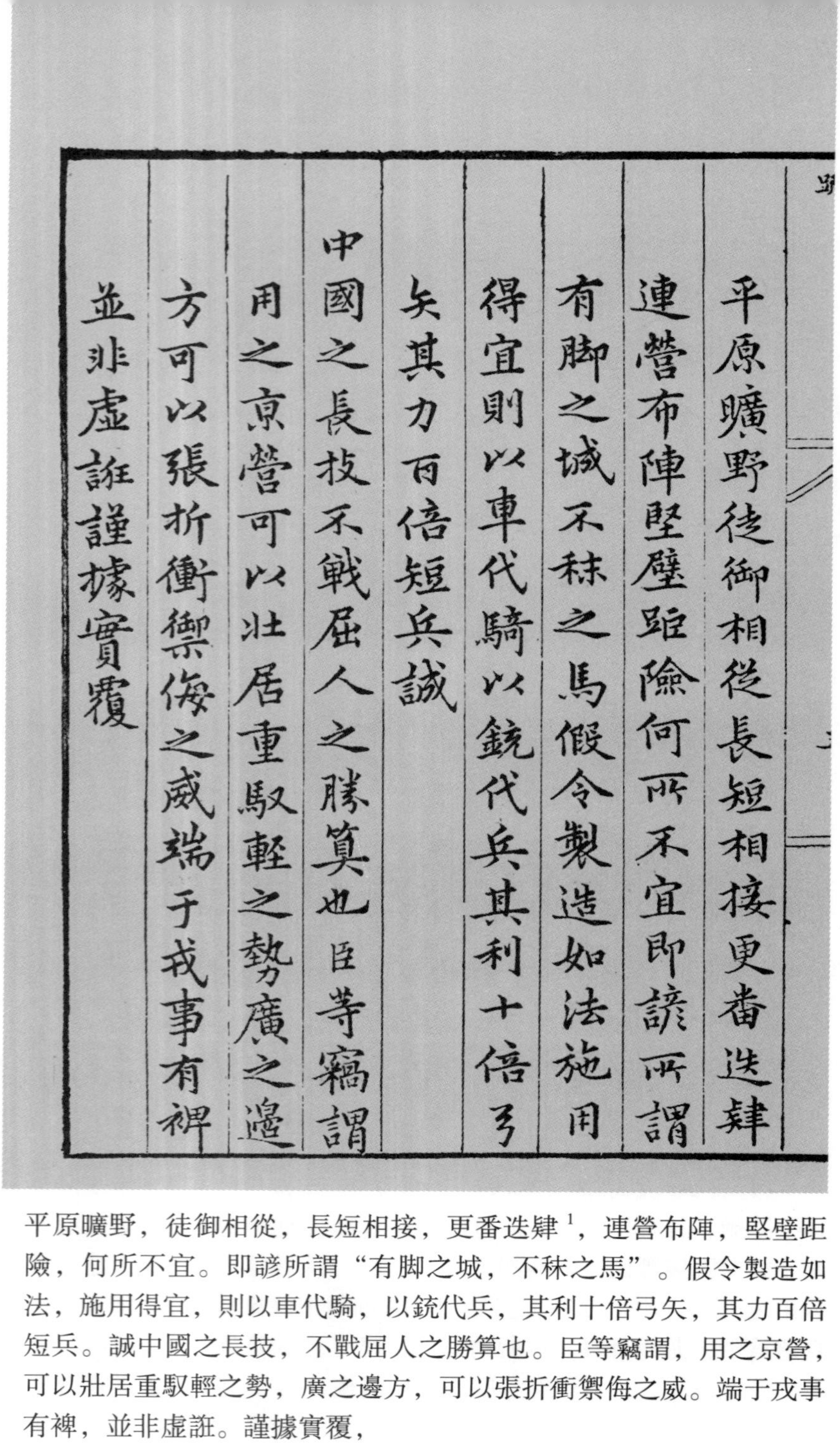
平原曠野徒御相從長短相接更番迭肄
連營布陣堅壁距險何所不宜即諺所謂
有脚之城不秣之馬假令製造如法施用
得宜則以車代騎以銃代兵其利十倍弓
矢其力百倍短兵誠
中國之長技不戰屈人之勝筭也臣等竊謂
用之京營可以壯居重馭輕之勢廣之邊
方可以張折衝禦侮之威端于戎事有裨
並非虛誑謹據實覆

平原曠野，徒御相從，長短相接，更番迭肄[1]，連營布陣，堅壁距險，何所不宜。即諺所謂“有脚之城，不秣之馬”。假令製造如法，施用得宜，則以車代騎，以銃代兵，其利十倍弓矢，其力百倍短兵。誠中國之長技，不戰屈人之勝算也。臣等竊謂，用之京營，可以壯居重馭輕之勢，廣之邊方，可以張折衝禦侮之威。端于戎事有裨，並非虛誑。謹據實覆，

1 肄，明刻五卷本同。和刻本作“隸”。

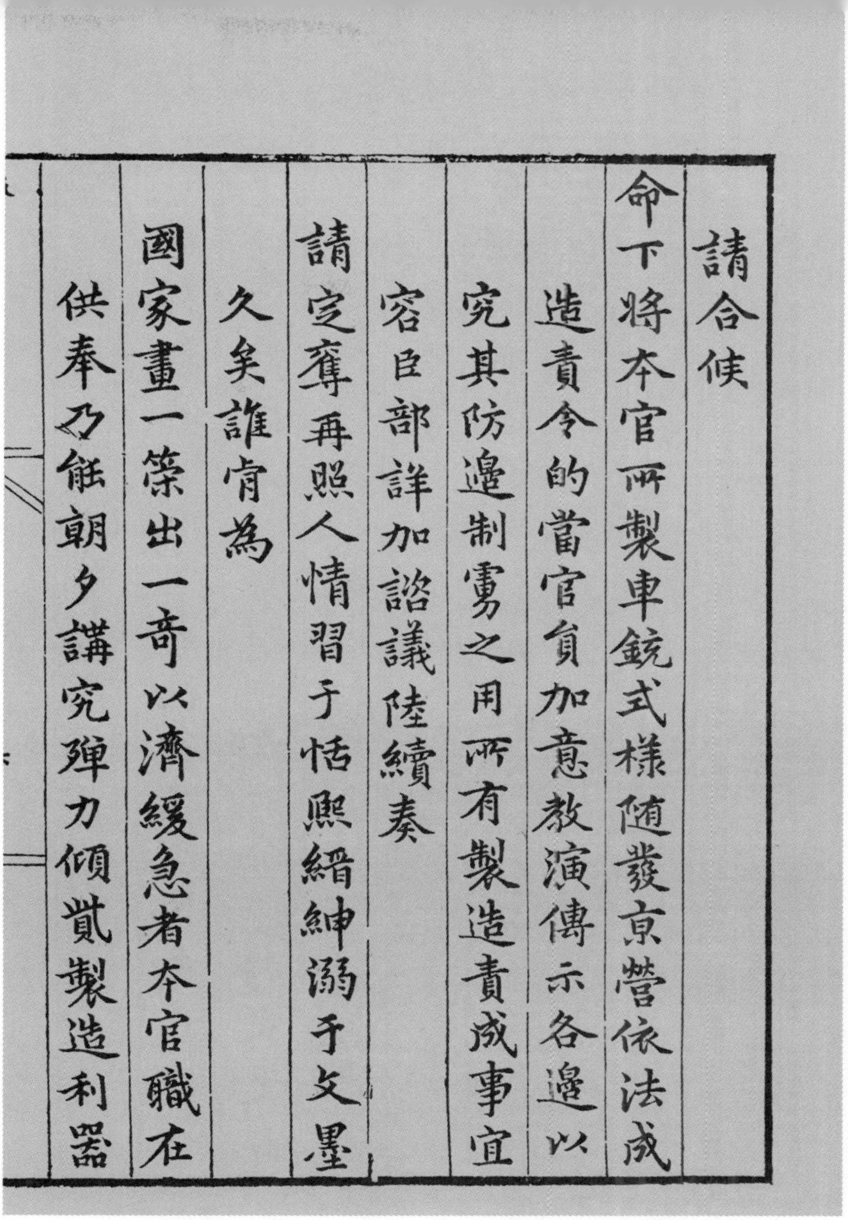
請合候
命下將本官所製車銃式樣隨發京營依法成
造責令的當官員加意教演傳示各邊以
究其防邊制虜之用所有製造責成事宜
容臣部詳加諮議陸續奏
請定奪再照人情習于恬熙縉紳溺于文墨
久矣誰肯為
國家畫一策出一奇以濟緩急者本官職在
供奉乃能朝夕講究殫力傾貲製造利器

請合候命下，將本官所製車銃式樣，隨發京營，依法成造。責令的當官員加意教演，傳示各邊，以究其防邊制虜之用。所有製造責成事宜，容臣部詳加諮議，陸續奏請定奪。再照人情習于恬熙，縉紳溺于文墨久矣。誰肯爲國家畫一策、出一奇以濟緩急者。本官職在供奉，乃能朝夕講究，殫力傾貲，製造利器，

用備不虞且雅志報
國別無他覬尤可嘉尚不為奬勸恐非所以
鼓舞後来激勵有志之士合無移文吏部
將本官先行紀録俟車銃演習淂法各邊
効有實用另行破格優處統祈
聖明裁酌容臣等一體遵奉施行奉
聖旨是

用備不虞。且雅志報國，别無他覬，尤可嘉尚。不爲奬勸，恐非所以鼓舞後来，激勵有志之士。合無移文吏部，將本官先行紀録，俟車銃演習得法，各邊效有實用，另行破格優處。統祈聖明裁酌，容臣等一體遵奉施行。奉聖旨：是。

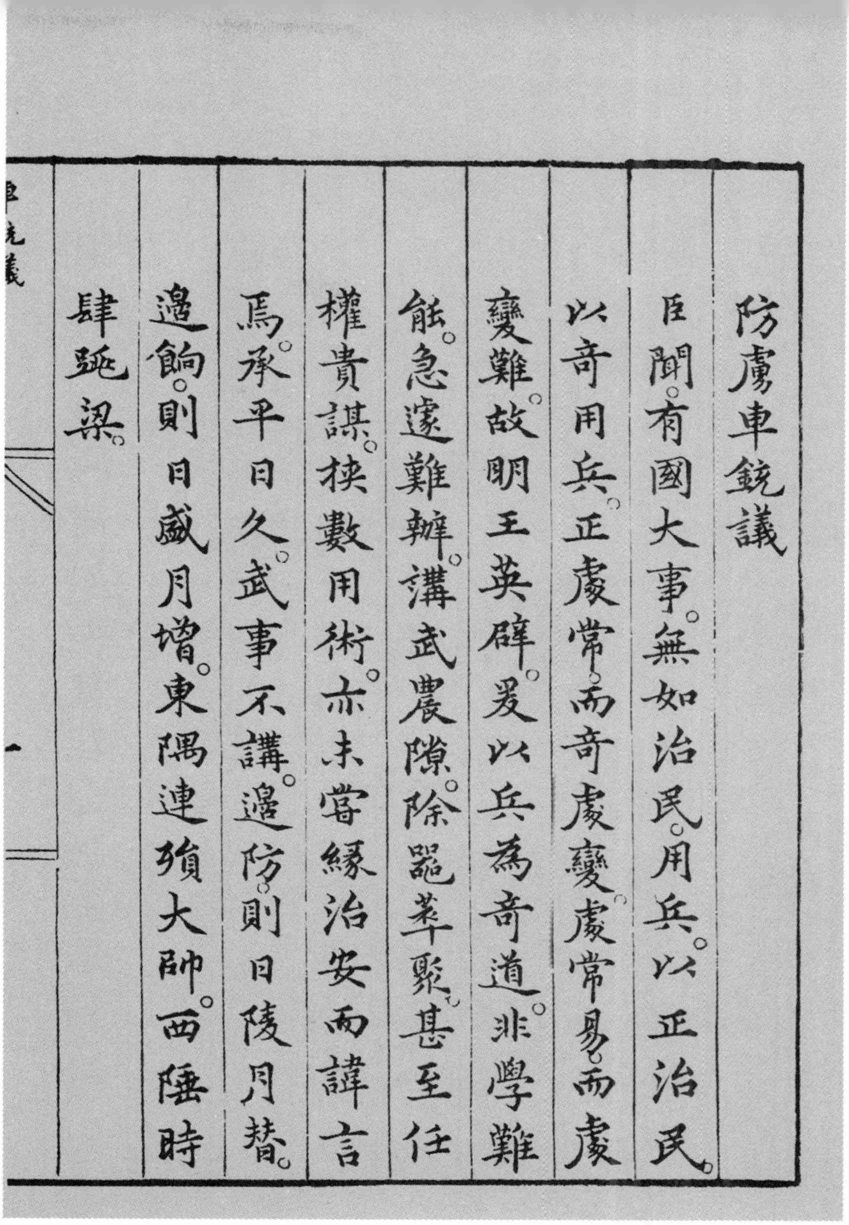
防虜車銃議
臣聞有國大事無如治民用兵以正治民
以奇用兵正處常而奇處變處常易而處
變難故明王英辟爰以兵為奇道非學難
能急遽難辨講武農隙除器萃聚甚至任
權貴謀挾數用術亦未嘗緣治安而諱言
焉承平日久武事不講邊防則日陵月替
邊餉則日盛月增東隅連殞大帥西陲時
肆跳梁

防虜車銃議

臣聞有國大事，無如治民、用兵。以正治民，以奇用兵。正處常而奇處變，處常易而處變難。故明王英辟，爰以兵爲奇道，非學難能，急遽難辨[1]。講武農隙，除器萃聚，甚至任權貴謀，挾數用術，亦未嘗緣治安而諱言焉。承平日久，武事不講，邊防則日陵月替，邊餉則日盛月增。東隅連殞大帥，西陲時肆跳梁，

1 辨，明刻五卷本同。和刻本作“辨”。

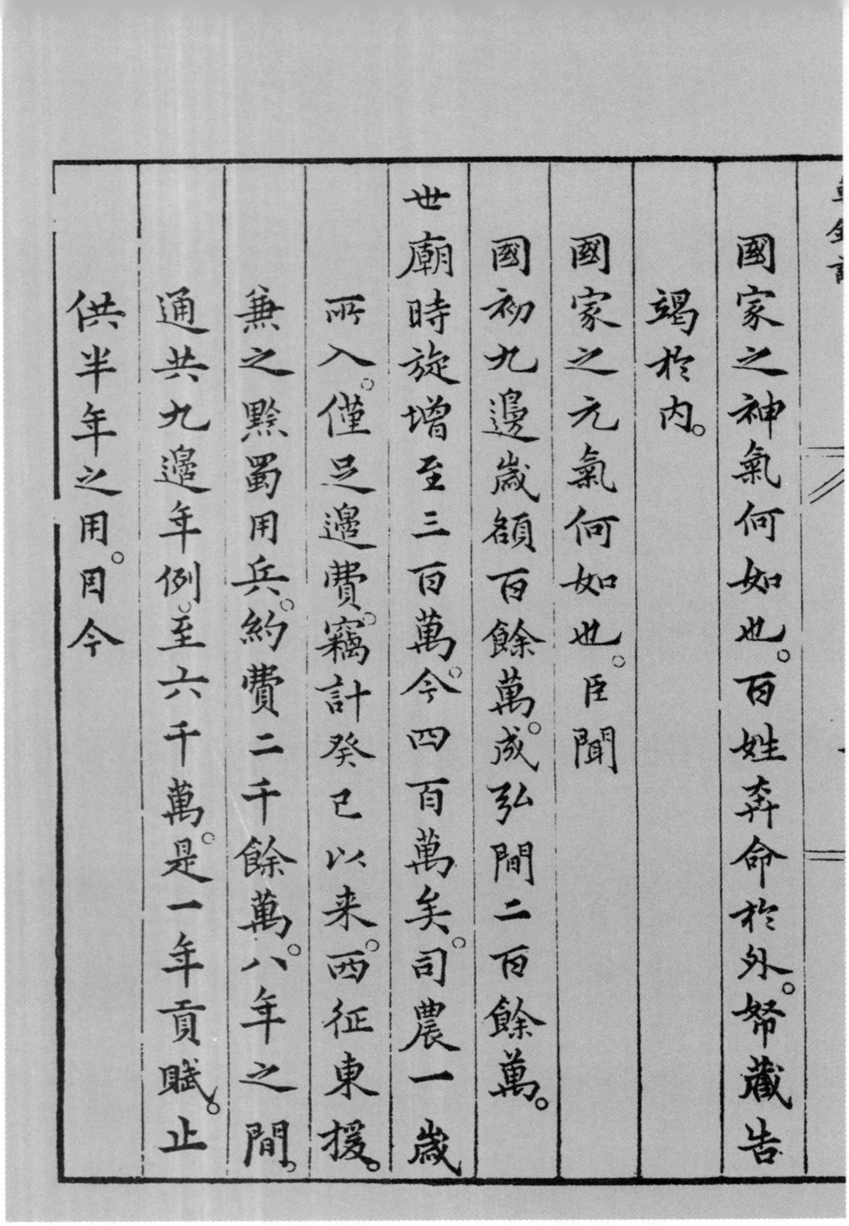
國家之神氣何如也。百姓奔命於外。帑藏告竭於内。國家之元氣何如也。臣聞國初九邊歲額百餘萬。成弘間二百餘萬。世廟時旋增至三百萬。今四百萬矣。司農一歲所入僅足邊費。竊計癸巳以来西征東援。兼之黔蜀用兵。約費二千餘萬。八年之間。通共九邊年例至六千萬。是一年貢賦止供半年之用。目今

國家之神氣何如也。百姓奔命於外，帑藏告竭於内，國家之元氣何如也。臣聞國初九邊歲額百餘萬，成、弘間二百餘萬，世廟時旋增至三百萬，今四百萬矣。司農一歲所入僅足邊費。竊計癸巳以来，西征東援，兼之黔蜀用兵，約費二千餘萬。八年之間，通共九邊年例至六千萬。是一年貢賦止供半年之用。目今

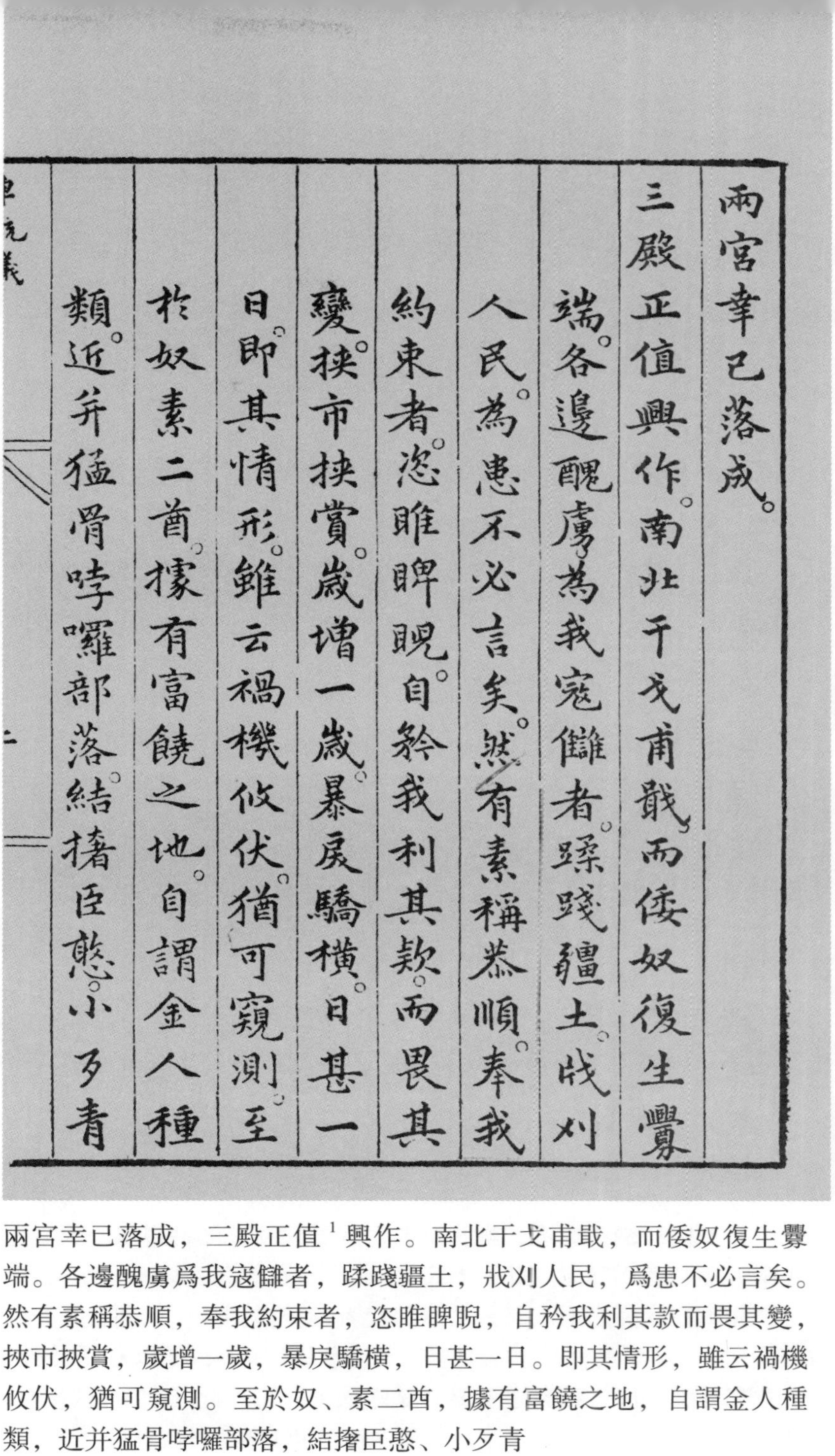
兩宮幸已落成三殿正值興作南北干戈甫戢而倭奴復生釁端各邊醜虜為我寇讎者蹂踐疆土戕刈人民為患不必言矣然有素稱恭順奉我約束者恣睢睥睨自矜我利其款而畏其變挾市挾賞歲增一歲暴戾驕横日甚一日即其情形雖云禍機攸伏猶可窺測至於奴素二酋據有富饒之地自謂金人種類近并猛骨孛囉部落結擠臣憨小歹青

兩宮幸已落成，三殿正值[1]興作。南北干戈甫戢，而倭奴復生釁端。各邊醜虜爲我寇讎者，蹂踐疆土，戕刈人民，爲患不必言矣。然有素稱恭順，奉我約束者，恣睢睥睨，自矜我利其款而畏其變，挾市挾賞，歲增一歲，暴戾驕横，日甚一日。即其情形，雖云禍機攸伏，猶可窺測。至於奴、素二酋，據有富饒之地，自謂金人種類，近并猛骨孛囉部落，結擠臣憨、小歹青

1 正值，明刻五卷本作“又將”。

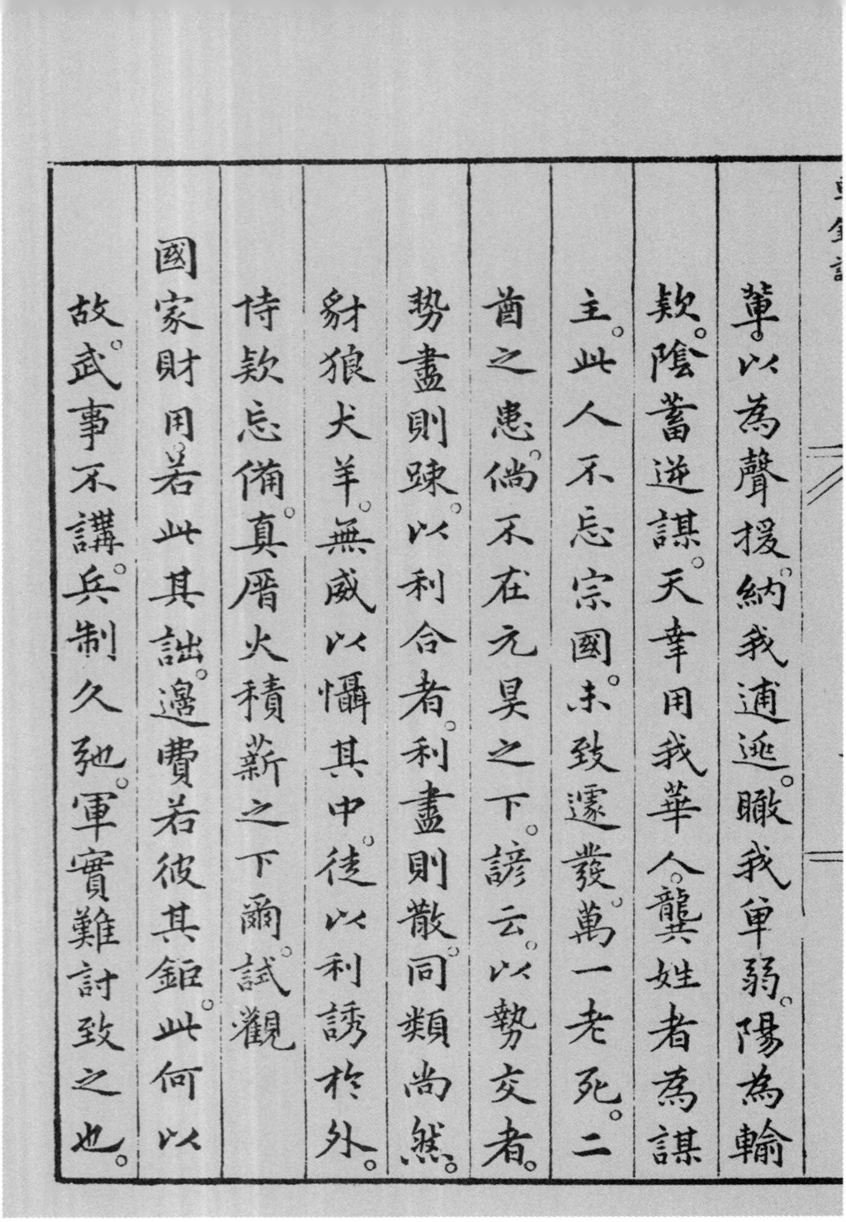
葷以為聲援納我逋逃瞰我單弱陽為輸
款陰蓄逆謀天幸用我華人龔姓者為謀
主此人不忘宗國未致遽發萬一老死二
酋之患倘不在元昊之下諺云以勢交者
勢盡則疏以利合者利盡則散同類尚然
豺狼犬羊無威以懾其中徒以利誘於外
恃款忘備真厝火積薪之下爾試觀
國家財用若此其詘邊費若彼其鉅此何以
故武事不講兵制久弛軍實難討致之也

葷以爲聲援，納我逋逃，瞰我單弱，陽爲輸款，陰蓄逆謀。天幸用我華人龔姓者爲謀主。此人不忘宗國，未致遽發。萬一老死，二酋之患倘不在元昊之下。諺云:“以勢交者，勢盡則疏。以利合者，利盡則散。”同類尚然。豺狼犬羊，無威以懾其中，徒以利誘於外，恃款忘備，真厝火積薪之下爾。試觀國家財用若此其詘，邊費若彼其鉅，此何以故？武事不講，兵制久弛，軍實難討致之也。

夫絶利一源。用師十倍。臣願今日邊臣。責
任在身。一其心志。講求戰守制馭之法。反
短制長。因敵制勝。臣願今日邊臣。事權在
手。毋狃故常。痛懲野戰非策。儲蓄自衛殺
敵之器。周禮理財。先出後入。臣願今日邊
臣顧思
國恩。潔己急公。務使軍實可討。夫如是。則談
笑可以制虜。防邊之能事畢矣。臣請畢其
戰守制馭之法。自衛殺敵之器。緣斯二者。

夫絶利一源，用師十倍。臣願今日邊臣，責任在身，一其心志，講求戰守制馭之法，反短制長，因敵制勝。臣願今日邊臣事權在手，毋狃故常，痛懲野戰非策，儲蓄自衛殺敵之器，《周禮》理財，先出後入。臣願今日邊臣顧思國恩，潔己急公，務使軍實可討。夫如是，則談笑可以制虜，防邊之能事畢矣。臣請畢其戰守制馭之法，自衛殺敵之器，緣斯二者，

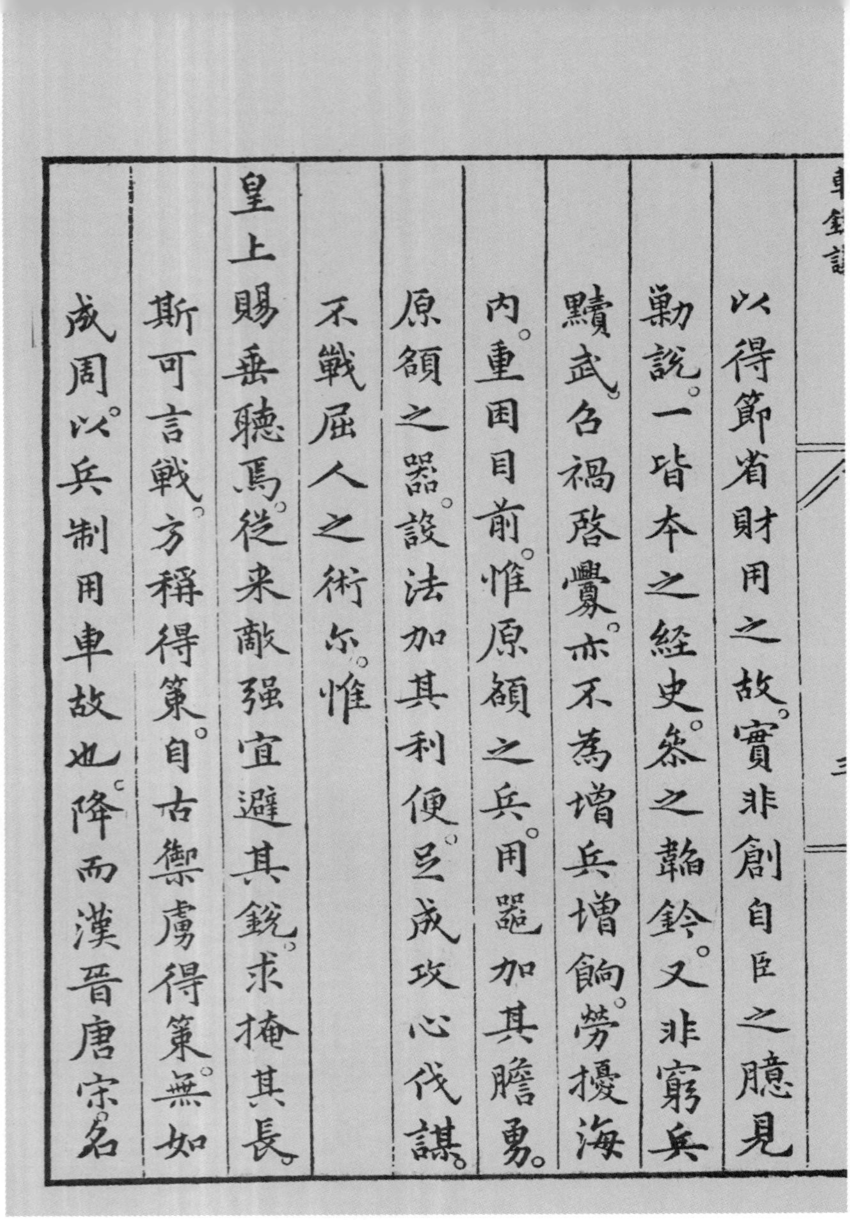

以得節省財用之故實。非創自臣之臆見剿説，一皆本之經史，參之韜鈐。又非窮兵黷武，召禍啓釁。亦不爲增兵增餉，勞擾海内，重困目前。惟原額之兵，用器加其膽勇，原額之器，設法加其利便，足成攻心伐謀，不戰屈人之術爾。惟皇上賜垂聽焉。

從来敵强宜避其鋭，求掩其長，斯可言戰，方稱得策。自古禦虜得策，無如成周，以兵制用車故也。降而漢晉唐宋，名

將如衛青以武剛自衛深入絶漠馬隆用
偏箱復通西涼裴行儉之制突厥符彥卿
用以拒馬破虜陽城岳飛創刀牌以禦兀
术吳璘制疊陣以當撒離罕率得制馭之
法神明變通發爲殺敵之器因以收其功
效未有爲暴虎馮河之謀而能成安內攘
外之烈者大都易地宜車宜騎騎兵人須
膽勇敢鬥馬須馳騁便捷弓欲勁以服矢
欲準而疾刀欲利而輕甲欲堅而適是皆

將如衛青，以武剛自衛，深入絶漠。馬隆用偏箱，復通西涼。裴行儉之制突厥，符彥卿用以拒馬破虜陽城，岳飛創刀牌以禦兀术，吳璘制疊陣以當撒離罕。率得制馭之法，神明變通，發爲殺敵之器，因以收其功效。未有爲暴虎馮河之謀，而能成安內攘外之烈者。大都易地宜車宜騎。騎兵，人須膽勇敢鬥，馬須馳騁便捷，弓欲勁以服，矢欲準而疾，刀欲利而輕，甲欲堅而適。是皆虜俗服習，獨擅其長，我兵所短。爲今之計，無如用車自衛，用銃殺虜。一經用車用銃，虜人不得恃其勇敢，虜馬不得恣其馳騁，弓矢無所施其勁疾，刀甲無所用其堅利。是虜人長技盡爲我車銃所掩，我則因而出我中國之長以制之。凡遇入犯之時，可以速戰，則憑車束伍前拒，以壯士卒之膽。用大小銃砲，險勢短節，相機擊打，以張軍聲。伺其

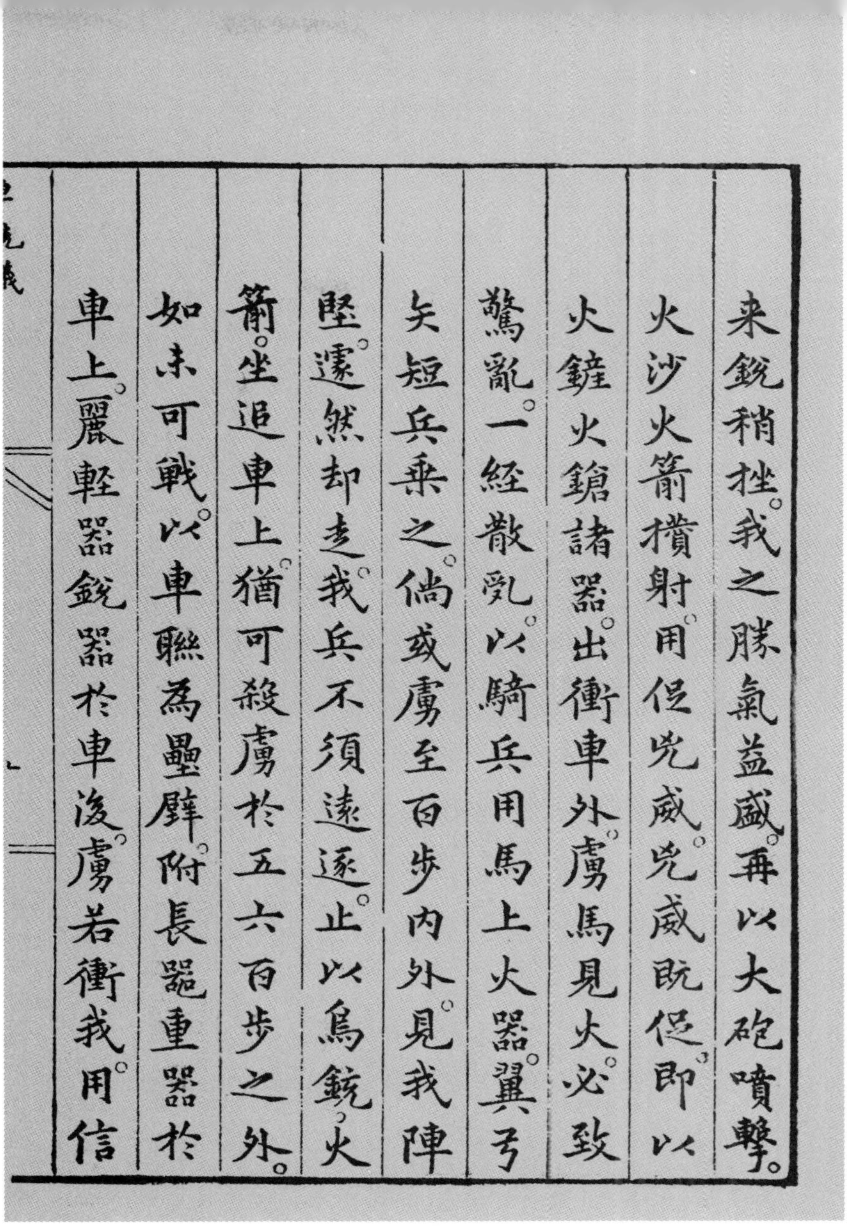

來鋭稍挫，我之勝氣益盛，再以大砲噴擊，火沙火箭攢射，用促兇威。兇威既促，即以火鏜火鎗諸器，出衝車外。虜馬見火，必致驚亂，一經散亂，以騎兵用馬上火器翼弓矢、短兵乘之。倘或虜至百步内外，見我陣堅，遽然却走。我兵不須遠逐，止以鳥銃、火箭坐追車上，猶可殺虜於五六百步之外。如未可戰，以車聯爲壘壁，附長器、重器於車上，麗輕器、鋭器於車後。虜若衝我，用信

砲布鐵蒺藜於車外以鳥銃藥弩更番而
守治力治氣伺隙以出隙未可乘一意守
定虜之老營以騎兵雜步下輕器迭相救
衛隨其遊騎向往使不得分搶晝則架望
樓於營内以遠器遙擊坐纛標竿用奪虜
酋之氣夜則以火箭火毬擾其營帳使人
馬不得休息虜性莽而不耐虜馬不宜内
地水草求戰不得肆掠不能然後設法以
致之多方以誤之此兵家制馭四裔要機

砲布鐵蒺藜於車外，以鳥銃、藥弩更番而守。治力治氣，伺隙以出。隙未可乘，一意守定。虜之老營，以騎兵雜步，下輕器迭相救衛，隨其遊騎向往，使不得分搶。晝則架望樓於營内，以遠器遥擊坐纛標竿，用奪虜酋之氣。夜則以火箭火球擾其營帳，使人馬不得休息。虜性莽而不耐，虜馬不宜内地水草，求戰不得，肆掠不能，然後設法以致之，多方以誤之。此兵家制馭四裔要機，

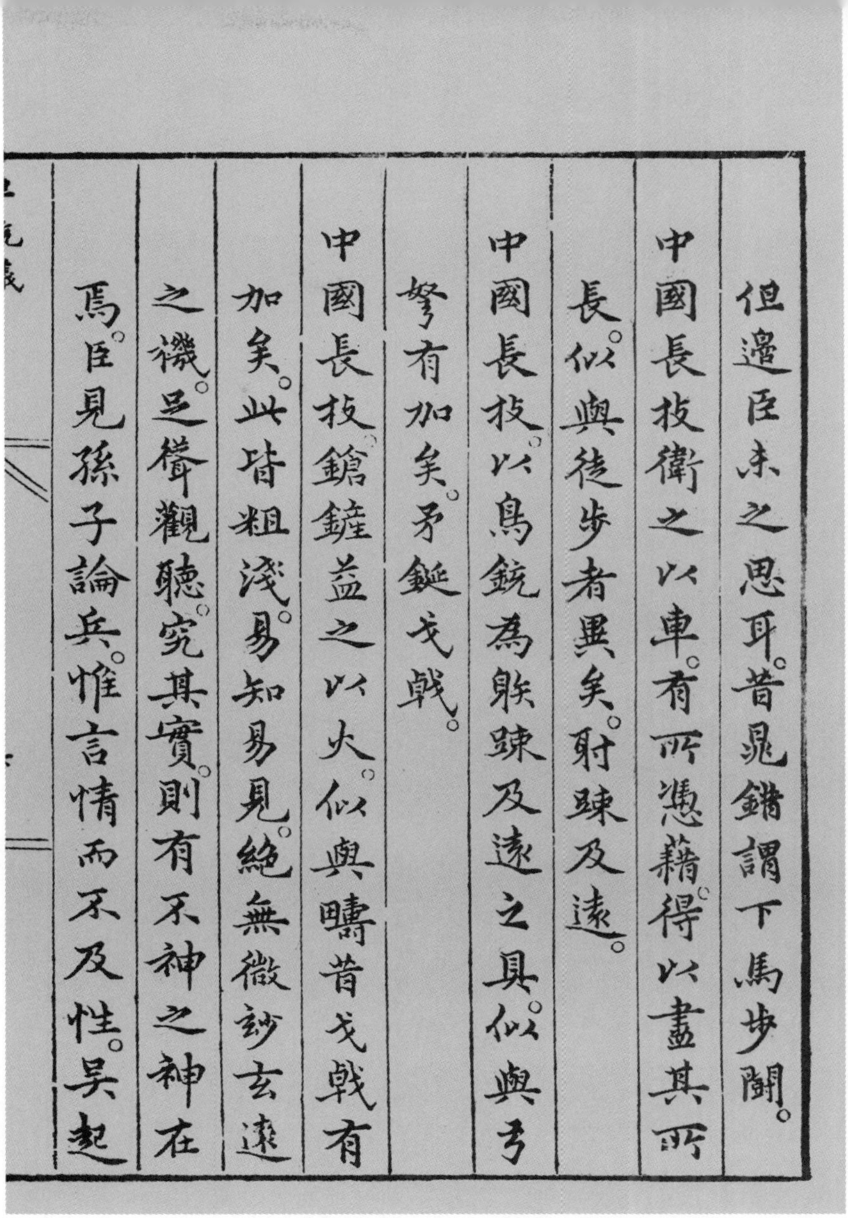

但邊臣未之思耳。昔晁錯謂下馬步鬥，中國長技。衛之以車，有所憑藉，得以盡其所長，似與徒步者異矣。射疏及遠，中國長技。以鳥銃爲射疏及遠之具，似與弓弩有加矣。矛鋋戈戟，中國長技。鎗鏟益之以火，似與疇昔戈戟有加矣。此皆粗淺易知易見，絶無微妙玄遠之機，足聳觀聽。究其實，則有不神之神在焉。

臣見孫子論兵，惟言情而不及性。吴起

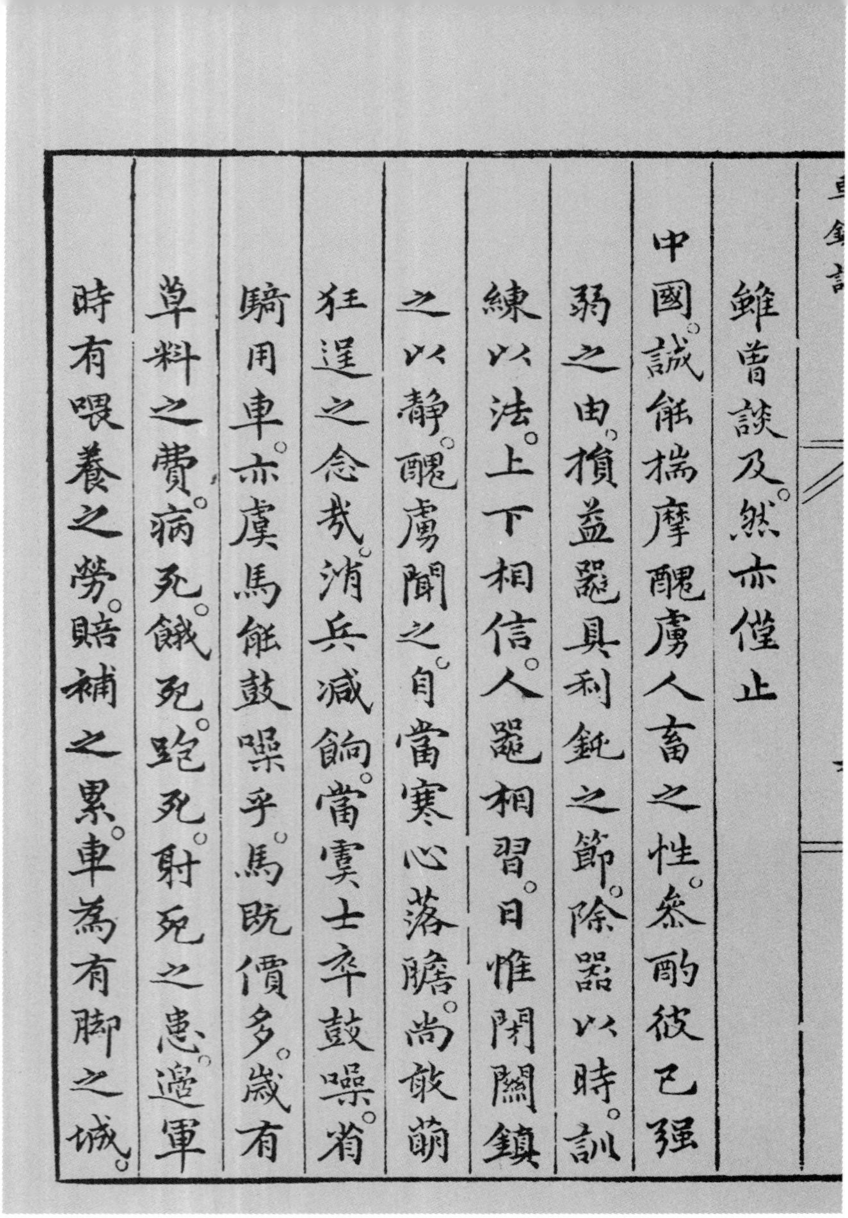
雖曾談及然亦僅止
中國誠能揣摩醜虜人畜之性參酌彼已强
弱之由損益器具利鈍之節除器以時訓
練以法上下相信人器相習日惟閉關鎮
之以靜醜虜聞之自當寒心落膽尚敢萌
狂逞之念哉消兵減餉當虞士卒鼓噪省
騎用車亦虞馬能鼓噪乎馬既價多歲有
草料之費病死餓死跑死射死之患邊軍
時有喂養之勞賠補之累車為有脚之城

雖曾談及，然亦僅止中國。誠能揣摩醜虜人畜之性，參酌彼己强弱之由，損益器具利鈍之節，除器以時，訓練以法，上下相信，人器相習，日惟閉關，鎮之以靜。醜虜聞之，自當寒心落膽，尚敢萌狂逞之念哉。消兵減餉，當虞士卒鼓噪。省騎用車，亦虞馬能鼓噪乎。馬既價多，歲有草料之費，病死、餓死、跑死、射死之患，邊軍時有喂養之勞，賠補之累。車爲有脚之城，

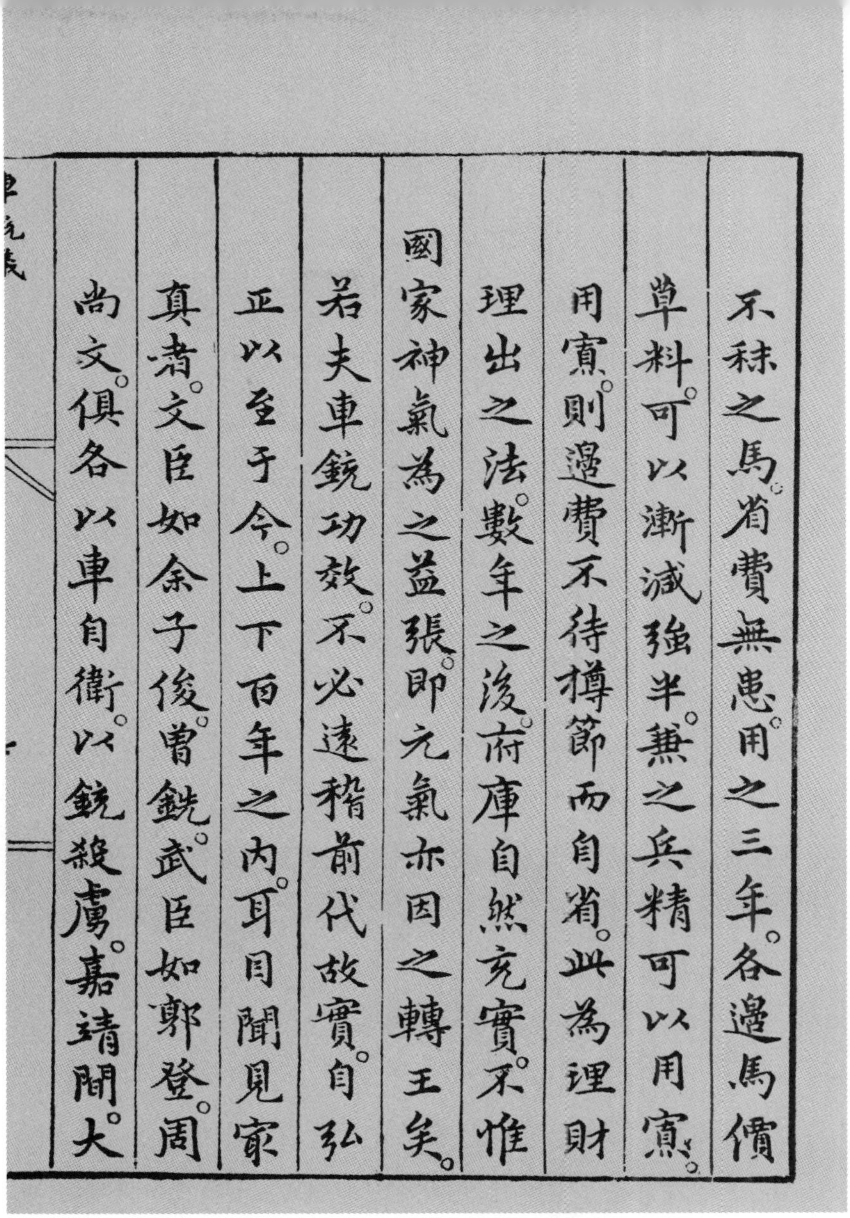

不秣之馬，省費無患，用之三年，各邊馬價草料可以漸減强半。兼之兵精可以用寡，用寡則邊費不待撙節而自省。此爲理財、理出之法。數年之後，府庫自然充實。不惟國家神氣爲之益張，即元氣亦因之轉王矣。

若夫車銃功效，不必遠稽前代故實。自弘、正以至于今，上下百年之内，耳目聞見最真者，文臣如余子俊、曾銑，武臣如郭登、周尚文，俱各以車自衛，以銃殺虜。嘉靖間，大

同右衛醜虜十萬結聚不散者三月督臣
楊博用廢閒老將尚表之策馬步僅足九
千以火器布列車上更番而進三日圍解
近年右屯衛一銃退虜竟保危城七里沙
灘之戰以車翼銃南北馬步萬餘當虜數
萬先斃探騎再殺虜酋竟自退遁朝鮮撤
回之兵留防義州者不滿千人戕斧破缺
身無片甲適虜萬餘倅薄城下以火器更
番擊打醜類被傷者以千計不敢深入而

同右衛醜虜十萬，結聚不散者三月。督臣楊博用廢閒老將尚表之策，馬步僅足九千，以火器布列車上，更番而進，三日圍解。近年右屯衛一銃退虜，竟保危城。七里沙灘之戰，以車翼銃，南北馬步萬餘，當虜數萬，先斃探騎，再殺虜酋，竟自退遁。朝鮮撤回之兵留防義州者不滿千人，戕斧破缺，身無片甲。適虜萬餘，倅薄城下。以火器更番擊打，醜類被傷者以千計，不敢深入而走。延綏報讐之虜，苟非降倭鳥銃打傷酋首，其流毒又不知何若。由此而觀，即無節省財用之機，車與鳥銃，目前亦宜亟亟講究。況兵可强而國可富，各邊之虜足以坐制，乃竟漫然視之，可乎。祖宗典制，屯營之設，神樞以車，神機以銃。世遠人亡，事廢法弛。追遡厥初，未嘗不重也。比者都御史温純著有《利器圖解》，總督邢玠一見兹書，即露章極稱火器制虜之便。緣玠白首行間，洞悉軍中器具，兼之提兵異域，有鑑倭奴鳥銃，非無所試而云然者。臣又伏思因循積玩之後，泄泄風靡之時，俱竢患至圖幸。能知思患預防，深信火器之利者，惟純與玠耳。即有鼎鉉樞筦主持於内，總督撫臣鼓舞於外，非藉皇上大奮乾斷，昭示風勵，一齊衆楚，誰肯以身殉國，久稽邊庭，任怨任勞，建此轉危爲安之策

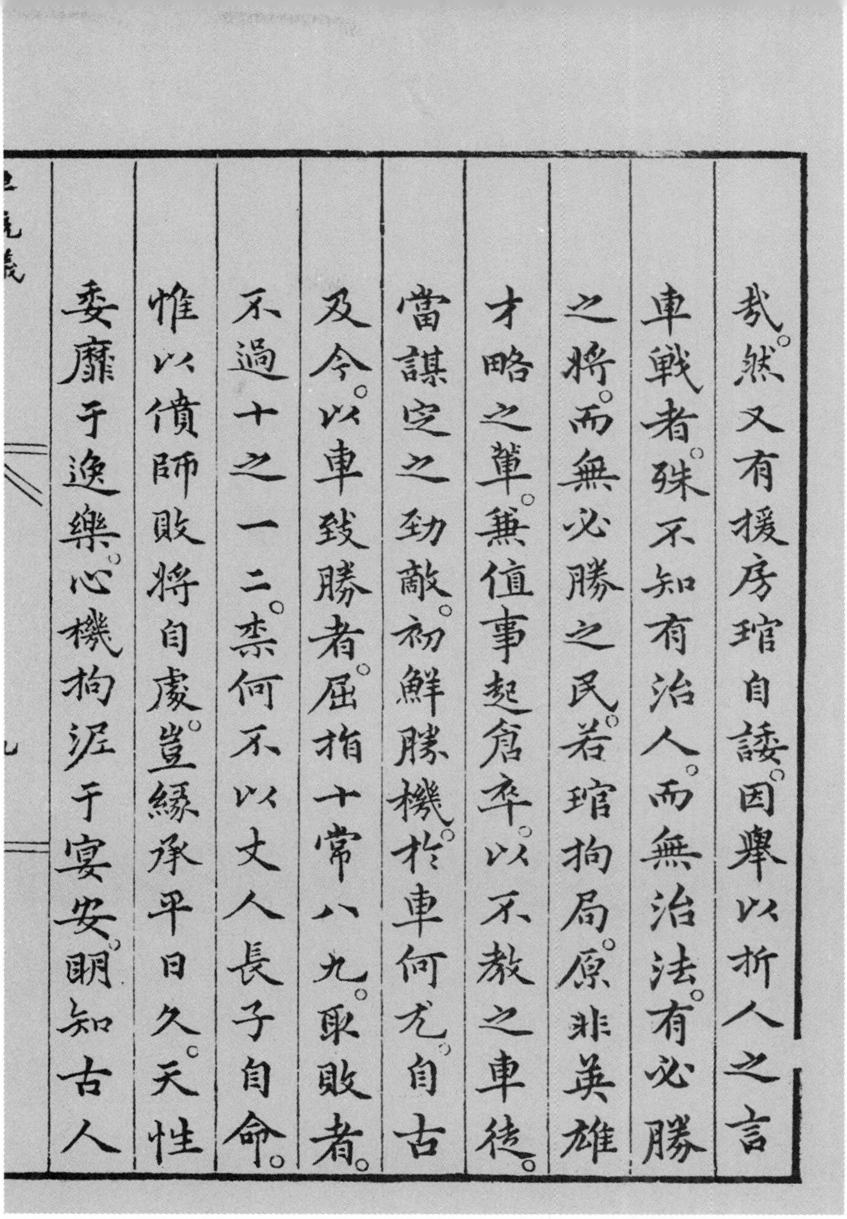

哉。然又有援房琯自諉，因舉以折人之言車戰者。殊不知有治人而無治法，有必勝之將而無必勝之民。若琯拘局，原非英雄才略之輩，兼值事起倉卒，以不教之車徒，當謀定之勁敵，初鮮勝機，於車何尤。自古及今，以車致勝者屈指十常八九，取敗者不過十之一二。奈何不以丈人長子自命，惟以僨師敗將自處。豈緣承平日久，天性委靡于逸樂，心機拘泥于宴安，明知古人用兵之害，不知因害求利。善可師，不善可資，此機一轉，勝算握之掌中。三返晝夜，用師萬倍，良有以也。

又有謂京營、薊鎮之車具在，畢竟無用。臣愚以爲，造車者必知運用之法，斯輕重得宜，致遠不泥。用車者必知造作之故，斯利害洞然，臨事無患。造之於不知車制之官，付之於不能用車之將，是兩無當矣。大概用兵尚變，制器求宜。吕望扶胥，衝突未嘗不利也，井田既廢，秦人

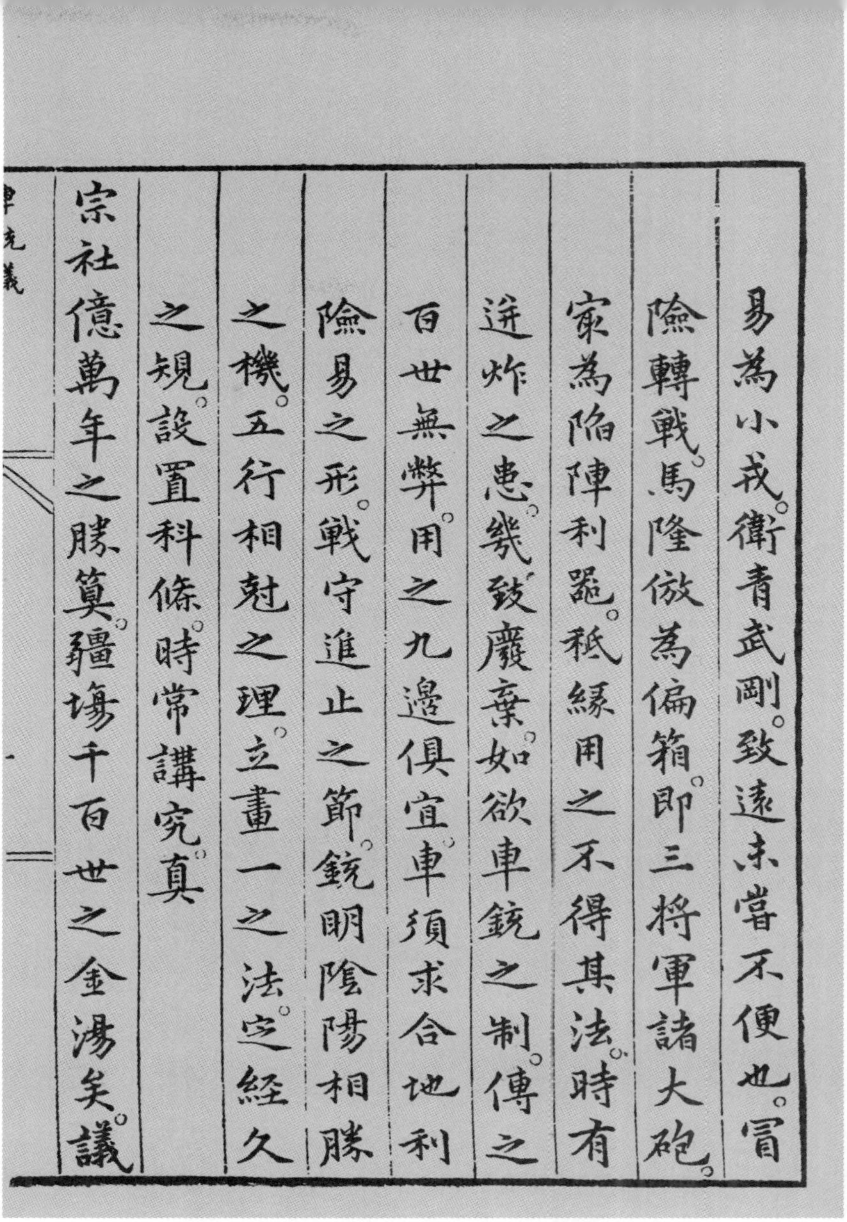
易為小戎。衛青武剛。致遠未嘗不便也。冒
險轉戰。馬隆做為偏箱。即三將軍諸大砲。
冣為陷陣利器。秖緣用之不得其法。時有
迸炸之患。幾致廢棄。如欲車銃之制。傳之
百世無弊。用之九邊俱宜。車須求合地利
險易之形。戰守進止之節。銃明陰陽相勝
之機。五行相尅之理。立畫一之法。定經久
之規。設置科條。時常講究。真
宗社億萬年之勝算。疆埸千百世之金湯矣。議

易爲小戎。衛青武剛，致遠未嘗不便也，冒險轉戰，馬隆倣爲偏箱。即三將軍諸大砲，最爲陷陣利器，秖緣用之不得其法，時有迸炸之患，幾致廢棄。如欲車銃之制，傳之百世無弊，用之九邊俱宜，車須求合地利險易之形，戰守進止之節。銃明陰陽相勝之機，五行相剋之理。立畫一之法，定經久之規，設置科條，時常講究，真宗社億萬年之勝算，疆場千百世之金湯矣。

議

者又有謂，虜騎飄忽靡定，車恐備左不能顧右，防後必致遺前，似非完策，不若鐵騎爲便。臣愚以爲，楊素弛車暴鬥，誰不壯之。自衛攻人之旨，臣亦有解於中者舊矣。衹緣各邊防虜，盡屬用騎，未聞殺伐用張，時見兵餉告急。數年已来，太倉不足，那借太僕。太僕難支，搜括各省。各省既盡，動及老庫。夫宇内物力十七竭於防邊。求省防邊之費，又欲士伍無嘩，藉令良、平運謀，必不外車戰之法。況今日之車，附以鳥銃，進攻退殿，緩急自如。陷陣混圍，危難不畏。其縱横馳騁，闔闢張弛之神，殊異疇曩。誠能隨時變通，三事迭相爲用，儘足爲目前省費之媒。竢有楊素之流，樹旄九塞，然後盡廢車徒、火器，專用鐵騎，未爲晚也。先朝余、郭諸臣所用不過舊日之器，近日退虜亦不過日本鳥銃。若臣所製，較舊器則數倍其利，較倭銃則便利倍之。緣臣得之秘傳，參之載籍，正之素經戰陣之人。南北戰守俱宜，晝夜陰晴可用。有奇正備于一器，有遠近盡可制人。分之則循環無端，合之則猛烈具足。啓二儀久閟之機，發五兵未盡之利。然臣輒敢自信者，蓋有見於養由基、蜚衛之流，不過巧能穿楊，力透七札，遂足稱雄一時，顯名千古。茲器洞甲十有餘重，無異拉朽，命中數百步之外，直似承蜩。誠能行臣之言，數月之後，穿楊透札之士，

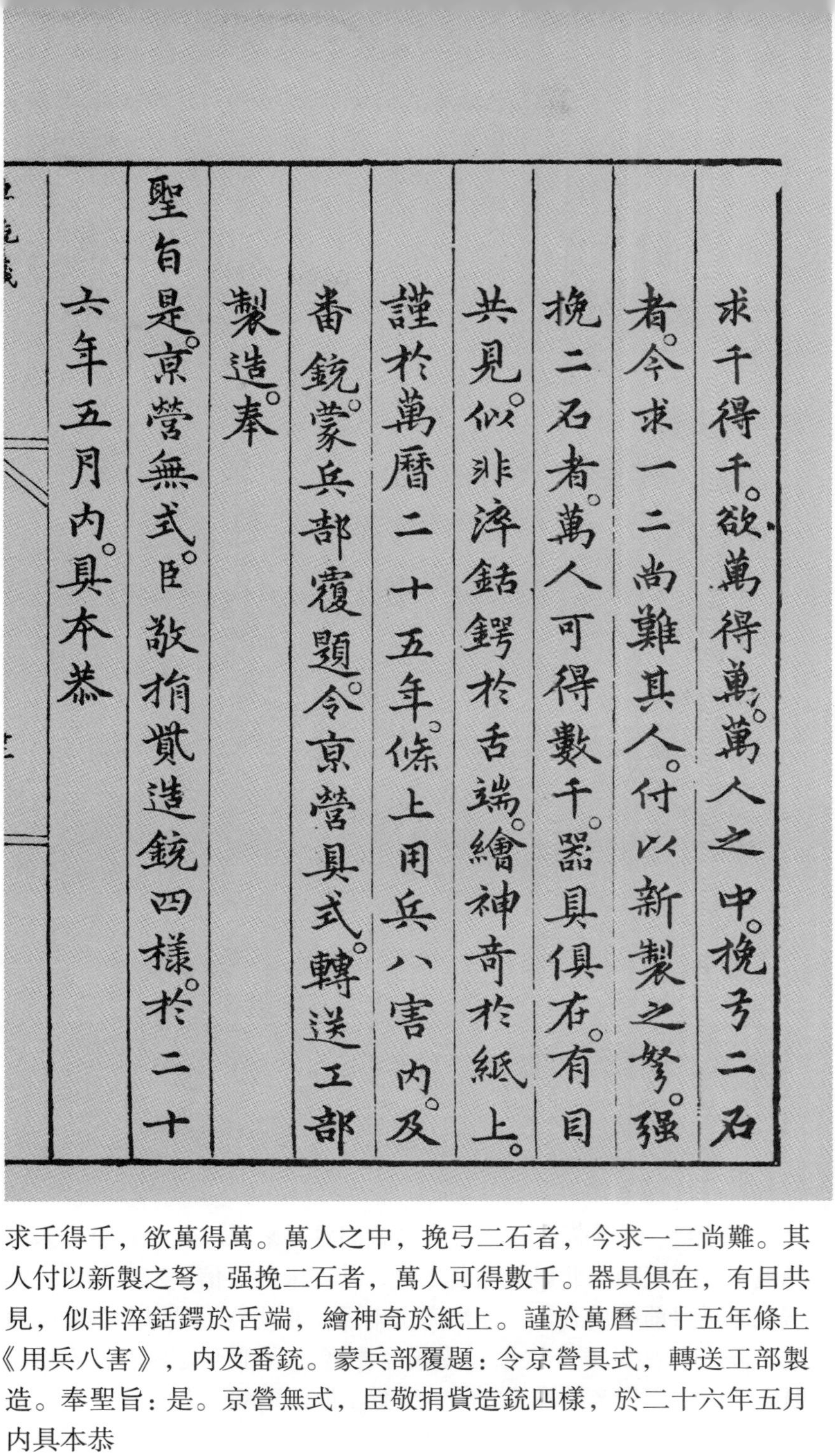
求千得千。欲萬得萬。萬人之中。挽弓二石
者。今求一二尚難其人。付以新製之弩。强
挽二石者。萬人可得數千。器具俱在。有目
共見。似非淬銛鍔於舌端。繪神奇於紙上。
謹於萬曆二十五年。條上用兵八害內。及
番銃。蒙兵部覆題。令京營具式。轉送工部
製造。奉
聖旨是。京營無式。臣敬捐貲造銃四樣。於二十
六年五月內。具本恭

求千得千，欲萬得萬。萬人之中，挽弓二石者，今求一二尚難。其人付以新製之弩，强挽二石者，萬人可得數千。器具俱在，有目共見，似非淬銛鍔於舌端，繪神奇於紙上。謹於萬曆二十五年條上《用兵八害》，内及番銃。蒙兵部覆題：令京營具式，轉送工部製造。奉聖旨：是。京營無式，臣敬捐貲造銃四樣，於二十六年五月内具本恭

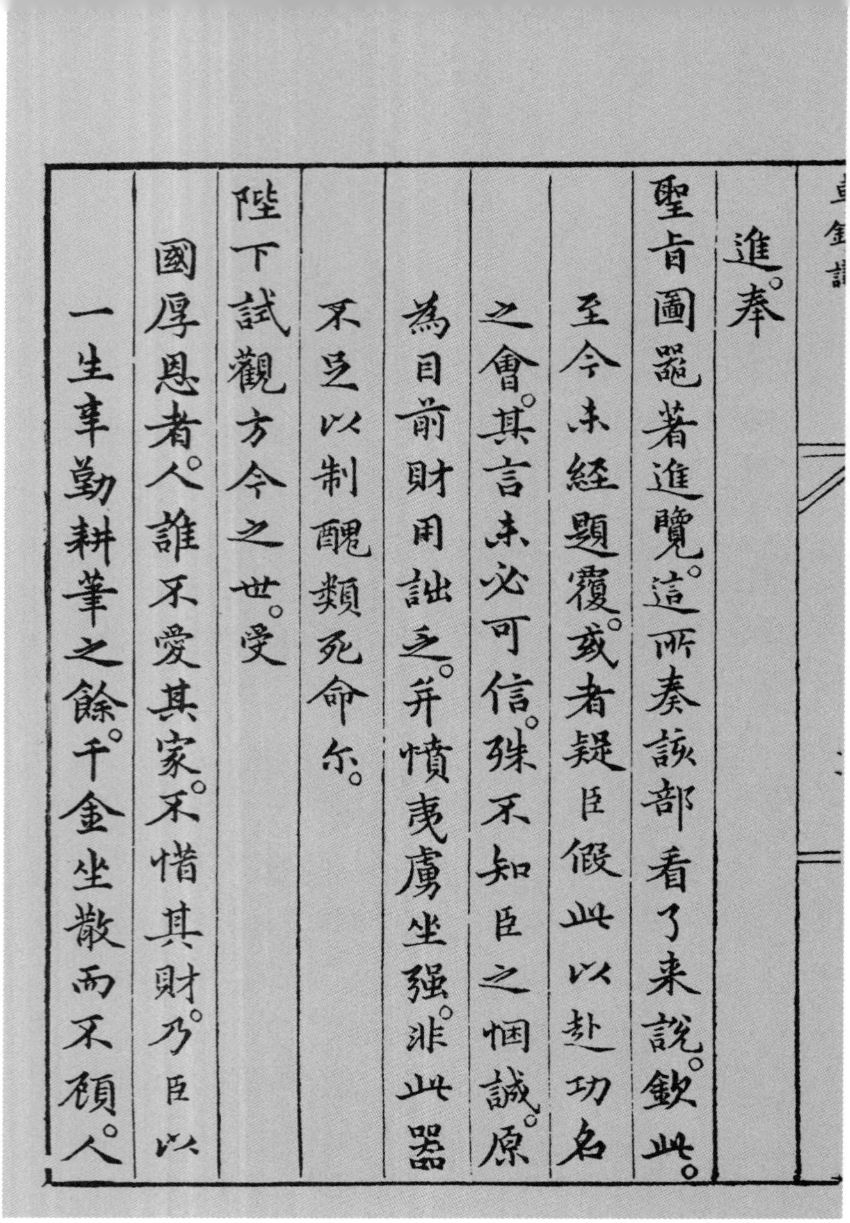
進。奉
聖旨圖器著進覽。這所奏該部看了来說。欽此。
至今未經題覆。或者疑臣假此以赴功名
之會。其言未必可信。殊不知臣之悃誠。原
爲目前財用詘乏。并憤夷虜坐强。非此器
不足以制醜類死命尒。
陛下試觀方今之世。受
國厚恩者。人誰不愛其家。不惜其財。乃臣以
一生辛勤耕筆之餘。千金坐散而不顧。人

進。奉聖旨：圖器著進覽，這所奏該部看了来説。欽此。至今未經題覆。或者疑臣假此以赴功名之會，其言未必可信。殊不知臣之悃誠，原爲目前財用詘乏，并憤夷虜坐强，非此器不足以制醜類死命爾。陛下試觀，方今之世，受國厚恩者，人誰不愛其家，不惜其財。乃臣以一生辛勤耕筆之餘，千金坐散而不顧。人

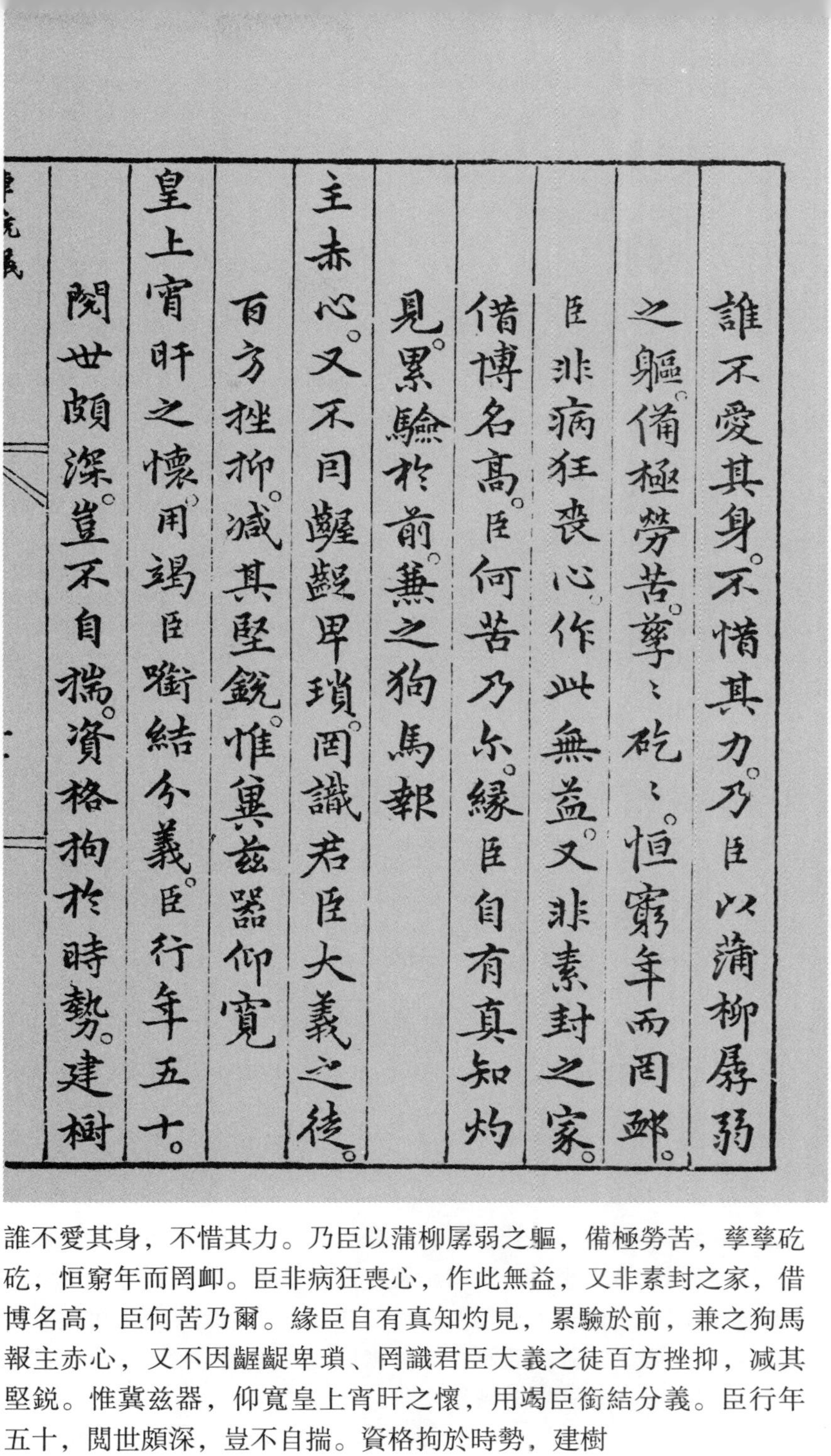

誰不愛其身，不惜其力。乃臣以蒲柳孱弱之軀，備極勞苦，孳孳矻矻，恒窮年而罔卹。臣非病狂喪心，作此無益，又非素封之家，借博名高，臣何苦乃爾。緣臣自有真知灼見，累驗於前，兼之狗馬報主赤心，又不因齷齪卑瑣、罔識君臣大義之徒百方挫抑，減其堅鋭。惟冀兹器，仰寬皇上宵旰之懷，用竭臣銜結分義。臣行年五十，閱世頗深，豈不自揣。資格拘於時勢，建樹限於孤寒，徒恃區區一技之長，憑藉忠義，望今人以古道哉。臣雖至愚，必不敢懷妄想也。敬將續製諸器，具本恭進。伏乞皇上軫念老庫不禁尾閭之洩，太僕難塞漏卮之竇，公私交困，時事可虞。惟得器可致兵强，兵强斯望國富，國富庶百姓得獲休養。國家億萬年靈長之盛，是在陛下採納轉移之間，

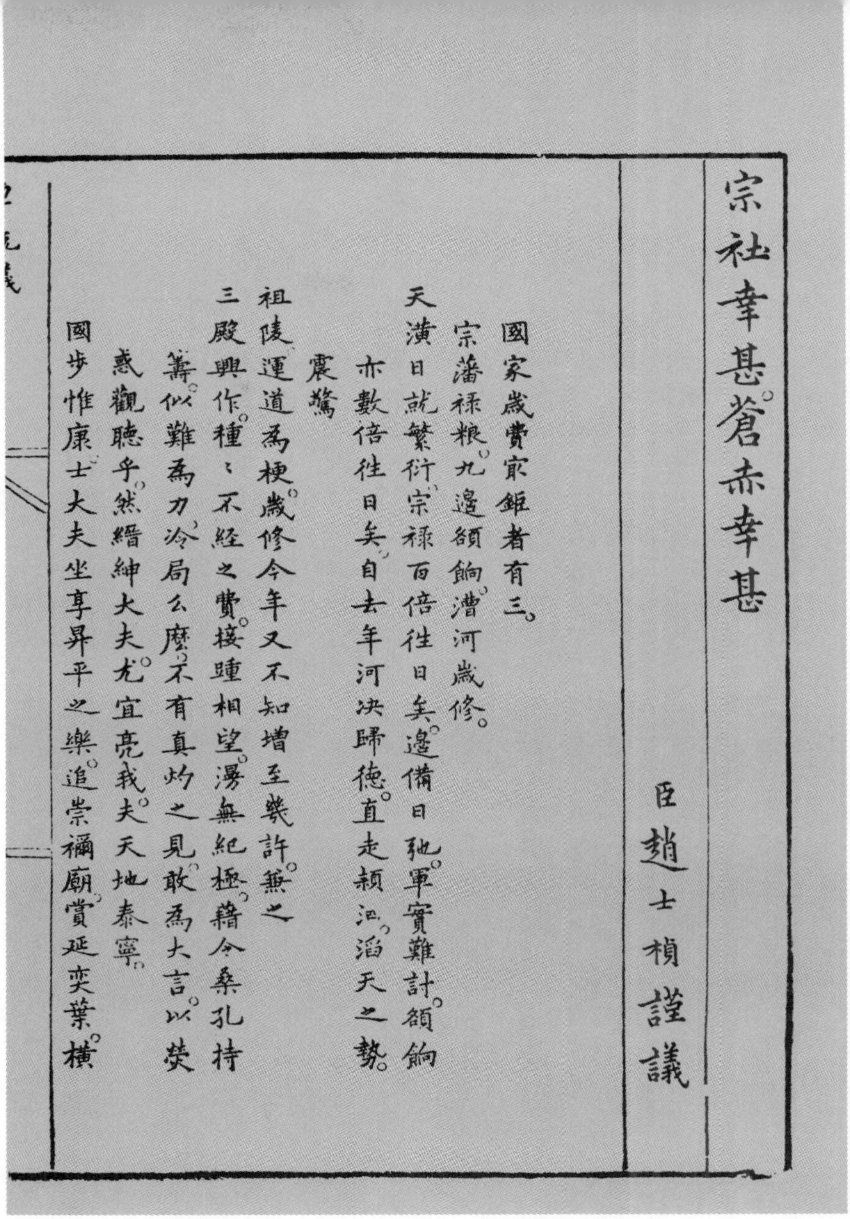

宗社幸甚，蒼赤幸甚。

臣趙士楨謹議。

國家歲費最鉅者有三：宗藩禄糧，九邊額餉，漕河歲修。天潢日就繁衍，宗禄百倍往日矣。邊備日弛，軍實難討，額餉亦數倍往日矣。自去年河決歸德，直走潁、泗，滔天之勢，震驚祖陵，運道爲梗。歲修今年又不知增至幾許。兼之三殿興作，種種不經之費，接踵相望，漫無紀極。藉令桑、孔持籌，似難爲力，冷局么麼，不有真灼之見，敢爲大言以熒惑觀聽乎。然縉紳大夫，尤宜亮我。夫天地泰寧，國步惟康，士大夫坐享昇平之樂，追崇禰廟，賞延奕葉，横

玉拖金乘軒列鼎其安富尊榮皆士楨一途夢想不到
之境窮竭心力以盡狗馬顧
主分義更何覬覦而云然哉試觀楨自供奉周廬以来緑袍
槐簡一官廿年不移計積資得從大夫之後尚須二十
餘年遥想此時簑笠冠裳泉臺人世俱未可卜若欲自
食其報何不以俸錢
賜金並我耕筆所獲求田問舍美食鮮衣聊復尒尒以終
我天年之爲快也萬一不加見亮或謂是夫也何工於
謀人而拙於謀已況勢决江河滔滔皆是天實爲之謂
之何哉楨自宜九頓受教惟謹如謂位卑言高效顰越
俎謀之不臧無當於用是賢豪長者是與
國爲仇以自貽同氣後日之難何足阻抑士楨又何得爲
楨僇辱乎

玉拖金，乘軒列鼎。其安富尊容，皆士楨一途夢想不到之境。窮竭心力，以盡狗馬顧主分義，更何覬覦而云然哉。試觀楨自供奉周盧以来，緑袍槐簡，一官廿年不移，計積資得從大夫之後，尚須二十餘年。遥想此時，簑笠冠裳，泉臺人世，俱未可卜。若欲自食其報，何不以俸錢賜金，並我耕筆所獲，求田問舍，美食鮮衣，聊復爾爾，以終我天年之爲快也。萬一不加見亮，或謂是夫也，何工於謀人而拙於謀已。況勢決江河，滔滔皆是，天實爲之，謂之何哉。楨自宜九頓，受教惟謹。如謂位卑言高，效顰越俎，謀之不臧，無當於用。是賢豪長者，是與國爲仇，以自貽同氣後日之難，何足阻抑士楨，又何得爲楨僇辱乎。

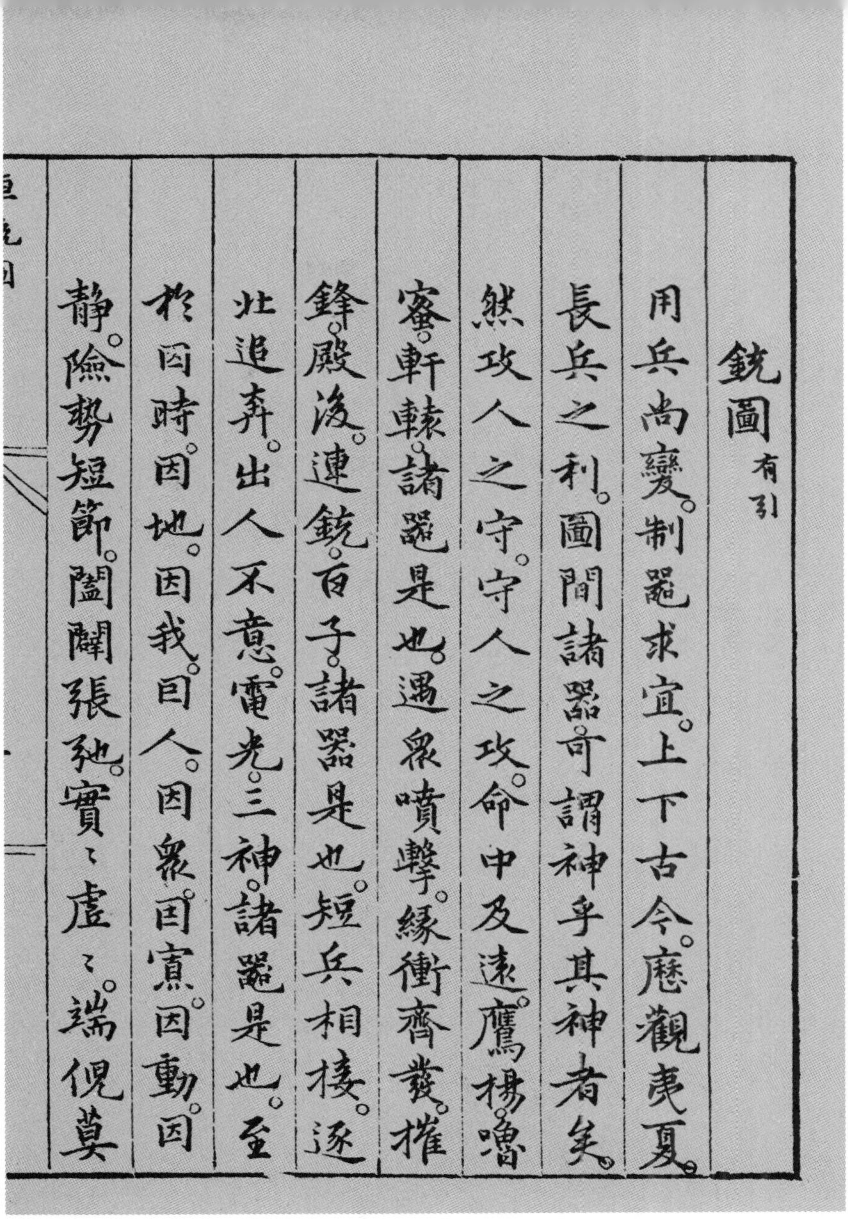

銃圖 有引

用兵尚變。制器求宜。上下古今。歷觀夷夏。長兵之利。圖間諸器可謂神乎其神者矣。然攻人之守。守人之攻。命中及遠。鷹揚嚕蜜。軒轅諸器是也。遇衆噴擊。緣衝齊發。摧鋒殿後。連銃百子諸器是也。短兵相接。逐北追奔。出人不意。電光三神諸器是也。至於因時因地。因我因人。因衆因寡。因動因靜。險勢短節。闔闢張弛。實實虛虛。端倪莫

銃圖 有引

用兵尚變，制器求宜。上下古今，歷觀夷夏，長兵之利，圖間諸器可謂神乎其神者矣[1]。然攻人之守，守人之攻，命中及遠，鷹揚、嚕蜜、軒轅諸器是也。遇衆噴擊，緣衝齊發，摧鋒殿後，連銃、百子諸器是也。短兵相接，逐北追奔，出人不意，電光、三神諸器是也。至於因時因地，因我因人，因衆因寡，因動因靜，險勢短節，闔闢張弛，實實虛虛，端倪莫

1 按，措辭類似明刻五卷本卷二原銃下（署“萬曆癸卯孟春吉旦東嘉趙士楨識”）首句:“用兵尚變，制器求宜。上下古今，歷觀夷夏，長兵之利，前圖諸器可稱善之善者。”下文則全異。

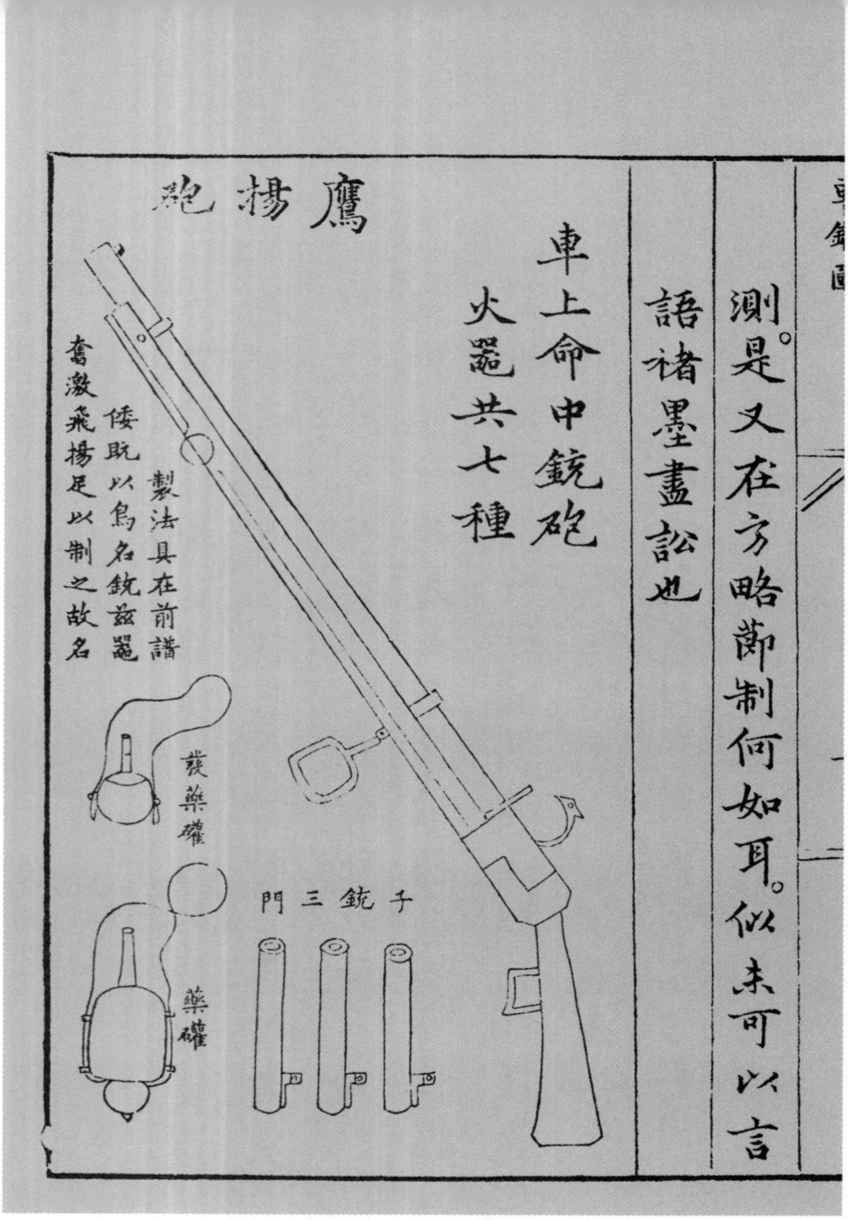

測，是又在方略節制何如耳，似未可以言語楮墨盡訟也。

車上命中銃砲火器共七種

鷹揚砲：製法具在前譜。倭既以鳥名銃，玆器奮激飛揚，足以制之，故名。子銃三門。發藥罐。藥罐。

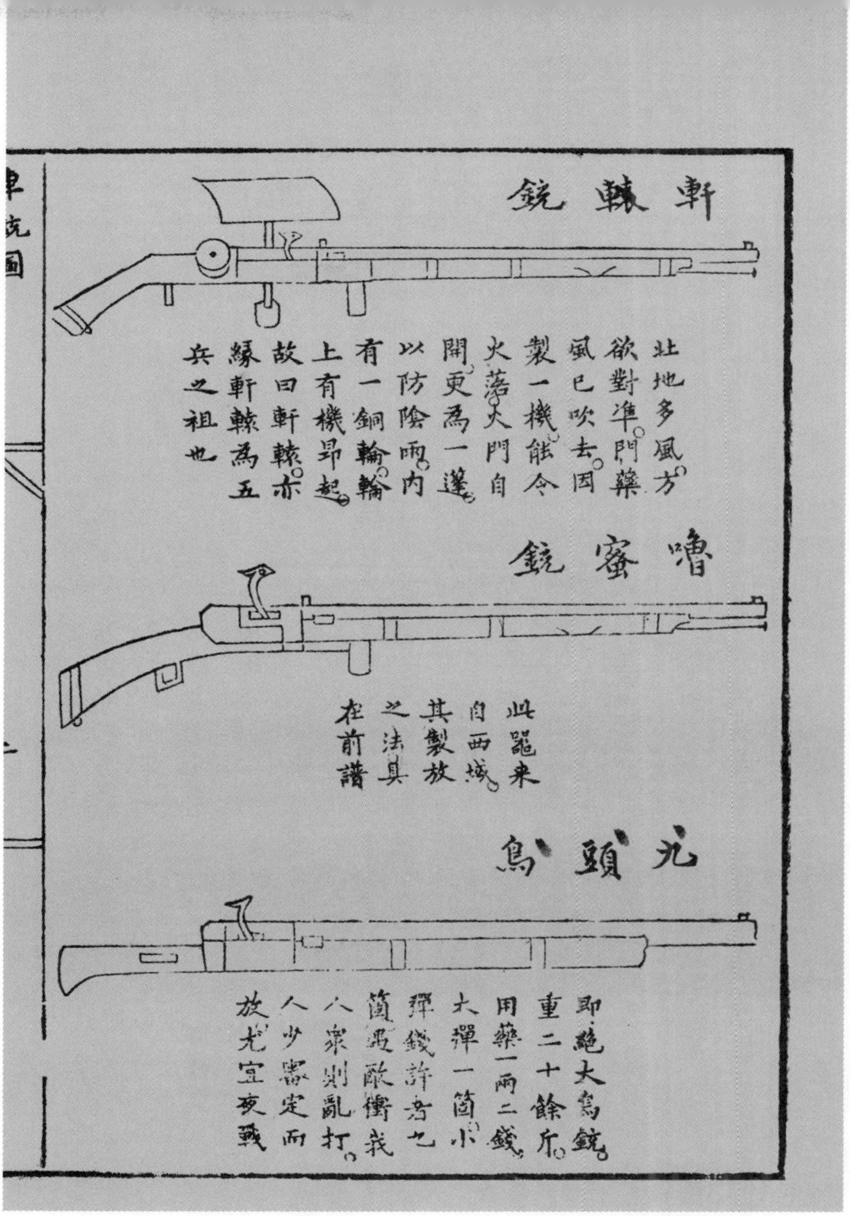

軒轅銃：北地多風，方欲對準，門藥風已吹去。因製一機，能令火落，火門自開。更爲一篷，以防陰雨。内有一銅輪，輪上有機昂起，故曰軒轅，亦緣軒轅爲五兵之祖也。

嚕蜜銃：此器来自西域，其製放之法，具在前譜。

九頭鳥：即絶大鳥銃，重二十餘斤。用藥一兩二錢，大彈一箇，小彈錢許者九箇。遇敵衝我，人衆則亂打，人少審定而放，尤宜夜戰。

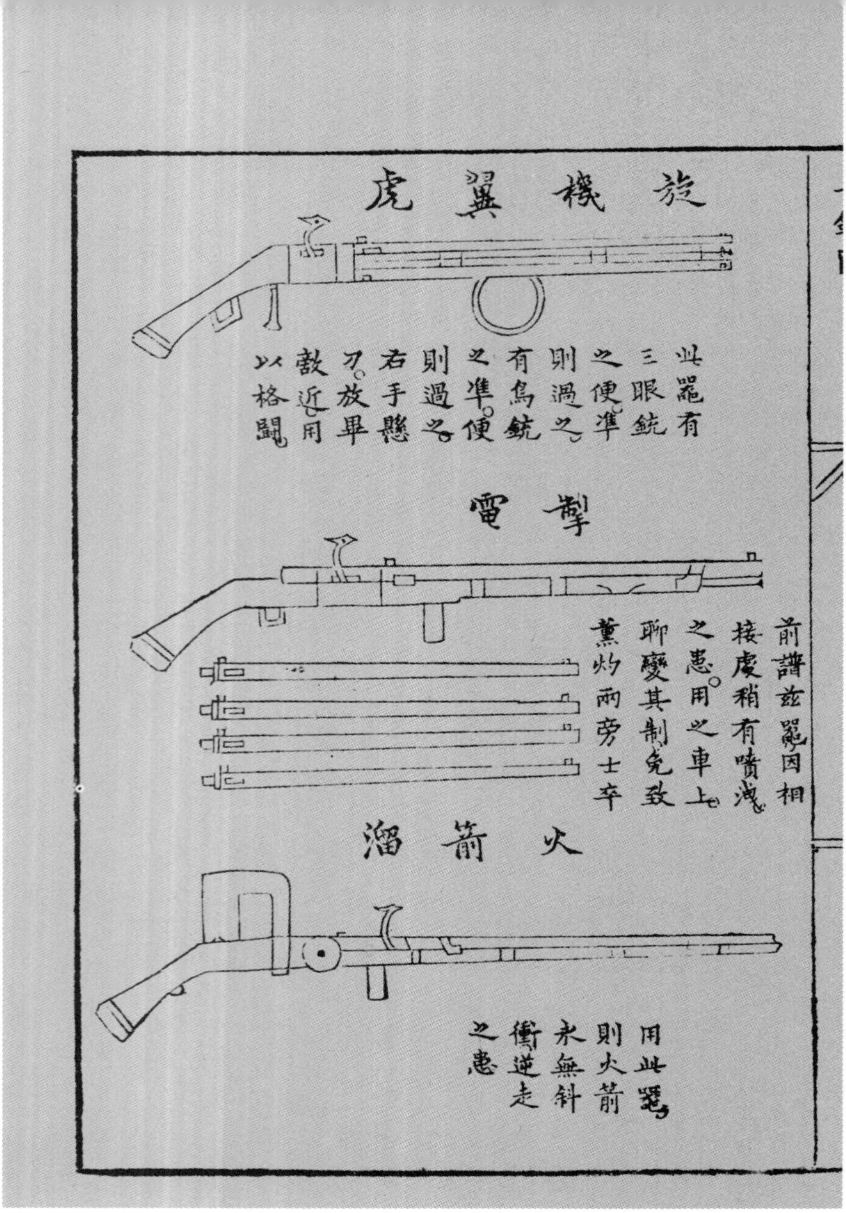

旋機翼虎：此器有三眼銃之便，準則過之。有鳥銃之準，便則過之。右手懸刀，放畢敵近，用以格鬥。

掣電：前譜兹器，因相接處稍有噴洩之患，用之車上，聊變其制，免致薰灼兩旁士卒。

火箭溜：用此器，則火箭永無斜衝逆走之患。

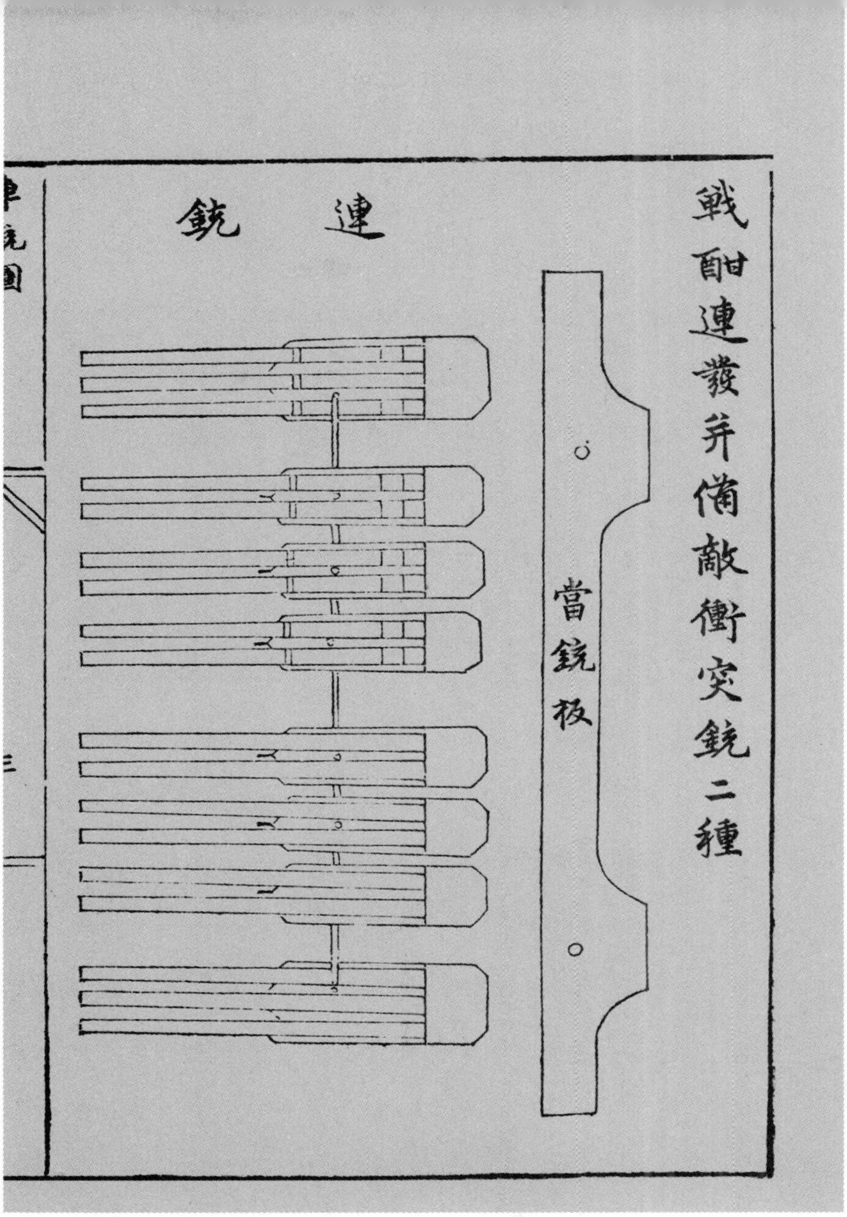

戰酣連發并備敵衝突銃二種
當銃板。連銃。

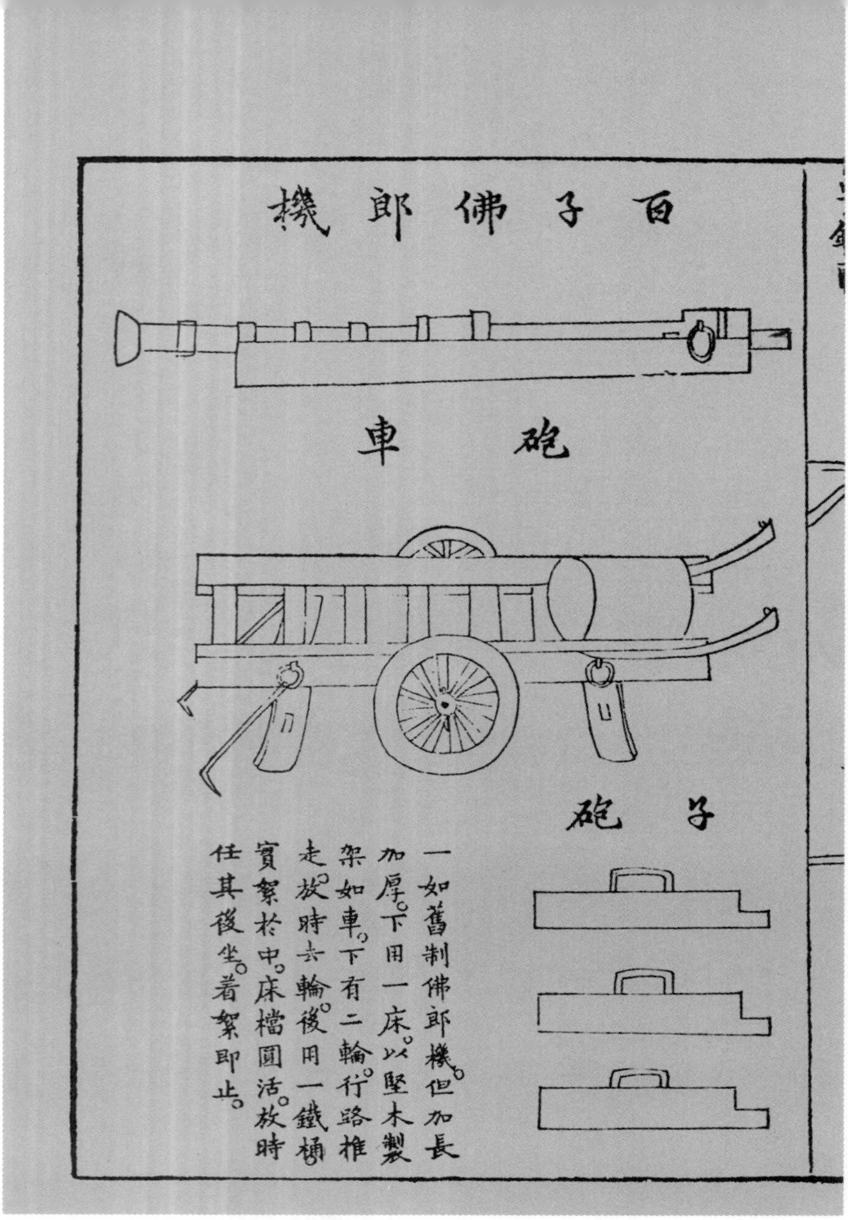

百子佛郎機。砲車。子砲。

一如舊制佛郎機，但加長加厚，下用一床。以堅木製架如車，下有二輪，行路推走，放時去輪。後用一鐵桶，實絮於中，床檔圓活，放時任其後坐，着絮即止

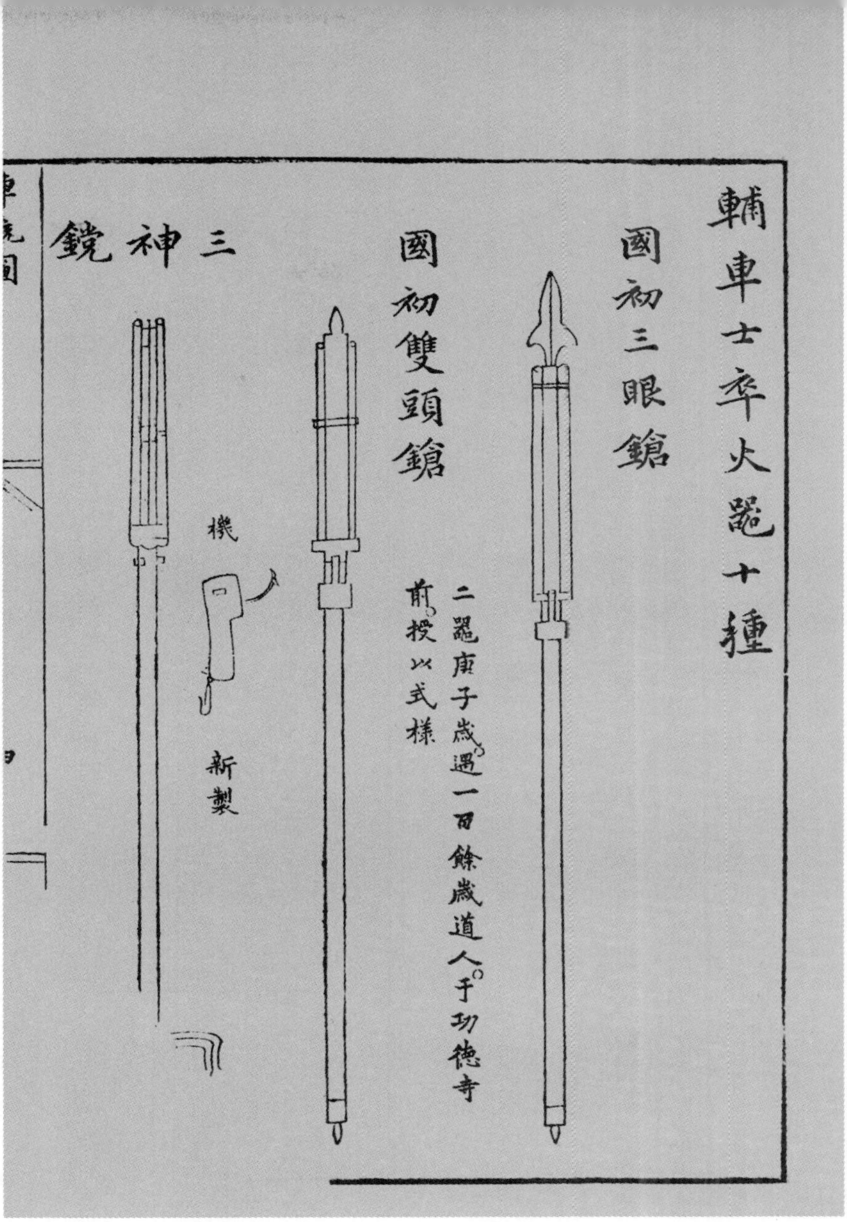

輔車士卒火器十種

國初三眼鎗、國初雙頭鎗：

二器庚子歲遇一百餘歲道人于功德寺前，授以式樣。

三神鋭：新製。機。

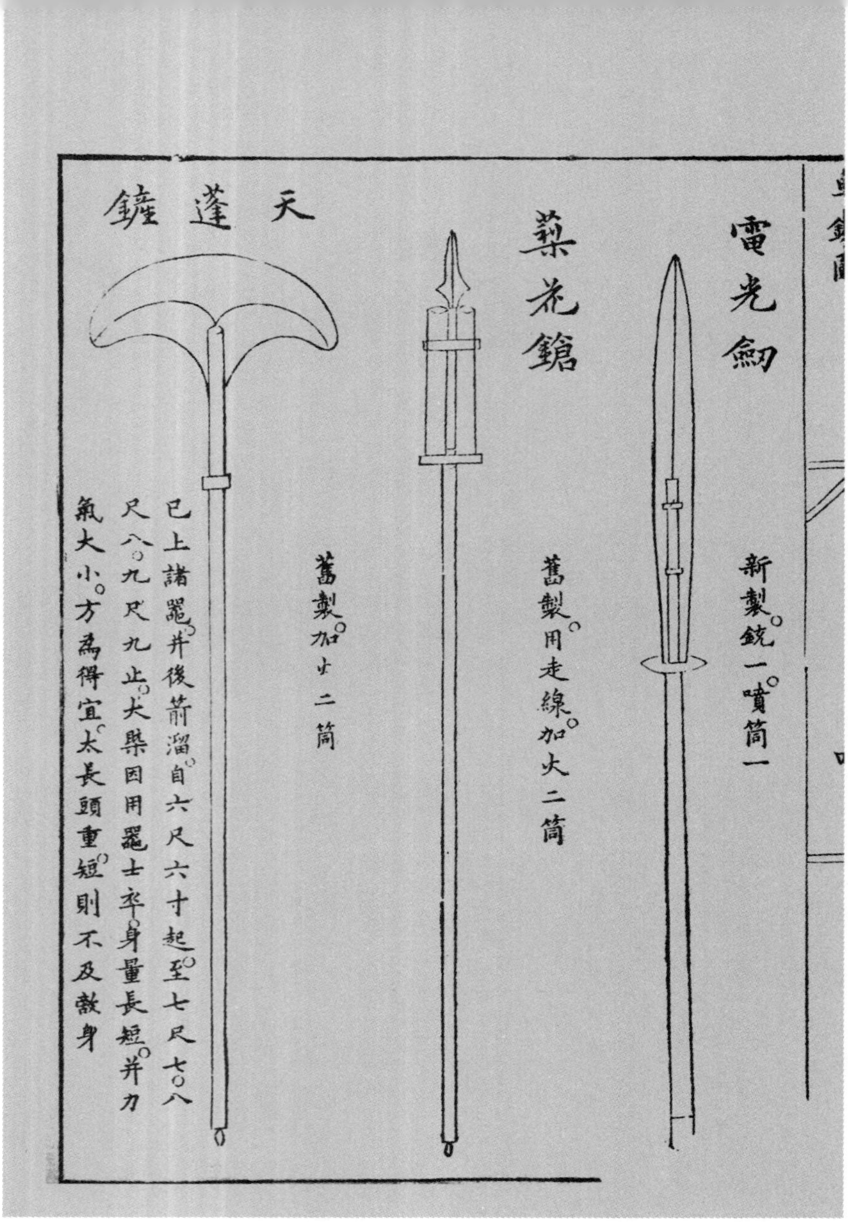

電光劍：新製。銃一。噴筒一。

藜花鎗：舊製。用走線。加火二筒。

天蓬鏟：舊製。加火二筒。

已上諸器，并後箭溜，自六尺六寸起，至七尺七、八尺八、九尺九止。大概因用器士卒身量長短，并力氣大小，方爲得宜。太長頭重，短則不及敵身。

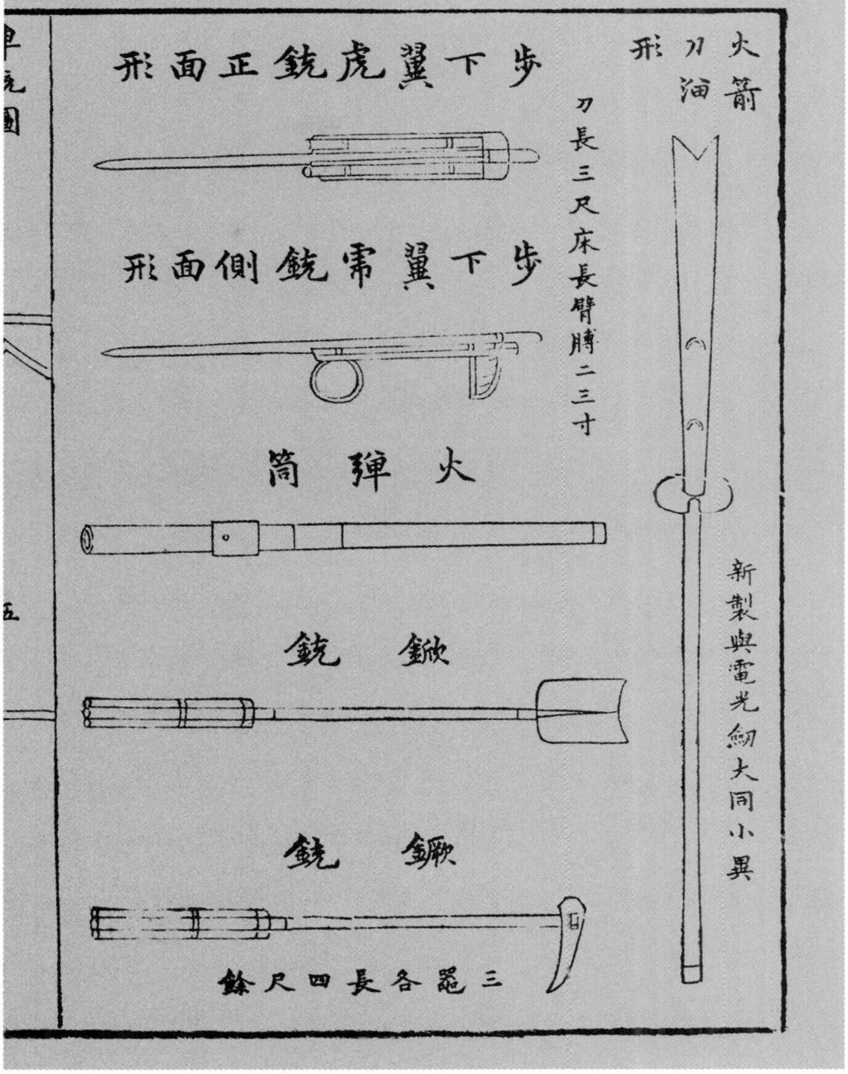

火箭刀溜形。刀長三尺，床長臂膞二三寸。新製。與電光劍大同小異。

步下翼虎銃正面形。步下翼虎銃側面形。

火彈筒。鍁銃。钁銃。三器各長四尺餘。

車圖　有引
臣士楨參酌黄帝指南損益鄭人偏箱作
鷹揚車上下二輪左右旋轉機軸圓活八
面可行守則布爲壘壁戰則藉以前拒遇
江河憑爲舟梁逢山林分負翼衛治力治
氣進止自如晝夜陰晴險易適用再附前
圖諸器於車間加以將諳節制士卒服習
是自衛殺敵之能事畢矣又何倭虜之可
虞哉

車圖 有引[1]

臣士楨參酌黄帝指南，損益鄭人偏箱，作鷹揚車。上下二輪，左右旋轉，機軸圓活，八面可行。守則布爲壘壁，戰則藉以前拒。遇江河憑爲舟梁，逢山林分負翼衛。治力治氣，進止自如，晝夜陰晴，險易適用。再附前圖諸器於車間，加以將諳節制，士卒服習，是自衛殺敵之能事畢矣，又何倭虜之可虞哉！

1 本段明刻五卷作“車圖（有引）/ 臣士楨參酌指南，損益偏箱，作鷹揚車。一盤一輪，上旋下轉，機軸圓活，八面可行。守則布爲壘壁，戰則藉以前拒。遇江河憑爲舟梁，逢山林分負翼衛。治力治氣，進止自如，晝夜陰晴，險易適用。再附前圖諸器於車間，加以將諳節制，士卒服習，是自衛殺敵之器，可謂神乎其神者矣。”

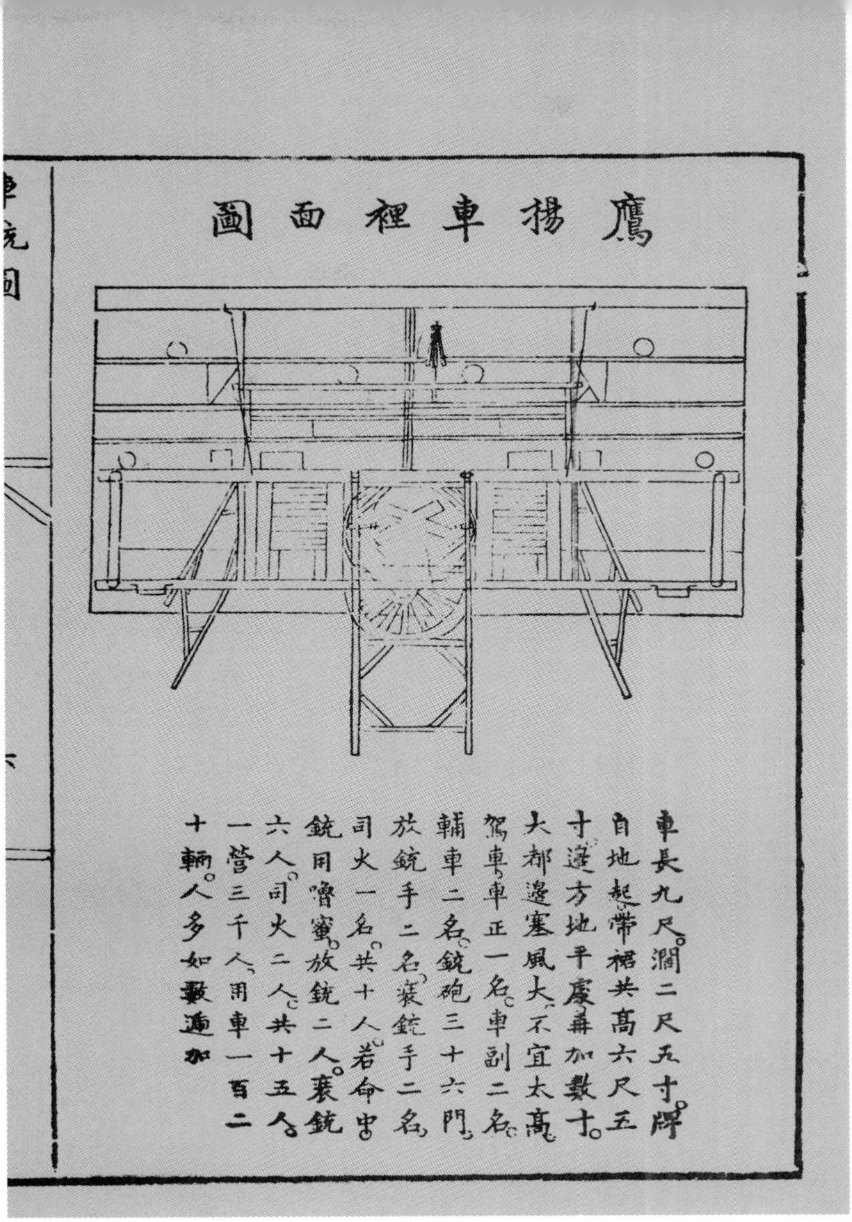

鷹揚車裡面圖

車長九尺，闊二尺五寸。牌自地起，帶裙共高六尺五寸。邊方地平處，再加數寸。大都邊塞風大，不宜太高。駕車車正一名、車副二名，輔車二名，銃砲三十六門、放銃手二名、裝銃手二名、司火一名，共十人。若命中，銃用嚕蜜，放銃二人、裝銃六人、司火二人，共十五人。一營三千人，用車一百二十輛。人多如數遞加。

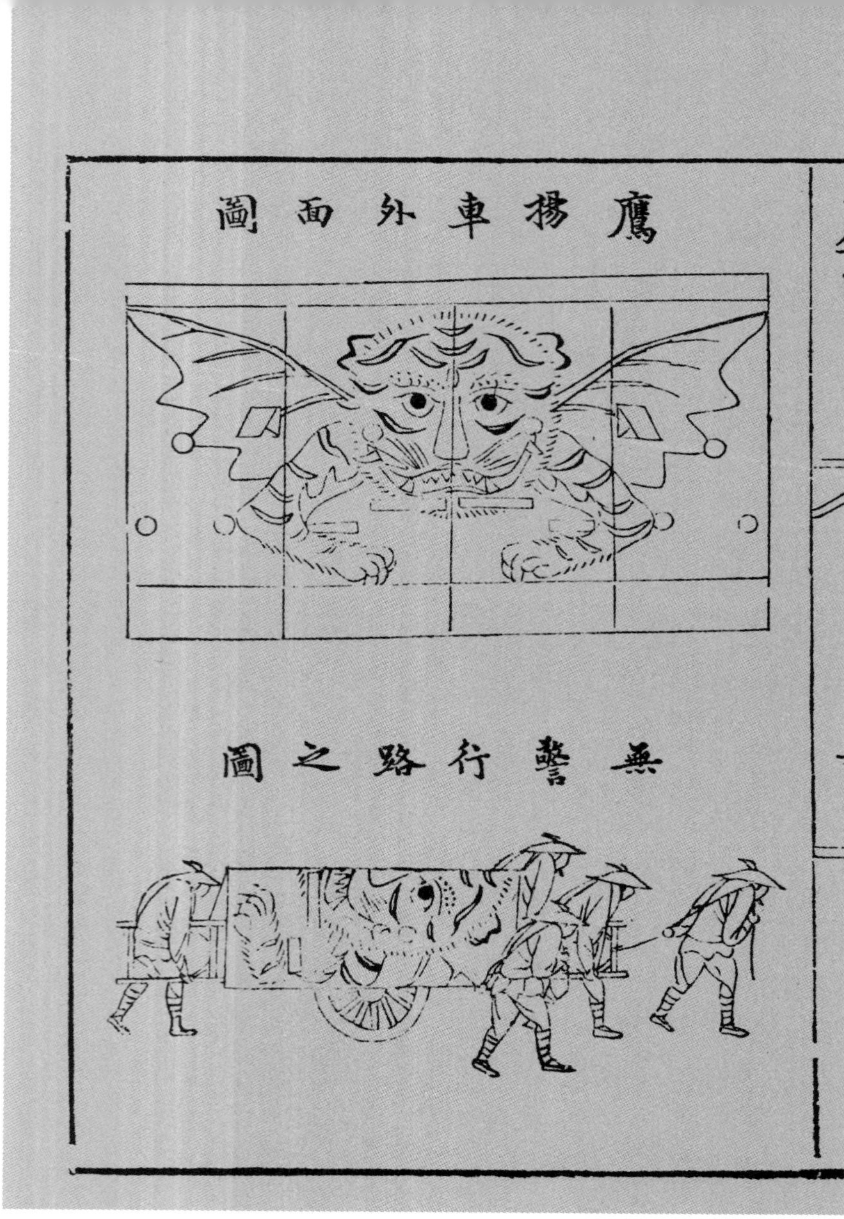

鷹揚車外面圖
無警行路之圖

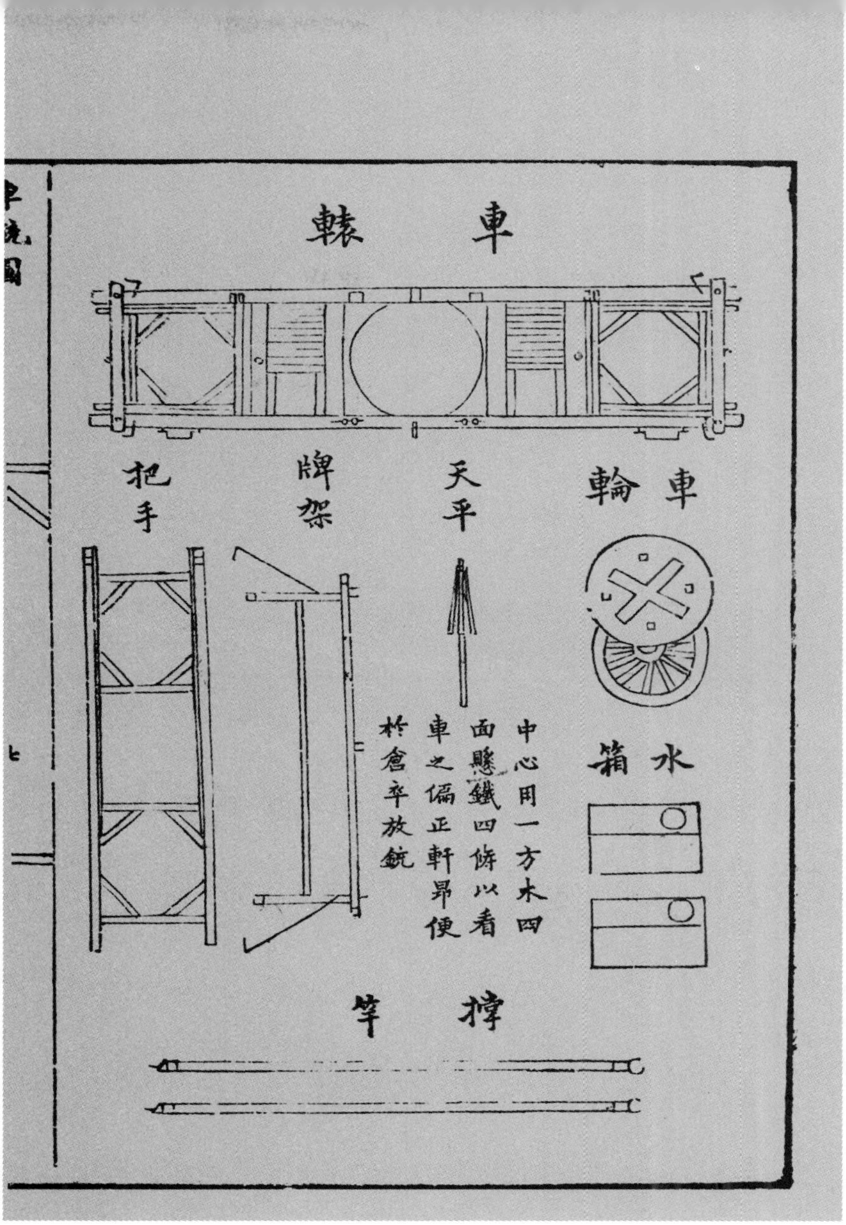

車轅。車輪。牌架。把手。水箱。撐竿。天平：中心用一方木，四面懸鐵四條，以看車之偏正軒昂，便於倉卒放銃。

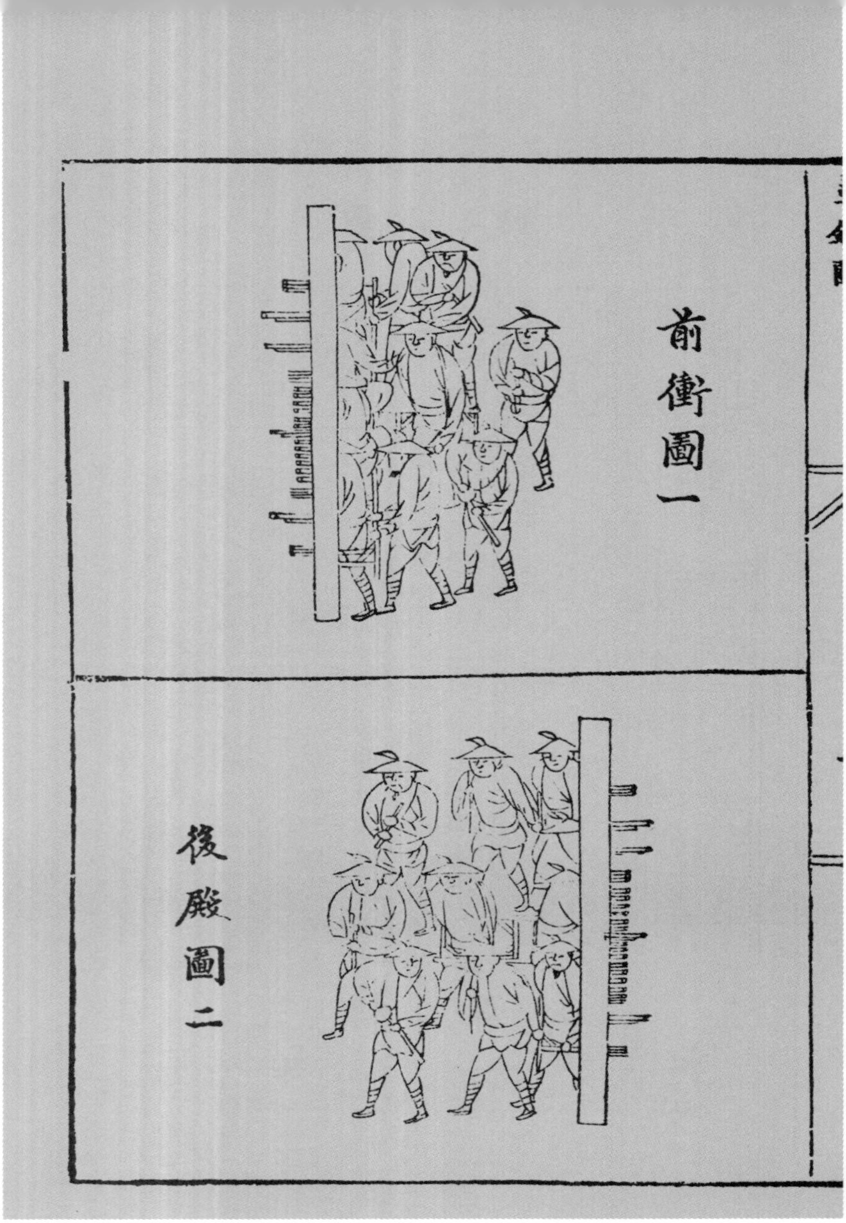

前衝圖一
後殿圖二

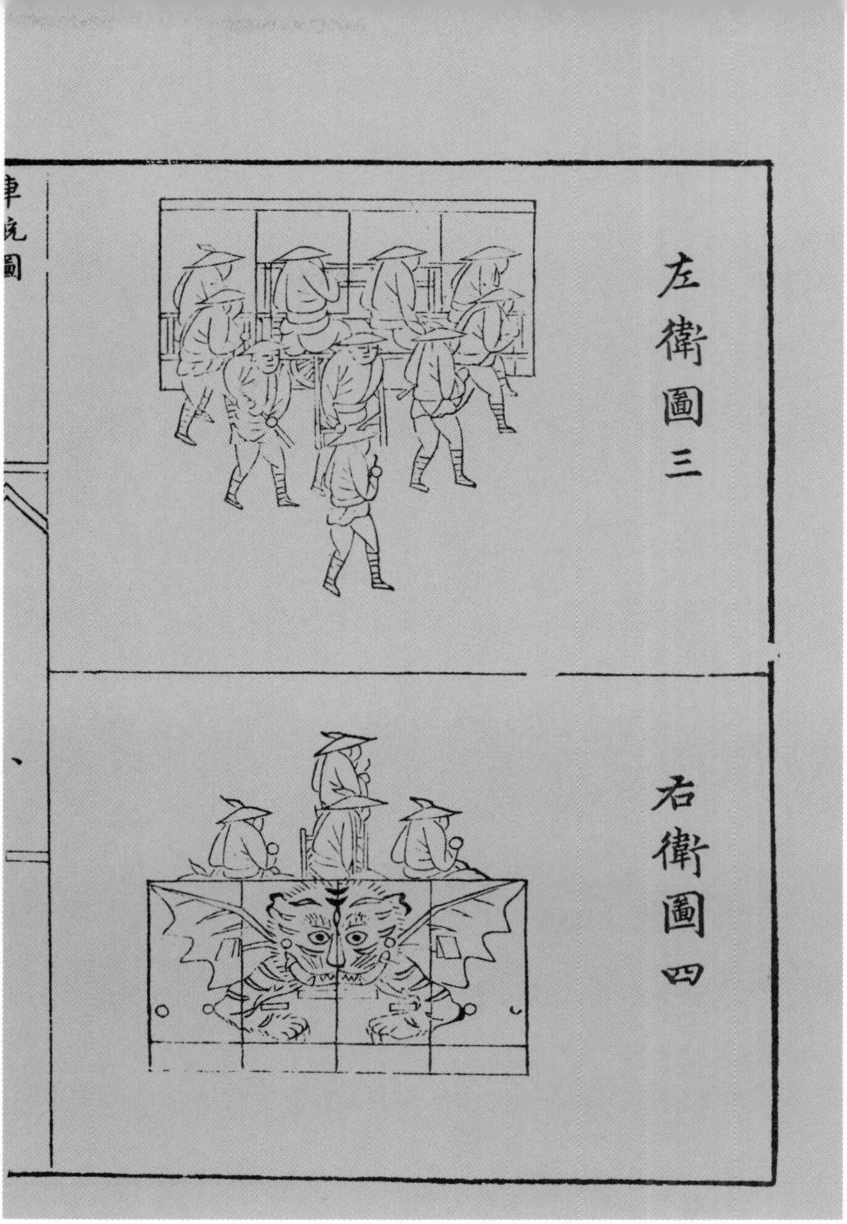

左衛圖三
右衛圖四

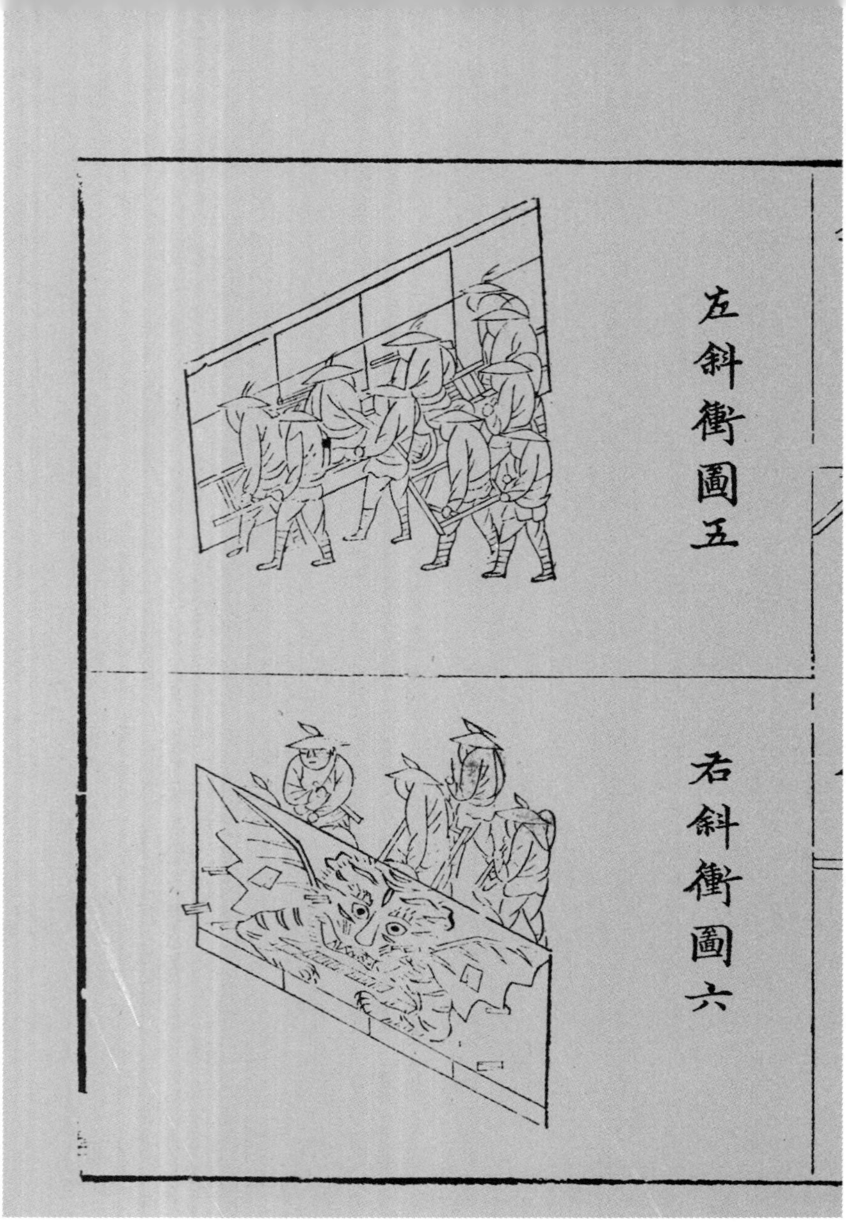

左斜衝圖五
右斜衝圖六

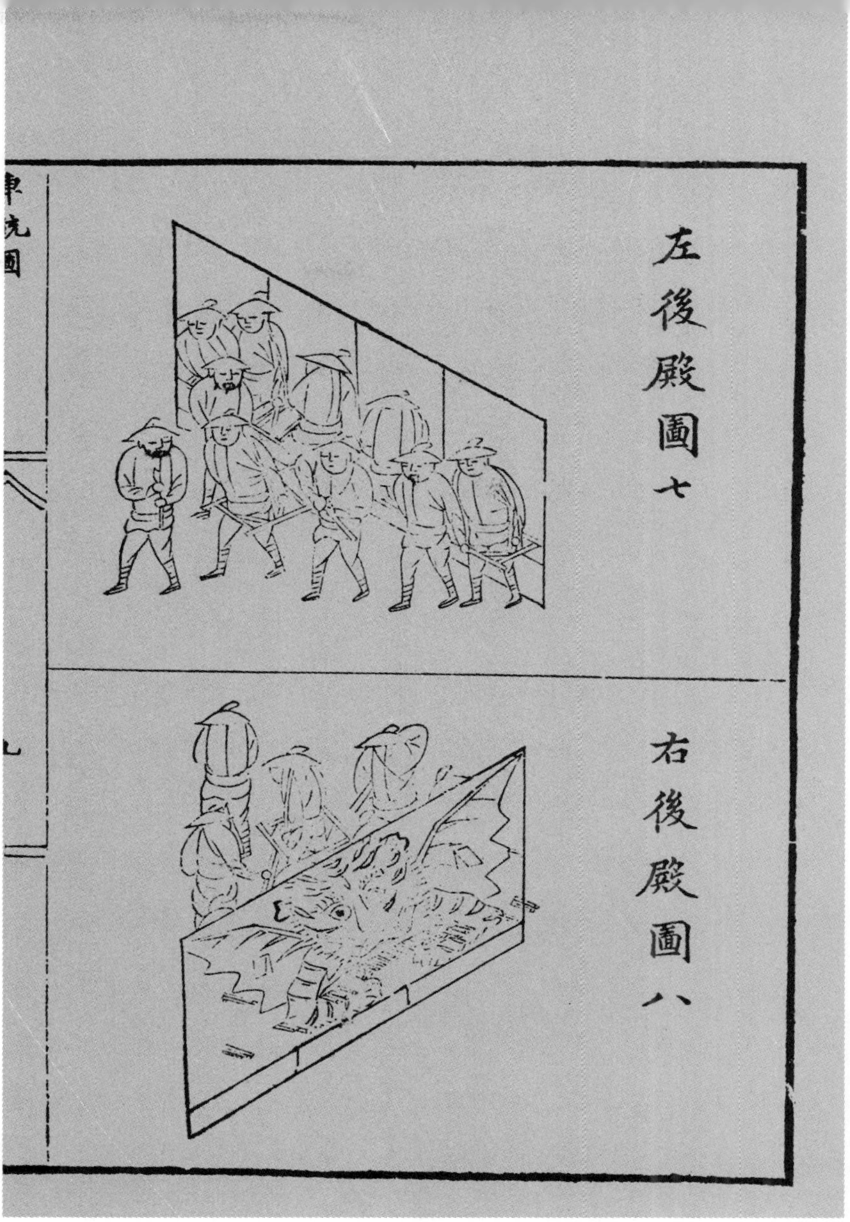

左後殿圖七
右後殿圖八

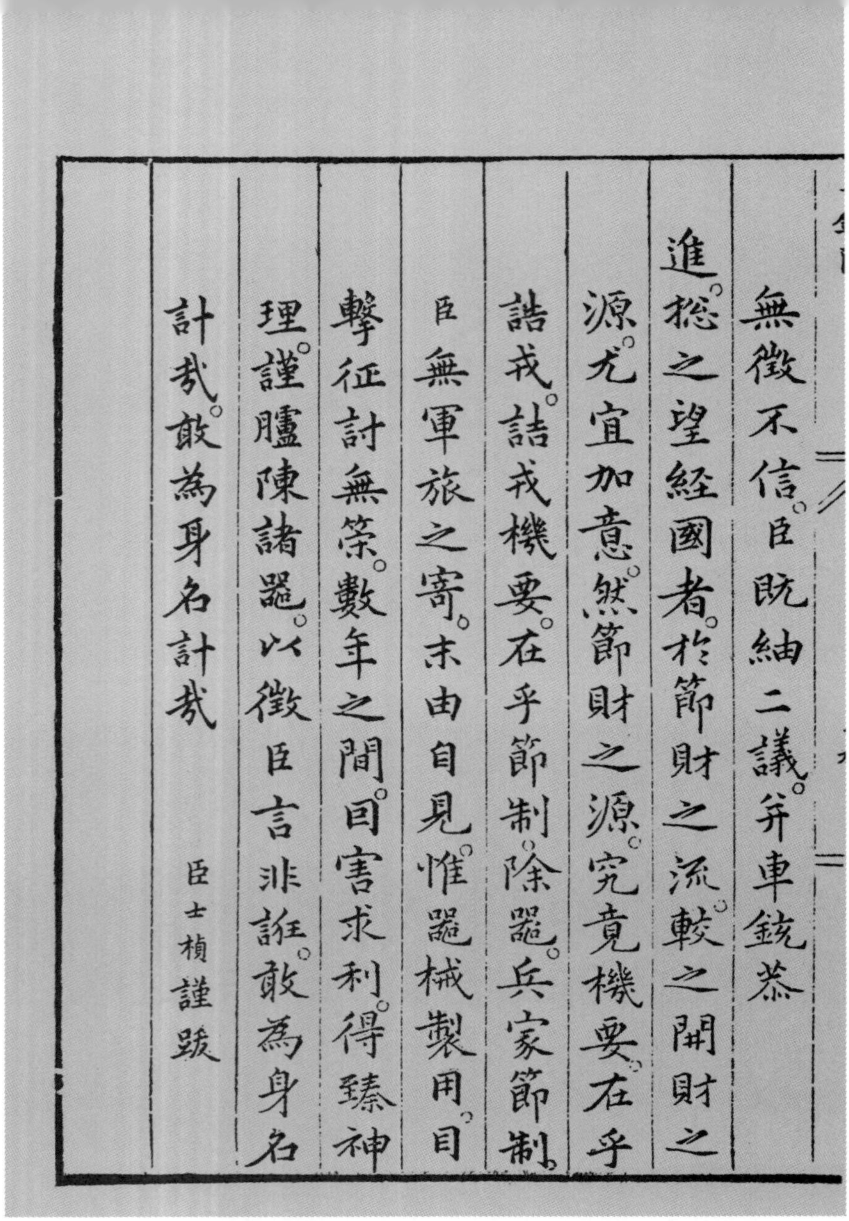
無徵不信。臣既紬二議。并車銃恭
進。總之望經國者。於節財之流。較之開財之
源。尤宜加意。然節財之源。究竟機要在乎
詰戎。詰戎機要。在乎節制。除器。兵家節制。
臣無軍旅之寄。末由自見。惟器械製用。目
擊征討無策。數年之間。因害求利。得臻神
理。謹臚陳諸器。以徵臣言非誣。敢為身名
計哉。敢為身名計哉
臣士楨謹跋

無徵不信，臣既紬二議，并車、銃恭進。總之望經國者於節財之流，較之開財之源，尤宜加意。然節財之源，究竟機要在乎詰戎，詰戎機要在乎節制除器。兵家節制，臣無軍旅之寄，末由自見。惟器械製用，目擊征討無策，數年之間，因害求利，得臻神理。謹臚陳諸器，以徵臣言非誣。敢爲身名計哉，敢爲身名計哉。臣士楨謹跋。[1]

1 按，明刻五卷本無此跋。

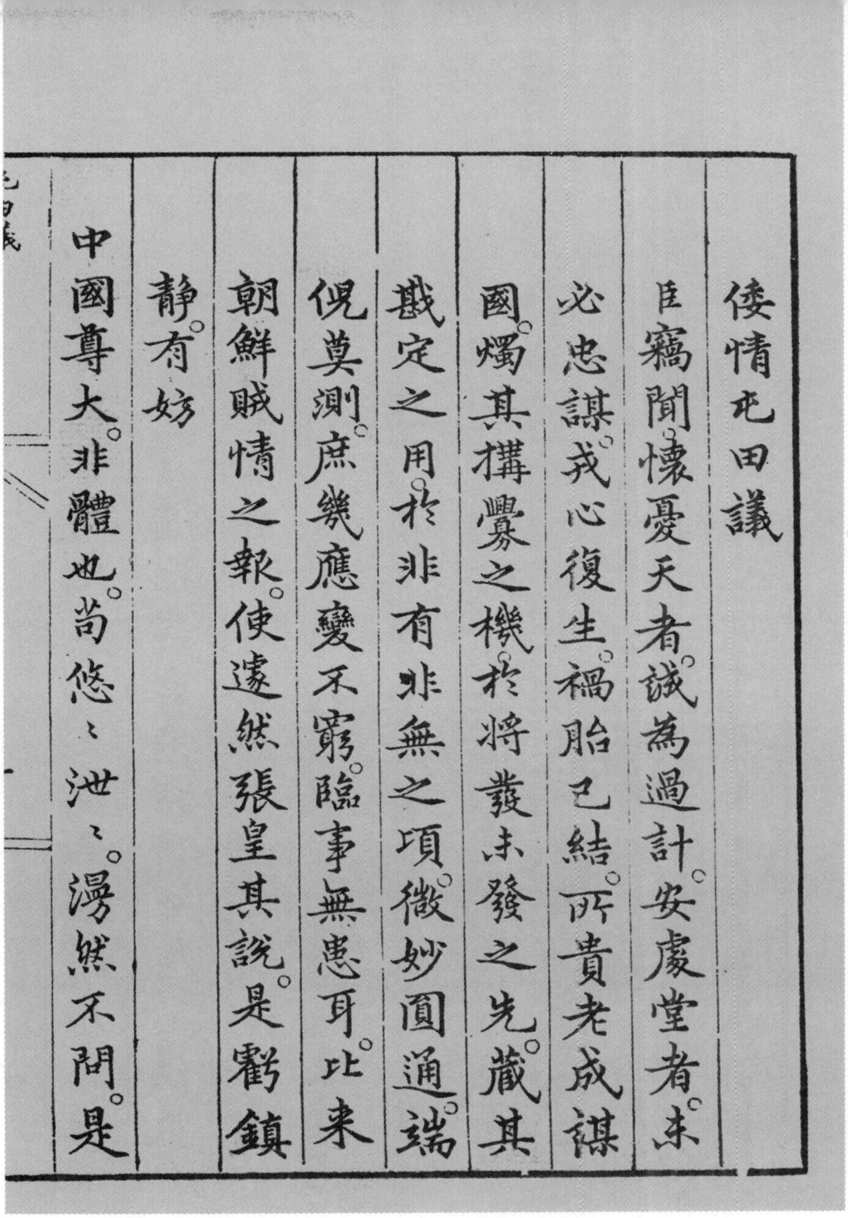
倭情屯田議
臣竊聞懷憂天者誠爲過計安處堂者未
必忠謀戎心復生禍胎已結所貴老成謀
國燭其構釁之機於將發未發之先藏其
戡定之用於非有非無之頃微妙圓通端
倪莫測庶幾應變不窮臨事無患耳比来
朝鮮賊情之報使遽然張皇其説是虧鎮
静有妨
中國尊大非體也苟悠悠泄泄漫然不問是

倭情屯田議

臣竊聞，懷憂天者誠爲過計，安處堂者未必忠謀。戎心復生，禍胎已結，所貴老成謀國，燭其構釁之機於將發未發之先，藏其戡定之用於非有非無之頃。微妙圓通，端倪莫測，庶幾應變不窮，臨事無患耳。比来朝鮮賊情之報，使遽然張皇其説，是虧鎮静，有妨中國尊大，非體也。苟悠悠泄泄，漫然不問，是爲自愚自困，非策也。兵法：無約請和，爲謀。倭奴今日情形，謀耶？非謀耶？壬辰，許儀厚、朱君旺之報，猶可爲今日炯鑑者。前事既誤，後事豈容再誤哉。謹借前著，以備採擇。

一曰察賊情，以防先事自愚。夫賊情者，賊之圖我迫我，期以快其兇逆。彼既蓄謀甚狡，我則爲慮宜周。苟以易心視之，將来之患有不可勝言焉。倭奴舍浙直財帛之藪，畢力朝鮮，蓋欲騁其欺天逆命之圖，殊非

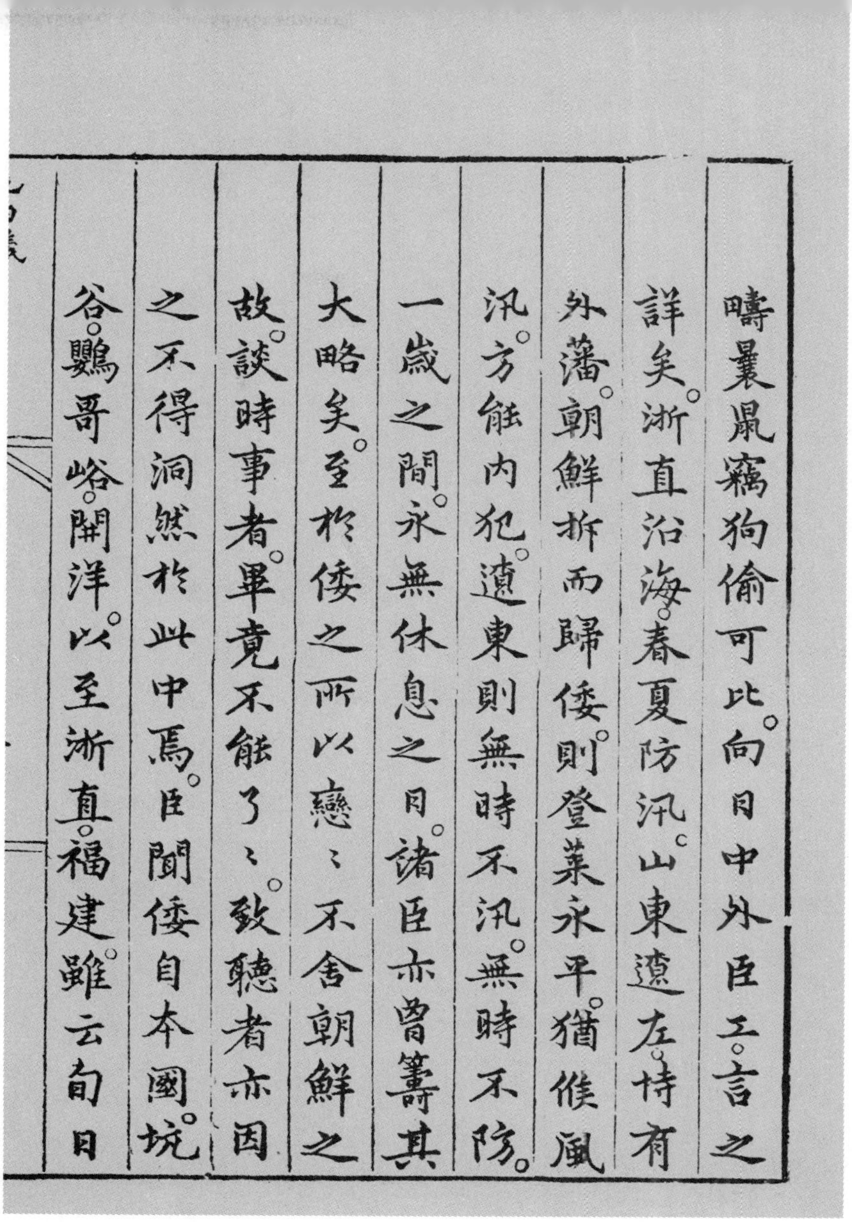

疇曩鼠竊狗偷可比向日中外臣工言之
詳矣浙直沿海春夏防汛山東遼左恃有
外藩朝鮮拆而歸倭則登萊永平猶候風
汛方能内犯遼東則無時不汛無時不防
一歲之間永無休息之日諸臣亦曾籌其
大略矣至於倭之所以戀戀不舍朝鮮之
故談時事者畢竟不能了了致聽者亦因
之不得洞然於此中焉臣聞倭自本國坑
谷鸝哥峪開洋以至浙直福建雖云旬日

疇曩鼠竊狗偷可比。向日中外臣工言之詳矣。浙直沿海，春夏防汛，山東遼左，恃有外藩。朝鮮拆而歸倭，則登萊、永平，猶候風汛方能内犯，遼東則無時不汛，無時不防，一歲之間永無休息之日。諸臣亦曾籌其大略矣。至於倭之所以戀戀不舍朝鮮之故，談時事者畢竟不能了了，致聽者亦因之不得洞然於此中焉。臣聞倭自本國坑谷鸝哥峪開洋，以至浙直福建，雖云旬日

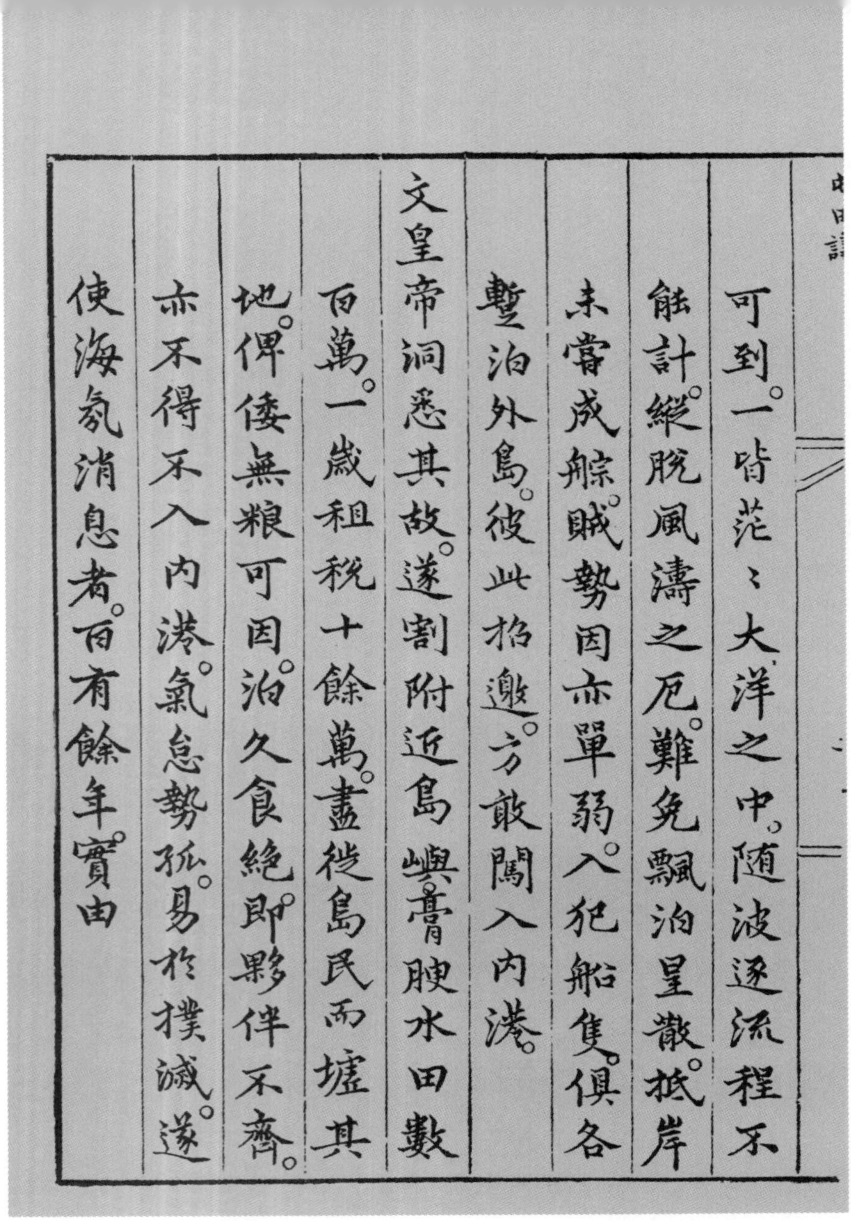
可到。一皆茫茫大洋之中。隨波逐流程不
能計。縱脫風濤之厄。難免飄泊星散。抵岸
未嘗成綜。賊勢因亦單弱。入犯船隻。俱各
暫泊外島。彼此招邀。方敢闖入内港。
文皇帝洞悉其故。遂割附近島嶼膏腴水田數
百萬。一歲租税十餘萬。盡徙島民而墟其
地。俾倭無粮可因。泊久食絶。即夥伴不齊。
亦不得不入内港。氣怠勢孤。易於撲滅。遂
使海氛消息者。百有餘年。實由

可到，一皆茫茫大洋之中，隨波逐流，程不能計。縱脱風濤之厄，難免飄泊星散，抵岸未嘗成綜。賊勢因亦單弱，入犯船隻俱各暫泊外島，彼此招邀，方敢闖入内港。文皇帝洞悉其故，遂割附近島嶼膏腴水田數百萬，一歲租税十餘萬，盡徙島民而墟其地，俾倭無糧可因，泊久食絶，即夥伴不齊，亦不得不入内港，氣怠勢孤，易於撲滅，遂使海氛消息者百有餘年。實由

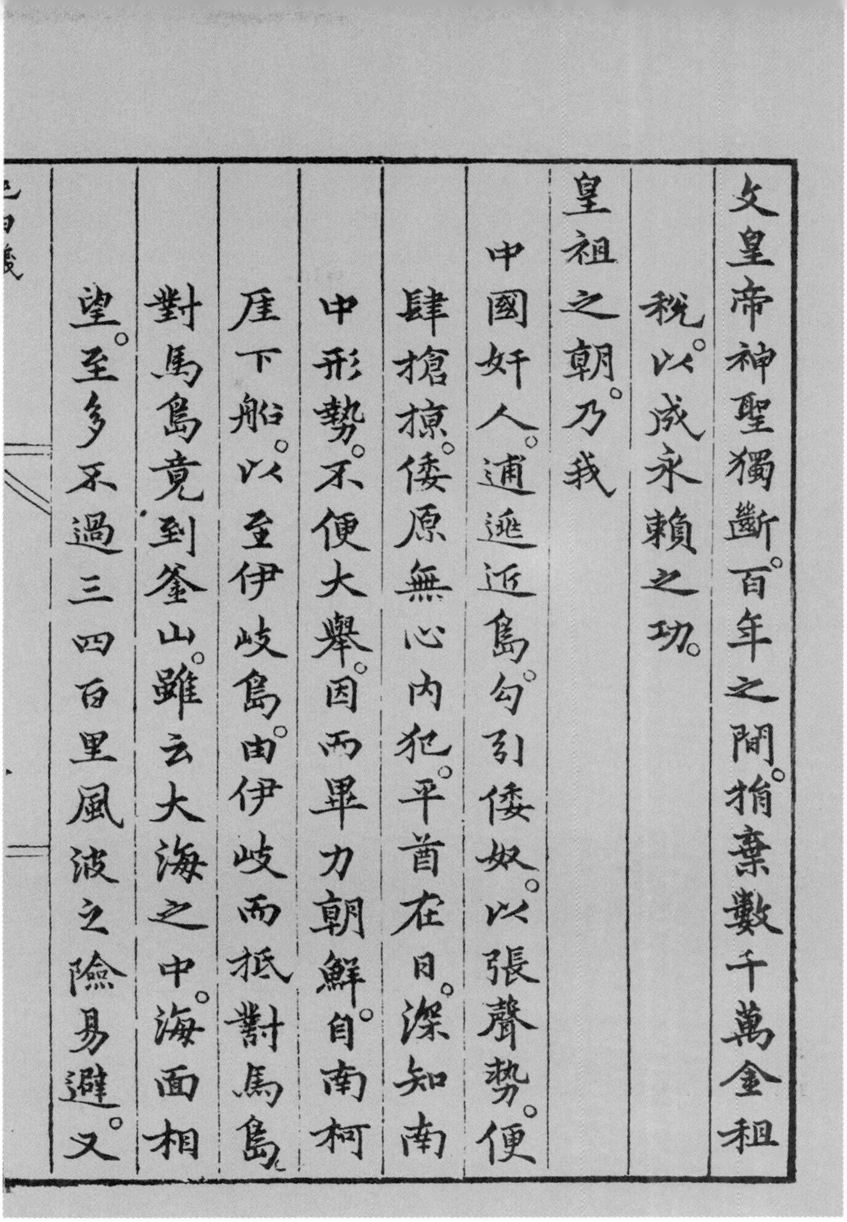
文皇帝神聖獨斷。百年之間。捐棄數千萬金租
稅。以成永賴之功。
皇祖之朝。乃我
中國奸人逋逃近島。勾引倭奴。以張聲勢。便
肆搶掠。倭原無心内犯。平酋在日。深知南
中形勢。不便大舉。因而畢力朝鮮。自南柯
厓下船。以至伊岐島。由伊岐而抵對馬島。
對馬島竟到釜山。雖云大海之中。海面相
望。至多不過三四百里風波之險易避。又

文皇帝神聖獨斷，百年之間，捐棄數千萬金租稅，以成永賴之功。皇祖之朝，乃我中國奸人逋逃近島，勾引倭奴以張聲勢，便肆搶掠。倭原無心内犯。平酋在日，深知南中形勢，不便大舉，因而畢力朝鮮。自南柯厓下船，以至伊岐島，由伊岐而抵對馬島，對馬島竟到釜山。雖云大海之中，海面相望至多不過三四百里。風波之險易避，又

可計程渡兵頓兵釜山蠶食朝鮮既并朝
鮮然後合朝鮮之勢窺我內地此平酋在
日成算也朝鮮至有昔年之禍實由當時
輕棄對馬島資倭就近耕種有以階之以
我
中國之視朝鮮猶朝鮮之視對馬島耳興言
至此前識之士誰不寒心兼之山東遼左
無險可憑無隘可守盈盈一水之間較向
日南中與倭十倍其近而形勢又十倍其

可計程渡兵，頓兵釜山，蠶食朝鮮。既并朝鮮，然後合朝鮮之勢，窺我内地。此平酋在日成算也。

朝鮮至有昔年之禍，實由當時輕棄對馬島，資倭就近耕種，有以階之。以我中國之視朝鮮，猶朝鮮之視對馬島耳。興言至此，前識之士，誰不寒心。兼之山東、遼左，無險可憑，無隘可守，盈盈一水之間，較向日南中與倭十倍其近，而形勢又使十倍其

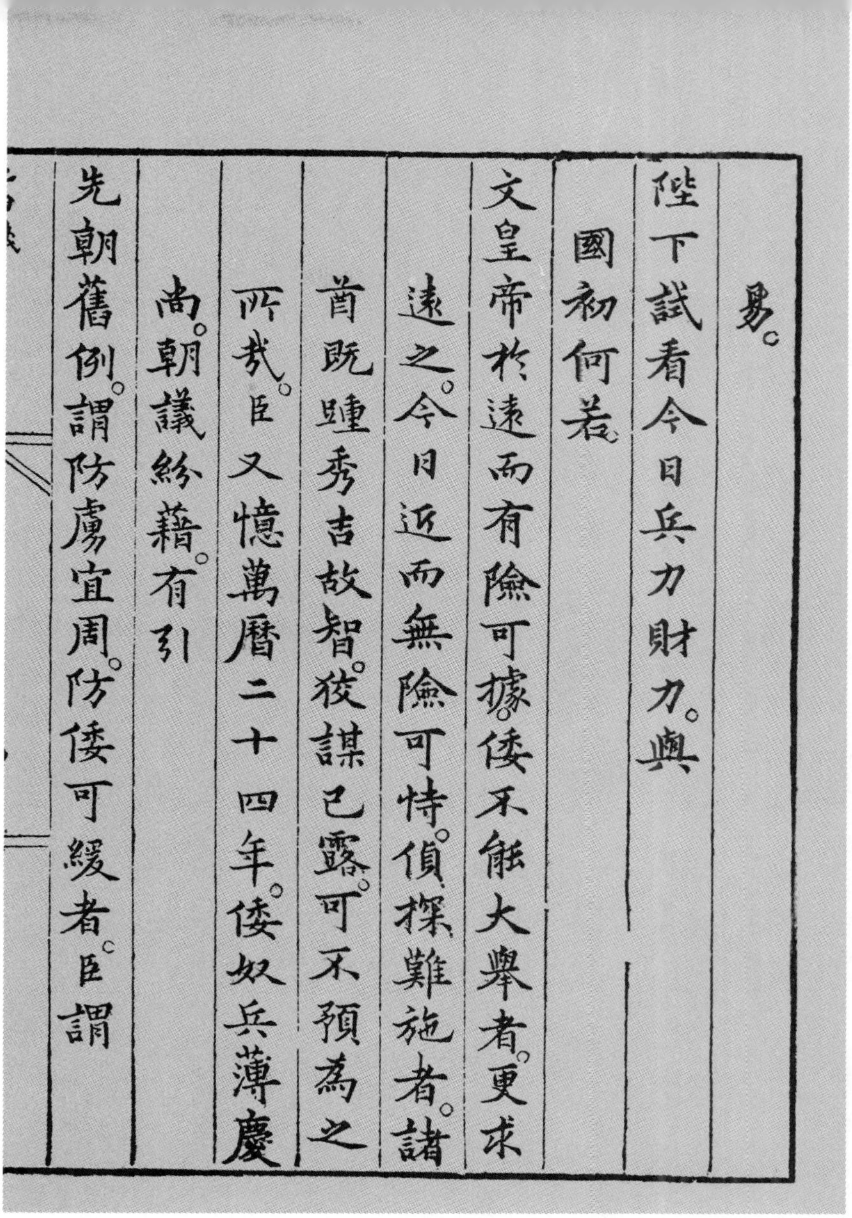

易。陛下試看今日兵力財力與國初何若？文皇帝於遠而有險可據、倭不能大舉者，更求遠之。今日近而無險可恃，偵探難施者，諸酋既踵秀吉故智，狡謀已露，可不預爲之所哉。臣又憶萬曆二十四年，倭奴兵薄慶尚，朝議紛藉。有引先朝舊例，謂防虜宜周，防倭可緩者。臣謂祖宗之朝，防虜固周於防倭。虜止一墻之隔，故防之宜周。倭在海外，因而稍緩。倘先朝即在朝鮮，陸路可通，聖謨不應如是疏略。虜之入犯，防其秋高馬肥，歲有常期，易於偵探。倭奴全不仗馬，一有陸路，是前所謂一歲永無休息之期。况倭、虜性情，原有異同。虜驍悍而性粗莽，人馬俱各不宜内地水土，入犯之時，難於持久。倭奴火食屋居，堅耐而性狡獪，

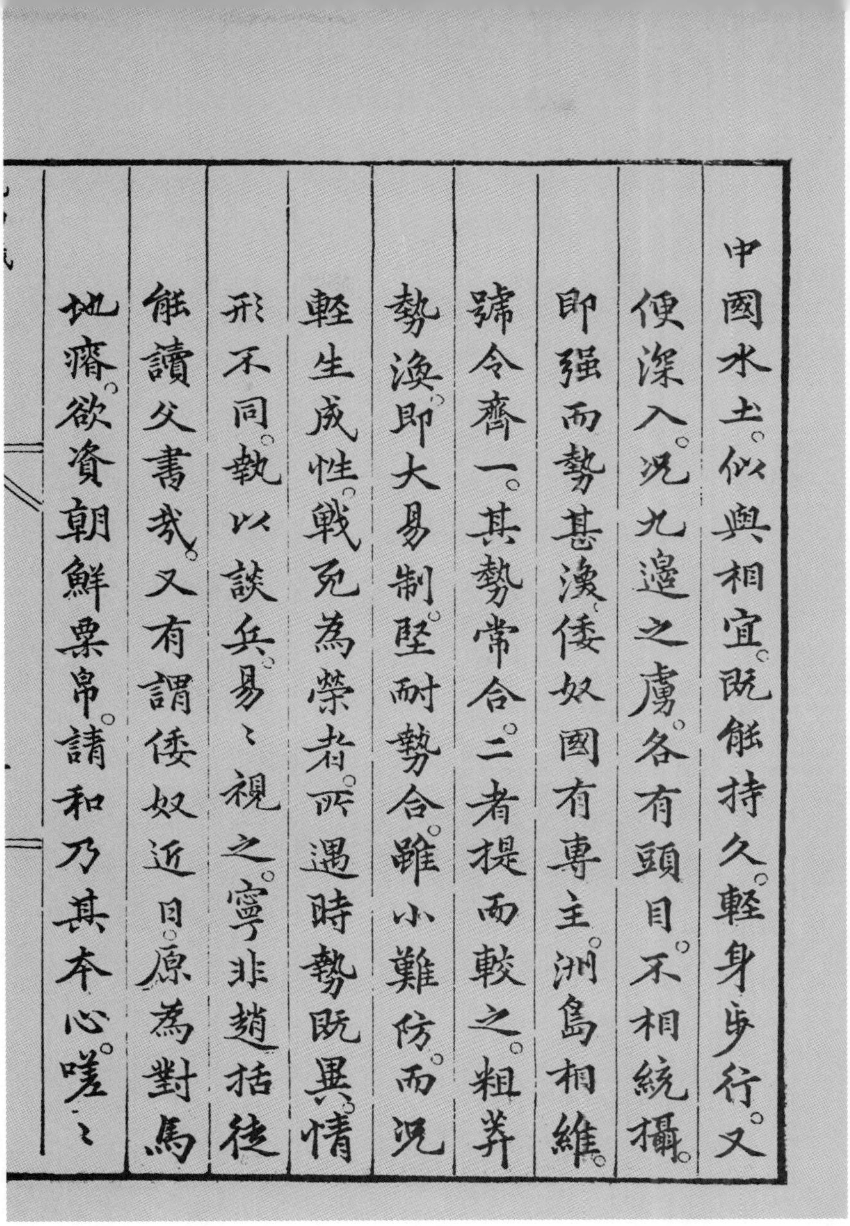

中國水土似與相宜既能持久輕身步行又
便深入况九邊之虜各有頭目不相統攝
即强而勢甚渙倭奴國有專主洲島相維
號令齊一其勢常合二者提而較之粗莽
勢渙即大易制堅耐勢合雖小難防而况
輕生成性戰死為榮者所遇時勢既異情
形不同執以談兵易易視之寧非趙括徒
能讀父書哉又有謂倭奴近日原為對馬
地瘠欲資朝鮮粟帛請和乃其本心嗟嗟

中國水土似與相宜，既能持久，輕身步行，又便深入。况九邊之虜各有頭目，不相統攝，即强而勢甚渙。倭奴國有專主，洲島相維，號令齊一，其勢常合。二者提而較之，粗莽勢渙，即大易制，堅耐勢合，雖小難防，而况輕生成性，戰死爲榮者。所遇時勢既異，情形不同，執以談兵，易易視之，寧非趙括徒能讀父書哉。

又有謂倭奴近日原爲對馬地瘠，欲資朝鮮粟帛，請和乃其本心。嗟嗟，

倭奴向破朝鮮直如拉朽若非
皇上震怒陳師鞠旅相持七年適倭内變不能
留處則覃君箕子故封已非李氏所有今
日
天戈既戢倭奴何憚而欲求請平於必不能
勝己之朝鮮哉得隴望蜀人心之常倭奴
既能涉滔天洪濤吞并朝鮮又何憚不敢
跨鴨緑衣帶之水窺兵内地遼左山東曾
有金城湯池綿亘海上耶大都用兵以小

倭奴向破朝鮮，直如拉朽。若非皇上震怒，陳師鞠旅，相持七年，適倭内變，不能留處，則覃君、箕子故封，已非李氏所有。今日天戈既戢，倭奴何憚而欲求請平於必不能勝己之朝鮮哉。得隴望蜀，人心之常。倭奴既能涉滔天洪濤，吞并朝鮮，又何憚不敢跨鴨緑衣帶之水，窺兵内地。遼左、山東，曾有金城湯池綿亘海上耶。大都用兵以小抗大，全謀愚人誤人，竢其自敝，方求得志。臣觀數年之間，我爲備則彼講款，我弛備則負約狂逞。乞款修好之使，無歲不有，乃盜邊作祟之倭，去朝鮮即尋閩廣浙直，亦無虛歲。是愚我誤我之情亦甚彰彰昭著，何乃信之，尚欲自誤自愚爲也。

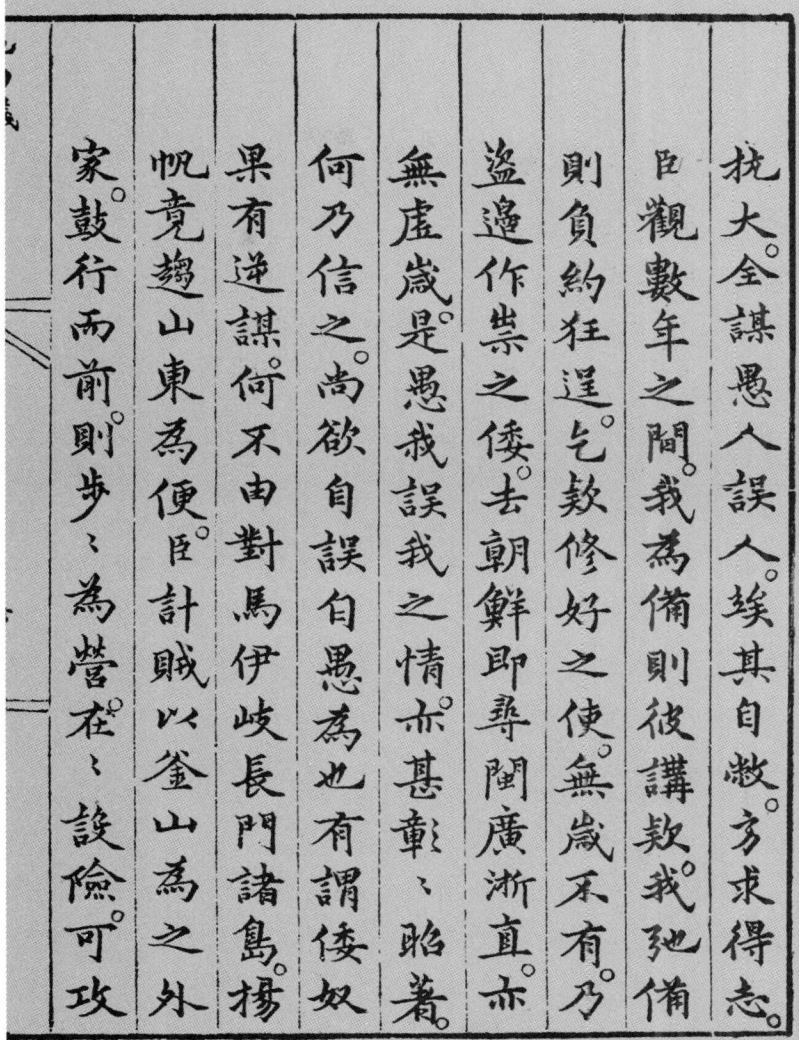

有謂倭奴果有逆謀，何不由對馬島、伊岐、長門諸島揚帆，竟趨山東爲便。臣計賊以釜山爲之外家，鼓行而前，則步步爲營，在在設險，可攻

可守。進退自由。所謂得尺則尺。得寸則寸。
直趨山東。一不得志。何能全衆歸國。此倭
寧為遲巧。不為速拙。知兵而不泥於用。不
肯行險。萬全之謀也。臣聞李光弼有云。戰
争之日。尺地寸土。不可輕棄。盖緣得者增
威。失者阻氣。苟信請和之說。不逆其詐。萬
一朝鮮被襲。則履霜堅冰。輔車唇齒。衣袽
之戒。徹桑之圖。不可不加意熟思也。二曰
固本根以防有事自困。夫朝鮮不可輕棄

可守，進退自由。所謂得尺則尺，得寸則寸。直趨山東，一不得志，何能全衆歸國。此倭寧爲遲巧，不爲速拙，知兵而不泥於用，不肯行險，萬全之謀也。

臣聞李光弼有云：戰争之日，尺地寸土，不可輕棄。蓋緣得者增威，失者阻氣。苟信請和之説，不逆其詐，萬一朝鮮被襲，則履霜堅冰，輔車脣齒，衣袽之戒，徹桑之圖，不可不加意熟思也。

二曰固根本，以防有事自困。夫朝鮮不可輕棄

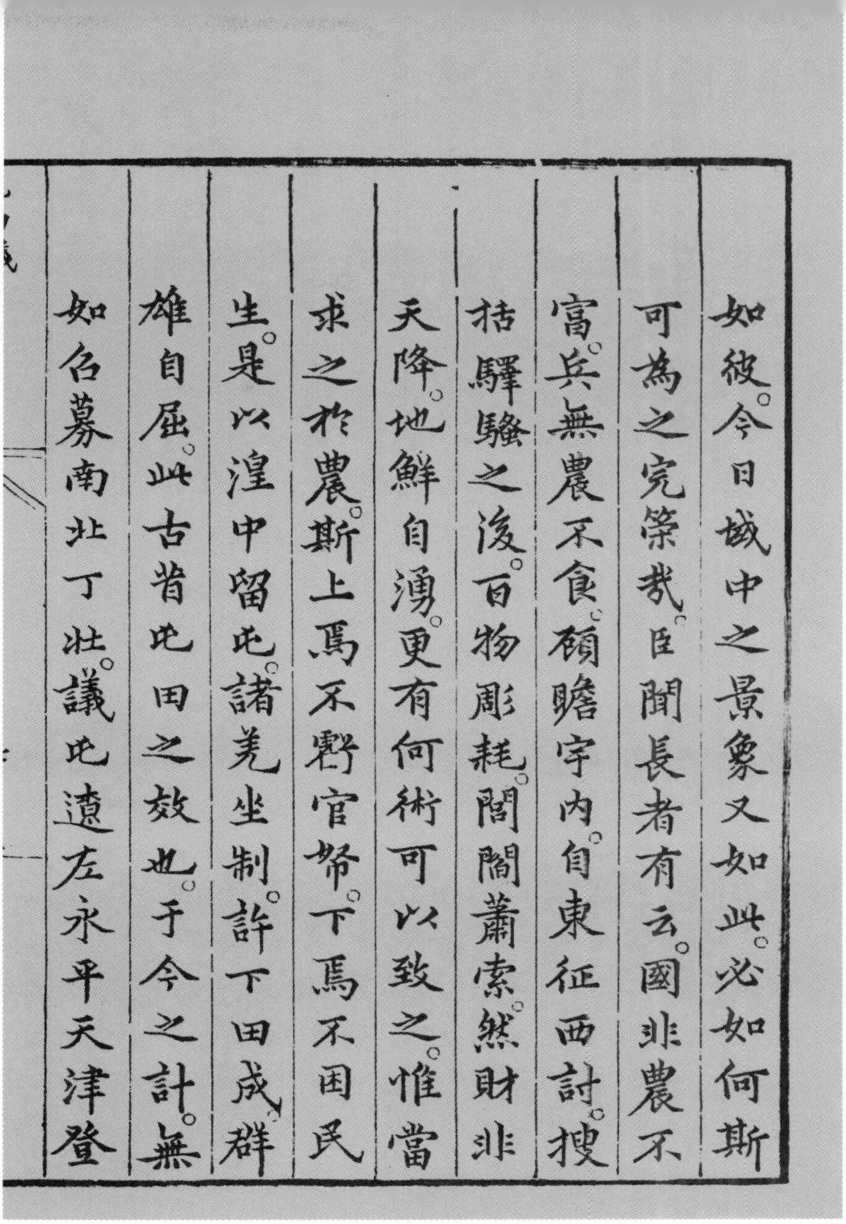
如彼今日域中之景象又如此必如何斯
可為之完策哉臣聞長者有云國非農不
富兵無農不食顧瞻宇內自東征西討搜
括驛騷之後百物彫耗閭閻蕭索然財非
天降地鮮自湧更有何術可以致之惟當
求之於農斯上焉不虧官帑下焉不困民
生是以湟中留屯諸羌坐制許下田成群
雄自屈此古昔屯田之效也于今之計無
如召募南北丁壯議屯遼左永平天津登

如彼，今日域中之景象又如此，必如何斯可爲之完策哉？臣聞長者有云：國非農不富，兵無農不食。顧瞻宇内，自東征西討，搜括驛騷之後，百物彫耗，閭閻蕭索。然財非天降，地鮮自湧，更有何術可以致之。惟當求之於農。斯上焉不虧官帑，下焉不困民生。是以湟中留屯，諸羌坐制。許下田成，群雄自屈。此古昔屯田之效也。于今之計，無如召募南北丁壯，議屯遼左、永平、天津、登萊，沿海抛荒地土，春夏責其耕耘，秋冬教其技擊。各處之地，不下數百萬頃，屯田一行，歲入之租，亦可百萬。如海氛震鄰，則藉此以爲東援之資。幸而桴鼓息警，則以此租歸并太倉。各處之田，今年收租十萬，明年漕糧可以省運十萬。十萬米外，尚可得銀十萬。收租百萬，百萬米外，即可得銀百萬。漕糧既行折色，輕齎、脚價，可以盡省，不用照數類解京師，儘足以供各邊一鎮百

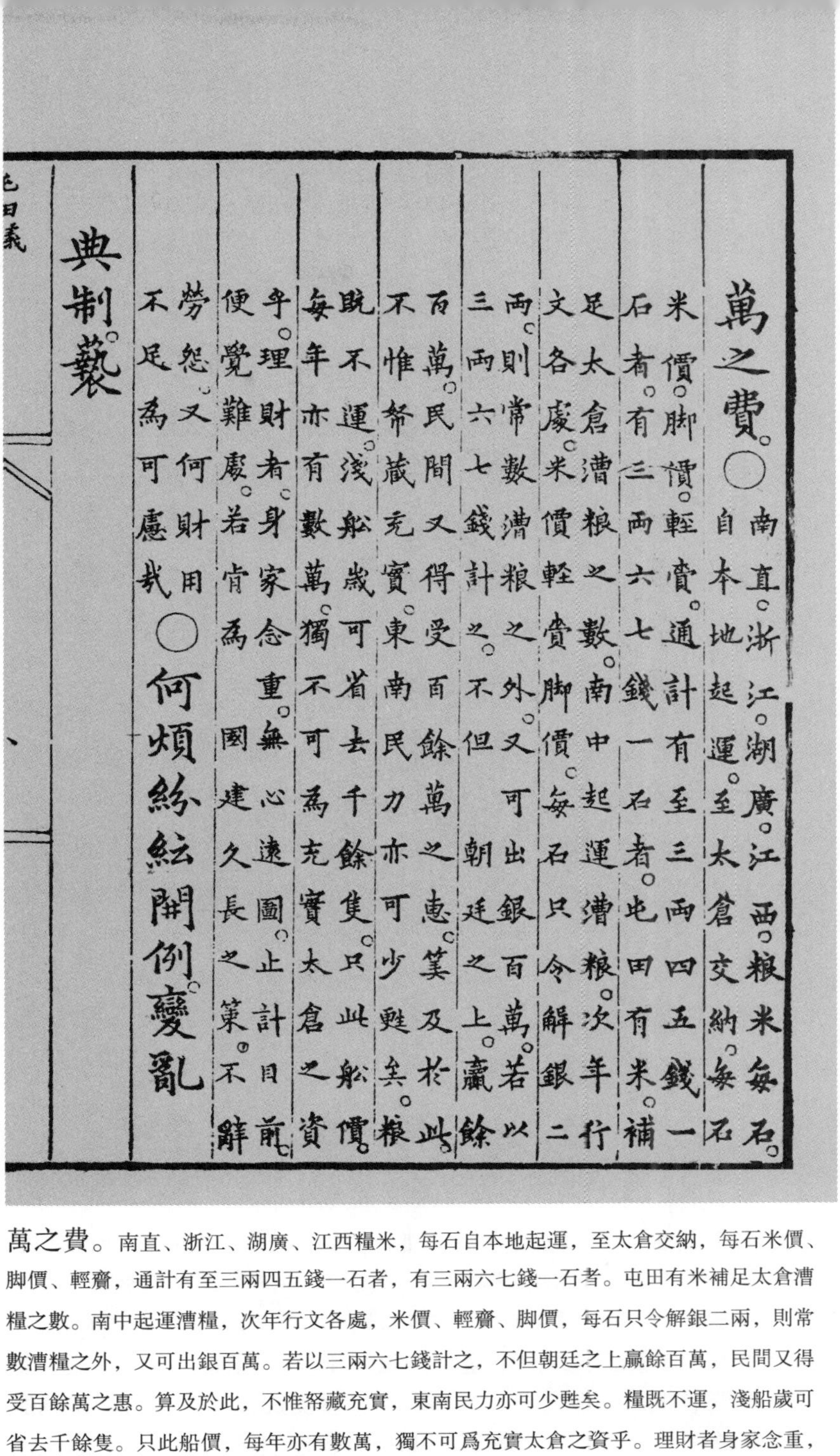
屯田議

萬之費○南直浙江湖廣江西糧米每石自本地起運至太倉交納每石米價脚價輕賫通計有至三兩四五錢一石者有三兩六七錢一石者屯田有米補足太倉漕糧之數南中起運漕糧次年行文各處米價輕賫脚價每石只令解銀二兩則常數漕糧之外又可出銀百萬若以三兩六七錢計之不但朝廷之上贏餘百萬民間又得受百餘萬之惠筭及於此不惟帑藏充實東南民力亦可少甦矣糧既不運淺船歲可省去千餘隻只此船價每年亦有數萬獨不可為充實太倉之資乎理財者身家念重無心遠圖止計目前便覺難處若肯為國建久長之策不辭勞怨又何財用不足為可慮哉○何煩紛紜開例變亂典制褻

萬之費。南直、浙江、湖廣、江西糧米，每石自本地起運，至太倉交納，每石米價、脚價、輕齎，通計有至三兩四五錢一石者，有三兩六七錢一石考。屯田有米補足太倉漕糧之數。南中起運漕糧，次年行文各處，米價、輕齎、脚價，每石只令解銀二兩，則常數漕糧之外，又可出銀百萬。若以三兩六七錢計之，不但朝廷之上赢餘百萬，民間又得受百餘萬之惠。算及於此，不惟帑藏充實，東南民力亦可少甦矣。糧既不運，淺船歲可省去千餘隻。只此船價，每年亦有數萬，獨不可爲充實太倉之資乎。理財者身家念重，無心遠圖，止計目前，便覺難處。若肯爲國建久長之策，不辭勞怨，又何財用不足爲可慮哉。何煩紛紜開例，變亂典制，褻朝廷名器爲也。是真國家固本良圖，又非區區保護藩籬而已。漢、唐都關中，地闢民勤，不至盡資東南輸輓，可自足食。我朝都燕，全藉糧運，運道爲梗，尤宜亟亟講求兹策。兹策奇而正，數年之間，即山後各處，欲令復歸版圖，直指顧呼吸間耳。沿海官地，山東遼左無論。止舉一隅而言，如寶坻、東安、豐潤、玉田，燕之督亢地也，秦人垂涎於此。其地古昔最稱肥饒。祇緣五代淪於夷狄，虜人不知耕耨，遂使草木蓁蓁，鹿豕丕丕者數百餘年。元末學士

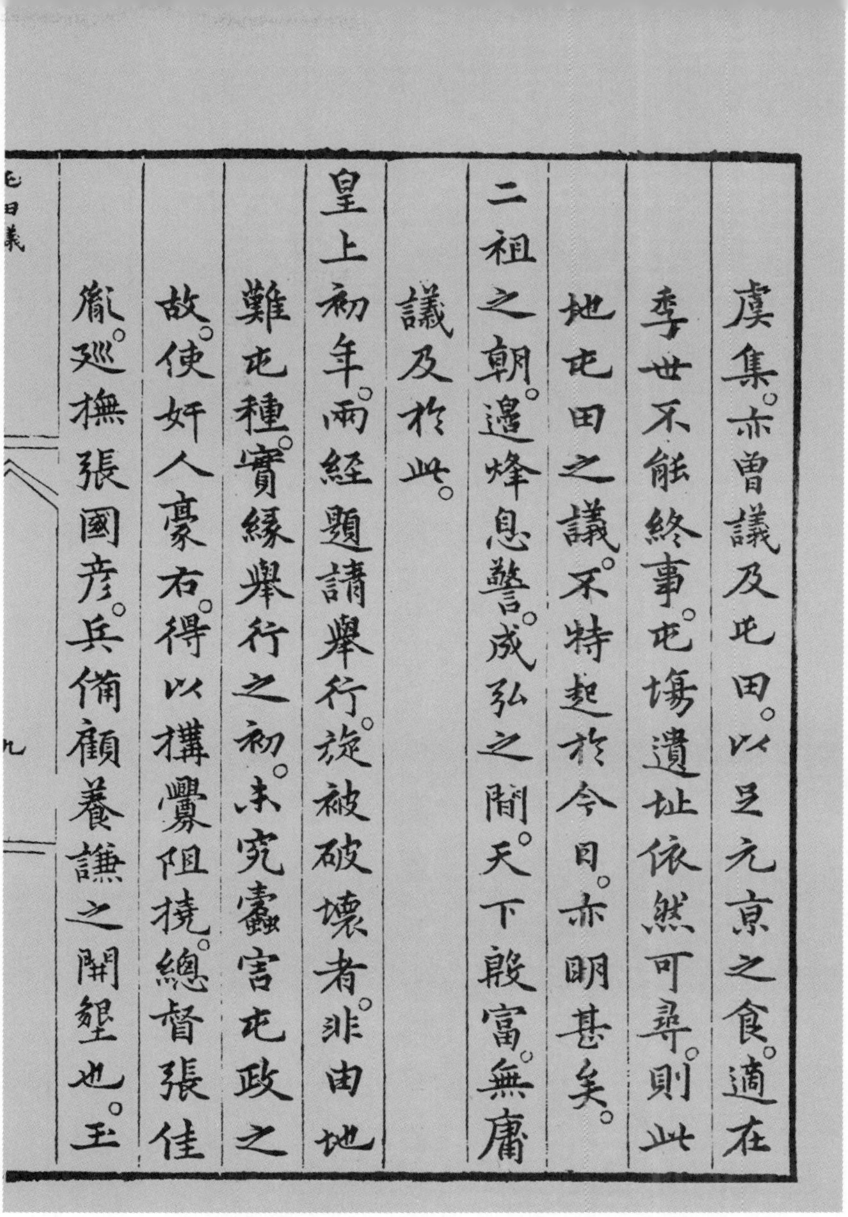

虞集。亦曾議及屯田。以足元京之食。適在
季世不能終事。屯場遺址依然可尋。則此
地屯田之議。不特起於今日。亦明甚矣。
二祖之朝。邊烽息警。成弘之間。天下殷富。無庸
議及於此。
皇上初年。兩經題請舉行。旋被破壞者。非由地
難屯種。實緣舉行之初。未究蠹害屯政之
故。使奸人豪右得以構釁阻撓。總督張佳
胤。巡撫張國彥。兵備顧養謙之開墾也。玉

虞集，亦曾議及屯田，以足元京之食。適在季世，不能終事，屯場遺址，依然可尋。則此屯田之議，不特起於今日亦明甚矣。

二祖之朝，邊烽息警，成、弘之間，天下殷富，無庸議及於此。皇上初年，兩經題請舉行，旋被破壞者，非由地難屯種，實緣舉行之初，未究蠹害屯政之故，使奸人豪右得以構釁阻撓。總督張佳胤、巡撫張國彥、兵備顧養謙之開墾也，玉田、豐潤已漸就緒。未及議興水利，三臣俱各遷轉。接管兵備朱衣既憤不得保薦，乃顧養謙特舉參將朱先善後，而先又慮不得脱身。適值邊口水發，堤岸坍塌，疆場淤蕩。二朱倡言於上，本地豪右希佔熟田者乘機流謗於下，遂使三臣數年垂成之功，廢於一旦。使三臣再留二年，議及水利，即使再加二朱數人，又何能從中敗事哉。

昔年成熟水田爲豪右霸佔者，至今耕種，尚

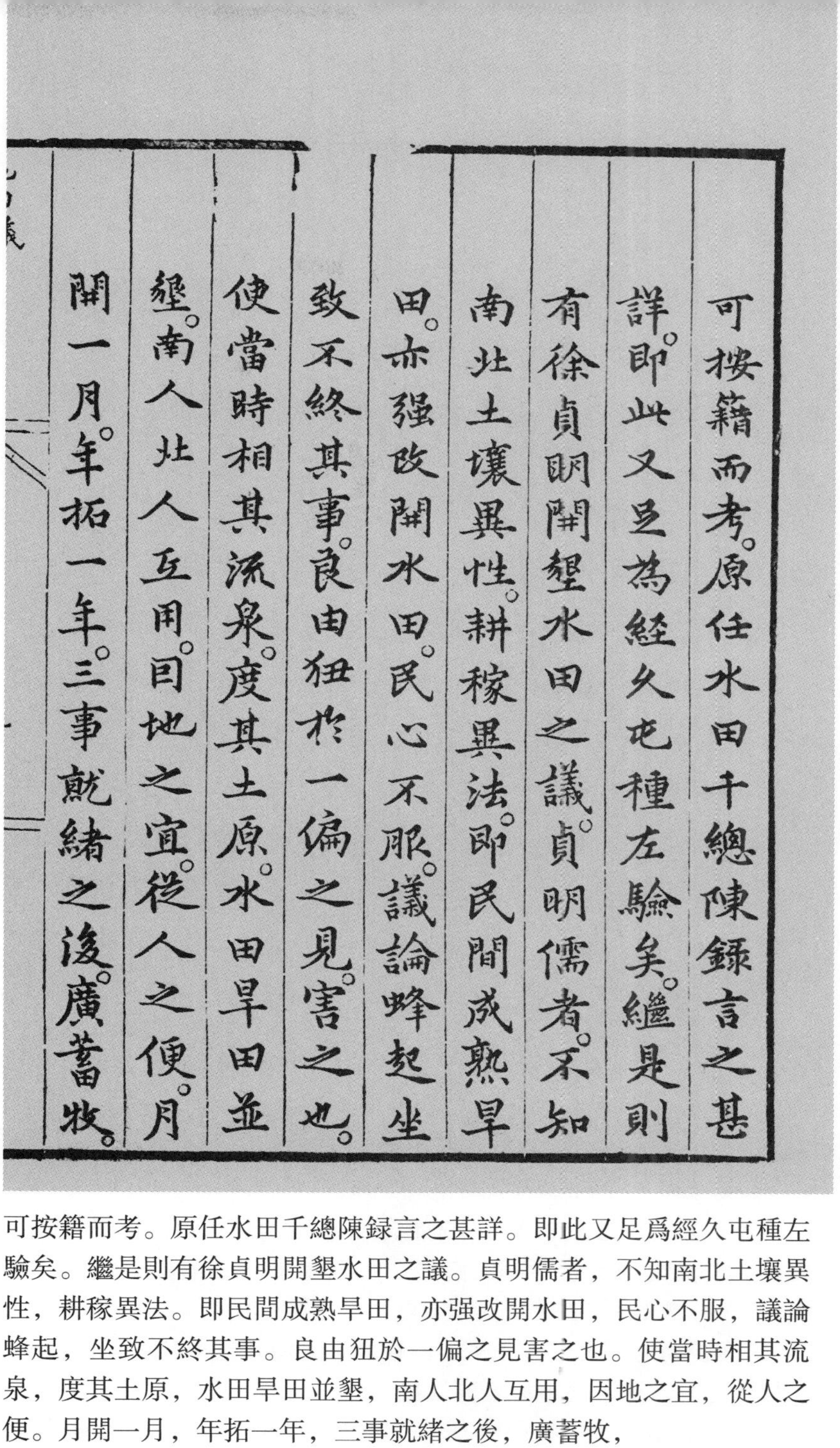
可按籍而考。原任水田千總陳録言之甚詳。即此又足爲經久屯種左驗矣。繼是則有徐貞明開墾水田之議。貞明儒者。不知南北土壤異性。耕稼異法。即民間成熟旱田。亦强改開水田。民心不服。議論蜂起坐致不終其事。良由狃於一偏之見害之也。使當時相其流泉。度其土原。水田旱田並墾。南人北人互用。因地之宜。從人之便。月開一月。年拓一年。三事就緒之後。廣蓄牧。

可按籍而考。原任水田千總陳録言之甚詳。即此又足爲經久屯種左驗矣。繼是則有徐貞明開墾水田之議。貞明儒者，不知南北土壤異性，耕稼異法。即民間成熟旱田，亦强改開水田，民心不服，議論蜂起，坐致不終其事。良由狃於一偏之見害之也。使當時相其流泉，度其土原，水田旱田並墾，南人北人互用，因地之宜，從人之便。月開一月，年拓一年，三事就緒之後，廣蓄牧，事蠶桑，求魚鹽之利，至今十有餘年，則北直、山東沿海千有餘里之地，物産之饒，當不讓江南矣。五穀不必言，如土實則凫、薺、茨、菇、薑、芋、菱、芡之類，三十年前一皆来自南中。今本處所出，肥美較勝，其餘可類推矣。江南得稱財賦之藪者，衹因民稠而勤，使地無遺利，人無遺力，有以致之耳。天下之地原無同異也。

臣又聞當時此中有司極力左袒奸民，阻壞屯政。其故緣抛荒地土甚多，奸民往往向有司請佃荒地。每地一頃，每歲

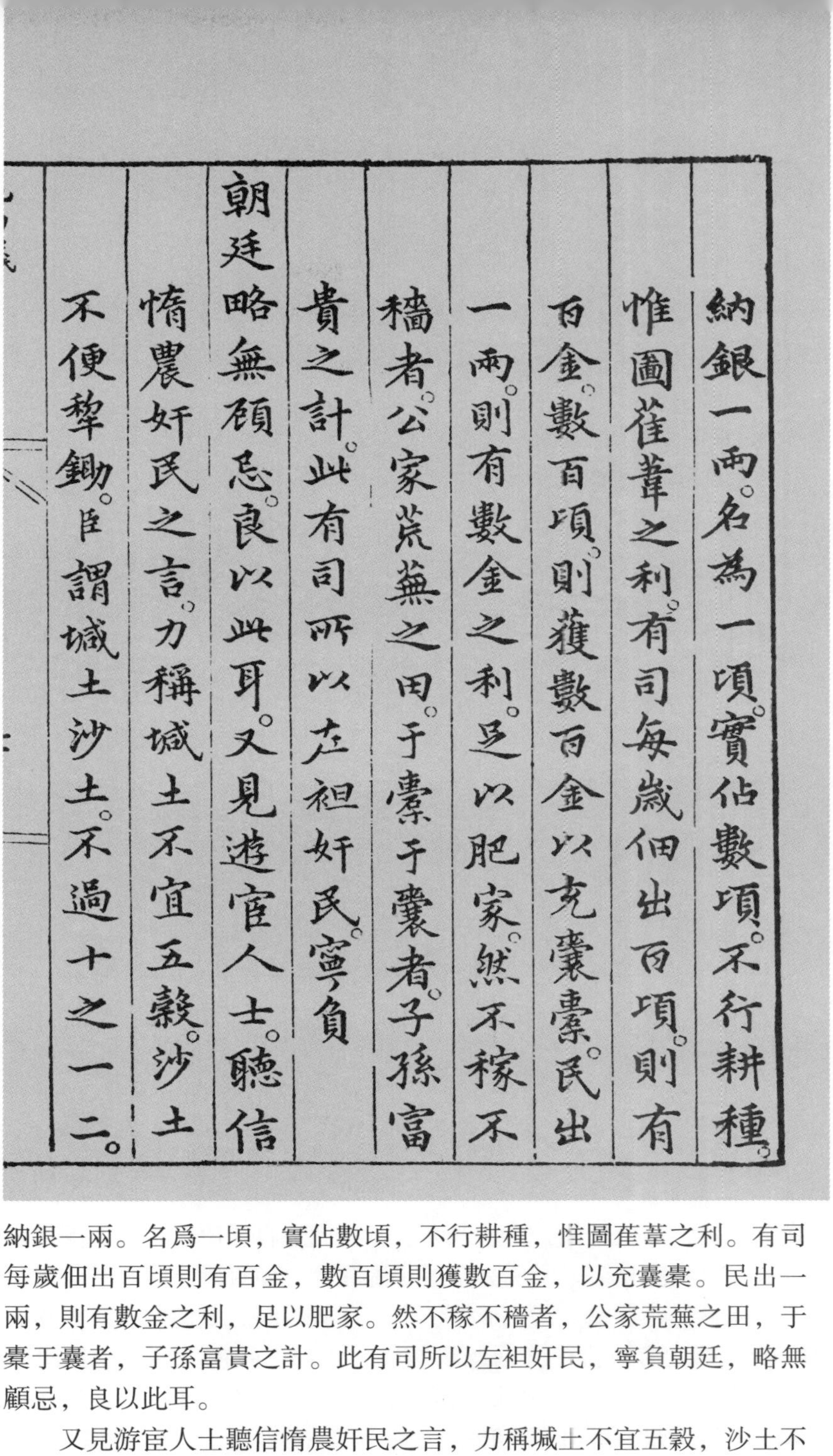
納銀一兩。名為一頃。實佔數頃。不行耕種。惟圖萑葦之利。有司每歲佃出百頃。則有百金。數百頃。則獲數百金以充囊橐。民出一兩。則有數金之利。足以肥家。然不稼不穡者。公家荒蕪之田。于橐于囊者。子孫富貴之計。此有司所以左袒奸民。寧負
朝廷略無顧忌。良以此耳。又見遊宦人士。聽信惰農奸民之言。力稱墘土不宜五穀。沙土不便犁鋤。臣謂墘土沙土。不過十之一二。

納銀一兩。名爲一頃，實佔數頃，不行耕種，惟圖萑葦之利。有司每歲佃出百頃則有百金，數百頃則獲數百金，以充囊橐。民出一兩，則有數金之利，足以肥家。然不稼不穡者，公家荒蕪之田，于橐于囊者，子孫富貴之計。此有司所以左袒奸民，寧負朝廷，略無顧忌，良以此耳。

又見游宦人士聽信惰農奸民之言，力稱墘土不宜五穀，沙土不便犁鋤。臣謂墘土、沙土不過十之一二，

窪下水田，高燥旱地，十居八九。衹緣此地自晉唐已後屬中國之日少，在夷狄之日多。天幸高皇帝一洗腥羶，使百姓重睹日月。然民爲所化，無心農業，習久成性，牢不可破。呼之飲博俠遊，則喜心勃勃，驅之力作耕耨，則怨聲洶洶。大都五穀由人樹藝，地鮮自生。官忠民勤，立見荆棘變爲禾黍。官庸民懶，自然膏腴化作瘠磽。臣見涿州、房山、良鄉諸處沿山臨水之地，廿年之前，晴日草萊滿目，風起黄沙撲面。近因流寓南人開成水田，秋冬則疆場翼翼，春夏則黍苗芃芃。煥然改觀，仿佛澤國。遼東則原任兵備楊鎬，因鴨緑夾江洲渚甚多，募民開墾，每年收穀數萬。東援之時，亦曾資此充餉，巡撫李化龍爲鎬題請加銜。山東則滕縣原任知縣趙邦清開墾旱田三千餘頃。每畝一年僅徵子粒數升，每歲得租五六千石。數年之間，積穀十有餘萬，官民兩受其利。滕縣開荒事宜可考，兼之近日巡撫汪應蛟奏稱天津新田成熟，奉旨著實舉行。即此數處，獨非北方之地乎。又獨不可爲開墾標的乎。此舉有利國家甚大，又非一時之利，實國家千萬年之利。既爲千萬年之利，必得傳之千萬年無弊，方稱爲國忠謀。

　　臣見常人之情，可與樂成，難與慮始。必得倣效兩漢

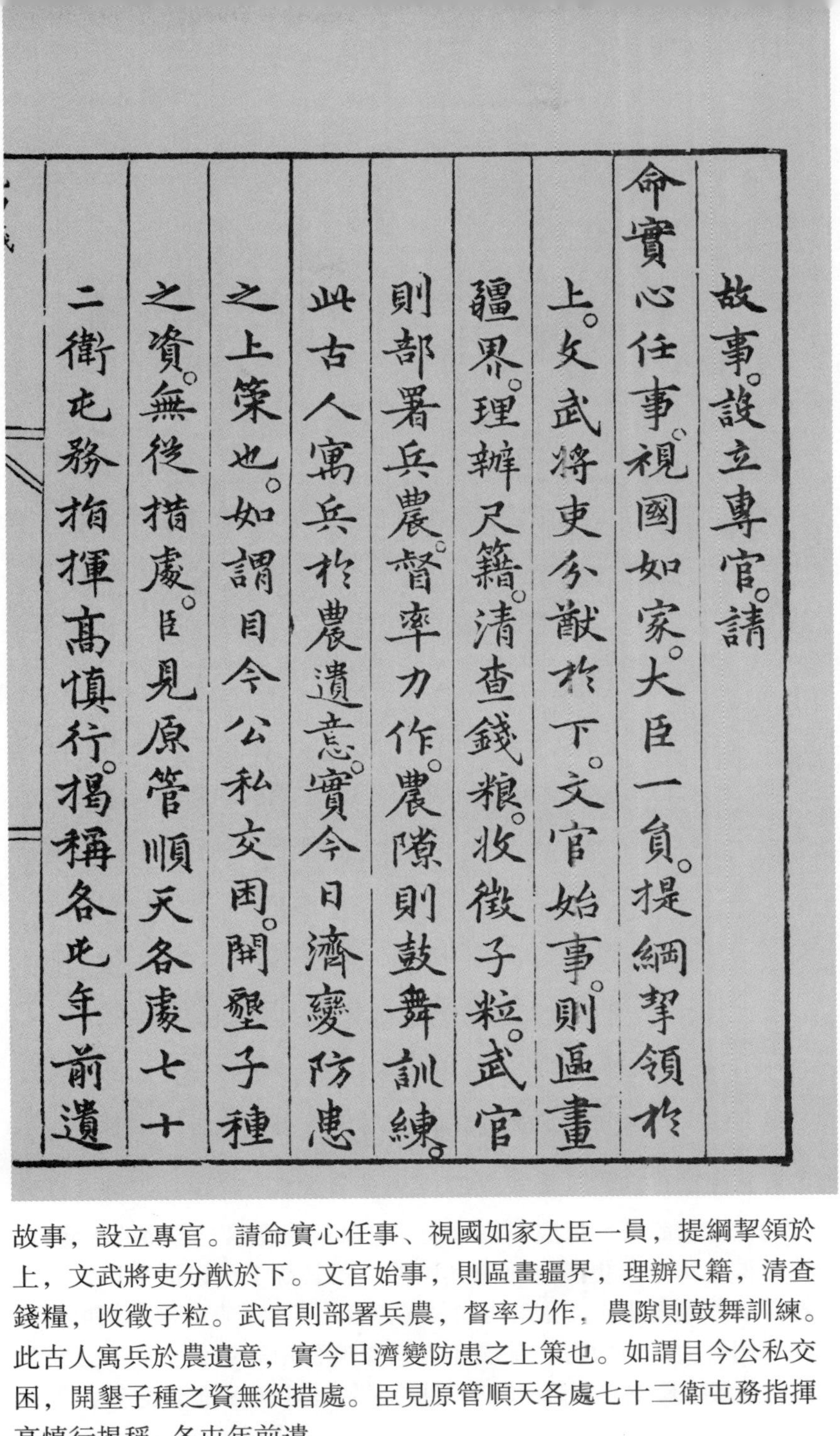
故事設立專官請
命實心任事視國如家大臣一員提綱挈領於
上文武將吏分猷於下文官始事則區畫
疆界理辦尺籍清查錢粮收徵子粒武官
則部署兵農督率力作農隙則鼓舞訓練
此古人寓兵於農遺意實今日濟變防患
之上策也如謂目今公私交困開墾子種
之資無從措處臣見原管順天各處七十
二衛屯務指揮高慎行揭稱各屯年前遺

故事，設立專官。請命實心任事、視國如家大臣一員，提綱挈領於上，文武將吏分猷於下。文官始事，則區畫疆界，理辦尺籍，清查錢糧，收徵子粒。武官則部署兵農，督率力作，農隙則鼓舞訓練。此古人寓兵於農遺意，實今日濟變防患之上策也。如謂目今公私交困，開墾子種之資無從措處。臣見原管順天各處七十二衛屯務指揮高慎行揭稱：各屯年前遺

有屯粮四萬餘石。每歲春放秋收。屯軍甚
屬受累。若將此粮變賣。約可得三萬金。更
將屯軍免其民差。藉其餘丁。以開旱田。又
可省安家月粮之費。又見山西武舉楊淳。
言其本衛直隸寧山衛屯粮銀兩。例解大
名府收貯。除歷年有司賑濟公用註銷外。
尚有二萬餘兩。此銀原屬屯田察院。似難
妄擬那借。但以
朝廷餘閒之銀。集

有屯糧四萬餘石，每歲春放秋收，屯軍甚屬受累。若將此糧變賣，約可得三萬金。更將屯軍免其民差，藉其餘丁，以開旱田，又可省安家月糧之費。又見山西武舉楊淳言：其本衛直隸寧山衛屯糧銀兩，例解大名府收貯，除歷年有司賑濟公用註銷外，尚有二萬餘兩。此銀原屬屯田察院，似難妄擬那借。但以朝廷餘閒之銀，集

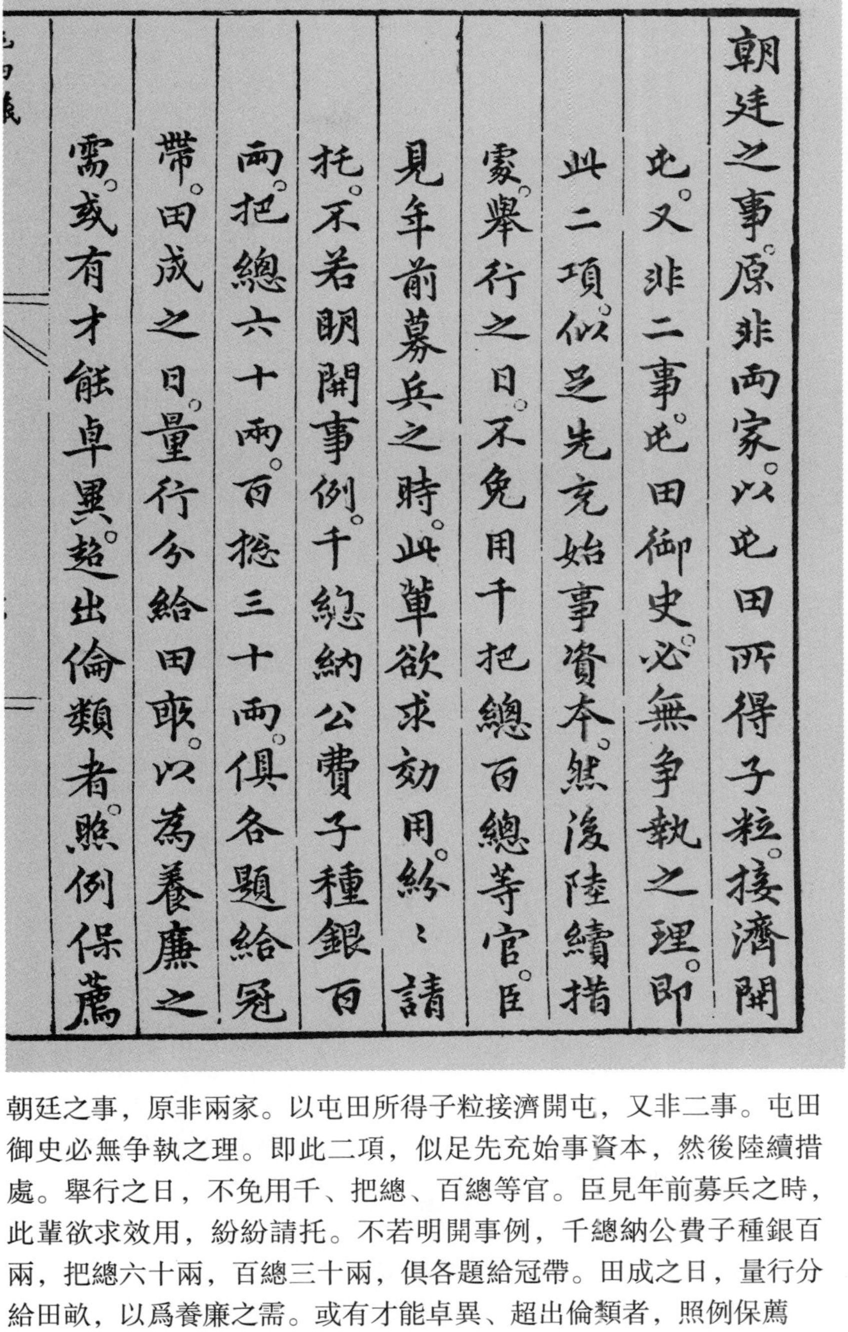

朝廷之事，原非兩家。以屯田所得子粒接濟開屯，又非二事。屯田御史必無争執之理。即此二項，似足先充始事資本，然後陸續措處。舉行之日，不免用千、把總、百總等官。臣見年前募兵之時，此輩欲求效用，紛紛請托。不若明開事例，千總納公費子種銀百兩，把總六十兩，百總三十兩，俱各題給冠帶。田成之日，量行分給田畝，以爲養廉之需。或有才能卓異、超出倫類者，照例保薦

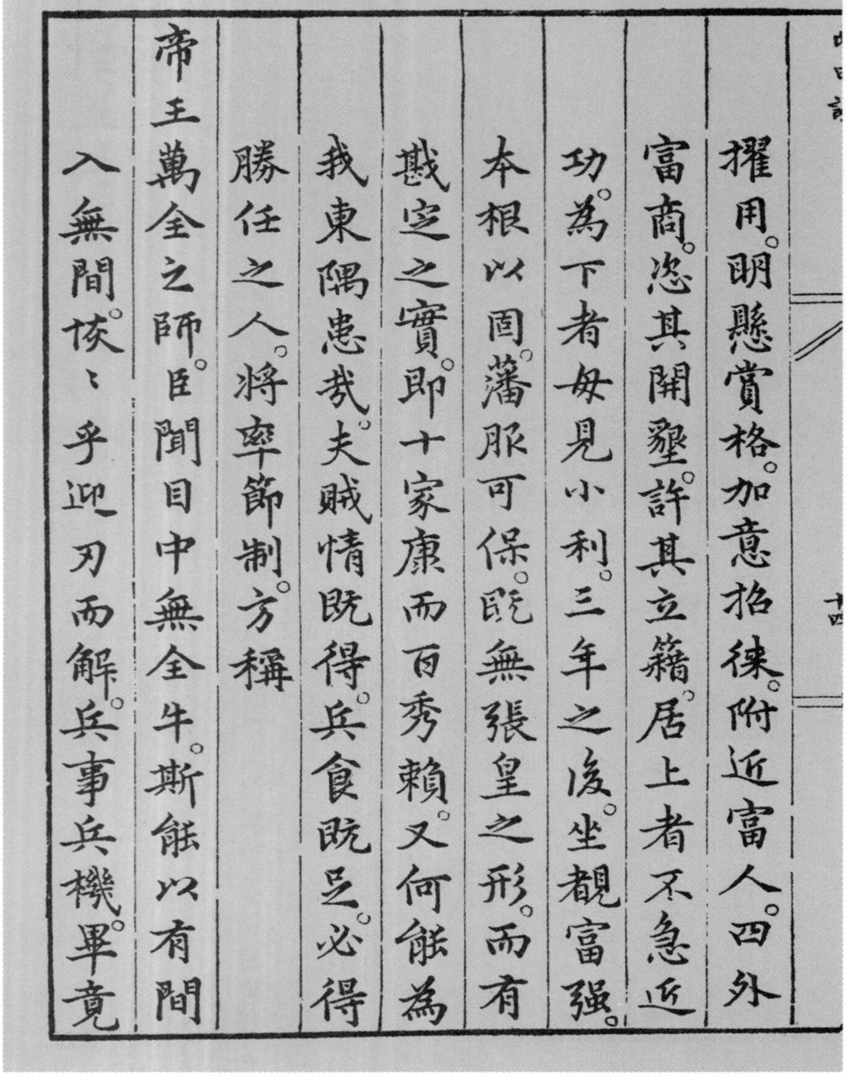
擢用明懸賞格加意招徠附近富人四外
富商恣其開墾許其立籍居上者不急近
功為下者毋見小利三年之後坐覩富强
本根以固藩服可保既無張皇之形而有
戡定之實即十家康而百秀賴又何能為
我東隅患哉夫賊情既得兵食既足必得
勝任之人將率節制方稱
帝王萬全之師臣聞目中無全牛斯能以有間
入無間恢恢乎迎刃而解兵事兵機畢竟

擢用。明懸賞格，加意招徠附近富人，四外富商，恣其開墾，許其立籍。居上者不急近功，爲下者毋見小利，三年之後，[1]坐睹富强。本根以固，藩服可保，既無張皇之行，而有戡定之實。即十家康而百秀賴，又何能爲我東隅患哉。

夫賊情既得，兵食既足，必得勝任之人，將率節制，方稱帝王萬全之師。臣聞目中無全牛，斯能以有間入無間，恢恢乎迎刃而解。兵事兵機，畢竟

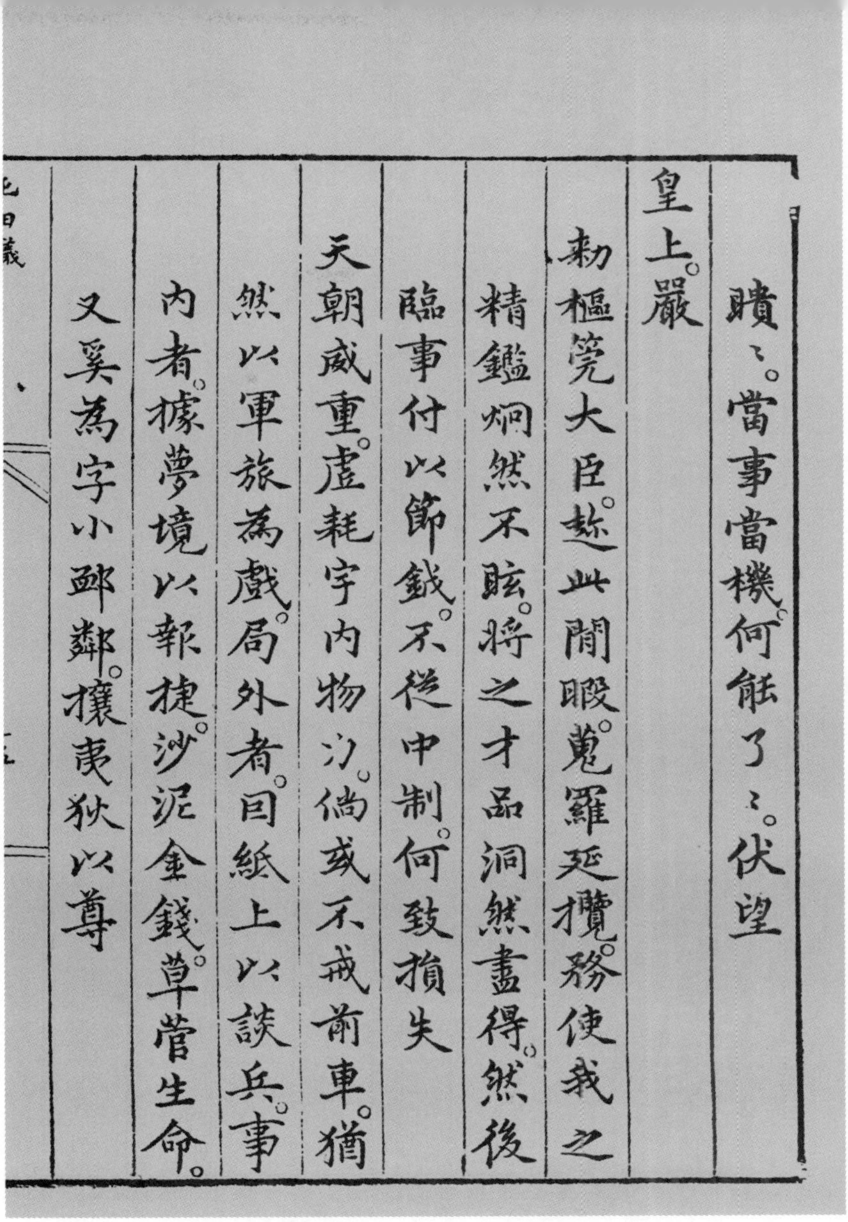

瞶瞶。當事當機，何能了了。伏望皇上，嚴敕樞筦大臣，趁此閒暇，搜羅延攬。務使我之精鑑炯然不眩，將之才品洞然盡得。然後臨事付以節鉞，不從中制，何致損失天朝威重，虛耗宇内物力。倘或不戒前車，猶然以軍旅爲戲，局外者因紙上以談兵事，事内者據夢境以報捷。沙泥金錢，草菅生命，又奚爲字小卹鄰，攘夷狄以尊

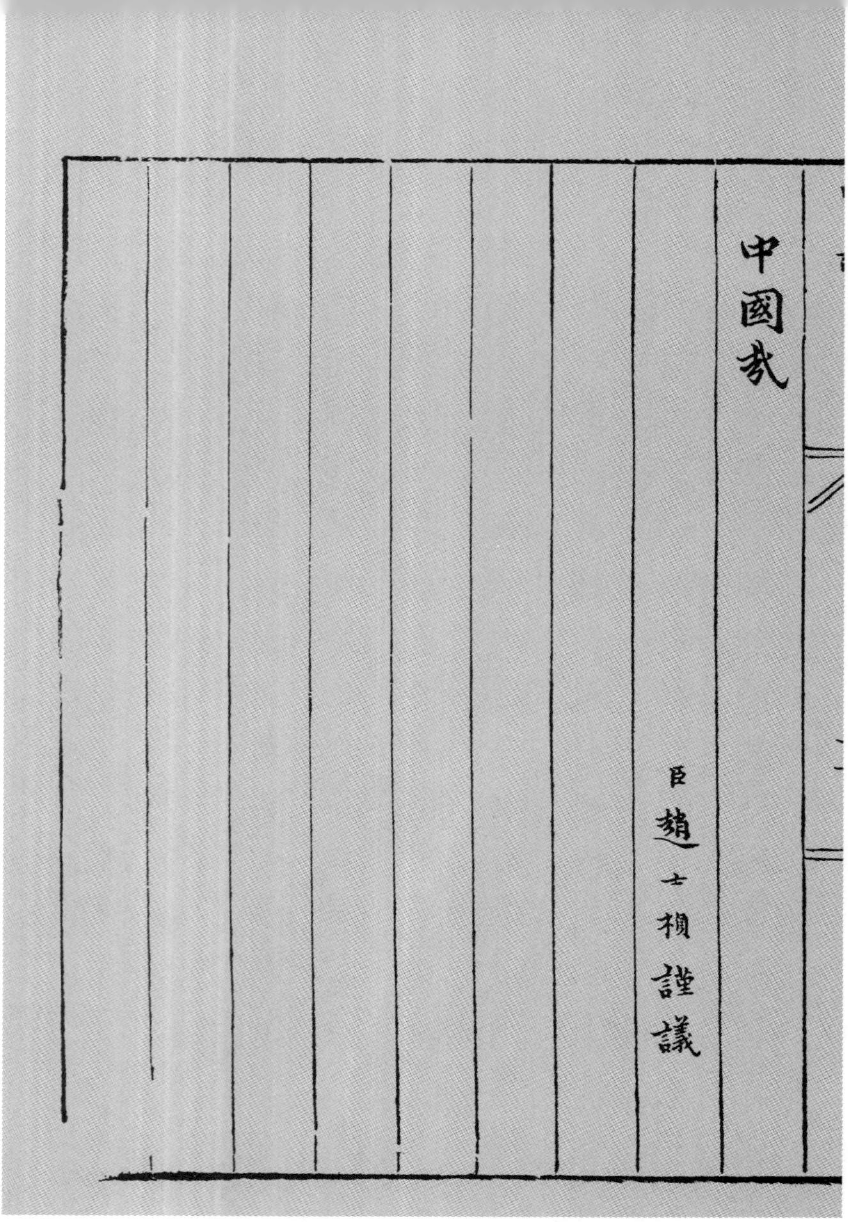

中國哉。

　　臣趙士楨謹議。

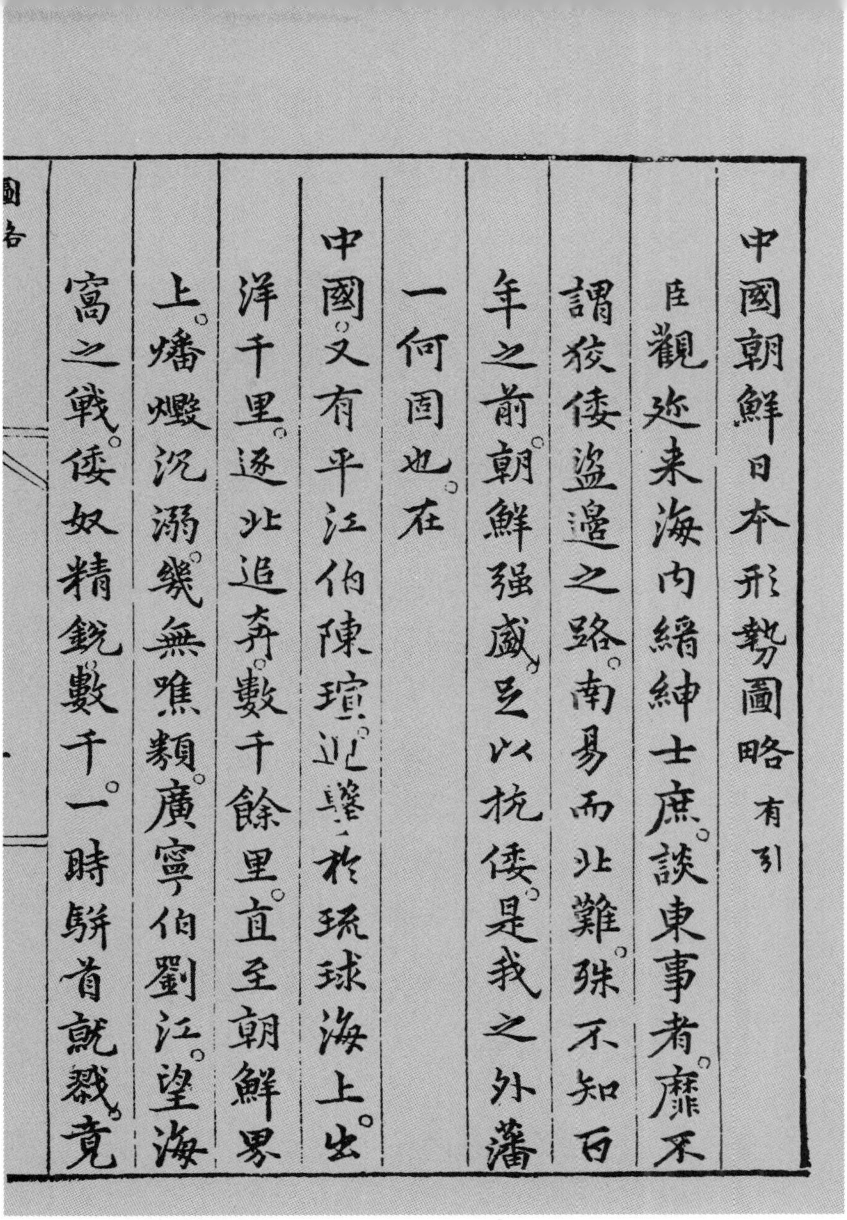
中國朝鮮日本形勢圖略 有引
臣觀迩来海内縉紳士庶談東事者靡不謂狡倭盜邊之路南易而北難殊不知百年之前朝鮮强盛足以抗倭是我之外藩一何固也在中國又有平江伯陳瑄迎擊於琉球海上出洋千里逐北追奔數千餘里直至朝鮮界上燔燬沉溺幾無噍類廣寧伯劉江望海窩之戰倭奴精銳數千一時駢首就戮竟
圖略

中國朝鮮日本形勢圖略 有引

臣觀邇来海内縉紳士庶談東事者，靡不謂狡倭盜邊之路，南易而北難。殊不知百年之前，朝鮮强盛足以抗倭。是我之外藩，一何固也。在中國又有平江伯陳瑄迎擊於琉球海上，出洋千里，逐北追奔數千餘里，直至朝鮮界上。燔燬沉溺，幾無噍類。廣寧伯劉江望海窩之戰，倭奴精銳數千，一時駢首就戮，竟

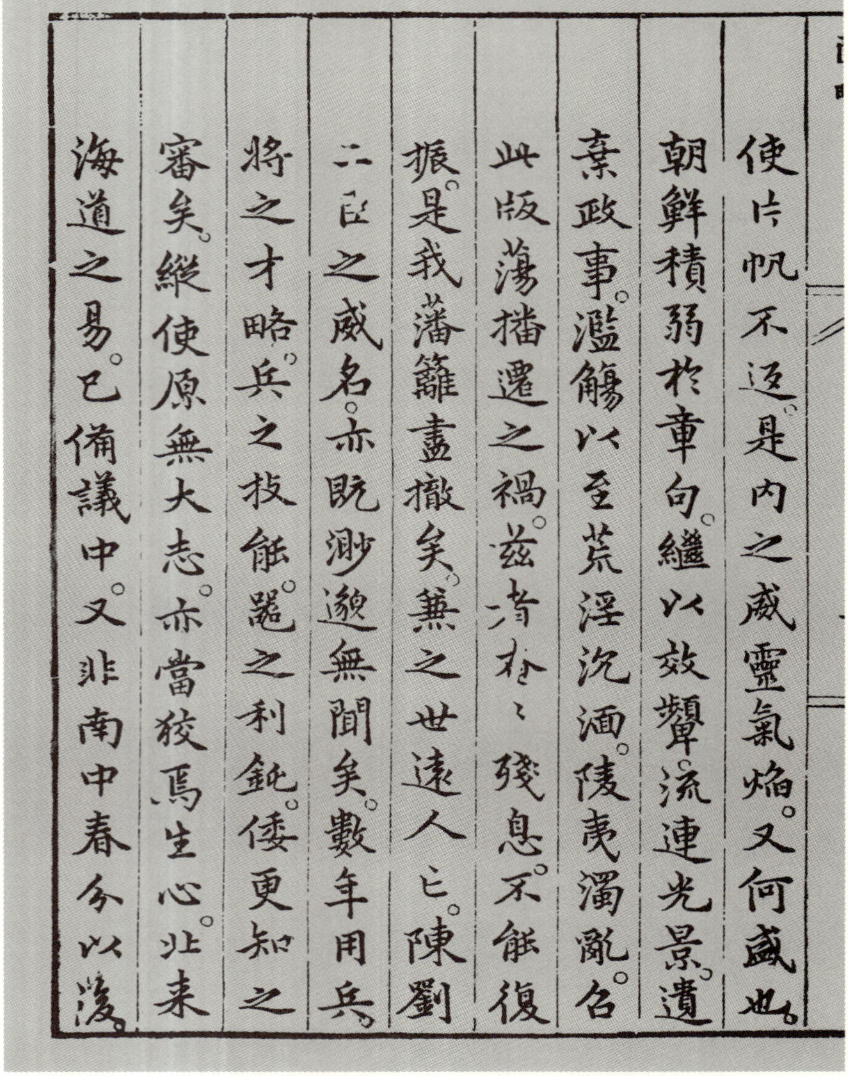

使片帆不返。是内之威靈氣焰，又何盛也。朝鮮積弱於章句，繼以效顰，流連光景，遺棄政事，濫觴以至荒淫沉湎，陵夷濁亂，召此版蕩播遷之禍。兹者奄奄殘息，不能復振，是我藩籬盡撤矣。兼之世遠人亡，陳、劉二臣之威名亦既渺邈無聞矣。數年用兵，將之才略，兵之技能，器之利鈍，倭更知之審矣。縱使原無大志，亦當狡焉生心。北来海道之易，已備議中。又非南中春分以後，

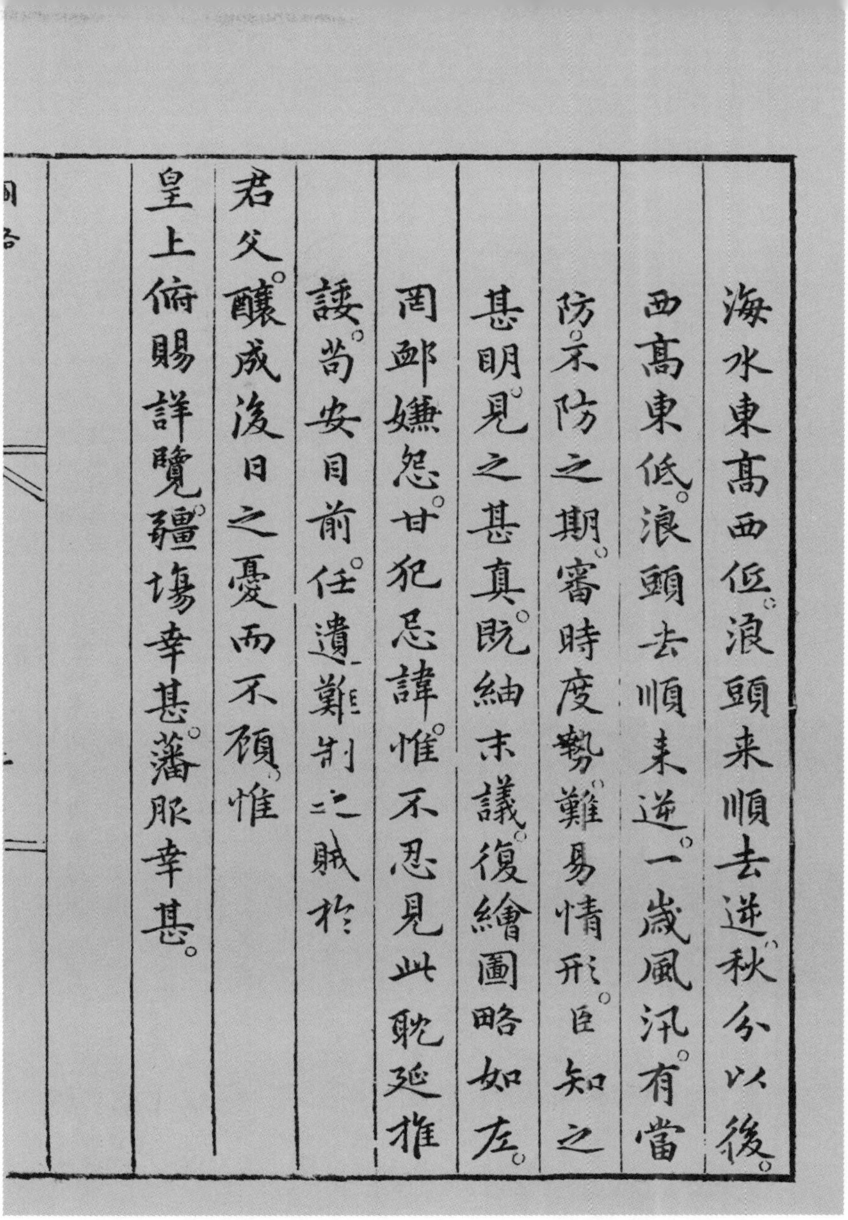

海水東高西低，浪頭来順去逆，秋分以後，西高東低，浪頭去順来逆。一歲風汛，有當防不防之期。審時度勢，難易情形，臣知之甚明，見之甚真。既紬末議，復繪圖略如左。罔卹嫌怨，甘犯忌諱，惟不忍見此耽延推諉，苟安目前，任遺難制之賊於君父，釀成後日之憂而不顧。惟皇上俯賜詳覽，疆埸幸甚，藩服幸甚。

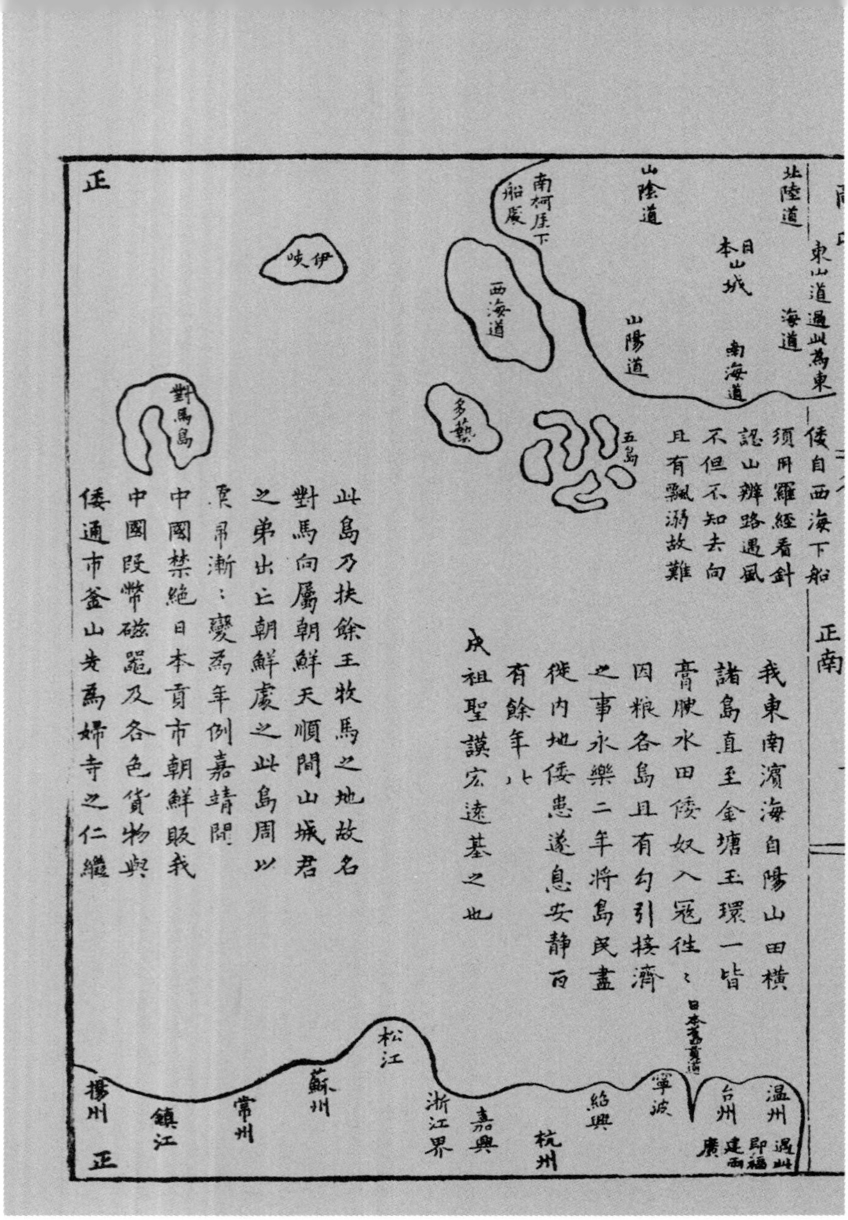

日本：東山道，過此爲東海道。北陸道。山城。南海道。山陰道。山陽道。南柯厓，下船處。西海道。五島。多藝。伊岐。

倭自西海下船，須用羅經看針，認山辨路。遇風不但不知去向，且有飄溺，故難。

温州，過此即福建兩廣。台州。寧波，日本舊貢道。紹興。杭州。嘉興。浙江界。松江。蘇州。常州。鎮江。揚州。

我東南濱海，自陽山、田横諸島，直至金塘、玉環，一皆膏腴水田。倭奴入寇，往往因糧各道，且有勾引接濟之事。永樂二年，將島民盡徙内地，倭患遂息，安静百有餘年。此成祖聖謨宏遠基之也。

對馬島。此島乃扶餘王牧馬之地，故名對馬，向屬朝鮮。天順間，山城君之弟出亡，朝鮮處之此島，周以粟帛，漸漸變爲年例。嘉靖間，中國禁絶日本貢市，朝鮮販我中國段幣磁器及各色貨物，與倭通市釜山。先爲婦寺至仁，繼

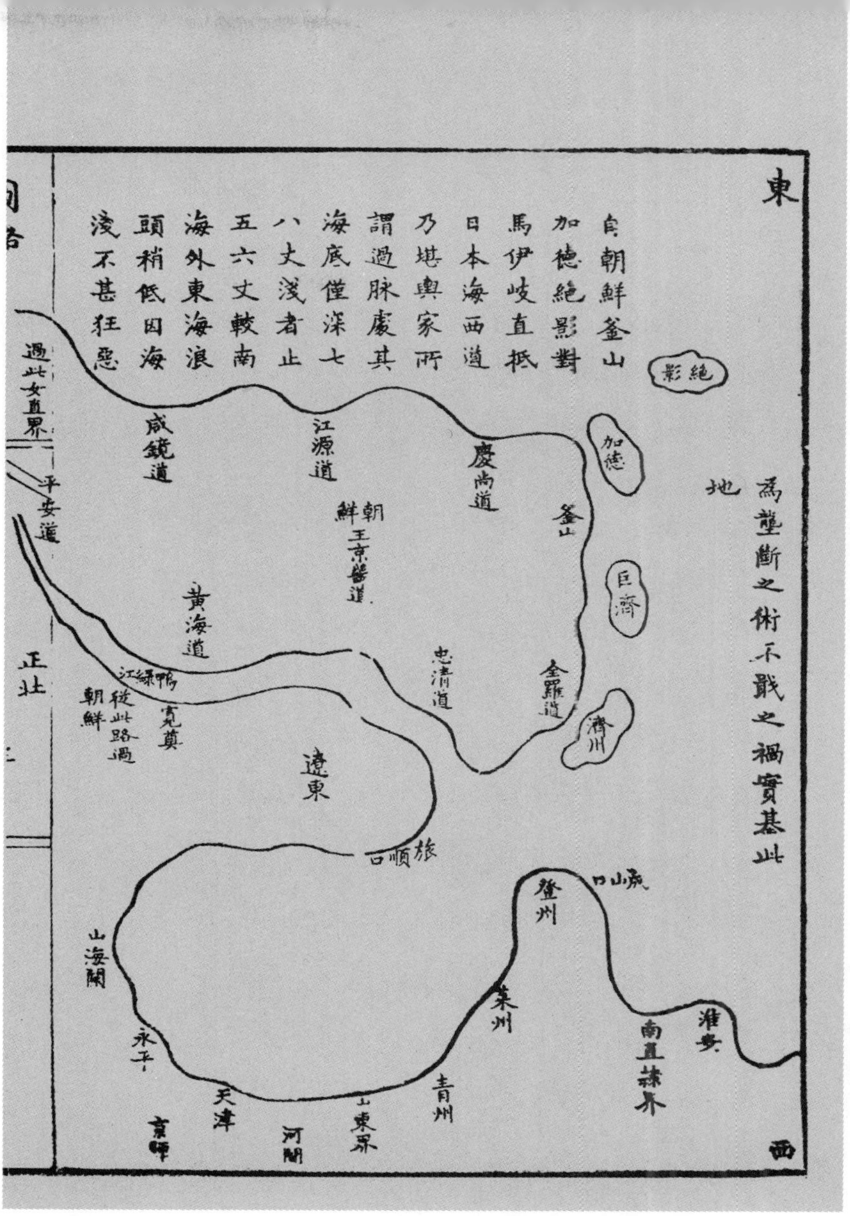

爲塹斷之術，不戢之禍，實基此地。

淮安。南直隸界。成山口。登州。萊州。青州。山東界。河間。天津。京師。永平。山海關。遼東。旅順口。寬奠。從此路過朝鮮。鴨緑江。朝鮮：平安道，過此女直界。咸鏡道。黃海道。江源道。王京畿道。忠清道。庆尚道。全羅道。濟州。巨濟。釜山。加德。絶影。

自朝鮮釜山、加德、絶影、對馬、伊岐，直抵日本海西道，乃堪輿家所謂過脈處。其海底僅深七八丈，淺者止五六丈，較南海外東海浪頭稍低，因海淺不甚狂惡。

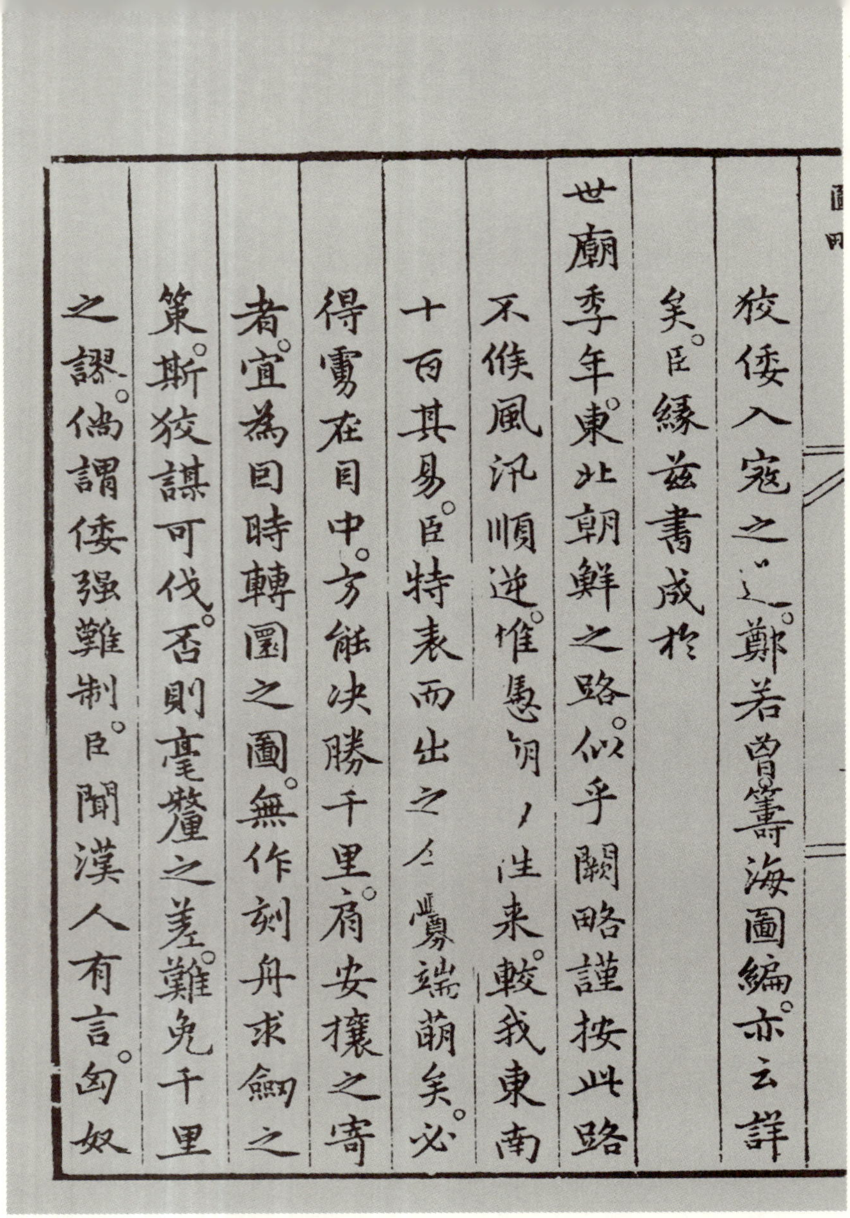

狡倭入寇之道[1]，鄭若曾《籌海圖編》亦云詳矣。臣緣兹書成於世廟季年，東北朝鮮之路似乎闕略。謹按此路不候風汛順逆，惟憑潮汐[2]往来，較我東南十百其易，臣特表而出之。今釁端萌矣，必得虜在目中，方能决勝千里。肩安攘之寄者，宜爲因時轉圜之圖，無作刻舟求劍之策。斯狡謀可伐，否則毫釐之差，難免千里之謬。倘謂倭强難制，臣聞漢人有言：匈奴

1 道，紙殘傷字。據《玄覽堂叢書》影印抄本補。

2 潮汐，紙殘傷字。據《玄覽堂叢書》影印抄本補。

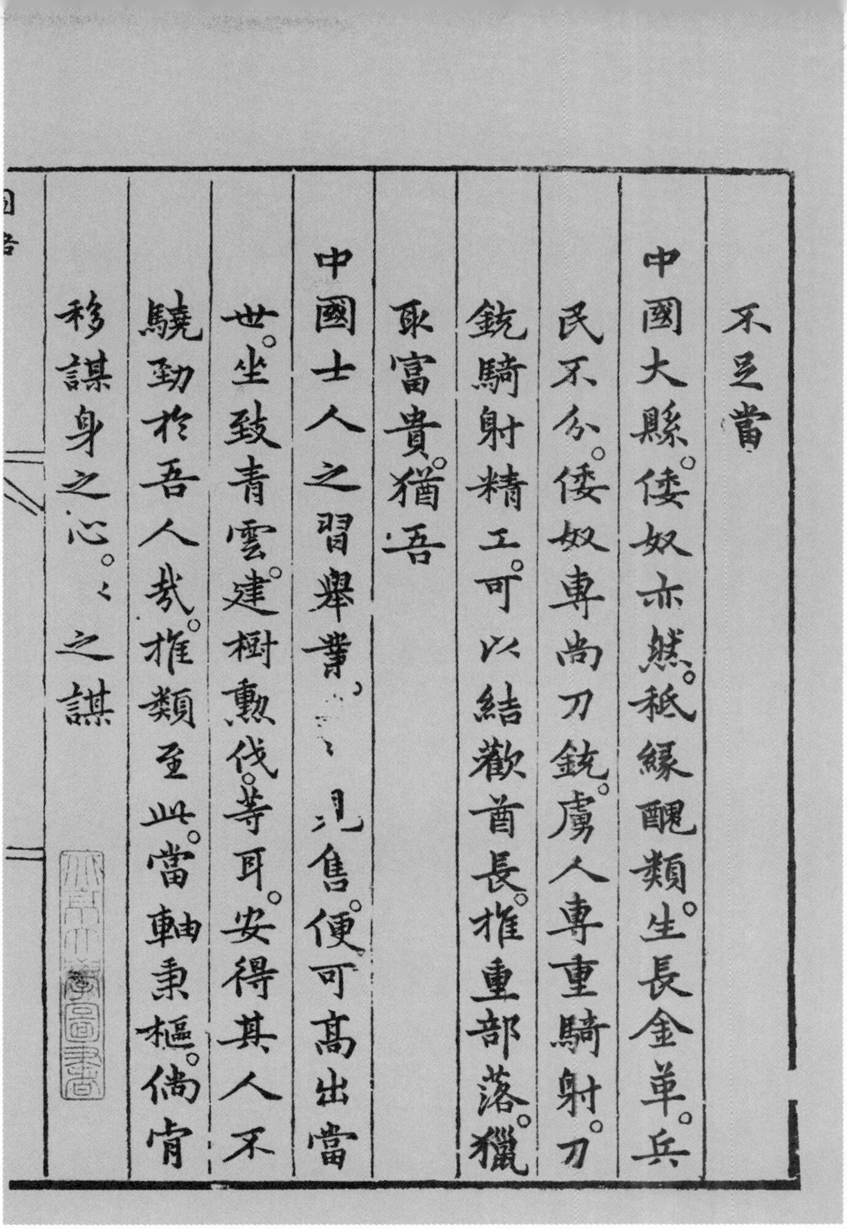

不足當中國大縣。倭奴亦然。衹緣醜類生長金革，兵民不分。倭奴專尚刀銃，虜人專重騎射。刀銃、騎射精工，可以結歡酋長，推重部落，獵取富貴。猶吾中國士人之習舉業，舉業見售，便可高出當世，坐致青雲。建樹勳伐等耳，安得其人不驍勁於吾人哉。推類至此，當軸秉樞，倘肯移謀身之心以[1]之謀

1 以，紙殘傷字。據《玄覽堂叢書》影印抄本補。

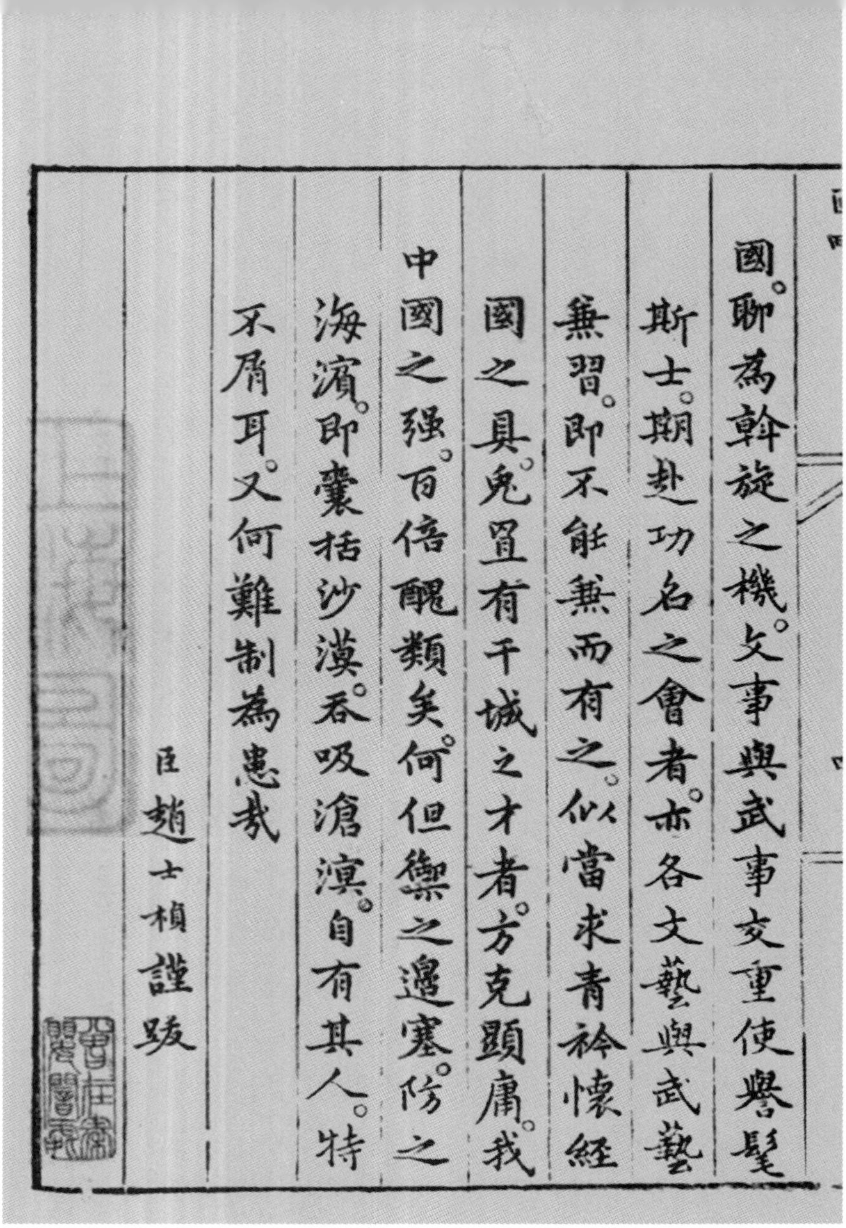
國。聊爲幹旋之機。文事與武事交重使譽髦斯士。期赴功名之會者。亦各文藝與武藝兼習。即不能兼而有之。似當求青衿懷經國之具。兔罝有干城之才者。方克顯庸。我中國之强。百倍醜類矣。何但禦之邊塞。防之海濱。即囊括沙漠。吞吸滄溟。自有其人。特不屑耳。又何難制爲患哉

臣趙士楨謹跋

國，聊爲幹旋之機。文事與武事交重，使譽髦斯士，期赴功名之會者，亦各文藝與武藝兼習。即不能兼而有之，似當求青衿懷經國之具，兔罝有干城之才者，方克顯庸，我中國之强，百倍醜類矣。何但禦之邊塞，防之海濱，即囊括沙漠，吞吸滄溟，自有其人，特不屑耳，又何難制爲患哉。

臣趙士楨謹跋[1]

1 自“國，聊爲幹旋之機”至“臣趙士楨謹跋”百餘字，北大本闕此半葉（4b），《玄覽堂叢書》影印鈔本亦闕。書影及録文據上圖本補。

神器譜補遺

聖旨八道〔一〕

萬曆二十五年，條上東援用兵八害，内議番銃足以破倭鳥銃。兵部題覆：令京營具式轉咨工部製造。奉聖旨：是。

二十六年五月，因京營無式，恭進嚕蜜、西洋等銃。奉聖旨：圖器着進覽。這所奏該部看了來説。

三十年五月内，恭進軒轅等銃、鷹揚車式。奉聖旨：車銃圖式俱着進覽，還著該部院看詳試驗來説。

部院會同奉旨試驗，車銃堪用。六月内題覆：著令京營模倣製造。奉聖旨：是。

本年七月内，京營總協查出錢糧，回咨兵部，令工部製造。十一月恭請造用歸一。奉聖旨：《神器譜》留覽，該部知道。

三十一年二月，兵部題覆：起用原任遊擊何良臣會同製造車銃，京營另自委官掌管錢糧。奉聖旨：是。

本年四月，該工科給事中胡忻參論何良臣不宜起用。臣士楨奏〔二〕請停止製造車銃。奉聖旨。

恭進御前近侍合用輕短鳥銃内直揭貼。奉聖旨：造完輕短鳥銃，著交該監教習。

本年八月内虜酋撦力艮、素囊台吉，糾合醜類，挾賞雲中。臣士楨作合機銃恭進，并請頒發宣大、薊遼二鎮。奉聖旨：兵部知道。

恭請造用歸一疏〔三〕

文華殿中書臣趙士楨謹奏爲恭進防邊奇器以張國威、以省國用事。

〔一〕聖旨八道，據明刻五卷本卷一録文。五卷本題『神器譜卷之一／文華殿中書臣趙士楨謹輯』。和刻本後增一行，署『日本清水正德校』。

〔二〕奏，和刻本作『奉』。

〔三〕以下奏疏五篇，録自明刻五卷本卷一。

臣於本年五月初九日，恭進車銃圖式。奉聖旨：車銃圖式俱著進覽，還著該部院看詳試驗来説。欽此。于時協理戎政尚書王世揚在告，蒙署掌兵部事刑部尚書蕭大亨、左都御史温純欽遵明旨，會同試驗。隨即題覆，令京營製造教習，仍行九邊。奉聖旨：是。欽此。世揚開籍之後，不避嫌怨，會同總督泰寧侯陳良弼，將府庫收貯餘銀，先查一萬六千有奇，回咨兵部，轉送工部製造。

臣伏思未奉明旨之前，小臣建議，棄置何妨。既奉明旨之後，皇上宸斷，自宜肅將。臣謹將舊例備陳於皇上之前，懇祈聖鑒。臣歷訪京營軍器，凡年例舊樣銃砲，則屬之工部王恭、盔甲二廠，戰車則屬之戰車廠。凡有建議新樣軍器，本營委官成造。如萬曆三年，都督俞大猷建議，則委副將焦澤會同大猷監製。萬曆二十年，總督李言恭暫管協理事，兵部侍郎王基建議，則委坐營何良臣、張邦器董工。其餘尚難枚舉。兹者郎中胡瓚、主事舒其志會同估計，似可無庸別議。但郎中掌印，工作自有分司，其志又係暫攝，更换之後，恐造器非用器之人，未必精緻堅固。即精緻堅固矣，又恐用器非造器之人，罔知工作艱難，必不肯保護愛惜。前人之見，并近日部院覆題，良有深意。况當人自爲心之日，欺玩成風之時，一事分而爲三，造用歧而爲二。數萬錢糧漫無責成，内外不相統攝，匠作積弊多端，必致虚費金錢，終鮮精工器具。先〔一〕事圖博長厚，僨事誰執其咎。年例銃砲每試輒炸，雖緣間有需索不遂，作意損傷之故，畢竟濫惡不堪。標營之車，制雖未備，年久不致大壞。職此而觀，則知造器用器，必得歸一爲當。伏望皇上大奮乾斷，再敕部院、京營、總協諸臣，務遵成命，再酌時宜，委差的當官一員，專主錢糧出納。臣請不妨翰墨供奉事務，專視式樣。營中再委將官一員，前来會同監造。本將選帶官軍百餘名，分爲兩班，車銃旋完旋演，庶幾告成之時，易於教習。臣芻蕘之見，車銃國之利器，惟宜握之大帥兩標。乃昔年曾經教習之軍，只將車銃换過，行伍略加整頓，是兵不外募，餉不外增。再得如先任本營將官陳寅、何良臣輩教而用之，七千士卒，足抵十萬。如緣部覆謂臣叨冒紀録，及有效破格優處，因而齟齬。殊不知有司外官，一經紀録，可望優轉善地。臣官九年二級，仍舊辦事中書。紀録優處，特足藻飾聲名，實則難藉表見。京營附近輦轂，奉旨半年，尚無定議。如此人心，如此景象，待至九邊有效，臣得叨冒破格優處，當在數十年之後。方叔、營平，古今能幾。此實部院憐臣辛苦紓忠，難於棄置，設爲激勸之辭，鼓舞將来效忠微意爾。工部會估工料錢糧，兩營車銃，共費二萬三千有零。協理既已查出庫貯餘銀一萬六千四百餘兩。錦衣指揮許濬祥於東事未定之時，疏請輸銀五千兩以助軍餉。事平，因未交納。近見車銃便利，就臣私寓，欣然語臣，願以前銀助造兩營車銃，終其報效之志。臣又訪之總督陳良弼，據云：奮揚神武，全藉火器，保護士卒，專仗車盾，乃本爵禱祀，不可必得者，何幸得此。願將本營合用錢糧，加意撙節，以成萬全之師。此皆良弼家世受恩列聖，今日欲報之於陛下，以忠其職分者也。總督、協理，窮竭心力，如此措處，則車銃之費，分毫不煩工部，價值已具備矣。

〔一〕和刻本作『先』。

臣每見常時工程，俱有錦衣官監視。濬祥列職錦衣，又屬京營教習之官。三經巡視，科道保薦，慷慨警敏，素懷忠義。爲國既輸重貲，必能勤劬王事。部院若肯照例委用，出納不明，教演不精，責在濬祥。式樣不備，造作無法，臣任其罪。若提督一憑總協衙門，稽查覺察一聽巡視科道。國家舉事，處費爲難。錢糧既已足用，伏乞皇上嚴敕各衙門，會同委官起工。臣言既行，則國家緩急有賴，是臣報主之志酬矣。事完之日，臣不惟無覬覦破格優處之念，即區區狗馬微勞，豪不齒録，臣甘心焉。是役也，非國家一時之利，實國家萬世之利。欲成萬世之利，必得傳之萬世無弊，斯人臣爲國忠謀。其餘廣傳製造及收藏一應瑣屑事宜，不敢干冒宸嚴。容臣具揭部院，或奏請定奪，或各衙門徑議施行。爲此具本親齎奏聞。

萬曆三十年十月十二日上，十五日奉旨。次年二月内，兵部題覆。

兵部題覆製造疏〔一〕

兵部署掌部事太子太保刑部尚書蕭大亨謹題爲恭進防邊奇器以張國威，以省國用事。

職方司案呈奉本部送兵科抄出文華殿中書趙士楨奏前事等因。奉聖旨：《神器譜》留覽，該部知道。欽此。欽遵。抄出送司，案呈到部。爲照車銃之制，先因中書趙士楨建議，本部奉旨會同試驗，覆令京營製造。去後隨該京營協理王世揚查出庫貯餘銀一萬六千四百餘兩，堪以動支。已經本部轉行工部會估，咨回到部。臣等竊念國家當此匱乏之時，不惜厚費，剏造軍器，將藉以爲緩急之需，詎可草率苟簡，委用匪人，漫無稽考。以故再三斟酌，正欲少省虚糜，共圖實用。兹復據本官奏稱，造器用器，必得歸一爲當。委與臣部原題相合，似應照前議舉。及查原任遊擊何良臣，昔年曾任標營訓練，雅有勞績，革後又經二薦，合以原官起用，添注標兵右營，帶銜支俸。責令會同本官，照依前議，雇募匠役，買辦物料，于營衛寬廠去處，模倣式樣，如法打造，務要堅久精工，不許虚應故事。仍如所議，分撥官軍百名，旋完旋演，工畢分發兩標營，隨操教習。俟有成效，一併從優議叙。動支錢糧，仍聽該營選委廉幹將官一員，專司出入，俱要查照原估，儘前數製造。不許分外請討，致滋煩費。用過錢糧，造册奏繳，一聽該營總協及巡視科道嚴加查覈。其餘廣傳製造及收藏一應未盡事宜，容本官呈報該管衙門，陸續議處，庶爲妥當。恭候命下之日，移文戎政等衙門，一體遵照施行。謹題請旨。

三月十三日奉旨。

〔一〕擬題。

奏請停止製造車銃疏

文華殿中書臣趙士楨謹奏爲恭陳報效始末，仰祈聖鑒，并乞天恩，收回製器成命，以息危機，以全狗馬餘生事。

臣本樗櫟賤品，過蒙皇仁，拔置東璧。自揣筆硯之間，不足上報洪造。偶緣疆埸多事，東西士馬物故，以數十萬計，帑藏錢糧，浪費以數千萬計。當時若有利器威敵，府庫何得虛耗如今日之極者。臣因朝夕講求，期欲憑藉車銃，振揚中國之威，仰酬天恩萬萬之一。車銃既成，事漸平定。又思攻戰之具，非臣下私家可蓄。五年之間，兩經具奏，俱蒙俞旨。今年二月，兵部議覆，起用原任遊擊何良臣，會同臣士楨製造，營中另委廉幹官一員，專管錢糧出納。臣與良臣分毫不得經手。奉聖旨：是。欽此。本月初三日，該工科給事中胡忻參論良臣，疏中雖不及臣，實係一事。臣不得不備陳始末，以明心跡。臣以翰墨獲交胡忻，知臣兹舉，惟恐良臣囊橐是潤，不能終始國家盛事，爲臣長慮，臣甚德之。但未知臣援引良臣之委曲，兵部起用良臣之詳慎也。臣官雖卑，叨冒供奉，原難從事營中，奔走趨承於總協之前，以褻朝廷侍從之體。必得才力能辦此者，方可自代。況臣前奏造用必得歸一。知造知用，良臣舊有成績，是臣疏中輒敢引及，不過欲集國家之事，非有私於良臣也。兵部遲廻數月，延訪僉同。又因創立備倭兩營之時，協理侍郎李春光特薦良臣堪任。當事以參將宿振文易之，年餘營伍不成，既成又無紀律。巡視科臣劉餘澤又以異才保薦。兵部據此，遂起良臣於廢棄。是兵部未嘗憑空妄用也。究竟釁端，實起於臣之訪出年遠錢糧。又有不得預事將官，承風流謗，巧張機穽，聳動縉紳。去歲車銃，奉旨試驗。部院題覆之後，當事以工價無措。臣因訪得戎政府庫存貯餘銀三萬有零，報之職方。職方行查總協，蹔以一萬六千四百餘兩回咨兵部。此銀底簿毀壞已久，各衙門又無數目可查，俱各視爲己物。臣爲皇上訪報職方，此輩安得不刻骨恨臣。詳察作用，其勢不至殺臣不已。黨與謀議已定，今日流謗，特其端倪耳。臣爲國受禍，久矣甘心。但恐天下人士，期欲效忠於皇上者，一皆以臣爲戒，是以不肖之身，反塞效忠之路矣。臣一人甚不足惜也，凡身在事外，淺淺〔一〕視臣者，未必不疑臣爲黨護。殊不知良臣仍舊擬革，已破之甑，顧之奚爲。秪因前車後車之鑒，臣實不能無後日憂讒畏譏之念，全身遠害之圖焉。因事論事，不得不借以自況。夫良臣前時造車，既非建議，又鮮釁端，錢糧毫不經手。掌管錢糧中軍王邦吉見任營中，遊擊陳大經見任昌平坐營，質證具在。無賴將官，猶且任意誣捏，賢哲從而信之。況今車銃由臣建議，錢糧由臣訪報，臣身既爲怨藪，異日安得不爲射的。若不奏請停止，此輩念及前銀，相仇相恨，一飦不肯相忘，乃萋菲貝錦，鬼蜮蜂起，臣將爲良臣之續無疑矣。況臣效忠之心雖切，而諧俗之術極疏，觸目光景，盡是機鋒，安肯容臣竣事，藉手以報天恩，以垂不朽之名。伏望皇上收回成命，俾臣殺身之禍可望消彌。否則此輩□□〔二〕不暢，必然鑽求污捏。污捏不已，必致行□〔三〕，斯足滅

〔一〕淺淺，原作『淺々』。和刻本作『淺之』。
〔二〕此輩□□，後二字底本漫漶。和刻本作闕文符號□□。
〔三〕行□，後一字底本漫漶。和刻本作闕文符號□。

口。懇乞聖慈，委賜憐憫，自此已往，狗馬餘生，一皆皇上之再造也。臣雖懇請停止，又不敢終默，以冒欺誑之名。昨見兵部覆題，令總協酌議，果否有裨實用。此兵部恐滋多口，諉之總協了事耳。總協必議之諸將，諸將恐形其短，豈有良心言臣車銃可用之理。再懇皇上天恩，將京營見用車銃並臣新樣車銃，俱各取至大内教場。欽遣内外公正的當官二員，逐一試放。車之便捷，銃之命中，不惟不如舊器，即與舊器相等，亦治臣欺誑。并部院前時試驗，扶同小臣之罪。然後停止。庶幾是非明而人心服。若聽總協以定作止，臣死不敢服其爲當也。臣不勝激切待命之至。爲此具本親齎奏聞。

萬曆三十一年四月十一日上。

恭進御前近侍合用輕短嚕蜜鳥銃内直揭帖

文華殿中書臣趙士楨謹奏：本年二月十七日，該御馬監提督教習武藝仍管典簿事邢洪具奏，訪得臣士楨家人趙壽等通曉鳥銃，要於本監沙盤内教習。近侍李國泰等奉聖旨：是。欽此。移文到臣。臣欽遵明旨，將趙壽等送付本監，已經擇吉教演。但近侍李國泰等十一員名，尚乏如式鳥銃。臣謹將部院試過樣銃五門，稍改輕短，便於初學，恭進御前，先備國泰等演習之用。容臣備貲，成造六門，湊足十一門之數，或仍進御前，或陸續交與邢洪分發李國泰等。其京營兩標樣銃，候兵部覆題前本，奉旨之日，臣再製造式樣，以終臣狗馬報效悃誠。原係奏准銃樣，未敢擅便，理合具奏請旨。

萬曆三十一年三月初七日上，即日奉旨。

恭進合機銃疏

文華殿中書臣趙士楨謹奏爲感時觸衷，敬獻邊方相宜神器式樣，懇乞聖明□〔一〕時頒造，以伐狡謀，以張國威事。

臣不揣薄劣，連年請儲車銃，蓋有所聞見而然，原非無謂妄發。仰荷皇上，不惟器之精利，屢厪睿鑒，即製用之法，亦蒙採納不遺。只緣當事間有意見相左，未經體訪，不肯亮臣苦心，借事阻抑。兵部於科臣之疏，明嫌引避，遷就題覆。臣恐逢怒賈禍，無益國事。使狗馬戀主之身，既不獲常依日月之光，且隳天下人士效忠朝廷之心。具疏懇請停止。候旨半年，未蒙批發。近見宣大總督、撫按前後各塘報内稱：素囊台吉以鎗砲手百餘協助擠酋，及酋帳中架有銅砲，其餘火器四樣不知數目，砲手頭目麥刀良恰、鳥銃手三媚榜什。觀其部署、頭目、銃手及各色器具，則知諸酋造謀，已非一日。臣自東援之後，因聞建虜奴兒哈赤於萬曆九年，窮三站搶去茶客龔五，憑以

〔一〕□，底本漫漶。和刻本作闕文符號□。

製造火器。以貂皮、人參易我硝黃、犁鐵。套虜用年前寧夏叛卒并沙湃搶去川兵，創造火器。臣六年之内，三請儲蓄神器輕車，蓋知有今日之事，但不敢明言，恐露機關〔一〕。已前當事諸臣，不惟不爲主持，且疑多事，極力排詆，視若仇讎。使臣憂讒畏譏，蹐天跼地，進退維谷。今諸酋既欲兼我中國長技，我欲以神器加於虜上，必得命中、及遠、猛烈、輕便，四長俱備，再加服習，方能勝之。更求前拒，衛我士卒，詳味李靖『夷夏急鬥緩戰』之旨，不被虜窘，獲盡所長，斯稱得算完策。若近日支離之式，臨陣難放，濫惡之器，反致自戕，又無前拒，難於緩戰。邊臣但言製造，不講教習，徒費錢糧，無益於事。臣躊躇思維，將欲緘口引避，袖手觀變，乃忠憤激烈，恐負皇上知遇之恩。將欲從前請用神器輕車，懼詒馮婦之誚。鼬豫狐疑，幾及一月。既而又思主憂臣辱，君爾忘身者，人臣分義宜然。人臣有利於國，髪膚不愛，遑卹非笑。故敢冒嫌，再申前説，惟皇上賜垂聽焉。夫虜中人馬，驍勁堅耐，較我華人，不啻倍蓰。以醜類之强，尚欲假靈銃砲，况我雲中、上谷之民，自款市以来，目不辨旌旗之色，耳不解金鼓之聲。向經戰陣士卒，老者已死，壯者已老，尺籍雖存，實非昔年敢戰壯勇可比。鳥銃爲邊庭濟弱利器，輕車爲士卒立命勝具，在該鎮亟亟講求，已屬臨渴掘井，尚可時刻濡徐哉！故臣不避非笑，干冒宸嚴，爲太倉節省歲費，爲百萬蒼赤，修救請命也。據報虜人利款，前盟未必決裂。臣聞宣大市賞之數，每年漸增至五六十萬，而軍糧馬價暗增，私輸不在此内。是擣酋者，非兩朝三十餘年、二千萬金豢養之驕虜乎？使其果有感恩效順之念，堅守盟誓，永無他腸，宜乎用夏變夷，後弓矢而先耒耜。奈何弓矢之外，尚欲竊弄鎗砲，非懷逆天，雄心胡爲？思及於此，縱使依舊可以利結，獨不聞以利交者，利盡則散。豺狼犬羊，谿壑無厭，在當事未可止計目前，不爲久遠之慮。城下之盟，《春秋》譏之。酋輩兄叔弟侄，擁眾十萬，薄我近邊，控我險扼，阻我修築，要挾歷年段幣，挾增後来市賞。似此情形，目中全無中國，尊大易心已生。萬一怯懦不振，俛首將順，惟冀醜類，蹔修舊好，號稱奉我約束，是自愚自誤，臣不知該鎮税駕之所矣。于今之計，惟宜亟圖轉弱爲强之策，足寒醜類之心，斯狡謀可伐爾。然轉弱爲强之機，無踰臣連年懇請專志神器并用輕車以守爲戰之議。臣緣有見於東援之時，調集人馬十有餘萬，附以朝鮮土著，何止三十餘萬。倭奴止以飛巒島鳥銃手三千，憑爲前驅，懸軍深入，不勞餘力，抗我兩國。我以兩國全力，不能制倭死命。飆馳電擊而前，從容振旅而退，不但諸酋盡全首領，至於倭眾亦覺無多損失。則鳥銃之利於軍用也，亦甚彰彰明著矣。大都將臣久享承平，未嘗究心鳥銃，每每故意求短，藉口阻抑，以快忮心。在鳥銃又無他短可議，但以邊地風大，門藥不便爲辭。臣因將《譜》中三長銃增置陰陽機牙，對準之時，火門堅閉，以避驚飆。火到自啓，陽機自上而下，專司發火，陰機從下應上，專司啓閉。一握總機，上下合發，名曰合機銃。是此製造，任教風伯作祟，雨師爲梗，我則舉放自如，用塞庸人懦夫之口。又將邊方常用三眼銃如造鳥銃之法，更改式樣。使火送彈，不蹈舊時火帶彈出及鉛彈鎔軟化匾，坐致氣弱，不能透甲。再加鋼刃，便作短兵，馬步可用。謹以二式恭進御前。

〔一〕關，和刻本作『開』。

伏乞皇上大奮乾斷，敕下兵部，詳加試驗。如其果勝倭銃，足以制虜，然後先發宣大、薊遼二鎮。再造輕車、車牌前拒之器，專習以守爲戰之法。蓋鳥銃從来視爲守具，殊不知附之車上牌間，即爲戰具，尤利也。如以製造演習，事係創始，未得其人。臣請不妨本房文翰事務，時常往来其間，以身任之。倘蒙皇上不以臣爲不肖，二鎮抽撥不慣騎射士卒萬餘，竢車銃告成之時，容臣設法以付該鎮將官教演。即令虜衆結聚百萬，臣敢以身當之，必不致堂堂天朝損失威重，致取虜人侮謾，以貽後世之笑。大抵邇来邊將，勇敢稱能，稍知自振者，不解求我中國長技，儲以禦虜，專以雙糧厚賞，招養夷丁，驅我華人，爲虜奴僕，辱我族類，餒我士氣，莫此爲甚。與其厚費帑金，豢養非類，孰若移此錢糧，置我前拒利器，養我軍民以充銃手之爲得乜。醜類狼子野心，養之不惟貽患後日。即目前諸酋，且得藉爲釁端。臣見遼左降虜李平胡者，以朝廷高官厚禄，以寧遠兩世撫育之恩，畢竟陰泄主帥出塞之期，使李如松身膏草野，暴骨塞外。中國有殞將覆軍之辱，伊誰致之。平胡受恩深重者如此，餘可知矣。近日虜中砲手頭目麥刀艮恰、鳥銃手三媚榜什輩，安知非邊將招致而来，不得意亡去之虜乎？若得再仗皇上天威，宗社寵靈，當事秉心爲國，省費保民，行臣之言，用臣之器，究臣之用，即使閉關絶貢，當令醜類不敢正視塞垣。萬一狂逞，則犂庭掃穴，必能頸繫單于，生致闕下。倘果如邊臣之言，不致敗盟，猶可仍舊款市。臣愚以爲兵精器利，虜人耳而目之，自然寒心落膽，則盟約愈堅，必不敢額外要挾。既無加增之弊，不惟每歲太倉可省數十餘萬，邊方獲免箕斂之擾，軍士亦受無窮之福矣。况原任總督王崇古議款之初，奏准外示羈縻之形，内修戰守之具。臣今日之議，亦不過踵崇古原題，以修戰守之具耳，非多事自逞也。茲議一行，各鎮邊境，臣敢爲皇上以及聖子神孫百千萬年保無北顧之憂。臣不勝忠憤激切之至。爲此具本親齎奏聞。

萬曆三十一年八月二十七日上，三十日奉旨。

合機銃圖叙〔一〕

辛丑歲，偶聞建夷用被虜茶客龔五，套虜用寧夏叛卒及久在虜中計龍輩，竊弄銃砲。蓋諸酋覘知邊備弛極，戎心遂生，故欲兼我中國長技，益彼之强，使狂逞之謀得出萬全耳。楨因紬《防虜車銃議》，微寓酋輩逆謀於其中。壬寅五月刻成，具疏恭進，聖明採納。當事間有意見相左，雖累奉明旨，畢竟紛藉未决，其詳委備具首卷。不意今年秋，撦酋糾合套虜，直薄雲中，以銃砲自衛，連營四十餘里，去塞垣僅數舍，漫辭要挾，假託尋釁，幾及兩月。復檄青把都、光哈喇二酋，會獵開平邊外，牽制擾亂，以張聲勢。守臣告警。楨作合機銃，并改三眼鎗，疏請頒發宣大、薊遼二鎮，爲威敵伐謀之具，並證前議有謂而發，非好事妄作云。

癸卯歲重陽後二日識。

〔一〕據明刻五卷本卷二（又34a–b）録文。

合機銃全形〔一〕：銃帶床共長五尺，筒長三尺三寸，重七斤半。用之城守并車上舟中，長四尺。陰陽二機，陽發火，陰啟門。對準之時，即有大風，不怕吹散門藥。中國南北將臣，若肯究心，則海上塞外，自此鳥銃無有臨時不發之患矣。銃筒長短大小一如嚕蜜。床形前類嚕蜜，後類軒轅。空白處係機房。

蓋機銅板外面、蓋機銅板裏面：長九寸四分，上半節闊一寸三分，中七分，下一寸一分。中眼，機釘于此。下眼乃螺螄梢處。

機：陰機、陽機、中樞、總機。

腰箍：合形、開形。

蓋機：火輪裏面、火輪外面。

新改馬步相宜三眼鎗形〔二〕：馬上長四尺四寸，步下長五尺五寸，重七斤。即前圖馬上三眼鎗，因欲便於邊方製造，以故分析其事件，圖式於後。此器亦我中國常用之器，詳細具圖者，蓋緣邊方不知金火之性，不知煉鐵求精，一遇迸炸，歸咎筒薄，漸漸加厚。厚則自然沉重，因重求輕，不得不短，因而盡失舊製。茲以木床隔開三筒，不致快熱。煉精鐵爲筒，使得長而且輕，再加鋒刃，可作短兵。變通以求適用，欲邊兵易知易習。步下放畢，用俞家棍使法。馬上或用大刀使法，或用玄女梭使法，俱便。

筒形：筒俱有螺螄底。每筒長一尺三寸，重十三兩。把箍。腰箍。

鋼刀：鐵箍頭側面形。鐵箍頭正面形。

桿形：三面作槽，以納銃筒。

原銃下〔三〕

用兵尚變，制器求宜。上下古今，歷觀夷夏長兵之利，前圖諸器，可稱善之善者。間有謂諸器專藉門藥，不用火線，北方多風，南方多雨，天時稍乖，即利猶鈍。作軒轅銃，筒式嚕蜜，損益床制，創爲機軌，火門掩定不動，機發自開。盤火繩於床背，有雨則設銅瓦以蓋之。既成，并前器似諸當事。有久在行間者，極口三眼銃之便，因作三神銃、旋機、翼虎。又慮夜戰，準器難施，作九頭鳥、火彈筒。慮火箭斜行逆走，作火箭溜。虜馬奔突迅疾，倭刀閃爍輕便，短兵相接，遽難即及其身。必得先掩其長，然後乘其隙而人，作雹光

〔一〕配圖見附録明刻五卷本卷二（35a）。
〔二〕配圖見附録明刻五卷本卷二（35b）。
〔三〕據明刻卷本卷二録文。

劍、天蓬鏟、梨花鎗諸器。實楨八年苦心鑽研，神解奇正之旨，或去繁以就簡，或因短而加長，變通損益，靡不務合戰鬥之法，以適士卒之用，非漫然而爲之也。

辛丑夏，率家僮輩攜銃湖上，彈射水鳥。行至功德寺前，有道人策杖而来，皓首修髯，顔如渥丹。就楨問曰：何器？應曰：鳥銃。道人曰：征倭得来乎？楨曰：西域之製，非倭銃也。道人曰：至此奚爲？曰：彈飛。道人曰：殺生有戒。楨曰：闗市苦征，箭羽騰貴，艱於習射，聊破戒爲之爾。道人笑曰：殺物衛人，似亦無傷陰騭。把玩良久，向楨歎曰：攻守善矣，陣頭未也。楨示以旋機、翼虎。道人曰：步門甚善，遇騎猶未也。楨聞斯言，揖而請曰：師異人也，願明以教我。道人曰：子見國初三眼鎗、雙頭鎗乎？楨曰：營伍常用。道人曰：高皇帝驅逐胡元，文皇帝三犁虜庭，全用此器。土木一變之後，何曾出塞，又何曾對壘。邊吏欲就簡便，盡去鎗頭，用爲守具，因失其舊。不然，何故以鎗名銃。以杖向沙中畫式相示。楨拜謝，並問居止。道人笑曰：閒雲野鶴，何有住著。足下蹤跡貧道，不過欲請益爾。足下之器，亦甚足用，求多奚爲？使貧道尚有他技，一見間〔一〕自當吐露。如其緘閟不傳，即令足下朝夕供養貧道，無益也。少頃，又問曰：大器知否？楨舉一二以對。道人曰：何不製式？楨曰：方今海宇一家，止講制馭四裔，何敢及此。道人曰：藎而且哲，不惟善于保邦，更善保身。策杖從隄上不顧而去。

楨歸如式製造，通前計二十餘種。凡有軍旅之寄者，誠能儲蓄於平時，教演於無事，更能因時因地，因我因人，因衆因寡，因動因静，險勢短節，闔闢張弛，實實虚虚，端倪莫測。然後攻人之守，守人之攻，振揚天家神武，保衛邊庭蒼赤。是又在丈人長子，爲國忠猷，用兵方略何如耳，似非區區可以楮墨訟言也。萬曆癸卯孟春吉旦東嘉趙士楨識。

軒轅銃〔二〕：北地多風，方欲對準，門藥風已吹去。因製一機，能令火落，火門自開。更爲一篷，以防陰雨。内有一銅輪，輪上有機昂起，故曰軒轅，亦緣軒轅爲五兵之祖也。

龍頭。銅軏正形、銅軏側形：此灣頭用以鉤火門蓋下蝎尾釘。銅翃。一如嚕蜜蓋門，惟多一灣釘。

旋機翼虎：此器有三眼銃之便，準則過之。有鳥銃之準，便則過之。右手懸刀，放畢敵近，用以格鬥。

銃身：此軸近身三稜下圓大中小。

〔一〕間，和刻本作『問』。

〔二〕軒轅銃以下至翼虎銃配圖，見附録明刻五卷本卷二（30a–35b）。

銃尾：此尾受軸之竅，外層三稜，中層微小而圓，三層圓而大，長與外二層相等，俱以銅爲之。尾内受軸銅片機挨銅片之右。

藥罐三嘴，一裝三門。罐之頸間用此，左轉倒出，撥回隔住。

九頭鳥：即絶大鳥銃，重二十餘斤。用藥一兩二錢，大彈一箇，小彈錢許者九箇。遇敵衝我，人衆則亂打，人少審定而放，尤宜夜戰。

火彈筒。

火箭溜：用此器，則火箭永無斜衝逆走之患。機與軒轅同，但用銅管御火。繃子亦如軒轅。

三神鋭：新製。機。

電光劍：新製。銃一。噴筒一。

藜花鎗：舊製。用走線。加火二筒。

天蓬鏟：舊製。加火二筒。

諸器自六尺六寸起，至七尺七、八尺八、九尺九止。大概因用器士卒身量長短，并力氣大小，方爲得宜。太長頭重，短則不及敵身。

國初三眼鎗、國初雙頭鎗：二器庚子歲遇一百餘歲道人于功德寺前，授以式樣。

馬上三眼銃：刀長三尺，床長臂膊二三寸。

步下翼虎銃正面形、側面形。

鍁銃。钁銃。三器各長四尺餘。

裝軒轅銃圖

打放架勢，一如噜蜜。惟裝飽時銃床向下，銃筒向上。使銅篷常蓋火繩，即有微雨可放。

放九頭鳥圖

凡乘夜襲人並敵人偷營之時，先將火球放去，必然看見踪跡，隨跡發機，十彈並出，無有不中之理。背銃兵持三眼銃一門，大銃一出，即放三眼銃，以便再裝大銃。

放三神銃圖

馬上放三眼銃圖

迭放火箭圖

三人肩背相向，後用一人遞火箭。放畢，退在左邊。裝箭完，旋轉右邊待放。

放步下翼虎圖

右四圖大小銃砲二十種，火械四種。南北俱宜者，軒轅、嚕蜜、鷹揚、三長、電光、三神、火械是也。有只宜南方者，掣電、迅雷、震疊、奇勝、旋機、步下翼虎是也。只宜北方者，三眼、雙頭、鍬钁、馬上翼虎是也。嗟乎，此梗概耳。若夫運用之妙，實係於人。試看雞林夷器，僅見其一，祇緣專心事事，遂以蠢爾，敢拒大邦，憑陵藩服。我國初驅逐胡元，犁庭掃穴者，故在也，况益之以神奇乎？『彼美人兮，西方美人。』不佞於焦、郭、余、周諸公，不能無遐思焉。雖然，古今人豈相遠哉？使秉鉞樹旄，儼然國輔者流，一滌弊習，孳孳矻矻，思報所受，是器獨不可爲邊地瀕海生民立命乎？又獨不可爲皇家坐守萬世太平乎？借才異代，當世之恥，士類之辱。不佞茲編，不能無厚望於今日之擔爵任重者焉。

增補神器譜襍説九條〔一〕

一、三神銃。備倭在南方山林田塍之間，用機。北方禦虜，有林木山阪之處，用機。平原曠野及馬上，俱不用機。其制著銃筒處如秋葵種形，前後停均，難於照準。

一、軒轅銃。筒一如嚕密，惟火門蓋下有一鐵線，如蠍尾彎轉，横在直軌之上。此器不避風雨，但造作較諸銃獨難。若肯念及一勞可享永逸，則此器之品，可謂無上乘矣。

一、旋機翼虎。較諸器多用一軸。製時惟著軸銅片三角箍，并内軸牙難比。用之南方極妙。然必須極巧極仔細匠作，方得稱意。

一、三眼鎗。後用劍刃、鐵箍，更可作鎗、刀，作錘、棒。兩頭相稱，落有力而起又便，入巢極妙。

一、銃鑽完洗法。鑽頭要長五寸，頂頭一寸略作尖鋭，中間四寸務要匀圓一般，大小一般，其筒洗出纔直。若如棗核樣子，鑽時隨

〔一〕明刻五卷本卷四『説銃（六十九條）』，實爲七十三條，較北大藏初刻本《神器譜·神器襍説》、《續神器譜·續神器譜襍説》多出九條，茲合併改題作『增補神器譜襍説九條』。

彎就彎而下，其筒畢竟歪斜，不得匀净正直。鳥銃命中巧妙處，雖係照門、照星，若筒中彎曲不直，發火出彈，左右衝撞，即久慣高手，亦不得穩當。

一、火門就在筒上熟火，較馬蹄筍卯撒者更牢。熟火之法，筒并火門，兩下磋平，前後鑽眼，鐵蕭蕭〔一〕定煮火，和作一家，畢竟牢固。

一、造銃全要鐵鍊極熟，捲筒全要煮火極到。中國銃砲不堪者，皆因狃於宴安，邊將茫然不知製用之法。兼有節省、剋落兩般弊病，試輒傷人。主造主用，不究煉鐵捲筒不精之故，歸咎筒薄，因而加厚，厚則自然沉重，因沉重漸漸減短。殊不知鐵生及筒有罅隙，雖厚亦炸。加厚徒壞銃製，無益於器也。

一、鳥銃能命中於數百步之外者，緣用機發火。即其機，以品騭各國之器，則未有合機、軒轅、三長之先，嚕蜜爲最，大西洋次之，小西洋又次之，倭銃實屬下品。然嚕蜜之銃，其品在各國最上者，緣其機之操縱由我，托床前後又有把持，猛烈更倍於各國。大西洋操縱，似亦自由，其如夾火不便，力小而床不穩，故遠遜嚕蜜。小西洋與倭銃，其機操縱，俱不自由。但小西洋機頗簡便，倭機繁瑣，所以倭銃機爲最下。又有謂先年南方鳥銃，其機與倭銃一般，畢竟不如倭銃之火易發。嗟嗟，此機上毫釐絲忽之差，特造器用器者，不肯究心耳。細觀倭機發時，機頭磕在火池之邊，機煽藥起，火星隨落，下起之藥與上落之火適會，自然舉發。中國舊機，支離孱弱，發時機頭磕在池中，火繩將門堵住，藥又不精，士卒未經服習，忙迫之頃，所以不發。新制合機、軒轅，風雨尚且不怕，又何須虞火不發哉？

一、銃筒冷鍛者更妙，若得巧手鐵匠，將筒打成，如膅〔二〕內容三錢鉛子者，將二錢五分撞趁紅恢過，將八稜顛打極直，然後用錘密密鍛過，滚水試無沁漏，用圓鑽微掃，膅〔三〕既清潔，外邊更不生繡。

增補神器譜或問十一條〔四〕

或問：舊日火器與新製造之器，遠近利鈍大相懸絶，何也？

〔一〕蕭蕭，似當作『銷銷』。
〔二〕膅，當作『膛』。
〔三〕膅，當作『膛』。
〔四〕明刻五卷本卷五『或問（五十五條）』，較初刻本《神器譜或問》多出十一條，合併題作『增補神器譜或問十一條』。

曰：制用不同爾。舊器火帶彈出，新製之器火送彈出。舊日火器，譬如三錢彈者，止將銃口攢成三錢，膅〔一〕內任其寬大。鉛彈落到藥處，藥先裹住鉛彈，彈在火中。火發之時，藥又不快，鎔化少頃，火將鉛彈帶出。此無力不遠之由也。新製之銃，膅〔二〕口大小上下一般，鉛彈與銃筒圓凈一般，彈著藥上，機發之時，火氣毫釐不得走洩。筒既長而藥快，鉛彈又不致鎔軟化扁。此遠近利鈍因之以分也。

或問：海外鳥銃精工，諸夏不如，何也？

曰：風俗習尚使然耳。曰：各國猶有古人寓兵於農之意，兵民不分，公私一體。酋長程課頭目，專視兵器精利，以爲殿最。人人奉爲職業，保守富貴。若兵器不堪，詎惟畏法，且畏班輩見笑。習尚成風，安有不精之理。我中國盡屬公家，有司不知造，將吏不知用，士卒不知打放收拾。公家之事，匠作定然不肯盡心。監造之官，自愛者專求節省，不省者剋落，一經節省剋落，便難行法。既無利結於前，不畏法繩於後，大小糊塗，上下苟簡，了事足矣，安望精工。

曰：觀此，則中國畢竟不得精工矣。

曰：不然。嘗聞東西兩洋貿易，諸夷專買廣中之銃。百姓賣與夷人者，極其精工，爲官府製造者，便是濫惡。以此觀之，我中國不肯精工耳，非不能精工也。

或問：我中國大小銃砲，常有迸炸之患，豈盡出不精乎？抑別自有説歟？

曰：有之。用器者未窮陰陽五行之理，未盡陰陽五行之性耳。夫金屬陰，火屬陽。銃之炸也，在陰陽，則陰不能固陽，自然駁擊而出。在五行，火能剋金。筒薄則金弱，藥多則火旺，以弱金而當旺火，安得不爲所剋。兹欲不炸，當於金火分兩求之。如鳥銃熟鐵二斤，可受藥一錢，大器熟鐵一斤，受藥一錢。使陰能固陽，火難剋金，則永永無虞矣。

然大小又有分別何也？

曰：鳥銃筒長，鐵欲攤開。大器筒短，鐵甚攢簇。

然又有極厚而炸者何也？

曰：非鐵生，必有罅隙耳。火極虛明，遇隙必洩。以故筒成試以滚水，原爲此也。

或問：譜內銃樣甚多，軍旅之間，當盡用製造歟？抑擇而用之歟？

曰：爲將者用器，即韓淮陰之論將兵，各有分量材品。有能數萬者，十萬者，多多益善者。愚觀用器，亦類此語。大都譜中諸器，有南北俱宜者，有便於禦虜而不便防倭者，有宜於防倭而不宜於防虜者。秦漢以降，全才難得，文武歧爲二途。近日武臣，又有南將、

〔一〕膅，當作『膛』。

〔二〕膅，當作『膛』。

北將之別。以故南將不知北方所宜之器，北將不知南方所宜之器，遂有可用不可用之說。若爲將者，天地之大，古今之變，五方之性，五兵之用，無所不知，無所不能，則譜內安有揀擇去取之器。故曰：宇宙在乎手，萬化生乎身。

或問：鉛彈亦有關於銃之利鈍否？

曰：凡在器上物件，原同一體，稍有不精，便爲主器所累。況銃爲三軍鋒鋭，而彈又爲銃之用人，在國爲將，在軍爲先鋒。銃藥既精，憑此以究其用，安得不求極其精妙。銃猶弓也，彈猶矢也。良弓能使歪斜不調之箭命中乎？必無幸矣。《詩》曰：『決拾既次〔一〕，弓矢既調。』決拾弓矢，必求調和相適，方克利用。則鉛彈與銃，可類推焉。

或問：霹靂火銃，神奇特異。不惟不畏風雨，利於戰陣，即主帥軍幕、商賈逆旅，儘足以禦暴客。譜中不具圖式，不言製法，何也？

曰：此器固是神奇，甚難製造，費又數倍，非經服習，火又未必即發。倘值變起，倉卒俄頃之間，藉此以定軀命安危，反覺悮人。如軒轅、嚕密，易習易製，見之無不蹙額語難，今日敢以此器望世人製造服習哉？

或問：銃筒輕長，用久或爲他物壓彎，或爲木床帶累屈曲，出彈之時，定然不準。必如何斯復其舊？

曰：凡放畢收拾之時，須仔細一看。銃筒少有歪斜，即將墨線，自照門眼起直至照星分中處所，將線一彈，曲直立見。即將銃烘熱，放厚板櫈上，用木錘顛直，將線再彈。如筒薄，用可筒鐵條一根，以紙包裹，放在膅〔二〕內，庶免打扁銃筒。試看舊銃，不用圓筒，專做八稜。各國鳥銃，圓筒者必磋平上面，是爲彈線計也。如係木床彎曲，木床調直。床筒俱歪，一并整理。

客曰：木性柔，金性剛。誠如所云，則木反能制金矣。

曰：不然。此理不論剛柔，專看强弱。木多則强，金微則弱。故朵思麻論銃，專尚厚重。所以海外諸夷，盡拜下風，良以此爾。楨作軒轅銃，雖云損益床機，聊以防避風雨，其筒畢竟取法嚕蜜，毫釐不敢增減。不惟因其壓手不動，亦慮尚輕，有歪斜之患也。

或問：曾見用新製之銃，藥依譜中分兩，其火畢竟不若足下用之迅速，及發藥無閉門之患，何也？

曰：造藥工夫，必得如造墨一般精細。合藥調劑，必得如煉丹之求合火候。夫柳炭木火，硫黃土火，焰硝水火。木火輕烈，土火沉重，水火流暢，性也。調劑不因其性，不得其理，用之必不遂意。若欲迅速快便，必須合藥之時，將硝、黃、柳炭，俱各研極細爲度。先將黃入炭內，調和極勻，使木火與土火合作一家，彼此相濟。然後入硝和擣，使輕烈之火，泛起沉重之火，俾得與流暢之火，一齊行走，斯爲得法。不肯窮火之理，盡火之性，安能得火爲我所用？

〔一〕次，當作『佽』。
〔二〕膅，當作『膛』。

或問：常見邊將言邊地用銃，火常不發。

曰：此莽夫信口支吾爾。初學定有此病，久熟無有不發。僕製霹靂火，初用十得一發，次三四，次七八，今則無不發之火矣。火之發與不發，在服習與不服習，地豈能限火不發耶？邊將誰知火器，邊兵誰習火器，寃哉。

或問：舊日之銃，三發之後，或藥下自燃，或致迸炸。近日聞放至十銃，猶然可用。何也？

曰：銃膅〔一〕光與不光，火藥精與不精使然爾。舊日之銃不知鑽碾，膅〔二〕内坑坑坎坎，藥又不精。火經再發，藥查〔三〕盡掛膅〔四〕内坑坎之處。急裝後藥，前火未滅，自然舉發。迸炸爲何？曰：膅〔五〕有坑坎，又不知刷洗，即刷洗，坑坎藥查〔六〕，未必去净。一經潮濕，筒必蝕壞，坑坎之處，日深一日，漸至透漏，安得不炸。

或問：諸器神奇，何處得来？

曰：因韜鈐奇正，再觀古人兵器，觸類變通，加以玅悟，遂獲造其玄微。夫用兵有奇有正，器械爲制敵之具，奇正安得不備。試觀方戟鋼釺，即知古人製作兵器，未嘗不體奇正之旨焉。刃，正也。枝，奇也。正用制敵，奇以自衛，奇正相因，斯成完器。只緣鳥銃新出，其制未備，因其闕略，聊以補足。雖云神奇，實係古法。

序〔七〕

楚友人黄建衷撰

東事起，朝議日沸。趙中舍常吉獨請斬石司馬〔八〕，數上書言兵事，聲聞天下。比余計偕，叩其邸，則簇刃若霜，列羽若日，猶矻矻晝夜淬匕首，能立殺人百步外若千萬步外者。傾産無愛，竭神無休。謂制倭奴死命者必是，於是上書言益亟。余笑語常吉，欲官乎？

〔一〕膅，當作『膛』。
〔二〕膅，當作『膛』。
〔三〕查，當作『渣』。
〔四〕膅，當作『膛』。
〔五〕膅，當作『膛』。
〔六〕查，當作『渣』。
〔七〕據明刻五卷本録文，初刻本（上圖本、北大本、玄覽堂叢書本）無黄建衷序。按黄序署己亥仲秋（萬曆二十七年八月），似爲《神器譜或問》作。和刻本題一『序』字，明刻五卷本無題。
〔八〕『趙中舍常吉獨請斬石司馬』，參見附録五《彈劾兵部尚書石星疏》。

度分閫貴，不溢祕書，豈雅步金紫之不樂而出乎凶危之塗。欲立名乎？常吉詞翰流譽不薄，不藉兵重。言兵，而小者疑，大者忌，反足以奪生平之譽而更爲謗。常吉何利焉？常吉則謂小臣幸受天子大恩無以報，憂辱之分，有心者謀，有力者舉。楨也畢智竭能，萬一備採擇爾已，不知其他。夫常吉則誠忠謨也。然吾未知所稅駕也。如謂常吉業清貴，若所爲聊以明志，而無所覬，無乃卜式，非人情乎？若試用常吉，一障一校，計常吉不爲。若必登壇推轂而可，則縣官安知諸葛，安知元平，勢必不能。不爲不能，是兩左也。縱常吉奇材，不幾屠龍削刺者哉。雖然，自古豪俊有有其志而無其功者矣，未有無其志而有其功者也。常吉所上書具在，矻矻晝夜所爲亦具在。即未遽耀於功名，將不得爲志士乎？蓋昔之有志者，或年少請纓，或宗親求試，比比有之。在事者方視若覂駕之馬，躍冶之金，沮格惟恐不至。然而天下慕之，後世憐之，亦惟恐不至。則其志足尚也。常吉不知於昔人何如，而志略相等。設有造父爲驅，風胡致鍛，詎遜款叚馳而後鉛刃割乎，而可徒詫爲不羈不祥也乎？且凡志暢而後功，功鬱而後志。常吉非暢而不能爲功也，鬱而不可爲功也。第令當世居可爲者，一一如常吉所爲，傾産無愛，竭神無休，國其賴矣，常吉不越俎而代之矣。彼已則不爲，而又唾常吉不必爲，其用心何若。若謂常吉噉名耳，爲之亦不必能，則曷不進常吉。爾無蒙虛聲，鋭然假以可爲，而責其能爲。常吉技果大窮，而吾乃得徐而振暴其後。不則世莫能難常吉，而常吉日自負，異日或與請纓求試輩並行千載，是不用常吉不反厚於用常吉哉。惡乎可！或曰，一障一校不可矣，登壇推轂難矣，必用常吉，宜何如？曰：造父風胡在焉，余書生也，亦各言其志而已矣。

己亥仲秋之吉

神器銘〔一〕

祝融司令，太乙聿將。
雷轟鯨鼉，電掃天狼。
惠此中國，以綏四方。
立心天地，用報皇王。

〔一〕在明刻本卷五末葉。

附録一　明刻神器譜五卷本（據日本公文書館藏本影印）

神器譜敘

汝南王延世譔

夫用兵之道雷動風擧後發而先至離合鄉背變化無常以輕疾制敵者也漢志權謀十三家二百五十九篇技巧十三家百九十九篇兼形勢包陰陽習手足便器械積機關以立攻守之勝種分區別莫不備載獨無火攻一篇漢唐名

將用火器勝者甚衆近代火器則愈多
而愈無實用矣惟少保戚公神解斯旨
著論甚悉以鳥銃為家善今北邊終不
服習視此若贅疣然余友趙常吉數上
書策倭又極言用兵之害深謀遠慮出
自胸懷所製神器輕疾遠過倭銃繪圖
著說悉臻妙理可謂良工苦心矣嗟乎
余世蒙
國恩濫竽偏裨不能殫精竭智輸能
明時以報所受常吉持槖簪筆無疆埸之
寄三軍之任乃憂國忘家義奮敵愾斯
神人之所歆羨觀聽之所煒曄者也常
吉書成并所製諸器獻之
當宁或人譏其為好名余曰不然昔趙營
平振旅還容說其歸功兩將軍營平曰
吾年老矣豈嫌伐一時事以欺明主哉

兵勢國之大事當爲後法老臣不以餘命壹爲陛下明言兵之利害卒死誰當復言之者余讀其傳未嘗不泫然歎忠臣謀國之遠如此夫報德以德報怨以直今天下不幸有事賢者宜同心戮力奮蹤直道如是則島夷可滅强國不和之衛也若皆以越俎爲嫌容容後福此人臣不忠之利國家何賴焉余故重嘉常吉之志敬題數語且以識余之深慨云

萬曆戊戌夏四月

楚人王同軌譔

自昔談兵必較長技於兩壘得長者勝與均勝負均藉令棰其長而巧獨擅則勝算在我故曰知彼知己百戰百勝自倭奴起海上刀陣之外家毒火器蹂躪

歲久屍成京觀吳越人漸習其技破刀
陣皆有法而又倣效其火器以擊賊〻
始敗鱗玄不來第其長技猶在賊也屬
者妖氛席卷倭衆吞剪我與國懸軍遠
戮戕在剎林頻年煩頓師老財匱當是
時海內志士蓋匡紛切而談兵莫不嘆
目語難大率張空拳攤楞氣耳我友趙
中舍常吉獨能刻意戰陣滙納百家皆

得其奥窔又以賊長技在火器而不能
掩其長是兩鬪者以如韋之手披強頻
也有自外耳目散金結客窮蒐冥思苦
堅生慧巧熟兩湊蒐得嚕密番銃西洋
鳥銃皆中國所未傳武庫所未有者而
參合倭器剏制鷹揚砲尊之曰神器古
人先勝後戰亦恃此以注兵事固不盡
此而此足以制其死命矣先後著有譜

有續請而續請較請益精再擬奏
御來自附於傅介子張騫立功異域之義
而皆開於酒者曾不能飛流萬彈貫賊
胷腹於豕突鴟張海內扼腕人〻矣夫
流波在聽不必子野成風運斤不必輪
扁世人貴遠賤近必謂常吉襃衣文士
參口談天終非把刀箭手便相忽易不
知文武吉甫詩書郤縠原非介胄而不

龜之藥千乘遇風之壺千金制人之術
固不在多也世人貴遠固矣夫制器莫
如古人宜其思竭乃今有儀器古所不
逮今又有神器倭所不逮即如諸名家
陣法皆自古法變而制為己陣何有窮
也故凡祖一器新一執皆是開山行草
宜百世享祀者也其人不易窺測矣或
乃謂蚩〻之謀不過恍惚無羅眼負惡

人橫目彼方購蜃氣樓臺而此乃奮射
瀨强弩固宜其齟齬不入也則予惑滋
甚蔡不欲衛足乎皮之不存毛將安傳
也常吉曝直蘭臺氣泥待詔載筆榮遇
自足尊高而越俎談兵千金坐散語必
驚上指腸爲九迴而肱經三折也竟爲
何者魯女捨其織而憂國晉甯不共七
而知防女子小人尚知忠憤況根心負

氣而可盡茅靡波流也雖然兵事尚秘
言必去梯禁何以法所禁書而班布方
冊不冥有倒持太阿之誚乎豈不以道
既不行而遂欲如冥鄉著書詔人也予
謂常吉身雖陸沉而道可坐進語不云
乎良賈不與人爭價而謹司時博者之
用梟可搔則握當食則食世事好推移
其具在家時至而鼇翻需矣俄頃間矣

戊戌孟秋既望

青田劉世學撰

近世制兵修術百家競呈技巧旋之敵
概什五弗當蓋業不素講若徒獲不龜
手之方以獻績其見嗤于象生也明矣
趙常吉氏制神器圖說奏上
聖天子嘉采之乜憲任事者未必用之者
未必知變不知變則利害亡準徒稱具
文廼作為或間以跡其緒蘊原其制不
更舊法不騰異特精縝變通區分工拙
告戒執事毋忽神情以畢必勝即粹植
奇變莫不左右適宜致力先箸余讀其
書三復未竟而歎曰作者苦心哉夫譚
兵尚變制器貴精若射必命中樂協知
音其致至之也彼思靡握器術于都中
數十餘年無間間者而常吉氏焦思勤

事亦數十年無可語者偶而相孚遂印
證精義呈諸
廟堂爲制勝利用詎謂佳兵凶器非禦侮
戡亂之資爾乎哉是以叮寧拳切畢盡
其識所蘊在事以訓不忘觀其自抒恥
務作用觀諧俗相機遘會以徼功名蓋
之志槩可瞻矣語曰國有老成
社稷之福夫常吉氏拜華垂纓聯班

邪陛積日粢年憲深望碩乃染翰于鳳池
暇盈神于霄窔藉令一麾之寄坐策安
寰俾任事者輿心度義驂旝相符何國
憂之不解耶昔余先公佐
高皇驅膛蕩穢咸閟資于器數而秘密不
傳于後余殆恥靡廪粟無裨
浩恩遂散發風塵馳心
魏闕落落終無所聞而常吉氏獲交如石

神器譜敘

為之寫心亦惟影響之末尔
乙亥秋七月
楚友人黃建袠撰

東事起朝議日沸趙中舍常吉獨請斬
石司馬數上書言兵事聲聞天下从余
計偕叩其邸則簇刃若霜列矛若日猶
砣砣晝夜淬匕首能立殺人百步外兼
千萬步外者傾產無愛竭神無休謂制
倭奴死命者必是於是上書言益亟余
笑語常吉茲官乎夜分聞貴不溢祕書
豈難步金紫之不樂而出乎凶危之塗
欲立名乎常吉詞翰流譽不薄不藉兵
重言兵而小者疑大者忌反足以蘖生
平之譽而更為謗常吉何利焉常吉則
謂小臣辜受
天子大恩無以報憂辱之分有心者謀有

力者舉損也畢智竭能萬一備採擇亦
已不知其他夫常吉則誠忠謨也然吾
未知所挽駕也如謂常吉業清貴若所
為聊以明志而無所覬無乃卜式非人
情乎若試用常吉一障一校計常吉不
為若必登壇推轂而可則縣官安知諸
葛安知允平勢必不能不為不能是而
左也縱常吉奇材亦幾屠龍削刺者哉

雖然自古豪俊有〻其志而無其功者
矣未有無其志而有其功者也常吉所
上書具在昨〻晝夜所為亦具在即未
還耀於功名將不得為志士乎蓋昔之
有志者或年少請纓或宗親衆試此〻
有之在事者方視若罷駕之馬躍冶之
金沮格惟恐不至然而天下慕之後世
憐之亦惟恐不至則其志足尚也常吉

不知於昔人何如而志略相等後有造
父為驅風胡致鍛詔遜欵叚馳而後鉛
刀劌乎而可徒詑為不羈之祥也乎且
凡志暢而後功〻鬱而後志常吉非暢
而不能為功也鬱而不可為功也第令
當世居可為者一〻如常吉所為傾産
無愛竭神無休國其賴矣常吉不越俎
而代之矣假也則不為而又嗌常吉不
必為其用心何若〻謂常吉暾若耳若
之亦不必能則曷不進常吉示無蒙霊
聲銳然假以可為而責其能為常吉技
果大窮而吾乃得徐而振暴其後不則
世莫能難常吉而常吉日自負異日或
與請纓求試葦益行千載是不用常吉
不及展於用常吉哉忌乎可或曰一障
一校不可矣登壇推轂難矣必用常吉

宜何如曰造父風胡在焉余書生也亦
各言其志而已矣
己亥仲秋之吉

神器譜目錄
卷一
聖旨八道
萬曆二十六年恭 進嚕密諸銃疏
萬曆二十九年恭 進車銃疏
兵部都察院 題覆疏
恭 請造用歸一疏
兵部 題覆製造疏
因言恭 請停止疏

製造火箭器具圖　定箭圖
鑽火箭圖　造火毬器具圖
火箭方　火毬方
噴火方　鳥銃方
卷之四
說銃 凡六十九條
卷之五
或問 凡五十五條
神器譜目錄 終

神器譜卷之一
文華殿中書臣趙士楨謹輯
聖旨八道
萬曆二十五年條上東援用兵八害
內議番銃足以破倭鳥銃兵部
題覆令京營具式轉咨工部製造奉
聖旨是
二十六年五月因京營無式恭

進嚕密西洋等銃奉
聖旨圖説着進覽這所奏該部看了來説
三十年五月内恭
進軒轅等銃鷹揚車式奉
聖旨車銃圖式俱着進覽還着該部院看
詳試驗來説　部院會同奉
旨試驗車銃堪用六月内
題覆着令京營模倣製造奉
聖旨是　本年七月内京營揔協查出錢
粮四佫兵部令工部製造十一月恭
請造用歸一奉
聖旨神器譜留覽該部知道
三十一年二月兵部
題覆起用原任遊擊何良臣會同製造
車銃京營另自委官掌管錢粮奉
聖旨是

本年四月該工科給事中胡忻叅論
何良臣不宜起用臣士楨
奏請停止製造車銃奉
聖旨
恭進
御前近侍合用輕短鳥銃內直揭帖奉
聖旨造完輕短鳥銃着交該監教習
本年八月內虜酋擺力良素囊台吉
糾合醜類挾賞雲中臣士楨作合機
銃恭
進并請
頒發宣大薊遼二鎮奉
聖旨兵部知道

神器譜奏議

萬曆二十六年恭

進神器疏

文華殿中書臣趙士楨謹

奏為恭進制勝利器以振

國威以彰

天討事。臣歷稽載籍。五兵慘烈。無如鬱攸。然其用法。唯預蓄毒藥。藏之車箱。相其林木茂密。舟艦鉤連之處。因風縱爇。以求得志。而

已。未聞製器置機用藥發彈。命中方寸。従
遠殺人。以寡制衆。以弱攻强。爲物細。而取
効廣。用力少。而成功多。又有出於古法之
上者哉。
太祖高皇帝肇造區夏
成祖文皇帝三犂虜庭。延置
神機諸營。專習鎗砲。以都督焦玉輩掌管。是
以武功趨邁前王。威嚴遠震殊俗
列聖相承。四海康乂。弘正之間。虜漸生心
世廟之時。倭更猖獗。皆緣衣袽不戒。桑土罔徹。
舊制弛。而强弱之勢殊也。臣生長海濱。少
經倭患。自琉球告變海外。許儀厚密報閩
中。臣静言思之。四裔酋長。尚知輸款絶域
流人。不忘故國。乃臣策名
清時。濫竽侍從。尚無以報憂辱之分。是虜酋馬
旅之不若矣。頻年以來。遍詢胡宗憲戚繼
光二臣部曲。俱稱倭之長技在銃。鋒刃未
交。心膽已怯。臣因思兵家倍數及先後著

之說。一意講求神器。欲期邊吏禦敵。憑藉
鋒焰。先挫兇鋒。然後易於接戰。既得西洋
銃於遊擊將軍陳寅。又得嚕密番銃於錦
衣衛指揮朶思麻。臣條上用兵八害。內及
番銃。已經兵部議覆製造奉有
明旨。但
題覆疏內。令京營具式。咨送工部。京營原無
此式。何從咨送。臣謹製造十有餘門。俱各
試較停妥。敬以二式四門。並臣衆爵佛郎
機番銃之間。造掣電銃二門。損益鳥銃三
眼銃之間。造迅雷銃一座。通共六門。一座。
再將得銃緣由。圖繪打放式樣。恭進
御前。伏乞
皇上勅下工部。以臣存留在寓者爲式成造。不
但可以防倭。然亦足以制虜。臣又聞思麻
言其本國神器甚長。秩要職專。非藝精不
預選。演習打放。即寒暑不爲少輟。前日
經理奏報。亦稱倭奴絕食之時。惟放銃者

給米餘時任其枵腹蓋重之也是以兩國
假威神器稱雄東西夫神器匠作主造將
吏主用士卒服習必須彼此知製之工拙
上下明用之利鈍乃顯器利
中國承平日久土苴茲器每々令庸工造之庸
將主之庸兵習之造者不盡其制主者不
究其用習者不臻其妙因循玩愒人自為
心彼此推諉浪造浪用更有守下柔脆冀
藉進取市井庸流思借覓利不解前人制
作唯圖駭目易售添足畫蛇弄巧成拙坐
致不效乃當事者不鏡其故反咎銃為不
便不利甘棄以資敵我則寧受其害昏々
夢境而不自覺臣創為此說恭進茲器不
知臣者非疑臣為干進則薄臣為喜事然
臣之心不得已者有四臣隱憂
明時師老財詘將吏未見戮力南北不肯同仇
禍結兵連靡所底止深信神器之利用之
有方足以挫賊先鋒則息肩有望除之有

神器譜

素。堪稱不餉之兵。則勞費可節。庶幾不負
不虞中外民力少甦。故亟亟畫芹曝之忱
者。一也。兵部令京營具樣轉咨工部京營
雖訪之於臣。萬一製造打放而不如法。使
在廷之臣。反得議臣之後。誚臣虛誑。則臣
區區狗馬一念。終不白於天下矣。不得不
預鳴於
皇上之前者。二也。思麻檇帶神器度雪嶺涉洹
河。逾崑崙重譯獻獅以備職貢寒暑八更。
始達都下
皇祖官思麻而不發。未必非
天心默相以遺
陛下為制服倭奴之具。使
陛下今日神武布昭於夷夏者也。迄今四十餘
年。年已七十有四。都中人士罕有一問之
者。臣既廉知其器。若不奏明於
皇上之前。其式不得推廣。其技罔敢演習。必致
湮沒。甚屬可惜。我

神器譜

中國雖以德勝不嗜殺人有事征討必期果於
殺斯足以止其殺既宜以殺止殺又安得
不用此以收全勝之功哉故臣不得不喋
喋者三也攻戰之具原非臣下私家可蓄
之物既以為
國而製當即明之於
朝若緣人微言輕之故相機遘會爰決進止是
務作用以覬諧俗挾權謀以赴功名者流
臣甚恥之不得不仰瀆
宸嚴者四也臣以遲暮之年資與時左且術踈
趨附孤蹤寘援自知明甚然猶殫竭心力
甘受非笑不畏危機哆口言兵身可死而
心不肯灰將以媿天下之為人臣營營身
謀泄泄
國事者耳臣實無他希冀也神器制用臣數
年之前即與戚繼光舊日材官林芳聲呂
慨楊鑑陳錄高風葉子高葷朝夕講究近
復證之思麻陳寅利鈍洞然方敢成造

神器譜

恭進。尤非臣一已逞臆杜撰者。干冒
天威。不勝戰慄悚息之至。為此具本親齎奏
聞

五月初二日
上　初四日奉
旨　未經
題覆

萬曆三十年
恭進神器疏
文華殿中書臣趙士楨為恭
進防邊奇器以張
國威以省　國用事臣本草莽幸際
聖明承乏清切之地供奉筆硯之間分量既滿
飲河榮遇復逾涯涘自宜雌伏斂望雄飛
惟此徇馬竭忠酬
恩之志憂感寞明之心由挫抑而愈銳愈堅即

毫末不忍居人之後竊見歷年
國家不經之費遼與帑藏匱乏相值仰屋
聖心憂切宵旰臣夙夜思維究其所以乃知武
事不講以致軍興厚費使然亦因而竊竭
心力矢志咨諏頗得經國節用要領敬將
所製車銃繪圖著說恭
進
御前倘蒙用臣車銃之議每歲九邊額費可省
百餘萬非臣創自今日臣六年之前請風

神器蒙兵部覆
題令京營具式轉送工部製造奉
聖旨是京營無式臣復於萬曆二十六年五月
內具式恭
進奉
聖旨圖器著進覽這所奏該部看了來說欽此
至今不行題覆近見巡按楊宏科極口退
虜全賴嚕嘧等銃臣請用神器之言幸驗
矣無之賊使入京之時臣請募南北丁壯

二萬乘開壑之機訓練以防有事不行
題覆卒致征調驛騷坐費太倉千萬及賊負
約議戰臣審朝鮮形勢跡請省騎用步兵
部覆
題不妨鐵騎並用朝鮮泗川之役爲騎所累
致損人馬無筭并陸續倒死官馬數萬是
又足徵臣言不幸之驗大都宇内財力兵
力雖與
國初不同若得善於用兵用財之人悉心料
理即倉卒亦易措辦惟神器一節非歲月
不能遽成臣感時觸衷輙敢申前說伏
望
皇上勑下兵工二部及都察院并協理戎政衙
門詳加會議車銃之法如係誇詡虛無捕
捉風影治臣欺誑之罪如果富强有裨先
從京營教習然後行之九邊箪固
黄圖奮揚
神武識爲

宗社萬世之利具本親齎謹具奏
聞

五月初九日上部院
六月初一日題覆

兵部等衙門署掌部事太子太保刑部尚
書蕭大亨等謹
題爲恭
進防邊奇器以張
國威以省
國用事職方清吏司案呈奉本部送兵科抄
出
文華殿中書趙士楨奏前事等因奉
聖旨車銃圖式著進覽還著該部院看詳試驗

来說欽此欽遵抄出送司案呈到部臣等遵
奉
欽依于本月十七日會同都察院左都御史溫
純親詣宣武門外西城下將中書趙士楨
所奏車銃逐一試驗并將原議神器諸譜
一〻參詳其器械委果銛利其製度委果
精巧該臣等會看得五兵之家毒者莫過
火攻今之銃砲即火攻之謂也我
朝火器原製有三將軍佛郎機及滅虜虎蹲
百子諸砲其猛烈甚矣而打放不便鳥銃
便利矣而力勢又遠不如〻前鷹揚等砲
則猛烈間似三將軍而便利勝于鳥銃遠
可及數里之外近不下二三百步之間并
前所進嚕密等銃命中方寸直透重甲尤
為奇異古所謂地雷連弩不啻過之若置
輕車之上前驅虎翼佐以徧箱在我有所
護衛得以進退自如在敵難于衝突不致
倉皇失措即崎嶇狹隘之處或不及施而

平原曠野，徒御相從，長短相接，更番迭肆，連營布陣，堅壁距險，何所不宜，即諺所謂有脚之城，不秣之馬。假令製造如法，施用得宜，則以車代騎，以銃代兵，其利十倍弓矢，其力百倍短兵，誠

中國之長技，不戰屈人之勝算也。臣等竊謂用之京營，可以壯居重馭輕之勢；廣之邊方，可以張折衝禦侮之威，端于戎事有裨，並非虛誑。謹據實覆

請合候

命下，將本官所製車銃式樣，隨發京營，依法成造，責令的當官員加意教演，傳示各邊，以究其防邊制勝之用。所有製造責成事宜，容臣部詳加諮議，陸續奏

請定奪。再照人情習于恬熙，縉紳溺于文墨久矣，誰肯為

國家畫一策、出一奇，以濟緩急者？本官職在供奉，乃能朝夕講究，殫力傾貲，製造利器

用備不虞且雅志報
國別無他覬尤可嘉尚不為奬勸恐非所以
鼓舞後来激勵有志之士合無移文吏部
将本官先行紀録俟車銃演習得法各邉
効有實用另行破格優處統祈
聖明裁酌容臣等一體遵奉施行奉
聖旨
．恭
請遣用歸一疏

文華殿中書臣趙士楨謹
奏為恭
進防邉奇器以張
國威以省
國用事臣於本年五月初九日恭
進車銃圖式奉
聖旨車銃圖式俱著進覽還著該部院看詳試
驗来說欽此于時協理戎政尚書王世揚在
告蒙署掌兵部事刑部尚書蕭大亨左都

御史溫純欽遵
明旨會同試驗隨即
題覆令京營製造教習仍行九邊奉
聖旨是欽此世揚開籍之後不避嫌怨會同摠
督泰寧侯陳良弼將府庫收貯餘銀先查
一萬六千有奇四洛兵部轉送工部製造
臣伏思未奉
明旨之前小臣建議棄置何妨既奉
明旨之後
皇上宸斷自宜爾將臣謹將舊例備陳於
皇上之前懇祈
聖鑒臣歷訪京營軍器凡年例舊樣銃砲則屬
之工部王恭盔甲二廠戰車則屬之戰車
廠凡有建議新樣軍器本營委官成造如
萬曆三年都督俞大猷建議則委副將焦
澤會同大猷監製萬曆二十年總督李言
恭暨管協理事兵部侍郎王基建議則委
坐營何良臣張邦器董工其餘尚難枚舉

茲者郎中胡瓚主事舒其志會同估計似
可無庸別議但郎中掌印工作自有分司
其志又係暫攝更換之後恐造器非用器
之人未必精緻堅固即精緻堅固矣又恐
用器非造器之人罔知工作艱難必不肯
保護愛惜前人之見并近日部院覆
題良有深意況當人自為心之日欺玩成風
之時一事分而為三造用歧而為二數萬
錢粮漫無責成內外不相統攝匠作積弊
多端必致虛費金錢終鮮精工器具先事
圖博長厚債事誰執其咎年例銃砲每試
輒炸雖緣閒有需索不遂作意損傷之故
畢竟濫惡不堪標營之車制雖未備年久
不致大壞職此而觀則知造器用器必得
歸一為當伏望
皇上大奮
乾斷再勅部院京營總協諸臣務遵
成命再酌時宜委差的當官一員專主錢粮出

納臣請不妨翰墨供奉事務專視式樣營
中再委將官一員前來會同監造本將選
帶官軍百餘名分爲兩班車銃旋完旋演
庶幾告成之時易於教習臣芻蕘之見車
銃
國之利器惟宜握之大帥兩標乃昔年曾經
教習之軍只將車銃換過行伍略加整頓
是兵不外募餉不外增再得如先任本營
將官陳寅何良臣輩教而用之七千士卒
足抵十萬如緣部覆謂臣叨冒紀錄及有
敍破格優處因而齟齬殊不知有司外官
一經紀錄可望優轉善地臣官九年二級
仍舊辦事中書紀錄優處特足藻飾聲名
實則難藉表見京營附近
輦轂奉
旨半年尚無定議如此人心如此景象待至九
邊有敍臣得叨冒破格優處當在數十年
之後方叔營平古今能幾此實部院憐臣

辛苦紓忠難於棄置設爲激勸之辭鼓舞
將來效忠微意亦工部會估工料錢糧兩
營車銃共費二萬三千有零協理旣已查
出庫貯餘銀一萬六千四百餘兩錦衣指
揮許濬祥於東事未定之時疏請輸銀五
千兩以助軍餉事平因未交納近見車銃
便利就臣私寓欣然語臣願以前銀助造
兩營車銃終其報効之志臣又訪之總督
陳良弼據云奮揚
神武全藉火器保護士卒專仗車盾乃本爵禧
祀不可必得者何幸得此願將本營合用
錢糧加意撙節以成萬全之師此皆良弼
家世受恩
列聖今日欲報之於
陛下以忠其職分者也總督協理窮竭心力如
此措處則車銃之費分毫不煩工部價值
已具備矣臣每見常時工程俱有錦衣官
監視濬祥列職錦衣又屬京營教習之官

三經巡視科道保薦慷慨警敏素懷忠義
為
國既輸重貲必能勤劬王事部院若肯照例
委用出納不明教演不精責在濬祥式樣
不備造作無法臣任其罪若提督一憑捴
協衙門稽查覺察一聽巡視科道
國家舉事需費為難錢粮既已足用伏乞
皇上嚴勅各衙門會同委官起工臣言既行則
國家緩急有賴是臣報
主之志酬矣事完之日臣不惟無覬覦破格優
處之念即區區狗馬微勞豪不齒錄臣甘
心焉是役也非
國家一時之利實
國家萬世之利欲成萬世之利必得傳之萬
世無弊斯人臣為
國忠謀其餘廣傳製造及收藏一應瑣屑事
宜不敢干冒
宸嚴容臣具揭部院或

奏請定奪或各橋門徑議施行為此具本親
齎奏
聞
萬曆三十年十月十二日
上十五日奉
旨次年二月内兵部
題覆

兵部署掌部事太子太保刑部尚書蕭大
亨謹
題為恭 進防邊奇器以張
國威以省
國用事職方司案呈奉本部送兵科抄出
文華殿中書趙士楨奏前事等因奉
聖旨神器譜留覽該部知道欽此欽遵抄出送
司案呈到部為照車銃之制先因中書趙
士楨建議本部奉

旨會同試驗覆令京營製造去後隨該京營協
理王世揚查出庫貯餘銀一萬六千四百
餘兩堪以動支已經本部轉行工部會估
洛回到部臣等竊念
國家當此匱乏之時不惜厚費剏造軍器將
藉以為緩急之需詎可草率苟簡委用匪
人漫無稽考以故再三斟酌亟欲少省虛
縻共圖實用茲復據本官奏稱造器用器
必得歸一為當委與臣部原題相合似應
照前議舉及查原任遊擊何良臣昔年曾
任標營訓練雅有勞績革後又經二薦合
以原官起用添註標兵右營帶銜支俸責
令會同本官照依前議雇募匠役買辦物
料于營衛寬廠去處模倣式樣如法打造
務要堅久精工不許虛應故事仍如所議
分撥官軍百名旋完旋演工畢分發兩標
營隨操教習俟有成效　併從優議敘動
支錢粮仍聽該營選委廉幹將官一員專

司出入俱要查照原估儘前數製造不許
分外請討致滋煩費用過錢粮造冊奏
繳一聽該營總協及巡視科道嚴加查覈其
餘廣傳製造及收藏一應未盡事宜容本
官呈報該管衙門陸續議處庶為妥當恭
候
命下之日移文戎政等衙門一體遵照施行謹
題請
旨 三月十三日奉
旨

奏請停止製造串銃疏
文華殿中書臣趙士禎謹
奏為恭陳報効始末仰祈
聖鑒并乞
天恩收回製器
成命以息危機以全狗馬餘生事臣本樗櫟賤
品過蒙
皇仁拔置東壁自揣筆硯之間不足上報
洪造偶緣疆埸多事東西士馬物故以數十萬

計帑藏錢粮浪費以數千萬計當時若有
利器威敵府庫何得虛耗如今日之極者
臣因朝夕講求期欲憑藉車銃振揚
中國之威仰酬
天恩萬萬之一車銃既成事漸平定又思攻戰
之具非臣下私家可蓄五年之間兩經具
奏俱蒙
俞旨今年二月兵部議
覆起用原任遊擊何良臣會同臣士楨製造
營中另委廉幹官一員專管錢粮出納臣
與良臣分毫不得經手奉
聖旨是欽此本月初三日該工科給事中胡忻
參論良臣跡中雖不及臣實係一事臣不
得不備陳始末以明心跡臣以翰墨獲交
胡忻忻憐臣知臣茲舉惟恐良臣囊橐是
潤不能終始
國家藏事為臣長慮臣甚德之但未知臣援
引良臣之委由兵部起用良臣之詳慎也

臣官雖卑叨冒供奉原難從事營中奔走
趨承於揔協之前以藐
朝廷侍從之體必得才力能辦此者方可自代
況臣前奏造用必得歸一知造知用良臣
舊有成績是臣踪中輙敢引及不過欲集
國家之事非有私於良臣也兵部遲廻數月
延訪僉同又曰創立備倭兩營之時協理
侍郎李春光特薦良臣堪任當事以条將
宿振文易之年餘營伍不成既成又無紀
律巡視科臣劉餘澤又以異才保薦兵部
據此遂起良臣於廢棄是兵部未嘗憑空
妄用也究竟釁端實起於臣之訪出年遠
錢粮又有不得預事將官承風流謗巧張
機穽譖動縉紳去歲車銃奉
旨試驗部院
題覆之後當事以工價無措臣因訪得戎政
府庫存貯餘銀三萬有零報之職方職方
行查總協整以一萬六千四百餘兩回洛

兵部此銀庢簿毀壞已久各衙門又無數
目可查俱各視為己物臣為
皇上訪報職方此革安得不刻骨恨臣詳察作
用其勢不至殺臣不已黨與謀議已定今
日流謗特其端倪耳臣為
國受禍久矣甘心但恐天下人士期欲効忠
於
皇上者一皆以臣為戒是以不肖之身反塞効
忠之路矣臣一人甚不足惜也凡身在事
外淺淺視臣者未必不疑臣為黨護殊不
知良臣仍舊擬草已破之覬顧之奚為秖
因前車後車之鑒臣實不能無後日憂讒
畏譏之念全身遠害之圖焉因事論事不
得不借以自況夫良臣前時造車既非建
議又鮮釁端錢粮毫不經手掌管錢粮中
軍王邦吉見任營中遊擊陳大經見任昌
平坐營質証具在無賴將官猶且任意誣
捏賢哲從而信之況今車銃由臣建議錢

粮由臣訪報臣身既為怨藪異日安得不
為躲的若不奏
請停止此革念及前銀相仇相恨一飭不肯相
忘乃萋菲貝錦鬼蜮蜂起臣將為良臣之
續無疑矣況臣效忠之心雖切而諧俗之
術極疏觸目光景盡是機鋒安肯容臣該
事藉手以報
恩以垂不朽之名伏望
上裁回
成命俾臣殺身之禍可望消弥否則與羣
不暢必然鑽求污捏污捏不已必致
斯足滅口懇乞
聖慈委賜憐憫自此已往狗馬餘生一皆
皇上之再造也臣雖懇
請停止又不敢終默以冒欺誑之名昨見兵部
覆
題令總協酌議果否有裨實用此兵部恐滋
多口諉之總協了事耳總協必議之諸將

諸將恐形其短豈有良心言臣車銃可用

之理再懇

皇上天恩將京營見用車銃并臣新樣車銃俱

各取至

大內教場

欽遣內外公正的當官二員逐一試放車之便

捷銃之命中不惟不如舊器即與舊器相

等亦治臣欺誑并部院前時試驗扶同小

臣之罪然後停止庶幾是非明而人心服

若聽摠協以定作止臣死不敢服其為當

也臣不勝激切待

命之至為此具本親齎

奏

聞

萬曆三十一年四月十一日

上 [redacted]

御前近侍合用軽短嚕密鳥銃内直揭帖

恭進

文華殿中書臣趙士楨謹

奏本年二月十七日該

御馬監提督教習武藝仍管典簿事邢洪具

奏訪得臣士楨家人趙壽等通曉鳥銃要於

本監沙盤内教習近侍李國泰等奉

聖旨是欽此移文到臣臣欽遵

明旨將趙壽等送付本監已經擇吉教演但近

侍李國泰等十一員名尚之如式鳥銃臣

謹將部院試過様銃五門稍改軽短便於

初學恭

進

御前先備國泰等演習之用容臣備貲成造六

門湊足十一門之數或仍

進

御前或陸續交與邢洪分發李國泰等其京營

兩標様銃候兵部覆

題前本奉
旨之日臣再製造式樣以終臣狗馬報効悃誠
原係
奏准銃樣未敢擅便理合具
奏請
旨
萬曆三十一年三月初七日
上即日奉
旨

恭進合機銃疏
文華殿中書臣趙士禎謹
奏為感時觸衷懇
獻邊方相宜神器式樣懇乞
聖明人時
須造以伐狡謀以張
國威事臣不揣薄劣連年請儲車銃蓋有所
聞見而然原非無謂妄襲仰荷
皇上不惟器之精利屢歷

睿鑒即製用之法亦蒙
採納不遺只緣當事間有意見相左未經體
訪不肯亮臣苦心借事阻抑兵部於科臣
之疏明嫌引避遷就
題覆臣恐逢怒貫禍無益
國事使狗馬戀
主之身既不獲常依
日月之光且隳天下人士效忠
朝廷之心具疏懇
請停止俟
旨半年未蒙
批發近見宣大總督撫按前後各塘報內稱奈
囊台吉以鏡砲手百餘協助撦酋及酋帳
中架有銅砲其餘火器四樣不知數目砲
手頭目麦力良恰鳥銃手三媚榜什觀其
部署頭目銃手及各色器具則知諸酋造
謀已非一日臣自東擺之後回閩建虜奴
見哈赤於萬曆九年窮三站搶去茶客龔

五憑以製造火器以貂皮人參易我硝黃
犂鐵套虜用年前寧夏叛卒并沙湃搶去
川兵創造火器臣六年之内三
請儲蓄神器輕車蓋知有今日之事但不敢
明言恐露機關已前當事諸臣不惟不為
主持且疑多事極力排詆視若仇讎使臣
憂讒畏譏跼天蹐地進退維谷今諸酋既
欲無我
中國長技我欲以神器加於虜上必得命中
及遠猛烈輕便四長俱備再加服習方能
勝之更求前拒衛我士卒詳味李靖夷夏
急鬬緩戰之旨不被虜窘獲盡所長斯稱
得算完策若近日支離之式臨陣難放濫
惡之器及致自戕又無前拒難於緩戰邉
臣但言製造不講教習徒費錢粮無益於
事臣躊躇思維將欲緘口引避袖手觀變
乃忠憤激烈恐負
皇上知遇之恩將欲從前請用神器輕車惧詒

神器譜

馮婦之誚颱豫狐疑幾及一月旣而又思
主憂臣辱君亦忘身者人臣分義宜然人臣有
利於
國髮膏不慶遑䘏非笑故敢冒嬻再申前說
惟
皇上賜垂聽焉夫粵中人馬驍勁堅耐較我華
人不啻倍蓰以醜類之强尚欲假靈銃砲
況我雲中上谷之民自欵市以來目不辨
旌旗之色耳不解金鼓之聲向經戰陣士
卒老者已死壯者已老尺籍雖存實非昔
年敢戰壯勇可以鳥銃為邊達濟弱利器
輕車為士卒立命睽具在該鎮亟〻講求
已屬臨渴掘井尚可時刻濡徐哉彭臣不
避非笑干冒
宸嚴為太倉節省歲費為百萬蒼赤修救請命
也據報粵人利欵前盟未必決裂臣聞宣
大市賞之數每年漸增至五六十萬而軍
粮馬價暗增私輸不在此內是擣嗇者非

西朝三十餘年二千萬金豢養之驕霄乎使其
果有感
恩効順之念堅守盟誓永無他膓宜乎用夏變
夷後弓矢而先耒耜柰何弓矢之外尚欲
竊弄鎗砲非懷逆天雄心胡為思及於此
縱使依舊可以利結獨不聞以利交者利
盡則散豺狼犬羊黠驁無厭在當事未可
止計目前不為久遠之慮城下之盟春秋
譏之酋輩兄叔弟姪擁衆十萬薄我近邊
控我險阨阻我修築要挾歷年段幣挾詐
後來市賞似此情形目中全無
中國尊大易心已生萬一怯懦不振俛首將
順惟冀醜類壟修舊好號稱奉我約束是
自愚自誤臣不知該鎮稅駕之所矣于今
之計惟宜亟圖轉弱為强之策足寒醜類
之心斯狡謀可伐亦然轉弱為强之機無
踰臣連年總
請專志神器并用輕車以守為戰之議臣緣有

見於東援之時調集人馬十有餘萬附以
朝鮮土著何止三十餘萬倭奴止以飛鑾
島鳥銃手三千憑為前驅懸軍深入不勞
餘力抗我兩國我以兩國全力不能制倭
死命飈馳電擊而前從容振旅而退不但
諸酋盡全首領至於倭衆亦覺無多損失
則鳥銃之利於軍用也亦甚彰彰明著矣
大都將臣久享承平未嘗究心鳥銃每每
故意求短藉口阻抑以快快心在鳥銃又
無他短可議但以邊地風大門藥不便
辭臣回將譜中三長銃增置陰陽機牙對
準之時火門堅閉以避驚飈火到自啓陽
機自上而下專司蔟火陰機從下應上專
司啓閉一握總機上下合發名曰合機銃
是此製造任教風伯作祟而師為梗我則
舉放自如用塞庸人懦夫之口又將邊方
常用三眼銃如造鳥銃之法更改式樣使
火送彈不踏舊時火帶彈出及鉛彈鎔軟

化爲坐致氣弱不能透甲再加鋼刃便作
短兵馬步可用謹以二式恭進
御前伏乞
皇上大奮乾斷
勅下兵部詳加試驗如其果勝倭銃足以制虜
然後先發宣大薊遼二鎮再造輕車々牌
前拒之器專習以守爲戰之法蓋鳥銃從
来視爲守具殊不知附之車上牌閒即爲
戰具尤利也如以製造演習事係創始未
得其人臣請不妨本房攵翰事務時常往
来其間以身任之倘蒙
皇上不以臣爲不肖二鎮抽撥不慣騎射士卒
萬餘挨車銃告成之時容臣設法以付該
鎮將官教演即令虜衆結聚百萬臣敢以
身當之必不致堂々
天朝損失威重致取虜人侮謗以貽後世之笑
大抵近來邊將勇敢稱能稍知自振者不
解求我

中國長技儲以禦虜專以雙粮厚賞招養夷
丁驅我華人為虜奴僕辱我族類餒我士
氣莫此為甚與其厚費帑金豢養非類孰
若移此錢粮置我前拒利器養我軍民以
充銃手之為得也醜類狼子野心養之不
惟貽患後日即目前諸酋且得藉為釁端
臣見遼左降虜李平胡者以
朝廷高官厚祿以寧遠而世撫育之恩畢竟陰
泄主帥出塞之期使李如松身膏草野暴之
骨塞外
中國有殉將覆軍之辱伊誰致之平胡受恩
深重者如此餘可知矣近日虜中砲手頭
目麦力艮恰鳥銃手三媚榜什革安知非
邊將招致而来不得意亡去之虜乎若得
再仗
皇上天威
宗社寵靈當事秉心為
國省費保民行臣之言用臣之器究臣之用

即使閉關絕貢當今醜類不敢正視塞垣
萬一狂逞則犂庭掃穴必能頸繫單于生
致
闕下倘果如邊臣之言不致敗盟猶可仍舊
款市臣愚以為兵精器利專人耳而目之
自然寒心落膽則盟約愈堅必不敢領外
要挾既無加增之弊不惟每歲太倉可省
數十餘萬邊方獲免箕斂之擾軍士亦受
無窮之福矣況原任總督王崇古議款之
初奏
准外示羈縻之形內修戰守之具臣今日之議
亦不過踵崇古原題以修戰守之具耳非
多事自逞也茲議一行各鎮邊境臣敢為
皇上以及
聖子神孫百千萬年保無此類之憂臣不勝忠
憤激切之至為此具本親賚
奏
聞

萬曆三十一年八月二十九日
上三十日奉
旨

防虜車銃議

臣聞有國大事。無如治民用兵。以正治民
以奇用兵。正處常而奇處變。處常易而處
變難。故明王英辟。爰以兵為奇道。非學難
能。急遽難辦。講武農隙。除器萃聚。甚至任
權貴。謀挾數用術。亦未嘗緣治安而諱言
焉。承平日久。武事不講。邊防則日陵月替。
邊餉則日盛月增。東隅連殞大師。西陲時
肆跳梁。

國家之神氣何如也。百姓弃命於外。帑藏告
竭於内。
國家之元氣何如也。臣聞
國初九邊歲額百餘萬。歲弘間二百餘萬。
世廟時旋增至三百萬。今四百萬矣。司農一歲
所入。僅足邊費。竊計癸巳以来。西征東援。
兼之黔蜀用兵。約費二千餘萬。八年之間。
通共九邊年例至六千萬。是一年貢賦。止
供半年之用。目今
兩宫聿已落成。
三殿又將興作。南北干戈甫戢。而倭奴復生釁
端。各邊醜虜為我寇讎者。蹂躪疆土。戕刈
人民。為患不必言矣。然有素稱恭順。奉我
約束者。恣睢睥睨。自給我利其欵。而畏其
變。挟市挟賞。歲增一歲。暴戾驕横。日甚一
日。即其情形。雖云禍機攸伏。猶可窺測。至
於奴素二酋。據有富饒之地。自謂金人種
類。近并猛骨孛囉部落。結搆臣憨小歹青

華以為聲援，納我逋逃，瞰我單弱，陽為輸款，陰蓄逆謀，天華用我華人，襲姓者為謀主。此人不忘宗國，未致遽發，萬一老死，二酋之患，尚不在充昊之下。諺云：以勢交者，勢盡則疏；以利合者，利盡則散。同類尚然，豺狼犬羊，無威以懾其中，徒以利誘於外，恃款忘備，真厝火積薪之下爾。試觀國家財用若此其詘，邊費若彼其鉅，此何以故？武事不講，兵制久弛，軍實難討致之也。

夫絶利一源，用師十倍。臣願今日邊臣任在身，一其心志，講求戰守制馭之法，反短制長，曰敵制勝。臣願今日邊臣事權在手，毋狃故常，痛懲野戰非策，儲蓄自衛殺敵之器。周禮理財，先出後入。臣願今日邊臣顧思

國恩，潔己急公，務使軍實可討。夫如是，則談笑可以制虜，防邊之能事畢矣。臣請畢其戰守制馭之法、自衛殺敵之器，緣斯二者。

以得節省財用之故。實非創自臣之臆見。
勦說。一皆本之經史。參之韜鈐。又非窮兵
黷武。名禍啓釁。亦不為增兵增餉。勞擾海
內。重困目前。惟原頒之兵。用器加其膽勇。
原頒之器。設法加其利便。足成攻心伐謀。
不戰屈人之術爾。惟
皇上賜乘聽焉。從來敵強宜避其銳。求擒其長。
斯可言戰。方稱得策。自古禦虜得策無如
成周。以兵制用車故也。降而漢晉唐宋名
將。如衛青以武剛自衛。深入絕漠。馬隆用
偏箱。復通西涼。裴行儉之制突厥。符彥卿
用以拒馬。破虜陽城。岳飛創刀牌以禦兀
术。吴璘制疊陣以當撒離罕。率得制馭之
法。神明變通。叢為殺敵之器。因以收其功
效。未有為暴虎馮河之謀。而能成安內攘
外之烈者。大都易地宜車。宜騎。々兵人須
膽勇敢鬭。馬須馳驟便捷。弓欲勁以服。矢
欲準而疾。刀欲利而輕。甲欲堅而適。是皆

虜俗服習。獨擅其長。我兵所短。爲今之計。
無如用車自衛。用銃殺虜。一經用車用銃。
虜人不得恃其勇敢。虜馬不得恣其馳騁。
弓矢無所施其勁疾。刀甲無所用其堅利。
是虜人長技。盡爲我車銃所掩。我則因而
出我
中國之長以制之。凡遇入犯之時。可以速戰
則憑車束伍。前拒以壯士卒之膽。用大小
銃砲。險勢短節。相機擊打。以張軍聲。伺其
来銃稍挫。我之勝氣益藏。再以大砲。噴擊
火沙火箭攢射。用促兇威。兇威既促。即以
火鏜火鎗諸器出衝。車外虜馬見火。必致
驚亂。一經散亂。以騎兵用馬上火器翼弓
矢短兵乘之。倘或虜至百步內外見我陣
堅遽然却走。我兵不須遠逐。止以鳥銃火
箭。坐追車上。猶可殺虜於五六百步之外。
如未可戰。以車聯爲壘壁。附長器重器於
車上。置輕器銃器於車後。虜若衝我。用信

砲布銃蒺藜於車外。以鳥銃藥弩更番而守。治力治氣。伺隙以出。隙未可乘。一意守定。虜之老營。以騎兵雜步下輕騷。迭相救衛。隨其遊騎向往。使不得分搶。晝則架望樓於營內。以遠器遥擊坐纛標竿用奪虜酋之氣。夜則以火箭火毬擾其營帳。使人馬不得休息。虜性莽而不耐。虜馬不宜內地水草。求戰不得。肆掠不能。然後設法以殘之。多方以誤之。此兵家制馭四裔之機。

但邊臣未之思耳。昔晁錯謂下馬步鬭。

中國長技，衛之以車。有所憑藉。得以盡其長。似與徒步者異矣。射踈及遠。

中國長技以鳥銃為射踈及遠之具。似與弓弩有加矣。矛鋋戈戟。

中國長技鎗鏟益之以火。似與疇昔戈戟有加矣。此皆粗淺易知易見。絕無微紗玄遠之機。足備觀聽。究其實則有不神之神存焉。臣見孫子論兵。惟言情而不及性。吳起

雖曹謀及。然亦僅止
中國。誠能揣摩醜虜人畜之性。叅酌彼己强
弱之由。損益器具利鈍之節。除器以時。訓
練以法。上下相信。人器相習。日惟閉關鎮
之以靜。醜虜聞之。自當寒心落膽。尚敢萌
狂逞之念哉。消兵減餉。當寔士卒鼓噪。猶
騎用車亦虞馬能鼓噪乎。馬既價多。歲有
草料之費。病死。餓死。跑死。射死之患。邊軍
時有喂養之勞。賠補之累。車爲有脚之城。

不秣之馬。省費無患。用之三年。各邊馬價
草料。可以漸減強半。兼之兵精可以用寡。
用寡。則遏費不待撙節而自省。此爲理財
理出之法。數年之後。府庫自然充實。不惟
國家神氣爲之益張。即元氣亦因之轉王矣。
若夫車銃功效。不必遠稽前代故實。自弘
正以至于今。上下百年之内。耳目聞見。家
真者。文臣如余子俊。曾銑。武臣如郭登。周
尚文。俱各以車自衛。以銑殺虜。嘉靖間。大

同右衛醜虜十萬，結聚不散者三月。督臣楊博用廢閑老將尚表之策，馬步僅足九千，以火器布列車上，更番而進，三日圍解。近年右屯衛一銃退虜，竟保危城。七里沙灘之戰，以卑翼銃南北馬步萬餘，當虜數萬。先發探騎，再殺虜酋，竟自退遁。朝鮮撤回之兵，留防義州者不滿千人，戕斧破缺，身無片甲。適虜萬餘，倅薄城下，以火器更番擊打，醜類被傷者以千計，不敢深入而去。延綏報警之虜，茍非降倭鳥銃打傷酋首，其流毒又不知何若。由此而觀，即無節省財用之機，車與鳥銃目前亦宜亟亟講究。況兵可強而國可富，各邊之虜足以坐制，乃竟漠然視之，可乎。

祖宗典制，屯營之設，神樞以車，神機以銃，世遠人亡，事廢法弛。追遡厥初，未嘗不重也。比者都御史溫純著有利器圖解，總督邢玠一見盛書，即露章極稱火器制虜之便，緣

珍白首行閒。洞悉軍中器具。無之提兵異
域有鑑倭奴烏銃。非無所試而云然者。臣
又伏思因循積玩之後。泄泄風靡之時。俱
族患至圖幸。鮮知思患預防。深信火器之
利者。惟純與珍耳。即有愚鉉樞筦。主持於
內。總督撫臣鼓舞於外。非藉
皇上大奮乾斷。昭示風勵。一齊衆楚。誰肯以身
殉
國。久稽邊庭。任怨任勞。建此轉危為安之策
哉。然又有援虜瑄自諉。因舉以析人之言
車戰者。殊不知有治人。而無治法。有必勝
之將。而無必勝之民。若瑄拘局。原非英雄
才略之輩。兼值事起倉卒。以不教之車徒。
當謀定之勁敵。初鮮勝機。於車何尤。自古
及今。以車致勝者。屈指十常八九。取敗者。
不過十之一二。柰何不以丈人長子自命。
惟以僨師敗將自處。豈緣承平日久。天性
委靡于逸樂。心機拘泥于宴安。明知古人

用兵之害。不知因害求利。善可師。不善可資。此機一轉。勝算握之掌中。三返晝夜。用師萬倍。良有以也。又有謂京營薊鎮之車具在。畢竟無用。臣愚以爲造車者。必知運用之法。斯輕重得宜。致遠不泥。用車者。必知造作之故。斯利害洞然。臨事無患。造之於不知車制之官。付之於不能用車之將。是兩無當矣。大槩用兵尚變。制器求宜。呂望扶胥。衛突未嘗不利也。井田既廢。秦人易爲小戎。衛青武剛。致遠未嘗不便也。冒險轉戰。馬隆倣爲偏箱。即三將軍諸大砲。家爲陷陣利器。秖緣用之不得其法。時有迸炸之患。幾致廢棄。如欲車銃之制傳之百世無弊。用之九邊俱宜。車須求合地利險易之形。戰守進止之節。銃明陰陽相勝之機。五行相尅之理。立畫一之法。定經久之規。設置科條。時常講究。真

宗社億萬年之勝算。疆塲千百世之金湯矣。議

者。又有謂虜騎飄忽，靡定之車，恐備左不能
顧右，防後必致遺前，似非完策，不若鐵騎
為便。臣愚以為楊素弛車暴鬪，誰不壯之？
自衛攻人之旨，臣亦有解於中者舊矣。祗
緣各邊防虜，盡屬用騎，未聞殺伐用張，時
見兵餉告急，數年已來，太倉不足，那借太
僕，太僕難支，搜括各省，各省既盡，動及考
庫，夫宇內物力，十七竭於防邊，求省防邊
之費，又欲士伍無譁，藉令良平運謀，必不

外車戰之法。況今日之車，附以鳥銃，進攻
退殿，緩急自如，陷陣混圍，危難不畏，其縱
橫馳驟，闔闢張弛之神，殊異疇曩，誠能隨
時變通，三事迭相為用，儘足為目前省費
之媒。俟有楊素之流，樹旋九塞，然後盡廢
車徒火器，專用鐵騎，未為晚也。

先朝余郭諸臣所用，不過舊日之器。近日退虜，
亦不過日本鳥銃，若臣所製較舊器則數
倍其利，較倭銃則便利倍之，緣臣得之秘

傳叅之載籍。正之素經戰陣之人。南北戰
守俱宜。晝夜陰晴可用。有奇正備于一器。
有遠近。晝可制人。分之則循環無端。合之
則猛烈具足。啓二儀久閟之機。發五兵未
盡之利。然臣輒敢自信者。盖有見於養由
基、蜚衛之流。不過巧能穿楊。力透七札。遂
足稱雄一時。顯名千古。茲器洞甲十有餘
重。無異拉朽。命中數百步之外。直似承蜩。
誠能行臣之言。數月之後。穿楊透札之士。
求千得千。欲萬得萬。萬人之中。挽弓二石
者。今求一二尚難其人。付以新製神器。强
挽二石者。萬人可得數千。器具俱存。有同
共見。似非濟鈷鍔於舌端。繪神奇於紙上。
謹於萬曆二十五年。條上用兵八害內。及
畨銃。蒙兵部覆題。令京營具式。轉送工部
製造。奉
聖旨：是。京營無式。臣敢捐貲造銃四樣。於二十
六年五月內。具本恭

進奉。
聖旨圖畧著進覽。這所奏該部看了來說。欽此。
至今未經題覆。或者疑臣假此以赴功名
之會。其言未必可信。殊不知臣之悃誠。原
為目前財用絀之。弁憤夷虜坐强。非此器
不足以制醜類死命尓。
陛下試觀方今之世。受
國厚恩者。人誰不愛其家。不惜其財。乃臣以
一生車勤耕筆之餘。千金坐散而不顧。人

誰不愛其身。不惜其力。乃臣以蒲柳孱弱
之軀。備極勞苦。孳孳矻矻。恒窮年而罔輟。
臣非病狂喪心。作此無益。又非素封之家。
借博名高。臣何苦乃尓。緣臣自有真知灼
見。累驗於前。無之狗馬報
主赤心。又不同躄躠畢瑣。罔識君臣大義之徒。
百方挫抑。减其堅銳。惟冀茲器仰寬
皇上宵旰之懷。用竭臣猷。結分義。臣行年五十。
閱世頗深。豈不自揣。資格拘於時勢。建樹

限於孤寒徒持區區一技之長憑藉忠義
望今人以古道耳臣雖至愚必不敢懷妄
想也敬將續製諸器具本恭
進伏乞
皇上軫念老庫不禁尾閭之洩太僕難塞漏卮
之實公私交困時事可寒惟得器可致兵
強兵強斯望國富國富庶百姓得獲休養
國家億萬年靈長之福是在
陛下採納轉移之間
宗社幸甚蒼赤幸甚

臣趙士楨謹議

國家冗費最鉅者有二
宗藩祿糧九邊額餉漕河歲修
天潢日茂繁衍宗祿百倍往日矣邊備日弛軍實難計額餉
亦數倍往日矣自去年河決歸德直走頴泗滔天之勢
震驚
祖陵運道爲梗歲修今年又不知增至幾許兼之
三殿興作種種不經之費接踵相望漫無紀極竊今桑孔
籌似難爲刀冷局公廨不有真灼之見敢爲大言
義顯德乎然縉紳大夫尤宜亮哉夫天地泰寧
國步惟康士大夫坐享昇平之樂追崇禰廟實延奕世

神器譜卷一

王婕生。乘軒列鼎。其安富尊榮。皆士楨一途夢想不
之境。竊竭心力以盡豹馬。顧
王公義勇。何緬觀而云然哉。試觀楨自供奉周廬以來。迄
槐簡一實廿年不移。計積資得從大夫之後。尚須
餘年。還想此時。簪笏冠裳。采臺人世。貝未可卜。若　　自
食其新。何不以俸錢
賜金。並我耕筆所穫。求田問舍。美食鮮衣。聊復尓尓。以終
我天年之為快也。萬一不如兒亮武謂是夫也。何工於
謀人。而拙於謀己。況勢決江河。滔滔皆是。天實為之。謂
之何哉。楨自宜九蠢愚教惟謹。如謂位卑言高。致犯釁越
俎。謀之不臧。無當於用。是賢豪長者之所與
國為仇。以自貽同氣後日之難。何足附都士楨之。何得為
楨保舉乎。

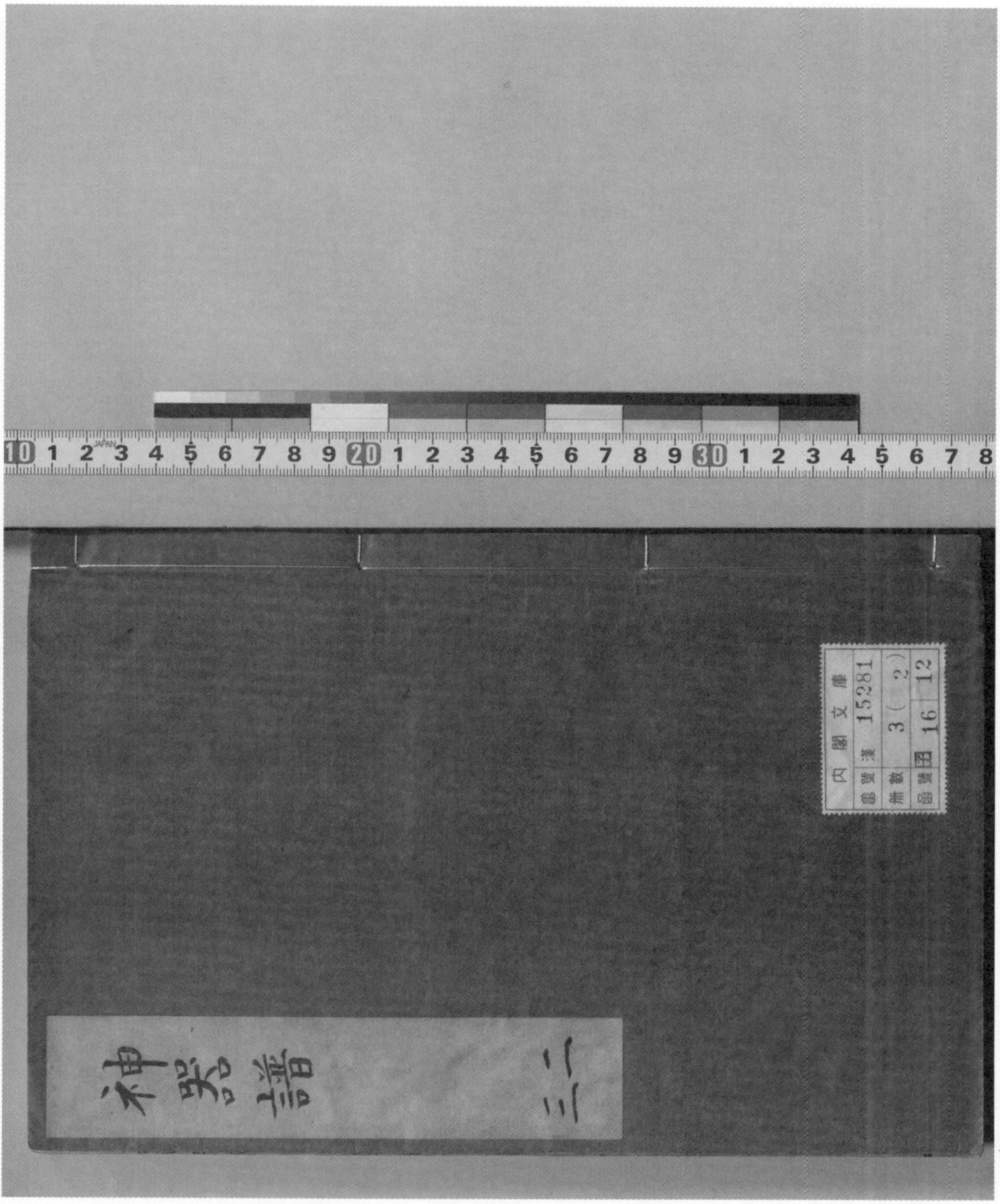
神器譜 三
内閣文庫
部號 漢 15281
冊數 3(2)
函號 16 12

神器譜卷之二

原銃上

上古制人於百步之外。惟恃弓矢。謂之長
兵。戰國時始有弩籥駁石。不過等於弓矢。
自置銃用藥。以彈駭人。則弓弩駁石失其
為利矣。兵法有驅祝融以攻敵者。而製未
甚詳。觀其緣風上下。縱蘩燔燬。似非近日
之銃。宋元間方有用之者。至我
國初始備。然行軍戰陣。隨帶便利。亦不過神

鏡。快鎗。夾把。三眼子母諸器。自鳥銃流傳
中國。則諸器又失其為利矣。諸器一手持柄。
一手燃藥。未及審固。彈已先出。高庳遠近。
多不自由。鳥銃後有照門。前有照星。機發
彈出。兩手不動。對準毫釐。命中方寸。兼之
筩長氣聚。更能致遠摧堅。臣自海氛初起。
留心訪求神器。知衝鋒陷陣。大銃有
國初頒發邊鎮三將軍。征交趾所得佛郎機。
下及總理戚繼光改作虎蹲百子等砲。又

于萬曆二十四年。遊擊將軍陳寅到京。示
臣西洋番鳥銃。較倭鳥銃稍長。其機撥之
則落。彈出自起。用藥一錢。鉛彈八分。其制
輕便。但比舊鳥銃只遠五六十步。又思臣
祖大理寺寺副。先臣趙性魯在日。倭奴初
犯浙直。尚無鳥銃。六七年後。方有茲器。臣
祖語臣曰。我聞
先朝土魯番吞并屬番哈密。
中國置經畧大臣。徵兵數萬。分道出援。緣土

彝番備得嚕嗐蜜神器。
天兵不能敵。竟為所并。嚕嗐蜜迩水西洋。其
此器從彼中傳至西洋。西洋傳至倭中耶。
臣懷之三十餘年。去歲與武舉把臣。把仲
弟兄較躲。方知其父把部力。從嚕嗐蜜進貢
獅子進京。
皇祖留之。不遣。臣問及鳥銃。臣。仲云。義伯朶思
麻。即本國管理神器官。一訪可知。臣即同
部力詣思麻家。思麻欣然出其本國帶來
鳥銃。臣見其機。比倭銃更便。試之。其遠與
毒。加倭銃數倍。臣私心竊喜。自謂有此。則
倭銃風斯下矣。思麻復語臣曰。我受
三朝豢養大恩。致慮報効無階。若得傳布此式。
以申
朝廷神武誠為至願。且告臣製放之法。臣遂捐
貲鳩工。製造。印證思麻。思麻稱善。臣少日
常見臨陣裝藥不及。銃手反為敵乘。斟酌
西洋銃佛郎機之間。造為掣雷銃。損益鳥

銃三眼銃之間。造為迅雷銃。臣竊計戰陣之間。大器除三將軍、佛郎機、千里雷諸砲外。小器遠而且狠。無過嚕蜜。次則西洋。造之盡制。用之有法。循環無端。綿綿不絕。是在新製二銃。但近日行間弊習。趨承依附。僥倖功名。器不知製。製未必精。藝不肯習。習未必工。寧受敵人之制。不知先發制人。惟知避銃為巧。不思先著更強。病根已深。牢不可破。若非

皇上奮揚神武。將率震疊。誰肯戮力同仇。以申撻伐。況徵兵四出。累月經年。不惟阻誤後期。抑且為費繁鉅。若有銃千門。以千人習之。用更翻打放之法。以步卒二千翼之赴敵。可抵萬人。萬門萬人。二萬步卒可當十萬。每銃一門。再用三人。是以三人之餉。可得十人之力。騎兵三人之費。可得二十人之力。況銃值只須一人安家之費。并一月行糧。便可置辦。既能制敵。又省輸輓徵調。

之艱。一舉三利。濟時之策。善之善者。除見

疏恭

進。外。謹列得銃緣由。再圖式樣。打放架勢。如

左

萬曆二十六年歲在戊戌三月初吉臣趙士楨謹識

嚕密銃全形

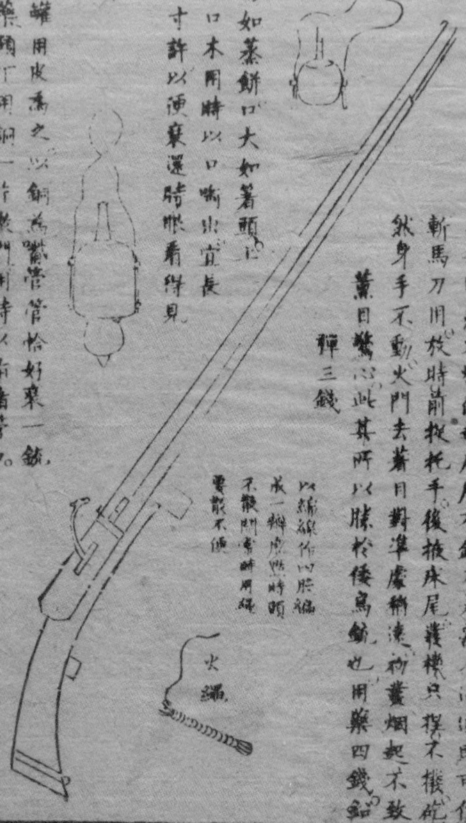

約重七八斤或六斤，約長六七尺。龍頭軟機俱在床內，捏之則落，火燃復起。床尾有鋼刃，若敵人逼近，即可作斬馬刀用。放時前手托床，後手托床尾，發機只撥，不擬砲身手不動。火門去著目對準處稍遠，初發烟起不致薰目驚心，此其所以勝於倭鳥銃也。用藥四錢，鉛彈三錢。

裝藥罐

形如蒸餅，口大如箸頭，口塞以木，用時以口嘴出，宜長三寸許，以便裝還時觀看得見。

藥罐

此罐用皮為之，以銅為嘴，嘴管恰好裝一銃之藥，鑄丁用銅一片擋門，用時以指堵管口，開門倒傾，待管中藥滿，仍閉頸門，裝入銃內。

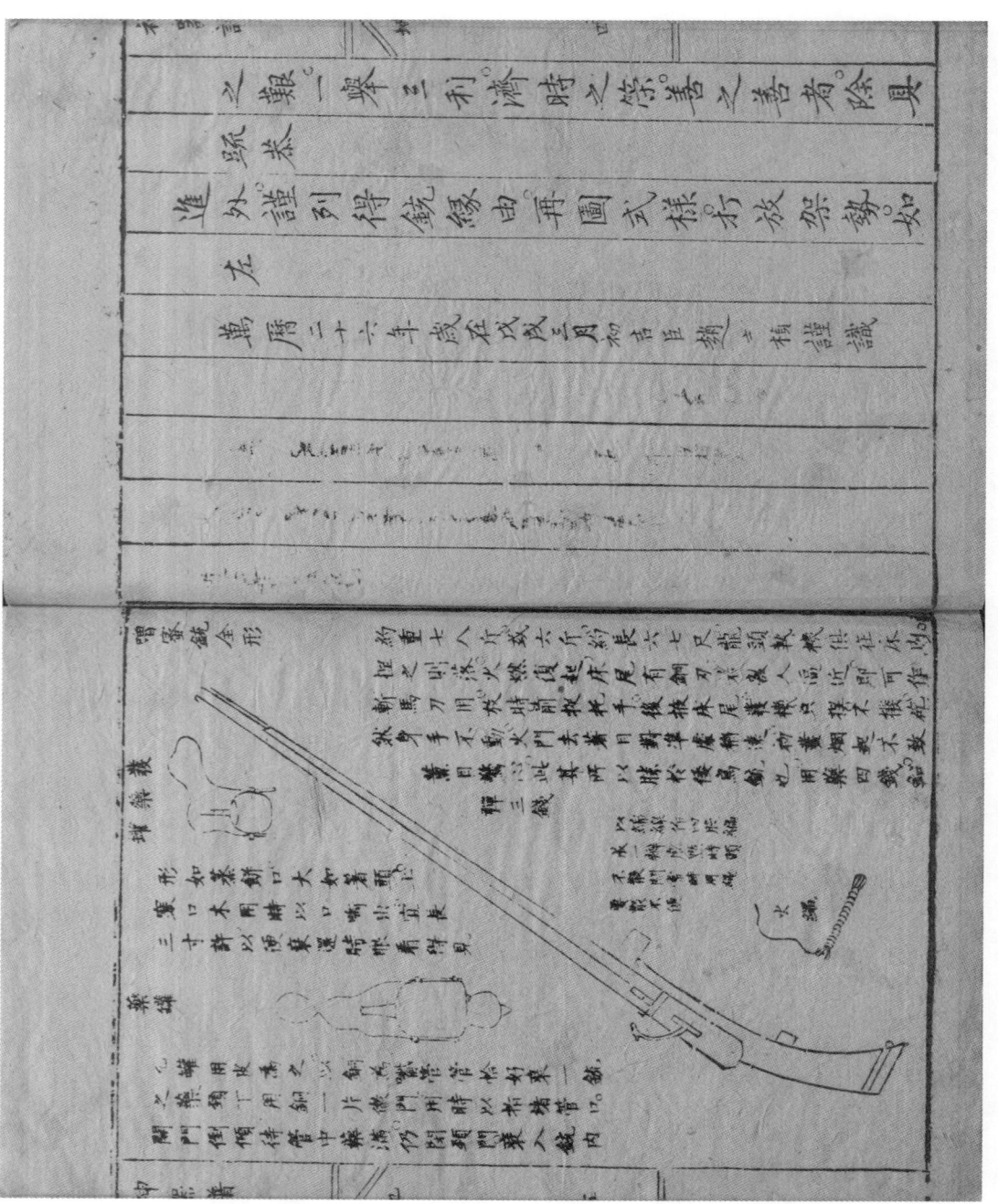

筒形

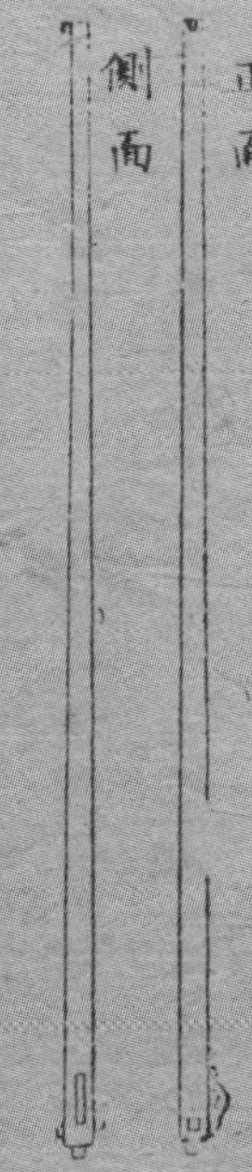

筒約長四尺五六寸。約重四五斤。愈長愈妙。後著照門。前著照星。火門在側邊。下著二三鉄鉗。以便下捎釘於時不致振動

銃後門形

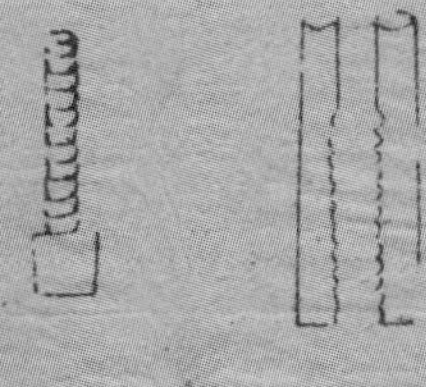

銃腹既長。若就火門并鉛子及洗時布紙等物不出。取開方便。左轉則進。右轉則出。然初學放銃。總不如實底者不擔干繫。又不致洩氣

火門形

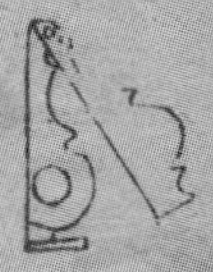

盛藥池宜稍深。多貯發藥為妙。眼不宜大。大則氣洩。致發前去火力脹。又宜緊挨底上。若離遠。火燃後坐。必致搖動身手。彈去不準。上著銅蓋。以便裝發藥時接入火眼

前口

口宜容三錢鉛彈。至小二錢。口與底必須一樣大小。若腹口大小不同者。不堪用。口小腹大者。氣先洩。彈去不遠。亦狠。口大腹小者。彈出搖蕩。上下兩旁亂走。不便討準

機

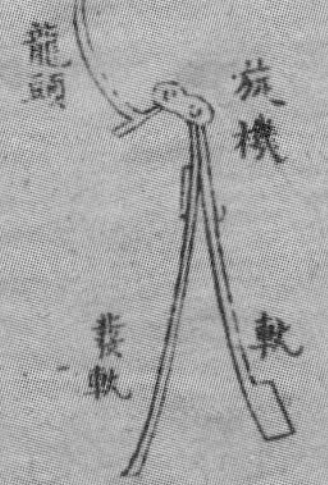

以銅為之。其軏必用鋼銕。如錢厚。不用水漸。則恐其太硬。用別銕。恐其性軟起遲。軏貼發機處。須著一小銕片。長一寸許。以助其力

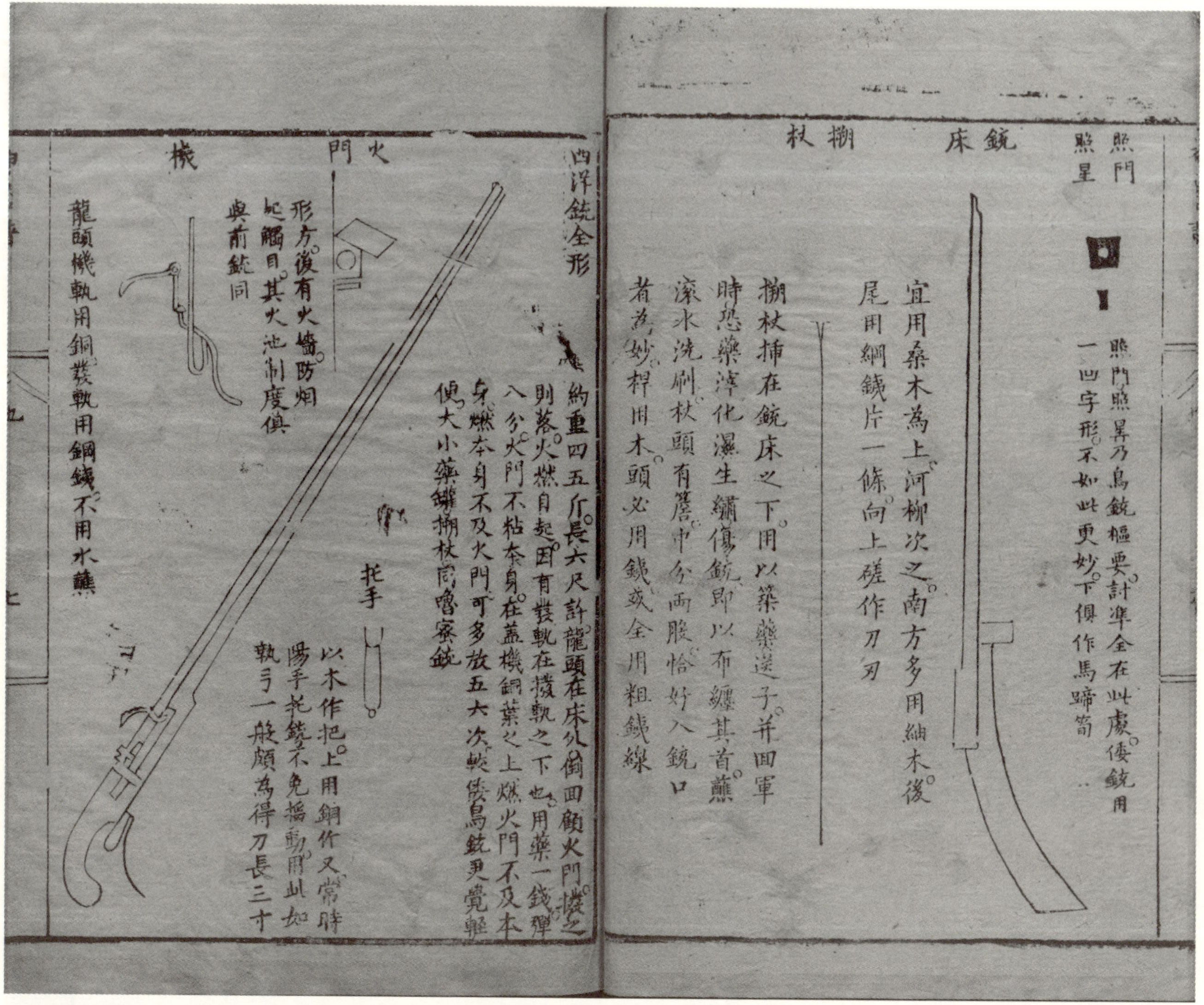

照門 照星

照門照星乃鳥銃樞要討準全在此處倭銃用
一凹字形不如此更妙下倶作馬蹄筍

銃床

宜用桑木為上河柳次之南方多用細木後
尾用鋼鏟片一條向上磋作刀刃

攔杖

攔杖插在銃床之下用以築藥送子并回軍
時恐藥滓化濕生鏽傷銃即以布纏其首蘸
滚水洗刷杖頭有窰中分兩股恰好入銃口
着為妙桿用木頭必用鏟或全用粗鐵線

西洋銃全形

約重四五斤長六尺許龍頭在床外倒回顧火門撥之
則落火燃自起因有蓋軌在撥軌之下也用藥一錢彈
八分火門不粘奈身在蓋機銅葉之上燃火門不及本
身燃奈身不及火門可多放五六次較倭鳥銃更覺輕
便大小藥罐攔杖同嚕密銃

托手

以木作把上用銅作又常時
陽手托銃不免搖動用此如
執弓一般頗為得力長三寸

火門

形方後有火蓋防烟
妃觸目其火池制度俱
與前銃同

機

龍頭機軌用銅裝軌用鋼鏟不用水蘸

筒形

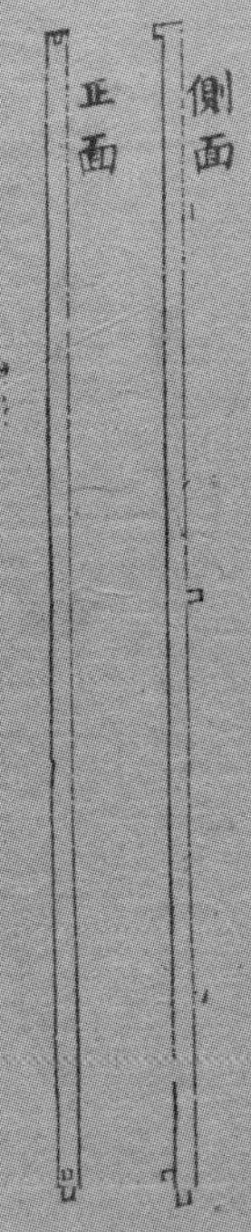

約長五六尺。約重一二斤。照門照星與嚕密銃同。實底。用螺螄底亦可。大柴筒輕。用實扂木搭干繫

銃床形

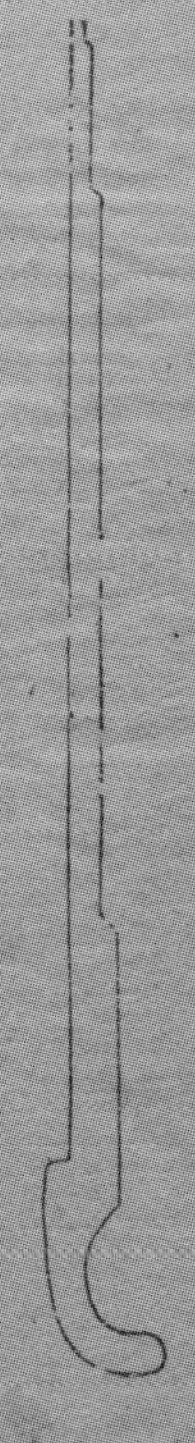

所用木與前同。但後尾彎向下用銅葉裹其中。放時手拏彎把撥機

迅雷銃全形

筒五門。各長二尺許。總重十餘斤。筒上俱有照門照星。中著一木桿。總用一機置之匣內。輪流運轉。以一斧柄末着于叉。倒插地上。架定打放。放完敵近。去牌倒持五銃。護手直進。當短鎗戳

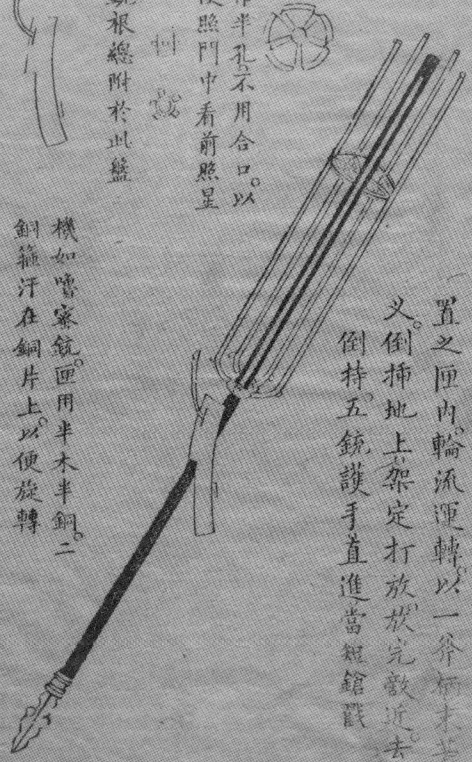

前盤

作半孔。不用合口。以便照門中看前照星

後盤

銃根總附於此盤

機匣

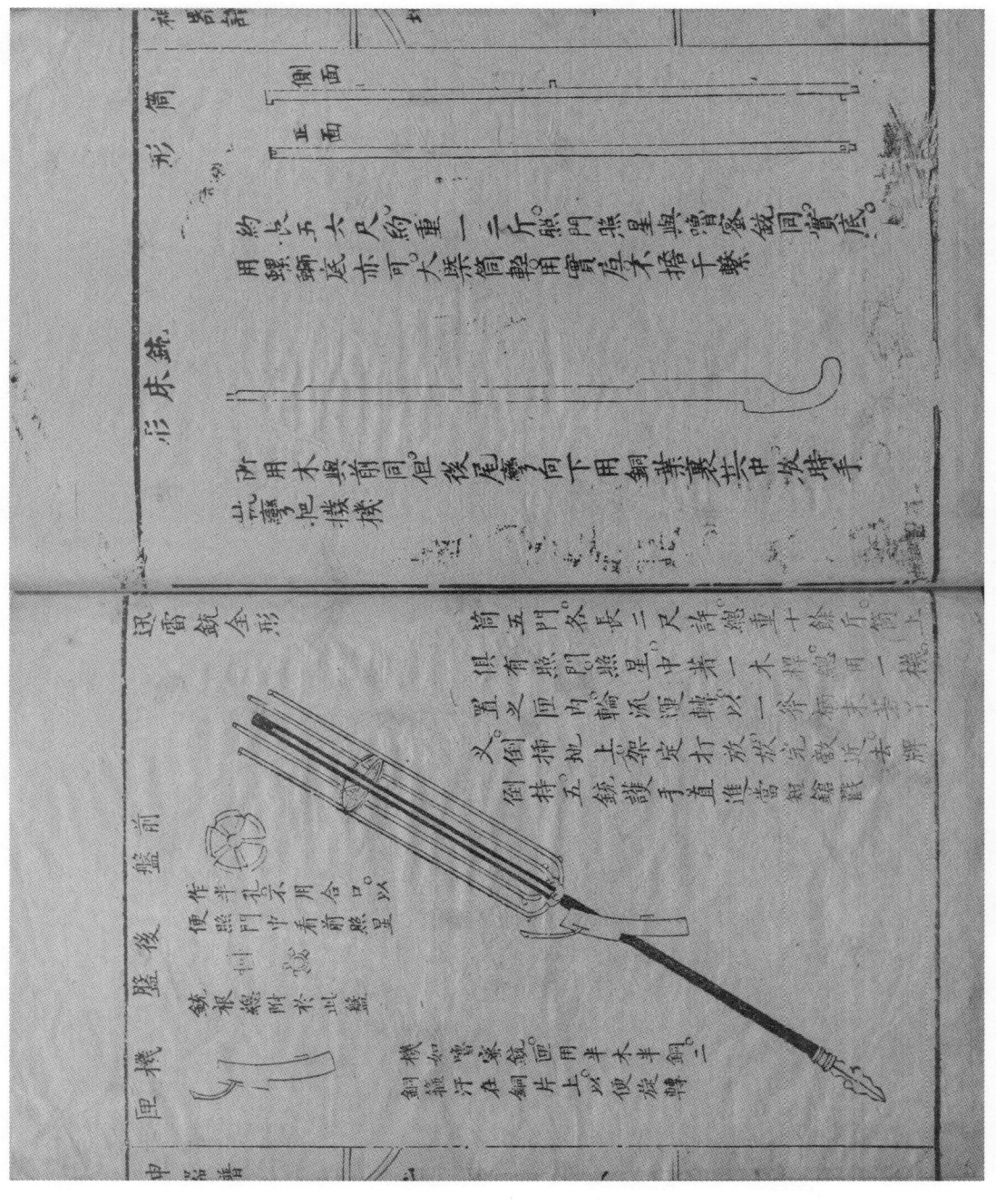

機如嚕密銃。匣用半木半銅。二銅箍汗在銅片上。以便旋轉

筒形

形如鳥銃筒根彎轉作鵝口啣之盤上以釘捎
定用藥線筒根火門之後礶一小渠將藥線卧
放其中用薄銅葉做箍護定臨放將箍推起若
不用箍遮住藥線機發之時必致五筒俱燃

銃桿

以木為之下著鋺頭上著銃筒帶機處五稜長六七寸許用藥二錢彈
一錢五分中桿筒內著火毬一塊五銃放畢點火出毬以便乘勢前進

牌斧形

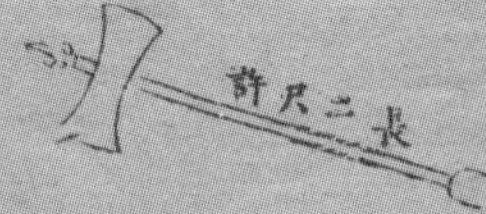

以生牛皮為裡表用絲紬或綿紬軟
綾之類內絮絲綿一層頭髮一層綿
紙十層中作一圓眼週遭作五長眼
恰好安桿與銃斧倒插架銃敵近即
取牌與斧作用若銃者兵器牌用白
藤編製更便但北方氣燥不甚相宜

擊雷銃全形

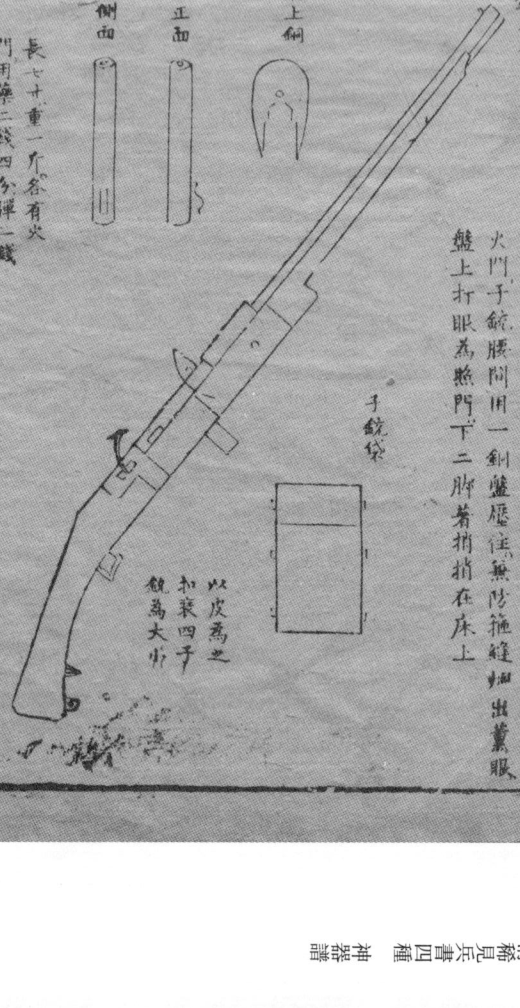

約長六尺許重六斤前用溜筒後著子銃子銃各帶
火門子銃腰間用一銅盤壓住無防擁縫細出藁眼
盤上打眼為照門下二脚著捎捎在床上

子銃上銅盤

子銃正面

子銃側面

長七寸重一斤各有火
門用藥二錢四分彈二錢

子銃袋

以皮為之
如袋四子
銃為大小

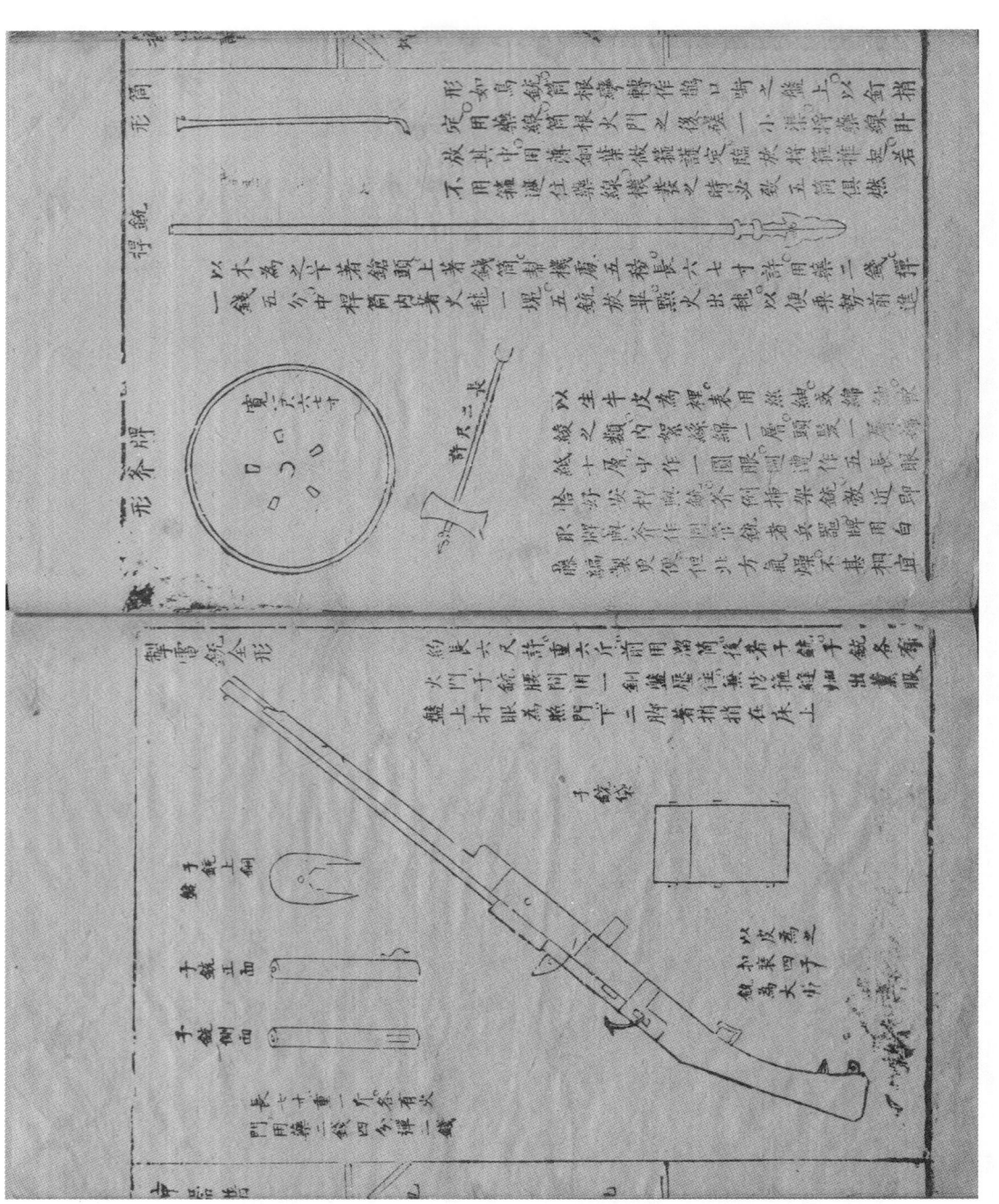

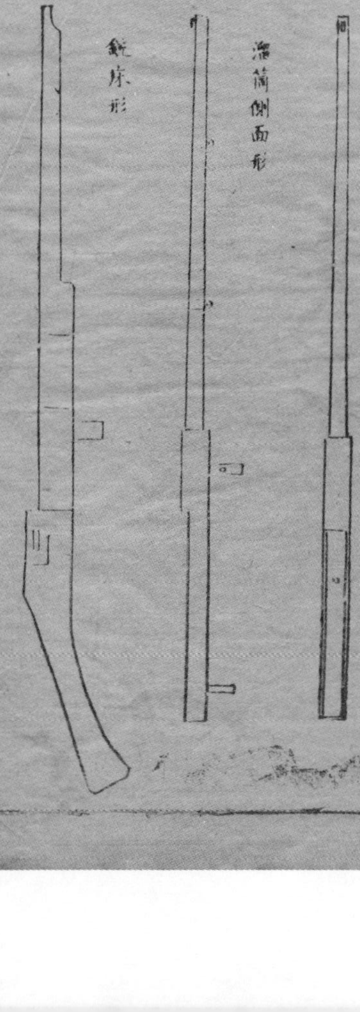

形與嚕密大同小異後尾類日本鳥銃床用木同前

掣電銃全形

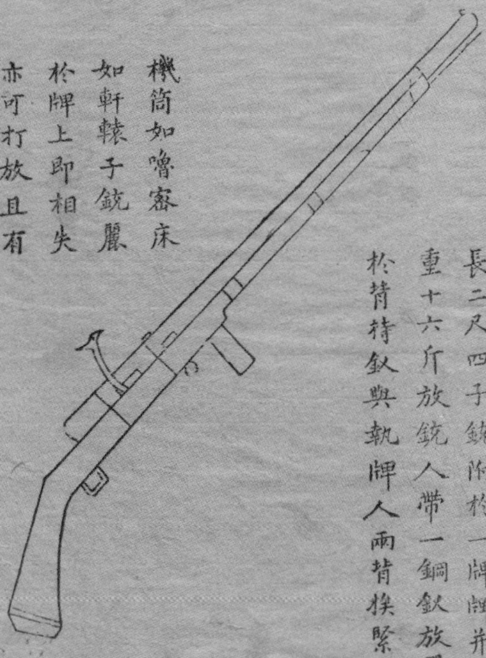

此銃因用溜洩氣改作此式重五斤筒長二尺四子銃附於一牌牌并子銃共重十六斤放銃人帶一銅釵放畢揷銃於背持釵與執牌人兩背挨緊而進

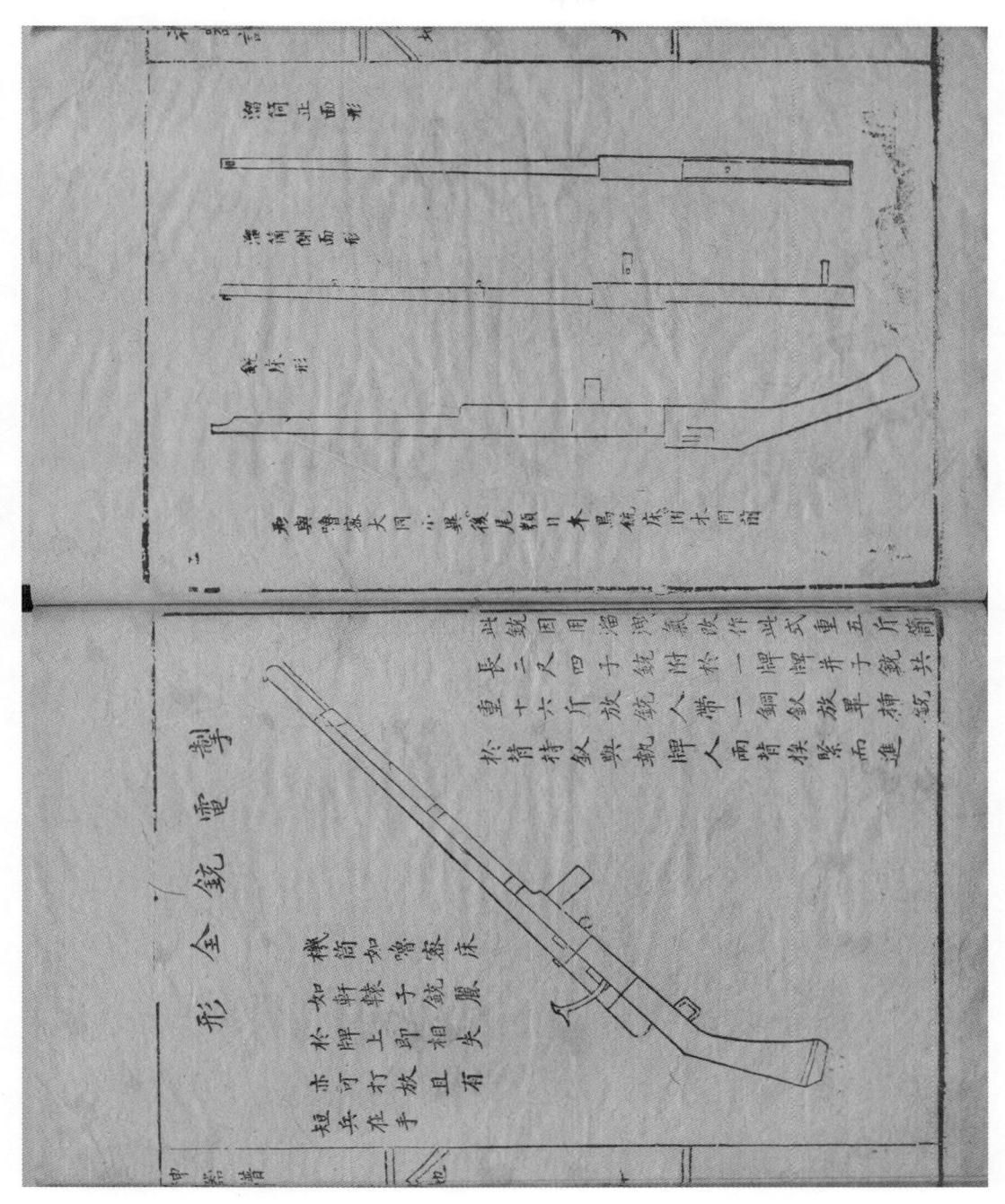

機筒如嚕密床如軒轅子銃關於牌上即相失亦可打放且有短兵在手

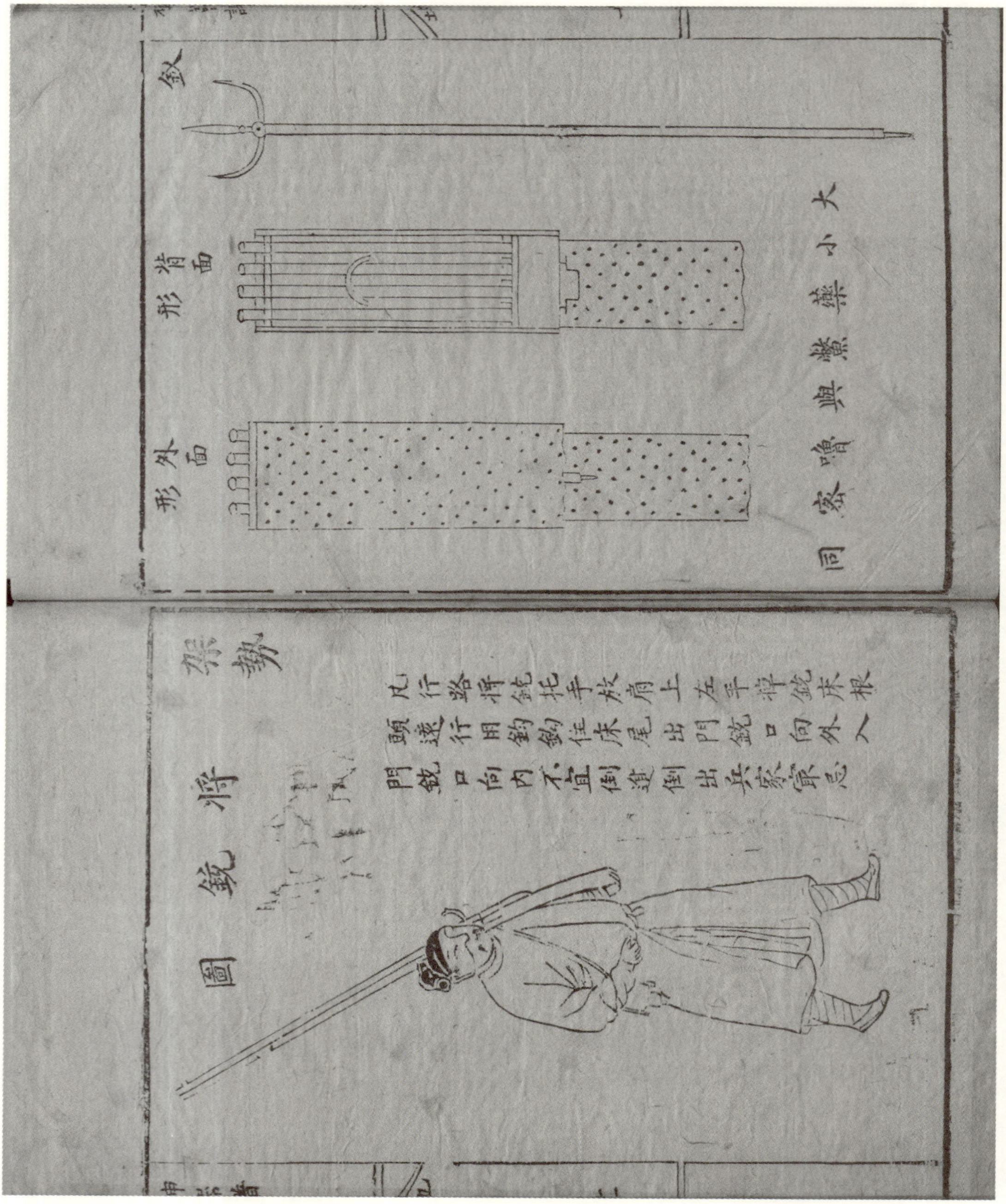
鈀
背面形
外面形
大小藥囊與嗐客同

將銃圖
架勢
凡行路將銃托手放肩上左手將銃床根頭遠行用鈎鈎住床尾出門銃口向外入門銃口向內不宜倒進倒出兵家忌

倒銃藥圖

凡銃未臨陣之時先裹鉋一銃隨帶至陣上放畢取搠杖將筒搠洗去藥滓在銃者然後取藥罐將頸門撥開以左手拇指頂住罐口倒出大藥在頸上候管滿以食指將頸門掩住

裹銃藥圖

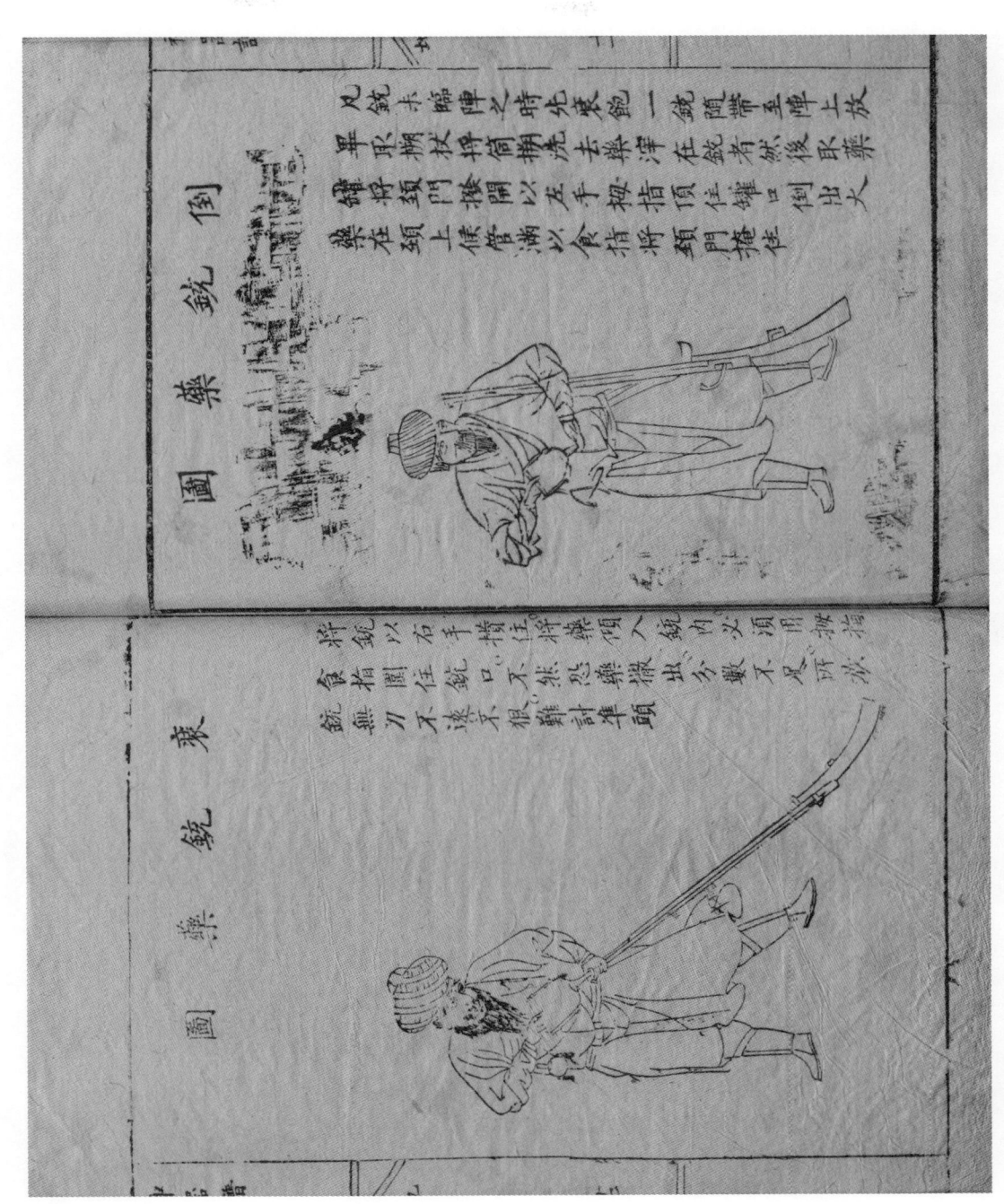

將銃以右手横住將藥傾入銃内必須用拇指食指圍住銃口不然恐藥撒出分數不足所放銃無力不遠不狠難討準頭

實藥裹彈圖

裹畢藥。將搠杖取出。將藥築實。然後取鉛彈裹
入。用綿紙少許。以搠杖送進至藥處方止。彈須
强之入者方準。在筒中滑落者不妙

著門藥圖

將銃用左手橫捺。
右手取裝藥罐。用
口啣出塞口之物。將
倒藥火門池內。將
蓋：上。以左手將
銃微側轉令火眼
上向以右手輕：
敲之。使裝藥入眼
中。與筒內藥相接

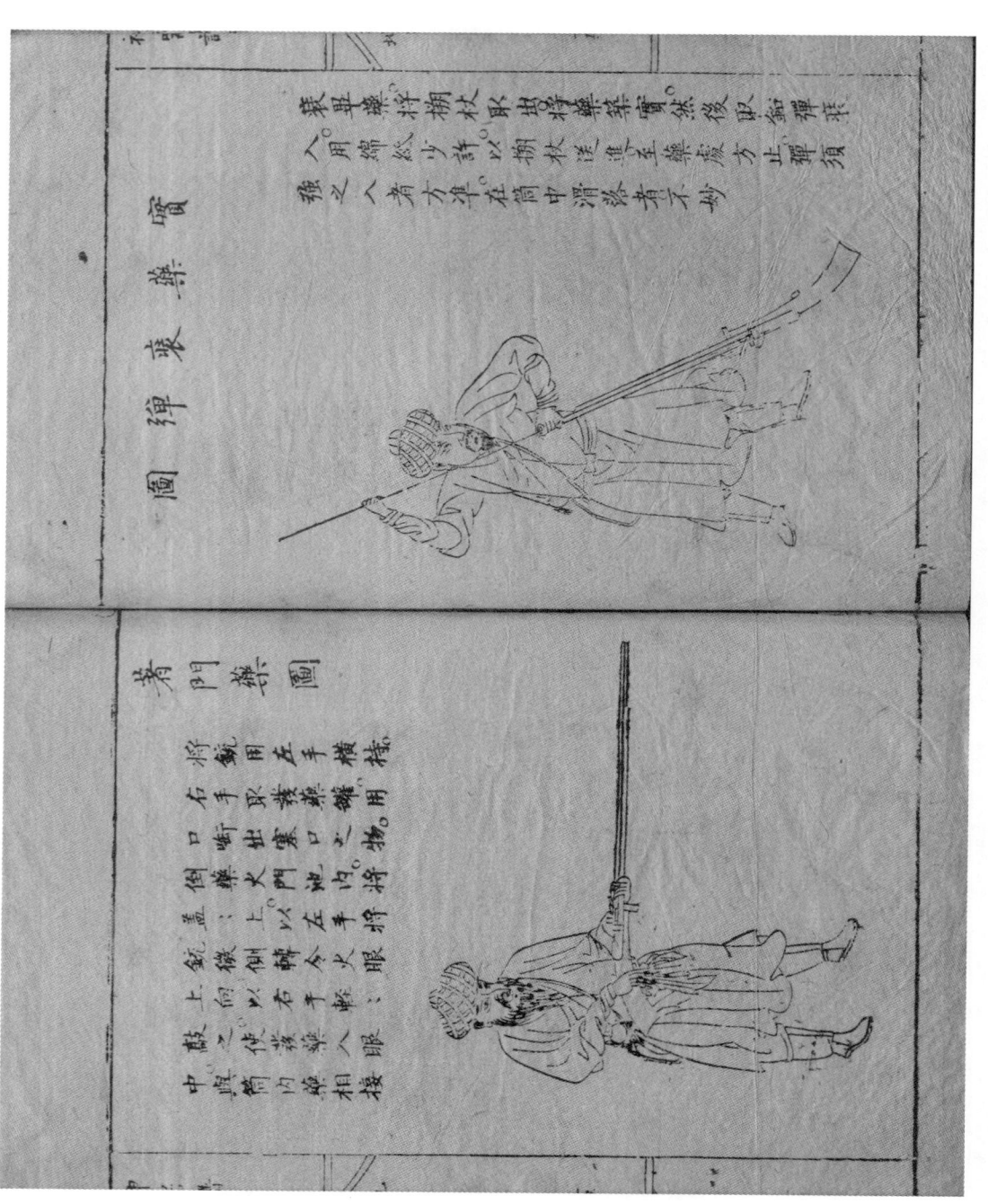

著火繩圖

裝畢門藥。將銃攢定托手上邊。尾柱腿上。以右手取火繩先吹去灰燼。夾置龍頭內

嚕密人打放圖

火繩安放停妥。踞前脚。跪後脚。將銃舉起。左手執托手。膊節拄膝頭。後尾緊夾腋下。閉左目。以右目覷後照門對前照星。閉口息氣。對準敵人。然後捏機

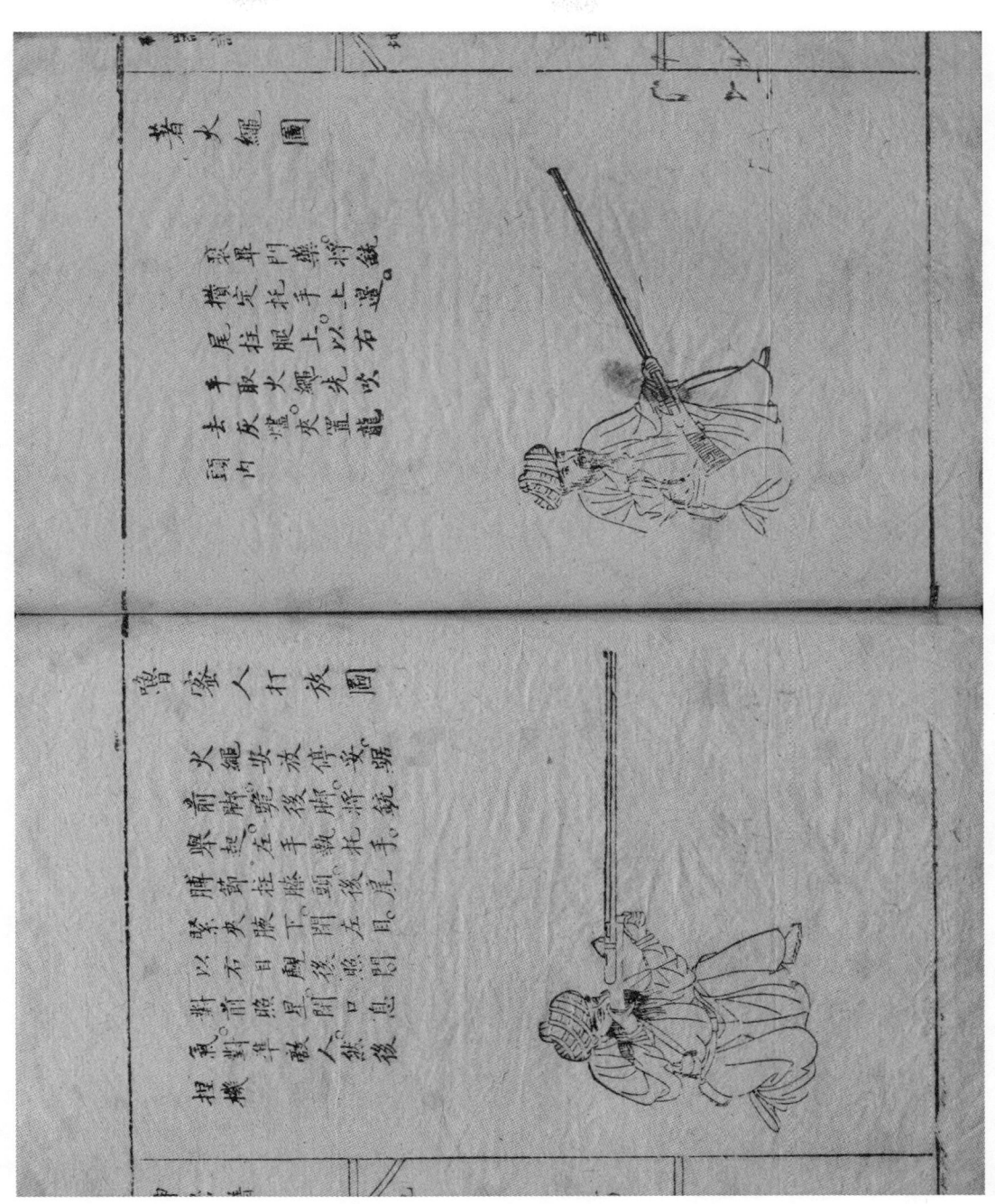

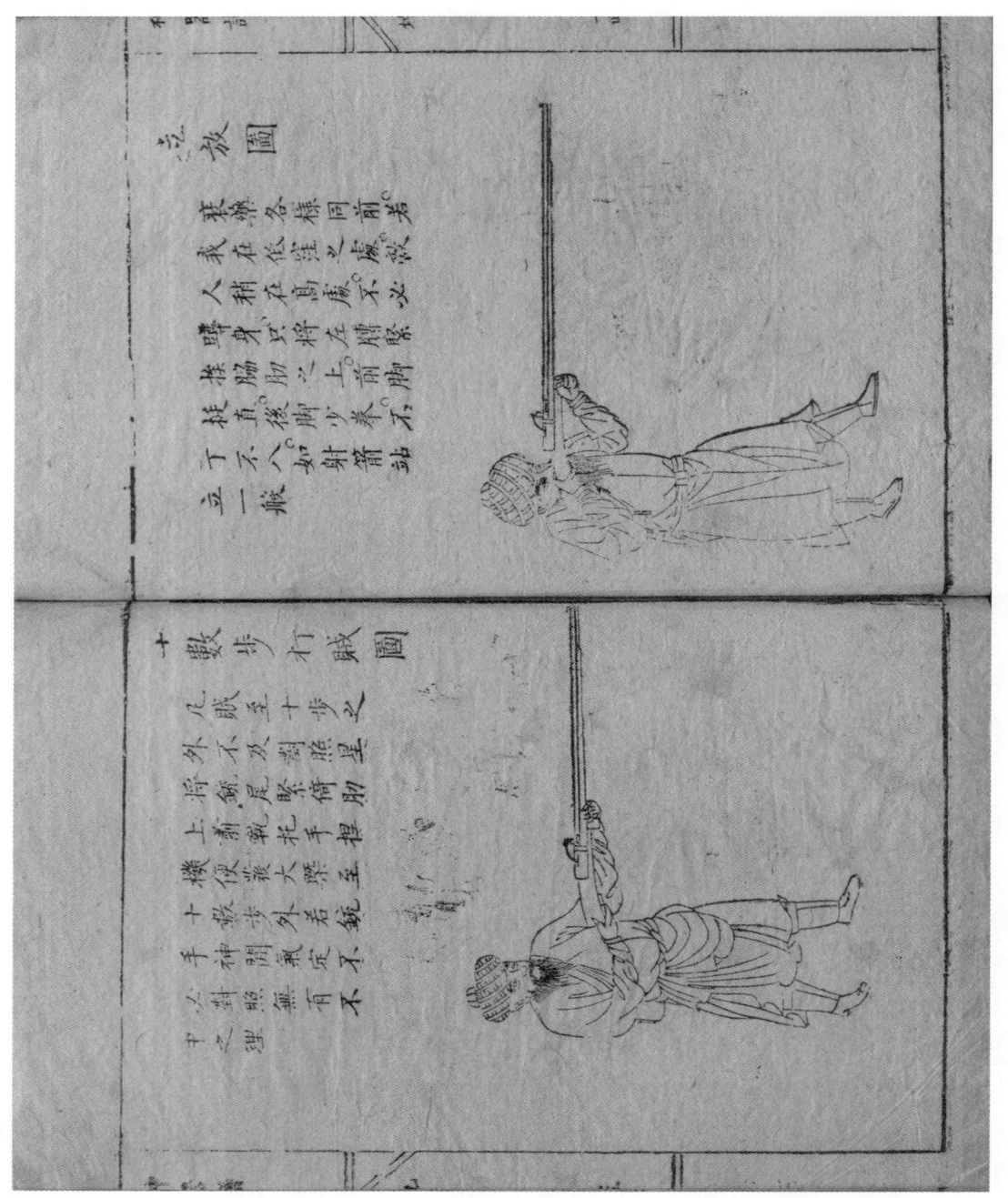

立放圖

裝藥各樣同前。若我在低窪之處。設人稍在高處。不必蹲身。只將左膊緊挨脇肋之上。前脚挺直。後脚少拳。不丁不八。如射箭站立一般

十數步打賊圖

凡賊至十步之外不及對照星將銃尾緊倚肋上。斜執托手捏機便發。大槩至十數步外若銃手神閑氣定。不必對照無有不中之理

五六步打賊圖

凡賊逼近若銃已裝飽不必著火繩於龍頭上只須用左手攢定銃床用右手向火門點著自然中賊到此全憑膽氣慌張則不能殺賊矣

已上九勢俱朶思麻所授

水西洋各國番人打放圖

裝藥各樣勢同前只將前手挺直後手夾定滿攢銃尾將臉緊挨尾上以食指撥機

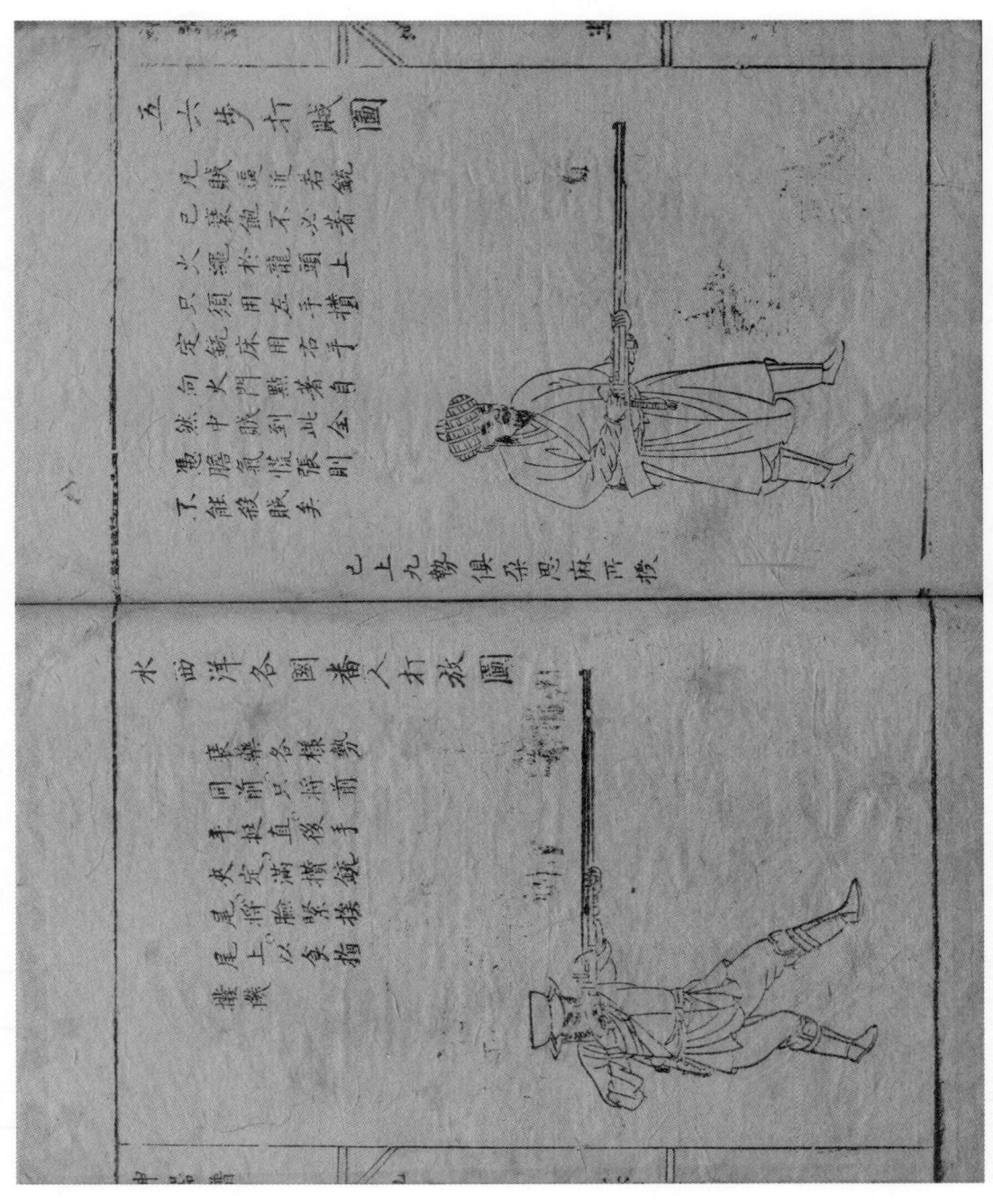

跋放西洋銃圖

陽手提直執銃不穩。今用小圓木一根。長三寸許以暖皮裹過。如弓靶一般。上着銅片作叉將銃鈴住。立放則挺手如執弓樣。蹲身則前手如西域嚕嘧著膝頭。後手如弗伏臉丿

五人更番放銃圖

放掣電圖

臨敵之先將諸子銃裝飽停妥將淄子亦用捌杖先洗捌過遇敵將在床之鏈先放放畢起後馬子掉火門起銃再取一子銃着床內放下馬子其架勢打法一如嚕嘧

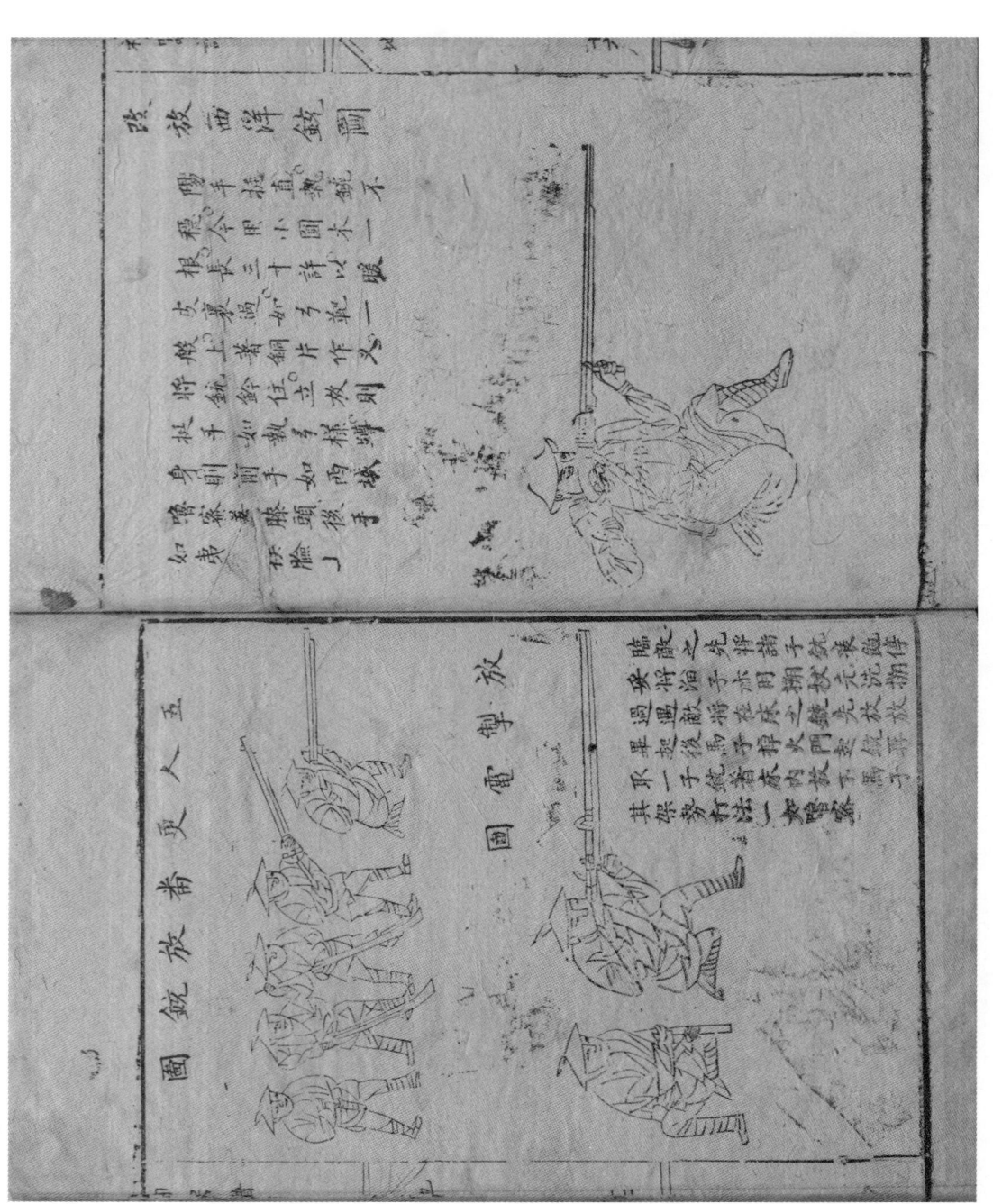

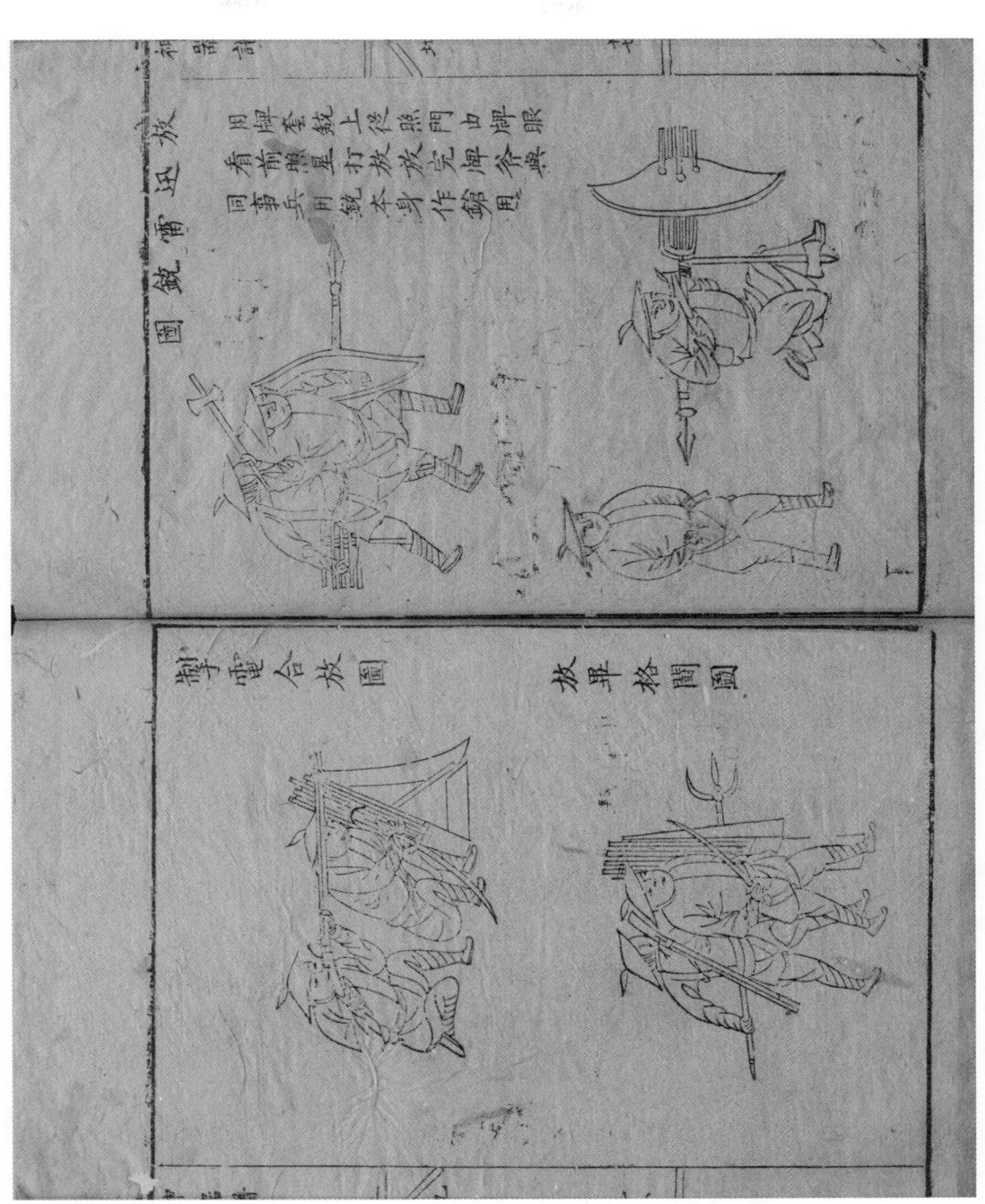

放迅雷銃圖

用牌套銃上從照門由牌眼
看前照星打放放完牌斧與
同事兵用銃本身作鎗用

掣電合放圖

放畢格鬪圖

掣電分放圖

神器譜

原銃中

兵陰道也。我能往。寇亦能往。斯語亦前聞
之矣。乃神器陽言無隱者。何。蓋緣蠢尒島
夷敢於仰抗
王師。騷孏屬藩者以此。六年之間。大兵再舉。
經費千萬。竟未能席卷無餘殫丸黑子之
地。必待
天威震怒。氛祲潛消。然後挈而還之李氏者。亦

以此陽言無隐不過望師貞丈人加其倍
數以備緩急之時及以制之勝之非昧於
彼我兩能之説也
中國水陸神器有戰具攻具守具伏具倭奴
專精鳥銃二三百步之外嚕密諸器足先
制賊紙甲輭牌儘可自衛鳥銃雖精邃難
迫我但近聞對馬島大鳥銃有佛郎機之
烈更能命中則又出常技之上似非牌甲
可禦不惟後日患之前時二三驍將聞為
所困緣是畢盡竭愚用長筒加厚仍著照
門照星納子銃於筒後不令敞口泄氣有
佛郎機之便而準則過之有大鳥銃之準
而便則過之對壘之際敵一舉放我已三
四發彈是以便勝之也若置輕車之上有
車數兩陸續衝擊猛烈之勢足埒大將軍
而離合縱横進退俯仰較大將軍殊為輕
便倭既以鳥名銃茲器奮擊飛揚可以制
之名曰鷹揚倭見我兵舉銃輙伏地上曰

製壘筒一經機發火燃下上彈既並出雖
伏莫避名曰震疊北方馬上用三眼銃以
禦衝騎慮頗長之然放畢舉以搏擊頭重
起艱利害相半兼之甚難討準往往虛發
因變其制用照星短牀後尾鉤著鞓帶左
手執銃對敵右手懸刀燃火放畢為盾舉
刀迎敵馬上可備出奇摧堅步下極便伏
路急擊名曰翼虎取西洋筒之輕加之以
狠嚕蜜機之快加之以巧目本床之便加
之以穩用備邀利遠道名曰三長兵以正
合以奇勝山林之間村落之內勢難用衆
陵然遇敵神氣奪於頓盻手足拘於忙迫
叢銃不中恐被賊窘製為雙機常留其一
使奇正具於一器可以自相犄角名曰奇
勝茲譜有五通前為九再加一二疇曩大
器付之有能之將神明變通製輕車拒馬
傘以自衛備陰雨可用之器以濟其短車
後以步卒隨宜結陣防敵死鬪急擊騎兵

各帶弓矢。閒攜翼衛。以備逐北出奇。正奇相因。短長相衛。車徒相習。遲速相濟。進則無前。退則難迫。真百戰不殆之術也。爰具圖式。用告同仇。凡裝吧打放架勢并床機。前譜已備者。茲不載列

萬曆戊戌仲秋吉旦東嘉趙士楨題

震疊銃全形

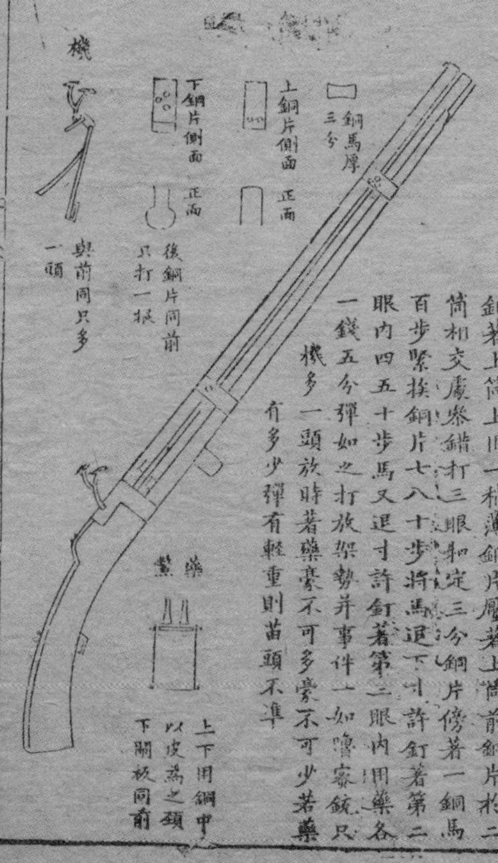

筒二每筒重三斤長二尺五十上下二筒上有照門照星下筒以看火門從床底用銅二片包過留其餘鉗著上筒上用一稍薄銅片壓著上筒前銅片於二筒相交處捺錯打三眼如定三分銅片傍著一銅馬百步緊挨銅片七八寸步將馬退下寸許釘著第二眼內四五十步馬又退寸許釘著第三眼內用藥各一錢五分彈如之打放架勢并事件一如嚕密銃只機多一頭放時著藥毫不可多毫不可少若藥有多少彈有輕重則苗頭不準

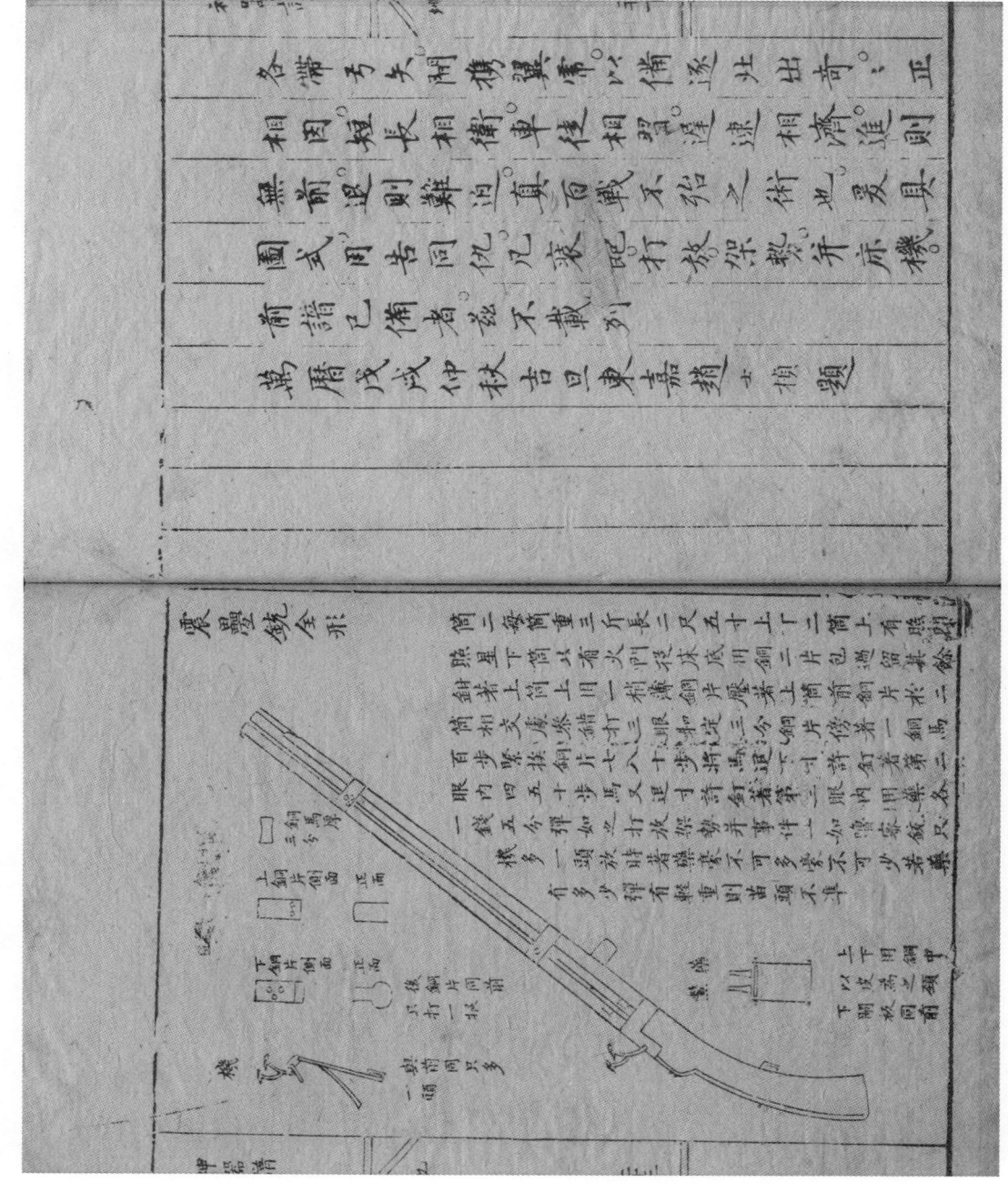

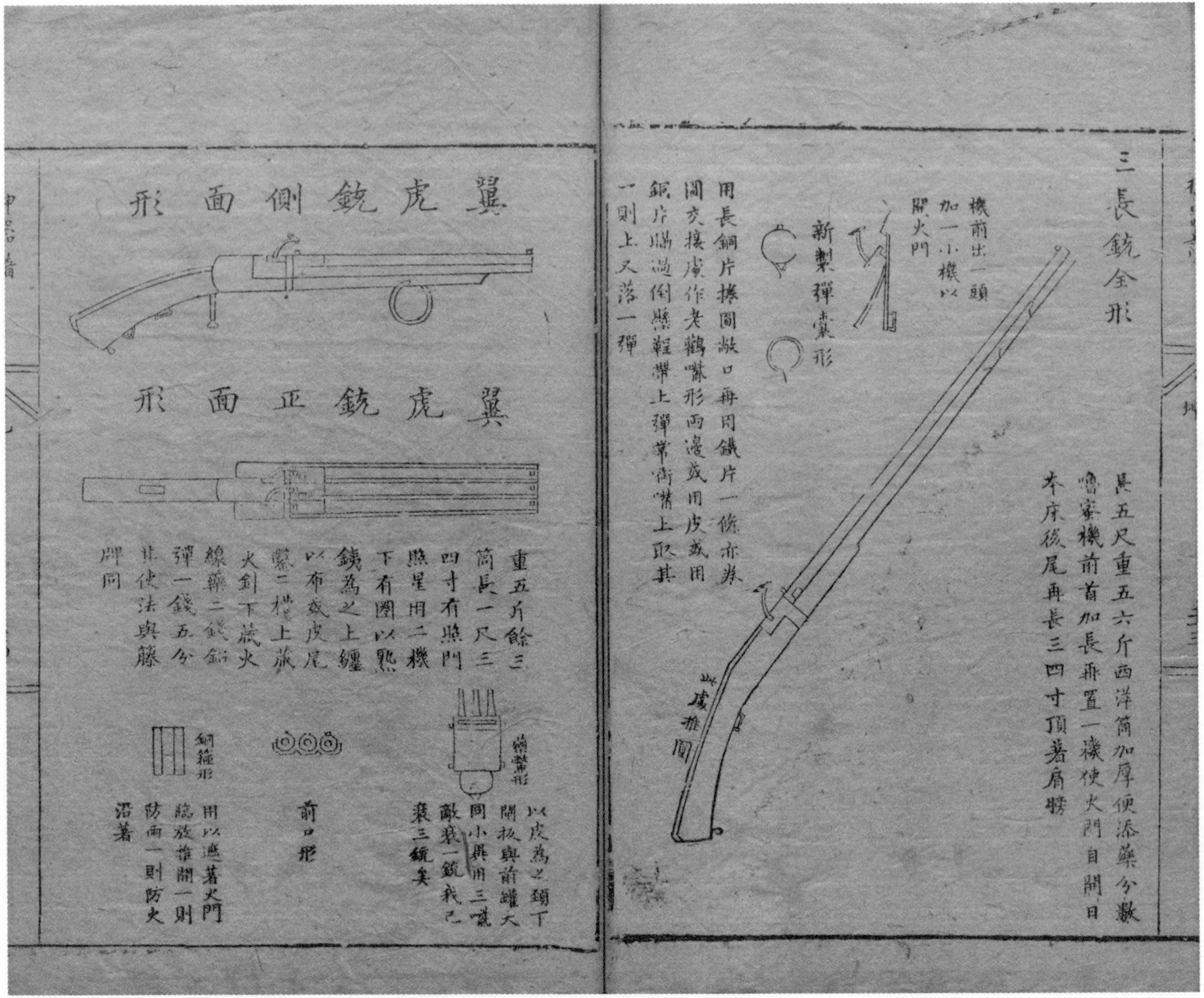
三長銃全形
長五尺重五六斤西洋筒加厚便添藥分數
噹家機前首加長再置一機使火門自開日
本床後尾再長三四寸頂著肩膀
機前出一頭加一小機以開火門
新製彈囊形
用長銅片捲圓敲口再用鐵片一條亦捲
圓交接處作老鸛嘴形兩邊或用皮或用
銅片腦過倒懸韁帶上彈常銜嘴上取其
一則上又落一彈
此處推開
翼虎銃側面形
翼虎銃正面形
重五斤餘三筒長一尺三四寸有照門照星用二機下有圈以熟鐵為之上纏以布或皮尾鑿二槽上藏火針下藏火線藥二錢鉛彈一錢五分其使法與藤牌同
藥罐形
以皮為之頸下開枚與前罐大同小異用三罐敵衆一銃我已衆三銃矣
前口形
銅箍形
用以遮著火門臨放推開一則防雨一則防火沿著

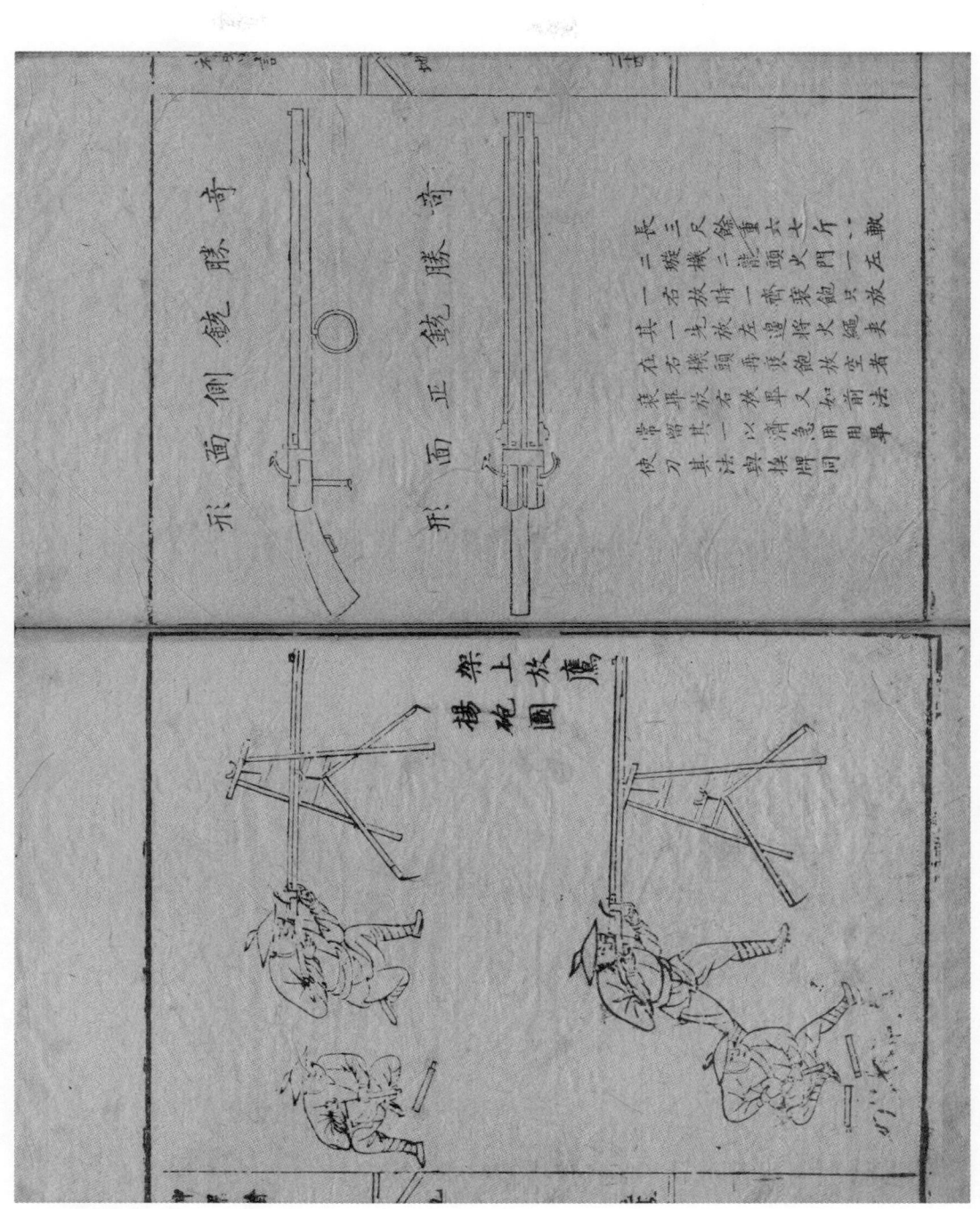

奇勝銃側面形

奇勝銃正面形

長三尺餘重六七斤一軟
二璇機二龍頭火門一左
一右放時一齊裝飽只放
其一先放左邊將火繩夾
在右機頭再裝飽放空者
裝畢放右放畢又如前法
常留其一以濟急用用畢
使刀其法與換牌同

架上放鷹揚砲圖

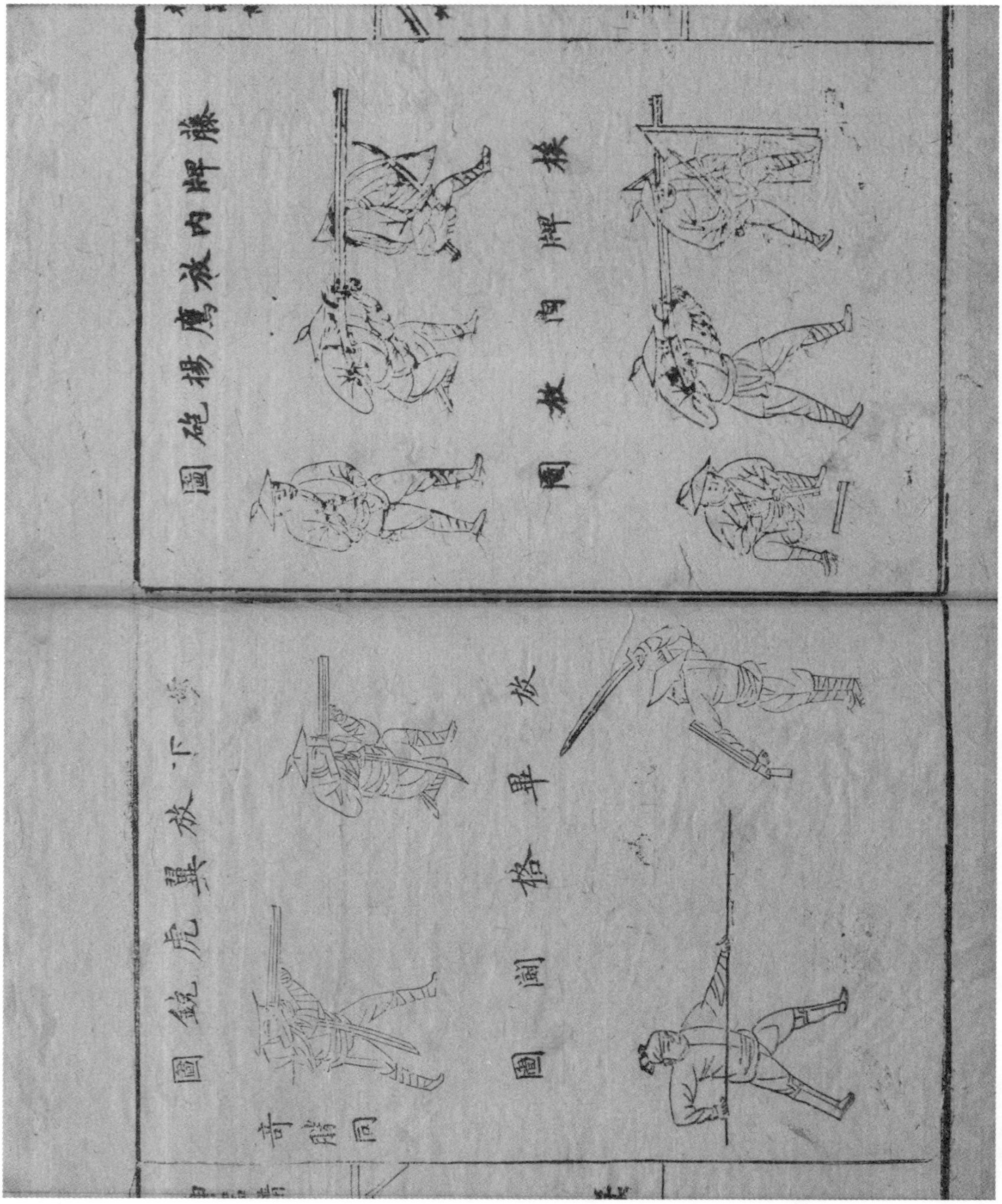
藤牌內放鷹揚砲圖

馬上放翼虎銃圖

放畢格鬭圖

神器譜

原銃下

用兵尚變。制器求宜。上下古今。歷觀夷夏
長兵之利。前圖諸器。可稱善之善者。間有
謂諸器專藉門藥。不用火線。北方多風。南
方多雨。天時稍乖。即利猶鈍。作軒轅銃。筒
式嚕密擯益床制。創為機軏。火門掩定。不
動。機發自開。盟火繩於床背。有雨則設銅
瓦以蓋之。既成。幷前器似諸當事。有久在

行間者。極口三眼銃之便。因作三神銃。旋機翼雷。又慮夜戰準罷難施。作九頭鳥。火彈筒。慮火箭斜行逆走。作火箭溜。奮馬奔突迅疾。倭刀閃爍輕便。短兵相接。還難即及其身。必得先掩其長。然後乘其隙而入。作電光劍。天蓬鏟。梨花鎗。諸器。實楨八年苦心鑽研。神解奇正之旨。或去繁以就簡。或因短而加長。變通損益。靡不務合戰鬭之法。以適士卒之用。非湧然而為之也。辛丑夏。率家僮單携銃。湖上彈射水鳥。行至功德寺前。有道人策杖而來。皓首鬚顏如渥丹。就楨問曰。何器。應曰鳥銃。道人曰。從倭得來乎。楨曰。西域之製。非倭銃也。道人曰。至此奚為。曰彈飛。道人曰。殺生有戒。楨曰。闢布苦征。箭羽騰貴。艱於習射。聊破戒為之尔。道人笑曰。殺物衛人。似亦無傷陰騭。把玩良久。向楨歎曰。攻守善矣。陣頭未也。楨亦以旋機翼雷。道人曰。步鬭甚善

遇騎猶未也。楨聞斯言。揖而請曰。師異人
也。頓明以教我。道人曰。子見
國初三眼鎗。雙頭鎗乎。楨曰。營伍常用。道人
曰
高皇帝驅逐胡元。
文皇帝三犁虜庭。全用此器。土木一變之後。何
曾出塞。又何曾對壘。邊吏欲就簡便。盡去
鎗頭。用爲守具。曰失其舊。不然。何故以鎗
名銃。以杖向沙中畫式相示。楨拜謝並問
居止。道人笑曰。閒雲野鶴。何有住處。定一
蹤跡。貧道不過欲請益爾。足下之器亦甚
足用。求多奚爲。使貧道尚有他技。一見間
自當吐露。如其纖閟不傳。即令足下朝夕
供養貧道。無益也。少頃又問曰。大器知否。
楨舉一二以對。道人曰。何不製式。楨曰。方
今海宇一家。止講制馭四裔。何敢及此。道
人曰。盡而且哲。不惟善于保邦。更善保身。
策杖從隄上不顧而去。楨歸如式製造。通

前計二十餘種。凡有軍旅之寄者。誠能備
蓄於平時。教演於無事。更能因時。因地。因
我。因人。因衆。因寡。因動。因靜。險勢短節。闔
闢。張弛。實實虛虛。端倪莫測。然後攻人之
守。守人之攻。振揚
天家神武。保衛邊陲。蒼赤是又在文人長子。爲
國忠猷。用兵方略何如耳。似非區區可以
墨訟言也
萬曆癸卯孟春吉旦東嘉趙士楨識

軒轅銃

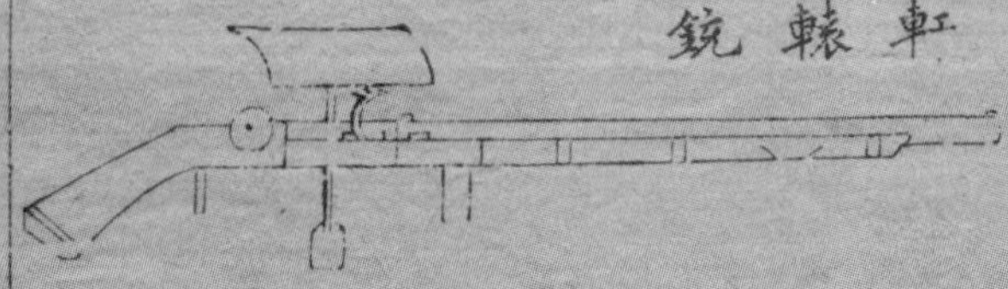

北地多風方欲對準門藥風已吹去因製一機能令火落火門自開更爲一蓋以防陰雨內有一銅輪輪上有機昂起故曰軒轅亦緣軒轅爲五兵之祖也

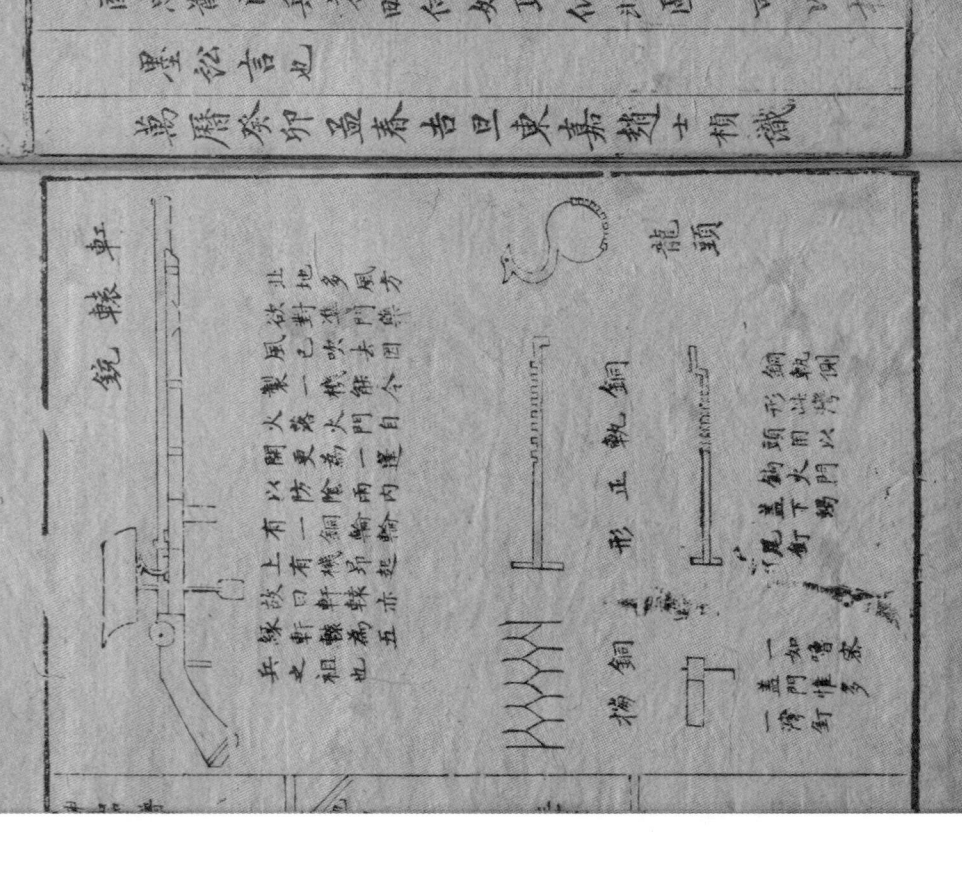

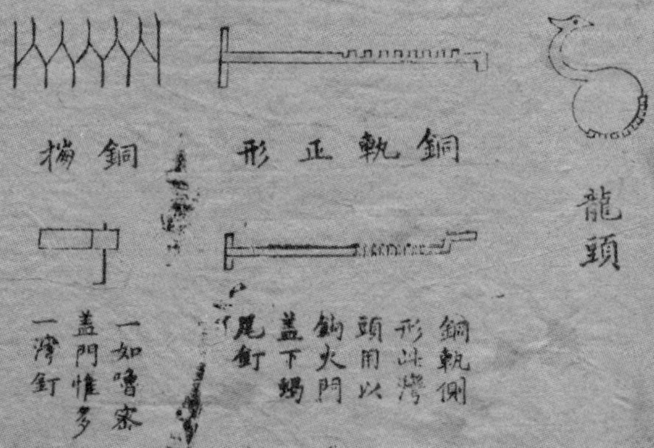

旋機翼虎

此器有三眼銃之便準則過之有鳥銃之準便則過之右手懸刀放舉敵近用以格鬭

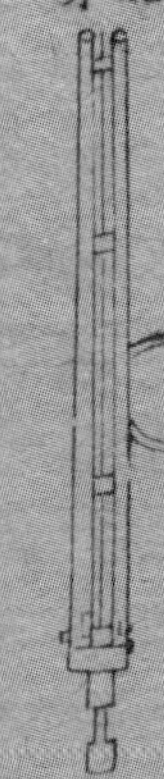

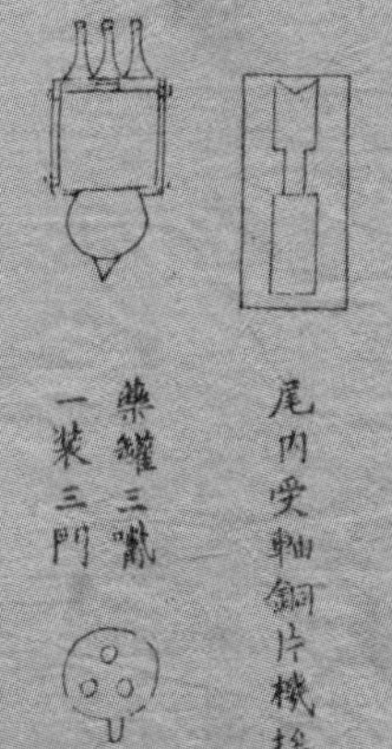

九頭鳥

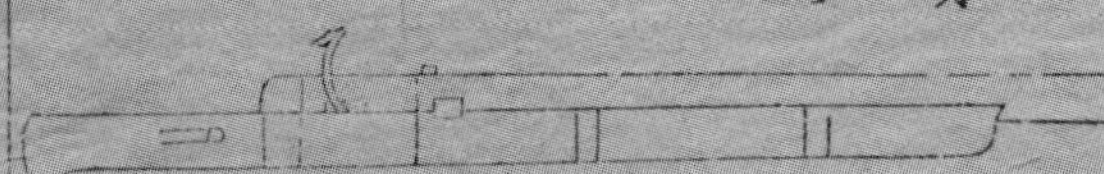

即絕大鳥銃重二十餘斤用藥一兩二錢大彈一箇小彈錢許者九箇遇敵衝我人衆則亂打人少審定而放尤宜夜戰

火彈筒

火箭溜

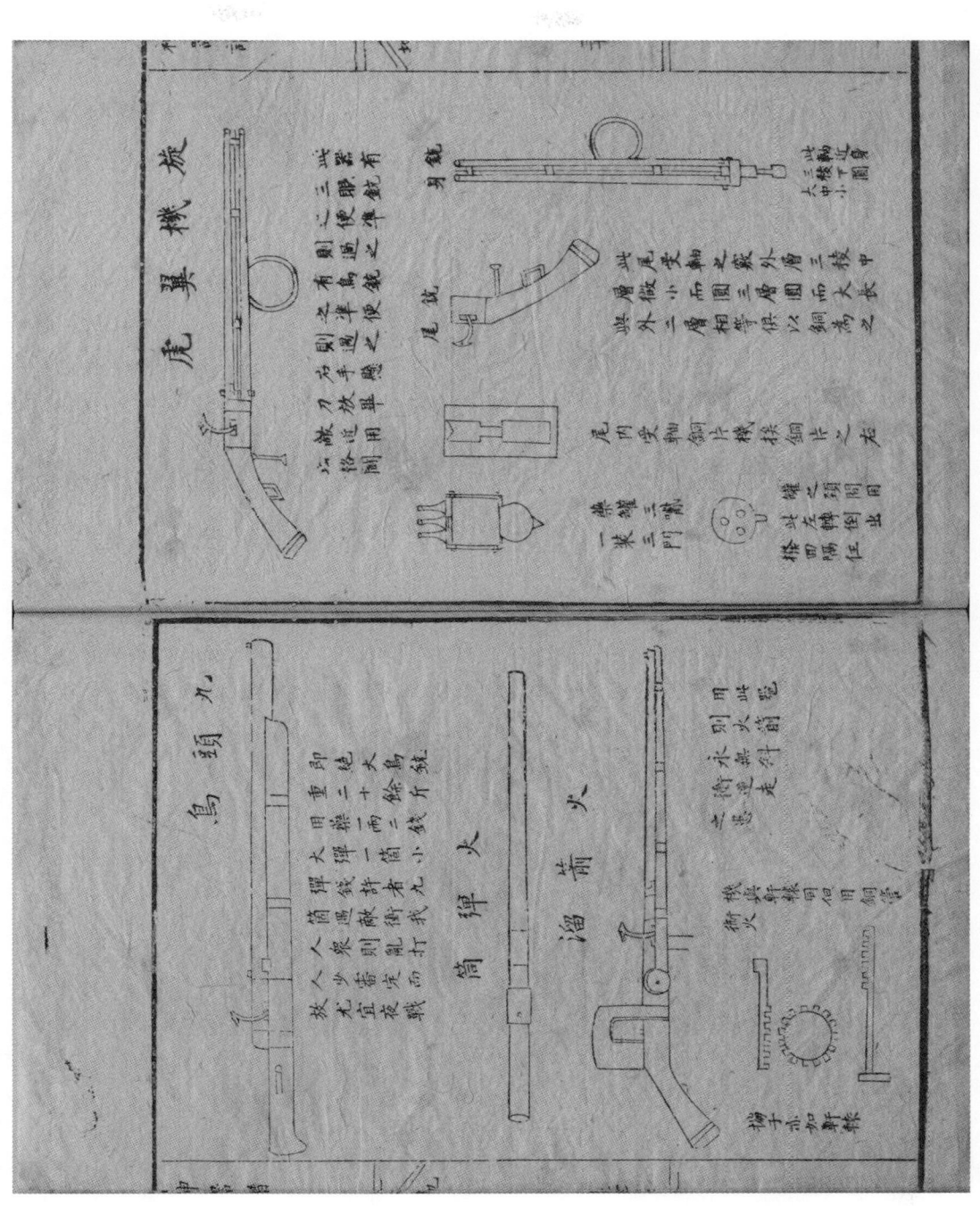

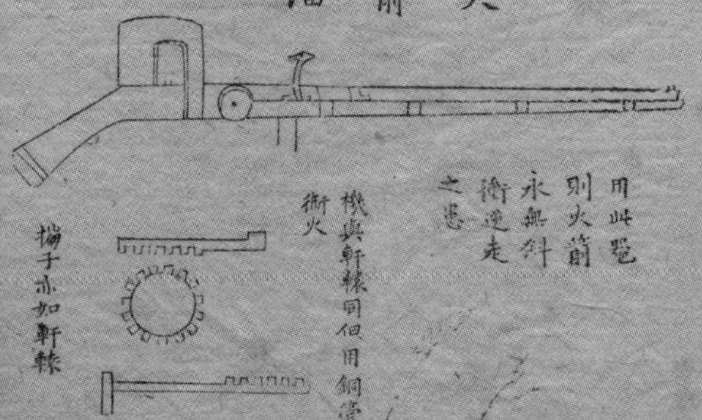

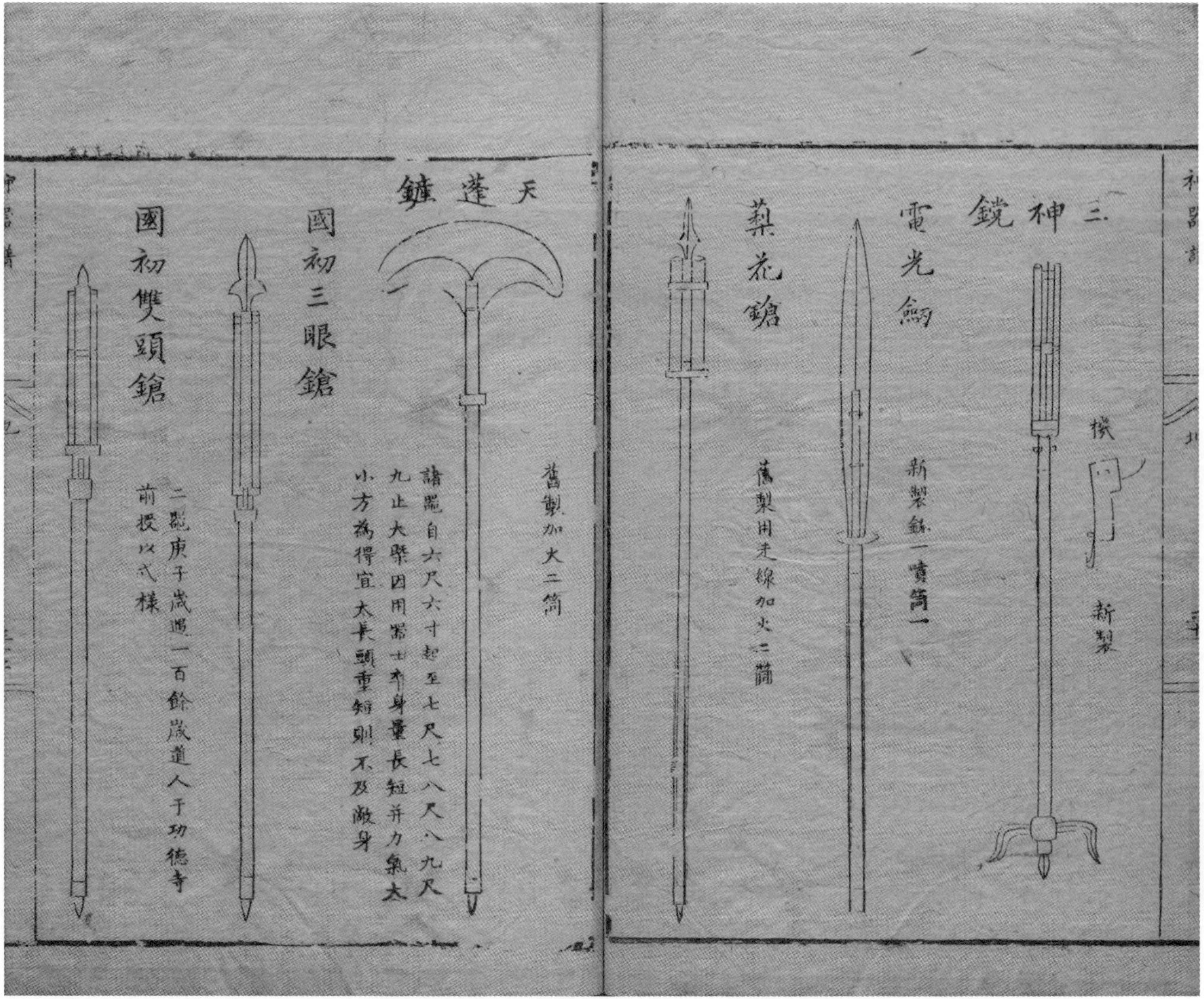
三神鏜
機
新製
電光劍
新製銃一賁筒一
藜花鎗
舊製用走線加火二筒
天蓬鏟
舊製加大二筒
諸器自六尺六寸起至七尺七八尺八九尺九止大槩因用器士卒身量長短并力氣太小方為得宜太長頭重短則不及激身
國初三眼鎗
國初雙頭鎗
二[illegible]庚子歳過一百餘歳道人于功德寺前授以式樣

馬上三眼銃

步下翼虎銃正面形

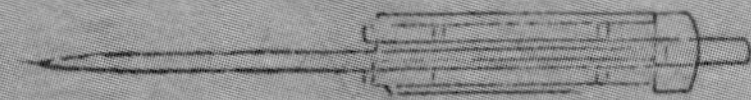

刀長三尺床長臂脣二三寸

側面形

鍬銃

钁銃

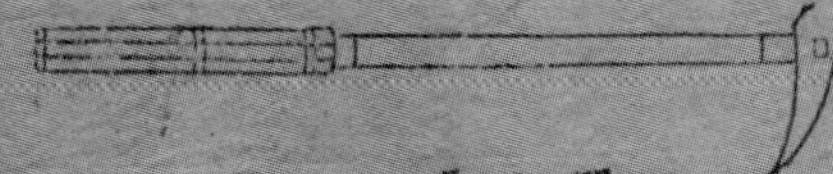

三器各長四尺餘

裘軒轅銃圖

行放架勢一如嚕嗑惟裘飽時銃床向下銃筒向上使銅蓬常蓋火繩即有微雨可放

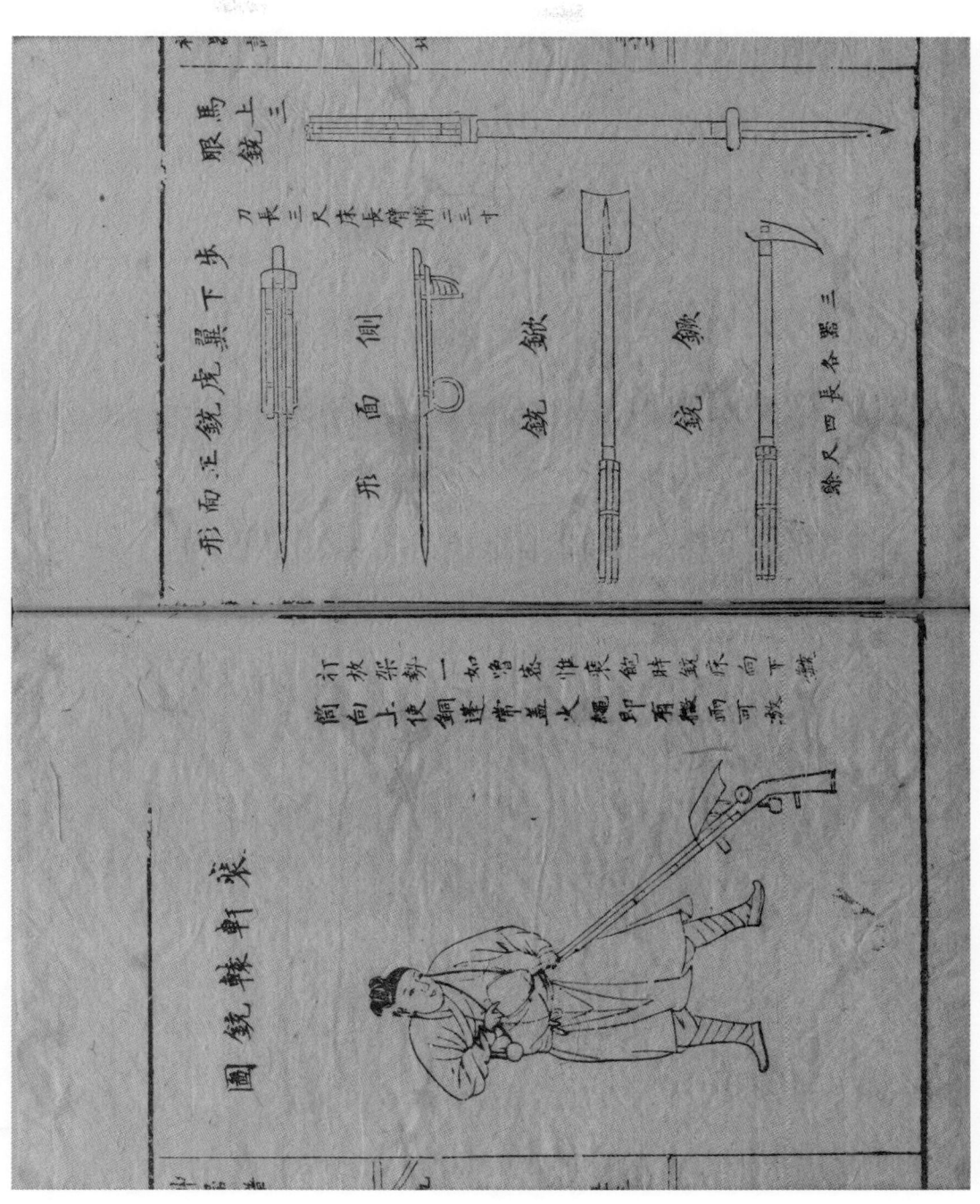

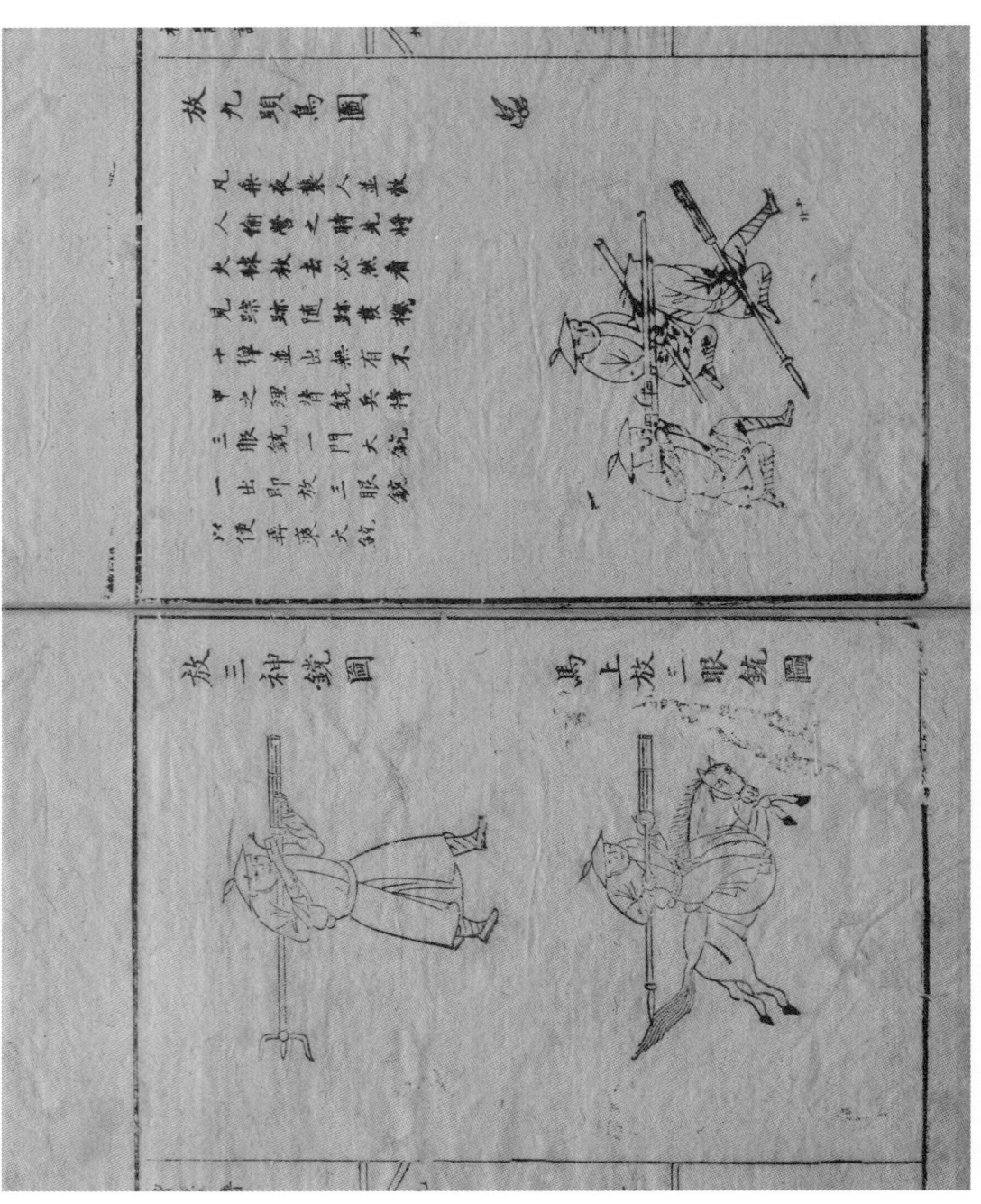

放九頭鳥圖

凡乘夜襲人並敵人偷營之時先將火毬放去必然看見踪跡隨跡費機十彈並出無有不中之理背銃兵持三眼銃一門大銃一出即放三眼銃以便再裝大銃

放三神銃圖

馬上放三眼銃圖

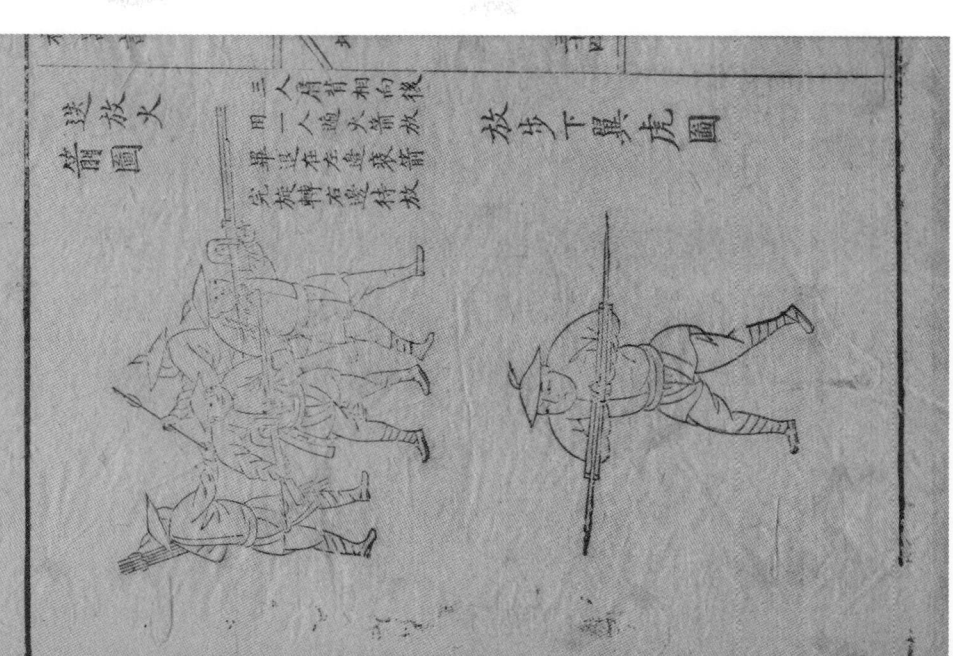

迭放火箭圖

三人肩背相向後用一人遞火箭放畢退在左邊裝箭完旋轉右邊待放

放步下翼虎圖

合機銃圖敘

辛丑歲。偶閱建夷用被虜茶容龔五。套虜用寧夏叛卒及久在虜中計龍莗竊弄銃砲。蓋諸酋覘知邊備弛極。我心遂生。故欲兼我中國長技。益彼之强。使狂逞之謀。得出萬全耳。楨因細防虜車銃議。徼窩酋革逆謀於其中。壬寅五月刻成。具疏恭進。聖明采納。當事間有意見相左。雖累奉

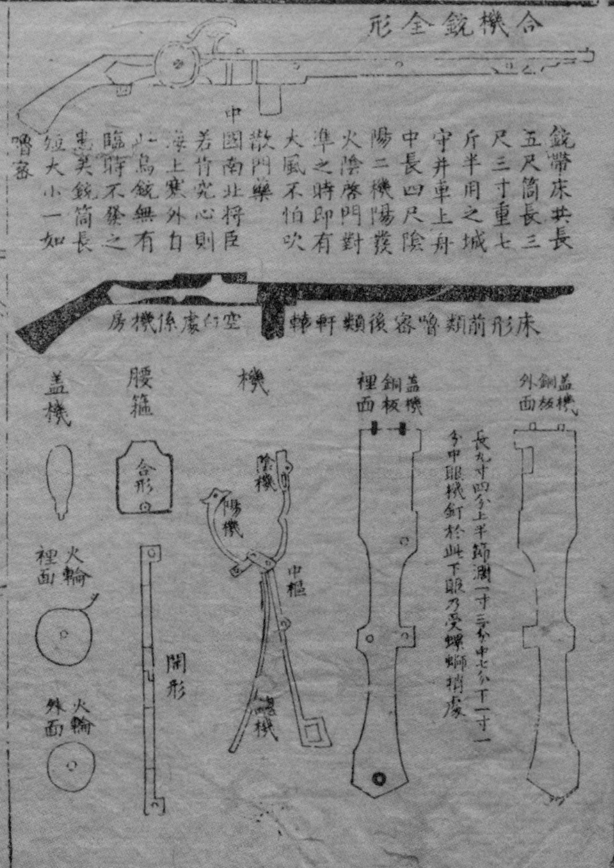

明旨。畢竟紛藉未決。其詳委備具首卷。不意今
年秋。擒酋糾合套虜直薄雲中。以銃砲自
衛。連營四十餘里。去塞垣僅數舍。謬辭要
挾。假托尋釁。幾及兩月。復檄青把都光哈
喇二酋。會獵開平邊外。牽制擾亂。以張聲
勢。守臣告警。楨作合機銃。并改三眼鎗。疏
請頒發宣大薊遼二鎮。為威敵伐謀之具。並證
前議。有謂而發。非好事妄作云
癸卯歲重陽後二日識

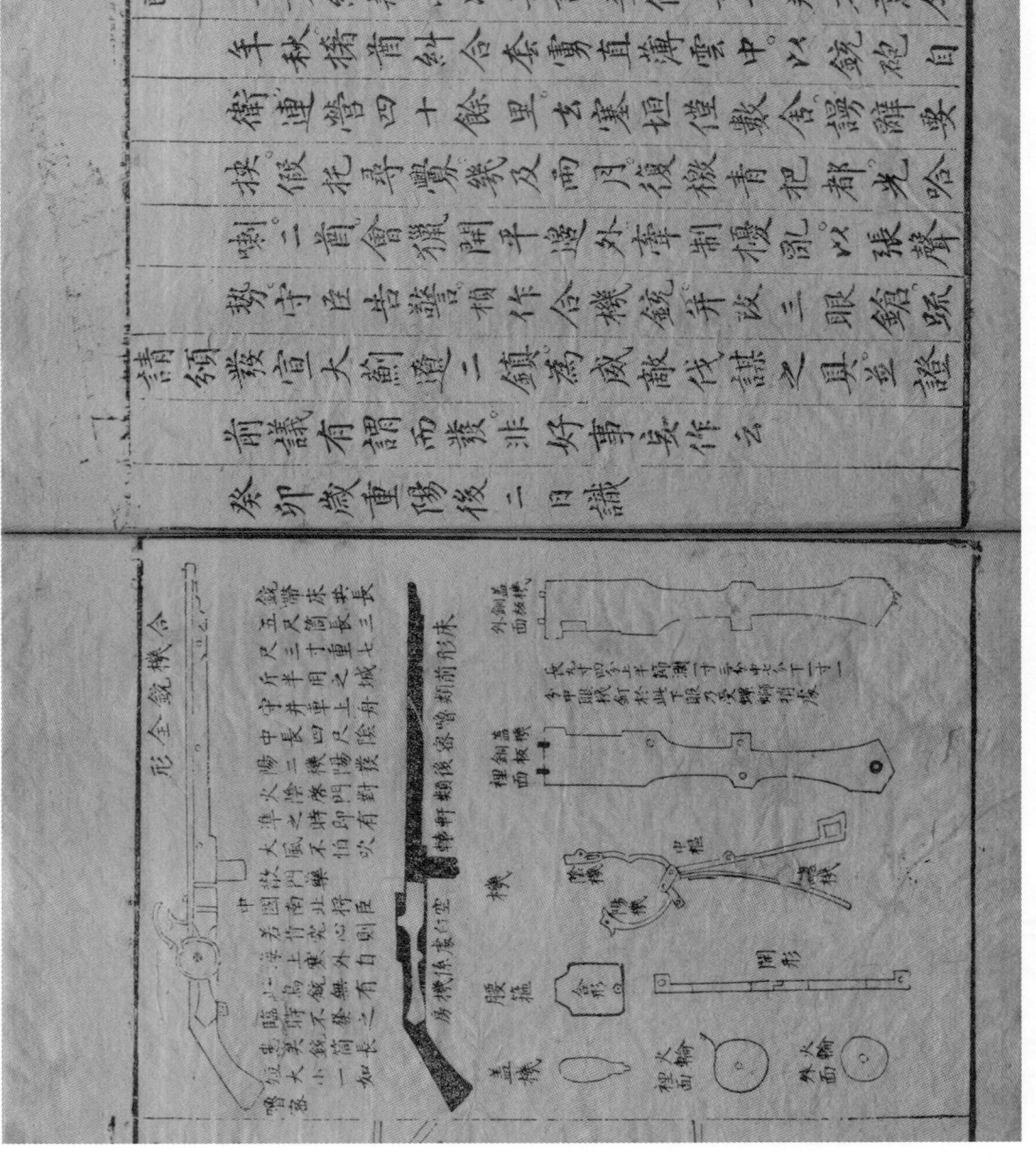

新改馬步相宜三眼鎗形馬上長四尺四寸步下長五尺五寸重七斤

即前圖馬上三眼鎗，因欲便於邊方製造，以故分析其事件圖式於後。此器亦我中國常用之器，詳細具圖者，蓋緣邊方不知金火之性，不知煉鐵求精，一遇迸炸，歸咎筒薄，漸漸加厚，厚則自然沉重，因重求輕，不得不短，因而盡失舊製。茲以木床隔開三筒，不致快熱，煉精鐵為筒，使得長而且輕，再加鋒刃，可作短兵，變通以求適用，欲邊兵易知易習，步下放畢，用俞家棍使法，馬上或用大刀使法，或用玄女梭使法，俱便

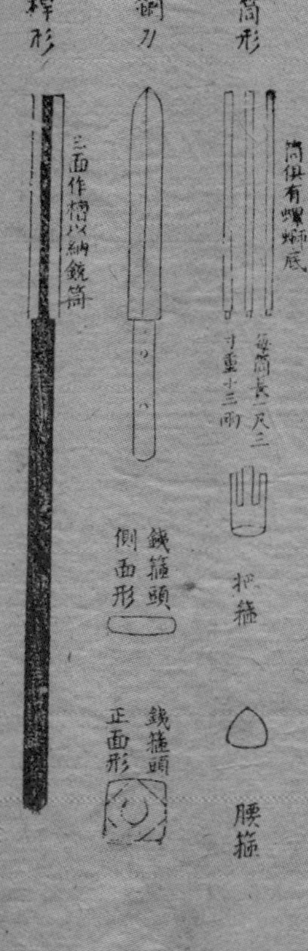

右四圖，大小銃砲二十種，火械四種，南北俱宜者，軒轅、嚕密、鷹揚、三長、雷光、三神火械是也。有只宜南方者，掣電、迅雷、震疊、奇勝、旋機、步下翼虎是也。只宜北方者，三眼、雙頭、鍬鐝、馬上翼虎是也。嗟乎，此稗睎耳。若夫運用之妙，實係於人。試看雞林夷醜，僅見其一，祇緣專心事事，遂以蠢尒敢抗

大邦，憑陵藩服。我

國初驅逐胡元，犂庭掃穴者，故在也。況益之

以神奇乎。彼美人兮。西方美人。不佞於焦
郭余周諸公。不能無遐思焉。雖然。古今人
豈相遠哉。使秉鉞樹旌。儼然國輔者流。一
滌弊習。孳孳矻矻。思報所受。是器獨不可
為邊地瀕海生民立命乎。又獨不可為
皇家坐守萬世太平乎。借才異代。當世之恥。士
類之辱。不佞茲編。不能無厚望於今日之
擔爵任重者焉

神器譜卷二

神器譜卷之三

車圖 有引

臣士楨參酌指南損益編箱作鷹揚車一
盤一輪上旋下轉機軸圓活八面可行守
則布為壘壁戰則藉以前拒遇江河憑為
舟梁進山林分負翼衛治力治氣進止自
如晝夜陰晴險易適用再附前圖諸器於
車間加以將諸節制士卒服習是自衛殺
敵之器可謂神乎其神者矣

頭獅鷹揚車一如後圖二號式樣惟輪盤稍大盤中隆起一脊以容下輪連銃如三眼銃一般形後有轉向鐵環當銃板立起有六倒鬚鐵梢釘拱輪有千斤木一根挂轉向錫於中心牌六扇轅長一丈一尺

當銃板長三尺五寸

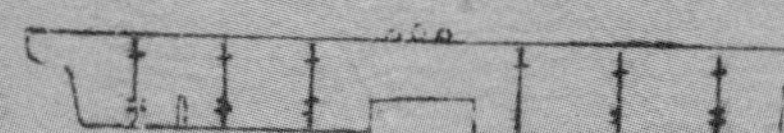

千斤木長二尺八寸五分

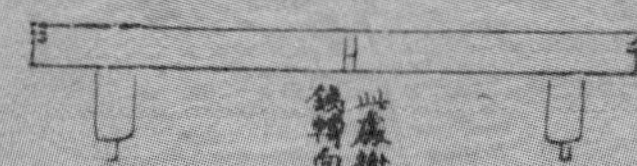

此處掛轉向錫

輪盤盤徑闊二尺七寸輪闊二尺九寸

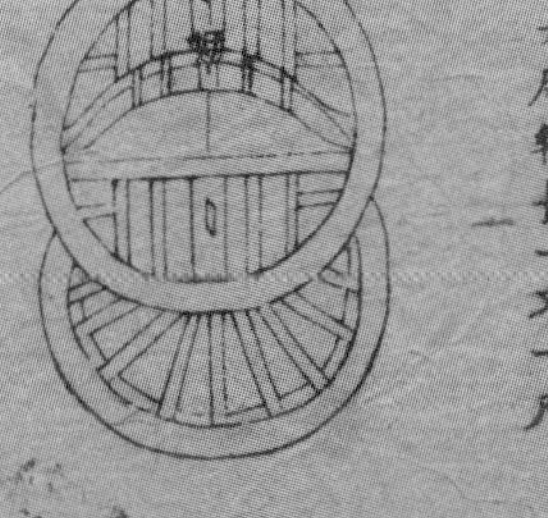

連銃長一尺八寸重八斤半

頭號車連銃全形

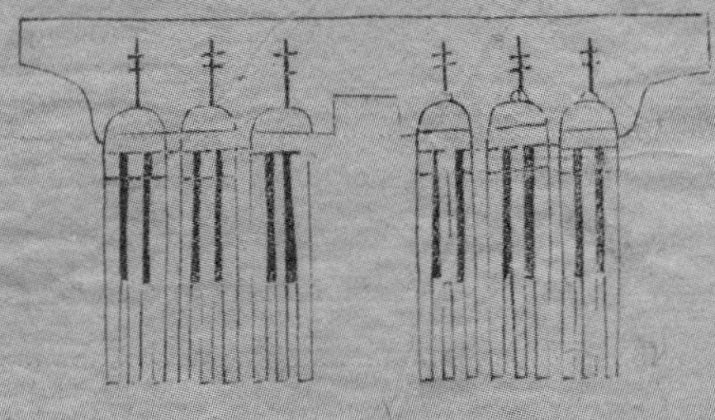

二號車連銃全形

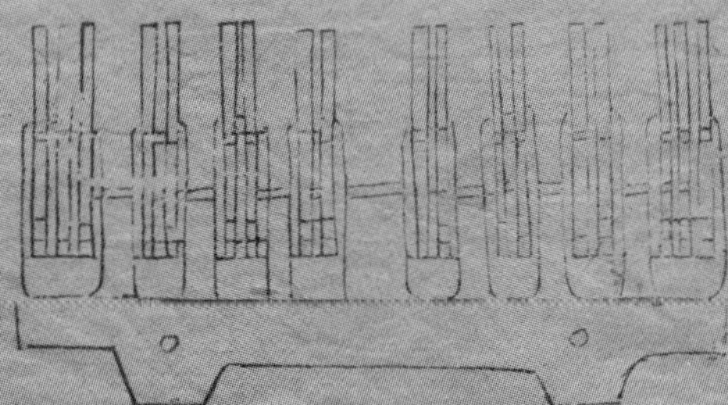

餘銃俱見銃圖

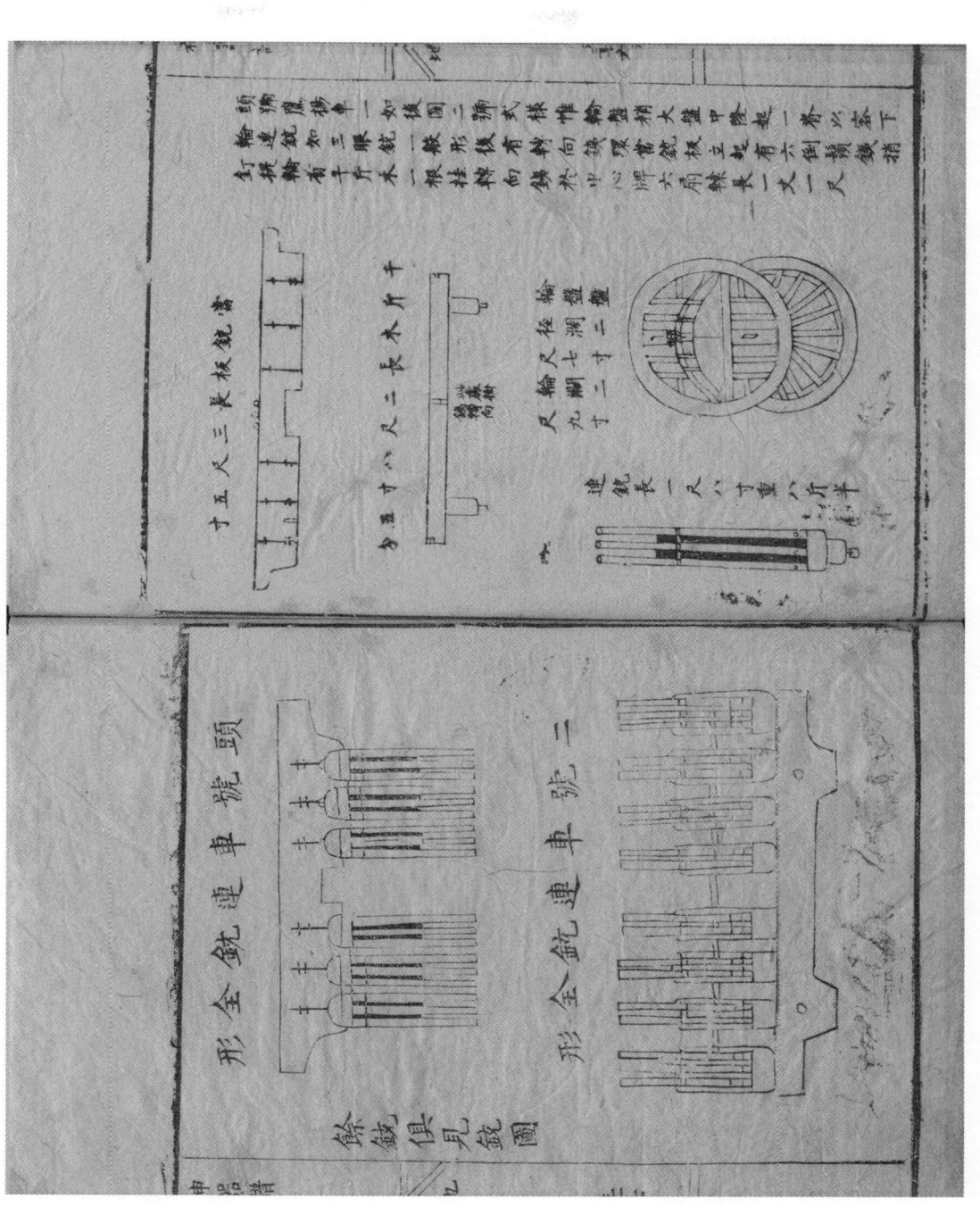

鷹揚車裡面圖

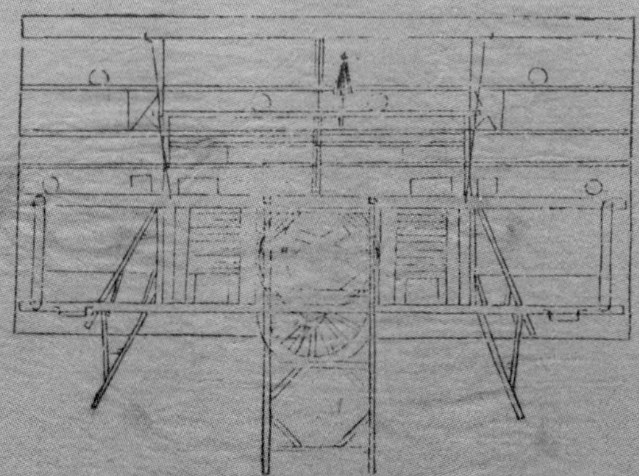

車長九尺，濶二尺五寸，離
自地起帶裙於高六尺五
寸。遠方地平處再加數寸，
大都邊塞風大，不宜太高。
駕車卒正一名，車副二名，
輔車二名，銃砲三十六門，
放銃手二名，裝銃手二名，
司火一名，共十人。若命害
銃，用嚕寶，放銃二人，裝銃
六人，司火二人，共十五人。
一營三千人，用車一百二
十輛，人多如數遞加。

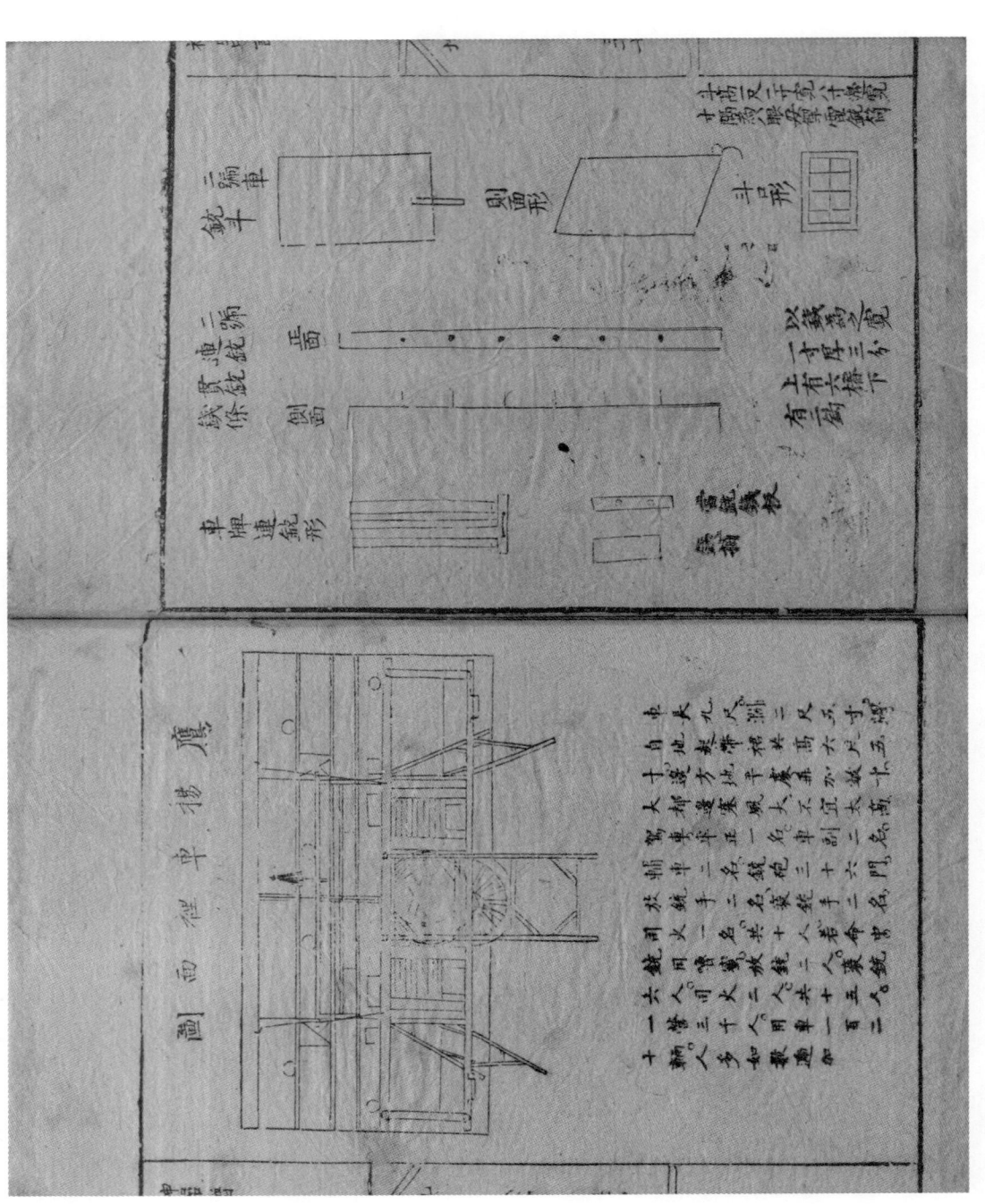

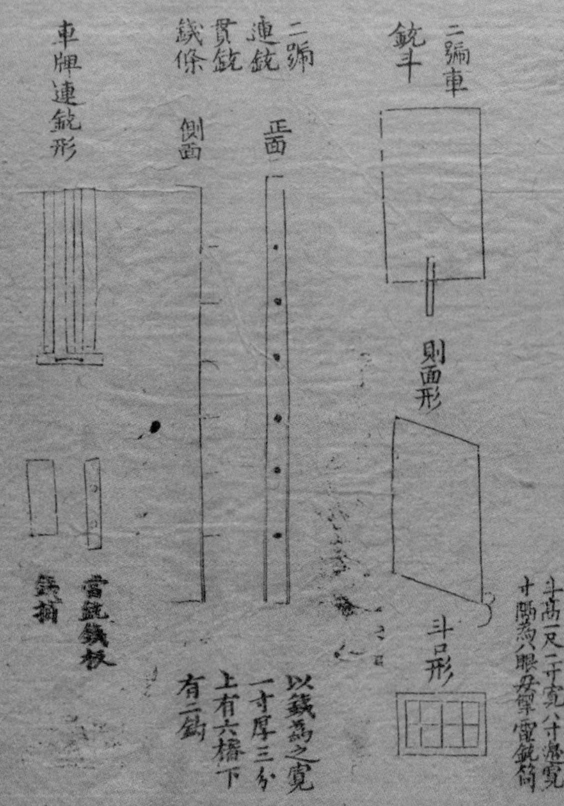

車轅

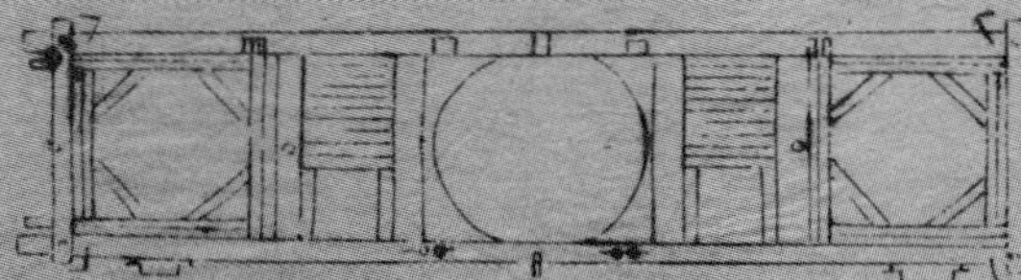

把手

牌架

天平

車輪

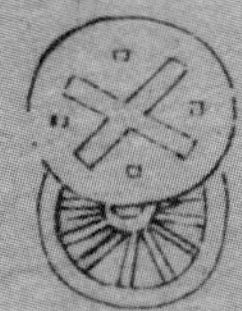

中心留一方木四面懸鐵四條以看車之偏正軒昂便於倉卒放銃

水箱

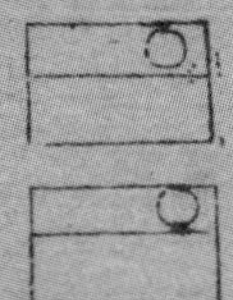

撑竿

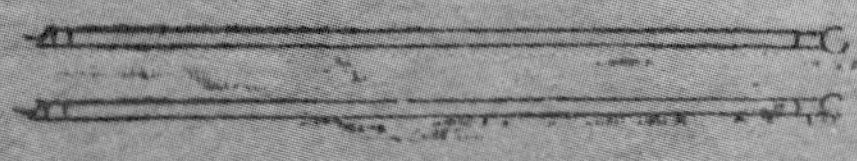

鷹揚車外面圖

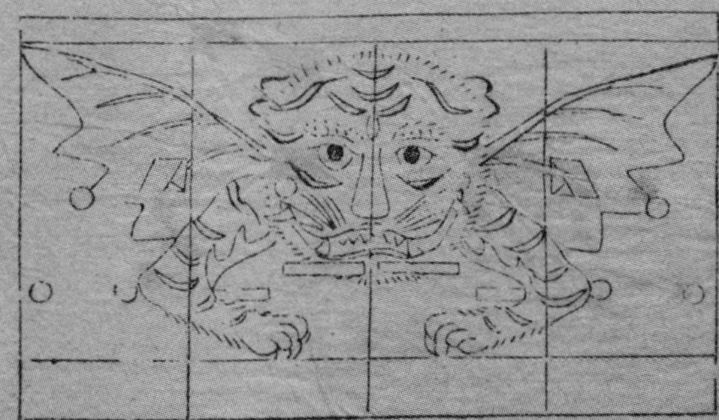

輿警行路之圖

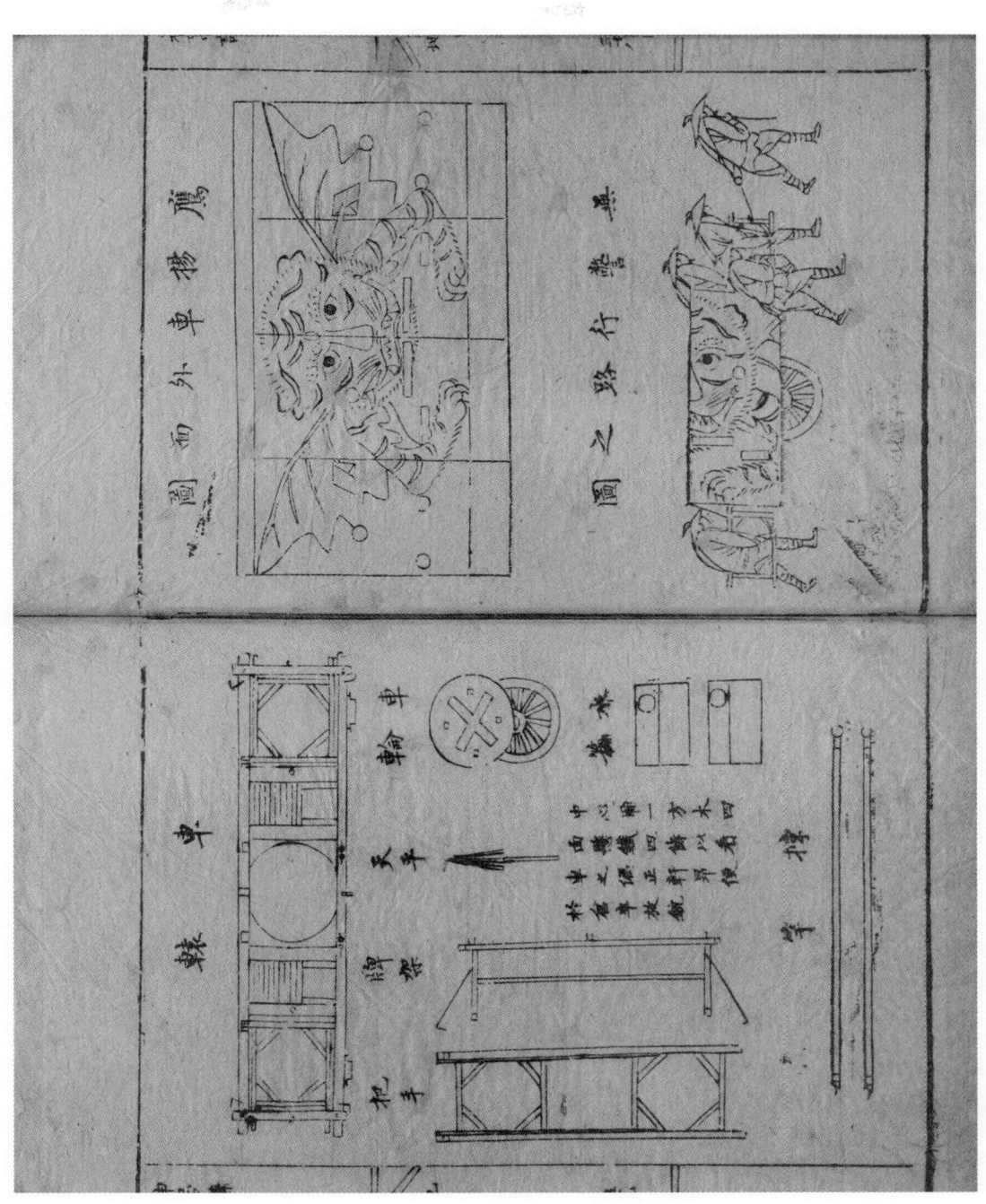

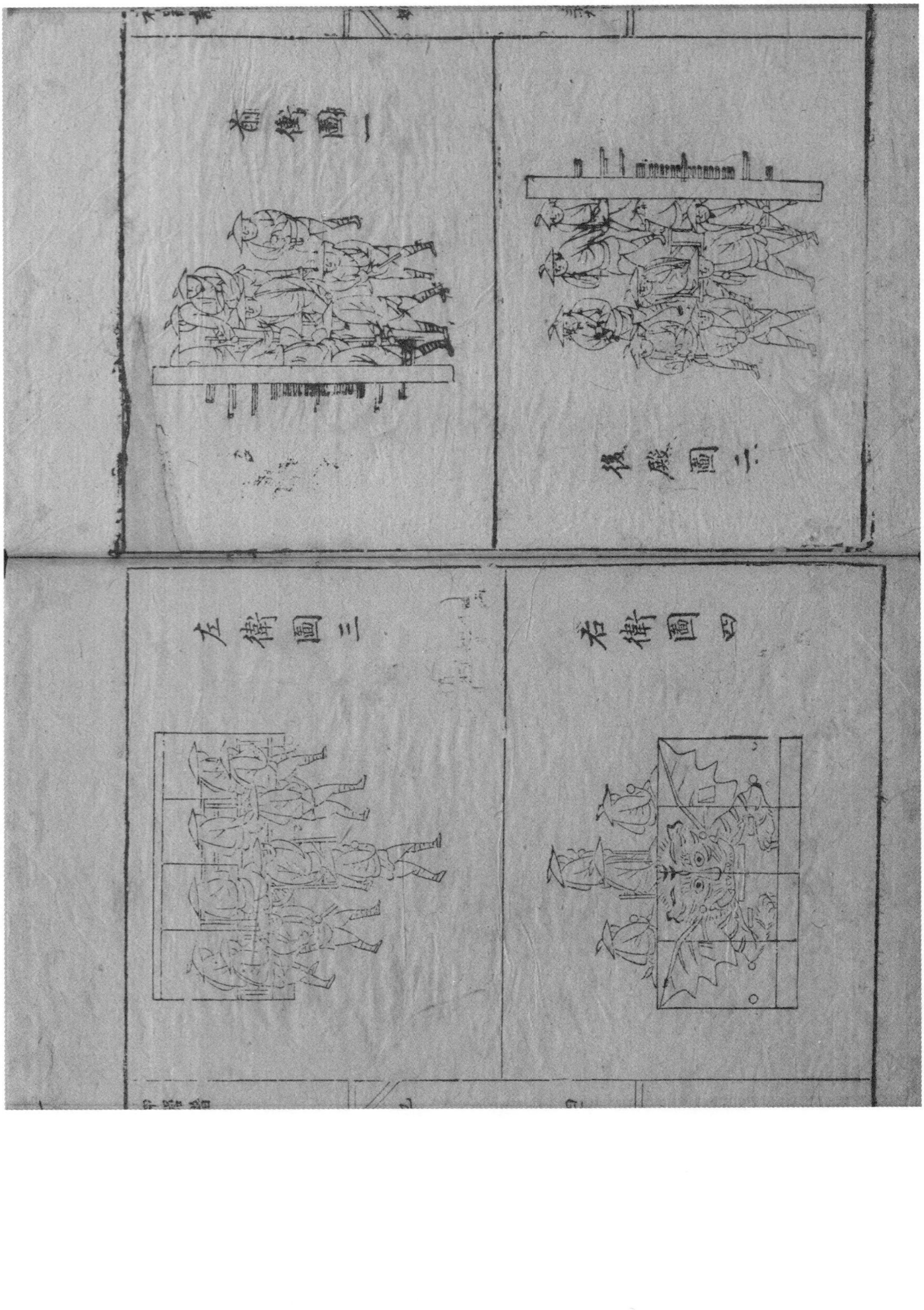
前衛圖一
後殿圖二
左衛圖三
右衛圖四

左斜衝圖五

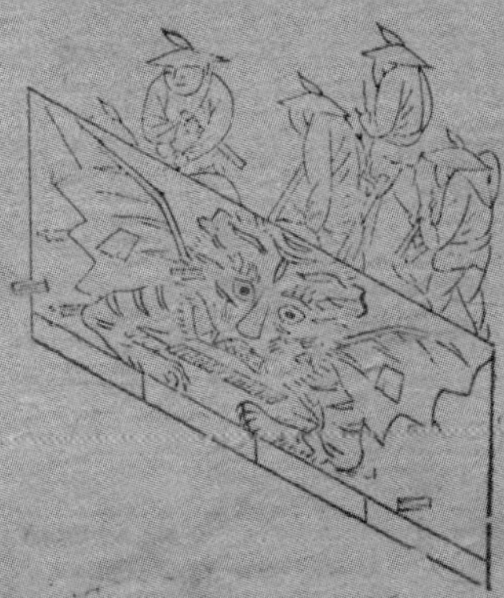

右斜衝圖六

左斜殿圖七

右斜殿圖八

鷹揚一車一隊圖

步兵四伍二十名每伍金鈎旗一筅一長鎗一翼虎銃手二茅用以禦虜易狼筅為天蓮鏟長鎗為鈎鐮行路四伍分護四車

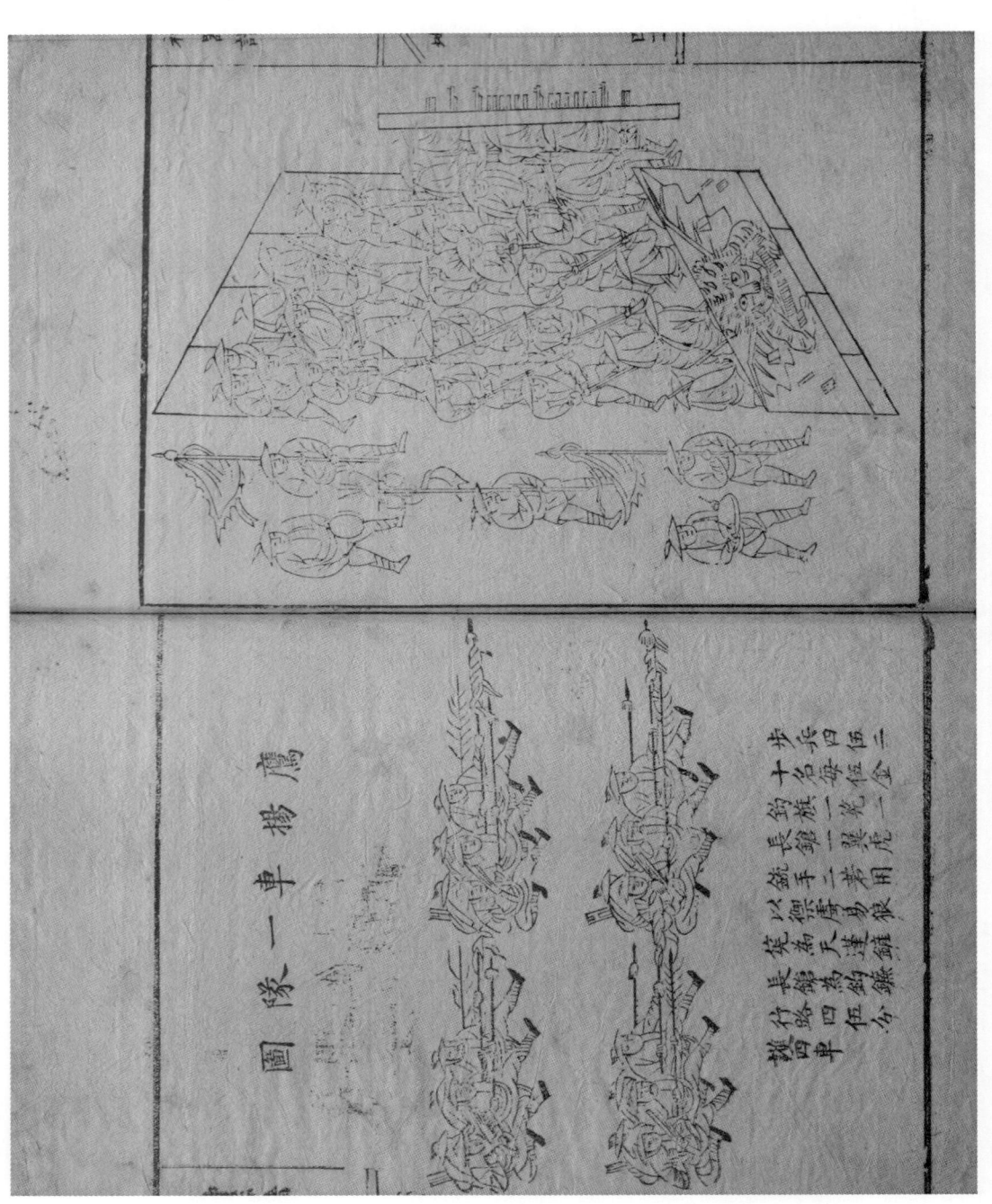

每隊隊長一名副長一名神器手馬步兵以及𣗥流火兵共六十名戰車三輛每車擇一人老成知事者司火為車長每伍亦如之輜重一輛每兵口袋一以備安營裝土補車之隙其進止之法是在為將者神明變通不能以豪楮盡大

騎兵五名各帶弓矢或帶三眼銃斫刀鐵簡悶棍隨人常時習學慣熟者從便攜帶

略一營以三千為率每哨八隊餘兵留爲中軍以備哨探出奇應變及補伍之用此法可戰可寨可攻可守可以趨利可以持久審能行之又何患乎夷虜哉

每隊輜重車一輛即以火兵五名掌管鍋五口鍬頭一斧一水桶二吊桶一鏇一棍五根口袋五條油袱一條跟車與馬兵共一火兵左右翼各一名步兵二伍共一名

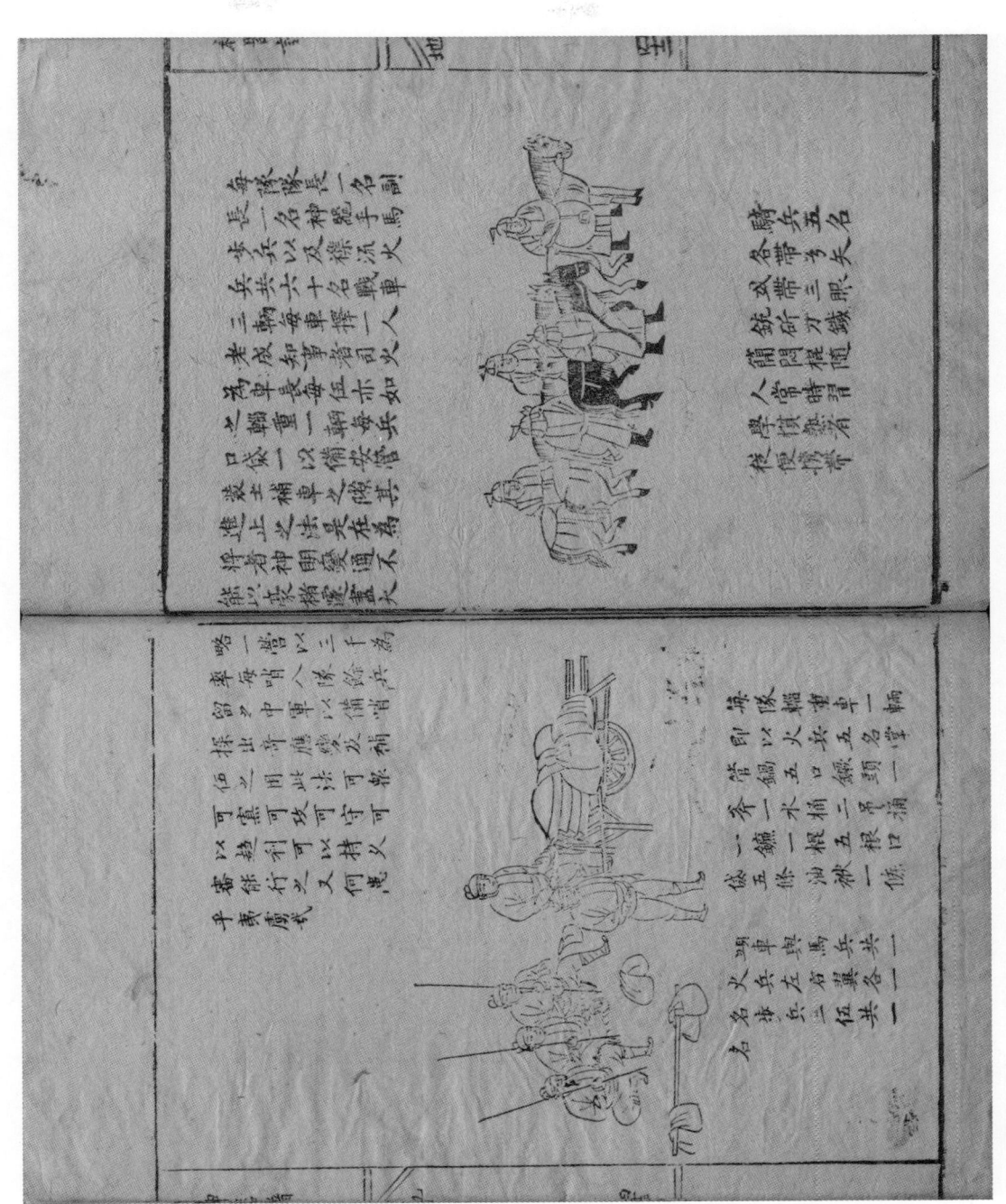

右鷹揚車陣每隊用車三輛大小相貫以象三才每車用銃三十六門三車大小長短銃共計一百八門有機三十六門以應天罡有軸七十二門以應地煞

以火佐攻者然軍旅之間火之利於用也尚矣然火八火積之類必待形勢風候二者稍有不合徒費心力無能為也茲因以車載火隨敵向往不問陰晴晝夜平易險阻遇敵即焚名之曰衝鋒雷電車

衝鋒雷電車

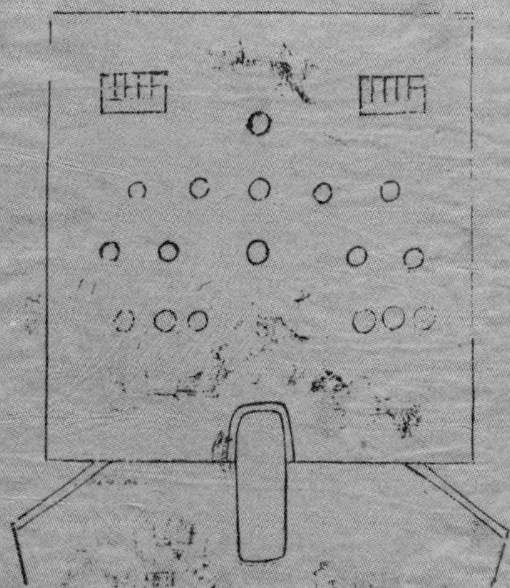

正面形

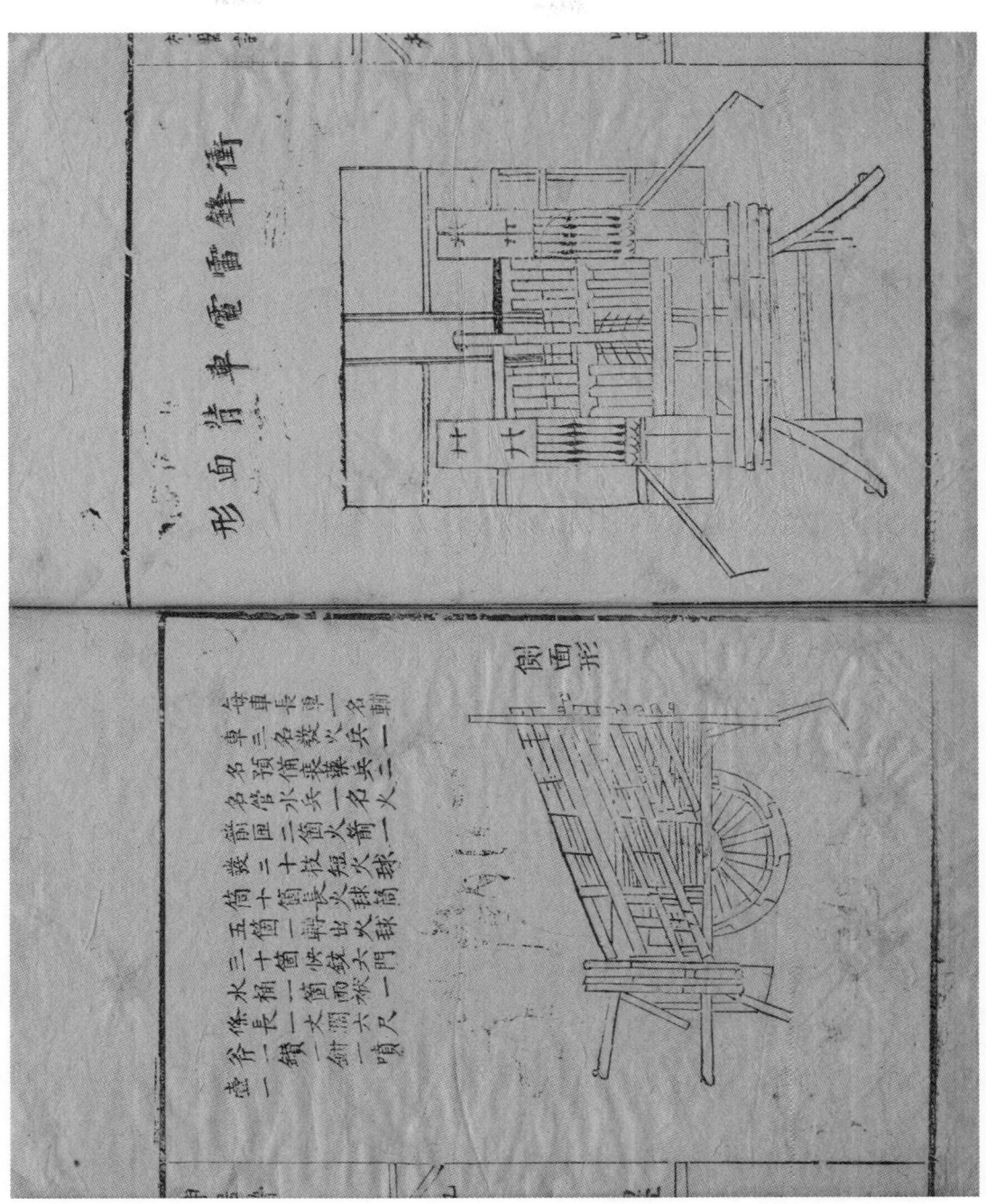

衝鋒雷電車背面形

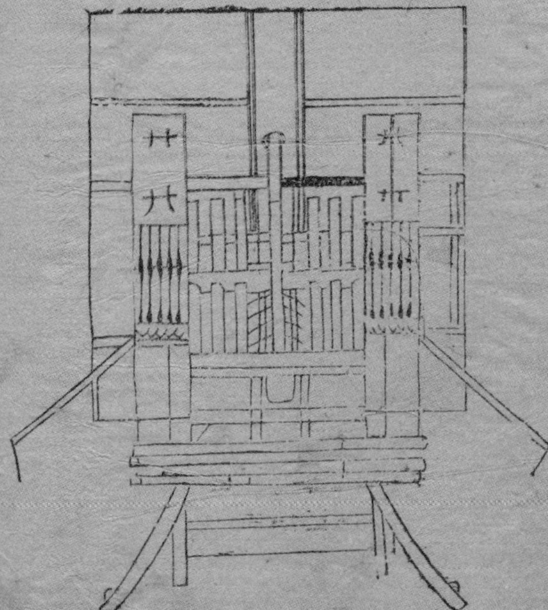

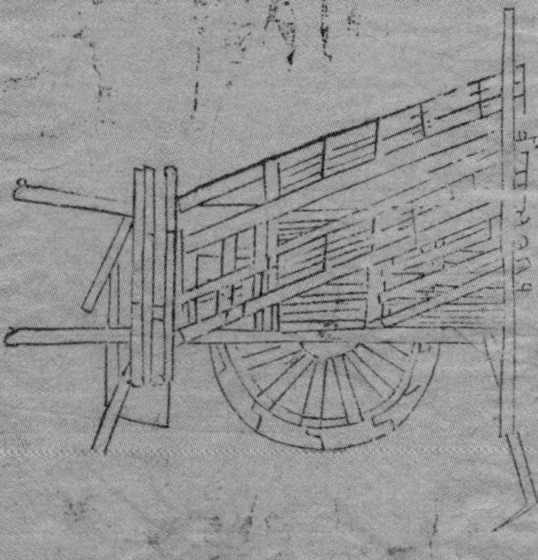

側面形

每車長車一名輔
車二名發火兵一
名預備裝藥兵二
名管水兵一名火
箭匣二箇火箭一
發二十枝短火球
筒十箇長火球筒
五箇一轉出火球
三十箇快鎗六門
水桶一箇雨衣一
條長一丈濶六尺
斧一鑽一鉗一噴
壺一

衝鋒雷電車衝擊之圖

帥行用牌重不能將
輕不能隔鉛彈矢石
為將者自來置之無
可柰何子寅冬仰觀
術察恐蹈兩征以卒
與敵之弊爭我中國
作車牌行載衣粮戰
作鐵甲止則為壘為
幕涉則為筏為梁其
輪亦可入面衝廠一
如大車之法備虜拒
馬防倭加軟牌以隔
鉛彈軍中前拒此可
謂曲盡其制矣

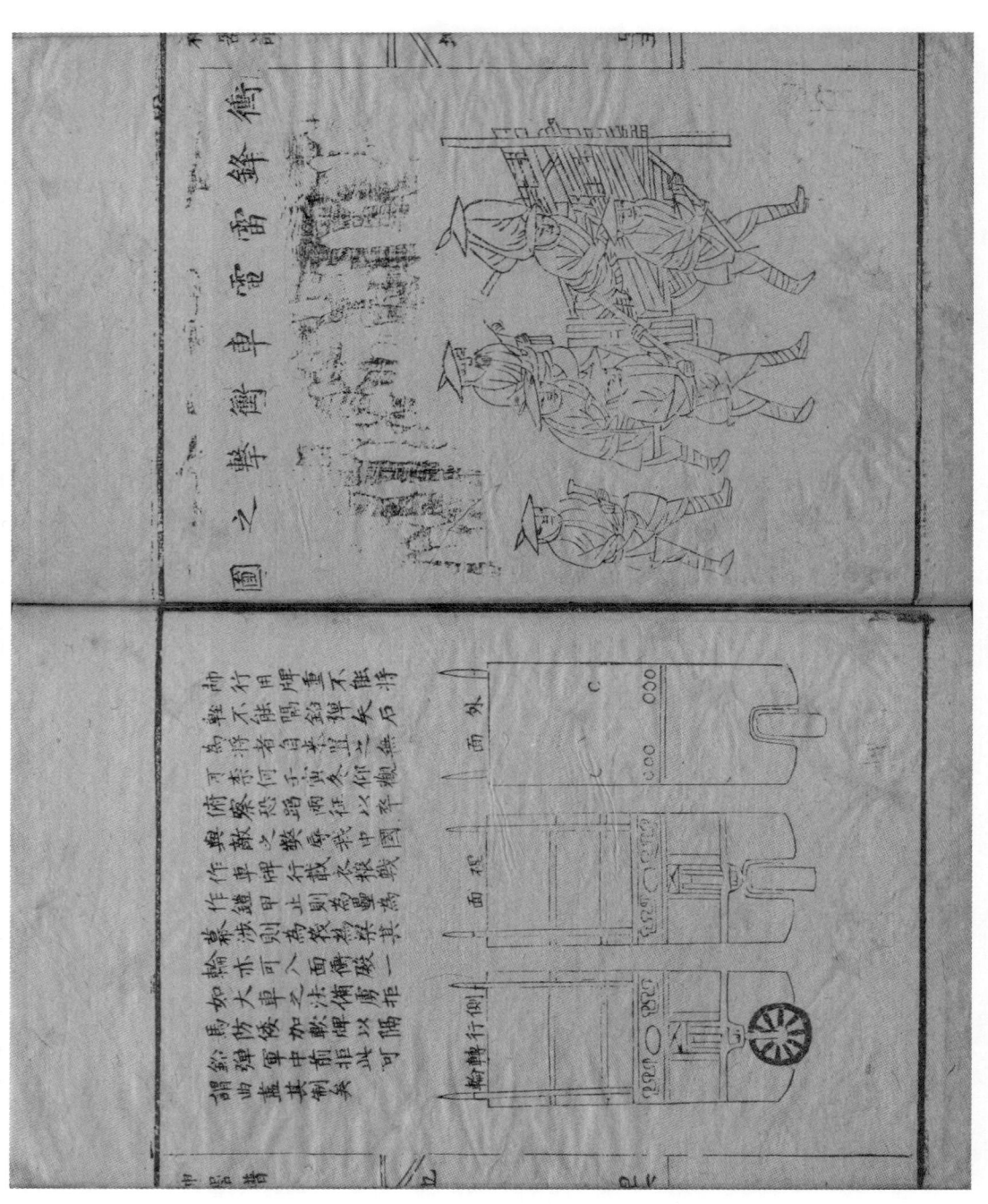

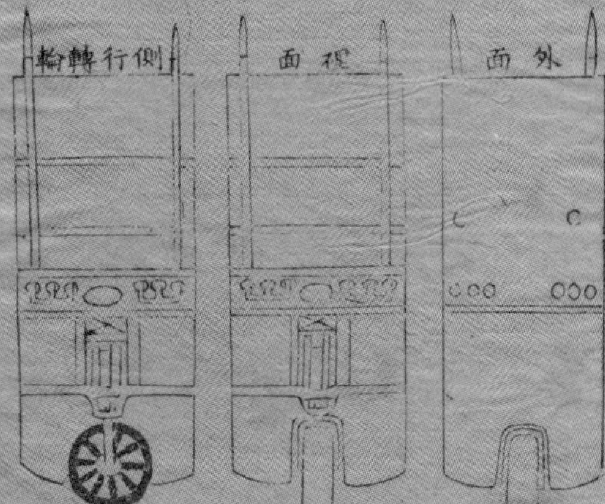

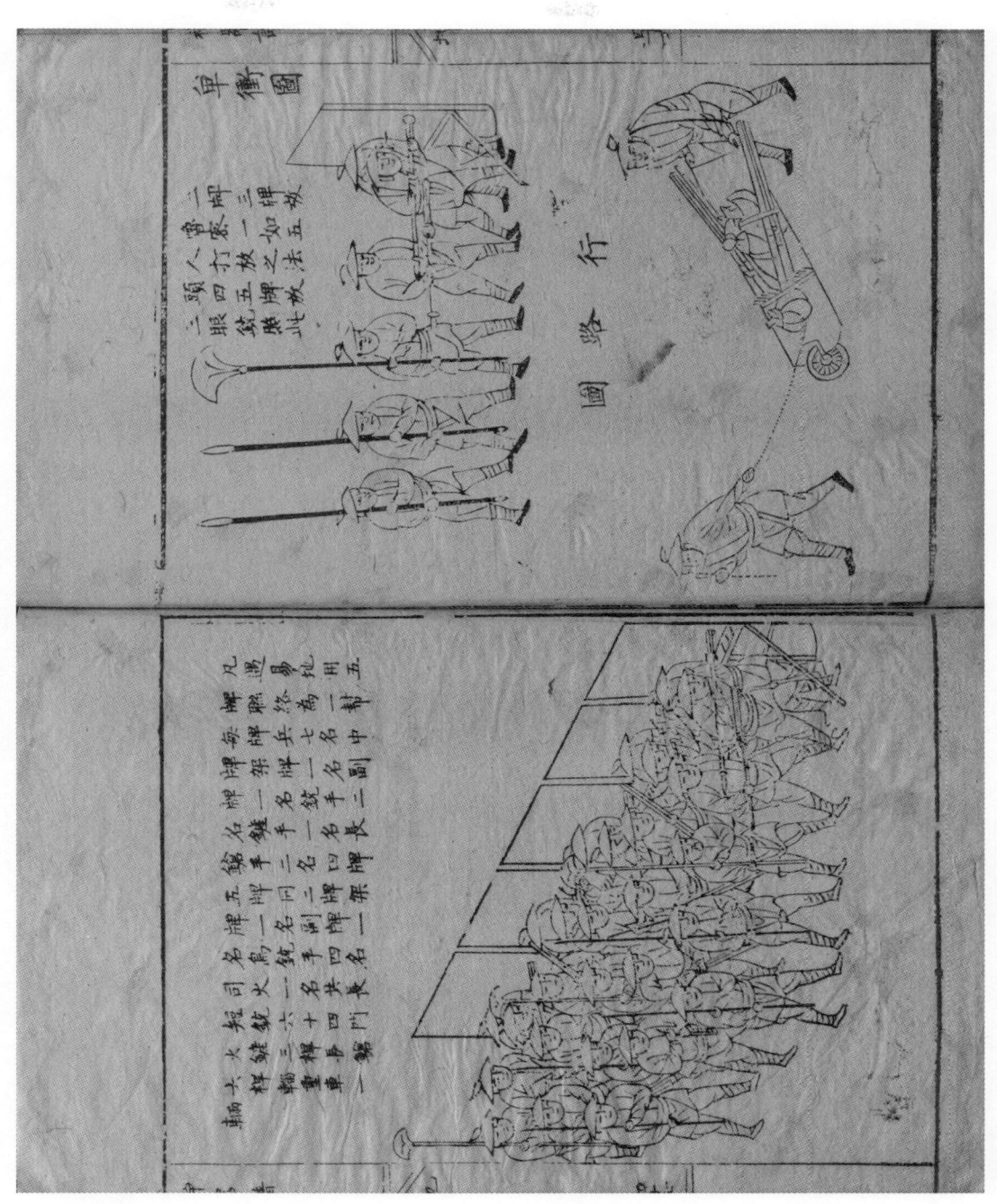

单衝圖

二牌三牌放窨寮一如五人打放之法頭四五牌放三眼銃照此

行路圖

凡遇易地用五牌聯絡為一幇每牌兵七名中牌架牌一名副牌一名銃手二名鏈手一名長鎗手二名四牌五牌同二牌架牌一名副牌一名鳥銃手四名司火一名共長短銃六十四門火鏈三桿長鎗六桿輜重車一輛

安營宿歇圖

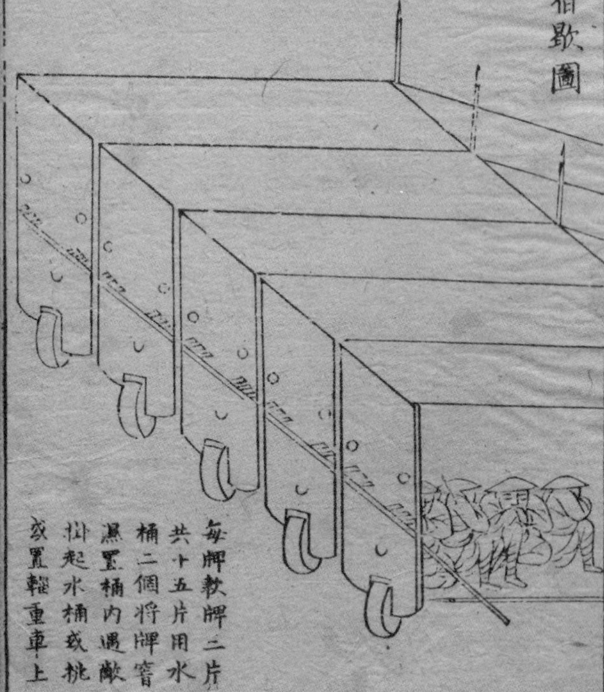

古人以前拒諸器。謂之命籠。楨懃〻總〻
望師旅惟車是圖者。期欲得有脚之命籠
也。輔以神器烈焰者。是欲使命籠更能坐
制醜類死命也。我
中國防虜禦倭。惟宜以守為戰。以守為戰。斯
足振揚神武。克成安攘。外此欲求勝算。我
知未有能善其事者矣。然議者謂畏濕畏
險。濕則不過泥於運轉。險則不過艱於進
止。若夫車牌縱乖天時。亦利彼往。雖逆地

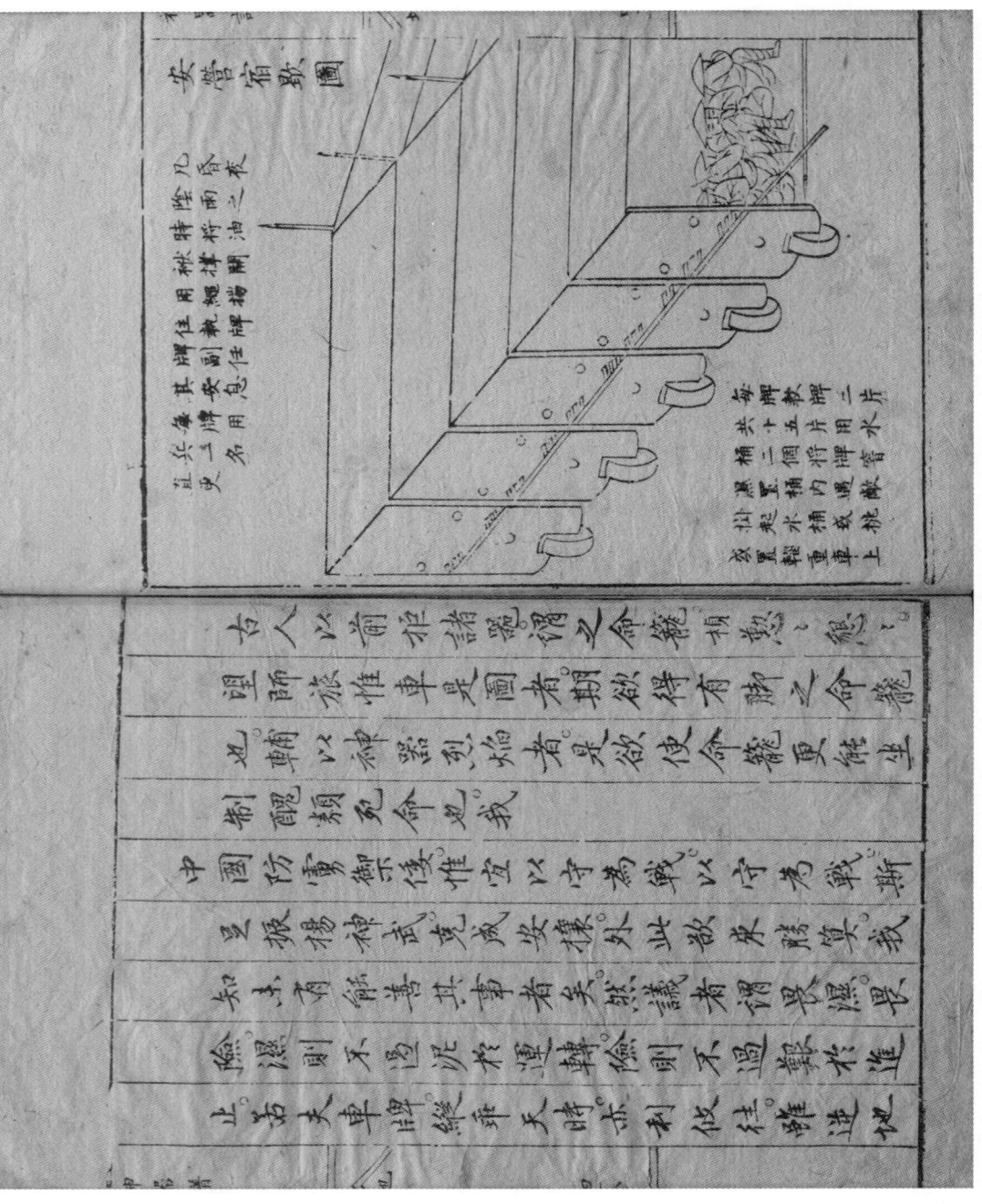

形。罔雲顛躓。籍令尚欠可作。似無間然。乾坤何時而乃容〻後福。其如君臣大義何

何不亟〻為

國家籌莫後著預為之所。毋致掘井臨渴自詒伊戚也。大都後著之要在乎修救。修救之要在乎建威。楨自信諸器。其修救建威之賤具乎。凡百君子。敬而聽之。嗟〻知我者。謂我心憂。不知我者。謂忝何求。悠〻蒼天。此何人哉

滾槽以銅為之用二扇中作圓槽彈鑄出放槽內用脚踹着滾彈模以石為之鑄時用繩拴定

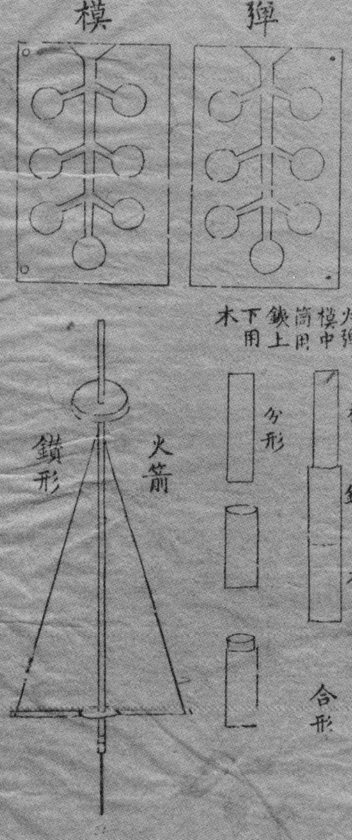

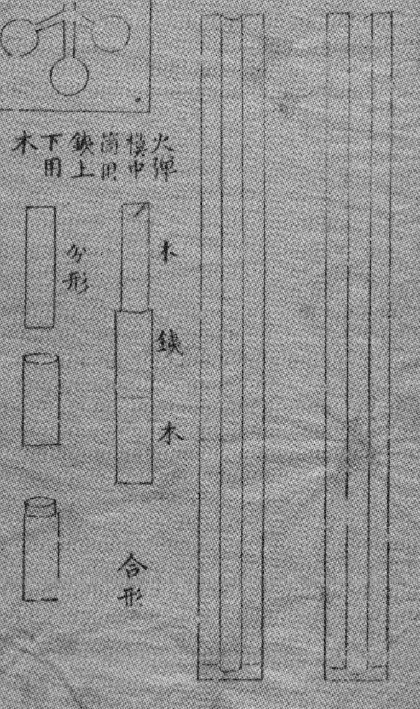

定火箭匣形

火箭匣分形

鉄箍

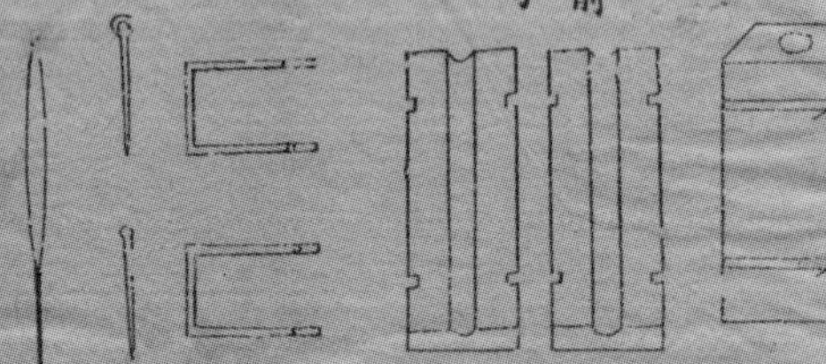

匣用堅木二塊中作一槽鉄箍二道捎定〻藥時置火箭筒於槽内夹住築打不得逬開箭筒

下藥匙用銅扣定盛藥一錢

夹鑽鉄架

定自然眼座子

用圓鉄片三塊厚二三分鉄四條横成架子鑽時夹住鑽頭不致東倒西歪

下用圓鉄一片厚五分着四鉄椿〻内用圓鉄桶一箇張厚鉄條放桶内

定自然眼鉄心

鉄学中有膅如箭鉄一般大小

定藥鉄桿

卷筒木桿

其長短大小扣火箭為之

定自然眼圖

鑽火箭圖

定火箭圖

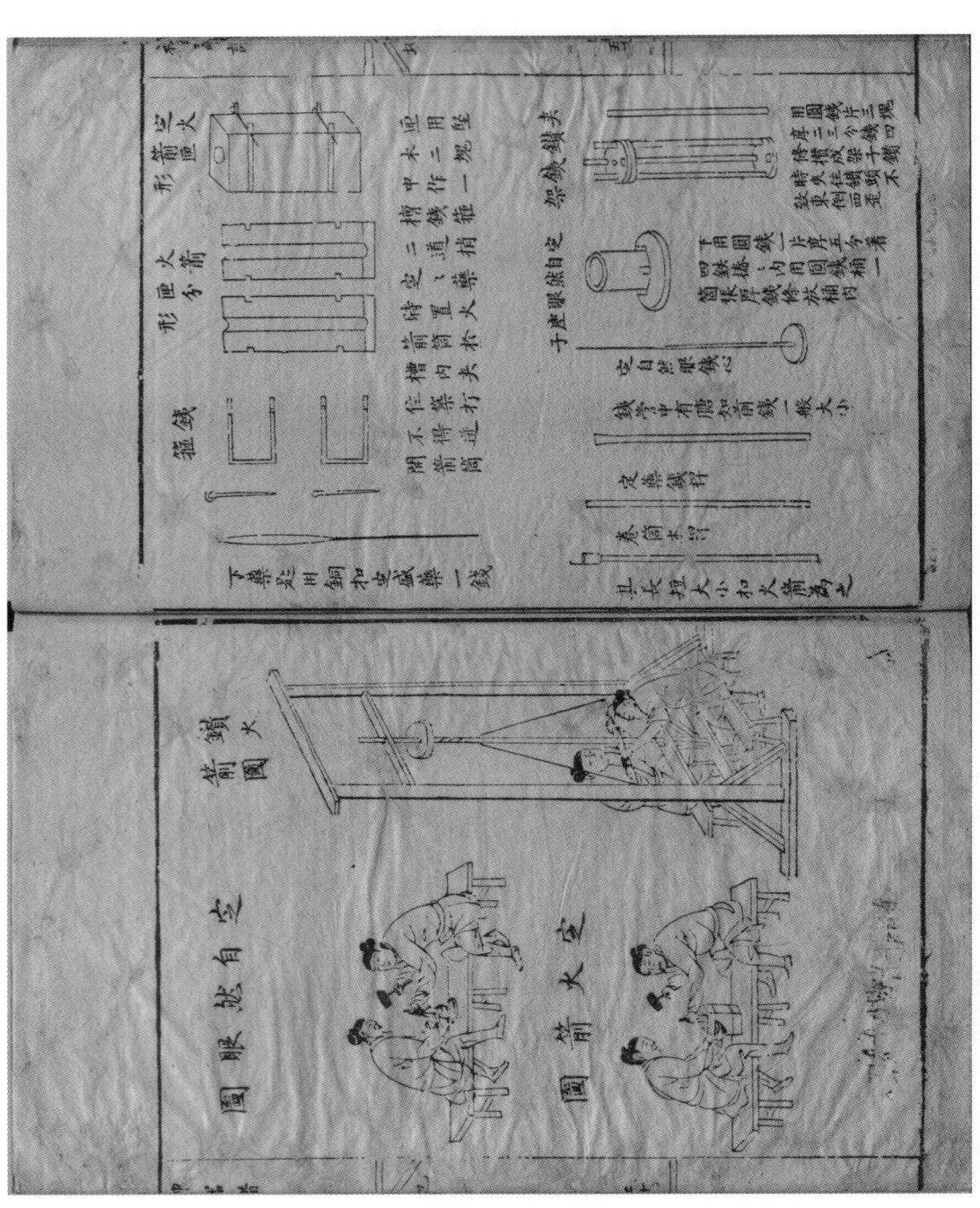

火岀方　硝十兩　磺二分　灰三兩五錢　右三味研極細拌微濕每下藥
一匙初打百錘第二匙加二十錘已後照數遞加每筒打至三千七百方
遠而有力筒卷要極堅藥繚須剛麻稭灰他灰不得透上以藥分為十分
鑽至六分半止多則鑽須出火不妙
火彈方　硝五十兩　硫磺二十五兩　柳木灰三兩　石黃一斤　潮腦八
兩　南京粉五兩　已上為末用麻四五兩錘軟剪寸許長着白芨麪一
兩為糊於臼內舂搗極勻再用　桐油半斤　松香六兩　芸香六兩
鍋內一處熟化投柳木鋸末於鍋內攪勻傾出晾冷打如梧桐子大再用
乾漆六兩亦打如梧桐子大與前藥和作一處每彈用一兩七錢加碎鉛
三錢入模築成每一彈築七錘晒乾宜於五六月製造方得堅硬
噴筒方　頭噴硝一兩　烟子三錢五分　鏽砂一兩（如栗大）　磺三錢　二噴
硝一兩　磺二錢五分　炭二錢二分　鏽砂一兩（如黍米大）　一樣如數
另研極細然後入砂先定頭噴後定二噴陣上加　密陀僧一錢　砒砂
一錢　石黃一錢　鉛粉一錢　頭噴用炭要炸只用烟子
鳥銃方　南方用硝十兩　磺七錢　柳炭一兩七錢　北方用硝十兩　磺
五錢　柳炭一兩五錢　製造之法盡備雜說并或問中

兵事尚祕。邃然盡洩車銃製用。不寔貽倒
持之弊。誠有見於韜鈐諸書畧揭千古善
用之者。畢竟寥寥。若指此足藉寇兵。反為
厲階。則茲器有關於兵勢强弱。又明甚矣。
既閱兵勢。何不亟圖預擬先著。俾
國家緩急有賴哉。吾丘壽王議禁民弓矢。謂
藁民之救。益盜之强。古今雖之偏。未可緣
是。目為狂生妄作也。因用執迷。法所家忌。
妄靡拘局。富貴致然。祿厚則士不忠。生於

憂患。死於安樂。請繹思之。自能亮我非膚淺孟浪。有所利而爲之也

神器譜卷三

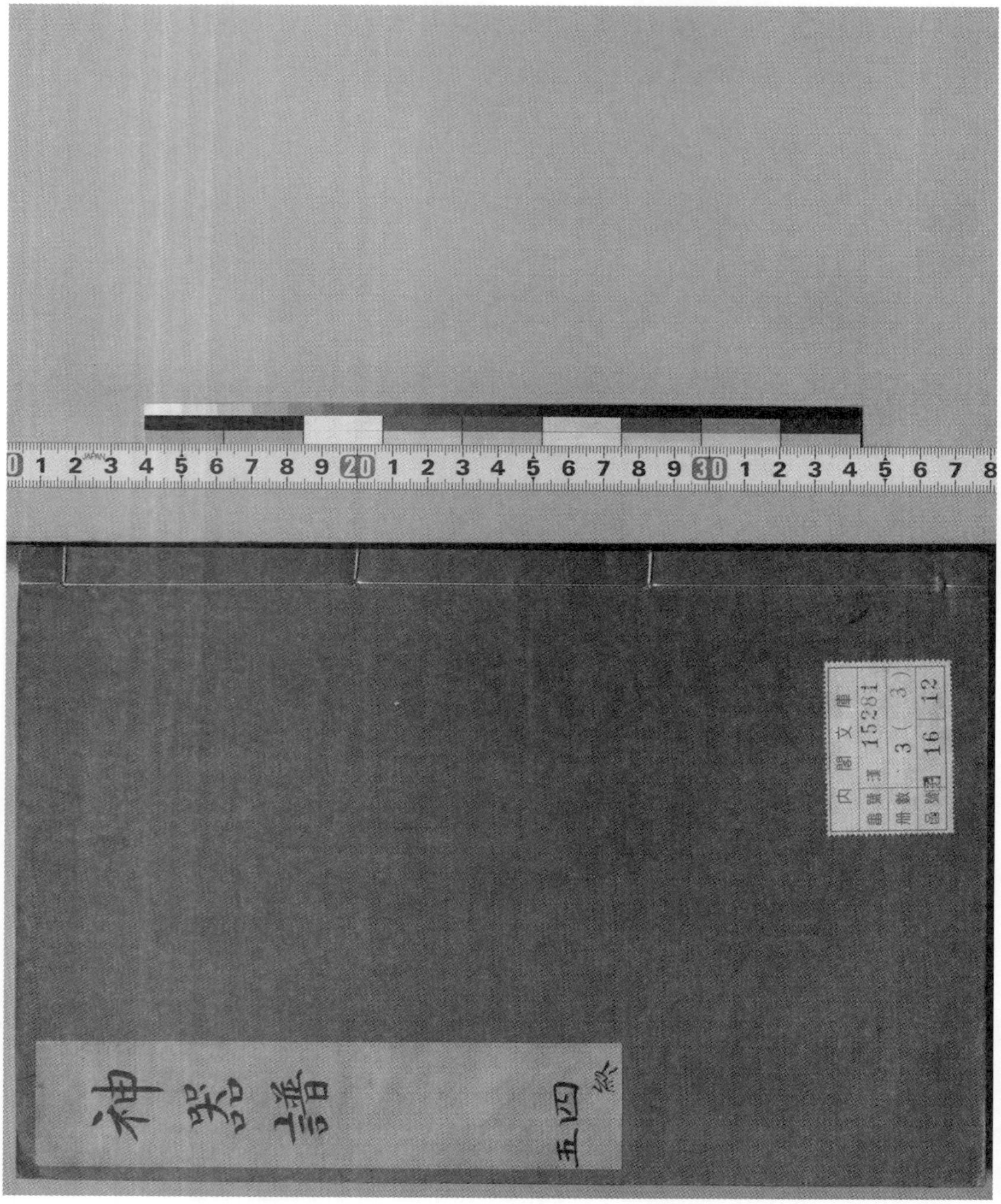
神器譜
内閣文庫
15281

神器譜卷之四

說銃六十九條 條内凡有方圈者。宗爲喫緊語

一火砲鳥銃。具稱神器。緣其震驚奮迅。如雷如霆。非神不能宰之耳。凡爲將者。宜信心告虔。克意講究。務臻神理。斯收神功。若漫然爲之。不致棄以資敵。必然自戕。士卒受器。須供奉潔淨之處。儼若神明。戒淫慾屏葷穢。一有觸犯。其禍立見。

一古人戰陣。必求兵精。此二字。不專指士卒

而言。乎亦稱兵器械，亦稱兵。若神器憑以衝鋒陷陣，不肯求精，是不知兵矣，何能用兵。不必遠引古人，試看海外各國鳥銃，漠北弓矢，西番刀劍，苗人藥弩，便嘗了然。柰何堂堂
天朝，興師動衆，器械盡皆朽鈍，寧不啓夷狄易心哉。

一　孫子始計篇首言兵者國之大事，今之神器又兵家第一長技，只緣狃於晏安，諱言武事，一遇警報，倉卒調集，文武將吏又皆舍近求遠，忘本逐末。誠能詳思兵爲國之大事，神器所以爲兵家第一長技，則制勝之術，十可得其六七矣。

一　神器之用，非弓矢可比。弓矢必得巧力俱全，方能命中殺敵。神器巧力自具，全不因人。床機照星已備其巧，長筒精藥已備其力。但得執器之人知其巧力所在，因而用之，則神器之能事畢矣。

一演神器易於習射。矛矢有高下。苗頭神器無苗頭。若二三十步。能以彈丸為的。命中。則二三百步之外。無有不中之理。其命中機關全在知筒偏正。用藥用彈輕重。一般

一放銃裝機之時。全要凝神定氣。將筋束骨攢身極緊自然。不致動搖。若身體百骸一鬆。神氣渙散。定然搖撼。不能命中。凡為將者非身親為之。必不知此等意味

一製造神器須將為國滅賊之心。堅持不懈。方得精工。即寧暇之時。亦要念及受器士卒臨陣利害。方得堅固。若謂我且了事。用自有人。是濫惡之弊。所由起也。究類至義。實為不忠之尤。倘昧於此道。又不一加訪求。惟任匠作剋減。坐致不堪。後日使用器者受害。是我雖不殺斯人。斯人由我而死。此心何安

一神器若得心計周詳。精思入妙。視國如家。不避嫌怨之人。以主造。又得知天時習地

利。區畫籌算以制敵人。鼓舞作興以教士
卒。有能之將以主用。自然足以解
聖明宵旰之憂免生靈塗炭之苦
一放銃。全在手準眼疾右眼對照門照门對
照星。照星對敵對把。此不易之法。但銃筒。
十無四五正準者。或偏左。或偏右。或上。或
下。銃手必須時令服習。人知銃性。庶便臨
陣擊打。出征帶藥幾何。可令浪費臨陣衰
藥甚難。可令浪放。無論遠近。必須一彈一
賊方肯發機。神器在諸器之先。壯三軍之
膽。奪敵人之氣。勝負攸關。安危是賴。凡百
同仇。期敵若事（後中以銀為彈一則遇甲不致打扁一則愛惜不肯浪放）
一初學時令習學銃手。做成架勢。先著门藥
於火池內。傍著一人點火。看其烟起時頭
不仰。避眼。不閃動。然後令習學者自發機
點火。看頭目。兩手不動。再著藥在筒內。空
放。身手頭目俱不動搖。然後著彈打把。〻
要安在極鬆土上。或用板浮一把於水面。

彈到鬆土。則有塵起。水上。則濺起浪花。方知落頭在左在右。以便改手

一放銃須製一牌。如食羅格一般。小者高二尺。寬一尺五六寸。近底先鋪竹片一層。然後用土築堅。掩以蘆蓆葦箔之類。用粗錢線二根壓定。以錢線捶泥彈為的。院落之內。垣墻之下。但得數武之地。便可演習。大把高六尺。寬二尺。一如小把規製

一中國鳥銃不肯專精者。其弊甚多。姑舉梗槩。以便改圖。戰陣既尚首功。鳥銃從遠殺人。不得剿級。遂使戰勝攻克。不受上賞。人心不平。不肯專精一也。鳥銃在諸器之先。無能之將。號令不嚴。進止無節。兇威稍熾。短兵不顧銃手。銃手往往先受其害。趨利避害。不肯專精二也。鳥銃領之官司。官司造作。未必如法。極好銃筒。三次便熱。私自演習。慮及炸壞。難於賠償。不易常習一。烽燧息警。舉放火器。京師恐聞

校庭。州縣怕駭。官長不易。常習二。火藥鉛彈。
市肆既無。誰敢私造。不易常習三。演習必
得空曠之地。中國人煙輳集。恐致傷人。不
易常習四。銃值頗多。無故誰肯置辦。不易
常習五。為將者苟悉諸弊。信從遠殺人之
賞。必不預銃手之罰。器求精堅。藥求輕快。
置隨地可放之把。上告
天子。下告有司。弛拘攣之禁。鼓舞作興。使民樂
從。中國神氣日旺。攙鎗旋頭當自消矣

一西域嚕密銃。因其筒長。故遠。藥多。故狠。礮
荀故便。銃床盡制前後手俱有著落。故不
致動搖。然藥必須極精。極快。方敢多用。銃
筒要沉重。方能壓定前手不動。沉重其錢
方厚。不怕藥多
一水西洋諸國銃。其筒長。故遠於倭鳥銃。然
因欲其體輕。以便挺手立放。著藥甚少。藥
少。故不及嚕密之狠
一倭鳥銃。狠。遠不如嚕密。輕便不如水西洋。

祇緣時常服習。藝高膽大。所以稱能事耳。
今日當事之人。知此機括。不雄可舒
聖明東顧之懷。且南標銅柱。北勒燕然。亦易易
尔

一製銃。須用福建鐵。他鐵性燥。不可用。煉鐵
炭火為上。北方炭貴。不得已以煤火代之。
故迸炸常多。鐵在爐時。用稻草戳細。襍黃
土頻灑火中。令鐵尿自出。煉至五火。用黃
土和作漿。入稻草浸一二宿。將鐵放在漿
內。半日取出再煉。須煉至十火之外。生鐵
十斤。煉至一斤餘。方可言熟

一捲筒雙層交錯。岔口捲成者為上。若鐵不
淨。內有重皮。反不如單捲。全要岔口將合
未合之時。用鐵刷刷去鐵上灰滓。自然合
成一家。筒成。挋住一眼。以滾水灌入腹中。
看有隙漏處。再加煑火

一筒成。先磋去粗黑皮。作八稜。將前後門十
字分中。吊準墨線。捕鑽架上。架頂用一線

吊下。直對筒上。前面墨線。再將角尺從吊
線橫比筒上墨線。上下一般。用木翣〻定。
兩人對鑽。又一人。用鉗。將鑽根提著。使鑽
得旋轉伶俐。鑽要長短。用五六根。自一尺
起。每根旋添長三寸。至二尺五六寸三尺
為止。先鑽上口。至中間翻轉。從底再鑽。相
通為度。交接之處。更宜詳細看線
一筒鑽完。磋停當。用銕一條。磋成螺螄旋。或
七層。或九層。或十二層。後尾要方長三寸
許。以後门口。微大些。須再用銕一根。打成
一眼。將螺螄庒方頭。揷入眼内。將筒翣定
架上。圓頭放筒後門。兩人用手擰入。將後
尾磋去。止留方頭七八分
一將銕磋成一火門。作馬蹄筍。將筒後根鑿
一漕。下寬上窄。將火门卯入。用平鏨躧過。
其眼務要極小。然後安火墻。火門蓋。後三
鈕如卯火门法。照門。照星。須要將前後門。
以極準。方可卯入。神器喫緊。全在此處。决

不可忽略

一製鷹揚砲。筒前小後大。鑽用二様。後鑽如子銃一般大平。其首先鑽前半節小者。鑽完。然後用木一根削圓入前口。直貫膛内。出後門三四寸許。周圍比定分寸。如子銃大磋圓吊線再鑽前半節。膛内必須與子銃膛口一般。豪無糸差。方便出彈。稍有桂礙。火氣後走。不便。若製茲砲。孟浪鹵莽之後。専尚口吻。不宜輕易妄使。以致条事

一三神銃。備倭在南方。山林田塍之間用機。北方禦虜有林木山阪之處。用機。平原曠野。及馬上。俱不用機。其制着銃筒處。如秋葵種形。前後停均難於照準

一軒轅銃。筒一如嚕密。惟火门蓋下有一鏈線。如蠋尾彎轉。横在直軌之上。此器不避風雨。但造作較諸銃獨難。若肯念及一勞可享永逸。則此器之品。可謂無上乘矣

一旋機翼。需較諸器多用一軸。製時惟着軸

銅片三角箍。并內軸牙難比。用之南方極妙。然必須極巧極仔細匠作。方得稱意

一三眼鎗。後用劍刃鏇箍。更可作鎗。刀。作錘。棒。兩頭相稱。落有力。而起又便。入巢極妙

一比震疊銃。於筒鑽完時。將筒十字彈準墨線。每二尺前首墨線。以根頭墨線多離開一分。百步上下苗頭。自然相去二尺五寸。臨時裹藥極要停勻。上下鉛彈分數不可輕重。此死法。全要活用

一翼虎銃。用之於百步之內為宜。步下五六十步。方能透甲。馬上二三十步。方能命中。用以伏路極便。緣其體短。可以藏匿。可以多放。手不離刀。急則可以當盾格鬭。遠近俱堪殺敵。又可自衛

一三長銃。取諸銃之極妙處。又從而損益之。只重五斤。後尾小環鉤著輕帶。負之肩上。即窮日跋涉。亦不覺其累身勞力者。戰具輕疾便利。當為第一

一奇勝銃。用寡之時。極其相宜。常記南中出哨之兵。至多一隊。少則一伍。所帶神器無幾。每每銃乏之。爲賊所窘。蓋銃既放其一。且留其一。不惟可以應急。更足使銃手膽壯。右手懸刀。放畢又可如翼虎格敵。兇器一伍用二門。則銃不絶聲矣

一海南各國鳥銃。喜其初爲打鳥而作。床尾稍短。後手不甚定準。打放非極精熟者不能命中。若嚕密鷹揚。三長翼虎諸器。床尾頗長。緊挨肩膀。後手定住。望高打鳥。似學不如床短者轉動伶俐。至於平闊打人前後手俱定。其利實倍之矣。西洋并倭鳥銃須歲月學習。方能到家。諸銃不須一月專心。便能打放。向教家人西洋及倭鳥銃。一歲不成。自製諸器。三月之內。便能以彈丸爲的。命中于二三十步之外。即此一端足以見諸器與海外鳥銃優劣焉

一鑽筒若容三錢鉛彈者。須先用二錢八分

鑽〻透再用鑽三錢長鑽從前門直洗至
離裹藥處寸許而止。使裹藥處三四寸微
小。下彈時擲杖一打。自能吃住。離寸許者
欲備臨陣加藥分兩也。此處微小。不致如
常時下打用紙堵塞。後小使銃久無倒坐
之病。若翼虎。要在馬上打放。尤宜用此法
一銃筒必須從根頭起至一尺二三寸處一
般厚。方為得宜。緣火氣從此舉發。此處固
住。往前自然直走。永無迸炸之患

一銃鑽完洗法。鑽頭要長五寸。頭頸一一
作尖銃。中間四寸務要勻圓。一般大小
般。其筒洗出繞直若如束核樣子。鑽時隨
彎就彎而下。其筒畢竟歪斜不得勻淨正
直。鳥銃命中巧妙處。雖係照門照星若筒
中彎曲不直。發火出彈。左右衝撞。即久慣
高手。亦不得穩當
一火門就在筒上熱火較馬蹄筒卯撤者。更
牢。熱火之法。筒。并火門。兩下磋平。前後鑽

眼。錢蕭蕭定煮火。和作一家。畢竟牢固

一造銃。全要鏈鍊極熟。樣筒全要煮火極到。

中國銃砲不堪者。皆因狃於宴安。邊將茫然

不知製用之法。兼有節省剋落兩般弊病。

試輙傷人。主造主用。不究鍊錢樣筒不精

之故。歸咎筒薄。因而加厚。厚則自然沉重

因沉重漸漸減短。殊不知鏈生。及筒有罅

隙。雖厚亦炸。加厚徒壞銃製。無益於器也

一鳥銃能命中於數百步之外者。緣用機轡

火。即其機以品儁各國之器。則未有合機

軒轅三長之先。嚕密為冣。大西洋次之。西

西洋又次之。倭銃實屬下品。然嚕密之銃

其品在各國家上者。緣其機之操縱由我。

托床前後又有把持。猛烈更倍於各國。大

西洋操縱似亦自由。其如夾火不便。力小。

而床不穩。故遠遜嚕密。小西洋與倭銃其

機操縱俱不自由。但小西洋機頗簡便。倭

機繁瑣。所以倭銃機為冣下。又有謂先年

南方鳥銃其機與倭銃一般。畢竟不如倭
銃之火易發。嗟嗟，此機上毫釐絲忽之差。
特造器、用器者。不肯究心耳。細觀倭機發
時。機頭礚在火池之邊。機煽藥起。火星隨
落。下起之藥。與上落之火適會。自然舉發。
中國舊機支離孱弱。發時機頭礚在池中。火
繩將門堵住。藥又不精。士卒未經服習。忙
迫之頃。所以不發。新制合機軒轅風雨。尚
且不怕。又何須虞火不發哉。

一　銃筒冷鍛者更妙。若得巧手鍊匠。將筒打
成。如膛內容三錢鉛子者。將二錢五分撞
趂紅。快過。將八棱鎮打極直。然後用鏇寮
塞鍛過。滚水試無泌漏。用圓鑽微掃膛。既
清潔。外邊更不生繡

一　銃筒用久。火门眼必為藥氣噴大。大則不
惟洩氣。致殺前行大力。更恐從眼迸炸。須
即時礶玄根頭七八寸。重接一段。其鑽法
安火门與前同

一鏡床必要木理正直方可用。若用久歪斜。
必須換過。不換。放時振動。鏡筒畢竟搖撼。
因之不準。又必須漆過。而水不致滲壞
一螺螄底倘壞。不知筒內淺深長短。將筒內
先用墨塗濕。以硬紙一片。捲作小筒。入鏡
後门。兩捲紙撤開。再用圓棍砑之。即可印
出筒中旋形。然後照樣磋成補入
一磋螺螄底須要上下停勻。毫忽不可大小。
旋紋須要層層一般。稍有大小不勻。擰時
必致傷損。其根亦須方整。若尖削。取出時
不甚便當
一神器固欲精工。若外面華美。筒內不甚光
滑。上下大小不得如一。不可稱為畫製
一營伍間。常時學習。可將大神器用藥三錢
者。只著藥一錢。於木靶上演放。藥亦
不費。聲亦不大。鉛彈亦可妝四筒。又不致
即熱。又不煩費其迸炸
一神器守具愈重愈妙。戰具愈輕愈妙。凡為

将者。必須先解斯旨。然後方可用器。若庳
重能使之便利。輕疾能使之堅固。非妙悟
神解。深造此道者。難與語此

一試新舊神器用藥。切不宜即着本等分兩。
譬如常時着藥三錢者。且先着一錢。再添
二錢。再添三錢。若係官司製造。蹔歇片時。
然後加至四錢。再着本等分兩。用彈又試。
若家製者。不必蹔歇。冬天鐵冷。即堅厚亦
怕驚迸。常用銃。亦當用半藥噴過。方可打

放試。小器。只須避之樹後。或用藤牌護身。
若佛郎機。鷹揚砲。須揀極厚土牆。鑿開一
隙。置筒於中。如前法。着藥。若大將軍。須置
地坑中。用走線試放。非故為深憂過計之
談。惟恐萬一失事。致無知士卒。回而氣餒。
放銃時。神氣疑阻不暢

一壯兵不耐煩劇。執稱快鎗。三眼銃。便利過
於鳥銃。教場中打把。鳥銃命中十倍快鎗。
五倍弓矢。猶自不服。此咸少保語也。近見

為将者不惟北地諸君鮮有留心於此即
南人亦覺寥寥究其所以皆緣罔知為
國無心滅賊因循歲月僥倖功名之流充滿
戎行何可語此又何能知此若夫豪傑之
士自有真見將官銃意為之多方激勸信
賞必罰士卒焉有不肯服習之理
一銃成之時先將鉛彈試口大小口容鉛彈
一錢用藥一錢彈重則隨彈加藥分數臨
陣要狠彈重、錢加藥二分銃筒堅厚是
木炭打成者即加三着藥無妨
一鳥銃車上舟中步下為利近日有創為馬
上打放之說夫鳥銃燃火全仗門藥門藥
馬跑時即北人慣騎不為顛撇定然被風
吹去何從舉火此不知神器淺深之言若
三眼銃并新製翼虎差可原用藥線而放
畢又當兵器至於命中殺敵則我不知矣
一神器附之車間功用甚大車憑神器以彰
威神器倚車而更準或鼓行而前或嚴陣

持敵。或趨利遠道。或露宿曠野。堅壁連營。
治力治氣。無不宜之。譬如車上安鷹揚砲
二位。小銃數门。若敵結陣而来。二三里間。
以鷹揚砲擊之。勢必星散。然後用嚕密鳥
銃。捏準零打于三四百步之外。再近以掣
電旋機翼虎連發。車内是此運用。則數里
之中。敵鋒已挫其半。我之殺手全然不勞。
力完氣定。而又有車為之前拒。虜馬來必
即能騾踏而来。倭倮來必即能跳躍而進。

求戰不得。其氣必渙。渙矣其氣惰。我乃[illegible]
用長鎗翼火鏜三眼鎗而出。此平原必勝
之法也。然斯語無當於時。安得起孫吳廉
李韓彭英衛諸君於九地之下。與之鼓掌
劇談。以快此衷哉
一神器南方用之舟中益利。緣有憑藉。心膽
俱定耳。為將者步下亦能設法。使士卒如
處舟中。則制敵無難矣
一林木茂密。丘陵崎嶇。田塍淤濘。村路委曲。

必須短兵護持挨牌翼衛與弓矢迭相為用。無弓矢。則神器手自相犄角。更翻策應。司時制宜。隨地作用。庶幾萬全。前歲遵左降倭二十餘人。用銃殺虜數十。次日再出。虜覺其無應援。蜂擁而来。損傷强半。非此輩前勇後怯。鳥銃先利後鈍。皆緣主帥素昔不解神器之用。全無方略使然耳。文武將吏。用兵用器。畢竟先明奇正之法。處於不敗之地。然後可以言戰。可以滅賊。今當事者居常絕口練兵。反笑繕器。合戰之時。任其以卒予敵。然後掠民作級。掩敗為功。自謂天下之能事畢矣。又何能用神器。又安知辱

國損威。釀不戰之禍。致遺賊於

君父哉

一每銃五門。於銃手五人之中。擇一膽大有氣力者。專管打放。令四人在後裝飽。時常服習。若平原曠野之間。去敵二三百步。辟

如一軍五千人內。有火車數兩。鳥銃五百
門。先以火車振揚軍威。然後用鳥銃百門，
徐以手上大火箭。陸續彈射。縱有數萬賊。徒
未必便敢衝突。若遠道趨利，未擇戰場。或
倉卒遇敵。雖成列而又無車以爲前拒。
尤宜依此法運用。使三軍之士得以整頓
隊伍。稍治其氣。從容接戰。否則敵必乘我
之亂。擊我未定。易而險之。亂而安之。反客
爲主。轉勞爲逸。非此不可

一放銃干繫甚大。切不宜托不同心人。并未
經打放之輩。豪能。若不得已有別人。審
者。須用棚杖試探。待妥。多則將前多裝
數藥傾出。只裝銃筒尚是小事。兩傍人。及
自己性命。豈可輕忽。

一古者騎將。或單騎挑戰。或以身殿後。所向
披靡。萬人辟易。若以當時無鳥銃。手矢不
能洞且重鎧耳。既有鳥銃。士卒又加服習。
即有焦獲之力。可能當此三錢一丸耶

一製硝。每硝半鍋。甜水半鍋。煮至硝化開時。用大紅蘿蔔一箇。切作四五片。放鍋内同滚。待蘿蔔熟時撈去。用雞卵清三個。和水二三碗。倒入鍋内。以鐵杓攪之。有渣滓浮起。盡行撤去。再用極明亮水膠二兩許。化開。傾在鍋内。滚三五滚傾出。以磁盆盛注。用蓋蓋定。放涼處一宿。看鎗極細極明亮方可用。若鎗不細。尚有鹹味。未可入藥。當再如前法盆過

一炭灰。須用柳條如筆管大者。去皮去節。取其理直者。用以燒灰入藥為上。南方柳木甚少。用茄桿灰。蒿灰。瓢灰。杉木灰。以代柳木。時流不詳其故。遂以四種勝於柳炭。殊不知草木之中。惟榆。柳。桑。柘。諸木火性更旺。諸木之中。又惟柳木枝榦直上。火性直走。餘皆枝榦曲折。文理從横。且質堅炭硬。火性不甚輕便。是以古人不取。惟取柳木。柳條尚須去皮與節。皮則煙多。節繇迸炸。

攻盡去之。即此而觀。古法豈可輕改。杉木火力雖弱。其理尚直。其餘俱不可用。然尤可笑者。執稱茄桿點灰。放時不響。夫神器之用。專在殺人。亦不在響與不響之間。止宜仍用柳條。取其火性直走。能送鉛彈足矣。不能催彈。不響又何益於神器哉。此方麻稭灰甚輕。但可入發藥。若作筒藥無力。

一熿去下泊黑色底。研極細為度

一製藥。每硝十兩。灰一兩五錢。熿五錢。將三種研極細末。用水噴半乾半濕。放石臼內用杵著力狠搗。若乾去。再用水噴濕。搗至一萬杵。取出放在手心內燃之。火燃手心不覺者。方可用。若覺火熱。如前法再搗。藥可用。將藥用水。和搗作劑。晒乾再搗碎。用密此竹篩篩過。上粗大者不用。下細者不用。止取如粟米一般者。入銃。其大小者再如法製造。蓋銃筒甚長。細則下藥之時。盡粘筒上。不得到底。太粗藥又不實。大槩熿欲快發火炭欲作力。硝取噴送致遠。全要精細。粗心為之。必致傷銃。

一盬硝鍋初出火時。必須用蓋蓋定。不可令人撤動。若撤動泄氣。硝中照滓不肯隨水而出。照滓結成渣時。似硝更白。但無亮光。如粗白米粉者便是。此物家能滾珠。與鹹盬同害。盬鹹尚易去。此物又難認。難去。非久於製藥者。不知。亦不宜打碎。惟成塊安之灰上。令撤淨晒乾。方得潔淨

一製藥。研搗工夫俱到。方可試之手中。手中不熱。自然不甚燒筒。若研時工夫不到。硝黄滚為細珠。不閉火門。必糊銃筒。雖搗到無用。若搗時工夫不到。烟焰薰眼。火不輕快。雖研到無用。若研搗工夫俱到。自然渾化。不但查滓俱淨。而氣息亦盡去矣。再加銃筒光滑。豪無罣礙。即終日舉放。亦無他虞。此年来身親為之。試有實驗。殊非漫語

一製發藥用極細柳枝。及麻稭燒炭。將炭用

冷氣燒酒浸過。晒乾。又浸。又晒。看炭上有
白霜起。然後研細。每硝十兩。柳灰一兩。麻
稭灰六錢。硫黃三錢。斑猫七十頭。如製筒
藥一般研擣擣。出不乾不濕之時。用馬尾
羅篩出。要如蒸糕米粉一樣粗細爲妙。太
細陰天恐糊火門
一柳木灰製成藥。與麻稭瓢灰製者。以藥罐
上桶各盛一桶秤之。每三錢柳灰藥。重別
灰五分。夫火藥全憑炭灰作力。一銃減去
五分。再加灰之本性又弱。一銃之力。以十
分爲率。用他灰則力減去十之三四分矣。
神器取遠狠爲貴。灰欲弱之何也。究其用
弱灰之故。皆因南方初用兵時。所製銃筒
不甚堅固。常常炸壞。歸咎火藥力大。欲少
損其力。遂用茄灰。瓢灰。因求輕快。壯方又
用麻稭灰。此實以譌傳譌。將錯就錯。但日
求輕快。竟不覺藥力轉減。殊不知研擣到
家。柳灰較諸灰更輕。更快。試之百步之外。

柳灰者。一寸厚板。二層俱透。麻稭灰者。止
透一層。觀此。是求利反鈍。勞心日拙矣
一製藥。欲用之於陰雨之時者。每硝十兩。加
炭灰二錢。共一兩七錢。將藥製成。再用細
絹攤竹箍上。絹上加燈花紙一層。置藥於
紙。用雨水。或雪水。冰水。如海人燒塩淋滷
一般。緩緩澆淋。下以盆接淋下之水。將此
水如盆硝法。煮出帶下之硝。研細。復歸藥
內。再如前法研搗。使城氣鹹味淨絕。陰雨
時藥罐藏之。貼肉自然不蒸潮濕。雨水冰
雪水。取其無城。若無三樣水。用河水山泉
水。切不宜用苦井水
一硫黃須用水研飛過者。方不滚珠
一柳枝。在清明前後採取者為㝡。緣其葉將
發未發之時。精脉盡聚枝上。其力更大
一製藥必須與研搗之人先約。藥成即放。經
手者。手心點試自然不敢苟且。銃筒亦令
經手搽筒鐵匠。點火試放。緣世間極愚至

賤。無有不欲保全性命。愛惜肌膚之人。畢

經試驗。極妙之法

一又方製藥。硝黃分兩俱與前譜同。惟炭灰每硝十兩。比前加灰一錢。其硝一半研作細末。一半用水化開。研搗時用此水。拌硝磺炭灰諸藥。更覺渾化

一神器手。必得短小。伶變準眼快。膽壯有力者為上。切不宜用粗蠢大漢。及氣弱之徒

一神器不問陣上。并教場中。放畢時。即將銃筒取出。堵住火門。用滾水灌滿筒膛。待水滲入螺螄旋中。然後用搠杖裹布刷洗。倒水。擰出螺螄底。用滾水將筒膛衝淨。以紙團搌乾。直立高處。俟筒內無熱氣。再以紙搌乾火門。用香油抹螺螄旋裹安停妥。如銃常日所用火藥分兩裹飽。收不近燈火處所。若秋冬晴明。風高氣燥。又止放一二次。只須用搠杖乾洗。倒去查滓。飽藥亦可。

無事不用。春夏每月要收拾二次。秋冬每
月一次。不肯收拾。虛必繡住。繡住二三年。
雖精堅之筒。必致損壞

一工人打放。若神器多。即揀銃筒受藥一般。
鉛彈合口一般者。作一隊。庶幾臨陣裝藥。
及打放。不致差錯。銃少。將銃與罐。各明白
記號分數。并銃偏正。遞銃之時。雖倉卒之
間。這要招呼一聲。偏左偏右。及藥重輕

一鉛彈全要合銃口。模鑄滾過。極圓方可用

一古人火攻之法。上順天時。下因地理。有一
不宜。不敢遽用。即用矣。猶虞風候中改。反
致自戕。惟鳥銃佛郎機。但得常常教演。使
士卒技精。任其險地易地。風候不順。俱可
舉放。即陰雨之時。尚可設法制敵。所患者
文武將吏。居常不肯經心。臨時又乏妙用。
則難而難矣。兵精無器。等於白徒。器精無
兵。同於朽鈍。陣而後戰。兵家之常。運用之
妙。存乎一心。旨哉斯言。勿謂常語

一鳥銃不惟攻城陷陣制遠摧堅鋒不可當即閒時較獵聯飛角技破的亦甚足快人意然不同弓矢載之經傳見之歌詠無貴無賤罔弗知之只緣近日方出將吏之間況毅才略之士則私之以為一己建樹之具鹵莽淺識之夫復極口訾其不便夫知之者既深藏固秘莫肯揄揚不知者又加詆毀遂令行伍之間自百夫長已上俱各右弓矢而遺神器目為賤事不屑專業誅不知鳥銃收功百倍短兵十倍弓矢業專則精服久自便今日軍旅之間誠能不問貴賤專心致志俱學打放州縣有司更宜設法鼓舞村落富人首令除以禦暴民快弓兵亦各責之服習一如北地之親弓矢南中之用弩箭此風一暢我武維揚萬一有警便可驅市人乘城而守即使制挺亦可撻以赴敵何致仰給征調虞兵後期雲餉不足絲絲勞擾上糜帑藏下困民生斯

語頗覺迂緩。實建威銷萌之大機括。凡有
軍旅民社之寄者。不可不爲
國加意於茲焉

神器譜卷之五

或問 有引

神器爲師旅鋒銳

中國制馭四裔賸具也。承平既久。漸就土苴。日陵月替。致不可用。遇吏苦於不可用。因棄而不用。遂使鋒銳潛挫。犬羊生强。後時利害。視若秦越。内備不備。亦既極矣。楨隱憂

明時戎心若狂。乃以所得師傳者。作神器譜。

備陳製用。奏之
主上。冀得縣官一試用之。庶幾邊燧可息。海氛
永消。曝直之暇。復攄譜內未竭之愚。臚列
如左。知我罪我。其在茲乎
或問茲譜神器再加舊日大器。攻戰守伏之
具，可稱極備。倘敵用前代火攻之法。我兵
誤落彀中。諸器不得施其所長。為之柰何。
曰。是在為將者。明天時。察地利。見可而進。
知難而退。嘗觀用火之法。在天時全憑風
勢。占知風候。預為之所。則敵安能用我火
地利。則平原曠野。一目了然。不能用火。只
須防其遠擊。我器既遠。便是勝算。至於叢
林。夾道。防其中藏毒火。并尾夾擊。截攻。陽
坡。盤谷。防其坑坎埋擊。長江大河。不利下
風。防其回風順攻。我處敵下。營壘窄狹。舟
艫鉤連。防其用重器猛火壓以攻我。我居
敵上。林木蓊蔚。輜重輻輳。防其用銃器烈
火噴以攻我。我處城外。防攻我堅。我處城

內防攻我瑕。審能明此。或先發制人。或慎重引避。必不為敵所窺睽於此。何往不隨賊計。語云。有必勝之將。而無必勝之民。神器亦然。

或問諸神器固能命中。倘一發之後。未及裝飽。如虜騎蜂擁而來。為之柰何。曰。神器物也。運用變化。存乎其人。譬如虜之入犯也。必然調兵堵截。須得先擇一戰場。以車列為營壘。無車以信砲亂布鐵蒺藜於百步之外。信砲未備。急掘濠塹。先用大將軍轟打。其餘火器更迭而用。任其山崩潮湧而来。非鐵非石。必然星散。一經散亂。敗之甚易。但今日無能之將。何嘗得用神器之法。稍有知覺者。恃賄賂可以公行。是非可以倒置。只圖僥倖掠取假級。充為真功。損傷士馬。塗炭生靈。彌縫掩飾。且了目前。

國家後日利害。漠不關心。則神器似不能制虜者。非神器不能制虜。庸人不知用之也。

不必遠舉，請看

先朝邊臣曾開府銑郭之褱。登周將軍。尚文皆

當所實畏者，俱以神器勝。近日遼左李關

府，化龍以茲法授之庸將，尚成高平奇捷。

右北一銃，退虜數萬，竟全危城，則神器之

功效可想矣。

或問：以信砲布鐵蒺藜於百步之外，并掘濠

塹，敵固不能入，然我亦不能出，若敵爲神

器擊撤之時，乘勝遂北，我兵必不得前，是

蒺藜濠塹與敵共之矣。曰：兵家有正有奇，

當用奇兵遂之。誰曰不宜？若全仗正兵，而

不能用奇，豈足與語兵哉。

或問：戰場既擇，濠塹已掘，蒺藜俱布，我寡虜

衆，繞出我後，分兵攻我，必救之所，時當日

暮，去必救之地稍遠，爲之奈何？曰：以衝鋒

雷電車分置前後，以大小鷹揚衛我左右。

觀其賊震鼓行擊打而前，迫我則急擊。遠

我則緩打，俟其氣怠，以驕兵用翼虎急擊

之屬衆必亂即有十萬又安能固我太公
之對武王曰欲出之道器械為寶此之謂
也

或問單刀鳥銃倭奴長技刀不能以刀制之
用我長鎗狼筅今日畢竟以銃制銃可乎
曰可倭奴單刀童而習之自有不厭行住
坐卧肆刻不離原有傳授兼之成性刀有
一定之製難以加長其法一時又不能增
巧故求長兵以制之若銃之巧力全具銃
上求遠即遠求狠即狠既有可增倍數豈
乏制勝之方祇緣肉食之流器不問工拙
藥不問精粗將帥罔知運用士卒不肯服
習此

中國之十患反是則制之極易

或問神器既可加遠加狠敵亦如之為之柰
何曰人情每安於故常賊已信鳥銃為已
長技何肯遽改試看今日用兵全無制敵
之具尚然不肯講求彼既足以制我何煩

改作以我

中國之不用。知賊之未必遂加也。苟能亟亟為之籌。令賊即踵我之法。亦出後著

或問倭奴攻人。自衛為謀。家狡然竟裸形赴鬭者。其故為何。曰。是諒我

中國火器不能命中耳。裸形甚便旋轉跳躍。用短制長。今日神器一精。必然不敢裸鬭。其勢必致用甲。倭若披甲。常日刀法儇捷。當減其半。是我增一倍。彼損二倍矣。其餘器械再加一算。是我之佼倆日增。佼倆日增。器械得算之力也。器械尚且算及。方略寧有失算之理。得算既多。不惟倭奴不敢西視。即黠虜又敢南牧乎。法曰。多算勝。又曰。廟算勝者。得算多也。茲者算在神器。特算其至要可算者耳。其餘則我豈敢容口。

倭之裸鬭。知我舊日火器不能命中。我兵亦常裸形赴敵。豈亦以倭銃不能命中耶。曰。倭之裸鬭是審彼己。我兵裸鬭。彼己揔

然不知。庸將誤之也。是亦未算之故。

或問勝兵先勝而後求戰。今日神器㐅有先勝之形。若禦夷虜有不戰〻必勝者。不知亦有短處否。曰虜畏陰雨。兹器全無短處。倭奴雨中專欲出人不意。陰雨又暴。兹器短時。須備藥弩漆弓。以補其缺。則中國防禦之具實握全勝之機。餘則我不知也

或問陰雨連綿。兩兵相持。銃不能發。爲之柰何。曰拒馬傘政爲此耳。晴則側放。禦敵鉛彈。從眼中覷以擊賊。陰雨則竪立。上設油袱。以蓋火門

或問古人用兵必求陣法。今日千言萬語畢竟歸重神器何也。曰是亦秦越人隨地爲醫耳。漢唐未聞神器。既有神器。藉令武侯可作。衛公復生。定然一意講究。必不以八陣六花嘗試神器。若大小神器具備。火藥精好。得時得地。用之得宜。數里之外。能使

山崩地塌，區區血肉，雖堅奚為。客曰：夫如是，則陣法可廢乎？曰：止則為營，進則為陣。雷無火器，古法可用；若禦倭，在古法，惟魚麗、鳥雲及戚少保新製鴛鴦陣，緣其人自為戰，又可離以神器。近緣倉卒東援，不問天時，不察地利，坐致牀牝損傷數以萬計，猶然夢中，尚未覺悟。今冀北之群空矣。道左已經騄蹣，鐔裹在在生心。輕車代馬，銃砲代人，對症要藥，應急良方，千言萬語，畢竟歸重，良有以也。

或問：神器必欲用車，亦何所見而云然乎？曰：以舟師水戰得利推之也。倭奴生長海中，狎波抗浪，乃其本性，非不慣於水戰，秖緣水戰不得施其技擊，故每每為我所窘。若陸地用車，不惟倭奴不能用其所長，即虜人又能騁其騎射耶？既有命籠以自衛，又有長兵以制賊，賊欲迫我，尚不可得，又安能尅我哉。用車，是角器而不角力，角藝器

精加多。便是勝算

或問戰守進止。當求勝筭。至於器械。亦有勝筭在耶。曰。抑何見之晚也。譬如臨陣神器。敵飽一門。我衷二三。不用拳機。不用堵紙。對準未定。操縱自由。常時知其機括。習學又易。是便足勝之矣。筒長氣聚。可以加遠。筒厚藥多。可以加狠。兩手俱有住着。出彈不甚動搖。是利足勝之矣。或當刀以禦敵。或為盾以自衛。是餘力又勝之矣。為將者。誠能如法製造。乘時教習。安攘勝筭。可得其半。今日置器械。間勝筭於不問。專以不能取勝者。而欲求勝於人。此其所以勞心日拙。坐失事機耳

或問引兵遠出。山路崎嶇。泥塗淤濘。大軍難以遽前。偶得敵人情形。機不可失。因舍輜重。輕兵出其不意。攻其無備。及泊敵壘。大雨驟至。銃不能發。為之柰何。曰。凡為將者。遂知有此。須常時預令神器手。各置摺疊

油筌當此之際。多帶翼雷擊電翼虎形短。
擊電子銃。俱易包裹。火門盡在筌下。又可
從筌下裹飽

或問戰陣間器具頗多。必求神器何也。曰。我
中國之禦夷虜。專以長兵取勝。故前代弓矢
不足。加以弩箭。漢制官有强弩將軍。射聲
校尉。器有神臂弩。大黄弩。連弩。蹶張弩。匈奴
呼藥箭為漢家神箭。自有火器。弩制遂廢。
國初犁庭掃穴。專用神器。極其精工。日陵月
替。致不可用。目今夷虜跳梁。在在單弱
之賊。復以此困我。安得不銳意講求必勝
之器哉

或問大小神器。禦虜防倭可一律用之否。曰
韃虜内犯。多在平原曠野之處。倭奴入寇。
多在林莽泥淦之地。虜之衝突也。羣聚而
來。故禦虜當以重器銃器為正。遠器準器
為奇。倭之求戰也。陸續而進。故防倭。當以
遠器準器為正。重器銃器為奇。至於因時

制宜臨敵制勝。頗為將者方略何如。神器
唯求多多益善
或問近日有木熕竹銃。不惟輕便。且價廉工
省。用之可以制賊否。曰。銅鐵之具。製不如
法。尚虞迸炸。豈天壤間迩來有堅逾銅鐵
之竹木耶。茲器起於六合砲。後人因為木
熕以濟一時之急。從戎之士。因藉手以干
當事。聊為進身之媒。何乃據為經常可用
之器。夫一器迸炸。三軍驚惶。且竹木之器。
一經失事。餘燼四散。左右前後。能保其無
延燒乎。知兵之害。乃可以知兵之利。況身
為三軍司命。謀貴萬全。害多利少。即非完
策。急當置之
或問木熕既害多利少。終屬無用乎。曰。興師
動衆。強敵未滅。天壤間戰具何可缺一。譬
如兵洵城下。欲用大器。軍中未備。安得不
伐木以代鐵。然濕木較乾木堅強。擇其一
擊棄去。然又知防其必壞。復使三軍之士。

不致驚駭存其制以備不時之需可也大
都旋製旋用則木理固濕堅強製久木槁
多致壞事此器可鑿之而不可久庸將不解
斯旨安能收其功效木中又有濕脆而乾
堅者有濕堅而乾脆者是在用器之人格
物明理或臨時辨別其性不可輕易
或問近日有不響火藥果可用乎曰銃砲專
求殺敵其利鈍原不係此若ゝ藥逕疾銃
口未及發聲彈已到三百步之外何以不
響為哉且用兵之道金鼓隱啞知為不祥
神器政欲其如雷轟電擊搖撼山岳方是
張我軍聲鼓我士氣柰何反欲弱之斯語
庸人信之明將不取也
或問果有不響之藥否曰何嘗有此一日有
客請見自言其藥不響即出神器試驗欲
令家人代放客曰我自為之僕解其意索
秤ゝ藥三錢不令虧損分數其聲與常藥
等客慙曰畢竟為尔窺破蓋筒大藥少自

然不響。此簸弄欺人之法。火藥何常不響
或問火藥不必求其無聲是矣。今日欲求不
得熱手何也。曰。火藥燃手不熱。何得遽熱
銃筒燃手不熱。是火玄極快。欲試快耳。非
假此以驗觀聽也
或問從来神器俱付士卒服習。即百夫長亦
未常身親為之。沿習甚久。乃前譜欲令大
小將吏時常從事為將之體。不甚褻乎。曰。
古人稱身先士卒。政望為將者百般武藝。
千般辛苦盡皆以身先之。方謂之身先士
卒。近来不解斯旨。專在臨陣而言。殊覺差
謬。夫夏侯監脩鹿角。為敵所襲。至今誚其
輕率。身先之說。不在臨陣可知。大都人之
恒情。必上焉者率作鼓舞。下焉者斯有觀
感興起。欲士卒觀感興起。復尔拘泥弊習。
不肯以身先之。必不能望士卒藝精。若得
士卒藝精。臨陣自能殺賊。又不必為將者
以身先之矣。臨陣身先。一人之力耳。平日

身先。實有千萬人之力焉
或問壬辰沙湃苗兵。為虜蹂踏。近日朝鮮泗
川之兵。為倭所乘。俱因軍中火起。將勝轉
敗。是火器反為兵累矣。今日云何。曰。水能
載舟。亦能覆舟。、、未嘗不用也。顧操舟者
何如耳。嘗見總戎陳國保語楨曰。雲中父
老尚有能談
國初時用神器之法。一隊之中。必有司火之
人。擇其小心謹慎。數經戰陣老兵。火藥火
石。火繩。火罐。悉以委之。臨陣散與各兵。其
人往來照管。朶揮使亦稱其本國神器。俱
置車上。用一五六十歲老人主之。恐少年
鹵莽。不知火之利害。夫如是。豈致失事。大
都無能之將。用器草率。兼之兵無節制。遇
敵倉皇。又不知置司火之人。豫為戰理。安
得不致自焚。非火器累兵。、、制亦備。使然
也。倭奴營中火焰灼天。鉛彈如雨。不見自
焚。我兵一用火器。便致失事。抑獨何哉

或問疇昔神器有八九門齊出有五六門齊出者今日雖有數門附於一處畢竟另放何也曰疇昔製法未備人無命中之心器無命中之具故以多為勝欲圖僥倖耳今日器有必中之具人懷必中之心若未對準即一彈尚不肯舍而肯輕棄數彈新器不但輕便及殺敵過於舊製又可持久緣不同舊器費藥也

問神器之利既能殺敵則敵必不能制我矣然猶諄諄欲備車盾為自衛計者何耶曰事有至理兵有妙用凡為將者能明至理斯臻妙用夫衛我士卒是至仁也果於殺人至不仁也以至仁而濟我至不仁之術迨其勝殘去殺內安外攘寧不藉至不仁而得盡我至仁之心乎自古及今未有自衛不周而能立於不敗之地孰先勝之機制敵死命之理周於自衛既求建殺敵之基自衛不周先為賊制即有利器屬誰

用之。諄々於此。不唯合戰之時。不至以卒予敵。即士卒自然神完氣定。得士卒神完氣定。則茲器當數倍其利。前拒自衛。古人豈謾然為之哉

或問車傘櫓盾。為自衛之具。足謂神器之利。是矣。倘或有敵知我不能持久。扼險固守以老我師。或欲以輕兵從間道繞出其後。或冒險斬關而進。遇敵於叢林深箐之間。隘谷崎嶇之所。危磴懸崖。亂石塞路。車不得前。傘不得設。長鎗戈戟。復艱於衛。我神器。若之何。可以得志。曰。選儇捷之士。擇技精之徒。五人為伍。前用燕尾挨牌。々後附以翼虎奇勝。再用宜於危險器械。必使人自為戰。器自為衛。即去車傘。亦足取勝

或問神器必如何方得精工。曰。上馬者。知人善任。事專責成。受事者。視公如私。不辭勞苦。則事舉矣。九邊總鎮。經略大臣。能如粮餉。亦置專官。第一銃砲。次則刀鎗。種々精

利即與擒斬同功。濫惡不堪。即與失機同罪。冒破侵漁。律以尅減邊餉之條。夫如是。何致以卒予敵哉

或問神器必求精工。然後可用。若師出在外。前此未及料理。軍事劻勷。強敵迫我求戰為之柰何。曰。萬人之中。備治攻具。砥礪兵器。巧手三百人。此六轄軍用法也。今
朝廷一歲數百萬錢粮。十萬士馬。則巧手合有三千。主帥若不貪財。又善用財。能使壯者効力。巧者効能。則神器自可立辦。若兵政不備。自然難遽得耳

或問神器得堅固足矣。色澤為何。曰。軍容軍威。明將未嘗不講。甲光閃爍。劍鍔陸離。戈戟林々。凝霜耀日。亦足使敵人駭目驚心。沮氣破膽否。用兵之道。豪末不可苟簡。不問色澤。乃不求堅固之漸。今日
中國用兵器械不利。皆緣不能防微杜漸。任情苟簡。遂致盡舍制勝長技。日求媚虜之

術。興言至此。目眦為裂

或問神器內外俱欲精工。毫忽不宜苟簡。是矣。萬一軍中需用甚急。不得不稍減工夫。然堅固。色澤。於斯二者。何者可去。曰此器臨陣所係甚重。寧去華以求實。不可舍實而務華

或問神器求其堅固。是虞迸炸。致沮軍氣。求其色澤。是圖美觀。以張軍容。二者既聞命矣。若依今日之法。製造火藥。頗覺艱難。不知可用常日之藥否。曰。足下獨不見射乎。豈衛紀昌之技必得巧力俱全。巧而無力。不能貫單。力而無巧。不能命中。精器巧也。精藥力也。二者互相為用。缺一不可。倘緣製藥艱難。潦草從事。即付之藝精之士。常時伎倆。當減其半。寧不坐九仞之功。虧於一簣哉

或問南北製藥之法。亦有同異乎。曰。常時似無同異。以愚論之。地有南北之分。氣有燥

濕之別。今日製藥。能以熿炭分兩。斟酌損
益。求合燥濕之宜。以適南北之用。未嘗非
軍旅之一助耳。南方卑濕氣潤。熿炭稍增。
北方高爽氣燥。熿炭稍減。西方氣燥。嚕塞
每料用炭六兩。用熿二兩。海中氣潤。日本
用炭六兩八錢。用熿二兩八錢。各詳二國
燥濕之故。以權度我
中華九邊沿海之宜。再較晴明陰雨。涼熱鬱
蒸之候。備料製藥。一如泰民之守泰法。是
亦足稱用兵得算

或問神器臨陣與演習不同。臨陣倉惶。即有
精技。倘不能如演習時。得以從容命中。曰。
此論無節制之兵耳。兵若素有節制。爲將
者。臨陣又有信賞必罰。以鼓其氣。前拒翼
衛。以壯其膽。雖遇強敵。自能如常命中

或問神器手。用膽壯。力大。緣其有殺敵之氣。
手準。眼疾。緣其有命中之資。粗蠢無能。不
必言矣。至於不用大漢。轉求短小伶變。其

故為何曰短小之人臨陣受敵較之大漢只居其半神器若無車盾倉卒野戰妙在躲閃打人短小始易躲閃伶變方能躲閃臨陣全憑鵰打緊要之人以阻敵氣以落敵膽即魏武射人先馬之説伶變者始知揀擇粗蠢之徒一例亂打是又遲一著矣氣弱之人一發之後常日即有精技必難望其再中凡為將者若能勘破斯旨則神器手無有不精之理

或問舊日火器與新製之器遠近利鈍大[illegible]懸絶何也曰制用不同亦舊器火帶[illegible]新製之器火送彈出舊日火器譬如三錢彈者止將銃口攢成三錢膛內任其寬大鉛彈落到藥處藥先裏住鉛彈彈在火中火發之時藥又不快鎔化少頃火將鉛彈帶出此無力不遠之由也新製之銃膛口大小上下一般鉛彈與銃筒圓淨一般彈着藥上機發之時火氣毫釐不得走洩筒

既長而藥快。鉛彈又不致鎔軟。化扁。此遠近利鈍。因之以分也。

或問。海外鳥銃精工。諸夏不如。何也。曰。風俗習尚使然耳。曰。各國猶有古人寓兵於農之意。兵民不分。公私一體。酋長程課頭目。專視兵器精利。以為殿。家人人奉為職業。保守富貴。若兵器不堪。詎惟畏法。且畏班輩見笑。習尚成風。安有不精之理哉。中國盡屬公家。有司不知造。將吏不知用。士卒不知打放收拾。公家之事。匠作定然不肯盡心。監造之官。自愛者專求節省。入[illegible]者。剋落。一經節省剋落。便難行法。既無利結於前。不畏法繩於後。大小糊塗。上下苟簡。了事足矣。安望精工。曰。觀此。則中國畢竟不得精工矣。曰。不然。嘗聞東西兩洋貿易諸夷。專買廣中之銃。百姓賣與夷人者。極其精工。為官府製造者。便是濫惡。以此觀之。我中國不肯精工耳。非不能精工也。

或問我

中國大小銃砲常有迸炸之患。豈盡出不精乎。抑別自有說歟。曰。有之。用器者未窮陰陽五行之理。未盡陰陽五行之性耳。夫金屬陰。火屬陽。陽銃之炸也。在陰陽則陰不能固陽。自然駁擊而出。在五行火能剋金。筒薄則金弱。藥多則火旺。以弱金而當旺火。安得不為所剋。茲欲不炸。當於金火兩求之。如鳥銃熟鐵二斤。可受藥一錢。大器熟鐵一斤。受藥一錢。使陰能固陽。火難剋金。則永永無虞矣。然大小又有分別。何也。曰。鳥銃筒長。鏇欲攤開。大器筒短。鏇甚攢簇。然又有極厚而炸者。何也。曰。非鏇生。必有罅隙耳。火極虛明。遇隙必洩。以故筒成試以滾水。原為此也。

或問譜內銃樣甚多。軍旅之間。當盡用製造歟。抑擇而用之歟。曰。為將者用器。即韓淮陰之論將兵。各有分量材品。有能數萬者。

十万者多々益善者愚觀用器亦類此語
大都譜中諸器有南北倶宜者有便於禦
寇而不便防倭者有宜於防倭而不宜於
防虜者秦漢以降全才難得文武岐為二
途近日武臣又有南將北將之別以故南
將不知北方所宜之器北將不知南方所
宜之器遂有可用不可用之説若為將者
天地之大古今之變五方之性五兵之用
無所不知無所不能則譜内安有揀擇去
取之器故曰宇宙在乎手萬化生乎身
或問鉛彈亦有關於銃之利鈍否曰凡在器
上物件原同一體稍有不精便為主器所
累況銃為三軍鋒銃而彈又為銃之用人
在國為將在軍為先鋒銃藥既精憑此以
究其用安得不求極其精妙銃猶弓也彈
猶矢也良弓能使歪斜不調之箭命中乎
必無幸矣詩曰決拾既次弓矢既調決拾
弓矢必求調和相適方克利用則鉛彈與

銃可類推焉

或問霹靂火銃神奇特異不惟不畏風雨利於戰陣即主帥軍幕商賈逆旅儘足以禦暴客譜中不具圖式不言製法何也曰此器固是神奇甚難製造費又數倍非經眼習火又未必即叢倘值變起倉卒俄頃之間藉此以定軀命安危及覺悮人如軒轅嚕嗒易習易製見之無不屬領語難今日敢以此器望世人製造服習哉

或問銃筒輕長用久或為他物壓
庥帶累屈曲出彈之時定然不準必如何斯復其舊曰凡放畢收拾之時須仔細一看銃筒少有歪斜即將墨線自照門眼起直至照星分中處㓨將線一彈曲直立見即將銃烘熱放厚板欖上用木鎚顛直將線再彈如筒薄用可筒鍊條一根以紙包裹放在膛內庶免打扁銃筒試看舊銃不用圓筒專做八稜各國鳥銃圓筒者必磋

平上面。是為彈線計也。如係木床彎曲。將木床調直。床筒俱歪。一并整理。客曰。木性柔。金性剛。誠如所云。則木及能制金矣。曰。不然。此理不論剛柔。專看强弱。木多則强。金微則弱。故朵思麻論銃。專尚厚重。所以海外諸夷。盡拜下風。良以此尔。楨作軒轅銃。雖云損益床機。聊以防避風雨。其筒畢竟取法嚕密。豪釐不敢增減。不惟因其壓手不動。亦慮尚輕有歪斜之患也

或問嘗見用新製之銃。藥依譜中分兩。其火畢竟不若旦下用之迅速。及裝藥無閑門之患。何也。曰。造藥工夫。必得如造墨一般精細。合藥調劑。必得如煉丹之求合火候。夫柳炭木火。硫黃土火。焰硝水火。木火輕烈。土火沉重。水火流暢。性也。調劑不因其性。不得其理。用之必不遂意。若欲迅速快便。必須合藥之時。將硝黃柳炭。俱各研極細為度。先將黃入炭內。調和極勻。使木火

與土火合作一家。彼此相濟。然後入硝和搗。使輕烈之火。泛起沉重之火。俾得與流暢之火。一齊行走。斯爲得法。不肯窮火之理。盡火之性。安能得火爲我所用

或問常見邊將言邊地用銃。火常不發。曰。此莽夫信口支吾尔。初學亦有此病。久熟無有不發。僕製霹靂八。初用十得一發。次三四。次七八。今則無不發之火。手火之發。與不發。在服習与不服習。地豈能限火不發耶。邊將誰知火器。邊兵誰習火器。寃哉

或問舊日之銃。三發之後。或藥下自燃。或致迸炸。近日聞放至十銃。猶然可用。何也。曰。銃膛光與不光。火藥精與不精使然尔。舊日之銃。不知鑽碾。膛内坑〻坎〻。藥又不精。火經再發。藥查盡掛膛内坑坎之處。急裝後藥。前火未滅。自然舉發。迸炸爲何。曰。膛有坑坎。又不知刷洗。即刷洗。坑坎藥查未必去淨。一經潮濕。筒必蝕壞。坑坎之處

日深一日。漸至透漏。安得不炸

或問諸器神奇何處得來。曰。因韜鈐奇正。再觀古人兵器。觸類變通。加以妙悟。遂獲造其玄微。夫用兵有奇有正。器械為制敵之具。奇正安得不備。試觀方戟鋼釟。即知古人製作兵器。未嘗不體奇正之旨焉。刃。正也。枝。奇也。正用制敵。奇以自衛。奇正相因。斯成完器。只緣鳥銃新出。其制未備。因其闕略。聊以補足。雖云神奇。實係古法

或問前譜掣電。乃佛郎機遺製。近代宿將。有謂三號佛郎機。只充玩具。似無實用。筆之於書。茲器較三號佛郎機更小。亦可用乎。曰。三號佛郎機難用。銃筒火藥。未能盡制耳。如其盡制。必然可用。古人必不浪為。玩具之說。此公據近日之器並

國初銅器。未及重加制作者。率尓立論耳。大都茲器。自

文皇三犁虜庭之後。遂置不用。舊器雖存。盡皆

銅鑄。銅鑄之器。若多歷年所。非麥糠養過。驟然用之。必致損傷。不得制作之法。因以舊器為不可用焉。新器用鍊打成。官司不知。一任匠作亂做。火之熟與不熟。岔之合與不合。膛之直與不直。以及子銃厚薄精粗。茫然不解。一經試放。十壞五六。不咎未能盡制。亦以新器為不可用焉。玩具之說。不窮古人製作之故。不問時俗窳窳之由。口頭之言。請再詳之。

或問

國初法令嚴肅。神器盡制。及見舊器雖完好者。亦用重復製作。方免迸炸。其故為何。曰。五金。銅性雖剛而實燥。必藉爐冶範淬。因借木水火土之氣。和以鍛鍊。始克堅勁。此五行化生相成之理。舊器在庫。定然近土。子得母氣。原神復旺。原神既旺。外至者自然解散。燥性自然漸還。一遇擊駁。難保無虞矣。若用舊器時。須將麥糠鋪在炕上。埋

器穅內。微火養之。鋏器温煖。再用灰隔炭
大。漸漸煨熱。淬過。以鏟鷲打。然後着藥。如
續譜試法試之。大都神器必使五行之氣
合而不離。始得堅固。有事於此。爲將者。務
欲窮理盡性。方享其用

或問南方木炭鍛鍊銃筒。不惟堅剛。與北地
大相懸絶。即色澤亦勝煤火成造之器。其
故爲何。曰。此政足印證神器。必欲五行全
備之言耳。炭。木火也。北方用煤。是無木矣。

禀受欠缺。安得與具足者較量高下

或問近日大小神器。易銅爲鐵。舍鑄務鍛。猶
然不堪。此何以故。曰。將作欲博精明之譽。
損其值以致之耳。嘗聞盧將軍鏜南方初
造鳥銃。工值三金之外。今一金恡而不給。
一金不足精工鳥銃鐵炭之費。餘可類推
焉。曾有嚴姑。能督責巧媳無米之炊乎

或問銃口偏左偏右出彈不準。亦有法以制
之乎。曰。近日始得其故耳。大槩銃口天鑽

打成無有歪斜。其偏左偏右。皆因照門照星與前後箇口叅差不對所致。求去此病。須戒工人。安放照門照星之時。務要將前後箇口十字分準銃筒彈線擻直照門照星。惟依前後口頭中線。不必拘泥銃筒外面。歪與不正則彈出無有不正之理

或問前云車外。又以信砲爲前拒。然信砲不具圖樣何也。曰。此前入製作。且備在咸必保新書。故不敢掠取以爲已有

或問製造。演習。與夫攻戰下手著數。譜中言之詳矣。我欲不戰。是以屈人之兵。茲器亦有其具乎。曰。是在内外當事不愛延世之賞耳。不愛延世之賞。則樞莞不尚首功。邊臣不貪首功。茲器儘有攻心妙用在焉。嘗聞虜俗首長坐纛以及纛票。標竿。纛票手。背標人馬。皆虜入犯之時。視其損傷無恙。以卮凶吉。邊吏誠能探知聚謀。先將神器手分布於必由之路。或依險阻。或倚林木。

或潛匿於艸莽之中。或憑據於墩堡之上。
伺其至二三里之外。以鷹揚嚕密極遠之
器。遙望攢擊。無有不中之理。但中一酋。一
物。雖十萬之衆。悉卷甲而遁。此情邊吏誰不
知之。祗緣僥幸功級。兼之軍政久弛。因循
惰玩。彼此觀望。不問脩守控制之策。曰工
朘剝媚虜之謀。誠能幡然易慮。改其弦轍。
同心併力。惟此是圖。我知為力易而收效
廣。真善之善者。非不戰屈人之兵乎

或問神器兵家一技耳。藉令精工。士卒服習。
遽欲轉弱為強。倘未然也。曰我
高皇龍飛淮甸。用此鞭撻群雄。驅逐胡虜。不數
年而成
帝業。今日又在全盛之時。兼之神器精利。十倍
往昔。用之得宜。獨不能發舒華夏之氣。防
禦一二逆命小醜。轉弱為強哉。試觀呂宋
佛郎機。瀕上一浮漚耳。暹羅日本。琉球蘇
蠟。從来不敢侮慢其酋長。荼毒其民人。神

器之力也。近来日本雇倩兩國銃手。前至
朝鮮。是以及仗小。足制大矣。誠能用之。
我
中國獨不能制四裔乎
或問譜内陳說神器製用。可謂極其詳悉懇
懇。足下能使器精。不能使之必為世用者。
其故何居。曰今日所能者人也。所不能者。
天也。器精在人。楨故能之。用不用在天。實
無能為也。客曰。天亦可回乎。曰此器用是
國家萬世之利。鼎鉉樞筦。凡百津要一意若
國。自足回天。茲器自然見用。茲器具體剛大。
存心正直。賦性激烈。禀氣雄壯。發聲宏遠。
為威武猛。純乎陽也。當推陰陽消長之機。
以占用與不用耳。若楨者獨行孤臣。得免
非笑。已屬厚幸。又何能使茲器。必為世用
我
或問舊日二將軍諸大器。或有輕重斤兩。而
無尺寸數目。藥有升合之數。而斤兩全然

不備。不知前人故引而不發乎。抑智慮未
及乎。曰
中國諸大神器。近来臨敵不敢遽用者。政坐
人器不相習耳。大都軍中器具。文臣忽為
粗事。何嘗一問。即有深於此者。又皆不屑
講明。武臣有明於心。而不能形諸口吻。有
能言之而又不能屬之管城楮生者。兼之
執器士卒。難於常常演習。以故造作之制。
不備。打放之法甚略。客曰。足下何不并為

闡明。以利軍用。曰。此器非奉
朝命。曷敢私造。非為大將。誰敢私習。今曰未
經試驗。不敢逞臆立論。聊舉未備端倪。以
伺後之君子可也
或問
皇威遠布。海氛永息。歸牛放馬。政概銷兵。尓乃
營營竟成鍛癖。倒囊浪費。而罔惜勞神。無
用而不惜。似醉若痴。抑何愚哉。實不能為
尓解也。曰。足下誚我為愚。我隨足下之見

爲隱。夫神器可以禦倭。未嘗不可制虜。使
我神器之作輟。一視校使之進退。是楨爲
一身一時功名計矣。楨當知命之年。落落
難合。陸沉金馬。若將終身。然猶孳孳終日
矻矻窮年。非笑不顧。一意講明神器者。蓋
緣有感於毋恃其不來。恃我有以待之之
言。今日不揣譾劣。期爲
國家衆不餉勁兵。儲無敵飛將。建威銷萌。用
備緩急。庶幾仰報
聖明廿年豢養小臣鴻恩。原非作一朝一夕之
謀。一身一家之計。藉令茲器終於棄置。我
言固在也。我言既在。後有用我之言則生
平報
主之志。亦可以少申萬萬之一矣。人生貴適志
耳。人之知與不知。器之用與不用。庸何傷
哉

神器銘

[illegible]

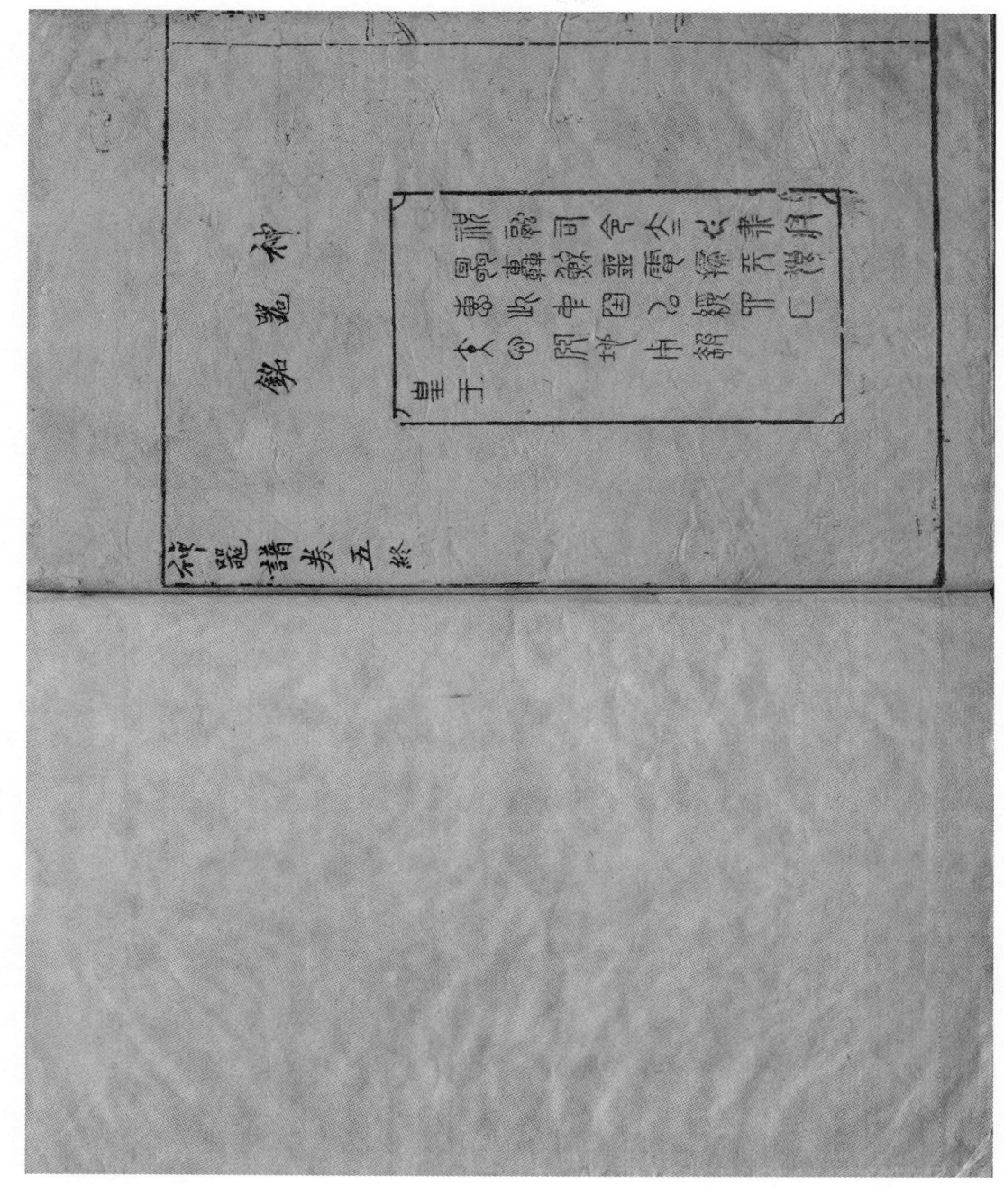

神器譜卷五終

附録二　明刻本二種篇目對照表

神器譜　萬曆間初刻本	神器譜　萬曆間重編五卷本
神器譜叙　王延世（萬曆二十六年四月）	神器譜叙　王延世
集之一恭進神器疏（萬曆二十六年五月初二日）	卷一　萬曆二十六年恭進神器疏
原銃（萬曆二十六年三月）	卷二原銃上・引
圖説	卷二原銃上・銃圖
神器雜説（三十一條/三十五條[一]）	卷四　説銃（七十三條）
續神器譜　萬曆間初刻本	
續神器譜叙　王同軌（萬曆二十七年四月）	王同軌序（萬曆二十六年八月）[二]
續神器譜自叙　趙士楨（萬曆二十六年八月）	卷二原銃中・引
銃圖	卷二原銃中・銃圖；卷三車圖・圖説
續神器譜雜説（三十二條）	卷四　説銃（七十三條）
神器譜或問　萬曆間初刻本	
神器譜或問叙　劉世學（萬曆二十七年七月）	劉世學叙
神器譜或問（四十四條）	卷五　或問（五十五條）
神器譜（三編）萬曆間初刻本	
恭進神器疏（萬曆三十年五月初九日）	卷一　萬曆三十年恭進神器疏
兵部都察院題覆疏	卷一　兵部都察院題覆疏
防虜車銃議	卷一　防虜車銃議
銃圖（有引）	卷二原銃下・引（萬曆三十一年正月）[三]、圖説
車圖（有引）	卷三車圖・引、車圖
倭情屯田議	無
中國朝鮮日本形勢圖略	無

〔一〕《玄覽堂叢書》影印本作『三十一條』，北大本作『三十五條』。
〔二〕王同軌序二刻文字相同，署年月有異。
〔三〕『原銃下』引言部分文字與初刻本銃圖引言唯首句措辭類似，其餘文字差異較大。

續表

重編五卷本獨有篇目 初刻本未收	
黄建衷叙（萬曆二十七年八月）	
神器譜目録	
聖旨八道〔一〕	卷一
恭請造用歸一疏（萬曆三十年十月十二日）	卷一
兵部題覆製造疏（萬曆三十一年三月）	卷一
奏請停止製造車銃疏（萬曆三十一年四月十一日）	卷一
恭進御前近侍合用輕短嚕蜜鳥銃内直揭帖（萬曆三十一年三月初七）	卷一
恭進合機銃疏（萬曆三十一年八月二十七日）	卷一
原銃下（萬曆三十一年一月）	卷二
合機銃圖叙（萬曆三十一年重陽後二日）、圖説	卷二
説銃增九條	卷四
或問增十一條	卷五
神器銘	卷五

（説明：子目較五卷本書前『神器譜目録』簡化）

〔一〕初刻本散在相應各疏後，五卷本集中指於卷一首篇。

附録三　和刻本序跋〔一〕

内封題辭：〔二〕

唐本翻刻

明中書趙士禎著　日本赤城清水先生校　不許翻雕

神器譜

斯編明趙常吉士禎萬曆中感南北之變而所作也。其上卷首論後世武備要務，專在講練銃砲。中卷詳記嚕密、西洋、掣電、翼虎等諸銃打放法及車架制作圖式等。末卷附録説銃、或問，以發揮銃筒制作、火藥方法及戰陣用銃砲底藴。其詳備明暢，他兵書所未覩，實火攻要典，武門必讀之書也。

刻神器譜序〔三〕　赤城山人清水正德撰

夫用兵之道，以人心爲主，而器械爲之佐。人心欲忠勇以致其身，器械在堅利以適其用。而器械中，又以銃砲火器爲第一者。何也？蓋銃砲有摧堅陷鋭之利，遏衝制突之用，自古所謂五兵者，皆遠拜其下風。故器而神之，所以致其尊異也。明太祖征交阯，得神機鎗礮之法，除兇剪賊，有賴以成其功矣。蕩平之後，盡藏之武庫，而不欲其法輕泄於世。蓋恐禁暴掃亂之具，或爲逞惡肆毒之資也。然禁秘之極，其法迄嘉萬間而庶乎泯滅矣。當時南北被寇，宇内搶攘，乃若一時名將俞、戚二公輩，鞠躬奔走，遂靡有能犁庭空幕而誅絶

〔一〕和刻本内封、清水正德序、神器銘、池田寬藏跋，據金程宇主編《和刻本中國古逸書叢刊》第二二册（鳳凰出版社，二〇一二）影印文化五年（一八〇八）刊本録文。
〔二〕和刻本内封面。
〔三〕在和刻本卷首。

之者。控禦罷于外，財力屈于内，天下事未知其所税駕也。趙士禎親目擊時艱，不勝憤切，慨然以爲華夏體陽據尊之勢，所以每不振於醜虜者，抑非彼之能勇，而繇我武無維揚故已。而耀威禦侮之法，非銃砲火器以制醜類死命則不可也。於是世間笑詈，耳如不聞，傾囊倒橐，一意講究神器，不遺餘力。遂以其所得著爲譜，獻之當宁，以致其圖報之志也。奈當事者不以國患介其意，阻抑而無行。爾後戎政日弛，未幾禍起肘腋，而無如之何。及闖賊窺闕，林立銃砲，徒不過乾響，文武官吏，皆抱首逃竄，無有一人能禦敵者。屠戮慘毒，恣其所爲，遂俾三百年宗社一朝爲丘墟，其究至夷虜跳梁，盜據中原乃止。是誠雖人心不固之故，抑亦不謂武事不講之所致哉！

余嘗讀《神器譜》，竊傷士禎一世豪傑，其志不展於時，欲爲梓其書以傳久矣。頃者，書賈某將翻刻斯書，乃請余校正焉。余大喜，其舉符夙志，不敢自揣，爲校訂謬誤以授之。顧方今我東邦承平日久，士大夫類多忘守成之難，沉湎逸樂，惟日不足。乃至兵謀師律之事，茫乎不識其爲何用也，况於銃砲火器乎？間或從事於斯者，試觀其所演，大都非虚誇無當之法，則兒童遊戲之類也。是何足爲戰陣之用乎？悠悠如此，無所禁革，惡知不啓夷狄狂逞之心哉？夫天地之運，復剥相襲，陰雨徹桑，未爲過計。宜及兹良暇，以謀宗社磐石之安也。冀海内有志之士，得斯書而研味之。知戎政之要果在此，而求神解於形迹之外。簡練揣摩，以通徹神器之妙用；淬礪奮揚，以掃絶醜虜之纖芥。則國威可張，疆埸可鎮也。其有大造於天下後世者，豈特謂一器之計哉！

文化四年丁卯臘月

芳水武田信任誰也寫

夫銃者，武備最上之具，而用莫妙焉，器莫神焉。故至其技能熟，施用合其宜，則百萬兵甲，恐無地于禦之。士大夫不學鏖千軍、殲萬卒之技，而徒事一夫相擊之爲，豈謂不迂遠乎？明趙士禎著《神器譜》，具録其妙用。蓋其憂國之至，不得不倦倦于此，其設心可謂深而切矣。赤城先生講經餘暇，好韜略之學，兼涉銃技，研究不止。頃者，書肆某得《神器譜》一本，將上梓布世，乃詣教正于先生，因爲校正謬誤以授之。夫自古英雄之士，不得顯於時，俟知己于千歲者，往往有焉。如此書浮沉不得時，堙没久之，今而再見于世。讀其書者，初知其爲忠信報國之人。則如先生，豈不謂趙氏千歲之知己乎？美哉斯舉，能煽動古人之忠魂，鼓發今人之義氣，甚有益于國也大矣。余與先生志相得之切也，往来有年于兹。故及其校成也，贅數言于卷尾，亦唯庶幾得忠信報國之人，相與講究武備最上之具耳。

文化戊辰之春

信濃池田寛藏撰

甲斐武田信任書〔一〕

〔一〕在和刻本書後。

附録四　東事剩言

東事剩言序〔一〕

昔賈誼，洛陽年少耳，高議漢廷之上，至欲試屬國，建表餌，係單于頸，致之闕下，意甚壯之。鼂錯，太子家令耳，上書言兵事，天子下璽書褒之，至謂言不狂而擇不明，又何其鑿鑿動聽也。彼其人豈盡爲名使而迫欲見功哉。獨智之計見謂必然，而庸衆以爲未必然，故宜其言有效不效耳，古今人豈相遠哉。常吉趙君，與不佞皆生東南，皆目擊倭事。頃者東征事起，予間與一二相知譚往事，大略如《剩言》中語。諸君謂何不上書言之，余謝越俎不敢。乃常吉意異是，謂國家多故，正智士見奇之秋。吾言用而見功，吾言效也。吾言不用，而吾言在，未爲不效也。要爲縣官試一割之用，而有所託，以見吾奇，如是已耳。以故再上書，至報聞而猶未止。儻亦有鼂、賈之意乎？可念已。常吉奇士博學，善屬文，多材藝，思以功名顯其素所蓄積也。令得在事奮其智計，必有卓然表見者。而耗雄心于筆札，挫鋭氣於禁廬，宜其精悍之氣，栩栩眉間，而胸中得無壘塊也。蘇長公不云乎：言之於無事之日者，足以改爲，而常患不見信；言之於有事之日者，易於見信，而常患不及改爲。君兩疏中如論情形、論兵食種種，皆可舉行者，而未見採擇。夫使國家而終無事也則可，有如一日思君言，得無悔後事哉！然君言未有不終遇者。往司馬相如、莊助、朱買臣輩，出入承明之廬，何預公卿論議。及通西南夷，長卿建節往，至守令負弩矢前驅，抑何榮也。築朔方，救南越，至與宰相抗議，又誰絀之。今上神聖倘念徼外多事，命禁近臣持一節以往，

〔一〕據日本東洋文庫藏萬曆刻本（II–13–B–17）録文。原書一册，半葉九行，行二十字，白口，單魚尾，四周單邊，手書上版。首葉鈐『東洋文庫』朱文長印。是書傳本稀少，東洋文庫藏本外，僅知韓國首爾大學奎章閣藏萬曆刻本一部（奎中5414）。《東事剩言》全書包括高萃序、東事剩言、疏草、黄仲春跋。正文爲趙士楨（自稱剩居士）答客問。疏草兩種，情形防禦疏、兵食疏，即附録五《彈劾兵部尚書石星疏》所謂『臣當前歲議論未定，兩陳情形、兵食』。按《千頃堂書目》著録：『東事剩言一卷續草一卷』。似將《東事剩言》一書分爲前後二種著録，『續草』即上述疏草。

參典其事，豈他人哉？必吾常吉矣，此君言效用時矣。萬曆甲午歲立秋日友人四明高萃撰。同舍山東劉綵書。

東事剩言

東嘉趙士楨著

剩居士不揣淺薄，抗疏兩言東事。客有過剩居士者曰：足下不修職業，攘臂憤憤，爰及軍旅，真狂生哉！

剩居士曰：我自謂非狂生也。

客曰：日本爲國，甲於東夷，守不設險，自衛以兵。物産之饒，刀劍之利，民俗輕生，習於戰鬥。漢魏隋唐，歷年滋遠，載籍雖具，茫昧難信。足下亦嘗聞有元之事乎？方世祖入主諸夏也，并吞八荒，囊括宇内，雕題文身之君，椎髻編齒之屬，罔不獻琛奉贄，自請内附。三五以降，爰逮嬴劉，輿圖之廣，兵力之盛，自太古始，實稱無兩。惟茲倭奴，負固不臣，赫然震怒，聲罪致討，爲謀壯矣。而舟師十萬，盡付天吴，挫敗之慘，至今有餘懼焉。奈何足下一眇小之夫，遽欲吞吐滄溟，撼摇島嶼，似不自覺制心之易，出話之不慎也。

剩居士曰：足下生長内地，漫遊中原，雖富經濟，未涉封疆，更欲商確海外，真執冰以語夏虫，宜足下之不我信也。夫有元君臣，盡屬胡虜，波濤之性，風汛之期，耳無所聞，目無所見。新募南人，又皆趙宋遺黎，既不爲用，復懷幸敗之心。樓船二千，帶甲十萬，同日開洋，兼旬航海。藉令伏波秉鉞，横海樹旄，從以狎水，抗浪之徒，出没島嶼之輩，然且不免。而况迫脇烏合之衆，格面疑心之民，求其共濟，豈可得乎？五龍之厄，實由飄泊震撼之餘，敵乘其罷。俾滄溟流人之血，鯨鯢厭人之肉，暴兵死地，自貽伊戚，天實爲之，豈戰之罪？倭之强哉？

客曰：有元茲役，意者天厭黷武，海若震怒，風伯爲殃。假此致警，足下之言，近似矣然。余觀乙卯之歲，賊亡十軌，自吴越直薄金陵，掉臂狂呼，貔貅辟易，妖氛横指，天日晦冥。非倭善戰，何能虎噬梟張，横肆荼毒，一至此哉？

剩居士曰：自二祖蕩滌腥羴，重造區夏，武戡禍亂，文懷遠人，絶徼遐陬，含生戴齒，罔弗梯航，以歸職貢。淮揚吴會之間，八閩百粤之地，延袤萬有餘里，上下二百餘年，民至老死不識兵革。一旦奸人從旁窺覘，勾倭内犯，兇威少逞，遞相虚喝，甚致一人訛呼，三軍俱北，兩鋒未接，望影先靡。皆緣承平日久，民不知兵，原非倭能以寡制衆，深入重地，如蹈無人之境也。足下不思其故，執爲口實，豈有血氣具鬚眉者之言哉！

客咈然曰：誠如足下所云，則賊亦可制乎？足下何不爲僕備陳我明王師破倭故事？

剩居士曰：吴靖江楨琉球洋之迎擊俘馘，陳平江瑄朝鮮界之追逐燔燬，窘迫倉惶，扶傷奔命，入犯之倭，幾無噍類。勒石燕然之烈，標柱炎塞之功也。

客曰：此小創耳未，足以懾倭心也。

剩居士曰：劉廣寧江，望海窩之捷，一日之内，勁倭數千，駢首受戮，澌盡冰消，灰飛煙滅。迄今二百餘年，罔敢窺兵遼左者。豈非天威震疊，將吏協謀，軍士用命，紓華夏之氣，破倭奴之膽乎？

客曰：國初號令嚴明，賞罰必信，閫帥無牽制之患，士卒有敢死之心。是以不勞餘力，一鼓而收蕩平之績，良有以也。

剩居士曰：戚將軍奮身積弱之餘，誓心累挫之後，提三千新練之兵，驅八閩盤據之寇，未幾一月，克復二城，趨利千里，殲倭無算。席卷之機，破竹之勢，至今興化漳泉之區，深山窮谷之中，家尸祝而户俎豆，繩繩不絶，藉藉未泯，此可以虚聲得之哉？

客曰：此足下聞而知之，非目擊也。

剩居士曰：譚司馬、戚將軍仙居白水陽之戰，賊雖千計，實則汪、毛餘孽。倭奴精鋭，據險爲巢，勢成負嵎。兩公釋胥徒之縶，用火攻之策，乘夜合圍，移時殄滅，執訊獲醜，逐北追奔，若天地爲之振威，而山川因之改色。鄉兵響應，倭益窘促，倉惶登舟，旋就覆没，得脱歸國僅數十人。

客曰：此兩勢相當，兩力相角，未見以寡制衆。

剩居士曰：不見張參軍鈇乎？體不勝衣，射不穿札，雅歌投壺，圍棊蹴踘，儒將耳。寧村孤懸海上，東甌最爲要害。時羽書告急，公選鋭赴援，夜分方進東門，賊已先襲西關。率兵巷戰，手刃倭酋，肩項被傷，意氣愈勵，斬首六十餘級，俘執二十有奇，驅逐出城。大兵繼至，公令傳餐出戰，期欲盡殲其衆。倭覺揚飆而逃，莫敢迴顧。諸如此類，更僕難數。

客曰：觀此則中國制倭亦驅韓盧而搏蹇兔矣。乃足下亟爲兵餉之策，圖桑土綢繆，寧無畏蜀如虎之情乎？

剩居士曰：兵家最要，民心士氣，心渙氣阻，雖百萬之衆，猛若虎狼，寡弱及得制之。不佞蓋望今日豫爲戢和民人，振作士氣，上下一心，臂指相使，倭至輒挫其鋭，毋令猖獗。俾民心愈定，士氣愈壯，雖十日本而百平酋，我知不足平矣。苟以燕雀處堂之心，不信曲突徙薪之言，賊至亡備，小有不戒，民心動摇，急難收拾，士氣消沮，不易振揚。甲寅吴越之殷鑑，壬辰高麗之覆轍，寧不寒心哉！

客曰：大司馬已疏請徵各鎮兵三萬，是可爲有備矣。

剩居士曰：僕愚不解也。夫各鎮額兵，素稱單弱，加以東西徵調，彫疲滋甚。尺籍雖具，十亡五六，自備不暇，遑卹其他。况倭虜之兵，原有異同，藉令可集，亦屬驅衆，未必制敵，適足僨事。萬一倭虜交訌，羽檄傍午，顧此失彼，已屬非策。而况兩敗俱傷，勢所必至。若近日遼陽之事，非後日各鎮之前車乎？倘别有勝算，君其問之大司馬焉。

客曰：諦聽足下之言，仿倭禦虜，兵有異制歟？

剩居士曰：有之。虜猛倭狡，虜驍勁而倭便捷，此大較也。禦虜之兵，力能挽强，馳馬提刀，即稱勁卒。假如兩馬相交，一擊再刺而已，群鬥則勇敢多力者勝。若禦倭之兵則不然。便捷蹻虔，武藝閑熟。器則狼筅、長鎗，刀牌、鋭棍。兩刃相加，兩技相角，非我制敵，則敵制我，不勝不已。故兵非素練，藝非擅場，是爲無兵故。禦虜當以騎兵爲正，步兵爲奇。若專恃步鬥，寧夏苗兵可鑑也。禦倭當以步兵爲正，騎兵爲奇。若專恃騎戰，朝鮮祖生之騎兵當戒也。若夫正復爲奇，奇復爲正，循環無端，變化莫測，是在諸將臨敵應機，一心運用之妙。至尊樞筦，尚不宜專制，誰能遥度哉！

客曰：民心士氣，涣漫極矣。足下可能一竟其説，回狂瀾於既倒，障百川而東之。不佞有厚望焉。

剩居士曰：破拘攣之弊，振因循之習，信賞罰如四時，嚴號令於雷霆。毋竊賞功以惠私人，隳血戰用命之心；毋假罰罪修怨怫己，阻忠義任事之氣。事權分則專閫掣肘，議論多則勞臣解體。秉鉞憲臣，監司大吏，開誠布公，集思廣益。專執成心，摧挫將帥，必生疑貳反側之嫌；借名節省，輕議減餉，慮罷鼓噪脱巾之釁。披堅執鋭，以死爲鄰，沐雨櫛風，經年暴露。投醪之意當宗，朘剥之弊宜戒。煦之以仁慈，繩之以紀律。問疾病，卹飢寒，均勞逸，核功罪。誘以榮名，啖以厚利，一長必采，片善不遺。講明忠義，俾堅其報國之心；崇尚俠烈，用作其敵愾之氣。有家人父子之至情，無秦越參商之異。念視士卒如嬰兒，可與俱死。以驕子視之，不可制矣。旨哉斯言。請繹思之，可以戢和民人，振作士氣也。

客曰：足下言似核，氣似壯，是則是矣。然葉公懼真，惠侯好僞。足下噏噏訿訿，幾爲危機所中，爲之何哉？

剩居士曰：四郊多壘，卿大夫之辱也。食人之食，何得不憂人之憂？

客曰：疾雷破山，注雨如霔。雞鳴于塒，失其所謂司晨哉？

剩居士曰：我思古人，實獲我心，興言至此，不能不髮上指而目眦幾裂也。

萬曆二十二年歲次甲午仲夏二十七日識。

疏草

情形防禦

文華殿中書臣趙士楨謹奏爲恭陳倭奴今昔情形，南北防禦機宜，款貢可否利害，以定衆志，以裨決策事。

東征之役，費帑藏金錢以數百萬計，士馬物故以數萬計，可謂竭中國之力矣。乃今防禦款貢機宜，漫無成筭。此前識忠志之士所以日夜疾首痛心，而抱杞人之憂也。臣生長海上，倭中虚實，防守款貢之事，聞之故老者最真，籌之平日者最熟。只以冷局小臣，無關職事，不敢越俎代庖，以蹈今日弊習。第忠義之心，實不忍居諸臣之後，即不能修詞以駭觀聽，敢不直陳所知於皇上之前。伏望皇上大奮乾斷，爲宗社早決此機。今之譚者，皆曰倭奴狡獪剽勁。以臣言之，彼亦人也，非魑魅魍魎之變幻，虎狼熊羆之搏噬，何甚畏之！

世廟之時，只以承平日久，民不知兵。奸商汪直接濟事敗，有司偵捕，遂買倭奴爲恐嚇守臣之計。將吏倉皇出兵，驅不傅市人揭竿以禦服習技擊之賊，坐致挫衄。一敗之後，將吏反稱倭奴驍勇，難與争鋒，爲自文寬罪之計。聽者不察，信以爲然，遂令民心動摇，士氣消阻。非中國之人弱於倭奴，虚聲自相恐嚇，加以中國之民不知坐作擊刺爲何事，金鼓旌旗爲何物，視賊如虎，莫之敢攖。續後撫臣胡宗憲、守臣譚綸，將臣俞大猷、劉顯、戚繼光輩，號召敢死之士，講求防禦之法，水陸戰具，漸就精備，不數年而汪、毛、徐、麻諸賊，以次授首，氛祲盡消。再後餘黨不敢窺伺浙直，惟犯兩廣。臣鄉人被虜有從賊，自廣中遁歸者，皆云賊在彼中，聞兵至輒問何來，若聞他省，漫不爲意，若屬浙江，則十分戒嚴，遇嘉湖之兵尚敢迎敵，遇金衢温處之兵必遁而不戰。以此觀賊，則賊之伎倆可知矣。

況以今視昔，情形尤異。當時之賊，非酋長所遣，私自爲盜，有利則歸於己，人自爲戰，同心死命之徒，得兵家必勝之機者也。今日之賊則不然。上迫平酋之威，下有妻子之念，暴露異國，利非己有。薩斯麻之觀望逗遛，平行長之因敗疑阻，似不可與汪直、麻葉同日語矣。且渡江之衆，未可稱節制之師也。一舉而復平壤，再舉而收開城，實則仰藉陛下天威，亦由倭奴畏死。只緣南北争功，諸將致釁，彼此爲心，莫肯戮力。碧蹄之役，款貢之議復興，倡諸將觀望之心，動士卒思歸之念，皆由匪人乘機鼓煽，以隳垂成之功，豈戰之罪哉！

若夫防禦之法，南方宜於海外，北方宜於陸地。南方之民，勤於海業，殷富之家，遵海而處。以故村聚相望，雞犬相聞。譬如倭船抵岸，極多二十餘號，賊兵千餘。一村積聚，足賊旬月之糧，房室可以休養鋭氣，不苦暴露，其勢常合。若旁出剽掠，又駕我民間小船往来於溪河之内，行糧戰具，皆可附之舟中，是常逸而不甚勞。水田之間，泥塗之上，短刀便於跳躍，官兵又不得結陣成列而戰。故禦之海外，似便於陸。常時海上諸將，賊至不肯輒戰，縱之内犯，伺賊得利，然後擊其惰歸，以圖掩飾了事。若今日南方重論海外觀望縱賊之罪，則防禦之策十可得其七八矣。臣聞遼陽、永平、山東沿海諸處村聚星散，居民更乏旦夕之儲，數十里之間寂無人煙者，在在皆然。譬如賊至亦如前數，一村之内，計其積蓄，不足供賊一飽，而房室舟楫俱異南中，食盡之時，其勢自難常合。伺其涣漫旁掠，我且莫與之戰，時出遊兵以擾之，多方以誤之。賊既苦於暴露，復不宿飽，數日之後，鋭氣自消。我則以主備客，以逸待勞，平原曠野之間，又可嚴陣以俟，非水田泥塗，林蒨山谿之間，賊得盡其搏擊之技也。三百步之外，用南兵避銃之法。稍近則火器交作，弓弩齊發，賊即鐵石，亦當銷鑠。再近更以長鎗、狼銑，如牆而進，賊豈能如鷹隼之飛擊乎？須多練步兵，騎兵似未可全用，十數之内，惟帶二三，以備出奇逐北之用。若執禦虜之法，專用騎戰，是取敗之道也。臣之言亦大概耳，至於臨敵制勝，又在邊臣諸將觸類變通之焉。

然最要者，營兵積弱，不可復振。當於京師别練步兵二萬，春夏之交，海平風順，以此兵更翻戍天津之大沽口，秋冬之間，海高風轉，歛還京師，教習技擊。不但免去歲徵調之擾，實得居重馭輕、强幹弱枝之意。若謂錢糧不敷，臣愚以爲，去歲造船不可用四五十萬之費，改爲募兵之具，可支二年，是在轉移之間耳。更欲造船，復以不習水性之徒，防之海外，如南中故事，不惟勞民傷財，是以我之所短攻彼所長，委肉於虎狼者類矣，豈計之得哉！

罷封絶貢之議，辭嚴義正，不但足尊中國之體，更可坐消後日之憂。忠義遠猷，宗社至計，極正至當，誰敢異同！而本兵、經略，尸居餘息，方寸久亂，不必與語。總督顧養謙，雅有時名，曉暢邊事，若以北虜之貢，方之倭奴，似未足以服其心耳。北虜住牧近塞，朝發可以夕至，難以年限，不可數計，雲屯烏集而來，隼啄獸攫而去。以尫羸垂斃之馬，易我金繒，其他隱禍無論，即開市一事，亦足以消耗中國之財矣。若倭則不然，航海而來，風便二十餘日，不便月餘，或限以五年，或限以三年，或定以十船，或以五船，則年限人數，我可得以制之，彼亦不得過增。年限船數之外，即係盜賊，我可以殺，彼亦無辭。抵岸至關之日搜檢，拘器防範。開市之事，國初令甲，一一具在，無容臣贅。若以倭使之來，覘我虛實。無論倭中多有中國奸人，獨不曰賊能窺我，我之使臣豈不能窺賊乎？賊能防我窺覰，我獨不能防賊窺覰乎？今日尚在全盛之日，智謀防範，反出夷狄之下，臣不敢信也。諸如此類，俱不足以服總督之心，塞議款之口。但今日所慮者，不難于許封，而難于遣使；不難于受款，而難于善後。陛下試問總督大臣，本兵所遣沈惟敬，果正人義士乎？抑狹斜無賴乎？去歲僞充使臣之時，果能仗義執言，以宣我天朝之威乎？抑彼此紿誑，支吾遷就，曾爲辱國不可使聞於人之事乎？今日天使之行，若賊無知，亦欲脅我天使如惟敬故事，將仗節持正以全國體乎？抑降志辱身以爲性命之計乎？若執天使之體不受屈辱，勢必拘留，不知總督能有必勝之算遠馭之略，議征以張天威于海外乎？抑置之不問乎？議征，則勿以兵食不足爲辭置之。不問，更褻國威，誰執其咎！總督倘有觀火之見事，建瓴之應機，明言可否，無襲經略之欺誑，成其誤國。陛下即許之封，永作外臣，其犬羊悖常亂理之事，姑置不問，但與其來，勿復追其既往，又何足爲中國累哉？是亦將欲噏之，必故張之之一端也。陛下更試問總督，受貢之後，能修邊海之備，毋蹈款虜忘戰故轍，可保數十年無事？其入貢也，可能禁其不敢恣睢睥睨，凌虐人民？其去也，能約束之，不致橫行剽掠，爲瀕海之患，更不蹈北虜增賞要挾之弊？堂堂天朝，四夷咸賓，萬世一時之盛，即受其貢，區區小醜，何足爲中國患哉！唯請以遣使、受貢、善後利害，質之總督。此係宗社安危至計，萬一爲謀不臧，即寸斬族誅，上不足以謝九廟神靈，下不足以謝天下萬世，總督必不敢漫然以對，爲今日之息肩計也。

夫倭奴之今昔情形，以及戰守款貢之事，臣之見聞頗真，輒敢冒昧仰瀆宸嚴。臣此言一出，當事者寧不甘心於臣。緣臣再世受恩，僅供筆札之事，不足以酬陛下萬萬之一。故不避忌諱，實願以死報陛下耳。納款絶款，臣何人斯，乃敢妄言可否。惟募兵强實京師之議，誠今日對證要劑，陛下不可以小臣之言忽而棄之。況中原饑饉，仰厪聖慈，破格賑濟。若得藉其丁壯，隸之行間，是亦協助賑濟，潛消嘯聚之一大機，兩利俱存之道也。若以烏合初集之徒易以爲亂，如前日天津之事，臣愚以爲不然。信賞必罰，毋爲朘剥，戢和吏士，下上一心，今日誰敢爲亂，自取赤族之禍哉！伏望皇上俯採芻蕘，早定長策，宗社幸甚，臣愚幸甚。

萬曆二十二年三月初七日上。初九日奉聖旨：兵部知道。

兵食

文華殿中書臣趙士楨謹奏爲再陳膚見，仰贊足兵理財，以裨安内攘外事。

東事議論未定，臣爲忠義所激具疏於本年三月初七日，備陳倭奴情形，南北防守款貢利害，冀得決策，早爲善後。仰荷皇上不遺芻蕘，敕下所司。緣臣前疏未盡悃誠，今賊小西飛彈〔一〕守如安將至矣。然時不可失，機不可緩，故臣不避出位之罪，甘冒馮婦之誚，復以强兵足食之策，仰干天聽。如臣之言不中窾，不切事機，請立斬臣頭，懸之國門，以爲小臣喜事妄言者之戒。今本兵之議受款也，意謂不款，賊將長驅，蹂踐疆土，虔劉人民，燎原之勢，可立而待。廷臣之議罷款也，以爲賊使之來，覘覷虛實，爲謀叵測，隱禍奈何。是皆儒臣忠君愛國之誠，非智士壯夫之見也。

以臣愚言之，在本兵當曰受款之後，我有何法可以制賊死命，不敢生心。即令負恩不受約束，更有何法可以創之，不甚致爲中國患。則廷臣必服老臣謀猷之壯。何得以誤國不祥之名，妄詆前輩乎？在罷款者亦當曰今日絶其封貢，我揆何策，使賊畏威，屏跡海外，不敢窺伺。藉令内犯，更有何策，可以防禦，不致流毒疆埸，震驚宇内。本兵果如廷臣所云剛愎自用，不能集思廣益，亦當信心受善。又何忍固執封貢之説，爲目前文過脱身之計，而遺賊於君父乎？奈何計不出此。惟以意氣相加，談鋒相角，同室操戈，鬩牆爲變，竟何補宗社，何濟事機哉！

臣伏而思之，我中國有至大至尊之體，長勝之機。執其機以端我尊大之體，撫四夷，綏萬邦，莫不来享，莫不来王者，緣此機常在我中國也。漢人有言，匈奴不足當中國一大縣。區區日本，僻處東溟，又不足當匈奴一大部落。我太祖高皇帝，以蚉䖟擬之，豈無所見而云然哉。乃今不察情形，不論小大，惟信幸灾樂禍喜亂奸黨之言，反張賊勢。幺麼小醜，名爲敵國。較强弱於一勝一負之間，論兵機於一事一節之内。不思中國有至尊至大之體，以我長勝之機，反爲賊得執之。臣死不敢服今日之見爲然也。然機之最要者，不論賊之款與不款，我之封與不封。練兵足食，不得不急急爲之講也。今當事者動稱兵弱財詘，而陛下亦以足兵理財下責廷臣矣。

臣又伏而思之，我中國之兵固多，中國之財固裕，特用之不得其道，以弱與詘耳。自古有必勝之將，無必勝之民。有治人，無治法。臣不能遠舉爲喻，即如前歲寧夏叛，卒如熊如羆，戰勝攻克，豈伊異人？亦平時不能禦虜之兵，一經背叛，勇增百倍。繹而思之，則兵之不弱見矣。寧夏之變，起於撫馭之乖方，成於閱視之操切。致費内帑三百餘萬，而州縣之輸輓不與其數。監軍梅國楨、提督李如松全城平定之後，總督希通侯之賞。城中庫藏舊貯歸於賊家，及各賊家財，監軍當遺贊畫王承烈、通判劉沛封識，例應還官者，又四五百萬，盡歸亂軍之手。加以天津造船，沙兵沙船，四五十萬之費。更兼朝鮮不經之輸，倒死馬匹。總計二年之間，除九邊不在數内，坐費皇上帑藏金錢，千有餘萬，略不顧惜。倘遠若王瓊，近若楊博諸臣，經綸籌畫，似不致如是也。臣愚以爲，所費若此，即有桑弘羊千百其人，布滿天下，亦不能理財以資今日之用。茲求足兵須究弱兵之由，理財當覓耗財之故。轉移之間，兵可自足，財可自裕，特當事者未之思及耳。

〔一〕飛彈，當作「飛驒」。

以臣愚計之，今日撥亂反正，轉禍爲福，當以殺止殺，以戰止戰，請急募南北丁壯二萬，擇附近京師之地，分布屯練，不宜漫然而募，漫然而教。更得才與誠合，猷爲克壯，實心任事文武重臣二員，毋襲故常，毋徒塞責。養兵專在除暴去亂，欲得其死命，非孝廉鄉飲之舉，無賴惡少、雞鳴狗盜之流，一有勇力技能者便可置之行間，顧用之何如耳。如常時里甲僉報，隣佑保結，無益文法，悉令罷去，請託虛冒，嚴行禁革。初募分爲三等，武藝膂力全備者爲上兵，食糧若干。有武藝而少膂力者，有膂力而無武藝者爲中兵，食糧視上兵少減。身材精利，手足儇捷，有可教之具者爲下兵，食糧又次于中兵。更有沉毅善謀，慷慨揮霍，心雄萬夫，超出倫類者，崇以禮貌，作其俠烈之氣，以備將帥之選。即于募到人數之中，挑選武藝閑熟者爲隊長、伍長，以授此輩技擊。初則教以拳棒，習其步武。數月之後，因材授器，跳躍儇捷者教以刀牌。勇健精悍者教以鎗銑，手準眼疾者教以銃弩。有蹻健果敢、勇力絕倫，而反不便長兵者，教以騎射。再俟數月，然後以金鼓習其進止，旌旗約其行列，更及援崖涉水，跳溝越壘。凡有資於戰鬥，可以練其輕便者，無不服習。每月考較閱視，技藝長進、超邁常日者，中兵轉爲上兵，下兵轉爲中兵。于教習之中，寓以激勸之機，一年之內，技擊必精。屯練之時，即講明敵之强弱，賊之情形，山川險阻，道路委曲，林木村聚之間，平原泥塗之上，一應格鬥之法，必欲使其耳熟心明。夫武藝精則膽壯氣定，遇敵必勇。明習戰法，心閒意舒，遇敵不亂。如是之兵，必能如手應心，如臂使指。漁陽突騎、岳家背嵬，似不多讓。

夫練兵專在糧餉，今司農蒿目灰心，日夜籌算，尚不供軍國之需，兼以中原饑饉，各省灾眚。我皇上軫念蒼赤，俯從科臣之請，如響應聲，即堯舜禹湯從諫如流，不是過也。兩宮聖母、各宮殿下，悉體皇上視民如傷之仁，捐金助賑。守臣之請蠲請賑者，尚月無虛日。今日理財，將加之丁口乎？田畝乎？若二者可加，則何煩賑濟蠲免爲哉！爲今之計，唯願當事之臣，無徒守經固執，令甲暫爲權宜，以濟一時之變。官民兩利，易爲樂從者，惟各省原籍軍丁可議焉。臣見大江以南，民皆安土重遷，凡遇各衛清勾，展轉逃避，離鄉背井，有出生入死之難。每勾一軍，皂快追呼，吏胥需索，破産蕩家，株連蔓引，重費資財，累死數命，尚欲波及親戚，雞犬不寧者有焉。迨得其人，又皆老弱尫羸之輩。有司之比娶軍妻，里甲之科歛盤費，禍害多端，口舌莫訟。著衛之役，不惟不能披堅執鋭，即走使之後，亦不能供，營伍空虛，猶然如故，無補於國，有害於民。臣請自今伊始，行令清軍御史，各處有司，將逃亡事故之軍，并原籍軍餘，詳加清理。每一餘丁，酌量徵銀若干，各省州縣，類解京師，以供練兵之用。惟得户部及各錢糧衙門，先出一二年之費，餘丁銀到之日，便可不煩措處。臣又見天津、永平、豐潤、玉田，瀕海諸處拋荒地土，儘可設立屯田之法。畫定界限，每兵給地若干，教練之暇，并力開墾。三年之後，覈定等則，量徵税銀，以濟修葺器械，鹽菜小賞之用。客兵既有常業，自能相安。數年之後，既有子粒花利，月糧便可省減初起之半。若丁銀有餘，然後陸續補還户部。

陛下嚴敕本兵，講求將將之法，急明東西功罪。遠則于謙、石亨，近則曾銑、周尚文、胡宗憲、譚綸、戚繼光諸臣，有功成而身爲僇，有賊滅而賞不延世。是皆足隳忠臣謀國之心，致壯士負戟長嘆，尤今日不可不急爲追卹，以維繫人心者也。臣之策亦甚碌碌無奇，但當事者肯念國家多事之秋，尺有所短，寸有所長，平心易氣，采擇施行。以之而戰，則指顧呼吸之間，有風生電掣之機。以之而守，則屹然之勢，有泰山磐石之固。以之受款許封，當弄平酋如嬰兒之在股上。倘若負恩違我約法，必有忠義果敢之夫，爲陛下舉此彈丸黑子之地并東溟而吞吸之，易易耳。正臣所謂執長勝之機也。若謂即此二年之費，難於措處。臣愚以爲不然。一勞永逸，不惜先事有節之小費，正所以省臨事不經之大費也。譬如兩年之間，西征東援，以有制之兵，命將出師，不但易於成功，早舒皇上宵旰之憂，而輪輓千萬之數十可省其八九。不知省乎？費乎？練兵又協濟理財之上策也。

若謂居重御輕，營兵故在，何煩更張。臣愚以爲，營兵似非祖宗初設之日可比。兹議不過改絃易轍，用補營兵之不足耳。似非小臣妄爲更張之説，實形異事同焉。若謂賊滅之後，兵聚難散易以爲亂。臣愚以爲不然。天津去歲調集之兵，乍徵乍遣，不親其民，遽欲求用，以屬階亂。更以數千里徵調而来，暴露歲月，一旦不問其有歸無歸，漫然揮之使去，烏合之徒，倉卒鼓噪，誰之過歟？若今日更不求撫馭方略，責下不親上，愈激愈亂，臣知天下自兹無寧日矣。

若謂清勾乃祖宗舊制，營伍不可空虛。臣請以明文到日爲始，或限一年或二年之内，逃亡事故之軍，原籍軍餘，許其徵銀免勾。兵食一足之後，即行停止。原徵銀者，照例徵銀。在限外逃亡者，仍依舊例，不許緣此規避。若必欲固執既弊之法，豈變通宜民之道哉。

若鑑徐貞明開墾水田，竟無成績。臣愚以爲不然。貞明儒者，不知南北異宜，土壤異性，偏執南中開墾之法，以致徒費無功。若今日相其流泉，度其土原，宜旱田者即爲旱田，宜水田者即爲水田，因地之宜，從人之便。貞明昔驅土著怠於力作之民，今遣無産樂於趨事之輩。四外之民，勤於農業，又非畿輔百姓習嬾成性者可比。若援此爲戒，是因噎廢食矣。

臣之言原非拾人口吻，溷亂視聽。果於行臣之言，實有三便六利在焉。兵强可戰，一便也。兵强可守，二便也。兵强則封貢可絶可許，其機由我，三便也。餘丁徵銀，軍户更獲安生，一利也。田畝丁口不致加派，而兵食自足，二利也。屯田一行，邊地自實，三利也。萬一有事，不煩徵調，兵自足用，四利也。寡可制衆，無煩多遣，可省輪輓，五利也。虎豹在山，藜藿不採，士馬騰勇，坐銷亂萌，六利也。若臣言無左驗，亦不敢呶呶剌剌，干冒宸嚴。祇緣前歲題造戰船并買沙兵沙船之時，臣以冷局，不敢具疏訟言可否。特詣本兵私第，備陳造船須先覓海中停泊處所，并探近岸沙泥之性，以定船制。更及南北難易，物料貴賤，匠作工拙之弊，恐致徒費，沙兵是否可用情形。本兵不以臣言爲然，今日一如臣料。陛下可令面質本兵，必無辭以應。故臣輒敢畢陳聞見於君父之前，以爲東陲百年無事之計。臣疏兹以再上，不知臣者必誚臣爲邀譽。然臣偶執雕蟲之技，誤蒙皇上拔之草茅，承乏東壁。臣能職思其居，不越筆硯，即非邁跡賢科者可比，業亦自有千秋者，在何必區區軍旅之事爲延譽地哉。若以臣爲赴功名之會，然臣以布衣之賤，應詔公車，容與承明之廬，優游清切之地。以臣涼薄，榮遇亦云至矣。胡爲踵嗇夫喋喋，下喬木入幽谷，善赴功名之會者，其愚不應如是也。特以一腔忠義之血，無地可灑，故不避忌諱，披瀝肝膈，冀得藉之仰報皇上知遇之隆。即令當事誚臣薄臣，斥臣殺臣，臣受之其甘如薺，即九死不敢顧也。伏望皇上大奮乾斷，速賜施行，宗社幸甚，民生幸甚。

四月初十日上。十二日奉聖旨：該部知道。

趙常吉少負奇氣，垂翅青雲，弱冠游京師，與余比屋而居。時余方爲諸生，見其神情曠遠，輒私心異之。辛巳歲獲從常吉曝直周廬，日與管城、楮先生輩爲伍，問及時事，漫不爲意。或瞋目直視，或佐以諧謔，似俛首自諉者。迺當議款紛籍之際，奮然而起，抗疏持論，稍露其故態。玆豈博名高蹈越俎者前轍耶？常吉家世東南，料度海外，若數計燭照，灼有定見。以爲知而不言，毋論負生平，獨不念當宁優遇吾輩何若，迺今宵旰靡寧，忍顧忌諱，爲一身一家利害計哉，非夫也！兩疏雖當停格，而揆度擘畫，著之《剩言》。他日桴鼓息警，固宗社蒼赤之福。萬一醜類抗兵相加，常吉之言，盡可以妄誕訕之哉！常吉志在報主，置非笑禍患若罔聞之，亦恃其心赤氣壯，爲今日慮至周耳。覽者可曰秦無人耶？抑可以牝牡驪黃求之邪？宜必有定論矣。甲午夏日寅弟弋陽黃仲春謹跋。

附録五　彈劾兵部尚書石星疏〔一〕

文華殿中書趙士楨一本。柳啓云：傳謄闕誤，不敢改正，今如其舊。

文華殿中書趙士楨謹奏爲愚詐庸奸，説謊誤國，乞信明旨，以快公憤，以伐狡謀事。

臣伏覩午門前聖旨：官員人等説謊者處斬，凡大小官員，奏事言語，轉換支吾面欺者斬。欽此。臣謂明旨森然，昭若日星。宜乎大小臣工，遇事直諫，罔敢違背。奈何有賊臣如兵部尚書石星之處倭事也，父事奸人，弁髦明旨，每遇奏請，題覆任意，説謊轉換支吾。皇上明并日月，威重雷霆。石星恬然不顧，肆無忌憚。迨至決裂，猶自執迷。臣伏在殿陛之間，不忍見星欺罔，絶無人臣之禮，累欲暴星罪狀。清夜自念，臣小臣也，何預公卿議論。不意數年以来，大臣則持禄養交，不爲宗社長久之計，反以忠君愛國爲迂，慷慨激烈爲狂。迨宗城潜回，廷臣同聲辨論。聖謨淵遠，諸臣愚昧，不能領略。膚淺之見，又不足以上當聖心。使石星得以乘機復揑謊報，彌縫掩飾。臣不勝憤悵，又欲一發其奸，以報皇上廿年豢養之恩。復念冷局也，似可小濡以待，倘能改心易慮，不至終壞國事，亦可已矣。去歲朝鮮國王報奏，狡謀畢露，狂逞伊邇。總督孫鑛、巡撫李化龍輩，老成謀國，素稱鎮静。而化龍又係石星同鄉至親，必無輕率發言之理。乃石星慢不爲意，猶以奸塵陳雲鴻輩之言入告。雲鴻色目夷種，非我族類。石星愛其善謊，自白身聽用，未幾二年，官躋三品。此石星竊陛下之爵，賞圖結同惡爲倭，以誤軍國大計，亦明甚矣！寧夏蕩平，逾年論功。平壤收復，四載不叙。今日方亨歸國，節概功能，未有的據。石星即議損多金，解赴釜山，以勞重役。豈遠涉道路之勞，反加於攻城陷陣之上？况石星前奏，倭奴供給，從役甚豐。兹者

〔一〕擬題。録自柳思瑗《文興君控于録》，收入鄭期遠《見山先生實記》卷四，13a–21b，韓國國立中央圖書館藏刻本。書影參見 www.nl.go.kr/korcis。按，萬曆二十五年初，由正使鄭期遠、書狀官柳思瑗等人組成的朝鮮使團在北京請求明廷再次出兵救援。《文興君控于録》即柳思瑗出使日記，收録若干公私文書，包括當年二月間在京抄得之趙士楨奏本。

數萬，賞不時，欲何爲哉！議者謂星不以此金爲倭爲辦進貢方物，則爲賣以衆口色露實情之資。是星竊陛下之金錢，釀成國家禍亂，又明甚矣。倭奴以款愚我，惟敬爲倭用金行間。石星緣妻父表茂、繼子石懋倫受賄之故，竟爲惟敬籠絡，不顧君臣大義，將錯就錯，終始欺罔。即其作用不至開門延敵，遺賊君父，石星左袒，倭奴之心不死也。藉令受封，亦出遠交近攻之術。況今違約長驅而來，朝鮮不支。給事中徐成楚諸臣，雖云發星奸狀，尚存大臣體貌，所犯明條，實未悉舉。

臣愚不得已，謹昧死，據其前後説謊，轉換支吾，爲倭誤國顯著者一二，爲皇上陳之。星之初議遣使封倭也，按其近奏，既云必使釜山，一倭不留，營柵盡焚，然後册使往封。又曰降倭若干，令朝鮮擇地安插。夫倭奴一薄釜山，席捲平壤諸郡，若非陛下震怒，命將收復，三韓之地，久爲倭奴所有。不知倭奴勢窮乎力屈乎？而有多倭來降朝鮮也，朝鮮衰敗已極，敢受倭奴之降乎？否也。是皆石星明知倭必并釜山，豫捏此説，以爲今日不奉約束張本。此石星奏事説謊轉換支吾面欺一也。

又云册使前駐三浪江，使營柵盡焚，令兵備楊鎬往勘的實，朝鮮王奏到，然後往封。二年之間，國王未見一字代奏，楊鎬足蹟未聞一履朝鮮之境。石星何爲故遲欽依之議，妄促二使入營，坐敢堂堂天威，損失威重。此石星奏事説謊轉換支吾面欺二也。

按星始事罔恤通國之言，毅然一力擔當。及至事露，廷臣交章詰問，則云事在彼中，臣不能懸斷。夫今日既無的見不能懸斷，始事憑何所見一力擔當。此石星奏事説謊轉換支吾面欺三也。

小西飛彈〔一〕守如安入京，石星力排衆議，禮之若賓客，親之如父子，隨其所欲，將順不違。使其乞款果出誠心，則一得朝命，宜乎平秀吉輩負弩前軀，奉迎天使，莫敢或後。奈何自夏徂秋，自秋征冬，月復一月，年復一年，今日謊曰風潮不順，明日謊曰宮殿未成，又明日謊曰禮節未備。詰之，則曰不可不加慎重。夫欲加慎重于事，則初事之不慎可知矣。初事不慎，則乞款之非誠可知矣。倭奴乞款，原無誠心。石星明知，甘爲作説，盛稱十分恭順。此石星奏事説謊轉換支吾面欺四也。

朝鮮陪臣過海，明係惟敬迫之使行。石星奏云，國王自遣陪臣往賀。國王之疏大略言天使迫促，不得不遣之從行。此石星奏事説謊轉換支吾面欺五也。

一平秀吉也，初奏云爲同事毒孔，後又求封。今之悖慢者，又不知爲誰。一清正也，倏爾貶斥爲僧，倏而阻封斬首。今日糾賊渡海，清正固無恙焉。此石星奏事説謊轉換支吾面欺六也。

使臣未及海之時。星奏云，營柵盡焚，尚有餘倭，防護册使。則留倭似不多矣。近日之報，又云釜山發燒燬營房千有餘間。石星有

〔一〕飛彈，當作『飛驒』。

何必預言，俱不掩盖彌彰，肝肺必露。若謂奸塵，星小人無知，何足深怪。乃石星身都師保，遇事不度以理，輕易入告。人臣懷敬畏之心者，至尊之前，不敢如是乎！此石星奏事説謊轉换支吾面欺七也。

數年以来，道路傳聞之曖昧喋褻，臣不敢信而爲真據。星今日掇兵，明日弛備，信倭若家人父子。爲此之謀，若非爲倭，故誤國事，何至如是。可疑一也。

夫受降如受賊，兵家機要。藉令倭奴乞款，别無可疑，尚未来降者，此奈何。石星即欲坦受之，種種變幻，不惟置之不問，且欲委曲掩飾。若非爲倭，故誤國事，何至如是。可疑二也。

直隸總兵朱文達殲倭崇明。石星授意當事者：此琉璃佛郎機人也，非倭也。山東總兵楊文偵探唬船，遇倭於海，追至朝鮮界上，血戰得功。朝鮮國王且爲代奏。不久則楊文被劾擬罷矣。温處將軍高可學、標下中軍處州衛指揮陳應春、哨官陳定，身被重傷，擒斬六十名級。石星不但不爲叙功，且云琉璃屬夷，何可妄殺。未幾可學被論，應春回衛，陳定斥革。夫琉璃屬夷，二百年来未聞爲患海上，奈何一年之間，殺犯内地？有功將領罷斥殆盡，若非爲倭，故誤國事，何至如是。可疑三也。

福建則緣我偵探，暗畫地圖。廣東則因我奸人，糴買米穀。種種狡謀，似非眇少。石星不惟不即奏聞，且欲鉗制衆口，惟恐昭彰。若非爲倭，故誤國事，何至如是。可疑四也。

石星私遣家人張竹、王鬍子，自前年四月渡海，去冬方歸。陛下試觀祖宗以来，曾有大臣不講朝命，私令家人，潛往外夷之事乎？既得真情，又不奏明。是此舉動，若非通倭，故誤國事，何至如是乎。可疑五也。

陛下汗渙如綸之命，普天率土，凡有血氣者，孰不欲藉此寵靈，用爲世世光顯。乃二使持節奉印，久暴朝鮮境上，俾倭奴高據營壘，我則仰聽處分。藉令事成，已屬辱國，取笑外夷。而宗城潛回，方亨被窘，舉國嗷嗷，恨不剸刀石星腹中，以雪國耻。乃石星用其故智，揑作荒報。若奸塵今日之言可信，則宗城當時亦有恭順之報。敗壞至此，石星猶然不爲設備。若非爲倭，故誤國事，何至如是。可疑六也。

宗城未行之日，衆議羈縻惟敬，慮其反覆簸弄，損傷國體。石星奏曰：今日不遣惟敬，異日不勸，臣當有辭。乃惟敬遣矣，宗城遁矣。既云受封，乃不款留。方亨信宿，麾還朝鮮。國王、總督、巡撫，露章奏報，已甚明悉，釜山之倭，有增無減。陪臣告急羽書旁午，清正糾賊，進據慶尚。不知石星更何辭焉？大都石星性極貪而喜用詐，才極庸而好用奸。始則一己爲人所誤，繼則舉人之誤己者，以誤國家。比者皇上數敕廷臣會議戰守之策，臣愚以爲，亟宜明正石星之罪。若非正石星之罪，上不足以慰二祖列聖在天之靈。若非正石星之罪，下不足以快四海萬姓切骨之憤。若非正石星之罪，内不足以肅在廷臣工携貳之心。若非正石星之罪，外不足以作疆埸將吏敵愾之氣。若非正星之罪，遠不足以破倭奴之膽絶其内應。若非正星之罪，後不足以免汗青蒙垢致貽萬世之誚。聖明作用，在此一舉。

臣見庚戌之變，皇祖立斬逗遛觀望兵部尚書丁汝夔〔一〕，曾不移時。控弦數萬，捲甲宵遁。悖劉倡亂，陛下一逾迂緩僨事總督尚書魏學曾，不崇朝，諸將藉皇上威，收復重鎮。此實大聖人作爲。皇祖與陛下，不戰屈人之兵，已試明驗。是在陛下一轉移之間，滅賊易於振槁。戰守之責，莫辨〔二〕於此。大臣體貌固當惜，而宗社大計，尤宜亟講。今日若以宗社爲重，則當以大臣體貌爲輕。何必顧惜一誤國無用之賊臣，而不爲祖宗櫛風雨，萬死一生，辛苦百戰所得之天下計哉！石星固知敗壞急難收拾，時令奸塵，布散流言：倭驍勇，難與争鋒。虛嚇中外之心，消沮謇諤之風。猶冀再造彌天之謊，粧成圈套，糊塗了事。俾得一身瓦全，即流毒四海，遺臭萬年而不顧也。如倭果不可制，平壤屯聚精鋭二十餘萬，李如松只提新集三萬餘人，遠跨異域，立破堅城。碧蹄踏看戰守，誤入林莽，遇倭數萬，奮臂一呼，射殺名酋，冒圍而入，破圍而出。中國之兵果弱於倭奴，能如是乎！如石星熒惑人心之言，奚足信哉！

臣當前歲議論未定，兩陳情形、兵食之策。仍恐一朝溘先朝露，泯没無間，刻成一書，以貽同心爲事之輩。謹實封隨本進呈。伏乞皇上，俯假半晷之暇，一賜睿覽。况惟敬書記葉如桂，係臣同鄉家丁。沈加旺，係臣原籍雇工家人，舊名鄭四，往来倭中，情狀語臣甚悉。惟敬行止，在朝臣工，諳曉事者，無逾於臣。若臣畏禍緘默，自爲保全身家之計，是與誤國者等。倘皇上不厭瑣瑣，將臣呼至御前，借箸前箸。容臣將倭奴侵犯朝鮮緣由，并投打石星門下，作奸始末，一一面奏。則東方之事，皇上必鏡然於宸衷；戰守之機，自可坐策於九重之上矣。陛下請再召石星而詰之。石星，人臣也。人臣無外交。石星私遣家人前往日本，張竹去而倭兵隨去，張竹還而倭兵俱還。此何以固防禦之策！多方自誤，則石星明爲倭奴用，而不爲皇上用矣。如臣言有一無據，則治臣之罪，以謝石星，臣所甘心焉。除俱奏外，理合具揭，須至揭帖者。

〔一〕丁汝夔，原作『丁夔』，據文意改。

〔二〕辨，原作『辦』，據文意改。

圖書在版編目（ＣＩＰ）數據

明清稀見兵書四種 /趙士楨等撰，鄭誠整理.
一 長沙 ：湖南科學技術出版社，2018.7
中國科技典籍選刊.（第三輯）
ISBN 978-7-5357-9729-2

Ⅰ. ①明… Ⅱ. ①趙… ②鄭… Ⅲ. ①兵法－中國－明清時代
Ⅳ. ①E892.4

中國版本圖書館 CIP 數據核字（2017）第 045510 號

中國科技典籍選刊（第三輯）

MingQing XiJian BingShu SiZhong

明清稀見兵書四種

撰　　者：［明］趙士楨等
整　　理：鄭　誠
責任編輯：楊　林
出版發行：湖南科學技術出版社
社　　址：長沙市湘雅路 276 號
http://www.hnstp.com
郵購聯係：本社直銷科 0731-84375808
印　　刷：長沙鴻和印務有限公司
（印裝質量問題請直接與本廠聯係）
廠　　址：長沙市望城區金山橋街道
郵　　編：410200
版　　次：2018 年 7 月第 1 版第 1 次
印　　次：2018 年 7 月第 1 次印刷
開　　本：787mm×1096mm　1/16
印　　張：52
字　　數：1450000
書　　號：ISBN 978-7-5357-9729-2
套　　價：198.00 元（上、下）

中國科技典籍選刊
第三輯

叢書主編：張柏春 孫顯斌

北京大學圖書館藏明萬曆刻本等

明清稀見兵書四種

【下】

MINGQINGXIJIAN BINGSHUSIZHONG

[明]趙士楨等◇撰 鄭誠◇整理

CNS
湖南科學技術出版社

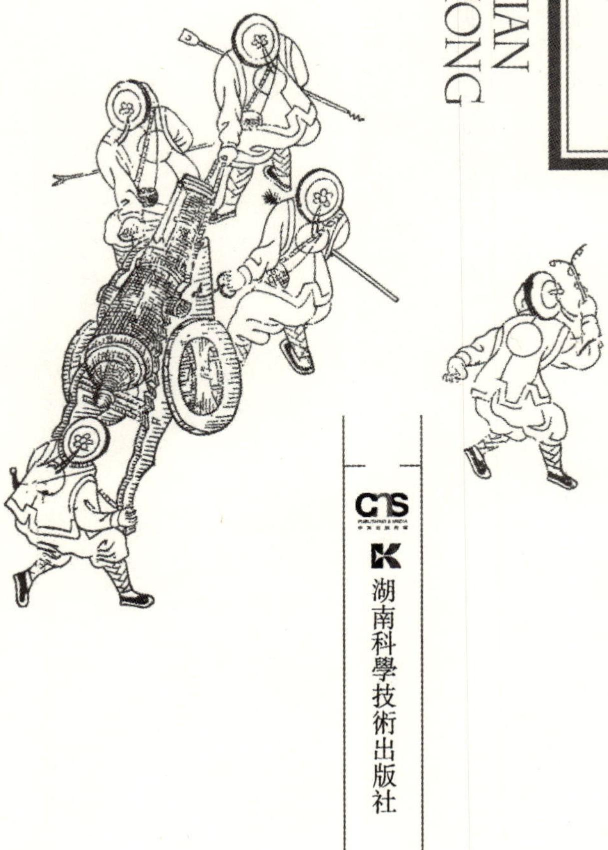

國家重點出版物中長期規劃項目
國家古籍整理出版專項經費資助項目
二〇一一—二〇二〇年國家古籍整理出版規劃項目

目録

利器解

本書據日本公文書館藏明萬曆刻本影印。原書高二七八毫米，寬一九〇毫米。半葉版框高二三六毫米，寬一六七毫米。

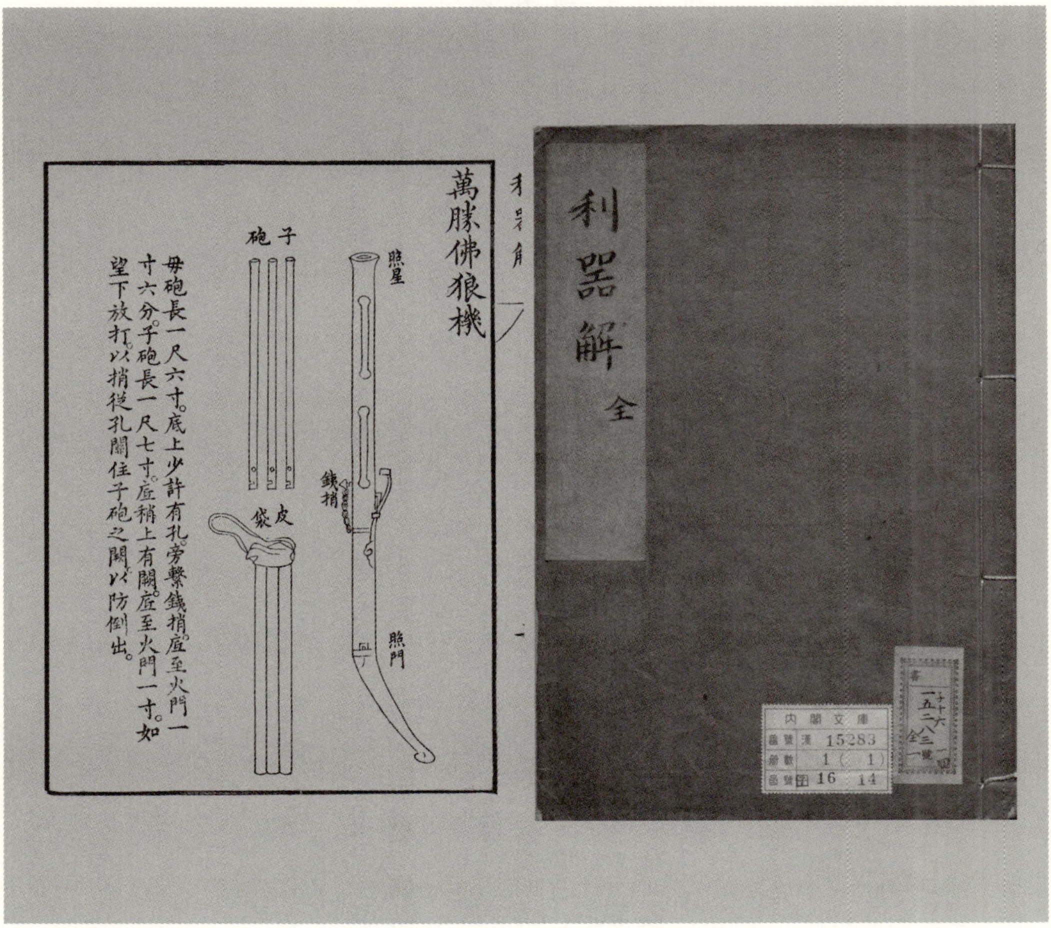

整理說明

《利器解》，明温編、温純編。温編（一五五五—一六二五），字希孔，號約齋，陝西三原縣人，國子生，萬曆二十年（一五九二）謁選兵部，授漢南守備，升定州營遊擊，萬曆三十二年致仕。温純（一五三九—一六〇七），温編胞兄，字希文，號亦齋，謚恭毅，嘉靖四十四年（一五六五）進士，歷官至浙江巡撫（一五八四—一五八七）、都察院左都御史（一五九八—一六〇五）。

萬曆二十八年（一六〇〇），《利器解》初刻於北京。後有貴州刻本（一六〇二）、吉安刻本（一六一五）。十九世紀初有和刻本。今可考得明刊本兩部、和刻本三部存世。明刻本一爲黄裳一九五〇年在上海購得。〔一〕一藏日本公文書館，原屬德川幕府楓山官庫，當是明清間舶入。文化六年（一八〇九），井上正清《知約堂叢書》翻刻《利器解》，宮城縣圖書館、佐賀縣圖書館、關西大學圖書館各藏一部。〔二〕

黄裳著録自藏本：『《利器解》一卷，萬曆刊，棉紙大方册。九行，十八字。白口，單邊。前有萬曆壬寅泰和郭子章序。萬曆庚子陝西西安前衛指揮僉事温編刻利器解引，有圖。後有總解，附軍中救急各方。收藏有「小李山房圖籍」白文方印。』〔三〕郭子章《黔草》載有《利器解序》，明言該書爲温純寄贈，郭氏重刊。〔四〕又按郭子章《傳草》：『《利器解》二卷。予征播彙集諸家火器作也。刻於黔，自序

〔一〕『庚寅始秋中元日獲此一卷書於海上。人間奇秘，當珍護之。黄裳題記。』參見黄裳《來燕榭讀書記》，遼寧教育出版社，二〇〇一年，第一二一—一二二頁。《利器解》相關研究，參見黄裳《翠墨集·跋〈利器解〉》，三聯書店，一九八五年，第二九—三三頁。黄裳《前塵夢影新録·利器解》，齊魯書社，一九八九年，第二五—二八頁，修訂前文。黄裳《劫餘古豔：來燕榭書跋手跡輯存》，大象出版社，二〇〇八年，第六六—七〇頁，收録書影二幅（温編刻書引首半葉、五雷神機圖）及跋文寫真。

〔二〕佐賀縣圖書館著録作『西洋穆尼閣著（明温純譯）井上正清編』。參見『日本所藏中文古籍資料庫』。按《利器解》（一六〇〇）並非耶穌會士穆尼閣（一六一一—一六五六）著作，或係日人誤解。原書未見，待考。和刻本《利器解·威遠砲》書影，參見長澤規矩也《和刻本漢籍分類目録》，汲古書院，一九七六年，圖版一二。

〔三〕黄裳《來燕榭讀書記》，遼寧教育出版社，二〇〇一年，第一二一—一二二頁。

〔四〕郭子章《黔草》卷七，二八b—二九b，《四庫全書存目叢書》集部第一五五册影印萬曆刻本，第三五三頁。

序刻在《黔草》，再刻于吉州守備府，湖西吴觀察正志序。』〔一〕可知郭氏再加增訂，貴州、吉安兩付剞劂。黄裳藏本當爲郭子章增訂重刻本，軍中急救各方似即郭氏增補。至於究係貴州本，抑或吉安本，尚難確定，後者的可能性似乎較大。

日本公文書館藏萬曆間刊本一册（内閣文庫子16—14）。半葉九行，行十八字，白口，單白魚尾，四周單邊，端楷寫刻，附刊句讀，無刻工。版心上刻書名『利器解』，下刻葉碼。公文書館藏本較黄裳藏本闕少郭子章序、温編刻書引、軍中急救各方。二本版式行款相同，對比書影，刀工有異，并非同版。〔二〕版本難以遽定，插圖内注釋有脱文（3a），似亦爲翻刻。

浙江右布政范淶纂《兩浙海防類考續編》（一六〇二），卷十『火器圖説』實即翻刻《利器解》。〔三〕『火器圖説』無諸序及軍中救急各方，但較公文書館、黄裳藏本多出『大追風鎗』圖説一篇，似係據初刻本重刊。明代類書、綜合性兵書，如《三才圖會》（一六〇七）、《武備志》（一六二一）、《兵録》（一六二八）、《守圉全書》（一六三六）皆摘録《利器解》條目，然不及《兩浙海防類考續編》引用完整。

公文書館藏本分圖説、總解兩部分，圖説包括威遠砲、地雷連砲、迅雷砲、劍鎗、銃棍、火鎗、五雷神機、三捷神機、萬勝佛狼機、鑽架、地湧神鎗、揭足殺馬風鐮、神臂床子連城弩、藥瓶藥囊彈模、嚕蜜鳥銃，凡十五條（十九葉）。總解下分布陣、教演、束伍、製砲、提硝、提磺、造火藥方、鉛彈、放砲、火綫藥、制扁綫、對壘、遇賊相敵、見血封喉藥方，凡十四條（七葉）。全書總約五千字，以蒙古騎兵爲主要假想敵，從裝備、組織、訓練、戰法等方面，設計了一支三千人的火器部隊。各類銃砲，包括野戰用威遠砲十門、地雷連砲二十組，迅雷砲一百門；銃棍約二千隻，火鎗、劍鎗各數百支；特種火器，五雷神機、三捷神機（即五管、三管火繩槍）、萬勝佛狼機（子母砲式火繩槍），凡數十位。陝西武官朱騰擢提供主要素材（如威遠砲），嚕蜜鳥銃相關條目則來自中書趙士楨。

本次整理《利器解》，據公文書館藏明刻本録文標點，參校《兩浙海防類考續編·火器圖説》。異體字稍作統一，『銕』改作『鐵』，『熿』改作『磺』，『擶』改作『繃』。前冠新編總目，附録大追風鎗圖説、郭子章序、吴正志序、黄裳跋。

鄭誠

二〇一四年十二月十日

〔一〕郭子章《傳草》卷十七，一五a—b，《四庫全書存目叢書》集部第一五六册影印萬曆刻本，第二二七頁。按《郭公青螺年譜》萬曆乙卯（一六一五）條：『春三月，著《城書解》《利器解》成，巡道徹如吴公序刻之。』吴正志，字之矩，號徹如，宜興人，萬曆十七年進士。可知《利器解》吉安本刻於萬曆四十三年。參見郭孔延《資德大夫兵部尚書郭公青螺年譜》，民國間朱絲欄抄本，《北京圖書館藏珍本年譜叢刊》第五二册，北京圖書館出版社，二〇〇一年，第五六八頁。

〔二〕書影二幅（温編刻書引首半葉、五雷神機圖），見黄裳《劫餘古豔：來燕榭書跋手跡輯存》，大象出版社，二〇〇八年，第六六—七〇頁。

〔三〕范淶《兩浙海防類考續編》卷十，二八b—四九a，北京大學圖書館藏萬曆三十年刊本，《四庫全書存目叢書》史部第二二六册，第六〇五—六一五頁。另有《續修四庫全書》史部第七三九册影印中山圖書館藏本；《中國史學叢書三編》第二八種影印本；《中國方志叢書·華中地方》第四八二號影印本。

新編目録

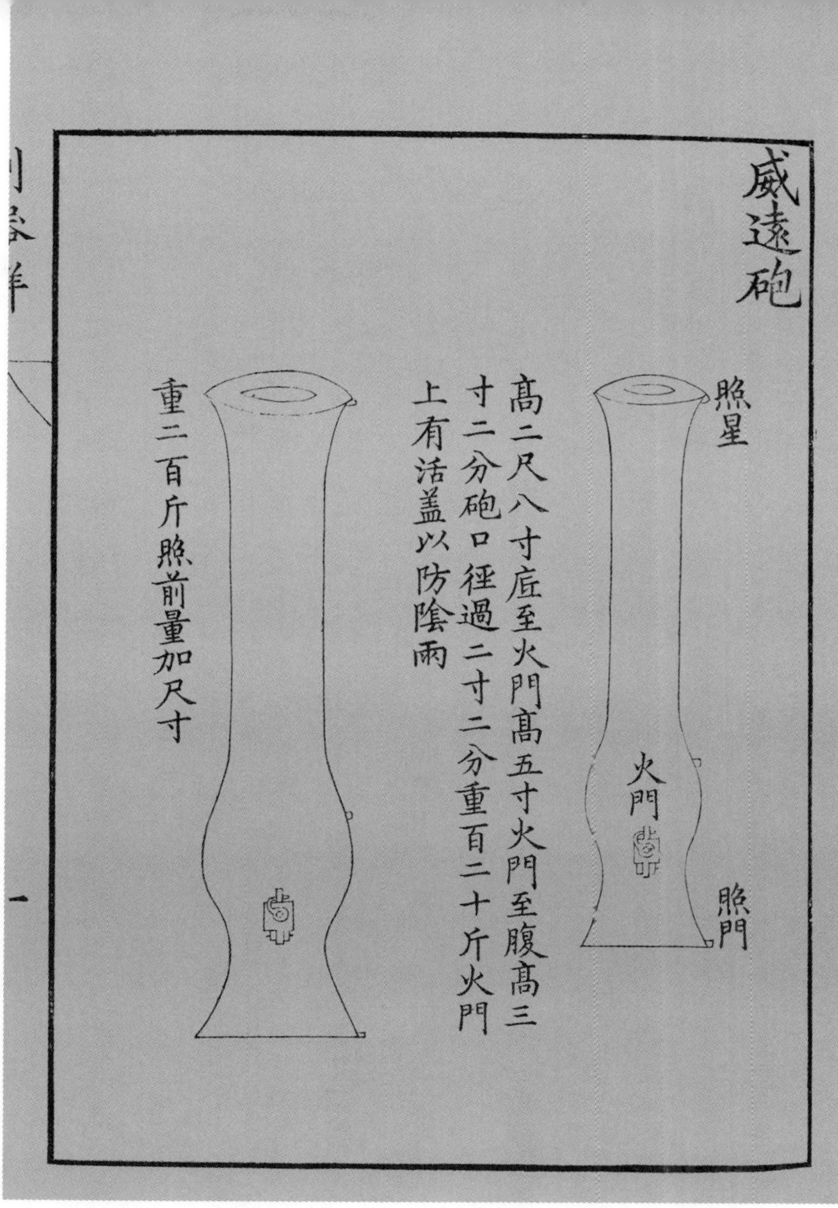

威遠砲

照星[1]　火門　照門

高二尺八寸。底至火門高五寸，火門至腹高三寸二分。砲口徑過二寸二分。重百二十斤。火門上有活蓋，以防陰雨。

重二百斤，照前量加尺寸。

1《兩浙海防類考續編·火器圖說》威遠砲二圖，照星、照門繪於左側面。和刻本威遠砲二圖，照星、照門俱在砲身正面中線位置，參見長澤規矩也《和刻本漢籍分類目録》，汲古書院，一九七六年，圖版一二。

每位重百二十斤如一營三千人用十位每位
用人三名騾一頭人仍各帶銃棍一根舊製
大將軍砲周圍多用鐵箍徒增斤兩無益實
用點放亦多不準今改爲光素名威遠砲惟
於裝藥發火著力處加厚前後加照星照門
千步外皆可對照每用藥八兩大鉛子一枚
重三斤六兩小鉛子一百每重六錢對準星
門墊高一寸平放大鉛子遠可五六里小鉛
子遠二三里墊三寸大鉛子遠十餘里小鉛

每位重百二十斤。如一營三千人用十位，每位用人三名，騾一頭，人仍各帶銃棍一根。舊製大將軍砲，周圍多用鐵箍，徒增斤兩，無益實用，點放亦多不準。今改爲光素，名威遠砲。惟於裝藥發火著力處加厚。前後加照星、照門，千步外皆可對照。每用藥八兩，大鉛子一枚，重三斤六兩，小鉛子一百，每重六錢。對準星門，墊高一寸，平放，大鉛子，遠可五六里，小鉛子遠二三里。墊三寸，大鉛子遠十餘里，小鉛

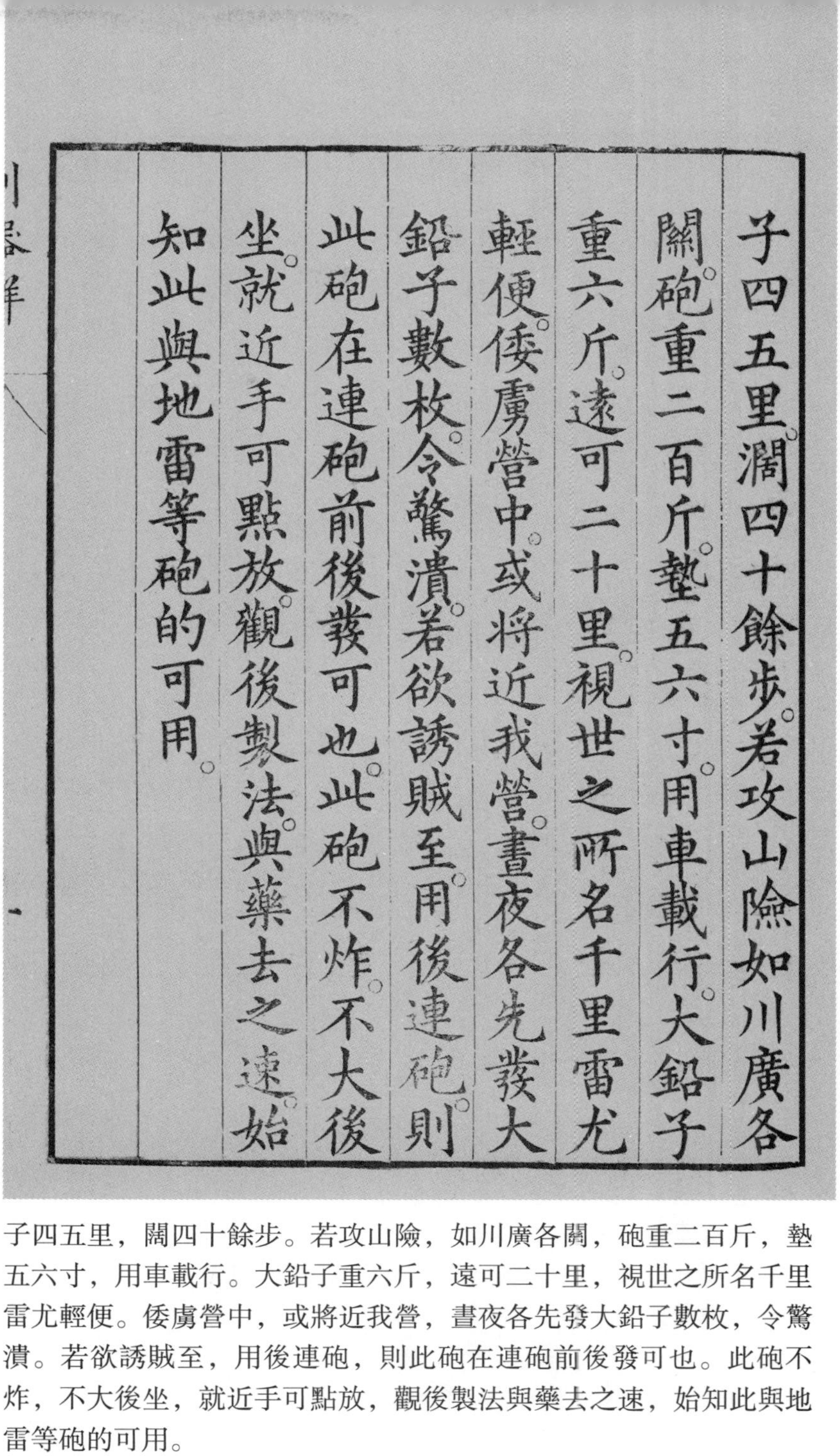
子四五里濶四十餘步若攻山險如川廣各
闗砲重二百斤墊五六寸用車載行大鉛子
重六斤遠可二十里視世之所名千里雷尤
輕便倭虜營中或将近我營晝夜各先發大
鉛子數枚令驚潰若欲誘賊至用後連砲則
此砲在連砲前後發可也此砲不炸不大後
坐就近手可點放觀後製法與藥去之速始
知此與地雷等砲的可用

子四五里，闊四十餘步。若攻山險，如川廣各闗，砲重二百斤，墊五六寸，用車載行。大鉛子重六斤，遠可二十里，視世之所名千里雷尤輕便。倭虜營中，或將近我營，晝夜各先發大鉛子數枚，令驚潰。若欲誘賊至，用後連砲，則此砲在連砲前後發可也。此砲不炸，不大後坐，就近手可點放，觀後製法與藥去之速，始知此與地雷等砲的可用。

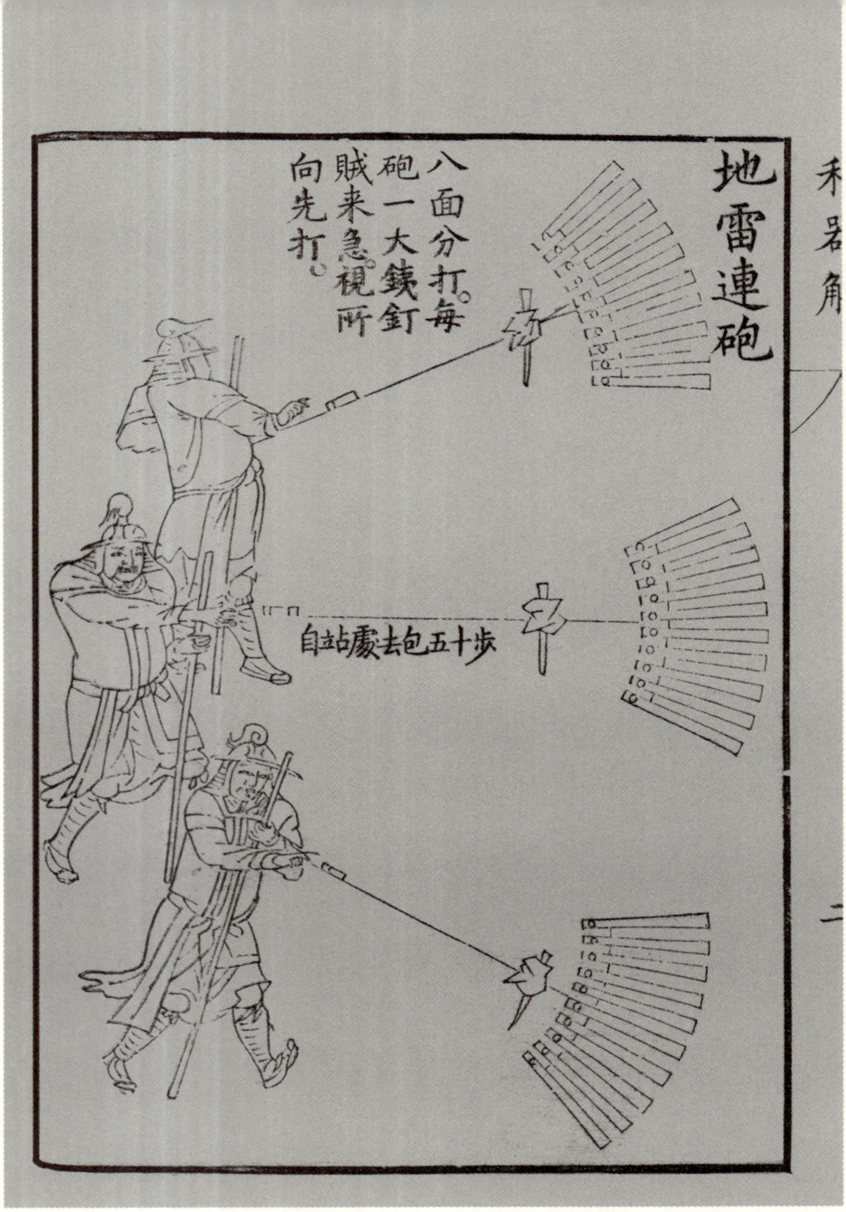

地雷連砲

八面分打，每砲一大鐵釘。賊來急，視所向先打。

自站處去包五十步。

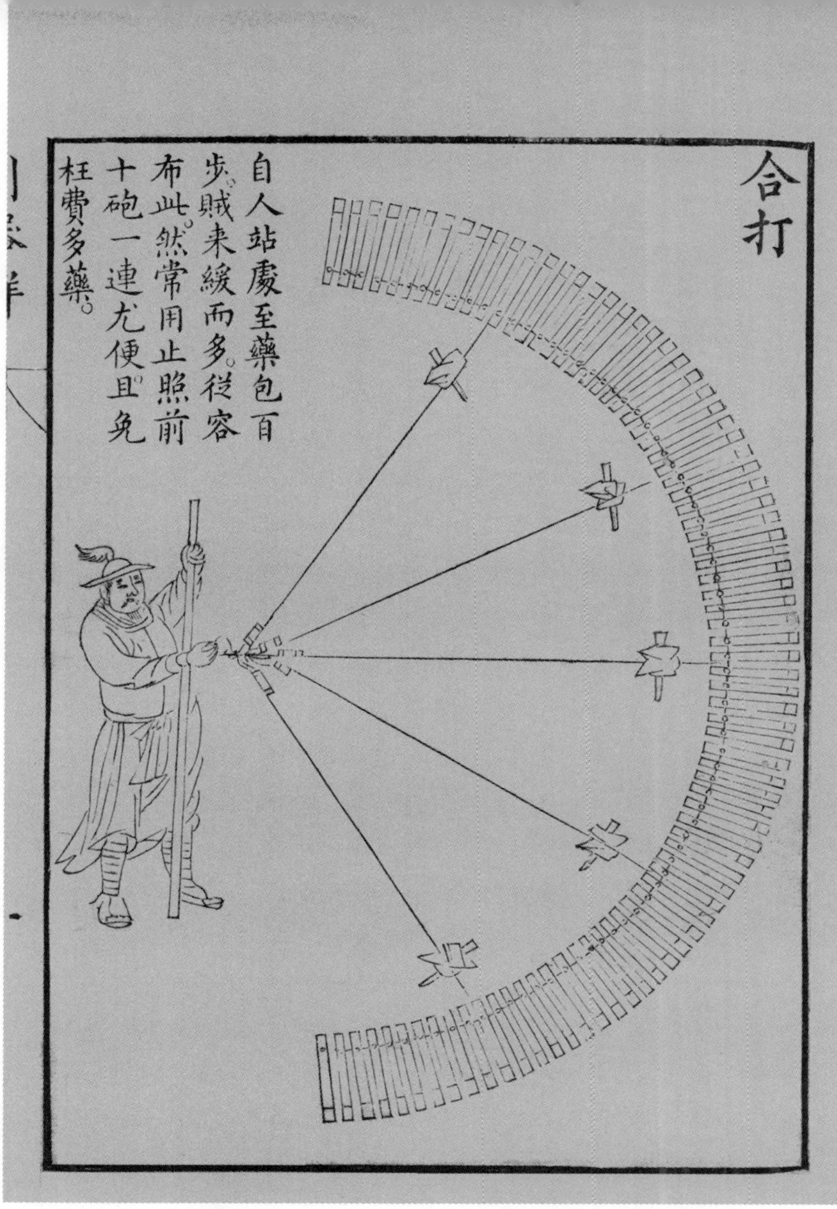

合打[1]

自人站處至藥包百步，賊來緩而多，從容布此，然常用止照前十砲一連尤便，且免枉費多藥

1《兩浙海防類考續編·火器圖説》本條插圖内水平方向藥綫上刻小字注：“自藥包至砲所，相去十步，各綫務要均停，一發各砲齊響。”

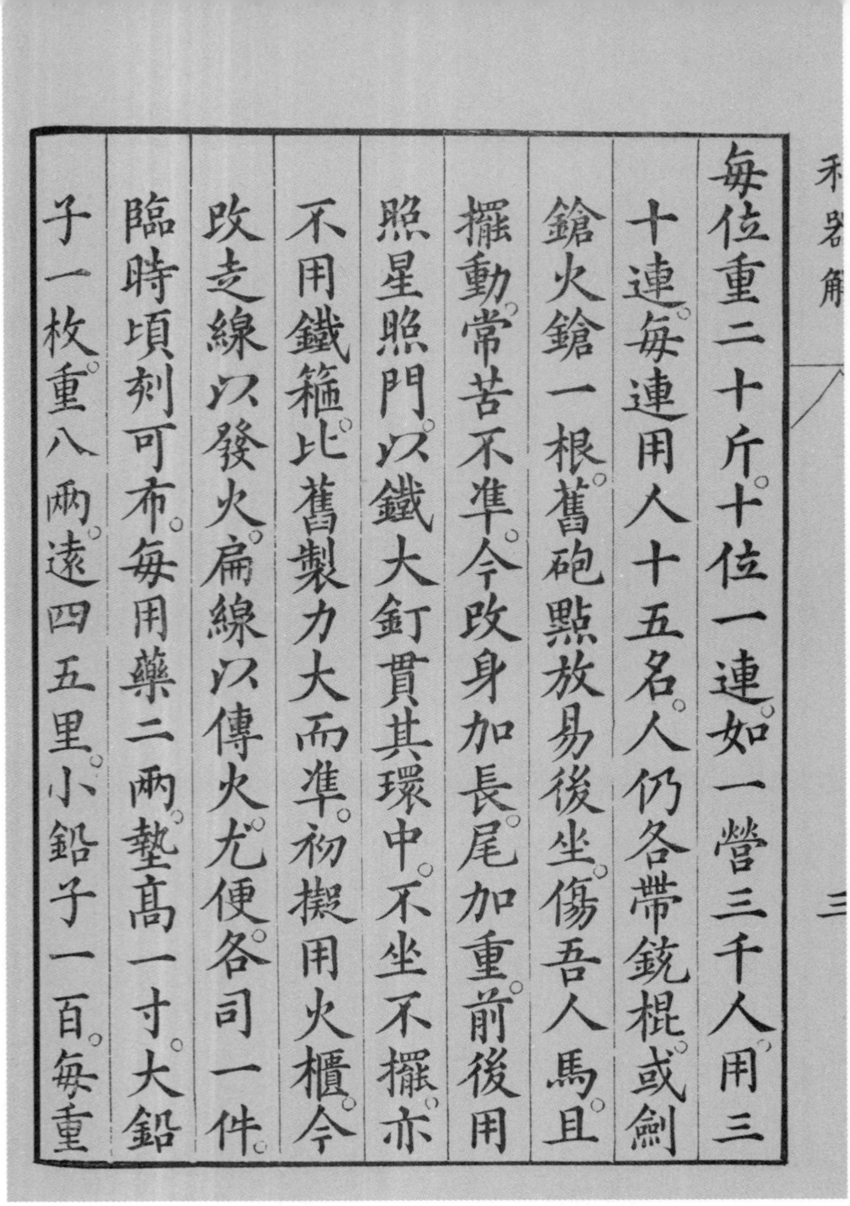

利器解　三

每位重二十斤十位一連如一營三千人用三十連每連用人十五名人仍各帶銃棍或劍鎗火鎗一根舊砲點放易後坐傷吾人馬且擺動常苦不準今改身加長尾加重前後用照星照門以鐵大釘貫其環中不坐不擺亦不用鐵箍比舊製力大而準初擬用火櫃今改走線以發火扁線以傳火尤便各司一件臨時頃刻可布每用藥二兩墊高一寸大鉛子一枚重八兩遠四五里小鉛子一百每重

每位重二十斤，十位一連。如一營三千人，用二十連。每連用人十五名，人仍各帶銃棍或劍鎗、火鎗一根。舊砲點放易後坐傷吾人馬，且擺動，常苦不準。今改身加長尾加重，前後用照星照門，以鐵大釘貫環中，不坐不擺，亦不用鐵箍，比舊製力大而準。初擬用火櫃，今改走線以發火，扁線以傳火，尤便。各司一件，臨時頃刻可布。每用藥二兩，墊高一寸，大鉛子一枚，重八兩，遠四五里，小鉛子一百，每重

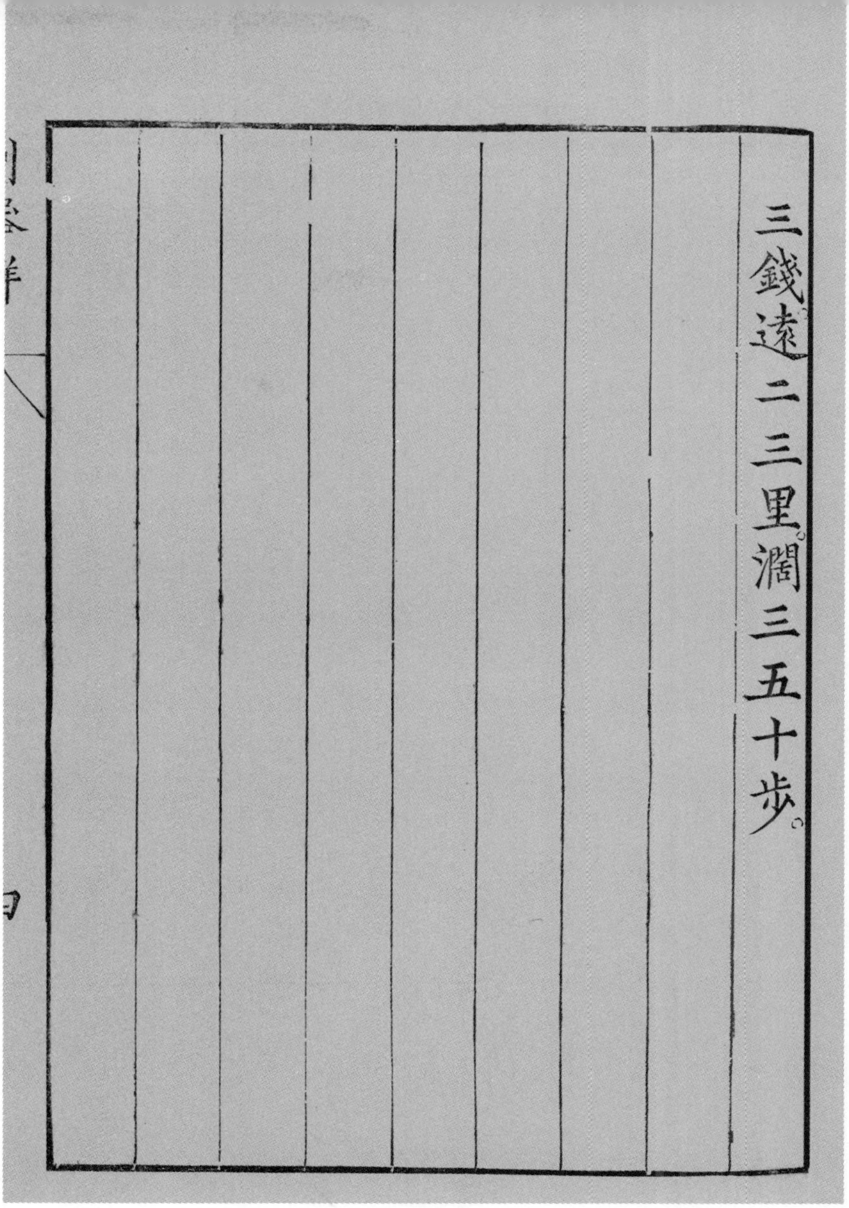
三錢遠二三里濶三五十步。

三錢，遠二三里，闊三五十步。

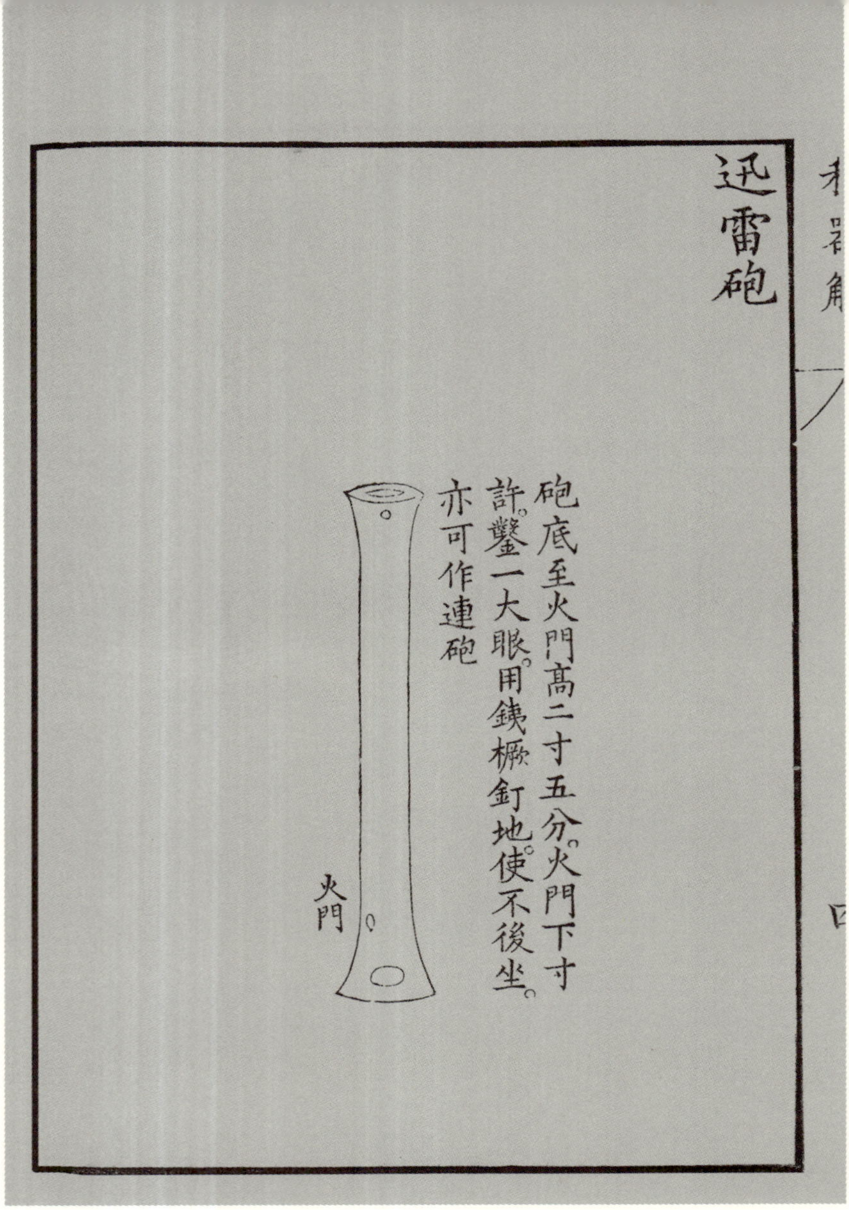

迅雷砲

砲底至火門高二寸五分。火門下寸許，鑿一大眼，用鐵橛釘地，使不後坐。亦可作連砲。

火門

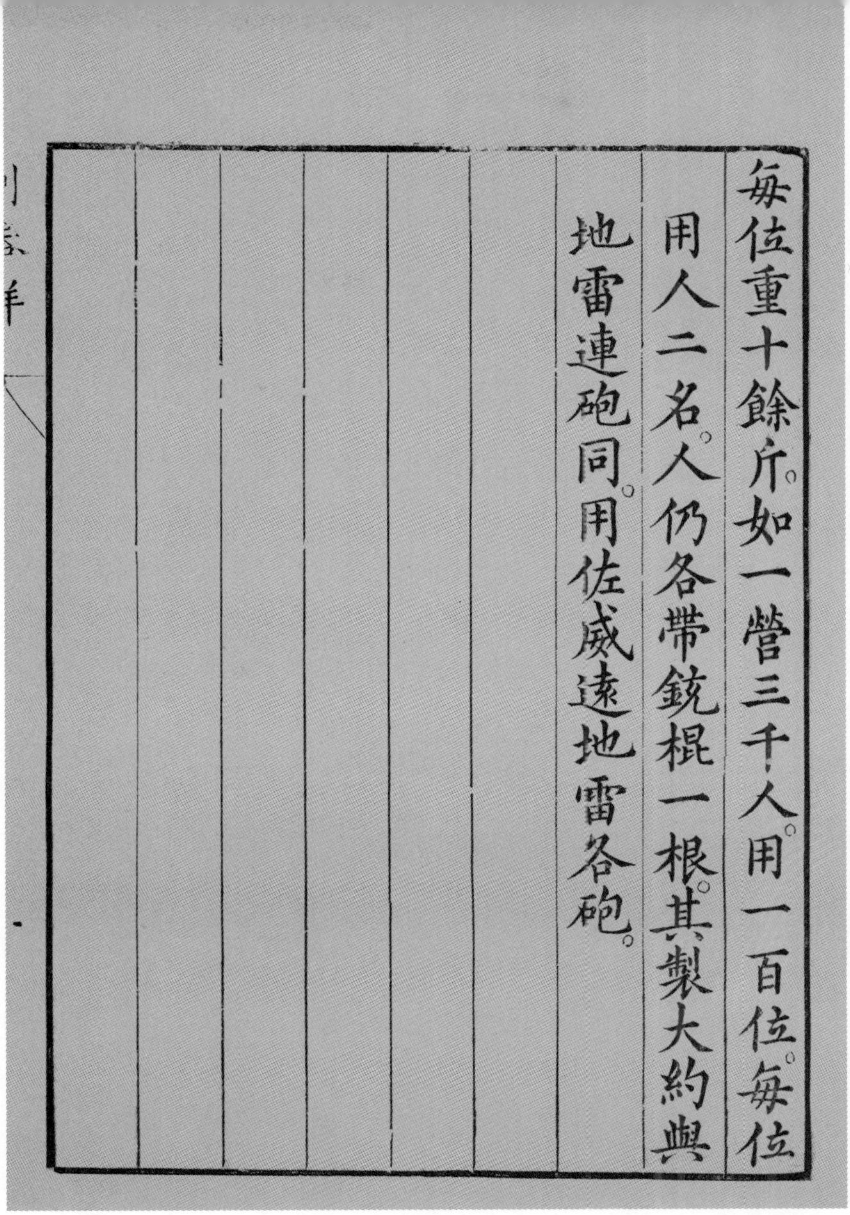
每位重十餘斤。如一營三千人。用一百位。每位
用人二名。人仍各帶銃棍一根。其製大約與
地雷連砲同。用佐威遠地雷各砲。

每位重十餘斤，如一營三千人，用一百位，每位用人二名，人仍各帶銃棍一根，其製大約與地雷連砲同，用佐威遠、地雷各砲。

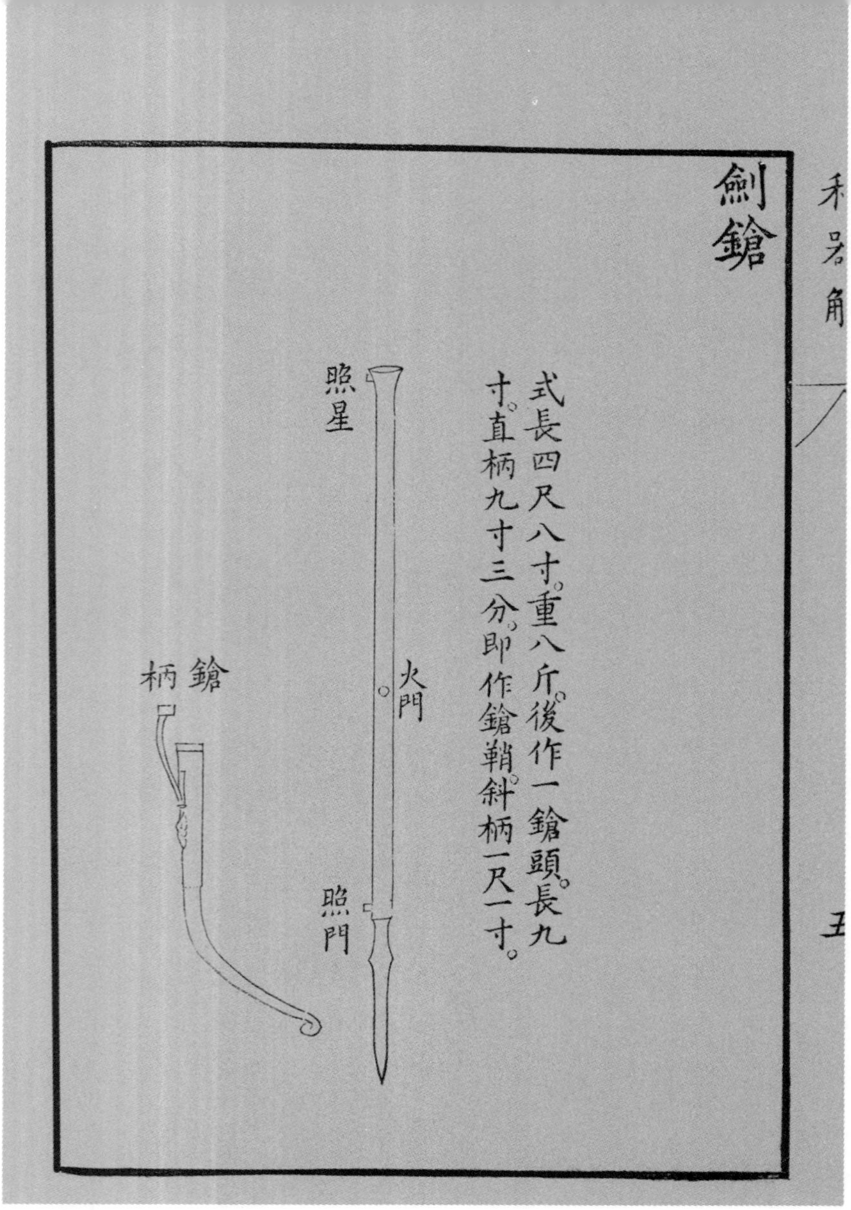

劍鎗

式長四尺八寸，重八斤。後作一鎗頭，長九寸。直柄九寸三分，即作鎗鞘，斜柄一尺一寸。

照星　火門　照門

鎗柄

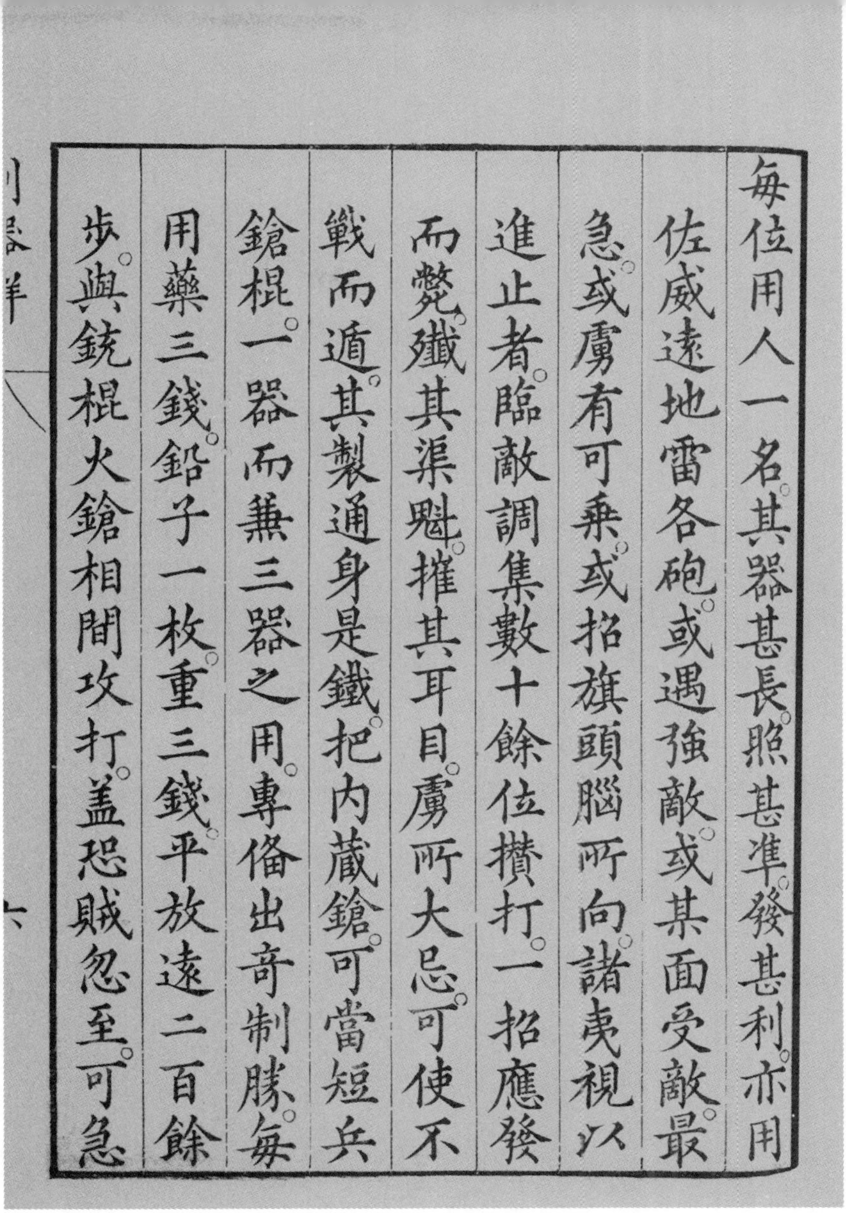

每位用人一名其器甚長照甚準發甚利亦用
佐威遠地雷各砲或遇強敵或其面受敵最
急或虜有可乘或招旗頭腦所向諸夷視以
進止者臨敵調集數十餘位攢打一招應發
而斃殲其渠魁摧其耳目虜所大忌可使不
戰而遁其製通身是鐵把內藏鎗可當短兵
鎗棍一器而兼三器之用專備出奇制勝每
用藥三錢鉛子一枚重三錢平放遠二百餘
步與銃棍火鎗相間攻打蓋恐賊忽至可急

每位用人一[1]名，其器甚長，照甚準，發甚利，亦用佐威遠、地雷各砲。或遇強敵，或某面受敵最急，或虜有可乘，或招旗頭腦所向，諸夷視以進止者，臨敵調集數十餘位攢打，一招應發而斃殲其渠魁，摧其耳目，虜所大忌，可使不戰而遁。其製通身是鐵，把內藏鎗，可當短兵鎗棍，一器而兼三器之用，專備出奇制勝。每用藥三錢，鉛子一枚重三錢，平放遠二百餘步，與銃棍火鎗相間攻打，蓋恐賊忽至，可急

1 一 《兩浙海防類考續編·火器圖說》作“二”。

用也。總之。近攻不如遠攻。遠攻而廣踰里。遠踰一二十里。利之利者也。一人敵不如萬人敵。萬人敵而一發可數十砲。中可數千萬人。利之利者也。用刀不如用棍。用棍而先以銃間以鎗。又以火。利之利者也。

用也。總之，近攻不如遠攻，遠攻而廣踰里，遠踰一二十里，利之利者也。一人敵不如萬人敵，萬人敵而一發可數十砲，中可數千萬人，利之利者也。用刀不如用棍，用棍而先以銃，間以鎗，又以火，利之利者也。

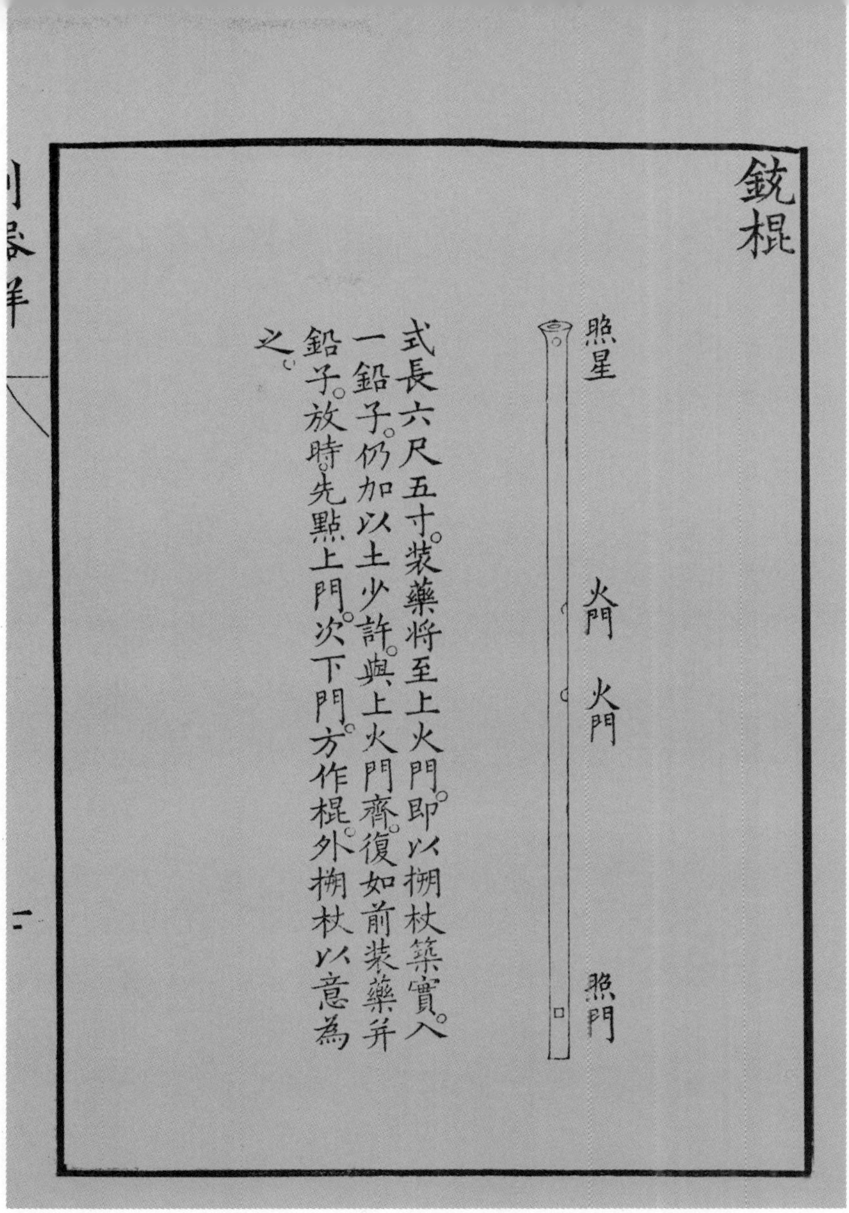
銃棍

式長六尺五寸。裝藥将至上火門。即以捌杖築實。入一鉛子。仍加以土少許。與上火門齊。復如前裝藥并鉛子。放時先點上門。次下門。方作棍。外捌杖以意為之。

銃棍

照星　　火門　　火門　　照門

式長六尺五寸，裝藥將至上火門，即以捌杖築實。入一鉛子，仍加以土少許，與上火門齊，復如前裝藥并鉛子。放時先點上門，次下門，方作棍。外捌杖以意爲之。

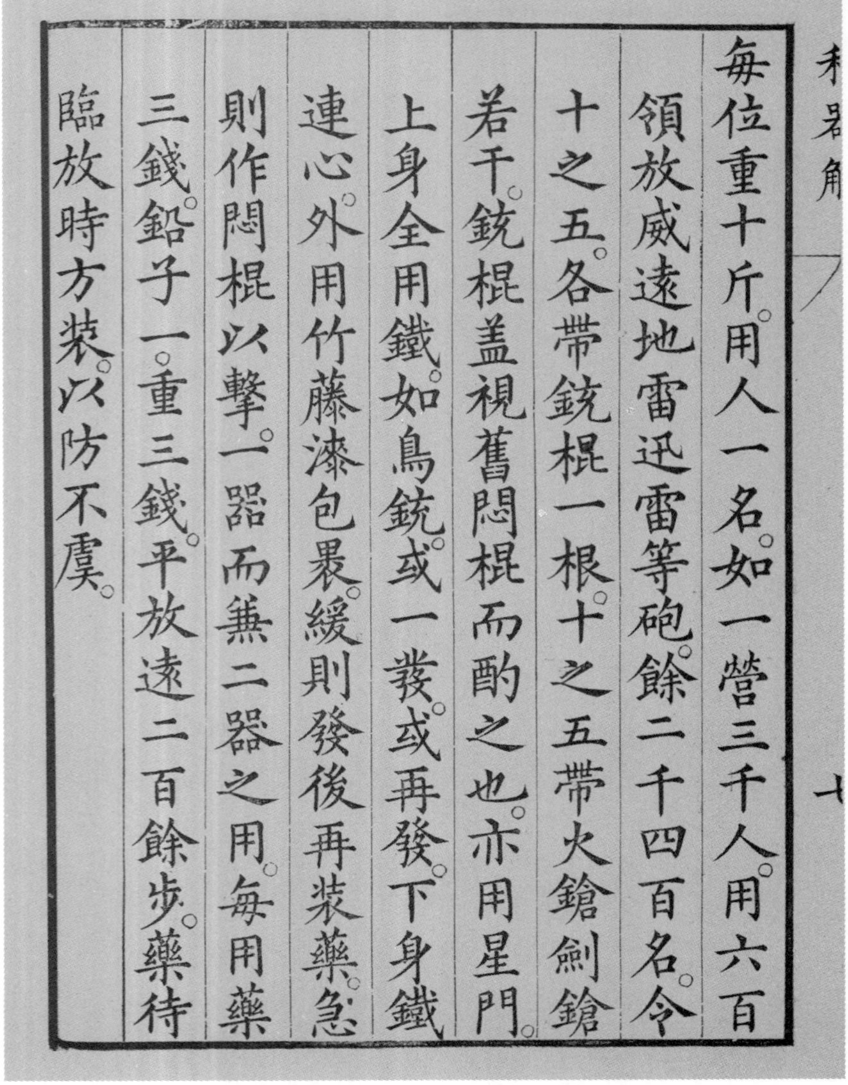

每位重十斤，用人一名。如一營三千人，用六百領放威遠、地雷、迅雷等砲，餘二千四百名，令十之五各帶銃棍一根，十之五帶火鎗、劍鎗若干。銃棍蓋視舊悶棍而酌之也，亦用星門，上身全用鐵，如鳥銃，一發或再發，下身鐵連心，外用竹藤漆包裹，緩則發後再裝藥，急則作悶棍以擊，一器而兼二器之用。每用藥三錢，鉛子一，重三錢，平放遠二百餘步。藥待臨放時放裝，以防不虞。

火鎗

製長七尺。鎗頭長尺許。木柄下有鐵鑽。兩邊叉
上作鈎連。夾鎗有二噴筒。用時先放一筒。藥
線引轉復放一筒。完即作短兵格架刀鎗。以
佐威遠等砲。噴藥方開後。

製長七尺，鎗頭長尺許，木柄下有鐵鑽，兩邊叉上作鉤連。夾鎗有二噴筒，用時先放一筒，藥綫引轉，復放一筒。完即作短兵，格架刀鎗，以佐威遠等砲，噴藥方開後。

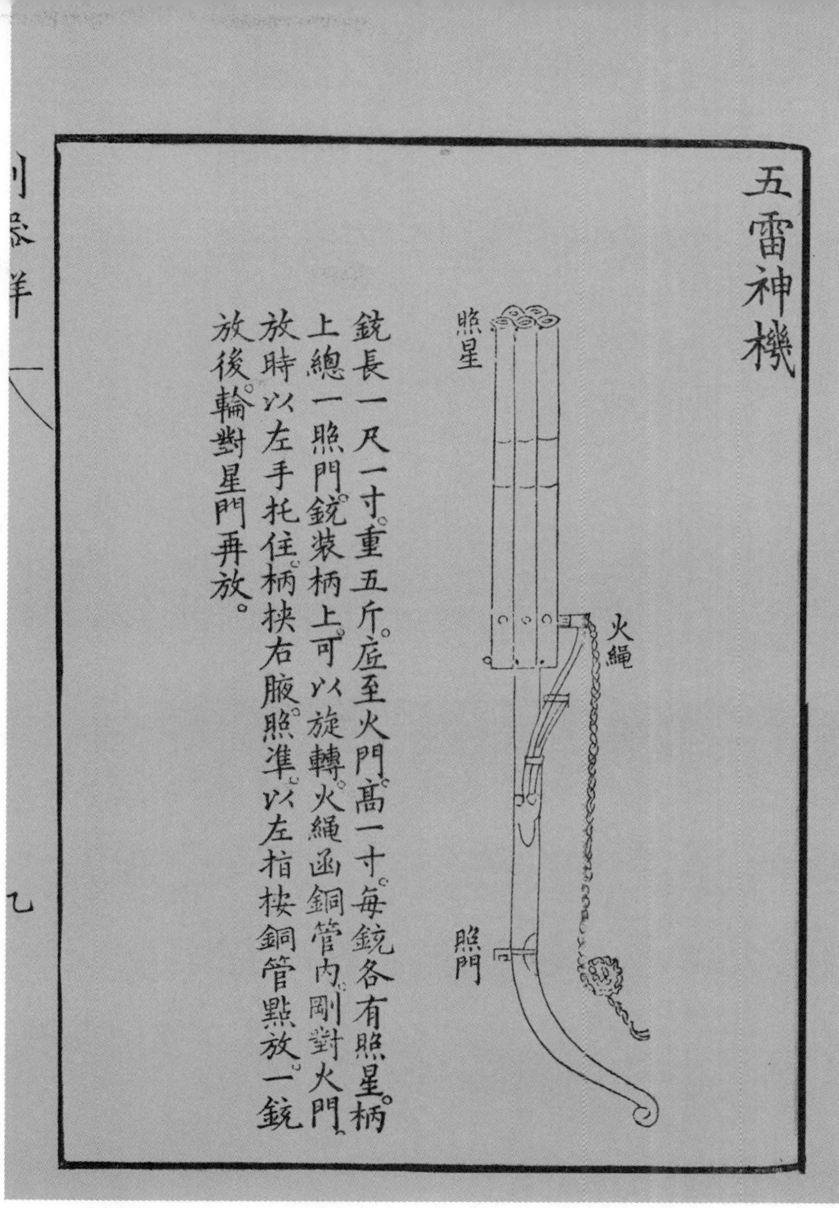
五雷神機

照星 火繩 照門

銃長一尺一寸重五斤底至火門高一寸每銃各有照星柄上總一照門銃裝柄上可以旋轉火繩函銅管内剛對火門放時以左手托住柄挾右腋照準以左指按銅管點放一銃放後輪對星門再放

五雷神機

照星　火繩　照門

銃長一尺一寸，重五斤，底至火門高一寸。每銃各有照星，柄上總一照門。銃裝柄上，可以旋轉，火繩函銅管内，剛對火門。放時以左手托住，柄挾右腋，照準，以左指按銅管點放。一銃放後，輪對星門再放。

每位人二名帶銃棍一根每發用藥二錢鉛子
一枚重一錢五分遠一百二十步各鎮所用
火器惟三眼鎗最勝一器三發可以備急然
多而不準倭奴鳥銃前後星門對準方發極
稱利器然準而不多一發後旋即無用今酌
量于二者之間製爲二器前後星門一準倭
奴鳥銃而加以三眼五眼其機則更易使點
放由人前後對準星門平放一百三十步命
中。

每位人二名，帶銃棍一根。每發用藥二錢，鉛子一枚，重一錢五分，遠一百二十步。各鎮所用火器，惟三眼鎗最勝，一器三發，可以備急，然多而不準。倭奴鳥銃，前後星門，對準方發，極稱利器，然準而不多，一發後旋即無用。今酌量于二者之間，製爲二器，前後星門，一準倭奴鳥銃，而加以三眼五眼，其機則更易使，點放由人。前後對準星門，平放一百三十步命中。

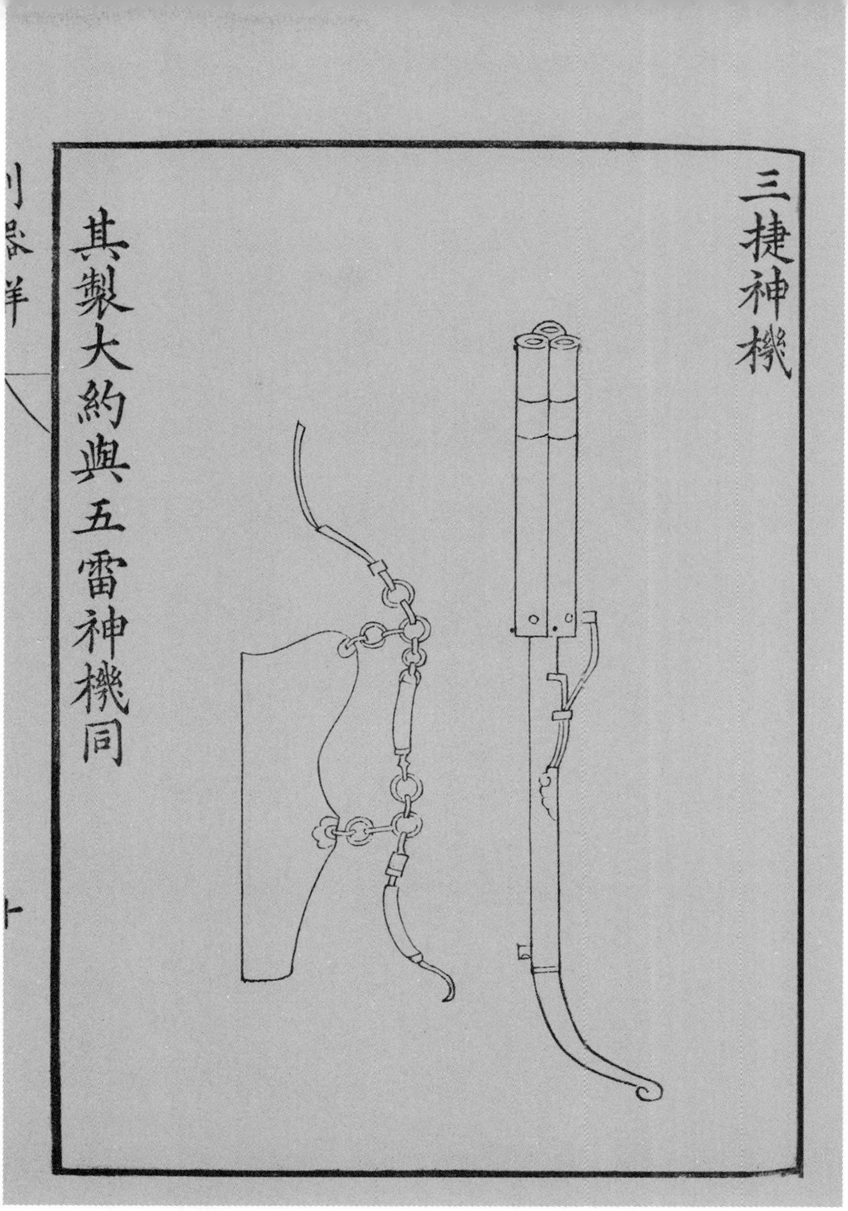

三捷神機

其製大約與五雷神機同。

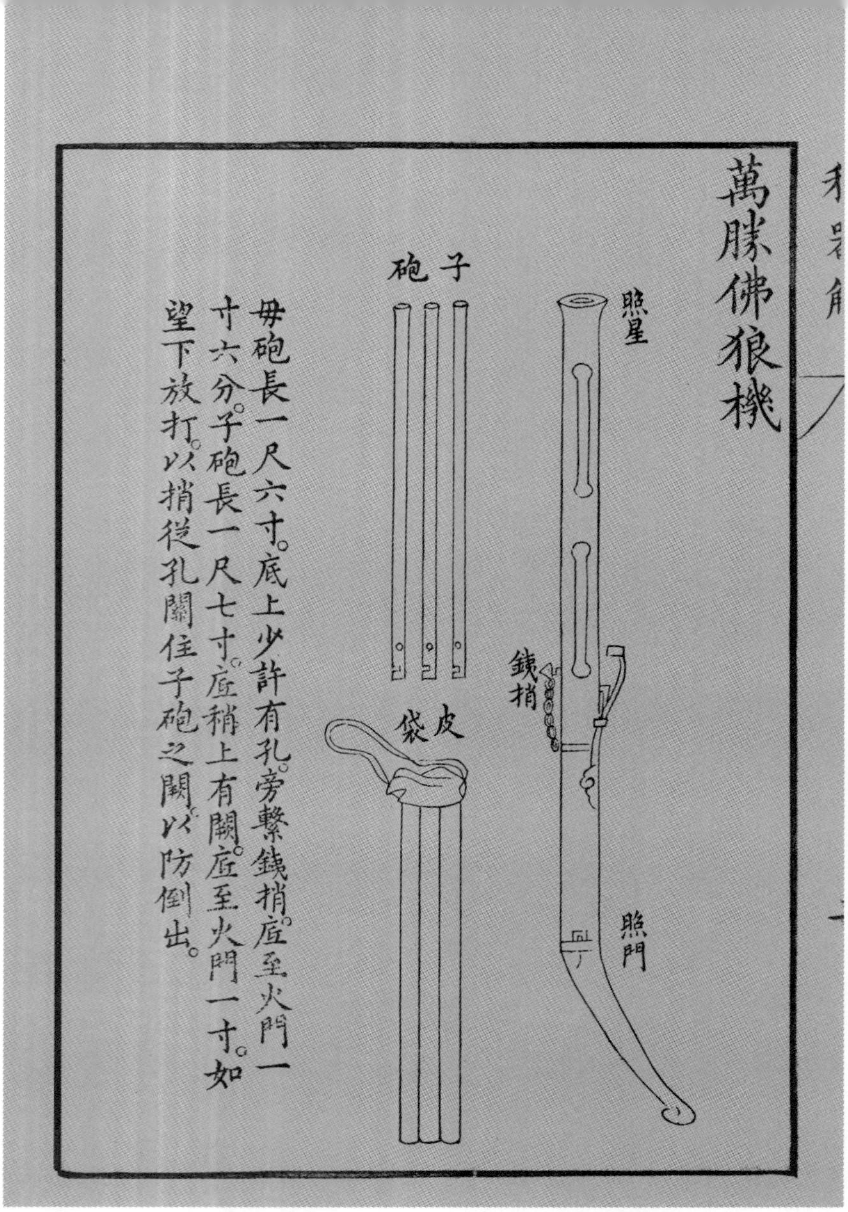

萬勝佛狼機

照星　鐵梢　照門

子砲　皮袋

母砲長一尺六寸，底上少許有孔，旁繫鐵梢。底至火門一寸六分。子砲長一尺七寸，底稍上有闗。底至火門一寸。如望下放打，以梢從孔闗住子砲之闗，以防倒出。

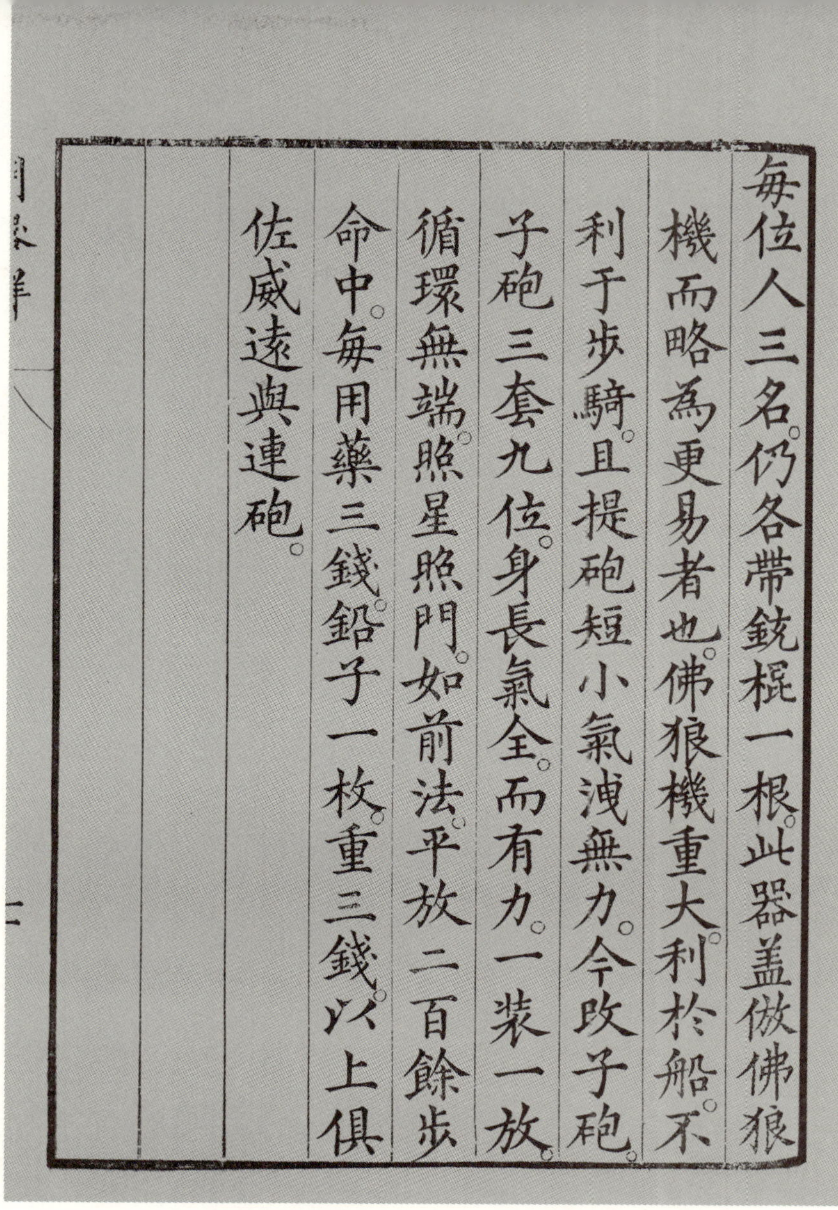
每位人三名。仍各帶銃棍一根。此器盖倣佛狼
機而略為更易者也。佛狼機重大。利於船。不
利于步騎。且提砲短小氣洩無力。今改子砲。
子砲三套九位。身長氣全。而有力。一裝一放。
循環無端。照星照門。如前法。平放二百餘步
命中。每用藥三錢。鉛子一枚。重三錢。以上俱
佐威遠與連砲。

每位人三名，仍各帶銃棍一根。此器蓋倣佛狼機而略爲更易者也。佛狼機重大，利於船，不利于步騎，且提砲短小，氣洩無力。今改子砲，子砲三套九位，身長氣全而有力，一裝一放，循環無端，照星照門如前法。平放二百餘步命中，每用藥三錢，鉛子一枚，重三錢。以上俱佐威遠與連砲。

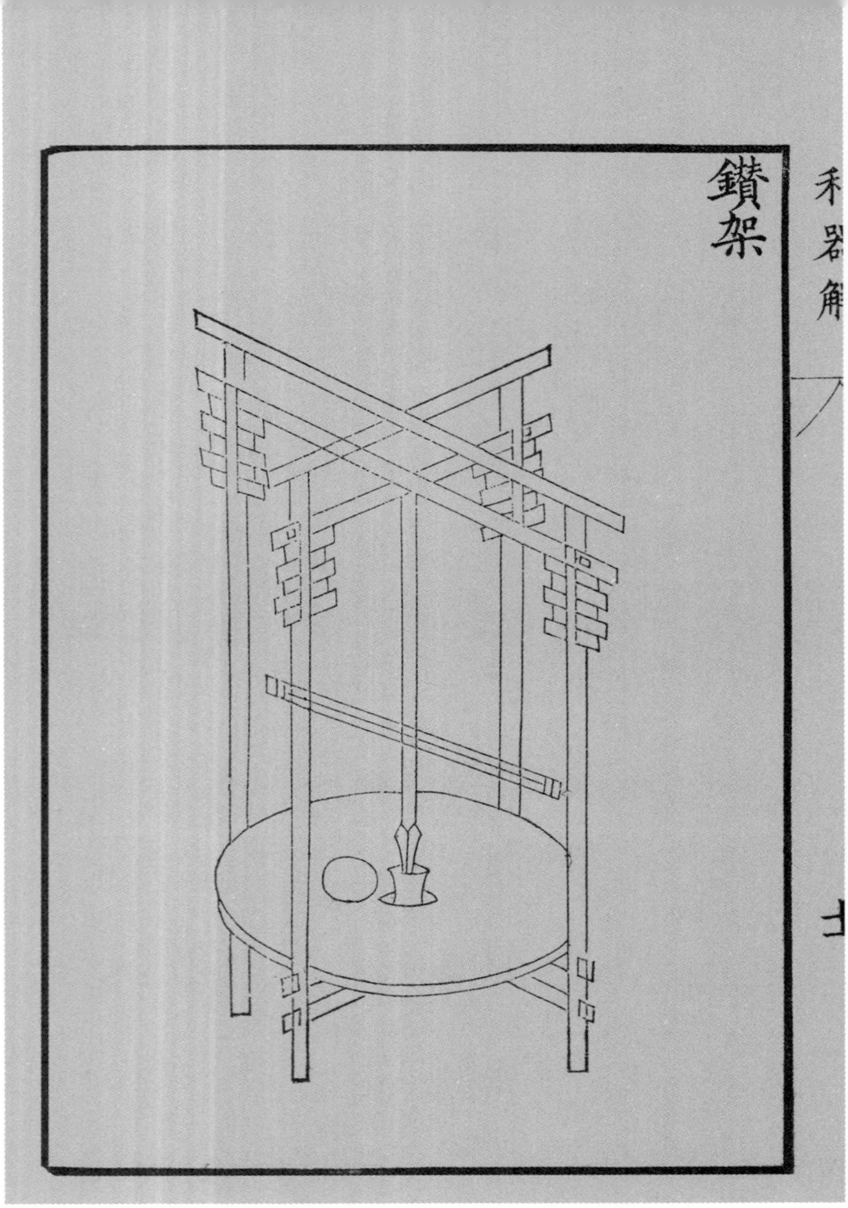

鑽架

先於地穿穴深四尺周圍三丈六尺穴上作架其架用堅木立四柱長一丈二尺徑過一尺柱頂作十字木冒頭管住下尺許鑿槽路長四尺仍作一十字叉嵌槽路中出筍加拴勿令出入可上可下其槽空處俱用木板墊起俟砲鑽深漸次而下十字中央朝下嵌一大鐵臼臼下即大鋼鑽鑽形方長七尺鑽半身有孔貫以鐵杆長六尺仍用堅木二條長丈餘約鐵杆大小鑿槽夾鐵杆于中不露兩頭

先於地穿穴，深四尺，周圍三丈六尺。穴上作架，其架用堅木，立四柱，長一丈二尺，徑過一尺。柱頂作十字木，冒頭管住下尺許，鑿槽路，長四尺，仍作一十字叉。嵌槽路中出筍，加拴，勿令出入，可上可下。其槽空處，俱用木板墊起，俟砲鑽深，漸次而下。十字中央朝下嵌一大鐵臼，臼下即大鋼鑽。鑽型方，長七尺。鑽半身有孔，貫以鐵杆，長六尺。仍用堅木二條，長丈餘，約鐵杆大小鑿槽，夾鐵杆于中不露，兩頭

用鐵箍。以人扶可推轉。四柱自下高尺許。作
十字义。中央鑿孔。再上一尺五寸。亦復如是。
十字上加厚木圓盤。可四柱大。上容鑽砲人
行。盤下依圍壘墻三面。盤心鑿孔。鑲鐵圈。圈
旁各有二横釘。嵌入盤木。以防轉動。孔連下
二十字。以砲架孔中。砲頂上接鑽頭。人推鑽
腰鐵杆。如磨旋轉。鑽漸下而砲塘自通。盤中
稍旁作一孔。大可容人。人立穴下。透半身於
盤上。時加油以利鑽。

用鐵箍。以人扶，可推轉。四柱自下高尺許，作十字叉，中央鑿孔。再上一尺五寸，亦復如是。十字上加厚木圓盤，可四柱大。上容鑽砲人行。盤下依圍，壘墻三面。盤心鑿孔，鑲鐵圈，圈旁各有二横釘，嵌入盤木，以防轉動。孔連下二十字，以砲架孔中。砲頂上接鑽頭，人推鑽腰鐵杆，如磨旋轉，鑽漸下而砲塘自通。盤中稍旁作一孔，大可容人。人立穴下，透半身于盤上，時加油以利鑽。

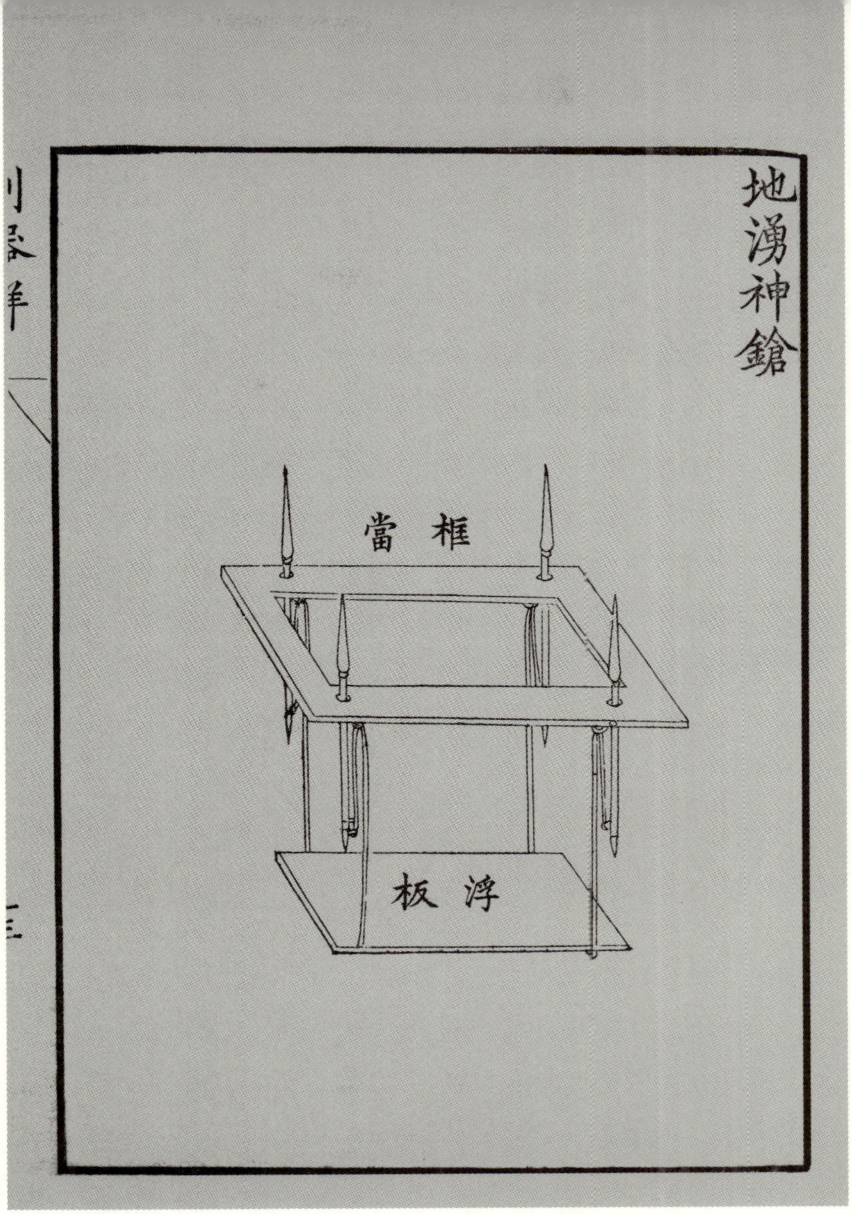

地湧神鎗

框當　浮板

製用堅木作框當長四尺五寸横二尺二寸四
當四孔孔下旁釘鐵環製小鋼鎗四根鎗刃
布孔中不露鎗尾繫繩貫環中一端繫浮板
後於地穿穴深數尺以當埋與地平製浮板
可框心大當旁置巧機令板與當平馬踏浮
板機發板下鎗從孔起預聞有警先於賊来
要路邊城營前俱可埋伏費用不多一件賸
如十軍若損一件即令補造方見實用

製用堅木作框當，長四尺五寸，横二尺二寸。四當四孔，孔下旁釘鐵環，製小鋼鎗四根，鎗刃布孔中，不露鎗尾，繫繩貫環中，一端繫浮板後。於地穿穴，深數尺，以當埋與地平。製浮板，可框心大，當旁置巧機，令板與當平。馬踏浮板，機發板下，鎗從孔起。預聞有警，先於賊來要路，邊城營前，俱可埋伏，費用不多，一件如勝十軍。若損一件，即令補造，方見實用。

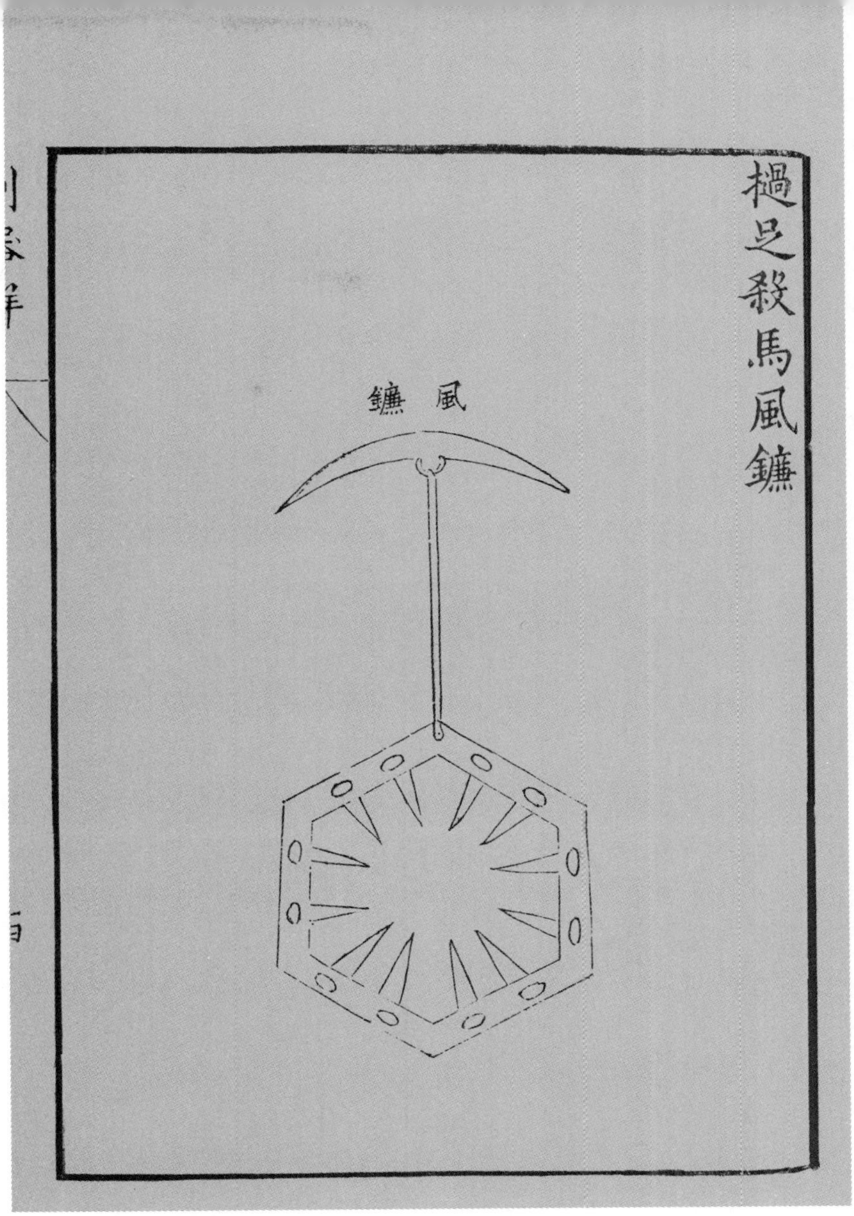

撾足殺馬風鐮

風鐮

用堅木作圈圍劄鐵釘一十二個長三寸三分
竹釘亦可代之上繫極快風鐮一張重十兩
與地湧神鎗兼伏邊外營前俱可用若虜恃
驍侵犯先将馬足搥住痛必驚跳鐮舞自砍
膚破腿折虜之所恃者馬馬傷虜驚我兵乘
此擒之矣

用堅木作圈，圍劄鐵釘一十二箇，長三寸三分，竹釘亦可代之。上繫極快風鐮一張，重十兩。與地湧神鎗兼伏邊外營前，俱可用。若虜恃驍侵犯，先將馬足搥住，痛必驚跳，鐮舞自砍，膚破腿折。虜之所恃者馬，馬傷虜驚，我兵乘此擒之矣。

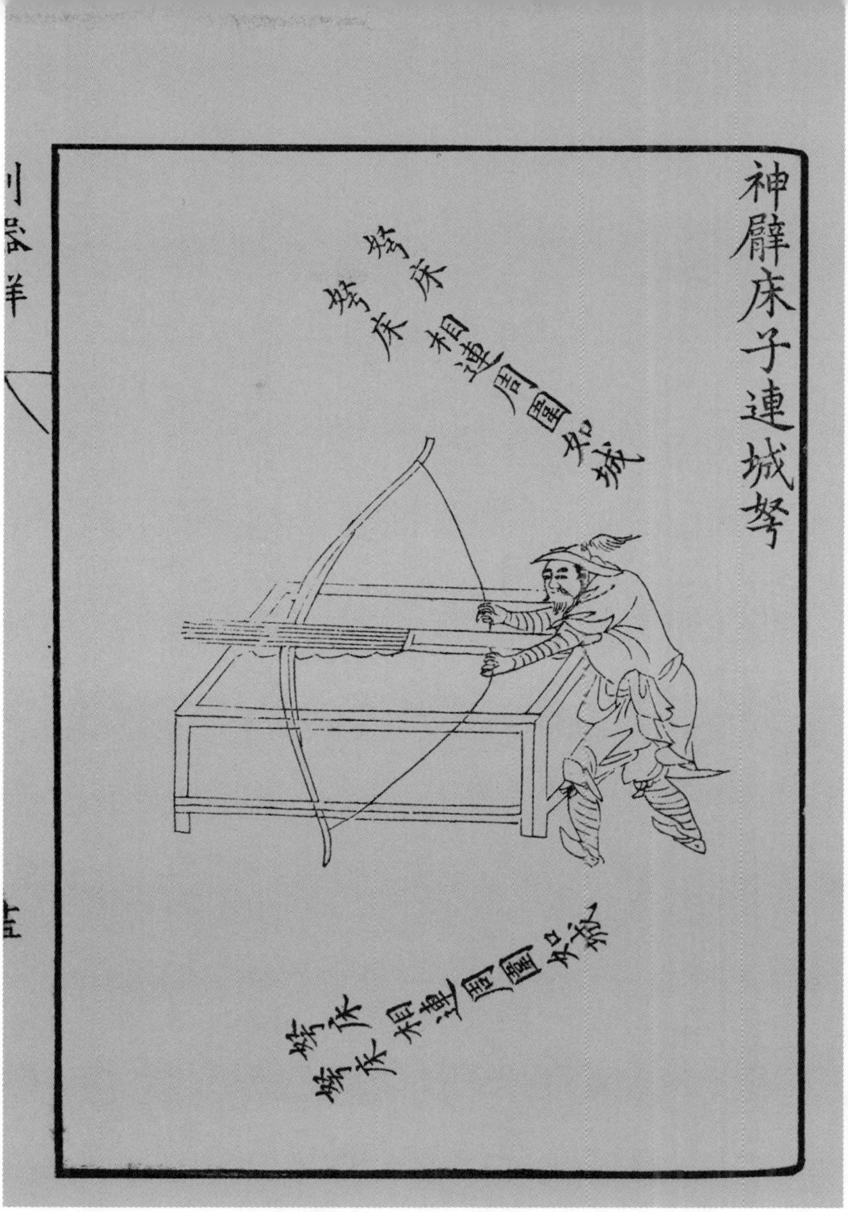

神臂床子連城弩

弩床相連，周圍如城。

用堅木作弩床長濶酌爲之床腹置箱可藏弩
矢火藥床上裝弩身于前後當內不使搖動
弩身中央有槽路可布四矢弦亦由槽路行
上不露對準星門機動弦發箭鋒淬以見血
封喉火藥著則敵立斃每床用三人人仍各
帶銃棍一根時用則一人上弦一人發機在
路則以銃棍更番扛行每營視兵多寡置弩
若干住則周營密布名爲弩城賊近則又以
銃棍相擊前刺鎗鋒鐮守城無營兵者用之

用堅木作弩床，長闊酌爲之。床腹置箱，可藏弩矢火藥。床上裝弩身，于前後當内，不使摇動。弩身中央有槽路，可布四矢。弦亦由槽路，行上不露。對準星門，機動弦發。箭鋒淬以見血封喉火藥，著則敵立斃。每床用三人，人仍各帶銃棍一根。時用，則一人上弦，一人發機。在路，則以銃棍更番扛行。每營視兵多寡，置弩若干，住則周營密布，名爲弩城。賊近則又以銃棍相擊，前刺鎗鋒鐮。守城無營兵者用之便。弩城則營大兵衆者可用。

便，弩城則營大兵眾者可用。

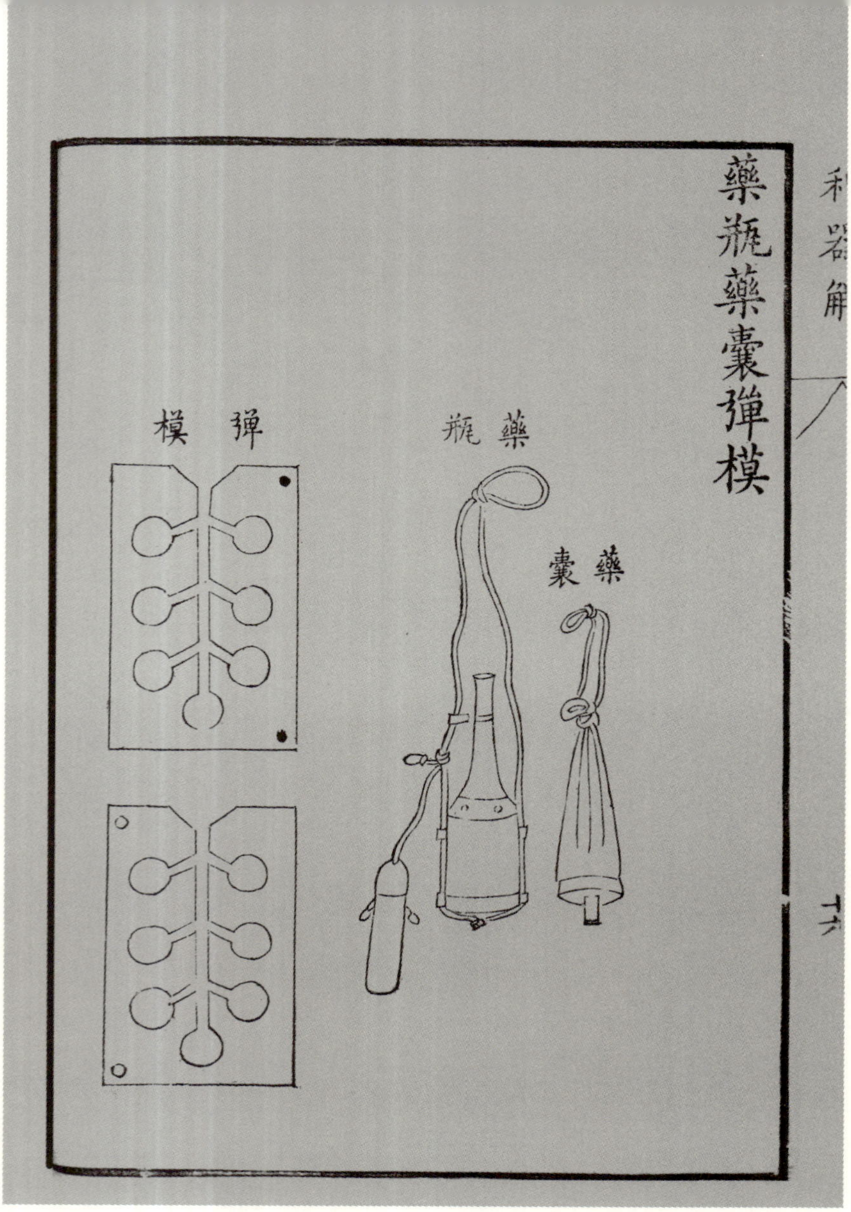

藥瓶藥囊彈模

藥瓶　藥囊　彈模

藥瓶用銅管內約定火藥分兩頸下銅片為閘
用時以指抵瓶口開閘傾藥滿管閉閘傾入
銃內藥囊用布木底底下留孔以木塞住裝
藥去塞罩藥瓶上一傾便滿俱取簡便
彈模以石為之用二扇有二筍卯鑄時用繩拴
定

藥瓶用銅管，内約定火藥分兩，頸下銅片爲閘，用時以指抵瓶口，開閘傾藥，滿管閉閘，傾入銃内。藥囊用布，木底，底下留孔，以木塞住。裝藥去塞，罩藥瓶上一傾便滿，俱取簡便。

彈模以石爲之，用二扇，有二筍卯。鑄時用繩拴定。

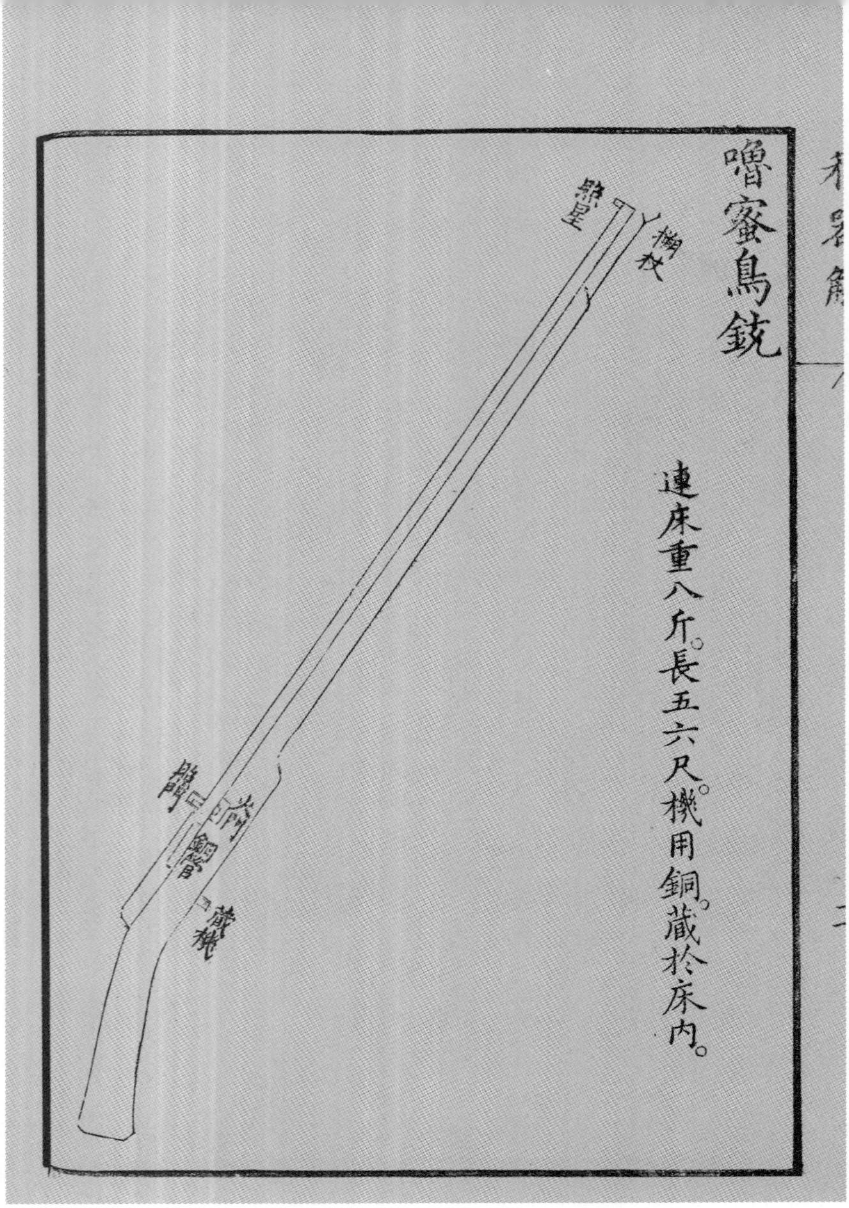

嚕蜜鳥銃

連床重八斤，長五六尺，機用銅，藏於床内。

搠杖　照星　照門　火門　銅管　藏機

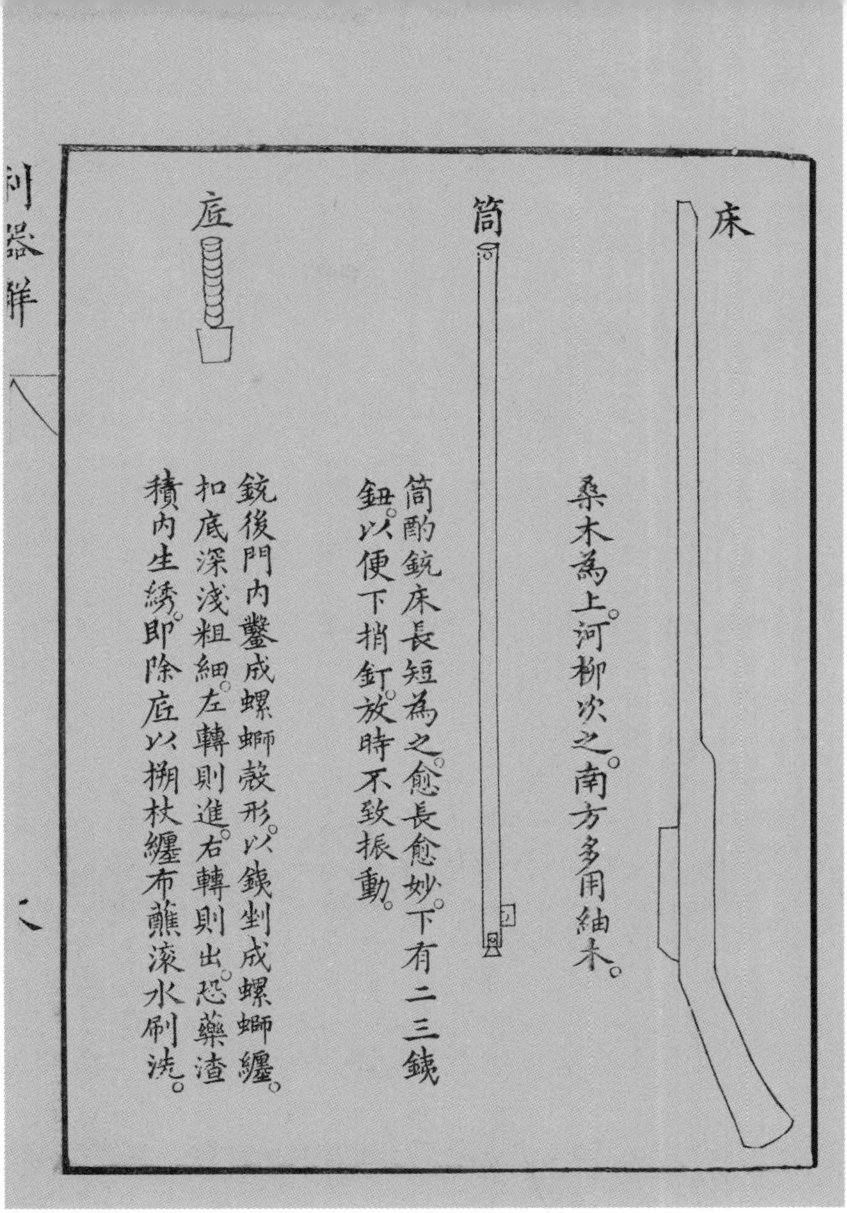

床。桑木爲上，河柳次之，南方多用紬木。

筒。筒酌銃床長短爲之，愈長愈妙，下有二三鐵鈕，以便下梢釘，放時不致振動。

底。銃後門内，鑿成螺螄殼形，以鐵銼成螺螄纏，扣底深淺粗細，左轉則進，右轉則出，恐藥渣積内生綉，即除底，以捌杖纏布，蘸滚水刷洗。

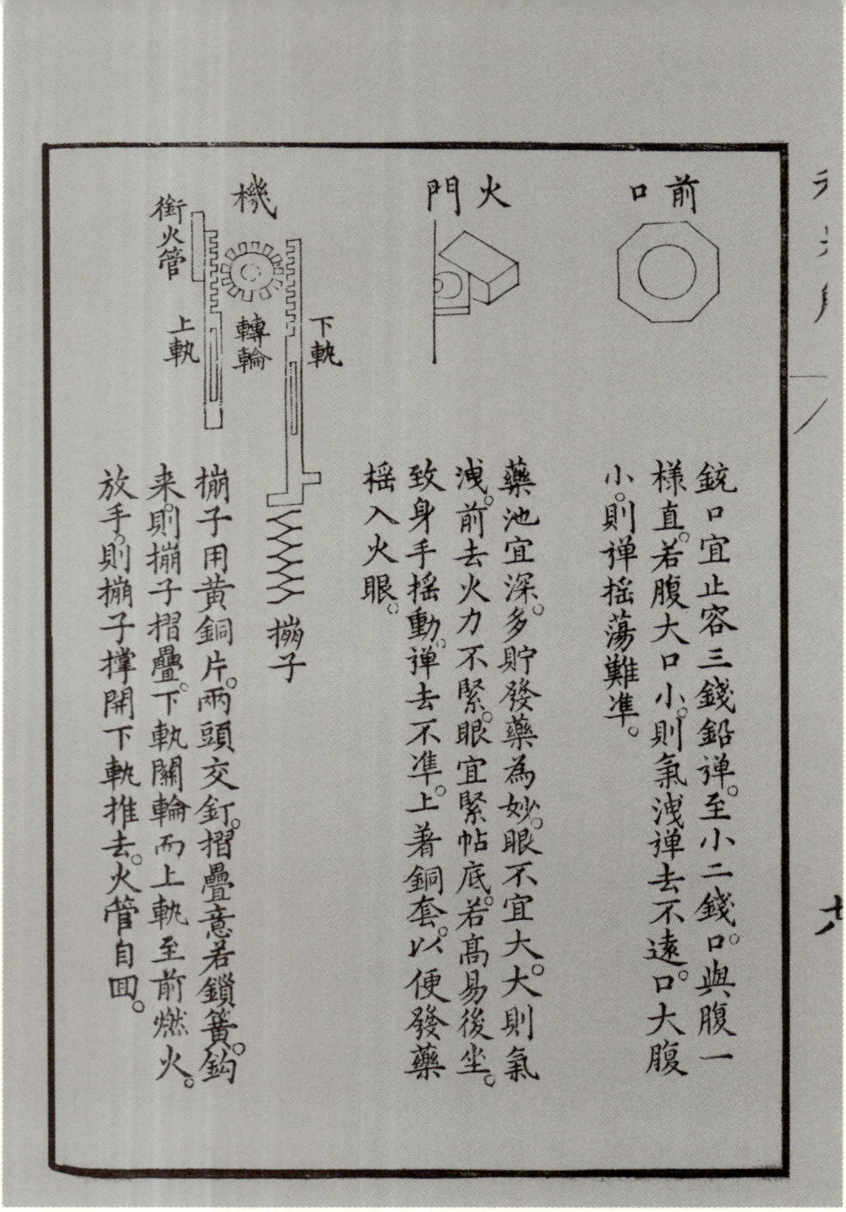

前口。銃口宜止容三錢鉛彈，至小二錢。口與腹一樣直，若腹大口小則氣洩，彈去不遠，口大腹小則彈摇蕩難準。

火門。藥池宜深，多貯發藥爲妙。眼不宜大，大則氣洩，前去火力不緊。眼宜緊帖底，若高，易後坐，致身手摇動，彈去不準。上著銅套，以便發藥摇入火眼。

機。下軏、轉輪、上軏、銜火管、繃子。繃子用黄銅片，兩頭交釘摺疊，意若鎖簧。鉤來，則繃子摺疊，下軏闗輪，而上軏至前燃火，放手則繃子撑開，下軏推去，火管自回。

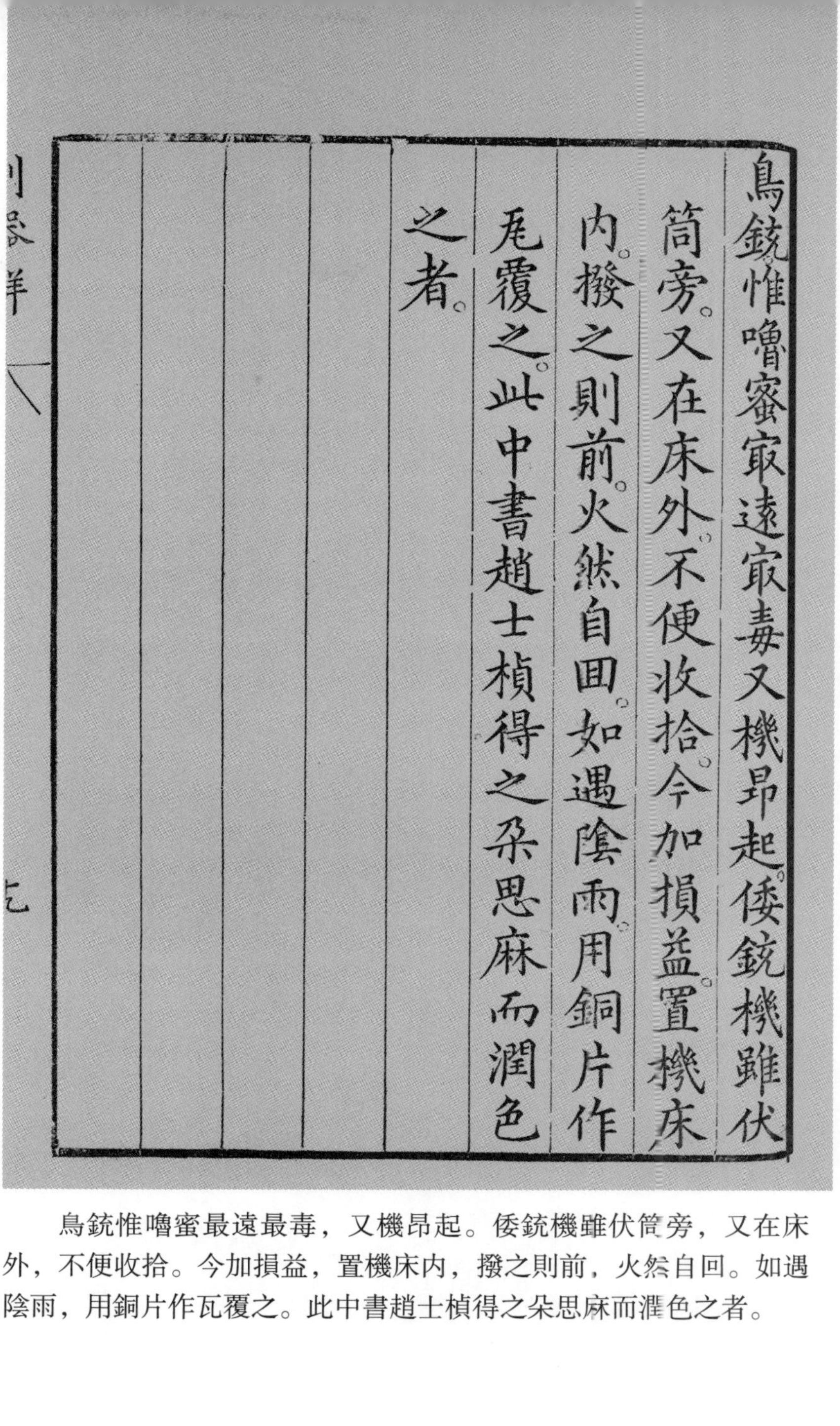
烏銃惟嚕蜜冣遠冣毒又機昂起倭銃機雖伏
筒旁又在床外不便收拾今加損益置機床
內撥之則前火然自回如遇陰雨用銅片作
瓦覆之此中書趙士楨得之朶思麻而潤色
之者

鳥銃惟嚕蜜最遠最毒，又機昂起。倭銃機雖伏筒旁，又在床外，不便收拾。今加損益，置機床内，撥之則前，火然自回。如遇陰雨，用銅片作瓦覆之。此中書趙士楨得之朵思麻而潤色之者。

利器解

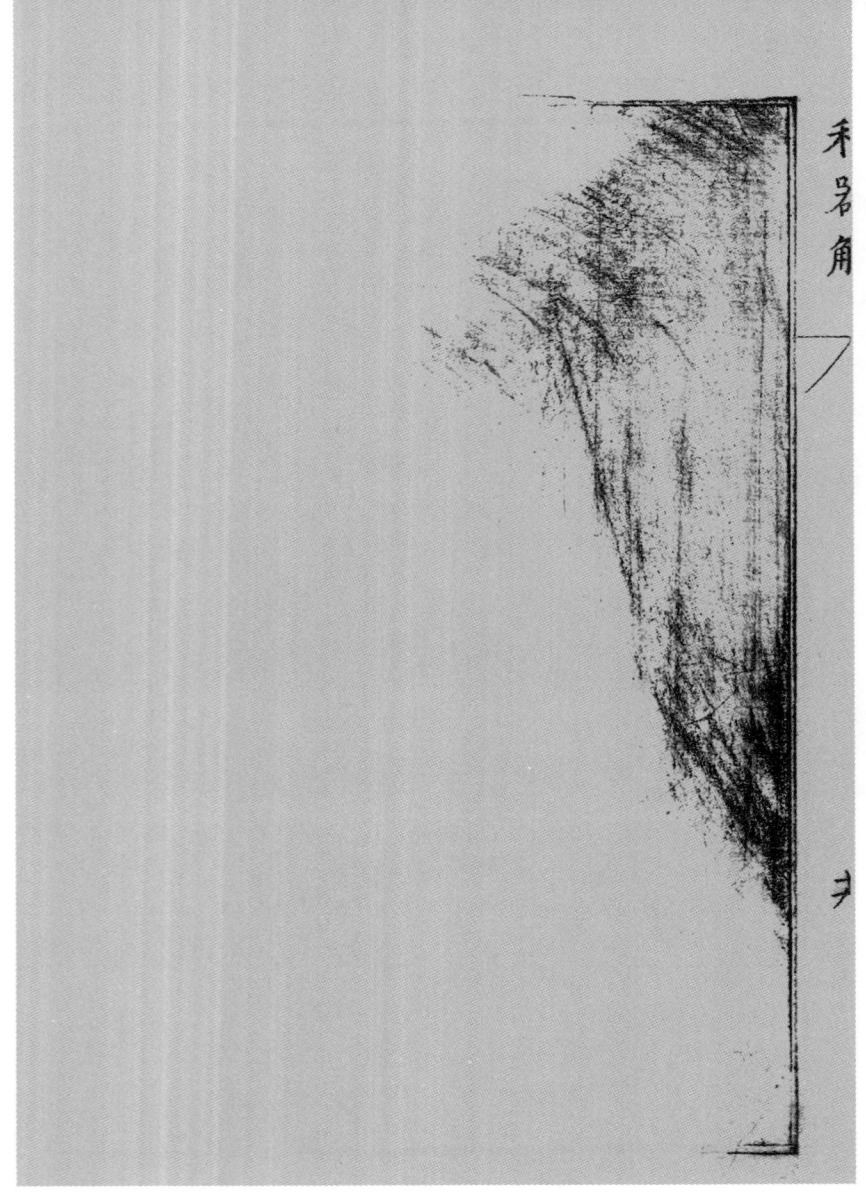

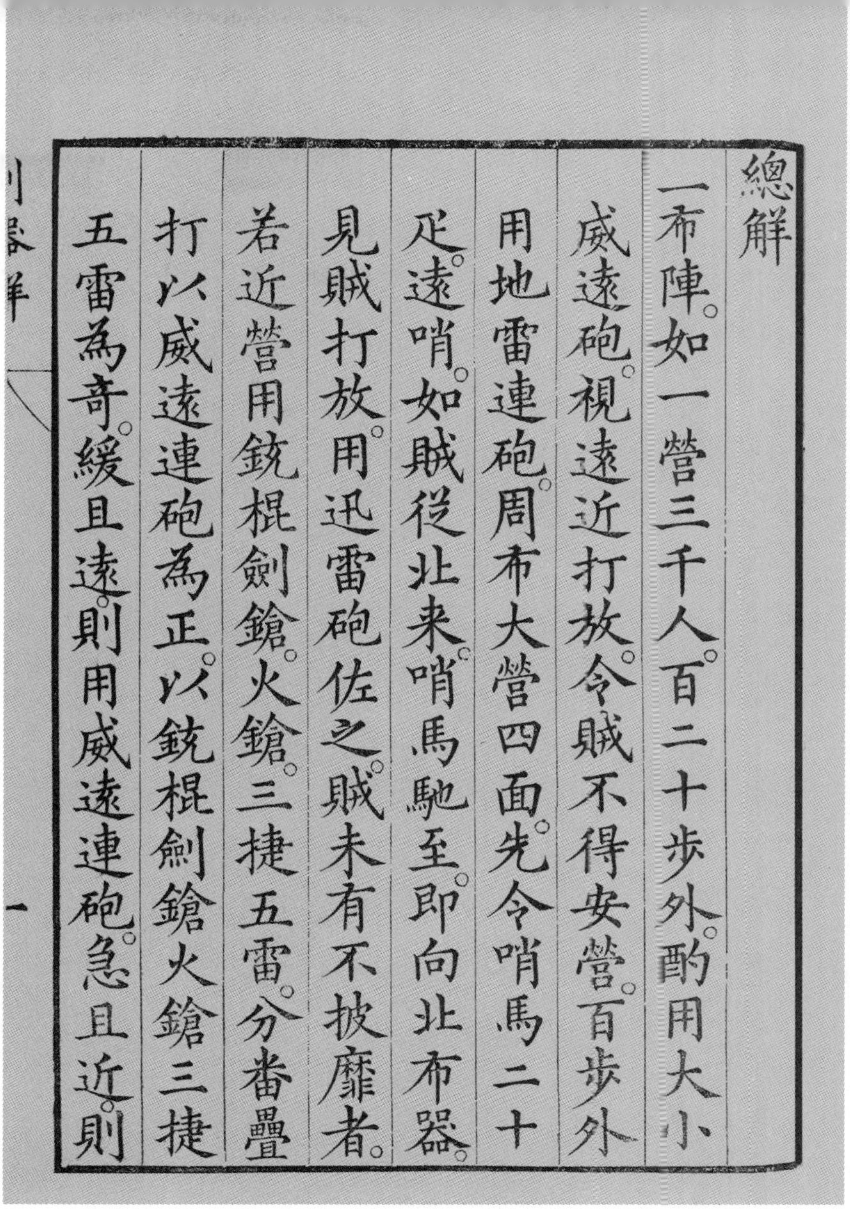
總解
一布陣。如一營三千人。百二十步外。酌用大小
威遠砲。視遠近打放。令賊不得安營。百步外
用地雷連砲。周布大營四面。先令哨馬二十
疋遠哨。如賊從北来。哨馬馳至。即向北布器。
見賊打放。用迅雷砲佐之。賊未有不披靡者。
若近營用銃棍劍鎗。火鎗。三捷五雷。分番疊
打。以威遠連砲為正。以銃棍劍鎗火鎗三捷
五雷為奇。緩且遠。則用威遠連砲。急且近。則

總解

一布陣。如一營三千人，百二十步外，酌用大小威遠砲，視遠近打放，令賊不得安營。百步外，用地雷連砲，周布大營四面。先令哨馬二十匹遠哨。如賊從北來，哨馬馳至，即向北布器。見賊打放，用迅雷砲佐之，賊未有不披靡者。若近營，用銃棍、劍鎗、火鎗、三捷、五雷，分番疊打。以威遠、連砲爲正，以銃棍、劍鎗、火鎗、三捷、五雷爲奇。緩且遠，則用威遠、連砲，急且近，則

用銃棍劍鎗火鎗。三捷五雷。奇正相資攻守
俱利。
一教演塞上我所以制虜。與虜所以畏我者。惟
火器最稱長技。諸將反漫視之。人非椎魯無
能。不以習火器而習弓矢。火器中的者。既不
與弓矢同賞。不中者。亦不與弓矢同罰。平日
操演。每至舉火器手置而不試。諸火器手亦
自惜其鉛子火藥之費。賞薄而罰輕也。平居
鮮肯肄習。的之高下遠近。茫然不知。矧戎馬

用銃棍、劍鎗、火鎗、三捷、五雷。奇正相資，攻守俱利。

一教演。塞上我所以制虜，與虜所以畏我者，惟火器最稱長技，諸將反漫視之。人非椎魯，無能不以習火器而習弓矢。火器中的者，既不與弓矢同賞，不中者，亦不與弓矢同罰。平日操演，每至舉火器手置而不試，諸火器手亦自惜其鉛子火藥之費，賞薄而罰輕也。平居鮮肯肄習，的之高下遠近，茫然不知，矧戎馬

交馳之地氣奪色變何望其濟於用乎夫虜
所長在騎射所畏在火器我所長在火器所
短在騎射每營中騎射可與虜當者不過通
夷家丁數百名多者不過一二千名而虜兵
動至數萬數十餘萬今舍虜所畏而就虜所
長棄我所長而用我所短挾短就長用寡敵
衆欲其正正堂堂與虜相抗也難矣如火器
既精必當盡法教演置堅厚木牌一座高五
尺濶一尺油黑色中懸小紅圓牌一面徑五

交馳之地，氣奪色變，何望其濟於用乎。夫虜所長在騎射，所畏在火器，我所長在火器，所短在騎射。每營中騎射可與虜當者，不過通夷家丁數百名，多者不過一二千名，而虜兵動至數萬數十餘萬。今舍虜所畏，而就虜所長，棄我所長，而用我所短，挾短就長，用寡敵衆，欲其正正堂堂，與虜相抗也難矣。如火器既精，必當盡法教演。置堅厚木牌一座，高五尺，闊一尺，油黑色，中懸小紅圓牌一面，徑五

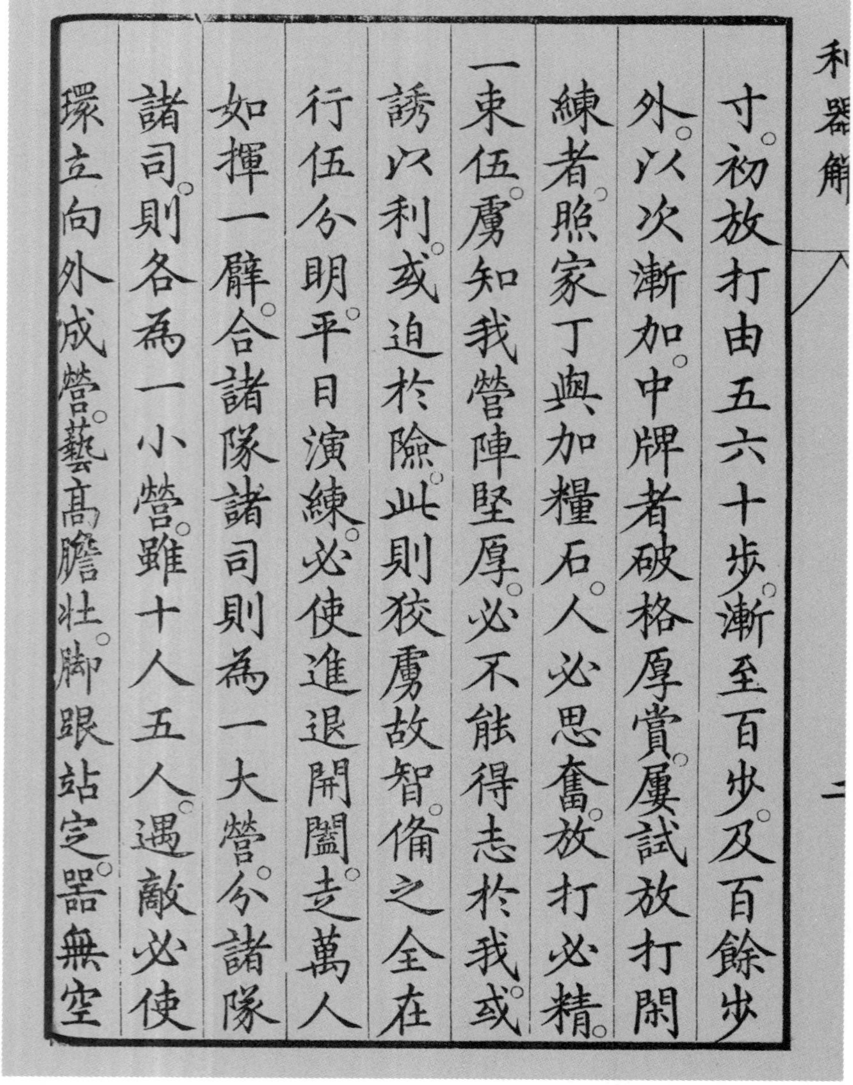

寸。初放打，由五六十步，漸至百步，及百餘步外，以次漸加。中牌者破格厚賞，屢試放打閑練者，照家丁與加糧石，人必思奮，放打必精。

一束伍。虜知我營陣堅厚，必不能得志於我，或誘以利，或迫於險。此則狡虜故智，備之全在行伍分明。平日演練，必使進退開闔，走萬人如揮一臂。合諸隊諸司，則爲一大營，分諸隊諸司，則各爲一小營。雖十人五人，遇敵，必使環立向外成營。藝高膽壯，脚跟站定，器無空

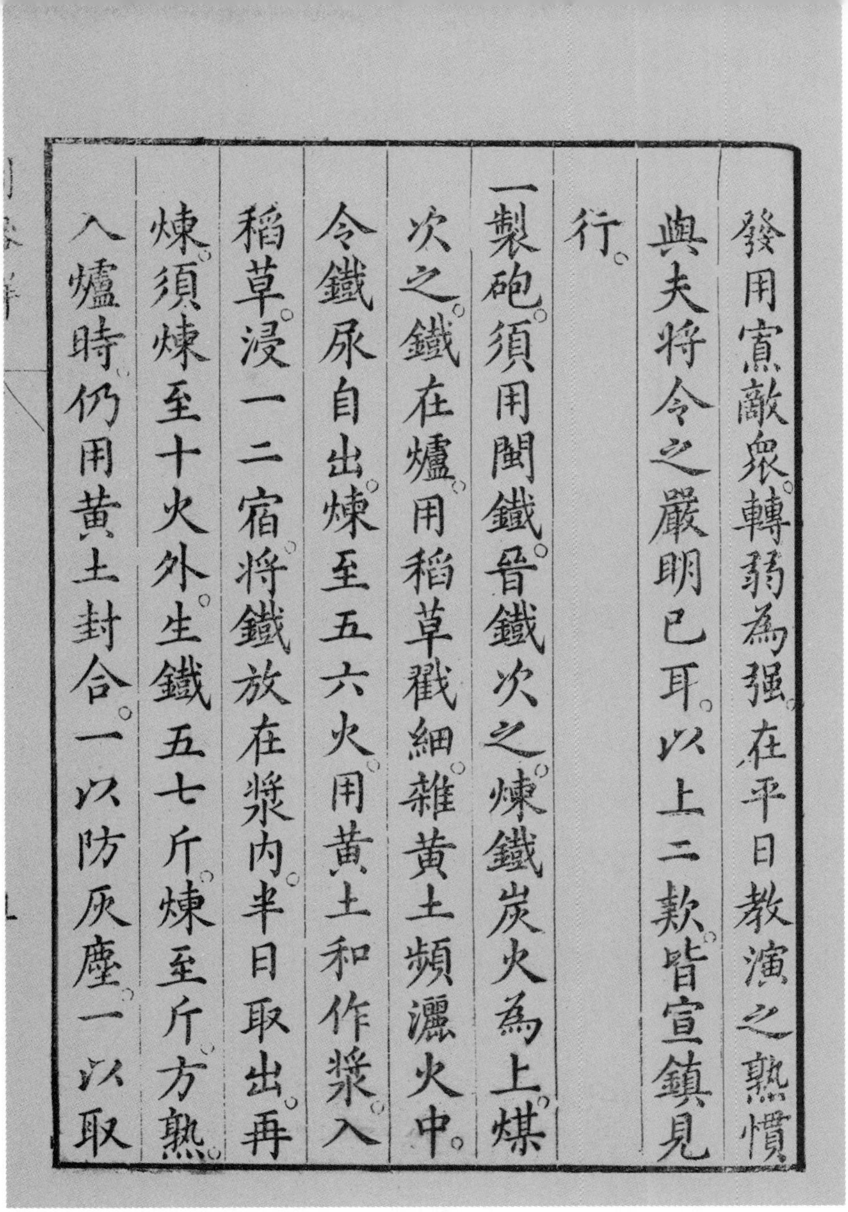
發用寡敵衆轉弱爲强在平日教演之熟慣
與夫將令之嚴明已耳以上二款皆宣鎮見
行
一製砲須用閩鐵晉鐵次之煉鐵炭火爲上煤
次之鐵在爐用稻草戳細雜黃土頻灑火中
令鐵屎自出煉至五六火用黃土和作漿入
稻草浸一二宿將鐵放在漿内半日取出再
煉須煉至十火外生鐵五七斤煉至斤方熟
入爐時仍用黃土封合一以防灰塵一以取

發，用寡擊衆，轉弱爲強，在平日教演之熟慣，與夫將令之嚴明已耳。以上二款，皆宣鎮見行。

一製砲。須用閩鐵，晉鐵次之。煉鐵炭火爲上，煤次之。鐵在爐，用稻草戳細，雜黃土頻灑火中，令鐵尿自出。煉至五六火，用黃土和作漿，入稻草，浸一二宿。將鐵放在漿内，半日取出再煉，須煉至十火外。生鐵五七斤，煉至斤，方熟。入爐時仍用黃土封合，一以防灰塵，一以取

土能生金不致煉枯鐵之精氣製砲不離爐
方成一片如威遠砲将鐵分作八塊打如瓦
樣長一尺四寸濶一尺一寸中厚邊薄将瓦
四塊用胎竿打成一筒八塊共成二筒凑齊
用鐵釘數個将二筒接作一處再用前餘鐵
三十斤分作二塊亦打如瓦圍於砲腹中装
藥發火處加厚合縫時稍有灰渣日後必至
損傷須剉磨極淨成筒孔欲小止容鑽磨之
沙砲既成然後上架用墨線吊準不失分釐

土能生金，不致煉枯鐵之精氣。製砲不離爐，方成一片。如威遠砲，將鐵分作八塊，打如瓦樣。長一尺四寸，闊一尺一寸，中厚邊薄。將瓦四塊，用胎竿打成一筒。八塊共成二筒。湊齊，用鐵釘數箇將二筒接作一處。再用前餘鐵三十斤，分作二塊，亦打如瓦，圍於砲腹中裝藥發火處加厚。合縫時稍有灰渣，日後必至損傷，須剉磨極净。成筒孔欲小，止容鑽磨之沙。砲既成，然後上架。用墨線吊準，不失分釐。

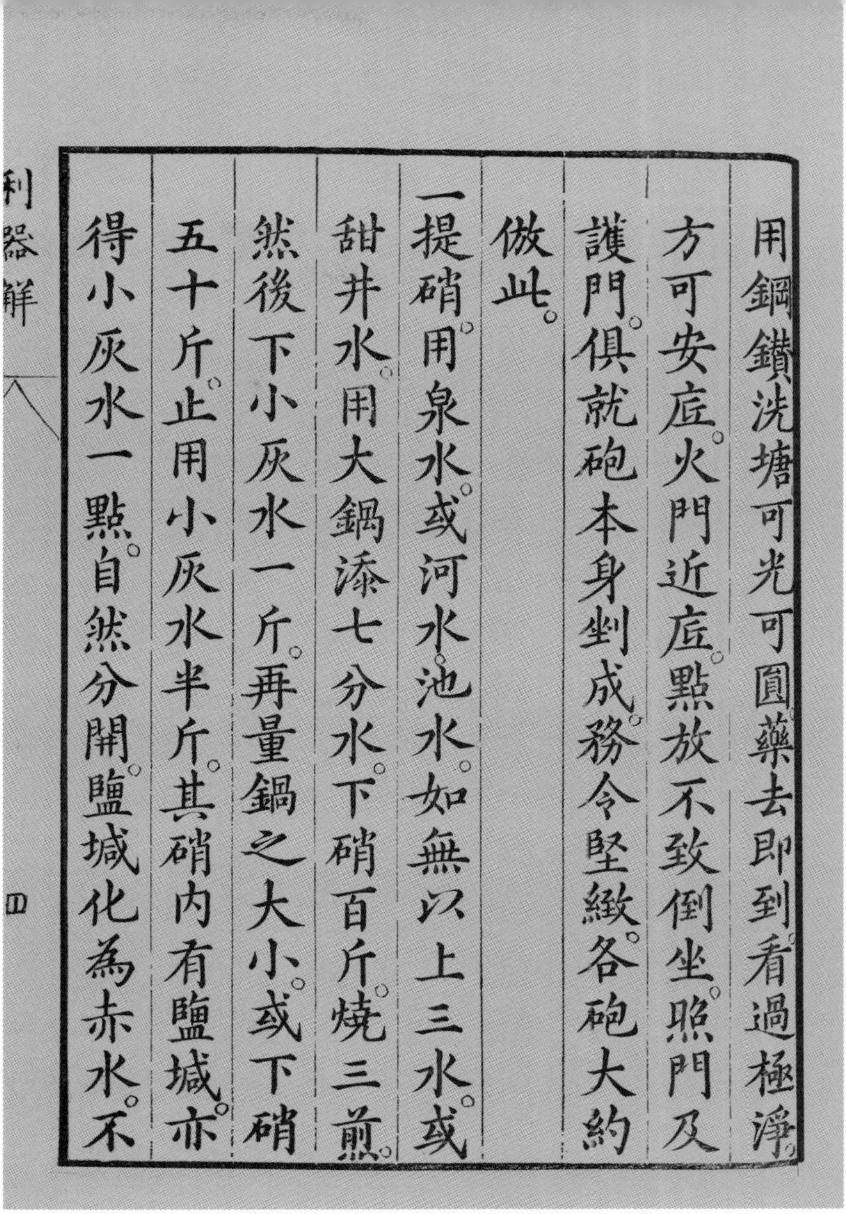
用鋼鑽洗塘可光可圓藥去即到看過極淨
方可安庢火門近庢點放不致倒坐照門及
護門俱就砲本身剉成務令堅緻各砲大約
倣此
一提硝用泉水或河水池水如無以上三水或
甜井水用大鍋添七分水下硝百斤燒三煎
然後下小灰水一斤再量鍋之大小或下硝
五十斤止用小灰水半斤其硝内有鹽城亦
得小灰水一點自然分開鹽城化為赤水不
利器解　四

用鋼鑽洗塘，可光可圓，藥去即到。看過極净，方可安底。火門近底，點放不致倒坐。照門及護門，俱就砲本身剉成，務令堅緻。各砲大約仿此。

一提硝。用泉水或河水、池水。如無以上三水，或甜井水用大鍋添七分水，下硝百斤，燒三煎，然後下小灰水一斤。再量鍋之大小，或下硝五十斤，止用小灰水半斤。其硝内有鹽城，亦得小灰水一點，自然分開，鹽城化爲赤水。不坐，再燒一煎。出在磁甕内，泥沫沉底，净硝在中。放一二日，澄去鹽城水，刮去泥底。用天日曬乾，宜在二三八九月，餘月炎寒不宜。或欲急用，夏天入井，冬天放於暖處可也。

一提磺。每鍋用水五七碗，燒滚，然後下磺三四十斤，煎開。出在磁盆内，澄一日，去磺底坐，用磺梢。將底坐加水入鍋再煎澄，通用磺梢。

一造火藥方。每料用硝五斤，磺一斤，茄桿灰一斤。以上硝磺灰共七斤，分作三槽，定碾五千

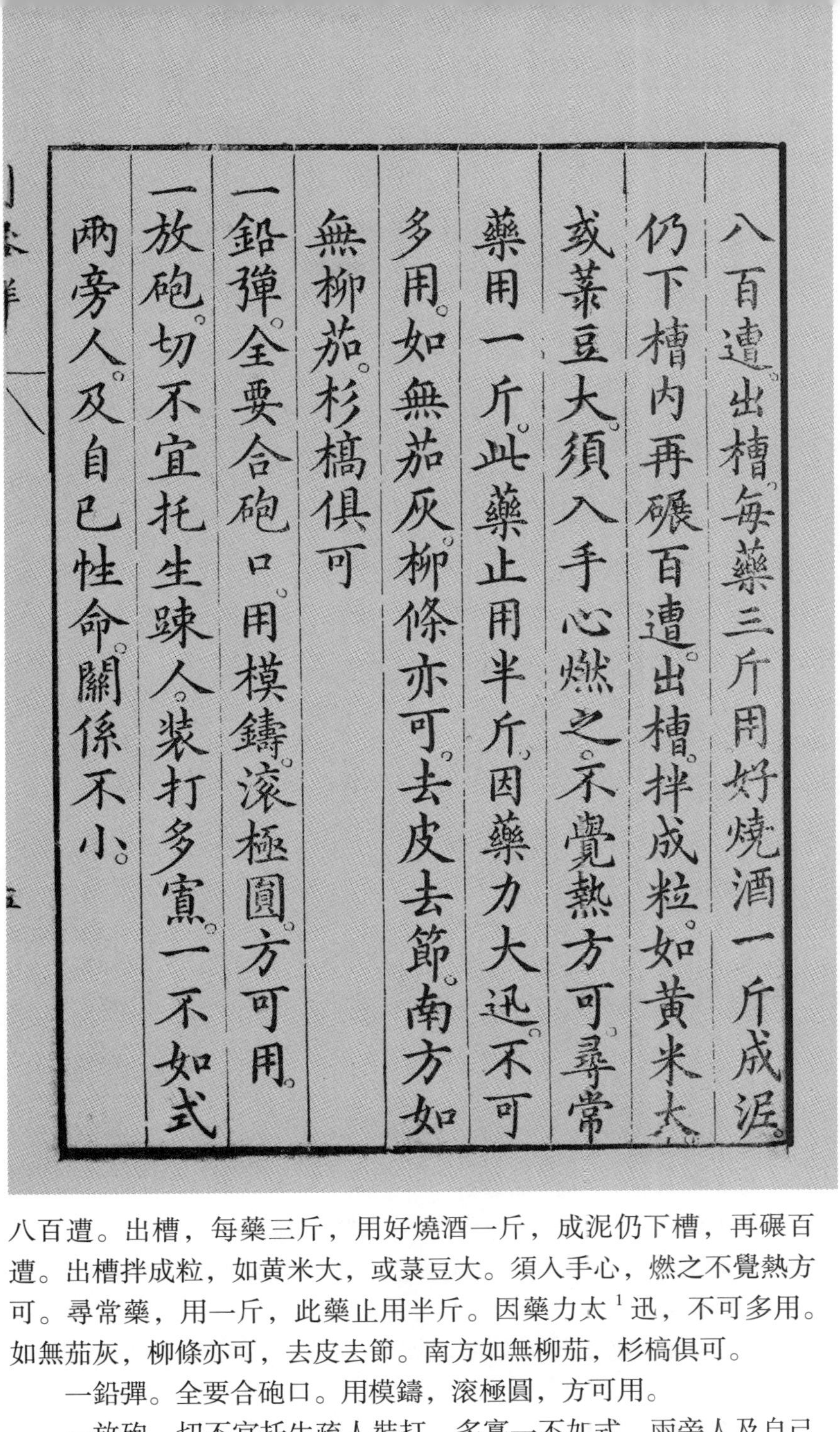
八百遭出槽每藥三斤用好燒酒一斤成泥
仍下槽内再碾百遭出槽拌成粒如黄米太
或菉豆大須入手心燃之不覺熱方可尋常
藥用一斤此藥止用半斤因藥力大迅不可
多用如無茄灰柳條亦可去皮去節南方如
無柳茄杉槁俱可
一鉛彈全要合砲口用模鑄滚極圓方可用
一放砲切不宜托生踈人装打多寡一不如式
兩旁人及自巳性命關係不小

八百遭。出槽，每藥三斤，用好燒酒一斤，成泥仍下槽，再碾百遭。出槽拌成粒，如黄米大，或菉豆大。須入手心，燃之不覺熱方可。尋常藥，用一斤，此藥止用半斤。因藥力太[1]迅，不可多用。如無茄灰，柳條亦可，去皮去節。南方如無柳茄，杉槁俱可。

一鉛彈。全要合砲口。用模鑄，滚極圓，方可用。

一放砲。切不宜托生疏人裝打，多寡一不如式，兩旁人及自己性命關係不小。

1 太，原作“大”，據文意改。

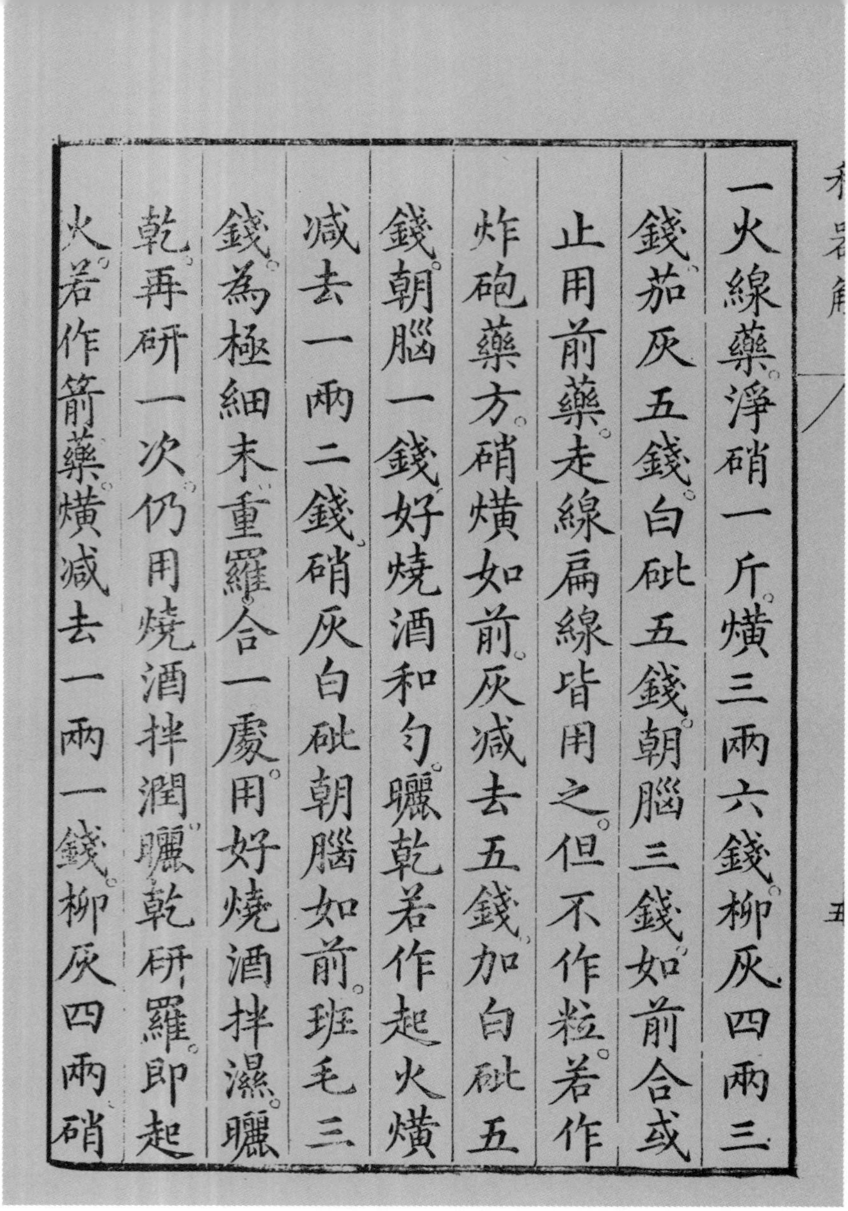
一火線藥淨硝一斤熿三兩六錢柳灰四兩三
錢茄灰五錢白砒五錢朝腦三錢如前合或
止用前藥走線扁線皆用之但不作粒若作
炸砲藥方硝熿如前灰減去五錢加白砒五
錢朝腦一錢好燒酒和勻曬乾若作起火熿
減去一兩二錢硝灰白砒朝腦如前班毛三
錢為極細末重羅合一處用好燒酒拌濕曬
乾再研一次仍用燒酒拌潤曬乾研羅即起
火若作箭藥熿減去一兩一錢柳灰四兩硝

一火綫藥。净硝一斤，磺三兩六錢，柳灰四兩三錢，茄灰五錢，白砒五錢，朝腦三錢，如前合，或止用前藥，走線扁綫皆用之，但不作粒。

若作炸砲藥方，硝磺如前，灰減去五錢，加白砒五錢，朝腦一錢，好燒酒和匀，曬乾。

若作起火，磺減去一兩二錢，硝、灰、白砒、朝腦如前，班毛三錢，爲極細末，重羅合一處，用好燒酒拌濕，曬乾再研一次，仍用燒酒拌潤，曬乾研羅，即起火。

若作箭藥，磺減去一兩一錢，柳灰四兩，硝、

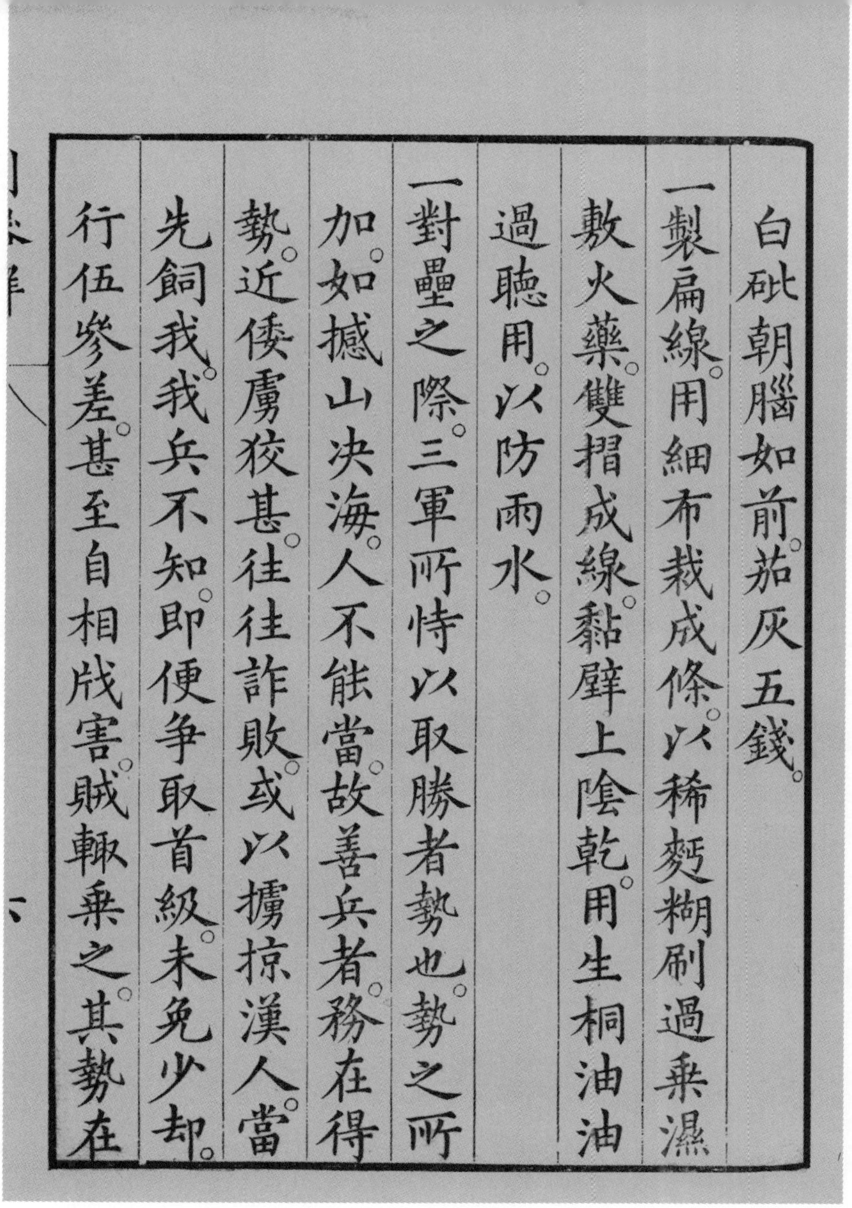
白砒朝腦如前茄灰五錢
一製扁線用細布裁成條以稀麪糊刷過乘濕
敷火藥雙摺成線黏壁上陰乾用生桐油油
過聽用以防雨水
一對壘之際三軍所恃以取勝者勢也勢之所
加如撼山决海人不能當故善兵者務在得
勢近倭虜狡甚往往詐敗或以擄掠漢人當
先飼我我兵不知即便争取首級未免少却
行伍參差甚至自相戕害賊輒乘之其勢在

白砒、朝腦如前，茄灰五錢。

一製扁綫。用細布裁成條，以稀麵糊刷過，乘濕敷火藥，雙摺成綫。黏壁上陰乾，用生桐油油過聽用，以防雨水。

一對壘之際，三軍所恃以取勝者，勢也。勢之所加，如撼山決海，人不能當，故善兵者務在得勢。近倭虜狡甚，往往詐敗，或以擄掠漢人當先飼我。我兵不知，即便争取首級，未免少却，行伍參差，甚至自相戕害。賊輒乘之，其勢在賊，我兵多致失利。今陣既以威遠各砲在前，衝亂前賊，勢在我矣。即當乘勢直前，不許先割首級，犯者立斬軍前殉衆。其首級預派老弱軍丁，隨後收拾，量定賞格。每級不過一二兩，其功盡衝鋒破敵官兵。又預立督陣紀功各官隨營登記，互相覺察，倘紀録不實，衆論不與，則罪各官，無赦。

一遇賊相敵，預出令，令三軍各執火器，以小銅鑼爲號，各器俱要裝完。令藍旗手引布營外

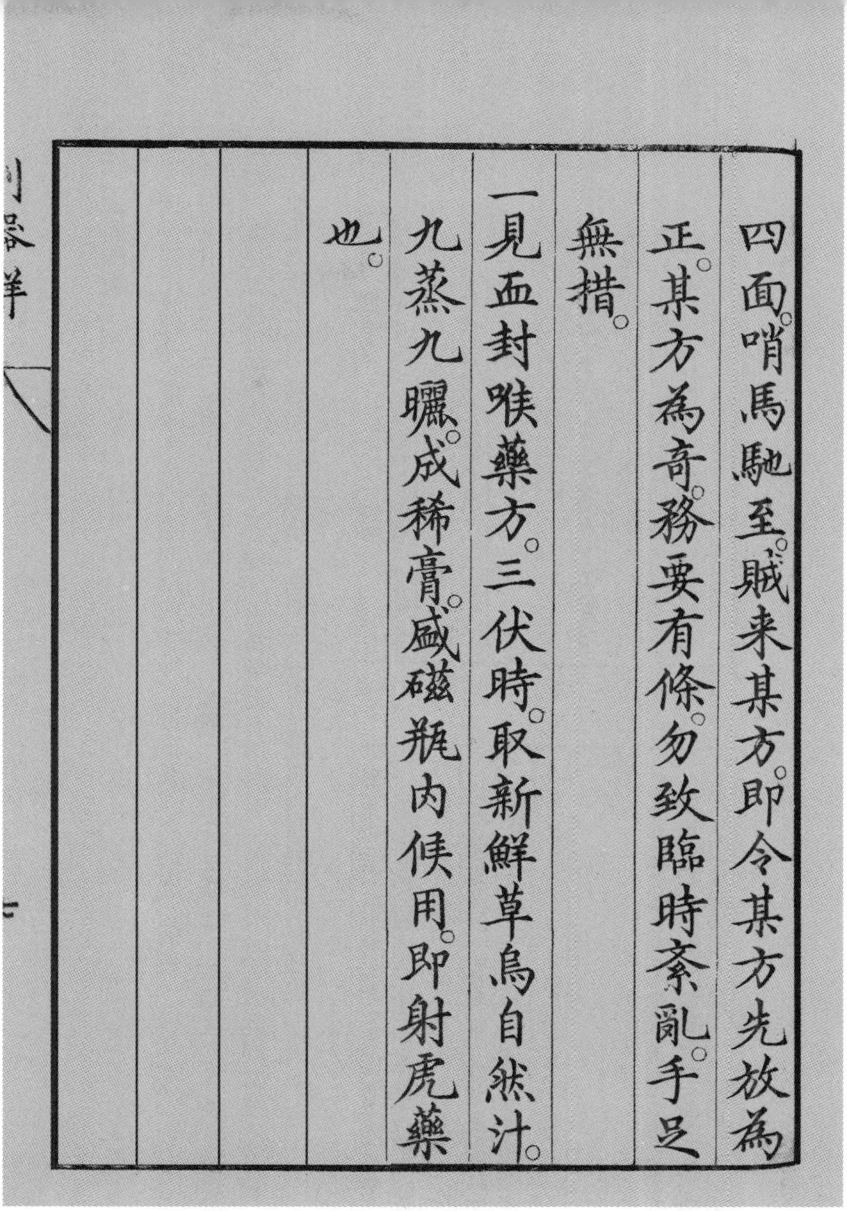
四面。哨馬馳至。賊来某方。即令某方先放為正。某方為奇。務要有條。勿致臨時紊亂。手足無措。
一見血封喉藥方。三伏時取新鮮草烏自然汁。九蒸九曬。成稀膏。盛磁瓶内候用。即射虎藥也。

四面。哨馬馳至，賊來某方，即令某方先放爲正，某方爲奇，務要有條，勿致臨時紊亂，手足無措。

一見血封喉藥方。三伏時取新鮮草烏自然汁，九蒸九曬，成稀膏，盛磁瓶内候用，即射虎藥也。

附録

大追風鎗〔一〕

式長四尺四寸，重十八斤，除四尺四寸外，後長五寸入柄内，柄長一尺九寸。

每位用人二名，一名執鎗照準則，一名執火繩。鎗用三足鐵柱。其器甚長且利，便發而能遠。遇敵營，四面各用數十位，或先以此驚賊，或先以地雷連砲、迅雷、三捷、五雷等器打敗賊勢。俟賊潰奔，以此同威遠砲追賊，使其不敢再來，以乘我亂。每用藥六錢，鉛子一枚重六錢五分，平發二百餘步，高發十餘里。此真萬勝難敵之長技也。

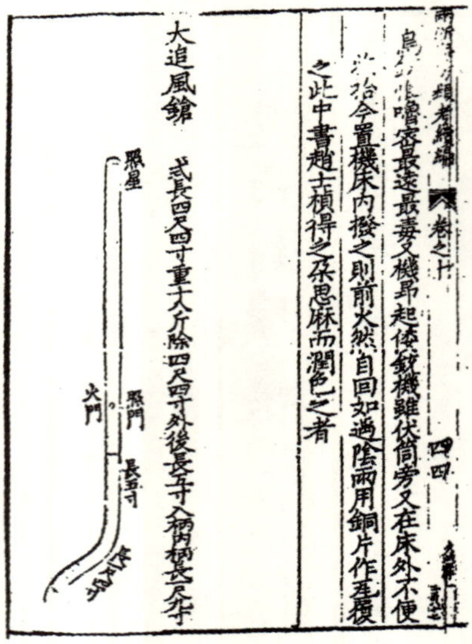
兩浙海防類考續編　卷之十　四四

嘈㗳最遠最毒又機昂起倭敵機雖伏筒旁又在床外不便

今置機床内撥之則前火然自回如過陰雨用銅片作遮覆

之此中書趙士楨得之朵思麻而潤色之者

大追風鎗　式長四尺四寸重十八斤除四尺四寸外後長五寸入柄内柄長一尺九寸

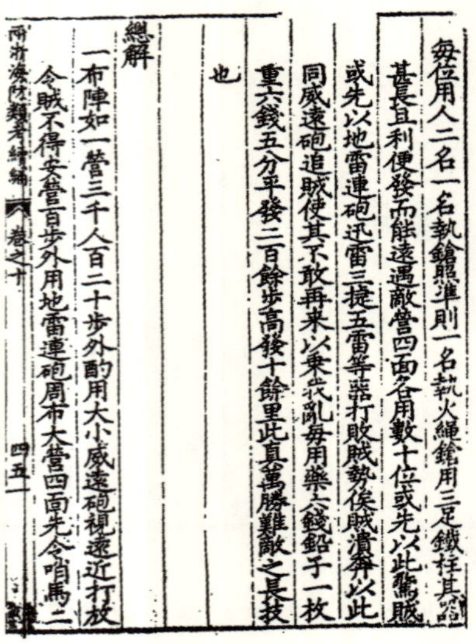
每位用人二名一名執鎗照準則一名執火繩鎗用三足鐵柱其器甚長且利便發而能遠遇敵營四面各用數十位或先以此驚賊或先以地雷連砲迅雷三捷五雷等器打敗賊勢俟賊潰奔以此同威遠砲追賊使其不敢再来以乘我亂每用藥六錢鉛子一枚重六錢五分平發二百餘步高發十餘里此真萬勝難敵之長技也

總解

一布陣如一營三千八百二十步外酌用大小威遠砲視遠近打放令賊不得安營百步外用地雷連砲周布大營四面先令哨馬二

兩浙海防類考續編　卷之十　四五

〔一〕范淶《兩浙海防類考續編》卷十「火器圖説」（四四b–四五a），北京大學圖書館藏萬曆三十年刊本，《四庫全書存目叢書》史部第二二六冊。

刻利器解引〔一〕

編少從伯氏學書，已憤虜驕，倭闌入屬國，又有感於唐人『寧爲百夫長，勝作一書生』之句，學劍，謁司馬門改武。而先是，聞伯氏與材官趙世登、朱騰擢談火器，而心識之。其後伯氏屢薦世登，未試。晚乃薦騰擢上谷撫台王公所，始深信。以書往返參潤，立令制驗，與其藥，果精利。連砲廣里，遠倍之，或五之。威遠砲小者遠五之或十之，大者又十之，其佐亦精而便。蓋自戰國田單、武侯火攻以來，此其尤烈者也。時上谷業屹然金湯焉，即以作行間嚆矢可也。然非曰毒之，實以愛之。語不云乎，火烈而人畏之，故得免焉。武又不欲止戈乎？誠使我免於敵，而敵不敢肆，以免於毒，是我以威而愛也，是敵以毒而生也。矧一可當百，安事益卒。卒盡可練，安事益戍。戍不加益，安事益餉。是令食與兵兩足，卒與民兩利也。不然，敵玩矣，毒無有已時，安在其能止戈？惟上下中外不忘外寧內憂之懼，則此器也將千萬世賴之。

利器解序〔二〕

章聞之，地生度，度生量，量生數，數生稱，稱生勝。故不度量數稱，不足以勝，而不計地，不名度量數稱。夫所云地，豈獨險易迂直、衢重圮圍之辨已哉。南北東西，剛柔之氣，水火金木，生剋之宜，皆兵地也。今天下語戰勝利械，必曰火器，大都不出佛郎機、鳥嘴銃二者，而神變化之。顧此二器，國初未有也。嘉靖間一來自佛郎，一來自倭，皆東夷器也。此二器籌海制中國人髡爲夷者則可。而以制夷，談天稷下，說劍漆園，恐未可必勝。而以制虜則勝，龍堆狐塞，亡鐵山也。以制苗又勝，五溪三苗，溽暑伊鬱，亡硝穴也。而以制黔苗則又勝，夜郎牂柯，西土也，火能爍金，勝之勝也。

予從里中受討播命，俶裝七日，行橐中止攜有閩人所贈倭銃、九龍等銃數十門。入黔，自督將造於署之東園，而未有佳匠。又其製不甚猛烈。大中丞三原温公自長安函《利器解》見示，乃其季將軍編所梓者。予卒業焉，如受黃石公。又虞紙上威遠、圖中迅雷，人猶謂畫餅也。乃以其所製五雷、三捷、萬勝等器見遺。予拜受之，如開豐匣，急令匠仿製之。未幾，公又虞器即具而撥機、提硝者或匪人也，乃馳其素所善擊裨將王真等來。於是火傳藥噴星門鑽架之類，無不具備。會黔數捷後，圍賊於險囤，乃以公利器授故監軍楊義叔分授諸將。東擊西突，若枉矢騰雲，飛槍摧山，雷駭電激，落欃槍而隕天狼也。囤破賊滅，利器之力居多。歸而藏其書於名山，衅其械

〔一〕序文正文據黄裳《前塵夢影新録》，齊魯書社，一九八九年，第二五－二八頁。黄裳未按原序格式完整抄録序題及作者署名，統謂之『萬曆庚子陝西西安前衛指揮僉事温編刻利器解引』。序文標題『刻利器解引』，據黄裳《劫餘古豔：來燕榭書跋手跡輯存》，大象出版社，二〇〇八年，第六七頁，所收《利器解》温編引首半葉書影。

〔二〕據郭子章《蠙衣生黔草》卷十一，二八b－二九b)，《四庫全書存目叢書》集部第一五五册影印萬曆間刻本，第三五三頁。黄裳《前塵夢影新録》，齊魯書社，一九八九年，第二五－二八頁，著録爲『萬曆壬寅泰和郭子章利器解序』。

於武庫，異日者，何以使人人知是器之利乎？命剞劂氏重鐫之梨，而爲論著其説如此。

嗚呼，先主據白帝之險，陸遜令軍士各持茅一束，以火攻之，而永安殂；明昇恃瞿唐之峻，廖永忠以鐵裹舟載火具，鎔其三橋，而白鹽通。古今之摧西師，未有不用火也。地使然邪？不然，公胸蟠甲兵數百萬，六均七屬，不以授予，而獨以是解。蓋度量數稱，計勝於地矣。

《利器解》二卷。予征播彙集諸家火器作也。刻於黔，自序序刻在《黔草》。再刻與吉州，守備府湖西吴觀察正志序。

序曰：孫武子論火攻，厥義有五，總其大歸，不過按方遵時，乘順風而縱之，使彼步伍自亂，蓄積自空而已。其末籠火箭頭飛墜營中，即今火器類，而古不盡用。乃邇來遏敵取勝，舍此則其術無繇，固知祝融氏靈秘經千餘年來而始大泄也。郭相奎司馬，德稟陽精，胸羅武庫，所著《利器解》一書，皆曲盡用火之妙。而又博詢異人，兼采外國，故其制度精奇，迥絶今古。蓋嘗用之羅施，經百戰而百不挫。而又欲移以禦虜。夫虜之來也，其矢如飛雨，其騎如飄風。我軍當之，無不立敗。所恃火器紛紜，有以制其死命。而尤幸引火諸具皆産東南，北虜不得而有之，此正天之所以私中國也。而我不能善用其私以遏敵而取勝，將使匈奴得志而過陰山，咲中國用火攻，故出下策。司馬聞之，當爲氣短。□〔一〕匈奴無過自跳梁，邊境多事，中國且相司馬矣。〔二〕

此萬曆刊本《利器解》一卷，罕見本也。方册大字，寫刻俱精，而尤堪重者，以其爲有關火器入中國之史料也。明季所存西學諸書，如《天學初函》等，皆言曆算之學，無及兵器製造者。而中國自製鐵器、火藥、採礦、冶煉，繪圖附説如此册之具有規模者，亦未之前聞，是誠秘笈寶典矣。書出小李山房，石麒從富晉取出，置來青閣中，索價至昂，無有顧而問之者。餘一見稱善，立挾之歸。趙斐雲南來，聞石麒告之此書端末，大呼如此好書何不歸伊，倩石麒向餘索觀甚急，餘則靳而不與。非秘惜此書，實厭其爲人耳。它日當景印流傳，以爲治斯學者援引之具可也。今夜不出，檢閲藏書，偶及此册，遂書首簡。庚寅十月初七日，黄裳記。

此書爲紹興李柯溪舊藏，流入武林。王富山見之，挾來滬上，由石麒之介歸餘，極珍秘之册也。今日西諦來訪，遂出示之，亦歎爲絶佳之本。賞鑑不虚，喜而書此。辛卯三月卅日，黄裳漫書。

壬辰九月十四日重裝記。〔三〕

〔一〕□ 底本紙殘傷字，存下四點，或是『然』字。

〔二〕據郭子章《蠙衣生傳草》卷十七，一五a—b，《四庫全書存目叢書》集部第一五六册影印萬曆間刻本，第二二七頁。

〔三〕黄裳《劫餘古豔：來燕榭書跋手跡輯存》，大象出版社，二〇〇八年，第六六頁。據手跡寫真録文。

城書

本書據中國國家圖書館藏清抄本影印。原書高二八二毫米，寬一五四毫米。

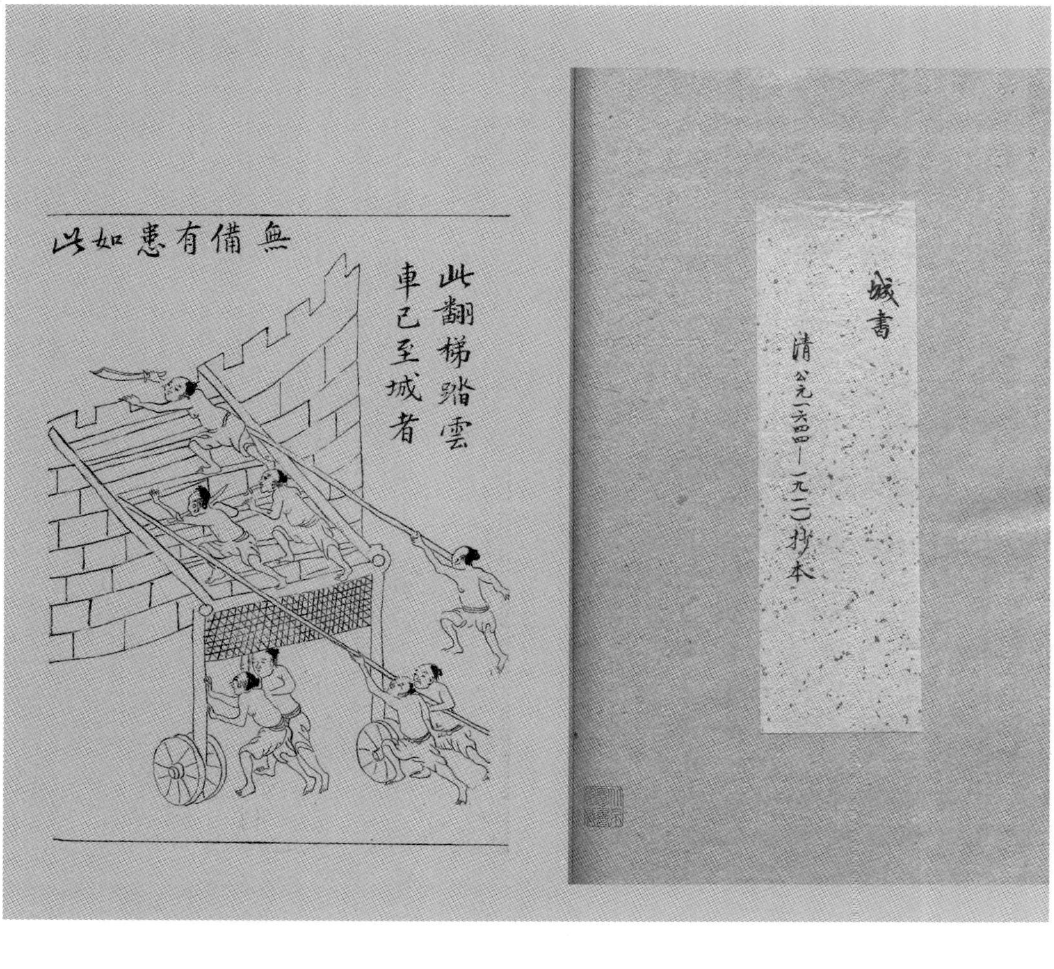

整理説明

《城書》，明郭子章編。郭子章（一五四三—一六一八），字相奎，號青螺，又號蠙衣生，江西泰和人，隆慶五年（一五七一）進士。歷任建寧府推官、南京工部主事、潮州府知府、湖廣參政、福建布政使等職，萬曆二十六年（一五九八）升貴州巡撫，參與平播之役，三十七年卸任鄉居。平生著作甚夥，《明史·藝文志》著録即達二十餘種。

萬曆二十七年（一五九九）六月，郭子章自序《城書》，略云〔一〕：

守城事宜，《武經總要》有城守章，《紀效新書》有守哨篇，吕中丞有《城守》，尹朔野有《堡約》，羅僉憲拱辰有《戰守條款》，《籌海圖編》亦載守城一卷，其説詳矣。顧事太煩瑣，器亦重複，介冑之士，多不解其説。予入閩，得福州何太守所刻《守城事宜》，總括《武經》、《新書》，而稍淺其詞，令人易曉，守城之善物也。己亥入黔中，疆場日駭，城垣爲急，乃增吕、尹、羅三公數條，間抒一得，付之剞劂。凡守城將帥，人給一册，命之曰《城書》。

按其説，前人談守城事宜，集中見於曾公亮《武經總要》、戚繼光《紀效新書》、吕坤《實政録·督撫約》守城法、尹耕《鄉約》（又名《堡約》）、羅拱辰《戰守條款》（《籌海圖編》摘引，原書似不傳）、鄭若曾《籌海圖編》諸書。萬曆年間福州知府何繼高編有《守城事宜》。郭子章乃以《守城事宜》爲主，增補吕坤、尹耕、羅拱辰書中素材，纂爲《城書》。《守城事宜》傳本極罕，福建省圖書館藏清抄本一册〔二〕，書前冠崇禎十七年仲夏福建都指揮使署司事安國賢序，謂取何繼高舊刻增損之，以應國變之難。正文凡二十九葉，前半爲城

〔一〕郭子章自序録文，參見山根幸夫《郭子章『城書』について》，古典研究会編《古典研究会創立二十五周年記念国書漢籍論集》，汲古書院，一九九一年，第六四二、六四三頁。引用モラロジー研究所廣池千九郎記念文庫藏明刻《城守合刻》本内《城書》郭子章序。

〔二〕福建省圖書館藏《守城事宜》不分卷，清抄本一册，善本古籍索書號，丙二/一一。半葉八行，行二十四字，無格、無葉碼。卷首署『福建安國賢蓋卿輯』。曆避作歷。鈐有『大通樓/藏書印』（朱文長印）、『龔少/文收藏/書畫印』。又福建師範大學圖書館藏《守城事宜》（三五五．七co六一）係一九六四年傳抄福建省圖書館藏本。

垣、砲臺、門軍、城操軍、征操軍、屯丁、營兵七篇，詳述崇禎末年福州府城守備事項（一至十葉）。後半分守城規則、守城器具、守城機宜、守城號令、伏路約束五篇（十一至二十九葉），總約四十條，均無題名，當係萬曆間何繼高原書主要内容。對比《城書》四卷本，可知《守城事宜》守城規則至伏路約束五篇諸條大都收録，約占《城書》五分之二的篇幅。

《城書》是明代後期有代表性的城防手册，曾經多次刊刻，有四卷本與一卷本兩個系統。郭子章《傳草》謂『《城書》四卷。予入黔征播，賊屢攻城，爲城守作也。刻於黔，分給將士，自序序刻在《黔草》。後滇有武定之叛，滇周柱史懋相再刻於滇而序之。又再刻於吉州，守備府湖西吴觀察正志序。』按其説：萬曆年間，《城書》先後有郭子章貴州序刻本、周懋相雲南序刻本、吴正志吉安序刻本。按前引郭氏自序，貴州本刻於萬曆二十七年。又按《郭公青螺年譜》萬曆四十三年乙卯（一六一五）條：『春三月，著《城書解》，《利器解》成，巡道徹如吴公序刻之。』〔一〕可知吉安本刻於萬曆四十三年。吴正志（號徹如）〔二〕序文載於《傳草》，提及《城書》分篇：規則、機宜、器械、號令，可知所見猶是四卷本。《千頃堂書目》、《傳是樓書目》均著録四卷本。

《澹生堂藏書目》著録『城書四卷一册　吉安版　又一部一卷一册　杭州板』〔三〕。《也是園書目》、《培林堂書目》皆著録《城書》一卷本。《讀書敏求記》謂『城書一卷。守城事宜，散見諸書中。此八章條約詳明，繪圖以便覽者，宜與《守筌》并存之。』〔四〕劉錫玄《城守驗方》序（一六二三），謂所見《城書》四卷本外，另有節本分作八章，『則出王淮陰氏，就郭書分……而删潤者十之四五矣。』〔五〕所謂王淮陰删潤成書者或即杭州板，似已失傳。天啟二年（一六二二），汪起鳳將『《城書》八章，暨閩中所刻《乘城要法》』合刊，總名《城守合刻》，翻刻《城書》八章。《城守合刻》本有萬曆二十七年郭子章自序，與《黔草》所載書序措辭小異〔六〕。此外，萬曆《延綏鎮志·經籍志》著録：『城書一本。以上萬曆四十六年城堡同知陳汝元校刊，板藏本學。』〔七〕假如該書亦爲郭子章之作，則《城書》尚有榆林刻本。

四卷本刻本未聞傳世。僅知中國國家圖書館藏《城書》四卷清抄本一册，索書號〇六三三二〇。書高二八二毫米，寬一五四毫米。半葉九行，行十九字或二十字，無格。總五十六葉，約一萬五千字。無序跋，插圖十餘葉。『照』字作『炤』，『寧』字下闕『丁』。全書經

〔一〕郭孔延《資德大夫兵部尚書郭公青螺年譜》，民國間朱絲欄抄本，《北京圖書館藏珍本年譜叢刊》第五二册，北京圖書館出版社，二〇〇二年，第五六八頁。按『城書解』之『解』字當是衍文。

〔二〕吴正志，字之矩，號徹如，宜興人，萬曆十七年（一五八九）進士。

〔三〕祁承㸁《澹生堂藏書目》子部三·兵家類·將略，南京圖書館藏稿本。

〔四〕錢曾著，管庭芬、章鈺校證《讀書敏求記校證》，上海古籍出版社，二〇〇七年，第二六六頁。

〔五〕劉錫玄輯《城守驗方》，上海圖書館藏天啟三年刻本，索書號線善七八七三一八。王淮陰，似指淮陰王鳴鶴，萬曆間武官，著有《登壇必究》。

〔六〕郭子章《城書》自序，《城守合刻》作『吕、尹、羅三公』，《黔草》作『吕、尹二公』。《城守合刻》云『羅僉憲拱辰有《戰守條款》』，《黔草》無此句。

〔七〕鄭汝璧等纂修《延綏鎮志》，整理本，上海古籍出版社，二〇一一年，第二九四頁。

朱筆校改。卷首有『北京/圖書/館藏』朱文方印。卷末鈐『翁斌/孫印』白文方印，知爲常熟翁斌孫（一八六〇—一九二二）舊藏，似係道光之後抄本。

一卷本刻本，僅知《城守合刻》天啟二年汪起鳳刊本存世，日本モラロジー研究所廣池千九郎記念文庫、前田育德会尊經閣〔一〕、中國國家圖書館各藏一部。據山根幸夫介紹，廣池千九郎記念文庫藏刻本一册，包括汪起鳳『城守合刻序』（天啟二年）三葉，郭子章『城書序』一葉、『城書八章總目』一葉，《城書》四十三葉，《纂集各家乘城要法》十二葉，總計六〇葉〔二〕。國家圖書館藏殘本〔三〕，無序目。存《纂集各家乘城要法》一册，十四葉，首尾俱全；《城書》一册，存『申明號令七』、『城守萬全八』二篇，二十二葉。該書半葉九行，行十八字，白口，單魚尾，四周單邊。鈐『壽/椿堂藏/書』白文方印、『靖/廷』朱文方印、『長樂鄭/振鐸西/諦藏書』朱文方印、『長樂鄭氏/藏書之印』朱文長印、『北京圖/書館藏』朱文長印，知爲王靖廷（壽椿堂）、鄭振鐸舊藏。

四卷本與一卷本篇目有別。四卷本各卷分題：規則、器械、機宜、號令，卷下分節。一卷本分爲六題八章：聞警設備一二、守城分派三四、城內防奸五、城外犄角六、申明號令七、城守萬全八，章下分節。兩本内容多相類，然細目、文字頗有出入，兩相對較，四卷本内容更爲詳備。

《城書》在明末影響頗大，多見他書引用。劉錫玄輯《城守驗方》（一六二三），自序謂『錫玄則全本郭書，參之王、劉，而雜以臆見所浪試之黔中者，謬裁爲七章』。所謂郭書即《城書》四卷本，王書乃王淮陰删潤之《城書》一卷本，劉書即《乘城要法》，爲《城守驗方》取材。此外，茅元儀《武備志》（一六二一）卷一一一、卷一一二『軍資乘·守』摘録四卷本，未注出處。韩霖《守圉全書》（一六三六）明引《城書》，應出自四卷本。范景文《戰守全書》（一六三八）卷十三『守城』引用《城書》若干條，當出於一卷本。

本次整理，據國家圖書館藏清抄四卷本録文。抄本内夾紙片二張，墨書『鳥銃圖三頁當訂在銃歌之下』、『實臺圖一頁當移在半截船之後吕公車之前訂時誤訂在此』。相應四處裝訂錯葉，書影次序徑行改正。全書重加分段標點。誤字、衍字用圓括號（），改字用方括號〔 〕。俗體、異體字略作統一。前冠新編總目，附録《城書》郭子章序、吴正志序，《城守合刻》汪起鳳序。

鄭誠

二〇一五年一月二日初稿

二〇一七年十月八日修訂

〔一〕《尊經閣文庫漢籍分類目録》，一九三四年，鉛印本，第九三五頁。『城守合刻明汪起鳳城書纂集各家乘城要法二〔册〕』

〔二〕山根幸夫《郭子章『城書』について》，古典研究会編《古典研究会創立二十五周年記念国書漢籍論集》，汲古書院，一九九一年，第六三五－六五七頁。

〔三〕館方著録作《纂集各家乘城要法》清刻本，普通古籍，索書號 XD 一〇三〇三。

新編目録

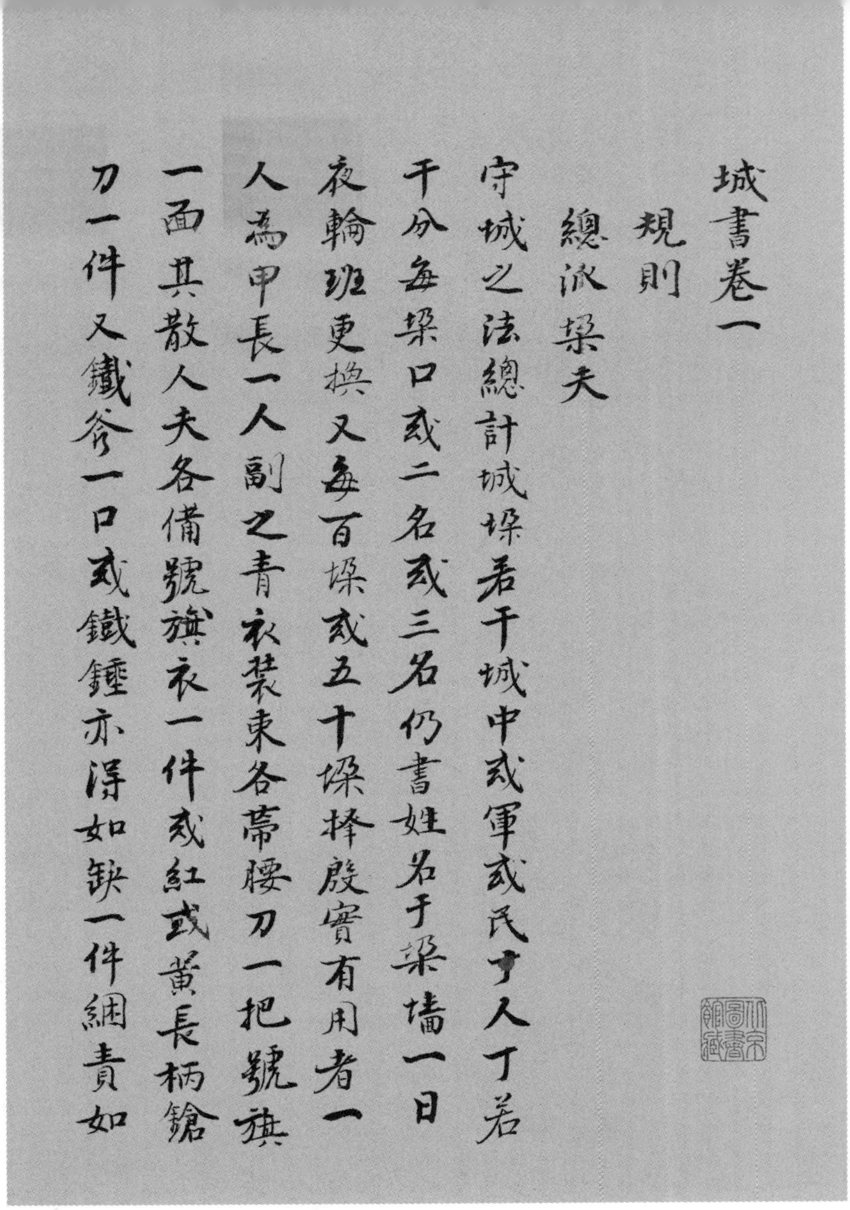
城書卷一
規則
總派垜夫
守城之法總計城垜若干城中或軍或民丁人丁若
干分每垜口或二名或三名仍書姓名于垜墻一日
夜輪班更換又每百垜或五十垜擇殷實有用者一
人爲甲長一人副之青衣裝束各帶腰刀一把號旗
一面其散人夫各備號旗衣一件或紅或黃長柄鎗
刀一件又鐵斧一口或鐵錘亦得如缺一件綑責如

城書卷一

規則

總派垜夫

守城之法，總計城垜若干，城中或軍或民（丁）人丁若干，分每垜口或二名或三名，仍書姓名于垜墻，一日夜輪班更換。又每百垜或五十垜，擇殷實有用者一人爲甲長，一人副之，青衣裝束，各帶腰刀一把，號旗一面。其散人夫各備號（旗）衣一件，或紅或黃，長柄鎗刀一件，又鐵斧一口，或鐵錘亦得。如缺一件，綑責。如

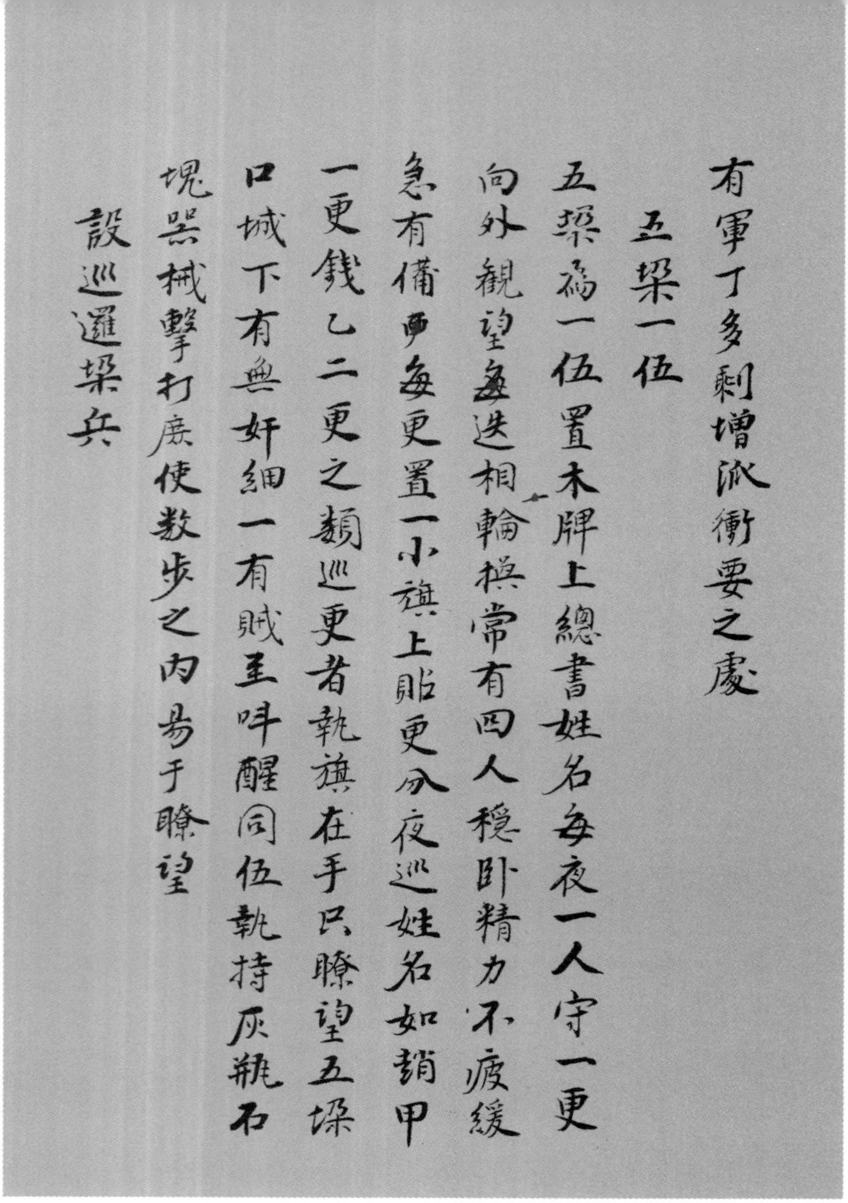

有軍丁多剩增派衝要之處
五垛一伍
五垛爲一伍置木牌上總書姓名每夜一人守一更
向外觀望每迭相輪換常有四人穩卧精力不疲緩
急有備每更置一小旗上貼更分夜巡姓名如趙甲
一更錢乙二更之類巡更者執旗在手只瞭望五垛
口城下有無奸細一有賊至叫醒同伍執持灰瓶石
塊器械擊打庶使數步之內易于瞭望
設巡邏垛兵

有軍丁多剩，增派衝要之處。

五垛一伍

五垛爲一伍，置木牌，上總書姓名，每夜一人守一更，向外觀望，（每）迭相輪換。常有四人穩卧，精力不疲，緩急有備。每更置一小旗，上貼更分夜巡姓名，如趙甲一更，錢乙二更之類。巡更者執旗在手，只瞭望五垛口城下，有無奸細。一有賊至，叫醒同伍，執持灰瓶石塊器械擊打，庶使數步之內，易于瞭望。

設巡邏垛兵

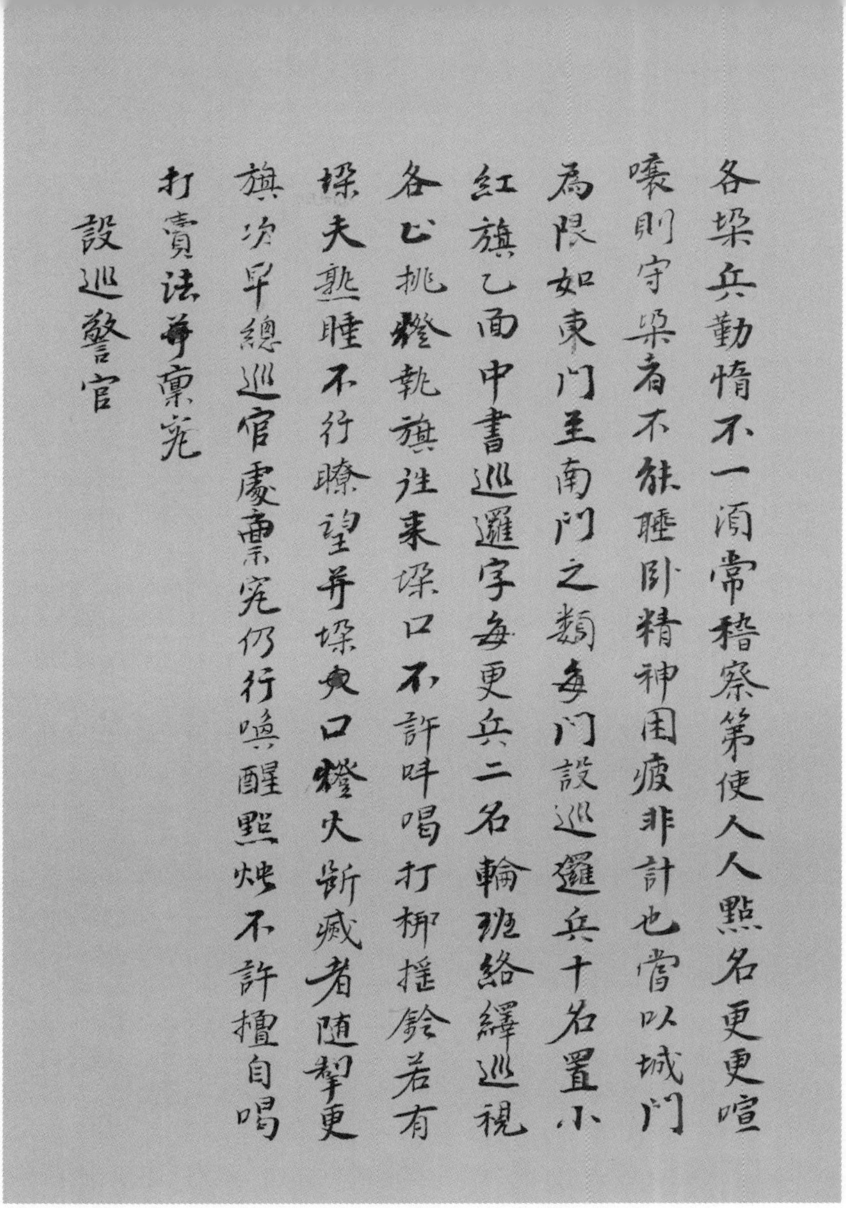

各垛兵勤惰不一須常稽察第使人人點名更更喧
嚷則守垛者不能睡卧精神困疲非計也當以城門
爲限如東門至南門之類每門設巡邏兵十名置小
紅旗乙面中書巡邏字每更兵二名輪班絡繹巡視
各止挑燈執旗往來垛口不許吽喝打梆搖鈴若有
垛夫熟睡不行瞭望并垛大口燈火斷滅者隨掣更
旗次早總巡官處稟究仍行喚醒點燭不許擅自喝
打賣法稟究
設巡警官

各垛兵勤惰不一，須常稽察，第使人人點名，更更喧嚷，則守垛者不能睡卧，精神困疲，非計也。當以城門爲限，如東門至南門之類，每門設巡邏兵十名，置小紅旗乙面，中書巡邏字，每更兵二名，輪班絡繹巡視。各止挑燈執旗，往來垛口，不許吽喝打梆摇鈴。若有垛夫熟睡，不行瞭望，并垛（大）口燈火斷滅者，隨掣更旗。次早總巡官處稟究，仍行唤醒點燭，不許擅自喝打，賣法稟究。

設巡警官

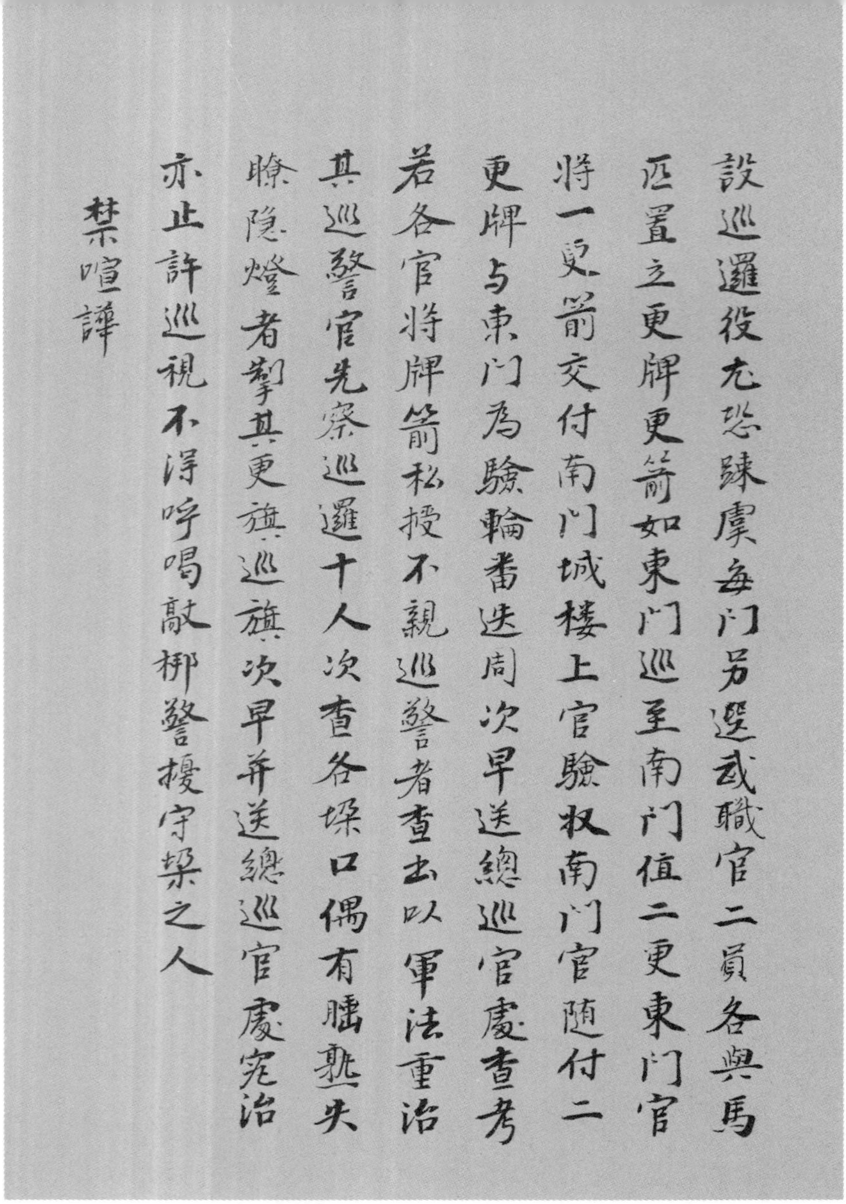
設巡邏役尤恐踈虞每門另選武職官二員各與馬
匹置立更牌更箭如東門巡至南門值二更東門官
將一更箭交付南門城樓上官驗收南門官隨付二
更牌與東門為驗輪番迭周次早送總巡官處查考
若各官將牌箭私授不親巡警者查出以軍法重治
其巡警官先察巡邏十人次查各垜口偶有睡熟失
瞭隱燈者掣其更旗巡旗次早并送總巡官處究治
亦止許巡視不得呼喝敲梆警擾守垜之人
禁喧譁

設巡邏役，尤恐疎虞，每門另選武職官二員，各與馬匹，置立更牌更箭。如東門巡至南門，值二更，東門官將一更箭交付南門城樓上官驗收，南門官隨付二更牌與東門爲驗，輪番迭周。次早送總巡官處查考，若各官將牌箭私授不親巡警者，查出以軍法重治。其巡警官先察巡邏十人，次查各垛口偶有睡熟失瞭隱燈者，掣其更旗巡旗。次早并送總巡官處究治。亦止許巡視，不得呼喝敲梆，警擾守垛之人。

禁喧嘩

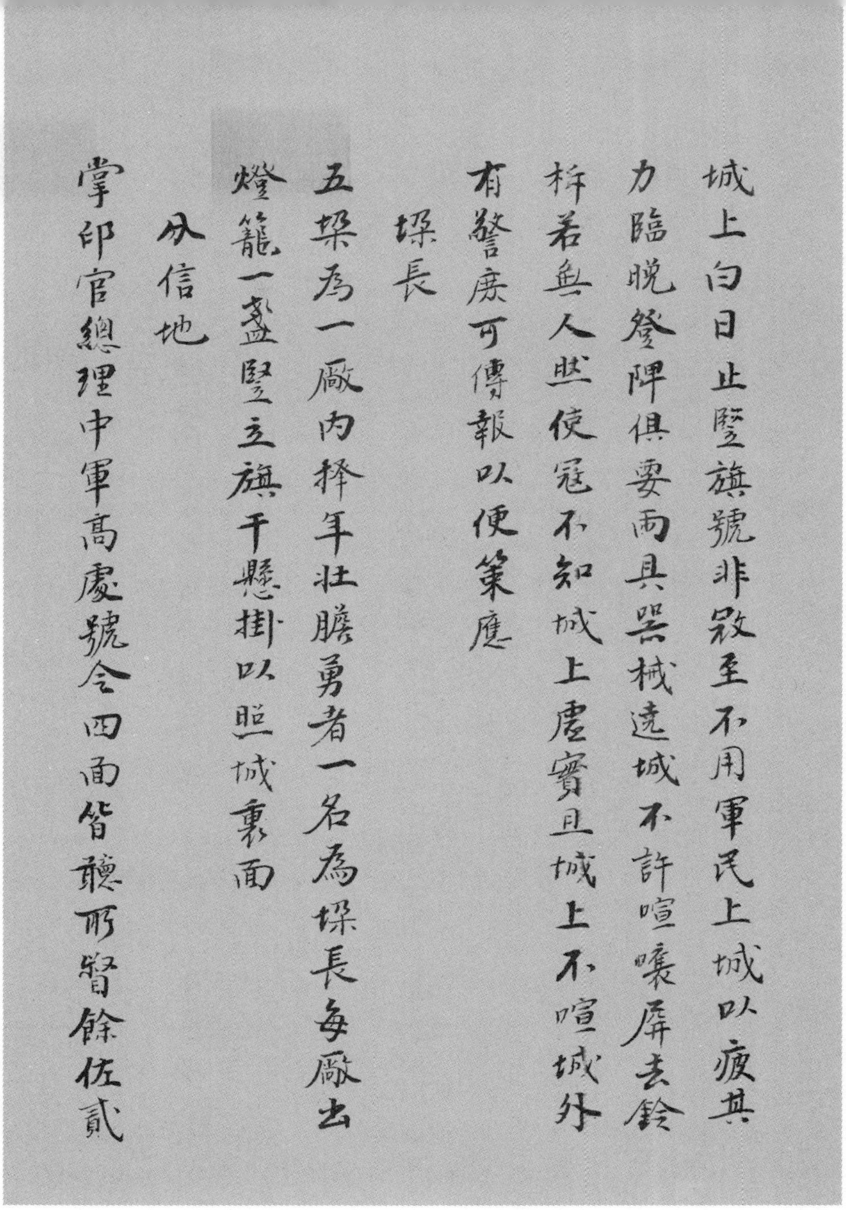
城上白日止竪旗號非寇至不用軍民上城以疲其
力臨晚登陴俱要雨具器械遶城不許喧嚷屏去鈴
柝若無人然使寇不知城上虛實且城上不喧城外
有警庶可傳報以便策應
垜長
五垜為一廠內擇年壯膽勇者一名為垜長每廠出
燈籠一盞竪立旗干懸掛以照城裏面
分信地
掌印官總理中軍高處號令四面皆聽所督餘佐貳

城上白日止竪旗號，非寇至不用軍民上城，以疲其力。臨晚登陴，俱要雨具器械，繞城不許喧嚷，屏去鈴柝，若無人然，使寇不知城上虛實。且城上不喧，城外有警，庶可傳報，以便策應。

垜長

五垜爲一廠，内擇年壯膽勇者一名爲垜長。每廠出燈籠一盞，樹立旗干懸掛以照城裏面。

分信地

掌印官總理中軍高處，號令四面，皆聽所督。餘佐貳

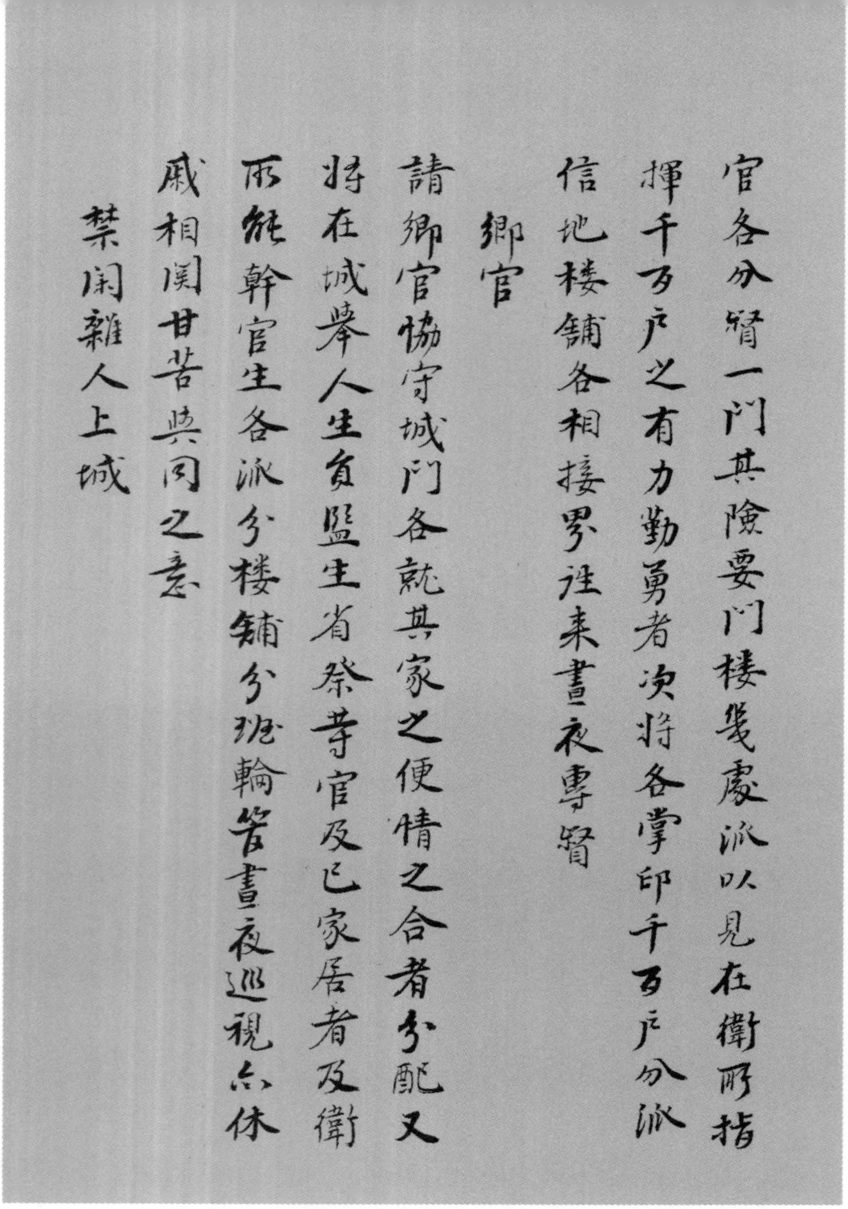
官各分督一門其險要門樓幾處派以見在衛所指
揮千百户之有力勤勇者次將各掌印千百户分派
信地樓鋪各相接界往來晝夜專督
鄉官
請鄉官協守城門各就其家之便情之合者分配又
將在城舉人生員監生省祭等官及已家居者及衛
所能幹官生各派分樓鋪分班輪替晝夜巡視亦休
戚相關甘苦與同之意
禁閑雜人上城

官各分督一門。其險要門樓幾處，派以見在衛所指揮千百户之有力勤勇者，次將各掌印千百户分派信地樓鋪，各相接界往來，晝夜專督。

鄉官

請鄉官協守城門，各就其家之便、情之合者分配。又將在城舉人、生員、監生、省祭等官及已家居者，及衛所能幹官生，各派分樓鋪，分班輪替，晝夜巡視，亦休戚相關，甘苦與同之意。

禁閑雜人上城

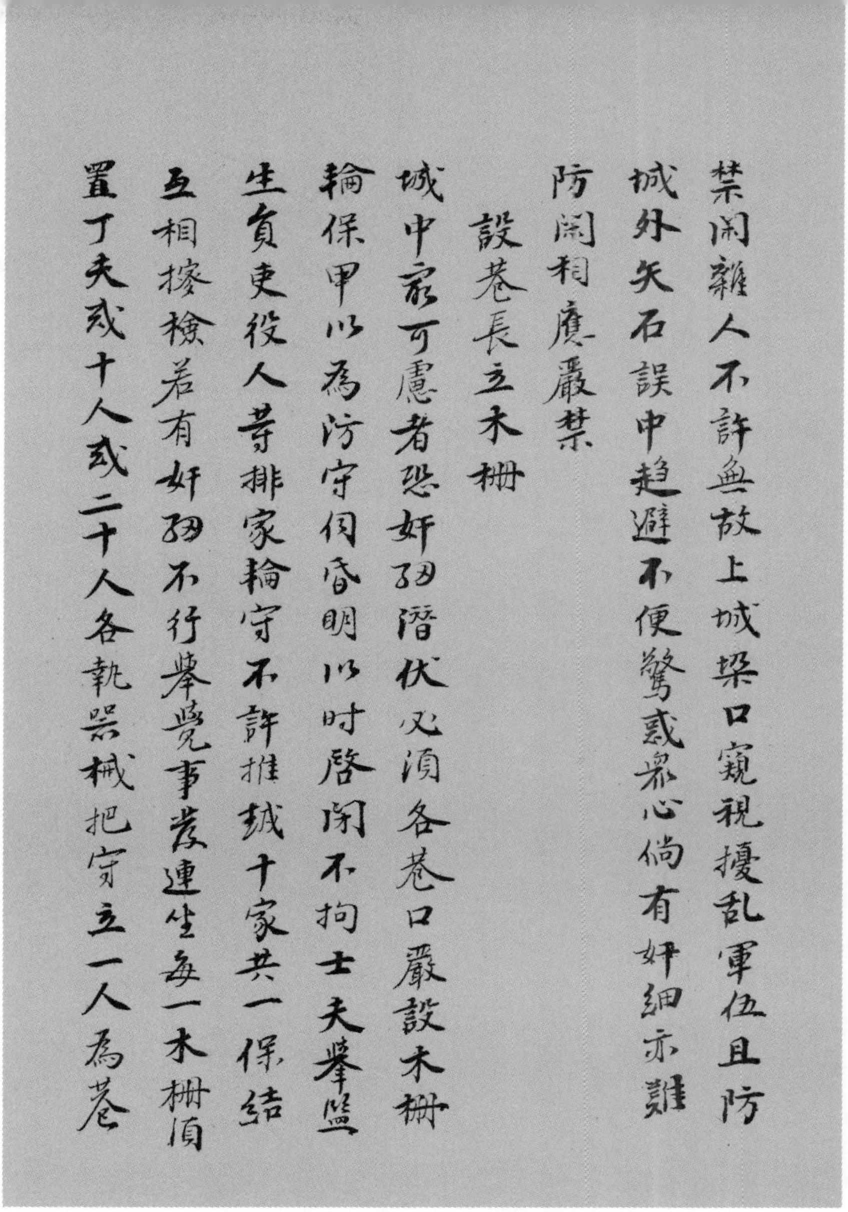
禁閑雜人不許無故上城垛口窺視擾亂軍伍且防
城外矢石誤中趨避不便驚惑衆心倘有奸細亦難
防閑相應嚴禁
設巷長立木柵
城中最可慮者恐奸細潛伏必須各巷口嚴設木柵
輪保甲以爲防守伺昏明以時啟閉不拘士夫舉監
生員吏役人等排家輪守不許推越十家共一保結
互相搜檢若有奸細不行舉覺事發連坐每一木柵須
置丁夫或十人或二十人各執器械把守立一人爲巷

禁閑雜人，不許無故上城垛口窺視，擾亂軍伍，且防城外矢石誤中，趨避不便，驚惑衆心。倘有奸細，亦難防閑，相應嚴禁。

設巷長立木柵

城中最可慮者，恐奸細潛伏，必須各巷口嚴設木柵，輪保甲以爲防守，伺昏明以時啟閉，不拘士夫、舉、監、生員、吏役人等，排家輪守，不許推越。十家共一保結，互相搜檢，若有奸細，不行舉覺，事發連坐。每一木柵須置丁夫或十人，或二十人，各執器械把守。立一人爲巷［長］

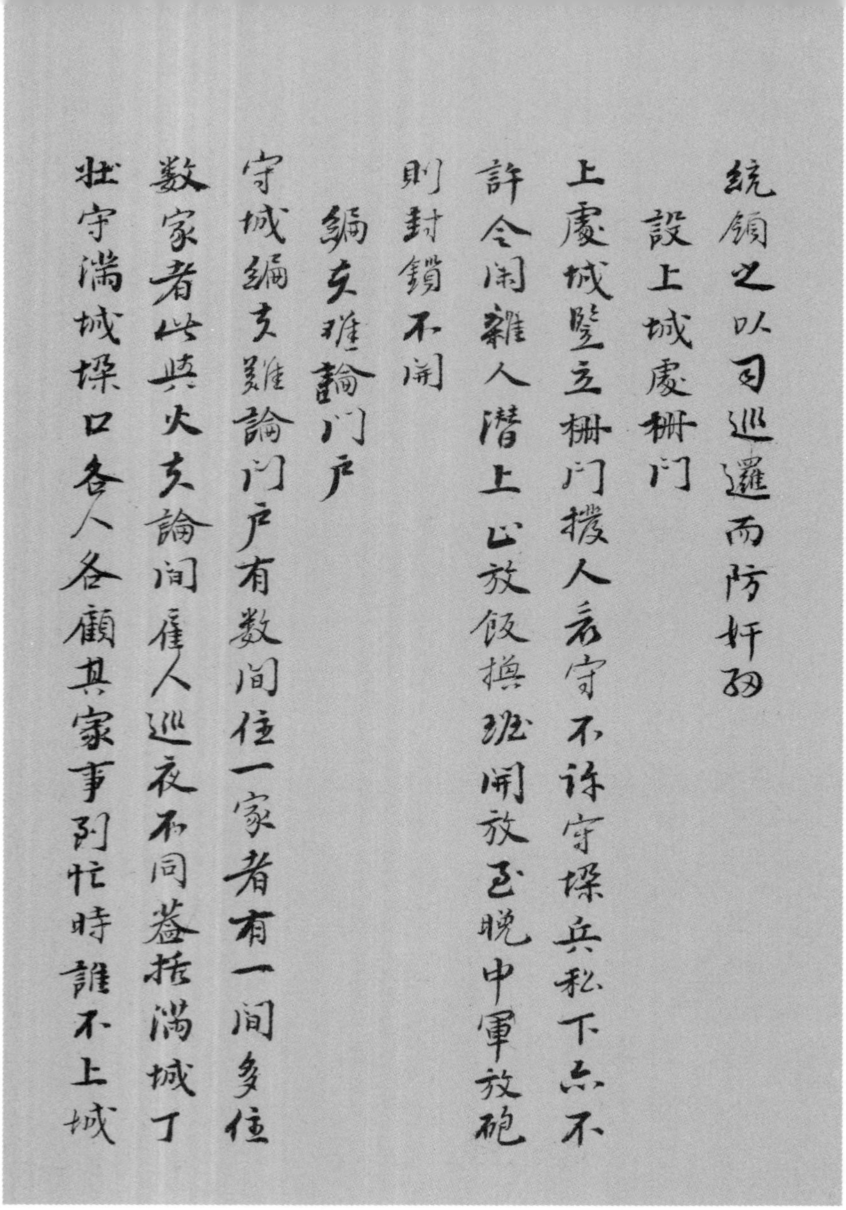
統領之以司巡邏而防奸細
設上城處栅门
上處城竪立栅门撥人看守不許守垛兵私下亦不
許令閑雜人潛上止放飯換班開放至晚中軍放砲
則封鎖不開
編夫難論门户
守城編夫難論门户有數間住一家者有一間多住
數家者此與火夫論間雇人巡夜不同葢括滿城丁
壯守滿城垛口各人各顧其家事到忙時誰不上城

統領之，以司巡邏而防奸細。

設上城處柵門

上（處城）[城處]竪立柵門，撥人看守，不許守垛兵私下，亦不許令閑雜人潛上，止放飯換班開放。至晚，中軍放砲，則封鎖不開。

編夫難論門户

守城編夫，難論門户，有數間住一家者，有一間多住數家者，此與火夫論間雇人巡夜不同。蓋括滿城丁壯守滿城垛口，各人各顧其家，事到忙時，誰不上城，

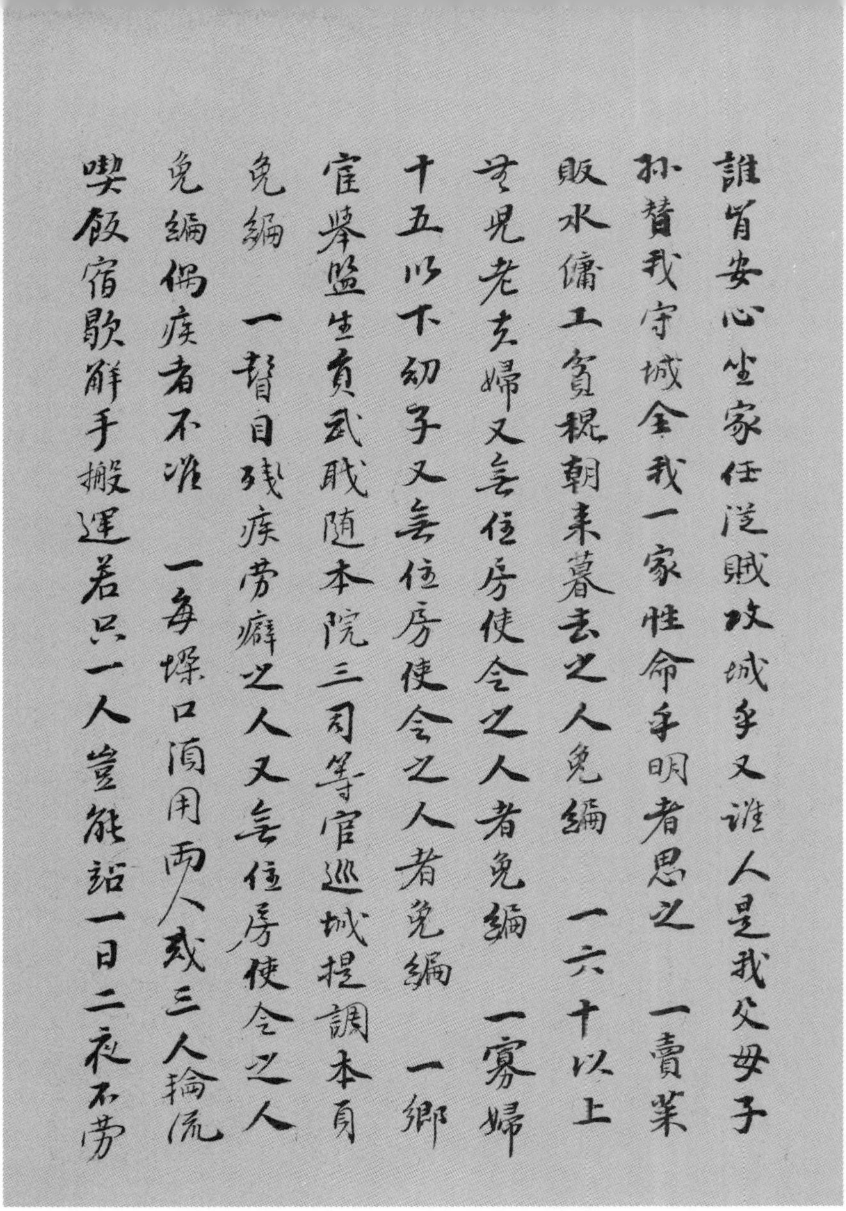
誰肯安心坐家任從賊攻城乎又誰人是我父母子
孫替我守城全我一家性命乎明者思之 一賣菜
販水傭工貧棍朝來暮去之人免編 一六十以上
無兒老夫婦又無住房使令之人者免編 一寡婦
十五以下幼子又無住房使令之人者免編 一鄉
宦舉監生員武職隨本院三司等官巡城提調本員
免編 一瞽目殘疾勞癖之人又無住房使令之人
免編偶疾者不准 一每垜口須用兩人或三人輪流
喫飯宿歇解手搬運若只一人豈能站一日二夜不勞

誰肯安心坐家，任從賊攻城乎？又誰人是我父母子孫，替我守城，全我一家性命乎？明者思之。

一、賣菜販水，傭工貧棍，朝来暮去之人免編。

一、六十以上無兒老夫婦，又無住房使令之人者免編。

一、寡婦［與］十五以下幼子，又無住房使令之人者免編。

一、鄉宦、舉、監、生員、武職，隨本院三司等官巡城提調，本員免編。

一、瞽目殘疾勞癖之人，又無住房使令之人免編。偶疾者不准。

一、每垜口須用兩人或三人，輪流喫飯、宿歇、解手、搬運。若只一人，豈能站一日二夜不勞

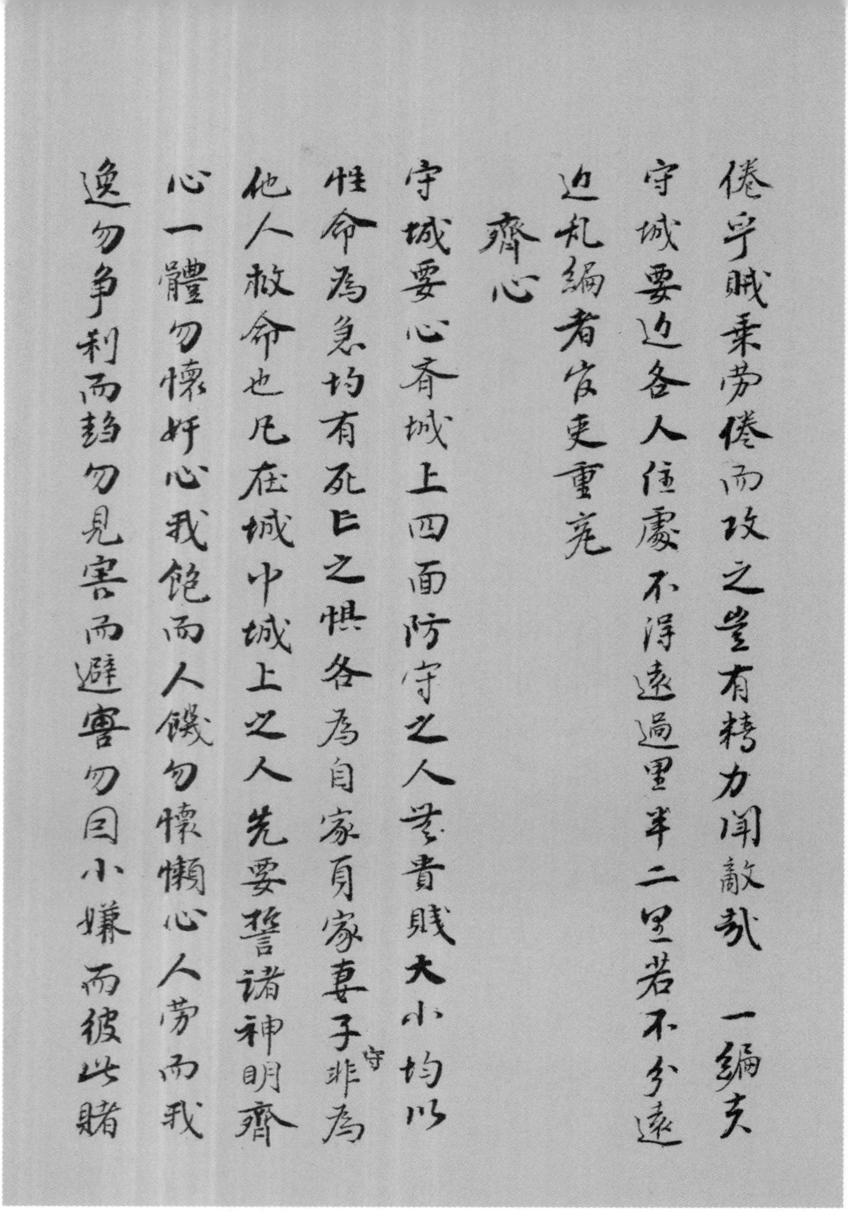

倦乎？賊乘勞倦而攻之，豈有精力鬥敵哉？

一、編夫守城，要近各人住處，不得遠過里半二里。若不分遠近亂編者，官吏重究。

齊心

守城要心齊，城上四面防守之人，無貴賤大小，均以性命爲急，均有死亡之懼，各爲自家身家妻子守，非爲他人救命也。凡在城中城上之人，先要誓諸神明，齊心一體，勿懷奸心，我飽而人饑，勿懷懶心，人勞而我逸，勿争利而趨，勿見害而避，勿因小嫌而彼此賭

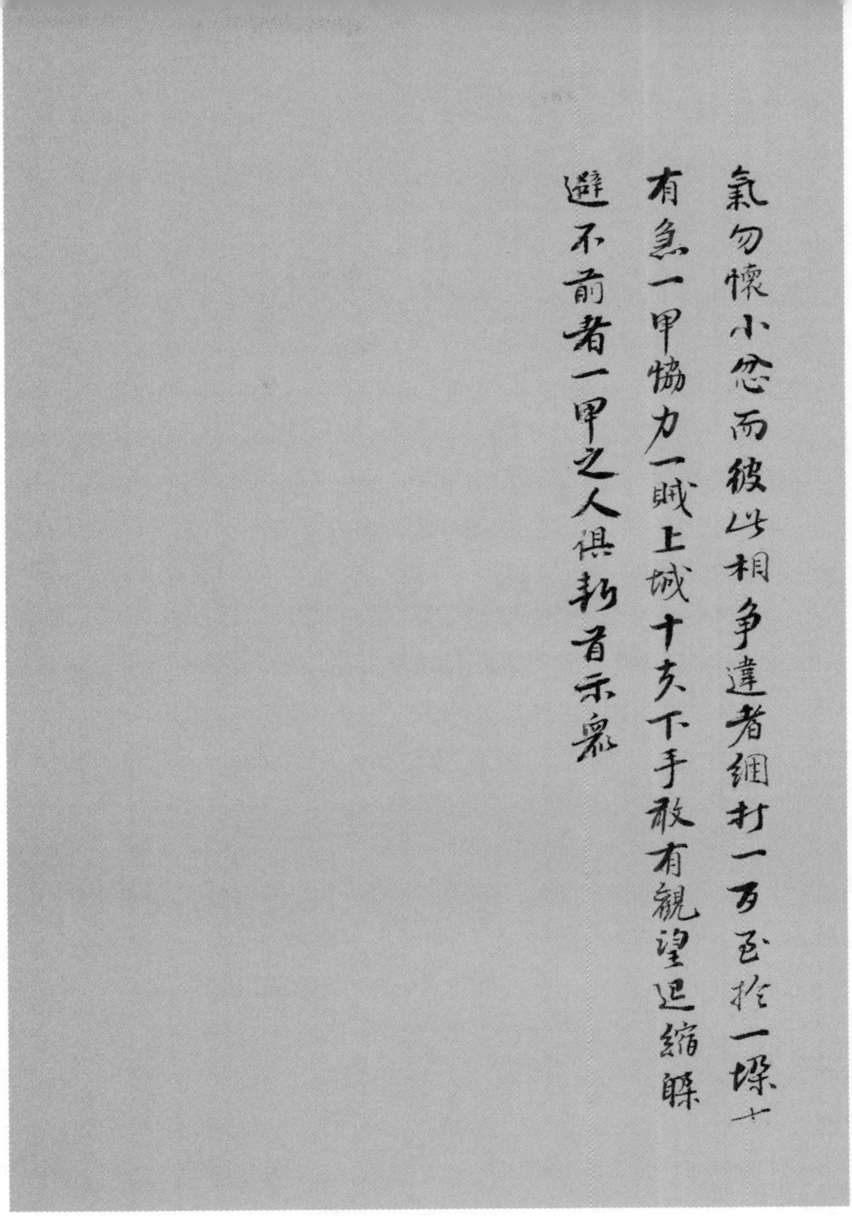
氣勿懷小忿而彼此相爭違者綑打一百至於一垜
有急一甲協力一賊上城十夫下手敢有覾望退縮躲
避不前者一甲之人俱斬首示衆

氣，勿懷小忿而彼此相爭，違者綑打一百。至於一垜有急，一甲協力，一賊上城，十夫下手。敢有覾望退縮、躲避不前者，一甲之人俱斬首示眾。

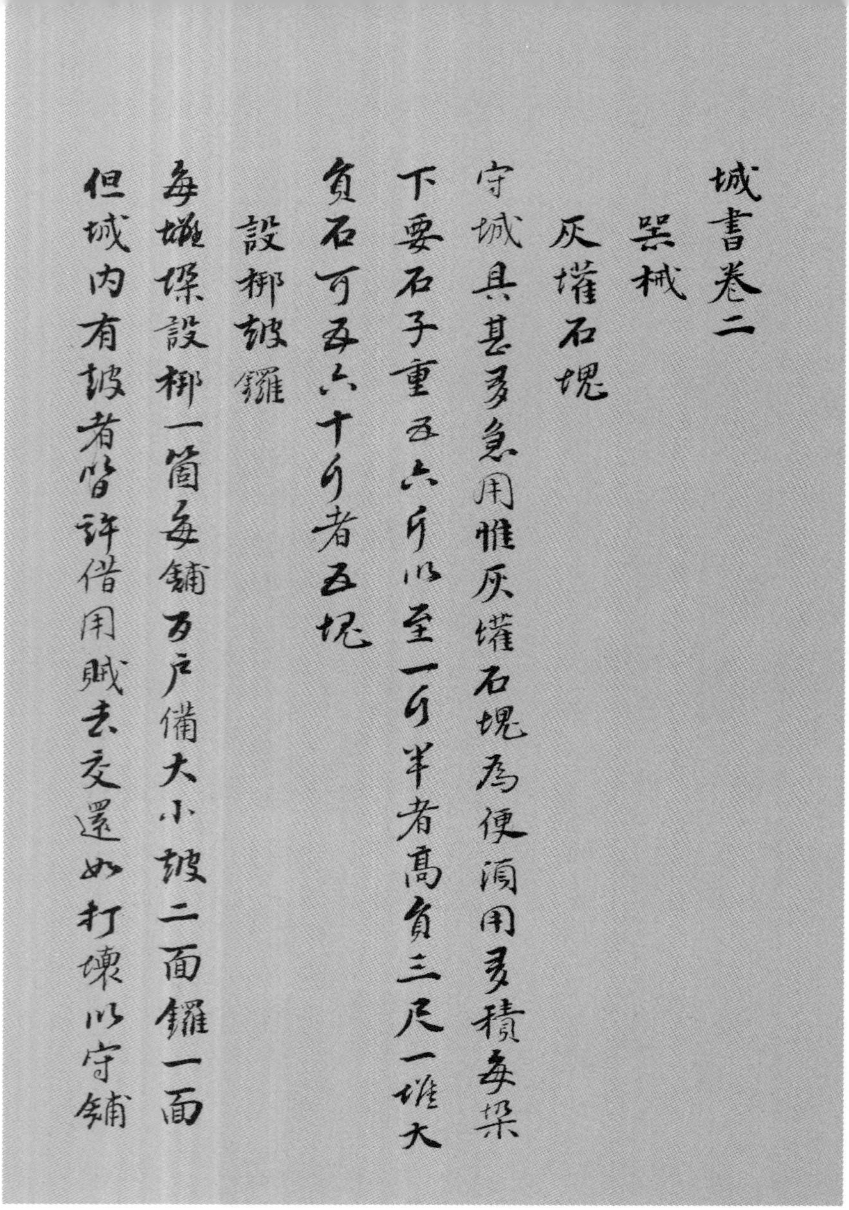
城書卷二
器械
灰壜石塊
守城具甚多急用惟灰壜石塊爲便須用多積每垛
下要石子重五六斤以至一斤半者高員三尺一堆大
員石可五六十斤者五塊
設梆鼓鑼
每垛設梆一箇每鋪百户備大小鼓二面鑼一面
但城内有鼓者皆許借用賊去交還如打壞以守鋪

城書卷二

器械

灰（壜）[罐] 石塊

守城具甚多，急用惟灰（壜）[罐]、石塊爲便，須用多積。每垛下要石子重五六斤以至一斤半者，高員三尺。一堆大員石可五六十斤者五塊。

設梆鼓鑼

每垛設梆一箇，每鋪百户備大小鼓兩面，鑼一面。但城内有鼓者，皆許借用，賊去交還。如打壞，以守鋪

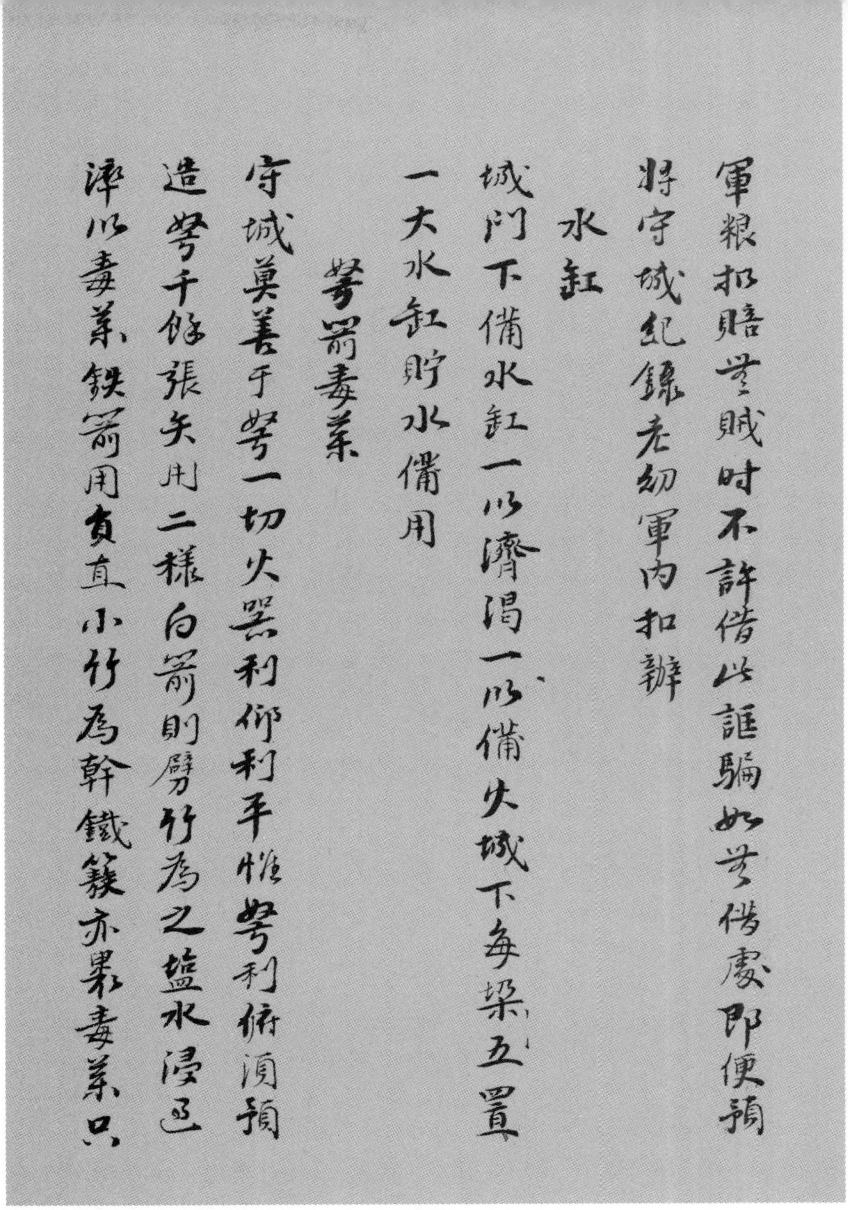
軍粮扣賠無賊時不許借此誆騙如無借處即便預
將守城紀録老幼軍内扣辦
水缸
城門下備水缸一以濟渴一以備火城下每垜五置
一大水缸貯水備用
弩箭毒藥
守城莫善于弩一切火器利仰利平惟弩利俯須預
造弩千餘張矢用二樣白箭則劈竹爲之塩水浸過
淬以毒藥鉄箭用員直小竹爲幹鐵簇亦裹毒藥只

軍粮扣賠。無賊時不許借此誆騙。如無借處，即便預將守城紀録老幼軍内扣辦。

水缸

城門下備水缸，一以濟渴，一以備火。城上每（垜五）［五垜］置一大水缸，貯水備用。

弩箭毒藥

守城莫善于弩，一切火器，利仰利平，惟弩利俯。須預造弩千餘張。矢用二樣，白箭則劈竹爲之，鹽水浸過，淬以毒藥；鐵箭則用員直小竹爲幹，鐵鏃亦裹毒藥，只

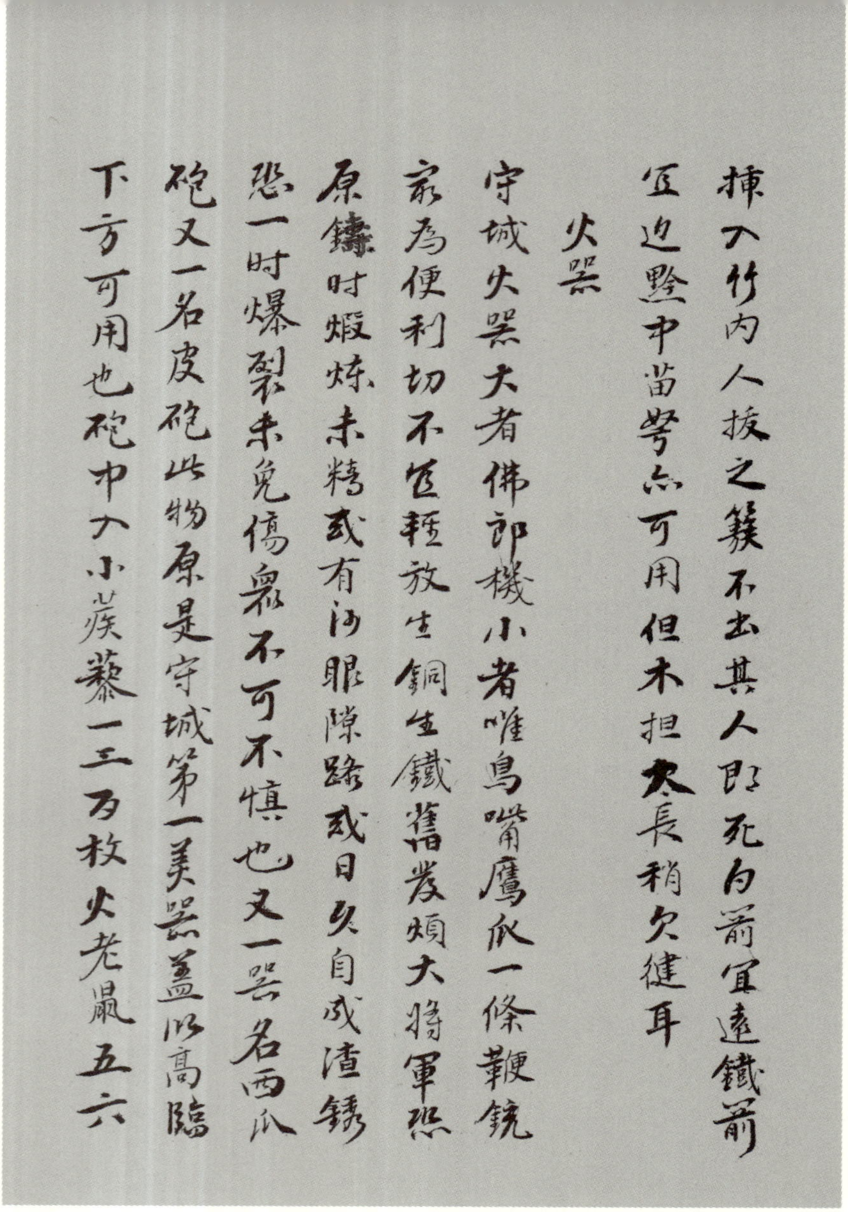
插入竹內人拔之鏃不出其人即死白箭宜遠鐵箭
宜近黔中苗弩亦可用但木担太長稍欠健耳
火器
守城火器大者佛郎機小者惟鳥嘴鷹爪一條鞭銃
最為便利切不宜輕放生銅生鐵舊發熕大將軍恐
原鑄時煅煉未精或有沙眼隙路或日久自成渣鏽
恐一時爆裂未免傷衆不可不慎也又一器名西瓜
砲又一名皮砲此物原是守城第一美器蓋以高臨
下方可用也砲中入小蒺藜一二百枚火老鼠五六

插入竹内，人拔之，鏃不出，其人即死。白箭宜遠，鐵箭宜近，黔中苗弩亦可用，但木担太長，稍欠健耳。

火器

守城火器，大者即佛郎機，小者惟鳥嘴、鷹爪、一條鞭銃，最爲便利。切不宜輕放生銅生鐵舊發（熕）[熕]、大將軍，恐原鑄時煅煉未精，或有沙眼隙路，或日久自成渣鏽，恐一時爆裂，未免傷衆，不可不慎也。

又一器名西瓜砲，又一名皮砲，此物原是守城第一美器，蓋以高臨下方可用也。砲中入小蒺藜一二百枚，火老鼠五六

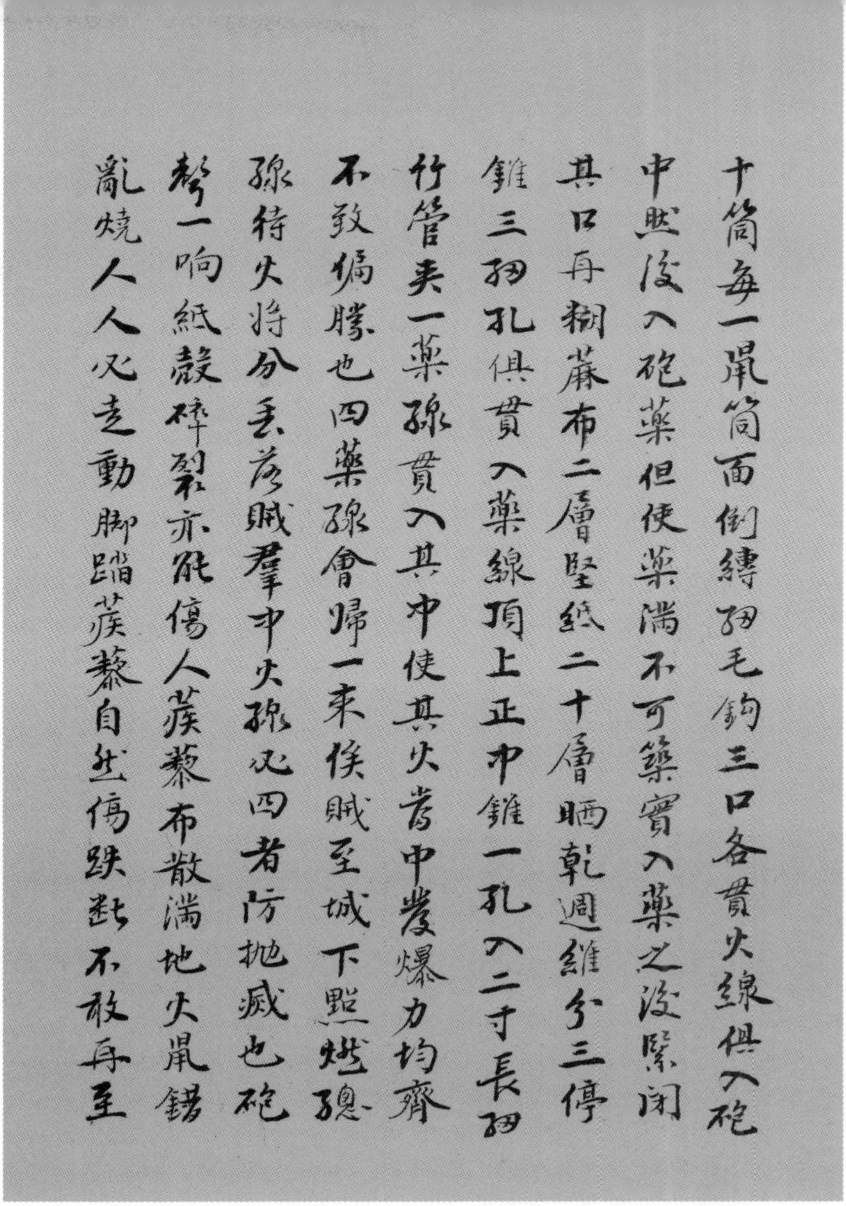

十筒，每一鼠筒面倒縛細毛鉤三口，各貫火綫，俱入砲中，然後入砲藥，但使藥滿，不可築實。入藥之後，緊閉其口，再糊蔴布二層，堅紙二十層，晒乾。週（維）[圍]分三停，錐三細孔，俱貫入藥綫，頂上正中錐一孔，入二寸長細竹管，夾一藥綫，貫入其中，使其火當中發爆力均齊，不致偏勝也。四藥綫會歸一束，俟賊至城下，點燃總綫，待火將分丢，落賊羣中。火綫必四者，防抛滅也。砲聲一響，紙殼碎裂，亦能傷人，蒺藜布散滿地，火鼠錯亂燒，人人必走動，脚踏蒺藜，自然傷跌，斷不敢再至

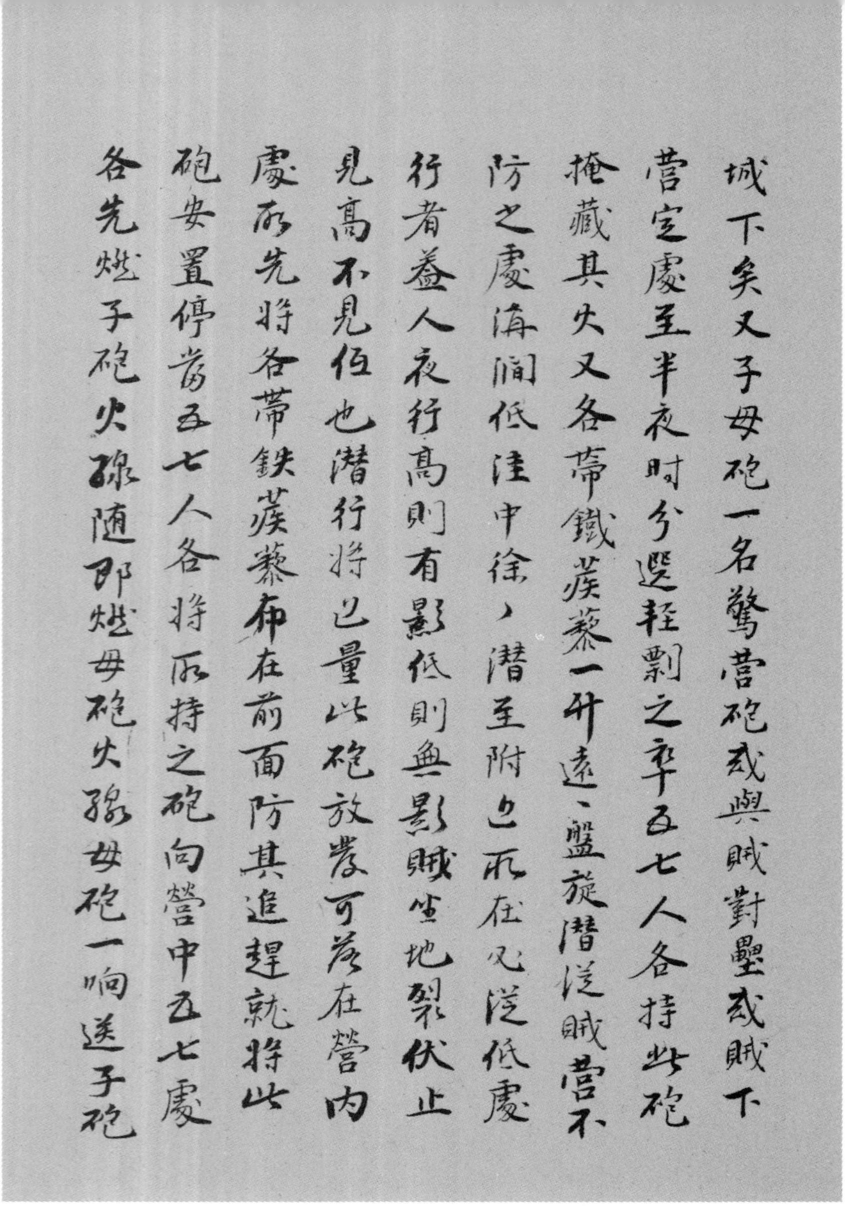
城下矣又子母砲一名驚營砲或與賊對壘或賊下營定處至半夜時分選輕剽之卒五七人各持此砲掩藏其火又各帶鐵蒺藜一升遠遠盤旋潛從賊營不防之處溝澗低洼中徐徐潛至附近所在必從底處行者蓋人夜行高則有影低則無影賊坐地裂伏止見高不見低也潛行將近量此砲放發可落在營內處所先將各帶鐵蒺藜布在前面防其追趕就將此砲安置停當五七人各將所持之砲向營中五七處各先燃子砲火綫隨即燃母砲火綫母砲一響送子砲

城下矣。

又子母砲，一名驚營砲，或與賊對壘，或賊下營定處，至半夜時分，選輕剽之卒五七人，各持此砲，掩藏其火，又各帶鐵蒺藜一升，遠遠盤旋，潛從賊營不防之處，溝澗低洼中，徐徐潛至附近所在。必從底處行者，蓋人夜行，高則有影，低則無影。賊坐地（裂）［埋］[1] 伏，止見高不見低也。潛行將近，量此砲放發可落在營內處所，先將各帶鐵蒺藜布在前面，防其追趕。就將此砲安置停當，五七人各將所持之砲，向營中五七處，各先燃子砲火綫，隨即燃母砲火綫。母砲一響，送子砲

1 埋，原作“裂”，據《城守驗方》改。

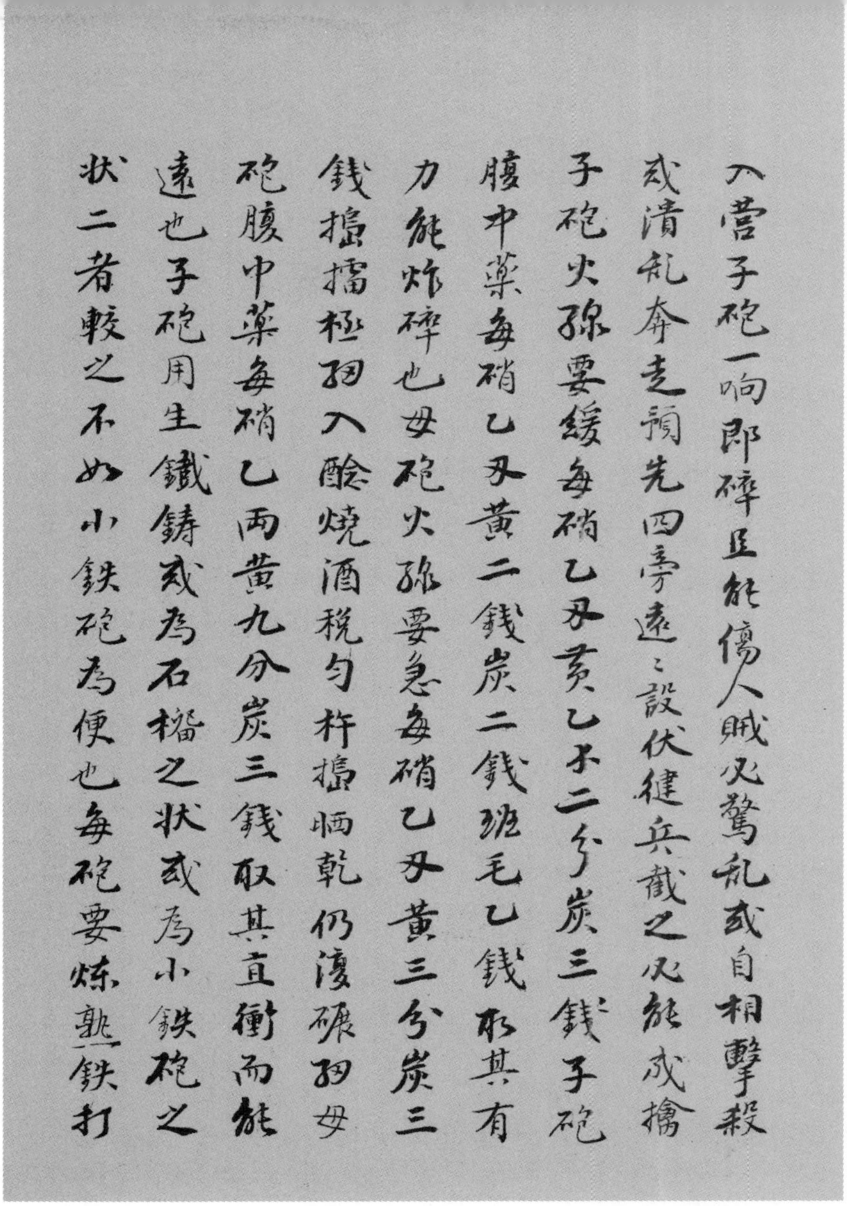

入營，子砲一響，即碎且能傷人。賊必驚亂，或自相擊殺，或潰亂奔走。預先四旁遠遠設伏健兵截之，必能成擒。子砲火綫要緩，每硝乙兩，（黄）［磺］乙兩二分，炭三錢。子砲腹中藥，每硝乙兩，（黄）［磺］二錢，炭二錢，班毛乙錢，取其有力，能炸碎也。母砲火綫要急，每硝乙兩，（黄）［磺］三分，炭三錢，搗擂極細，入（酴）［釅］燒酒，（稅）［兑］匀杵搗，曬乾，仍復碾細。母砲腹中藥，每硝乙兩，（黄）［磺］九分，炭三錢，取其直衝而能遠也。子砲用生鐵鑄成，爲石榴之狀，或爲小鐵砲之狀，二者較之，不如小鐵砲爲便也。每砲要煉熟鐵打

造長二尺五寸尾後五寸隔斷閂入一木柄約長一
尺五寸砲腰中活繫鷹爪鐵條一根長二尺放砲時
將此鷹爪着落地上然後次第燃子母砲火綫或高
或下或左或右任其低昂運動也母砲口徑一寸五
分則圍四寸五分子砲員徑一寸四分五釐則圍四
寸三分五釐子砲週圍比母砲小五釐者以性鐵堅
硬若子砲員與母砲口一般大則難出入且或有隙縫
洩火氣力也或用鉛皮五釐厚裹之或用紙包捲數
層緊緊打入母砲口中母砲腹中藥量入二三寸厚

造，長二尺五寸，尾後五寸隔斷，閂入一木柄，約長一尺五寸。砲腰中活繫鷹爪鐵條一根，長二尺。放砲時，將此鷹爪着落地上，然後次第燃子、母砲火綫，或高或下，或左或右，任其低昂運動也。母砲口徑一寸五分，則圍四寸五分。子砲員徑一寸四分五釐，則圍四寸三分五釐。子砲週圍比母砲小五釐者，以（性鐵）［鐵性］堅硬，若子砲員與母砲口一般大，則難出入，且或有隙縫，洩火氣力也。或用鉛皮五釐厚裹之，或用紙包捲數層，緊緊打入母砲口中。母砲腹中藥量入二三寸厚。

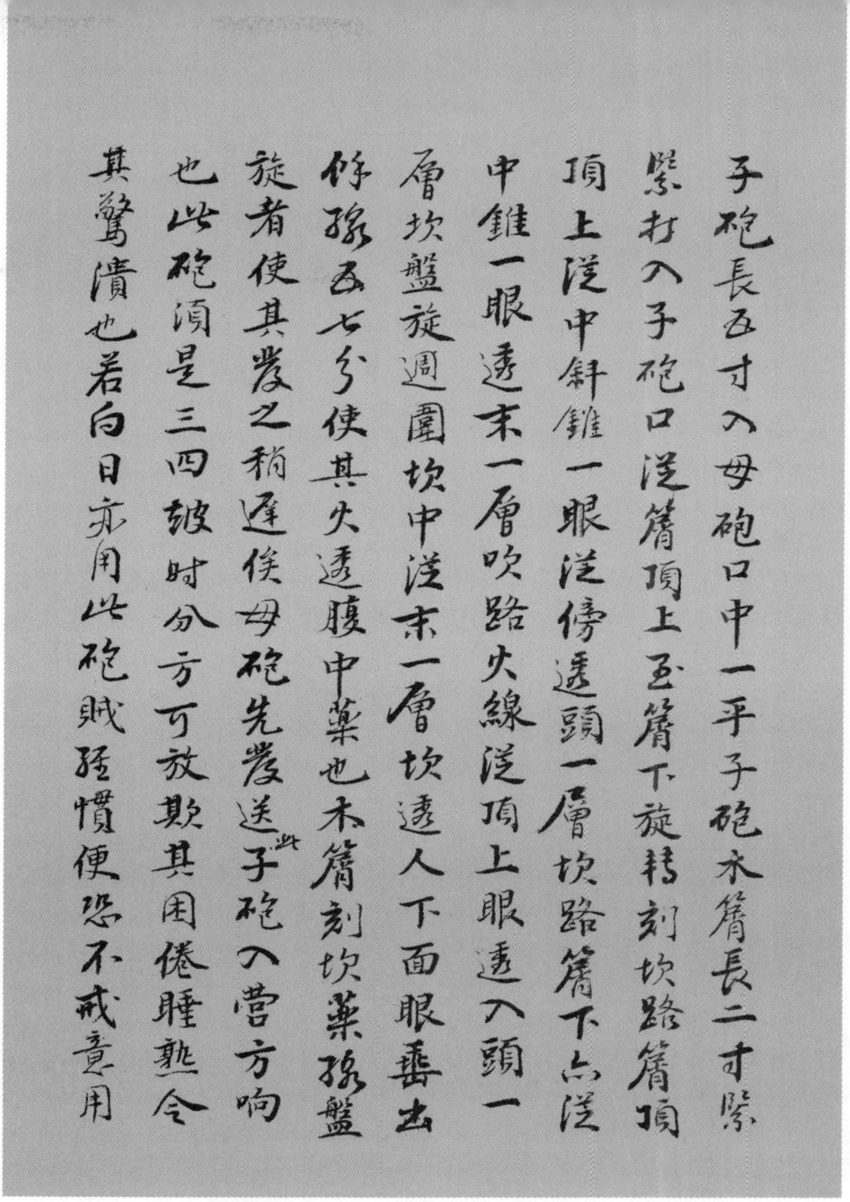

子砲長五寸，入母砲口中，一平子砲木篃[1]長二寸，緊緊打入子砲口。從篃頂上至篃下旋轉刻坎路，篃頂頂上從中斜錐一眼，從傍透頭一層坎路，篃下亦從中錐一眼，透末一層（吹）［坎］路。火綫從頂上眼透入頭一層坎，盤旋週圍坎中，從末一層坎透入下面眼垂出餘綫五七分，使其火透腹中藥也。木篃刻坎，藥綫盤旋者，使其發之稍遲，俟母砲先發，送此子砲入營方響也。此砲須是三四鼓時分方可放，欺其困倦睡熟，令其驚潰也。若白日亦用此砲，賊經慣，便恐不戒意，用

1 篃，似即“笋”字。

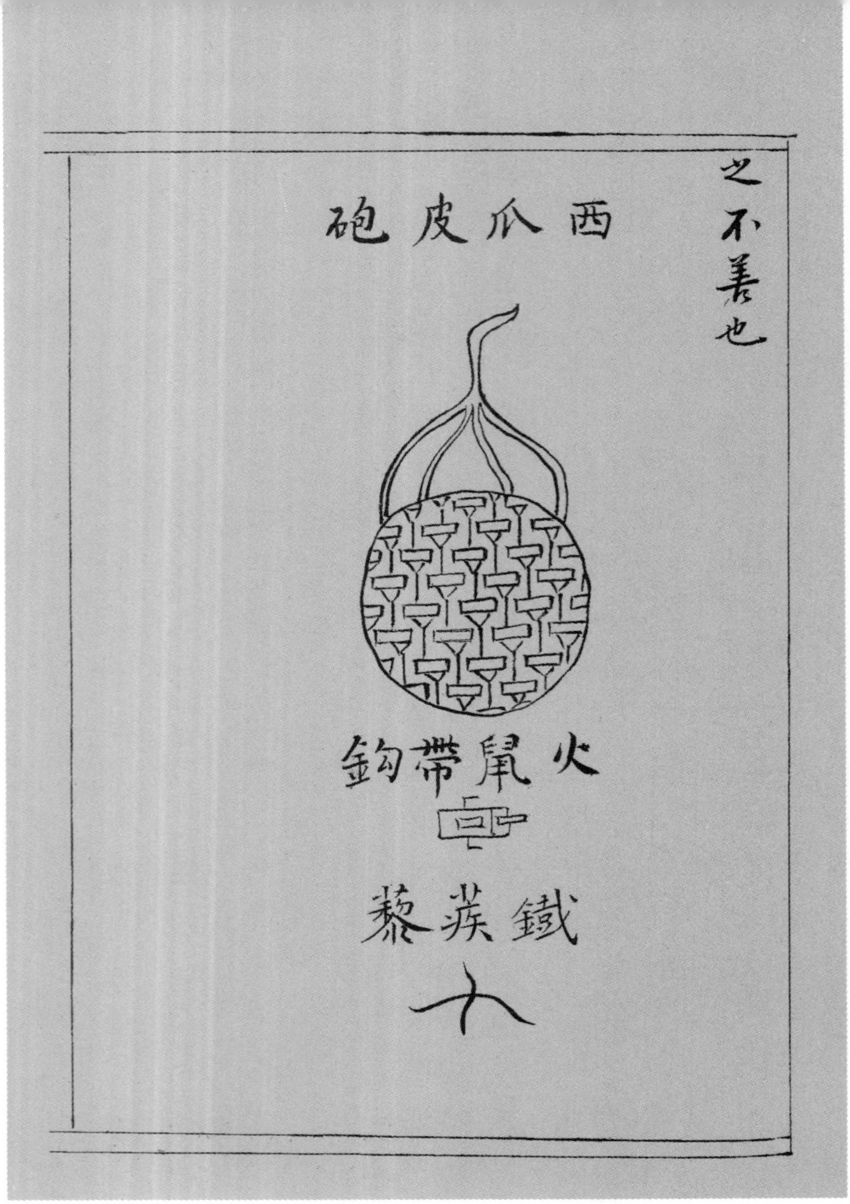

之不善也。

西瓜皮砲

火鼠帶鉤

鐵蒺藜

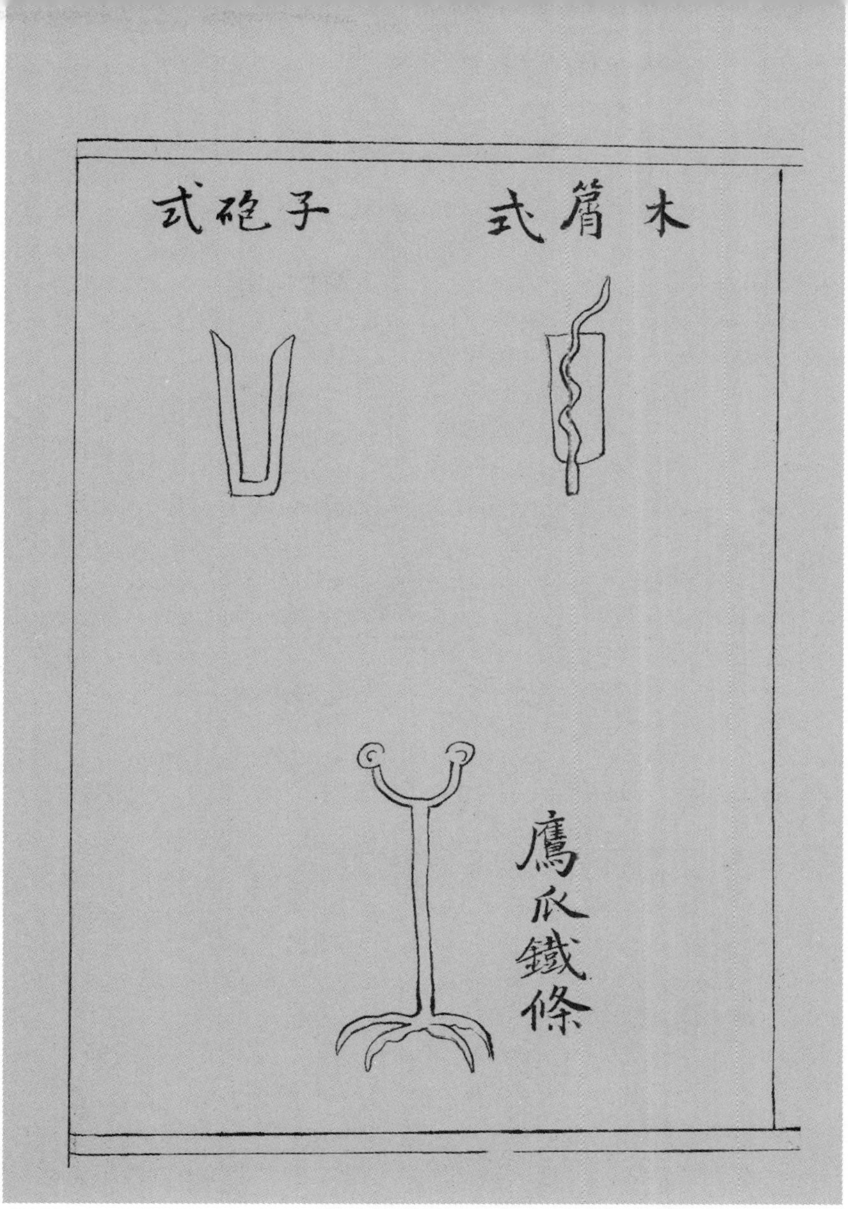

子砲式
木筩式
鷹爪鐵條

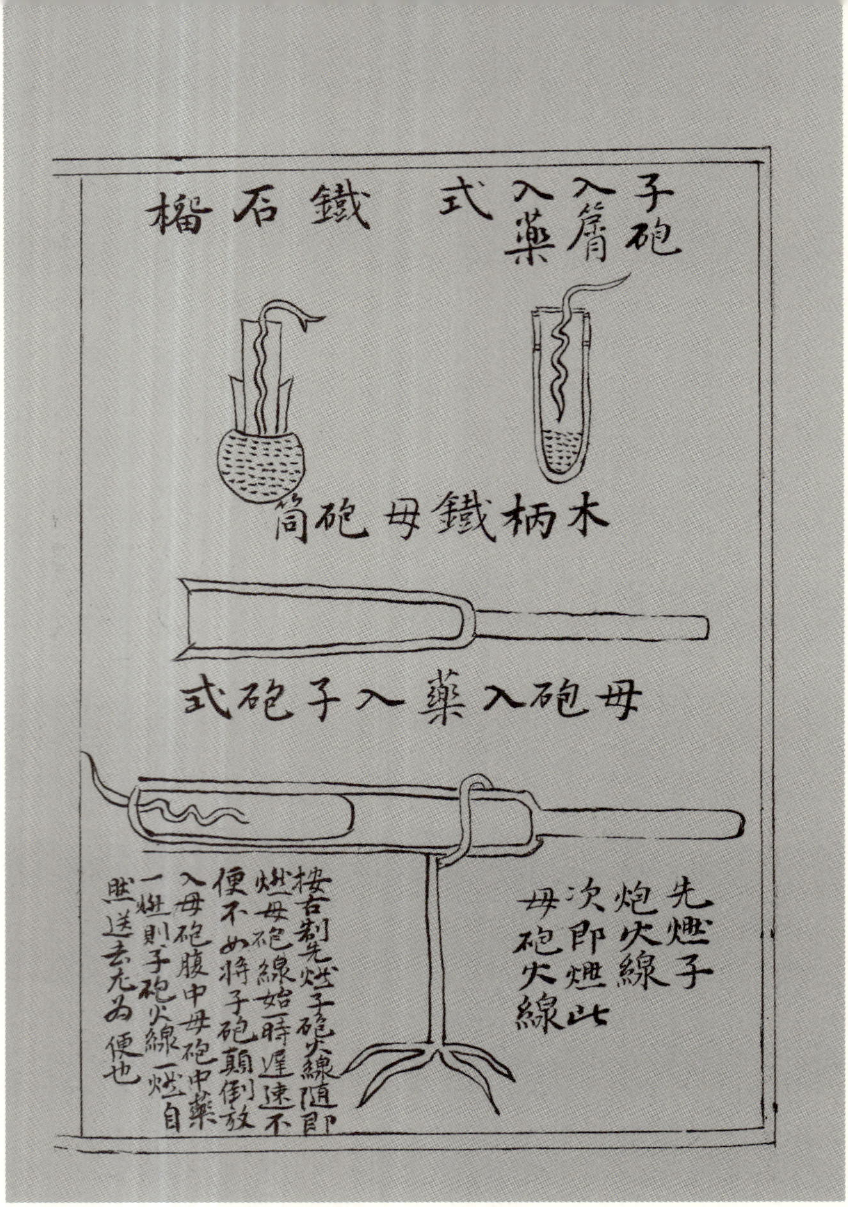

子砲入箭入藥式

鐵石榴

木柄鐵母砲筒

母砲入藥入子砲式：先燃子（炮）［砲］火綫，次及燃此母砲火綫。按，古制，先燃子砲火綫，隨即燃母砲綫。始一時遲速不便，不如將子砲顛倒放入母砲腹中，母砲中藥一燃，則子砲火綫一燃自（然）［燃］，送去尤爲便也。

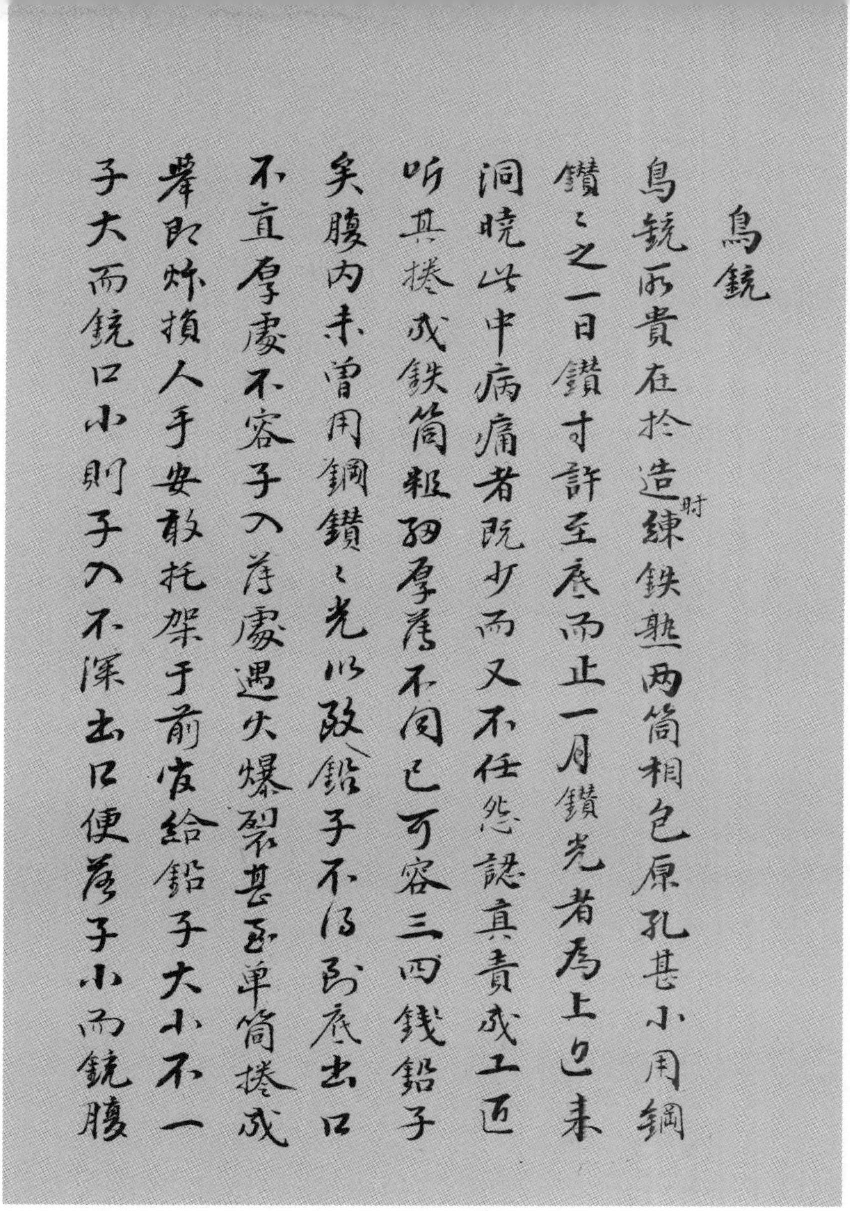
鳥銃
鳥銃所貴在於造時練鐵熟兩筒相包原孔甚小用鋼
鑽之之一日鑽寸許至底而止一月鑽光者爲上近來
洞曉此中病痛者既少而又不任怨認真責成工匠
聽其捲成鐵筒粗細厚薄不同已可容三四錢鉛子
矣腹内未曾用鋼鑽之光以致鉛子不得到底出口
不宜厚處不容子入薄處遇火爆裂甚至單筒捲成
舉即炸損人手安敢托架于前官給鉛子大小不一
子大而銃口小則子入不深出口便落子小而銃腹

鳥銃

鳥銃所貴在於造時（練）[鍊]鐵熟，兩筒相包，原孔甚小，用鋼鑽鑽之，一日鑽寸許，至底而止，一月鑽光者爲上。近來洞曉此中病痛者既少，而又不任怨認真，責成工匠，聽其捲成鐵筒，粗細厚薄不同。已可容三四錢鉛子矣，腹内未曾用鋼鑽鑽光，以致鉛子不得到底，出口不宜，厚處不容，子入薄處，遇火爆裂。甚至單筒捲成，舉即炸損人手，安敢托架于前。官給鉛子，大小不一，子大而銃口小，則子入不深，出口便落；子小而銃腹

大火藥先鉛子而泄則鉛子無力何以致遠或鉛子
鎔液于腹內則為虛發其法每銃口以可容三錢
鉛子為準下藥亦三錢子輕則藥減子重則藥增藥
數同子子重合口下口之半強之入為得彀若再加
口大子必重子重藥必多則手不能持定口小子小藥
少則無力而不能射遠此器中國原無傳自倭夷始
得此與各色火器不同利能洞甲射能命中猶可中
金錢眼不獨穿楊而已夫透重鎧之利在腹長腹長
則火氣不泄而送出勢遠有力射能命中在于出口

大，火藥先鉛子而泄，則鉛子無力，何以致遠；或鉛子鎔液于腹內，則爲虛發。其法，每銃口以可容三錢鉛子爲準，下藥亦三錢，子輕則藥減，子重則藥增，藥數同子。子重合口，下口之半，強之入爲得彀。若再加口大，子必重，子重藥必多，則手不能持定。口小子小，藥少則無力，而不能射遠。此器中國原無，傳自倭夷始得。此與各色火器不同，利能洞甲，射能命中，猶可中金錢眼，不獨穿楊而已。夫透重鎧之利在腹長，腹長則火氣不泄而送出勢遠有力。射能命中，在于出口

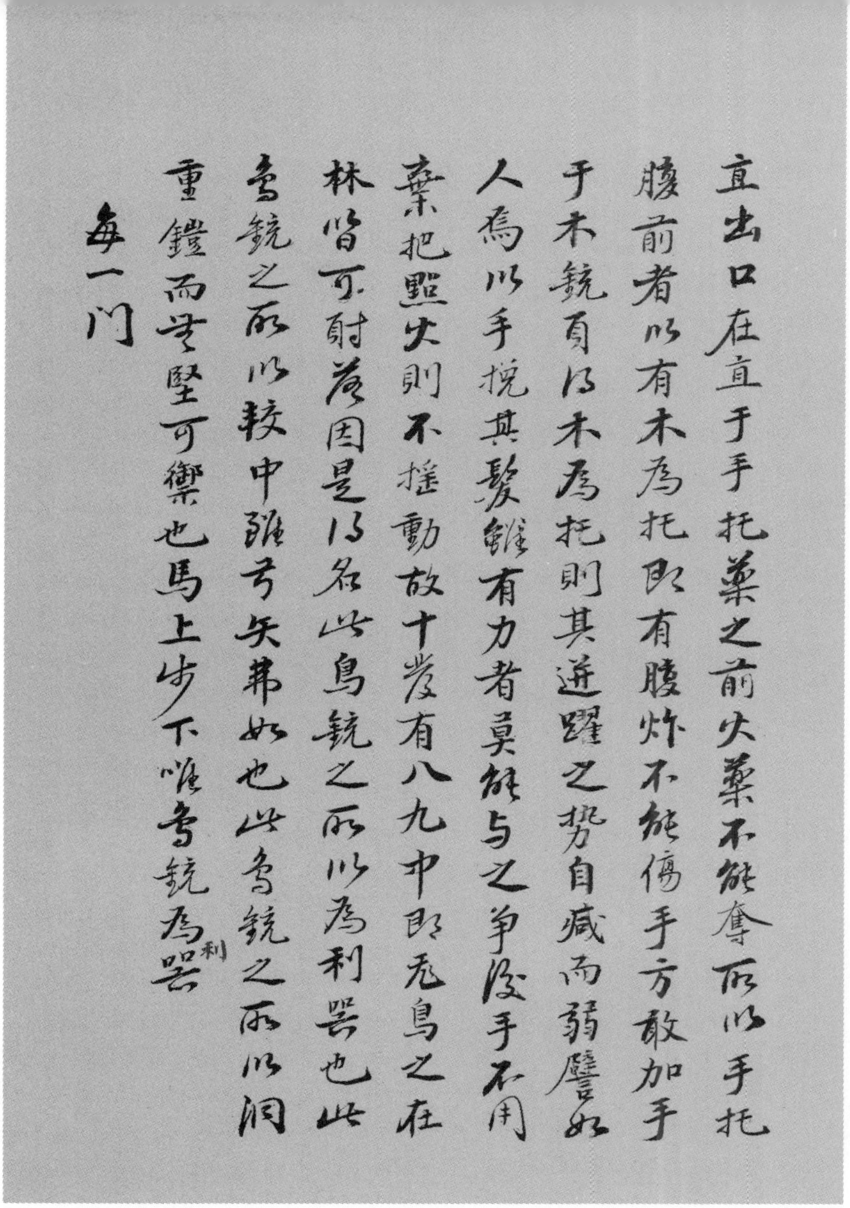
直出口在直于手托藥之前火藥不能奪所以手托
腹前者以有木爲托即有腹炸不能傷手方敢加手
于木銃身得木爲托則其迸躍之勢自減而弱譬如
人焉以手挽其髮雖有力者莫能與之爭後手不用
棄把點火則不搖動故十發有八九中即飛鳥之在
林皆可射落因是得名此鳥銃之所以爲利器也此
鳥銃之所以較中雖亏矢弗如也此鳥銃之所以洞
重鎧而無堅可禦也馬上步下惟鳥銃爲利器
每一門

直，出口（在直）[直在] 于手托藥之前，火藥不能奪，所以手托腹前者，以有木爲托，即有腹炸，不能傷手，方敢加手于木。銃身得木爲托，則其迸躍之勢自減而弱。譬如人焉，以手挽其髮，雖有力者，莫能與之争。後手不用棄把，點火則不摇動，故十發有八九中，即飛鳥之在林，皆可射落，因是得名。此鳥銃之所以爲利器也。此鳥銃之所以較中，雖亏矢弗如也。此鳥銃之所以洞重鎧，而無堅可禦也。馬上步下，惟鳥銃爲利器。

每一門：

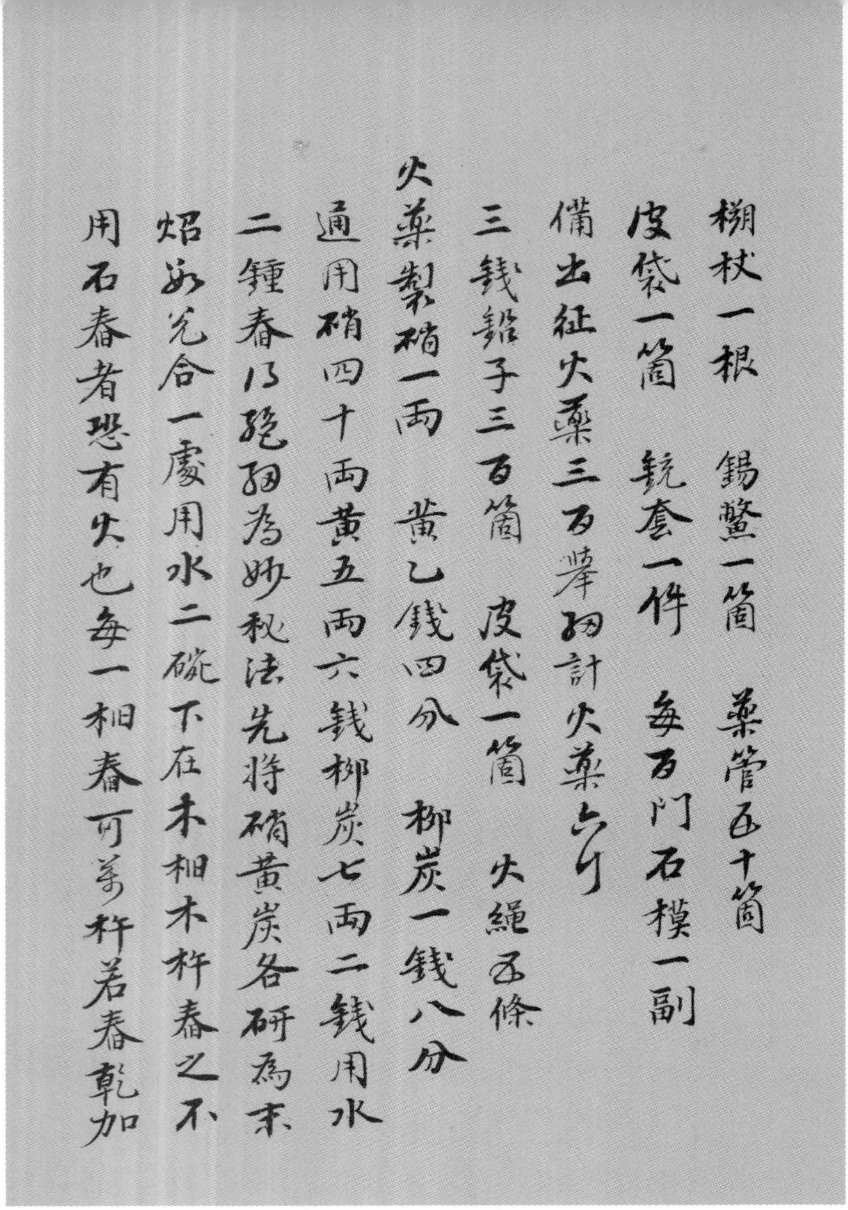

掤杖一根　錫鱉一箇　藥管五十箇

皮袋一箇　銃套一件　每百門石模一副

備出征火藥三百舉（細計）［計細］火藥六斤

三錢鉛子三百箇　皮袋一箇　火繩五條

火藥製：硝一兩　黄乙錢四分　柳炭一錢八分。

通用硝四十兩，黄五兩六錢、柳炭七兩二錢、用水二鍾，春得絶細爲妙。秘法：先將硝黄炭各研爲末，炤數兑合一處，用水二碗，下在木柏，木杵春之。不用石春者，恐有火也。每一柏，春可萬杵。若春乾，加

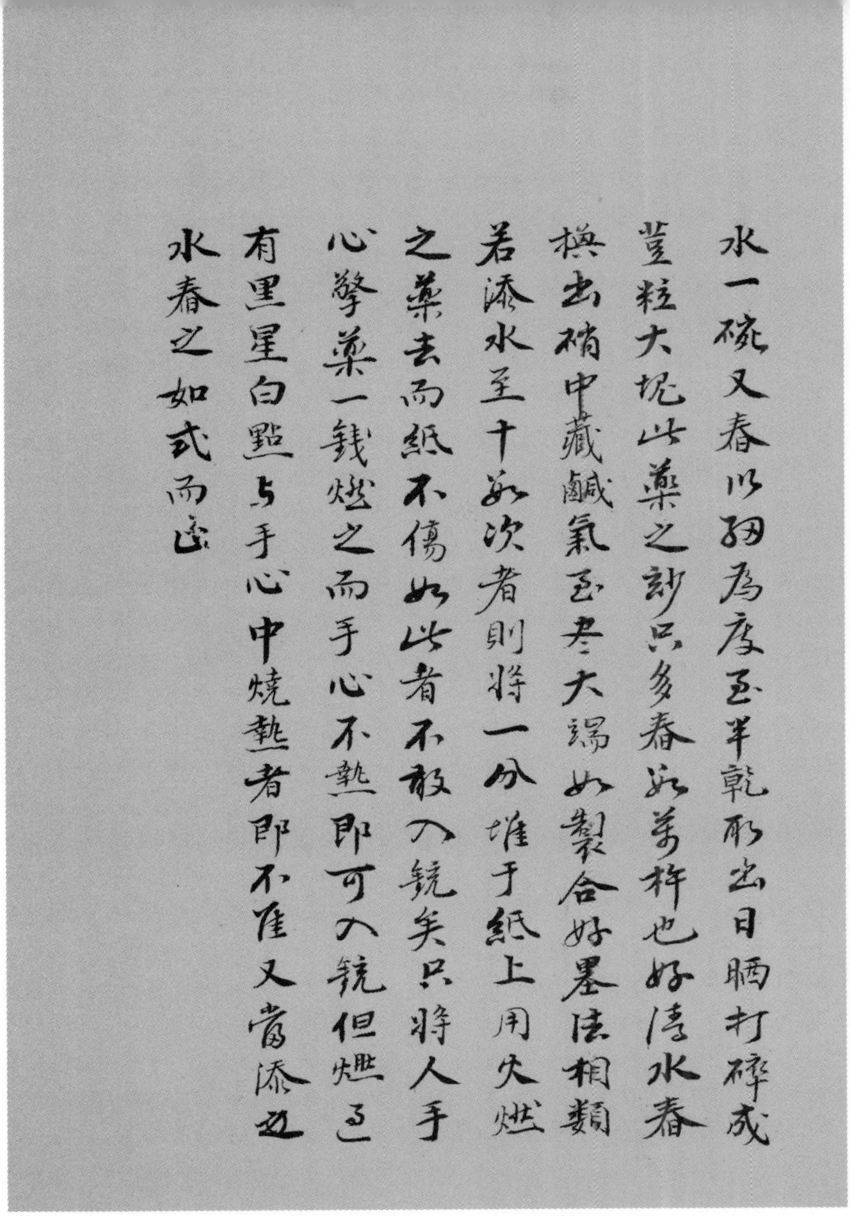

水一碗，又舂，以細爲度。至半乾，取出，日晒，打碎成荳粒大塊。此藥之妙只多舂數萬杵也。好清水舂，換出硝中鹹氣至盡，大端如製合好墨法相類。若添水舂至十數次者，則將一分堆于紙上，用火燃之，藥去而紙不傷。如此者不敢入銃矣，只將人手心擎藥一錢，燃之，而手心不熱，即可入銃。但燃過有黑星白點，與手心中燒熱者，即不佳，又當添水舂之，如式而止。

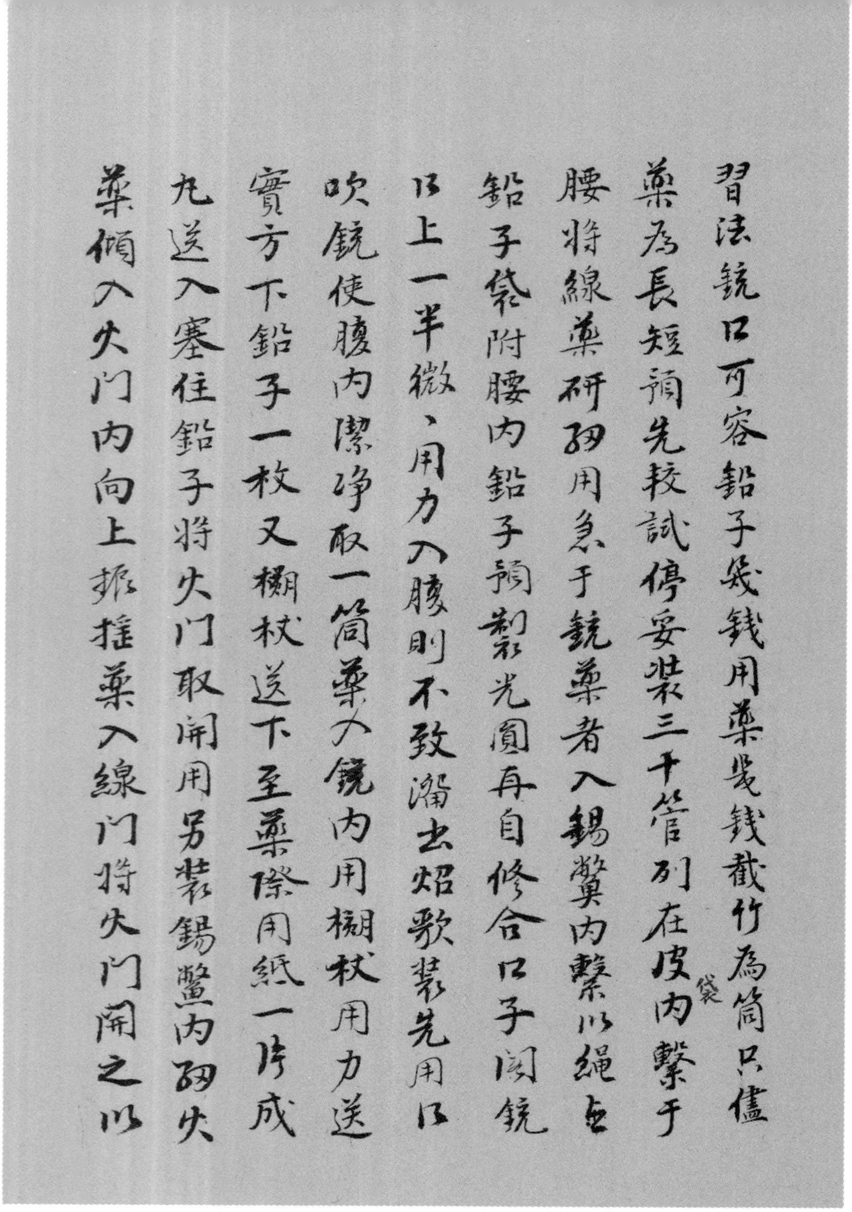

習法。銃口可容鉛子幾錢，用藥幾錢，截竹爲筒，只儘藥爲長短，預先較試停妥，裝三十管，列在皮袋内，繫于腰。將綫藥研細，用急于銃藥者，入錫鱉内，繫以繩，與鉛子袋附腰内。鉛子預製光圓，再自修合口子，閣銃口上一半，微微用力，入腹則不致溜出。炤歌裝，先用口吹銃，使腹内潔净。取一筒藥入銃内，用搠杖用力送實，方下鉛子一枚。又搠杖送下至藥際，用紙一片，成丸送入，塞住鉛子。將火門取開，用另裝錫鱉内細火藥傾入火門内，向上振摇，藥入綫門，將火門（開）［閉］之。以

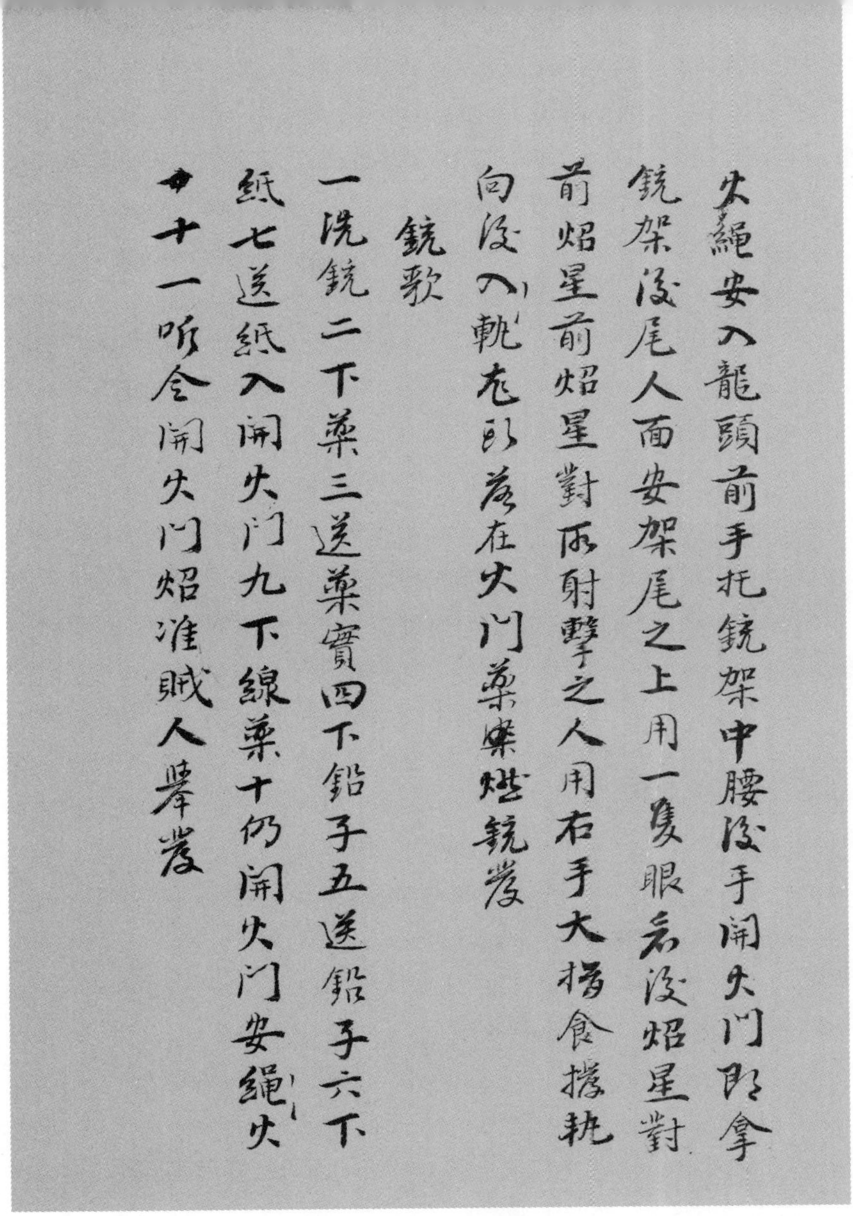

火繩安入龍頭前手托銃架中腰後手開火门即拿
銃架後尾人面安架尾之上用一隻眼看後焰星對
前焰星前焰星對所射擊之人用右手大指食撥軌
向後入軌龍頭落在火门藥燃銃發
銃歌
一洗銃二下藥三送藥實四下鉛子五送鉛子六下
紙七送紙八開火门九下線藥十仍開火门安繩火
十一听令開火门焰准賊人舉發

火繩安入龍頭，前手托銃架中腰，後手開火門，即拿銃架後尾人面，安架尾之上。用一隻眼看後焰星對前焰星，前焰星對所射擊之人。用右手大（指食）［食指］撥軌向後，（入軌）［軌入］，龍頭落在火門，藥燃銃發。

銃歌

一洗銃，二下藥，三送藥實，四下鉛子，五送鉛子，六下紙，七送紙，八開火門，九下綫藥，十仍開火門安（繩火）［火繩］，十一聽令開火門，焰準賊人舉發。

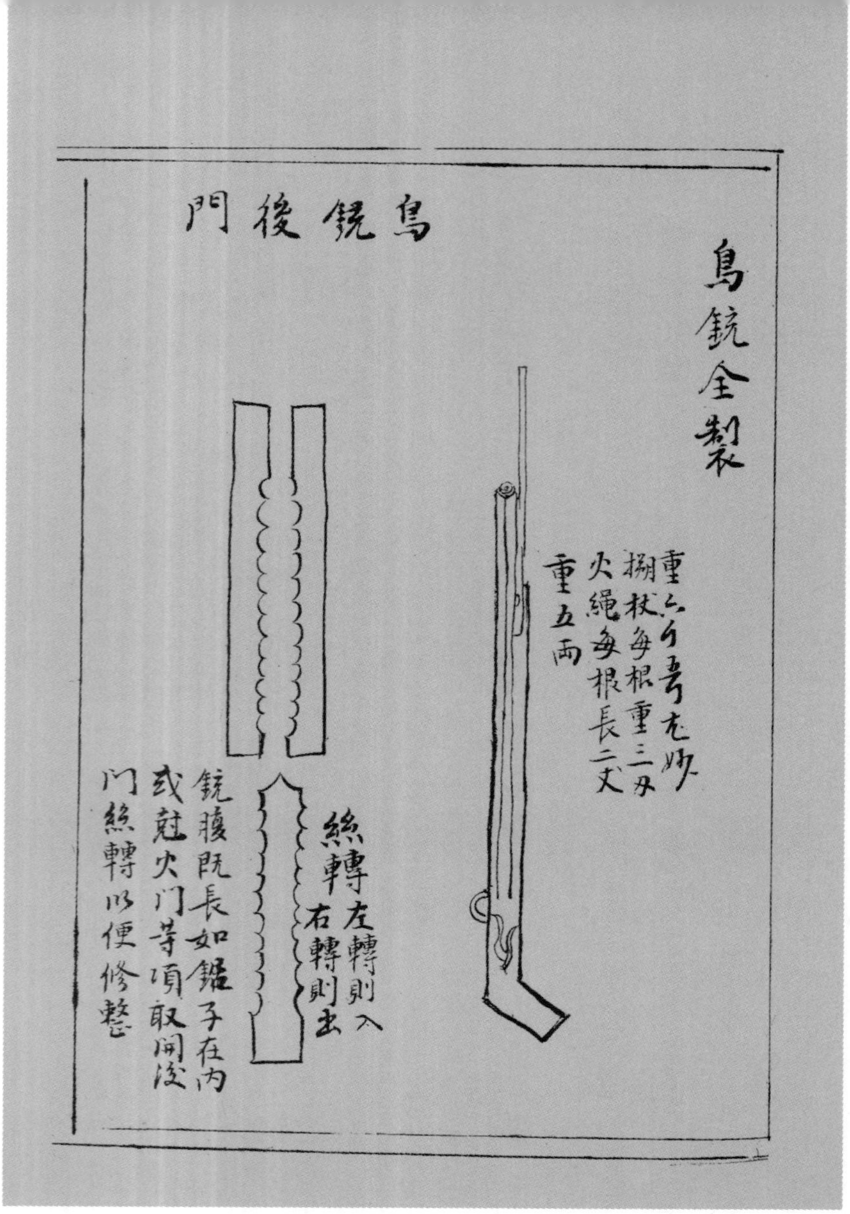

鳥銃全製

重六斤五斤尤妙。搠杖每根重三兩。火繩每根長二丈，重五兩。

鳥銃後門

絲轉，左轉則入，右轉則出。

銃腹既長，如（鋸）［鉛］子在内或尅火門等項，取開後門絲轉，以便修整。

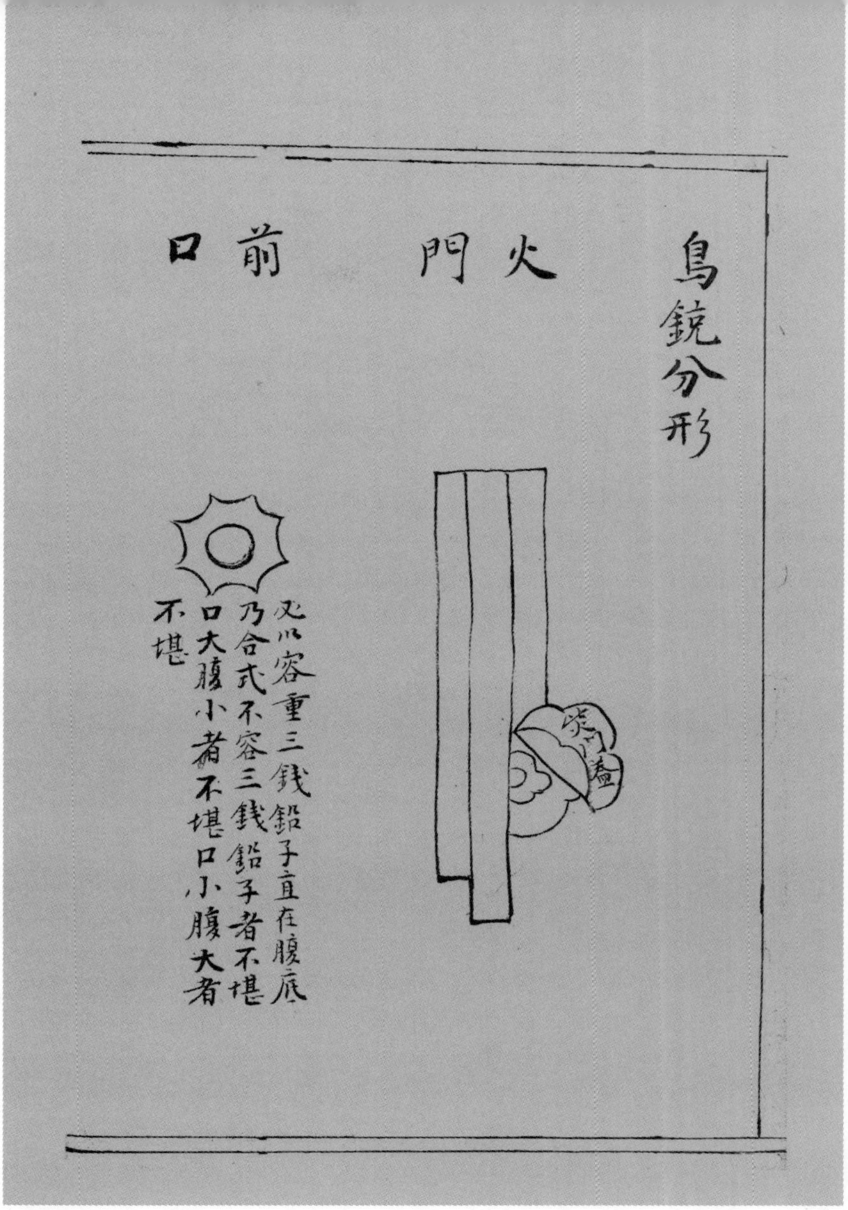

鳥銃分形

火門

此火門蓋。

前口

又以容重三錢鉛子直在腹底乃合式。不容三錢鉛子者不堪。口大腹小者不堪。口小腹大者不堪。

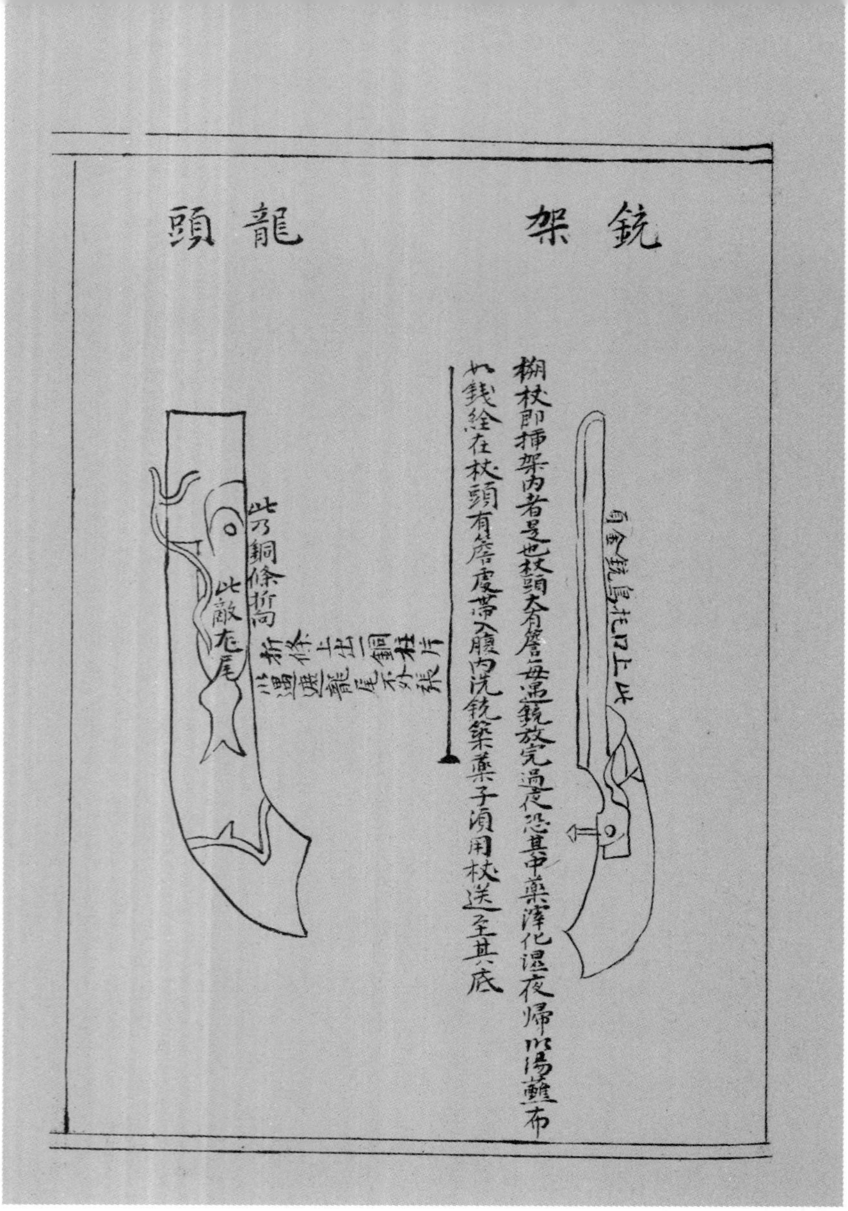

銃架

此上口托鳥銃全身。

搠杖，即插架内者是也。杖頭大有簷。每遇銃放完，過夜恐其中藥滓化濕，夜歸以湯蘸布如錢，拴在杖頭有簷處，帶入腹内洗銃。築藥、子，須用杖送至其底。

龍頭

此乃銅條折（向）[回]。

此敵龍尾。

折條上出一銅柱片，以遇遮龍尾，不外張。

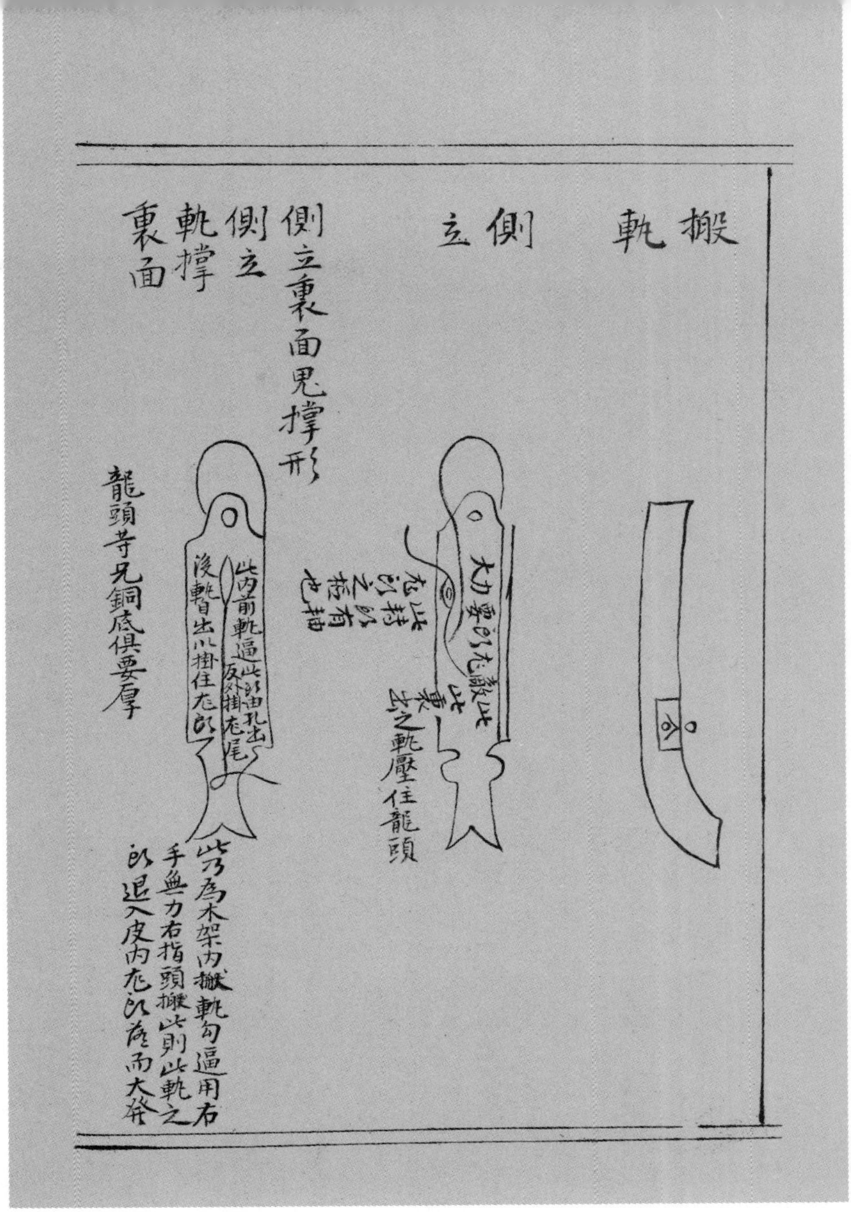

搬軌

側立

此敵龍頭要力大。此裏出之軌壓住龍頭。此轉頭有軸，龍頭之樞也。

側立裏面鬼撑形

側立軌撑裏面

此内前軌逼後軌自出，以掛住龍頭。此頭由孔出，反外掛龍尾。

此乃爲木架内搬軌勾逼，用右手無（力右）[名] 指頭搬此，則此軌之頭退入皮内，龍頭落而（大）[火] 發。

龍頭等凡銅（底）[皮] 俱要厚。

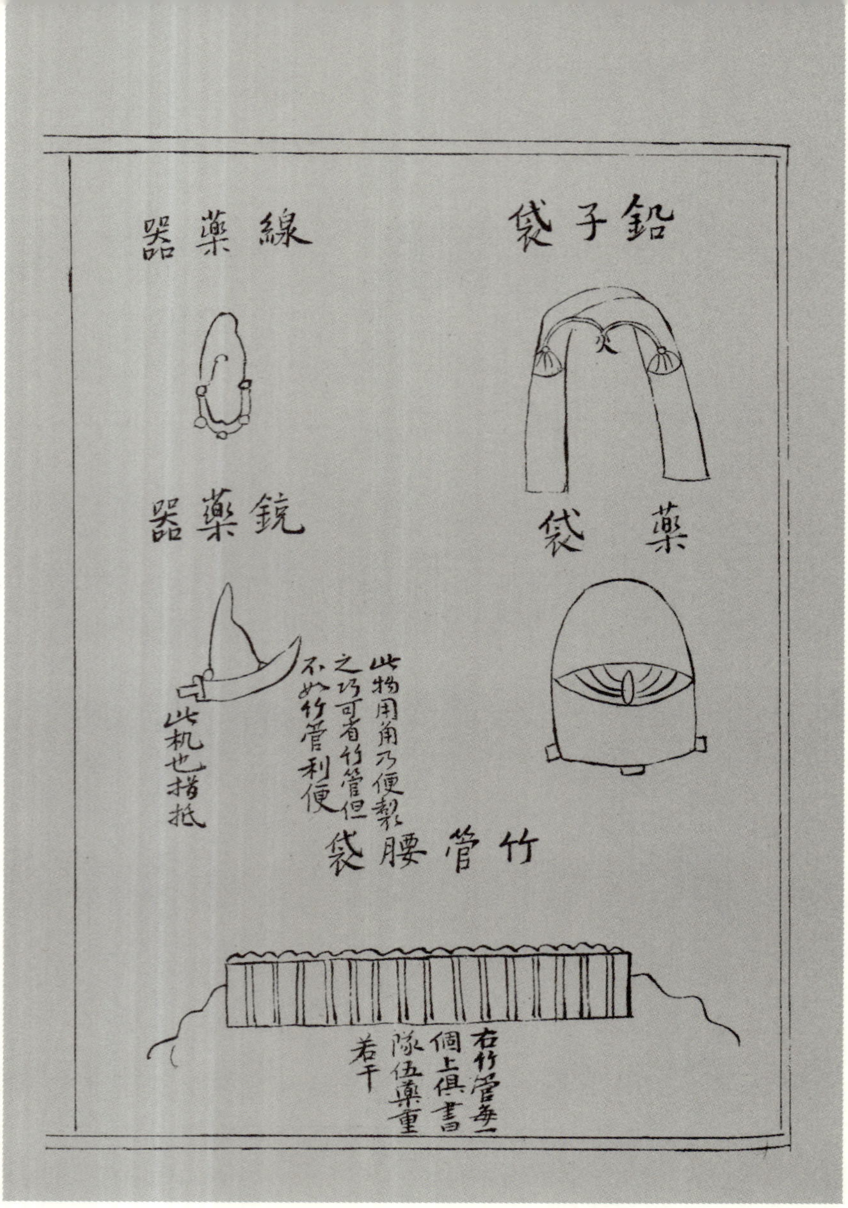

鉛子袋

藥袋

綫藥器

銃藥器：此物用角乃便，[倭][1]製之巧可省竹管，但不如竹管利便。此機也，[一指抵口，一指撥門藥入頸滿，將機閉之。出頸之藥，不多不少，只合一銃][2]。

竹管腰帶：右竹管，每一個上俱書隊伍、藥重若干。

1 倭，據《城守驗方》補。
2 一指抵口……只合一銃，原作"措抵"，據《城守驗方》補。

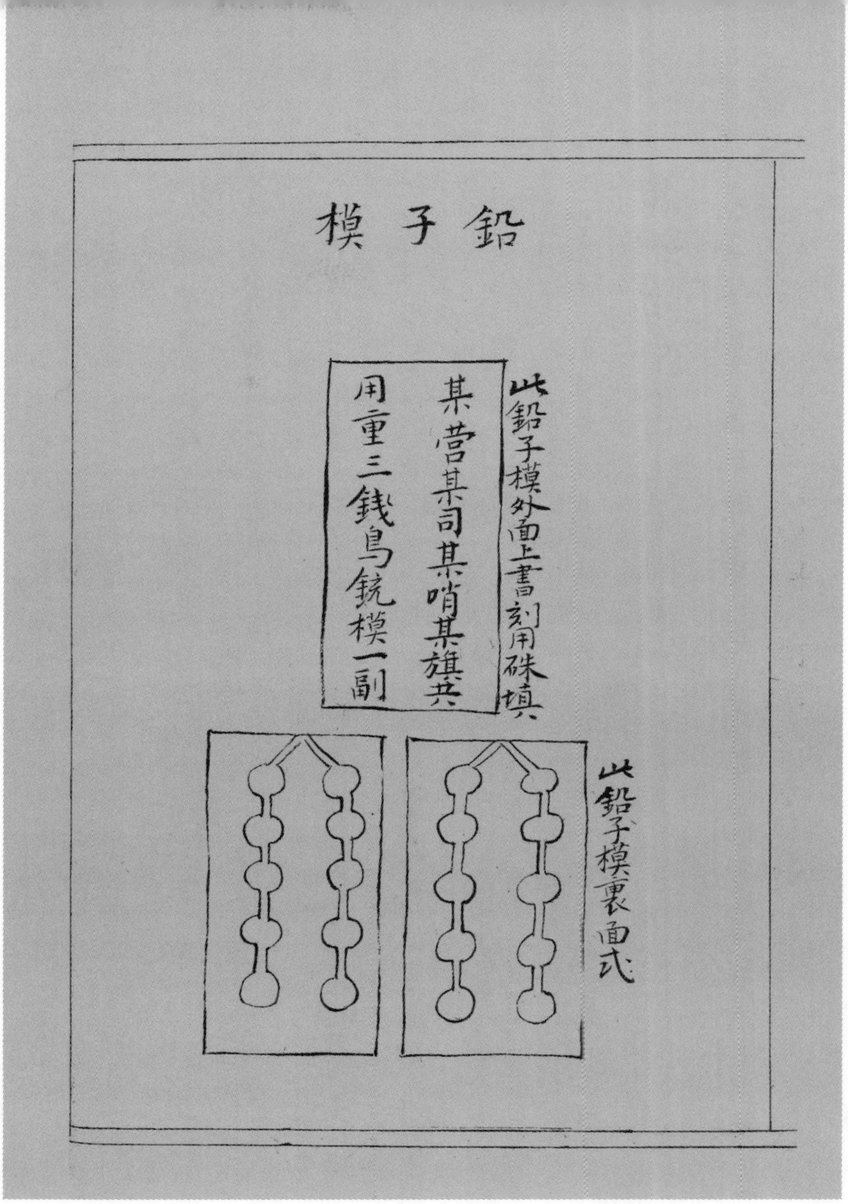

鉛子模

此鉛子模外面，上書刻用硃填：某營某司某哨某旗共用重三錢鳥銃模一副

此鉛子模裏面式

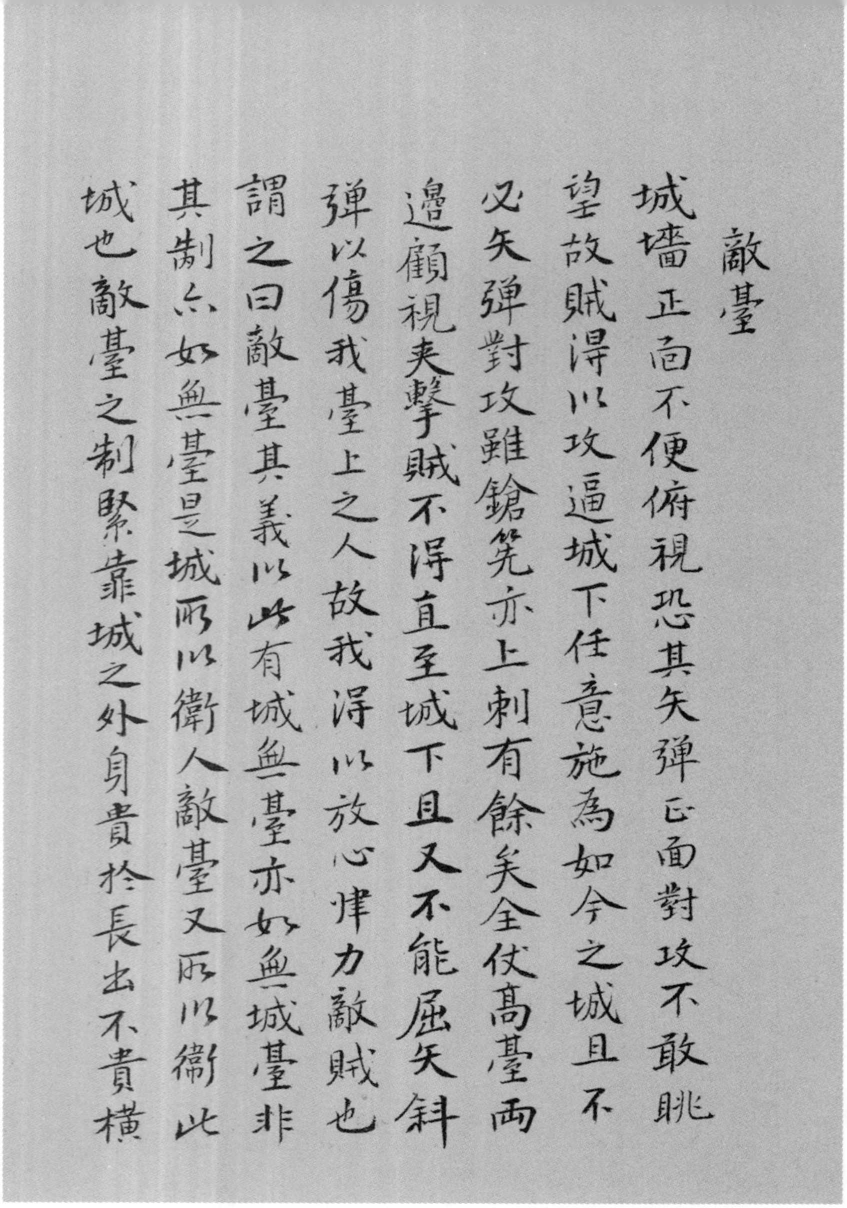

敵臺

城墻正面不便俯視，恐其矢彈正面對攻，不敢眺望，故賊得以攻逼城下，任意施爲。如今之城，且不必矢彈對攻，雖鎗笼亦上刺有餘矣。全仗高臺，兩邊顧視夾擊，賊不得直至城下，且又不能屈矢斜彈，以傷我臺上之人，故我得以放心肆力敵賊也。謂之曰敵臺，其義以此。有城無臺，亦如無城，臺非其制，亦如無臺。是城所以衛人，敵臺又所以衛此城也。敵臺之制，緊靠城之外，身貴於長出，不貴横

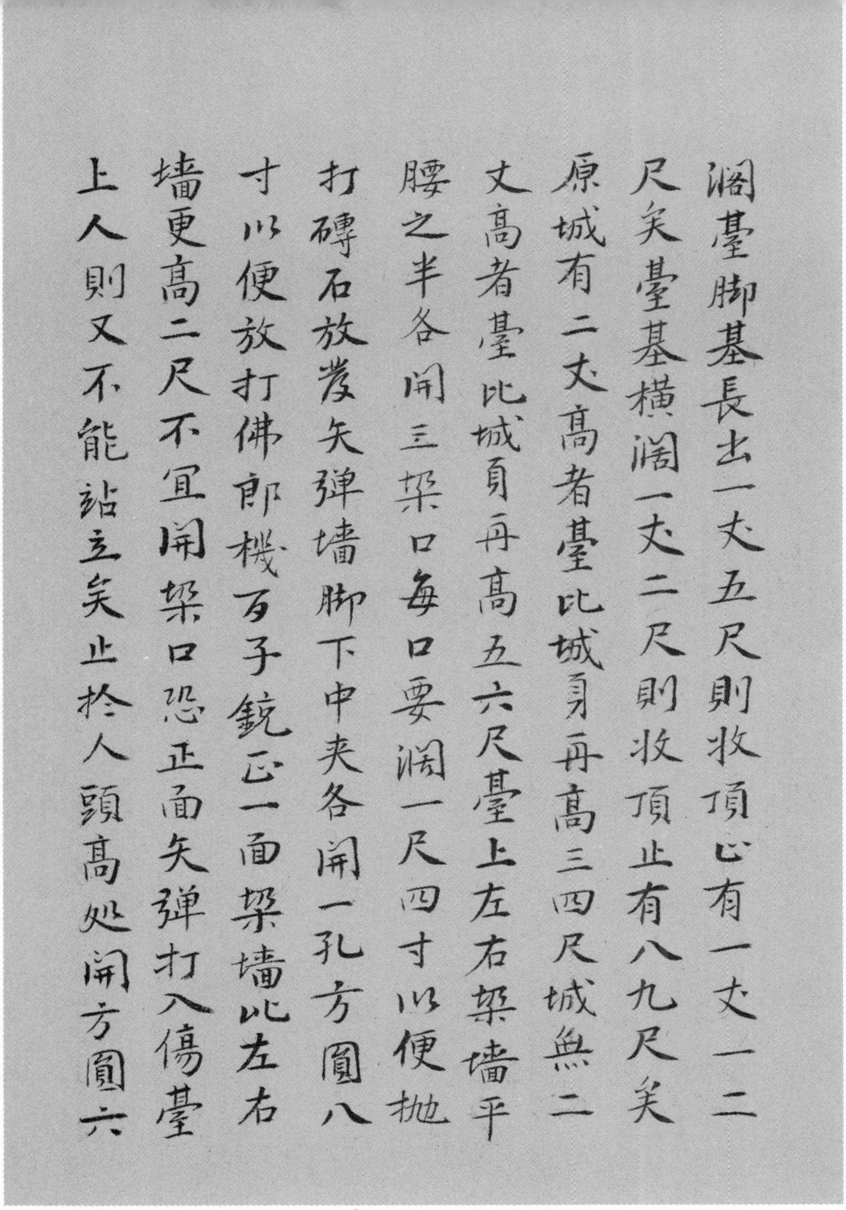
濶臺脚基長出一丈五尺則收頂止有一二
尺矣臺基横濶一丈二尺則收頂止有八九尺矣
原城有二丈高者臺比城身再高三四尺城無二
丈高者臺比城身再高五六尺臺上左右垜墻平
腰之半各開三垜口每口要濶一尺四寸以便拋
打磚石放發矢弾墻脚下中夾各開一孔方圓八
寸以便放打佛郎機百子銃正一面垜墻比左右
墻更高二尺不宜開垜口恐正面矢弾打入傷臺
上人則又不能站立矣止於人頭高處開方圓六

闊。臺脚基長出一丈五尺，則收頂止有一丈一二尺矣。臺基横濶一丈二尺，則收頂止有八九尺矣。原城有二丈高者，臺比城身再高三四尺。城無二丈高者，臺比城身再高五六尺。臺上左右垛墻，平腰之半，各開三垛口。每口要闊一尺四寸，以便拋打磚石，放發矢彈。墻脚下中（夾）［央］各開一孔，方圓八寸，以便放打佛郎機、百子銃。正（一）面垛墻比左右墻更高二尺，不宜開垛口，恐正面矢彈打入，傷臺上人，則又不能站立矣。止於人頭高處，開方圓六寸闊四孔，墻下置墊脚石，以備不時顧視。上蓋瓦屋簷，各出墻二尺許，使兵夫得以安身，火器得蔽風雨也。各臺地步，相去或二三百步，或一百餘步，或七八十步，隨其城之屈直廻折，以爲遠近，不必拘泥也。

虚敵臺

築實敵臺不如築虚敵臺。其法，用磚石砌（二）[三]面而空其中，中有二層，以木板爲樓，用木梯上下。每層多置空眼，以便窺覘，以便放鳥銃、弩箭之類，賊不

知箭矢出自敵臺内也。

此是半截船攻城之具

此是厚竹圈篷攻城之具

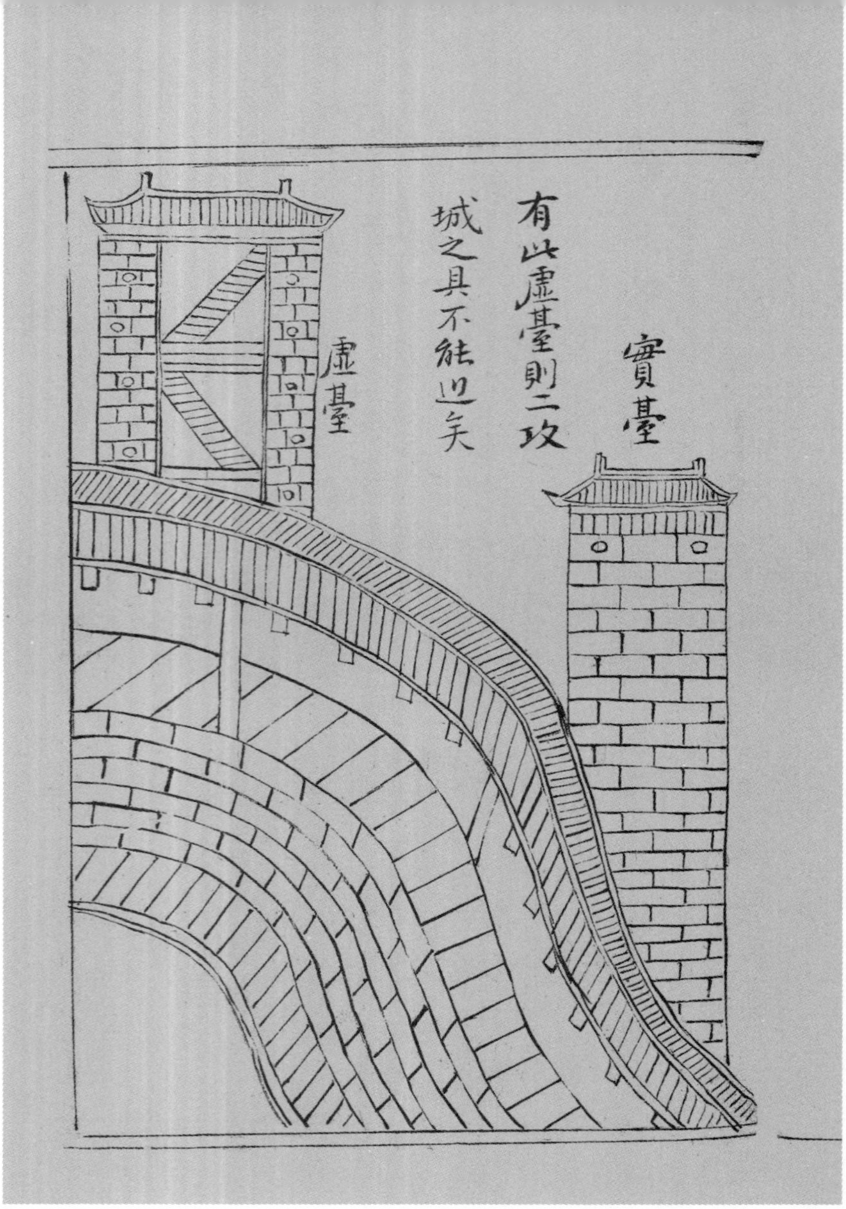

實臺
虛臺
有此虛臺，則二攻城之具不能近矣。

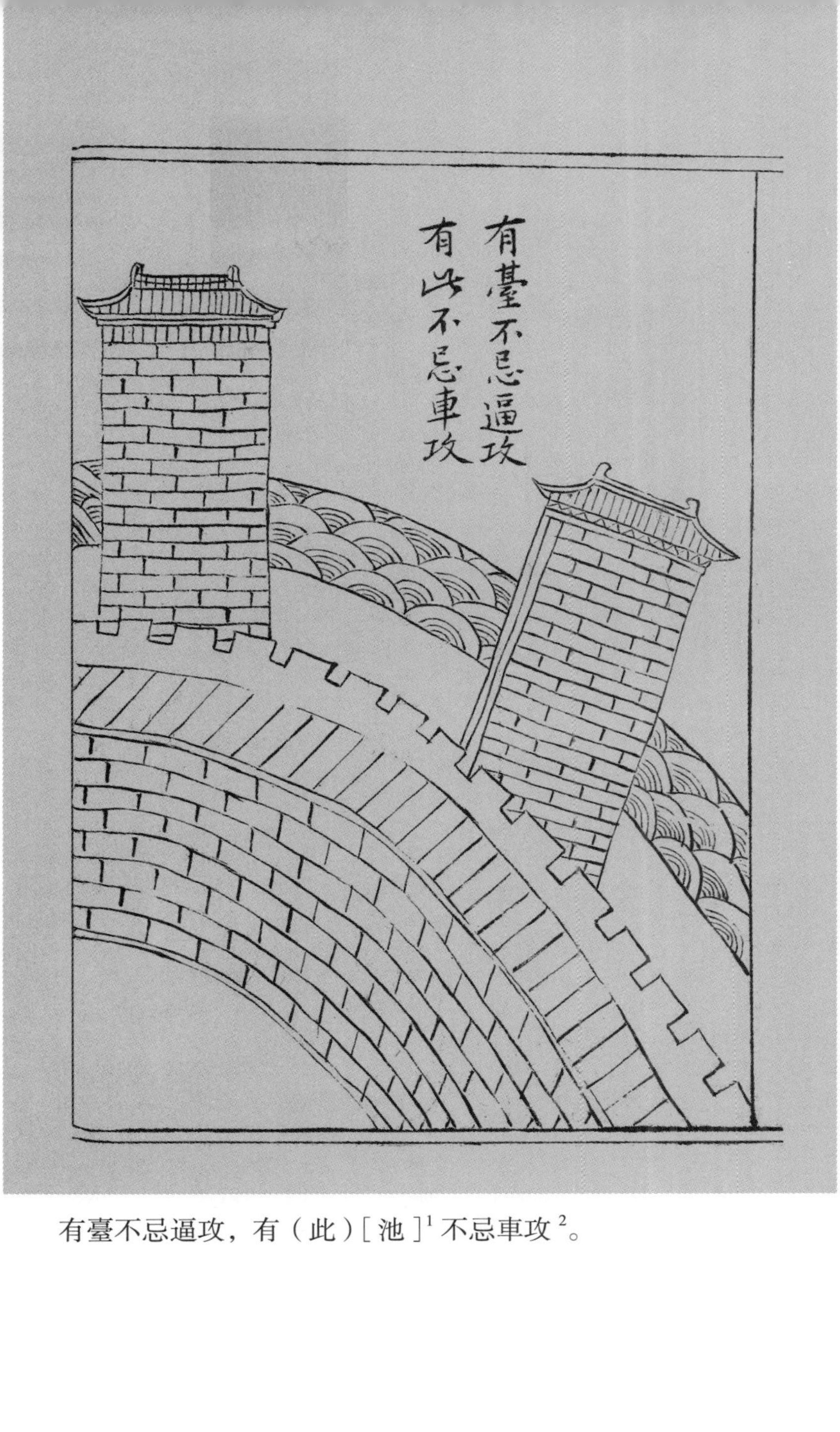

有臺不忌逼攻，有（此）[池][1]不忌車攻[2]。

1 池，原作“此”，據《城守驗方》改。
2 按《城守驗方》，其後尚有“無池須掘深濠”一句。

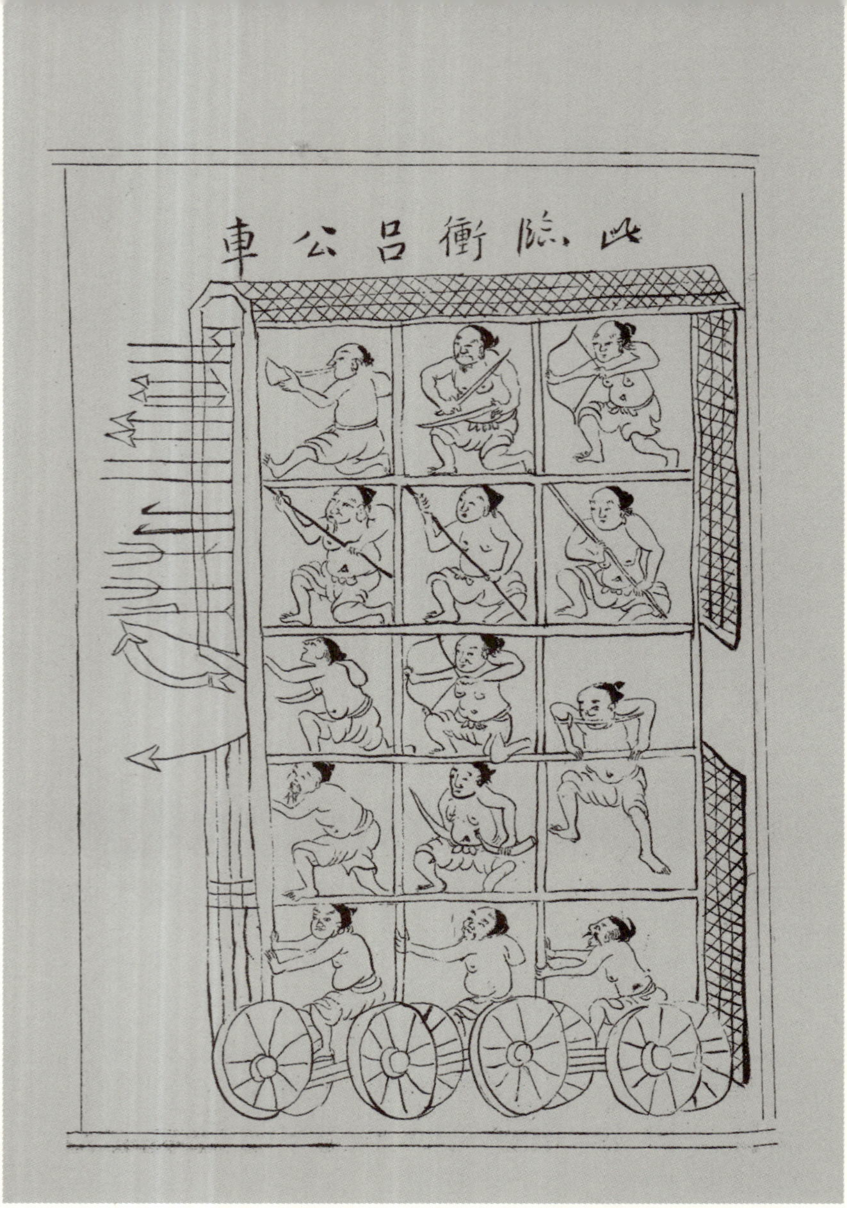

此臨衝呂公車

此翻梯踏雲車未至城者

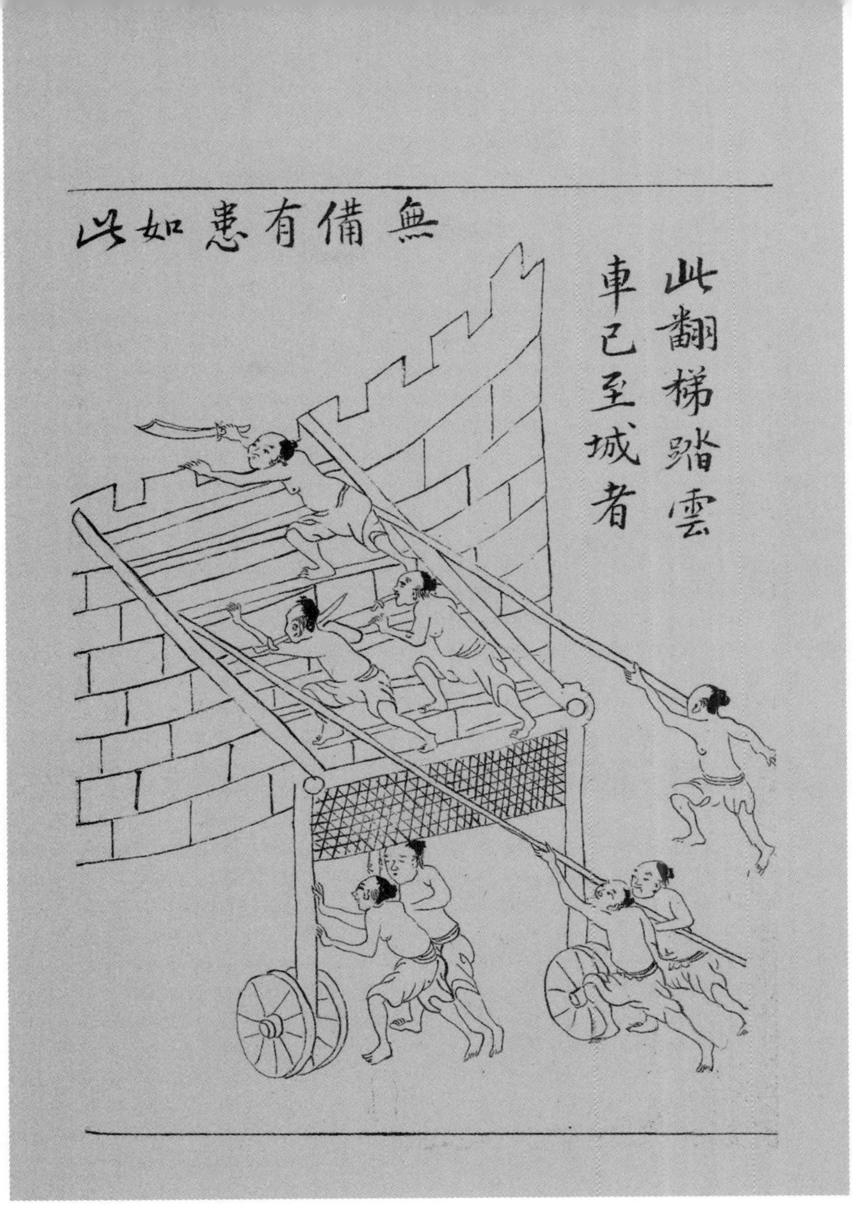

此翻梯踏雲車已至城者
無備有患如此

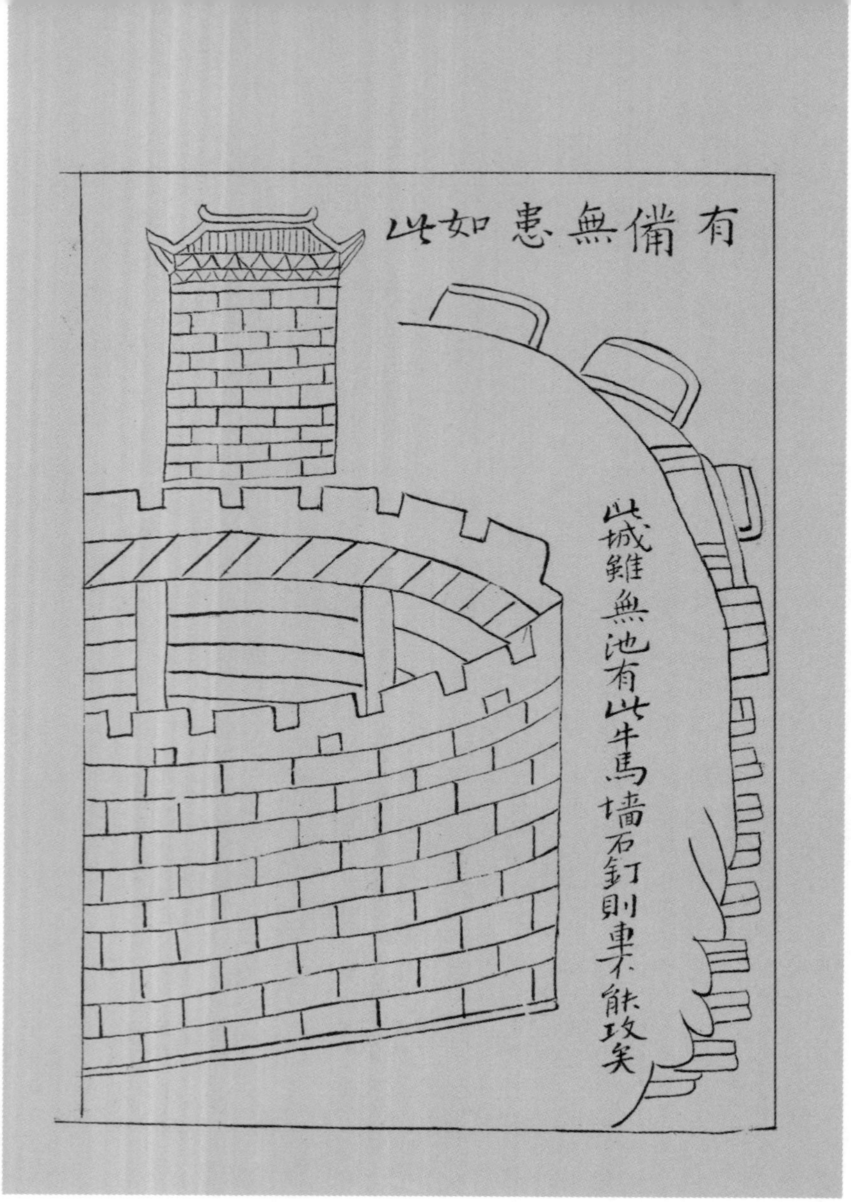

有備無患如此

此城雖無池，有此牛馬墻石釘則車不能攻矣。

石灰柴灰
守城遇夜有大風則撒灰揚塵石灰傷目而不能
遠飛柴灰輕飛而入目無損不若以石灰攪於柴
灰或黃沙之中晝則敵合目避之或垜中懸燈用芻人以
引敵箭時出時沒勿使知覺人隱於芻人之下窺
敵動靜
磚石近擲得力
城上多堆磚石切忌一十步之外妄發矢石火器
既不中賊又損實用大率守具皆用于十步之內

石灰柴灰

守城遇夜有大風，則撒灰揚塵，石灰傷目而不能遠飛，柴灰輕飛而入目無損，不若以石灰攪於柴灰或黃沙之中。晝則敵合目避之。或垜中懸燈，用芻人以引敵箭，時出時没，勿使知覺。人隱於芻人之下，窺敵動静。

磚石近擲得力

城上多堆磚石，切忌一十步之外妄發，矢石火器，既不中賊，又損實用。大率守具皆用于十步之内，

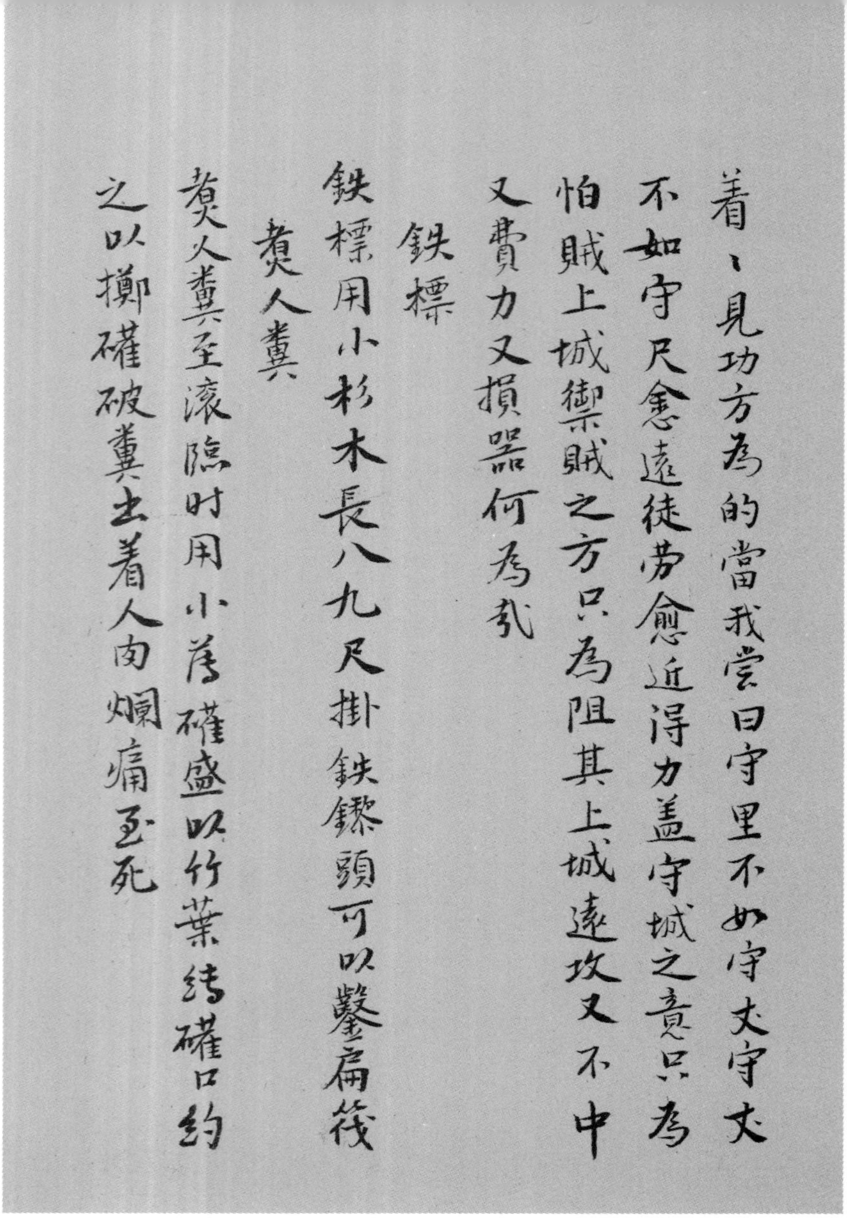
着丶見功方為的當我嘗曰守里不如守丈守丈
不如守尺愈遠徒勞愈近得力蓋守城之意只為
怕賊上城禦賊之方只為阻其上城遠攻又不中
又費力又損器何為乱
鉄標
鉄標用小杉木長八九尺掛鉄鏫頭可以鑿扁筏
煑人糞
煑人糞至滚臨时用小薄礶盛以竹葉縳礶口約
之以擲礶破糞出着人肉爛痛至死

着着見功，方爲的當。我嘗曰：守里不如守丈，守丈不如守尺，愈遠徒勞，愈近得力。蓋守城之意，只爲怕賊上城。禦賊之方，只爲阻其上城。遠攻又不中，又費力，又損器，何爲哉？

鐵標

鐵標，用小杉木長八九尺，掛鐵鏫頭，可以鑿扁筏。

煮人糞

煮人糞至滚，臨時用小薄礶盛，以竹葉縛礶口約之以擲，礶破糞出，着人肉爛痛至死。

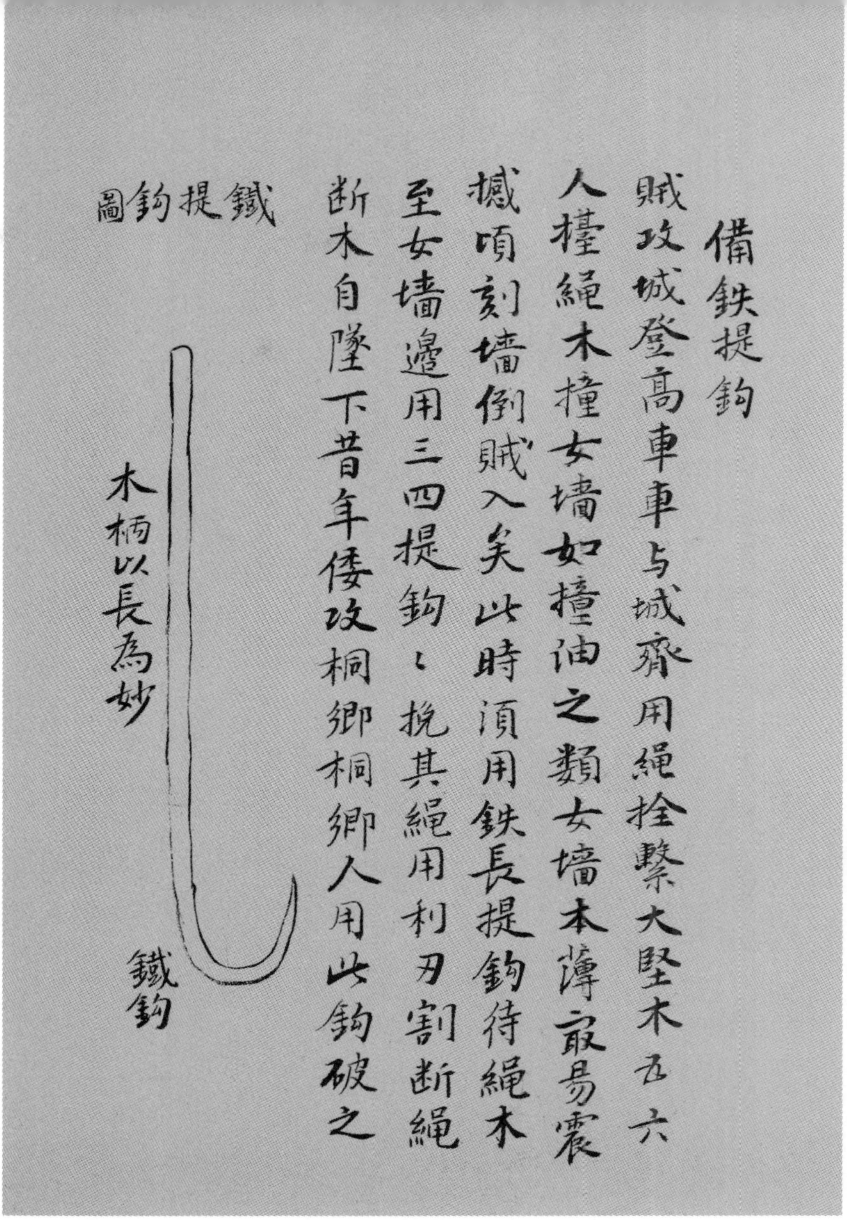
備鉄提鈎
賊攻城登高車車与城齊用繩拴繫大堅木五六
人擡繩木撞女墻如撞油之類女墻本薄最易震
撼頃刻墻倒賊入矣此時須用鉄長提鈎待繩木
至女墻邊用三四提鈎〻挽其繩用利刃割斷繩
斷木自墜下昔年倭攻桐鄉桐鄉人用此鈎破之
鐵提鈎圖

備鐵提鉤

賊攻城登高車，車與城齊，用繩拴繫大堅木，五六人擡繩木撞女墻，如撞油之類。女墻本薄，最易震撼，頃刻墻倒賊入矣。此時須用鐵長提鉤，待繩木至女墻邊，用三四提鉤，鉤挽其繩，用利刃割斷，繩斷木自墜下。昔年倭攻桐鄉，桐鄉人用此鉤破之。

鐵提鉤圖：木柄以長爲妙、鐵鉤

賊破月城用火（梂）[炬]

賊若破月城，未破内城，城上人須用火炬擲月城内，以月城爲火池，多多添擲竹木，賊不勝煙火，自然退出。

破賊戴木排竹圈攻城

賊戴木排、門扇、木船、竹圈之類，遮護其身，突來攻城。此時矢石不能擊，長鎗不能入，何以破之？須用水和土爲泥擲之。泥在（水）[木] 上不墜，泥多則重，又擲巨石於泥上，石亦不墜。泥石相壓，戴者不能勝，自

然退矣

然退矣。

城書卷三

機宜

立竿

先於本城高處可以四面瞭視之地立桅竿一根
長五丈上用綜繩一條懸黃布十二幅大旗一面
即於旗竿下或就樓鋪或立廠房預備新亮燈籠
四盞雙燈一盞油燭大將軍碗口响炮四口以原
坐營兵将守之其隨銃應該木馬火藥火繩送子
等件俱備足仍撥好軍十名專管種火一盆日夜

城書卷三

機宜

立竿

先於本城高處可以四面瞭視之地，立桅竿一根，長五丈，上用綜繩一條，懸黃布十二幅，大旗一面。即於旗竿下或就樓鋪，或立廠房。預備新亮燈籠，四盞雙燈，一盞油燭，大將軍碗口響砲四口，以原坐營兵將守之。其隨銃應該木馬、火藥、火繩、送子等件俱備足。仍撥好軍十名，專管種火一盆。日夜

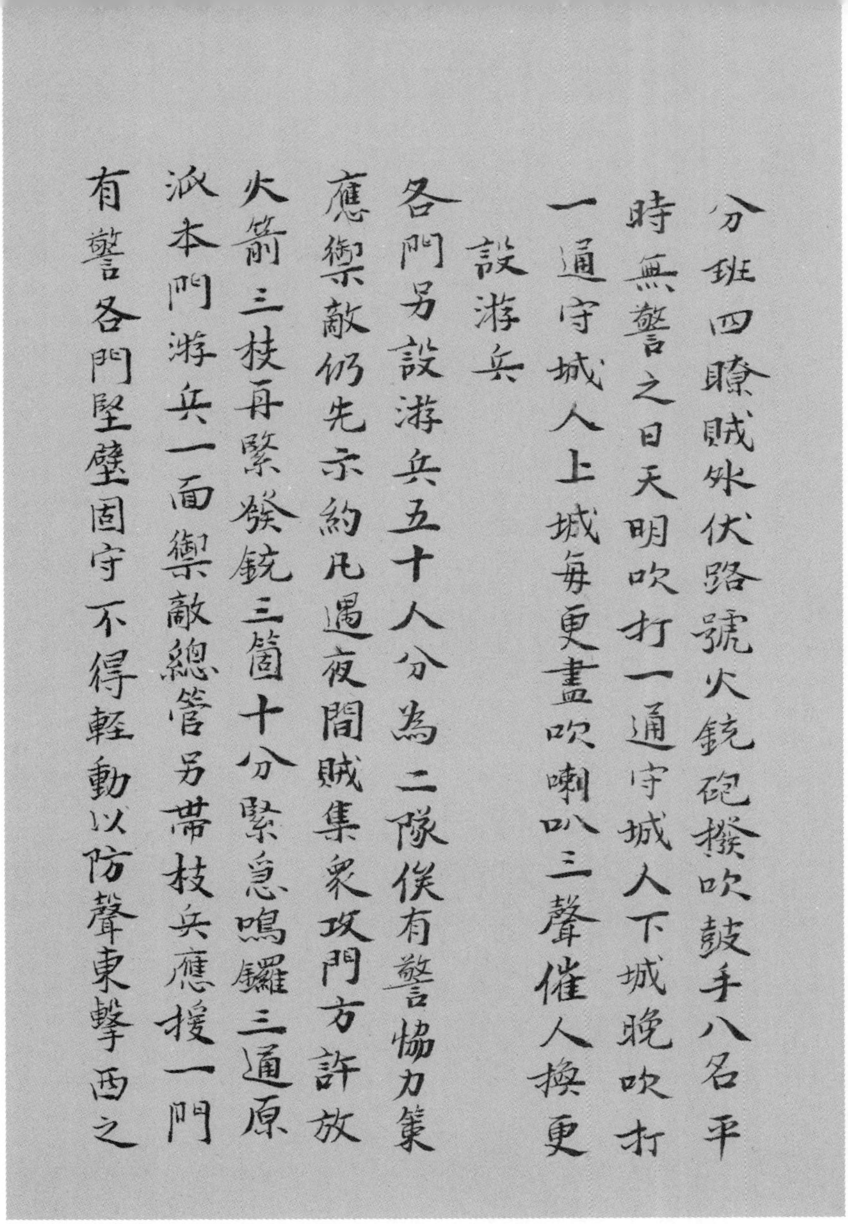
分班四瞭賊外伏路號火銃砲撥吹鼓手八名平
時無警之日天明吹打一通守城人下城晚吹打
一通守城人上城每更盡吹喇叭三聲催人换更
設游兵
各門另設游兵五十人分為二隊俟有警協力策
應禦敵仍先示約凡遇夜間賊集衆攻門方許放
火箭三枝再緊發銃三箇十分緊急鳴鑼三通原
派本門游兵一面禦敵總管另帯枝兵應援一門
有警各門堅壁固守不得輕動以防聲東擊西之

分班，四瞭（賊）［城］外伏路。號火銃砲，［照依號令施行］[1]。撥吹鼓手八名，平時無警之日，天明吹打一通，守城人下城，晚吹打一通，守城人上城。每更盡，吹喇叭三聲，催人換更。

設游兵

各門另設游兵五十人，分爲二隊，俟有警，協力策應禦敵。仍先示約，凡遇夜間，賊集眾攻門，方許放火箭三枝，再緊發銃三箇。十分緊急，鳴鑼三通。原派本門游兵，一面禦敵，總管另帶枝兵應援。一門有警，各門堅壁固守，不得輕動，以防聲東擊西之

1 照依號令施行，據《戰守全書》卷十三引《城書》補。

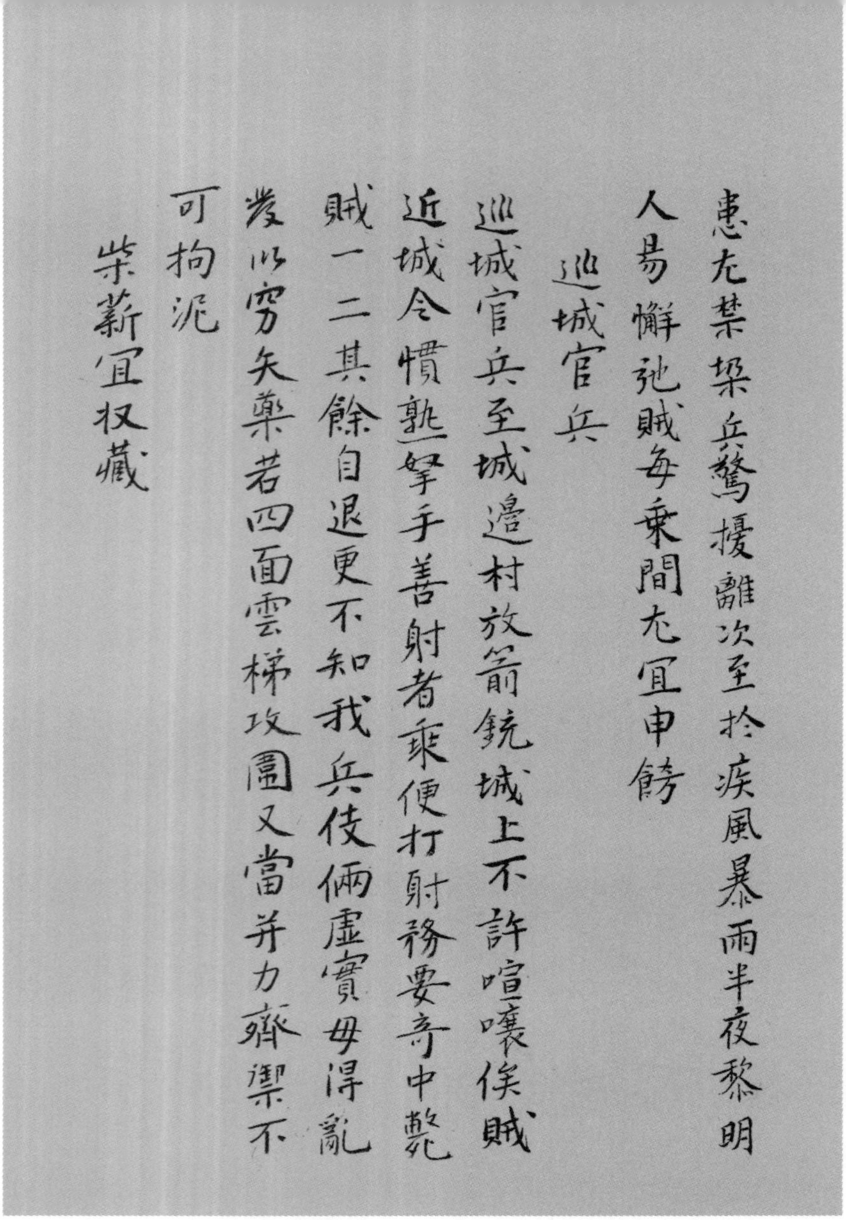
患尤禁垛兵驚擾離次至於疾風暴雨半夜黎明
人易懈弛賊每乘間尤宜申飭
巡城官兵
巡城官兵至城邊村放箭銃城上不許喧嚷俟賊
近城令慣熟弩手善射者乘便打射務要奇中斃
賊一二其餘自退更不知我兵伎倆虛實毋得亂
發以窮矢藥若四面雲梯攻圍又當并力齊禦不
可拘泥
柴薪宜收藏

患。尤禁垛兵驚擾離次。至於疾風暴雨，半夜黎明，人易懈弛，賊每乘間，尤宜申飭。

巡城官兵

巡城官兵，至城邊（村）[1]射放箭銃，城上不許喧嚷。俟賊近城，令慣熟弩手善射者乘便打射，務要奇中，斃賊一二，其餘自退，更不知我兵伎倆虛實。毋得亂發，以窮矢藥。若四面雲梯攻圍，又當并力齊禦，不可拘泥。

柴薪宜收藏

1 村，衍文。據《守城事宜》刪。

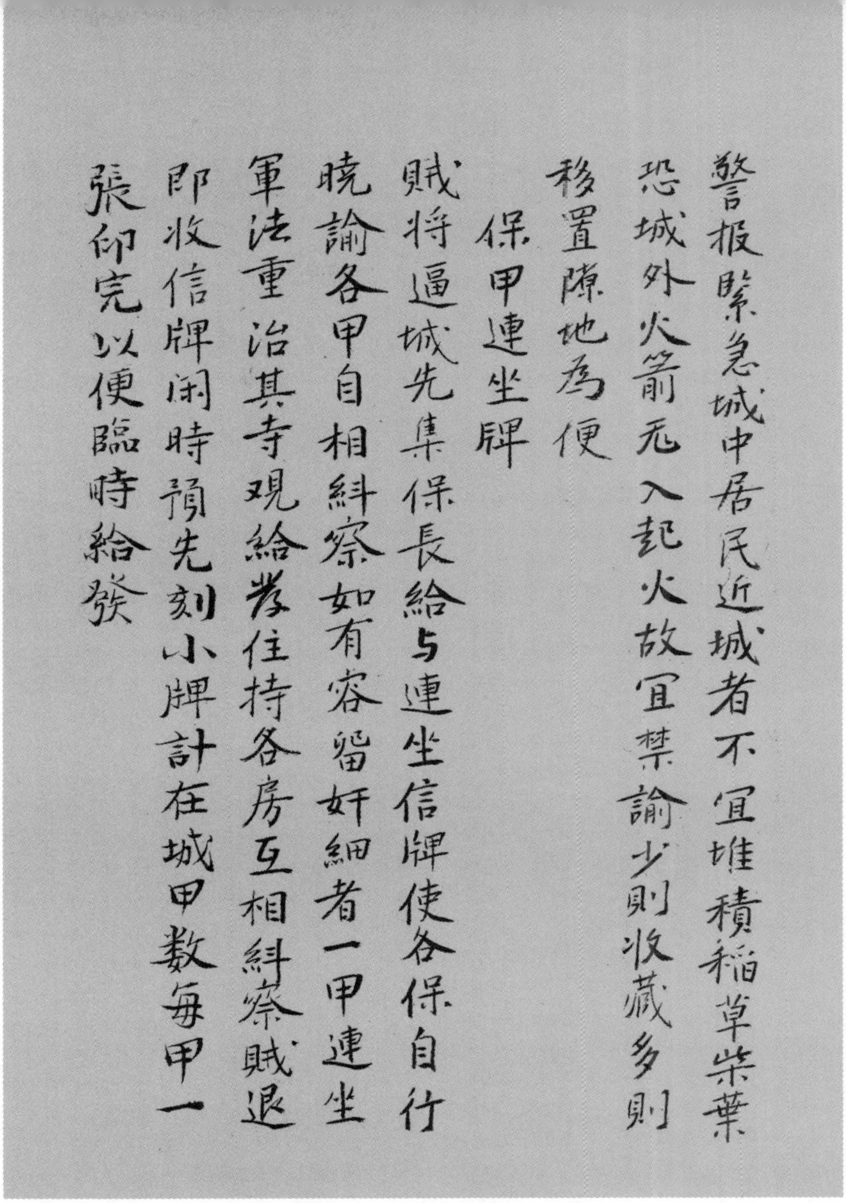
警報緊急城中居民近城者不宜堆積稻草柴葉
恐城外火箭飛入起火故宜禁諭少則收藏多則
移置隙地為便
保甲連坐牌
賊將逼城先集保長給与連坐信牌使各保自行
曉諭各甲自相糾察如有容留奸細者一甲連坐
軍法重治其寺觀給發住持各房互相糾察賊退
即收信牌閑時預先刻小牌計在城甲數每甲一
張印完以便臨時給發

警報緊急，城中居民近城者不宜堆積稻草、柴葦，恐城外火箭飛入起火。故宜禁諭，少則收藏，多則移置隙地爲便。

保甲連坐牌

賊將逼城，先集保長，給與連坐信牌，使各保自行曉諭，各甲自相糾察。如有容留奸細者，一甲連坐，軍法重治。其寺觀給發住持，各房互相糾察，賊退即收信牌。閑時預先刻小牌，計在城甲數，每甲一張印完，以便臨時給發。

設兵救火
攻城多伏奸細城中放火守城者奔捄則乘隙而
登須設兵一枝或五十名或百名擇城當心處或
寺觀居寓專司救火其城中各坊著保長總小甲
各分信地多備水桶籐斗鐵鉤麻搭竹梯斧鋸每
一方火起即本坊保甲同火兵救之不得亂嚷守
城兵夫各顧垛口就使本家失火不許離次若本
坊保甲救援不力致有延蔓及不係本坊居民乘
機搶火者查出以軍法重治

設兵救火

攻城多伏奸細城中放火，守城者奔救，則乘隙而登。須設兵一枝，或五十名，或百名，擇城當心處，或寺觀居寓，專司救火。其城中各坊，著保長、總小甲各分信地，多備水桶、籐斗、鐵鉤、麻搭、竹梯、斧、鋸。每一方火起，即本坊保甲同火兵救之，不得亂嚷。守城兵夫，各顧垛口，就使本家失火，不許離次。若本坊保甲救援不力，致有延蔓，及不係本坊居民，乘機搶火者，查出以軍法重治。

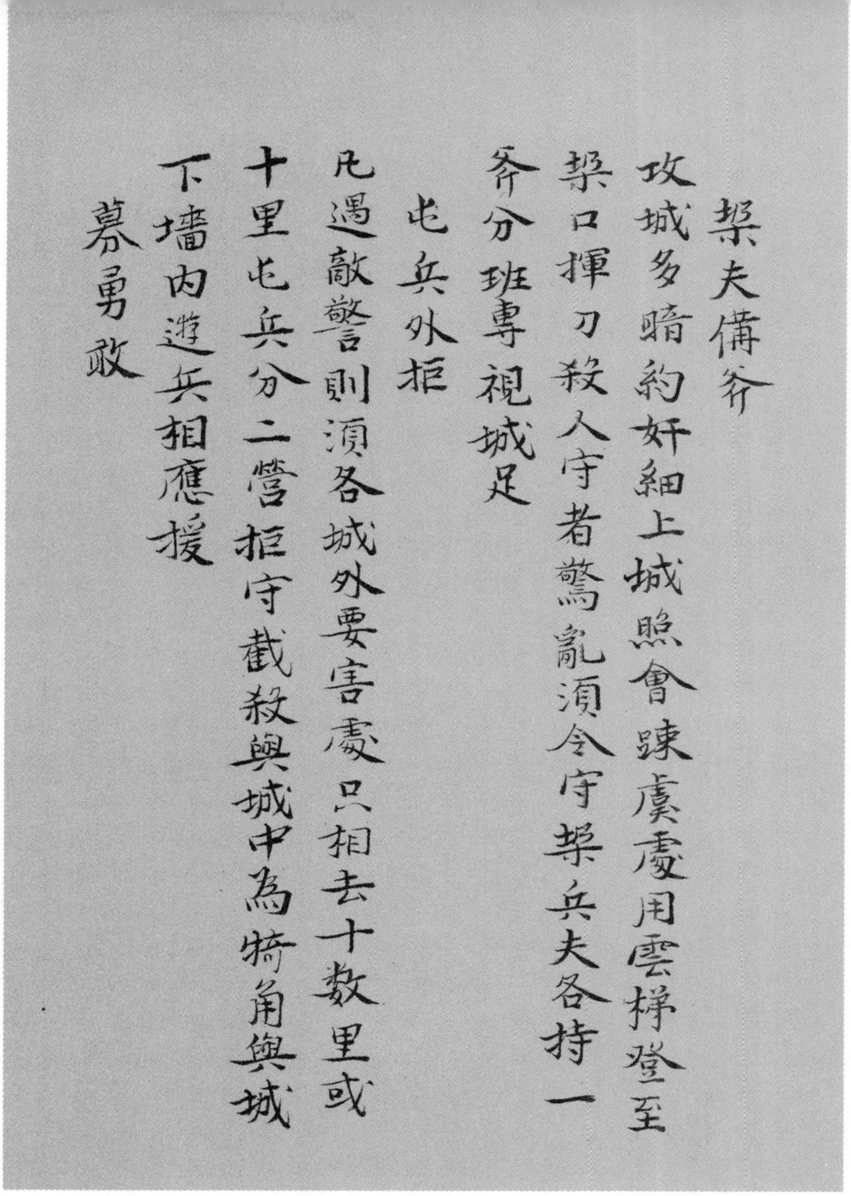
垛夫備斧
攻城多暗約奸細上城照會踈虞處用雲梯登至
垛口揮刀殺人守者驚亂須令守垛兵夫各持一
斧分班專視城足
屯兵外拒
凡遇敵警則須各城外要害處只相去十數里或
十里屯兵分二營拒守截殺與城中為犄角與城
下墻內遊兵相應援
募勇敢

垛夫備斧

攻城多暗約奸細上城，照會踈虞處，用雲梯登至垛口，揮刀殺人，守者驚亂。須令守垛兵夫各持一斧，輪班專視城足。

屯兵外拒

凡遇敵警，則須各城外要害處，只相去十數里，或十里，屯兵分二營，拒守截殺，與城中爲犄角，與城下墻内遊兵相應援。

募勇敢

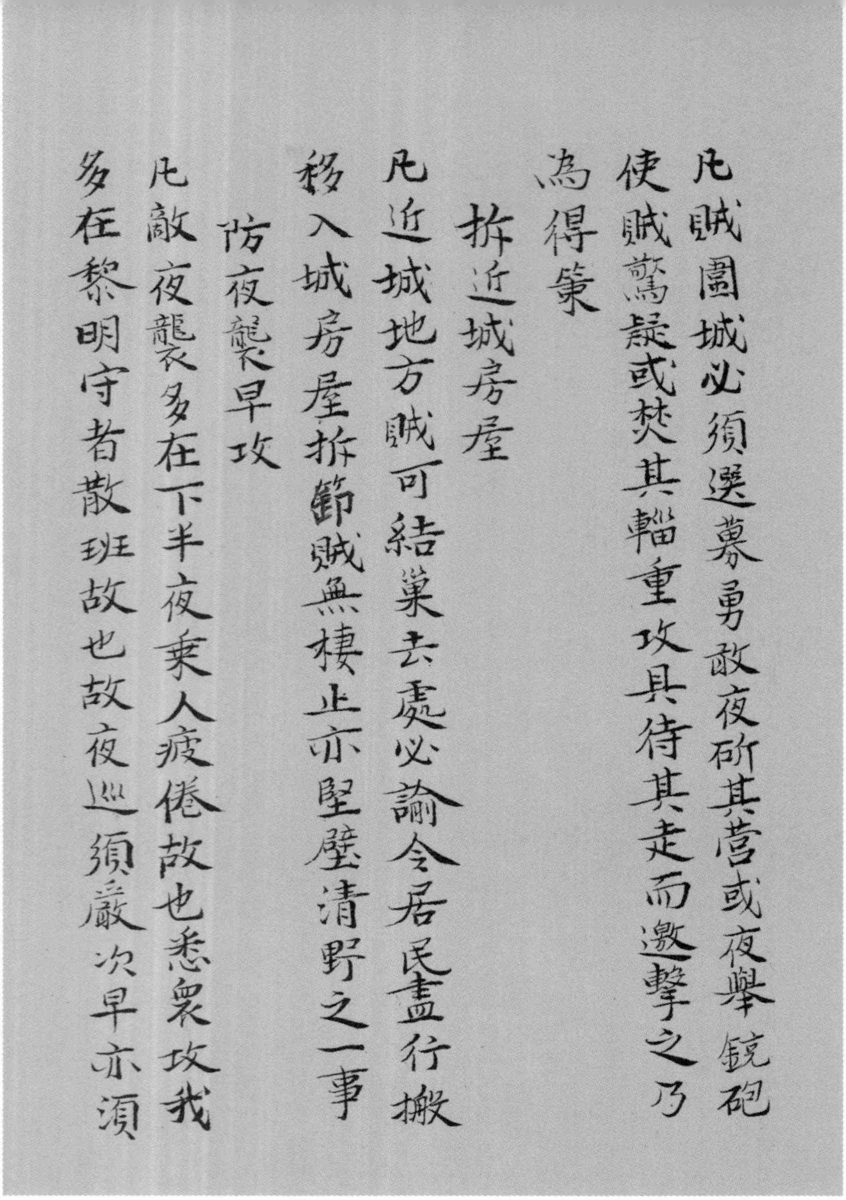

凡賊圍城必須選募勇敢夜斫其營或夜舉銃砲使賊驚疑或焚其輜重攻具待其走而邀擊之乃爲得策

拆近城房屋

凡近城地方賊可結巢去處必諭令居民盡行搬移入城房屋拆卸賊無棲止亦堅壁清野之一事

防夜襲早攻

凡敵夜襲多在下半夜乘人疲倦故也悉衆攻我多在黎明守者散班故也故夜巡須嚴次早亦須

凡賊圍城，必須選募勇敢，夜斫其營；或夜舉銃砲，使賊驚疑；或焚其輜重攻具，待其走而邀擊之，乃爲得策。

拆近城房屋

凡近城地方，賊可結巢去處，必諭令居民盡行搬移入城。房屋拆卸，賊無棲止，亦堅壁清野之一事。

防夜襲早攻

凡敵夜襲，多在下半夜，乘人疲倦故也。悉衆攻我，多在黎明守者，散班故也。故夜巡須嚴，次早亦須

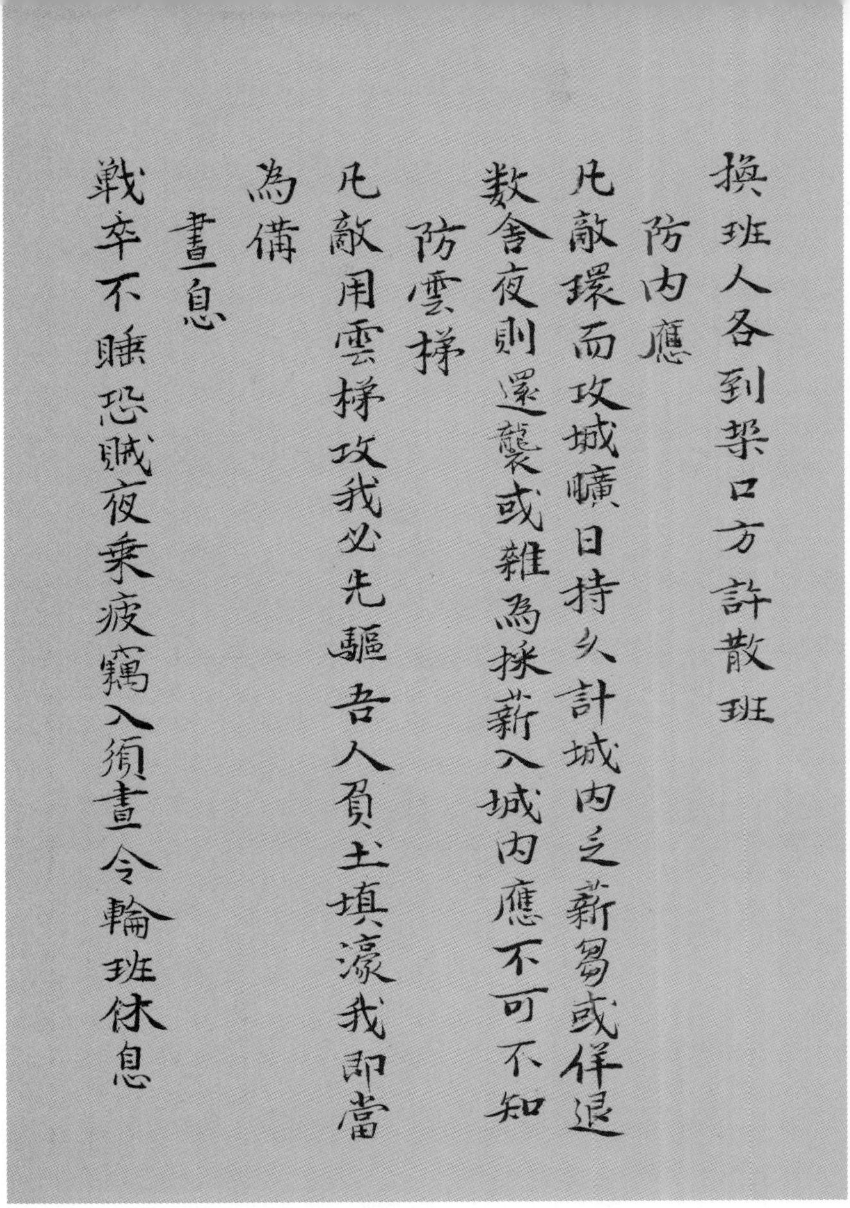
換班人各到𡑞口方許散班
防内應
凡敵環而攻城曠日持久計城内乏薪芻或佯退
數舍夜則還襲或雜為採薪入城内應不可不知
防雲梯
凡敵用雲梯攻我必先驅吾人負土填濠我即當
為備
晝息
戰卒不睡恐賊夜乘疲竊入須晝令輪班休息

換班人各到垛口，方許散班。

防内應

凡敵環而攻城，曠日持久，計城内乏薪芻，或佯退數舍，夜則還襲；或雜爲採薪，入城内應，不可不知。

防雲梯

凡敵用雲梯攻我，必先驅吾人負土填濠，我即當爲備。

晝息

戰卒不睡，恐賊夜乘疲竊入，須晝令輪班休息。

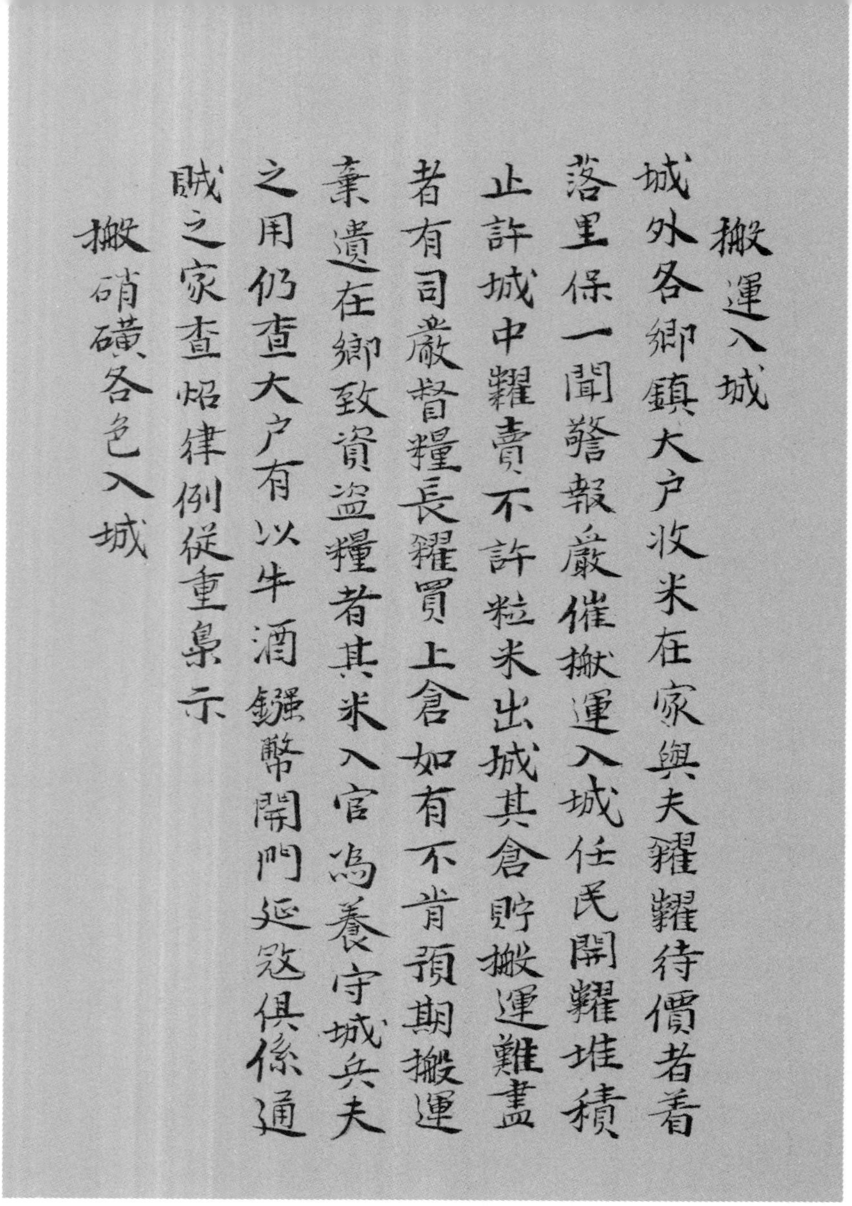
搬運入城
城外各鄉鎮大户收米在家與夫糴糶待價者着
落里保一聞警報嚴催搬運入城任民開糴堆積
止許城中糴買不許粒米出城其倉貯搬運難盡
者有司嚴督糧長糴買上倉如有不肯預期搬運
棄遺在鄉致資盜糧者其米入官爲養守城兵夫
之用仍查大户有以牛酒鏹幣開門延寇俱係通
賊之家查炤律例從重梟示
搬硝磺各色入城

搬運入城

城外各鄉鎮大户，收米在家，與夫糴糶待價者，着落里保，一聞警報，嚴催搬運入城，任民開糴堆積。止許城中糴買，不許粒米出城。其倉貯搬運難盡者，有司嚴督糧長，糴買上倉。如有不肯預期搬運，棄遺在鄉，致資盜糧者，其米入官爲養守城兵夫之用。仍查大户有以牛酒鏹幣，開門延寇，俱係通賊之家，查炤律例，從重梟示。

搬硝磺各色入城

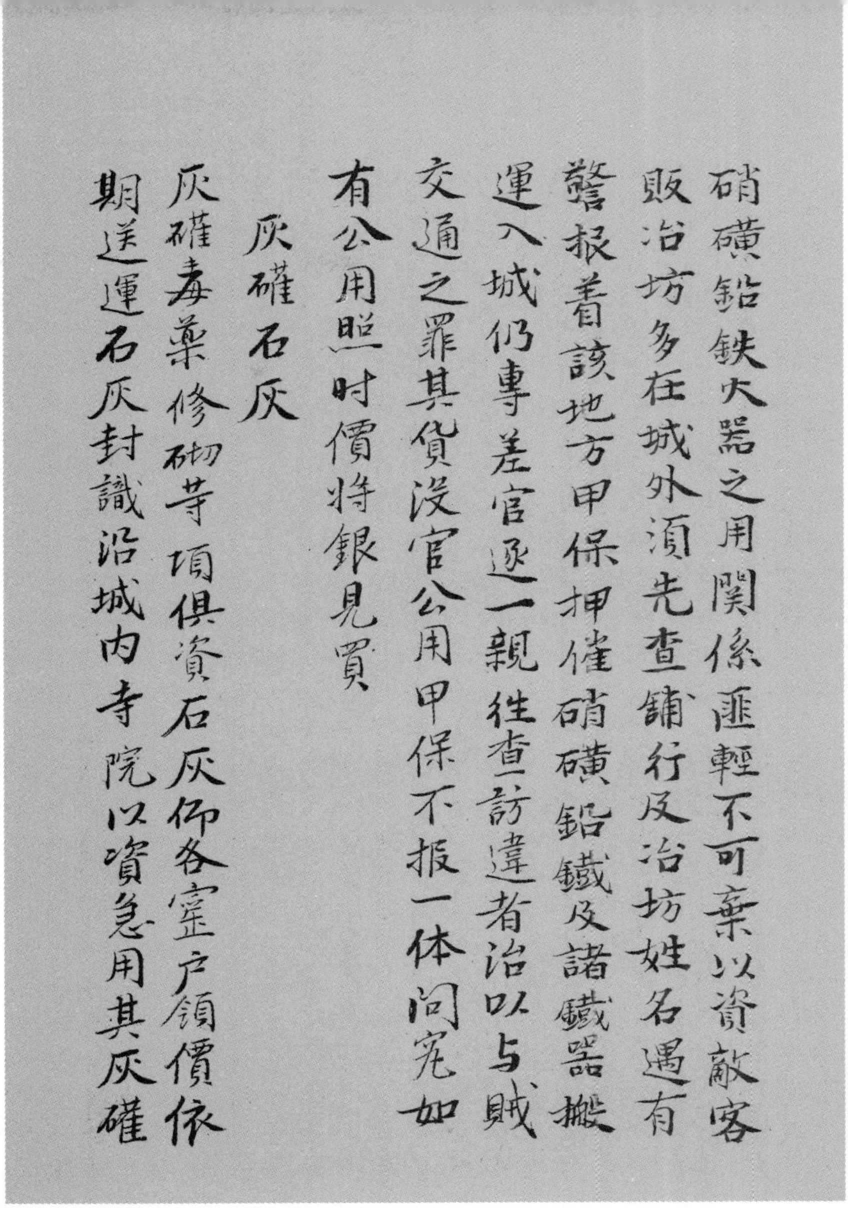
硝磺鉛鉄火器之用關係匪輕不可棄以資敵客
販冶坊多在城外須先查鋪行及冶坊姓名遇有
警報着該地方甲保押催硝磺鉛鐵及諸鐵器搬
運入城仍專差官逐一親往查訪違者治以与賊
交通之罪其貨没官公用甲保不报一体问究如
有公用照时價将銀見買
灰礶石灰
灰礶毒藥修砌等項俱資石灰仰各窑户領價依
期送運石灰封識沿城内寺院以資急用其灰礶

硝磺鉛鐵，火器之用，關係匪輕，不可棄以資敵。客販冶坊，多在城外，須先查鋪行及冶坊姓名，遇有警報，着該地方甲保，押催硝磺鉛鐵及諸鐵器，搬運入城。仍專差官，逐一親往查訪，違者治以與賊交通之罪，其貨没官公用。甲保不報，一體問究。如有公用，照時價將銀見買。

灰礶石灰

灰礶、毒藥、修砌等項俱資石灰。仰各窑户領價，依期送運石灰，封識沿城内寺院，以資急用。其灰礶

亦以瓶窑户領價做造輕薄小礶略燒不宜太堅
惟宜預備
備城上柴草
城上燒賊必資稻草乾柴先期派價与柴户糧户
領買千萬束堆置空閑倉廒以須急用
移徙竹木
竹木行貨多附郭若不移徙皆賊攻城之具也須
仰各商將已登岸者依期速運入城開賣其在水
各排移去五六十里外隱僻小港中暫置以待賊

亦以瓶窑户領價做造輕薄小礶，略燒，不宜太堅，惟宜預備。

備城上柴草

城上燒賊，必資稻草乾柴。先期派價與柴户、糧户領買千萬束，堆積空閑倉廒，以須急用。

移徙竹木

竹木行貨，多附郭，若不移徙，皆賊攻城之具也。須令各商將已登岸者，依期速運入城開賣。其在水各排，移去五六十里外，隱僻小港中暫置，以待賊

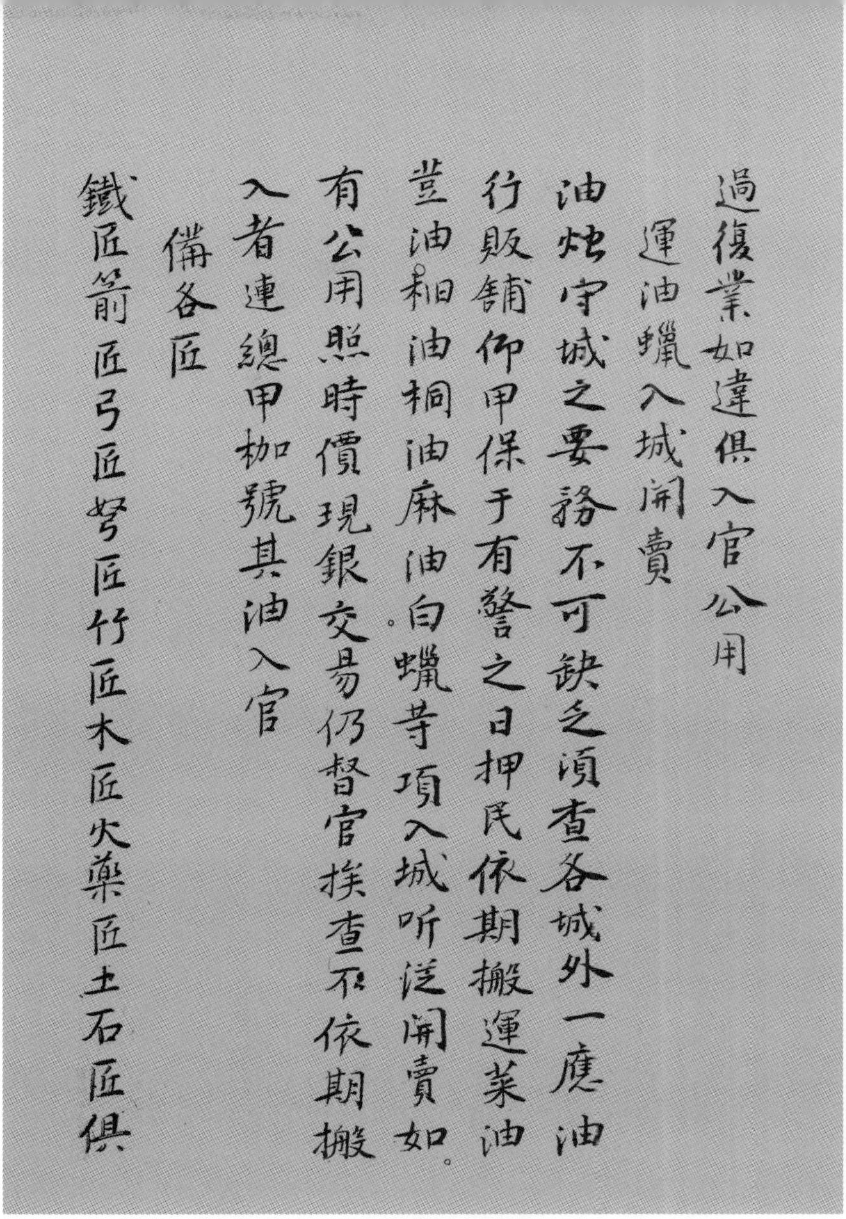
過復業如違俱入官公用
運油蠟入城開賣
油烛守城之要務不可缺乏須查各城外一應油行販鋪仰甲保于有警之日押民依期搬運菜油荳油柏油桐油麻油白蠟等項入城听從開賣如有公用照時價現銀交易仍督官挨查不依期搬入者連總甲枷號其油入官
備各匠
鐵匠箭匠弓匠弩匠竹匠木匠火藥匠土石匠俱

過復業。如違，俱入官公用。

運油蠟入城開賣

油燭，守城之要務，不可缺乏。須查城外一應油行販鋪，仰甲保于有警之日，押民依期搬運菜油、荳油、柏油、麻油、桐油、白蠟等項入城，聽從開賣。如有公用，照時價現銀交易。仍督官挨查，不依期搬入者，連總甲枷號，其油入官。

備各匠

鐵匠、箭匠、弓匠、弩匠、竹匠、木匠火藥匠、土石匠，俱

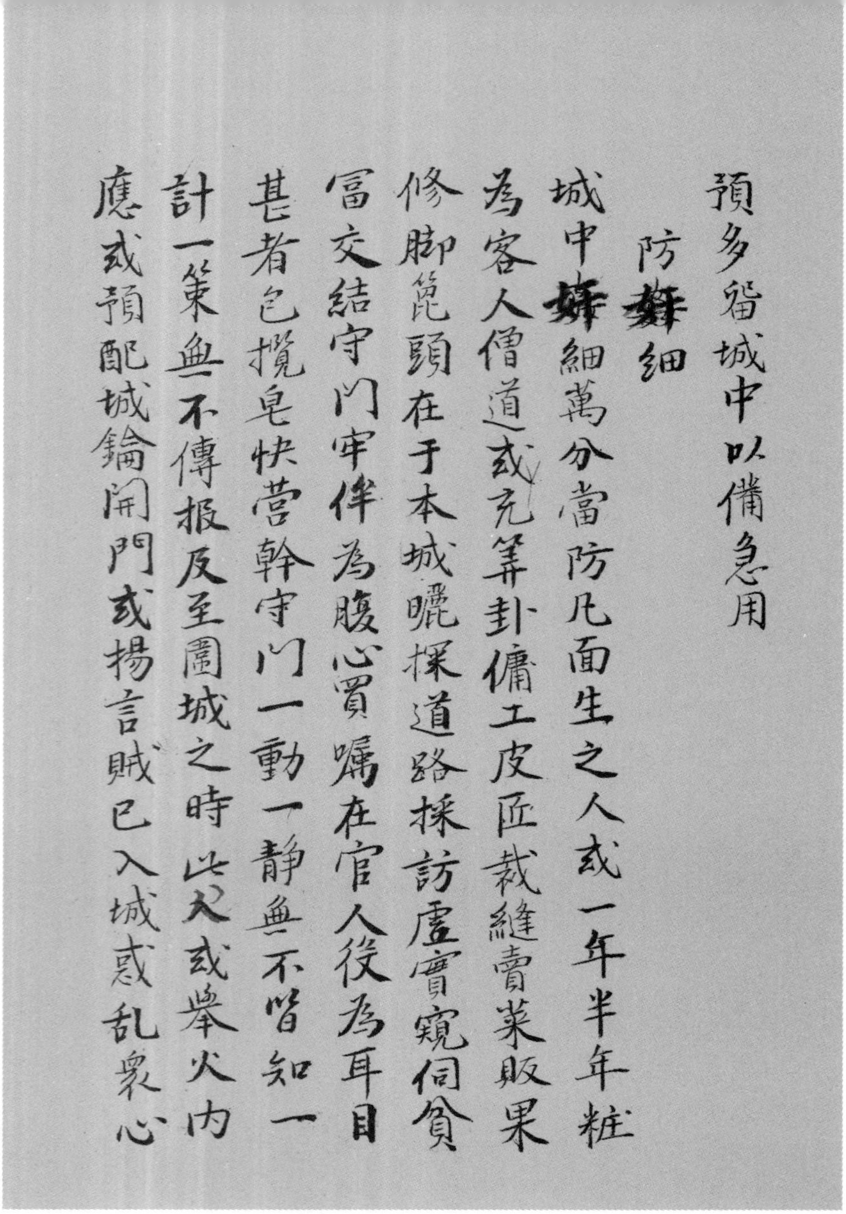

預多留城中，以備急用。

防奸細

城中奸細，萬分當防。凡面生之人，或一年半年粧爲客人、僧道，或充筭卦、傭工、皮匠、裁縫、賣菜、販果、修脚、篦頭，在于本城，(矖)[躧]探道路，採訪虚實，窺伺貧富，交結守門、牢伴爲腹心，買囑在官人役爲耳目。甚者包攬皂快、營幹、守門，一動一静，無不皆知，一計一策，無不傳報。及至圍城之時，此人或舉火内應，或預配城鑰開門，或揚言賊已入城，惑亂衆心。

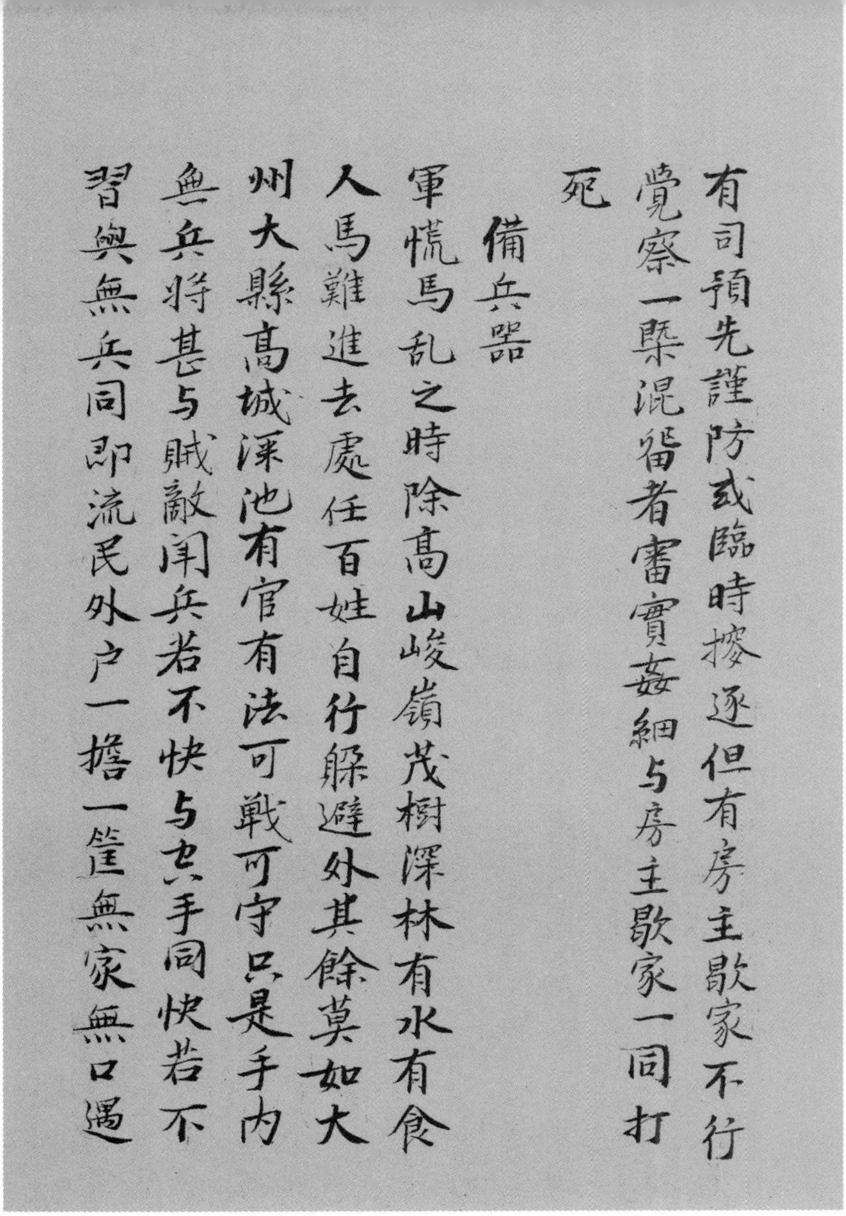
有司預先謹防或臨時摎逐但有房主歇家不行
覺察一槩混留者審實奸細与房主歇家一同打
死
備兵器
軍慌馬乱之時除高山峻嶺茂樹深林有水有食
人馬難進去處任百姓自行躲避外其餘莫如大
州大縣高城深池有官有法可戰可守只是手內
無兵將甚与賊敵鬥兵若不快与空手同快若不
習與無兵同即流民外户一擔一筐無家無口遇

有司預先謹防，臨時摎逐。但有房主歇家，不行覺察，一槩混留者，審實奸細，與房主歇家一同打死。

備兵器

軍慌馬亂之時，除高山峻嶺，茂樹深林，有水有食，人馬難進去處，任百姓自行躲避外。其餘莫如大州大縣，高城深池，有官有法，可戰可守。只是手内無兵，將甚與賊敵鬥？兵若不快，與空手同，快若不習，與無兵同。即流民外户，一擔一筐，無家無口，遇

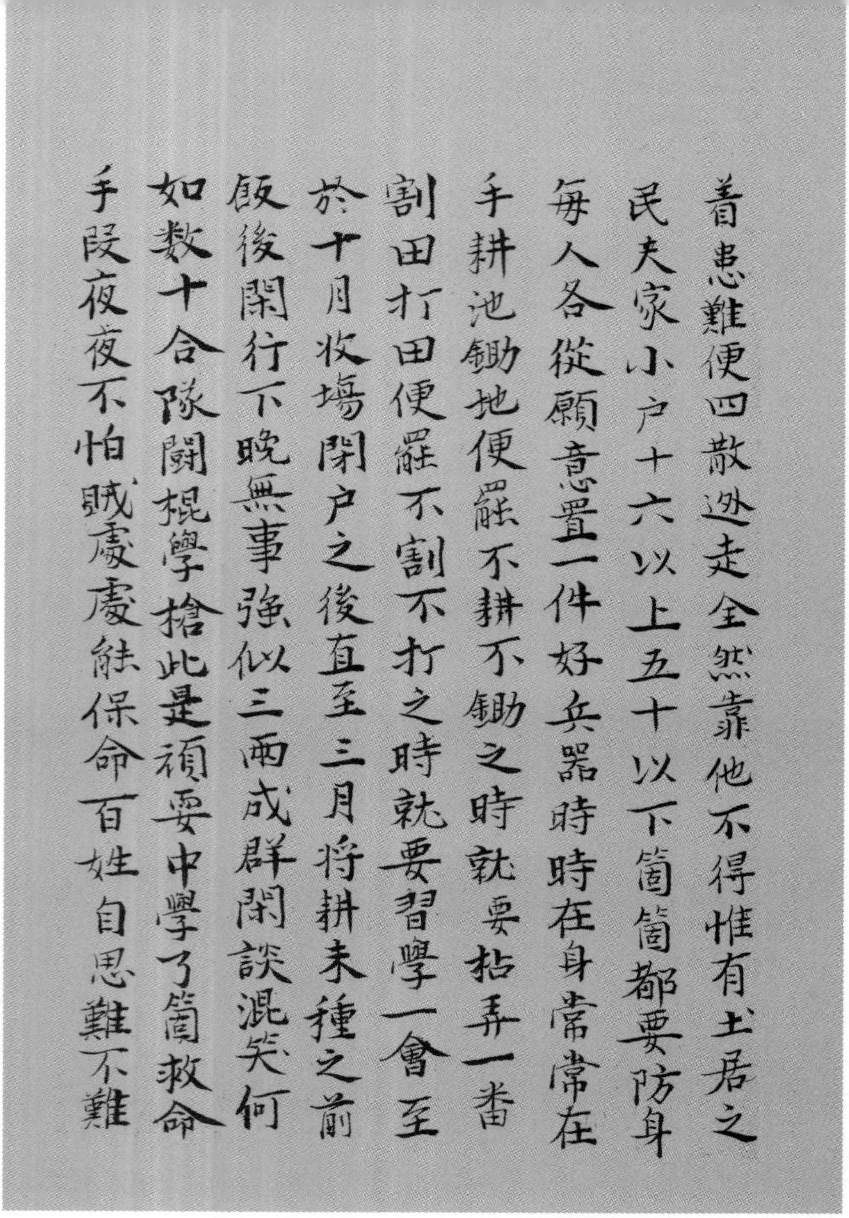
着患難便四散逃走全然靠他不得惟有土居之
民大家小户十六以上五十以下箇箇都要防身
每人各從願意置一件好兵器時時在身常常在
手耕地鋤地便罷不耕不鋤之時就要拈弄一番
割田打田便罷不割不打之時就要習學一會至
於十月收場閉户之後直至三月將耕未種之前
飯後閑行下晚無事強似三兩成群閑談混笑何
如數十合隊鬭棍學槍此是頑要中學了箇救命
手段夜夜不怕賊處處能保命百姓自思難不難

着患難，便四散逃走，全然靠他不得。惟有土居之民，大家小户，十六以上，五十以下，箇箇都要防身，每人各從願意，置一件好兵器，時時在身，常常在手。耕地鋤地便罷，不耕不鋤之時，就要拈弄一番。割田打田便罷，不割不打之時，就要習學一會。至於十月收場閉户之後，直至三月將耕未種之前，飯後閑行，下晚無事，强似三兩成群閑談混笑，何如數十合隊，鬥棍學槍。此是頑要中學了箇救命手段，夜夜不怕賊，處處能保命。百姓自思，難不難，

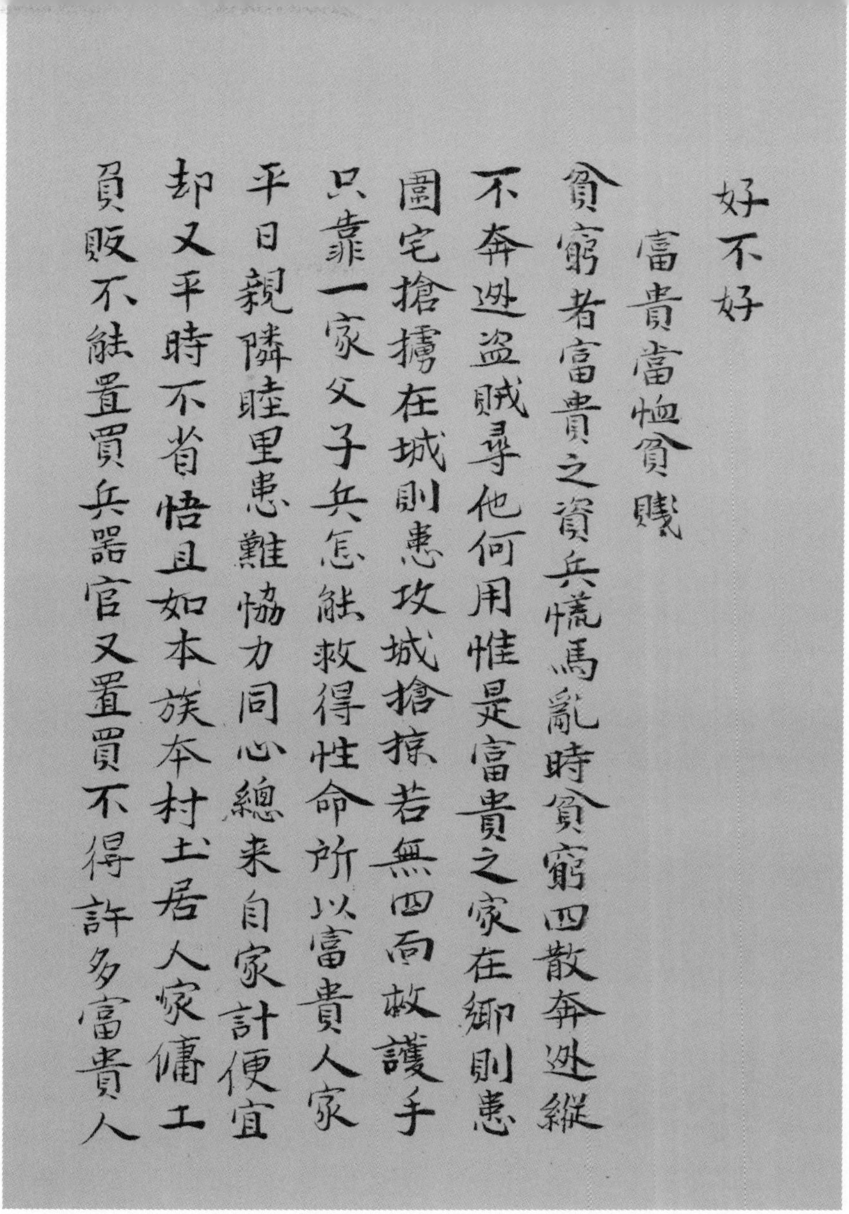

好不好。

富貴當恤貧賤

貧窮者，富貴之資。兵慌馬亂時，貧窮四散奔逃，縱不奔逃，盜賊尋他何用。惟是富貴之家，在鄉則患圍宅搶擄，在城則患攻城搶掠，若無四面救護手，只靠一家父子兵，怎能救得性命。所以富貴人家平日親隣睦里，患難恊力同心。總来自家計便宜，却又平時不省悟，且如本族本村土居人家，傭工負販，不能置買兵器，官又置買不得許多。富貴人

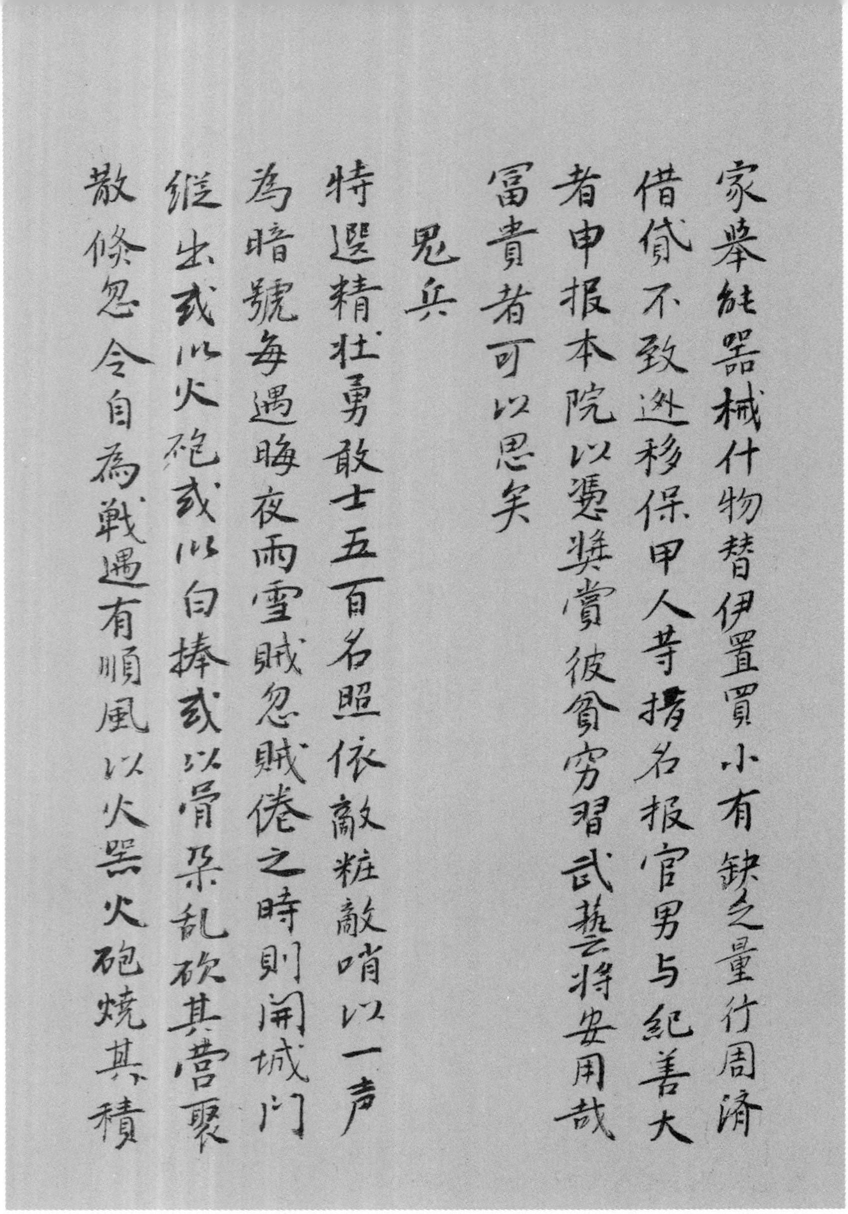

家，（舉）［果］能器械什物，替伊置買，小有缺乏，量行周濟，借貸不致逃移。保甲人等，指名報官，（男）［另］與紀善，大者申報本院，以憑獎賞。彼貧窮習武藝，將安用哉。富貴者可以思矣。

鬼兵

特選精壯勇敢士五百名，照依敵粧敵哨，以一聲爲暗號，每遇晦夜雨雪，賊忽賊倦之時，則開城門縱出。或以火砲，或以白棒，或以骨朵，亂砍其營，聚散倏忽，令自爲戰。遇有順風，以火器火砲，燒其積

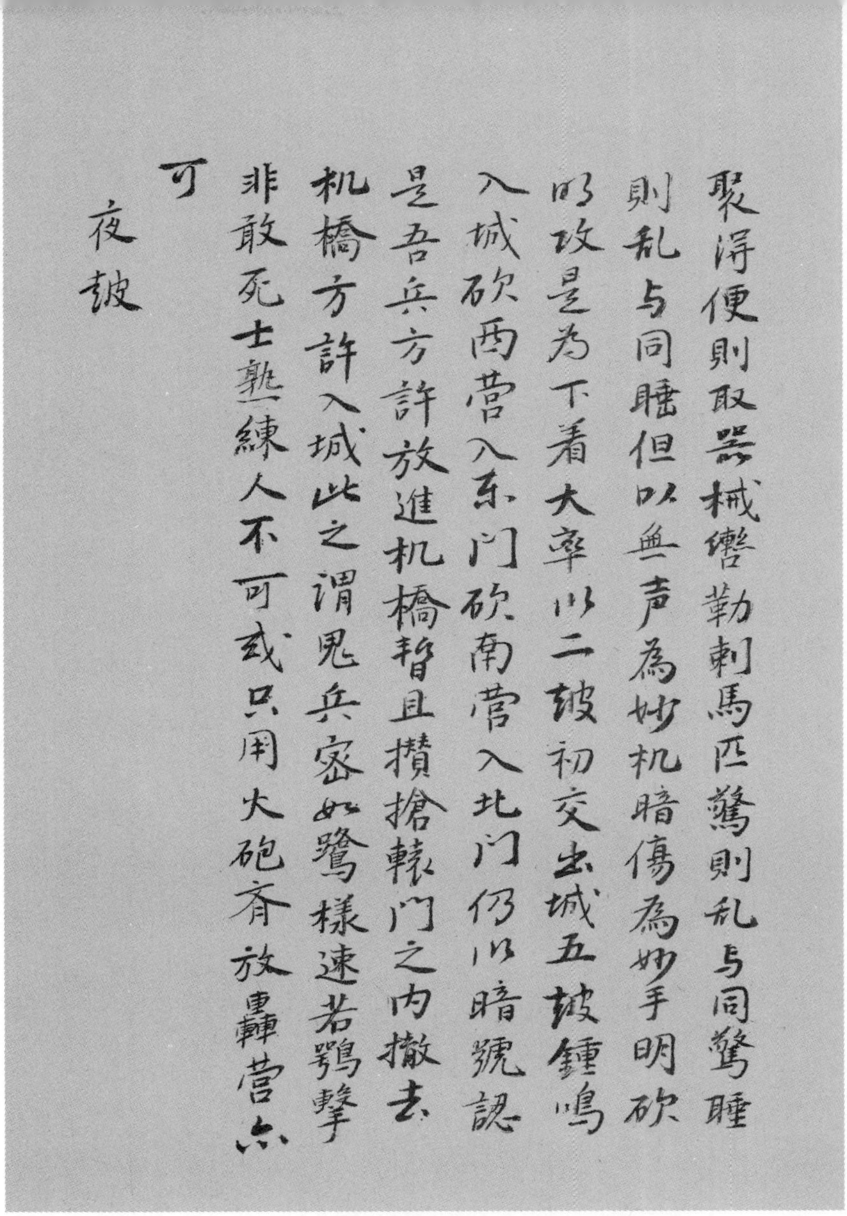

聚。得便則取器械轡勒，刺馬匹，驚則亂與同驚，睡則亂與同睡。但以無聲爲妙機，暗傷爲妙手。明砍明攻，是爲下着。大率以二鼓初交出城，五鼓鐘鳴入城。砍西營，入東門，砍南營，入北門。仍以暗號，認是吾兵，方許放進機橋，暫且攢槍轅門之内，撤去機橋，方許入城。此之謂鬼兵。密如鷺（樣）[探]，速若鶚擊，非敢死士熟練人不可。或只用火砲，齊放轟營亦可。

夜鼓

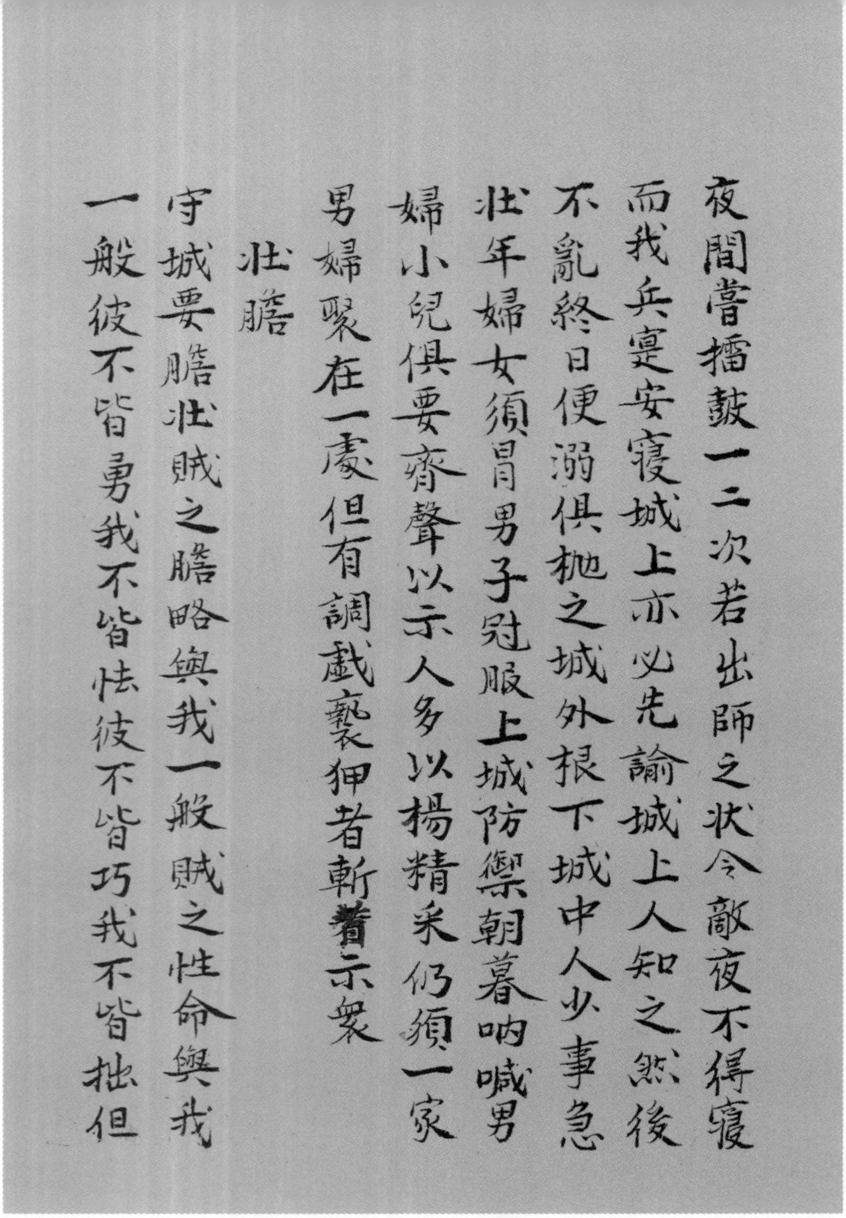
夜間嘗擂鼓一二次若出師之狀令敵夜不得寢
而我兵寔安寢城上亦必先諭城上人知之然後
不亂終日便溺俱拋之城外根下城中人少事急
壯年婦女須冒男子冠服上城防禦朝暮吶喊男
婦小兒俱要齊聲以示人多以揚精采仍須一家
男婦聚在一處但有調戲褻狎者斬首示衆
壯膽
守城要膽壯賊之膽略與我一般賊之性命與我
一般彼不皆勇我不皆怯彼不皆巧我不皆拙但

夜間嘗擂鼓一二次，若出師之狀，令敵夜不得寢，而我兵實安寢城上。亦必先諭城上人知之，然後不亂。終日便溺，俱拋之城外根下。城中人少，事急，壯年婦女須冒男子冠服，上城防禦，朝暮吶喊。男婦小兒，俱要齊聲，以示人多，以揚精采。仍須一家男婦聚在一處，但有調戲褻狎者，斬首示衆。

壯膽

守城要膽壯。賊之膽略，與我一般，賊之性命，與我一般。彼不皆勇，我不皆怯，彼不皆巧，我不皆拙。但

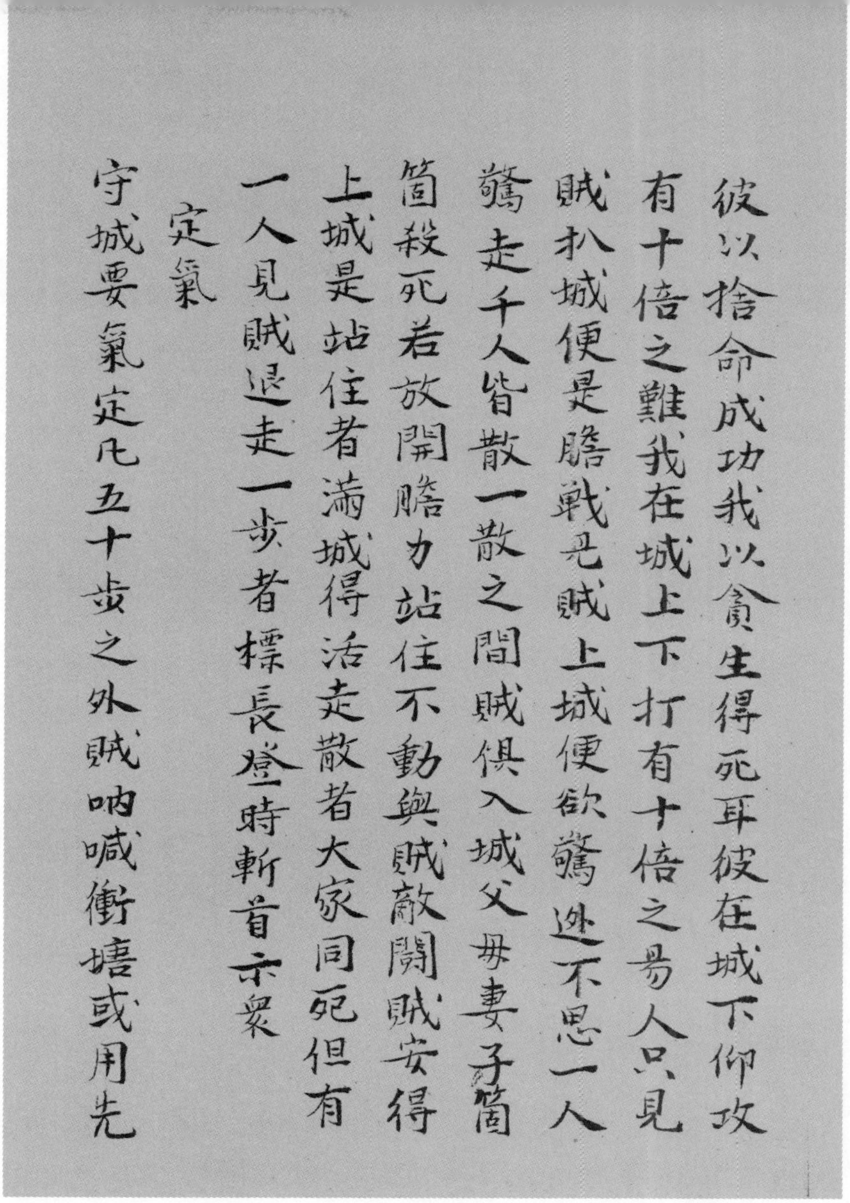
彼以捨命成功我以貪生得死耳彼在城下仰攻
有十倍之難我在城上下打有十倍之易人只見
賊扒城便是膽戰見賊上城便欲驚逃不思一人
驚走千人皆散一散之間賊俱入城父毋妻子箇
箇殺死若放開膽力站住不動與賊敵闘賊安得
上城是站住者滿城得活走散者大家同死但有
一人見賊退走一步者標長登時斬首示衆
定氣
守城要氣定凡五十步之外賊吶喊衝塘或用先

彼以捨命成功，我以貪生得死耳。彼在城下仰攻，有十倍之難，我在城上下打，有十倍之易。人只見賊扒城，便是膽戰，見賊上城，便欲驚逃。不思一人驚走，千人皆散，一散之間，賊俱入城，父母妻子，箇箇殺死。若放開膽力，站住不動，與賊敵鬥，賊安得上城。是站住者滿城得活，走散者大家同死。但有一人見賊退走一步者，標長登時斬首示眾。

定氣

守城要氣定。凡五十步之外，賊吶喊衝（塘）[搪]，或用先鋒前哨，聲言要攻者，勿動。離城十步者，敵臺方發箭石快鎗，守垛勿動。賊到五步之内者，垛口檑石，打快鎗。負門頂桌攻城者，下大石。架車挖城者，投柴於車之兩旁，火箭焚之。賊至城下，勢必仰面，用噴糞、噴火、撒灰三人。搭鉤杆者，用仰月鏟，斷其皮條，一人墜地，二人偏倒。一人搭鉤杆者，仰月鏟斜（椎）[推]之，猛推即倒。仍用大斧，碎其鉤頭。搭雲梯者，四五人貫魚齊上，用仰月鏟，四五人偏拄着力，土城則外推而梯反，磚城則斜推而梯傾。仍用三刺鎗，極

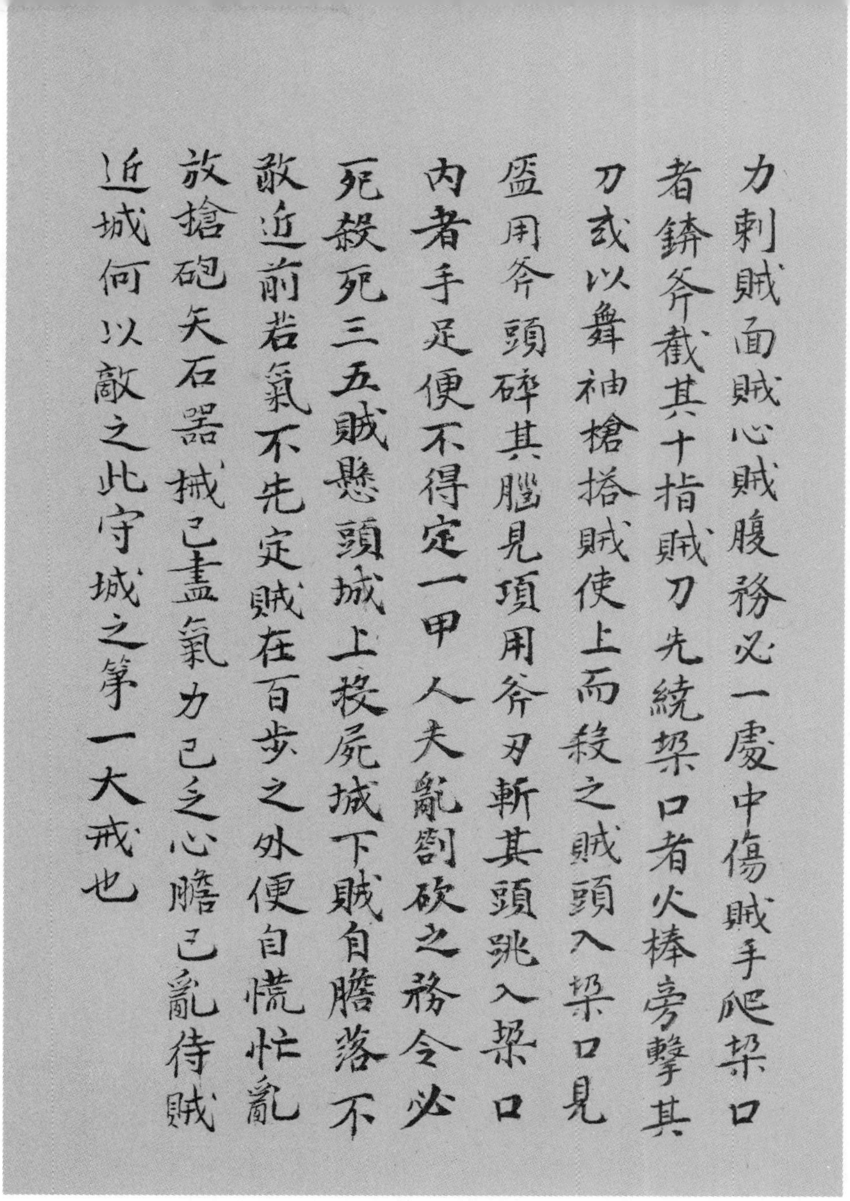

力刺賊面賊心賊腹，務必一處中傷。賊手爬垛口者，鋳斧截其十指，賊刀先繞垛口者，火棒旁擊其刀，或以舞袖槍搭賊使上而殺之。賊頭入垛口，見盔用斧頭碎其腦，見項用斧刃斬其頭。跳入垛口內者，手足便不得定，一甲人夫亂劄砍之，務令必死。殺死三五賊，懸頭城上，投屍城下，賊自膽落，不敢近前。若氣不先定，賊在百步之外，便自慌忙亂放槍砲矢石，器械已盡，氣力已乏，心膽已亂，待賊近城，何以敵之？此守城之第一大戒也。

感激将士
守城要感激寧夏蕭總兵之守孤城也先召城中
之衆激之曰賊叛虜攻孤城難守衆果懼敵願各
降賊我惟一家自殺以報國汝等各逃性命耳衆
曰将軍損軀報國我等小人忍負将軍乎願以死
守薰乃設香案向　闕慟哭又向衆拜曰同心恊
力各保身家先将家財分賞為首之人其妻亦将
衣服首飾盡数發出分賞當前之士衆感泣不受
争戮力獻計滿城如一身故能卒守孤城抗賊斬

感激將士

守城要感激。寧夏蕭總兵[1]之守孤城也，先召城中之衆，激之曰：賊叛虜攻，孤城難守，衆果懼敵，願各降賊，我惟一家自殺以報國，汝等各逃性命耳。衆曰：將軍捐軀報國，我等小人，忍負將軍乎？願以死守。薰乃設香案，向闕慟哭。又向衆人拜曰：同心協力，各保身家。先將家財分賞爲首之人，其妻亦將衣服首飾盡數發出，分賞當前之士。衆感泣，不受，争戮力獻計，滿城如一身。故能卒守孤城，抗賊斬

1 蕭總兵，即蕭如薰。

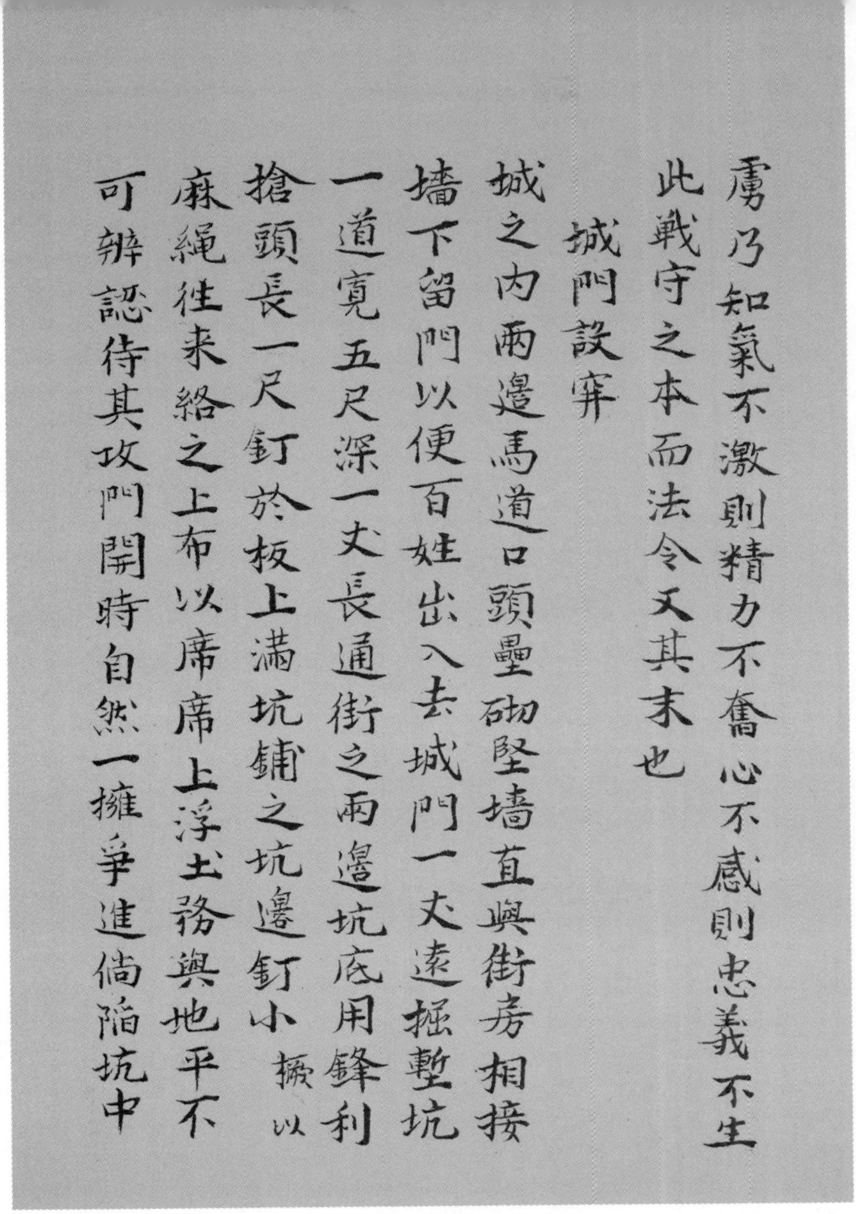
虜乃知氣不激則精力不奮心不感則忠義不生
此戰守之本而法令又其末也
城門設穽
城之内兩邊馬道口頭壘砌堅墻直與街房相接
墻下留門以便百姓出入去城門一丈遠掘塹坑
一道寬五尺深一丈長通街之兩邊坑底用鋒利
槍頭長一尺釘於板上滿坑鋪之坑邊釘小橛以
麻繩往来絡之上布以席席上浮土務與地平不
可辨認待其攻門開時自然一擁争進倘陷坑中

虜。乃知氣不激則精力不奮，心不感則忠義不生。此戰守之本，而法令又其末也。

城門設穽

城之内兩邊馬道口頭，壘砌堅墻，直與街房相接。墻下留門，以便百姓出入。去城門一丈遠，掘塹坑一道，寬五尺，深一丈，長通街之兩邊。坑底用鋒利槍頭，長一尺，釘於板上，滿坑鋪之。坑邊釘小橛，以麻繩往來絡之，上布以席，席上浮土，務與地平，不可辨認。待其攻門開時，自然一擁争進。倘陷坑中，

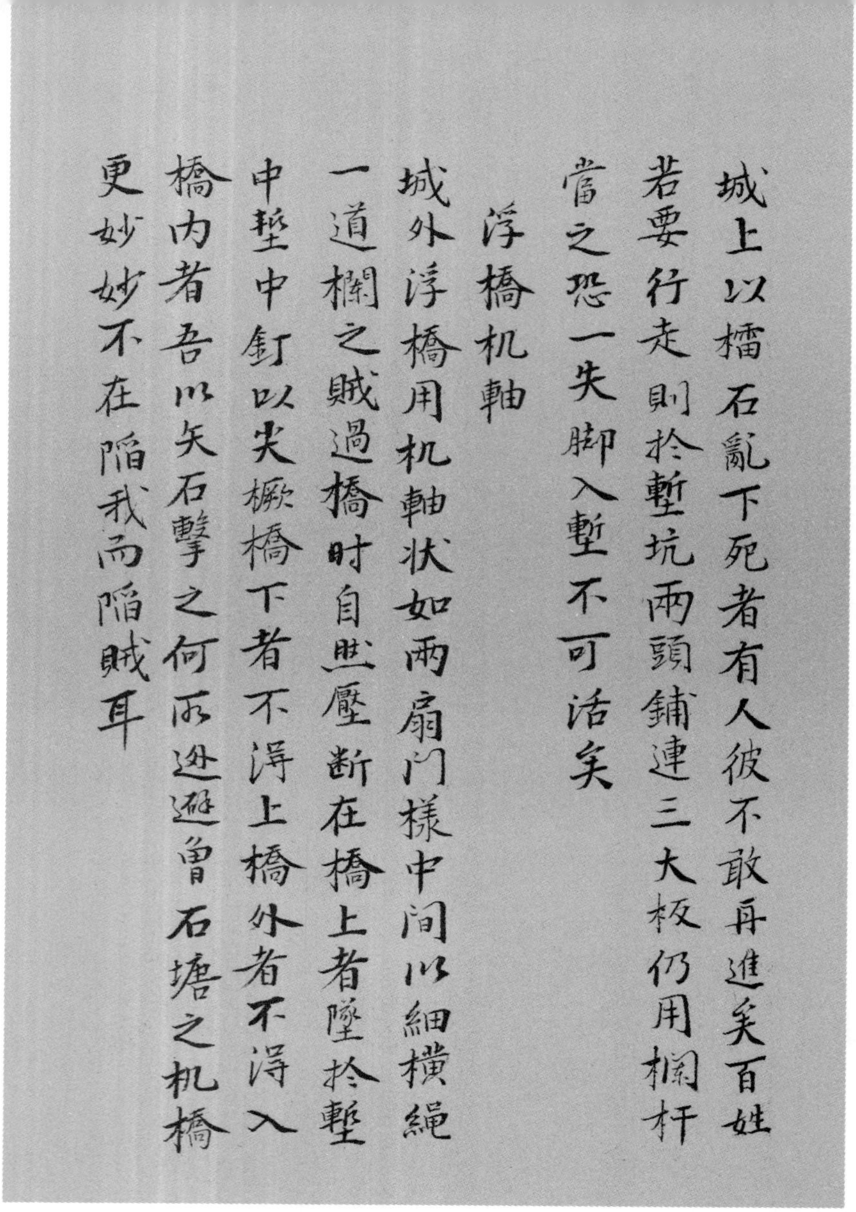

城上以檑石亂下死者有人彼不敢再進矣百姓
若要行走則扵塹坑兩頭鋪連三大板仍用欄杆
當之恐一失脚入塹不可活矣
浮橋机軸
城外浮橋用机軸狀如兩扇门樣中间以細橫繩
一道欄之賊過橋时自然壓斷在橋上者墜扵塹
中塹中釘以尖橛橋下者不淂上橋外者不淂入
橋内者吾以矢石擊之何所逃避曾石塘之机橋
更妙妙不在陷我而陷賊耳

城上以檑石亂下，（死者有人）［先進者死］[1]，彼不敢再進矣。百姓若要行走，則於塹坑兩頭，鋪連三大板。仍用欄杆當之，恐一失脚入塹，不可活矣。

浮橋機軸

城外浮橋用機軸，狀如兩扇門樣，中間以細橫繩一道（欄）［攔］之。賊過橋時，自然壓斷，在橋上者墜於塹中。塹中釘以尖橛。橋下者不得上，橋外者不得入，橋内者吾以矢石擊之，何所逃避。曾石塘之機橋更妙，妙不在陷我而陷賊也。

1 先進者死，原作“死者有人”，據《城守驗方》改。

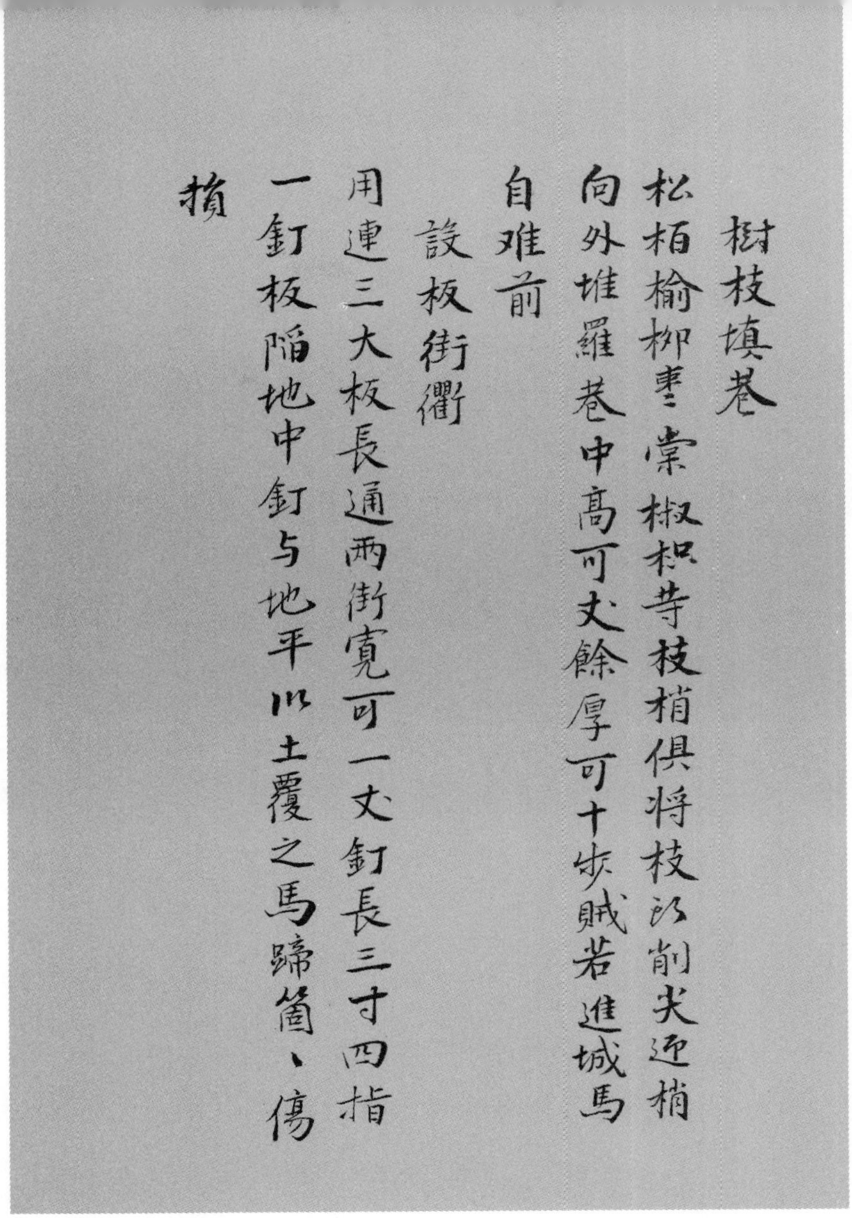
樹枝填巷
松栢榆柳枣棠椒枳等枝梢俱将枝以削尖迎梢
向外堆羅巷中高可丈餘厚可十步賊若進城馬
自难前
設板街衢
用連三大板長通兩街寬可一丈釘長三寸四指
一釘板陷地中釘与地平以土覆之馬蹄箇、傷
損

樹枝填巷

松、柏、榆、柳、棗、棠、椒、枳等枝梢，俱將枝頭削尖，迎梢向外，堆羅巷中，高可丈餘，厚可十步。賊若進城，馬自難前。

設板街衢

用連三大板，長通兩街，寬可一丈，釘長三寸，四指一釘。板陷地中，釘與地平，以土覆之，馬蹄箇箇傷損。

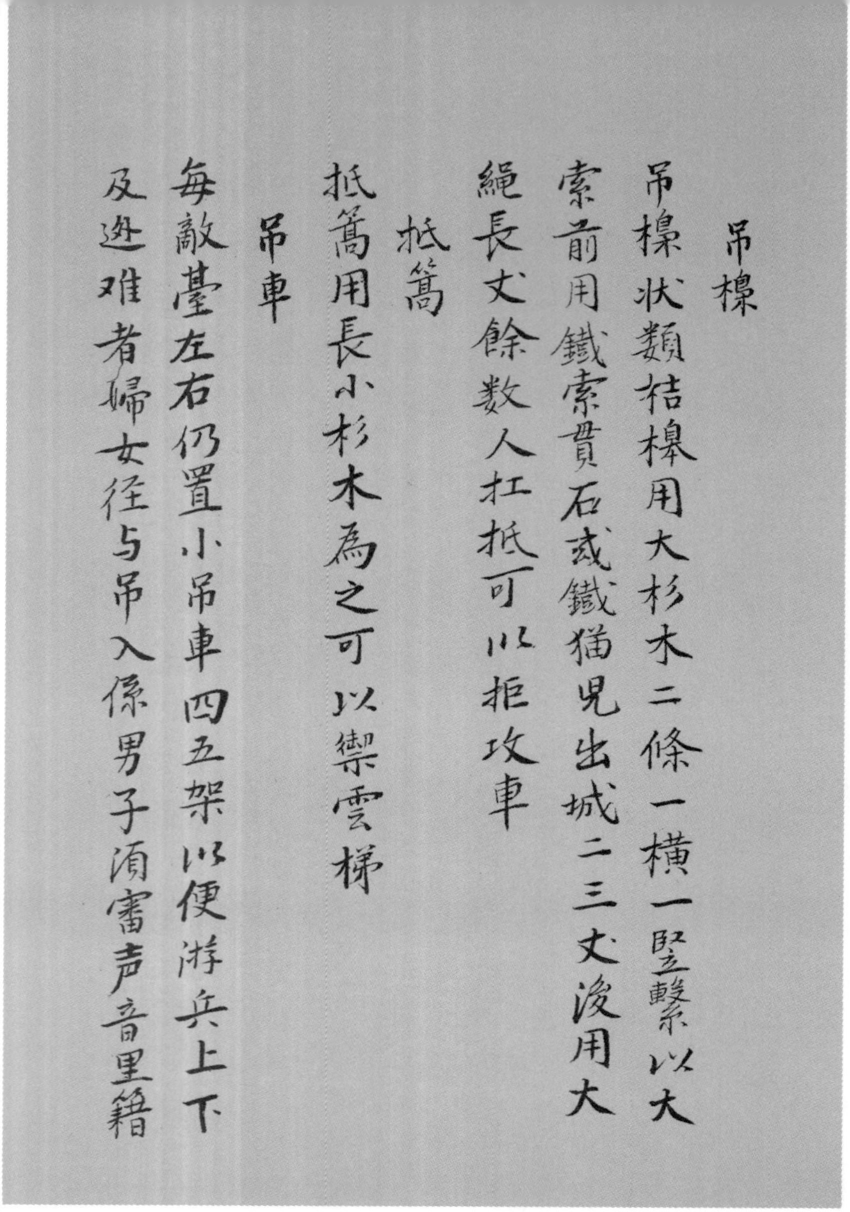

吊橰

吊橰狀類桔橰用大杉木二條一横一竪繫以大
索前用鐵索貫石或鐵猫兒出城二三丈後用大
繩長丈餘数人扛抵可以拒攻車

抵篙

抵篙用長小杉木爲之可以禦雲梯

吊車

每敵臺左右仍置小吊車四五架以便游兵上下
及逃难者婦女徑与吊入係男子須審声音里籍

吊橰

吊橰狀類桔橰，用大杉木二條，一横一竪，繫以大索。前用鐵索貫石，或鐵猫兒，出城二三丈，後用大繩長丈餘，數人扛抵，可以拒攻車。

抵篙

抵篙，用長小杉木爲之，可以禦雲梯。

吊車

每敵臺左右，仍置小吊車四五架，以便游兵上下及逃難者。婦女徑與吊入。係男子，須審聲音里籍。

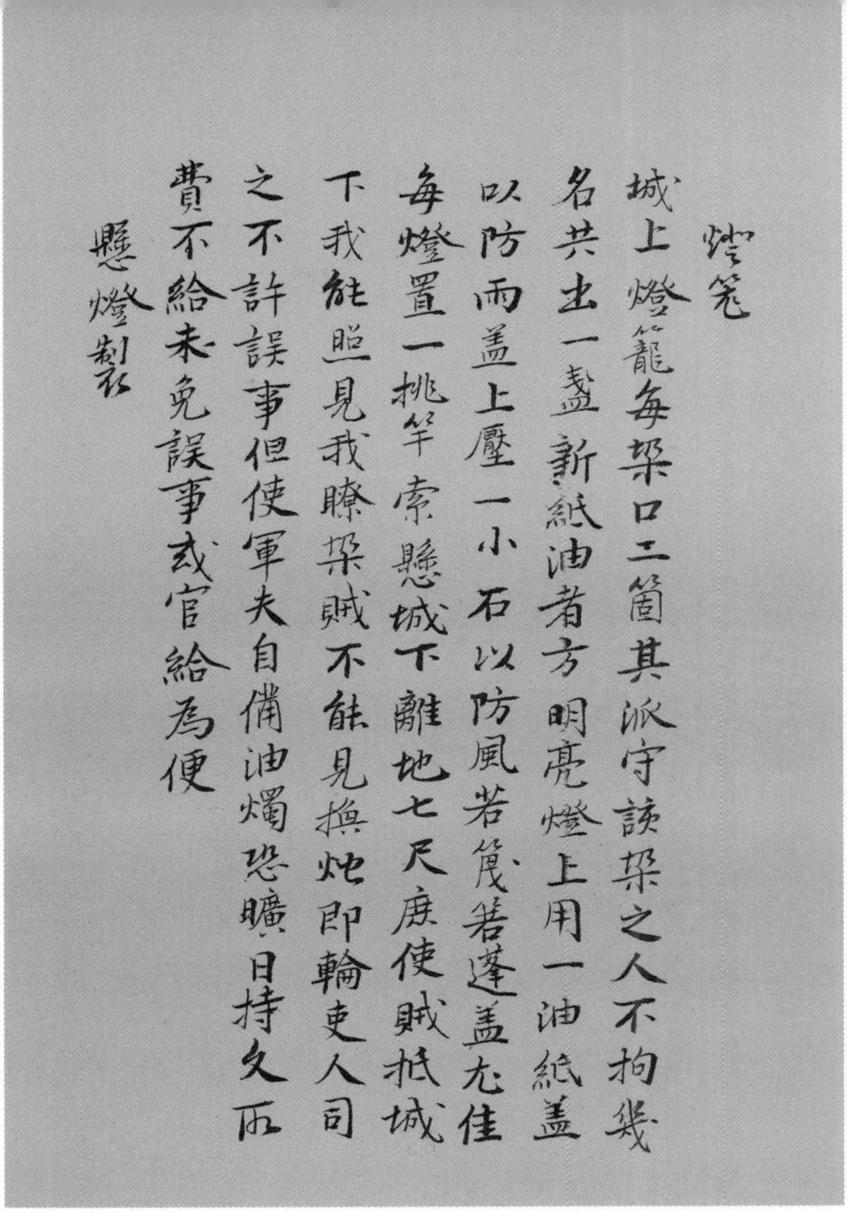
燈籠
城上燈籠每垛口二箇其派守該垛之人不拘幾名共出一盞新紙油者方明亮燈上用一油紙盞以防雨盞上壓一小石以防風若篾箬蓬盞尤佳每燈置一挑竿索懸城下離地七尺庶使賊抵城下我能照見我瞭垛賊不能見換燭即輪吏人司之不許誤事但使軍夫自備油燭恐曠日持久所費不給未免誤事或官給為便
懸燈製

燈籠

城上燈籠，每垛口二箇。其派守該垛之人，不拘幾名，共出一盞。新紙油者方明亮。燈上用一油紙蓋以防雨，蓋上壓一小（石）［瓦］以防風。若篾箬蓬蓋尤佳。每燈置一挑竿，索懸城下，離地七尺。庶使賊抵城下，我能照見。我瞭垛，賊不能見。換燭即輪（吏）［更］人司之，不許誤事。但使軍夫自備油燭，恐曠日持久，所費不給，未免誤事，或官給爲便。

懸燈製

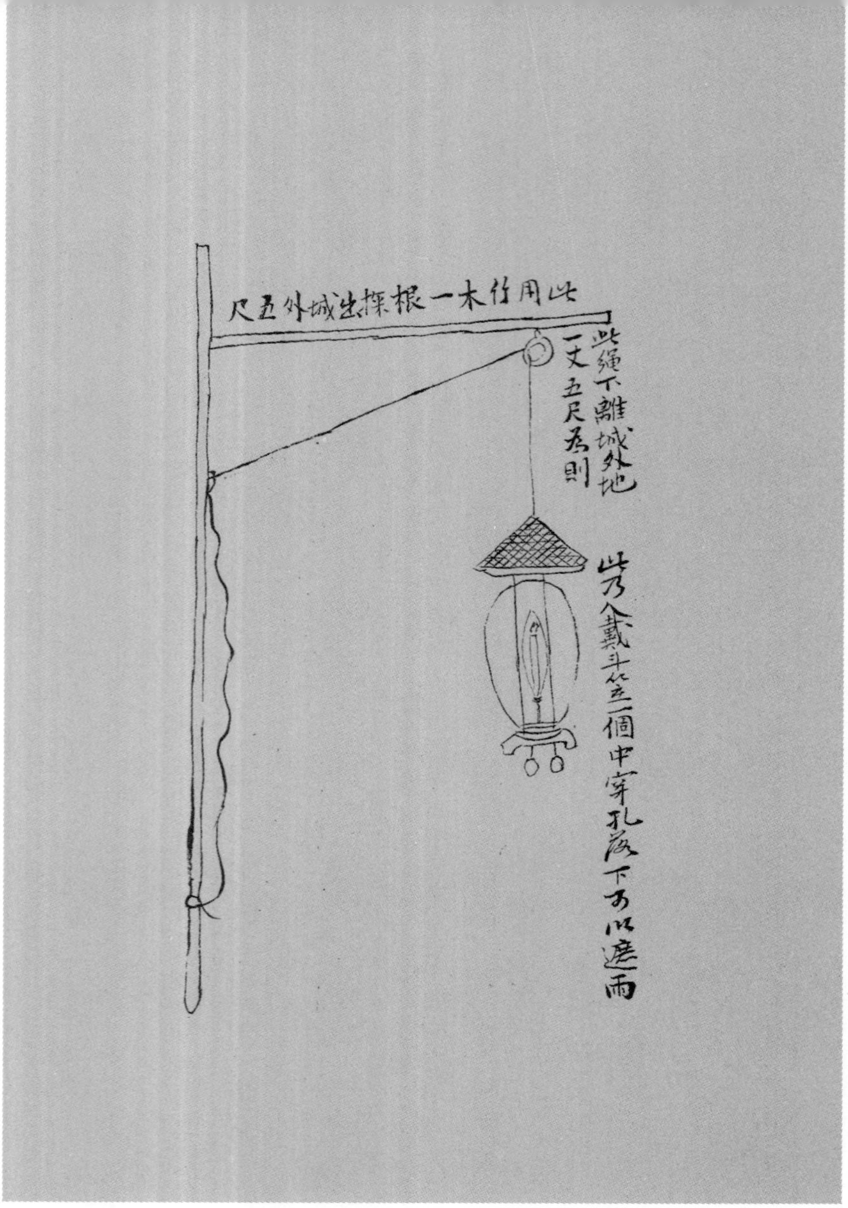

此用竹木一根探出城外五尺
此繩下離城外地一丈五尺爲則
此乃人戴斗笠一個中穿孔落下可以遮雨

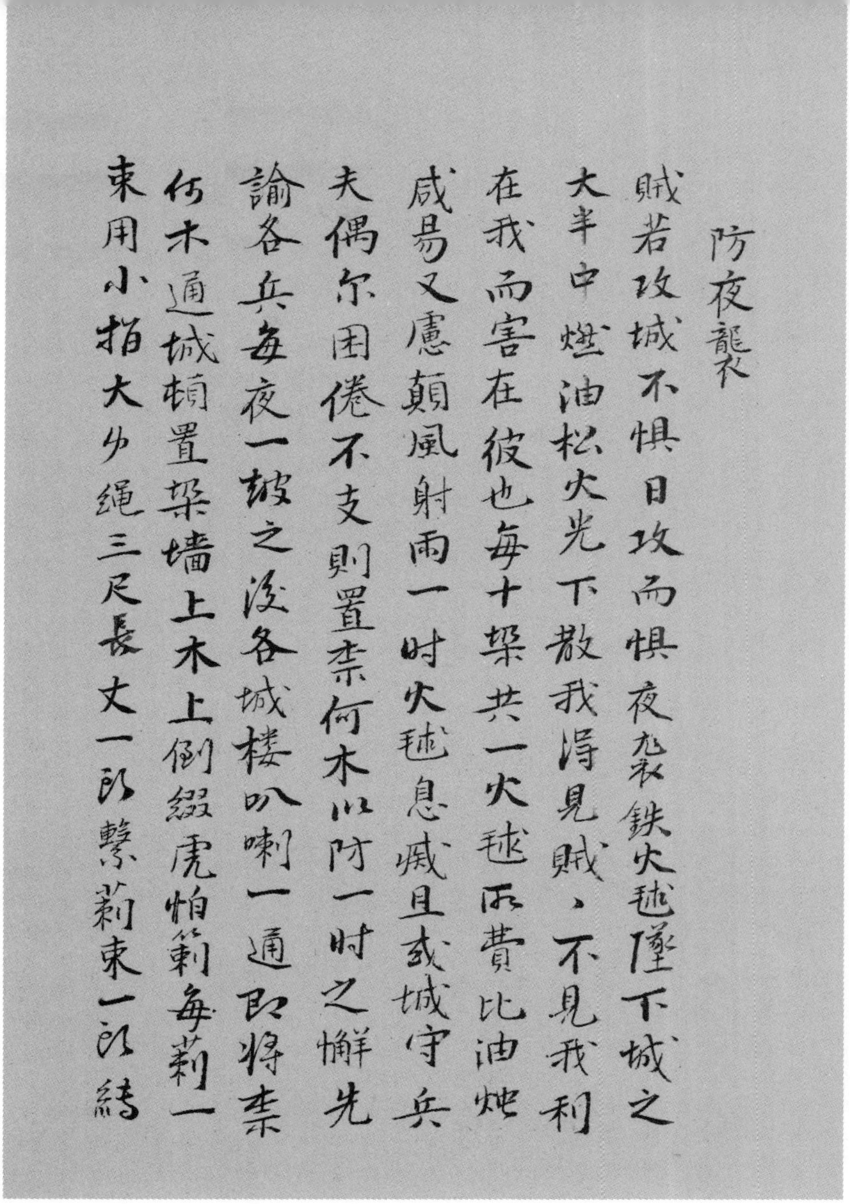

防夜襲

賊若攻城，不懼日攻，而懼夜襲。鐵火毬下城之大半，中燃油松，火光下散，我得見賊，賊不見我，利在我而害在彼也。每十垜共一火毬，所費比油燭咸易。又慮顛風射雨，一時火毬息滅。

且或城守兵夫，偶爾困倦不支，則置奈何木，以防一時之懈。先諭各兵，每夜一鼓之後，各城樓喇叭一通，即將奈何木通城頓置垜墻上。木上倒綴虎怕箣，每箣一束。用小指大草繩三尺長，（丈）［以］一頭繫箣束，一頭縛

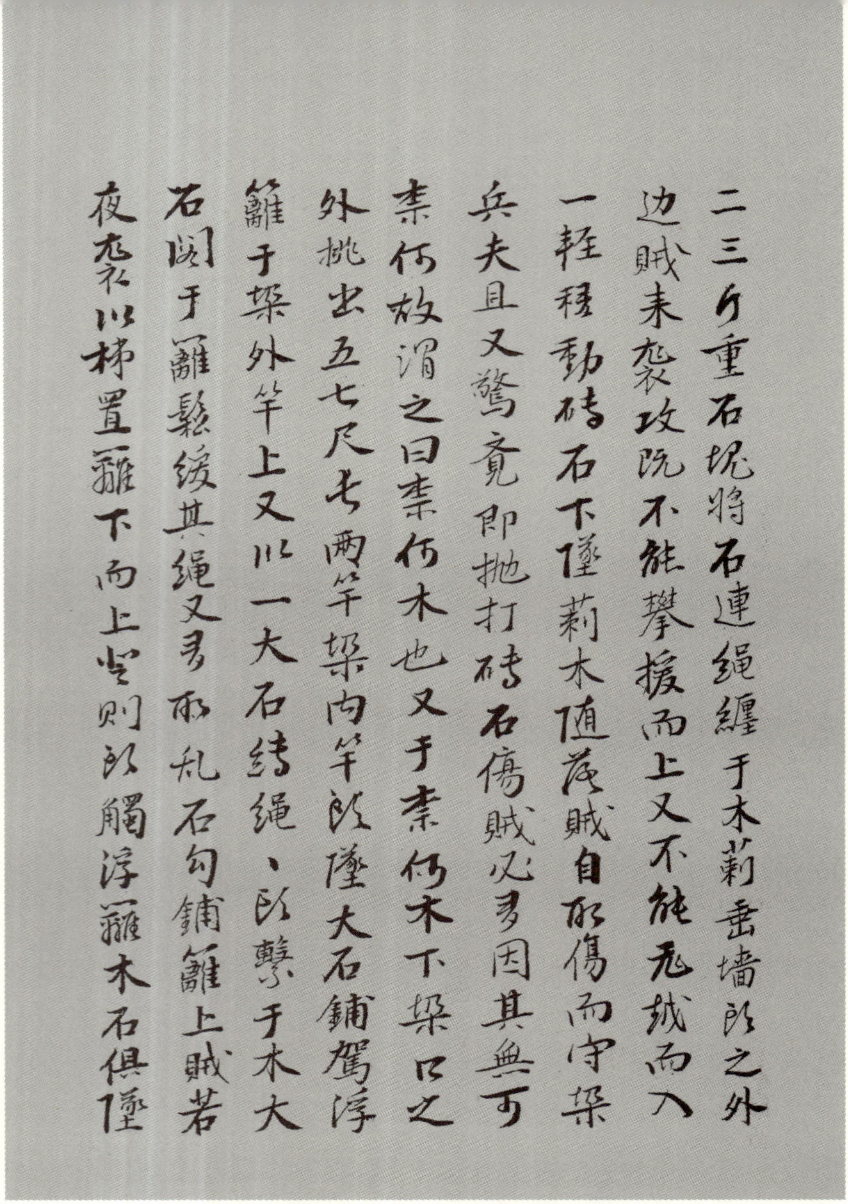

二三斤重石塊。將石連繩，纏于木簕，垂墻頭之外邊。賊來襲攻，既不能攀援而上，又不能飛越而入。一經移動，磚石下墜，簕木隨落，賊自取傷。而守垛兵夫，且又驚覺，即抛打磚石，傷賊必多。因其無可奈何，故謂之曰奈何木也。又于奈何木下垛口之外，挑出五七尺長兩竿。垛内竿頭墜大石，鋪駕浮籬于垛外。竿上又以一大石縛繩，繩頭繫于木，大石閣于籬，鬆緩其繩。又多取亂石，（勾）［匀］鋪籬上。賊若夜襲，以梯置籬下而上，登則頭觸浮籬，木石俱墜。

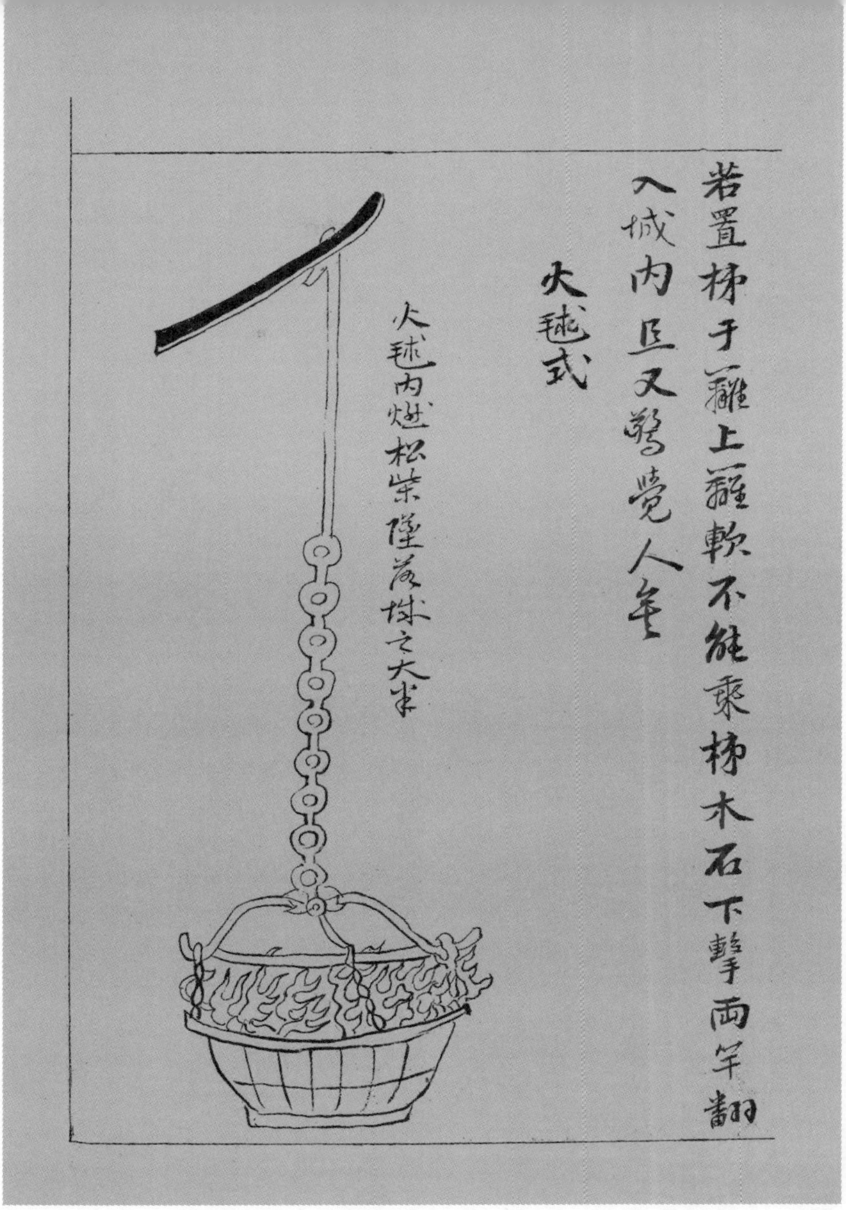

若置梯于籬上，籬軟不能乘梯，木石下擊，兩竿翻入城内，則又驚覺人矣。

火毬式

火毬内燃松柴墜落城之大半

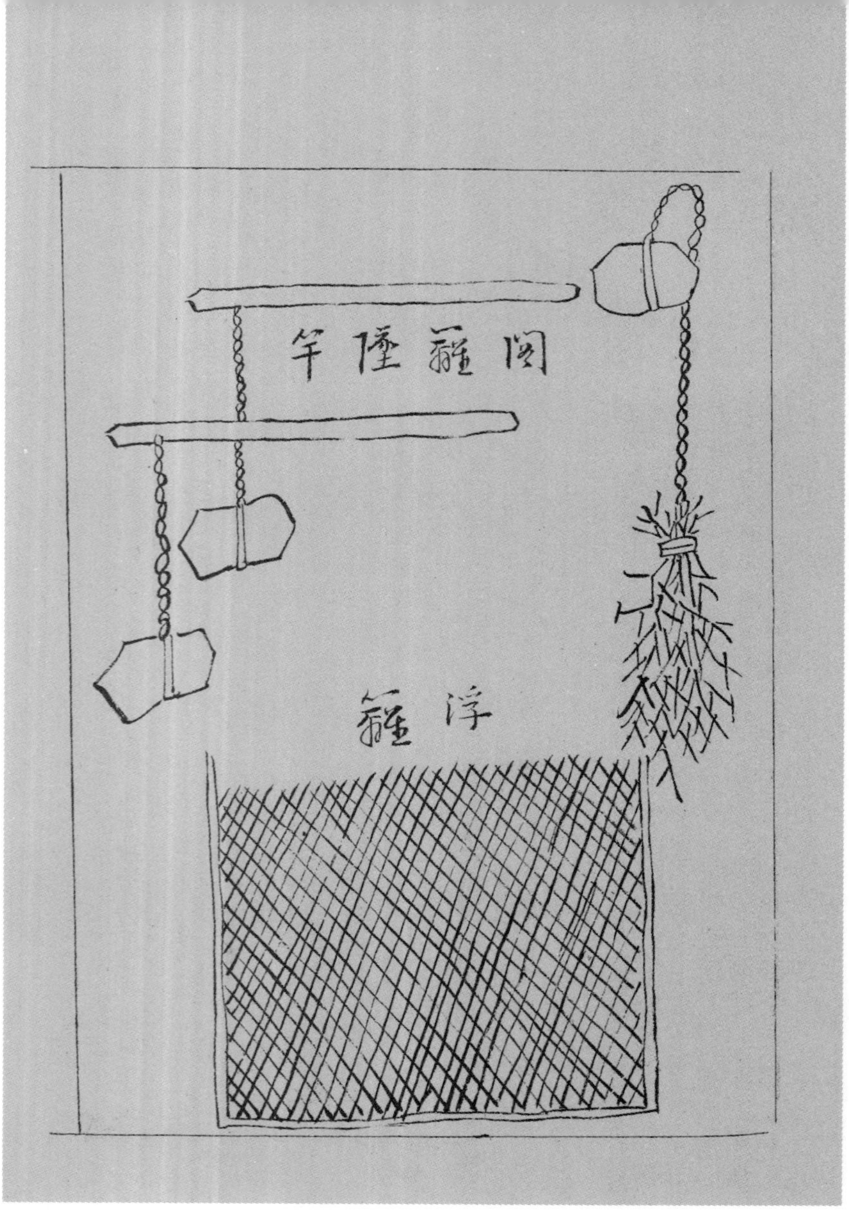

閣離墜竿
浮籬

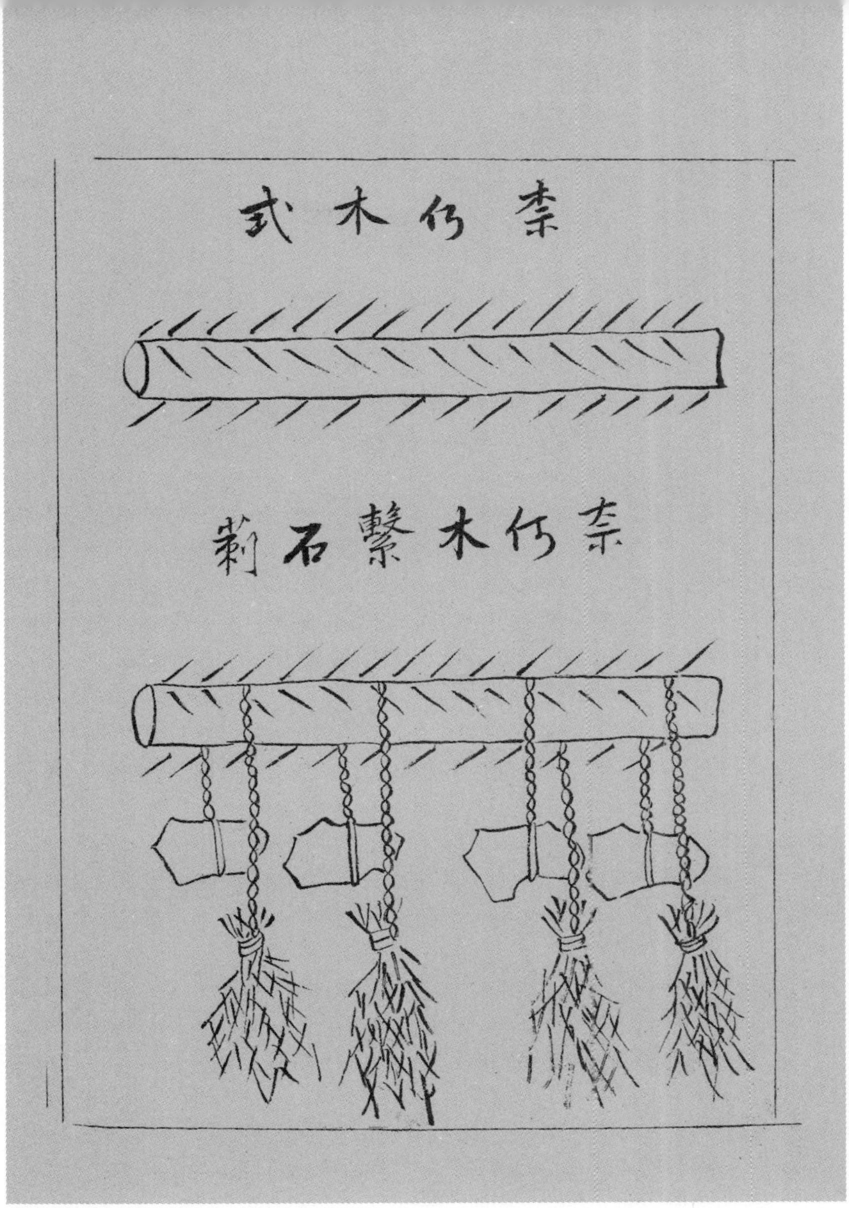

奈何木式
奈何木繫石箣

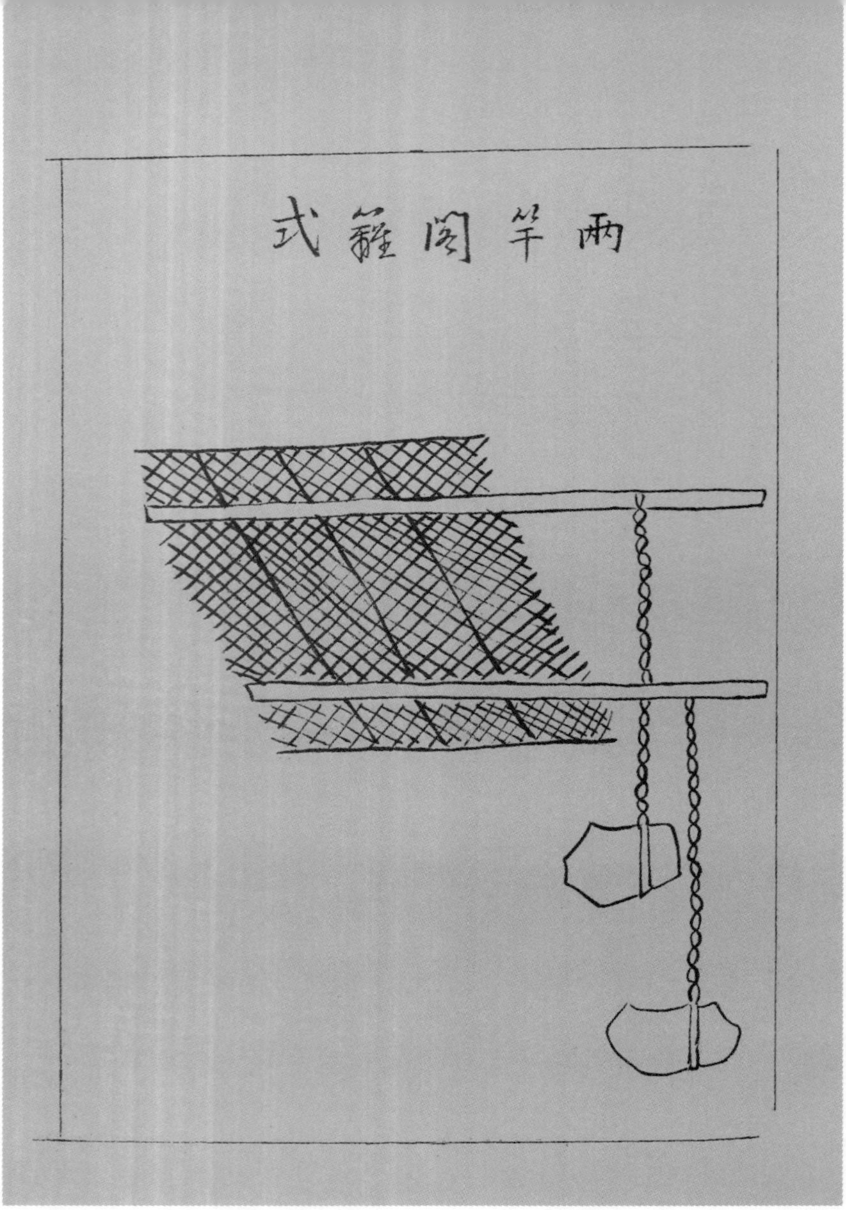

兩竿閣籬式

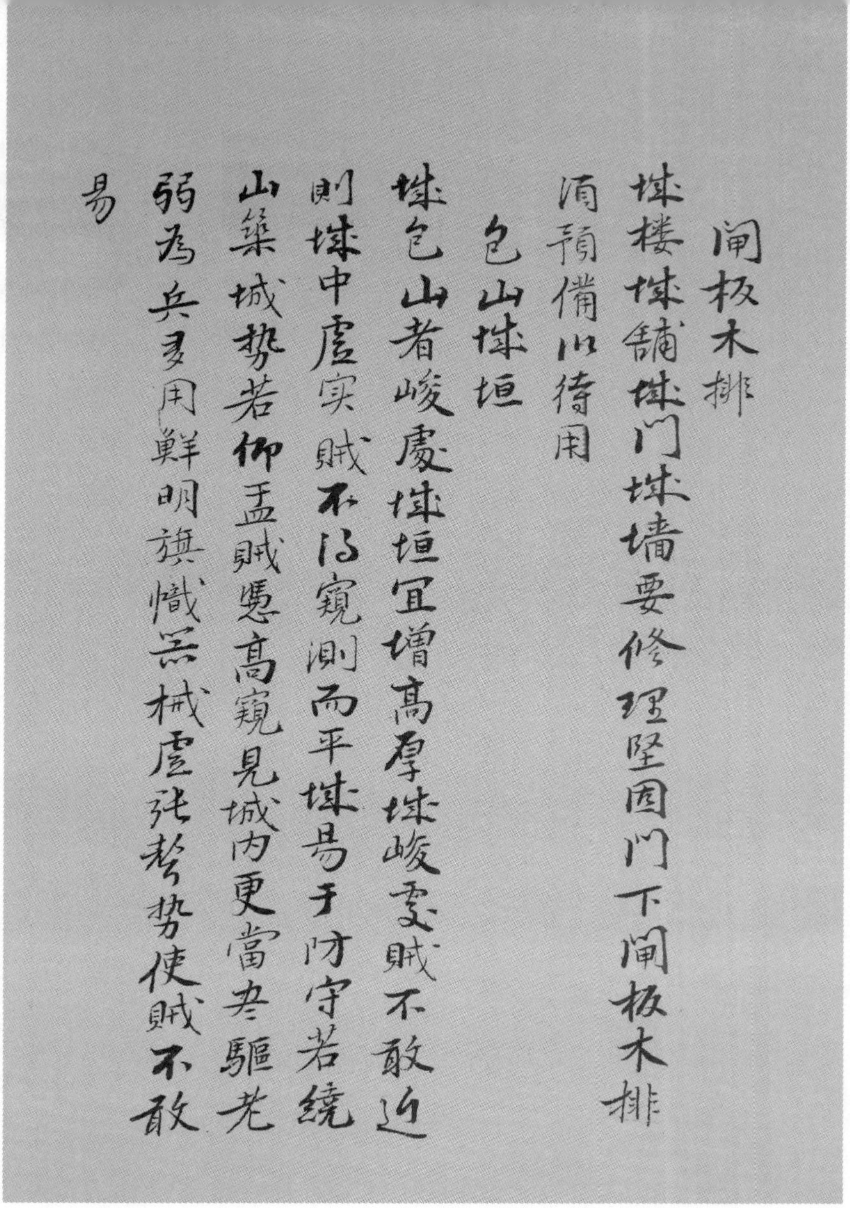
閘板木排
城樓城鋪城門城墻要修理堅固門下閘板木排
須預備以待用
包山城垣
城包山者峻處城垣宜增高厚城峻處賊不敢近
則城中虛實賊不得窺測而平城易于防守若繞
山築城勢若仰盂賊憑高窺見城內更當盡驅老
弱為兵多用鮮明旗幟器械虛張聲勢使賊不敢
易

閘板木排

城樓、城鋪、城門、城墻，要修理堅固。門下閘板、木排，須預備以待用。

包山城垣

城包山者，峻處城垣宜增高厚。城峻處賊不敢近，則城中虛實賊不得窺測。而平城易于防守，若繞山築城，勢若仰盂。賊憑高窺見城内，更當盡驅老弱爲兵，多用鮮明旗幟器械，虛張聲勢，使賊不敢易。

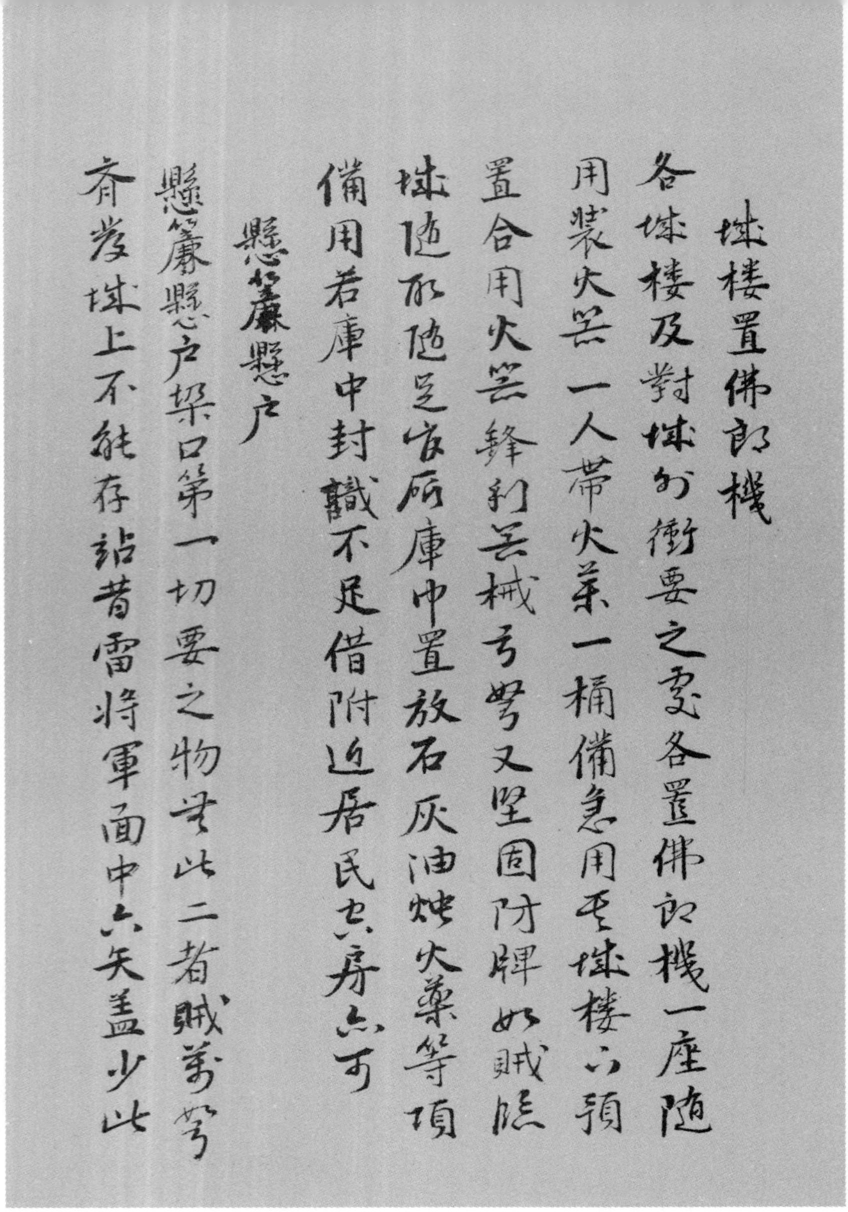

城樓置佛郎機

各城樓及對城外衝要之處，各置佛郎機一座，隨用裝火器一人，帶火藥一桶，備急用。其城樓下，預置合用火器，鋒利器械、弓弩，又堅固防牌。如賊臨城，隨取隨足。官廳庫中置放石灰、油燭、火藥等項備用。若庫中封識不足，借附近居民空房亦可。

懸簾懸户

懸簾懸户，垛口第一切要之物。無此二者，賊萬弩齊發，城上不能存站。昔雷將軍面中六矢，蓋少此

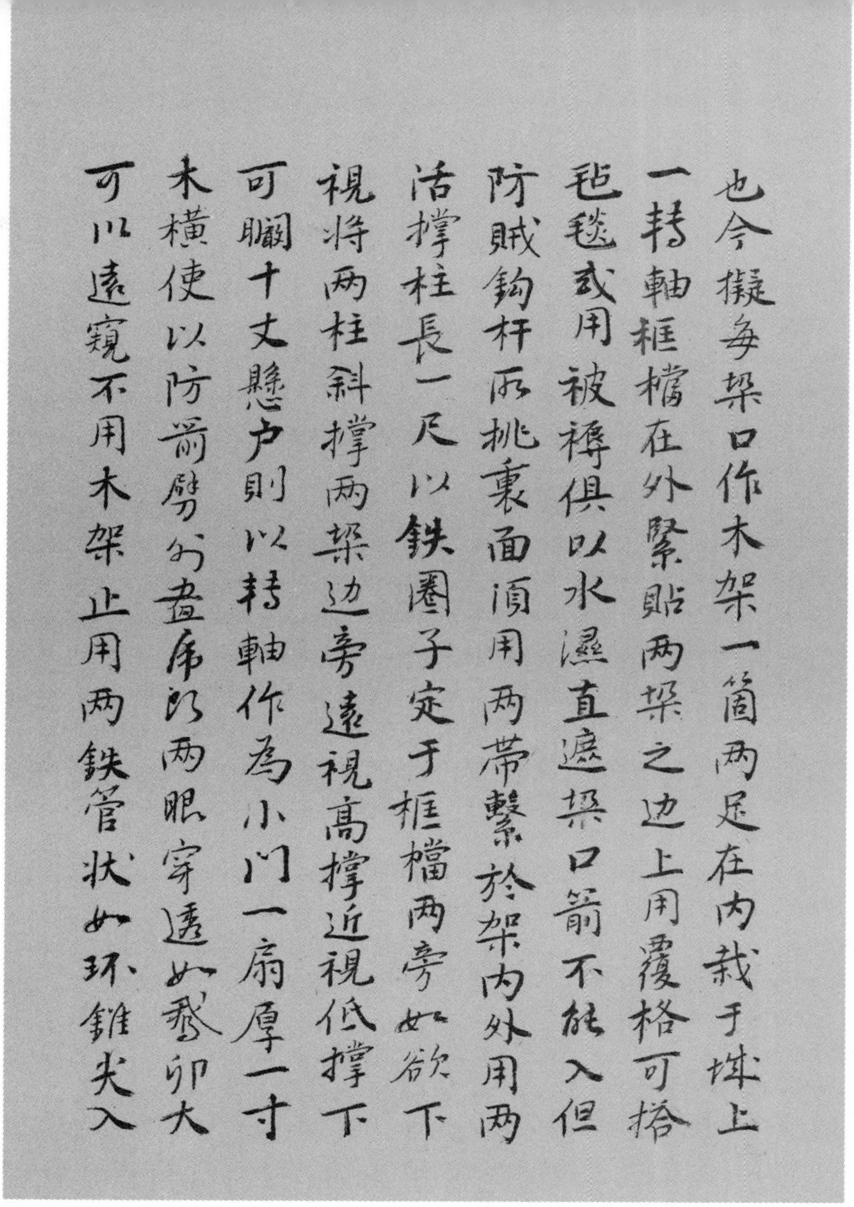

也。今擬每垜口作木架一箇，兩足在内，栽于城上，一轉軸框檔在外，緊貼兩垜之邊，上用覆格，可搭氊毯。或用被褥，俱以水濕，直遮垜口，箭不能入。但防賊鉤杆所挑，裏面須用兩帶繫於架。内外用兩活撑柱，長一尺，以鐵圈子定於框檔兩旁。如欲下視，將兩柱斜撑兩垜邊旁，遠視高撑，近視低撑，下可瞰十丈。懸户則以轉軸作爲小門一扇，厚一寸，木横使，以防箭劈。外畫虎頭，兩眼穿透如鵝卵大，可以遠窺。不用木架，止用兩鐵管，狀如環錐，尖入垛内者。更作拐頭，壘入垛之兩旁。其懸户用則懸之，不用則摘之。懸簾、懸户撑不可太高，須防旁箭。如垛口多而人數少者，隔口守之。其無人垛口，多堆圓石二三百。彼若用鉤杆雲梯，觸動石子，自然下落，賊亦存立不住也。

懸户圖

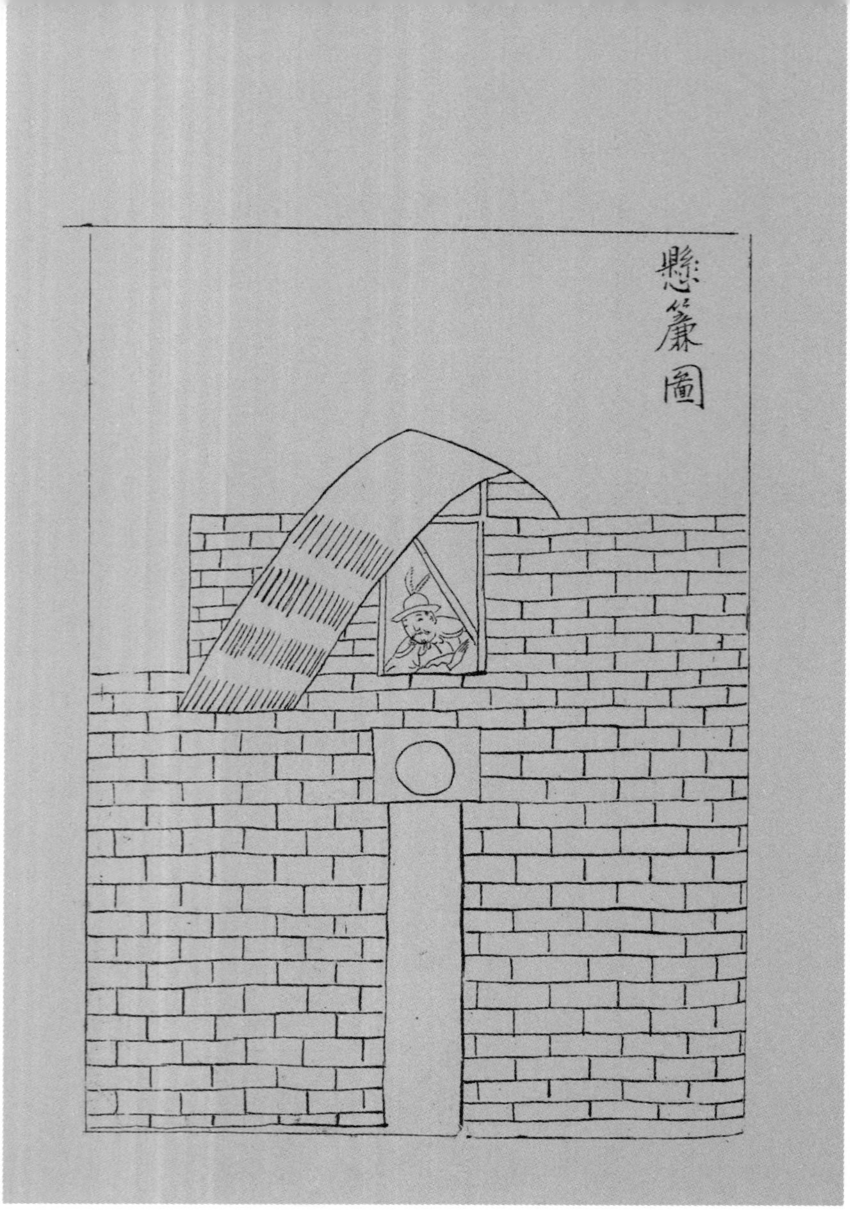

懸簾圖

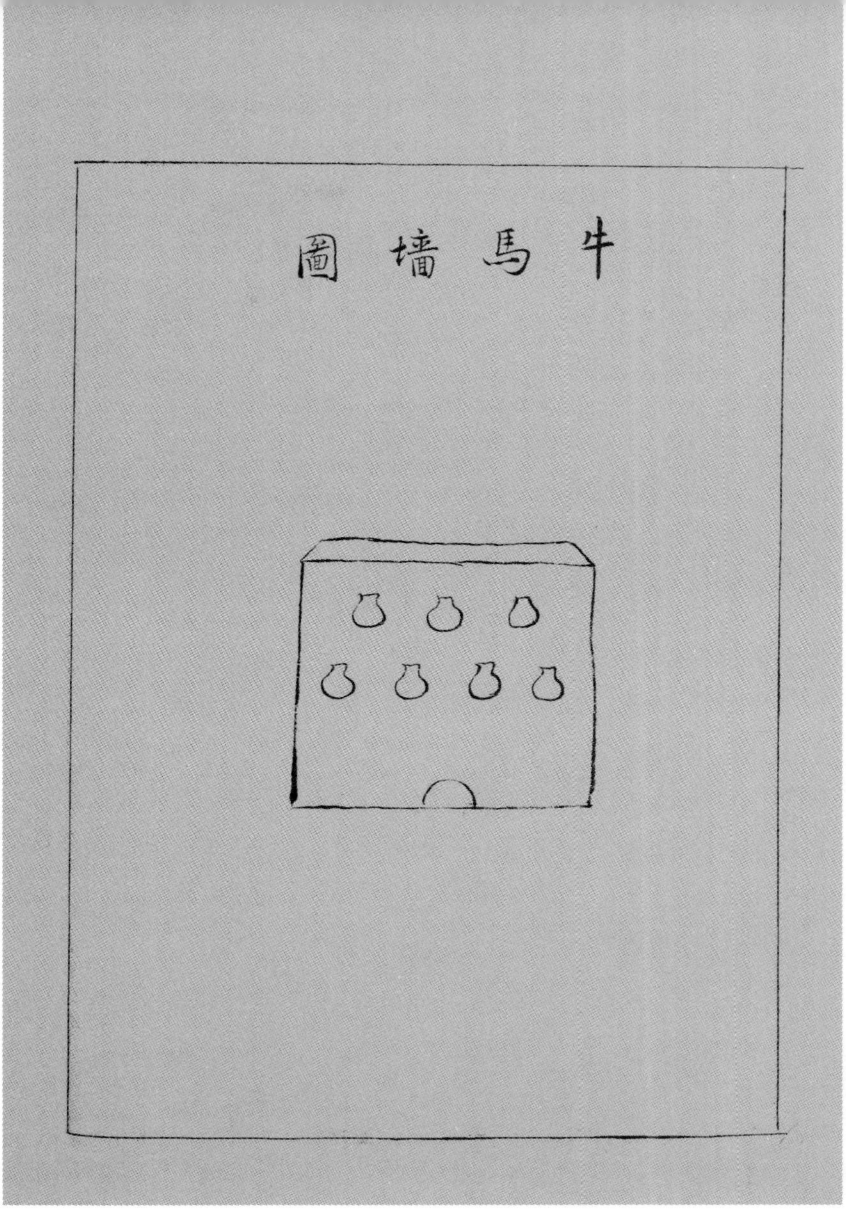

牛馬墻圖

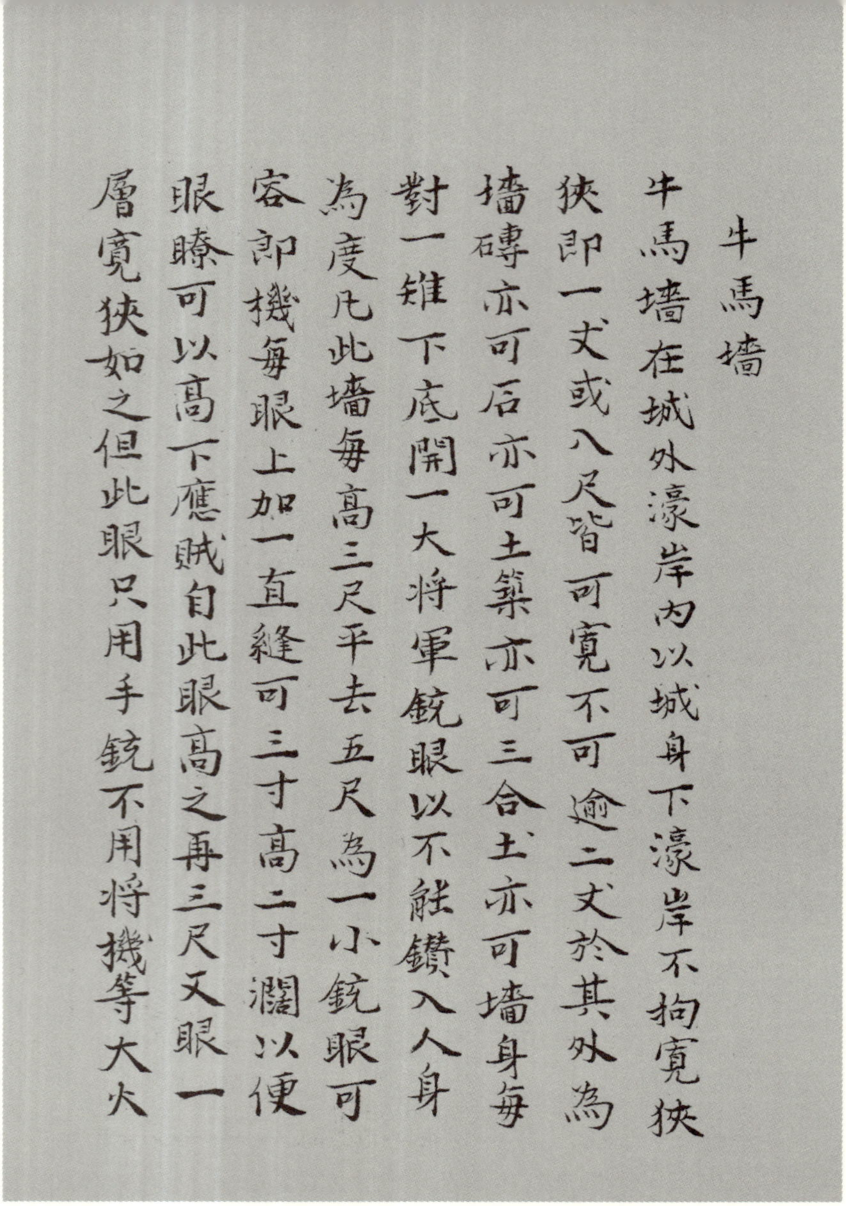
牛馬墻
牛馬墻在城外濠岸内以城身下濠岸不拘寬狹
狹即一丈或八尺皆可寬不可逾二丈於其外為
墻磚亦可石亦可土築亦可三合土亦可墻身每
對一雉下底開一大将軍銃眼以不能鑽入人身
為度凡此墻每高三尺平去五尺為一小銃眼可
容郎機每眼上加一直縫可三寸高二寸濶以便
眼瞭可以高下應賊自此眼高之再三尺又眼一
層寬狹如之但此眼只用手銃不用将機等大火

牛馬墻

牛馬墻，在城外濠岸内。以城身下濠岸，不拘寬狹，狹即一丈或八尺皆可，寬不可逾二丈，於其外爲墻。磚亦可，石亦可，土築亦可，三合土亦可。墻身每對一雉，下底開一大將軍銃眼，以不能鑽入人身爲度。凡此墻，每高三尺，平去五尺，爲一小銃眼，可容郎機。每眼上加一直縫，可三寸高，二寸闊，以便眼瞭，可以高下應賊。自此眼高之再三尺，又眼一層，寬狹如之。但此眼只用手銃，不用（將）[郎]機等大火器，眼只一寸，眼上開長眼三寸，以便眼瞭。如（之墻）［墻之］脊用斧刃磚石，使不可立。任賊百萬來攻，對濠則以銃于小眼擊之，賊眾則用大將軍于地眼擊之。賊登此墻，或用長柄大斧，或大棍，一擊而落，再無偷襲之虞矣。或一時收歛不及，或昏夜難辨不敢開門，一應避難之人、牛馬之類，皆可暫于墻内收避。兼此墻（時）［恃］城爲險，城以墻爲衛，緩急有城上人可以助力張威。若守墻人不用命，城上眾目所見，徑可擊死也。此所以牛馬墻爲有用之物，施之水

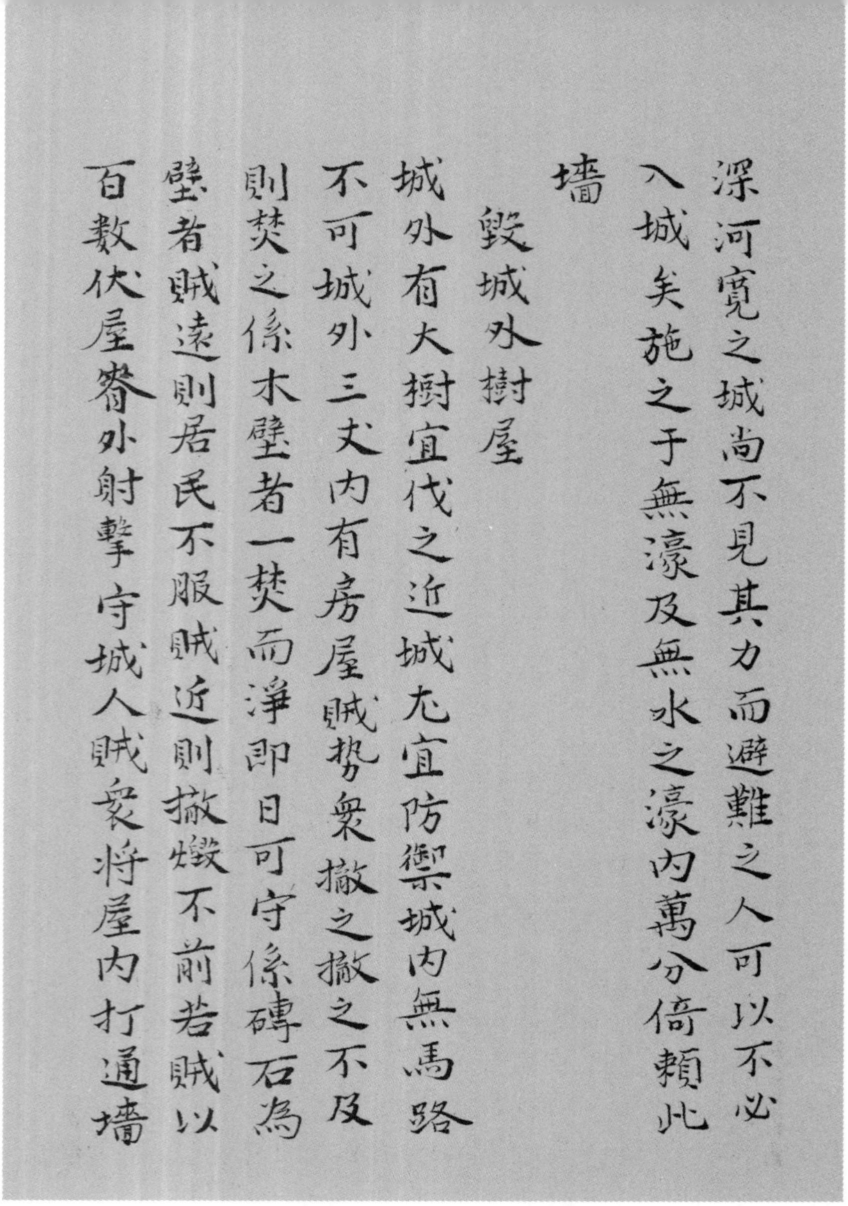
深河寛之城尚不見其力而避難之人可以不必
入城矣施之于無濠及無水之濠内萬分倚賴此
墻
毁城外樹屋
城外有大樹宜伐之近城尤宜防禦城内無馬路
不可城外三丈内有房屋賊勢衆撤之撤之不及
則焚之係木壁者一焚而淨即日可守係磚石為
壁者賊遠則居民不服賊近則撤燬不前若賊以
百數伏屋脊外射擊守城人賊衆將屋内打通墻

深河寛之城，尚不見其力，而避難之人可以不必入城矣，施之于無濠及無水之濠内，萬分倚賴此墻。

毁城外樹屋

城外有大樹，宜伐之。近城尤宜防禦。城内無馬路不可。城外三丈内有房屋，賊勢衆，撤之；撤之不及，則焚之。係木壁者，一焚而净，即日可守。係磚石爲壁者，賊遠則居民不服，賊近則撤燬不前。若賊以百數伏屋脊外，射擊守城人。賊衆將屋内打通墻

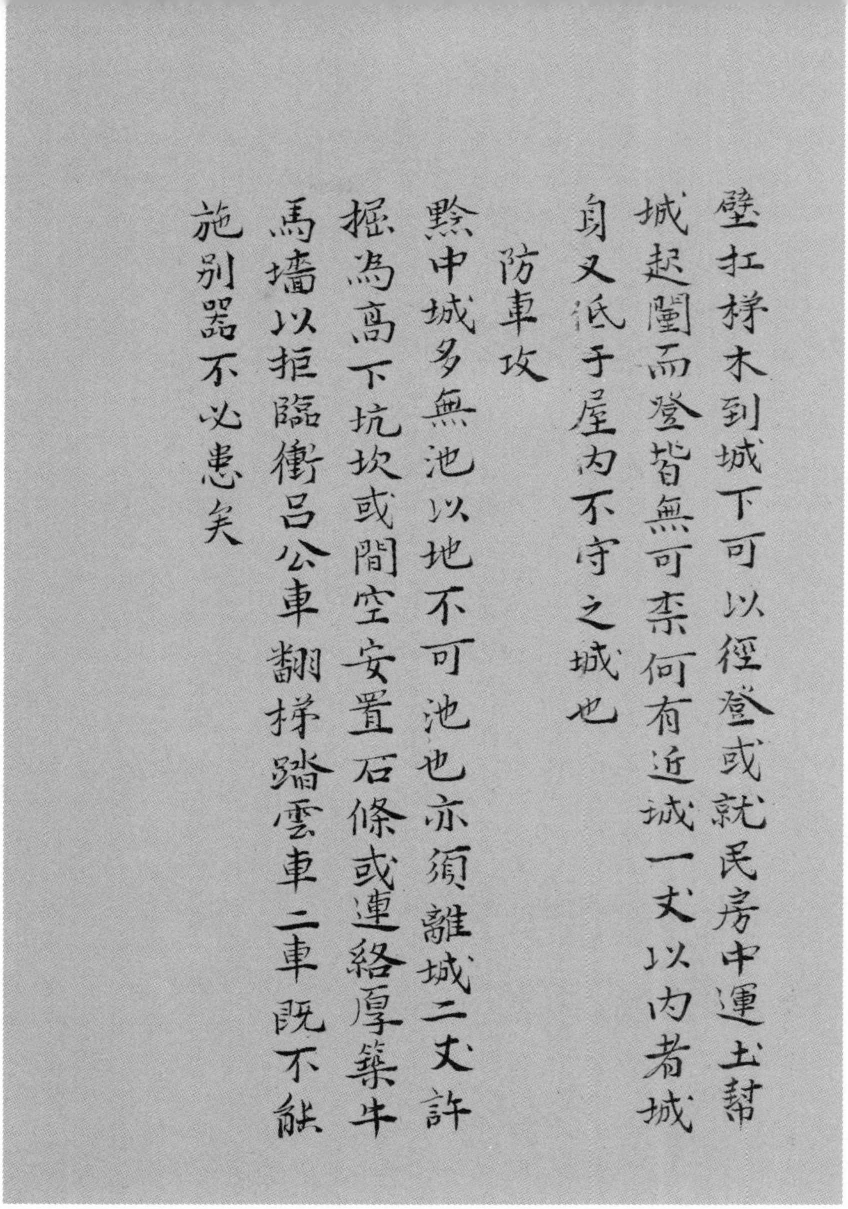

壁扛梯木到城下可以徑登或就民房中運土幇
城起闉而登皆無可柰何有近城一丈以内者城
身又低于屋内不守之城也
防車攻
黔中城多無池以地不可池也亦須離城二丈許
掘為高下坑坎或間空安置石條或連絡厚築牛
馬墻以拒臨衝吕公車翻梯踏雲車二車既不能
施别器不必患矣

壁，扛梯木到城下，可以徑登。或就民房中運土幫城，起闉而登，皆無可奈何。有近城一丈以內者，城身又低亍屋，內不可守之城也。

防車攻

黔中城多無池，以地不可池也。亦須離城二丈許，掘爲高下坑坎，或間空安置石條，或連絡厚築牛馬墻，以拒臨衝吕公車、翻梯踏雲車。二車既不能施，别器不必患矣。

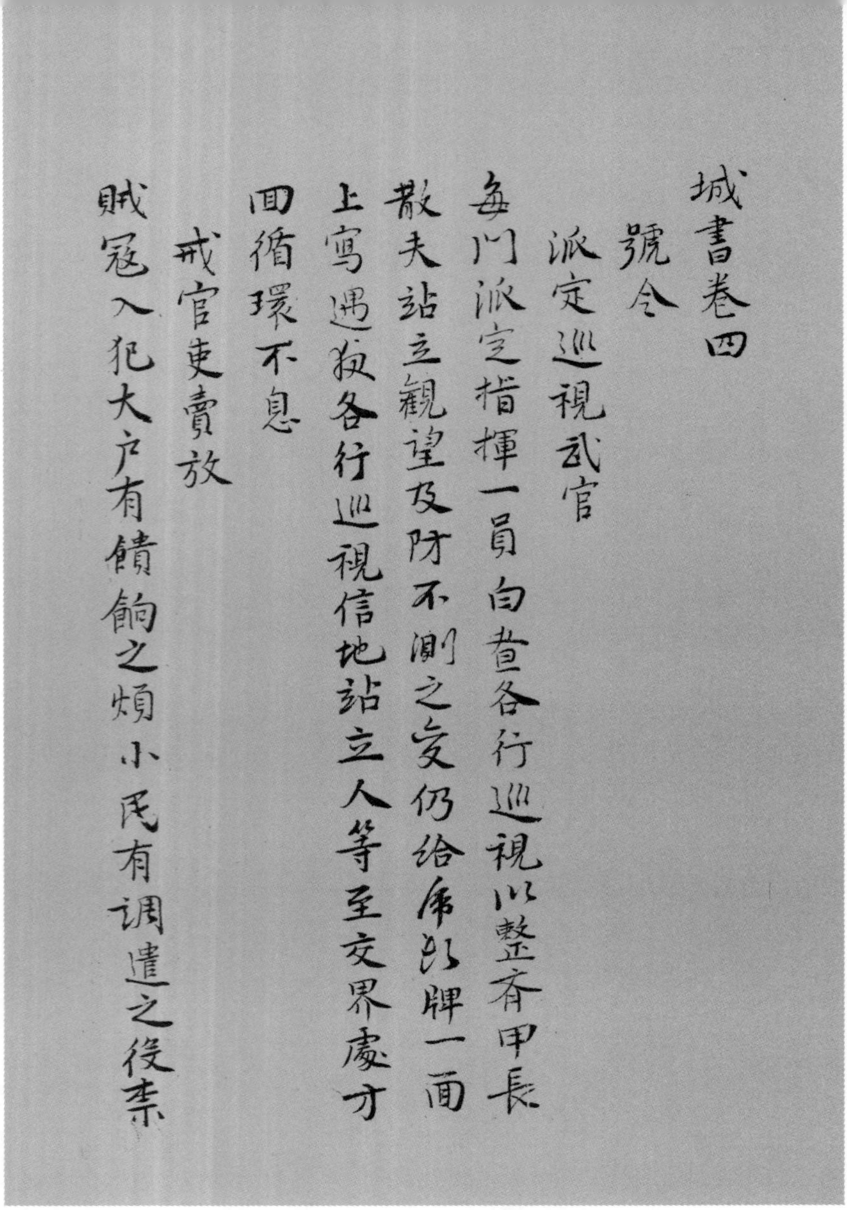

城書卷四

號令

派定巡視武官

每門派定指揮一員白晝各行巡視以整齊甲長散夫站立觀望及防不測之變仍給虎頭牌一面上寫遇夜各行巡視信地站立人等至交界處方回循環不息

戒官吏賣放

賊寇入犯大户有饋餉之煩小民有調遣之役柰

城書卷四

號令

派定巡視武官

每門派定指揮一員，白晝各行巡視，以整齊甲長散夫站立觀望，及防不測之變。仍給虎頭牌一面，上寫遇夜各行巡視信地站立人等。至交界處方回，循環不息。

戒官吏賣放

賊寇入犯，大户有饋餉之煩，小民有調遣之役。奈

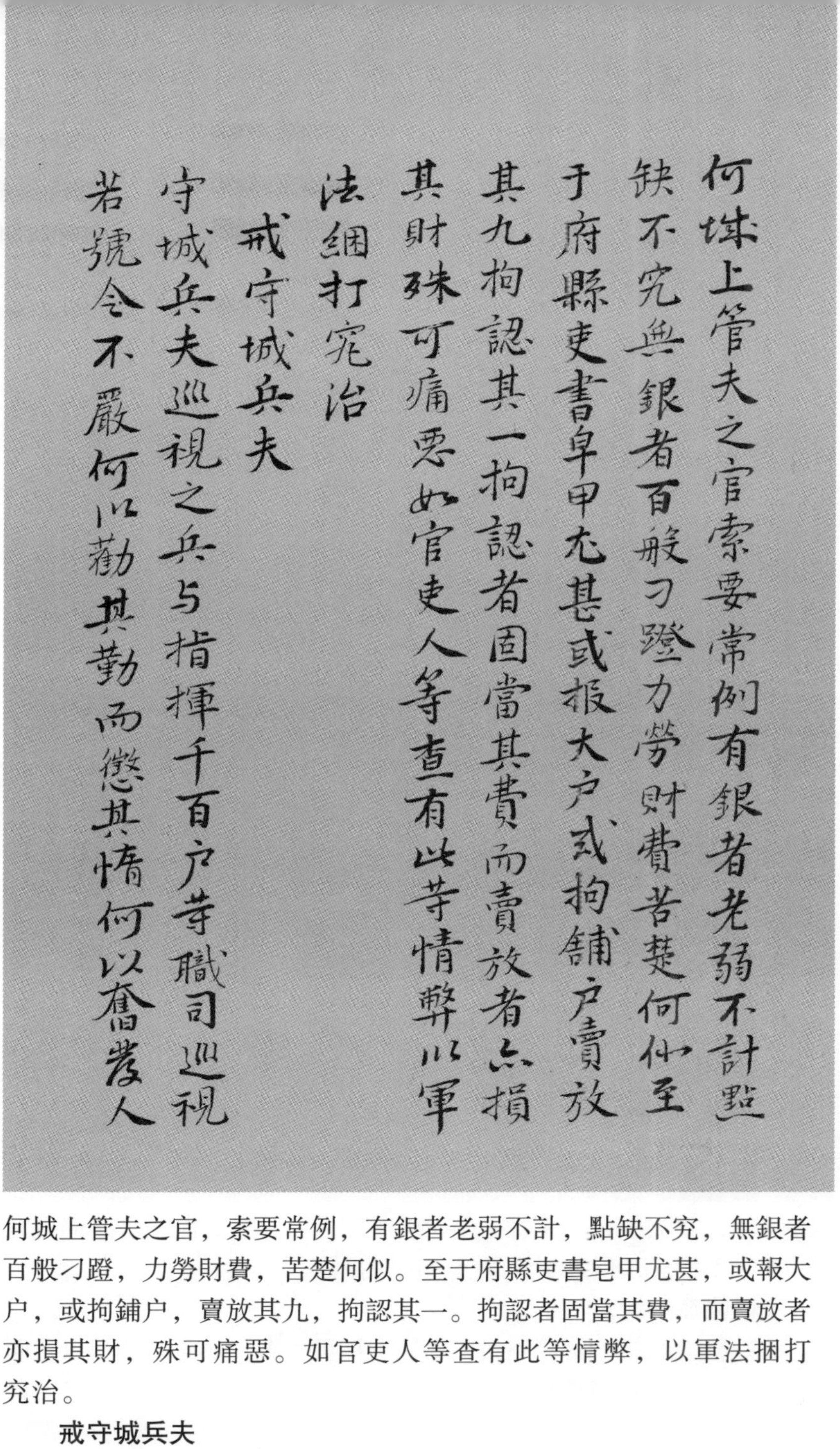

何城上管夫之官，索要常例，有銀者老弱不計，點缺不究，無銀者百般刁蹬，力勞財費，苦楚何似。至于府縣吏書皂甲尤甚，或報大户，或拘鋪户，賣放其九，拘認其一。拘認者固當其費，而賣放者亦損其財，殊可痛惡。如官吏人等查有此等情弊，以軍法捆打究治。

戒守城兵夫

守城兵夫巡視之兵，與指揮千百户等，職司巡視。若號令不嚴，何以勸其勤而懲其惰，何以奮發人

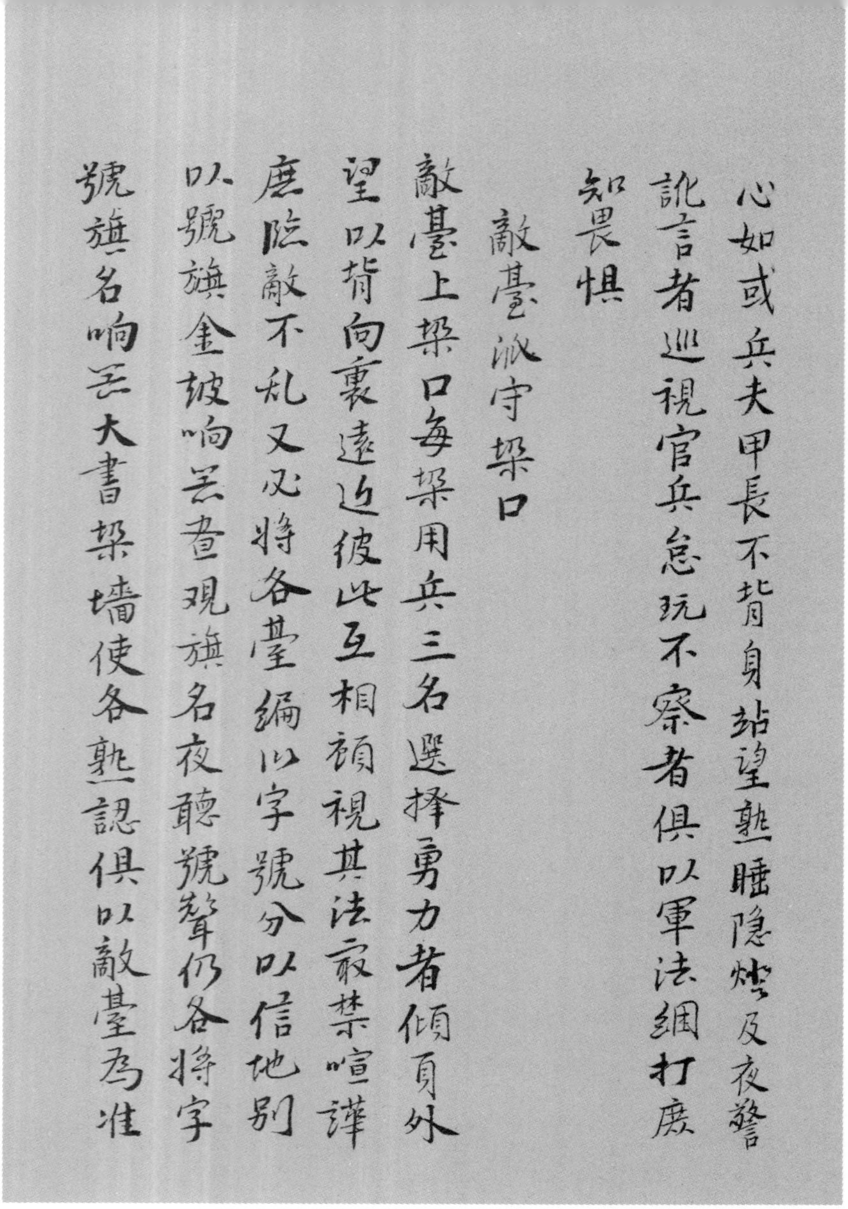

心如或兵夫甲長不背身站望熟睡隱燈及夜警
訛言者巡視官兵怠玩不察者俱以軍法綑打庶
知畏懼
敵臺派守垛口
敵臺上垛口每垛用兵三名選擇勇力者傾身外
望以背向裏遠近彼此互相顧視其法最禁喧嘩
庶臨敵不亂又必將各臺編以字號分以信地別
以號旗金鼓響器晝觀旗名夜聽號聲仍各將字
號旗名響器大書垛墻使各熟認俱以敵臺爲准

心。如或兵夫甲長不背身站望，熟睡隱燈，及夜警訛言者，巡視官兵怠玩不察者，俱以軍法綑打，庶知畏懼。

敵臺派守垛口

敵臺上垛口。每垛用兵三名，選擇勇力者，傾身外望，以背向裏，遠近彼此互相顧視。其法，最禁喧嘩，庶臨敵不亂。又必將各臺編以字號，分以信地，别以號旗、金鼓響器。晝觀旗名，夜聽號聲，仍各將字號、旗名、響器，大書垛墻，使各熟認，俱以敵臺爲準。

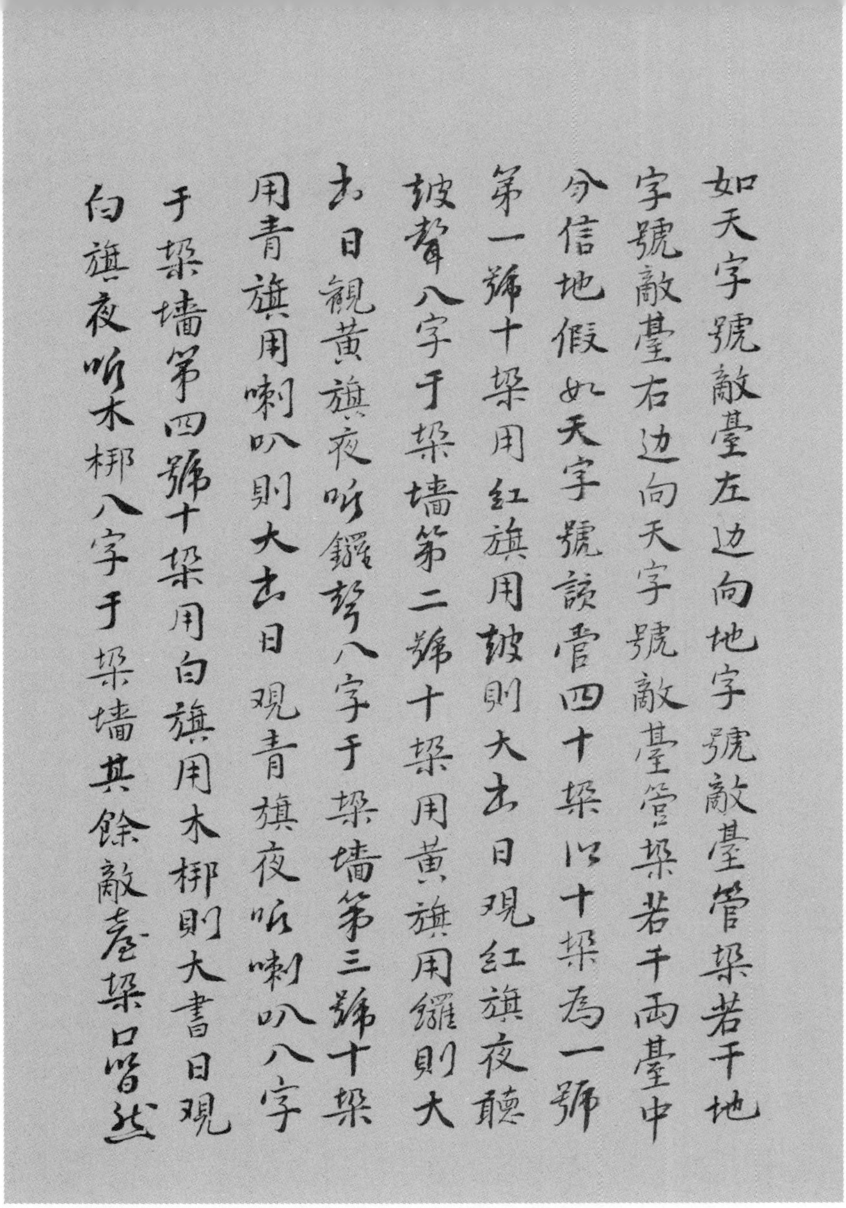

如天字號敵臺，左邊向地字號敵臺，管垛若干；地字號敵臺，右邊向天字號敵臺，管垛若干。兩臺中分信地。假如天字號該管四十垛，以十垛爲一號。第一號十垛，用紅旗用鼓，則大書“日觀紅旗，夜聽鼓聲”八字于垛墻。第二號十垛，用黃旗用鑼，則大書“日觀黃旗，夜聽鑼聲”八字于垛墻。第三號十垛，用青旗用喇叭，則大書“日觀青旗，夜聽喇叭”八字于垛墻。第四號十垛，用白旗用木梆，則大書“日觀白旗，夜聽木梆”八字于垛墻。其餘敵臺垛口皆然。

倘（日賊）[賊日]犯天字第一號信垛城下，該管敵臺上摇紅旗；夜犯天字第一號信垛城下，該管臺上起鼓，信守兵役，一齊戒嚴俟擊。左右城樓各遊兵到彼應援，兩邊敵臺相向，互爲催擊。其餘臺垛官兵非信地者，不許亂動。各門雖無警，亦加戒嚴，不許擅離信地應援。恐賊聲東擊西，乘虚而上，庶防守嚴切而静應不擾。如臺兵失誤，以軍法重治。

嚴防警報

遇有伏路警報，城上中軍晝放火砲三箇，車起大

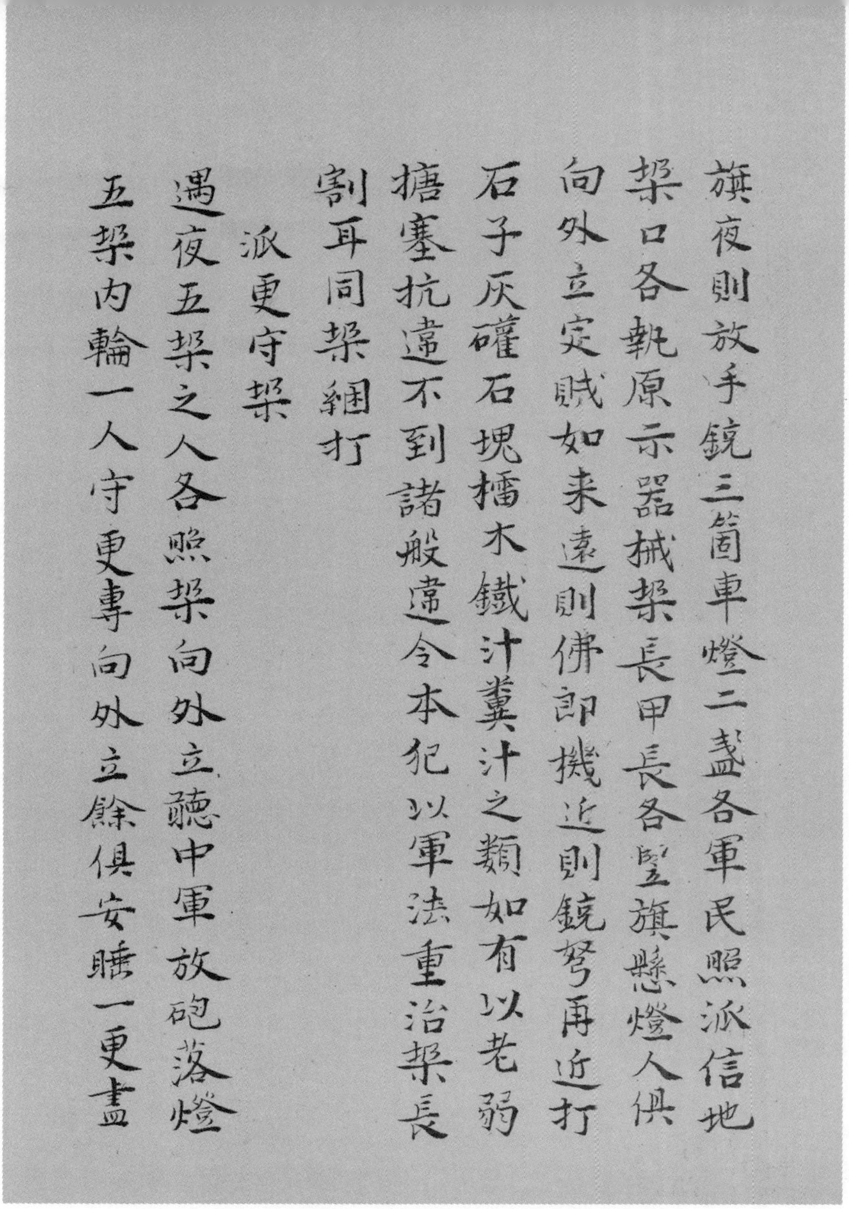
旗夜則放手銃三箇車燈二盞各軍民照派信地
垛口各執原示器械垛長甲長各豎旗懸燈人俱
向外立定賊如来遠則佛郎機近則銃弩再近打
石子灰礶石塊檑木鐵汁糞汁之類如有以老弱
搪塞抗違不到諸般違令本犯以軍法重治垛長
割耳同垛綑打
派更守垛
遇夜五垛之人各照垛向外立聽中軍放砲落燈
五垛内輪一人守更專向外立餘俱安睡一更盡

旗，夜則放手銃三箇，車燈二盞。各軍民照派信地垛口，各執原示器械；垛長甲長，各豎旗懸燈，人俱向外立定。賊如來，遠則佛郎機，近則銃弩，再近打石子、灰礶、石塊、檑木、鐵汁、糞汁之類。如有以老弱搪塞，抗違不到，諸般違令，本犯以軍法重治，垛長割耳，同垛綑打。

派更守垛

遇夜，五垛之人，各照垛向外立，聽中軍放砲落燈。五垛内輪一人守更，專向外立，餘俱安睡。一更盡，

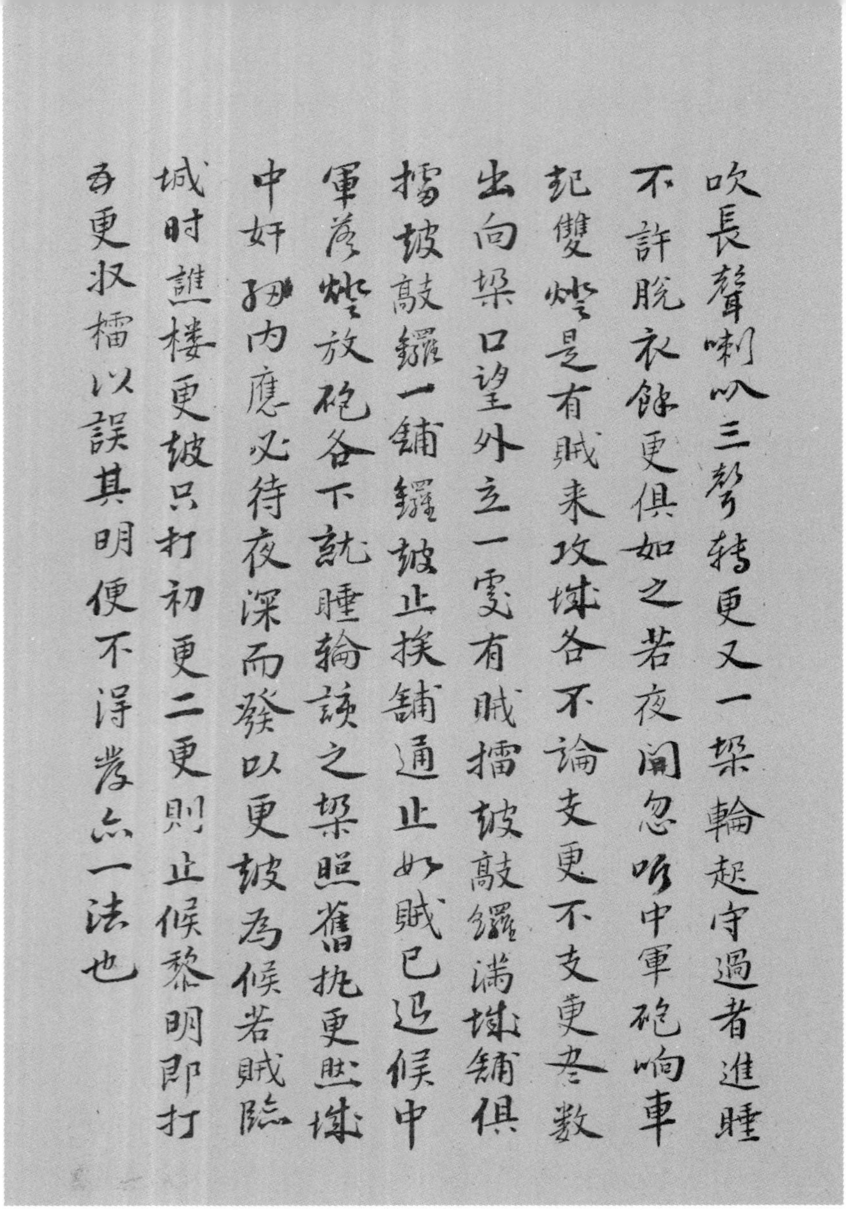

吹長聲喇叭三聲，轉更又一垛者輪起。守過者進睡，不許脱衣。餘更俱如之。若夜間忽聽中軍砲響，車起雙燈，是有賊來攻城。各不論支更不支更，盡數出向垛口望外立。一處有賊，擂鼓敲鑼，滿城鋪俱擂鼓敲鑼。一鋪鑼鼓止，挨鋪通止。如賊已退，候中軍落燈放砲，各下就睡。輪該之垛，照舊執更。然城中奸細内應必待夜深而發，以更鼓爲候。若賊臨城時，譙樓更鼓，只打初更，二更則止，候黎明即打五更收擂，以誤其明，便不得發，亦一法也。

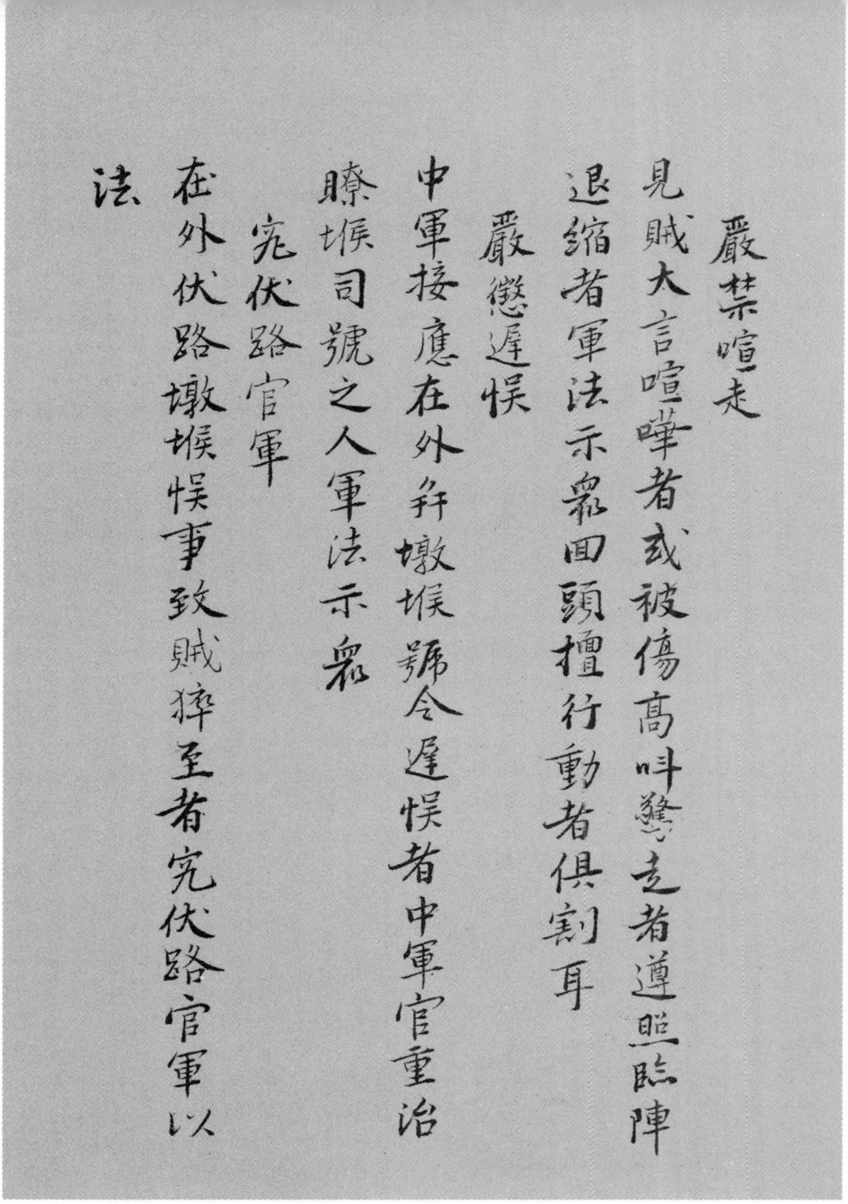
嚴禁喧走
見賊大言喧嘩者或被傷高叫驚走者遵照臨陣
退縮者軍法示衆回頭擅行動者俱割耳
嚴懲遲悞
中軍接應在外并墩堠號令遲悞者中軍官重治
瞭堠司號之人軍法示衆
究伏路官軍
在外伏路墩堠悞事致賊猝至者究伏路官軍以
法

嚴禁喧走

見賊大言喧嘩者，或被傷高叫驚走者，遵照臨陣退縮者軍法示衆。回頭擅行動者，俱割耳。

嚴懲遲誤

中軍接應在外并墩堠號令遲誤者，中軍官重治瞭堠司號之人，軍法示衆。

究伏路官軍

在外伏路墩堠誤事，致賊猝至者，究伏路官軍以法。

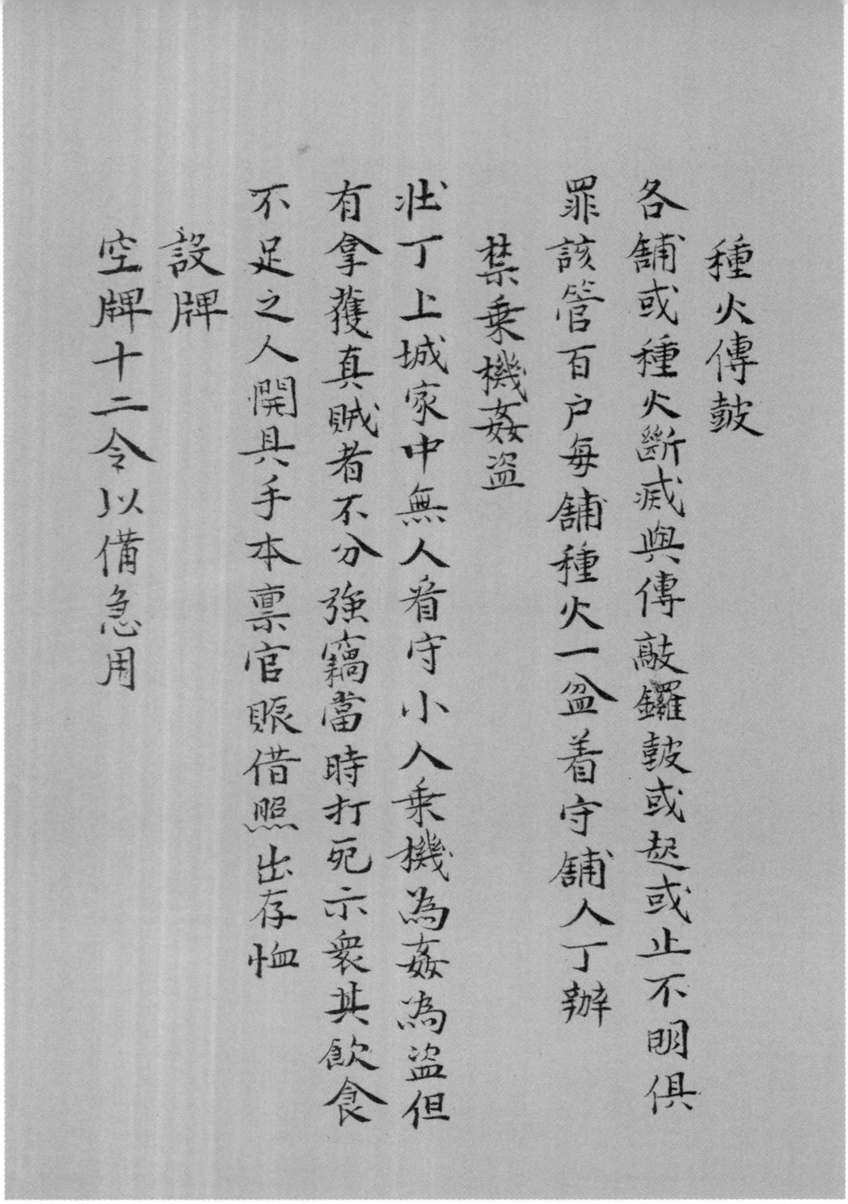
種火傳鼓
各鋪或種火斷滅與傳敲鑼鼓或起或止不明俱
罪該管百户每鋪種火一盆着守鋪人丁辦
禁乘機姦盜
壯丁上城家中無人看守小人乘機為姦為盜但
有拿獲真賊者不分強竊當時打死示衆其飲食
不足之人開具手本禀官賑借照出存恤
設牌
空牌十二令以備急用

種火傳鼓

各鋪或種火斷滅，與傳敲鑼鼓，或起或止不明，俱罪該管百户。每鋪種火一盆，着守鋪人丁辦。

禁乘機姦盜

壯丁上城，家中無人，看守小人，乘機爲姦爲盜，但有拿獲真賊者，不分强竊，當時打死示眾。其飲食不足之人，開具手本，禀官賑借，照出存恤。

設牌

空牌十二令以備急用

斬首見賊驚慌踏脾不定者　示衆
斬首捏造訛言摇惑衆心者　示衆
斬首兇軍犯上率衆鼓躁者　示衆
斬首招呼到遲觀望逗遛者　示衆
斬首臨陣當頭向前不勇者　示衆
斬首大衆向前獨自退縮者　示衆
斬首奸暴亂群損人利己者　示衆
斬首探報不明捏情回話者　示衆
斬首乘機竊劫姦盜婦女者　示衆

斬首見賊驚慌踏（脾）[脚]不定者　示衆
斬首捏造訛言摇惑衆心者　示衆
斬首兇軍犯上率衆鼓躁者　示衆
斬首招呼到遲觀望逗遛者　示衆
斬首臨陣當頭向前不勇者　示衆
斬首大衆向前獨自退縮者　示衆
斬首奸暴亂群損人利己者　示衆
斬首探報不明捏情回話者　示衆
斬首乘機竊劫姦盜婦女者　示衆

斬首不恤軍士尅削衣糧者　示衆
斬首不遵將令私議軍法者　示衆
斬首窩藏姦細泄漏軍機者　示衆

偵探伏路

賊來預備，先于偵探伏路人最爲要緊。凡有警時，查照城外要害，四面共有幾處，撥選五人，每人管一更。俱于每日午時，陸路官處領起火六枝，手銃五口，火繩五根。各照派信地，離城二三里之遠，守伏至次日午時交代，方許回家。仍每人小燈籠一

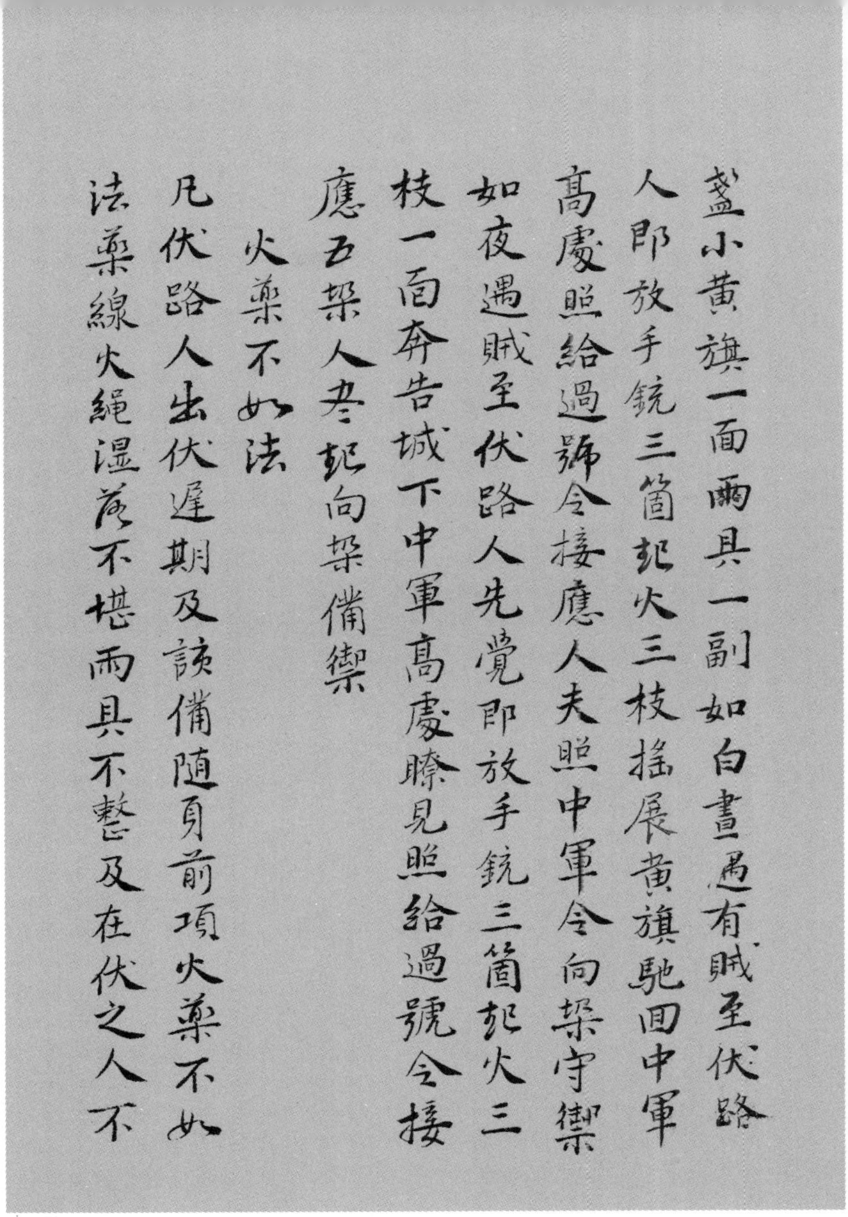
盞小黃旗一面雨具一副如白晝遇有賊至伏路
人即放手銃三箇起火三枝搖展黃旗馳回中軍
高處照給過號令接應人夫照中軍令向垜守禦
如夜遇賊至伏路人先覺即放手銃三箇起火三
枝一面奔告城下中軍高處瞭見照給過號令接
應五垜人盡起向垜備禦
火藥不如法
凡伏路人出伏遲期及該備隨身前項火藥不如
法藥線火繩濕落不堪雨具不整及在伏之人不

盞，小黃旗一面，雨具一副。如白晝遇有賊至，伏路人即放手銃三箇，起火三枝，搖展黃旗，馳回。中軍高處照給過號令接應，人夫照中軍令向垜守禦。如夜遇賊，至伏路人先覺，即放手銃三箇，起火三枝，一面奔告城下。中軍高處瞭見，照給過號令接應。五垜之人盡起，向垜備禦。

火藥不如法

凡伏路人出伏遲期，及該備隨身前項火藥不如法，藥綫、火繩濕落不堪，雨具不整，及在伏之人不

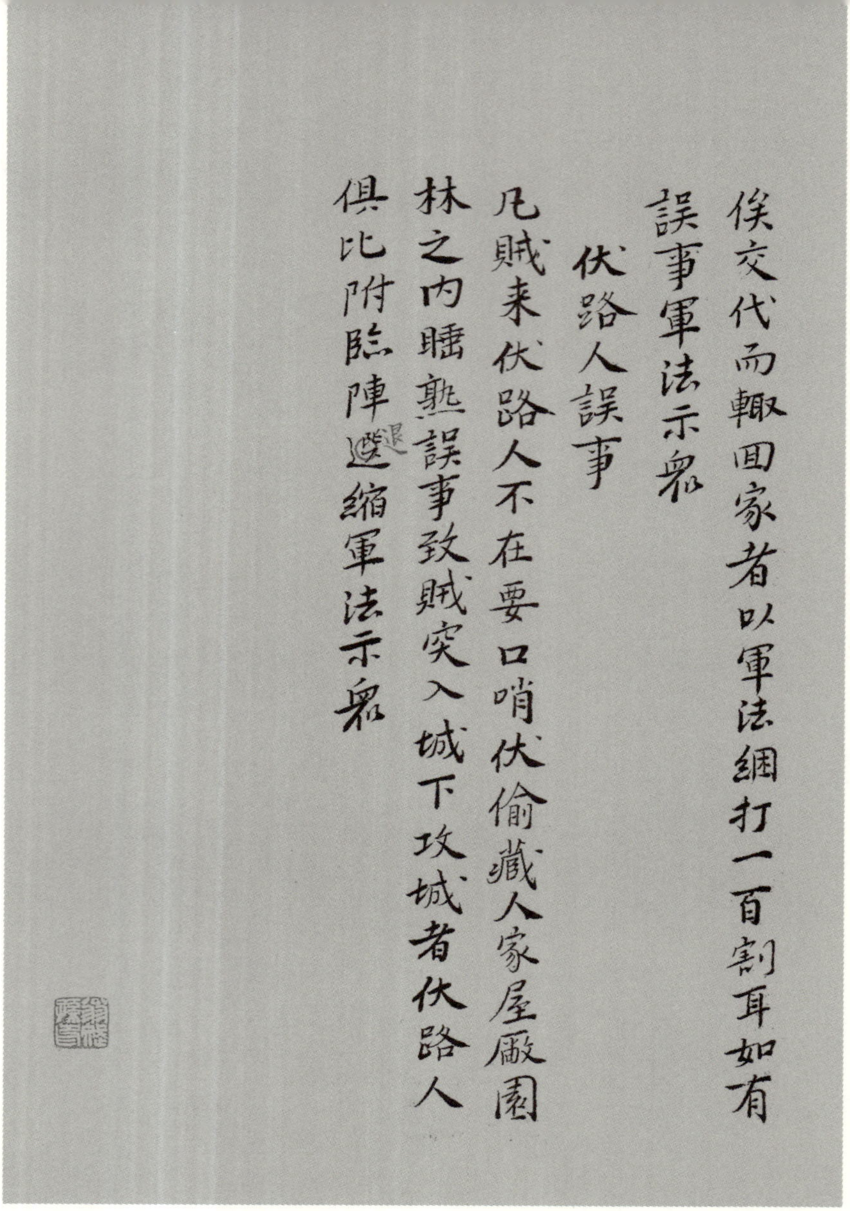
俟交代而輒回家者以軍法綑打一百割耳如有
誤事軍法示衆
伏路人誤事
凡賊來伏路人不在要口哨伏偷藏人家屋廠園
林之內睡熟誤事致賊突入城下攻城者伏路人
俱比附臨陣退縮軍法示衆

俟交代而輒回家者，以軍法綑打一百，割耳。如有誤事，軍法示衆。

伏路人誤事

凡賊來，伏路人不在要口哨伏，偷藏人家屋廠園林之內，睡熟誤事，致賊突入城下攻城者，伏路人俱比附臨陣退縮，軍法示衆。

附録

城書序〔一〕

守城事宜，《武經總要》有城守章，《紀效新書》有守哨篇，呂中丞有《城守》，尹朔野有《堡約》，羅僉憲拱辰有《戰守條款》〔二〕，《籌海圖編》亦載守城一卷，其説詳矣。顧事太煩瑣，器亦重複，介胄之士，多不解其説。予入閩，得福州何太守所刻《守城事宜》，總括《武經》、《新書》，而稍淺其詞，令人易曉，守城之善物也。己亥入黔中，疆場日駭，城垣爲急，乃增呂、尹、羅三公〔三〕數條，間抒一得，付之剞劂。凡守城將帥，人給一册，命之曰《城書》。熟讀而詳味之，庶幾黔之金湯乎？故曰，敵無脆，有備者勝；國無小，善守者全。曰備曰守，無出此書〔四〕。召伯營謝，蔿敖城沂，竊爲諸將望焉。萬曆己亥季夏泰和郭子章譔〔五〕。

〔一〕録文據山根幸夫引用モラロジー研究所廣池千九郎記念文庫藏明刻《城守合刻》本内《城書》郭子章序。參校郭子章《黔草》萬曆刻本所收《城書序》。參見山根幸夫《郭子章『城書』について》，古典研究会編《古典研究会創立二十五周年記念国書漢籍論集》，汲古書院，一九九一年，第六四二—六四三頁。郭子章《黔草》卷十一（4a-b），『城書序』，《四庫全書存目叢書》集部第一五五册影印萬曆刻本，第三四一頁。

〔二〕羅僉憲拱辰有《戰守條款》，《黔草》所載《城書序》無此句。

〔三〕呂、尹、羅三公，《黔草》作『呂、尹二公』。

〔四〕無出此書，原作『無此書』。據《黔草》改。

〔五〕萬曆己亥季夏泰和郭子章譔，《黔草》無此句。

《城書》四卷。予入黔征播，賊屢攻城，爲城守作也。刻於黔，分給將士，自序序刻在《黔草》。後滇有武定之叛，滇周柱史懋相再刻於滇而序之。又再刻於吉州，守備府湖西吳觀察正志序。序曰：《博物志》推本作城，强者攻，弱者守。夫攻城者，逼則臨衝，紓則隧道，或高高，或下下，惟力是視，惟恐不克，固知非强者勿能辦也。若守，則有險可憑，而且以主待客，以逸待勞，但使備禦足賴，何慮乎乘堙，何憂乎闕地。不得已而至于易子析骸，則病甚矣。然苟上下戮力，猶可以免城下之盟，而况其他乎？故善守者講求乎備禦之術，强固可，弱亦可，特恃陋而狎敵不可耳。郭大司馬，委身從事，亦既獨賢。水西一役，蓋嘗身親旂鼓，與將士共周旋于魚麗、鵝鸛之間，而因攻思守，每飯不忘雉堞。故所著《城書》，規則以盡常，機宜以盡變，與夫整整其器械，諮諮其號令，皆鑿鑿可行。一日出以示予，予謂未雨綢繆之計，豈獨邊徼所當留意，凡有兵戎之寄者，皆當置一册於座右。遂命萬安營白守備重付剞劂，令湖西將吏按策而預圖之。即遇流寇，不能爲害，則公嘉惠桑梓大矣。〔一〕

城守合刻序〔二〕

《易》稱『設險守國』，《書》稱『慎固封守』。古諸侯號爲守臣，而王十二年一巡狩。解之者曰：巡所守也。守之義綦重矣。五兵之用，不越攻守。然攻如藥石，遇病斯治，而守則飲食裘葛，旦夕安可廢也。世際恬熙，諱言兵，而并不講於守。頃一二小醜挑梁，守者倉皇無以應，惴惴杌隉，内自潰亂。明乎非寇之善攻，正坐我之不守耳。青螺先生輯有《城書》八章，暨閩中所刻《乘城要法》，間閲其書，甚易曉，以易行。大都最忌驚擾，最宜鎮定，而先之以收斂，壯之以軍實，明之以分數，調之以作止，一一犂然有法在。長才淵識者，固可不離繩墨而運奇無窮。即鞶帶書生以且悠然整暇，而坐收保障之效。然則是書也，其金湯鎖鑰，而以《易》、《書》之遺意歟？嘗聞兵者陰事，其説最秘，不可示人。而獨是城守之説，正欲使人人共知。愚故合而刻之，以廣其傳，以在守言守之意云。天啟二年壬戌春孟，吳中汪起鳳來虞謹序。

〔一〕據郭子章《傳草》卷十七（14a–b），《四庫全書存目叢書》集部第一五六册影印萬曆間刻本，第二二六頁。吳序作於萬曆四十三年，見整理説明。
〔二〕録文據山根幸夫《郭子章『城書』について》，古典研究会編《古典研究会創立二十五周年記念国書漢籍論集》，汲古書院，一九九一年，第六四一—六四二頁。

鐵模圖說　演砲圖說

本書據中國國家圖書館藏清道光刻本影印。原書高二七〇毫米，寬一八八毫米。半葉版框高二〇〇毫米，寬一四六毫米。

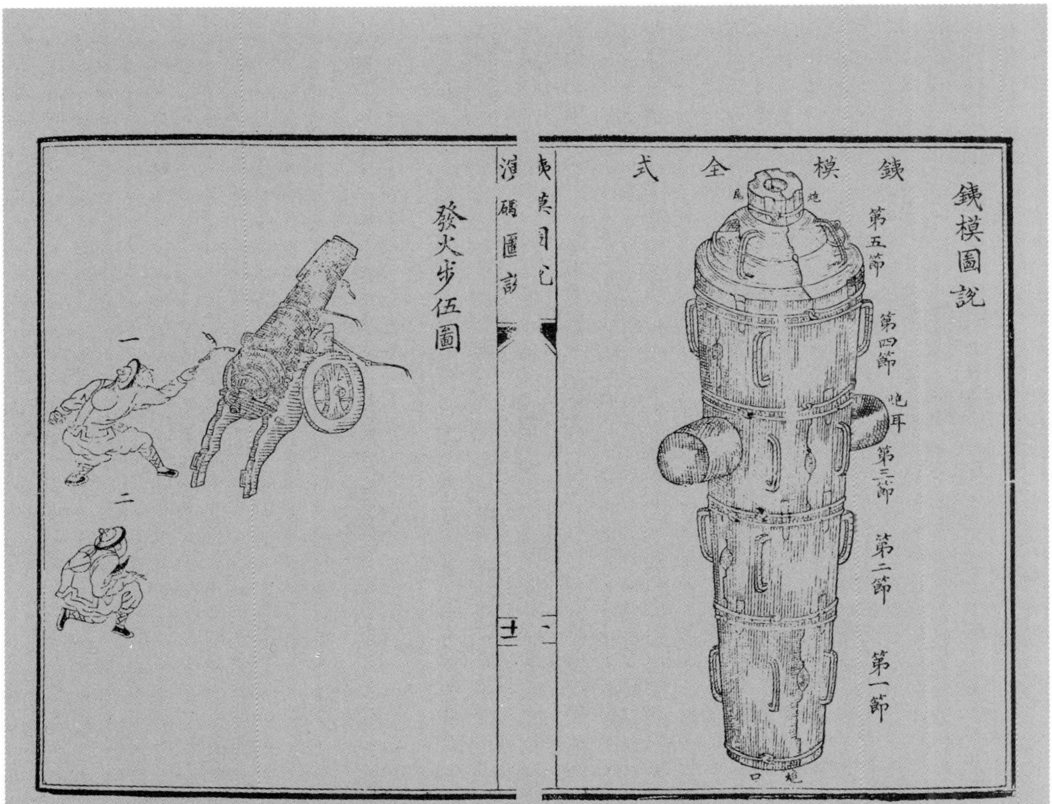

整理説明

《鐵模圖説》《演砲圖説》，清龔振麟著。龔振麟（？—一八六一），字士振，長洲人（今蘇州市），歷官嘉興縣丞、署秀水知縣、台州知府。

第一次鴉片戰爭時期，道光二十年六月，龔振麟（時任嘉興縣丞）奉調前赴寧波軍營效力。是冬仿英國火輪船樣式，試製小型輪船，以人力驅動明輪。道光二十一年初，又造磨盤砲架、四輞砲車。九月，主持鎮海砲局，監造火器，發明鐵模造砲法，先後『鑄成二千二百斤重鐵模二副，一千五百斤重鐵模二副，七百五十斤重鐵模四副，三百七十斤重鐵模五副，一百二十斤重鐵模四副，安南礮鐵模一副，共十八副。』至道光二十四年三月，已用鐵模法鑄砲四百餘門〔一〕。根據當時英軍記載及現存實物，部分鐵模砲在形制上模仿十九世紀初流行的鑄鐵卡龍砲（carronade）。製造工藝捨棄傳統的泥範，改用鐵質範型，在世界範圍内亦屬首創，生産效率大幅提升。同時鑄鐵、鏇膛等工藝仍爲傳統技術，與泥模砲并無差異。從現存實物材質性能來看，龔振麟的鐵模砲較之同時期同類型的英國造火砲仍然存在相當大的差距〔二〕。

作爲新法鑄砲的副産品，龔振麟撰成《鐵模圖説》，道光二十二年刊印〔三〕。全書約六千字，插圖二十四幅，詳細介紹鐵模鑄砲技

〔一〕浙江巡撫梁寶常奏爲丁憂嘉興縣縣丞龔振麟創造鑄成砲位鐵模請賞戴藍翎俟補知縣事（道光二十四年），附片，中國第一歷史檔案館藏，檔案號〇四-〇一-〇一-〇八一五-〇〇九。擬題。

〔二〕劉鴻亮、張建雄《鴉片戰爭時期清朝龔振麟鐵模鑄砲技術新探》，《廣西民族大學學報（自然科學版）》二〇〇九年第三期。

〔三〕《鐵模圖説》道光刻本，中國國家圖書館一部（索書號12406）、中國國家博物館一部（自四一五）、北京大學圖書館二部（X/六五九.三五/〇一五〇；又X/八〇四八，無《試造摇車敲築火箭圖説》）、清華大學圖書館一部（戊七五〇/七一五一，無《試造摇車敲築火箭圖説》）、南京圖書館二部（GJ/一一三〇七六，無《試造摇車敲築火箭圖説》；又GJ/九九七六五）、貴州省圖書館一部（陳琳主編《貴州省古籍聯合目録》，貴州人民出版社，二〇〇七年，第三四四頁）、故宫博物院圖書館舊藏一部（《故宫普通書目》卷三，一六b，鉛印本，一九三四年）。

術、磨盤砲車造法、火箭製造設備，俱見巧思。又撰《演砲圖說》，約三千字，圖九幅，講解火砲操作方法、砲兵訓練規範。《演砲圖說》刊印時間未見具體記載，其版式行款與《鐵模圖說》相同，出版大約當在同時。《鐵模圖說》主體部分後被魏源收入《海國圖志》百卷本（咸豐二年［一八五二］），龔振麟的鐵模鑄砲法隨之廣爲人知，在中國軍事技術史上占有一席之地。《演砲圖說》最初用於指導浙江沿海砲兵訓練，參考了湯若望《則克録》（即《火攻挈要》）道光二十一年扬州重刊本），知名度遠不及丁拱辰的同名作品（《演砲圖說》［一八四一、一八四二］、《演砲圖說輯要》［一八四三］）〔一〕。龔氏《演砲圖說》未見其他清代著作引用，傳本甚罕，僅知中國國家圖書館、中國國家博物館各藏一部〔二〕。

現在看來，龔振麟、丁拱辰留心砲學，富於創造精神，是洋務運動之前，發掘傳統工藝技術潛力，仿造西方先進武器的代表性人物。他們的火器專著同爲關係十九世紀中期中國造砲技術、砲學知識、砲兵實踐的珍貴資料。

本次影印並整理龔振麟《鐵模圖說》、《演砲圖說》，係兩書首次完整重印，底本均採用中國國家圖書館藏道光刻本。《鐵模圖說》不分卷，附《樞機砲架新式圖說》、《試造摇車敲築火箭圖說》，道光間刻本，合訂一册，凡二十七葉。半葉九行，行二十字，白口，單魚尾，四周雙邊，寫刻。書前有道光二十三年四月鹿澤長序、道光二十二年九月龔振麟自序。國家圖書館藏《鐵模圖說》闕鹿澤長序，據國家博物館附屬圖書館藏本配補。《鐵模圖說》與《樞機砲架新式圖說》，書口均刻『鐵模圖說』。《試造摇車敲築火箭圖說》書口刻『火箭摇車圖說』。《海國圖志》（百卷本）卷八十六、八十七分別收録《鐵模圖說》、《樞機砲架新式圖說》〔三〕，未收《試造摇車敲築火箭圖說》，且對鹿澤長序及龔振麟自序多有删節。《演砲圖說》不分卷，道光間刻本一册，凡十九葉。半葉九行，行二十字，白口，單魚尾，四周雙邊，寫刻。書口刻『演礮圖說』。

整理本書前冠新編總目，附録道光間龔振麟造砲相關檔案資料。異體字酌情統一，如礮、炮作砲，銕、鉄作鐵，輌作輛。

鄭誠

二〇一七年十月十二日

〔一〕整理本參見丁拱辰著《演砲圖說輯要》，黄天柱點校，上海辭書出版社，二〇一三年。

〔二〕《演砲圖說》道光刻本，中國國家圖書館一部（四九二九三）、中國國家博物館一部（自四一五）。

〔三〕魏源輯《海國圖志》卷八十六，一a—一四a，『鑄砲鐵模圖說』；卷八十七，一二a—一六a，『樞機砲架新式圖說』，《續修四庫全書》第七四四册影印光緒二年魏光燾平慶涇固道署刻本。

新編目録

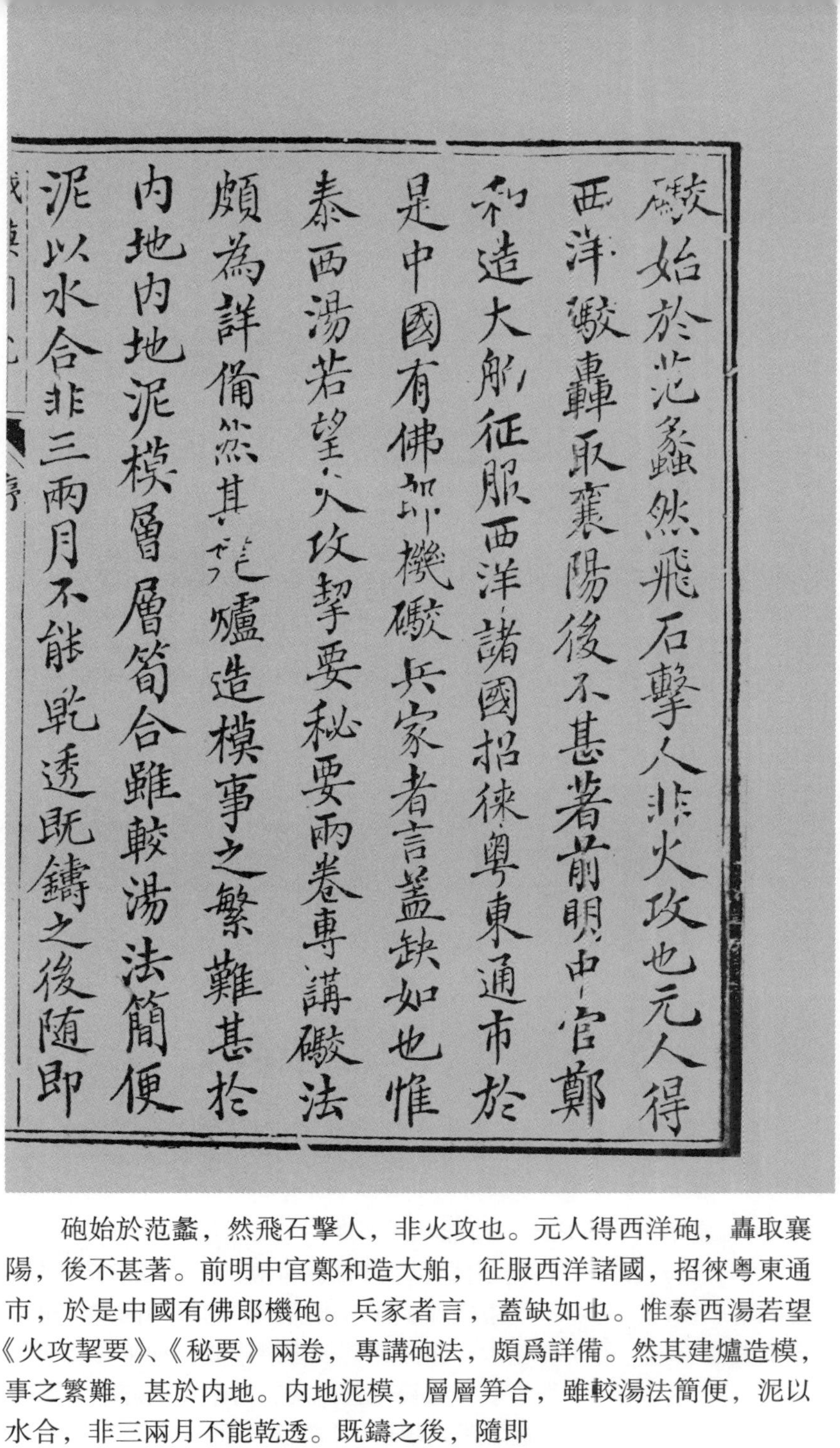
礮始於范蠡然飛石擊人非火攻也元人得
西洋礮轟取襄陽後不甚著前明中官鄭
和造大船征服西洋諸國招徠粵東通市於
是中國有佛郎機礮兵家者言蓋缺如也惟
泰西湯若望火攻挈要秘要兩卷專講礮法
頗為詳備然其建爐造模事之繁難甚於
內地內地泥模層層筍合雖較湯法簡便
泥以水合非三兩月不能乾透既鑄之後隨即

砲始於范蠡，然飛石擊人，非火攻也。元人得西洋砲，轟取襄陽，後不甚著。前明中官鄭和造大舶，征服西洋諸國，招徠粤東通市，於是中國有佛郎機砲。兵家者言，蓋缺如也。惟泰西湯若望《火攻挈要》、《秘要》兩卷，專講砲法，頗爲詳備。然其建爐造模，事之繁難，甚於内地。内地泥模，層層笋合，雖較湯法簡便，泥以水合，非三兩月不能乾透。既鑄之後，隨即

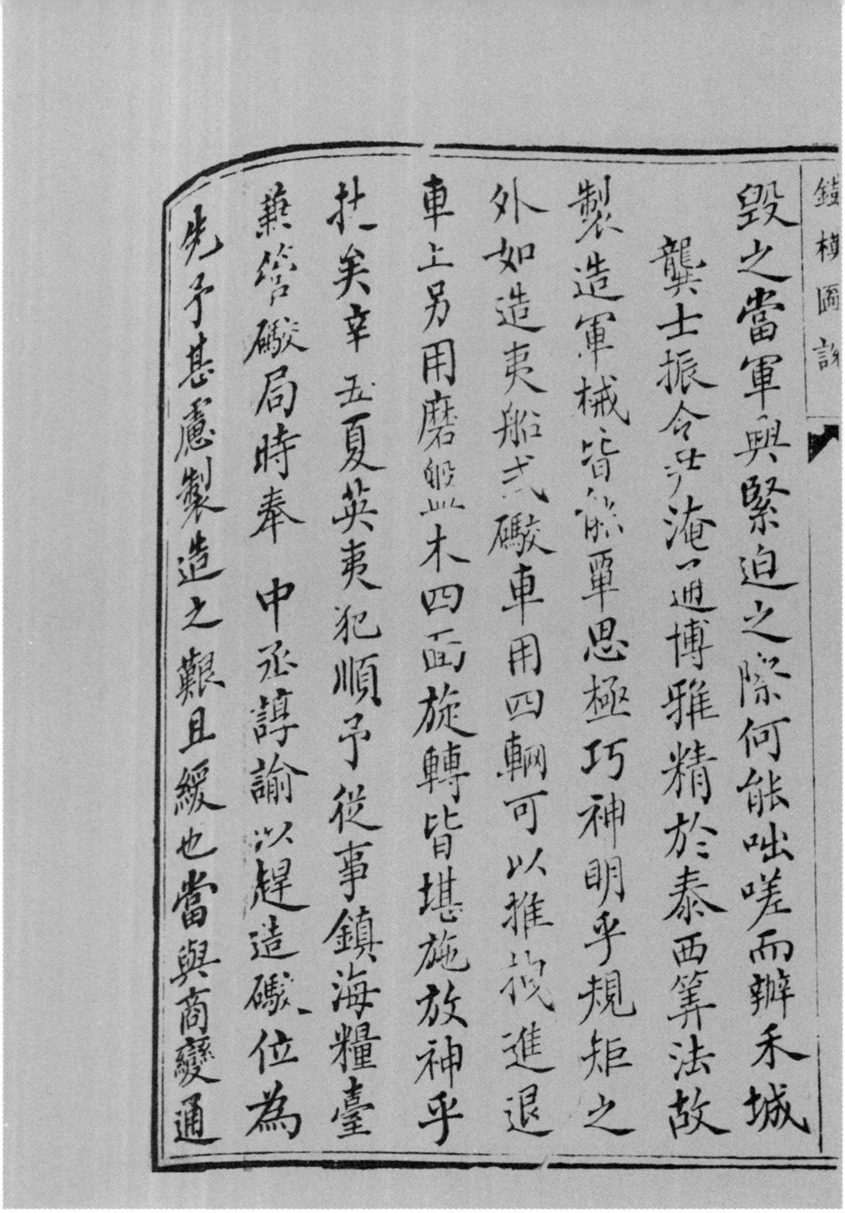
鐵模圖說
毀之當軍興緊迫之際何能咄嗟而辨禾城
龔士振令尹淹通博雅精於泰西筭法故
製造軍械皆能覃思極巧神明乎規矩之
外如造夷船式礮車用四輞可以推拽進退
車上另用磨盤木四面旋轉皆堪施放神乎
技矣辛丑夏英夷犯順予從事鎮海糧臺
兼管礮局時奉中丞諄諭以趕造礮位為
先予甚慮製造之艱且緩也當與商變通

毀之[1]。當軍興緊迫之際，何能咄嗟而辨。

禾城龔士振令尹，淹通博雅，精於泰西演算法，故製造軍械，皆能覃思極巧，神明乎規矩之外。如造夷船式。砲車用四輞，可以推拽進退。車上另用磨盤木，四面旋轉，皆堪施放，神乎技矣。辛丑夏，英夷犯順，予從事鎮海糧臺兼管砲局，時奉中丞諄諭，以趕造砲位爲先。予甚慮製造之艱且緩也，當與商變通

1 非三兩月不能乾透；既鑄之後，隨即毀之。《海國圖志》卷八十六“鑄砲鐵模圖說”作：“非一月不能乾透。若值冬令，雨雪陰寒，晴霽絶少，則非三兩月不能乾透。且一鑄之後，隨即毀之”。

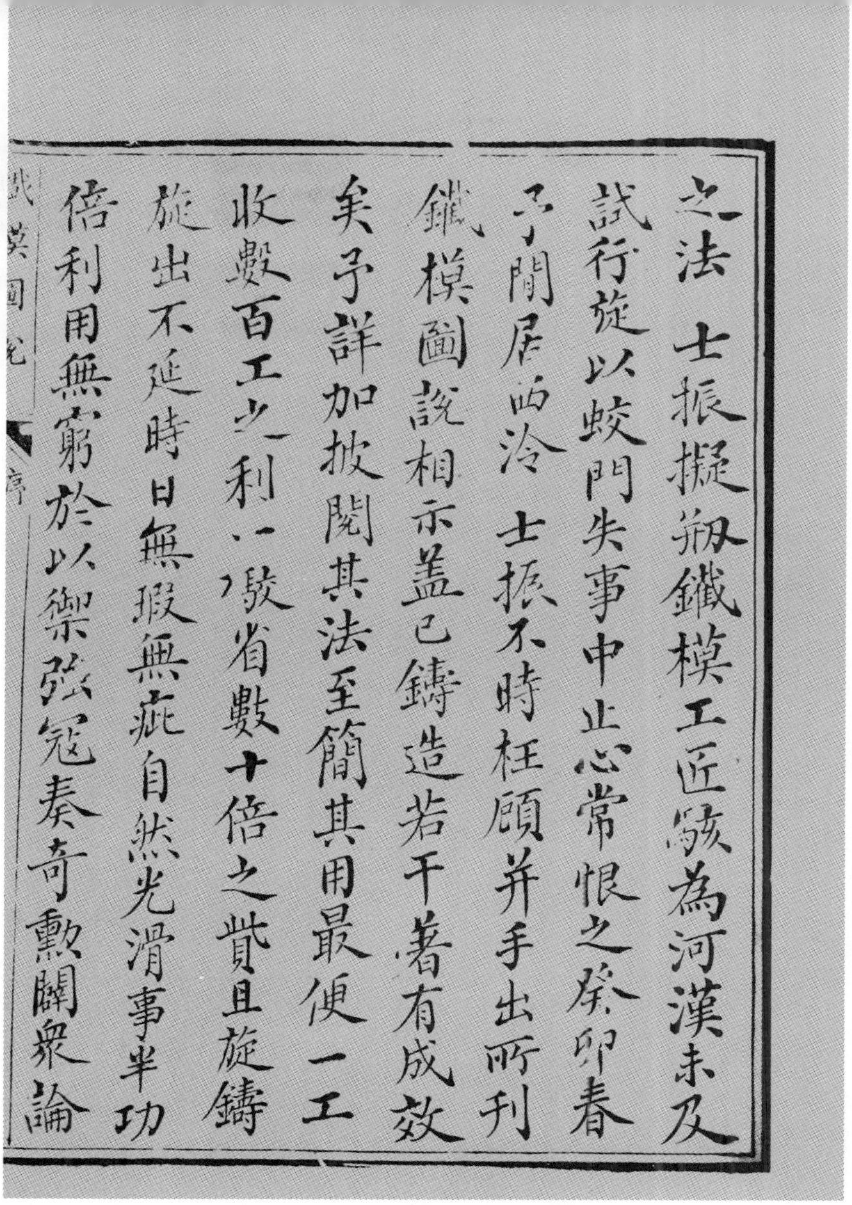
鐵模圖說　序
之法　士振擬刱鐵模工匠駭爲河漢未及
試行旋以蛟門失事中止心常恨之癸卯春
予閒居西泠　士振不時枉顧并手出所刊
鐵模圖說相示蓋已鑄造若干著有成效
矣予詳加披閱其法至簡其用最便一工
收數百工之利一礮省數十倍之貲且旋鑄
旋出不延時日無瑕無疵自然光滑事半功
倍利用無窮於以禦強寇奏奇勳闢衆論

之法。士振擬刱鐵模，工匠駭爲河漢。未及試行，旋以蛟門失事中止，心常恨之。癸卯春，予閒居西泠，士振不時枉顧，并手出所刊《鐵模圖説》相示。蓋已鑄造若干，著有成效矣。予詳加批閲，其法至簡，其用最便，一工收數百工之利，一砲省數十倍之資。且旋鑄旋出，不延時日，無瑕無疵，自然光滑，事半功倍，利用無窮。於以禦強寇、奏奇勳，闢衆論

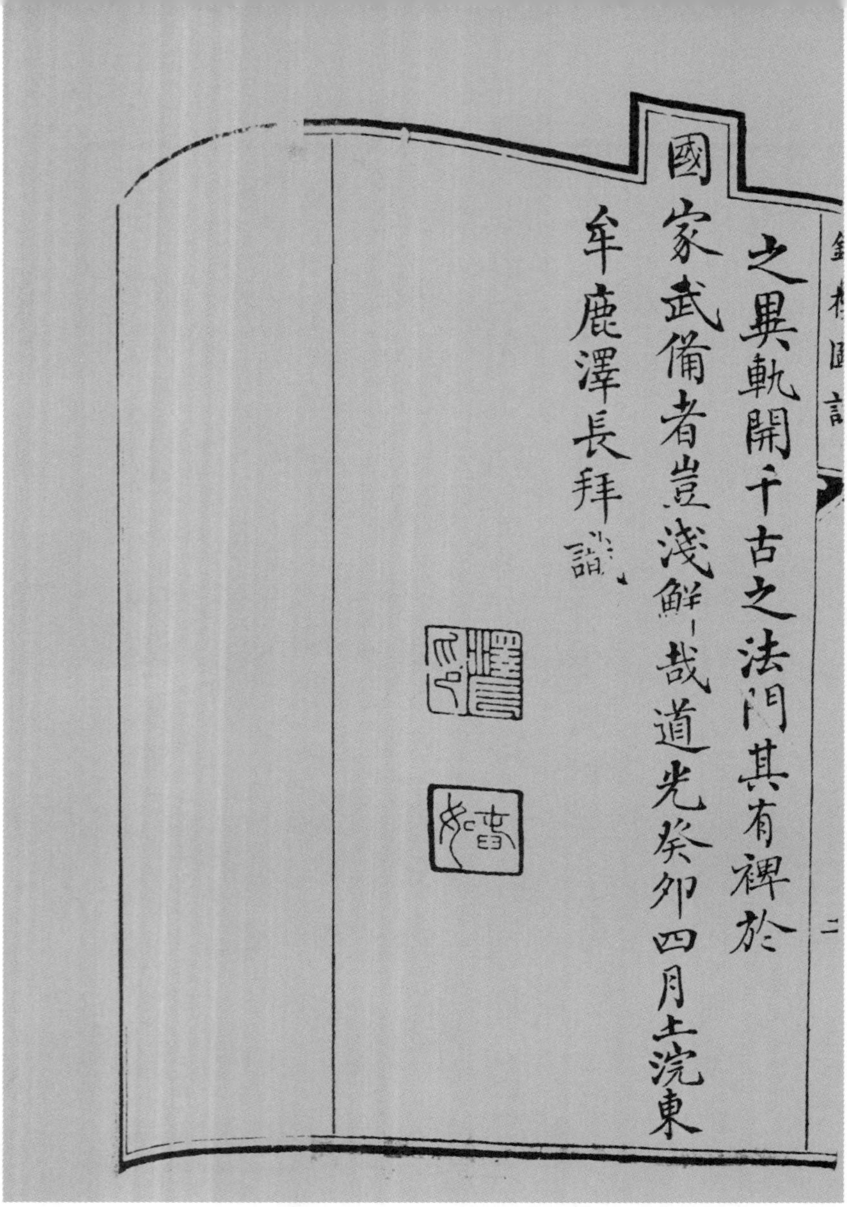
之異軌開千古之法門其有裨於
國家武備者豈淺鮮哉道光癸夘四月上浣東
牟鹿澤長拜識

之異軌，開千古之法門，其有裨於國家武備者，豈淺鮮哉！道光癸卯四月上浣東牟鹿澤長拜識。[1]

1 後刊“澤長 / 印”（右陰文左陽文方印）、“春 / 如”（阳文方印）。鹿長澤序兩葉，據國家博物館藏道光刻本配補。

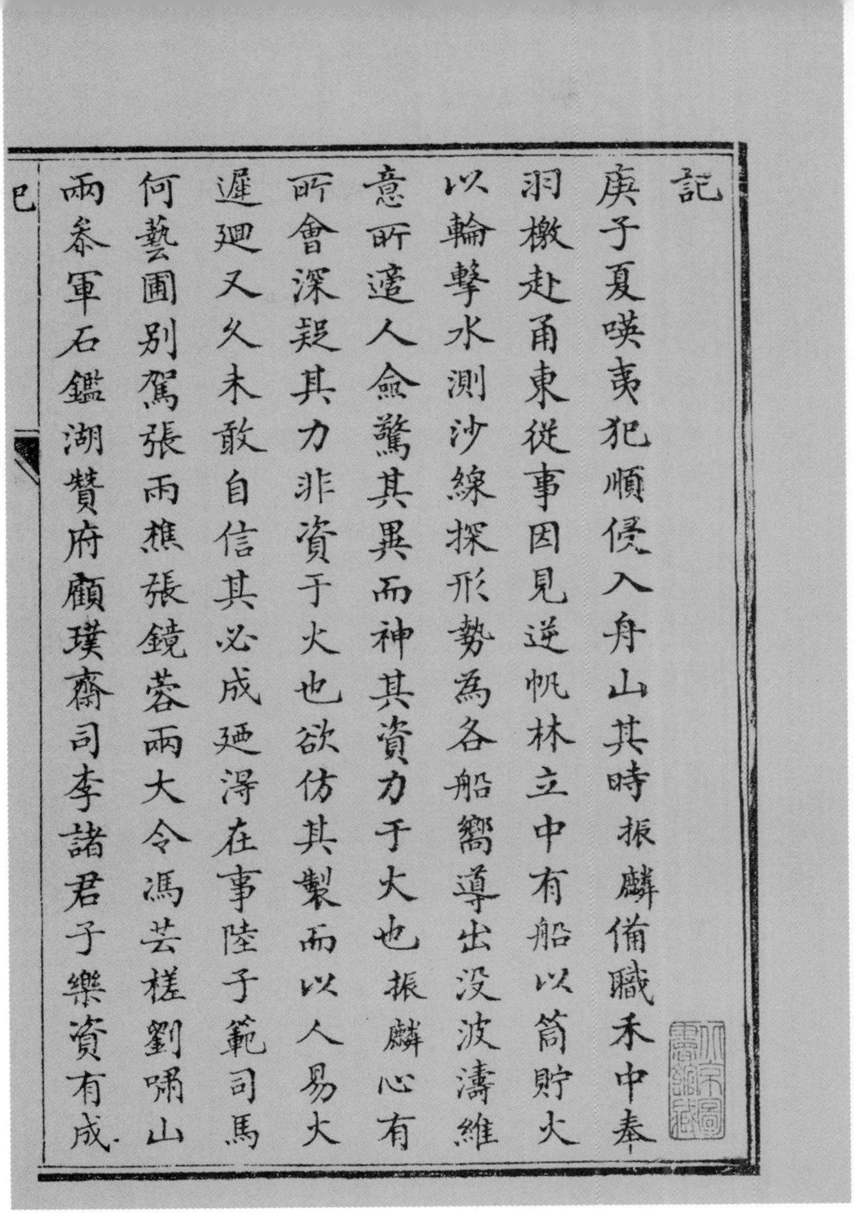

記
庚子夏嘆咦犯順侵入舟山其時振麟備職禾中奉
羽檄赴甬東從事因見逆帆林立中有船以筒貯火
以輪擊水測沙綫探形勢爲各船嚮導出没波濤維
意所適人僉驚其異而神其資力于火也振麟心有
所會深疑其力非資于火也欲仿其製而以人易火
遲廻又久未敢自信其必成廼得在事陸子範司馬
何藝圃別駕張雨樵張鏡蓉兩大令馮芸槎劉嘯山
兩參軍石鑑湖贊府顧璞齋司李諸君子樂資有成

記

庚子夏，嘆咦犯順，侵入舟山。其時振麟備職禾中，奉羽檄，赴甬東從事。因見逆帆林立中，有船以筒貯火，以輪擊水，測沙綫，探形勢，爲各船嚮導，出没波濤，維意所適。人僉驚其異，而神其資力于火也。振麟心有所會，深疑其力非資于火也。欲仿其製，而以人易火，遲廻又久，未敢自信其必成。廼得在事陸子範司馬，何藝圃別駕，張雨樵、張鏡蓉兩大令，馮芸槎、劉嘯山兩參軍，石鑑湖贊府，顧璞齋司李諸君子，樂資有成。

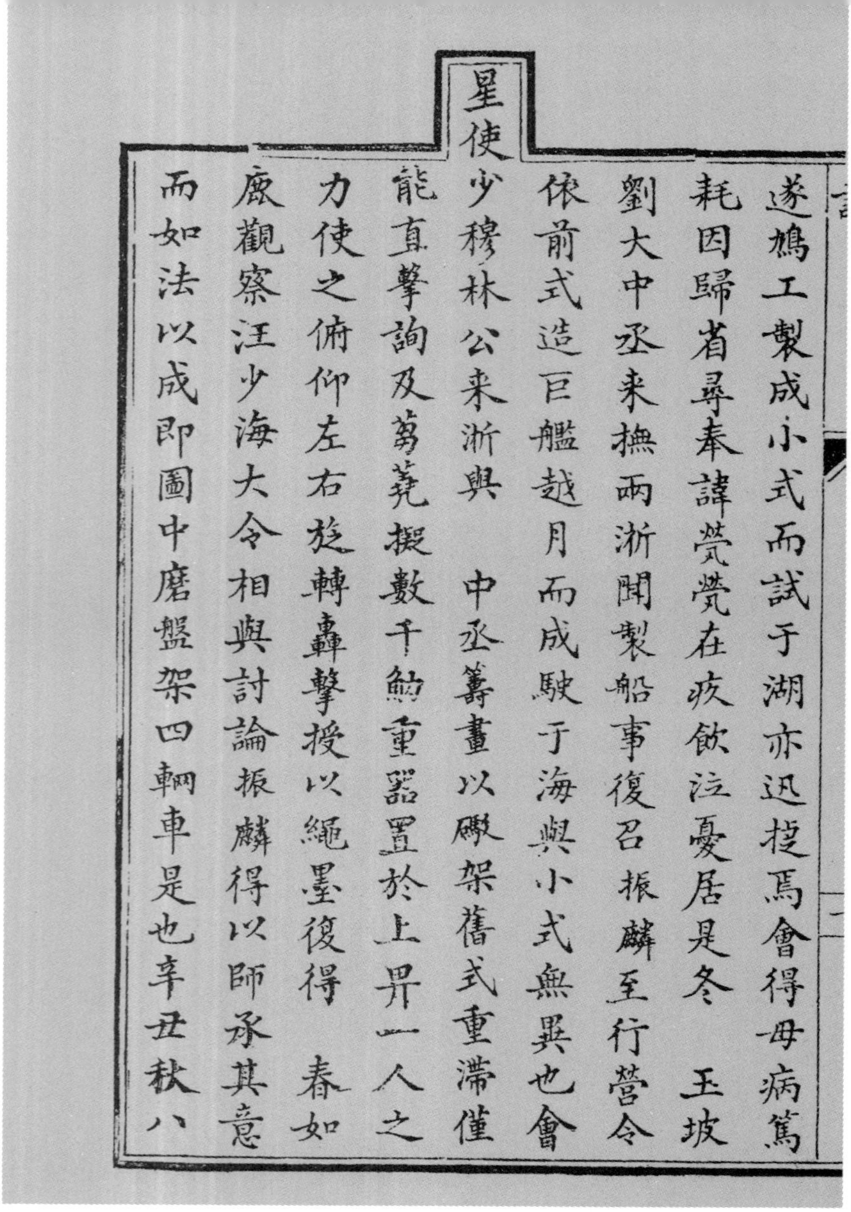
遂鳩工製成小式而試于湖亦迅捷焉會得母病篤
耗因歸省尋奉諱煢煢在疚飲泣憂居是冬　玉坡
劉大中丞来撫兩浙聞製船事復召振麟至行營令
依前式造巨艦越月而成駛于海與小式無異也會
星使少穆林公来浙與　中丞籌畫以礮架舊式重滞僅
能直擊詢及芻蕘擬數千觔重器置於上畀一人之
力使之俯仰左右旋轉轟擊授以繩墨復得　春如
鹿觀察汪少海大令相與討論振麟得以師承其意
而如法以成即圖中磨盤架四輛車是也辛丑秋八

遂鳩工製成小式，而試于湖，亦迅捷焉。會得母病篤耗，因歸省，尋奉諱，煢煢在疚，飲泣憂居。是冬，玉坡劉大中丞來撫兩浙，聞製船事，復召振麟至行營，令依前式，造巨艦。越月而成，駛于海，與小式無異也。

會星使少穆林公來浙，與中丞籌畫，以砲架舊式重滯，僅能直擊，詢及芻蕘。擬數千觔重器置於上，畀一人之力，使之俯仰左右，旋轉轟擊。授以繩墨，復得春如鹿觀察、汪少海大令，相與討論。振麟得以師承其意，而如法以成，即圖中磨盤架四輛車是也。

辛丑秋八

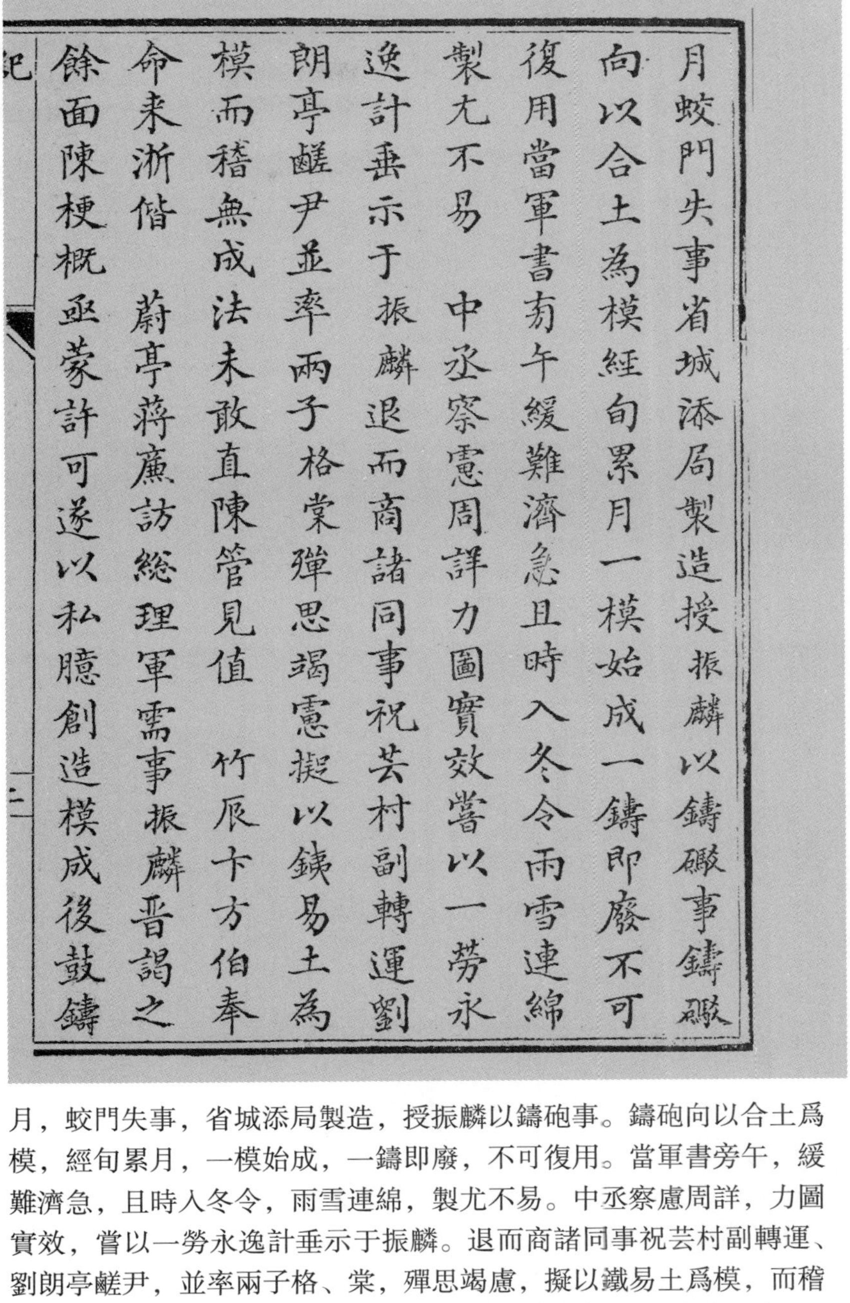

月蛟門失事省城添局製造授振麟以鑄礮事鑄礮
向以合土為模經旬累月一模始成一鑄即廢不可
復用當軍書旁午緩難濟急且時入冬令雨雪連綿
製尤不易　中丞察慮周詳力圖實效嘗以一勞永
逸計垂示于振麟退而商諸同事祝芸村副轉運劉
朗亭鹾尹並率兩子格棠殫思竭慮擬以鐵易土為
模而稽無成法未敢直陳管見值　竹辰卞方伯奉
命來浙偕　蔚亭蔣廉訪總理軍需事振麟晉謁之
餘面陳梗概亟蒙許可遂以私臆創造模成後鼓鑄

月，蛟門失事，省城添局製造，授振麟以鑄砲事。鑄砲向以合土爲模，經旬累月，一模始成，一鑄即廢，不可復用。當軍書旁午，緩難濟急，且時入冬令，雨雪連綿，製尤不易。中丞察慮周詳，力圖實效，嘗以一勞永逸計垂示于振麟。退而商諸同事祝芸村副轉運、劉朗亭鹾尹，並率兩子格、棠，殫思竭慮，擬以鐵易土爲模，而稽無成法，未敢直陳管見。值竹辰卞方伯奉命來浙，偕蔚亭蔣廉訪，總理軍需事。振麟晉謁之餘，面陳梗概，亟蒙許可。遂以私臆創造，模成後，鼓鑄

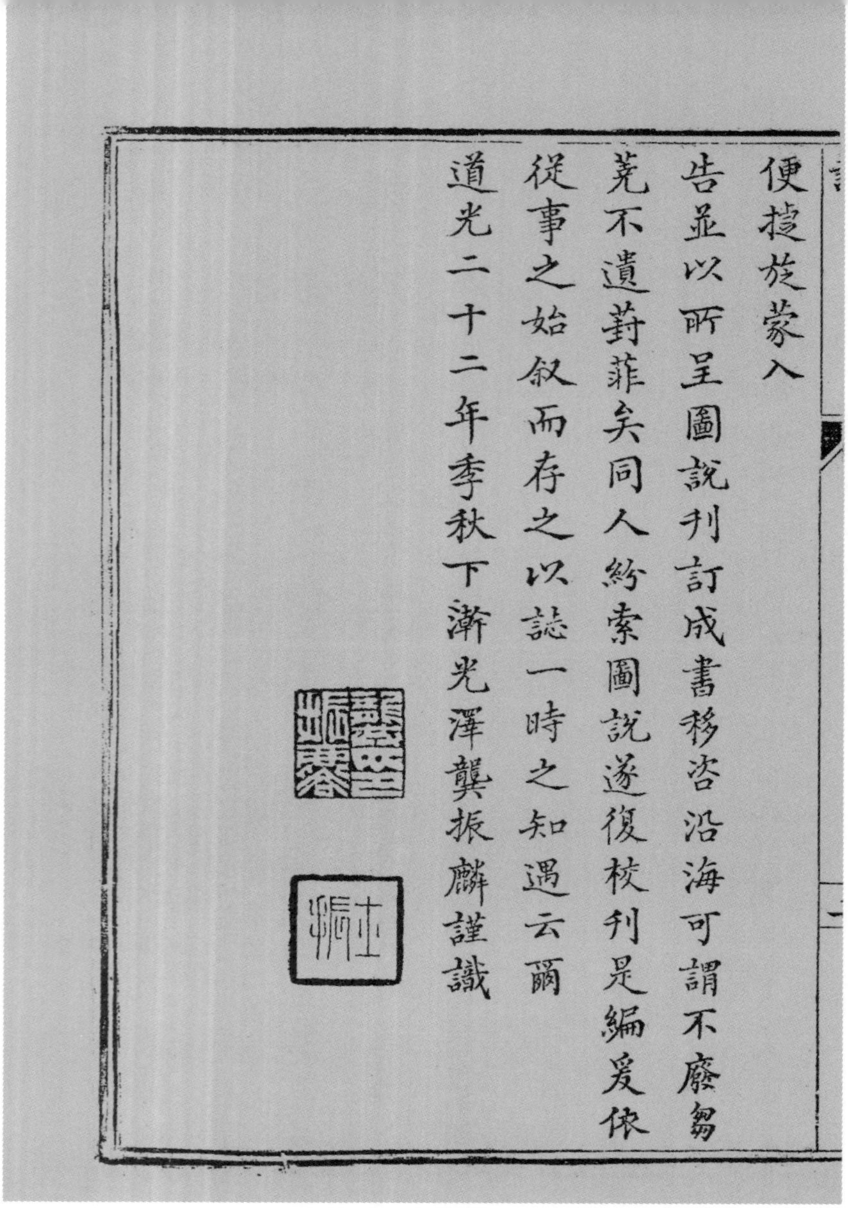
便捷旋蒙入
告並以所呈圖說刊訂成書移咨沿海可謂不廢芻
蕘不遺葑菲矣同人紛索圖說遂復校刊是編爰依
從事之始敘而存之以誌一時之知遇云爾
道光二十二年季秋下澣光澤龔振麟謹識

便捷。旋蒙入告，並以所呈《圖說》，刊訂成書，移咨沿海，可謂不廢芻蕘，不遺葑菲矣。同人紛索《圖說》，遂復校刊是編，爰依從事之始，敘而存之，以誌一時之知遇云爾。道光二十二年季秋下澣光澤龔振麟謹識 。[1]

1 後刊"龔印 / 振麟"（陰文方印）、"士 / 振"（陽文方印）。

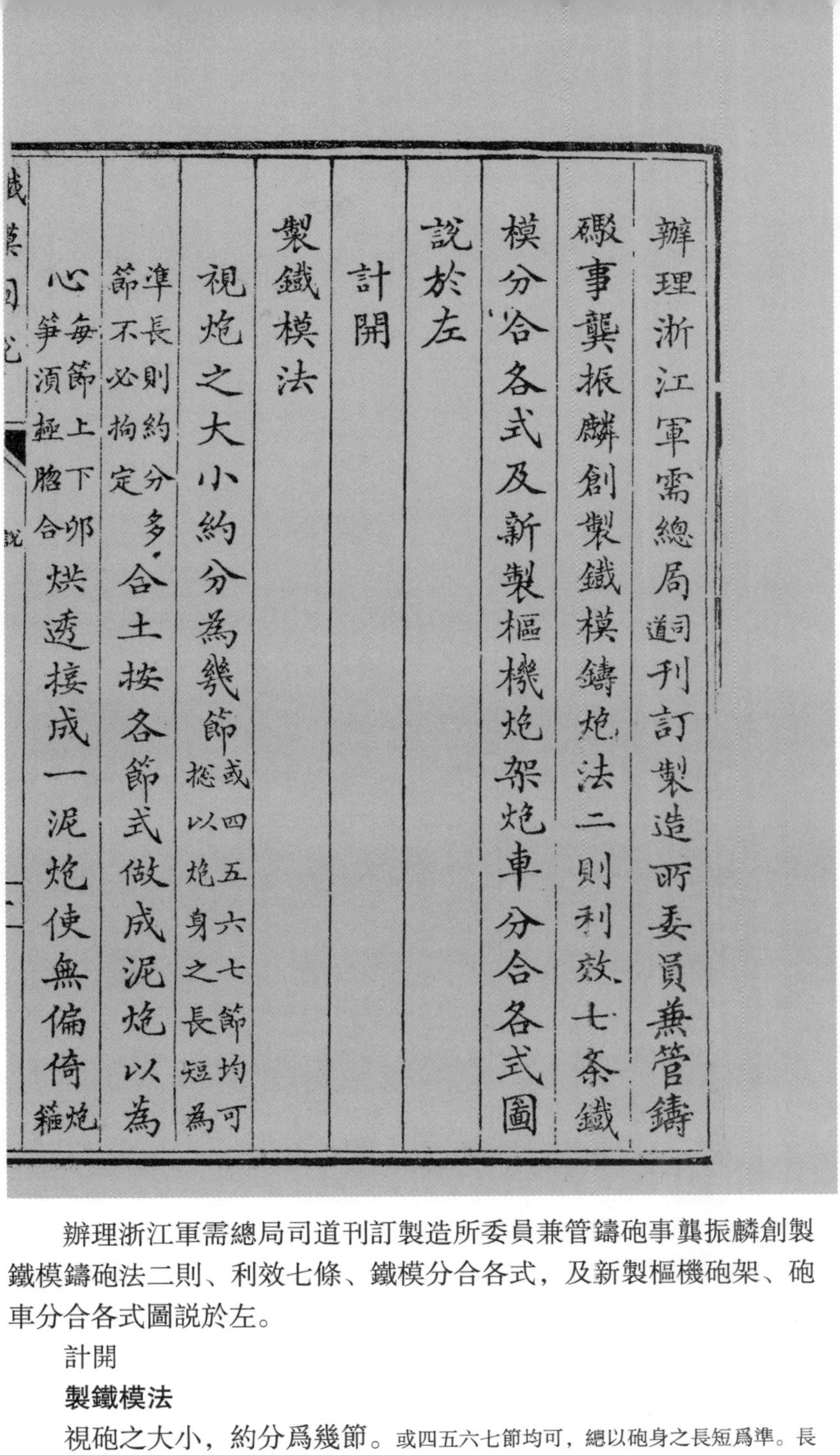
辦理浙江軍需總局司道刊訂製造所委員兼管鑄礮事龔振麟創製鐵模鑄炮法二則利效七条鐵模分合各式及新製樞機炮架炮車分合各式圖說於左
計開
製鐵模法
視炮之大小約分為幾節或四五六七節均可總以炮身之長短為準長則約分多節不必拘定合土按各節式做成泥炮以為心每節上下卯笋須極脗合烘透接成一泥炮使無偏倚炮箍
鐵模圖說

辦理浙江軍需總局司道刊訂製造所委員兼管鑄砲事龔振麟創製鐵模鑄砲法二則、利效七條、鐵模分合各式，及新製樞機砲架、砲車分合各式圖說於左。

計開

製鐵模法

視砲之大小，約分爲幾節。或四五六七節均可，總以砲身之長短爲準。長則約分多節，不必拘定。合土，按各節式做成泥砲以爲心。每節上下卯笋須極脗合。烘透，接成一泥砲，使無偏倚。砲箍、砲耳及照星、花紋起綫處，悉照式完備。然後用土，按節合成外模。照鐵模本身外綫做成車板，於内面車鏇，務令極圓。烘透，每節於徑綫分爲兩瓣。如合瓦式，須極正極匀爲要。傾鑄時，從砲口一節起，首先另做成圓平土托一塊，亦烘極乾。將砲口一節泥砲，倒竪於托上。次將外模一瓣，亦竪於托上，與所竪泥砲遥對務準。中間留出空位，即係鐵模地步。覆用熟泥補平，烘透。與兩邊瓣縫相平直。再將次一瓣合成一節，用兩鐵箍箍緊。另用烘透之泥圓板一塊，周圍與節周相等。覆於一節之上。圓板與節相合，須先做成笋槽，俾第二節之卯笋，可以相屬。板上留出鑄口，范鐵傾鑄，成一節之一瓣也。待冰透，即將先立之一瓣，輕輕退開，除去所補之泥務净。仍舊合好箍緊，每瓣相合之縫際，須做小卯笋扣合，俾無參差之弊。復取泥圓板覆上，范鐵傾鑄，則一節合瓦式成矣。且緩出模，仍然安置不動，待冰透，取去上覆泥圓板，將第二節之泥砲，接於已鑄之第一節泥砲上。次將外模一瓣，續於已鑄之第一節外模上，亦如前法，用泥補好，烘透。再加次一瓣，接合用箍箍好，上覆泥圓板，按次傾鑄。凡各節層層悉如前法，次第傾成，務使相屬。各節兩瓣相合之縫，須令錯落，如砌磚墻之直縫同式。凡每節之一瓣，須用冂字樣熟鐵鈕二個，相對嵌入，以爲拿手，使安放有準。須於未鑄之先，反嵌於外模裏面，留出冂字下脚，使鐵汁自爲齒住。以上各節鑄完，即將内外泥胚去浄，磨光聽用。用後放於乾燥處所，不可近潮氣。雖用至數百次，完好如初，永無弊矣。若鑄四千斤以上，至萬斤砲之模，惟將每節分爲三瓣，餘法同。

鐵模鑄砲法

先將每瓣内面，用細稻壳灰和細沙泥調水，用

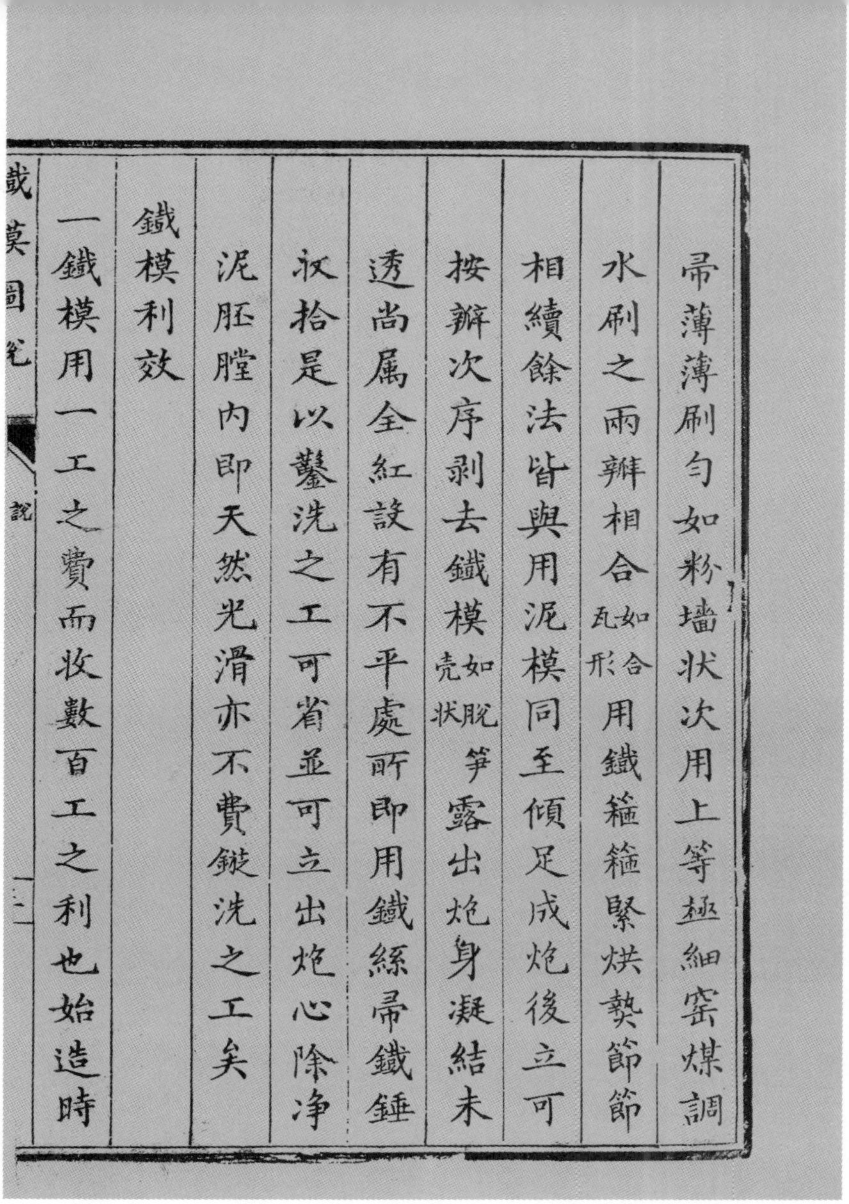

帚薄薄刷勻，如粉墻狀。次用上等極細窑煤，調水刷之。兩瓣相合如合瓦形，用鐵箍箍緊，烘熱，節節相續。餘法皆與用泥模同。至傾足成砲後，立可按瓣次序，剥去鐵模如脱笋殼狀，露出砲身，凝結未透，尚屬全紅。設有不平處所，即用鐵絲帚、鐵錘收拾。是以鑿洗之工可省，並可立出砲心。除净泥胚，膛内即天然光滑，亦不費鏇洗之工矣。

鐵模利效

一、鐵模用一工之費，而收數百工之利也。始造時，

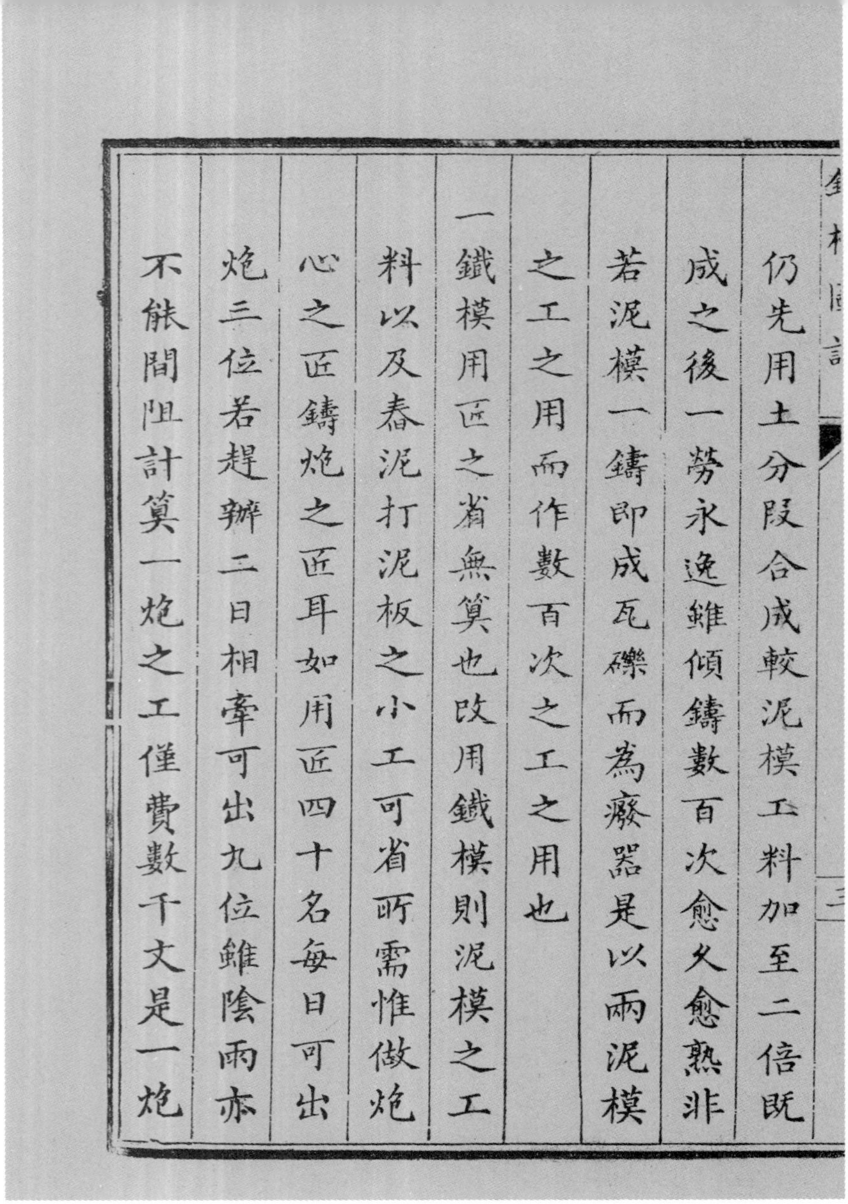
仍先用土分段合成較泥模工料加至二倍既
成之後一勞永逸雖傾鑄數百次愈久愈熟非
若泥模一鑄即成瓦礫而為廢器是以兩泥模
之工之用而作數百次之工之用也
一鐵模用匠之省無算也改用鐵模則泥模之工
料以及舂泥打泥板之小工可省所需惟做炮
心之匠鑄炮之匠耳如用匠四十名每日可出
炮三位若趕辦二日相牽可出九位雖陰雨亦
不能間阻計算一炮之工僅費數千文是一炮

仍先用土，分段合成，較泥模工料加至二倍。既成之後，一勞永逸，雖傾鑄數百次，愈久愈熟。非若泥模，一鑄即成瓦礫，而爲廢器。是以兩泥模之工之用，而作數百次之工之用也。

一、鐵模用匠之省無算也。改用鐵模，則泥模之工料，以及舂泥、打泥板之小工可省。所需惟做砲心之匠、鑄砲之匠耳。如用匠四十名，每日可出砲三位。若趕辦，二日相牽，可出九位。雖陰雨，亦不能間阻。計算一砲之工，僅費數千文。是一砲

較泥模已省至十餘倍矣
一鐵模用匠可限定工程也蓋泥模須舂泥極熟
打泥板待曝乾作模又須層層用炭烘透工匠
藉辭拖延時日督催嚴則傾鑄時故使瑕疵叢
生而諉曰督催過嚴泥未舂熟模未乾透之故
非工匠之罪也使督者無從置辭而鐵模則永
無此弊故可定限刻期而成
一鐵模鑄成炮後可省修飾之工也泥模鑄後即
成瓦礫嵌於炮身須用多工細細鏨洗修飾今

較泥模已省至十餘倍矣。

一、鐵模用匠可限定工程也。蓋泥模須春泥極熟，打泥板待曝乾，作模又須層層用炭烘透，工匠藉辭拖延時日。督催嚴，則傾鑄時故使瑕疵叢生，而諉曰督催過嚴，泥未春熟，模未乾透之故，非工匠之罪也，使督者無從置辭。而鐵模則永無此弊，故可定限刻期而成。

一、鐵模鑄成砲後，可省修飾之工也。泥模鑄後，即成瓦礫，嵌於砲身。須用多工，細細鏨洗修飾。今

鐵模所鑄立刻出模炮身自然乾淨絲毫不加
修飾則修飾之工省矣
一鐵模所鑄可省洗膛之工也泥模所鑄非兩三
日不能冰透使大氣內攻鎔汁浸潤于膛心胎
上出之既屬不易洗之更費工程無論如何鏇
洗總難一氣光滑不若鐵模所鑄旋鑄旋出火
氣不致內攻膛胎出之既易復能天然光滑上
下如鏡施放所以致遠而無澀滯之弊
一鐵模鑄炮可無蜂窩之弊也泥模雖費用炭火

鐵模所鑄，立刻出模，砲身自然乾净，絲毫不加修飾，則修飾之工省矣。

一、鐵模所鑄，可省洗膛之工也。泥模所鑄，非兩三日不能冰透。使火氣内攻，鎔汁浸潤於膛心胎上，出之既屬不易，洗之更費工程。無論如何鏇洗，總難一氣光滑。不若鐵模所鑄，旋鑄旋出，火氣不致内攻，膛胎出之既易，復能天然光滑，上下如鏡，施放所以致遠而無澀滯之弊。

一、鐵模鑄砲，可無蜂窩之弊也。泥模雖費用炭火烘足，外面乾透，而土性自潤，一見熱汁則潮氣自生，是以騰沸不已，即生蜂窩，不能堅結渾然，施放可虞。今鐵模無潮氣可生，是以定静，無騰沸之事，則蜂窩不起矣。

一、鐵模可以經久收藏，以備歲修之用也。泥模不特一用即廢，且開工後必須待至一月左右，始能范金傾鑄。是待一砲之成，已須經月之久。今鐵模既成，目下傾鑄，收利無算。足用後，仍復完善如初，可以收藏，以備歲時添補修改之用。其

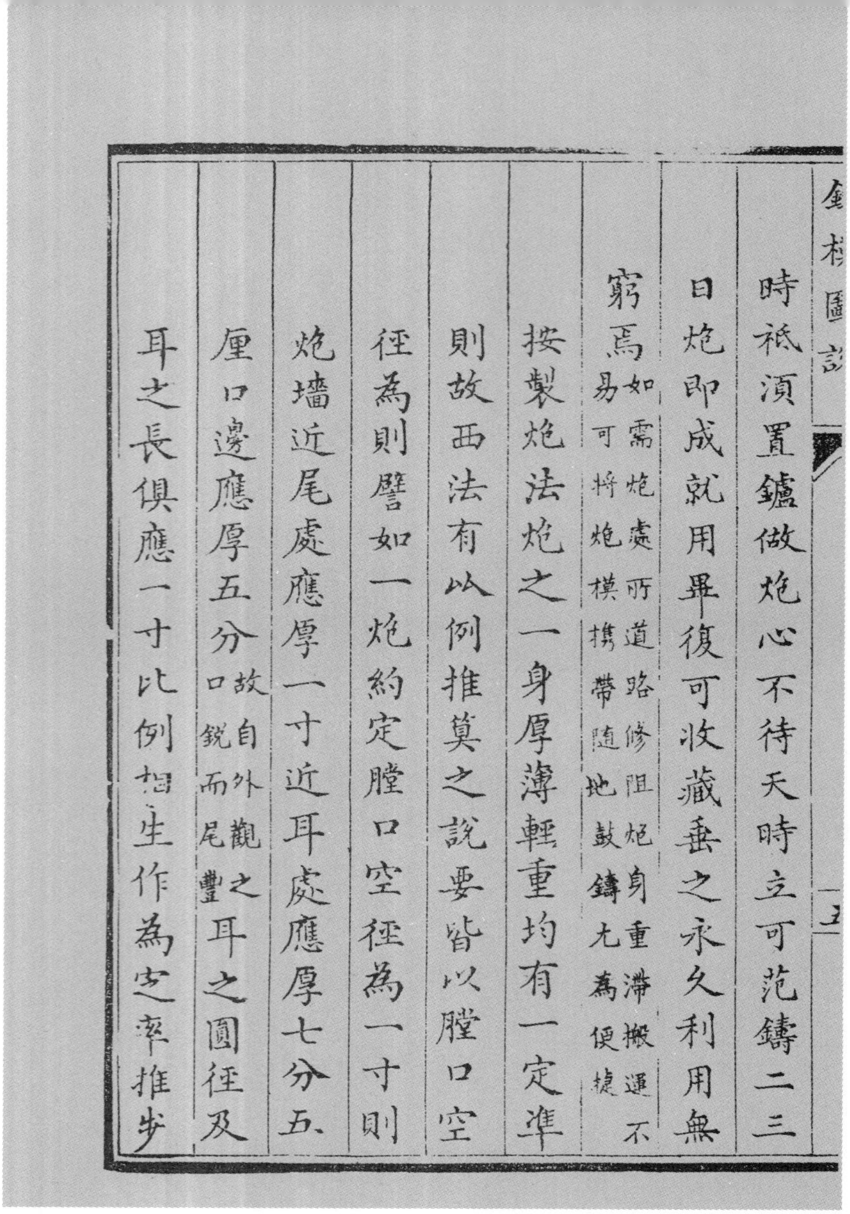

鐵模圖說 一五

時祗須置鑪做炮心不待天時立可范鑄二三日炮即成就用畢復可收藏垂之永久利用無窮焉如需炮處所道路修阻炮身重滯搬運不易可將炮模携帶隨地鼓鑄尤為便捷

按製炮法炮之一身厚薄輕重均有一定準則故西法有以例推算之說要皆以膛口空徑為則譬如一炮約定膛口空徑為一寸則炮墻近尾處應厚一寸近耳處應厚七分五厘口邊應厚五分故自外觀之口銳而尾豐耳之圓徑及耳之長俱應一寸比例相生作為定率推步

時祇須置爐做砲心，不待天時，立可范鑄，二三日砲即成就。用畢，復可收藏，垂之永久，利用無窮焉。如需砲處所，道路修阻，砲身重滯，搬運不易。可將砲模攜帶，隨地鼓鑄，尤爲便捷。

按製砲法，砲之一身厚薄輕重，均有一定準則，故西法有比例推算之説，要皆以膛口空徑爲則。譬如一砲，約定膛口空徑爲一寸，則砲墻近尾處應厚一寸，近耳處應厚七分五厘，口邊應厚五分。故自外觀之，口鋭而尾豐。耳之圓徑，及耳之長，俱應一寸。比例相生，作爲定率推步。

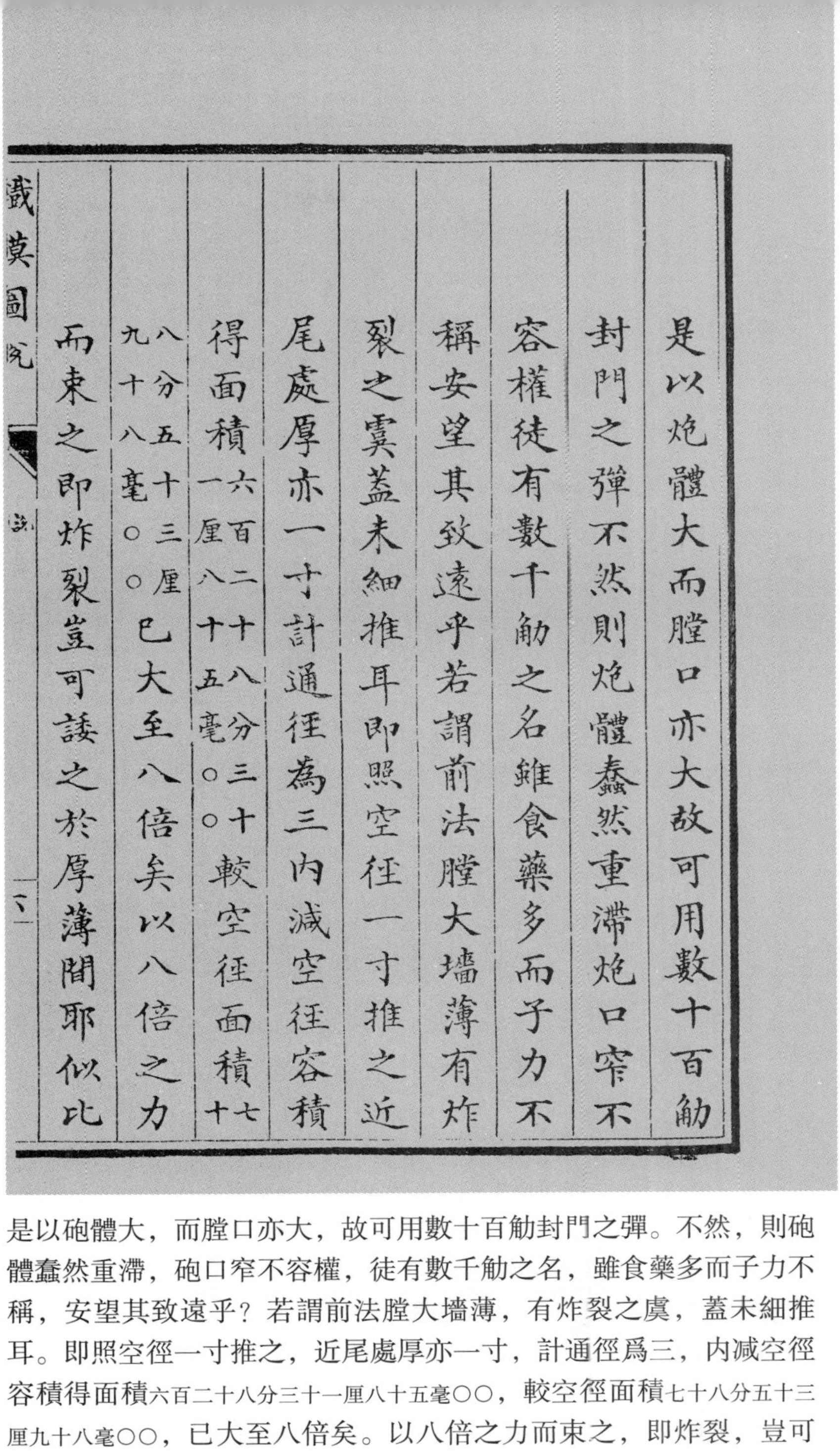

是以砲體大，而膛口亦大，故可用數十百觔封門之彈。不然，則砲體蠢然重滯，砲口窄不容權，徒有數千觔之名，雖食藥多而子力不稱，安望其致遠乎？若謂前法膛大墻薄，有炸裂之虞，蓋未細推耳。即照空徑一寸推之，近尾處厚亦一寸，計通徑爲三，内減空徑容積得面積六百二十八分三十一厘八十五毫〇〇，較空徑面積七十八分五十三厘九十八毫〇〇，已大至八倍矣。以八倍之力而束之，即炸裂，豈可諉之於厚薄間耶？似比

鐵模圖說　六

例相生之法為至善也至位置炮耳前後有
四六比例之法以輕重計之不可以尺寸計為至要自
耳中心至炮口十居其四二自尾珠至耳中
心十居其五八再以炮體圍圓定上下以耳之外
圓線上切炮體之中線則耳就下適得其半如捧托然不特運用輕捷
俯仰如意更無縱跳傾欹之弊
又藥膛火門亦有一定之法炮膛內須置藥
膛藥膛徑小于炮膛徑二分許底圓口微敞如茶盃裏面
底形所重在底圓萬不可平開火門須于緊挨藥膛之

例相生之法，爲至善也。至位置砲耳，前後有四六比例之法，以輕重計之。不可以尺寸計，爲至要。自耳中心至砲口，十居其四二；自尾珠至耳中心，十居其五八；再以砲體圍圓定上下。以耳之外圓綫，上切砲體之中綫，則耳就下適得其半，如捧托然。不特運用輕捷，俯仰如意，更無縱跳傾欹之弊。

又藥膛火門，亦有一定之法。砲膛内須置藥膛，藥膛徑小于砲膛徑二分許。底圓口微敞，如茶盃裏面底形。所重在底圓，萬不可平。開火門，須于緊挨藥膛之

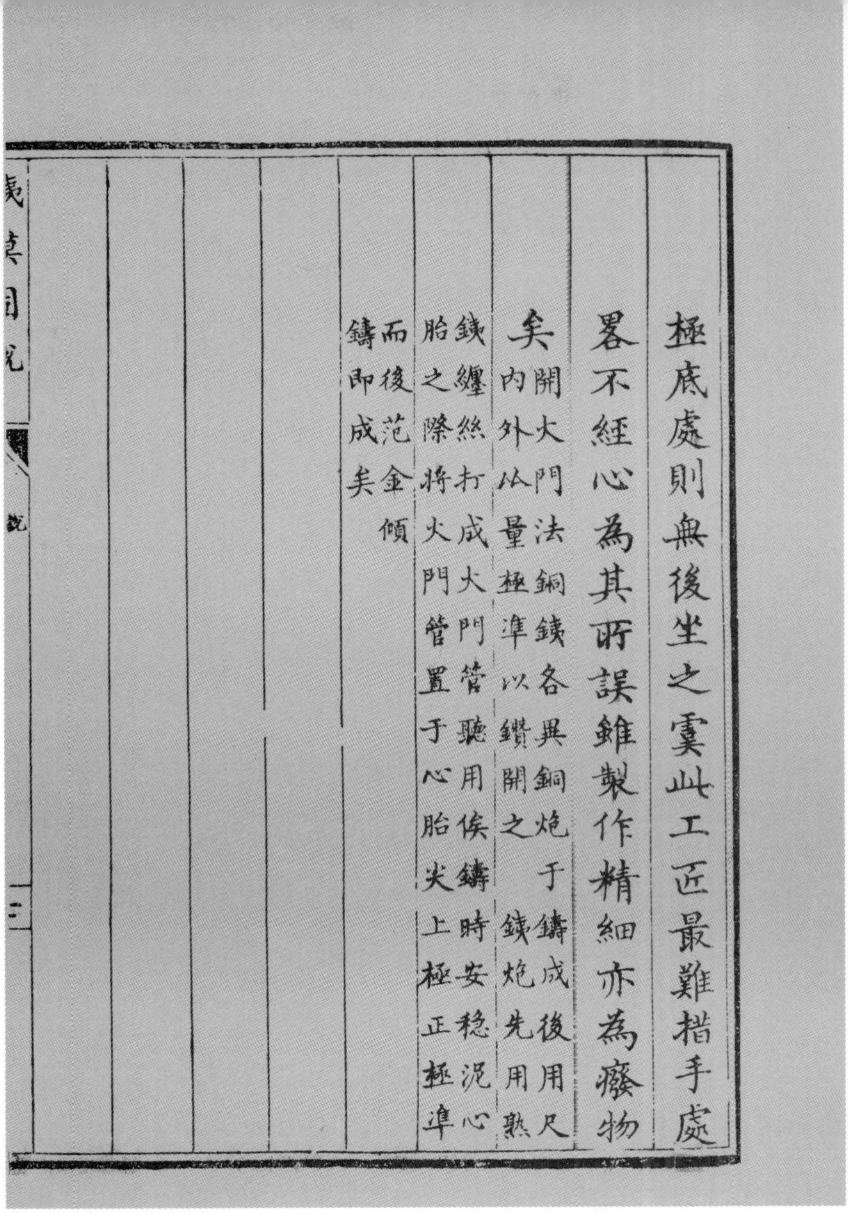

極底處則無後坐之虞此工匠最難措手處畧不經心為其所誤雖製作精細亦為癈物矣開火門法銅鐵各異銅炮于鑄成後用尺內外从量極準以鑽開之鐵炮先用熟鐵纏絲打成火門管聽用俟鑄時安穩泥心胎之際將火門管置于心胎尖上極正極準而後范金傾鑄即成矣

極底處，則無後坐之虞。此工匠最難措手處，略不經心，爲其所誤，雖製作精細，亦爲廢物矣。開火門法，銅鐵各異。銅砲于鑄成後，用尺内外比量極準，以鑽開之。鐵砲先用熟鐵纏絲，打成火門管聽用，俟鑄時安穩泥心胎之際，將火門管置于心胎尖上，極正極準，而後范金傾鑄，即成矣。

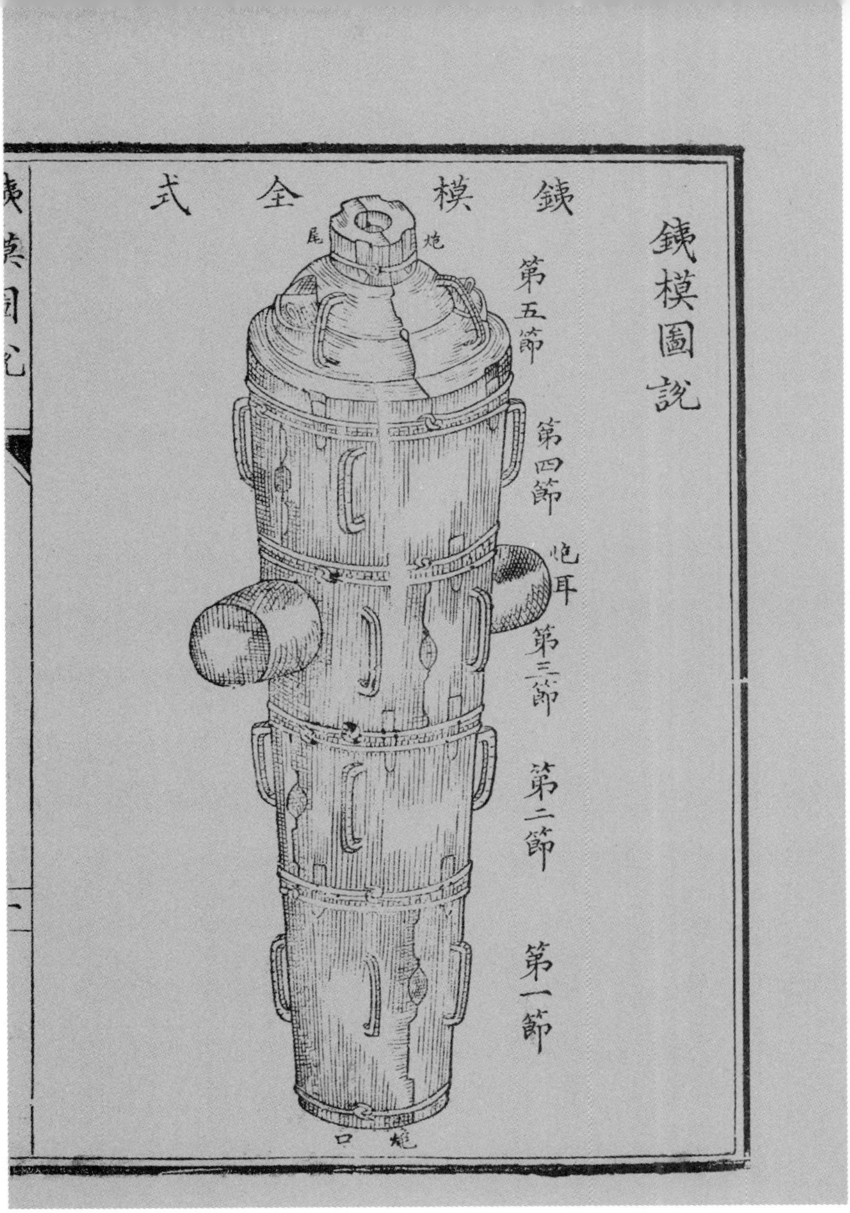

鐵模圖説

鐵模全式

砲尾、第五節、第四節、砲耳、第三節、第二節、第一節、砲口

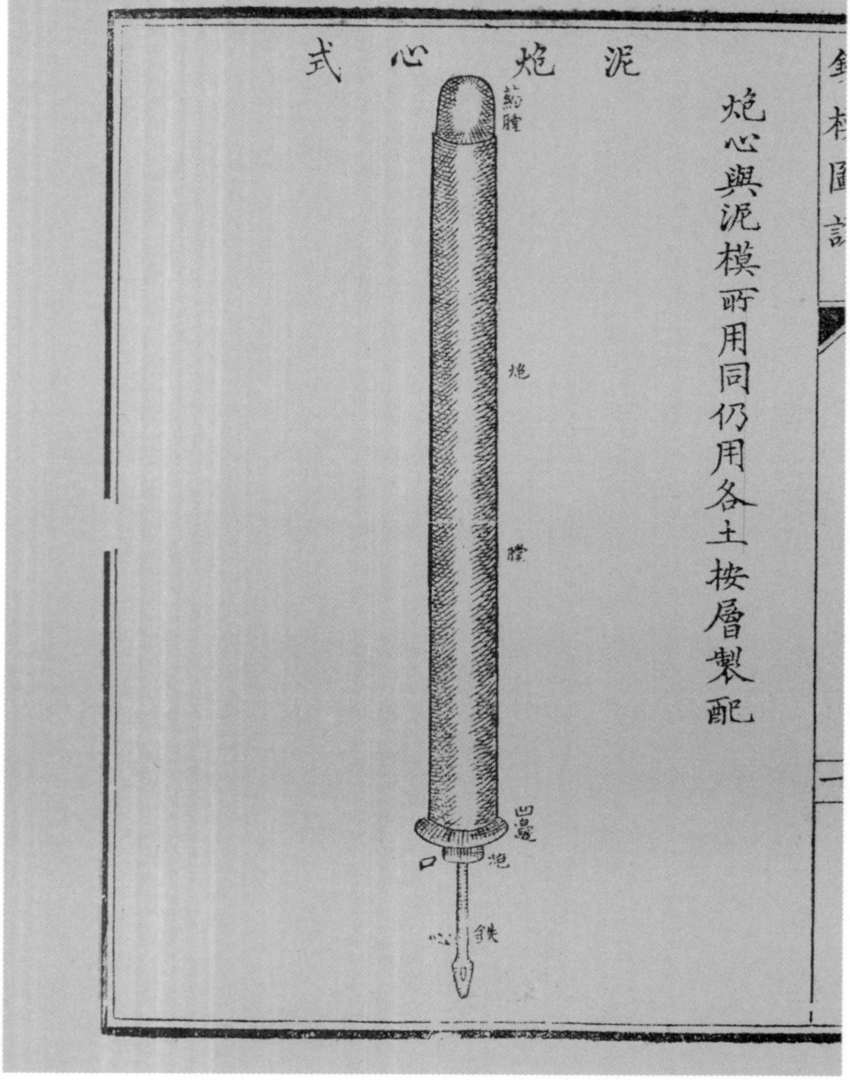

泥砲心式

砲心與泥模所用同，仍用各土，按層製配。

藥膛、砲膛、凹邊、砲口、鐵心

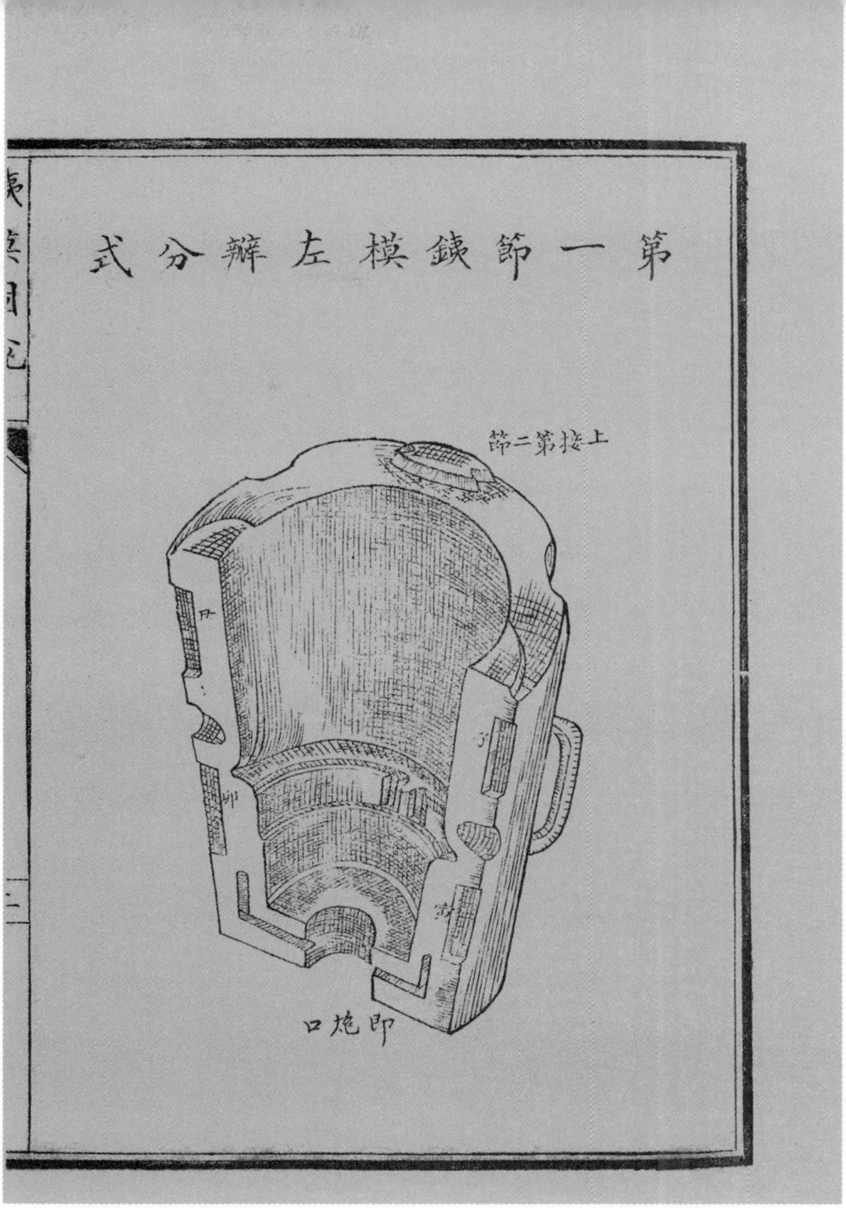

第一節鐵模左瓣分式

上接第二節、即砲口

第一節鐵模右瓣分式

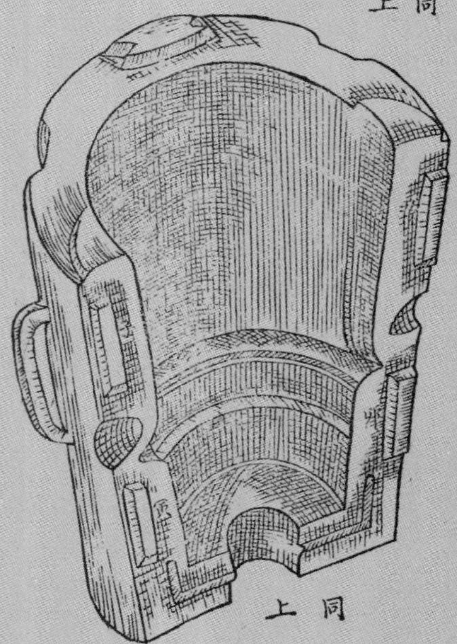

第一節鐵模右瓣分式

同上、同上

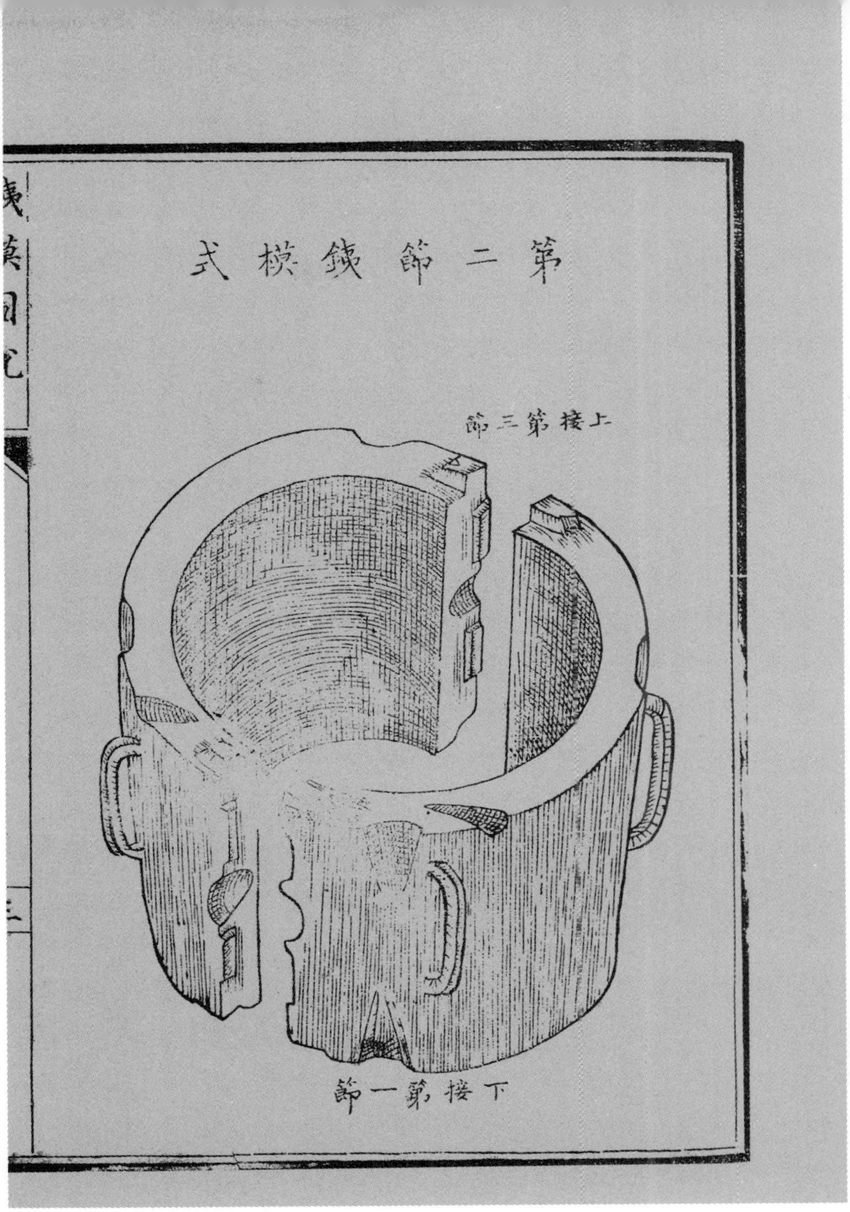

第二節鐵模式

上接第三節、下接第一節

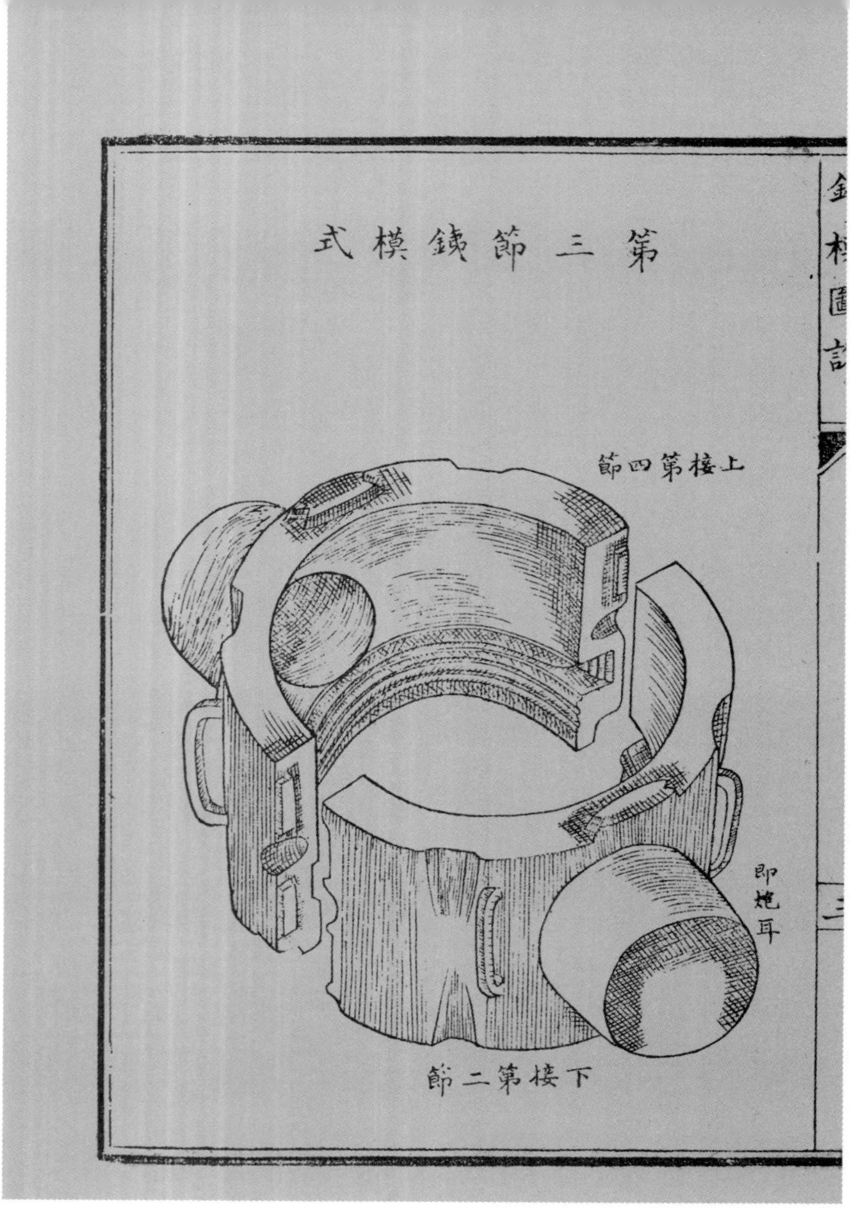

第三節鐵模式

上接第四節、即砲耳、下接第二節

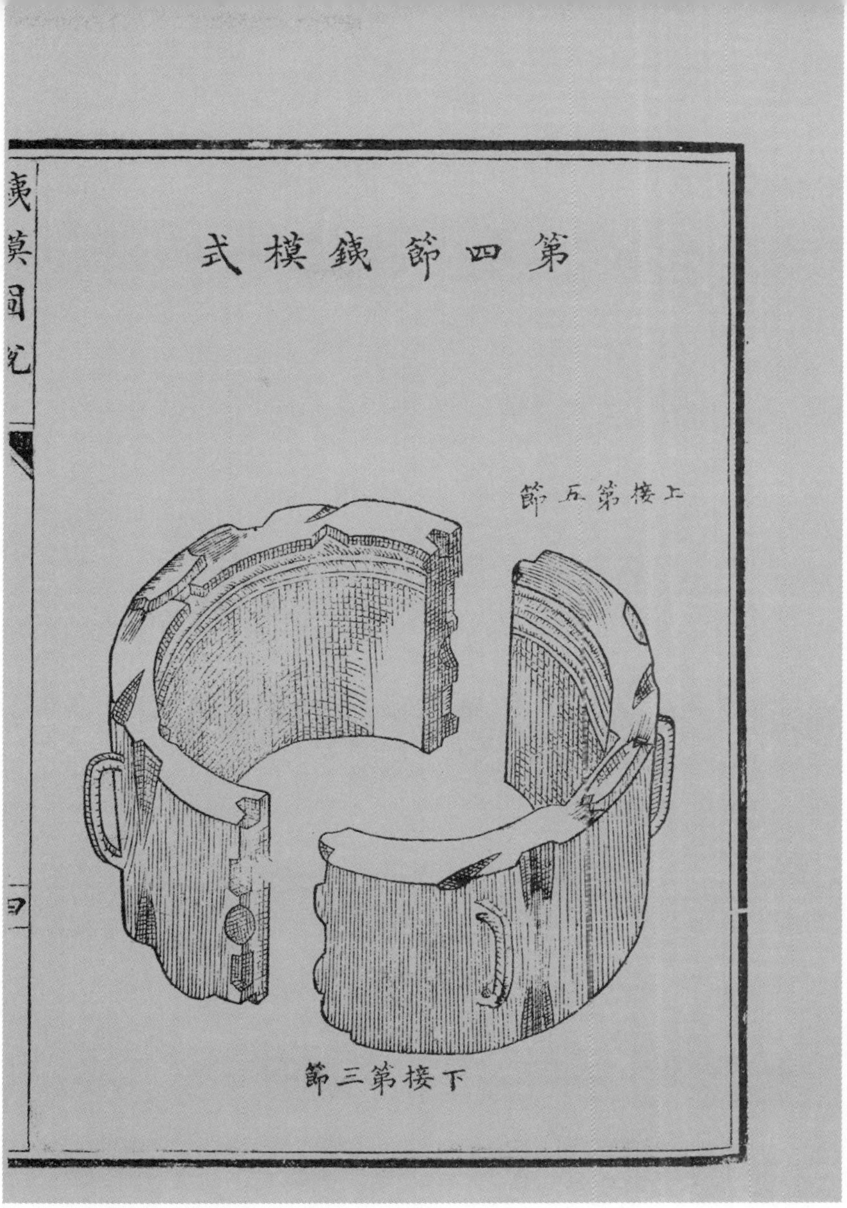

第四節鐵模式

上接第五節、下接第三節

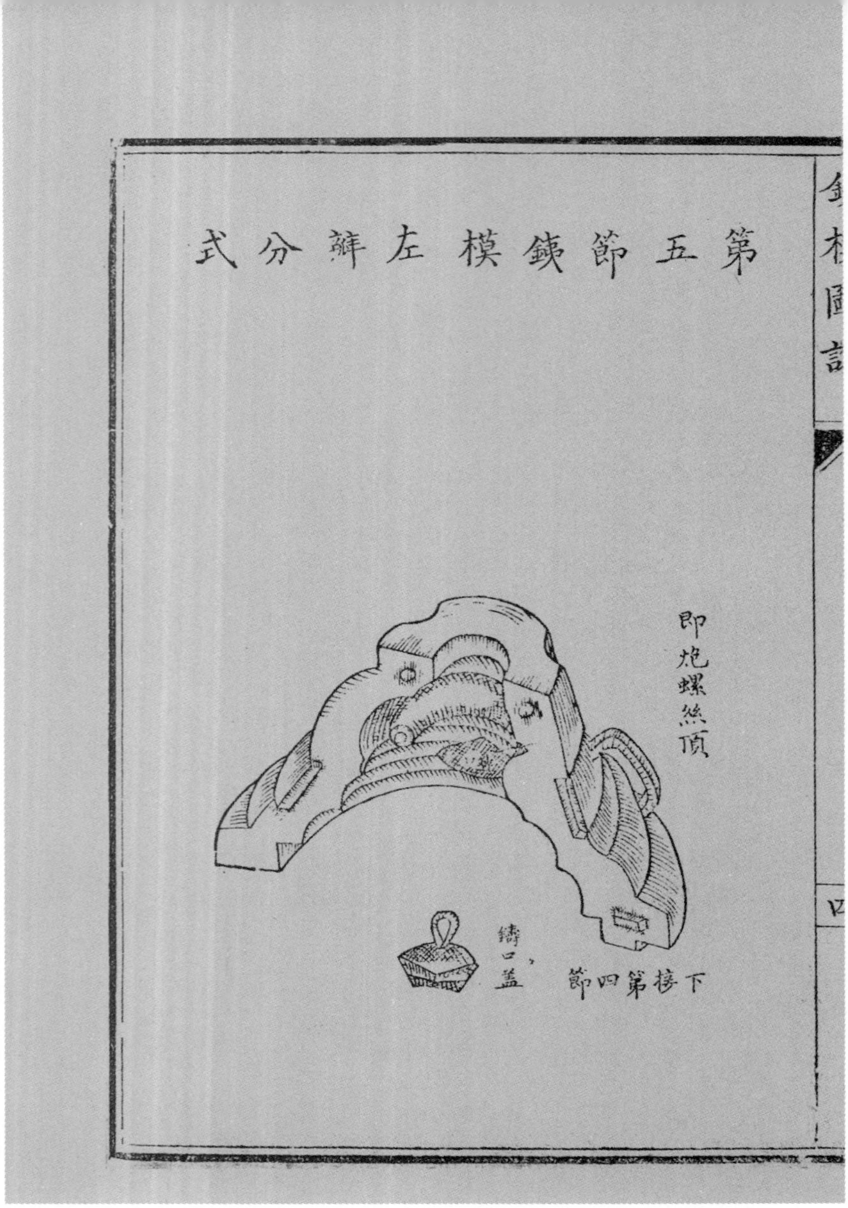

第五節鐵模左瓣分式

即砲螺絲頂、下接第四節、鑄口、鑄口蓋

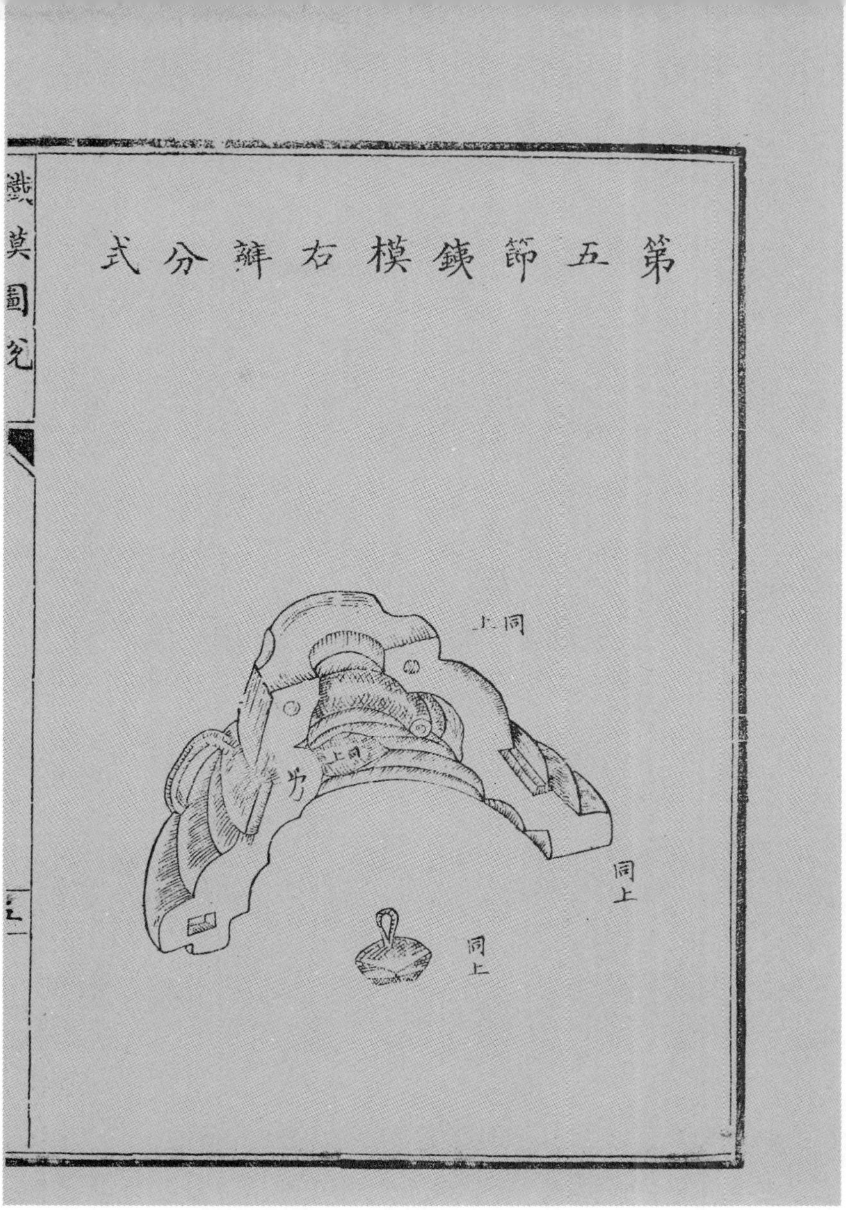

第五節鐵模右瓣分式

同上、同上、同上、同上

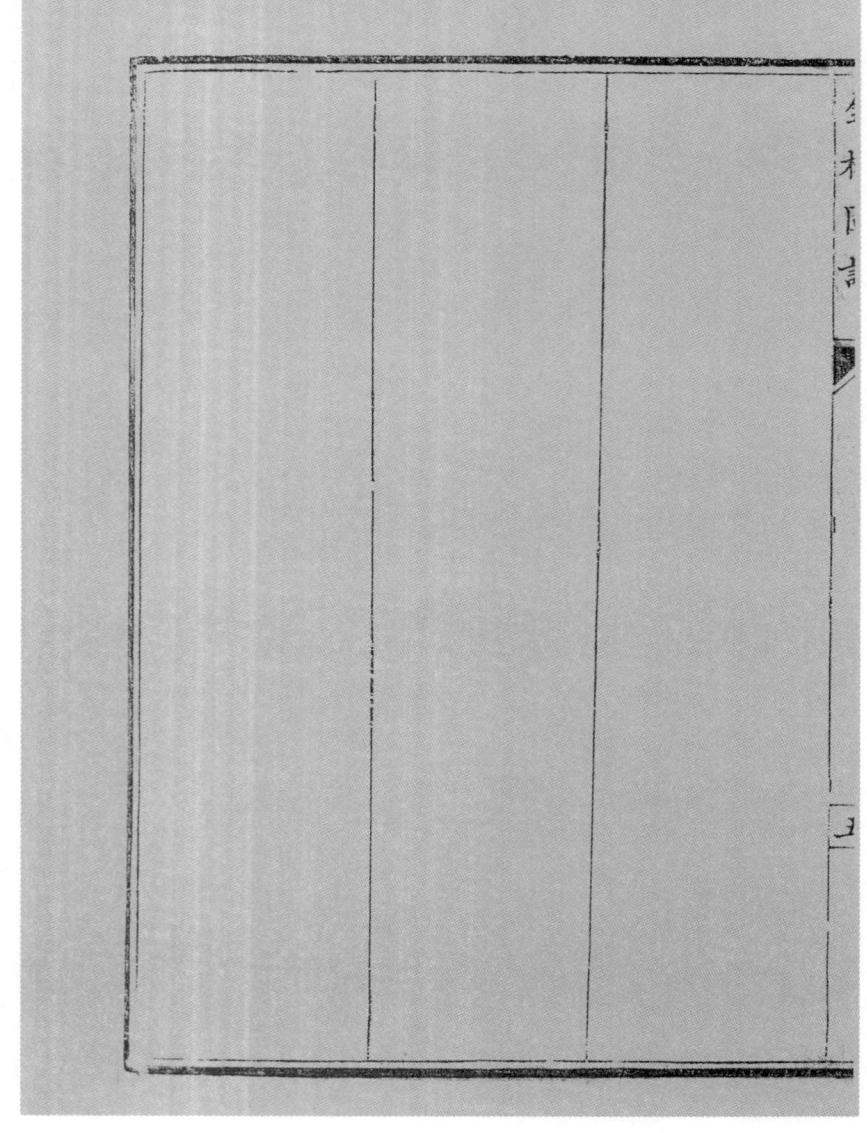

樞機炮架新式圖說

製法

一磨盤炮架須選極堅極燥之木為之榆槐樟柳皆可惟松杉楓不可用按炮規定俯仰分度數梯鐵什件更宜渾堅胳合其機巧在一樞心即圖中蘑菰頭中心兩滑車即轅木所藏鐵輪配合時務須度取炮身輕重之中心以轅木上承炮耳處為準則下佈樞心滑車為犄角勢使輕重持平此最要者總在炮耳之前後輕重相勻不特運用輕捷而施放時亦無坐跳之弊雖重至萬觔以一人之力即可

樞機砲架新式圖説

製法

一、磨盤砲架，須選極堅極燥之木爲之。榆槐樟柳皆可，惟松杉楓不可用。按砲規，定俯仰，分度數。梯鐵什件，更宜渾堅胳合。其機巧在一樞心、即圖中蘑菰頭中心。兩滑車。即轅木所藏鐵輪。配合時，務須度取砲身輕重之中心，以轅木上承砲耳處爲準則，下佈樞心、滑車，爲犄角勢，使輕重持平。此最要者，總在砲耳之前後，輕重相勻，不特運用輕捷，而施放時亦無坐跳之弊。雖重至萬觔，以一人之力，即可

旋轉輕捷指揮如意
一四輞炮車轅木車輪亦須堅燥木料其機巧在
輪軸承轅木處視炮輕重之中心亦以轅木上
承耳處為準俾推挽行走及停輪施放頭尾輕
重相適無欹斜之弊運用始能輕捷
語云工欲善其事必先利其器蓋器利則事
善矣夫神器為克敵制勝之首務若置如磬
石止擊一的即敵適入於的中亦僅一擊而
已焉望其指揮如意所向披靡耶今考重學

旋轉輕捷，指揮如意。

一、四輞砲車，轅木、車輪，亦須堅燥木料。其機巧在輪軸承轅木處。視砲輕重之中心，亦以轅木上承耳處爲準。俾推挽行走，及停輪施放，頭尾輕重相適，無欹斜之弊，運用始能輕捷。

語云“工欲善其事，必先利其器。”蓋器利則事善矣。夫神器爲克敵制勝之首務，若置如磬石，止擊一的，即敵適入於的中，亦僅一擊而已。焉望其指揮如意，所向披靡耶？今考重學

引重法製成樞機二式畀一人之力可以旋
轉如圜隨向轟擊一磨盤為戰艦為敵臺為
城闗攻守之具一四輞為行陣為隘口為奇
伏夾擊之具縱敵如潮湧靡不克捷而掃盡
欃槍矣

引重法，製成樞機二式，畀一人之力，可以旋轉如圜，隨向轟擊。一磨盤爲戰艦，爲敵臺，爲城關攻守之具。一四輞爲行陣，爲隘口，爲奇伏夾擊之具，縱敵如潮湧，靡不克捷而掃盡欃槍矣。

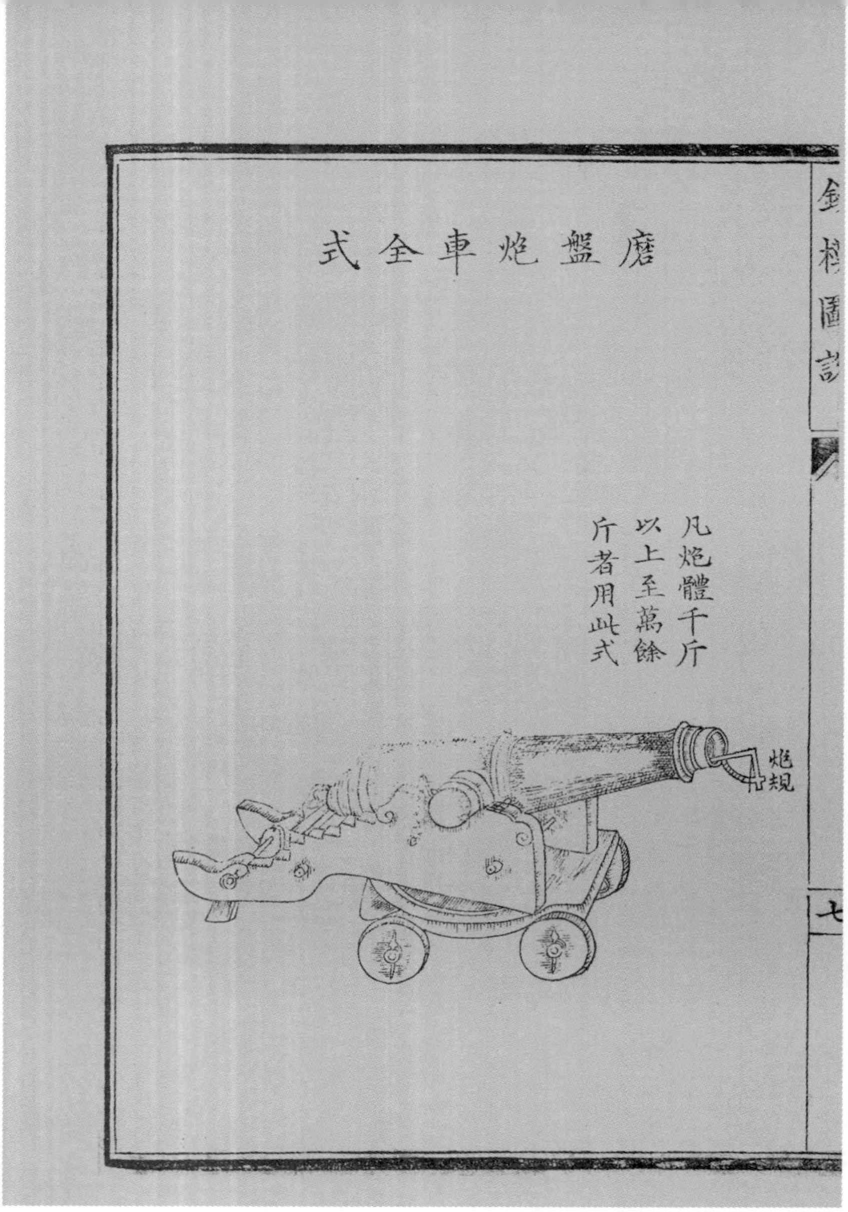

磨盤砲車全式

凡砲體千斤以上至萬餘斤者用此式

砲規

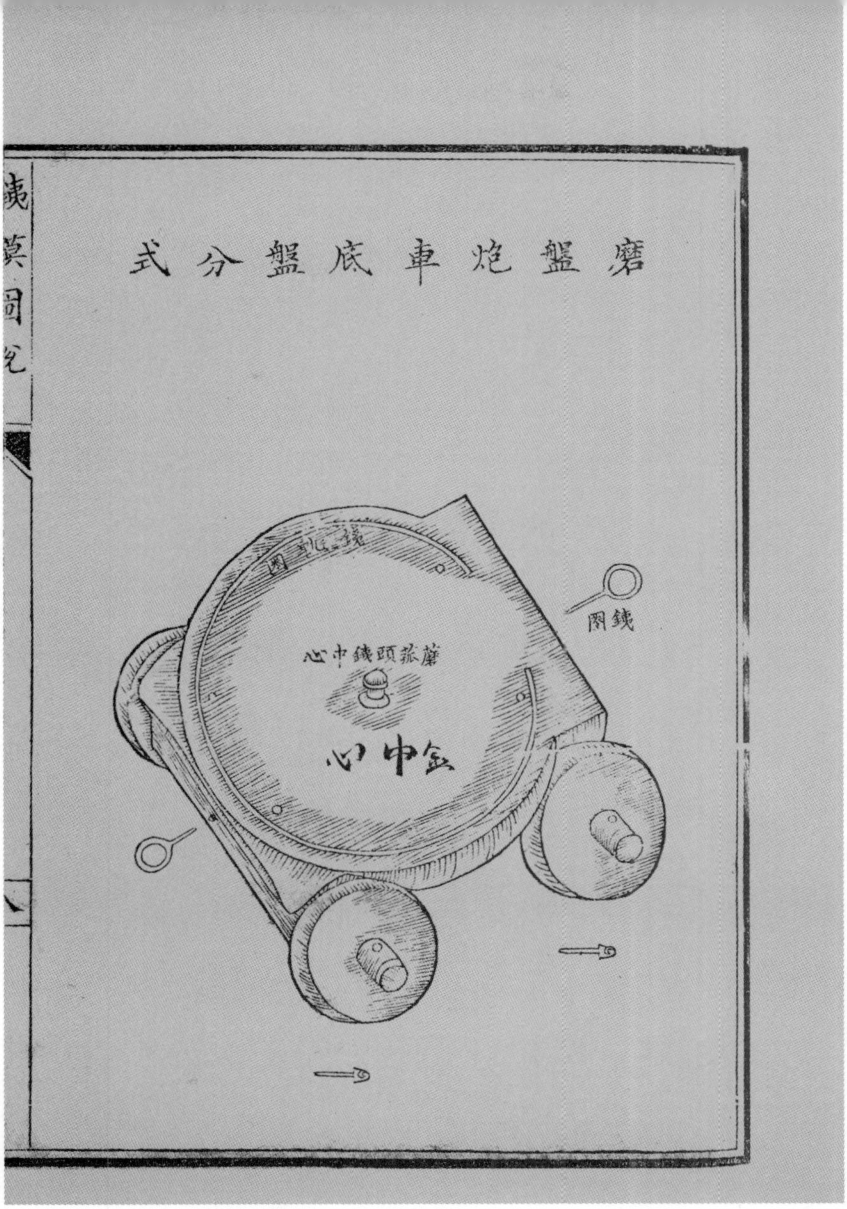

磨盤砲車底盤分式

鐵圈、鐵軌圈、蘑菰頭鐵中心[1]

1 底盘上“金中心”三字係後人墨迹。

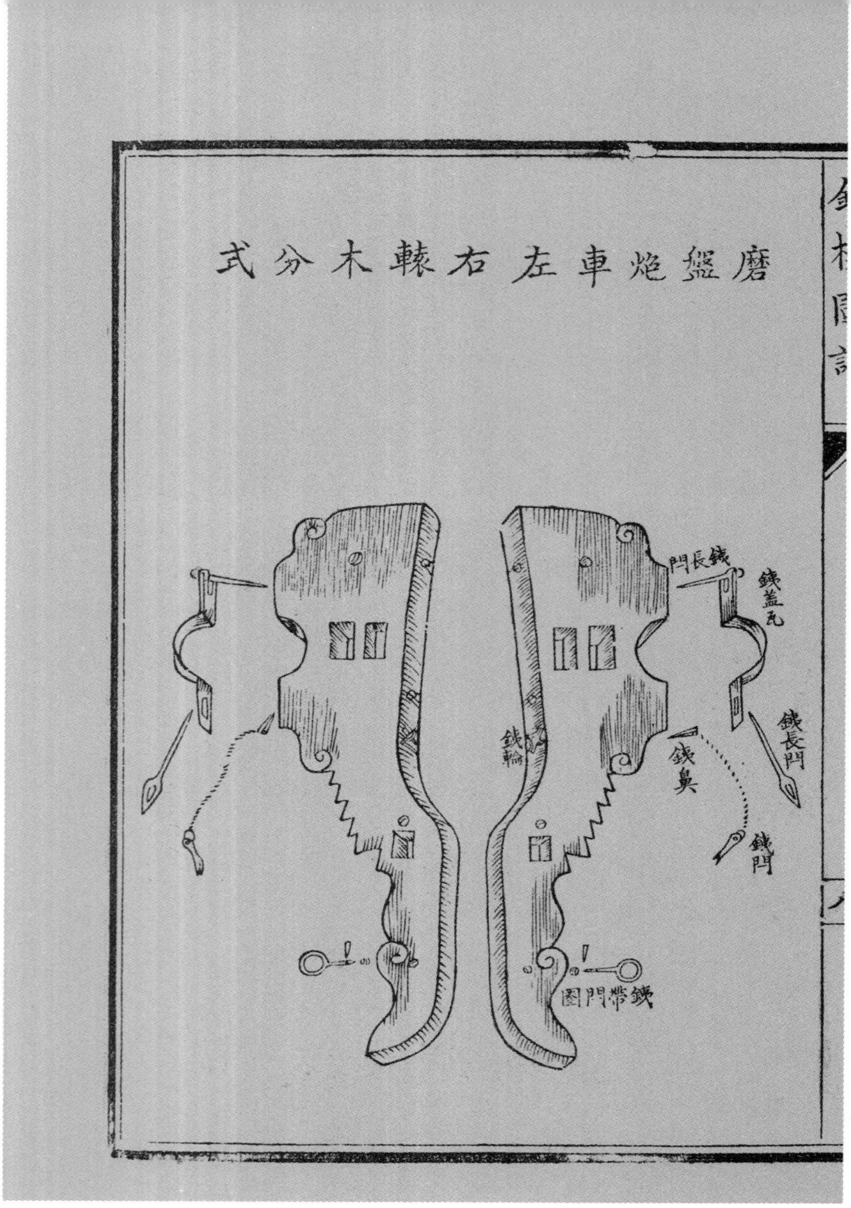

磨盤砲車左右轅木分式

鐵長門、鐵蓋瓦、鐵長門、鐵鼻、鐵門、鐵帶門圈、鐵輪

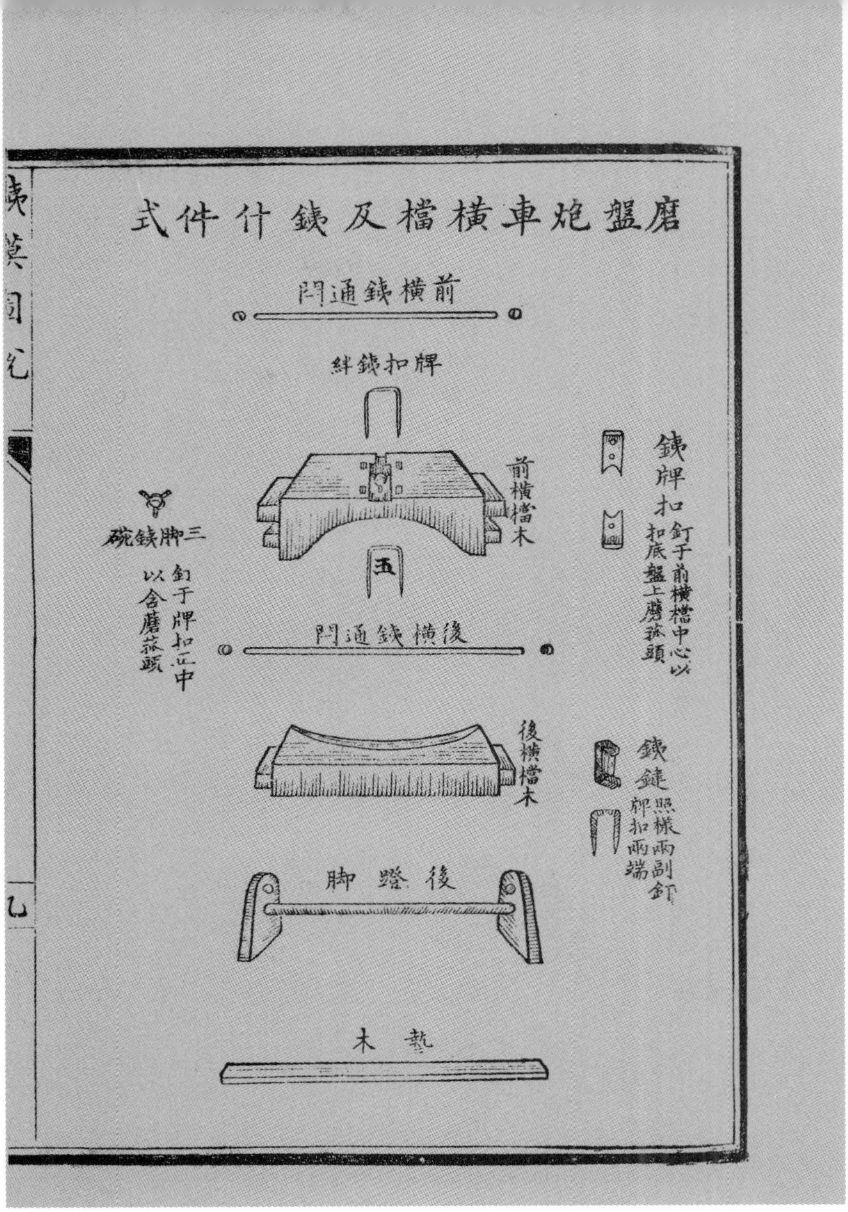

磨盤砲車橫檔及鐵什件式

前橫鐵通閂、牌扣鐵絆、前橫檔木、後橫鐵通閂、後橫檔木、後蹬脚、墊木

鐵牌扣：釘于前橫檔中心，以扣底盤上蘑菰頭。

鐵鏈：照様兩副，釘牌扣兩端。

三脚鐵碗：釘于牌扣正中，以含蘑菰頭。

四輞炮車全式

凡炮體千斤以內者用此式

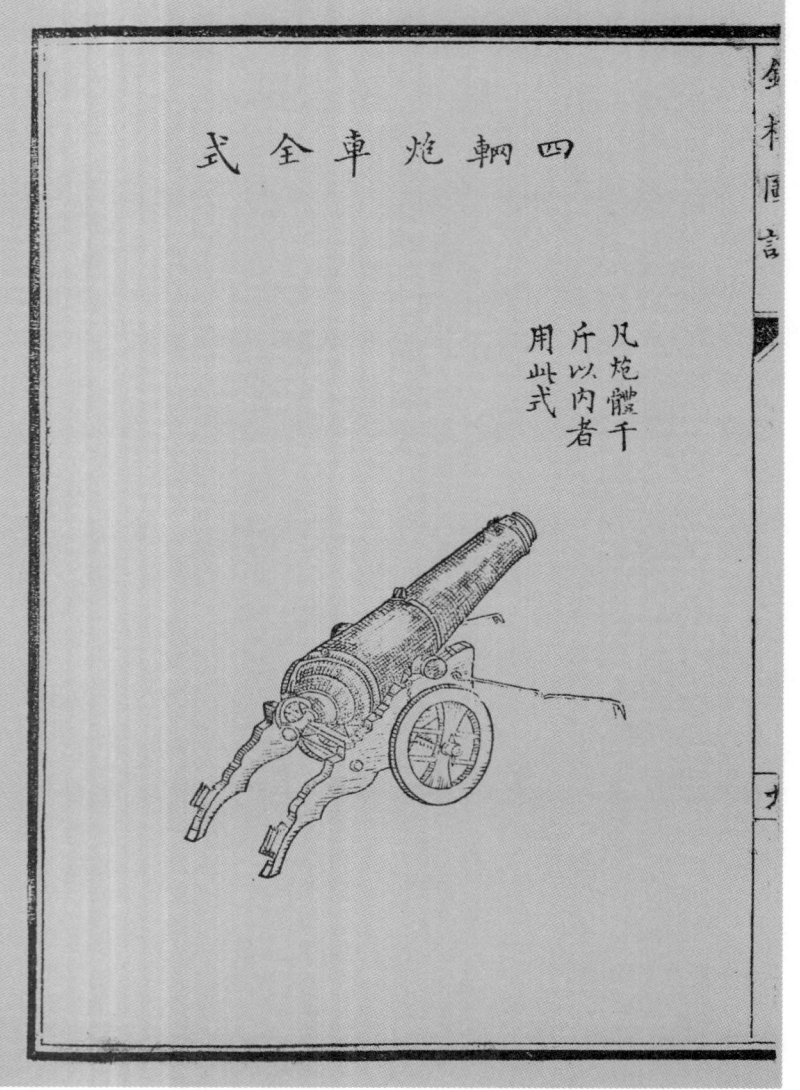

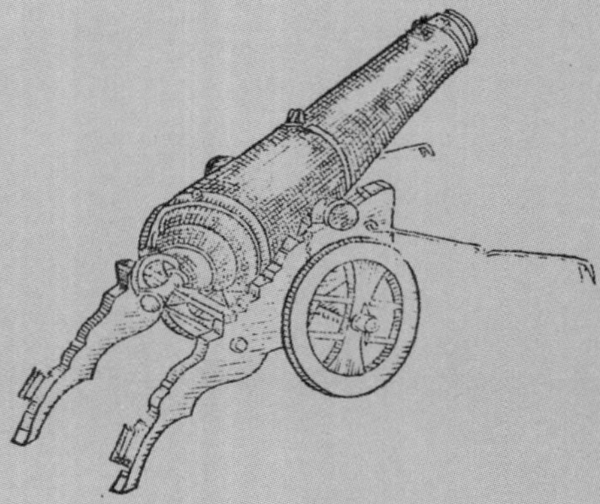

四輞砲車全式

凡砲體千斤以內者用此式

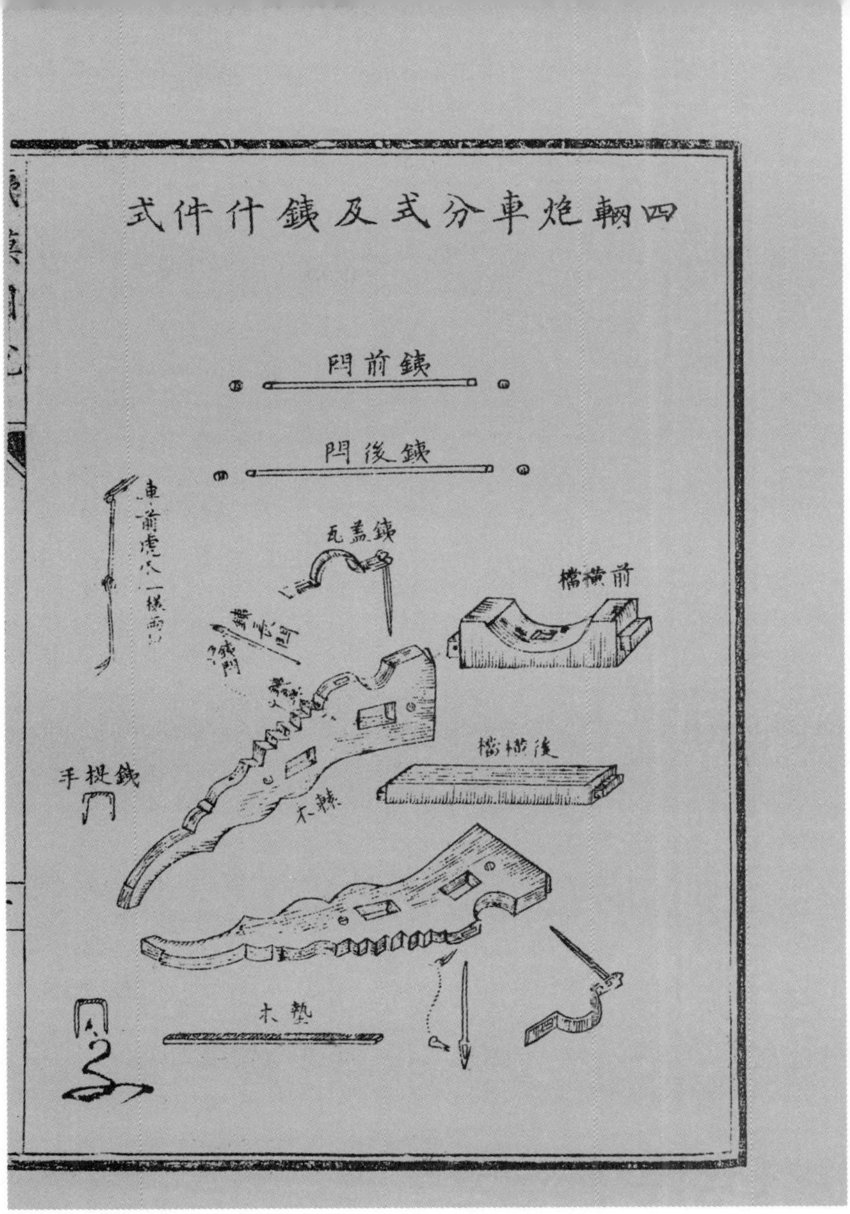

四輞砲車分式及鐵什件式

鐵前閂、鐵後閂、鐵蓋瓦、鐵長閂、鐵閂、鐵鼻、木轅、前橫檔、後橫檔、車前虎爪一樣兩根[1]、鐵提手、墊木

1 根，底本版刻漫漶，據《海國圖志》補。

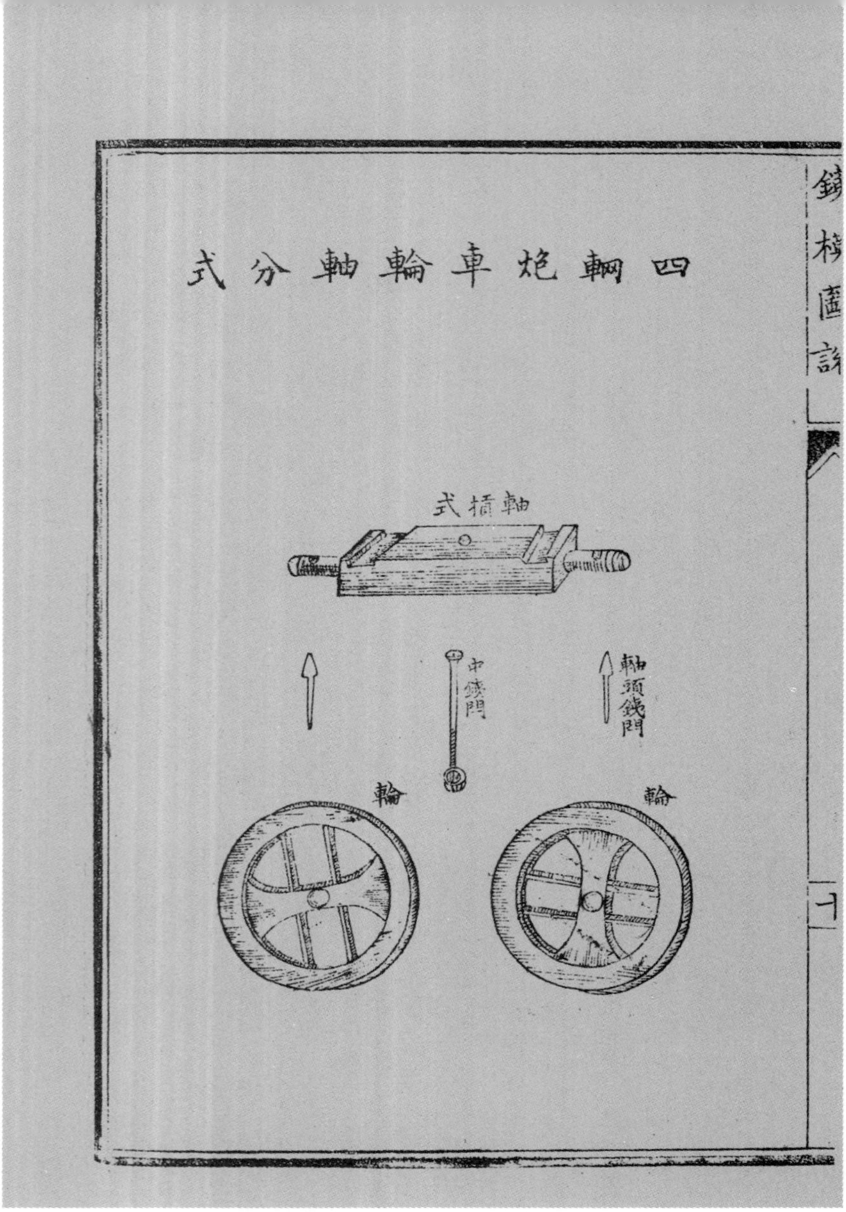

四輞砲車輪軸分式

軸槓式、軸頭鐵閂、中鐵閂、輪、輪

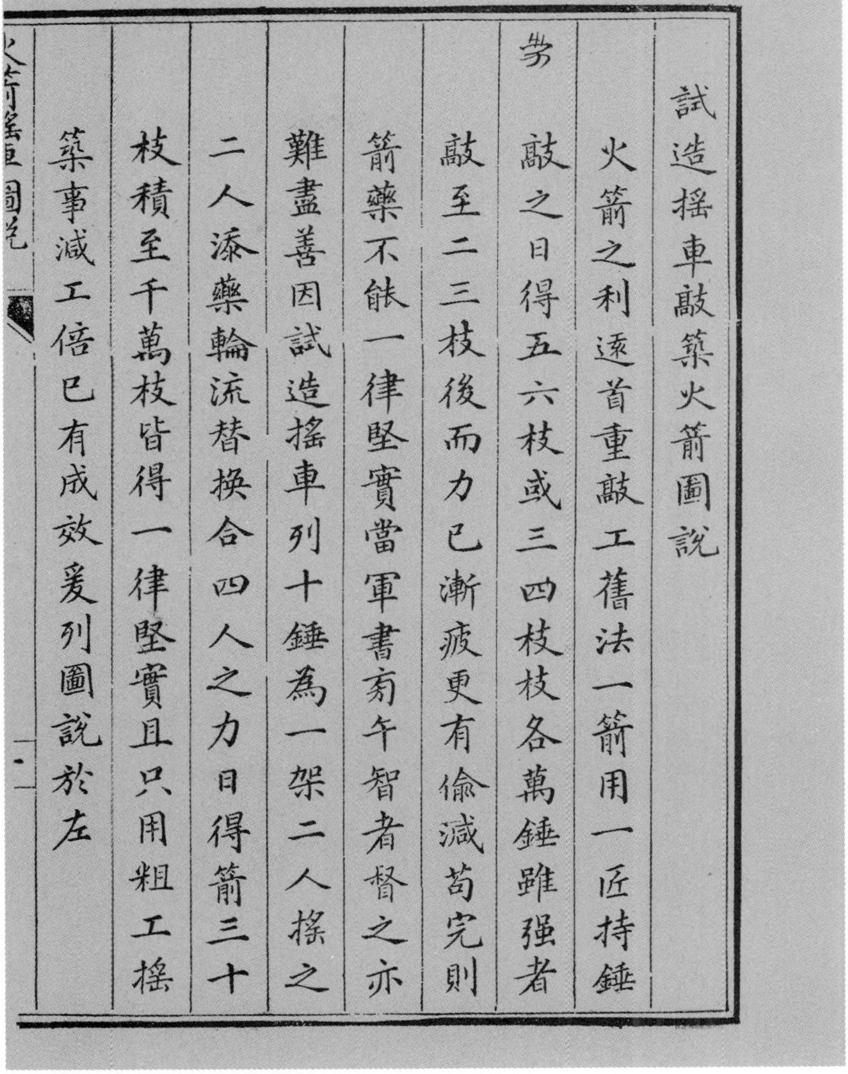
試造搖車敲築火箭圖說
火箭之利遠首重敲工舊法一箭用一匠持錘
敲之日得五六枝或三四枝枝各萬錘雖强者
敲至二三枝後而力已漸疲更有偷減茍完則
箭藥不能一律堅實當軍書旁午智者督之亦
難盡善因試造搖車列十錘爲一架二人搖之
二人添藥輪流替換合四人之力日得箭三十
枝積至千萬枝皆得一律堅實且只用粗工搖
築事減工倍已有成效爰列圖說於左

試造摇車敲築火箭圖説

火箭之利遠，首重敲工。舊法一箭用一匠，持錘敲之，日得五六枝，或三四枝。枝各萬錘，雖強者敲至二三枝後，而力已漸疲。更有偷減苟完，則箭藥不能一律堅實。當軍書旁午，智者督之，亦難盡善。因試造摇車，列十錘爲一架，二人摇之，二人添藥，輪流替换。合四人之力，日得箭三十枝。積至千萬枝，皆得一律堅實。且只用粗工摇築，事减工倍，已有成效。爰列圖説於左。

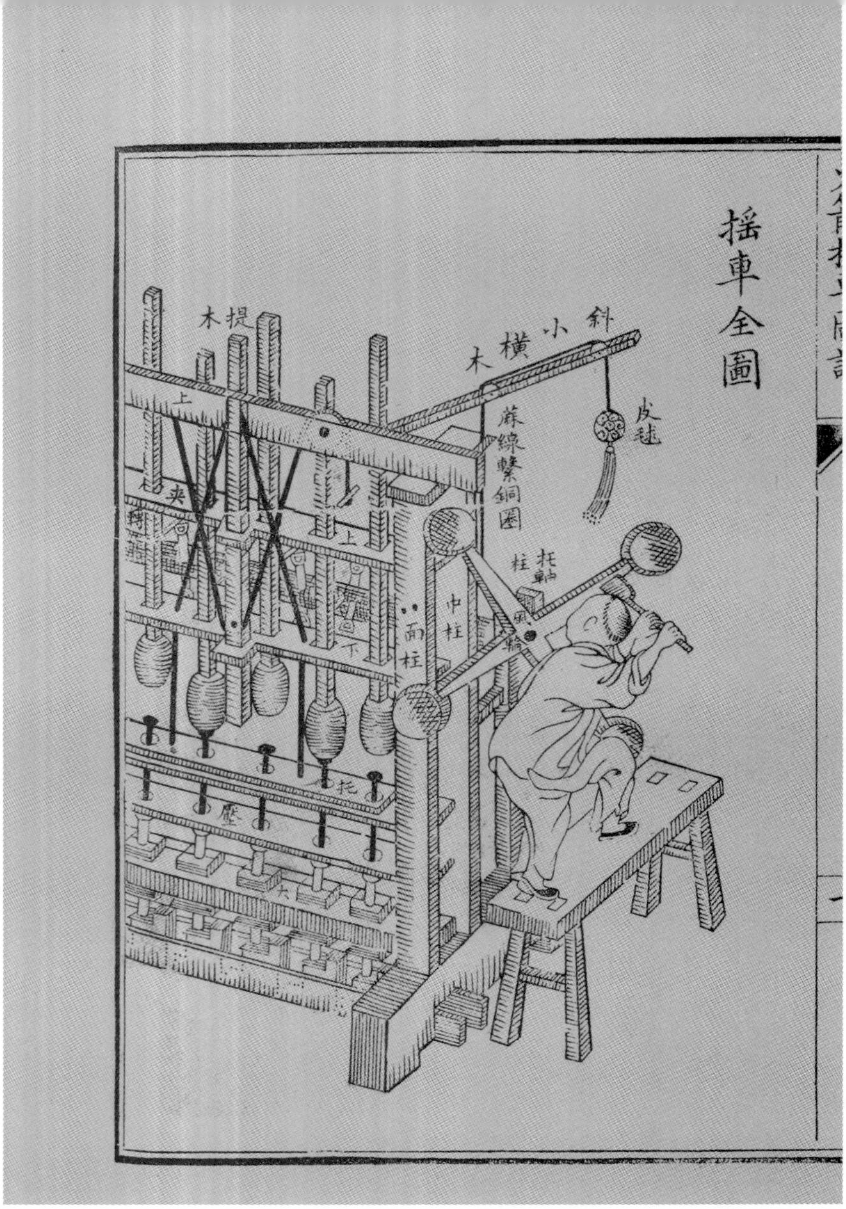

搖車全圖

上梁、上夾柄板、轉軸、下夾柄板、托板、穩板、壓板、大木檔、面柱、中柱、托軸柱、風輪、提木、斜小橫木、皮毬、蔴綫繫銅圈

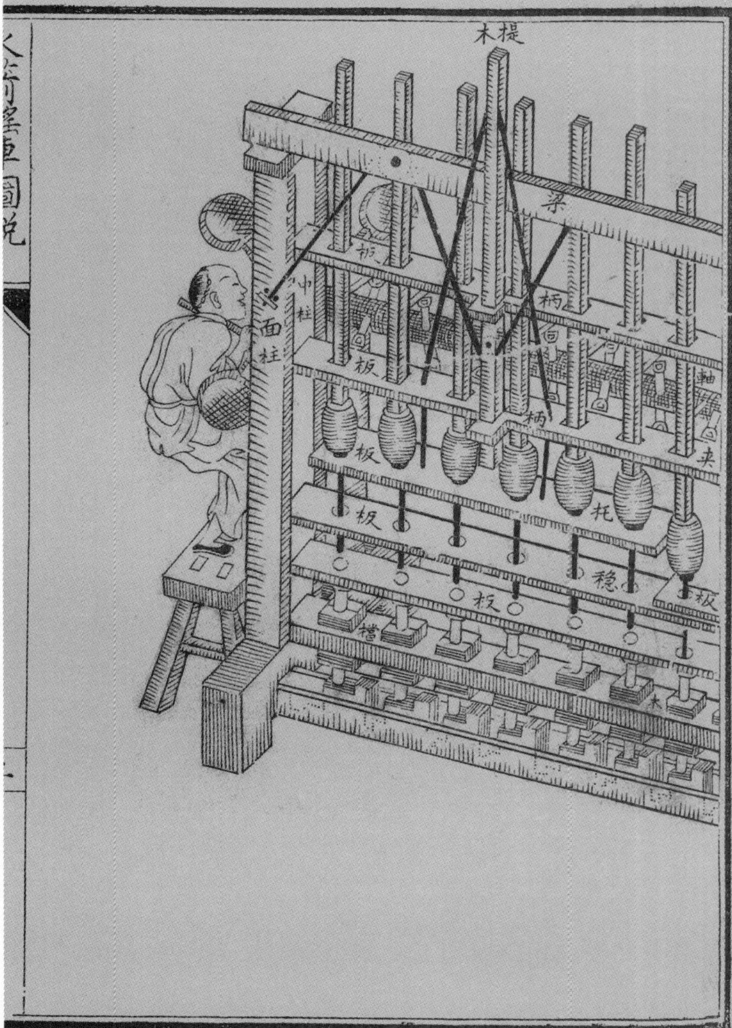
提木
梁
板
中柱
面柱
柄
板
軸
柄
板
夹
托
板
稳
板
板
槽

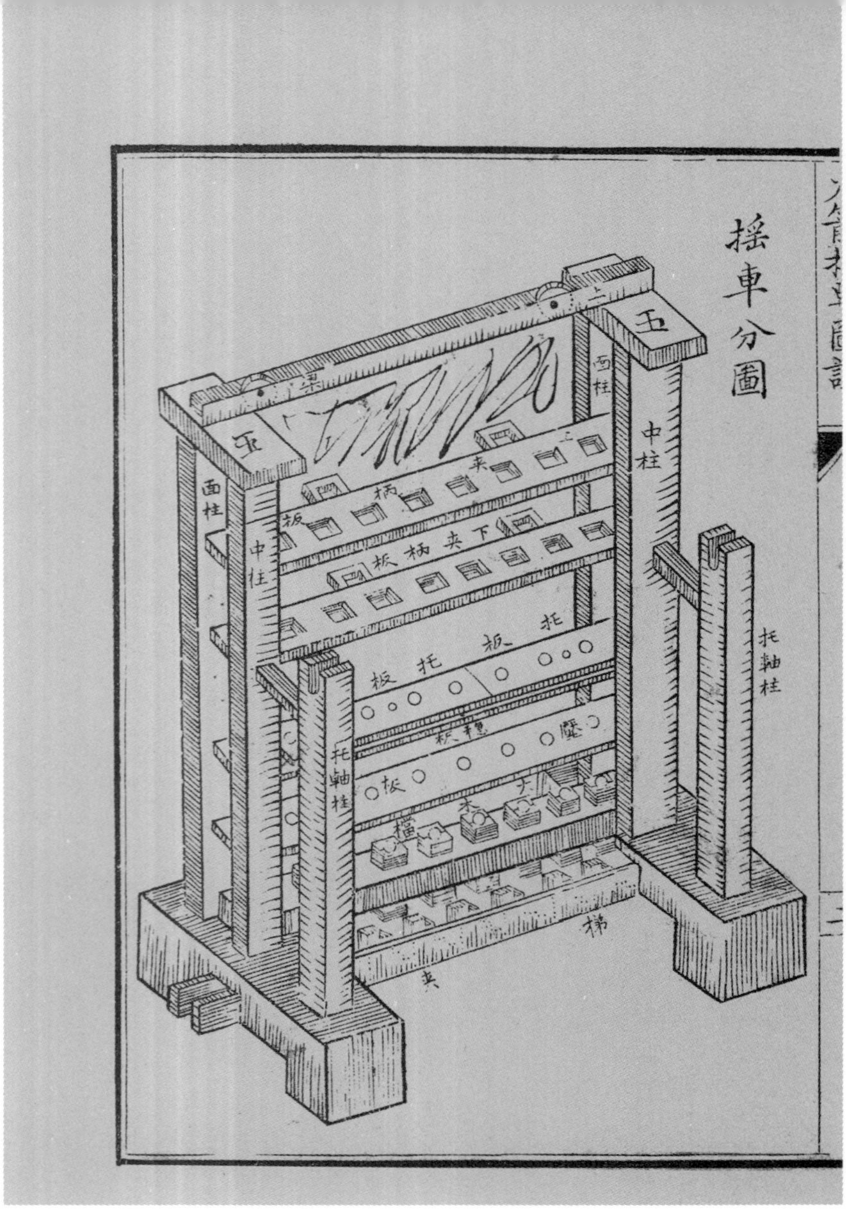

摇車分圖 [1]

上梁、上夾柄板、下夾柄板、托板、穩板、壓板、大木檔、面柱、中柱、托軸柱、梯、夹

1 圖内架頂二處“五”字係後人涂鴉，非原刻所有。

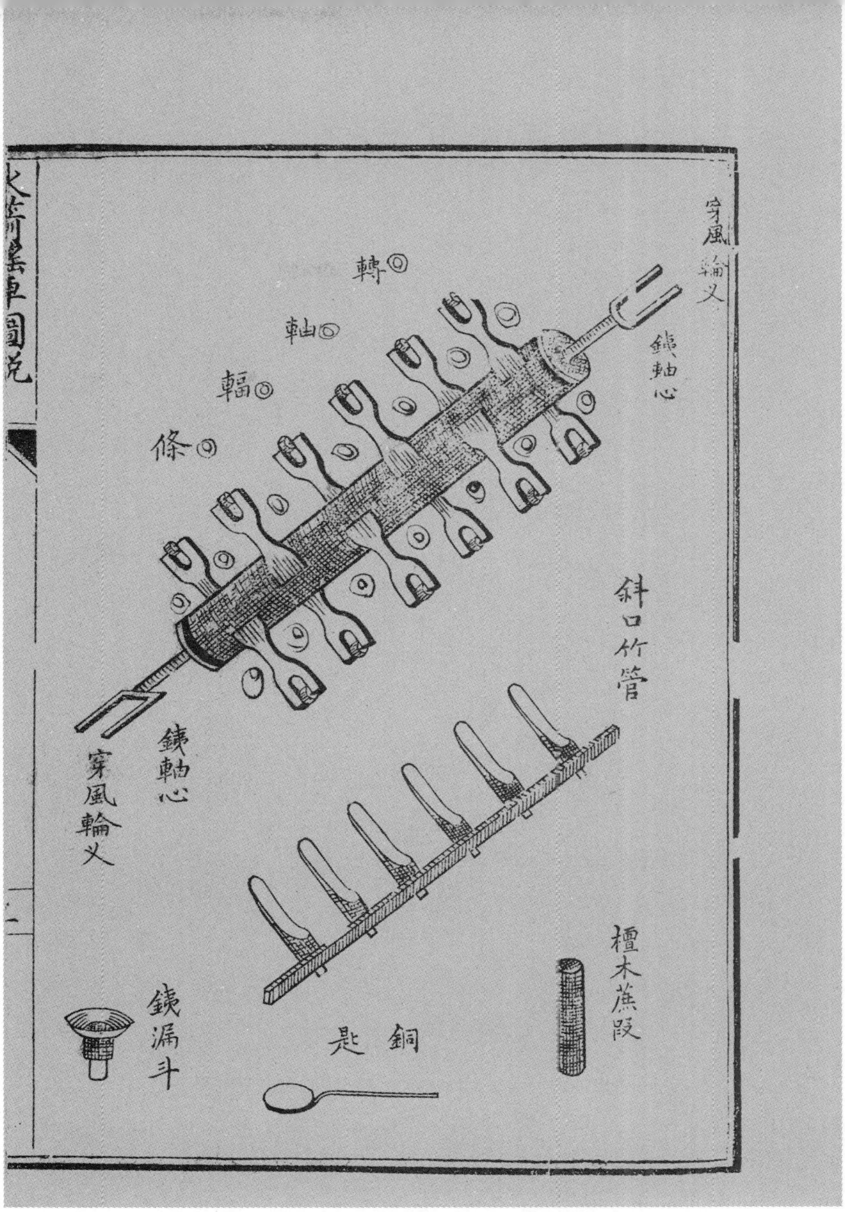

穿風輪叉、鐵軸心、轉軸輻條 、鐵軸心、穿風輪叉[1]
斜口竹管、檀木蔗段、銅匙、鐵漏斗

1 圖中若干双圈係後人涂鴉，非原書所有。

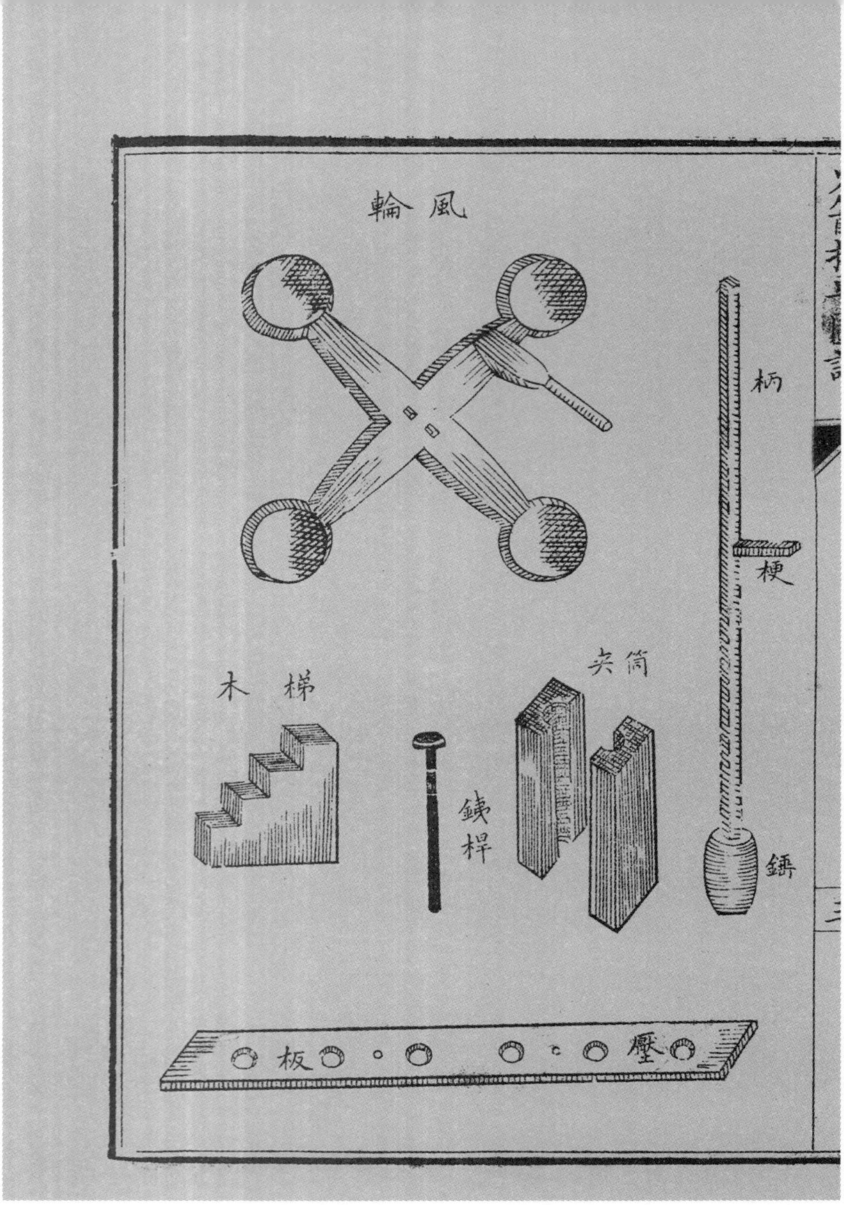

柄、梗、錘

風輪、筒夾、鐵桿、梯木、壓板

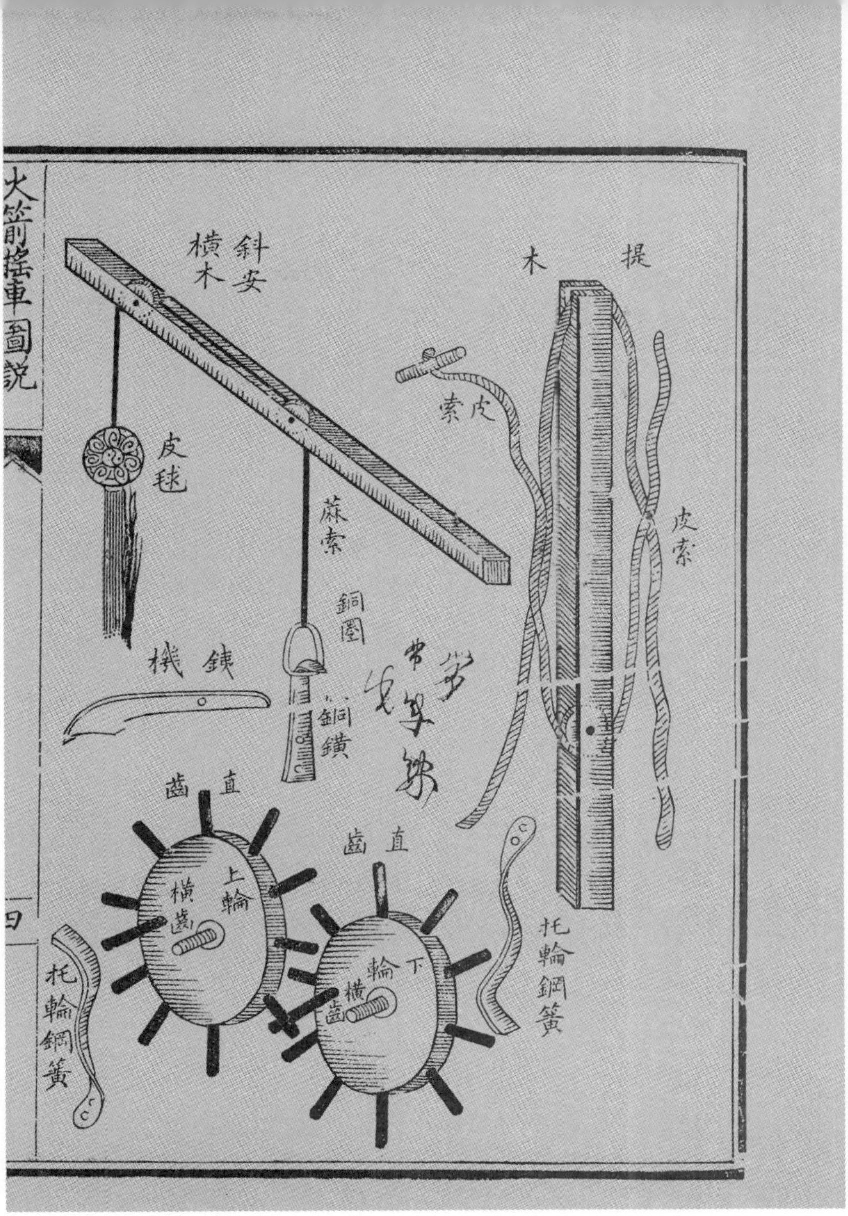

提木、皮索、皮索

斜安橫木、蔴索、銅圈、銅鑚、皮毬

鐵機、上輪橫齒、直齒、托輪鋼簧、下輪橫齒、直齒、托輪鋼簧

按圖製造以堅木為之轉軸尤須堅結周分直
線二十道為開眼穿輻條部位如第一線上穿通第十一線第二線穿通第十二線之類按一二三至十線次第開之不可亂備扁方輻條十
根緊緊按眼次第穿過每根兩端長短均齊庶
撥錘圓滑無叅差蹭跳之碍輻之兩端各嵌小滑車一轉軸
兩端加鐵箍鑲鐵桿為軸心桿徑八分入架上槽內
槽內鑲鐵管半個托鐵桿再用鐵消横穿以壓鐵桿便於拆卸用時加油使滑鐵桿兩
頭各穿十字木風輪得虛勁省人力設夾柄板
二層横安架内板中分為兩合縫處開方渠以

按圖製造，以堅木爲之。轉軸尤需堅結，周分直綫二十道，爲開眼穿輻條部位。如第一綫上穿通第十一綫，第二綫穿通第十二綫之類。按一二三至十綫，次第開之不可亂。備扁方輻條十根，緊緊按眼，次第穿過。每根兩端長短均齊，庶撥錘圓滑，無參差蹭跳之碍。輻之兩端，各嵌小滑車一。轉軸兩端加鐵箍，鑲鐵桿，爲軸心，桿徑八分。入架上槽内。槽内鑲鐵管半個，托鐵桿，再用鐵捎横穿，以壓鐵桿，便於拆卸。用時加油使滑。鐵桿兩頭，各穿十字木風輪，得虛勁省人力。設夾柄板二層，横安架内。板中分爲兩，合縫處開方渠，以含錘柄列木錘十個每重六十兩較準一律不可輕重錘柄見方一寸二分長三尺八寸貫於夾柄板渠內務準直參合使錘之起落流利無偏欹之弊柄之後面適中橫安小梗木以承輻頭滑車上梁嵌滑車二設提木二副貼於兩層夾柄板之前內嵌滑車貫以皮索設托板繫於皮索以便抽提添藥架下設大木檔排勻開通方眼十個以安筒夾每筒夾一副用兩木合成中開圓槽以容箭筒略鬆不可緊緊則箭筒不旋轉活動便敲築不勻槽內含圓木如甘蔗段為箭

含錘柄。列木錘十個，每種六十兩。較準一律，不可輕重。錘柄見方一寸二分，長三尺八寸，貫於夾柄板渠內。務準直參合，使錘之起落，流利無偏欹之弊。柄之後面適中橫安小梗木，以承輻頭滑車。上梁嵌滑車二。設提木二副，貼於兩層夾柄板之前，內嵌滑車，貫以皮索，設托板繫於皮索，以便抽提添藥。架下設大木檔，排勻，開通方眼十個，以安筒夾。每筒夾一副，用兩木合成，中開圓槽，以容箭筒，略鬆。不可緊，緊則箭筒不旋轉活動，便敲築不勻。槽內含圓木，如甘蔗段，爲箭筒之墊，下設檀木梯。俟加藥數次，箭筒内之藥逐次漸高，則將筒隨梯逐層放低。其大木檔之上，加壓板、穩板、托板各一層，與夾筒之眼參直，各開圓眼。壓板眼須敞口，穩板眼須嵌鐵。將鐵杵由眼内插下，貫入箭筒，方可敲築。鐵杵微細於筒膛，不可太鬆，亦不可太緊，長倍於筒。好鐵爲之。添藥用竹管，削成斜口，以五管爲一聯。對筒之步位，嵌於小木檔上。另以小銅匙一，較準掣藥五分，藥拌微潮。以平爲度，傾於竹管。然後提架上皮索，以起托板。各桿

便隨板而上箭筒即空將竹管之藥一齊貫入箭筒俾免
杵杵抽放筒筒加藥之煩各箭筒上先套鍱漏
斗用壓板壓住以便添藥不致拋撒漏斗下有鍱管插入
箭筒防藥將滿時杵頭易損筒口架之右中柱上斜安小橫木
分嵌滑車二用蔴線貫入一頭繫皮毬使下垂
一頭繫銅圈套於柱上銅鉤鉤接鍱機再加記
數輪上下兩個錯落配合上輪邊列直齒十個
輪面加橫齒一以撥下輪直齒其下輪邊亦列
十齒輪面亦加橫齒一以撥鍱機於轉軸十字木上釘一鍱

便隨板而上，箭筒即空。將竹管之藥，一齊貫入箭筒，俾免杵杵抽放，筒筒加藥之煩。各箭筒上，先套鐵漏斗，用壓板壓住，以便添藥，不致拋撒。漏斗下有鐵管，插入箭筒，防藥將滿時杵頭易損筒口。架之右中柱上，斜安小橫木，分嵌滑車二。用蔴綫貫入一頭，繫皮毬，使下垂；一頭繫銅圈，套於柱上，銅鉤鉤接鐵機。再加記數輪，上下兩個，錯落配合。上輪邊列直齒十個，輪面加橫齒一，以撥下輪直齒。其下輪邊亦列十齒，輪面亦加橫齒一，以撥鐵機。於轉軸十字木上釘一鐵

大管搖車圖說　六

梗以撥上輪之直齒如上輪一週横齒遇下輪之直齒一
上輪十週下輪得一週則下輪之横齒遇鐵機
使皮毬突然落下便知為一百轉是二百錘矣
加藥五分再搖之待皮毬下再加藥五分再搖
遞下遞加遞至箭筒滿足而止托記數輪之鋼
簧須硬雖急搖不跳齒而數始準此為敲藥記
數要著非徒巧飾之謂也車之工料須着意堅
實蓋搖曳震動最為猛烈以免頻頻停工修整
之煩大畧如是要在會心運用之巧

梗，以撥上輪之直齒。如上輪一週，横齒遇下輪之直齒一；上輪十週，下輪得一週。則下輪之横齒遇鐵機，使皮毬突然落下，便知爲一百轉，是二百錘矣。加藥五分，再摇之。待皮毬下，再加藥五分，再摇。遞下遞加，遞至箭筒滿足而止。托記數輪之鋼簧須硬，雖急摇不跳齒，而數始準。此爲敲藥記數要著，非徒巧飾之謂也。車之工料，須著意堅實。蓋摇曳震動，最爲猛烈，以免頻頻停工修整之煩。大略如是，要在會心運用之巧。

鑽火箭中心線眼圖說

火箭敲成後舊法以手扶鑽鑽中心線眼扶持稍偏則眼斜引線亦斜放去不能一直即工匠專心而手力不能齊也今亦用架扣定箭筒鑲穩鑽頭兩相參直以二人更換搖之一搖可鑽二箭無偏倚之弊謹繪圖附於後

鑽火箭中心綫眼圖説

火箭敲成後，舊法以手扶鑽，鑽中心綫眼。扶持稍偏，則眼斜，引綫亦斜，放去不能一直。即工匠專心，而手力不能齊也。今亦用架，扣定箭筒，鑲穩鑽頭，兩相參直。以二人更換摇之。一摇可鑽二箭，無偏倚之弊。謹繪圖附於後。

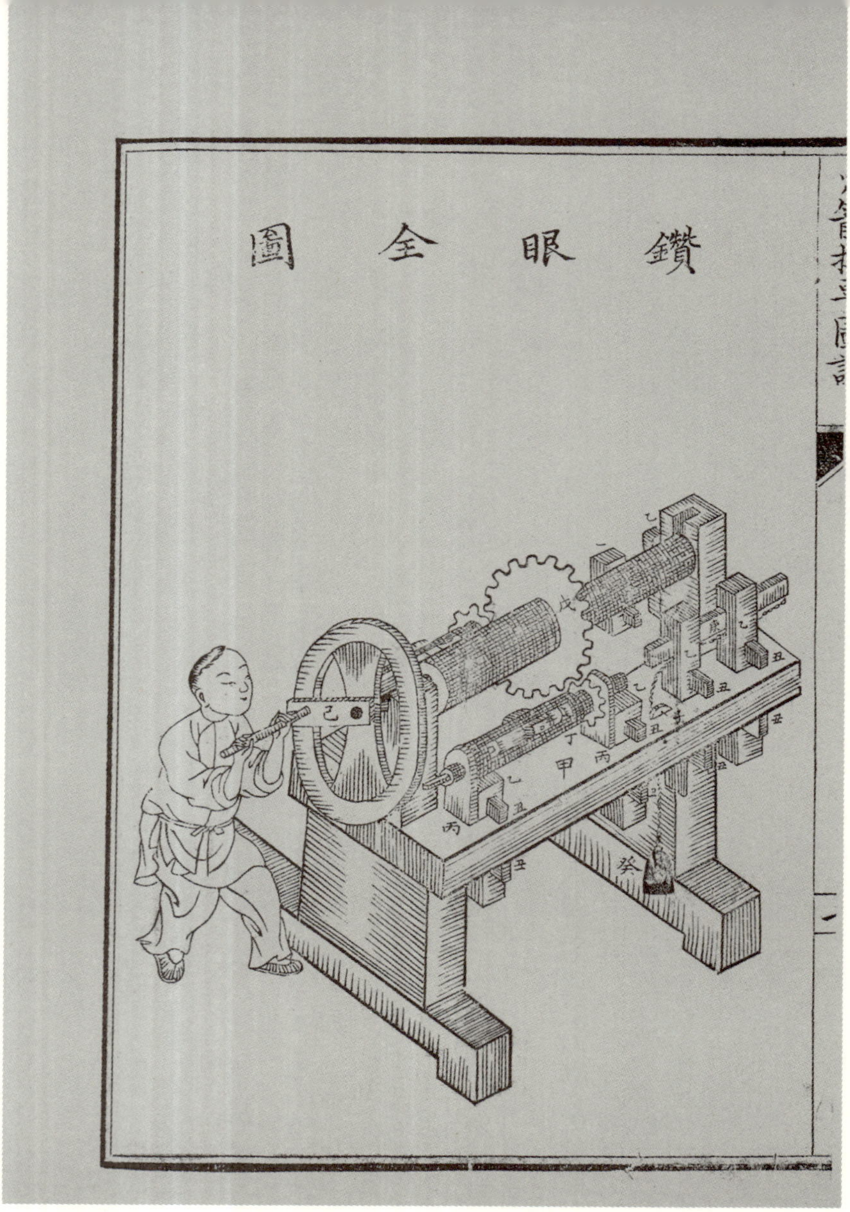

鑽眼全圖

甲、乙、丙、丁、戊、己、庚、壬、癸、子、丑

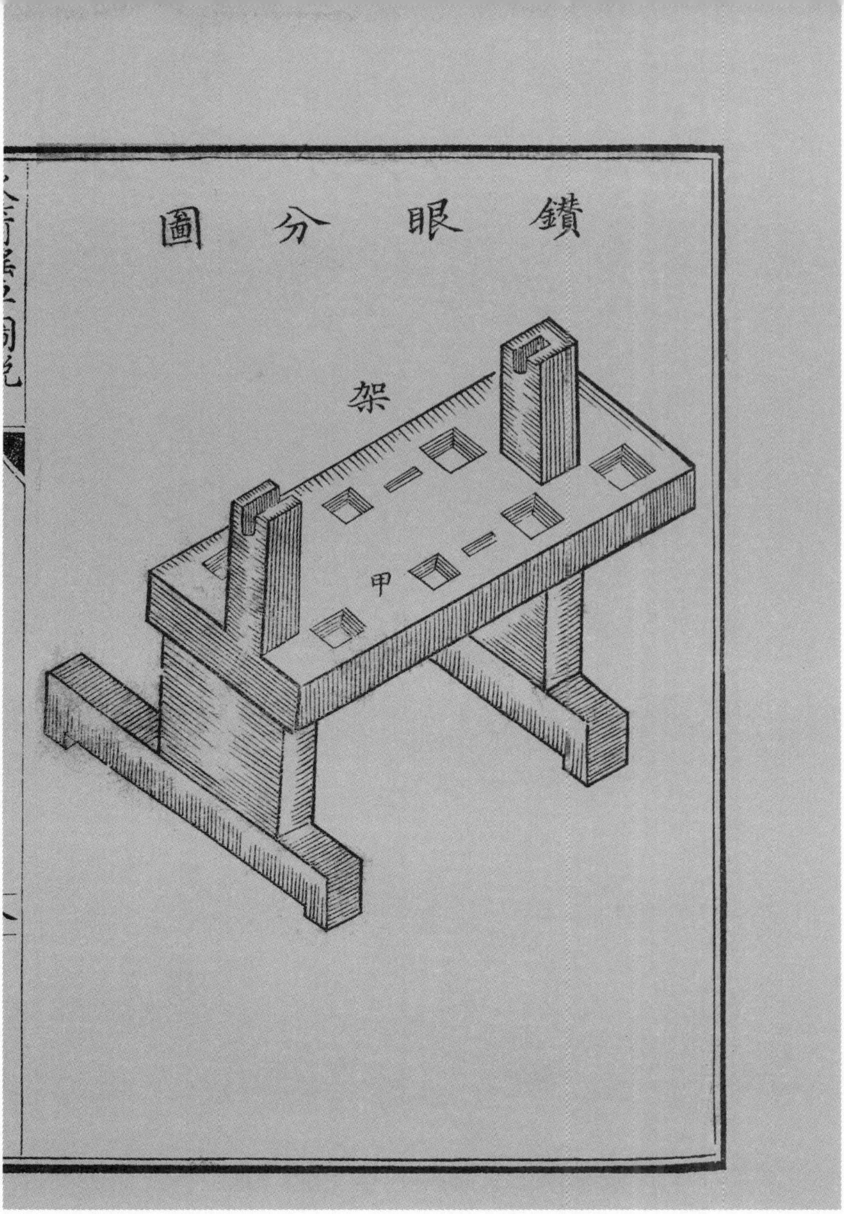

鑽眼分圖

甲：架

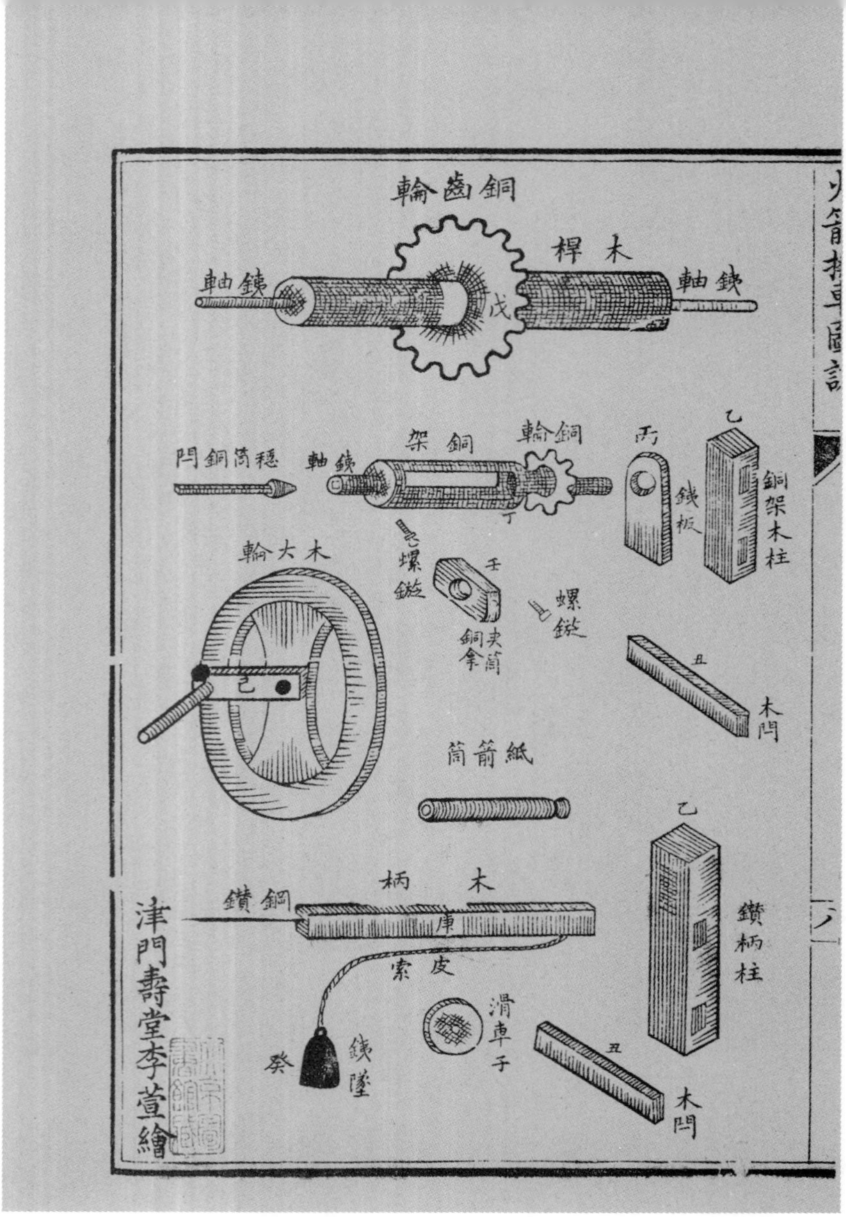

乙：銅架木柱。乙：鑽柄柱。丙：鐵板。丁：銅輪、銅架、鐵軸、穩筒銅門。戊：鐵軸、木桿、銅齒輪、鐵軸。己：木大輪。庚：木柄、鋼鑽。壬：螺鏇、夾筒銅拿、螺鏇。癸：皮索、鐵墜。子：滑車。丑：木門。丑：木門。紙箭筒。

津門壽堂李萱繪

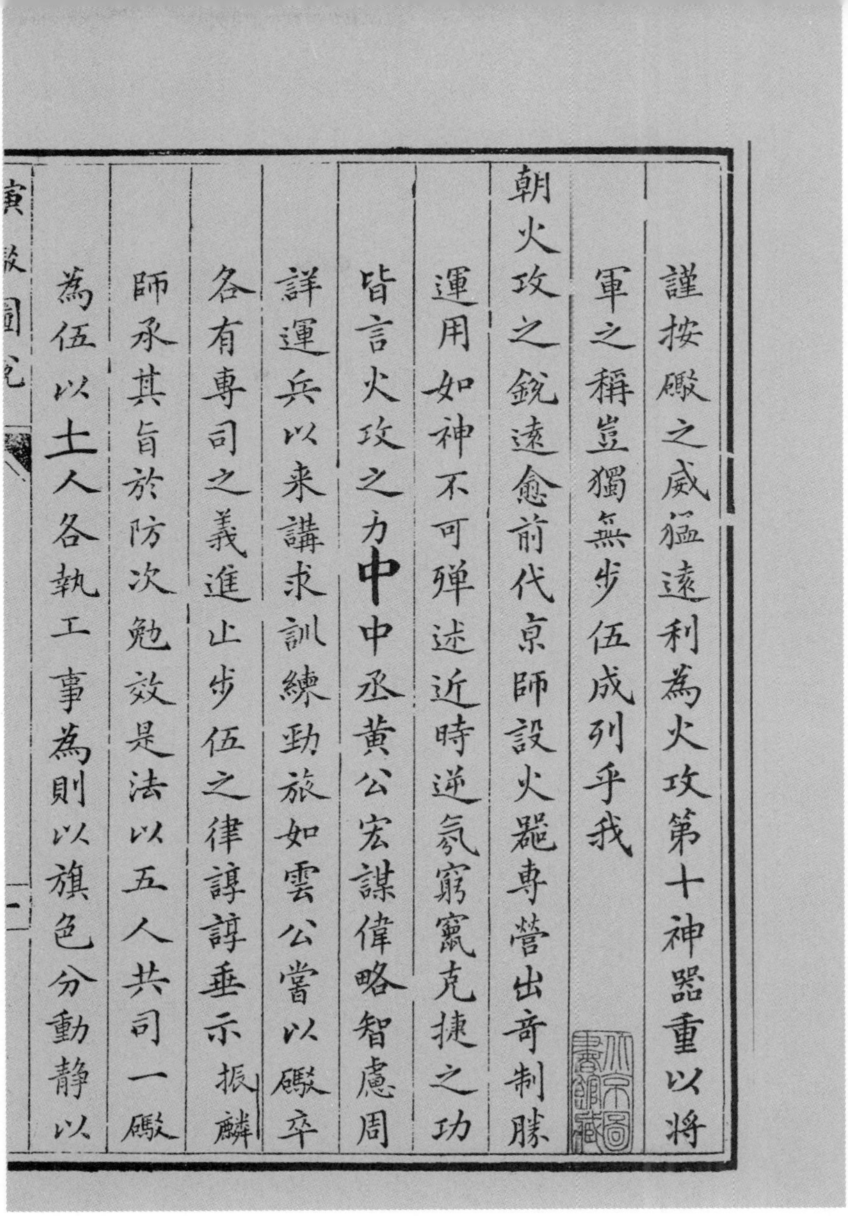
謹按礮之威猛遠利為火攻第十神器重以將
軍之稱豈獨無步伍成列乎我
朝火攻之銳遠愈前代京師設火器專營出奇制勝
運用如神不可殫述近時逆氛窮竄克捷之功
皆言火攻之力中中丞黃公宏謀偉略智慮周
詳運兵以來講求訓練勁旅如雲公嘗以礮卒
各有專司之義進止步伍之律諄諄垂示振麟
師承其旨於防次勉效是法以五人共司一礮
為伍以土人各執工事為則以旗色分動靜以

演砲圖説[1]

謹按，砲之威猛遠利，爲火攻第一[2]，神器重以將軍之稱，豈獨無步伍成列乎？我朝火攻之鋭，遠愈前代，京師設火器專營，出奇制勝，運用如神，不可殫述。近時逆氛窮竄，克捷之功，皆言火攻之力[3]。中丞黃公，宏謀偉略，知慮周詳，運兵以來，講求訓練，勁旅如雲。公嘗以砲卒各有專司之義，進止步伍之律，諄諄垂示。振麟師承其旨，於防次勉效是法，以五人共司一砲爲伍，以一[4]人各執工事爲則，以旗色分動静，以

1 首原無大題，據書口所刊題名補。
2 一，後人塗鴉加筆作“十”，非原刻。
3 以下空格内“中”字，係後人墨跡，非原刻。
4 一，後人加筆作“土”，非原刻。

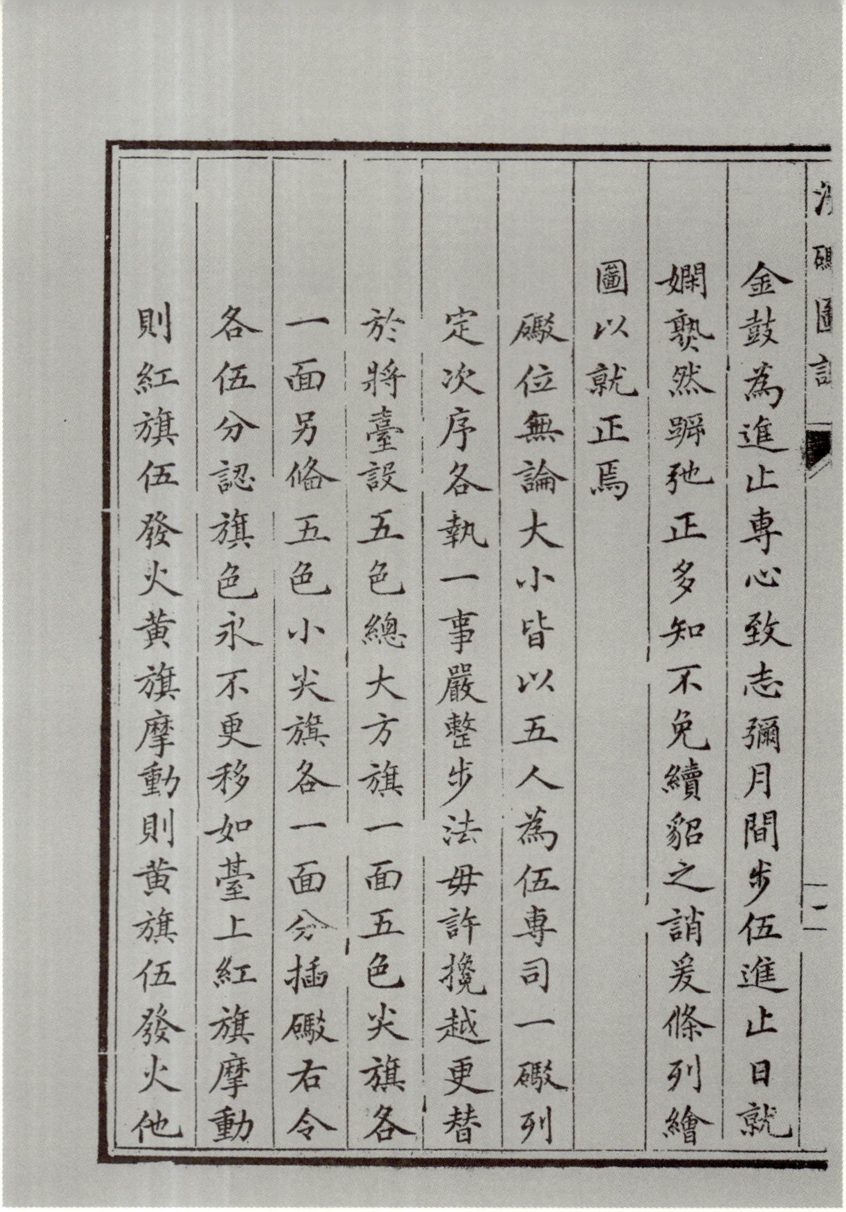
演礮圖說

金鼓為進止專心致志彌月間步伍進止日就
嫻熟然踈弛正多知不免續貂之誚爰條列繪
圖以就正焉
礮位無論大小皆以五人為伍專司一礮列
定次序各執一事嚴整步法毋許攙越更替
於將臺設五色總大方旗一面五色尖旗各
一面另備五色小尖旗各一面分插礮右令
各伍分認旗色永不更移如臺上紅旗摩動
則紅旗伍發火黃旗摩動則黃旗伍發火他

金鼓爲進止。專心致志，彌月間步伍進止，日就嫻熟。然蹶弛正多，知不免續貂之誚。爰條列繪圖，以就正言。

砲位無論大小，皆以五人爲伍，專司一砲；列定次序，各執一事；嚴整步法，毋許攙越更替。於將臺設五色總大方旗一面，五色尖旗各一面。另備五色小尖旗各一面，分插砲右，令各伍分認旗色，永不更移。如臺上紅旗摩動，則紅旗伍發火；黃旗摩動，則黃旗伍發火；他

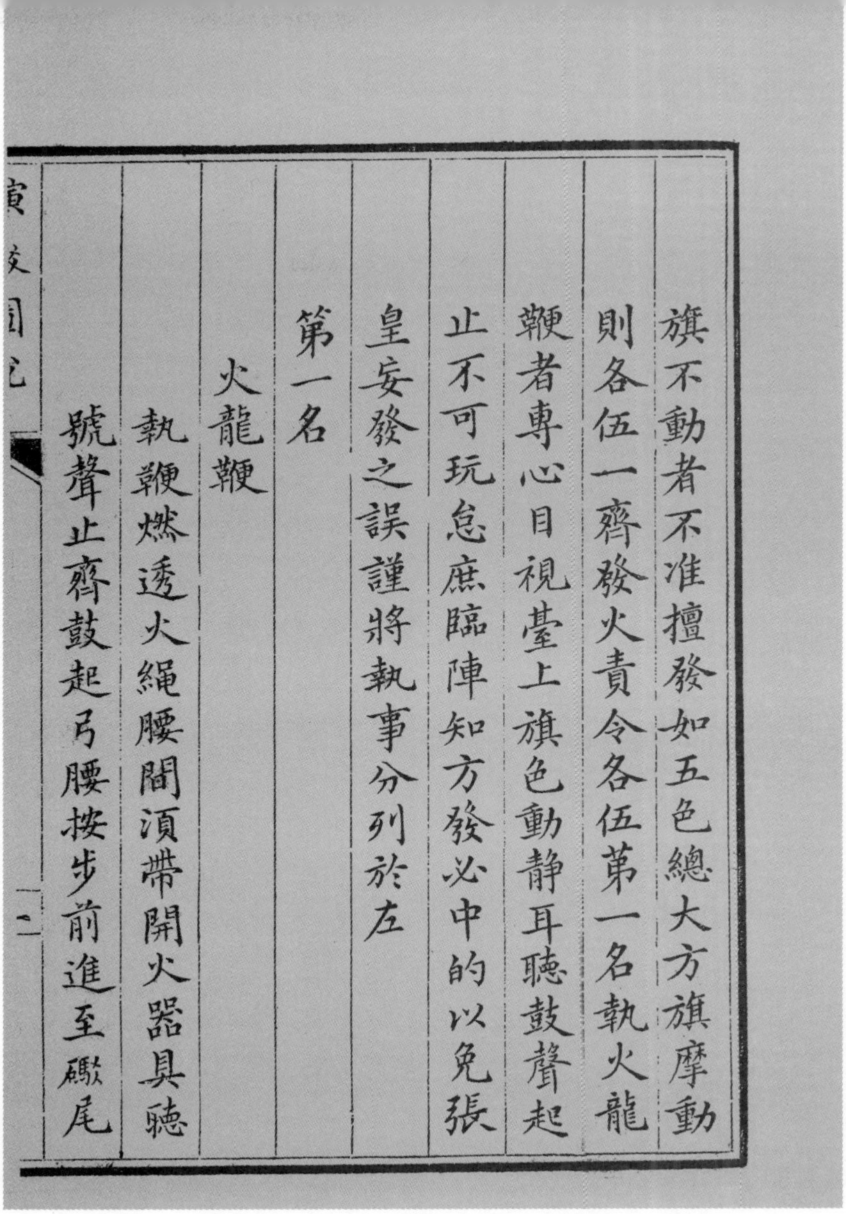
旗不動者不准擅發如五色總大方旗摩動
則各伍一齊發火責令各伍第一名執火龍
鞭者專心目視臺上旗色動靜耳聽鼓聲起
止不可玩怠庶臨陣知方發必中的以免張
皇妄發之誤謹將執事分列於左
第一名
火龍鞭
執鞭燃透火繩腰間須帶開火器具聽
號聲止齊鼓起弓腰按步前進至礮尾

旗不動者，不准擅發。如五色總大方旗摩動，則各伍一齊發火。責令各伍第一名執火龍鞭者，專心目視臺上旗色動靜，耳聽鼓聲起止，不可玩怠。庶臨陣知方，發必中的，以免張皇妄發之誤。謹將執事，分列於左。

第一名

火龍鞭

執鞭燃透火繩，腰間須帶開火器具。聽號聲止齊，鼓起，弓腰按步，前進至砲尾偏左，穩伏信地。用口常吹火繩，目視將臺旗色。如本伍旗動，耳聽點鼓一聲，舉鞭；點鼓二聲，發火；凡在何色旗伍，見何色旗動，聽鼓發火。如五色大旗動，各伍一齊發火。本伍之旗不動者，不准發火。聽鳴金一聲，止齊排立；鳴金二聲，魚貫趨至帳下，按班跪齊報名。

第二名

門藥

執門針及藥角，或竹筒，須備門藥足十數次用者。聽號聲止齊，鼓起，弓腰按步，前進至砲尾。先吹通火門，即先下門針，候藥袋到底，俟藥袋碰著門針，針即一動，手内知覺，方爲到底。提針刺透。待蔴毬塞好，再下門藥，測看板槽，照星對的，伏於信地聽令。如鼓起，即照前將火門吹刺通透，安藥，看照星，伏信地聽令。聽鳴金一聲，止齊排立；鳴金二聲，魚貫趨至帳下，按班跪齊報名。

第三名

筅帚

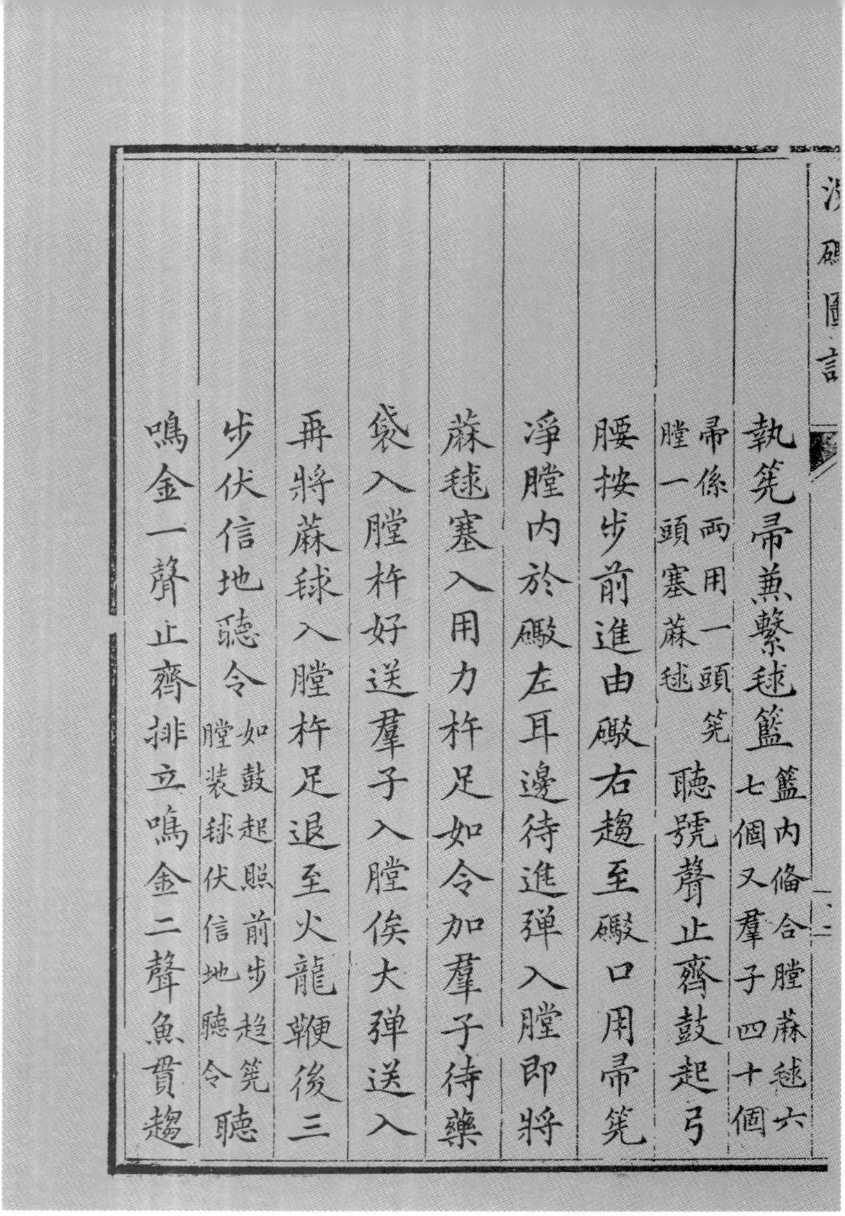
演礮圖說

執筅帚兼繫毬籃籃內備合膛蔴毬六七個又羣子四十個帚係兩用一頭筅膛一頭塞蔴毬聽號聲止齊鼓起弓腰按步前進由礮右趨至礮口用帚筅淨膛內於礮左耳邊待進彈入膛即將蔴毬塞入用力杵足如令加羣子待藥袋入膛杵好送羣子入膛俟大彈送入再將蔴毬入膛杵足退至火龍鞭後三步伏信地聽令如鼓起照前步趨筅膛裝毬伏信地聽令聽鳴金一聲止齊排立鳴金二聲魚貫趨

執筅帚兼繫毬籃，籃內備合膛蔴毬六七個，又羣子四十個。帚係兩用，一頭筅膛，一頭塞蔴毬。聽號聲止齊，鼓起，弓腰按步前進，由砲右趨至砲口，用筅帚净膛内。於砲左耳邊，待進彈入膛，即將蔴毬塞入，用力杵足。如令加羣子，待藥袋入膛，杵好，送羣子入膛。俟大彈送入，再將蔴毬入膛，杵足。退至火龍鞭後三步，伏信地聽令。如鼓起，照前步趨筅膛裝毬，伏信地聽令。聽鳴金一聲，止齊排立；鳴金二聲，魚貫趨

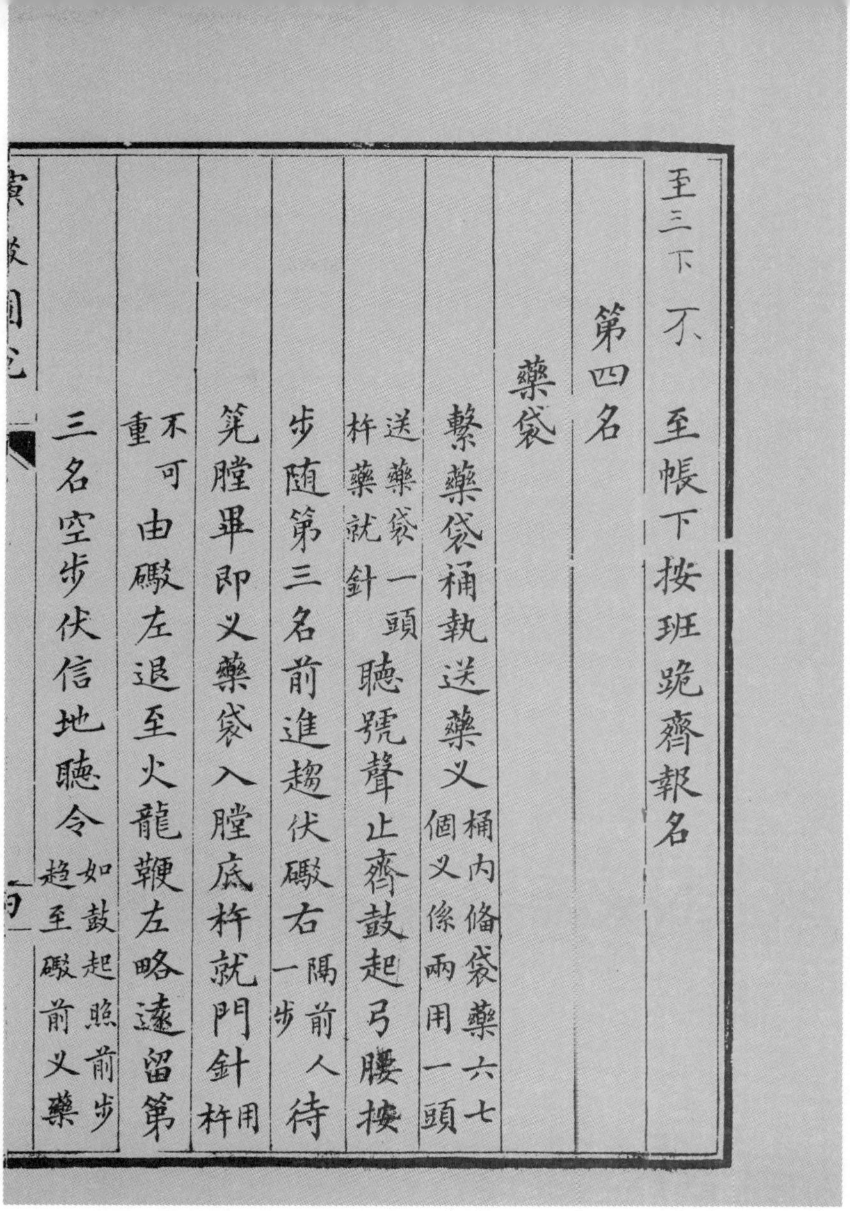

至三下不至帳下按班跪齊報名
第四名
藥袋
繫藥袋桶執送藥叉桶内備藥袋六七個叉係兩用一頭送藥袋一頭杵藥就針聽號聲止齊鼓起弓腰按步隨第三名前進趨伏礮右隔前人一步待筅膛畢即叉藥袋入膛底杵就門針用杵不可重由礮左退至火龍鞭左略遠留第三名空步伏信地聽令如鼓起照前步趨至礮前叉藥

至帳下，按班跪齊報名[1]。

第四名

藥袋

繫藥袋桶，執送藥叉。桶内備藥袋六七個。叉係兩用，一頭送藥袋，一頭杵藥就針。聽號聲止齊，鼓起，弓腰按步，隨第三名前進，趨伏砲右。隔前人一步。待筅膛畢，即叉藥袋入膛底，杵就門針。用杵不可重。由砲左退至火龍鞭左略遠，留第三名空步，伏信地聽令。如鼓起，照前步趨至砲前叉藥

1 按，本行上“至三下不”四字係後人墨書。

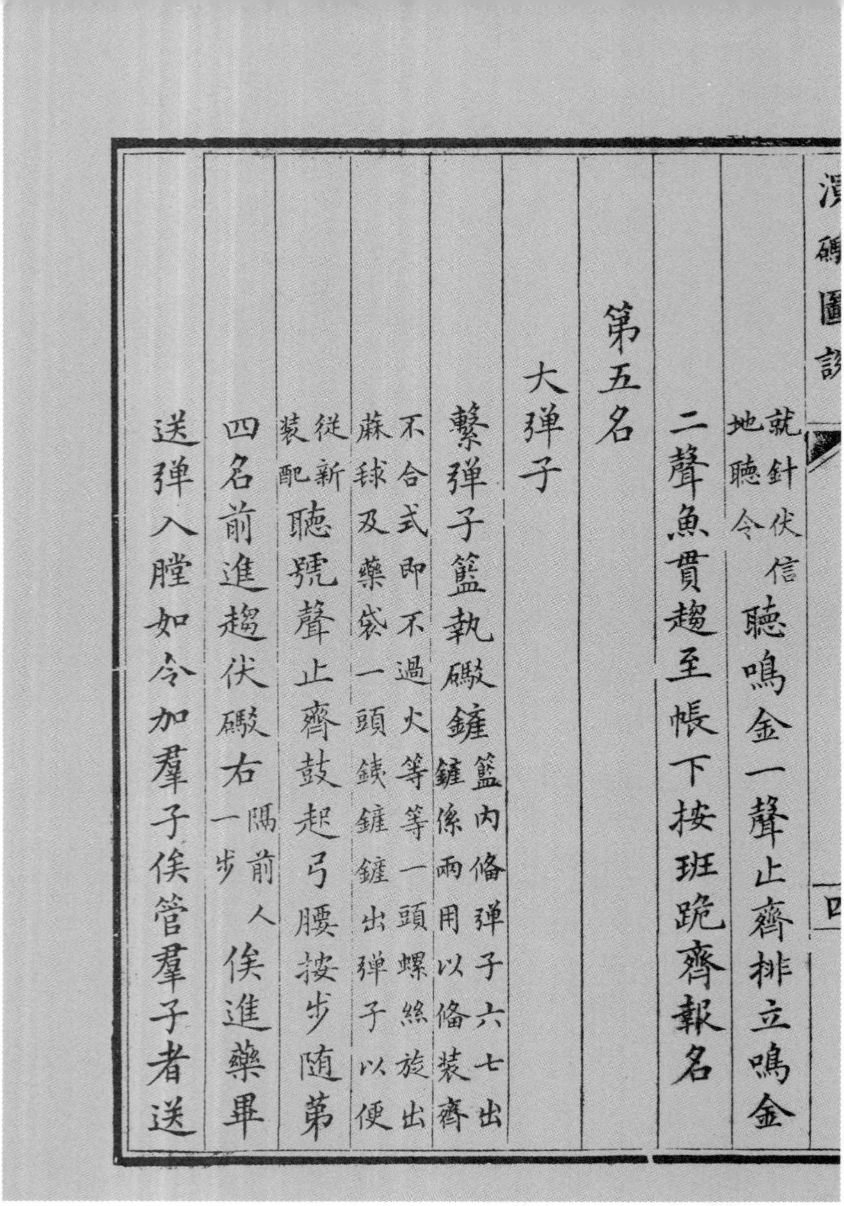
演礮圖說　一四

就針伏信地聽令聽鳴金一聲止齊排立鳴金
二聲魚貫趨至帳下按班跪齊報名

第五名
大彈子
繫彈子籃執礮鏈籃內備彈子六七出鏈係兩用以備裝齊不合式即不過火等等一頭螺絲旋出蔴毬及藥袋一頭鐵鏈鏈出彈子以便從新裝配聽號聲止齊鼓起弓腰按步隨第
四名前進趨伏礮右隔前人一步俟進藥畢
送彈入膛如令加羣子俟管羣子者送

就針，伏信地聽令。聽鳴金一聲，止齊排立；鳴金二聲，魚貫趨至帳下，按班跪齊報名。

第五名

大彈子

繫彈子籃，執砲鏈，籃内備彈子六七出。鏈係兩用，以備裝齊不合式即不過火等等。一頭螺絲旋出蔴毬及藥袋，一頭鐵鏈鏈除彈子，以便從新裝配。聽號聲止齊，鼓起，弓腰按步，隨第四名前進，趨伏砲右。隔前人一步。俟進藥畢，送彈入膛。如令加羣子，俟管羣子者送

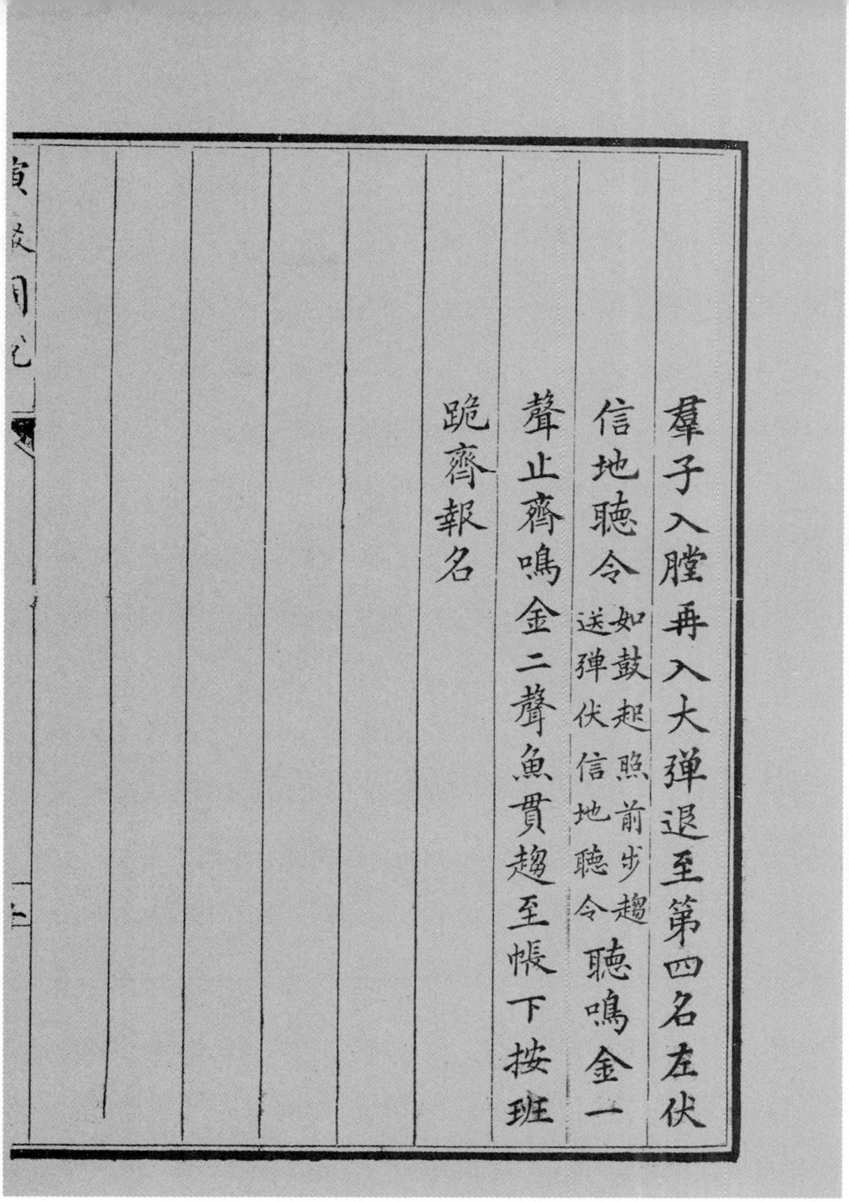

羣子入膛再入大彈退至第四名左伏
信地聽令如鼓起照前步趨送彈伏信地聽令聽鳴金一
聲止齊鳴金二聲魚貫趨至帳下按班
跪齊報名

羣子入膛，再入大彈。退至第四名左，伏信地聽令。如鼓起，照前步趨送彈，伏信地聽令。聽鳴金一聲，止齊；鳴金二聲，魚貫趨至帳下，按班跪齊報名。

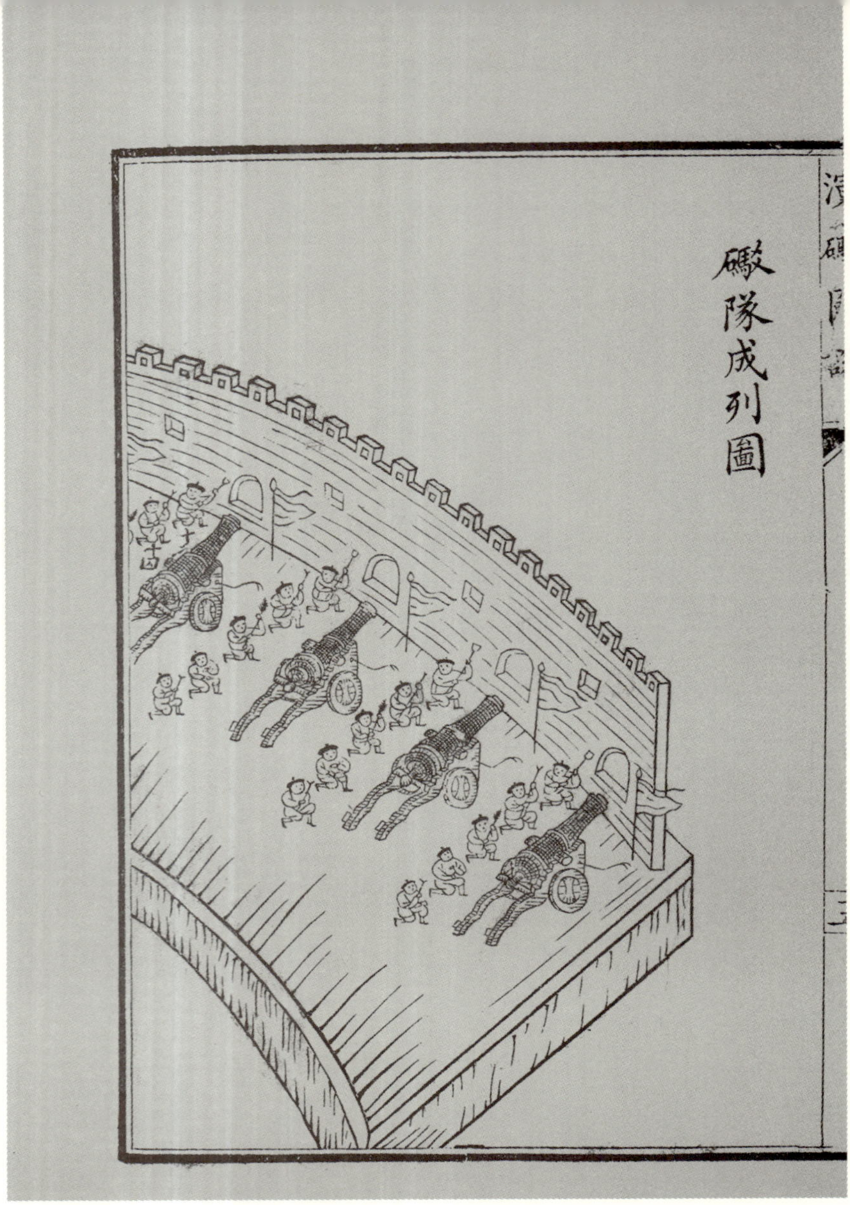

砲隊成列圖 [1]

1 按，圖中“一”至“十四”字及旗上“令”字，均係後人墨跡。

令
一
二
三
四
五
六
七
八
九
十
十一
十二

止齊步伍圖

第三名
第二名
第一名

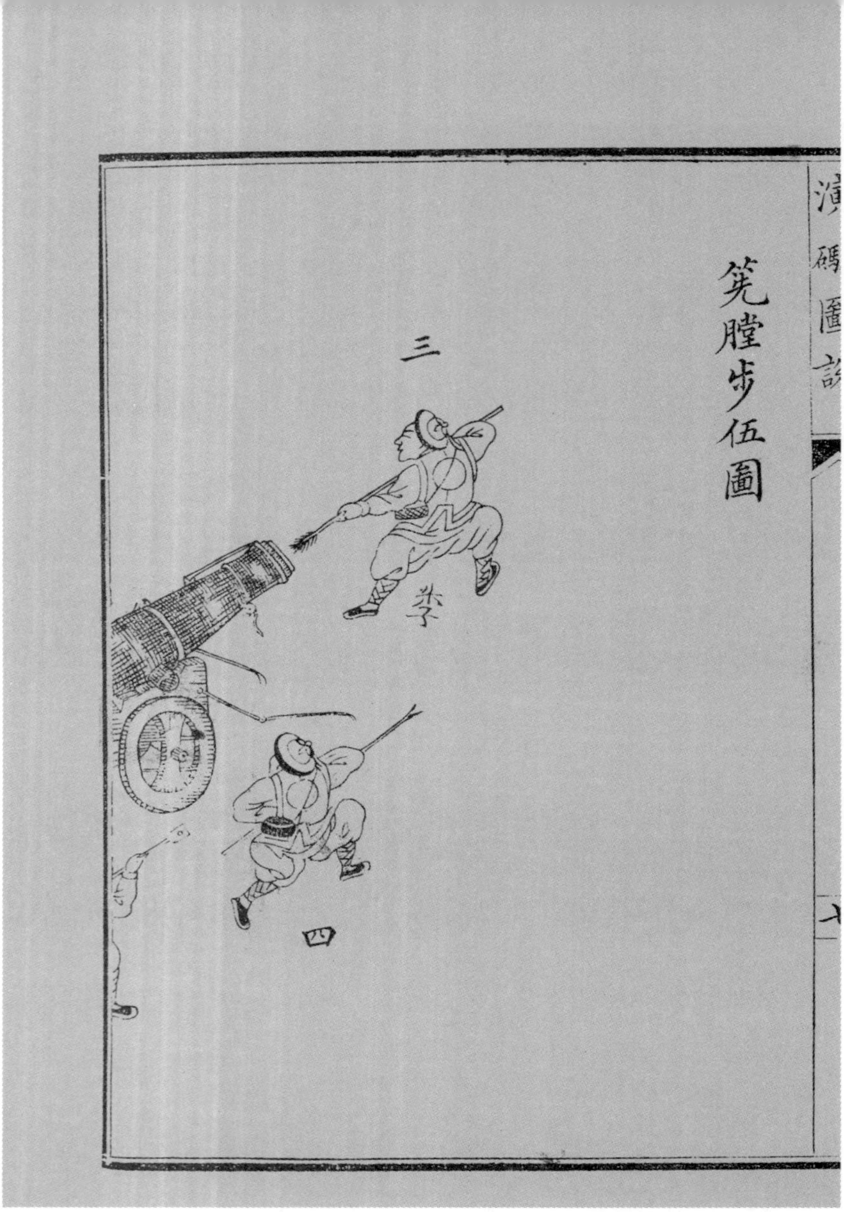

筅膛步伍圖[1]

1 右側第一人身下二字，係後人墨迹。

一
二
五

送藥步伍圖 [1]

1 圖中一、二、三，後人涂鴉加筆作十、主、十。

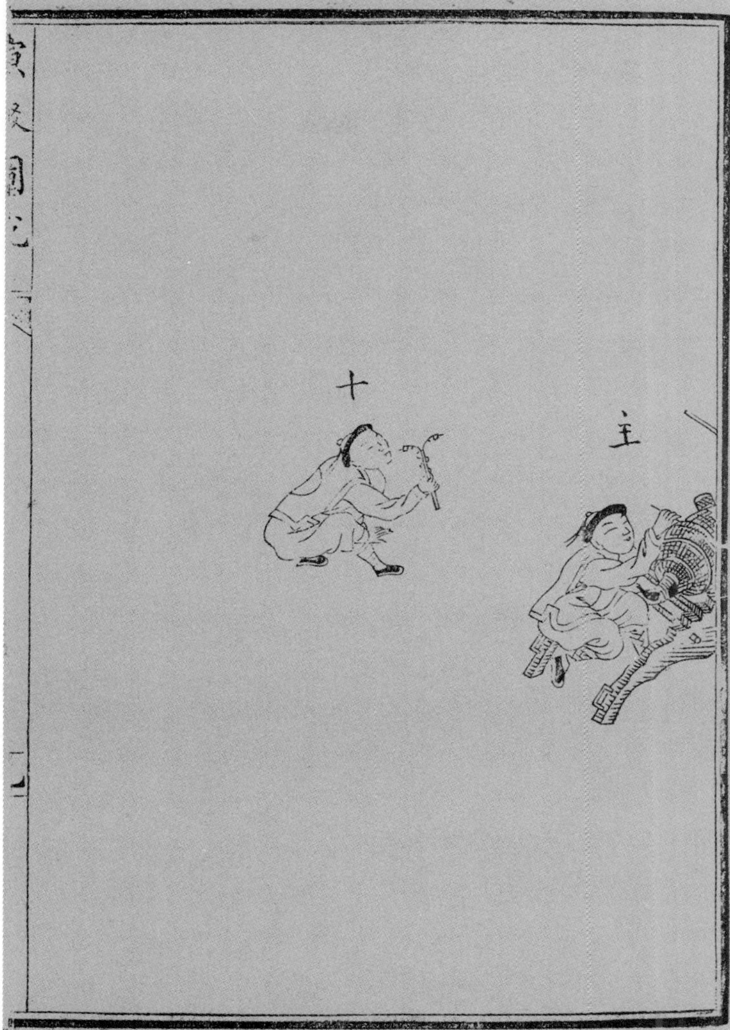
十
主

進彈步伍圖

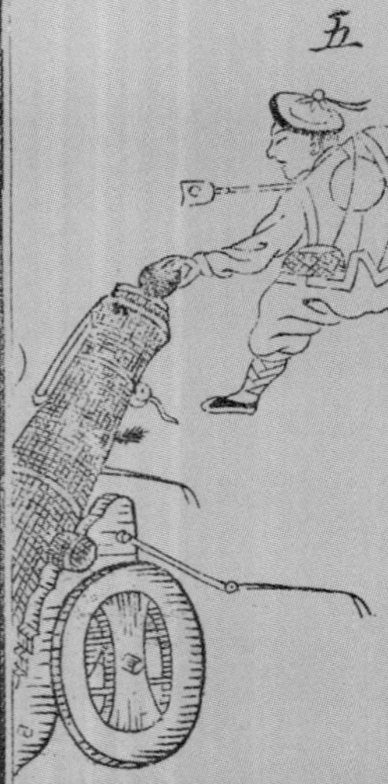

進彈步伍圖

三
二
一
四

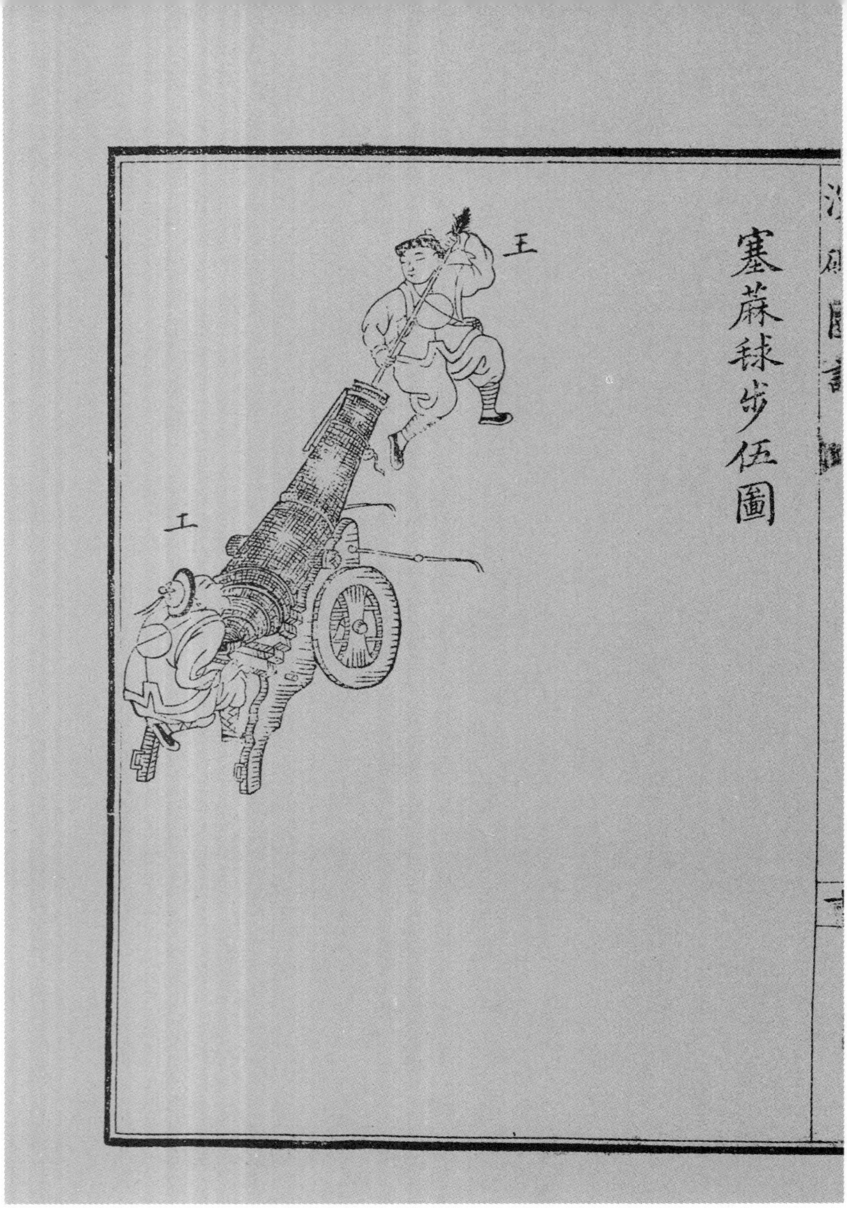

塞蔴毬步伍圖[1]

1 按，圖中一、二、三，後人墨跡污損加筆作十、工、王。

十
五
四

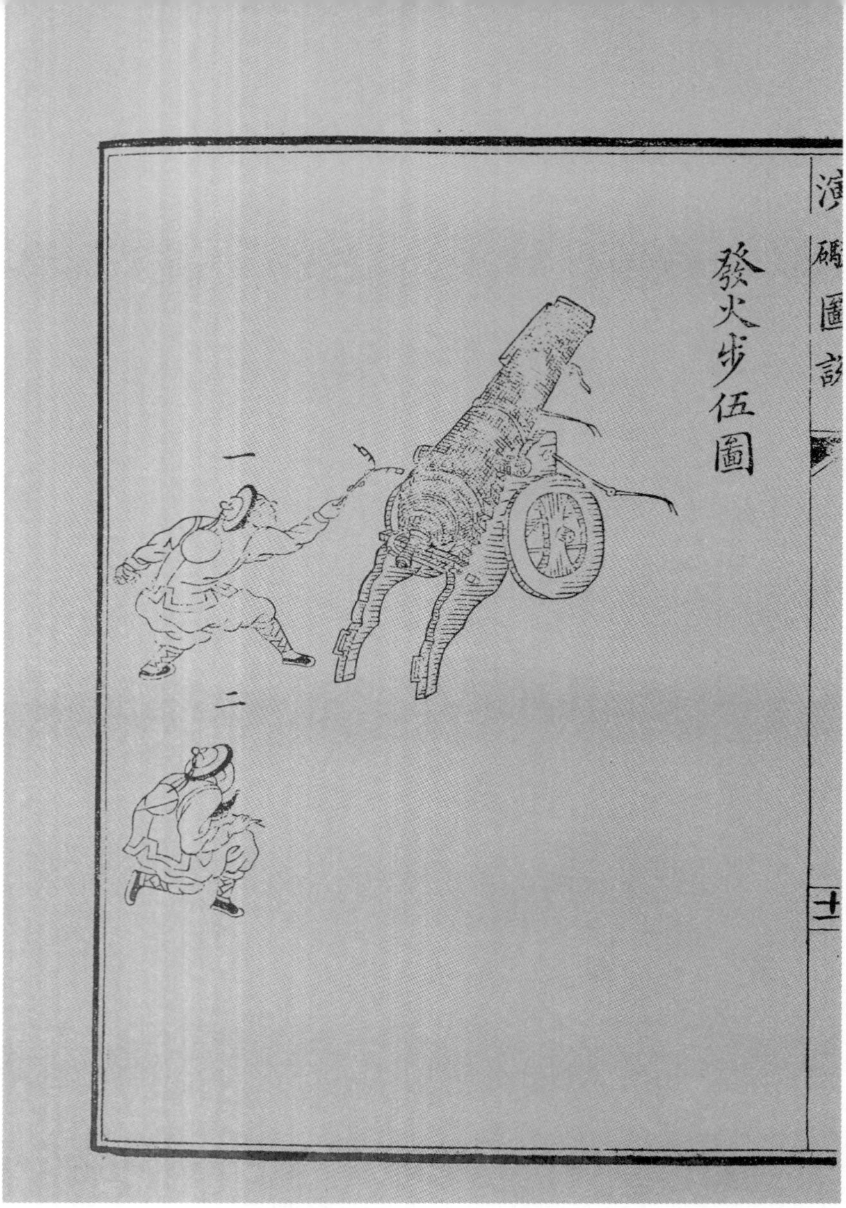

發火步伍圖

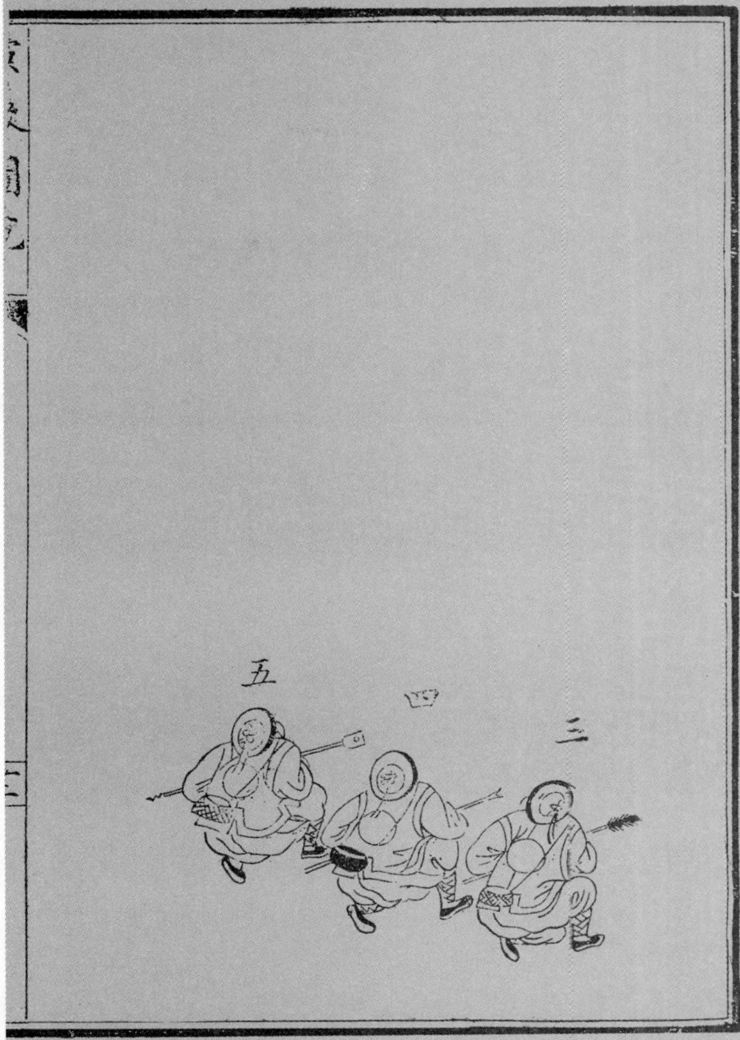
五
四
三

演礮圖說

遞換砲位進退圖

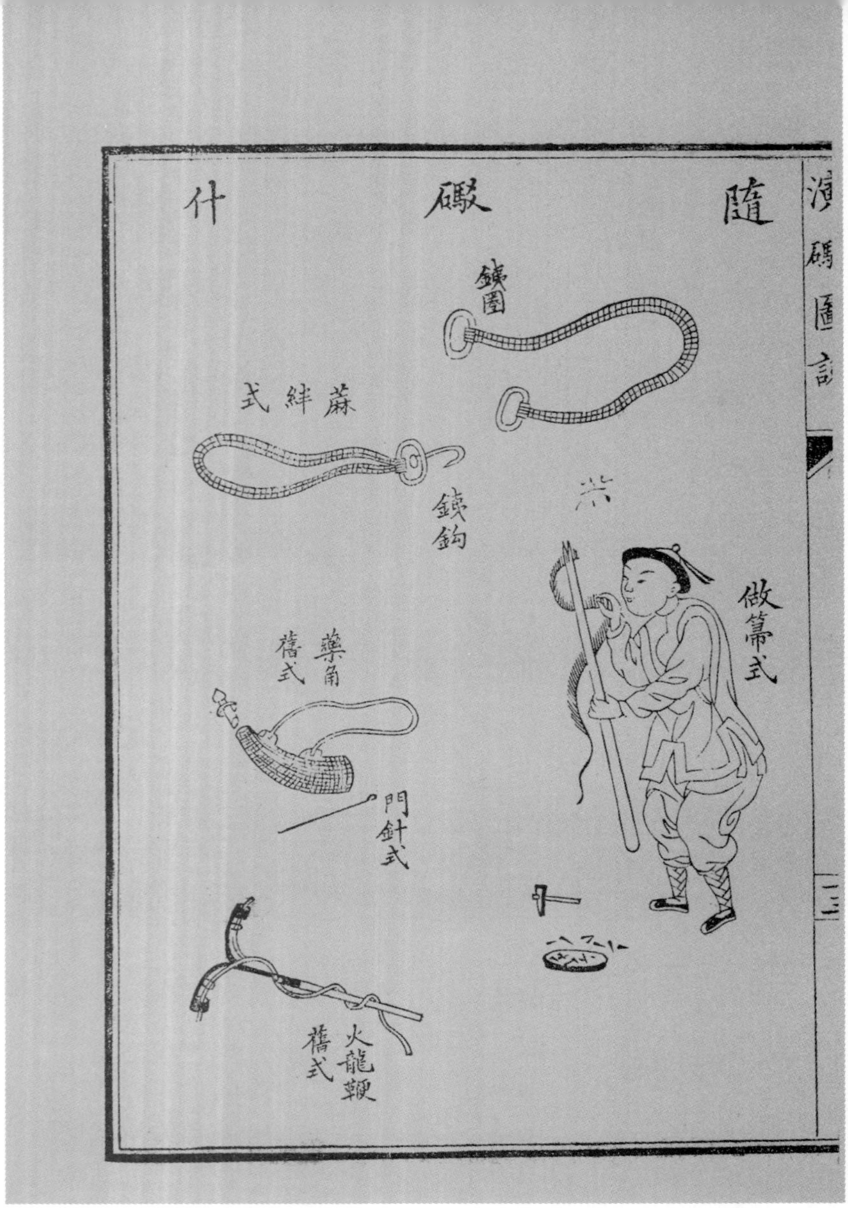

隨砲什物分圖 [1]

鐵圈、蔴絆式、鐵鉤、做帚式、藥角舊式、門針式、火龍鞭舊式

1 隨砲什物分圖，五字原分在兩箇半葉内。

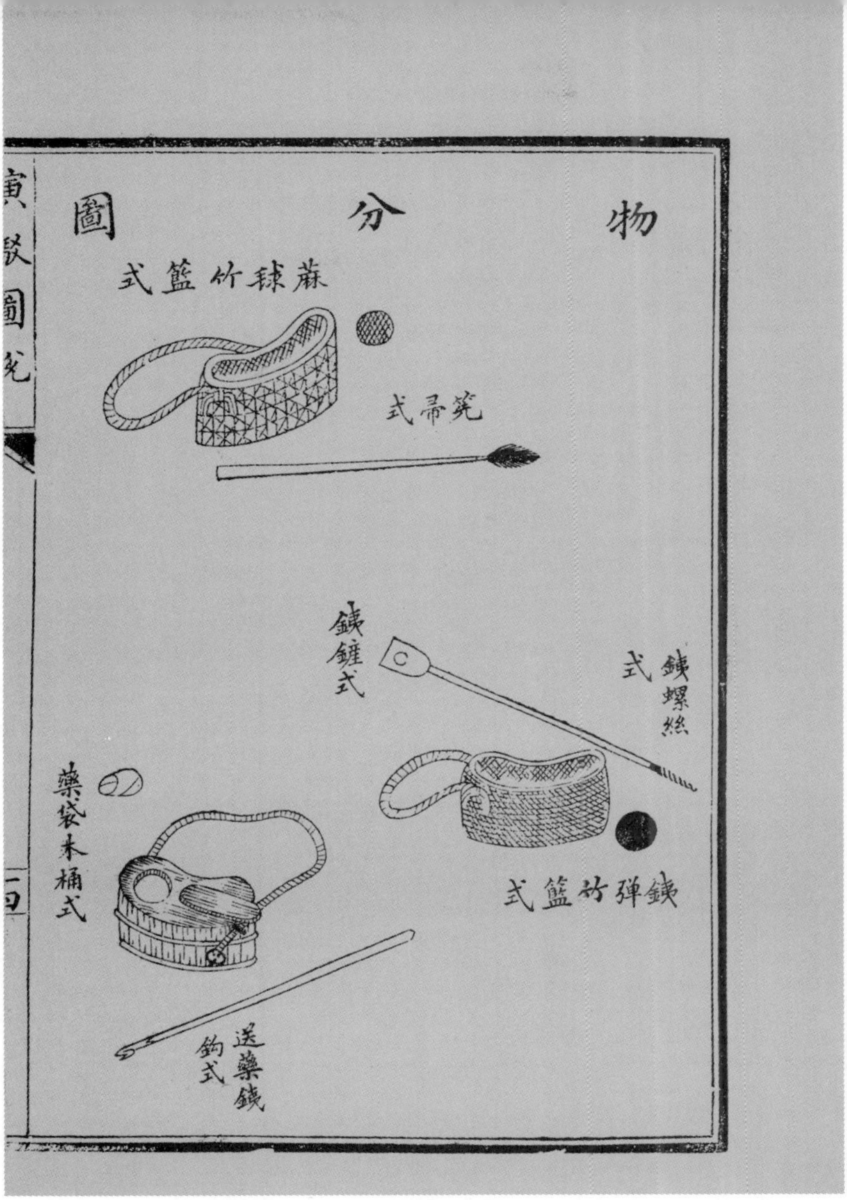

蔴毬竹籃式、筅帚式、鐵螺絲式、鐵鏟式、鐵彈竹籃式、藥袋木桶式、送藥鐵鉤式

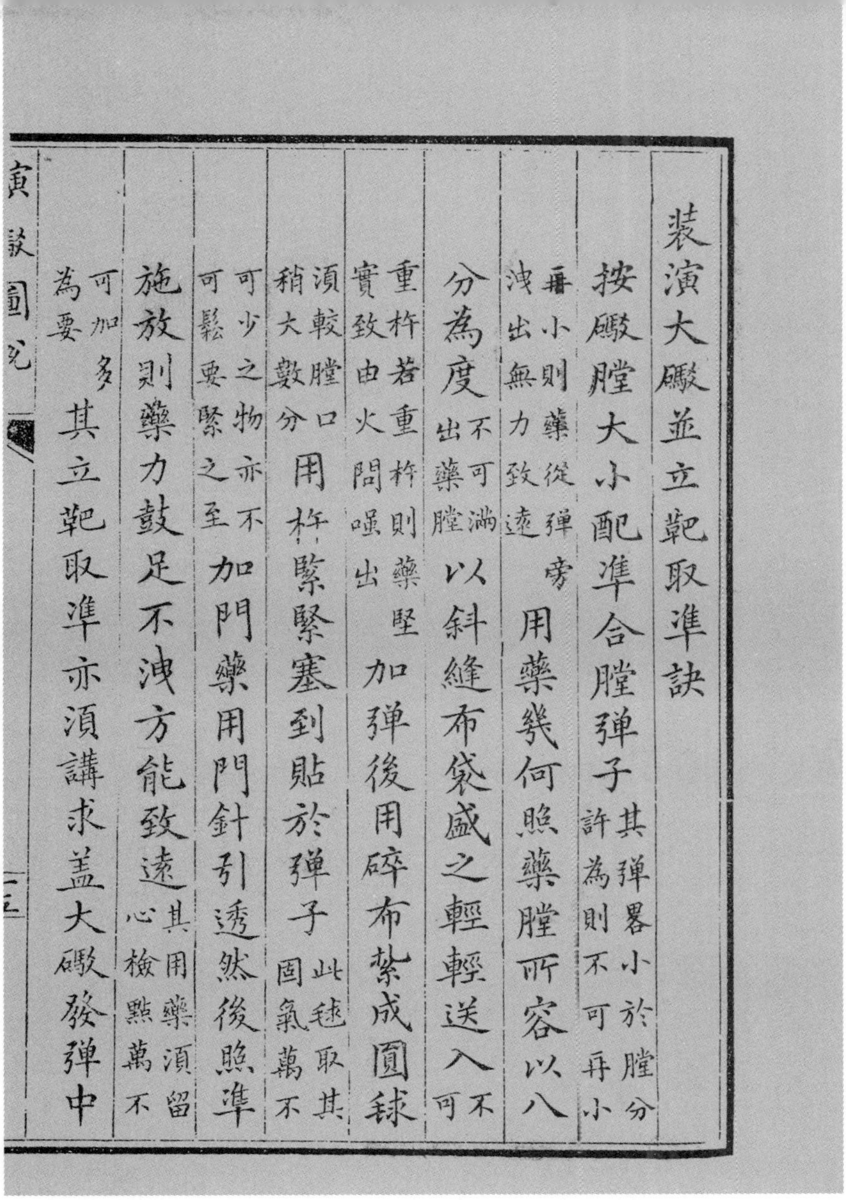
裝演大礮並立靶取準訣
按礮膛大小配準合膛彈子其彈畧小於膛分許為則不可再小再小則藥從彈旁洩出無力致遠用藥幾何照藥膛所容以八分為度不可滿出藥膛以斜縫布袋盛之輕輕送入不可重杵若重杵則藥堅實致由火門噁出加彈後用碎布紮成圓毬須較膛口稍大數分用杵緊緊塞到貼於彈子此毬取其固氣萬不可少之物亦不可鬆要緊之至加門藥用門針引透然後照準施放則藥力鼓足不洩方能致遠其用藥須留心檢點萬不可加多為要其立靶取準亦須講求盖大礮發彈中

裝演大砲並立靶取準訣

按砲膛大小，配準合膛彈子。其彈略小於膛分許爲則，不可再小，再小則藥從彈旁洩出，無力致遠。用藥幾何，照藥膛所容，以八分爲度，不可滿出藥膛。以斜縫布袋盛之，輕輕送入。不可重杵，若重杵，則藥堅實，致由火門噁[1]出。加彈後，用碎布紮緊成圓毬，須較膛口稍大數分。用杵緊緊塞到貼於彈子。此毬取其固氣，萬不可少之物，亦不可鬆，要緊之至。加門藥，用門針引透。然後照準施放，則藥力鼓足不洩，方能致遠。其用藥須留心檢點，萬不可加多爲要。其立靶取準，亦須講求。蓋大砲發彈中

1 噁，即嗤。似當作噴。

的，其彈路與抬砲、鳥鎗各異。大砲之目綫如箭路，後手取準在嘴角，前手對的。箭之去路如橋形而至靶，非若鳥鎗之目綫在人之眼角也。故設砲規以則之，俾知是砲之性之向，而後得心應手。其試法，製砲靶，或木或竹，高二丈，寬亦如之。靶面遍畫方格，格方一尺。更於靶中間畫一徑尺之紅心。演時，將靶立於砲前一百弓。按砲規平度，睨測對紅心幾何，切切記之。而後按法裝放，看彈子所中，偏在紅心上下四傍格上，相

去若干尺寸即照所偏之尺寸移礮切度再試
之或過或不及酌量所偏就之務準將所向偏
正低昂安表木以則之頻頻試之不差然後移
靶至一百八十弓如前法較量演之待中紅心
後熟習之再移至二百四十弓亦如前法較之
有準此後遞加以二十弓爲率屢演屢加至五
六百弓總以彈力不及爲度俟通曉後再以中
綫差高隨礮推算之法細心講求時時習之不
但手熟易中且眼力視處遠近高下不期然而

去若干尺寸。即照所偏之尺寸，移砲切度，再試之。或過或不及，酌量所偏，就之務準。將所向偏正低昂，安表木以則之，頻頻試之不差。然後移靶至一百八十弓，如前法，較量演之。待中紅心後，熟習之。再移至二百四十弓，亦如前法，較之有準。此後遞加，以二十弓爲率，屢演屢加，至五六百弓，總以彈力不及爲度。俟通曉後，再以中綫差高隨砲推算之法，細心講求，時時習之。不但手熟易中，且眼力視處，遠近高下，不期然而

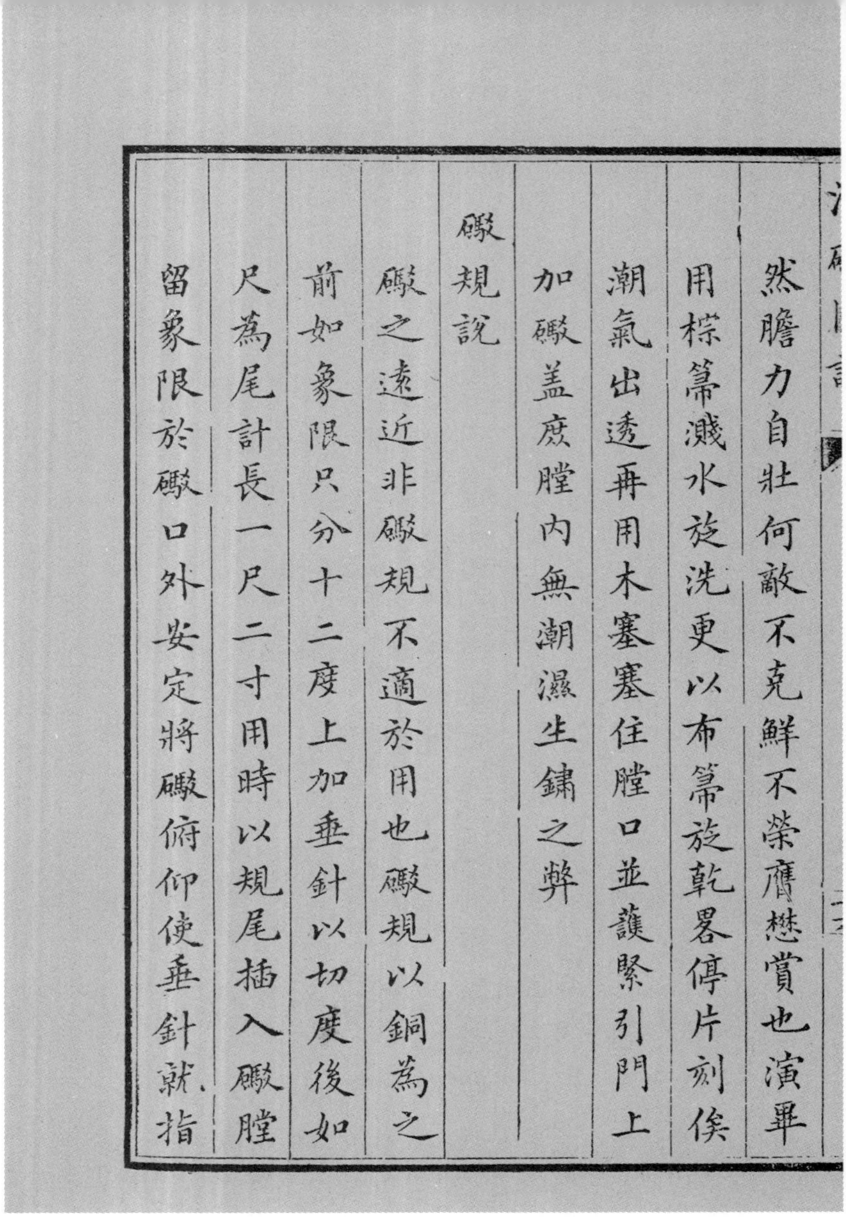
然膽力自壯何敵不克鮮不榮膺懋賞也演畢
用棕箒濺水旋洗更以布箒旋乾畧停片刻俟
潮氣出透再用木塞塞住膛口並護緊引門上
加礮蓋庶膛内無潮濕生鏽之弊
礮規說
礮之遠近非礮規不適於用也礮規以銅爲之
前如象限只分十二度上加垂針以切度後如
尺爲尾計長一尺二寸用時以規尾插入礮膛
留象限於礮口外安定將礮俯仰使垂針就指

然，膽力自壯，何敵不克，鮮不榮膺懋賞也。演畢，用棕箒濺水旋洗，更以布箒旋乾。略停片刻，俟潮氣出透，再用木塞塞住膛口，並護緊引門，上加砲蓋，庶膛内無潮濕生鏽之弊。

砲規説

砲之遠近，非砲規不適於用也。砲規以銅爲之，前如象限，只分十二度；上加垂針，以切度；後如尺爲尾，計長一尺二寸。用時，以規尾插入砲膛，留象限於砲口外。安定，將砲俯仰，使垂針就指

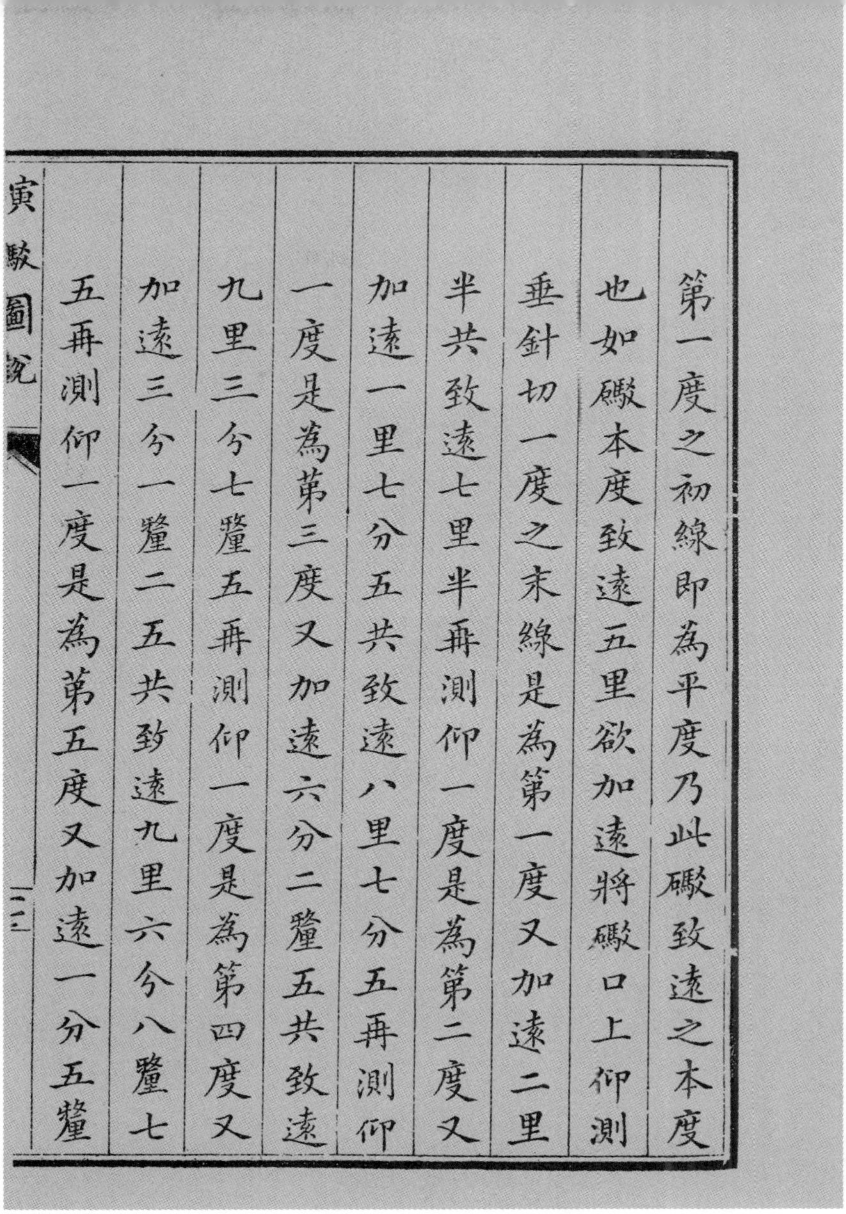
演礮圖說

第一度之初線即為平度乃此礮致遠之本度
也如礮本度致遠五里欲加遠將礮口上仰測
垂針切一度之末線是為第一度又加遠二里
半共致遠七里半再測仰一度是為第二度又
加遠一里七分五共致遠八里七分五再測仰
一度是為第三度又加遠六分二釐五共致遠
九里三分七釐五再測仰一度是為第四度又
加遠三分一釐二五共致遠九里六分八釐七
五再測仰一度是為第五度又加遠一分五釐

第一度之初綫，即爲平度，乃此砲致遠之本度也。如砲本度致遠五里，欲加遠，將砲口上仰，測垂針切一度之末綫，是爲第一度，又加遠二里半，共致遠七里半。再測仰一度，是爲第二度，又加遠一里七分五[1]，共致遠八里七分五[2]。再測仰一度，是爲第三度，又加遠六分二釐五，共致遠九里三分七釐五。再測仰一度，是爲第四度，又加遠三分一釐二五，共致遠九里六分八釐七五。再測仰一度，是爲第五度，又加遠一分五釐

1 一里七分五，按上下文，當作一里二分五釐。
2 八里七分五，按下文，當作八里七分五釐。

六二五共致遠九里八分四釐三七五再測仰
一度是為第六度又加遠七釐八一二五共致
遠九里九分二一八七五凡高至六度不可再
仰若測仰至七度便退近七釐八一二五自七
度以外每高一度即逼近一度且無準則其法
見於則克録試之信然現在所製礮架均較準
俯仰按度作梯於上以便臨時利用因詳其略
求中線差高度 附彈起加高補墜說
凡礮體皆首銳尾豐人目自尾端測視至首端

六二五，共致遠九里八分四釐三七五。再測仰一度，是爲第六度，又加遠七釐八一二五，共致遠九里九分二一八七五。凡高至六度，不可再仰。若測仰至七度，便退近七釐八一二五。自七度以外，每高一度，即逼近一度，且無準則。其法見於《則克録》，試之信然。現在所製砲架，均較準俯仰，按度作梯於上，以便臨時利用，因詳其略。

求中綫差高度 附彈起加高補墜説

凡砲體，皆首鋭尾豐，人目自尾端測視，至首端

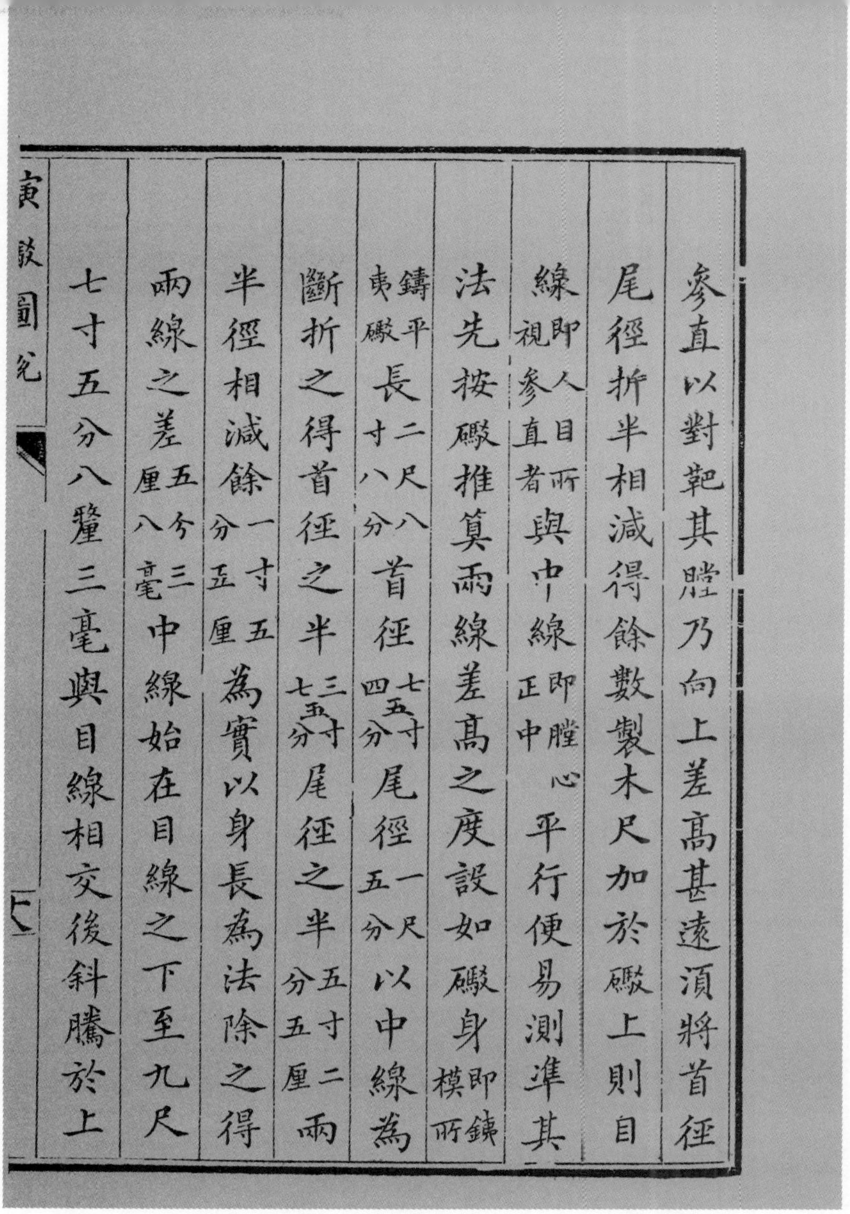
演礮圖說

參直以對靶其膛乃向上差高甚遠須將首徑尾徑折半相減得餘數製木尺加於礮上則目線即人目所視參直者與中線即膛心正中平行便易測準其法先按礮推算兩線差高之度設如礮身即鐵模所鑄平夷礮長二尺八寸八分首徑七寸四分尾徑一尺五分以中線為斷折之得首徑之半三寸七分尾徑之半五寸二分五厘兩半徑相減餘一寸五分五厘為實以身長為法除之得兩線之差五分三厘八毫中線始在目線之下至九尺七寸五分八釐三毫與目線相交後斜騰於上

參直以對靶。其膛乃向上差高甚遠，須將首徑、尾徑，折半相減，得餘數，製木尺，加於砲上，則目綫即人目所視參直者與中綫即膛心正中平行，便易測準。其法，先按砲推算兩綫差高之度，設如砲身即鐵模所鑄平夷砲長二尺八寸八分，首徑七寸四分，尾徑一尺五分，以中綫爲斷折之，得首徑之半三寸七分，尾徑之半五寸二分五厘，兩半徑相減，餘一寸五分五厘爲實。以身長爲法除之，得兩綫之差五分三厘八毫。中綫始在目綫之下，至九尺七寸五分八釐三毫，與目綫相交。後斜騰於上，至五丈處高於目線二尺一寸六分五釐自交處再加至一百丈差高五丈三尺八寸愈遠愈差不能中的須按礮推得首尾兩半徑減餘之分寸製成前厚後薄木尺上開小直槽隨礮安定演時裝藥加彈後以礮規插於礮口除去礮規方可施放以目測視尺上小槽與靶參對頻頻加高以彈中靶心為準連發連中不移其處即將準度若干記於木尺之上此逐礮按算加高之法不可廢也至於補墜高下無定率盖彈去如弓形

至五丈處，高於目綫二尺一寸六分五釐，自交處再加至一百丈，差高五丈三尺八寸，愈遠愈差，不能中的。須按砲推得首尾兩半徑減餘之分寸，製成前厚後薄木尺，上開小直槽，隨砲安定。演時裝藥加彈後，以砲規插於砲口，除去砲規方可施放。以目測視尺上小槽，與靶參對，頻頻加高。以彈中靶心爲準，連發連中，不移其處，即將準度若干，記於木尺之上。此逐砲按算加高之法，不可廢也。至於補墜高下，無定率。蓋彈去如弓形，

始而高越既而漸墜以至於靶在藥之輕重優
劣裝法之虛實氣固更須實力講求習練無間
自然入神非若差高可以推筭也也

始而高越，既而漸墜，以至於靶。在藥之輕重優劣，裝法之虛實氣固；更須實力講求，習練無間，自然入神，非若差高可以推算也。

演砲圖說

附録

相關奏片

浙江巡撫劉韻珂奏爲嘉興縣縣丞龔振麟應丁憂仍留浙驅策請寬免處分事(道光二十二年)〔一〕

再查嘉興縣縣丞龔振麟，先于道光二十年六月，調赴寧波軍營差委，因素有巧思，在營製造輪船。至是年十一月間，丁母憂回省，業經咨部開缺，以輪船未竣，仍至營鑒造。嗣前欽差大臣裕謙，又留在軍營，督製一切器械。迨九月間，臣復令在省局監工，凡軍器中一切應用機括之物，皆係該員督率指示，并時時親自製辦。又如鑄造礟位，向須合土爲模，再行範金傾鑄，而土模非月餘不能乾燥，極爲費手。上年冬間，雨雪連綿，模不能乾，以致砲不能鑄。該員冥心苦索，創爲鐵模試用，與土模無異，仍可源源鎔鑄，且事簡功倍，所省工費尤多。不特工匠〔二〕等所未知，并爲書籍中所不載〔三〕。其運思之靈，用心之細，實屬不可多得。現在揚威將軍已照會臣，將該員先行記功，以示鼓勵。兹查出該員監造鳥槍，亦有不能合用，功罪不能相掩。是以臣聲請一并交議。但在局數月監造之器，不計其數，且多靈巧堅固，洵屬勞績懋著。即鳥槍之震落門盤，露有沙眼，亦因多加火藥之故，况僅止四桿，爲數無多。可否仰懇鴻慈，將該員應得處分，俯予寬免。恩出自上〔四〕，非臣所敢瀆請。至該員係丁憂人員，原應回籍守制，惟值軍務緊迫，各種機巧之物，非該員不能精辦，應請仍留浙驅策，俟事竣再令回籍穿孝，以收指臂之助。臣謹附片陳明，伏乞聖鑒。謹奏。

道光二十二年二月初三日奉

硃批　欽此

〔一〕擬題。浙江巡撫劉韻珂録副奏片，中國第一歷史檔案館藏，檔案號〇三－三〇三〇－〇一四。又見魏源《海國圖志》卷八十六(光緒二年魏光燾平慶涇固道署刻本)。《海國圖志》録文多有删改。

〔二〕工匠，《海國圖志》作「内地工匠」。

〔三〕書籍中所不載，《海國圖志》作「西洋夷法所未有」。

〔四〕按，自「恩出自上」以下段落，《海國圖志》僅有「奉旨准行」四字。

《海國圖志》卷八十六載劉韻珂奏片〔一〕：

浙江巡撫劉　片奏：查嘉興縣縣丞龔振麟，于道光二十年六月，調赴寧波軍營差委，因素有巧思，在營製造輪船。前欽差大臣裕謙，令督製軍營一切器械。迨九月間，臣復令在省局監工，凡軍器中一切應用機括之物，皆係該員督率指示。如鑄造砲位，向須合土爲模，再行範金傾鑄，而土模非月餘不能乾燥，極爲費手。上年冬間，雨雪連綿，模不能乾，以致砲不能鑄。該員冥心苦索，創爲鐵模試用，與土模無異，仍可源源鎔鑄，且事簡功倍，所省工費尤多。不特内地工匠等所未知，并爲西洋夷法所未有。其運施之靈，用心之細，實屬不可多得。現在揚威將軍已照會臣，將該員先行記功，以示鼓勵。茲查出該員監造鳥槍，亦有不能合用，功罪不能相掩。是以臣聲請一并交議。但其在局數月監造之器，不計其數，且多靈巧堅固，洵屬勞績懋著。即鳥槍之震落門盤，露有沙眼，亦因多加火藥之故，況僅止四桿，爲數無多。可否將該員應得處分，俯予寬免。奉旨准行。

浙江巡撫梁寶常奏爲丁憂嘉興縣縣丞龔振麟創造鑄成砲位鐵模請賞戴藍翎俟補知縣事（道光二十四年）〔二〕

再查鑄造礮位，向用泥模，浙省於二十一年冬間，大兵雲集，應用銅鐵各礮，刻不容緩，維時雨雪交加，所有泥模，雖設法烘焙，難以應用。經前撫臣劉韻珂奏留丁憂嘉興縣縣丞龔振麟在局承辦，該員創造鐵模，鑄成二千二百斤重鐵模二副，一千五百斤重鐵模二副，七百五十斤重鐵模四副，三百七十斤重鐵模五副，一百二十斤重鐵模四副，安南礮鐵模一副，共十八副。計工料錢六千三百三十一千文，該員認捐錢四千三百三十一千，又有在局幫同鑄造之玉泉場大使劉景雯認捐錢二千千，毋庸動撥軍需銀兩。查鐵模一項，爲成法所未備，抑且愈用愈純，鑄礮四百餘門，歷經演放，聲宏致遠，不獨鑄造便捷，工費亦較泥模爲節省。前准安徽省咨取鐵模，如法鑄造。該員又著有《鐵模圖說》，具見工良心苦。且既經捐鑄，復於礮局捐輸項下，另捐制錢一千七百千，與尋常出力不同。劉景雯幫同鑄造，又認捐鐵模工料錢文，亦屬踴躍急公。該二員先俱丁憂。龔振麟一員，可否仰懇天恩，賞戴藍翎，將來服滿到浙，以知縣補用。劉景雯一員，俟服滿來浙，遇有運庫大使并批驗所大使兩項缺出，即行補用，以示鼓勵之處。理合附片具奏，伏乞聖鑒。謹奏。另有旨〔三〕。

道光二十四年三月十九日浙江巡撫臣梁寶常

〔一〕魏源《海國圖志》卷八十六，一a－二a，清光緒二年魏光燾平慶涇固道署刻本。
〔二〕擬題。浙江巡撫梁寶常附片，中國第一歷史檔案館藏，檔案號〇四－〇一－〇一－〇八一五－〇〇九。
〔三〕『另有旨』三字係硃批。按本件硃批日期爲道光二十四年四月初八日，參見中國第一歷史檔案館藏録副奏片，檔案號〇三－三〇三四－〇二六。